Kernberg • Hartmann

Narzissmus
Grundlagen – Störungsbilder – Therapie

Mit Beiträgen von

Salman Akhtar	Kenneth N. Levy
Martin Altmeyer	Wolfgang Milch
Anne Alvarez	Eva Möhler
Werner Balzer	Carolyn C. Morf
John F. Clarkin	Paul H. Ornstein
Arnold M. Cooper	Friedemann Pfäfflin
Diana Diamond	Udo Rauchfleisch
Peter Fonagy	Franz Resch
Glen O. Gabbard	Frederick Rhodewalt
Lilli Gast	Elsa Ronningstam
Hans-Peter Hartmann	Thomas Ross
Peter Henningsen	Carl Eduard Scheidt
Otto F. Kernberg	Michael Stone
Paulina F. Kernberg	Martin Teising
Karen Kernberg Bardenstein	Svenn Torgersen
Franziska Lamott	Vamik D. Volkan
Jean Laplanche	Hans-Jürgen Wirth

Narzissmus
Grundlagen – Störungsbilder – Therapie

Herausgegeben von

Otto F. Kernberg
Hans-Peter Hartmann

Übersetzungen der englischen Beiträge
Petra Holler

Mit 13 Abbildungen und 19 Tabellen

Bibliografische Information der Deutschen Nationalbibliothek
Die Deutsche Nationalbibliothek verzeichnet diese Publikation in der Deutschen Nationalbibliografie; detaillierte bibliografische Daten sind im Internet über http://dnb.d-nb.de abrufbar.

Besonderer Hinweis:
Die Medizin unterliegt einem fortwährenden Entwicklungsprozess, sodass alle Angaben, insbesondere zu diagnostischen und therapeutischen Verfahren, immer nur dem Wissensstand zum Zeitpunkt der Drucklegung des Buches entsprechen können. Hinsichtlich der angegebenen Empfehlungen zur Therapie und der Auswahl sowie Dosierung von Medikamenten wurde die größtmögliche Sorgfalt beachtet. Gleichwohl werden die Benutzer aufgefordert, die Beipackzettel und Fachinformationen der Hersteller zur Kontrolle heranzuziehen und im Zweifelsfall einen Spezialisten zu konsultieren. Fragliche Unstimmigkeiten sollten bitte im allgemeinen Interesse dem Verlag mitgeteilt werden. Der Benutzer selbst bleibt verantwortlich für jede diagnostische oder therapeutische Applikation, Medikation und Dosierung.
In diesem Buch sind eingetragene Warenzeichen (geschützte Warennamen) nicht besonders kenntlich gemacht. Es kann also aus dem Fehlen eines entsprechenden Hinweises nicht geschlossen werden, dass es sich um einen freien Warennamen handelt.
Das Werk mit allen seinen Teilen ist urheberrechtlich geschützt. Jede Verwertung außerhalb der Bestimmungen des Urheberrechtsgesetzes ist ohne schriftliche Zustimmung des Verlages unzulässig und strafbar. Kein Teil des Werkes darf in irgendeiner Form ohne schriftliche Genehmigung des Verlages reproduziert werden.

© 2006 by Schattauer GmbH, Hölderlinstraße 3, 70174 Stuttgart, Germany
E-Mail: info@schattauer.de
Internet: www.schattauer.de
Printed in Germany

2. Nachdruck 2012

Lektorat: Volker Drüke, Münster
Umschlagabbildung: Caravaggio, »Narziss«, 1594–1596
Satz: Satzpunkt Ewert GmbH, Oswald-Merz-Straße 3, 95444 Bayreuth
Druck und Einband: fgb – Freiburger Graphische Betriebe GmbH, Bebelstraße 11, 79108 Freiburg

ISBN 978-3-7945-2697-0

Vorwort

Nach langer Vorbereitungszeit, eine Themen- und (Wunsch-)Autorenliste hatten wir bereits im Jahr 2000 zusammengestellt, liegt nun – nach dem von Otto F. Kernberg 1996 herausgegeben Buch »Narzißtische Persönlichkeitsstörungen« – endlich eine Neubearbeitung zum Thema Narzissmus vor. Mit dem Buchtitel möchten wir den Leser bereits darauf hinweisen, dass es uns nicht nur um Persönlichkeitsstörungen geht, sondern um die narzisstische Phänomenologie und Psychodynamik bei verschiedenen Krankheitsbildern und eine grundlegende Berücksichtigung der Bedeutung des Narzissmus in Gesundheit und Krankheit.

Wie einer der Herausgeber (H.-P. H) in einer Rezension im „Psychotherapeut" 1997 (S. 263–264) schrieb, füllte das 1996 erschienene Buch bereits eine Lücke in der deutschsprachigen Literatur über narzisstische Persönlichkeitsstörungen, indem es einen Überblick über die verschiedensten Narzissmustheorien lieferte und empirische, klassifikatorische und behandlungstechnische Gesichtspunkte einbezog. Andererseits waren zwischen dem Erscheinen der englischen Originalpublikation und ihrer deutschen Übersetzung bereits sieben Jahre vergangen, und es fehlten, wie von A.-E. Meyer im damaligen Geleitwort angemerkt, wesentliche Beiträge deutschsprachiger Autoren. Diese kritischen Punkte wurden vom Schattauer Verlag, vertreten durch Herrn Dr. med. Dipl.-Psych. Wulf Bertram, aufgenommen und führten 1999 zu einem ersten sondierenden Gespräch mit dem jetzigen Ko-Herausgeber, ob er sich an einer Neubearbeitung des Themas beteiligen und es, unter Hinweis auf die obigen kritischen Anmerkungen, erweitern wolle. Wir denken, dass uns dies weitgehend gelungen ist.

Bei den Beiträgen amerikanischer Autoren handelt es sich ganz überwiegend um völlig neue, für dieses Buch ausgewählte bzw. geschriebene Beiträge. Aus dem Buch „Narzißtische Persönlichkeitsstörungen" von 1996 wurden lediglich die Beiträge von Paulina F. Kernberg über Narzisstische Persönlichkeitsstörungen in der Kindheit in ergänzter Form übernommen sowie die Arbeit von Salman Akhtar über deskriptive Merkmale und Differentialdiagnose. Wir haben uns entschlossen, den Beitrag von Akhtar in den jetzt vorliegenden Band zu übernehmen, weil er historisch in das Thema einführt und, neben einer nosologischen Klärung, bereits unterschiedliche theoretische Ansätze erläutert. Ähnlich verhält es sich auch mit dem Beitrag von Cooper über den narzisstisch-masochistischen Charakter, der trotz seines Jahre zurückliegenden Erstpublikationsdatums nichts an Aktualität verloren hat und bis heute eine äußerst treffende Beschreibung der Problematik offeriert. Gleichermaßen sind wir hinsichtlich der Aufnahme der Arbeiten von Laplanche und Gast verfahren. In beiden Fällen liegen

Vorwort

originelle Beiträge vor, die auch in der gegenwärtigen Diskussion Erwähnung finden sollten.

Zwar haben wir versucht, das Phänomen Narzissmus möglichst umfassend darzustellen, aber hierfür hätten wir wohl mehrere Bände benötigt. Aus diesen Gründen wird der eine oder andere sicherlich auch etwas vermissen. Dennoch glauben wir, dass Narzissmus in diesem Band dank der Mithilfe einer großen Anzahl von Autoren in sehr vielen Facetten beschrieben und psychodynamisch verstanden wird. Besonders freuen wir uns, dass es damit gelungen ist, sonst eher gegensätzliche psychoanalytische Auffassungen im Zeitalter der Relationalität in Beziehung zu bringen und zum gegenseitigen Verstehen aufzufordern. Das Thema Narzissmus jedenfalls hat aus unserer Sicht nichts von seiner Bedeutung und Faszination eingebüßt.

Zum Schluss möchten wir uns noch bedanken: bei der Übersetzerin Petra Holler, die es mit manchen Texten nicht gerade einfach hatte, und vor allem bei unserem Lektor Volker Drüke, der sachverständig und akribisch, dabei stets konstruktiv und kritisch-engagiert, den Prozess des Werdens dieses Bandes begleitet hat. Schließlich danken wir auch Dr. Wulf Bertram vom Schattauer Verlag für die Geduld, die er mit uns bei dem manchmal mühevollen und langatmigen Verlauf der Beitragsakquirierung und -zusammenstellung hatte und seiner Assistentin Hildegard Wieland, die uns die Arbeit durch ihre umsichtigen organisatorischen Hilfen sehr erleichtert hat.

Otto F. Kernberg
Hans-Peter Hartmann

Herausgeber und Autoren

Prof. Salman Akhtar, M. D.
Jefferson Medical College, Dept. of Psychiatry and Human Behavior
33 South 9th Street, Suite 210-C, Philadelphia, PA 19107, USA
Salman.Akhtar@jefferson.edu

Dr. rer. med. Dipl.-Psych. Martin Altmeyer
Röderichstraße 8, 60489 Frankfurt
martin.altmeyer@t-online.de

Anne Alvarez, Ph. D., MACP
45 Flask Walk, London NW 3 IHH, U.K.
AnneAlvrz@aol.com

Dr. med. Werner Balzer
Gutenbergstraße 4, 69120 Heidelberg

Prof. John F. Clarkin, Ph. D.
Cornell University, Joan and Sanford I. Weill Medical College
Dept. of Psychiatry, Division of Psychology, 21 Bloomingdale Road
White Plains, N.Y. 10605, USA
jclarkin@med.cornell.edu

Arnold M. Cooper, M. D.
285 Central Park West, 7S, New York, N.Y. 10024, USA
AMCooper@bway.net

Diana Diamond, Ph. D.
City University of New York, New York Presbyterian Hospital
Weill Cornell Medical College, 135 Central Park West, Suite 1N
New York, N.Y. 10023, USA
DianaDiam@aol.com

Prof. Peter Fonagy, Ph. D., FBA.
Sub-Department of Clinical Health Psychology, University College London
Gower Street, London WC1E 6BT, U.K.
p.fonagy@ucl.ac.uk

Prof. Glen O. Gabbard, M.D.
Baylor College of Medicine, Department of Psychiatry and Behavioral Sciences
One Baylor Plaza BCM 350, Houston, Texas 77030, USA
ggabbard@bcm.tmc.edu

PD Dr. phil. Lilli Gast
Berchtesgadener Straße 15, 10825 Berlin
llgast@snafu.de

PD Dr. med. Dipl.-Psych. Hans-Peter Hartmann
Zentrum für Soziale Psychiatrie Bergstraße
Ludwigstraße 54, 64646 Heppenheim
dr.hartmann@zsp-bergstrasse.de

PD Dr. med. Peter Henningsen
Universitätsklinikum Heidelberg, Klinik für Psychosomatische
und Allgemeine Klinische Medizin, Thibautstraße 2, 69115 Heidelberg
peter_henningsen@med.uni-heidelberg.de

Prof. Otto F. Kernberg, M.D.
New York Presbyterian Hospital – Westchester Division
Personality Disorders Institute, Weill Medical College, 21 Bloomingdale Road
White Plains, N.Y. 10605-1596, USA
okernber@mail.med.cornell.edu

Prof. Paulina F. Kernberg, M.D.
New York Presbyterian Hospital – Westchester Division
Personality Disorders Institute, Weill Medical College, 21 Bloomingdale Road
White Plains, N.Y. 10605-1596, USA
Pfkernberg@aol.com

Karen Kernberg Bardenstein, Ph.D.
21961 Rye Road, Shaker Heights, Ohio 44122, USA
kkbard@earthlink.net

Prof. Dr. rer. soc. Franziska Lamott
Universität Ulm, Sektion Forensische Psychotherapie
Am Hochsträß 8, 89081 Ulm
Lamott@sip.medizin.uni-ulm.de

Prof. Jean Laplanche
55, Rue de Varenne, F – 75341 Paris Cedex 7

Kenneth N. Levy, Ph. D.
Pennsylvania State University, Department of Psychology
University Park, PA 16802, USA
klevy@psu.edu

Prof. Dr. med. Wolfgang E. Milch
Justus-Liebig-Universität Gießen, Klinik für Psychosomatik und Psychotherapie
Friedrichstraße 33, 35392 Gießen
Wolfgang.Milch@psycho.med.uni-giessen.de

Dr. med. Eva Möhler
Universität Heidelberg, Psychiatrische Klinik, Abt. für Kinder-
und Jugendpsychiatrie, Blumenstraße 8, 69115 Heidelberg
Eva_Moehler@med.uni-heidelberg.de

Prof. Dr. Carolyn C. Morf
Universität Bern, Institut für Psychologie, Erlachstraße 9a, CH-3012 Bern
carolyn.morf@psy.unibe.ch

Prof. Paul H. Ornstein, M. D.
60 Longwood Avenue Ste. 509, Brookline, MA 02446-5229, USA
O4424@aol.com

Prof. Dr. med. Friedemann Pfäfflin
Universität Ulm, Sektion Forensische Psychotherapie
Am Hochsträß 8, 89081 Ulm
pfaeff@sip.medizin.uni-ulm.de

Prof. Dr. rer. nat. Dipl.-Psych. Udo Rauchfleisch
Universität Basel, Praxis für Psychotherapie, Diagnostik und Beratung
Hauptstraße 49, CH-4102 Binningen
Udo.Rauchfleisch@unibas.ch

Prof. Dr. med. Franz Resch
Universität Heidelberg, Psychiatrische Klinik, Abt. für Kinder-
und Jugendpsychiatrie, Blumenstraße 8, 69115 Heidelberg
franz_resch@med.uni-heidelberg.de

Prof. Frederick Rhodewalt, Ph. D.
University of Utah, Department of Psychology, 380 South 1530 East, Room 502
Salt Lake City, Utah 84112-0251, USA
rhodewalt@psych.utah.edu

Prof. Elsa Ronningstam, Ph. D.
Harvard Medical School, Department of Psychiatry, McLean Hospital
The Personality Disorder Research Program
115 Mill Street, Belmont, MA 02478, USA
ronningstam@email.com

Dr. phil. Dipl.-Psych. Thomas Ross
Universität Ulm, Sektion Forensische Psychotherapie
Am Hochsträß 8, 89081 Ulm
ross@sip.medizin.uni-ulm.de

Prof. Dr. med. Carl Eduard Scheidt
Universitätsklinik für Psychiatrie und Psychosomatik
Abt. für Psychosomatische Medizin und Psychotherapie
Hauptstraße 8, 79104 Freiburg
ces@psysom.ukl.uni-freiburg.de

Prof. Michael Stone, M. D.
225 Central Park West, Apartment #114, New York City, N.Y. 10024, USA
mstonemd@aol.com

Prof. Dr. phil. Martin Teising
Facharzt für Psychiatrie und Psychotherapeutische Medizin, Psychoanalyse
Ludwig-Braun-Straße 13, 36251 Bad Hersfeld
teising@t-online.de

Prof. Svenn Torgersen, M. D.
University of Oslo, Department of Psychology
PO Box 1094 – Blindern, N-0317 Oslo
svenn.torgersen@psykologi.uio.no

Prof. Vamik D. Volkan, M. D.
Professor Emeritus of Psychiatry, University of Virginia
1909 Stillhouse Road, Charlottesville, VA 22901, USA
vdv@cms.mail.virginia.edu

Prof. Dr. rer. soc. Dipl.-Psych. Hans-Jürgen Wirth
Psychosozial-Verlag, Goethestraße 29, 35390 Gießen
hans-juergen.wirth@psychosozial-verlag.de

Inhalt

1 Grundlagen _____ 1

1.1 Narzisstische Persönlichkeitsstörungen – ein Überblick _____ 3
Hans-Peter Hartmann

Zur Diagnostik _____ 18

Empirische Grundlagen zum Narzissmus und zur Narzisstischen Persönlichkeitsstörung _____ 24

Die Bedeutung des Narzissmus bei spezifischen Störungsbildern und in unterschiedlichen Lebensphasen _____ 26

Zur Psychodynamik und Psychotherapie Narzisstischer Persönlichkeitsstörungen _____ 28

Literatur _____ 32

1.2 Entwicklungspsychologie des Narzissmus _____ 37
Franz Resch, Eva Möhler

Definition _____ 37

Tiefenpsychologische Entwicklungstheorien des Narzissmus _____ 39

Kognitionspsychologische und neurobiologische Modelle der Selbstentstehung _____ 42

Entwicklung des Selbst im Licht der Säuglings- und Kleinkindforschung _____ 47

Das Selbst in Kindheit und Jugend _____ 58

Störfaktoren und Pathologie der Selbstentwicklung _____ 62

Zusammenfassung und Ausblick _____ 64

Literatur _____ 67

1.3 Narzissmus-Theorie und Säuglingsforschung – ein Beitrag zur interdisziplinären Verständigung ___ 71
Martin Altmeyer

Zur Vorgeschichte eines interdisziplinären Intimverhältnisses ___ 73

Die Herausforderung der Narzissmus-Theorie durch die Säuglingsforschung ___ 76

Das Ende der Amöbensage – oder doch nicht? ___ 79

Das ganz Andere der Psychoanalyse: Exkurs zu André Green ___ 81

Konstruktion oder Rekonstruktion – Komplementarität beim methodischen Zugang zur Säuglingswelt ___ 83

Jenseits des Dualismus von Innen und Außen: das »Dritte« als ein Zwischen ___ 86

Primärer Narzissmus als primäre Intersubjektivität ___ 88

Literatur ___ 92

1.4 Das Ich und der Narzissmus ___ 95
Jean Laplanche

Literatur ___ 114

1.5 Eine zeitgenössische Interpretation von »Zur Einführung des Narzißmus« ___ 115
Otto F. Kernberg

Die Trieblehre und die frühe psychische Entwicklung ___ 116

Schizophrenie, Paranoia und Hypochondrie ___ 119

Der Anlehnungstypus und der narzisstische Typus der Objektwahl ___ 121

Das Ich-Ideal ___ 123

Die Regulierung der Selbstachtung ___ 124

Freuds Zusammenfassung und einige Weiterentwicklungen ___ 127

Literatur ___ 130

1.6 Metamorphosen des Narzissmus. Ein Beitrag zur psychoanalytischen Ideen- und Begriffsgeschichte —— 132

Lilli Gast

Die Ausgestaltung des freudschen Narzissmus-Konstrukts in der Auseinandersetzung mit Adler und Jung —— 132

Die dialektische Tiefe der freudschen Narzissmus-Figur —— 136

Primärer Narzissmus und Uranfänglichkeit —— 139

Die Rezeptionsgeschichte des Narzissmus als Spiegel der Entsexualisierung der Psychoanalyse —— 143

Der Narzissmus im Exil —— 146

Literatur —— 156

1.7 Pathologischer Narzissmus und Machtmissbrauch in der Politik —— 158

Hans-Jürgen Wirth

Das schlechte Image von Macht und Narzissmus —— 158

Macht als Verleugnung von Abhängigkeit —— 159

Macht und Machtmissbrauch —— 161

Die narzisstisch gestörte Persönlichkeit und die Macht —— 163

Die psychotherapeutische Behandlung der Reichen und der Mächtigen —— 166

Narzissmus, Macht und Destruktivität —— 168

Literatur —— 169

1.8 Narzissmus als klinisches und gesellschaftliches Phänomen —— 171

Diana Diamond

Das Zeitalter des Narzissmus —— 171

Das Konzept des Narzissmus in der Psychoanalyse —— 174

Psychoanalytische Theoriebildung und kulturelle Strömungen —— 183

Das Konzept des Narzissmus in der Kritischen Theorie —— 188

Kritik und Schlussfolgerung —— 196

Literatur —— 202

1.9 Großgruppen und ihre politischen Führer
mit narzisstischer Persönlichkeitsorganisation ─── 205

Vamik D. Volkan

Was ist eine Großgruppe? ─── 207

Großgruppen-Regression ─── 210

»Reparative« oder »destruktive« narzisstische Führer ─── 213

Der Einfluss auf Großgruppen-Prozesse unter einer »Glaskugel« ─── 215

Scham und Demütigung ─── 221

Schlussbemerkung ─── 224

Literatur ─── 226

2 Zur Diagnostik ─── 229

2.1 Deskriptive Merkmale und Differenzialdiagnose der Narzisstischen Persönlichkeitsstörung ─── 231

Salman Akhtar

Die frühe Literatur ─── 231

Der Beitrag Kernbergs ─── 235

Der Beitrag Kohuts ─── 238

Die Sichtweise anderer zeitgenössischer amerikanischer
Psychoanalytiker ─── 240

Neuere Beiträge aus der europäischen Literatur ─── 244

DSM-III und DSM-III-R ─── 247

Versuch einer Synthese ─── 249

Abgrenzung von besser integrierten Persönlichkeitsstörungen ─── 252

Unterscheidung von anderen schweren Persönlichkeitsstörungen ─── 253

Schlussbemerkungen ─── 257

Literatur ─── 259

2.2 Die narzisstische Persönlichkeit und ihre Beziehung zu antisozialem Verhalten und Perversionen – pathologischer Narzissmus und narzisstische Persönlichkeit ___ 263

Otto F. Kernberg

Klinische Merkmale der Narzisstischen Persönlichkeitsstörung (NPS) ___ 264

Die Psychodynamik narzisstischer Störungen ___ 268

Narzisstische Pathologie und antisoziales Verhalten in der Adoleszenz ___ 272

Pathologischer Narzissmus und Perversion (Paraphilien) ___ 284

Ein Fallbeispiel ___ 289

Literatur ___ 306

2.3 Die Paradoxa des Narzissmus – ein dynamisches selbstregulatorisches Prozessmodell ___ 308

Carolyn C. Morf, Frederick Rhodewalt

Das paradoxe Leben der narzisstischen Persönlichkeit ___ 311

Ein Prozessmodell des Narzissmus ___ 314

Das Narzissmus-Modell – die Aufdeckung der Paradoxa ___ 330

Gibt es Geschlechtsunterschiede des Narzissmus? ___ 336

Die innere Logik des narzisstischen Regulationssystems ___ 339

Schlussfolgerung ___ 342

Literatur ___ 344

2.4 Der narzisstisch-masochistische Charakter ___ 348

Arnold M. Cooper

Theorien und Definitionen – ein Überblick ___ 350

Theoretische Überlegungen ___ 354

Ein Versuch der Klärung ___ 358

Klinische Beispiele ___ 362

Zusammenfassung ___ 369

Literatur ___ 370

3 Empirische Grundlagen zum Narzissmus und zur narzisstischen Persönlichkeit _____ 373

3.1 Behandlung und Verlauf der Narzisstischen Persönlichkeitsstörung _____ 375
Kenneth N. Levy, John F. Clarkin

Kurzer geschichtlicher Abriss des Konzepts der Narzisstischen Persönlichkeitsstörung _____ 375

Einführung der Narzisstischen Persönlichkeitsstörung in das diagnostische System _____ 378

Verlauf und Langzeitergebnisse _____ 379

Studien zum Behandlungsverlauf _____ 381

Zusammenfassung und Schlussfolgerung _____ 382

Literatur _____ 383

3.2 Veränderungen der narzisstischen Psychopathologie – der Einfluss korrigierender und korrosiver Lebensereignisse _____ 386
Elsa Ronningstam

Veränderbarkeit des pathologischen Narzissmus _____ 387

Korrigierende Lebensereignisse _____ 390

Zwischenmenschliche Bezogenheit – der Weg zur Veränderung _____ 392

Korrosive Lebensereignisse _____ 392

Fallvignetten _____ 394

Zusammenfassung _____ 402

Literatur _____ 403

3.3 Narzissmus und Kriminalität _____ 405
Michael Stone

Bipolare affektive Störungen als Verstärker von Narzissmus
und Kriminalität _____ 408
Maligner Narzissmus und Verachtung _____ 409
Kriminelles Verhalten bei narzisstischen Frauen _____ 410
Gewaltloser Narzissmus und Kriminalität _____ 413
Diskussion _____ 419
Narzissmus und Kriminalität: der Faktor Empathie _____ 425
Aussichten für die Zukunft _____ 428
Literatur _____ 429

3.4 Genetische Aspekte Narzisstischer Persönlichkeitsstörungen _____ 432
Svenn Torgersen

Schlussfolgerung _____ 435
Literatur _____ 435

3.5 Rorschach-Merkmale der Narzisstischen Persönlichkeitsstörung bei Kindern _____ 437
Karen Kernberg Bardenstein

Strukturelle Merkmale des Rorschach-Verfahrens bei Kindern
mit Narzisstischer Persönlichkeitsstörung _____ 439
Schlussfolgerung _____ 449
Literatur _____ 449

4 Die Bedeutung des Narzissmus bei spezifischen Störungsbildern und in unterschiedlichen Lebensphasen _____ 451

4.1 Narzisstische Persönlichkeitsstörungen bei dissozialen Patienten _____ 453
Udo Rauchfleisch

Allgemeine Gesichtspunkte zur Struktur und Dynamik der dissozialen Persönlichkeit _____ 453

Die narzisstische Störung der dissozialen Persönlichkeit _____ 455

Therapeutische Konsequenzen _____ 456

Fazit _____ 464

Literatur _____ 464

4.2 Narzisstische Persönlichkeitsstörung und Perversion _____ 465
Friedemann Pfäfflin, Franziska Lamott, Thomas Ross

Aktuelle Perversionskonstrukte _____ 467

Ältere Perversionskonstrukte _____ 469

Psychoanalytische Perversionskonstrukte _____ 471

Andere Konstrukte _____ 473

Zur Prävalenz _____ 474

Kasuistik _____ 476

Psychotherapie _____ 481

Literatur _____ 483

4.3 Persönlichkeitsstörung und Gewalt – ein psychoanalytisch-bindungstheoretischer Ansatz —— 486

Peter Fonagy

Problemstellung —— 486
Die Entwicklungslinien der Gewalt —— 487
Gewalt wird verlernt, nicht gelernt —— 489
Die psychoanalytische Kontroverse zur angeborenen Aggression —— 490
Die Grenzen umwelttheoretischer Ansätze und das Wiedererstarken biologistischer Theorien —— 492
Die Biologie der Aggression —— 494
Gewalt, die Qualität früher Beziehungen und ihre interpersonelle Bedeutung —— 496
Die Anfänge des Selbstbewusstseins: das Modul der Kontingenzentdeckung —— 506
Frühes Verständnis des Selbst als sozialer Akteur —— 508
Die soziale Biofeedback-Theorie elterlicher Affektspiegelung nach Gergely und Watson —— 509
Die zwei basalen Formen der Repräsentation inneren Erlebens: der Modus psychischer Äquivalenz und der Als-ob-Modus —— 512
Mentalisierung und reflexive Funktion —— 514
Bindung und reflexive Funktion —— 517
Bindung, Reflexionsfähigkeit und Gewalt —— 519
Aggression und Urheberschaft des Selbst —— 521
Vernachlässigung und Prädisposition zu Gewalt —— 523
Brutalisierung und der Akt der Gewalt —— 526
Zusammenfassung —— 529
Schlussfolgerung: unsere gewalttätige Gesellschaft —— 530
Literatur —— 531

4.4 Narzissmus, Schmerz und somatoforme Störungen —— 541

Peter Henningsen

Schmerz und somatoforme Störungen —— 541
Somatoforme Störungen als Beziehungsstörung im Gesundheitswesen —— 543

Somatoforme Störungen, Schmerz und Persönlichkeit(sstörungen) _ 545

Narzissmus, Schmerz und somatoforme Störung:
psychodynamische Konzepte und Befunde _____ 547

Konsequenzen für die Modellbildung und Therapie
somatoformer Störungen _____ 550

Zusammenfassendes Fazit _____ 553

Literatur _____ 554

4.5 Alexithymie und Narzissmus in der Entstehung psychosomatischer Erkrankungen _____ 556

Carl Eduard Scheidt

Alexithymie und psychosomatische Erkrankungen _____ 556

Alexithymie und Narzissmus _____ 563

Zusammenfassung _____ 567

Literatur _____ 568

4.6 Narzisstische Persönlichkeitsstörungen in der Kindheit _____ 570

Paulina F. Kernberg

Normaler und pathologischer Narzissmus _____ 571

Klinische Manifestationen narzisstischer Störungen bei Kindern ___ 575

Risikokinder _____ 579

Ein Blick auf die Bedeutung der Eltern _____ 586

Weitere Überlegungen zur Psychodynamik _____ 592

Überlegungen zur Behandlung _____ 594

Beratung der Eltern _____ 597

Zusammenfassung _____ 599

Literatur _____ 600

4.7 Narzissmus und das dumme Objekt – Entwertung oder Missachtung? Mit einer Anmerkung zum süchtigen und zum manifesten Narzissmus — 602
Anne Alvarez

Einige Anmerkungen zum geschichtlichen Hintergrund des Narzissmus-Konzepts und der Entwicklung einer Zwei-Personen-Psychologie — 604

Das Konzept des inneren Objekts und die Anwendung einer Zwei- (bzw. Drei-)Personen-Psychologie — 605

Narzisstische Psychopathologie bei Kindern — 609

Sieben Subgruppen des Narzissmus — 610

Folgen der psychischen Erholung und andere behandlungstechnische Fragen — 620

Zusammenfassung — 621

Literatur — 622

4.8 Narzissmus und Liebesbeziehungen — 624
Salman Akhtar

Narzissmus und romantische Liebe — 625

Narzissmus und Sexualität — 629

Narzissmus und Ehe — 632

Schlussfolgerung — 635

Literatur — 636

4.9 Narzisstische Konflikte des Alters — 639
Martin Teising

Narziss-Mythos — 639

Die Bedeutung des Körpers — 641

Das Erleben der Zeit — 643

Die Bedeutung des Geschlechts — 645

Charakteristische Kränkungen im Altersprozess — 647

Literatur — 649

4.10 Narzisstische Persönlichkeitsstörungen
und Suizidalität ——— 650

Wolfgang Milch

Beispiel aus einer Behandlung ——— 651

Überlegungen zur Psychogenese in der Kindheit ——— 654

Affektregulation und kognitive Reifung ——— 655

Introspektion und Empathie ——— 657

Hass und Selbsthass ——— 658

Suizid als Zeichen einer Fragmentierung des Selbst ——— 661

Therapeutische Überlegungen ——— 662

Schluss ——— 663

Literatur ——— 664

5 Zur Psychodynamik und Psychotherapie Narzisstischer Persönlichkeitsstörungen ——— 667

5.1 Zur psychoanalytischen Psychotherapie Narzisstischer Persönlichkeitsstörungen aus selbstpsychologischer Sicht ——— 669

Paul H. Ornstein

Psychoanalytische Psychotherapie ——— 669

Die Entwicklung der psychoanalytischen Selbstpsychologie ——— 670

Selbstpsychologie und klassisches psychoanalytisches Verständnis
(Psychoanalyse) ——— 675

Zur Beschaffenheit der Selbstpathologie im bipolaren Selbst ——— 677

Behandlungstechnik und therapeutischer Prozess:
eine Falldarstellung ——— 680

Schlussfolgerungen und Weiterentwicklungen _____ 686

Literatur _____ 690

5.2 Übertragung und Gegenübertragung in der Behandlung von Patienten mit Narzisstischer Persönlichkeitsstörung _____ 693
Glen O. Gabbard

Narzisstische Übertragungen in der Selbstpsychologie _____ 694

Otto Kernbergs Theorie der narzisstischen Übertragung _____ 696

Variationen der Narzisstischen Persönlichkeitsstörung _____ 696

Gegenübertragung _____ 698

Kollusion mit Idealisierung _____ 698

Langeweile und Verachtung _____ 700

Das Gefühl, omnipotenter Kontrolle zu unterliegen _____ 701

Das Auftauchen verleugneter Motive und Konflikte _____ 701

Behandlungstechnische Überlegungen _____ 702

Literatur _____ 703

5.3 Der nahezu unbehandelbare narzisstische Patient _____ 705
Otto F. Kernberg

Kurzer Überblick über die Pathologie der Narzisstischen Persönlichkeitsstörung (NPS) _____ 706

Allgemeine behandlungstechnische Fragen in der Behandlung von Narzisstischen Persönlichkeitsstörungen _____ 708

Der »unmögliche« Patient _____ 712

Einige allgemeine prognostische und therapeutische Überlegungen _____ 724

Literatur _____ 727

5.4 Der arglose Doppelgänger. Mentale Gleichschaltung und falsche Sinnhaftigkeit bei der Behandlung narzisstischer Störungen —— 728
Werner Balzer

Ich-Selbst-Genese aus Verdoppelungen —— 729

Doppelgänger und Doppelgängerprozesse —— 732

Der gleichgeschaltete Therapeut —— 735

Psychodynamik der Gleichschaltung bei »falschem Selbst«, Borderline-Persönlichkeitsorganisation und destruktivem Narzissmus —— 737

Schlussbemerkung —— 741

Literatur —— 742

Sachverzeichnis —— 745

1 Grundlagen

1.1
Narzisstische Persönlichkeitsstörungen – ein Überblick

Hans-Peter Hartmann[1]

Heutzutage wird der Begriff »Narzissmus« im Allgemeinen mit Überheblichkeit, Geltungsbedürfnis und einem Übermaß an Selbstbezogenheit gleichgesetzt und ist negativ konnotiert. Seine moralische Verwerflichkeit ist durch die Auffassung Freuds (1914), die ein Entweder-oder bzw. Mehr-oder-weniger an Narzissmus mit entsprechenden Veränderungen der Objektliebe verbindet, eher gestärkt worden, da das Entwicklungsziel – die postödipale Objektliebe – vorgegeben war. Freud erwähnt den Begriff »Narzissmus« erstmals am 10. November 1909 auf einem Vortragsabend der Wiener Psychoanalytischen Vereinigung: Der Narzissmus sei »eine notwendige Entwicklungsstufe des Übergangs vom Autoerotismus zur Objektliebe. Die Verliebtheit in die eigene Person« (= die eigenen Genitalien) sei ein »notwendiges Entwicklungsstadium«. Von da gehe man »zu ähnlichen Objekten über« (Nunberg u. Federn 1977, S. 282). In seinen Werken taucht der Begriff erstmals 1910[2] auf und beschreibt die Selbstliebe bei der Homosexualität.[3] In der Arbeit »Zur Einführung des Narzißmus« (Freud 1914) werden die narzisstischen Neurosen als Psychosen von den Übertragungsneurosen unterschieden. Der Grund hierfür liegt in Freuds Differenzierung zwischen primärem und sekundärem Narzissmus und seiner Annahme, psychotisch Erkrankte regredierten auf die Phase des primären Narzissmus, in der eine Fixierung stattgefunden habe.

---

1 Ich danke Martin Dornes für die kritische Durchsicht des Manuskripts und seine Anregungen.
2 In einer 1910 hinzugefügten Fußnote zu den »Drei Abhandlungen zur Sexualtheorie« (Freud 1905).
3 Ebenfalls in diesem Jahr (Freud 1910) spricht er vom Narzissmus als Folge verdrängter Mutterliebe. »Der Knabe verdrängt die Liebe zur Mutter, indem er sich selbst an deren Stelle setzt, sich mit der Mutter identifiziert und seine eigene Person zum Vorbild nimmt, in dessen Ähnlichkeit er seine neuen Liebesobjekte auswählt. Er ist homosexuell geworden; eigentlich ist er in den Autoerotismus zurückgeglitten, da die Knaben, die der Heranwachsende jetzt liebt, doch nur Ersatzpersonen und Erneuerungen seiner eigenen kindlichen Person sind, die er so liebt, wie die Mutter ihn als Kind geliebt hat. Wir sagen, er findet seine Liebesobjekte auf dem Wege des Narzissmus.« (Freud 1910, S. 170)

1 Grundlagen

Sekundärer Narzissmus tritt generell durch Rücknahme der libidinösen Objektbesetzungen nach der Phase des primären Narzissmus auf. Auch das Ich-Ideal ist eine (sekundär-)narzisstische Bildung und das Erbe früherer (primärer) narzisstischer Vollkommenheit (Freud 1921), zustande gekommen mittels Introjektion des idealen (omnipotenten) Elternbildes (Freud 1914).

Im vorliegenden Buch widmet sich vor allem L. Gast in ihrem Beitrag (Kap. 1.6) diesen triebtheoretischen Begründungen des Narzissmus und kritisiert die im Gefolge der Abwendung von ihren triebtheoretischen Grundlagen bzw. von deren Relativierung entstandenen objekt- und selbstpsychologischen Sichtweisen. Diese Veränderungen im Verständnis des Narzissmus sind auch dem Zeitgeist geschuldet, denn in den letzten 40 bis 50 Jahren hat der Begriff »Narzissmus« zunehmend sowohl an Bedeutung gewonnen als auch einen Bedeutungswandel erfahren. Riesman et al. (1950) sprechen aus soziologischer Sicht von traditionsgeleiteten, innengeleiteten und außengeleiteten Persönlichkeiten und gehen davon aus, dass auf eine Phase der Traditionsleitung eine der (selbstbestimmten) Innenleitung und darauf eine der Außenleitung folgen. Kilian (1995), unter teilweisem Bezug auf Riesman et al. (1950), sieht die traditionelle Psychoanalyse in einem zeitlichen und kulturellen Rückstand aufgrund der zunehmenden Anzahl von Selbstpathologien, demgegenüber die herkömmliche psychoanalytische Narzissmus-Theorie nur begrenzt nützliche Antworten liefern könne. Durch Massenproduktion und Massenzivilisation, den Verlust traditioneller Strukturen in Familie, Staat und Kirche, die Auflösung herkömmlicher Geschlechterrollen sowie durch die Zunahme sozialer Mobilität wird das Selbstgefühl erheblich beeinflusst (Sennett 1998). Ergänzend hierzu fügt Diamond in ihrem Beitrag in diesem Buch (Kap. 1.8) unter Bezug auf die »Kritische Theorie« weitere soziologische Begründungen narzisstischer Phänomene an.

In der neueren Soziologie taucht noch eine andere Interpretation der Zunahme narzisstischer Probleme bei Individuen auf. Ehrenberg (2004) spricht vom erschöpften Selbst und meint damit die allgegenwärtige Zunahme von Depression. Tatsächlich beschreibt er jedoch genau jene leere Depression, von der Kohut (Kohut u. Wolf 1978) gesprochen hat, wenn er bestimmte Erlebnisweisen von Menschen mit Narzisstischer Persönlichkeitsstörung (NPS) erwähnt. Grundlage von Ehrenbergs Hypothese ist die Überforderung durch die Selbstverwirklichung eines authentischen Selbst im Sinne seiner Ausbeutung als Produktivkraft. Das erschöpfte Selbst (oder die leere Depression) sei die Krankheit einer Gesellschaft, deren Normen nicht mehr schuld- und disziplinbegründet seien, sondern die ihre Ideale in Verantwortung und Initiative sieht.[4] Das erschöpfte Selbst ist ange-

---

4 Der Zustand des Selbst steht immer mit der jeweiligen historischen Epoche und den gesellschaftlichen Verhältnissen in Zusammenhang. So galt bis vor wenigen Jahren das autonome, funktionstüchtige Individuum, das sich evolutionär optimal an die jeweilige Umwelt anpasst (Knapp 1988), als Ideal. Lasch (1979) spricht gar von einem »Zeitalter des Narzissmus«.

sichts dieser Norm im Grunde ein Versager, und es ist durch diese Norm geradezu in ein Versagen getrieben worden. Es leidet nicht an etwas, sondern an sich selbst. Menschen mit dieser Störung sind müde geworden auf der Suche nach sich selbst in einer führungslosen Umgebung und durch den verlorenen Bezug auf den Konflikt, durch den Ehrenberg zufolge ein Subjekt erst entsteht.

Für Honneth (2003a) wird die Subjekthaftigkeit weniger durch den Konflikt, sondern vielmehr durch die Anerkennung des anderen erreicht. Dieser Prozess der Anerkennung vollzieht sich im anerkennenden Subjekt mittels Dezentrierung (nach Basch [1988] übrigens eine der Grundvoraussetzungen von Empathie), indem es »einem anderen Subjekt einen Wert einräumt, der die Quelle von legitimen Ansprüchen ist, die der eigenen Selbstliebe Abbruch tun. ›Bestätigen‹ oder ›Befürworten‹ heißt also, den Adressaten mit der moralischen Autorität auszustatten, insoweit über die eigene Person zu verfügen, als man sich selber zur Ausführung oder Unterlassung bestimmter Klassen von Handlungen verpflichtet weiß« (Honneth 2003a, S. 22). Selbstliebe bleibt neben Objektliebe bestehen, narzisstische Libido geht nicht in Objektlibido auf. Die Bedeutung des anderen ist eine unbestreitbare Tatsache, auch wenn sie im Falle einer positiven, bestätigenden Erfahrung letztlich über diesen hinausweist. Denn erst eine stabile, kohäsive, konfliktfähige Persönlichkeit ist in der Lage, sich über den konkreten anderen hinaus mit transzendenten Fragen zu befassen, mit dem im konkreten anderen vorhandenen Allgemeinen. Ein solcher kohäsiver Selbstzustand geht immer wieder verloren, muss immer wieder neu gefunden werden und ist vermutlich Voraussetzung der Möglichkeit eines exzentrischen Standpunkts (Plessner 1982). Honneths Anerkennungstheorie (Honneth 2003b) weist elementar auf die Bedeutung der Anerkennung des anderen für die Genese narzisstischer Störungen hin, wie sie gerade von Kohut (1971; 1977; 1984) betont worden ist. Insofern ist der »Kampf um Anerkennung« auch ein Kampf um die Erlangung narzisstischer Integrität und eines kohäsiven Selbst (Hartmann 1995). Freuds Anerkennung der Realität meint etwas anderes, das in allererster Linie mit Triebverzicht zu tun hat. Anerkennung des anderen im hier gemeinten Sinn setzt, wie oben beschrieben, eine Dezentrierung voraus, die es erlaubt, die Welt aus der Sicht des anderen wahrzunehmen, wodurch jene einen Wert erhält und die Anerkennung über das bloße Erkennen hinaus eine moralische Bedeutung erlangt.[5]

Im Nachwort zur Neuausgabe seines Werkes »Kampf um Anerkennung« (2003b) geht Honneth von der anthropologischen Vermutung aus, »dass sich der Impuls zum Revoltieren gegen etablierte Anerkennungsverhältnisse dem tief sitzenden Bedürfnis verdankt, die Unabhängigkeit der Interaktionspartner zu verleugnen und ›omnipotent‹ über die Welt zu verfügen«. Der Kampf um Anerkennung wird auf diese Weise Folge eines Strebens nach Unabhängigkeit, bei dem

---

5 Siehe Wildt (2005) zur genaueren Begriffsbestimmung von personaler und propositionaler Anerkennung und deren unterschiedliche Verwendung in der Psychoanalyse.

das Subjekt den Unterschied zum anderen sowie dessen Unverfügbarkeit und mangelnde Unterwerfbarkeit unter das subjektive Symbiosebedürfnis nicht erträgt. Hier könnte man auch den kritischen Gehalt eines lebenslangen Bedürfnisses nach Selbstobjekterfahrungen verorten, wo ansonsten im Gegensatz dazu der psychoanalytischen Selbstpsychologie ihr eher affirmativer Charakter vorgeworfen wird. Denn die Notwendigkeit von Selbstobjekterfahrungen, auf welchem Reifeniveau auch immer, kann als ein Aufbegehren gegen die Unverfügbarkeit des anderen betrachtet werden. Diese Unverfügbarkeit wird umso unerträglicher, je weniger kohäsiv das Selbstgefühl ist. Daher liegt nach meiner Auffassung im »Revoltieren« gegen die Selbstständigkeit des anderen als Zentrum eigener Initiative eine wesentliche Verbindung zwischen der von Kernberg (Kap. 2.2 in diesem Band) beschriebenen Antisozialen Persönlichkeitsstörung – und damit einer besonderen Ausprägung des Narzissmus – und selbstpsychologischen Konzeptualisierungen vor. Die antisoziale Persönlichkeit mit ihrer Leugnung der Unverfügbarkeit des anderen ist dann im Wesentlichen die Folge einer früh erworbenen Verletzung üblicherweise erlernter moralischer Spielregeln auf der Grundlage einer tief erlebten zwischenmenschlichen Unsicherheit und Unzuverlässigkeit (durch emotionale Vernächlässigung, Verlusterfahrungen etc.) und dem dadurch zustande gekommenen überwertigen Motiv, als Person anerkannt zu werden. Denn damit man sich überhaupt auf die eigenen Fähigkeiten und Begabungen beziehen, sich mit ihnen identifizieren kann, müssen diese Fähigkeiten und Begabungen soziale Anerkennung (durch andere Subjekte) finden.

Diese Gedanken zeigen die Bedeutung des anderen, wie er in einer intersubjektiven Psychoanalyse gesehen wird und unter diesem Blickwinkel auch entwicklungspsychologisch begründet werden kann (s. Resch u. Möhler, Kap. 1.2, und vor allem Altmeyer, Kap. 1.3). Die Bedeutung des anderen aufgreifend, hat sich in der psychoanalytischen Theoriebildung, stark beeinflusst durch die Säuglingsforschung und unter Bezug auf systemtheoretische Gedanken, eine intersubjektive Orientierung entwickelt (Beebe 2003; Beebe et al. 2004a; 2004b; 2004c), die sich auch in der Erwachsenenbehandlung realisiert (Beebe u. Lachmann 2002) und vor allem eine implizite Wechselseitigkeit betont (Stern et al. 2002; The Boston Change Process Study Group 2004). Die so genannte relationale Psychoanalyse (Mitchell u. Aron 1999) integriert diese Gedanken und verbindet sie mit objektbeziehungstheoretischen und selbstpsychologischen Theoriestücken (s. Altmeyer 2000a; 2000b). Unabhängig hiervon sind Bråtens Überlegungen zum virtuellen anderen zu betrachten (Bråten 1992; 1996; 1998; s. auch Dornes 2002; Hartmann 2003), die ebenso wie die Untersuchungen zu den Spiegelneuronen an anderer Stelle ausführlicher dargestellt sind (Hartmann 2003; Bauer 2005; Lenzen 2005) und hier aus Platzgründen nicht weiter ausgeführt werden können.

Narzissmus in verschiedenen psychoanalytischen Perspektiven

Primärer Narzissmus: Narzissmus ohne den anderen

Für Freud existiert, wie eingangs beschrieben, ein universaler primärer Narzissmus, der als »eine libidinöse Ergänzung zum Egoismus des Selbsterhaltungstriebes« (Freud 1914, S. 139) gesehen wird. Es handelt sich um eine in ökonomischen und energetischen Begriffen definierte libidinöse Besetzung des Ich (s. Gast, Kap. 1.6, Kernberg, Kap. 1.5, und Laplanche, Kap. 1.4). Die narzisstische Persönlichkeit wird von Freud (1931) als interessiert an Selbsterhaltung und Unabhängigkeit geschildert, ohne Spannung zwischen Ich und Über-Ich, über erhebliche Aggression verfügend und zur Übernahme aktiver (Führer-)Rollen neigend. Pulver (1972) unterscheidet bei Freud mindestens vier Arten der Verwendung des Narzissmus-Begriffs:

- In klinischer Hinsicht wird damit eine sexuelle Perversion charakterisiert, bei welcher der eigene Körper als Sexualobjekt benutzt wird.
- Unter Bezugnahme auf den genetischen Standpunkt wird damit ein Stadium der Entwicklung beschrieben.
- Hinsichtlich der Objektbeziehungen werden damit ein Typus der Objektwahl (narzisstisch) und die Art und Weise der Beziehung zur Umwelt (Mangel an Beziehungen) bezeichnet.
- Schließlich soll die Regulation des Selbstwertgefühls damit beschrieben werden.

Damit sind bereits viele nachfolgende Narzissmus-Theorien im Kern angedacht.

Zu den weiteren Autoren, die von der Annahme eines primären Narzissmus ausgehen, zählt auch Grunberger (1971). Er setzt dieses postnatale Stadium des Narzissmus allerdings gleich mit dem pränatalen Zustand. Nach Mahler (Mahler et al. 1975), die in der Ich-psychologischen Tradition steht, durchläuft der Säugling ein frühes narzisstisches Stadium, welches durch Autismus gekennzeichnet ist[6], mit nachfolgender Symbiose. In diesen Stadien ist er nicht oder kaum objektbezogen und nimmt die Außenwelt nicht als solche wahr. Spitz (1965) sprach von einer objektlosen Stufe. Der narzisstische Charakter ist nach Mahler et al. (1975) Folge einer Entwicklungsstörung im Separations-Individuations-Prozess mit fehlender Aufgabe der kindlichen Omnipotenz, Perfektionsansprüchen und Unfähigkeit zum Ertragen von Ambivalenz. Hieraus entwickelt sich der bekannte Wechsel zwischen Omnipotenz- und Minderwertigkeitsgefühlen bei Narzisstischen Persönlichkeitsstörungen.

---

6 M. Mahler näherte sich gegen Ende ihres Lebens den Forschungsergebnissen von Stern (1985) an und sprach anstatt von Autismus und Symbiose von »Erwachen« (zit. n. Stern 1985, dt. 1992, S. 327).

In all diesen Theorien wird angenommen, dass ein pathologischer Narzissmus mit Regression auf bzw. Fixierung an jene frühen Phasen oder Entwicklungsstadien zusammenhängt, das heißt, pathologische Phänomene des Erwachsenenalters werden unausgesprochen bzw. im metaphorischen Sprachgebrauch mit normalem Verhalten von Säuglingen gleichgesetzt. Dies halte ich für problematisch.

Primäre Objektbeziehung: Narzissmus und der andere

Als Vorläufer späterer Theorien zur primären Objektbeziehung muss Ferenczi genannt werden, der zwar auch von einem primären Narzissmus ausgeht, diesen jedoch nicht als notwendig zu überwindendes Stadium auf dem Weg zum Objekt ansieht. Die frühen »Allmachtsstadien der Erotik« (Ferenczi 1913, S. 79) bleiben neben der Objekterotik erhalten, schwächen sich jedoch allmählich durch die zunehmende Anerkennung der Realität ab.

Ferenczis Schüler M. Balint (1965) ersetzt den primären Narzissmus durch seinen Begriff der primären Liebe und postuliert damit ein zwingendes Bedürfnis des Säuglings, geliebt zu werden, dessen Frustration entweder sekundären Narzissmus hervorruft oder das Kind zu aktiver Objektliebe veranlasst, um auf diesem Weg wiederum selbst geliebt zu werden. Die von Balint definierte »Grundstörung« (Balint 1968) erfasst sicherlich einen Teil der Symptomatik, die sonst auch bei Narzisstischen Persönlichkeitsstörungen beschrieben wird, nämlich Gefühle der Leere, Verlorenheit, des Abgestorbenseins und der Sinnlosigkeit.[7]

Nach M. Klein (1962), die ebenfalls eine primäre Objektbeziehung annimmt, besteht das Ich von Geburt an und besitzt ein primitives Triebleben, das sich in unbewussten Phantasien äußert. In der paranoiden Position (bis zum 6. Lebensmonat) werden durch Interaktion mit der primären Bezugsperson mittels Introjektion, Projektion sowie introjektiver und projektiver Identifizierung innere (Partial-)Objekte entwickelt, die unter dem Einfluss des Todestriebs in gute, idealisierte und böse, verfolgende (Partial-)Objekte gespalten werden, um den Säugling vor seinen eigenen vernichtenden unbewussten Phantasien zu schützen. Nach Segal (1983) sind Neid und Narzissmus zusammengehörig, da Narzissmus vor Neid schütze. Dies geschieht durch halluzinatorische Wunscherfüllung, das heißt einen narzisstischen Rückzug auf ein inneres Objekt und damit einhergehender Verleugnung frustrationsbedingter Aggression. Die gute Brust wird so vor zerstörerischem Neid geschützt. Anerkennung aus kleinianischer Sicht bezieht sich somit weniger auf die Bestätigung von Bedürfnissen eines anderen (z. B. des Säuglings) durch einen anderen (im Falle des Säuglings z. B. die Mutter), sondern stellt eine Gegenbewegung gegen einen pathologischen Narzissmus (s. Kernberg, Kap. 2.2) dar, aufgrund dessen der andere nicht »aner-

---

7 Inwieweit Balints Konzept einer primären Liebe wirklich etwas anderes beschreibt als einen primären Narzissmus, bleibt fraglich. Schließlich geht es in beiden Fällen um einen harmonischen Primärzustand.

1.1 Narzisstische Persönlichkeitsstörungen – ein Überblick

kannt« und die grandiose Unabhängigkeit des Subjekts gegenüber dem sonst vorhandenen Neid behauptet wird. Der Narzissmus als spätere Persönlichkeitspathologie entsteht in der paranoiden Position und kann nur durch Deutungsarbeit, die diese Ebene und damit den psychotischen Kern der Person erreicht, modifiziert werden. Segal unterscheidet noch den einfachen narzisstischen Rückzug von der narzisstischen Charakterstruktur und versteht Letztere als defensive Organisation zur Abwehr des Neides.

Ähnlich wie Klein betont auch Winnicott das Vorhandensein einer primären Objektbeziehung und deren Bedeutung für die Selbstentwicklung. Während jedoch Klein die Entwicklung der Objektbeziehungen von der Triebbesetzung abhängig macht, ist Winnicott der Auffassung, dass die Objektbeziehungen wesentlich durch die Responsivität des Objekts gestaltet werden, das heißt – in seinen Worten –, ob eine hinreichend gute Mutter die Pflegefunktion ausübt. Dadurch dass der Säugling die Mutter als subjektives Objekt wahrnimmt, wird diese in ihrer Pflegefunktion bestärkt (Winnicott 1965a). In seiner Metapher des Übergangsraums versöhnt Winnicott in gewisser Weise die beiden Perspektiven eines primären Narzissmus und einer primären Objektbeziehung. Altmeyer (Kap. 1.3) arbeitet dies in seinem Beitrag deutlich heraus. Für Narzisstische Persönlichkeitsstörungen bedeutsam ist Winnicotts Konzept des wahren und falschen Selbst (Winnicott 1965b). Ein wahres Selbst entwickelt sich durch eine hinreichend empathische und fürsorgliche Umwelt. Es geht dabei um die Anerkennung der Einzigartigkeit des Kindes und seiner Kreativität. Das falsche Selbst entwickelt sich als Reaktion auf das Versagen einer haltenden Umwelt, führt zu unsicherer Autonomie und Absicherung durch Omnipotenzphantasien. Hieraus entwickeln sich Selbstüberschätzung und Größenphantasien, bei Verleugnung von Unsicherheit und Depression als Symptome narzisstischer Störungen.

Kohut vertrat zwar anfangs ein Konzept des primären Narzissmus (Kohut 1966), hat aber, ähnlich wie Winnicott durch die Metapher des Übergangsraums, mit seiner Begrifflichkeit des Selbstobjekts[8] eine Verbindung zwischen primärem Narzissmus und primärer Objektbeziehung hergestellt. Seine Psychologie wurde deshalb verschiedentlich weder als Ein- noch als Zwei-Personen-Psychologie, sondern vielmehr als Eineinhalb-Personen-Psychologie bezeichnet. Primär narzisstisch gedacht ist Kohuts Idee, der Säugling existiere als »virtuelles Selbst« (Kohut 1977) nur in der Vorstellung seiner Mutter.[9] Narzisstische Persönlich-

---

8 Unter Selbstobjekt verstand Kohut (1971; 1977; 1984) diejenige Dimension unseres Erlebens eines Mitmenschen, die mit dessen Funktion als Stütze unseres Selbst verbunden ist. Das Selbstobjekt ist also der subjektive Aspekt einer das Selbst erhaltenden Funktion, zustande gekommen durch die Beziehung zwischen Selbst und Objekt.
9 Bacal (1987) geht davon aus, dass Kohut Balints Konzept einer primären Objektbeziehung nur ungenügend kannte, sonst hätte er Freuds Theorie des primären Narzissmus verworfen, da diese für seine Selbstobjekt-Theorie keine Bedeutung hatte.

keitsstörungen (so genannte Selbstobjektstörungen) sind aus der Sicht von Kohuts Selbstpsychologie charakterisiert durch Symptome, die als Folge des temporären Verlusts der Selbstkohärenz auftreten[10]. Sie drücken einen Mangel an gegenwärtiger Selbstobjekterfahrung aus und versuchen diesen Mangel zugleich autoplastisch zu beheben (z. B. Hypochondrie, Depression, Überempfindlichkeit, fehlende Vitalität). Die eigentlichen Selbstobjektbedürfnisse nach Bewunderung, Idealisierung oder jemandem zu gleichen können auch aus Furcht vor Zurückweisung durch vertikale Spaltung verleugnet werden; im Vordergrund der Symptomatik stehen dann grandiose Phantasien über die eigenen Fähigkeiten bis zur Omnipotenz bei gleichzeitiger Pseudounabhängigkeit (Wolf 1988; Kohut u. Wolf 1978). Akhtar (Kap. 2.1 in diesem Band) beklagt bei diesen Formulierungen insbesondere die mangelnde Verbindung zur psychiatrischen Nosologie, was allerdings bei Kohuts klinischer, erfahrungsnaher Ableitung seiner Theorie nicht verwundert.

Die Theorien, die eine primäre Objektbeziehung annehmen, finden Bestätigung in vielen Ergebnissen der Säuglingsforschung (Stern 1985; Sander 1987; Emde 1983; Lichtenberg 1983; Rosen Soref 1995; Beebe u. Lachmann 2002). Der pathologische Narzissmus wird in diesen Theorien als Ersatzbildung für eine ungenügende frühe Objektbeziehung (im Besonderen ungenügende Bindungs- und Kompetenzerfahrungen) betrachtet. Insbesondere der Mangel an Selbstwirksamkeit oder Effektanz ist vermutlich auch die Grundlage jener von Wirth (Kap. 1.7) beschriebenen machtbesessenen Persönlichkeiten, die aufgrund ihres Mangels absolute Kontrolle über andere erlangen wollen. Ähnliche Funktionen haben die von Volkan (Kap. 1.9) aufgezeigten Großgruppen-Phänomene und die dabei auftretenden politischen Führungspersonen, durch die neben einer Steigerung des Effektanzgefühls vor allem der Selbstwert erhöht werden soll.

Narzissmus als eigenständige Entwicklungslinie oder Triebabkömmling?

Fast immer wird Narzissmus auch heute noch unter dem Aspekt libidinöser Besetzung des Selbst bzw. des Ich (s. Laplanche, Kap. 1.4; Kernberg, Kap. 1.5; Gast, Kap. 1.6) betrachtet. Dies führte zu vielen Schwierigkeiten, die bereits Pulver (1972) erläuterte. Eine Betrachtung des Narzissmus unter rein libidinösen Gesichtspunkten verleitet zu einer Gleichsetzung pathologischer Phänomene im Erwachsenenalter mit normalem Verhalten von Säuglingen. Die unterschiedlichen Entwicklungsvorausetzungen werden nicht hinreichend bedacht. Es hat deshalb auch Versuche gegeben, den Narzissmus von der Triebtheorie abzulö-

---

10 Selbstkohärenz ist eine Bezeichnung für den Selbstzustand, der mit einer gewachsenen oder verminderten Struktur einhergehen kann. Entsprechend liegt ein kohäsives oder fragmentiertes Selbst vor.

1.1 Narzisstische Persönlichkeitsstörungen – ein Überblick

sen. Joffe und Sandler (1967) sehen den gesunden Narzissmus als einen idealen Zustand von Wohlbefinden, der am stärksten durch die Triebe bedroht ist. Betont wird dabei das Streben nach Sicherheit, Geborgenheit und Wohlbefinden, das abhängig ist von der Übereinstimmung des Ideal-Selbst mit dem Real-Selbst. Narzisstische Störungen sind Folge einer Differenz beider Repräsentanzen, und es besteht die Motivation zur Herbeiführung eines Gleichgewichts. Die Betonung der Regulationsvorgänge im Selbst (ebd.) wird von Deneke (1989) weiter ausgeführt und bei Morf und Rhodewalt (Kap. 2.3 in diesem Band) mit einem heuristisch hilfreichen Modell verbunden. Holder und Dare (1982) definieren Narzissmus nicht mehr durch libidinöse Besetzung, sondern als wesentlich abhängig von Objektbeziehungen und zugehörigen körperlichen Erfahrungen des Säuglings. Mit »Narzissmus« meinen sie »die Summe der positiv gefärbten Gefühlszustände, die mit der Vorstellung des Selbst (der Selbstrepräsentanz) verbunden werden« (S. 794f). Wohlbefinden stelle sich dann ein, wenn diese positiven Aspekte des Selbstwertgefühls die negativen überwiegen. Diese Auffassung eines psychischen Regulationsprinzips, welches das Streben nach Wohlbefinden und Sicherheit als basale Motivatoren des Lebens anerkennt, kommt Kohuts motivationalem Primat des Selbst schon sehr nahe.[11]

Kohut (1966; 1971) ging von einer eigenen, von den Trieben abgekoppelten Entwicklungslinie des Narzissmus (bzw. des Selbst und seiner Selbstobjekte) aus, die er als primär ansah (Kohut 1984). Diese geht aus von einem virtuellen Selbst (s. o.), führt über das archaische[12] zum reifen Selbst und ermöglicht dadurch die Entwicklung eines in eine Selbstobjektmatrix eingebetteten kohäsiven Selbst (Wolf 1980). Die infantile Omnipotenz geht so in zunehmenden Realitätssinn über, infantile Grandiosität macht allmählich einem reifen Selbstwertempfinden Platz. Nur ein nichtkohäsives Selbst ist in unterschiedlichem Ausmaß auf archaische Selbstobjekterfahrungen angewiesen, je nach Ausmaß der intrapsychischen Strukturierung. Geringe Selbstberuhigungskapazität führt zum Beispiel zur Suche nach idealisierten Selbstobjekten, wenig Selbstwertempfinden zur Suche nach spiegelnden Selbstobjekten.

---

11 Allerdings galt der Narzissmus schon für Lichtenstein (1964) als Motor für die Herstellung der Identitätsbalance. Lichtenstein spricht von einer primären Identität, die durch die responsive Erfahrung mit der Mutter zustande kommt, und nennt die Spiegelerfahrung dieser frühen Identität narzisstisch. Auch Bergler (1949) hielt die Erhaltung eines kohäsiven Selbstgefühls für wichtiger als libidinöse Befriedigungen.

12 Der Zustand des archaischen Selbst ist gekennzeichnet durch Verschmelzungsbedürfnisse sowohl mit spiegelnden als auch mit idealisierten Selbstobjekten. Unvermeidliche Versagungen dieser Verschmelzungsbedürfnisse führen zu den normalen Ausgangsstrukturen des archaischen Selbst: das Größen-Selbst und die idealisierte Eltern-Imago. Im Verlauf der Konsolidierung des Selbst treten Verschmelzungsbedürfnisse in den Hintergrund, es bleiben aber Bedürfnisse nach Spiegelung, Idealisierung sowie Gleichheit (Alter Ego) lebenslang erhalten (Übersicht bei Milch u. Hartmann 1996 sowie Milch 2001), die im Rahmen der Verfolgung reifer narzisstischer Ziele, Strebungen und Ideale befriedigt werden können.

Gesunder vs. pathologischer oder archaischer vs. reifer Narzissmus?

Zunächst einmal ist der Umschlagpunkt zwischen gesundem und pathologischem Narzissmus sehr schwer zu bestimmen. Ein gewisses Maß an Selbstliebe ist zweifellos wünschenswert. Außerdem sind Bewertungen mancher Verhaltensweisen abhängig von der Gesamtkonstellation einer Person. Was im einen Fall gesund erscheint, ist im anderen pathologisch. Wenn ein 16-jähriger Junge sich eine Stunde vor dem Spiegel die Haare fönt, mag es sich altersbezogen durchaus noch um gesunden Narzissmus handeln. Wenn ein solches Verhalten jedoch bei einem 45-jährigen Familienvater auftaucht, würden wir schon etwas Zweifel haben, ob dieses narzisstische Verhalten noch gesund ist. Wir sehen an diesem Beispiel, dass es gar nicht so einfach ist und von vielen Faktoren abhängt, ob wir narzisstische Verhaltensweisen noch als gesund und normal oder schon als krankhaft ansehen. Pathologische narzisstische Verhaltensweisen lassen sich am leichtesten über die Qualität der dabei zu beobachtenden Beziehungen zu anderen Menschen identifizieren. Diese Qualität ist zum Beispiel gekennzeichnet durch eine häufig selbstbezogene Benutzung anderer, dem Übergehen ihrer Bedürfnisse und Gefühle, als ob sie keine abgegrenzte eigenständige Subjektivität hätten. Konzeptuell stehen sich bei diesen Fragen die Auffassungen von Kernberg (1975; 1989; Kap. 2.2 und 5.3 in diesem Band) und Kohut (1971; 1977; 1984 sowie Ornstein, Kap. 5.1) gegenüber. Für Kernberg (1975) ist die Narzisstische Persönlichkeitsstörung sowohl eine Störung der Selbst- und Objektliebe als auch verknüpft mit spezifischen Störungen der Über-Ich-Entwicklung (s. Kap. 2.2). Pathologischer Narzissmus ist vor allem gleichgesetzt mit malignem Narzissmus als dessen besondere Form, die gekennzeichnet ist durch eine Narzisstische Persönlichkeitsstörung, antisoziales Verhalten, Ich-syntonen Sadismus gegen andere oder sich selbst sowie eine ausgeprägte paranoide Haltung. Kernberg (1989) stützt sich theoretisch auf Ich-psychologische und kleinianische Annahmen. Er geht davon aus, dass sich in der normalen Entwicklung allmählich eine libidinös besetzte Selbststruktur herausbildet, in die unterschiedliche Selbst- und Objektrepräsentanzen integriert und Selbst und äußeres Objekt separiert sind. Diese libidinöse Besetzung einer gesunden Selbststruktur nennt Kernberg gesunden oder normalen Narzissmus.[13] Der pathologische Narzissmus entwickelt sich nach seiner Auffassung vollkommen getrennt davon und ist eine Abwehrstruktur gegen übermäßige konstitutionelle oder frustrationsbedingte orale Aggression und damit zusammenhängende, nachfolgende frühe Spaltungen (Kernberg 1975). Eine wesentliche Manifestation der Aggression stellt der chronische intensive Neid dar. Die beschriebene Abwehrstruktur geht zurück auf eine pathologi-

---

13 Hierbei ist wichtig, dass Kernberg (1976) unter Libido die Integration positiver affektiver Besetzungen sowohl des Selbst als auch der Objekte in einer hierarchischen Ordnung versteht.

sche Selbststruktur, in der Selbst- und Objektrepräsentanzen nicht integriert sind. Vielmehr fallen Real-Selbst, Ideal-Selbst und Ideal-Objekt als Kompensation des strukturellen Defekts zusammen und begründen die bei Narzisstischen Persönlichkeitsstörungen vorhandene Grandiosität. Daher ist der pathologische Narzissmus die libidinöse Besetzung einer pathologischen Selbststruktur und stellt eine strukturelle Regression auf ein frühes Entwicklungsstadium mit noch unscharf geschiedenen Selbst- und Objektrepräsentanzen dar (s. Abb. 4.6-2, S. 573 in diesem Buch).[14] Kernberg spricht bewusst von pathologischem Narzissmus, um ihn von einer Fixierung an oder Regression auf den infantilen Narzissmus zu unterscheiden (er geht von einer primären Objektbeziehung aus). Bedeutsame Auswirkungen hat der pathologische Narzissmus auch auf die Objektbeziehungen. Aufgrund des Verlusts der liebevollen Seiten der Elternrepräsentanzen (durch den Verlust des Ideal-Selbst und Ideal-Objekts wegen deren Verschmelzung mit dem Real-Selbst; s. Kernberg 1975, S. 267) sind nur die strafenden Anteile der elterlichen Repräsentanz ins Über-Ich gelangt. Vor einem solchen strafenden Über-Ich (welches letztlich auf oral-aggressive Fixierungen zurückgeht) schützt sich der narzisstisch gestörte Patient durch libidinöse Besetzung des (strukturell gestörten) Selbst und hat wenig libidinöse Kapazität zur Objektbesetzung übrig.

Nach Kohut (1971; 1977; 1984) entwickelt sich der Narzissmus auf einer eigenen Entwicklungslinie von archaischen zu reifen Formen. Kohut nimmt keine Trennung von gesundem und pathologischem Narzissmus vor. Bei normaler Entwicklung zum reifen Narzissmus (d. h. zu reifen Selbstobjektbeziehungen) und intakter Selbstkohärenz (s. o.) erweitern sexuelle und aggressive Wünsche die Selbsterfahrung und bedrohen nicht wesentlich den Selbstzustand. Unter der Voraussetzung eines nichtkohärenten Selbst werden triebhafte Äußerungen als Sexualisierung und Aggressivierung[15] und damit als Abwehr aufgefasst (Ornstein 1993 und Kap. 5.1 in diesem Buch); primär geht es dabei um archaische oder unreife Formen von Selbstobjekterfahrungen (Spiegelung, Idealisierung, Alter Ego). Unter der Annahme eines pathologischen Narzissmus würden natürlich Spiegelungs-, Idealisierungs- und Alter-Ego-(Gleichheits)-Bedürfnisse als

---

14 Nach Kernberg (1976) geht die Narzisstische Persönlichkeitsstörung auf das vierte von fünf Entwicklungsstadien zurück. Das erste Stadium nennt er undifferenziertes Primärstadium (1.–2. Monat), das zweite Stadium das der primären, undifferenzierten Selbst-Objekt-Vorstellungen (2. bis 6.–8. Monat), im dritten Stadium geht es um die Differenzierung von Selbst- und Objektvorstellungen (6.–9. bis 18.–36. Monat), Stadium vier beschäftigt sich mit der Integration von Selbstvorstellungen und Objektvorstellungen und der Entwicklung reiferer intrapsychischer, aus Objektbeziehungen abgeleiteter Strukturen (letzter Teil des 3. Lebensjahres bis über die gesamte ödipale Periode), im Stadium fünf kommt es zur Konsolidierung der Über-Ich- und der Ich-Integration.

15 Beispielsweise frustrationsbedingte narzisstische Wutzustände bei Selbstobjektversagen, im Unterschied zu Kernbergs Hypothese, wonach Wutzustände Folge einer Fixierung auf triebbedingte orale Aggression sind.

1 Grundlagen

Abwehr angesehen. Kohut beschreibt gemäß seiner unterschiedlichen Voraussetzungen Narzisstische Persönlichkeitsstörungen in ganz anderen Worten als Kernberg. Es handelt sich um Patienten, die unter Gefühlen von Leere, Sinnlosigkeit oder Depression leiden, mit einem ungewöhnlich labilen Selbstwertgefühl, Neigung zu perversem, süchtigem oder delinquentem Verhalten (narzisstische Verhaltensstörungen), Mangel an Lebensfreude, Hypochondrie und Überempfindlichkeit gegen Zurücksetzungen (Kohut u. Wolf 1978).

Kernbergs und Kohuts Beschreibungen unterschiedlicher Typen Narzisstischer Persönlichkeitsstörungen können nach Gabbard (1989) auf einem Kontinuum zwischen den Endpunkten eines unbeirrten und eines hypervigilanten Narzissmus eingeordnet werden. Dies entspricht etwa der empirisch gefundenen Unterscheidung von Wink (1991), der zwischen offenem und verdecktem Narzissmus unterschieden hat, und der Unterscheidung von Rosenfeld (1981; s. Fonagy, Kap. 4.3 in diesem Buch) zwischen dünn- und dickhäutigen Narzissten. Gabbard (2005) hat die Merkmale interpersonaler Bezogenheit bei unbeirrten und hypervigilanten Narzissten dargestellt (s. Tab. 1.1-1).

Kohuts Beschreibung der Narzisstischen Persönlichkeitsstörung entspricht dabei eher einem hypervigilanten (oder verdeckten bzw. dünnhäutigen) Narzissmus, Kernbergs Beschreibung einem unbeirrten (oder offenen bzw. dickhäutigen) Narzissmus. Man könnte allerdings mithilfe des Konzepts der vertikalen Spaltung von Kohut den unbeirrten Narzissten, wie ihn Kernberg beschreibt, ebenso zuordnen. Es handelt sich dann – in der Theorie Kohuts – um jene offen

Tab. 1.1-1: Zwei Typen Narzisstischer Persönlichkeitsstörungen (mod. nach Gabbard 2005).

der unbeirrte Narzisst	der hypervigilante Narzisst
Ist sich über die Reaktionen anderer nicht gewahr.	Ist höchst sensibel gegenüber Reaktionen anderer.
Ist arrogant und aggressiv.	Ist gehemmt, scheu oder sogar übertrieben bescheiden.
Ist mit sich selbst beschäftigt, egozentrisch.	Lenkt Aufmerksamkeit mehr auf andere als auf sich selbst.
Braucht es, im Zentrum der Aufmerksamkeit zu stehen.	Vermeidet, im Zentrum der Aufmerksamkeit zu sein.
Hat einen »Sender, aber keinen Empfänger«.	Hört anderen sorgfältig zu, um Anzeichen für Kränkungen und kritische Äußerungen nicht zu übersehen.
Ist offensichtlich unempfindlich gegenüber Kränkungen durch andere.	Fühlt sich leicht gekränkt; neigt dazu, sich beschämt oder gedemütigt zu fühlen.

grandiosen Menschen, die sehr verdeckt und gewöhnlich unzugänglich ein instabiles Selbstbild haben. Ihre Entwicklungsdeprivation geschah nach Kohut (1971) aufgrund eines narzisstischen Missbrauchs der Leistungen und Fähigkeiten des Kindes durch die primäre Bezugsperson – mit der Folge des Fehlens einer echten und angemessenen Spiegelung grandios-exhibitionistischer Bedürfnisse. Diese treten, anstatt verdrängt worden zu sein (horizontale Spaltung) und nun vom Bewusstsein separiert (vertikale Spaltung), drängend in Erscheinung.

Narzissmus und Bindung

Narzissmus steht jedoch, unabhängig von den Perspektiven eines primären oder sekundären Narzissmus, auch in engem Zusammenhang mit der Bindungsentwicklung. Diese Tatsache wurde in manchen Darstellungen klinischer Aspekte der Bindungstheorie (z. B. Strauß et al. 2002; Cassidy u. Shaver 1999) bisher kaum berücksichtigt, ist aber aus der neueren empirischen Forschung gut belegbar (s. Pistole 1995; Hartmann 1997; Brennan u. Shaver 1998; Smolewska u. Dion 2005). Besonders wenn man zwischen offenem und verdecktem Narzissmus (Wink 1991) differenziert, können etwaige Widersprüche hinsichtlich der Verbindung zwischen Narzissmus und Bindung ausgeräumt werden. Offener Narzissmus ist dabei charakterisiert durch Dominanzstreben, geringes Streben nach Affiliation, stattdessen Vertrauen auf sich selbst und Misstrauen gegenüber anderen, während verdeckter Narzissmus eher charakterisiert ist durch mangelndes Selbstwertgefühl, übermäßige Empfindlichkeit, häufige negative Gefühle und ein hohes Maß an Selbstaufmerksamkeit.

Aus bindungstheoretischer Sicht kann argumentiert werden, dass eine unsichere Bindung, die zu einer Vermeidung von Intimität führt, in besonderem Maß mit narzisstischer Vulnerabilität verknüpft ist (Pistole 1995). Ein unsicheres Bindungsmuster (vermeidend oder ambivalent) kann insofern als Abwehr gesehen werden. Nach Auffassung Pistoles führt das in der Kindheit später narzisstischer Persönlichkeiten erlebte Defizit hinsichtlich angemessener elterlicher Unterstützung zu unangemessenen Strategien der emotionalen Regulierung und Beeinträchtigungen des Selbstkonzepts. Starke Affekte werden daher wie beim vermeidenden Bindungsmuster abgewehrt. Dies trifft besonders auf Menschen mit verdecktem Narzissmus zu, die ein ähnliches Bedürfnis nach grandios-exhibitionistischer Selbstdarstellung wie jene mit offenem Narzissmus haben, im Unterschied zu diesen sich jedoch viel verletzlicher und unzulänglicher fühlen (Hendin u. Cheek 1997). Beim offenen Narzissmus wird die Bedeutung von Bindungen verleugnet und eine Art zwanghaftes Selbstvertrauen entwickelt (Bowlby 1973). Die Ausnutzung anderer und die eigene Selbstdarstellung dient der Herstellung einer illusionären Bedeutungsüberhöhung des Selbst.

Smolewska und Dion (2005) konnten zeigen, dass insbesondere zwischen verdecktem Narzissmus und Bindung eine Beziehung besteht. Diese Beziehung ist, etwas widersprüchlich zu den oben erwähnten Überlegungen von Pistole (1995), intensiver zwischen verdecktem Narzissmus und dem ambivalenten Bindungsmuster als zwischen verdecktem Narzissmus und dem vermeidenden Bindungsmuster. Gründe hierfür könnten in der Empfindlichkeit von Menschen mit verdecktem Narzissmus liegen, insbesondere ihrer Angst vor Zurückweisung, die sich häufig immer wieder als selbsterfüllende Prophezeiung erweist (Downey et al. 1998).

Im Sozialverhalten sind Menschen mit offenem Narzissmus viel defensiver und emotional distanzierter und zeigen nach Dickinson und Pincus (2003) neben einem manchmal auftretenden sicheren ein vermeidendes Bindungsmuster. Vermeidung von Bindungen kann bei Menschen mit verdecktem Narzissmus allerdings auch, wie bereits Pistole (1995) zeigte, ein Abwehrmechanismus gegen die Angst vor Zurückweisung sein.

Die enge Verbindung Narzisstischer Persönlichkeitsstörungen mit bindungstheoretischen Überlegungen wird in diesem Band vor allem durch Fonagy in seinem Beitrag über Persönlichkeitsstörungen und Gewalt aufgezeigt (Kap. 4.3). Eines der zentralen evolutionären Ziele von Bindung ist nach seiner Auffassung die Aggressionssozialisation, und die Bändigung von Aggression ist eben auch eine Form emotionaler Regulation, die bei Versagen auf eine unsichere Bindungsorganisation schließen lässt. Aggression ist in Fonagys Verständnis grundsätzlich etwas Positives und überlebensorientiert. Sie stellt einen genuinen Protest gegen Not und Elend durch eine schädigende Umwelt dar. Insofern sind Aggression und Gewalt, wie beispielsweise bei narzisstischen Wutzuständen, Zeichen von Lebendigkeit. Die Fähigkeit zur Mentalisierung, die am besten über sichere Bindungen erworben werden kann, ist bei Menschen mit Narzisstischer Persönlichkeitsstörung nicht selten deutlich reduziert. Ihre Unfähigkeit, sich selbst bzw. ihren Selbstzustand zu spüren, führt zu der Notwendigkeit, das Selbst über Handeln von außen zu erleben. Dabei wird Selbstverwirklichung auf grausame Art an die erste Stelle gerückt.

Grundsätzlich ist die Bedeutung sicherer Bindungserfahrungen für die Entwicklung eines gesunden Narzissmus erheblich. Neugeborene bzw. Säuglinge sind ihrer Umwelt spontan zugeneigt, und ihr Verhalten benötigt lediglich angemessene Responsivität, damit Selbstvertrauen über Anerkennung und Akzeptanz entstehen kann. Zuneigung und Interesse für andere entwickelt sich dann nicht, wenn die Umwelt kein Interesse und keine liebevollen Reaktionen zeigt. Der nachfolgende narzisstische Rückzug ist keine Regression auf einen primären Zustand. Selbst der Fetus ist bereits höchst interessiert an seiner Umwelt und speichert Erinnerungen.[16] Das Interesse an der Bezugsperson und der ganzen

---

16 Beispielsweise Klang und Wortfolge der mütterlichen Stimme (Fifer u. Moon 1988; DeCasper u. Spence 1986). Auch Erinnerungen an Bewegungsschablonen und bestimmte Lagewahrnehmungen, zum Beispiel bei intrauteriner Interaktion von Zwillingen, kommen vor (Piontelli 1996).

Umwelt nimmt postpartal weiter zu (s. Kap. 1.2 und 1.3). Trevarthen (1979) spricht wegen dieses frühen Interesses des Säuglings am anderen und seiner Neigung, die Interaktion mit ihm zu beeinflussen und abzustimmen, von einer primären Intersubjektivität.

Gleichermaßen sind Kompetenz-/Effektanzerfahrungen neben der Bindung entwicklungsrelevant. Nach Rosen Soref (1995) sind Bindung und Kompetenz entscheidende Voraussetzungen für eine gesunde seelische Entwicklung. Die Bedeutung von Kompetenzerfahrungen ist bereits von Freud (1920) in seinem Konzept des Bemächtigungstriebs erfasst und von Hendrick (1942) und White (1959) ausgearbeitet worden. Auch Weiss und Sampson (1986) nehmen zentral auf Kompetenz (bzw. Bemeisterung; engl.: mastery) Bezug. In der Säuglingsforschung werden entsprechende Experimente unter dem Begriff »Kontingenz« subsumiert. DeCasper und Carstens (1981) ermöglichten drei Tage alten Säuglingen, ein Tonband mit weiblichem Gesang durch Verlängerung ihrer Saugpausen an- bzw. auszuschalten. Während sie dies bei freudiger Erregung schnell erlernten, zeigten sie negative Affekte (Schreien) und grimassierten, wenn das Tonband nicht mehr ihrem Einfluss gehorchte und sich zufällig ein- und ausschaltete. Ähnliche Experimente wurden von Papousek und Papousek (1975) sowie Watson (1985) durchgeführt (s. auch Dornes 1993 und Stern 1985).

Die entscheidende Bedeutung von Kompetenzerfahrung für die Entwicklung eines gesunden Narzissmus liegt in der Angemessenheit der zu bewältigenden Aufgabe, die möglichst in der proximalen Zone der gegenwärtigen Möglichkeiten des Säuglings liegen sollte (Wygotski 1934). Die wechselseitige Regulation von Säugling und Bezugsperson spielt dabei eine besondere Rolle. Es kommt darauf an, den Säugling nicht zu überfordern[17], sondern ihm behilflich zu sein, damit aus einer affektiv negativ getönten Interaktion ein affektiv positives Erlebnis werden kann. Die Erfahrung der eigenen reparativen Kompetenz unter Zuhilfenahme des anderen stärkt das Selbstgefühl und beugt einer vorzeitigen Selbstregulation und einem narzisstischen Rückzug aus der Objektwelt vor. Diese Annahme wird auch durch Untersuchungen von Malatesta et al. (1989) sowie Beebe und Lachmann (1994; 2002) bestätigt.

Rosen Soref (1995) bringt zwei Beispiele für narzisstische Abwehrformen, die die Bedeutung von Bindung und Kompetenz bei der Entwicklung Narzisstischer Persönlichkeitsstörungen illustrieren. Zuerst geht sie auf die bekannte Neigung narzisstischer Patienten ein, perfekt und etwas Besonderes sein zu wollen. Dies wird als Kompensationsversuch nicht gehabter und ersehnter Bewunderung und Anerkennung der eigenen Individualität gesehen sowie als Versuch, jene Bewunderung doch noch zu erhalten. Perfektes Verhalten steht im Zusammenhang mit

---

17 Entwicklungshemmend ist natürlich die (in Wirklichkeit kaum verhinderbare) Vermeidung von Frustration und sofortiger Tröstung. Dies führt auch zur Enteignung des eigenen Affekts durch Verhinderung seiner Wahrnehmung (Lichtenberg 1990).

ungenügenden frühen Kompetenzerfahrungen, deren schmerzliche affektive Komponente damit abgewehrt werden soll. Es entsteht zwangsläufig eine Spirale von Versagen und immer höheren Ansprüchen an die eigene Leistung, eine realistische Zielsetzung ist nicht mehr möglich. Tatsächliche Anerkennung wird nicht wahrgenommen, da die Wertschätzung für die eigene Person fehlt. Auf diese Weise wiederholt sich innerlich die frühe Ablehnung und Entwertung durch die primären Bezugspersonen.

Ein weiteres Kennzeichen narzisstischer Abwehr ist die Selbstbezogenheit. Der Mangel an Interesse am Selbst des Säuglings kann beim narzisstisch gestörten Erwachsenen zum intensiven Bedürfnis nach eigener Wichtigkeit führen. Abwendung kann dann nicht toleriert werden und führt zu heftiger (narzisstischer) Wut. Dadurch bedingt ziehen sich andere zurück, und die Selbstbezogenheit wird verstärkt.

Nicht zu vergessen ist die bei fehlender oder ungenügender wechselseitiger Regulation auftretende vorzeitige Selbstregulation des Säuglings. Das fehlende Vertrauen in andere führt auch bei narzisstisch gestörten Erwachsenen dazu, sich nur auf sich selbst zu verlassen. Das Angewiesensein auf andere wird deshalb verleugnet, oder deren Hilfe für die Aufrechterhaltung des eigenen Selbstgefühls ruft höchstens Neid auf deren Fähigkeiten hervor.

Nach diesen grundlegenden Bemerkungen zur Narzisstischen Persönlichkeitsstörung wende ich mich nun – entsprechend der Gliederung dieses Buchs – der Diagnostik der Narzisstischen Persönlichkeitsstörung zu.

Zur Diagnostik

Epidemiologische Daten zur Narzisstischen Persönlichkeitsstörung basieren ausschließlich auf Klassifikationen nach dem DSM (überwiegend DSM-III und DSM-III-R; s. Hartkamp et al. 2002). In klinischen Stichproben kann man bei durchschnittlich 5 % (schwankend je nach Untersuchung zwischen 2 und 22 %) der Patienten vom Vorliegen einer Narzisstischen Persönlichkeitsstörung ausgehen. In der Allgemeinbevölkerung liegt diese Quote sehr viel tiefer, bei unter 1 %. Diese Zahlen geben möglicherweise ein falsches Bild wieder, da bei Zugrundelegung anderer Diagnosesysteme (z. B. OPD, s. Arbeitskreis OPD 1996) andere Prävalenzraten entstünden. Des Weiteren liegen erhebliche Komorbiditäten vor, besonders mit Histrionischen und Antisozialen Persönlichkeitsstörungen, wodurch die Häufigkeit Narzisstischer Persönlichkeitsstörungen vermutlich eher unterschätzt wird.[18] Vor allem aber gibt es eine häufig auftretende narzisstische Pro-

---

18 Siehe Kapitel 4.10 zur Komorbidität mit Suizidalität.

blematik bei klinischen und nichtklinischen Populationen, die nicht alle Kriterien für eine Persönlichkeitsstörung erfüllt. Ein weiterer interessanter Befund neuerer empirischer Untersuchungen ist der Hinweis, dass Narzisstische Persönlichkeitsstörungen bei Männern deutlich häufiger auftreten als bei Frauen (s. Morf u. Rhodewalt, Kap. 2.3).

Während in der DSM-Klassifikation die Narzisstische Persönlichkeitsstörung als eigenständige Krankheitseinheit erscheint, wird sie in der ICD-10 nur im Anhang erwähnt (Dilling et al. 1994). Begründet wird dies mit der umstrittenen klinischen und wissenschaftlichen Bedeutung. Neben den allgemeinen Kriterien für eine Persönlichkeitsstörung (F60) müssen mindestens fünf der in der Tabelle 1.1-2 aufgeführten Merkmale vorhanden sein (nach Dilling et al. 1994).

Neuere empirische Untersuchungen zum Verlauf der Erkrankung bei Narzisstischen Persönlichkeitsstörungen, die mittels DSM-III-R, DSM-IV und dem Diagnostischen Interview zum Narzissmus (Gunderson et al. 1990) durchgeführt wurden, haben die in der ICD-10 erwähnten diagnostischen Unsicherheiten bestätigt. Die Instabilität narzisstischer Psychopathologie im Verlauf stellt die Konstruktvalidität der diagnostischen Kategorie »Narzisstische Persönlichkeitsstörung« ebenso wie das Konstrukt des pathologischen Narzissmus infrage (Ronningstam et al. 1995).

Tab. 1.1-2: Merkmale der Narzisstischen Persönlichkeitsstörung (ICD-10, F60.81).

- Größengefühl in Bezug auf die eigene Bedeutung (z. B. übertreiben die Betroffenen ihre Leistungen und Talente, erwarten ohne entsprechende Leistungen als bedeutend angesehen zu werden)
- Beschäftigung mit Phantasien über unbegrenzten Erfolg, Macht, Scharfsinn, Schönheit oder ideale Liebe
- Überzeugung, »besonders« und einmalig zu sein und nur von anderen besonderen Menschen oder solchen mit hohem Status (oder von entsprechenden Institutionen) verstanden zu werden oder mit diesen zusammen sein zu können
- Bedürfnis nach übermäßiger Bewunderung
- Anspruchshaltung; unbegründete Erwartung besonders günstiger Behandlung oder automatischer Erfüllung der Erwartungen
- Ausnutzung von zwischenmenschlichen Beziehungen; Vorteilnahme gegenüber anderen, um eigene Ziele zu erreichen
- Mangel an Empathie; Ablehnung, Gefühle und Bedürfnisse anderer anzuerkennen oder sich mit ihnen zu identifizieren
- häufiger Neid auf andere oder Überzeugung, andere seien neidisch auf die Betroffenen
- arrogante, hochmütige Verhaltensweisen und Attitüden

1 Grundlagen

Dem gegenwärtigen DSM (als DSM-III im Jahre 1980 eingeführt, revidiert 1987 und erneut 1994 als DSM-IV) liegt das klassische medizinische Modell zur Beschreibung von Geisteskrankheiten, fußend auf Kraepelin, zugrunde. Psychoanalytische Konzepte wurden vernachlässigt. Mittels exakter Deskription wird versucht, die Reliabilität klinischer Syndrom-Diagnosen zu erhöhen. Während dies auf der Achse I (z. B. Schizophrenien, Depressionen, Angststörungen) relativ erfolgreich gelungen ist, sind die erreichten Reliabilitäten für Persönlichkeitsstörungen (Achse II) ziemlich gering (etwa 0,50). Im DSM-IV (Saß et al. 1996) wird die Narzisstische Persönlichkeitsstörung durch insgesamt neun Merkmale charakterisiert, die von Akhtar (Kap. 2.1) ausführlich dargestellt werden. Er beschreibt die Narzisstische Persönlichkeitsstörung auf historisch-deskriptiver Grundlage und bezieht sich zugleich auf gegenwärtige psychoanalytische Konzeptualisierungen. Kernberg (Kap. 2.2) erweitert diese Darstellung in Richtung der Beziehungen zwischen Narzisstischer Persönlichkeitsstörung (NPS) und antisozialem Verhalten sowie Perversionen. Durch ein ausführliches Fallbeispiel konkretisiert er die aus seiner Sicht wesentlichen Charakterzüge der NPS in Form pathologischer Selbst- und Objektliebe sowie eines pathologischen Über-Ichs. Die Einordnung antisozialen Verhaltens in ein Kontinuum ist nach Kernberg (1998) so wie in der Abbildung 1.1-1 dargestellt vorstellbar. Schließlich zeigt Cooper (Kap. 2.4) in seinem Beitrag die Verbindungen zwischen Narzissmus und Masochismus auf. Masochismus hat Abwehrfunktionen und adaptive Funktionen, durch die die Illusion anhaltender Kontrolle über die Eltern ermöglicht wird.

Mangelnde Übereinstimmung bei psychodynamisch orientierten Psychotherapeuten hinsichtlich basaler psychoanalytischer Grundbegriffe sowie Unzufriedenheit mit dem Verschwinden des Neurose-Konzepts und der Überbetonung phänomenologischer und biologischer Daten in den gängigen Klassifikationssystemen ICD-10, DSM-III-R bzw. DSM-IV führten im deutschsprachigen Raum zur Entwicklung einer operationalisierten psychodynamischen Diagnostik (Arbeits-

- antisoziales Verhalten als Teil einer Symptomneurose
- Neurotische Persönlichkeitsstörung mit antisozialen Merkmalen
- antisoziales Verhalten bei anderen Persönlichkeitsstörungen
- Narzisstische Persönlichkeitsstörung mit antisozialem Verhalten
- Syndrom des malignen Narzissmus
- Antisoziale Persönlichkeitsstörung/Psychopathie

Abb. 1.1-1: Kontinuum antisozialen Verhaltens (mod. nach Kernberg 1998).

1.1 Narzisstische Persönlichkeitsstörungen – ein Überblick

Tab. 1.1-3: Struktur der OPD-1 (mod. nach Arbeitskreis OPD 1996).

- I. Krankheitserleben und Behandlungsvoraussetzungen
- II. Beziehung
- III. Konflikt
- IV. Struktur
- V. psychische und psychosomatische Störungen

kreis OPD 1996), auf die hier ergänzend hingewiesen werden soll. Die OPD besteht aus insgesamt fünf Achsen, vier davon psychodynamisch orientiert und eine deskriptiv (s. Tab. 1.1-3).

Die Narzisstische Persönlichkeitsstörung findet ihre besondere Einordnung in III (Konflikt) und IV (Struktur). Auf der Achse III (Konflikt) spielen die Selbstwertkonflikte eine Rolle, die bei narzisstisch gestörten Individuen alle anderen Konfliktebenen überragen. Passiv wird das eigene Selbst als wertlos erlebt, Leitaffekt ist die Scham. Aktiv kommt es zu kompensatorischen Selbstüberschätzungen, bei Konfrontation mit der Realität zu heftigen Affekten (narzisstische Wut). Bei Achse IV (Struktur) geht es um das Ausmaß der Integration psychischer Funktionen in die psychische Struktur. In Hinblick auf die Narzisstische Persönlichkeitsstörung spielen hier überwiegend Selbstwahrnehmung und Selbststeuerung eine Rolle.

Testdiagnostik

Im deutschsprachigen Raum steht seit 1989 das Narzissmus-Inventar für die Diagnostik relevanter Bereiche der Organisation und Regulation Narzisstischer Persönlichkeitsstörungen zur Verfügung (Deneke u. Hilgenstock 1989). Faktorenanalytisch wurden vier Dimensionen konzipiert:

- **das bedrohte Selbst**, welches sich auf die Instabilität des Selbst bezieht (mit den acht Subskalen ohnmächtiges Selbst, Affekt-/Impulskontrollverlust, Derealisation/Depersonalisation, basales Hoffnungspotenzial, Kleinheitsselbst, negatives Körper-Selbst, soziale Isolierung, archaischer Rückzug)
- **das »klassisch« narzisstische Selbst**, welches sich auf Kohuts (1977) Selbst-Theorie bezieht (mit den Subskalen Größen-Selbst, Sehnsucht nach dem idealen Selbstobjekt, Gier nach Lob und Bestätigung, narzisstische Wut)
- **das idealistische Selbst**, welches zum Teil an Kernbergs (1975) Beschreibungen der Narzisstischen Persönlichkeitsstörung erinnert (mit den vier Subskalen Autarkie-Ideal, Objektabwertung, Werte-Ideal, symbiotischer Selbstschutz)

- **das hypochondrische Selbst**, welches sich auf den Körper konzentriert (mit den zwei Subskalen hypochondrische Angstbindung und narzisstischer Krankheitsgewinn)

Die Autoren gehen von einem lebenslang wirksamen, sich komplex regulierenden und vielfältig verknüpften Selbstsystem aus, welches motivational durch zwei gegensätzlich wirksame Prinzipien (Streben nach spannungsfreier Ruhe, Streben nach Stimulierung oder Unruhe) bestimmt wird.

Ein etwas anderes Prozessmodell des Narzissmus entwerfen Morf und Rhodewalt (Kap. 2.3). Sie untersuchen den aktiven Beitrag, den narzisstische Individuen leisten, um in der interpersonellen und intrapersonellen Regulation die gewünschte Selbstidentifizierung aufrechtzuerhalten. Für sie ist die Narzisstische Persönlichkeitsstörung also eine motivierte Selbstkonstruktion. Eine gewisse Ähnlichkeit mit diesem Modell findet sich bei Benjamins Darstellung (Benjamin 1996) mittels des SASB (Strukturale Analyse sozialen Verhaltens), welches ich hier nicht weiter berücksichtigen kann, auf das ich den interessierten Leser jedoch verweise.

Klassifikation des Narzissmus in einer Systematik der Persönlichkeitsstörungen

Neben der Systematik von Persönlichkeitsstörungen, wie sie im DSM, in der ICD und in der OPD dargelegt ist, hat Kernberg (1996) auf der Grundlage des gegenseitigen Ausschlusses narzisstischer und objektaler Besetzung vier Organisationsniveaus von Persönlichkeitsstörungen herausgearbeitet (s. Abb. 1.1-2).

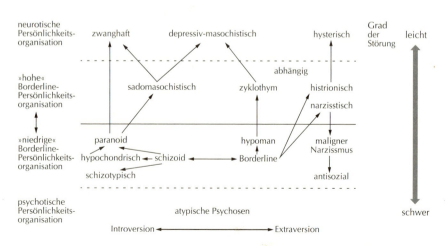

Abb. 1.1-2: Wechselseitige Beziehungen bei Persönlichkeitsstörungen (mod. nach Kernberg 1996).

Das höher organisierte Borderline-Organisationsniveau kann auch als narzisstisches Organisationsniveau bezeichnet werden und schließt die besser angepassten Narzisstischen Persönlichkeitsstörungen sowie einige infantile und passiv-aggressive Persönlichkeitsstörungen ein. Das niedriger organisierte Borderline-Organisationsniveau umfasst die meisten infantilen und Narzisstischen Persönlichkeitsstörungen sowie Schizoide, Paranoide, Hypomanische und Antisoziale Persönlichkeitsstörungen. Kernberg (1975) hat die Narzisstische Persönlichkeitsstörung nach Funktionsniveaus unterschieden und sie in drei Gruppen differenziert. Die erste Gruppe umfasst narzisstische Persönlichkeiten mit hoher äußerer Anpassung, die durch entsprechende Begabungen, Fähigkeiten sowie hohe Intelligenz große Erfolge haben und sehr bewundert werden. Solche Patienten kommen nur in Behandlung, wenn schwere neurotische Symptome auftreten. Zur zweiten Gruppe gehören die meisten der narzisstischen Persönlichkeiten. Sie leiden unter schweren Beziehungsstörungen, können schwer dauerhafte Beziehungen aufbauen und empfinden häufig eine chronische Leere. In die dritte Gruppe werden die Narzisstischen Persönlichkeitsstörungen auf Borderline-Niveau eingeordnet. Nach Ronningstam und Gunderson (1991) lassen sich Borderline-Persönlichkeiten und narzisstische Persönlichkeiten differenzialdiagnostisch durch das Merkmal »Grandiosität« am besten trennen, welches bei Borderline-Persönlichkeitsstörungen kaum oder weniger ausgeprägt zu finden ist.

Gedo (2005) hat auf der Basis von fünf Entwicklungsphasen der Persönlichkeit in Bezug auf die Reifung neuronaler Kontrolle und fünf Funktionsmodi eine etwas andere Hierarchie von Pathologien entwickelt, bei der die narzisstischen Störungen im mittleren Bereich lokalisiert sind (s. Abb. 1.1-3). Die fünf Entwicklungsphasen sind:

- **Phase I:** Der Säugling entwickelt eine Landkarte von sich selbst in der Welt, beginnend vermutlich im Cerebellum.
- **Phase II:** Es entwickelt sich die rechtshirnige präfrontale Kontrolle, und affektive Eingangsinformationen werden der Repräsentation des Kern-Selbst zugeordnet.
- **Phase III:** Diese Phase ist durch die Dominanz der linken Hemisphäre charakterisiert. Die Selbstorganisation wird durch wiederholte Erfahrung eines Schemas des Selbst parietal stabilisiert, und die Symbolisierungsfähigkeit entwickelt sich.
- **Phase IV:** Weitere kortikale Reifung – besonders des Corpus callosum – führt zu einer interhemisphärischen Integration mit der Folge miteinander in Konflikt stehender Motivationen.
- **Phase V:** Diese Phase ist charakterisiert durch zunehmende Regulationsfähigkeiten durch den präfrontalen Kortex.

1 Grundlagen

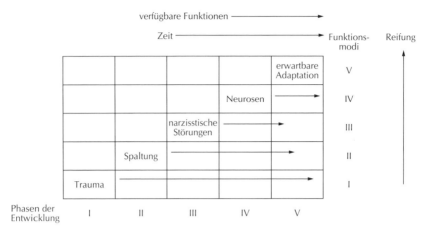

Abb. 1.1-3: Hierarchie von Pathologien (mod. nach Gedo 2005).

Zu den fünf Funktionsmodi gehören u. a. basale Spannungsregulation, Selbstorganisation und Affektkontrolle, Realitätsprüfung und Symbolisierung, ödipale Konflikte sowie intrapsychische Konfliktlösung und Ambivalenzfähigkeit.

Die Entwicklung von Verhaltensregulation wird als direkt abhängig von der Reifung des Zentralnervensystems gesehen (insbesondere bezüglich Kognition, Affektivität und Semiosis). In jeder Entwicklungsphase können Störungen auftauchen und dazu führen, dass schon früher erreichte Funktionsmodi benutzt werden (Regression). Die narzisstischen Störungen, wozu Gedo auch die Borderline-Persönlichkeitsstörungen zählt, werden als präödipale Störungen eingeordnet. Sie benötigen wegen ihrer mangelnden funktionellen Reifung der Affektregulation die Unterstützung anderer und erleben deren Abwesenheit als Bedrohung ihres Selbst.

Empirische Grundlagen zum Narzissmus und zur Narzisstischen Persönlichkeitsstörung

Empirische Untersuchungen zur Narzisstischen Persönlichkeitsstörung liegen, wie bereits oben erwähnt, kaum vor. Neben den bereits bekannten epidemiologischen Studien berichten Levy und Clarkin (Kap. 3.1) lediglich über zwei Untersuchungen auf der Basis kleiner Stichproben mit Daten über den Langzeitverlauf von Narzisstischen Persönlichkeitsstörungen. Korrigierend wirksam hinsichtlich der Symptomatik scheinen Erfolgserlebnisse zu sein sowie eine therapeutisch oder anderweitig induzierte angemessenere Selbstwahrnehmung

1.1 Narzisstische Persönlichkeitsstörungen – ein Überblick

(Desillusionierung) und günstige Beziehungserfahrungen. Dies sind hilfreiche Umstände, die auch in anderen Untersuchungen bei anderen Störungen für Veränderungen inter- und intrapersoneller Schemata relevant sind. Langfristig darf man durch Psychotherapie eine Verbesserung der Symptomatik der Narzisstischen Persönlichkeitsstörung erwarten.

Ronningstam greift in ihrem Beitrag (Kap. 3.2) die veränderungswirksamen Lebensereignisse auf und zeigt, wie diese korrigierend wirken können. Menschen mit Narzisstischer Persönlichkeitsstörung und eingeschränkter Beziehungsfähigkeit scheinen allerdings über ein geringes Veränderungspotenzial zu verfügen. Neben dem Rückgang narzisstischer Symptomatik kann es durch korrosive Lebensereignisse jedoch auch zu einem verstärkten pathologischen Narzissmus kommen. Korrosive Lebensereignisse sind Kränkungserlebnisse, die Selbsterleben und Selbstregulation bedrohen und eine defensive, mit Aggressivität und Entfremdungserleben verbundene Grandiosität zur Folge haben.

Hinsichtlich der Ursachen von Narzisstischen Persönlichkeitsstörungen wird aus den Zwillingsstudien von Torgersen (Kap. 3.4) deutlich, dass auch genetische Einflüsse vorhanden sind. Das Verhältnis Umwelt-/Vererbungseinfluss muss gegenwärtig jedoch noch aufgrund der begrenzten empirischen Daten und dem mangelnden Wissen über die Zusammenhänge (z. B. hinsichtlich Genexpression) mit Vorsicht betrachtet werden. Stone (Kap. 3.3) greift die Beteiligung biologischer Faktoren bei Narzisstischen Persönlichkeitsstörungen auf und zeigt ihre vermuteten Auswirkungen – insbesondere bei kriminellem Verhalten von Menschen mit Narzisstischer Persönlichkeitsstörung, vor allem bei malignem Narzissmus, antisozialer Persönlichkeit und Psychopathie. Allerdings stellt er auch die schwerwiegende negative Wirkung von Umweltfaktoren (körperliche Misshandlung, schwere narzisstische Traumatisierung usw.) dar, wie sie vor allem von Fonagy (Kap. 4.3) als entscheidend für die Entstehung von Gewalt angesehen werden. Auch Stone betont die mangelnde Empathie für die Opfer krimineller Taten, die – wie Fonagy feststellt – Grundlage von Gewalthandlungen ist. Weitere Hinweise für den Zusammenhang zwischen Narzisstischer Persönlichkeitsstörung und Gewalt bzw. narzisstischer Wut finden sich in einer Einzelfalluntersuchung von Stuhr und Püschel (2004). Sie zeigen, wie nach einem Tötungsdelikt am Intimpartner der Täter sich selbst suizidiert, und weisen nach, wie die Bedrohung des Selbst beim Täter durch die Trennungsabsicht des Opfers entstand und hierdurch narzisstische Wut ausgelöst wurde.

Schließlich zeigt Kernberg Bardenstein (Kap. 3.5) mittels Rorschach-Untersuchungen bei Kindern, wie sich Narzisstische Persönlichkeitsstörungen bereits früh in bestimmten Auffälligkeiten darstellen. Aus den Rorschach-Ergebnissen sind Hinweise für eine überdauernde narzisstische Störung bei Kindern und Jugendlichen ableitbar, die sich vor allem in Realitätsverzerrung, affektiver Hemmung, Hypervigilanz, depressiven Zügen, Grandiosität bei gleichzeitig geringem Selbstwert und der Neigung zu weniger engen Beziehungen zu anderen Menschen zeigen.

Bezüglich der empirischen Absicherung unterschiedlicher therapeutischer Strategien liegen kaum Untersuchungen vor. Hier geht es wiederum im Wesentlichen um die Gegenüberstellung der Theorien Kernbergs und Kohuts und der daraus abgeleiteten therapeutischen Empfehlungen. Glassman (1988) fand Hinweise darauf, dass beide Theorien konsistent mit empirischen Daten waren, allerdings Kohuts Modell als Spezialfall der allgemeineren Theorie von Kernberg erklärbar sei. Ich komme im letzten Abschnitt dieses Beitrags noch einmal darauf zurück.

Die Bedeutung des Narzissmus bei spezifischen Störungsbildern und in unterschiedlichen Lebensphasen

Ich habe versucht, in diesem Abschnitt eine Vielfalt von Störungsbildern ohne Anspruch auf Vollständigkeit in ihrem Zusammenhang mit dem Narzissmus zur Darstellung kommen zu lassen. Dafür wurden von den Herausgebern Autoren mit sehr unterschiedlichen Perspektiven zur Mitarbeit eingeladen. Dennoch glaube ich, dass der Facettenreichtum narzisstischer Phänomene es nahezu unmöglich macht, eine umfassende Darstellung vorzulegen. So haben wir darauf verzichtet, auf die zweifellos relevante narzisstische Symptomatik bei Psychosen und Borderline-Persönlichkeitsstörungen einzugehen, und verweisen auf die vorliegende Literatur (z. B. Kernberg et al. 2004; Mentzos 1991; 1992; Rosenfeld 1981; Pao 1979; Gabbard 2005). Narzissmus und depressive Störungen hätte sicherlich auch ein eigenes Kapitel verdient. Ich bin jedoch der Auffassung, dass im verdeckten bzw. hypervigilanten Narzissmus und der damit verbundenen Selbstwertproblematik depressive Störungen berücksichtigt werden, ebenso in Kapitel 4.10 dieses Buchs über Narzissmus und Suizidalität. Kohut spricht in seiner Konzeption des Narzissmus sogar von einer leeren Depression. Gleiches gilt für die narzisstische Symptomatik bei Angststörungen. Hier ist insbesondere die Bedeutung des steuernden Objekts anzuführen (König 1986), welches durch Übernahme von Selbstanteilen entängstigend wirksam ist, oder auch die Hypochondrie als Anzeichen einer körperlich empfundenen narzisstischen Imbalance.

In den ersten drei Kapiteln dieses Abschnitts wird auf besonders schwierige Formen von Narzisstischen Persönlichkeitsstörungen Bezug genommen, die bereits vorher (vor allem in den Kapiteln 2.2 und 3.3) Erwähnung fanden. Im ersten Kapitel dieses Abschnitts beschäftigt sich Rauchfleisch mit dissozialen Patienten. Er bezieht sich zwar auf eine ähnliche diagnostische Einordnung wie Kernberg, teilt allerdings nicht dessen eher schwerwiegende Bedenken hinsichtlich eines therapeutischen Erfolgs und ist sich andererseits der Schwierigkeiten im Umgang mit diesen Patienten sehr bewusst. Pfäfflin, Lamotte und Ross beschäftigen sich

1.1 Narzisstische Persönlichkeitsstörungen – ein Überblick

mit dem Auftreten von Perversionen bei Narzisstischen Persönlichkeitsstörungen und loten dabei zunächst einmal das Bedeutungsfeld des Perversionsbegriffs aus. Ihre Bemerkungen zur Psychotherapie von Menschen mit schweren Perversionen sind vor allem ressourcenorientiert und schließen auch aktuelle selbstpsychologische Umgangsweisen ein. Fonagy präsentiert in seinem danach folgenden Kapitel über Persönlichkeitsstörungen und Gewalt ein auf Bindungstheorie und Mentalisierungfähigkeit gestütztes Verständnis, welches eine völlig eigenständige Perspektive eröffnet. Ich habe bereits an verschiedenen Stellen darauf hingewiesen.

In den Kapiteln 4.4 und 4.5 werden Zusammenhänge zwischen Narzissmus und psychosomatischen Krankheitserscheinungen, wie sie sich bei Schmerz, somatoformen Störungen und Alexithymie darstellen, erläutert. Henningsen (Kap. 4.4) macht dabei deutlich, dass die Selbstwertregulation eine große Rolle für somatoforme Störungen spielt, während Scheidt (Kap. 4.5) auf die wesentliche Bedeutung narzisstischer Faktoren neben einer gestörten Affektverarbeitung in der Genese psychosomatischer Erkrankungen hinweist. Alexithymie lässt sich ihm zufolge auch als weitgehender Rückzug narzisstischer Selbstbesetzung auffassen.

Narzisstische Symptomatik in der Kindheit ist Thema der nächsten beiden Kapitel. Paulina Kernberg gibt einen Überblick über Narzisstische Persönlichkeitsstörungen in der Kindheit, während sich Ann Alvarez auf narzisstische Phänomene bei Kindern bezieht, die infolge desinteressierter Bezugspersonen auftraten. Diese »dummen Objekte« seien Folge ungenügender Mentalisierung und Spiegelung des Säuglings durch die primäre Bezugsperson.

Ganz anders als in der Kindheit, aber gleichermaßen vorhanden, sind die narzisstischen Konflikte im Alter (Kap. 4.9). Teising verweist dabei auf die narzisstischen Verletzungen des Alterungsprozesses, die sich vor allem körperlich ausdrücken, sowie auf charakteristische, altersbedingte Kränkungen, wie zum Beispiel deutliches Erleben von Abhängigkeit, verringerte kognitive und sexuelle Leistungsfähigkeit usw.

Randständigen, aber nicht unwichtigen Themen im Zusammenhang mit Narzissmus widmen sich das drittletzte und das letzte Kapitel dieses Abschnitts. Akhtar (Kap. 4.8), der kernbergschen Einteilung von normalem und pathologischem Narzissmus folgend, schildert die Bedeutung des Narzissmus in der romantischen Liebe, Sexualität und ehelichen Beziehung sowie den Einfluss des pathologischen Narzissmus auf diese Bereiche. Milch (Kap. 4.10) schließlich wendet sich einer besonders tragischen Seite Narzisstischer Persönlichkeitsstörungen zu, nämlich der Suizidalität. Ausgehend von einem selbstpsychologischen Verständnis betrachtet Milch das Erleben von Kompetenz im suizidalen Verhalten als entscheidend, welches dem Patienten angesichts eingeschränkter Affektregulationsmöglichkeiten und Fragmentierung durch extremes Kränkungserleben erlaubt, sich selbst zu stabilisieren.

1 Grundlagen

Zur Psychodynamik und Psychotherapie Narzisstischer Persönlichkeitsstörungen

Die bereits am Anfang erwähnte Unterscheidung verschiedener Formen des Narzissmus im Sinne eines unbeirrten/offenen und hypervigilanten/verdeckten Narzissmus spielt auch für das psychodynamische Verständnis und den therapeutischen Umgang eine wesentliche Rolle (vgl. Tab. 1.1-1). So wie oben der kohutschen Auffassung eher Menschen mit hypervigilantem/verdecktem Narzissmus und der kernbergschen Auffassung eher Menschen mit unbeirrtem/offenem Narzissmus zugeordnet wurden, können diese Typologisierungen bei Psychodynamik und Psychotherapie fortgeführt werden. Möglicherweise ist jedoch eine wesentliche Ursache für die Theorie-Differenzen zwischen Kernberg und Kohut die unterschiedliche Klientel, die sie behandelt haben. Während Kohut meist relativ gut situierte und beruflich kaum beeinträchtigte Patienten ambulant psychoanalytisch behandelte, war Kernberg neben der ambulanten auch mit der stationären Behandlung von Menschen mit Narzisstischer Persönlichkeitsstörung befasst, und Letztere sind naturgemäß wesentlich schwerer gestört. Häufig konnte Kernberg bei diesen Patienten auch antisoziale Züge feststellen und einen im Gegensatz zu Kohuts Patienten eher offensiv zur Schau getragenen (offenen/unbeirrten) Narzissmus.

Von beiden Autoren unterschiedlich gesehen wird die Einordnung der Narzisstischen Persönlichkeitsstörungen in eine Systematik der Persönlichkeitsstörungen (s. o.). Nach Kohut (Kohut u. Wolf 1978) werden Narzisstische Persönlichkeitsstörungen deutlich von Borderline-Persönlichkeitsstörungen unterschieden, und die Möglichkeit psychoanalytischer Behandlung wurde zum damaligen Zeitpunkt noch infrage gestellt. Kernberg hingegen erkennt zwischen Narzisstischer Persönlichkeitsstörung und Borderline-Persönlichkeitsstörung viel mehr Ähnlichkeit, insbesondere hinsichtlich der Abwehrmechanismen, und betrachtet die Narzisstische Persönlichkeitsstörung letztlich als eine im Unterschied zu den Neurosen auf höherem Niveau organisierte Borderline-Persönlichkeitsstörung.

Menschen mit Narzisstischer Persönlichkeitsstörung verfügen Kernberg zufolge ebenso wie Menschen mit einer Borderline-Persönlichkeitsstörung über ein pathologisches grandioses Selbst, allerdings in größerem Maße integriert, das heißt mit weniger primitiver Abwehr. Das pathologische grandiose Selbst besteht aus einer Fusion zwischen Ideal-Selbst, Ideal-Objekt und Real-Selbst (s. die Abbildungen 4.6-1 und 4.6-2, S. 572 f). Menschen mit Narzisstischer Persönlichkeitsstörung sind mit ihren idealisierten Selbstvorstellungen identifiziert, verleugnen ihre Abhängigkeit von anderen (vertikale Spaltung nach Kohut) und projizieren negativ bewertete Selbstanteile auf andere. Fehlende Impulskontrolle und instabile Objektbeziehungen führen zu einem Bild, welches Kernberg als »Narzisstische Persönlichkeitsstörung auf Borderline-Niveau« bezeichnet und bei dem manchmal eine stationäre Behandlung notwendig ist. Die bekannte Differenz zwischen gesundem und pathologischem bzw. archaischem und reifem Narzissmus habe ich oben bereits ausgeführt. Eine zu starke Betonung infantiler Bedürfnisse und ein entsprechend tiefes Verständnis können nach meiner Meinung, insbesondere im Fall eines offenen Narzissmus bzw. ausgeprägter vertikaler Spaltung, zu einer Unterschätzung der destruktiven, rigiden und unempathischen Seiten des Patienten führen. Diese Gefahr, und das scheint mir wichtig, darf ich gerade als in besonderer Weise dem empathischen Zugang verpflichteter Therapeut nicht aus den Augen verlieren, auch wenn ich insgesamt ein Abwehrmodell präferiere, in dem destruktive Grandiosität als Schutz vor Zurückweisung ersehnter Zuwendung betrachtet wird, etwa im Sinne von Fairbairns Konzept des inneren Saboteurs, und eben nicht als Ausdruck konstitutionell vermehrter aggressiver Triebregungen.

Das unterschiedliche psychodynamische Verständnis bei Kohut und Kernberg hat notwendigerweise zu einem differenziellen therapeutischen Umgang geführt. In der Tabelle 1.1-4 sind die verschiedenen Sichtweisen typisierend aufgeführt. Dabei wird deutlich, dass Kohut es für elementar hält, im Umgang mit dem Patienten nach einem empathischen Eintauchen in dessen Welt und im Zuge des Verstehens auch zu interpretieren (s. Kap. 5.1). Der Umgang mit dem Patienten ist erfahrungsnah zu gestalten, was Kohut den Vorwurf eingetragen hat, wichtige unbewusste Bedeutungen in den Mitteilungen des Patienten zu übersehen. Aufgrund des motivationalen Primat des Selbst steht im therapeutischen Prozess die Entwicklung von Selbstkohärenz an oberster Stelle. Der Therapeut ermöglicht durch das von ihm geschaffene Ambiente und durch Widerstandsdeutungen (Widerstand gegen die Entwicklung von Selbstobjektübertragungen) die Entwicklung von Selbstobjektübertragungen. Unvermeidliche Beziehungsabbrüche werden ebenso wie die damit verbundenen Gefühle von Zurückweisung beim Patienten benannt, seine Selbstobjektbedürfnisse also anerkannt und damit die Beziehung wiederhergestellt.[19] Über unvermeidliche Enttäuschungen (optimale Frustration)[20] kommt es zur (umwandelnden/strukturbildenden) Verinnerlichung der Selbstobjektfunktion des Therapeuten. Wut sieht Kohut immer als ein Desintegrationsprodukt. Kohuts therapeutischer Umgang, seine Technik, ist plastisch von Miller (2005) beschrieben worden, das »klassische« selbstpsychologische Verständnis von Narzisstischen Persönlichkeitsstörungen und der Umgang damit werden von Ornstein (Kap. 5.1) erläutert.

---

19 Wolf (1988) beschreibt diesen Vorgang als Prozess der Unterbrechung und Wiederherstellung einer Selbstobjektbeziehung.
20 Entwicklung wird in der Sicht der Selbstpsychologie weniger durch Frustration als durch Herausforderung für Problemlösung in gegenseitiger Regulation möglich. Dies ist im Begriff optimaler Responsivität (Bacal 1985) besser ausgedrückt als im Begriff der optimalen Frustration.

1 Grundlagen

Tab. 1.1-4: Psychodynamik und therapeutischer Umgang bei Kohut und Kernberg (mod. nach Hartmann 1997).

	Kohut	Kernberg
Ätiologie	Umwelt (mangelnde Empathie, daher Entwicklungsarretierung bei archaischem »normalem« Selbst)	Konstitution und Umwelt (libidinöse und aggressive Besetzung des Selbst)
Auffassung des Narzissmus	primärer Narzissmus mit eigener Entwicklungslinie (archaisch vs. reif); postkohutianisch: primäre Objektbeziehung; Motivationsprimat des Selbst; Idealisierung wird als Versuch betrachtet, fehlende psychische Struktur nachzuentwickeln	pathologisch (Abwehrstruktur gegen Konflikt); Idealisierung gilt der Abwehr oral-aggressiver Triebregungen; primäre Objektbeziehung; duale Triebtheorie; Idealisierung wird als Abwehr gegen Wut, Neid, Verachtung und Entwertung betrachtet
Diagnose	Differenziert Narzisstische Persönlichkeitsstörungen von Borderline-Zuständen.	Narzisstische Persönlichkeitsstörungen gehören als Unterkategorie zu den Borderline-Persönlichkeitsstörungen mit im Allgemeinen besseren Ich-Funktionen.
kurative Vorstellung	Entwicklung vom archaischen zum reifen Narzissmus durch Erklären und Verstehen; umwandelnde Verinnerlichung und dadurch Entwicklung bisher fehlender Strukturen	durch Deutung und Einsicht Abnahme des pathologischen Narzissmus; Organisationsniveau des Selbst weiterentwickelt
Behandlungsziel	Erwerb der Fähigkeit zum Suchen und Finden angemessener Selbstobjekte	Entwicklung von Schuldgefühlen und Besorgnis, Integration von Idealisierung und Vertrauen mit Wut und Verachtung
Übertragungsdeutung	spät	früh
Verhalten des Therapeuten am Anfang der Behandlung	Interpretation des Widerstands gegen Selbstobjektübertragungen im Hier-und-Jetzt, dann Förderung bzw. Akzeptanz der Selbstobjektübertragungen (Spiegel- und vor allem idealisierende Übertragung)	Interpretation des narzisstischen Verhaltens als Abwehr im Hier-und-Jetzt, besonders des pathologischen grandiosen Selbst als Abwehr gegen Abhängigkeit von anderen oder Investition in Beziehungen
Verhalten des Therapeuten generell	empathisch am Selbstzustand orientiert, Vorrang der Selbstwertregulation vor Abwehrdeutung; Symptom = Selbstheilungsversuch; narzisstische Wut verstanden als Empathieversagen des Therapeuten, Therapeut soll Fehler anerkennen; fokussiert die positiven Seiten der Erfahrung des Patienten	strikt neutral, abwehrorientiert; Patient wird mit seiner Wut und seinem Neid konfrontiert und diese in genetische Zusammenhänge gestellt; Deutung typischer Übertragungsmuster und primitiver Abwehrmechanismen; untersucht positive und negative Übertragungsaspekte

Kernberg dagegen hat die gleichen Phänomene, die von Kohut beobachtet wurden, grundlegend anders interpretiert und gehandhabt. So hält er die Idealisierung für eine Abwehr, hinter der Entwertung, Feindseligkeit und Misstrauen steckt, und die Bedürftigkeit nicht unbedingt für die Folge unempathischer Umweltreaktionen und daher arretierter, aber normaler Entwicklung. Vielleicht reagieren Kohut und Kernberg auch nur unterschiedlich empathisch auf die verschiedenen Phänomene Narzisstischer Persönlichkeitsstörungen. Kernberg betrachtet die Narzisstische Persönlichkeitsstörung weniger aus der Perspektive des Patienten, sondern daraus, wie er sich anderen gegenüber verhält und mit ihnen umgeht. Daher konfrontiert er Patienten mit Narzisstischer Persönlichkeitsstörung früh mit ihren negativen Übertragungsreaktionen, ohne allerdings die positive Übertragung zu übersehen, fokussiert auf Neidgefühle und Versuche, diese abzuwehren, sowie auf Anzeichen von Spaltungen (s. Kap. 2.2 und 5.3). Kohut und Kernberg verfolgen beide als therapeutisches Ziel eine größere Stabilisierung des Selbst. Bei Kernberg soll dies über die Entwicklung von Gefühlen der Schuld und Dankbarkeit zu einem Rückgang an Spaltungen sowie insgesamt der negativen Übertragung zu vermehrter Integration von Selbst- und Objektrepräsentanzen und somit reiferer Selbststruktur und reifereren Beziehungen führen. Der Patient kann den Therapeuten, anstatt sein ideales Selbst auf ihn zu projizieren, mehr und mehr als Elternfigur wahrnehmen, die seine Aggressivität toleriert, ohne zerstört zu werden oder Vergeltung zu üben. Die Zunahme der Wertschätzung für den eigenen inneren Reichtum reduziert den Neid. Nach Kohut beruht dieser Prozess auf dem Verstehen und Erklären archaischer Selbstobjektbedürfnisse, die dadurch in reife Selbstobjektbedürfnisse verwandelt werden und hierdurch ebenfalls für ein stabileres Selbst sorgen.

Für den therapeutischen Umgang mit Patienten mit Narzisstischer Persönlichkeitsstörung relevant sind natürlich auch die Gegenübertragungsreaktionen des Therapeuten. Dieser Problematik widmet sich Gabbard (Kap. 5.2).

Neben den Auffassungen Kohuts und Kernbergs gibt es zweifellos noch andere zum Verständnis und zur Behandlung von Narzisstischen Persönlichkeitsstörungen – sie weisen allerdings stets Ähnlichkeiten entweder mit Kohuts oder mit Kernbergs Theorien auf. So ist Balint, aber auch Winnicott in vielerlei Hinsicht Kohuts therapeutischem Umgang näher, während kleinianische Theoretiker, wie Bion und Rosenfeld, Kernbergs Umgang näher sind (s. auch Balzer, Kap. 5.4).

Trotz aller grundsätzlicher Differenzen haben sich in den letzten Jahren sowohl Kernberg als auch Post-Kohutianer, besonders diejenigen mit relationaler und intersubjektiver Orientierung, aufeinander zu bewegt. Anzeichen hierfür finden sich u.a. in der Auffassung, dass die psychoanalytische Selbstpsychologie zu den Objektbeziehungstheorien gehöre (Bacal 1989), und auch bei Kernberg, der sich immer wieder auf neue Entwicklungen in der Psychoanalyse und anderen Wissenschaften zu bewegt hat. In einem persönlich gehaltenen Bericht über seinen beruflichen Lebensweg (Kernberg 2005, S. 265) teilt er mit, wie sehr ihm selbst aufgrund seiner Integrationsbemühungen zwischen Ich-Psychologie und den Objektbeziehungstheorien ein erhebliches Maß an Misstrauen und Feindseligkeiten entgegengeschlagen sei und dass er es Heinz Kohut zu verdanken habe, der zwischenzeitlich zum »Enfant terrible« geworden sei, dass man ihn selbst nicht mehr länger als Gefahr betrachtet habe. Kernberg fährt dann fort – und damit möchte ich meinen Überblick beenden –, dass er, trotz ernsthafter Zweifel hinsichtlich der Selbstpsychologie doch zugeben müsse, »dass die Eröffnung neuer Perspektiven, für die die Selbstpsychologie steht, sowie die Tatsache, dass es ihr – anstatt zu einer weiteren jener historischen Spaltungen zu führen, mit denen die Psychoanalyse in der Vergangenheit so sehr zu kämpfen hatte – gelungen ist, Teil der ApsA (American Psychoanalytic Association) zu bleiben, eine außerordentlich erfreuliche Entwicklung darstellt« (ebd.).

Literatur

Altmeyer M (2000a). Narzissmus und Objekt. Ein intersubjektives Verständnis der Selbstbezogenheit. Göttingen: Vandenhoeck & Ruprecht.
Altmeyer M (2000b). Narzissmus, Intersubjektivität und Anerkennung. Psyche; 54: 143–71.
Arbeitskreis OPD (Hrsg) (1996). Operationalisierte Psychodynamische Diagnostik. Bern: Huber.
Bacal HA (1985). Optimal responsiveness and the therapeutic process. In: Goldberg A (ed). Progress in Self Psychology. Vol 1. New York: Guilford; 202–26.
Bacal HA (1987). British object-relations theorists and self psychology: some critical reflections. Int J Psycho-Anal; 68: 81–98.
Bacal HA, Newman KM (1989). Objektbeziehungstheorien – Brücken zur Selbstpsychologie. Stuttgart: frommann-holzboog 1994.
Balint M (1965). Die Urformen der Liebe und die Technik der Psychoanalyse. Frankfurt/M.: Fischer 1969.
Balint M (1968). Therapeutische Aspekte der Regression. Stuttgart: Klett 1970.
Basch MF (1988). Die Kunst der Psychotherapie. München: Pfeiffer 1992.
Bauer J (2005). Warum ich fühle, was du fühlst. Hamburg: Hoffmann und Campe.
Beebe B (2003). Faces in relation: a case study. Psychoanal Dial; 14: 1–51.
Beebe B, Lachmann FM (1994). Representation and internalization in infancy: three principles of salience. Psychoanal Psychol; 11: 127–65.
Beebe B, Lachmann FM (2002). Infant Research and Adult Treatment. Hillsdale, NJ: Analytic Press (dt.: Säuglingsforschung und die Psychotherapie Erwachsener. Stuttgart: Klett-Cotta 2004).
Beebe B, Knoblauch S, Rustin J, Sorter D (2004a). I. Introduction: a systems view. Psychoanal Dial; 13: 743–75.
Beebe B, Sorter D, Rustin J, Knoblauch S (2004b). II. A comparison of Meltzoff, Trevarthen, and Stern. Psychoanal Dial; 13: 777–804.
Beebe B, Rustin J, Sorter D, Knoblauch S (2004c). III. An expanded view of intersubjectivity in infancy and its application to psychoanalysis. Psychoanal Dial; 13: 805–41.
Benjamin LS (1996). Interpersonal Diagnosis and Treatment of Personality Disorders. New York, London: Guilford.
Bergler E (1949). The Basic Neurosis: Or Regression and Psychic Masochism. New York: Grune & Stratton.
Bowlby J (1973). Attachment and Loss. Vol. 2. Separation: Anxiety and Anger. London: Hogarth (dt.: Trennung: psychische Schäden als Folgen der Trennung von Mutter und Kind. München: Kindler 1976).

Bråten S (1992). The virtual other in infants' minds and social feelings. In: Wold A (ed). The Dialogical Alternative: Toward a Theory of Language and Mind. Oslo: Scandinavian University Press; 77–97.
Bråten S (1996). When toddlers provide care. Infant's companion space. Childhood. A Global Journal of Child Research; 3: 449–65.
Bråten S (1998) (ed). Intersubjective Communication and Emotion in Early Ontogeny. Cambridge: Cambridge University Press.
Brennan KA, Shaver PR (1998). Attachment styles and personality disorders: their connections to each other and to parental divorce, parental death, and perceptions of parental caregiving. J Person; 66: 835–78.
Cassidy J, Shaver PR (eds) (1999). Handbook of Attachment. Theory, research, and clinical applications. New York, London: Guilford.
DeCasper A, Carstens A (1981). Contingencies of stimulation: Effects on learning and emotion in neonates. Inf Behav Dev; 4: 19–35.
DeCasper A, Spence M (1986). Prenatal maternal speech influences newborns' perception of speech sounds. Inf Behav Dev; 9: 133–50.
Deneke F-W (1989). Das Selbst-System. Psyche; 43: 577–608.
Deneke F-W, Hilgenstock B (1989). Das Narzissmusinventar. Bern, Stuttgart, Toronto: Huber.
Dickinson KA, Pincus AL (2003). Interpersonal analysis of grandiose and vulnerable narcissism. J Person Disord; 17: 188–207.
Dilling H, Mombour W, Schmidt MH, Schulte-Markwort E (1994). Internationale Klassifikation psychischer Störungen. Bern: Huber.
Downey G, Freitas AL, Michaelis B, Khouri H (1998). The self-fulfilling prophecy in close relationships: rejection sensitivity and rejection by romantic partners. J Pers Soc Psychol; 75: 545–60.
Dornes M (1993). Der kompetente Säugling. Frankfurt/M.: Fischer.
Dornes M (2002). Der virtuelle Andere: Aspekte vorsprachlicher Intersubjektivität. Forum Psychoanal; 18: 303–31.
Ehrenberg A (2004). Das erschöpfte Selbst. Depression und Gesellschaft in der Gegenwart. Frankfurt/M.: Campus.
Emde R (1983). The prerepresentational self and its affective core. Psychoanal Study Child; 38: 165–92.
Ferenczi S (1913). Entwicklungsstufen des Wirklichkeitssinnes. In: Bausteine zur Psychoanalyse. Bd. I. Frankfurt/M.: Ullstein 1984; 62–83.
Fifer WP, Moon C (1988). Auditory experience in the fetus. In: Smotherman WP, Robinson SR (eds). Behavior of the Fetus. Caldwell: Telford Press; 175–88.
Freud S (1905). Drei Abhandlungen zur Sexualtheorie. GW V. Frankfurt/M.: Fischer 1999; 27–145.
Freud S (1910). Eine Kindheitserinnerung des Leonardo da Vinci. GW VIII. Frankfurt/M.: Fischer 1999; 127–211.
Freud S (1914). Zur Einführung des Narzißmus. GW X. Frankfurt/M.: Fischer 1999; 137–70.
Freud S (1920). Jenseits des Lustprinzips. GW XIII. Frankfurt/M.: Fischer 1999; 3–69.
Freud S (1921). Massenpsychologie und Ich-Analyse. GW XIII. Frankfurt/M.: Fischer 1999; 71–161.
Freud S (1931). Über libidinöse Typen. GW XIV. Frankfurt/M.: Fischer 1999; 507–13.
Gabbard GO (1989). Two subtypes of narcissistic personality disorder. Bull Menninger Clin; 53: 527–32.
Gabbard GO (2005). Psychodynamic Psychiatry. Washington, DC, London: American Psychiatric Publishing Inc.
Gedo JE (2005). Psychoanalysis as Biological Science. A comprehensive theory. Baltimore, London: Johns Hopkins University Press.
Glassman M (1988). Kernberg and Kohut: a test of competing psychoanalytic models of narcissism. J Am Psychoanal Assoc; 36: 597–625.
Grunberger B (1971). Vom Narzißmus zum Objekt. Frankfurt/M.: Suhrkamp 1976.
Gunderson JG, Ronningstam E, Bodkin A (1990). The diagnostic interview for narcissistic patients. Arch Gen Psychiatry; 47: 676–80.

1 Grundlagen

Hartmann H-P (1995). Grundbegriffe der Selbstpsychologie, Teil 1. In: Kutter P et al. (Hrsg). Der therapeutische Prozeß. Frankfurt/M.: Suhrkamp; 23–36.
Hartmann H-P (1997). Narzisstische Persönlichkeitsstörungen. Psychotherapeut; 42: 1–16.
Hartmann H-P (2003). Subjekt, Objekt, Intersubjektivität. In: Bartosch E (Hrsg). Der Andere im Spiegel der Selbstpsychologie. Wien: Verlag Neue Psychoanalyse; 85–97.
Hartkamp N, Wöller W, Langenbach M, Ott J (2002). Narzisstische Persönlichkeitsstörung. In: Tress W, Wöller W, Hartkamp N, Langenbach M, Ott J (Hrsg). Persönlichkeitsstörungen. Leitlinien und Quellentext. Stuttgart, New York: Schattauer; 213–33.
Hendin HM, Cheek JM (1997). Assessing hypersensitive narcissism: a re-examination of Murray's Narcissism Scale. J Res Person; 31: 588–99.
Hendrick I (1942). Instinct and the ego during infancy. Psychoanal Q; 11: 33–58.
Holder A, Dare C (1982). Narzissmus, Selbstwertgefühl und Objektbeziehung. Psyche; 49: 788–812.
Honneth A (2003a). Unsichtbarkeit. Über die moralische Epistemologie von »Anerkennung«. In: Unsichtbarkeit. Stationen einer Theorie der Intersubjektivität. Frankfurt/M.: Suhrkamp; 10–27.
Honneth A (2003b). Der Kampf um Anerkennung. Zur moralischen Grammmatik sozialer Konflikte. Frankfurt/M.: Suhrkamp.
Joffe WG, Sandler J (1967). Über einige begriffliche Probleme im Zusammenhang mit dem Studium der narzisstischen Störungen. Psyche; 21: 151–65.
Kernberg OF (1975). Borderline-Störungen und pathologischer Narzissmus. Frankfurt/M.: Suhrkamp 1978.
Kernberg OF (1976). Objektbeziehungen und Praxis der Psychoanalyse. Stuttgart: Klett-Cotta 1981.
Kernberg OF (1989). Eine ich-psychologische Objektbeziehungstheorie der Struktur und Behandlung des pathologischen Narzissmus – ein Überblick. In: Kernberg OF (Hrsg). Narzisstische Persönlichkeitsstörungen. Stuttgart, New York: Schattauer 1996; 248–54.
Kernberg OF (1996). A psychoanalytic theory of personality disorders. In: Clarkin JF, Lenzenweger MF (eds). Major Theories of Personality Disorder. New York, London: Guilford; 106–40.
Kernberg OF (1998). Pathological narcissism and narcissistic personality disorder: theoretical background and diagnostic classification. In: Ronningstam EF (ed). Disorders of Narcissism. Diagnostic, clinical, and empirical implications. Washington, DC: American Psychiatric Press; 29–51.
Kernberg OF (2005). Psychoanalyse – Prinzipien, Anhängerschaft und persönliche Entwicklung. In: Kernberg OF, Dulz B, Eckert J (Hrsg). WIR: Psychotherapeuten über sich und ihren »unmöglichen« Beruf. Stuttgart, New York: Schattauer; 251–68.
Kernberg OF, Dulz B, Sachsse U (Hrsg) (2004). Handbuch der Borderline-Störungen. Stuttgart, New York: Schattauer.
Kilian H (1995). Psychohistory, cultural evolution, and the historical significance of self psychology. In: Goldberg A (ed). Progress in Self Psychology, Vol 11. Hillsdale, NJ: Analytic Press; 291–301.
Klein M (1962). Das Seelenleben des Kleinkindes. Stuttgart: Klett.
Knapp G (1988). Narzissmus und Primärbeziehung. Berlin: Springer.
König K (1986). Angst und Persönlichkeit. Das Konzept vom steuernden Objekt und seine Anwendungen. Göttingen: Vandenhoeck & Ruprecht.
Kohut H (1966). Formen und Umformungen des Narzissmus. Psyche; 20: 561–87.
Kohut H (1971). Narzissmus. Frankfurt/M.: Suhrkamp 1973.
Kohut H (1977). Die Heilung des Selbst. Frankfurt/M.: Suhrkamp 1979.
Kohut H (1984). Wie heilt die Psychoanalyse? Frankfurt/M.: Suhrkamp 1987.
Kohut H, Wolf ES (1978). Die Störungen des Selbst und ihre Behandlung. In: Peters UH (Hrsg). Die Psychologie des 20. Jahrhunderts. Bd. 10. Zürich: Kindler; 667–82.
Lasch C (1979). Das Zeitalter des Narzissmus. München: Bertelsmann 1982.
Lenzen M (2005). In den Schuhen des anderen. Simulation und Theorie in der Alltagspsychologie. Paderborn: mentis.
Lichtenberg JD (1983). Psychoanalyse und Säuglingsforschung. Berlin, Heidelberg, New York: Springer 1991.

Lichtenberg JD (1990). Einige Parallelen zwischen den Ergebnissen der Säuglingsbeobachtung und klinischen Beobachtungen an Erwachsenen, besonders Borderline-Patienten und Patienten mit narzisstischer Persönlichkeitsstörung. Psyche; 44: 871–901.

Lichtenstein H (1964). The role of narcissism in the emergence and maintenance of a primary identity. Int J Psycho-Anal; 45: 49–56.

Mahler MS, Pine F, Bergmann A (1975). Die psychische Geburt des Menschen. Frankfurt/M.: Fischer 1978.

Malatesta C, Culver C, Tesman J, Shepard B (1989). The Development of Emotion Expression During the First Two Years of Life. Monographs of the Society for Research in Child Development. Vol. 54 (1–2). Chicago: University of Chicago Press; 1–104.

Mentzos S (1991). Psychodynamische Modelle der Psychiatrie. Göttingen: Vandenhoeck & Ruprecht.

Mentzos S (Hrsg) (1992). Psychose und Konflikt. Theorie und Praxis der analytischen Psychotherapie psychotischer Störungen. Göttingen: Vandenhoeck & Ruprecht.

Milch WE (2001). Lehrbuch der Selbstpsychologie. Stuttgart: Kohlhammer.

Milch WE, Hartmann H-P (1996). Zum gegenwärtigen Stand der psychoanalytischen Selbstpsychologie. Psychotherapeut; 41: 1–12.

Miller JP (2005). Wie Kohut wirklich arbeitete. Selbstpsychologie; 6 (im Druck).

Mitchell S, Aron L (1999). Relational Psychoanalysis. The emergence of a tradition. Hillsdale, NJ: Analytic Press.

Nunberg H, Federn E (1977). Protokolle der Wiener Psychoanalytischen Vereinigung. Bd. II. Frankfurt/M.: Fischer.

Ornstein PH (1993). Zur Bedeutung von Sexualität und Aggression für die Pathogenese psychischer Erkrankungen. In: Schöttler C, Kutter P (Hrsg). Sexualität und Aggression aus der Sicht der Selbstpsychologie. Frankfurt/M.: Suhrkamp; 77–97.

Pao P-N (1979). Schizophrenic Disorders. Treatment from a psychodynamic point of view. Madison: International Universities Press.

Papousek H, Papousek M (1975). Cognitive aspects of preverbal social interactions between human infants and adults. In: Parent-Infant Interaction. Ciba Foundation Symposium 33 (New Series). North Holland: Elsevier; 241–69.

Piontelli A (1992). Vom Fetus zum Kind: Die Ursprünge des psychischen Lebens. Stuttgart: Klett-Cotta 1996.

Pistole MC (1995). Adult attachment style and narcissistic vulnerability. Psychoanal Psychol; 12: 115–26.

Plessner H (1982). Mit anderen Augen. Aspekte einer philosophischen Anthropologie. Stuttgart: Reclam.

Pulver SE (1972). Narzissmus: Begriff und metapsychologische Konzeption. Psyche; 26: 34–57.

Riesman D, Denney R, Glatzer N (1950). The Lonely Crowd. New Haven: Yale University Press (dt.: Die einsame Masse. Hamburg: Rowohlt 1956).

Ronningstam E, Gunderson J (1991). Differentiating borderline personality disorder from narcissistic personality disorder. J Pers Disord, 5: 225–32.

Ronningstam E, Gunderson J, Lyons M (1995). Changes in pathological narcissism. Am J Psychiatry; 152: 253–7.

Rosenfeld HA (1981). Zur Psychoanalyse psychotischer Zustände. Frankfurt/M.: Suhrkamp.

Rosen Soref A (1995). Narcissism: a view from infant research. Ann Psychoanal; 23: 49–77.

Sander LW (1987). Awareness of inner experience: a systems perspective on self-regulatory process in early development. Child Abuse Negl; 2: 339–46.

Saß H, Wittchen H-U, Zaudig M (1996). Diagnostisches und Statistisches Manual Psychischer Störungen (DSM-IV). Göttingen: Hogrefe.

Segal H (1983). Some implications of Melanie Klein's work. Int J Psycho-Anal; 64: 269–76.

Sennett R (1998). Der flexible Mensch. Die Kultur des neuen Kapitalismus. Berlin: Berlin-Verlag.

Smolewska K, Dion KL (2005). Narcissism and adult attachment: a multivariate approach. Self and Identity; 4: 59–68.

Spitz R (1965). Vom Säugling zum Kleinkind. Stuttgart: Klett 1974.

Stern DN (1985). Die Lebenserfahrung des Säuglings. Stuttgart: Klett-Cotta 1992.

1 Grundlagen

Stern DN, Sander LW, Nahum JP, Harrison AM, Lyons-Ruth K, Morgan AC, Bruschweiler-Stern N, Tronick EZ (2002). Nicht-deutende Mechanismen in der psychoanalytischen Therapie. Das »Etwas-Mehr« als Deutung. In: Psyche; 56: 974–1006.
Strauß B, Buchheim A, Kächele H (Hrsg) (2002). Klinische Bindungsforschung. Stuttgart, New York: Schattauer.
Stuhr U, Püschel K (2004). Erweiterter Selbstmord: Tötungsdelikt mit Anschlusssuizid. Psyche; 58: 1035–62.
The Boston Change Process Study Group (2004). Das Implizite erklären. Die lokale Ebene und der Mikroprozess der Veränderung in der analytischen Situation. Psyche; 58: 935–52.
Trevarthen C (1979). Communication and cooperation in early infancy: a description of primary intersubjectivity. In: Bullowa M (ed). Before Speech: The Beginning of Interpersonal Communication. New York: Cambridge University Press; 321–47.
Watson J (1985). Contingency perception in early social development. In: Field T, Fox N (eds). Social Perception in Infants. Norwood, NJ: Ablex; 157–76.
Weiss J, Sampson H (1986). The Psychoanalytic Process. Theory, Clinical Observations, and Research. New York, London: Guilford.
White RW (1959). Motivation reconsidered: The concept of competence. Psychol Rev; 66: 297–333.
Wildt A (2005). »Anerkennung« in der Psychoanalyse. Deutsche Zeitschrift für Philosophie, H.3 (im Druck).
Wink P (1991). Two faces of narcissism. J Person Soc Psychol; 61: 590–7.
Winnicott DW (1965a). Ich-Integration in der Entwicklung des Kindes. In: Reifungsprozesse und fördernde Umwelt. München: Kindler 1974; 72–81.
Winnicott DW (1965b). Ich-Verzerrung in Form des wahren und des falschen Selbst. In: Reifungsprozesse und fördernde Umwelt. München: Kindler 1974; 182–99.
Wolf ES (1980). Zur Entwicklungslinie der Selbstobjektbeziehungen. Psychoanalyse; 3: 222–37.
Wolf ES (1988). Treating the Self. New York: Guilford (dt.: Theorie und Praxis der psychoanalytischen Selbstpsychologie. Frankfurt/M.: Suhrkamp 1996).
Wygotski L (1934). Denken und Sprechen. Frankfurt/M.: Fischer 1986.

1.2 Entwicklungspsychologie des Narzissmus

Franz Resch, Eva Möhler

Die Beschreibung der intrapsychischen Ontogenese des narzisstischen Systems setzt einen kurzen Überblick über die theoretische Entwicklung des Terminus »Narzissmus« voraus, um zu einer schulenübergreifenden Arbeitsdefinition für den vorliegenden Beitrag zu gelangen.

Dabei unterstreicht die Selbstbespiegelung des griechischen Jünglings Narziss als sprachliche Wurzel auch einen der wesentlichen entwicklungspsychologischen Faktoren, die in diesem Beitrag – im Anschluss an eine kurze Einführung in die begriffstheoretischen Hintergründe – zu beschreiben sind.

Definition

Narzissmus bezeichnet ganz allgemein die Konzentration des seelischen Interesses auf das Selbst. Erich Fromm sagt dazu:

»Man kann den Narzißmus als einen Erlebniszustand definieren, indem nur die Person selbst, ihr Körper, ihre Bedürfnisse, ihre Gefühle, ihre Gedanken, ihr Eigentum, alles und jedes, was zu ihr gehört, als völlig real erlebt wird, während alles und jedes, was keinen Teil der eigenen Person bildet oder nicht Gegenstand der eigenen Bedürfnisse ist, nicht interessiert, keine volle Realität besitzt (...); affektiv bleibt es ohne Gewicht und Farbe.« (Fromm 1980, S. 180)

Dieter Wyss schreibt in seinem Kapitel über die Psychoanalyse Sigmund Freuds, dass die »Einführung des Narzißmus« eine einschneidende Änderung und Erweiterung der psychoanalytischen Theorie zwischen 1900 und 1920 war. Ausgehend von frühesten lustbetonten Regungen des Säuglings im Zusammenhang mit der Nahrungsaufnahme, schloss Freud auf einen Selbsterhaltungstrieb, der dem Ich-als-Ich-Trieb zugeordnet werden kann.

»Während bis dahin in der Entwicklung der Psychoanalyse die Libido – der Geschlechtstrieb – als einzige Energiequelle des Individuums anerkannt wurde, führt Freud jetzt eine zweite ein: den Selbsterhaltungstrieb.« (Wyss 1977, S. 57)

Unter triebtheoretischen Gesichtspunkten kann auf diese Weise dem Trieb der Arterhaltung ein Trieb der Selbsterhaltung gegenübergestellt werden. In der Folge nennt Freud Narzissmus vor allem die Besetzung des Ich durch Objektlibido, also durch eine primär in die Außenwelt gerichtete sexuelle Energie. Die übertriebene Selbstausrichtung der intentionalen Strebungen – im allgemeinsten Sinne – führt zu einer pathologischen Konzentration auf die eigene Person. Solche Selbstzentriertheit bezeichnet man als »narzisstische Störung«.

»Der narzisstische Mensch hat einen doppelten Maßstab für seine Wahrnehmungen. Nur er selbst und was zu ihm gehört besitzt Signifikanz, während die übrige Welt mehr oder weniger ohne Gewicht und Farbe ist, und ein narzisstischer Mensch weist aufgrund dieses doppelten Maßstabs schwere Defekte in seinem Urteilsvermögen und seiner Fähigkeit zur Objektivität auf.« (Fromm 1980, S. 180)

Als Narzissmus können aber auch die selbstreflexiven und selbstregulatorischen Aktivitäten, die Stabilisierung des Selbstwertes und das Streben nach (Selbst-)Zufriedenheit bezeichnet werden. Kernberg (1988) spricht von einer Abstimmung des aktuellen Selbst mit Ideal-Selbst und Ideal-Objekt-Vorstellungen.

> Nach Deneke und Hilgenstock (2000) werden bei einer Diskrepanz zwischen dem momentanen Befinden und den Ideal-Befindlichkeiten Regulationsvorgänge in Gang gesetzt, um eine Annäherung an die Idealzustände und damit ein narzisstisches Gleichgewicht zu erreichen. Daraus abgeleitet könnte man **Narzissmus** auch als selbst- oder selbstwertregulatorisches System auffassen.

Dies ist unser definitorischer Ausgangspunkt. Auf die Vielzahl unterschiedlicher Definitionen und deren theoretische Ableitung soll an dieser Stelle jedoch nicht weiter eingegangen, sondern vielmehr der ontogenetische Aspekt des Selbstsystems näher beleuchtet werden.

Kurz soll der theoretische Bezugsrahmen der Entwicklung des Narzissmus in tiefen- und kognitionspsychologischer Sicht skizziert werden, um diesen dann mit empirischen und praxisnahen Elementen zu untermauern, die Anpassungsfunktion des Selbst herauszuarbeiten und schließlich potenzielle Störfaktoren der normalen Entwicklung zu thematisieren

Tiefenpsychologische Entwicklungstheorien des Narzissmus

Die psychoanalytisch orientierte Literatur beschreibt als Ausgangspunkt des Narzissmus den intrauterinen harmonischen Primärzustand. In dieser Lebensphase existiere das Kind in Harmonie, Sicherheit, Geborgenheit, und es gebe keinen Unterschied zwischen innen und außen oder Ich und Nicht-Ich. Nach Freud sind in dieser Phase Ich und Es nicht unterschieden (Freud 1914), es fehlt eine Beziehung zur Umwelt.

In die Phase der Trennung von Selbst und Objekt falle dann die »Urverunsicherung«, welche sich aus der zunehmenden Wahrnehmungsfähigkeit des Kindes ergebe. Gleichzeitig führten die wachsenden Bedürfnisse zu unvermeidlichen Frustrationen. Diese lösen zum einen weitere Verunsicherung mit Angst, Ärger, Ohnmacht- und Hilflosigkeitsgefühlen aus, zum anderen stellen sie einen Anreiz zur Ich-Entwicklung dar, insofern, als dadurch die Selbst- und Objektrepräsentanzen konsolidiert werden können. Libidinöse Energie wird auf die wichtigen Bezugspersonen in der Umwelt gerichtet, es erfolgt eine affektive Besetzung von Objekten. Einen wesentlichen Beitrag zur Stabilisierung des Selbstsystems leistet dabei die Objektkonstanz, das heißt die Fähigkeit des Kindes, sich bei Abwesenheit der Mutter an diese (oder ihre Repräsentanz) zu erinnern.

In der ursprünglichen Sicht von Freud bedeutet der nun ausgebildete **sekundäre Narzissmus** eine (Rück-)Verlagerung der libidinösen Besetzung von den Objekten auf das Ich, sodass eine stärkere narzisstische Besetzung eine geringere Objektbesetzung bedeutet.

In den Augen der neueren psychoanalytischen Literatur ist Narzissmus jedoch kein Derivat der Objektlibido, sondern entwickelt sich vielmehr parallel zur Objektbesetzung, was bedeutet, dass ein starkes Selbstgefühl ein starkes Objektgefühl nicht ausschließt (Kohut 1973; Kernberg 1981).

> Der Begriff der **Repräsentanz** umschreibt jene intrapsychischen Erfahrungsstrukturen, die aus der Interaktion mit anderen Menschen hervorgegangen sind und einen Gedächtnisniederschlag gefunden haben. Solche Repräsentanzen sind handlungsbestimmend und dienen als Strukturen, an die neue Erlebnisse und Erfahrungen assimiliert werden können. Repräsentanzen erhalten nicht nur verbalisierbares Wissen über die Person selbst und die anderen, sondern wurzeln tief in mentalen Modellen, die unbewusste Handlungsbereitschaften darstellen.
> Jene Interaktionserfahrungen, die den Part wichtiger Menschen in den Interaktionen widerspiegeln, nennt man **Objektrepräsentanzen**. Die Erfahrungen über die Person selbst im interaktionellen Feld bilden die Basis der **Selbstrepräsentanz**.

1 Grundlagen

Wie sich solche Repräsentanzen entwickeln, dafür hat Kernberg (1988) mit Bezugnahme auf Überlegungen von Winnicott (1965) und Mahler (1985) ein Konzept vorgelegt. Danach entwickeln sich die Selbstrepräsentanzen ebenso wie die Objektrepräsentanzen aus einer undifferenzierten Matrix von affektiv-kognitiven Reaktionsbereitschaften. In einer ersten Stufe kristallisieren sich positive Selbstobjektrepräsentanzen in Abgrenzung von negativen Selbstobjektrepräsentanzen heraus, wobei die ersteren angenehme, die letzteren aggressive, schmerzliche und bedrohlich-beängstigende Vitalerfahrungen widerspiegeln. Es ist bemerkenswert, dass in dieser ersten Stufe der Selbstentwicklung noch keine Trennung zwischen Selbst und Objekt erfolgt ist und eine Differenzierung nur nach dem vital-emotionalen Gehalt der ersten Welterfahrungen vorgenommen wird (Resch 1999a). In einer nächsten Entwicklungsstufe stehen voneinander abgegrenzte, positive Selbst- und positive Objektrepräsentanzen, die negativen Selbst- und negativen Objektrepräsentanzen gegenüberstehen. Es entstehen also quasi vier Vorstellungskreise vom Selbst und Objekt. In dieser Phase ist noch keine Synthese der Repräsentanzen mit widersprüchlichen emotionalen Gehalten gelungen. Erst in einem letzten Schritt werden reife Selbstrepräsentanzen, die positive und negative Anteile enthalten, ausgebildet und den reifen Objektrepräsentanzen mit positiven und negativen emotionalen Erfahrungsgehalten gegenübergestellt. Dass die Vereinigung der zuvor noch gespaltenen positiven und negativen Anteile des Selbst und der Objekte zu ambivalenten Gesamtvorstellungen erfolgt, ermöglicht reife soziale Einschätzungen und Beziehungsmuster.

Im Kernberg-Modell entwickelt sich der Narzissmus dabei aus einer libidinösen Besetzung der noch undifferenzierten Selbst-Objekt-Imago. Nach der Differenzierung in Selbst- und Objektbilder sowie libidinöse und aggressive Triebstrukturen entsteht eine libidinöse Besetzung des Selbst. Dabei seien die narzisstische Besetzung und die Objektbesetzung gleichermaßen ursprünglich.

Kohut sieht demgegenüber die Objektbesetzung als Folge des Auseinanderbrechens des primären Narzissmus.

»Das Gleichgewicht des Primärnarzissmus wird durch die unvermeidlichen Begrenzungen mütterlicher Fürsorge gestört, aber das Kind ersetzt die vorherige Vollkommenheit (a) durch den Aufbau eines grandiosen und exhibitionistischen Bildes des Selbst: das Größen-Selbst; und (b) indem es die vorherige Vollkommenheit einem bewunderten, allmächtigen (Übergangs-)Selbst-Objekt zuweist: der idealisierten Eltern-Imago.« (Kohut 1971, S. 43)

Früheste Störungen rufen diesen Entwicklungsmodellen zufolge eine allgemeine Strukturschwäche mit diffuser narzisstischer Verwundbarkeit hervor. Die Entwicklung und Ausdifferenzierung der Selbst- und Objektrepräsentanzen wird beeinträchtigt. Das Bedürfnis nach Verschmelzung mit dem idealisierten Objekt bleibe dann bestehen.

1.2 Entwicklungspsychologie des Narzissmus

Später einwirkende Störfaktoren könnten die Vereinigung der noch gespaltenen positiven und negativen Repräsentanzen des Selbst und der Objekte beeinträchtigen, wobei dann durch Spaltung voneinander getrennte positive und negative Repräsentanzen der Person und der anderen Objekte handlungsbestimmend werden, was die Kommunikation mit anderen Menschen stört. Gegen dieses Entwicklungsmodell ist vor allem von der modernen Säuglingsforschung immer wieder der Einwand erhoben worden, dass die Fähigkeit des Kindes zur Integration unterschiedlicher Gefühlszustände und zur Abgrenzung von Selbst und Objekt bereits in sehr frühen Entwicklungsstadien ausgebildet ist. Unter solchen Gesichtspunkten stellen verschmolzene Selbstrepräsentanzen oder typenhaft nur positive oder nur negative Repräsentanzen bereits ein pathologisches Entwicklungsprodukt dar. Beim normalen Kind entwickeln sich die Repräsentanzen in der vorsymbolischen Stufe bereits zu reifen Einheiten in Unterscheidungen zwischen »selbst« und »fremd«, sodass beim Erreichen der Symbolisationsstufe solche frühen mentalen Modelle zu reifen Repräsentanzen »umformuliert« werden können (Resch 1999b). Repräsentanzen entstehen somit aus aktionalen und szenisch-bildhaften Vorläufern, die schließlich zu in sich geschlossenen, affektiv-kognitiven Bezugssystemen formiert werden.

Bei mangelnder Integration des Aktual-Selbst – im Sinne von positiven und negativen Anteilen – kann als Ausdruck eines pathologischen Narzissmus eine Verschmelzung von positiven Selbstanteilen mit idealen Vorstellungen von Selbst und Objekten zu einem Größen-Selbst mit nur guten Anteilen erfolgen, das nicht mit echten Objekten kommuniziert, sondern mit idealisierten Objekten, wobei das negative Komplementär des Selbst durch Spaltung abgegrenzt bleibt. Bei enttäuschenden Erfahrungen kann dieser negative Selbstanteil jedoch wie bei einem Kippvorgang plötzlich ins Blickfeld treten und das Individuum sich selbst als total wertlos oder total böse erscheinen lassen. Phantasierte Grandiosität und Selbstentwertung wohnen in der Seele von Patienten mit mangelhaft integriertem Selbst und pathologischem Narzissmus Tür an Tür (Resch 1999b). Nach Kernberg (1988) besteht zwischen Selbstwert und Selbstintegration somit ein enger Zusammenhang, da ja die Einschätzung der eigenen Ressourcen zur Interaktion mit der Welt über eine Abstimmung des aktuellen Selbst, des Ideal-Selbst und der Idealobjektvorstellungen erfolgt. Das Stadium der narzisstischen Entwicklung könne am jeweiligen thematischen Gehalt der entsprechenden psychosexuellen Stufe abgelesen werden (vgl. Klussmann 1993); so würden dem grandiosen Selbst auf der oralen Stufe die Eigenschaften des fraglosen Akzeptiertseins, der unbegrenzten Sättigung und des an sich Selbst-genüge-Haben zugeordnet – das idealisierte Objekt zeige in dieser Entwicklungsphase die Qualitäten unerschöpflichen Gebens, Wärmens, Sorgens und stetiger Anwesenheit.

Das grandiose Selbst der analen Phase sei von Allmacht, Unbezwingbarkeit und Einzigartigkeit gekennzeichnet und von einem ebenso allmächtigen und einzigartigen idealisierten Objekt begleitet.

Das grandiose Selbst der phallischen Phase zeichne sich durch unerreichbare Überlegenheit, Vollkommenheit und Eroberungs- bzw. Verführungsmacht aus, wobei dieselben Charakeristika auch dem idealisierten Objekt der phallischen Phase zugeschrieben werden.

Edith Jacobson (1973) nennt die undifferenzierte Urform das »früheste psychophysiologische Selbst«, aus dem dann insbesondere durch affektive Identifizierungen die Selbstrepräsentation entstehe. Durch teilweise Introjektion komme es zu selektiven Identifizierungen, wobei die libidinöse Besetzung des Selbst durch ein erträgliches Maß an Frustrationen gefördert werde.

In einem Revisionsvorschlag grenzten Joffe und Sandler (1975) dabei die narzisstische Besetzung von der libidinösen ab. Narzissmus heißt in ihrer Definition die Summe aller positiv gefärbten Gefühlszustände, die mit der Vorstellung des Selbst (der Selbstrepräsentanz) verbunden sind. Libidinöse Besetzung eines Objektes oder des Selbstes sei dabei mit Spannung und Entladung verbunden, die narzisstische Besetzung sei demgegenüber durch einen Zustand von Wohlbehagen und ein »ozeanisches Gefühl« gekennzeichnet.

All diesen Vorstellungen ist gemeinsam,
- dass die Entwicklung einer Selbstrepräsentanz in der Interaktion mit wichtigen Bezugspersonen vonstatten geht,
- dass die Ausdifferenzierung eine klare Trennung von Selbst und Objekt hervorbringt,
- dass das Selbst bewusste und unbewusste Lebenserfahrungen integriert,
- dass eine affektive Besetzung des Selbst mit positiven Gefühlen und Lebensenergien erfolgt, die eine Funktionstüchtigkeit der Person in der Auseinandersetzung mit der (sozialen) Umwelt ermöglicht.

Selbstregulation, Selbstvertrauen und Selbstliebe stehen in enger Wechselbeziehung.

Kognitionspsychologische und neurobiologische Modelle der Selbstentstehung

Das Selbstkonzept oder Selbstbild enthält affektive Anteile zwar erst in zweiter Linie, stellt jedoch eine weitgehend deckungsgleiche Schnittmenge der für den Narzissmus-Begriff konstitutiven Selbstrepräsentanzen dar, wenn man das Selbst mit deklarativen und prozeduralen Anteilen als bewusste und unbewusste Auskristallisation von Interaktionserfahrungen sieht (Resch 1999b); es soll deshalb an dieser Stelle unter ontogenetischen Aspekten reflektiert werden.

1.2 Entwicklungspsychologie des Narzissmus

Das Selbstkonzept wird zumeist als multifacettiertes Konstrukt betrachtet, nur wenige Autoren begreifen das Selbst eindimensional (z. B. Allport 1961; Coopersmith 1967; Rosenberg 1979). Diese Autoren widmen sich dem globalen Selbstwert oder der internalen Konsistenz des Selbst (Epstein 1973).

Ausgehend von James (1950, ursprünglich 1898 erschienen) bzw. Cooley (1902), welche um die Jahrhundertwende das Selbst in ein subjektives und ein objektives unterteilten, entwickelten Damon und Hart (1982) ein Strukturmodell des Selbstkonzeptes, das wir in einer Weiterentwicklung folgendermaßen formulieren können (Resch u. Parzer 2000): Das subjektive Selbst als unmittelbare Erlebnisinstanz (I) wird dabei von einem definitorischen Selbst (me) unterschieden. In Anlehnung an diese Dichotomie spricht Bischoff (1996) von einem medikalen und einem figuralen Ich-Begriff. Das subjektive Selbst kann als implizites, mentales Modell aufgefasst werden, das sich als Handlungs- und Entscheidungsinstanz bereits im ersten Lebensjahr aus der Komplexität neuronaler Netzwerke in der Anpassung an die Umwelt entwickelt (Siegel 1999).

> Das **subjektive Selbst** entspricht der Evidenz eines denkenden, fühlenden und handelnden Akteurs. Es ist eng an affektive Prozesse gebunden und entspricht einer unmittelbaren, ganzheitlichen Ich-Erfahrung im Lebenskontext. Das subjektive Selbst bildet die Grundlage der personalen Eigentlichkeit in der Abgrenzung von anderen und enthält die Erfahrungen der Selbstbestimmtheit im Wollen und Handeln sowie die Erfahrungen der Konsistenz über unterschiedliche Gefühlslagen hinweg und der Kohärenz im Entwicklungsverlauf.
>
> Das **definitorische Selbst** speist sich demgegenüber aus dem autobiografischen – episodischen und semantischen – Gedächtnis und ist das Ergebnis einer differenzierteren, objektivierenden Selbsterkenntnis, wobei das Selbst zum Ausgangspunkt einer expliziten Selbstbetrachtung und Evaluation wird, die über jene unmittelbare ganzheitliche Ich-Erfahrung hinausgehen. Das definitorische Selbst stellt die Gesamtheit der affektiv-kognitiven Informationen über das Selbst dar.

Die vier Domänen Körper-Selbst, handelndes Selbst, soziales Selbst und psychologisches oder spirituelles Selbst können unterschieden werden. Während das Körper-Selbst alle Attribute des Leibes und alle Gefühlserfahrungen im Zusammenhang mit diesem respräsentiert, stellt das handelnde Selbst die Repräsentanz des handelnden Menschen – seiner Fertigkeiten, Fähigkeiten und Tätigkeiten – dar. Das soziale Selbst entwickelt sich aus den Erfahrungen im interaktiven Kontext. Es wird durch Bindungsfaktoren sowie Erfahrungen der Akzeptanz und andere kommunikative Erfahrungsbereiche geprägt. Im psychologischen oder spirituellen Selbst schließlich finden wir emotional getönte Bilder, Werte, Sinnstrukturen, Referenzen, Wünsche und Phantasien, die letztlich in eine Art Lebensphilosophie münden. Das spirituelle Selbst bildet die Quelle an Erfahrungen und Aktivitäten, die dem Menschen Kreativität, Tiefe und Würde verleihen.

Unter Entwicklungsaspekten verläuft die Selbstkonzeptualisierung zunächst über soziale und externale Variablen, um dann von psychologischen und inneren Faktoren weiter ausgestaltet zu werden (Rosenberg 1986).

Die Selbstkonzepte jüngerer Kinder werden dabei als globaler und undifferenzierter angesehen, während sie im Adoleszentenalter zunehmend komplexer werden, was u. a. daran ablesbar ist, dass die unterschiedlichen Domänen (Körper-Selbst etc.) mit zunehmendem Alter immer weniger interkorrelieren (Evans et al. 1994).

S. Harter beschäftigte sich eingehend mit den Facetten und der Entwicklung des Selbst von Kindern und Adlosezenten und beschrieb eine Proliferation von Selbsten während der Adoleszenz (Harter 1997), welche sie auch empirisch untersuchte. Diese wird zum einen auf kognitive Fortschritte, zum anderen auf den Sozialisationsdruck der Adoleszenz zurückgeführt.

Pelham und Swann (1989) beschreiben in ihrem Modell folgenden Verlauf der Entstehung des Selbstwertes, der sich aus drei Faktoren herausbilde:
- aus der – intraindividuell nach Watson und Clark (1994) unterschiedlichen – Tendenz, positive und negative Affekte zu erleben
- aus der Selbstsicht, die im Laufe der Entwicklung herausgebildet wird
- aus der Einordnung dieser Selbstsicht in einen Bereich zwischen Ideal- und Real-Selbst

Bemerkenswert ist in dieser Theorie die Berücksichtigung der individuellen Verhaltensdisposition, welche hier Eingang in das Selbstkonstrukt findet, während das Temperament in anderen Modellen der Selbstentwicklung eine untergeordnete Rolle spielt.

In dieser Selbsttheorie besitzen affektive und kognitive Faktoren eine gleichermaßen große Bedeutsamkeit, wobei die interaktiven Faktoren eher in den Hintergrund treten bzw. nicht Gegenstand der Betrachtung sind.

In der Theorie Neissers (1991) geht die Entwicklung des Selbst vom »ökologischen Selbst« aus. Das »ökologische Selbst« erwirbt Informationen über das Selbst und andere, entsprechend der Anforderungen von Objekten. Mit der steigenden Fähigkeit zum symbolischen Spiel entwickelten Kleinkinder dann – etwa im zweiten Lebensjahr – ein interpersonales Selbst, welches auch ein Wissen über das Selbst betreffende Emotionen besäße.

Die Unterteilung des Selbst in subjektives und objektives Selbst liegt auch Untersuchungen zugrunde, welche die grundlegende Bedeutung der »reflective function« des Kindes als wesentlichem Entwicklungsbaustein des Selbstkonzeptes thematisieren (Fonagy et al. 1995; Baron-Cohen et al. 1993). Fonagy et al. betonen die entscheidende Bedeutung der Fähigkeit eines Kindes, die Handlungen, aber auch die Gefühle, Motive und Absichten anderer zu verstehen. Dadurch, dass die Kinder dem Verhalten anderer Menschen Bedeutung zumessen können, könnten erst die fundamentalen Selbstqualitäten wie Affektregulation, Impulskontrolle, Selbstmonitoring sowie die Erfahrung der Selbstwirksamkeit entstehen, welche das Selbstkonzept konstituieren.

Angelehnt an Beeghly und Cicchetti (1994), entwirft Fonagy mit seinen Mitarbeitern eine »Theory of mind«, in welcher die reflektive Funktion ein implizites Verständnis von Vorstellungen, Emotionen und Beziehungen bezeichnet, welches nicht notwendigerweise verbalisierbar sein muss. Die Intentionalität erzeuge dabei die Kontinuität der Selbsterfahrung und damit eine kohärente Selbststruktur.

Diese für die Selbstorganisation in Fonagys Modell so zentrale reflexive Funktion könne wiederum erst dadurch entstehen, dass die Bezugsperson in der Lage sei, ihrerseits ein Verständnis für die Bedeutsamkeit des kindlichen Verhaltens zum Ausdruck zu bringen.

Sroufe und Jocabvitz (1989) beschrieben die Entwicklung des Selbst als »aus der organisierten Fürsorge-Matrix auftauchend«. Das Selbst ist in diesem Zusammenhang ein organisierter Cluster aus Einstellungen, Erwartungen, Bedeutungen und Gefühlen. Das Kind bewege sich von einem Zustand eines passiven Konsumenten mit fast vollständiger externaler Regulation zu besseren regulatorischen Fähigkeiten im späteren Säuglings- und Kleinkindalter.

Gedächnispsychologisch lässt sich der Aufbau von Selbstrepräsentanzen in folgender Weise vertiefen: Wenn Selbstrepräsentanzen aus affektlogischen Schemata aufgebaut sind, müssen diese in irgendeiner Form des Gedächtnisses gespeichert werden. Jede Vergegenwärtigung von Information, die das Substrat der repräsentativen Bestände psychischer Strukturen bildet, ist ohne ein funktionierendes Gedächtnis undenkbar. Nach Squire (1982) unterscheiden wir zwei große Gruppen von Gedächtnisformen, nämlich ein deklaratives und ein nondeklaratives Gedächtnis. Das deklarative Gedächtnis speichert Erfahrungen, die explizit aktualisiert und wiedergegeben werden können. Es wird in ein episodisches und ein semantisches Gedächtnis gegliedert: Im episodischen Gedächtnis werden persönliche Ereignisse und Erlebnisse in einem raum-zeitlichen Bezugssystem mit affektiven und kognitiven Aspekten abgespeichert. Demgegenüber enthält das semantische Gedächtnis Faktenwissen und die allgemeinen Kenntnisse eines verbalisierbaren Weltwissens, das auch mitteilbar ist. Das deklarative Gedächtnis ist der Selbstreflexion prinzipiell zugänglich (s. auch Köhler 1998).

Das nondeklarative Gedächtnis enthält Erfahrungen, die implizit unser Verhalten steuern. Im Wesentlichen werden vier Aspekte beschrieben:
- Priming-Effekte, die Bedeutungshorizonte von Bildern, Gesichtern und Wörtern beeinflussen und semantische Verknüpfungen automatisch herstellen
- klassische und operante Konditionierungen, die verhaltenslenkend wirken, ohne dass darüber eine Selbstevidenz existieren muss
- Habituations- und Sensitivierungsprozesse – wie beispielsweise die Sensitivierung von Stressreaktionen –, die als nonassoziative Lernprozesse ohne selbstreflexiven Zugang abgespeichert werden können

1 Grundlagen

- Handlungsroutinen, Denkroutinen und Wahrnehmungsroutinen als prozedural erworbene Fertigkeiten

Solche impliziten Erfahrungen beeinflussen als mentale Modelle das menschliche Erleben und Verhalten nachhaltig, obwohl sie sich einer selbstreflexiven Erkenntnis und Bewusstmachung unmittelbar entziehen.

Nach Bruner (1987) können wir drei unterschiedliche Medien kennzeichnen, in denen Information vergegenwärtigt werden kann. Diese drei Medien der Repräsentation entwickeln sich im Rahmen der Ontogenese nacheinander im Sinne einer kumulativen Reihe. Die erste Form der Repräsentation wird als »aktionale Repräsentationsform« bezeichnet. Sie entwickelt sich bereits früh im Säuglingsalter und ist als eine präverbale nondeklarative Gedächtnisleistung anzusehen, die vielleicht schon vorgeburtlich angelegt ist. Das aktionale Repräsentationssystem dient als inneres Bezugssystem für eigene Handlungen und bildet die Grundlage für die Differenzierung zwischen Ich und Nicht-Ich. Als mentales Modell für die frühen Objektbeziehungen ist es im Wesentlichen den prozeduralen Gedächtnismechanismen zuzuordnen. Diese aktionale Repräsentationsform stellt ein Handlungsrepertoire zur Verfügung und ermöglicht eine flexible Organisation des kindlichen Verhaltens. Später, im ersten Lebensjahr, wird diese erste Repräsentationsform von der »bildhaft-ikonischen Repräsentationsform« überlagert. Diese ist bereits deklarativen Repräsentationsmechanismen zuzuordnen und ermöglicht sensorische Repräsentationen von Erfahrungen aller Sinneskanäle. Mit dieser Darstellungsform kann sich das Kind allmählich von der unmittelbar an Handlungen gebundenen Repräsentation lösen. Vorformen selektiver Gefühls- und Sinneseindrücke, die bereits handlungsbestimmend gewonnen wurden, werden, auf diese Weise umschrieben, bildhaft gefasst. Die ikonische Repräsentationsform bildet eine wesentliche Grundlage des episodischen Gedächtnisses. Schließlich entwickelt sich ein drittes Medium – etwa zeitgleich mit der ikonischen Repräsentationsform –, das als »symbolische Repräsentation« bezeichnet wird. Es werden nicht einzelne Wahrnehmungsinhalte und Gefühlskomplexe, sondern – stellvertretend dafür – Symbole repräsentiert. Das wichtigste Mittel, um den Bedeutungskern von Objekten und Szenen symbolisch festzuhalten, ist die Sprache. Sprache verbindet ikonische und symbolische Repräsentationsformen zu neuen Einheiten, die schließlich als Narrative im autobiografischen Gedächtnis wiedergefunden werden können. Die affektive Besetzung des Selbst im Sinne des Narzissmus könnte unter gedächtnispsychologischen Gesichtspunkten sowohl bewusste als auch unbewusste Anteile enthalten: Die Möglichkeit von unbewussten affektiven Selbstbesetzungen, die nicht unmittelbar der Selbstreflexion zugänglich sind, muss postuliert werden.

Mit dem hirnphysiologischen Vorgang der Entwicklung selbstregulatorischer Fähigkeiten beschäftigen sich Aitken und Trevarthen (1997) eingehend, insbesondere auf dem Hintergrund der verschiedenen Aspekte des Selbstes und der

Leib-Seele-Problematik, mit der sich Autoren wie Eccles und Popper auseinandersetzten (Popper u. Eccles 1977).

Das Entstehen der Selbstorganisation wird in diesen Theorien als fundamentaler intersubjektiver Prozess verstanden, ausgehend von Wittgensteins Prinzip der Priorität unseres interpersonellen Lebens. Aus den biologisch fundierten interaktiven Kapazitäten des Kindes entstehe das Selbst. Insbesondere die kooperative Aufmerksamkeit und gemeinsame Aufgabenorientierung konstituieren in den Augen dieser Autoren das kindliche Selbst. Diesen Primat der Intersubjektivität begründen die Autoren letztlich mit in der Ontogenese des Menschen verankerten – für unsere Spezies einzigartigen – hirnphysiologischen Vorgängen und Verknüpfungen. Das Besondere an der menschlichen embryonalen Entwicklung sei die Verknüpfung hochelaborierter vokaler, fazialer und gesturaler motorischer Neuronen mit intrinsischen motivationalen Strukturen des Hirnstamms und des limbischen Systems. Der Neokortex reife dabei postnatal, insbesondere durch die Erfahrungen und Kommunikationen mit den Bezugspersonen, wobei der Motor dieses Prozesses die motivationalen Strukturen des Kindes sind. Aus diesen Vorgängen erwachse die Selbstorganisation.[1]

Den bisher geschilderten theoretischen Konzepten werden im Folgenden empirische Befunde, insbesondere aus dem Bereich der Säuglingsforschung, zugrunde gelegt, um danach zu einer übergreifenden Synthese im Sinne eines entwicklungsorientierten, empirisch fundierten Modells der narzisstischen Entwicklung gelangen zu können.

Entwicklung des Selbst im Licht der Säuglings- und Kleinkindforschung

Etwa zu Beginn der zweiten Hälfte des zweiten Lebensjahres entwickeln Kinder das Bewusstsein eines getrennten Selbstes. Diese Hypothese wurde von Lewis und Mitarbeitern (1989) durch die mittlerweile klassischen »Mirror-Rouge-Experimente« untermauert: Einige Zeit vor dem zweiten Geburtstag erkennen Kinder einen roten Fleck auf ihrer Stirn im Spiegel als zu sich selbst gehörig, vor Erlangen dieses Entwicklungsschrittes versuchen sie, diesen im Spiegel wegzuwischen.

Dieses Erkennen beruht auf einem schon existierenden, wenn auch noch rudimentären Identitätsgefühl, aufgrund dessen das Kind die Identität des Spiegelbildes mit sich selbst erschließen kann. Das Kind weiß damit, dass es in einer

---

1 Für eine detaillierte Beschreibung der hirnphysiologischen Ontogenese des Selbst und der kommunikationstheoretischen Ableitungen dieser Vorgänge: s. Aitken u. Trevarthen 1997.

Form außerhalb seines gefühlten Selbst repräsentiert werden kann. Etwa in diesem Alter beginnen Kinder auch, Pronomina für sich selbst zu verwenden. Mit diesem kognitiven Entwicklungsschritt ist die Entstehung wesentlicher, im weitesten Sinne dem narzisstischen System zugehöriger Emotionen verbunden, was experimentell untermauert werden konnte: Die Kinder, welche im Spiegel einen Rougefleck auf ihrer Nase als zu sich gehörig identifizieren konnten, also die Fähigkeit hatten, das Kind im Spiegelbild als sich selbst zu erkennen und damit selbstreferenzielles Verhalten zu zeigen, zeigten in entsprechend konstruierten Situationen Verlegenheit, während die Kinder, die das Rouge an dem Kind im Spiegel anzufassen versuchten, sich also nicht selbstreferenziell verhielten, diese Emotion niemals zeigten, wohl aber die nicht selbstreflexive Emotion Furcht in einer Situation, die geeignet war, diese hervorzurufen. Die beschriebenen empirischen Ergebnisse konnten mehrfach repliziert werden, sodass davon auszugehen ist, dass die mit der Entwicklung des Selbstwertes verbundenen Emotionen auch mit der neu gewonnenen Identität zusammenhängen. Selbstreferenzielles Verhalten setzt die Fähigkeit voraus, sich selbst zu »erkennen«, das heißt die – wenn auch zunächst begrenzte – Fähigkeit zur Selbstreflexion.

Grundlegende **kognitive Kapazitäten**, welche als Voraussetzung für die selbstreferenziellen Emotionen angesehen werden, sind die nach Stern (1985) außerordentlich früh bestehende Fähigkeit, zwischen dem Selbst und dem anderen zu unterscheiden, und die Objektpermanenz, welche mit etwa acht Monaten beginnt (Piaget u. Inhelder 1972).

Dabei entwickeln sich zunächst die selbstreferenziellen Emotionen erster Ordnung, und zwar etwa um den zweiten Geburtstag herum (Lewis et al. 1989). Verlegenheit, Empathie und Neid werden als selbstbewusste Emotionen erster Ordnung, Stolz, Scham und Schuld als selbstbewusste Emotionen zweiter Ordnung angesehen (ebd.). Da Letztere auch die Verinnerlichung sozialer Normen, Regeln und Werte voraussetzen, werden sie auch als selbstevaluative Emotionen bezeichnet.

Das erstmalige Auftreten des Identitätsbewusstseins und damit verbundener selbstunsicherer, befangener und verlegener Verhaltensweisen setzt nach Bohleber (1996) drei Entwicklungsfortschritte voraus:
- das Auftauchen von geistigen Fortschritten, die erlauben, dass das Körper-Selbst als Objekt erfasst werden kann
- den Kampf des Kindes um den aufrechten Gang und die Fortbewegung
- das intensive Interesse an den eigenen Genitalien und deren Stimulation, welches ein integraler Bestandteil des entstehenden Selbstgefühls wird und die Erfahrung verstärkt, von anderen verschieden zu sein

Mit diesen kognitiven, körperlichen und emotionalen Entwicklungsschritten ist das Kind in der Lage, sich als objektives Selbst ein Stück weit von seinem subjektiven Selbst zu entfremden und sich dadurch als Objekt eigener und fremder Beobachtung zu erfahren.

Die Entstehung des selbstunsicheren Verhaltens fällt in etwa mit der Wiederannäherungskrise bei Mahler (1985) zusammen – und erklärt Phänomene dieser. Die Erfahrung der Identität hat für das Kind zwei Seiten: Einerseits kann es auf seine neue Eigenständigkeit stolz sein, andererseits muss es akzeptieren, dass es nicht Teil der Mutter ist. Bohleber (1996) hält die affektive Reaktion der Mutter auf die neu auftretenden Unsicherheitsgefühle des Kindes für entscheidende Faktoren bei der Festigung der Identität. Die Mutter muss es dem Kind ermöglichen, sich bei der Konsolidierung des Identitätsgefühls durch selektive Identifizierungen zu stabilisieren.

Gleichzeitig sind die Emotionen – insbesondere Verlegenheit, Angst etc. – auch abhängig von Temperamentsbesonderheiten. Das Selbst und die damit verbundenen Emotionen können daher als zentrale – und interdependente – Faktoren der kindlichen Persönlichkeit angesehen werden, in welche Temperamentsbesonderheiten ebenso wie Umwelt-, Interaktions- und Beziehungsaspekte einmünden.

Das kindliche Selbst entsteht auf dem Hintergrund entwicklungsbedingter Abläufe, die in ihrer Aufeinanderfolge ontogenetisch festgelegt, also unabhängig von Temperament und Umwelterfahrung sind. Alle wesentlichen entwicklungspsychologischen Theorien postulieren gewisse Phasen oder Stufen, die je nach dem zugrunde liegenden theoretischen Modell unterschiedliche Bezugspunkte haben. Auch die hier beschriebene **Entstehung des bewussten Selbst** verläuft über verschiedene Stadien und Mechansimen: Die frühesten Phasen der Selbstentstehung sind dabei eindrücklich von Stern (1985) beschrieben und durch zahlreiche hochrangige wissenschaftliche Untersuchungen untermauert. Die frühe Entwicklung des Selbstempfindens verläuft dabei parallel und in wechselseitiger Abhängigkeit zu der Entwicklung kognitiver motorischer und verbaler Fähigkeiten. Dieses durchläuft nach Daniel Stern – ausgehend vom ersten Lebenstag an – verschiedene Stufen, die im Folgenden in Anlehnung an Stern (1985) und Dornes (1998) dargestellt werden.

Das auftauchende Selbst

Die anfängliche Gefühls- und Wahrnehmungswelt ist von körperbedingten Triebspannungen, aber auch von Wahrnehmungen im Bereich aller Sinneskanäle geprägt, welche zunächst nicht oder nur unvollkommen zu einer zusammenhängenden Erfahrung integriert werden können. Jedoch besitzt der Säugling bereits in dieser Lebensphase Fähigkeiten, welche die Sinneseindrücke ordnen. Stern nennt hier folgende Grundprinzipien menschlicher Wahrnehmung, die zur Selbstentstehung beitragen:
- Die **amodale Perzeption**: Erfahrungen verschiedener Sinneskanäle können miteinander in Verbindung gebracht werden, so zum Beispiel Gesehenes und Gehörtes, Gefühltes und Geschmecktes etc. Das heißt, Sinnesreize die von ei-

nem Objekt ausgehen, können vom Säugling auch als nur einem Objekt zugehörend erfahren werden, auch wenn sie über zwei oder drei Sinneskanäle vermittelt werden. In der Phase (die ersten zwei Lebensmonate) muss das Chaos von Sinneseindrücken vom Säugling zunächst geordnet werden.

- Die **physiognomische Perzeption**: Diese besagt, dass die Gestalt einer bestimmten Sinneserfahrung nicht nur wahrgenommen wird, sondern auch von einem entsprechenden Affekt gefolgt sein kann: Nach Stern wird eine ansteigende Schnörkellinie als fröhlich empfunden, egal ob diese visuell oder, durch entsprechende Stimm-Modulation der Mutter, auditiv wahrgenommen wird – entsprechend kann in jedem Sinneskanal eine abfallende Linie als traurig angesehen werden, eine gezackte Linie als ärgerlich. Diese affektive Untermalung der Sinneseindrücke ist Sterns Ergebnissen zufolge bereits angelegt.
- Die **Vitalitätsaffekte**: Damit ist die vitale Tönung, die Erlebniseigenschaft einer affektiven Erfahrung gemeint. Diese Erlebnisse können in metaphorischen Begriffen wie »schneidend«, »verblassend«, »anschwellend« und »explosiv« flüchtig beschrieben werden und bezeichnen die Verlaufskontur einer Erfahrung. Die Vitalitätsaffekte stellen keine eigene Klasse von Affekten dar, sondern sind dynamische Eigenschaften von Affekten, Handlungen und Wahrnehmungen. Dabei haben die Erfahrungen eines Kindes intrinsische Gemeinsamkeiten auf der Ebene der Vitalitätsaffekte, das heißt, sanfte Bewegungen der Mutter sind meist von einer sanften Stimme begleitet, etc.

Diese beschriebenen Gemeinsamkeiten und Regelmäßigkeiten der frühkindlichen, auch neonatalen Wahrnehmung bewirken, dass eine »emergent organization of self and object« hergestellt wird, das heißt durch das Erleben invarianter Konstellationen erhält der Säugling die Grundbausteine, aus denen er seine Wahrnehmungswelt ordnet. Dabei handelt es sich jedoch noch nicht um ein bewusstes Selbstempfinden im Sinne eines reflexiven Ich-Bewusstseins, sondern nach Stern um ein »auftauchendes Selbst«. Das Selbst taucht jedoch nicht nur aus sich selbst heraus über die beschriebenen perzeptiven Mechanismen auf, sondern auch und besonders durch die Interaktion mit der Bezugsperson.

Diese Interaktionen, die unzählige Male zwischen Mutter und Kind ablaufen, werden generalisiert und repräsentiert als Interaktionsstrukturen. Solche Austauschprozesse werden in der psychoanalytischen Literatur als »mirroring« beschrieben (Kohut 1971; Winnicott 1971). Das Gesicht der Mutter wird hier als Vorläufer des Spiegels betrachtet. Das Kind, welches der Mutter ins Gesicht schaue, erblicke das, was es in sich selbst erblicke. Demnach kann das Kind sein Selbst nur wahrnehmen, wenn dieses durch die Mutter zurückgespiegelt wird. Dies hängt wiederum davon ab, wie die Mutter das Kind sieht. Das Kind sucht im anderen sich selbst.

Nach Beebe und Lachmann (1988) ist das Widerspiegeln ein »one-way influence phenomenon«, allerdings räumen die Autoren auch ein, dass es Anteile eines gegenseitigen Austausches enthält. Mutter und Kind beeinflussen einander da-

1.2 Entwicklungspsychologie des Narzissmus

hingehend, der eigenen emotionalen Veränderung zu folgen und auf dem Gesicht jenen Zustand widerzuspiegeln, den der andere hat. Dieser Austausch erfolgt mit gewissen, jedoch minimalen Latenzzeiten (ca. 0,5 Sek.), sodass ein fast unmittelbar synchrones nonverbales Kommunikationssystem entsteht. Dabei ist es für das Kind bedeutsam, dass die Abstimmung sowohl zeitlich als auch inhaltlich mit seinen eigenen Verhaltensweisen fast übereinstimmt, doch genauso wichtig ist, dass sie nicht zu einer vollkommenen Deckungsgleichheit führt. Nach Beatrice Beebe sind geringfügige Diskordanzen, das so genannte »mismatch«, welches im Folgenden eine »Reparatur« erfährt, notwendig, um ein Bewusstsein der Getrenntheit und Eigenständigkeit aufzubauen. Durch diese Vorgänge bildet sich im Alter von 9 bis 12 Monaten die Erwartung, gespiegelt zu werden und den Partner selbst spiegeln zu können (ebd.).

Repräsentiert werden Erwartungen dessen, was sich in der Interaktion mit der Mutter abspielen wird. Diese innerlich repräsentierten, aber noch nicht objektivierbaren Interaktionserwartungen bilden die Basis für die Entwicklung der Selbst- und Objektrepräsentanzen.

Die beschriebenen interaktionellen Prozesse wirken zwar ab der frühesten Phase des auftauchenden Selbst auf die Entwicklung des kindlichen Selbstkonzeptes ein, bleiben aber auch in den späteren, weiter unten geschilderten Entwicklungsphasen wirksam und werden daher, aufgrund ihrer ubiquitären Bedeutsamkeit in den ersten zwei Lebensjahren an dieser Stelle eingehend beschrieben.

Wichtig ist hier, festzuhalten, dass das Widerspiegeln aufseiten der Mutter kein rein »mechanischer« Vorgang ist, sondern hier drei wesentliche Größen einfließen, die im Folgenden kurz erläutert werden, da sie für die Entstehung des Narzissmus von entscheidender Bedeutung sind. Wesentliche, den Interaktionsstil der Mutter und damit die Selbstentwicklung des Kindes formal und inhaltlich prägende Elemente mütterlicher Reaktionsbereitschaft sind:

- Vorstellungen und Phantasien über das Kind, welche wiederum in der mütterlichen Vergangenheit wurzeln können
- Feinfühligkeit der Mutter, welche zum einen ein feststehendes Persönlichkeitsmerkmal, zum anderen aber auch abhängig von affektiven (bis hin zu Erkrankungen) Zuständen der Mutter sein kann
- Bedürfnisse, Wünsche und Erziehungsziele der Mutter, welche ihren Ausdruck besonders stark im so genannten »affect attunement« (Stern 1985) finden

Da diese mütterlichen Eigenschaften die Entstehung des kindlichen Selbst entscheidend beeinflussen, sollen ihre Hintergründe an dieser Stelle kurz erläutert werden.

1 Grundlagen

Mütterliche Phantasien und Vorstellungen über das Kind

Ein besonderes Charakteristikum der frühen Mutter-Kind-Beziehung ist die Deutung des kindlichen Verhaltens durch die Eltern, was insbesondere im Neugeborenenalter in »fortwährender Überschätzung des Absichtselementes« (Hinde 1976) geschieht und die Mutter-Kind-Interaktion in dieser Lebensphase konturiert. Dabei mischen sich elterliche Introjekte, die »Gespenster im Kinderzimmer« (Fraiberg 1980), in den Dialog zwischen Eltern und Kind. Einige Autoren sehen in diesem Prozess auch eine Rückkehr der Eltern zur kindlichen Neurose (Kreisler 1981), da die Inhalte der auf den Säugling bezogenen Phantasien häufig aus belasteten Beziehungsmustern der elterlichen Vergangenheit entspringen und das Baby somit einen Aspekt des Unbewussten eines Elternteiles repräsentiert (Brazelton u. Cramer 1989). Für die kindliche Entwicklung ist dieser Vorgang insofern bedeutungsvoll, als die Reaktion der Mutter auf das Kind häufig der »hineininterpretierten Bedeutung des kindlichen Verhaltens« (Cramer 1986) gilt.

Dabei handelt es sich um die Projektionen elterlicher Repräsentanzen, Affekte, Selbstanteile auf den Säugling, der für alle Eltern eine Matrix darstellt und dessen Absichtselement überschätzt werden muss (Hinde 1976). Die Bedeutungszuschreibung ungerichteter kindlicher Äußerungen durch die Eltern geschieht teils bewusst, teils unbewusst. Laut Dornes (1998) hat sie einen entscheidenden Anteil an der Ausformung des kindlichen Selbstkonzeptes. Den Einschluss des Kindes in das symbolische Universum der Eltern bezeichnet Dornes als unausweichliches, aber einzigartiges Phänomen der menschlichen Gattung. Während die Psychoanalyse sich der Entstehung und dem Inhalt der elterlichen Phantasien zuwendet, beschäftigt sich die Interaktionsforschung mit den Ausdrucksformen dieser Phantasien, welche Transmissionsmechanismen pathologischer Konflikte und innerpsychischer Konstellationen darstellen können: Je drängender die unbewussten Phantasien und Konflikte der Eltern sind, desto wahrscheinlicher wird eine subjektiv übermäßig verzerrte Ausdeutung kindlicher Signale mit potenziell pathologischen Konsequenzen (Brazelton u. Cramer 1986). Empirisch wurde dies bislang an Einzelfallbeispielen beschrieben (Cramer 1987). Dieser projektive Mechanismus dürfte sich insbesondere dann gravierend auf die Mutter-Kind-Beziehung auswirken, wenn die »Gespenster« sehr negativ besetzte Bezugspersonen der Kindeseltern sind, die den Eltern in Gestalt ihres Kindes wiederzukehren scheinen (Rabain-Jamin 1984). Die Fortpflanzung von Beziehungs- und Bindungsstörungen in die nächste Generation kann daher in diesem frühen Stadium über die Projektion nicht nur negativer Selbstanteile, sondern auch der Elternrepräsentanzen geschehen, welche dann wiederum Eingang in die kindlichen Selbst- und Objektrepräsentanzen finden.

Feinfühligkeit

Papousek (1989) spricht von den intuitiven Kompetenzen der Eltern, die es ihnen ermöglichen, sich auf den Säugling einzustellen und seinem Wahrnehmungssystem und emotionalen Bedürfnissen gemäß zu reagieren. So verändern die meisten Eltern automatisch ihre Stimmlage und modulieren ihre Intonation stärker. Sie bringen ihr Gesicht meist automatisch auf die Distanz von ca. 20 cm vom Kopf des Kindes. Dies ist die Entfernung, bei welcher der Säugling aufgrund seiner geringen Akkomodationsfähigkeit am schärfsten sieht. Sie ahmen Lautäußerungen des Kindes nach – meist ohne zu wissen, dass es die kindlichen Selbstwirksamkeitserfahrungen bereichert, wenn seine Verhaltensweisen gespiegelt werden.

In den ausführlichen Untersuchungen von Grossmann und Mitarbeitern (1985) hatte die mütterliche Feinfühligkeit einen entscheidenden Einfluss auf die Qualität der kindlichen Bindung an die Mutter. Zur Feinfühligkeit gehört auch die Fähigkeit der Mutter, dem Aufmerksamkeitsfokus des Kindes zu folgen und vom Kind vorgegebene Handlungsstränge aufzugreifen, anstatt dem Kind eigene Handlungsfäden vorzugeben und die Interaktion dadurch zu dominieren. Mütterliche Intrusivität dem Säugling gegenüber mindert sein Gefühl der Effektanz und führt oft zu abweisenden Reaktionen beim Kind, welche in Beziehungsstörungen, aber auch in Störungen des Gefühls der Selbstwirksamkeit münden können.

Es gibt vielfältige Hintergründe für eine Minderung der Feinfühligkeit. Mütterliche Depressionen zum Beispiel führen nach T. Field (1988) häufig zu einem intrusiven oder aber zurückgezogenen Verhalten gegenüber dem Kind. Letzteres führt dazu, dass die für das Selbstgefühl des Säuglings entscheidenden Bestätigungen seiner Äußerungen durch die mütterliche vokale und mimische Reaktion fehlt oder abgeschwächt ist. Für die Kinder stellt dies eine hohe Belastung dar, wie psychophysiologischen Untersuchungen zu entnehmen ist. Viele Mütter zeigen jedoch auch eine Beeinträchtigung ihrer intuitiven Kompetenzen durch eine verzerrte Wahrnehmung des Kindes. Dies leitet über zu einem weiteren wesentlichen Modus der Interaktion mit der Umwelt bei der Ausformung der kindlichen Persönlichkeit.

Affect attunement

Einen wesentlichen Anteil an dem oben beschriebenen, für die Selbstentwicklung so bedeutsamen Vorgang des »mirroring« hat das »affect attunement«, also die Einstellung der Bezugsperson auf die kindliche Affekttönung, um direkt miteinander in ein affektives Gleichgewicht zu kommen. Dabei nimmt die Bezugsperson die affektiven Charakteristika einer kindlichen Äußerung auf und wiederholt diese, sowohl in der gleichen als auch einer anderen Sinnesmodalität. Erhalten bleiben die Intensität, der Rhythmus und die zeitliche Kontur des kommunizierten Affektes, auch bezeichnet als »amodale Anteile eines Affektes«.

1 Grundlagen

Dadurch wird zum einen das intersubjektive Selbst des Kindes in seiner Entwicklung gestärkt, zum anderen geht es der Mutter meist darum, eine Gemeinsamkeit mit dem Kind herzustellen. Sehr häufig wird jedoch von den Eltern mit der Affektabstimmung ein bestimmtes Ziel verfolgt: Auf averbalem Weg teilen sie ihrem Kind bewusst oder unbewusst ihre Wünsche und Abneigungen mit, indem sie sich auf erwünschte Handlungen affektiv einstimmen, auf unerwünschte nicht.

Die Sonderform des »tuning« stimmt sich zunächst auf den Affekt des Kindes ein, um ihn dann um eine Spur zu verändern, das heißt die Antwort ist etwas stärker oder schwächer als das Ursprungssignal, je nach verfolgter Intention der Mutter.

Dornes bezeichnet diesen Mechanismus als »gefährlich«, weil es ein subtiler Weg ist, die Emotionalität des Kindes zu verändern – mit der Folge einer Entstehung eines **falschen Selbst**. Hier wird die Rolle des Kindes als Adressat elterlicher Absichten deutlich: Über das »tuning« können natürlich elterliche Phantasien oder Befürchtungen bzw. die Abwehr dieser Befürchtungen ausgedrückt werden.

Aus den hier beschriebenen Mechanismen und Verhaltensweisen wird deutlich, dass die Mutter – wie Bohleber (1996) betont – nicht nur beim Entstehen des Identitätsgefühls mitwirkt, sondern dem Kind vorangehend eine Identität vermittelt. Das frühe »mirroring« wird später ersetzt durch ein Muster von gegenseitigem Agieren und Reagieren.[2]

Durch die genannten Erfahrungen und das »mirroring« der Mutter entsteht bereits zwischen dem 2. und 6. Lebensmonat das präpräsentationale Kern-Selbst. Nach Bohleber bildet dieses die Basis unseres Identitätserlebens.

Das **Kern-Selbst** ist Stern zufolge aus vier Komponenten zusammengesetzt, die er »self-agency« (Urheberschaft), »self-coherence« (Selbstkohärenz), »self-affectivity« (Affektivität) und »self-memory« (Gedächtnis) nennt.

- Das Gefühl der **Urheberschaft** entsteht zum einen aus dem Willensgefühl, zum anderen aus dem propriozeptiven Feedback, welches der Säugling über seine eigenen Sinnesorgane erhält und das den fremderzeugten Handlungen fehlt. Auch die differenzielle Kontingenzwahrnehmung trägt dazu bei: Wenn der Säugling vokalisiert, hört er jedesmal einen Ton (perfekte Kontingenz), aber nur jedes zweite oder dritte Mal kommt die Mutter (imperfekte Kontingenz).
- **Selbstkohärenz**: Alle Äußerungen des Selbst haben eine gemeinsame Intensitätsstruktur, einen gemeinsamen Ort und eine gemeinsame Zeitstruktur, so-

---

2 Green (1975) fügt beim »mirroring« in die Double-Beziehung zwischen Mutter und Kind noch den Vater als abwesenden Dritten ein; ein Anlass, an dieser Stelle zu betonen, dass sämtliche oben geschilderten interpersonalen Erfahrungen des Säuglings natürlich auch mit anderen Bezugspersonen, wie beispielsweise dem Vater, gemacht werden, welche – wenn auch in geringerem Ausmaß – gleichfalls die Ausbildung des kindlichen Selbstkonzeptes beeinflussen.

dass für den Säugling zum Beispiel eine Kohärenz der Bewegungen zustande kommt.
- Die **Affektivität**: Die Affekte erzeugen Dringlichkeit und Handlungsbereitschaft, sie wirken als Signale im interpersonellen Austausch und werden als Motivationsquellen und Triebfedern menschlichen Verhaltens angesehen.
- Das **Gedächtnis** integriert die anderen Komponenten des Kern-Selbst zu einem einheitlichen Kern-Selbst-Empfinden.

Diese Empfindungen werden in die Wahrnehmung integriert, sodass das Kern-Selbst ein Netzwerk aus sich formenden und wiederauflösenden Prozessen darstellt.

Später ist dieses Kern-Selbst so selbstverständlich, dass das Gefühl entsteht, es sei immer schon da gewesen. Jedoch ist es bereits ganz wesentlich durch die regulierende Aktivität der Mutter beeinflusst. Caldwell (1976) und Lichtenstein (1977) sehen darin die primäre Identität, welche sich noch vor der Bildung symbolisierbarer Repräsentanzen und vor tiefer gehenden Individuationsprozessen formiert. Green (1983) sieht darin die rahmengebende Struktur des Selbst. Das Kern-Selbst ist ein mentales Modell.

Das primäre mütterliche Objekt konstituiert diese rahmengebende Struktur. Sie bildet den psychischen Raum, der dann mit Vorstellungen über das Selbst und die Welt der Objekte gefüllt werden kann. Dieser Vorstellungsrahmen bietet so die Garantie für die mütterliche Anwesenheit, auch in ihrer physischen Abwesenheit. Auch das Kern-Selbst entwickelt sich also nicht nur aus sich selbst heraus weiter, sondern wird wesentlich durch interaktionelle Erfahrungen geprägt.

In dieser Phase scheint der Stabilität bestimmter interaktioneller Ereignisabläufe eine wesentliche konstituierende Bedeutung zuzukommen. Sander (1988) beobachtete, dass sich im Tagesablauf von Müttern und ihren Säuglingen bestimmte Handlungsrituale immer wieder wiederholen. Dabei bilde sich eine Ereignisstruktur (event structure) heraus, die stabil ist und als wiederkehrendes Muster bei Mutter und Kind spezifische Erwartungskonfigurationen entstehen lässt. Dadurch kann der Säugling stabil wiederkehrende Erfahrungen seiner inneren Befindlichkeit machen, welche gesetzmäßig seinen Zustand regulieren.

Durch das Erleben des zeitlichen Zusammenhangs seiner Aktivitäten mit denen der Mutter entsteht für den Säugling ein Gefühl der Wirksamkeit (agency). Dieser Punkt ist wesentlich bei der Konstituierung des Selbst, weil der Säugling notwendigerweise das Gefühl bekommt, dass die eigenen Handlungen die eigenen Gefühlszustände unmittelbar in eine gewünschte Richtung beeinflussen können. Hier wird die Wurzel eines entscheidenden Bestandteils des Selbst, der Selbstwirksamkeit, gelegt und damit auch die der Fähigkeit zur Selbstregulation.

Neben der Regelhaftigkeit interaktioneller Strukturen ist jedoch in dieser Lebensphase ein zweiter, oft vernachlässigter Aspekt zur Konstituierung des Kern-Selbst wesentlich.

1 Grundlagen

Interaktionen lassen beim Säugling zwischen zwei und sechs Monaten häufig noch ein Gefühl der Unsicherheit zurück, wer denn eigentlich der Initiator ist. Aus diesem Grunde benötigt der Säugling ebenso notwendig wie Interaktionen Phasen, in denen er innere Empfindungen oder Impulse als eindeutig seine eigenen wahrnehmen kann, sodass diese zum personalen Erlebnis (Winnicott 1971) werden.

Dazu ist eine temporäre Entflechtung zwischen Mutter und Kind, im Sinne des Ruhens von Interaktionen, notwendig: günstigerweise zu einem Zeitpunkt, während sich der Säugling im Zustand einer »alert inactivity« befindet, also wach ist und nicht von körperlichen Spannungen beeinträchtigt wird. Dieser »offene Raum« (Sander 1988) – verstanden als Beziehungsraum – ist die erste Form des intermediären Raums, welcher zur Selbstentwicklung notwendig ist. Dabei ist die Gegenwart der Mutter notwendig, welche jedoch nicht im Sinne von Stimulationen oder Pflegehandlungen eingreift.

Diesen Raum lernt der Säugling über zunehmende Entflechtung weiter zu entfalten, und er kann so das Gefühl der Autorschaft von Empfindungen Vorstellungen und Reaktionen konsolidieren.

Das **subjektive Selbstempfinden** entsteht etwa im Alter zwischen 7 und 15 Monaten. In dieser Phase lernt das Kind Sander (1988) zufolge, dass es neben seinem Bewusstsein auch andere gibt. Daher stammt der Impuls, eigene psychische Zustände oder Wahrnehmungen dem anderen mitteilen zu wollen. Dieses Phänomen setzt sowohl ein Bewusstsein der Getrenntheit als auch ein Bewusstsein der Mitteilbarkeit, also der Möglichkeit der Überschneidung zweier getrennter Psychen durch die Kommunikation über gemeinsame Erfahrungen voraus. Ein klassisches, aus dieser Phase stammendes Phänomen in der Mutter-Kind-Interaktion ist daher auch die »joint attention«, die geteilte Aufmerksamkeit gegenüber einem Objekt, oder das »social referencing«. Damit kommt ein »Drittes« in die Interaktion zwischen Mutter und Kind, deren Aufmerksamkeitsfokus bis dahin innerhalb der Dyade geblieben war.

Dabei ist die Erfahrung der Getrenntheit, bei gleichzeitiger Möglichkeit der Rückbezugnahme, in dieser Phase der wesentliche Motor der Identitätsbildung. Insbesondere die Bindungstheorie hat empirische Untersuchungen zum Einfluss der Primärbezüge auf die Selbstentwicklung in dieser Altersphase ausgelöst, welche an dieser Stelle kurz beschrieben werden. Die für die Selbstentstehung essenzielle Trennung sollte nicht ohne Berücksichtigung des Hintergrundes, auf dem sie sich abspielt, beschrieben werden, da sie sich auch nicht ohne diese vollziehen kann und somit die Entstehung eines autonomen Selbst ohne Bindung nicht denkbar scheint:

> Die **Bindung**, ein erstmals von John Bowlby (1969/1973) eingeführter Begriff, bezeichnet die Qualität von Beziehungen, welche ein Leben lang konstant bleiben kann. Die Bindung hat soziale, emotionale, kognitive und behaviorale Elemente. **Bindungsverhalten** äußert sich darin, dass das Kind

Nähe zur Mutter sucht, unter Umständen auch begleitet von Schreien, Weinen, Gestikulieren, Klammern. Dieses Verhalten tritt charakteristischerweise dann auf, wenn das Kind Rückversicherungsbedürfnisse hat, die sich an die Mutter (oder eine andere Bezugsperson) richten. Wenn diese adäquate Nähe gewährleistet ist, zeigt das Kind kein Bindungsverhalten mehr.

Ainsworth et al. (1978) führten die ersten empirischen Studien an Kindern und Erwachsenen durch und generierten so normative Daten. Dabei stießen die Autoren mit der mittlerweile klassischen Methode der »Fremden Situation« auf zunächst drei Bindungsmuster.

Sicher gebundene Kinder konnten die im Experiment nach einer Spielphase durchgeführte Trennung mit mäßiger Abneigung ertragen, begrüßten die Mutter bei deren Rückkehr freudig und zeigten danach wieder ein sicheres Explorationsverhalten. Etwa zwei Drittel aller Kinder zeigte dieses Bindungsverhalten. Unsicher gebundene Kinder ließen sich diesen Ergebnissen zufolge in »ambivalent« und »vermeidend« unterteilen. Später kam durch die Untersuchungen von Main und Hesse (1990) eine dritte Kategorie dazu, und zwar die der desorganisierten Bindung. Als Hintergrund des Bindungsmusters eines Kindes wird das Verhalten derjenigen Bezugsperson angesehen, an die sich das Bindungsverhalten des Kindes richtet. Zurückweisende Mütter hätten demnach vermeidende Kinder, vernachlässigende ambivalent gebundene. Kinder misshandelnder Mütter sind nach Crittenden und DiLalla (1988) durch das desorganisierte Bindungsmuster gekennzeichnet. Das Verhalten des vermeidend gebundenen Kindes zeichnet sich durch eine scheinbar gleichgültige Haltung des Kindes gegenüber der Trennung von der Bezugsperson aus. Das Kind scheint unbekümmert weiterzuexplorieren, ebenso bei der Wiedervereinigung mit der Mutter. Psychophysiologische Untersuchungen konnten allerdings einen hohen Stresspegel dieser Kinder nachweisen, was darauf hinweist, dass es sich um eine abwehrbedingte Unterdrückung des Bindungssystems handelt.

Bindungsmuster eines Kindes gegenüber der Mutter können sich unterscheiden von denen gegenüber dem Vater oder anderen Bezugspersonen. Ein und derselben Bezugsperson gegenüber weisen sie jedoch eine beträchtliche Stabilität auf.

Schon in dieser Altersphase bestehen also große Unterschiede zwischen Säuglingen hinsichtlich ihrer Reaktion auf Trennung und deren Verarbeitung. Diese Unterschiede machen deutlich, wie wichtig die sichere Bindung für eine sichere Kontur von Selbst- und Objektgrenzen ist. Diese Kontur ist nun wieder eine unabdingbare Voraussetzung dafür, dass sich das Kind im Spiegel-Selbst erkennen und damit sein Selbstkonzept konsolidieren kann.

Die Bildung der Selbst- und Objektrepräsentanzen setzt in dieser Phase – Stern (1985) zufolge – außerdem voraus, dass das Selbstgefühl, aber auch das Gefühl für den anderen in Form von »representations of interactions generalized« (RIGs) gespeichert werden. Das bedeutet, dass aus den immer wiederkehrenden Interaktionen mit der Mutter »episodic memories« entstehen, die sich zu einer gemeinsamen Erinnerung und dann zu einer Repräsentanz der wesentlichen Elemente verdichten. Selbst, Objekt, die Art der Interaktion und die Situation werden zusammen mit den beteiligten Affekten zu Bestandteilen der Erinnerung. Dabei handelt es sich jedoch nicht um ein statisches Konstrukt, vielmehr können die Erinnerungen sich um jeweils eines ihrer Elemente neu gruppieren und mit anderen Erinnerungen zusammenschließen.

Die RIGs nach Stern können dabei rasch evoziert werden, was zu weiterer Gedächtnisbildung und damit zu einer Repräsentanzenformation beitragen kann. Es wird daraus jedoch in dieser Altersphase noch keine starre Struktur, vielmehr sind Modifikationen durchaus möglich.

In diesem Zusammenhang ist ein Ansatz zu erwähnen, welcher entwicklungsbedingte Diskontinuitäten in den Vordergrund stellt, die zur Plastizität des Nervensystems beitragen: Kagan (1991) erwähnt hier die sprunghafte Verbesserung der Gedächtnisfunktionen im Alter zwischen 8 und 12 Monaten und den Übergang von dem Wahrnehmungsmodus zum symbolisch-linguistischen Modus. Kagan vermutete, dass dieser Umbruch eine Diskontinuität auf der Basis von Reifungsvorgängen des Zentralnervensystems (ZNS) bedeutet. Eine Folge dieses Reifungsaspektes ist laut Kagan, dass nicht alle Erfahrungen eines durchschnittlichen Kindes notwendigerweise einen lang dauernden oder kumulativen Effekt haben, da auch durch neuronale Plastizität vorherige Erfahrungen und Verhaltensweisen moduliert werden können. Dieser Aspekt ist bei entwicklungstheoretischen Überlegungen immer zu berücksichtigen, insbesondere bei der Entstehung des kindlichen Selbst.

Nach Bohleber (1996) kann es durch diese gespeicherten Grunderfahrungen mit den primären Bezugspersonen dazu kommen, dass sich unbewusste Motive mit dem Charakter eines Identitätsthemas verfestigen, wobei dieses Thema dann auch als »Metaplan der Entwicklung« bezeichnet werden und in der Lebensgeschichte eines Menschen (ebenso wie in seiner Psychoanalyse) immer wieder auftauchen kann.

Das Selbst in Kindheit und Jugend

Das **narrative Selbst** beginnt mit etwa 15 Monaten und entwickelt sich ein Leben lang weiter. Zu den gemeinsamen subjektiven Zuständen kommen gemeinsames Wissen und die symbolische Kommunikation darüber.

Aus perzeptuell-affektiven Handlungsschablonen entwickelt sich die Erkenntnis von Bezugspersonen, mit denen man Gefühle (auch verbal) teilen kann (Resch 2000). Das Kind benennt jetzt die Repräsentanzen (Köhler 1998). Es kann sie symbolisieren und neben dem simultanen Modus der Informationsverarbeitung auch den sequenziellen Modus einsetzen (Resch 2000).

1.2 Entwicklungspsychologie des Narzissmus

Das Kleinkind erreicht mit der Entwicklung dieser kognitiven Fähigkeiten jetzt ein klares, abgegrenztes Gefühl für das Selbst und kann dieses Selbst auch objektivieren. Die sich daraus ableitenden, selbstreferenziellen Emotionen sind bereits eingangs geschildert worden, da mit ihrer Entstehung eine gewisse Basis für das, was als kindliches Selbst betrachtet werden kann, geschaffen ist, welches jedoch lebenslang durch Reflexion, Erfahrungen und Bewertungsprozesse modifiziert wird.

Die Objektivierungsfähigkeit führt dazu, dass das subjektive Selbst als unmittelbare Erlebnisinstanz (I) von einem definitorischen Selbst (me) unterschieden werden kann (s. S. 43 in diesem Buch; Damon u. Hart 1992). Während das subjektive Selbst das im ersten Lebensjahr erworbene »implizite mentale Modell« darstellt, an affektive Prozesse gebunden ist und die Erfahrungen der Konsistenz über unterschiedliche Gefühlslagen und der Kohärenz im Zeitverlauf beinhaltet (Resch et al. 1998), speist sich das definitorische Selbst aus dem autobiografischen Gedächtnis und ist das Ergebnis einer differenzierten objektivierenden Selbsterkenntnis. Das definitorische Selbst stellt die Gesamtheit affektiv-kognitiver Informationen über das Selbst dar, die in Form von kategorialen Wissensbeständen existieren, seine Konstituenten sind weiter oben beschrieben.

Etwa mit Beginn des vierten Lebensjahres entsteht das **autobiografische Selbst** (ebd.). Das Kind hat in Ansätzen nun eine soziale Perspektivenübernahme entwickelt und somit eine erste »Theory of mind«. Dies bedeutet, dass das Kind die subjektive Verfassung anderer in seine Erlebnis- und Handlungswelt auch verbal einbeziehen und dadurch die Meinungen anderer von der eigenen Sichtweise unterscheiden kann. Es kann auf den Informationsstand eines Zuhörers Rücksicht nehmen und Schein und Wirklichkeit sicherer unterscheiden. Somit sind erste Metakognitionen möglich, welche sich vom 8. bis 12. Lebensjahr im analogen Selbst weiter ausdifferenzieren. In dieser Phase entwickelt sich ein metaphorisches Verständnis für Sprichwörter und Bedeutungskontexte. Das Kind erkennt sich als ein erkennendes Wesen und kann planen und in der Vorstellung handeln. Diese Entwicklungsstufe ist deshalb mit dem Terminus »autoreflexives Selbst« zu belegen, da durch diese selbstreflexiven Möglichkeiten eine zunehmende Selbstdistanzierung entsteht. Der Bezug zum selbst erlebenden Kern wird im Normalfall jedoch niemals aufgegeben. Es kann aber dazu kommen, dass insbesondere Störungen der emotionalen Regulation die Fähigkeiten der Selbstkohärenz überdehnen. Wenn zum Beispiel extreme Divergenzen von Gefühlsintensitäten (positiv versus negativ) bei gleichem thematischen Gehalt des Erlebens auftreten, können diese Widersprüche in emotionalen Interaktionen die Erfahrung der Selbstkohärenz verunmöglichen (»In jeder Interaktion ein anderer sein«). Brüche und Uneinheitlichkeiten werden dann als Identitätsproblematik fassbar, wie im Abschnitt »Das Selbst in Kindheit und Jugend« beschrieben.

Das autoreflexive Selbst tritt in der Adoleszenz nochmals in eine neue kritische Phase. Die Entwicklung der sekundären Geschlechtsmerkmale, der Wachs-

1 Grundlagen

tumsschub und die darauf beruhenden körperlichen Veränderungen haben eine deutliche Einwirkung auf das körperliche Selbstverständnis: Das Körperschema als Teil der Selbstrepräsentanz muss neu formiert werden. Auf der kognitiven Ebene kommt es in der Adoleszenz zur Ablösung des konkret anschaulichen Denkens durch das Denken in formalen Operationen. Eine zunehmende Fähigkeit zu Introspektion und Selbstreflexion wird entwickelt. Der Jugendliche sucht nun mit zunehmender Kritikfähigkeit seine ganz persönliche Stellungnahme zur Welt. Autoritäten und Wertesysteme werden hinterfragt, was zu Wertekrisen führen kann. In unterschiedlichen Lebenssphären – in Familie, Gleichaltrigengruppe, Schule und Freizeitkultur – kann der Jugendliche unterschiedliche Werthaltungen erkennen und etwaige Inkompatibilitäten entlarven. In der sozialen Domäne müssen neue Rollen des Erwachsenseins ausprobiert und vorläufig übernommen werden, die Notwendigkeit zur Übernahme von Verantwortlichkeit wird erkannt.

Wesentliche Entwicklungsaufgaben des Selbst in der Adoleszenz sind die neue Bestimmung von Identität und Selbstwert. Die Identität wird als zeitliche Kontinuität erlebt, Einheitlichkeit wird im sozialen Verband fassbar. Die Identitätserfahrung beruft sich dabei auf die Erfahrung der Kontinuität in der Biografie und auf die Erfahrung eines konsistenten Selbst. Identität kann daher niemals endgültig erreicht werden: Das Erlebnis einer Einheit des Selbst muss täglich durch neue Evidenzen immer wieder selbstreflexiv bestätigt werden! Ein wichtiger Mechanismus zum Identitätserwerb in der Adoleszenz ist die Identifikation. Störungen einer verbindlichen Übernahme sozialer Rollen in der Adoleszenz können zu Identitätskrisen führen.

Der Selbstwert des Jugendlichen muss im Spannungsfeld zwischen den Erfahrungen der Kompetenz und Akzeptanz neu konstituiert werden. Fertigkeiten und positive Eigenschaften können nur dann zum Selbstwert beitragen, wenn sie in eine soziale Akzeptanz eingebettet sind und in der Interaktion tatsächlich aktualisiert werden können (Resch 1999a). Kompetenz und Akzeptanz stehen also in einem Wechselverhältnis. Durch die zunehmende Kritikfähigkeit und Selbstreflexion kommt es gerade im Jugendalter zu einer kritischen Periode. Wenn Kompetenz und Akzeptanz den eigenen Idealvorstellungen nicht Rechnung tragen, kann dies zur Selbstwertkrise führen. In der Adoleszenz findet sich eine gesteigerte narzisstische Selbstüberschätzung – im Sinne eines physiologischen Narzissmus –, wobei ein fragiles Selbsterleben mit hohen Ambitionen, Neigung zu Idealisierungen und Abwertung von Nicht-Erreichbarem, verstärkter Kränkbarkeit und Wuterleben verknüpft ist. Dahinter ist die Unsicherheit des Selbstkonzeptes zu erkennen. Der physiologische Narzissmus des Jugendlichen besitzt aber unserer Meinung nach eine protektive Funktion, er lässt den Jugendlichen aus einer vorübergehenden Position der Unsicherheit Entwürfe der eigenen Person vornehmen, die weit ins Erwachsenenalter hineinreichen können und bereits eine Fülle von erst später erworbenen Fertigkeiten und Erfahrungen in visionärer Weise vorwegnimmt. Sind solche personalen Zukunftsentwürfe zu sehr von den tatsächlichen Ressourcen entfernt, dann besteht die Gefahr des Nicht-Genügens und der narzisstischen Krise. Bleibt der personale Zukunftsentwurf im Jugendalter stumpf und auf die Gegenwart beschränkt, entsteht eine depressive Position mit »No-future-Charakter«.

Die Bedeutung von elterlichen Bezugspersonen und Einflüssen der Gleichaltrigengruppe muss nochmals hervorgehoben werden. Vor allem in der Lebensphase der Adoleszenz tragen Beziehungserfahrungen zu »Peers« zentral zur Persönlichkeitsentwicklung bei. Nach Fend (1998) und Seiffge-Krenke (1994) werden die Eltern als Gesprächspartner und Beratungsinstanz im Übergang von der Kindheit in die Adoleszenz zunehmend durch gleichgeschlechtliche und später gegengeschlechtliche Freunde abgelöst. Dies geschieht jedoch in Abhängigkeit von persönlichen, sozialen oder sachlich-politischen Themenbereichen. Freunde als Vertrauenspersonen und Gesprächspartner gewinnen schon am Ende der Grundschulzeit und in der Frühadoleszenz zunehmende Bedeutung. Mädchen scheinen sich im Alter von 12 bis 16 Jahren früher und häufiger mit persönlichen und sozialen Problemen an ihre Freundinnen zu wenden als gleichaltrige Jungen an ihre Freunde (Fend 1998). Soziale Kontakte in der Schule, aber vor allem außerhalb der Schule besitzen für die grundlegenden Orientierungen der Jugendlichen eine große Bedeutung. Fends Untersuchungen ergaben, dass fehlende oder unzureichende elterliche und/oder innerschulische Akzeptanz zwar durch eine ausgeprägte Cliquen-Integration vor Selbstwertverlusten schützen können, dies jedoch häufig mit dem Preis eines erhöhten Risikoverhaltens mit Alkoholkonsum, Rauchen und verminderter Lernanstrengung verbunden ist. Chronische Ablehnungserfahrungen in der Gleichaltrigengruppe signalisieren geringen Wert und versperren dem Adoleszenten den Weg in ein notwendiges Erfahrungsfeld zum Erwerb sozialer Kompetenzen, die zum Aufbau langfristiger sozialer Bindungen erforderlich sind. Vor allem die perzipierte soziale Akzeptanz durch Gleichaltrige scheint für das generalisierte Selbstwertgefühl des Jugendlichen entscheidend.

Was die Beziehungsfähigkeit betrifft, wird von einem Übertragungseffekt von der Eltern-Kind-Beziehung auf Freundschaftsbeziehungen ausgegangen. Muster sicherer oder unsicherer Bindungen werden in den Freundschaftsbeziehungen reproduziert. Die empirischen Untersuchungen von Fend (1998) weisen darauf hin, dass Beziehungserfahrungen mit Eltern als Muster der erwarteten Beziehungen die Beziehungsgeschichte mit Gleichaltrigen und schließlich mit Partnern des anderen Geschlechts beeinflussen. Jungen und Mädchen, die eine Distanz gegenüber ihren Eltern empfanden und wenig sozial integriert waren, zeigten ein deutlich erniedrigtes Selbstwertgefühl sowie Depressionsneigung und somatoforme Beschwerden. Gute Beziehungen zu den Eltern können jedoch Freundschaftsbeziehungen nicht ersetzen. Jugendliche mit diesem Beziehungsmuster wiesen ebenfalls ein reduziertes Selbstwertgefühl und geringes Selbstvertrauen auf. Jugendliche mit positiven Beziehungen zu Eltern und Gleichaltrigen scheinen im Sinne eines additiven Modells zu profitieren. Die narzisstische Regulation wird daher mit zunehmendem Alter des Kindes aus dem Interaktionsfeld mit den wichtigen Bezugspersonen in die Gleichaltrigengruppe übertragen.

Störfaktoren und Pathologie der Selbstentwicklung

Die enge Abhängigkeit der Selbstentwicklung von der **Interaktion mit der Umwelt**, die in den weiter oben beschrieben Selbsttheorien postuliert und durch die im vorangehenden Absatz dargestellten empirischen Befunde untermauert wurde, führt im Umkehrschluss natürlich zu einer großen Störanfälligkeit dieses Selbstsystems, das für seine Entwicklung so stark auf die Regulation von außen angewiesen ist. Im Folgenden sollen zunächst die Umwelt-Abweichungen im »normalen Rahmen«, dann die schweren und schwersten Beziehungsstörungen thematisiert werden.

Untersuchungen zu Auswirkungen der – im weitesten Sinne – »normalen« Umwelt auf das Selbst von Kindern haben zunächst den Erziehungsstil der Eltern mit dem Selbstwert von Kindern in Verbindung gebracht. Den Ergebnissen von Coopersmith (1967) zufolge führt die Kombination aus elterlicher Wärme und Strenge zu einem guten Selbstwert, alle anderen Erziehungsstile zu schlechterer Selbstwertentwicklung. Andere Untersuchungen (Gecas u. Schwalbe 1986; Grolnick u. Ryan 1989) haben die Bedeutung von Engagement, Akzeptanz, Unterstützung und Grenzsetzung hervorgehoben.

Eine neuere Untersuchung (Kernis et al. 2000) beschäftigte sich mit dem Kommunikationsstil der Eltern und konnte das Ausmaß von Kritik und Kontrolle mittels »schuldinduzierenden« Techniken mit niedrigem und instabilem, die positive Anerkennung mit höherem und stabilerem Selbstwert in Verbindung bringen.

Klinisch sehr offenkundig und daher auch empirisch eingehend untersucht ist der Einfluss schwerer Beziehungsstörungen auf das kindliche Selbst, der sich im Falle von Misshandlungen und Missbrauch besonders deutlich manifestiert. Emde (1989) postulierte und bestätigte empirisch eine ubiquitäre Änderung im Selbsterleben und Ausdruck misshandelter Kinder, welche sich auch auf nicht misshandelnde Beziehungen des Kindes übertrug.

Dazu passen die Ergebnisse von Toth et al. (1997), die besagen, dass vernachlässigte oder missbrauchte Vorschulkinder negative Selbstrepräsentationen und Störungen im Selbstsystem aufweisen. Misshandelte Kleinkinder nutzen weniger Gefühls-Sprache und zeigen negative Affekte in Reaktion auf ihr Spiegelbild (Cicchetti u. Beeghly 1990); außerdem manifestieren sie weniger Differenzierungen und sind weniger abstraktionsfähig als ihre nicht misshandelten Altersgenossen (Cicchetti 1995).

1.2 Entwicklungspsychologie des Narzissmus

Die Befunde von Crittenden und DiLalla (1988), also dass misshandelte Kinder bereits im zweiten Lebensjahr ihren negativen Affekt unterdrücken und einen falsch positiven Affekt zeigen, führen zurück zu Winnicotts Postulat eines falschen Selbst (Winnicott 1965). Der gleiche Effekt konnte auch für sexuell missbrauchte Mädchen nachgewiesen werden (Calverly et al. 1994).

Aber auch weniger extreme Formen unangemessenen elterlichen Verhaltens können »Fälschungen« des kindlichen Selbstes zur Folge haben. Wenn Bezugspersonen ihre Unterstützung des Kindes davon abhängig machen, inwieweit das Kind bestimmte Erwartungen erfüllt, muss sich das Kind ein »sozial implantiertes Selbst« zulegen (Deci u. Ryan 1996). Dabei handelt es sich um ein Spektrum vom normalen Hereinwachsen in soziale Normen bis zur Verzerrung des Selbstes.

Auch in Untersuchungen zum autobiografischen Gedächtnis (Eisenberg 1983; Hudson 1989) konnten bereits sehr früh Ansätze eines falschen Selbstes bei Kindern gefunden werden, welche darauf zurückgeführt werden, dass die Kinder subtile Signale von Eltern erhalten, welche Version ihres Erlebens akzeptabel ist und was besser zu vergessen sei. Wenn das Kind diese veränderte Version seiner Erfahrung toleriert, verzerrt sich gleichzeitig das Selbst des Kindes – seine tatsächlichen Gefühle, Wünsche und Neigungen werden unterdrückt und entwertet.

Aus der Bindungsforschung (Liotti 1992; Main u. Hesse 1990) stammt ein theoretisches Modell zur Erklärung dieser Phänomene: Für das Kind wird das Erleben widersprüchlicher oder mit der Elternrolle unvereinbarer Verhaltensweisen der Bezugsperson (»frightened oder frightening behavior«) bei den ursprünglichen Garanten für Schutz und Stärke als pathogener Mechanismus angesehen. Die widersprüchlichen Objektbilder, zum Beispiel fürsorgend, Nahrung gebend und misshandelnd, führen zu unvereinbaren Repräsentanzen, welche den Säugling mit vielfältigen, inkompatiblen Modellen (auch des eigenen Selbstes) konfrontieren, zwischen denen er hin- und herpendeln muss. Dies wiederum überfordert das kindliche Bewusstsein, sodass es zu einem primitiven Bewusstseinszustand zurückkehrt (Liotti 1992).

Auf der klinischen Ebene kann sich ein so gestörtes Selbstwertempfinden später u. a. in gesteigerter Kränkbarkeit und Kritikempfindlichkeit, der narzisstischen Vulnerabilität, äußern. Hier müssen Abwehrmechanismen vermehrt zum Schutz des Selbst eingesetzt werden.

Im Zusammenhang mit Pathologien des Selbst, insbesondere traumatisch induzierten, erscheint dabei insbesondere der Abwehrmechanismus der Dissoziation bedeutsam, welcher das Selbst zwar schützt, dies allerdings auf Kosten einer partiellen Fragmentierung des Selbst (Putnam 1994).

Die Dissoziation wird am häufigsten im Gefolge traumatischer Ereignisse beobachtet und als Bewältigungsmechanismus angesehen (Brunner et al. 2000; Eckhardt-Henn u. Hoffmann 2004).

Phänomenologisch führt die Dissoziation zu selbstentfremdetem Erleben, da sie die Verfügbarkeit von Empfindungen, Sinneswahrnehmungen und Gedächtnisinhalten beeinflusst. Wahrnehmungs- und Denkprozesse unterhalb der reflexiven Ebene sind dabei grundsätzlich nicht verändert (Resch u. Parzer 2000). Innen- und Außenwelt bleiben getrennt. (In Abgrenzung dazu sind bei Fragmentationsprozessen im Rahmen des psychotischen Erlebens bereits auf der präreflexiven Ebene das Wahrnehmen und Denken gestört.)

Die Selbstentfremdung im Rahmen der Dissoziation teilt das Selbst in verschiedene Seinszustände, die völlig unabhängig voneinander existieren können. Insbesondere bei Adoleszenten kann selbstentfremdendes Erleben auch in Form von Depersonalisation oder Derealisation auftreten.

Klinisch führt die Persistenz eines dissoziativen Erlebnismusters zu einer generellen dissoziativen Vulnerabilität, die sich strukturell in einer Borderline-Störung äußern kann (s. Resch et al. 1998; Brunner et al. 2000; Ogawa et al. 1997).

Zusammenfassung und Ausblick

Der vorliegende Artikel versucht zu belegen, dass die narzisstischen Regulationsmechanismen des Menschen eine klare Entwicklungsabhängigkeit zeigen. Während Identität sich als selbstreflexive Bestätigung des subjektiven Selbst in Eigenbestimmung, Abgegrenztheit und Einheitlichkeit der Person vollzieht, wird der Selbstwert durch die selbstreflexive Evaluation des definitorischen Selbst nach Normen, Standards, Zielvorstellungen sowie Vergleichen mit dem Ideal-Selbst und dem sozialen Echo bestimmt. Im Laufe der kindlichen Entwicklung sind zwei kognitive Differenzierungen besonders hervorzuheben. Die eine ist die zunehmende Symbolisierungsfähigkeit, die eine Stellungnahme zu sich selbst ermöglicht und schließlich in der Adoleszenz die höchste Qualität der Selbstreflexion erreicht. Die zweite Differenzierung ist die Fähigkeit zur sozialen Perspektivenübernahme, die – über die reine Empathie hinausgehend – ein Sich-Versetzen in die Rolle des anderen und eine Betrachtung der eigenen Person aus der Perspektive des anderen ermöglicht. Mit Erwerb der »Theory of mind«, also ab dem vierten Lebensjahr, wird die soziale Perspektivenübernahme bis in das Erwachsenenalter hinein weiter verfeinert. Die Entwicklung der sozialen Vergleichsmöglichkeit im Grundschulalter durch die Perspektivenübernahme kann eine Turbulenz des Selbstkonzeptes hervorrufen. Wenn beispielsweise das Kind sich vorher stark an elterlichen Zielen orientiert hat, ist es mit zunehmendem Alter zu direkten Vergleichen mit Mitschülern in der Lage und auch angehalten. Dadurch wird eine neue Bestimmung des Selbstwertes auf weiteren, offeneren sozialen Feldern notwendig. Es entwickelt sich eine Art Fremdselbstbild, das ermöglicht, sich im Spiegel der anderen bewusst zu erkennen. Die Bedeutung der

1.2 Entwicklungspsychologie des Narzissmus

Interaktionserfahrungen mit den elterlichen Bezugspersonen und schließlich mit Personen des weiteren sozialen Feldes wurde hervorgehoben. Selbstentwicklung ist kein isolierter Prozess, die narzisstische Regulation wird durch zunehmende Internalisierung von Interaktionserfahrungen weiter ausdifferenziert.

Narzissmus als autoregulatorische Aktivität umfasst die Bereiche des Selbstvertrauens – als Vertrauen in die eigene Kompetenz und Vertrauen in die Akzeptanz durch andere – sowie der Selbstliebe, die in ihrer positiven Form Selbstakzeptanz und Selbstfürsorge bedeutet. Nur in einer pathologisch übersteigerten Ausformung zeigt sich Narzissmus als Selbstverliebtheit, Selbstbezogenheit und Parasitentum. Die rücksichts- und angstlose Selbstbezogenheit ohne Selbstzweifel ist im Kindes- und Jugendalter selten und imponiert mehr als Kälte oder Abgestumpftheit denn als Selbstliebe. Sie resultiert in der Regel aus schwersten frühen interaktionellen Enttäuschungen. Neben der reinen übersteigerten Selbstliebe und Selbstbesetzung gibt es klinisch auch noch andere Formen der erhöhten Selbstaufmerksamkeit und Selbstbezogenheit.

Erhöhte Selbstaufmerksamkeit findet sich gerade bei Individuen, deren Selbstliebe unsicher und deren Selbstakzeptanz schwach ausgeprägt ist. Solche Menschen drohen in Selbstzweifel, Selbsthass und Selbstverdinglichung bis hin zur Selbstversklavung abzugleiten. Der eigene Leib wird geschunden oder instrumentalisiert, auch andere Domänen des Selbst (z. B. die Leistungssphäre) dienen als Abfuhr oder dem subjektiven Selbst als Quelle negativer Emotionen. Die erhöhte Selbstbeschäftigung resultiert aus einem Gefühl des Mangels, des Nicht-Genügens und der Nicht-Akzeptanz. Nicht liebenswert, nicht genügend den Erwartungen entsprechend zu sein bleibt der bohrende Zweifel (Angst vor Objektverlust). Nicht selten kippt der narzisstische Mensch – von dem kernbergschen Modell entsprechend beschrieben – zwischen Größenidee, gesteigerter Selbsterwartung, überhöhtem Selbstanspruch und der Annahme des Nicht-Genügens, des Zweifels, der Selbstverachtung hin und her. Überhöhte Selbstliebe geht oft mit einem eigentlichen Mangel an Selbstliebe einher!

Eine weitere Form erhöhter Selbstaufmerksamkeit ist die Selbstbeschäftigung bei Individuen mit verstärkter Vulnerabilität – beispielsweise mit Strukturschwächen nach chronischer Traumatisierung oder bei Individuen mit beginnenden Psychosen. Dabei gilt eine normale Selbstfürsorge dem immer wieder durch Identitätsdiffusion oder Selbstentfremdung bedrohten Individuum, das auch diese vermehrte Selbstbeschäftigung benötigt, um seine Anpassungsfunktion, Affektregulation, Erlebnisverarbeitung etc. überhaupt leisten zu können (Angst vor Selbstverlust). Nochmals hervorzuheben ist, dass Kleinkinder ein viel stärker implizites Selbstsystem als Schulkinder und Jugendliche besitzen. Je älter das Kind ist, desto differenziertere Formen nimmt die Selbstreflexion an: Die Ausgestaltung und Differenzierung des expliziten Selbstkonzeptes (definitorisches Selbst) erfolgt in unterschiedlichen Domänen, wobei die Interkorrelation der einzelnen Domänen im Entwicklungsverlauf abnimmt! Das ausdifferenzierte Selbst ist also nicht durch eine Einheitlichkeit der Selbstdomänen gekennzeichnet, sondern wird durch unterschiedliche Persönlichkeitsfacetten repräsentiert. Nach Evans et al. (2001) ist eine solche Ausdifferenzierung hilfreich bei der Bewältigung negativer Emotionen. Selbstunsicherheit resultiert also nicht aus der Vielfältigkeit und Unterschiedlichkeit der Erfahrungen in unterschiedlichen Selbstdomänen, solange das subjektive Selbst kohärent ist. Nur wenn das subjektive Selbst aufgrund traumatischer Einflüsse seine Kohärenz verliert, kommt es zu tief greifenden Beeinträchtigungen mit Selbstwertkrisen, Depersonalisationserfahrungen und der Befürchtung von Selbstverlust. Wenn das subjektive Selbst kohärent ist, wird die mangelnde Interkorrelation der Domänen im definitorischen Selbst als Differenziertheit und Stärke erlebt!

Wir haben zu zeigen versucht, dass im Entwicklungsprozess Traumatisierungen der Person den Aufbau des Selbstsystems und die narzisstische Regulation beeinträchtigen können. Traumatisierungen, die zu Alarmsituationen beim Kind führen – wie Gewalterfahrungen, sexueller Missbrauch –, aber auch kindliche Erfahrungen des Verlassenseins, der Vernachlässigung und Verzweiflung können dissoziative Mechanismen hervorrufen. Die Dissoziation beeinflusst als komplexer psycho-physischer Prozess die aktuelle Bewertung solcher Situationen und führt zum »Spacing out« (van der Kolk 1994) im Sinne einer »selektiven Unaufmerksamkeit« (Fiedler 1999). Dadurch wird die kontinuierliche Erfahrung der Situation unterbrochen, und Teile des Ereignisses werden als ungeschehen oder nicht wichtig abgetan. Die Unterbrechung von Erlebnis-Handlungs-Zyklen führt zwar zur vorübergehenden Desaktualisierung und macht für das Kind unaushaltbare Situationen erträglich, erschwert aber in der Folge die Integration solcher Erlebnisse in das Selbstkonzept. Das Ereignis wird darüber hinaus im Gedächtnis nicht unmittelbar verfügbar – es bleibt wie »ausgestanzt«. Findet eine solche Erlebnisverarbeitung häufiger statt, entsteht eine Stilbildung des Erlebens, wodurch es zur selbstreflexiven Unsicherheit bezüglich der eigenen Gefühle, Gedanken und Handlungsabläufe kommen kann. Persistierende oder repetitive Dissoziationsreaktionen führen zu psychopathologischen Symptomen und Beeinträchtigungen der narzisstischen Regulation.

Zuletzt soll noch einmal festgestellt werden, dass aufgrund der derzeitigen empirischen Untersuchungen die narzisstische Regulation für das normale Leben des Individuums zuträglich und notwendig ist, eine Bestimmung des Selbstwertes und die Ausrichtung von Motiven und Handlungsintentionen nach diesen Vorgaben sind unter Entwicklungsgesichtspunkten sinnvoll. Selbstfürsorge und Selbstevaluation sind notwendige Phänomene im Anpassungsprozess. Zuletzt wollen wir noch die Frage aufwerfen, ob die narzisstische Besetzung des Selbst eher der Bestätigung des aktuellen Selbstkonzeptes oder eher der Selbstüberschreitung in Richtung eines höheren Ideals dient. Als Psychotherapeuten von Kindern und Jugendlichen gehen wir davon aus, dass der Narzissmus einer Selbsttranszendenz und damit einer Höherentwicklung des Selbst dient.

Literatur

Ainsworth MDS, Blehar MC, Waters E, Wall S (1978). Patterns of Attachment: A Psychological Study of the Strange Situation. Hillsdale, NJ: Erlbaum.
Aitken KJ, Trevarthen C (1997). Self/other organization in human psychological development. Development and Psychopathology; 9: 653–77.
Allport GW (1961). Patterns and Growth in Personality. New York: Holt, Rinehart, Winston.
Baron-Cohen S, Tager-Flugsberg H, Cohen DJ (1993). Understanding Other Minds: Perspectives from Autism. Oxford: Oxford University Press.
Beebe B, Lachmann FM (1988). Mother-infant mutual influence and precursors of psychic structure. In: Goldberg A (ed). Frontiers in Self-Psychology. Hillsdale, NJ: The Analytic Press; 3–25.
Beeghly M, Cicchetti D (1994). Child maltreatment, attachment and the self-system: emergence of an internal state lexicon in toddlers at high social risk. Development and Psychopathology; 6: 5–30.
Bischof N (1966). Das Kraftfeld der Mythen. München, Zürich: Piper.
Blanck G, Blanck R (1980). Ich-Psychologie II. Stuttgart: Klett.
Bohleber W (1996). Identität und Selbst. Die Bedeutung der neueren Entwicklungsforschung für die psychoanalytische Theorie des Selbst. In: Bohleber W (Hrsg). Adoleszenz und Identität. Stuttgart: Verlag Internationale Psychoanalyse; 268–302.
Bowlby J (1969/1973). Attachment and Loss. Vol. 1 & 2. New York: Basic Books.
Brazelton TB, Cramer BG (1989). Das Kind als Wiedergeburt eines Vorfahren. Die frühe Bindung. Stuttgart: Klett-Cotta.
Bruner J (1987). Wie das Kind sprechen lernt. Bern: Huber.
Brunner R, Parzer P, Schuld V, Resch F (2000). Dissociative symptomatology and traumatogenic factors in adolescent patients. J Nerv Ment Dis; 188: 71–7.
Caldwell RS (1976). Primal identity. Int Rev Psycho-Anal; 3: 417–34.
Calverly RM, Fischer KW, Ayoub C (1994). Complex affective splitting in sexually abused adolescent girls. Development and Psychopathology; 6: 195–213.
Chu JA, Dill DL (1990). Dissociative symptoms in relation to childhood physical and sexual abuse. Am J Psychiatry; 147: 887–92.
Cicchetti D, Beeghly M (eds) (1990). The Self in Transition: Infancy to Childhood. Chicago: University of Chicago Press.
Cicchetti D, Toth S (1995). A developmental psychopathology perspective on child abuse and neglect. J Am Acad Child Adolesc Psychiatry; 34(5): 541–65.
Cicchetti D, Beeghly M, Carlson VCS (1990). The emergence of self in atypical populations. In: Cicchetti D, Beeghly M (eds). The Self in Transition: Infancy to Childhood. Chicago: University of Chicago Press; 309–44.
Cooley CH (1964). Human Nature and the Social Order. Rev. ed. New York: Schocken Books 1964 (Original veröffentlicht 1902).
Coopersmith S (1967). The Antecedents of Self-esteem. San Francisco: W. H. Freeman.
Cramer B (1986). Assessment of parent-infant relationship. In: Brazelton TB, Yogman MW (eds). Affective Development in Infancy. Norwood, NJ: Ablex Publ.
Crittenden PM, DiLalla D (1988). Compulsive compliance: the development of inhibitory coping strategy in infancy. J Abnorm Child Psychology; 16: 585–99.
Damon W, Hart D (1982). The development of self-understanding from infancy through adolescence. Child Dev; 52: 841–64.
Deci EL, Ryan RM (1996). Human autonomy: The basis for true self-esteem. In: Kernis MH (ed). Efficacy, Agency, and Self-esteem. New York: Plenum Press; 31–46.
Deneke JW, Hilgenstock H (2000). Narzissmus-Inventar. Bern: Huber.
Dornes M (1993). Der kompetente Säugling. Frankfurt/M.: S. Fischer.
Dornes M (1998). Bindungstheorie und Psychoanalyse. Konvergenzen und Divergenzen. Psyche; 52: 299–348.
Eckhardt-Henn A, Hoffmann SO (2004). Dissoziative Bewusstseinsstörungen. Theorie, Symptomatik, Therapie. Stuttgart, New York: Schattauer.

1 Grundlagen

Eisenberg N (1983). Early Descriptors of Past Experiences: Scripts as structure. Princeton, NJ: Educational Testing Service.
Emde RN (1989). The infant's relationship experience: developmental and affective aspects. In: Sameroff A, Emde RN (eds). Relationship Disturbances in Early Childhood: A developmental approach. New York: Basic Books; 33–51.
Emde RN (1991). Die endliche und die unendliche Entwicklung I. Angeborene und motivationale Faktoren aus der frühen Kindheit. Psyche; 45; 890–913.
Epstein S (1973). The self-concept revisited. Am Psychologist; 28; 405–16.
Evans D, Noam G, Wertlieb D, Paget K, Wolf M (1994). Self-perception and adolescent psychopathology – a clinical developmental perspective. Am J Orthopsychiatry; 64(2); 293–300.
Evans DW, Brody L, Noam GG (2001). Ego development, self perception and self complexity in adolescence: a study of female psychiatric inpatients. Am J Orthopsychiatry; 71: 79–86.
Federn P (1978). Ich-Psychologie und die Psychosen. Frankfurt/M.: Suhrkamp (ursprünglich 1956 bei Huber erschienen).
Fend H (1998). Eltern und Freunde. Soziale Entwicklung im Jugendalter. Bd. 5: Entwicklungspsychologie der Adoleszenz in der Moderne. Bern: Huber.
Fiedler P (1999). Persönlichkeitsstörungen. 3. Aufl. Weinheim: Psychologie Verlags Union.
Field T (1988). Infant arousal, attention and affect during early interactions. In: Lipsitt L (ed). Advances in Infancy. Norwood, NJ: Ablex Publ.; 57–100.
Fonagy P, Target M (1997). Attachment and reflective function: their role in self-organization. Development and Psychopathology; 9: 679–700.
Fonagy P, Steele M, Steele H, Target M (1997). Reflective Function Manual for Application to Adult Attachment Interviews. London: University College London.
Fraiberg S (1980). Clinical Studies in Infant Mental Health: The first year of life. New York: Basic Books.
Freud S (1914). Zur Einführung des Narzißmus. GW X. London: Imago; 137–70.
Fromm E (1980). Gesamtausgabe Bd. VII. Aggressionstheorie. Stuttgart: Deutsche Verlags GmbH.
Gecas V, Schwalbe ML (1986). Parental behavior and adolescent self-esteem. J Marriage Fam; 48: 37–46.
Green A (1975). Analytiker, Symbolisierung und Abwesenheit im Rahmen der psychoanalytischen Situation. Psyche; 29: 503–41.
Green A (1983). Narcissisme de vie, narcissisme de mort. Paris: Minuit; 222–54.
Grolnick WS, Ryan RM (1989). Parent styles associated with children's self-regulation and competence in school. J Educ Psychol; 81: 143–54.
Grossmann K, Grossmann KE, Spangler G, Suess G, Unzer L (1985). Maternal sensitivity and newborn orienting responses as related to quality of attachment in Northern Germany. In: Bretherton I, Waters E (eds). Growing Points in Attachment Theory and Research. Monographs of the Society for Research in Child Development; 50(1–2): 222–56.
Harter S, Bresnick S, Bouchey HA, Whiteshell N (1997). The deveolpment of multiple role-related selves during adolescence. Development and Psychopathology; 9: 835–53.
Hinde R (1976). On describing relationships. J Child Psychol Psychiatry; 17–9.
Hudson JA (1989). The emergence of autobiographical memory in mother-child conversation. In: Fivush R, Hudson JA (eds). Knowing and Remembering in Young Children. New York: Cambridge University Press; 166–96.
Jacobson E (1973). Das Selbst und die Welt der Objekte. Frankfurt/M.: Suhrkamp.
James W (1890). The Principles of Psychology. New York: Dover 1950.
Joffe WG, Sandler J (1975). Über einige begriffliche Probleme im Zusammenhang mit dem Studium narzisstischer Störungen. Psyche; 21: 152–65.
Kagan J (1991). The theoretical utility of constructs for self. Developmental Rev; 11: 244–50.
Kernberg OF (1981). Objektbeziehungen und Praxis der Psychoanalyse. Stuttgart: Klett-Cotta.
Kernberg OF (1988). Schwere Persönlichkeitsstörungen. Stuttgart: Klett-Cotta.
Kernis MH, Brown AC, Brody GH (2000). Fragile self-esteem in children and its associations with perceived patterns of parent-child communication. J Person; 68: 227–52.
Kirby JS, Chu JA, Dill DL (1993). Correlates of dissociative symptomatology in patients with physical and sexual abuse histories. Compr Psychiatry; 34(4): 258–63.

Klussmann R (1993). Psychoanalytische Entwicklungspsychologie. In: Klussmann R (Hrsg). Psychotherapie. Berlin: Springer.
Köhler L (1998). Einführung in die Entstehung des Gedächtnisses. In: Koukkou M, Leuzinger-Bohleber M, Mertens W (Hrsg). Erinnerung von Wirklichkeiten. Psychoanalyse und Neurowissenschaften im Dialog. Bd. 1. Stuttgart: Verlag Internationale Psychoanalyse, Cotta'sche Buchhandlung Stuttgart: 131–222.
Kohut H (1971). Narzißmus. Eine Theorie der psychoanalytischen Behandlung narzisstischer Persönlichkeitsstörungen. Frankfurt/M.: Suhrkamp.
Kohut H (1973). Narzißmus. Frankfurt/M.: Suhrkamp.
Kreisler L (1981). L'enfant du desordre psychosomatique. Paris: Reconters Cliniques.
Lewis M, Sullivan M, Stanger C, Weiss M (1989). Self-development and self-conscious emotions. Child Dev; 60: 146–56.
Lichtenstein H (1977). The Dilemma of Human Identity. New York: Aronson.
Liotti G (1992). Disorganized/disoriented attachment in the etiology of dissociative disorders. Dissociation; 4: 196–204.
Mahler MS (1985). Studien über die ersten drei Lebensjahre. Stuttgart: Klett-Cotta.
Main M, Hesse E (1990). Parents unresolved traumatic experiences are related to infant disorganized attachment status: is frightened and/or frightening behavior the linking mechanism? In: Greenberg MT, Cicchetti D, Cummings EM (eds). Attachment in the Preschool Years: Theory, research and intervention. Chicago: University of Chicago Press; 161–82.
Mertens W (1992). Psychoanalyse. 4. Aufl. Stuttgart: Kohlhammer.
Neisser U (1991). Two perceptually given aspects of the self and their development. Psychol Rev; 11: 197–209.
Ogawa JR, Sroufe A, Weinfield NS, Carlson EA, Egeland B (1997). Development and the fragmented self: Longitudinal study of dissociative symptomatology in a nonclinical sample. Development and Psychopathology; 9: 885–97.
Papousek M (1989). Frühe Phasen der Eltern-Kind-Beziehung. Prax Psychother Psychosom; 343: 109–22.
Pelham BW, Swann WB (1989). From self-conceptions to self-worth: On the sources and structure of global self-esteem. J Person Soc Psychol; 57(4): 672–80.
Piaget J, Inhelder B (1972). Die Psychologie des Kindes. Olten: Walter.
Pipp-Siegel S, Foltz C (1997). Toddler's acquisition of self/other-knowledge: ecological and interpersonal aspects of self and other. Child Dev; 68(1): 69–79.
Popper KR, Eccles JC (1977). The Self and its Brain. New York: Springer International.
Putnam FW (1994). Dissociation and disturbances of the self. In: Cicchetti D, Toth SL (eds). Rochester Symposium on Developmental Psychopathology: Vol. 5: Disorders and dysfunctions of the self. Rochester, NY: University of Rochester Press.
Rabain-Jamin J (1984). Paradoxical forms of the mother-infant exchange. Neuropsychiatrie de l'Enfance et de l'Adolescence; 32(10–11): 545–51.
Resch F (1999a). Entwicklungspsychopathologie des Kindes- und Jugendalters. Ein Lehrbuch. Weinheim: Psychologie Verlags Union.
Resch F (1999b). Repräsentanz und Struktur als entwicklungspsychopathologisches Problem. Prax Kinderpsychol Kinderpsychiatrie; 48: 556–63.
Resch F (2001). Selbstentfremdung, Entwicklungsstörung oder Selbstfürsorge. Zur Bedeutung von Dissoziation und Depersonalisation. In: Lehmkuhl U (Hrsg). Beiträge zur Individualpsychologie, 26. München, Basel: Ernst Reinhard Verlag; 56–60.
Resch F, Parzer P (2000). Entwicklungspsychopathologie: Therapierelevante Beiträge der klinischen Emotionsforschung. In: Lenz G, Suly S (Hrsg). Emotion und Therapie. München: CIP-Medien; 111–36.
Resch F, Brunner R, Parzer P (1998). Dissoziative Mechanismen und Persönlichkeitsentwicklung. In: Klosterkötter J (Hrsg). Frühdiagnostik und Frühbehandlung. Berlin: Springer; 125–41.
Rosenberg M (1979). Conceiving the Self. New York: Basic Books.
Sander LW (1988). The event-structure of regulation in the neonate-caregiver system as a biological background for early organization of psychic structure. In: Goldberg A (ed). Frontiers in Self-Psychology. Hillsdale, NJ: The Analytic Press; 64–77.

Seiffge-Krenke I (1994). Gesundheitspsychologie des Jugendalters. Göttingen: Hogrefe.
Siegel DJ (1999). The Developing Mind. Toward a neurobiology of interpersonal experience. New York, London: Guilford Press.
Squire LR (1982). The neurobiology of human memory. Ann Rev Neurosci; 5: 241–73.
Sroufe LA, Jacobvitz D (1989). Diverging pathways, developmental transformaions, multiple etiologies and the problem of continuity in development. Hum Dev; 32: 196–203.
Stern D (1985). The Interpersonal World of the Infant. New York: Basic Books (dt.: Die Lebenserfahrung des Säuglings. Stuttgart: Klett-Cotta 1994).
Toth SL, Cicchetti D, Macfie J, Emde R (1997). Representations of self and other in the narratives of neglected, physically abused, and sexually abused preschoolers. Development and Psychopathology; 9: 781–96.
Van der Kolk BA (1994). The body keeps the score: memory and the evolving psychobiology of posttraumatic stress. Harvard Rev Psychiatry; 1(5): 253–65.
Watson D, Clark AL (1984). Negative affectivity: the disposition to experience aversive emotional states. Psychol Bull; 96: 465–90.
Winnicott DW (1965). The Maturational Processes and the Facilitating Environment. New York: International Universities Press.
Winnicott DW (1971). Vom Spiel zur Kreativität. Stuttgart: Klett-Cotta 1987.
Wyss D (1977). Die tiefenpsychologischen Schulen von den Anfängen bis zur Gegenwart. 5., erw. Aufl. Göttingen: Vandenhoeck & Ruprecht.

1.3
Narzissmus-Theorie und Säuglingsforschung – ein Beitrag zur interdisziplinären Verständigung

Martin Altmeyer

Die Auseinandersetzung zwischen Psychoanalyse und Säuglingsforschung hält an – aber es geht nicht mehr ums Ganze. Im interdisziplinären Gespräch haben sich die scharfen Fronten früherer Zeiten geglättet. Zu sehr sind Psychoanalytiker und Psychoanalytikerinnen selbst in die Kleinkindforschung involviert, als dass man mit deren Ergebnissen »Stimmung gegen die Psychoanalyse« machen könnte.[1] Von Ausnahmen abgesehen, gibt es kaum noch dogmatisch vertretene Positionen oder gar Glaubensbekenntnisse, die aufeinander treffen. Stattdessen diskutiert man über Einzelfragen, sucht pragmatisch nach intelligenten Konzepten, die zu den empirischen Befunden passen, bemüht sich um die Klärung von Widersprüchen, erkennt Übereinstimmungen und regt sich wechselseitig an. Die weiter bestehenden Differenzen eignen sich nicht mehr, um ein überlebtes Ressentiment gegeneinander aufrechtzuerhalten.

Aber *ein* hochbesetztes Konfliktthema ist geblieben, bei dem die alten Affekte aus einer vergangenen Zeit, als der Streit über den »wahren« Säugling eher einem Religionskrieg ähnelte als einer wissenschaftlichen Kontroverse, wiederbelebt zu werden scheinen: der primäre Narzissmus. Der Ursprung des Seelenlebens bleibt weiterhin umstritten. Dem durch die Annahme einer vorindividuellen symbiotischen Subphase im Sinne Mahlers erweiterten Konzept einer normalen primärnarzisstischen Entwicklungsphase wird von der Säuglingsforschung inzwischen das Alternativkonzept einer primären Intersubjektivität entgegengehalten, ohne dass Einvernehmen über die Metapsychologie der frühesten Kindheit in Sicht ist. Immerhin haben sich zwei entwicklungspsychologische Leitfragen herausgebil-

---

[1] Diese Bilanz zieht etwa Martin Dornes (2000, S. 36), der mit seinen viel beachteten Monografien (1993; 1997; 2000) einiges zur Integration von Säuglingsforschung und Psychoanalyse beigetragen hat. Ich danke ihm an dieser Stelle für die kritische Durchsicht des Manuskripts.

det, an denen der chronifizierte Grundsatzstreit – unterfüttert mit differenzierten empirischen Befunden und in einem veränderten Diskursklima – ausgetragen werden kann: Erstens wird danach gefragt, was der Säugling (schon) kann und was er (noch) nicht kann; zweitens geht es darum, wie er sich selbst in seiner Umwelt erlebt.

Beide Fragen, die nach der subjektiven Kompetenz und die nach der psychosozialen Existenz des Menschen in seinem frühesten postnatalen Entwicklungsstadium, sind eigentümlich miteinander verschachtelt. Sie enthalten neben der empirischen eine verborgene epistemische Komponente, die ich in Anlehnung an Christopher Bollas' unerreichte Wendung vom »unthought known« (1987) so formulieren möchte: Was »weiß« der Säugling über sich und seine Welt, ohne es schon »denken« zu können? Hat er eine im sensomotorischen Gedächtnis aufgehobene Ahnung vom Objekt, auf das er existenziell angewiesen ist? Wenn man die Sache so betrachtet, zeichnet sich jenseits der scheinbaren Alternative von primärem Narzissmus und primärer Intersubjektivität etwas Drittes ab. Dieses Dritte lässt sich weder der Sphäre des Intrapsychischen noch jener der Interaktion zuordnen, sondern ist in einem Zwischenraum (»potential space«) angesiedelt, jenem von Donald Winnicott postulierten intermediären Übergangsbereich zwischen Subjekt und Objekt, der beide miteinander vermittelt. Winnicott folgend könnte man sagen: Im primärnarzisstischen Erleben verbindet der Säugling das Innen mit dem Außen; es lässt sich als subjektiver Niederschlag einer primären Objektbeziehung begreifen, die vom Säugling, weil er ohne sie psychophysisch gar nicht überleben würde, noch nicht »gedacht« werden kann.[2]

Eine solche Betrachtungsweise erlaubt es, widersprüchliche Befunde zum frühkindlichen Erleben konzeptionell miteinander zu verbinden. Mit dieser ausdrücklichen Absicht einer interdisziplinären Annäherung wird im Folgenden das schwierige Verhältnis von Psychoanalyse und Säuglingsforschung beleuchtet, und zwar

- aus einem historischen Blickwinkel,
- unter dem Aspekt der empirischen Herausforderung sowie des Beharrungsvermögens der psychoanalytischen Entwicklungspsychologie,
- im Blick auf die von André Green reklamierte Spezifität der Psychoanalyse,
- bezüglich der von Daniel Stern angebotene Komplementarität der Säuglingsforschung und auf die Sackgassen eines Innen-Außen-Dualismus,
- unter der Perspektive einer metapsychologischen Integration von primärem Narzissmus und primärer Intersubjektivität.

Mein Vorschlag läuft darauf hinaus, die Kontroverse über den Ursprung des Seelenlebens als erkenntnistheoretischen Diskurs zu behandeln und das primärnar-

---

2 Das klingt kompliziert und nimmt bereits vorweg, was im Verlauf des Beitrags begründet wird, nämlich die These eines intersubjektiv »kontaminierten« primären Narzissmus – eine These, die ich an anderer Stelle entwickelt habe (Altmeyer 2000a; 2000b; 2003).

zisstische Erleben als Bewegung des emergenten Selbst zu verstehen, das sich unbewusst im Objekt reflektiert.[3]

Zur Vorgeschichte eines interdisziplinären Intimverhältnisses

Die Psychoanalyse pflegt zur Säuglingsforschung (und diese zu jener) eine besondere Beziehung, deren wechselhafte Geschichte im letzten Jahrhundert einer eigenen Darstellung wert wäre. Die unbefangene Selbstverständlichkeit, mit der Sigmund Freud einst seine persönlichen Beobachtungen an Kindern und ihren Müttern zur Begründung metapsychologischer Konzepte verwendete, war im Lauf der Jahrzehnte in dem Maße verloren gegangen, wie sich einerseits die Psychoanalyse in Schulen und Organisationen institutionalisiert und andererseits die Säuglingsforschung zu einer eigenständigen humanwissenschaftlichen Disziplin emanzipiert hatte. Die zunehmende Auseinanderentwicklung drohte sich schließlich zu einer merkwürdigen Spaltung der Gegenstandsbereiche zu verfestigen: hier die subjektive Sphäre des Erlebens, der unbewussten Phantasien, der Einfühlung – dort die objektive Ebene des Verhaltens, der Interaktion, der Beobachtung. Dazwischen lag eine tiefe Kluft, die nicht selten durch wechselseitige Entwertungen gefüllt wurde. Während von der einen Seite der Vorwurf von Empirismus, Behaviorismus und oberflächlicher Sozialpsychologie erklang, geißelte die andere Seite den spekulativen Charakter einer vermeintlich obsolet gewordenen Metapsychologie.

Eine Lockerung des angespannten Verhältnisses der beiden eng miteinander verschwisterten Disziplinen wurde erst möglich, als die Psychoanalyse nach ihrem Höhenflug in den 70er Jahren des 20. Jahrhunderts in eine Phase der Ernüchterung geriet, die man als den Beginn einer anhaltenden Krise verstehen kann (vgl. z. B. Reiche 1995). Insbesondere die Metapsychologie war derart in die (Selbst-)Kritik geraten (vgl. Gill u. Holzman 1976), dass die Psychoanalyse sich genötigt sah, ihren Alleinvertretungsanspruch für seelisches Erleben aufzugeben und Anschluss an den interdisziplinären Dialog zu suchen, der zwischenzeitlich verloren gegangen war (vgl. auch Mitchell 2000). In dieser Zeit wandte man sich auch wieder der Säuglingsforschung zu, die sich ihrerseits von einem allzu anspruchslosen Positivismus verabschiedet hatte. Diese Wende ist durch

---

3 In die Sprache der Triebtheorie rückübersetzt, entspricht diese Auffassung etwa dem, was Otto F. Kernberg (1988) zur Libidoverteilung im undifferenzierten Zustand gemeint hat: Die libidinöse Besetzung von Selbst und Objekt sei »ursprünglich ein und derselbe Vorgang«, schreibt Kernberg (ebd., S. 109). Nur spreche ich nicht von Besetzung, sondern von einer intersubjektiven Spiegelung.

zwei markante Veröffentlichungen in den 80er Jahren dokumentiert, die von beiden Seiten nicht nur eine behutsame Öffnung anzeigen, sondern auch eine Bereitschaft zum Austausch und zur fruchtbaren Auseinandersetzung. Joseph D. Lichtenberg würdigte in seinem 1983 erschienenen Buch »Psychoanalysis and Infant Research« (dt.: »Psychoanalyse und Säuglingsforschung« [1991]) den »new wave« der Säuglingsforscher und attestierte ihnen einen »unverbrauchten Blick auf die Frühentwicklung«; Daniel N. Stern legte 1985 unter dem Titel »The Interpersonal World of the Infant« eine elaborierte Entwicklungstheorie vor, welche – gestützt auf die systematische Beobachtung der Mutter-Kind-Interaktion – die weitere Debatte entscheidend beeinflusste (vgl. die deutsche Fassung: Stern 1992[4]).

Man begann sich darauf zu besinnen, dass – wenn auch mit unterschiedlichen Methoden und auf verschiedenen Wegen – irgendwie miteinander verwandte Gegenstandsbereiche untersucht wurden und dass es eine Schnittmenge im Forschungsfeld zu geben schien, über deren Größe, Struktur und Beschaffenheit man sich in der Tat streiten konnte. Die Wiederannäherung konnte auch deshalb gelingen, weil die Psychoanalyse inzwischen Strömungen hervorgebracht hatte, die der Mutter-Kind-Interaktion mehr Aufmerksamkeit entgegenbrachten und weitgehend ein komplementäres Verhältnis zu den Nachbardisziplinen, insbesondere zur Säuglingsforschung, akzeptierten (Emde 1981; Fonagy 1982; Lebovici 1983; Modell 1984; Bollas 1987; Mitchell 1988; Ogden 1989; Greenberg 1991; Stolorow u. Atwood 1992). Neben der Lust-Unlust-Dimension hatte man mit den kulturübergreifenden »Primäraffekten« (Interesse, Überraschung, Freude, Ärger, Furcht, Ekel, Traurigkeit) andere Dimensionen der Säuglingswelt entdeckt (Literatur bei Dornes 1993, Kap. 5). Neben den Triebstrebungen wurden auch Bindungswünsche (Bowlby 1969) sowie weitere seelische Antriebskräfte oder Motivationssysteme anerkannt (Lichtenberg 1989; Gedo 1996), neben den sexuellen Bedürfnissen auch narzisstische (Kohut 1971) und solche nach Sicherheit (Joffe u. Sandler 1965; Argelander 1971). Neben affektiv hochbesetzten Ereignissen galten auch die weniger dramatischen Kommunikationen des Säuglingsalltags als bedeutsam für die Genese der psychischen Struktur, wenn man zum Beispiel das Konfliktmodell durch das einer harmonischen Verschränkung von Mutter und Kind ergänzte (Balint 1969; 1970). Neben den unbewussten Phantasien des Kindes bekamen auch die Bedingungen seiner realen Umwelt (Winnicott 1965), neben dem intrapsychischen das intersubjektive Geschehen (Benjamin 1988) Relevanz.

In einer unterkomplexen Gegenüberstellung könnte man sagen: Während die klassische Psychoanalyse insgesamt eher Konflikt und Trauma, Fragmentierung

---

4 In der deutschen Übersetzung, aus der später auch zitiert wird, ist beim Titel (»Die Lebenserfahrung des Säuglings«) ausgerechnet die Betonung des interpersonellen Charakters der Säuglingswelt verloren gegangen.

und Pathologie sowie das Phantasieleben betont, stehen bei der modernen Psychoanalyse – wenn man die »zeitgenössischen Kleinianer« (vgl. Schafer 1997) einmal außer Acht lässt, die den Säugling zwischen der paranoid-schizoiden und der depressiven Position pendeln lassen – eher Harmonie und Regulierung, Integration und Gesundheit sowie die Realität im Vordergrund. Mit Strenger (1997) ließe sich hier das Modell einer »heroischen« Individuierungsgeschichte, im ödipalen Drama als innerer Kampf zwischen Inzestwunsch und Kastrationsangst, Mordphantasie und Schuldgefühl inszeniert, von der »romantischen« Vision einer auf Einstimmung, Reziprozität und Anerkennung beruhenden Ontogenese unterscheiden. Solche historischen Verschiebungen im psychoanalytischen Denken, von Eagle (1984) umfassend dargestellt, spiegeln einen Paradigmenwechsel im Theoriebildungsprozess wider, der aber zwischen den verschiedenen psychoanalytischen Schulen durchaus umstritten blieb und seinerseits Auseinandersetzungen hervorrief.

Diese mit groben Strichen skizzierte Entwicklung innerhalb der Psychoanalyse war nämlich begleitet (und wurde überlagert) durch eine Tendenz, pathologische Entwicklungen ätiologisch immer früher anzusiedeln (vgl. dazu Reiche 1991[5]). So ließ sich der pathogenetisch so zentrale ödipale Dreieckskonflikt durch das Konzept der »frühen Störung« ergänzen, wenn nicht ersetzen – oder aber in Gestalt von Vorformen in die Zeit der Mutter-Kind-Dyade zurückverlegen, zum Beispiel als »Frühstadien des Ödipuskonflikts« (M. Klein 1928) oder als »archaische Matrix des Ödipuskomplexes« (Chasseguet-Smirgel 1986). Der Paradigmenstreit, der sich lange im Innenraum der psychoanalytischen Bewegung abgespielt hatte, war also nicht erledigt, sondern erhielt durch die rasante Zunahme des empirischen Wissens über den Säugling neue Nahrung. Mit der Berufung auf die Befunde der Säuglingsforschung bzw. mit ihrer Zurückweisung wurde auch die Schulenkonkurrenz an der metapsychologischen Front fortgesetzt.

Dahinter suchte man gleichzeitig nach Konzepten, welche zur Vermittlung von Psychoanalyse und Säuglingsforschung beitragen und die Amalgamierung ihrer entwicklungspsychologischen Wissensbestände erlauben sollten. Kernbergs (1991) Idee der »beiden Säuglinge« – eines affektiven, in hohen Spannungszuständen beschriebenen und eines kognitiven, in niedrigen Spannungszuständen erfassten Säuglings – gehört ebenso zu diesen Vermittlungsbemühungen, wie die Theorie der »symbiotischen Momente« (Pine 1992), welche, ohne die Symbiose als eigenständige Frühphase der seelischen Entwicklung anzuerkennen, Zustände der Verschmelzung konzediert und zu einer entwicklungspsychologischen »Teilrehabilitierung« der Symbiosetheorie geführt hat. Auch wurden Modelle einer interaktiven Verstärkung von eher harmlosen Ent-

---

5 Reiche widerspricht allerdings dem allgemein akzeptierten Theorem von der »Zunahme früher Störungen« und bestreitet einen entsprechenden Strukturwandel hinter dem offenkundigen Symptomwandel.

gleisungen im Erleben und Verhalten des Säuglings erwogen, die ohne die szenische Aufmerksamkeit bedürftiger Eltern vorübergehen würden (Dornes 1997). Der harsche Vorwurf einer »adultomorphen« oder gar »pathomorphen« Verzerrung der authentischen Erlebniswelt des Säuglings wird abgemildert: Die Psychoanalyse solle ihre Metapsychologie nicht vollständig verwerfen, aber doch überdenken, so lautet der versöhnliche Tenor der neuen Annäherung (z. B. Baumgart 1991).

Andererseits wurde nun deutlicher erkennbar, wo – jenseits der kritischen Bewertung empirischer Einzelbefunde – die eigentlichen Differenzen liegen, wenn um die Metapsychologie der frühen Kindheit, um die angemessene Konzeption der »normalen« Entwicklung also, gestritten wird: Im Brennpunkt der Debatte steht die Ursprungstheorie eines primärnarzisstischen Selbst- und Welt-Erlebens, an der wahlweise festgehalten oder deren Revision gefordert wird. Welche Konzeptionen stehen einander gegenüber?

Die Herausforderung der Narzissmus-Theorie durch die Säuglingsforschung

Die psychoanalytische Theorie eines primären Narzissmus basiert auf einer Annahme über den Beginn des Seelenlebens, die von den Befunden der Säuglingsforschung gründlich erschüttert worden ist. Es ist, stark vereinfacht, die Vorstellung eines hilflosen, passiv seiner Triebnatur ausgelieferten Wesens, das aus dem intrauterinen Paradies der Spannungslosigkeit in eine feindliche Welt hineingeboren wird. Diese mutet ihm unangenehme Reize zu, vor denen er sich zu schützen sucht. Der Realität wendet er sich überhaupt nur zu, weil seine elementaren Bedürfnisse ihn dazu nötigen. Das Objekt wird einer eigentlich monadischen Existenz nur deshalb abgerungen, weil die halluzinatorische Befriedigung auf Dauer nicht gelingt und die Bedürfnisspannung nur im Rahmen einer Objektbeziehung reduziert werden kann. Genetisch beschreibt diese Konzeption eine Verlängerung der intrauterinen Situation, welche in der symbiotischen Verschmelzung mit der Mutter imaginär gelingt; triebtheoretisch wird die libidinöse Besetzung eines undifferenzierten Es-Ich-Zustands postuliert, mit begleitenden Gefühlen der Grandiosität und Allmacht; auf der ökonomischen Ebene handelt es sich um die Vermeidung von Reizen bzw. die Abfuhr von Spannungen (vgl. dazu Eagle 1984, S. 7ff).

Unter Verwendung komplexer Beobachtungsmethoden, modernster Videotechniken und elaborierter Analyseverfahren zeichnen die Forscher heute ein völlig anderes Bild von der frühkindlichen Welt. Säuglinge initiieren zu einem großen Teil die Interaktion mit der Mutter und aktivieren deren Reaktionsbereitschaft. Schreien oder Formen des scheinbar unmotivierten »Quengelns« haben Aufforderungscharakter und zielen auf differenzielle Antworten durch die Umwelt. Säuglinge unterscheiden zwischen dem Gesicht der Mutter und einem fremden Gesicht und diskriminieren entsprechend Aufmerksamkeit und affektive Zustände. Fein unterschiedene Lächel- und Gruß-Reaktionen demonstrieren eine selektive Interaktionsbereitschaft, die sich am jeweiligen Objekt orientiert. Affektausdruck und Affektmodulation sind nicht bloße Epiphänomene des Triebgeschehens oder Expressionen unbewusster Phantasien, sondern lassen sich als Bestandteile von Interaktionssequenzen dekodieren – sie haben kommunikative Funktionen. Die Befunde belegen insgesamt eine aktive, intelligente und lustvolle Beschäftigung des Säuglings mit seiner Umgebung. Bereits in den Frühstadien seiner seelischen Entwicklung verfügt der Mensch über erstaunliche Fähigkeiten und verhält sich umweltbezogen. Die Säuglingspsyche ist keine Wachstafel, in die sich die Wirklichkeit erst einschreiben muss, sondern ein kognitiv erstaunlich differenziertes, auf Kommunikation angelegtes System, das schon bald in der Lage ist, die äußere Realität zu kategorisieren und mit Sinn zu erfüllen, Ursachen von Handlungen und Wirkungen zu unterscheiden, Absichten zu erschließen und soziale Interaktionen im Mikrobereich nicht nur zu antizipieren, sondern sogar zu steuern.[6]

Dieses Bild vom »kompetenten Säugling« (Stone et al. 1973) und die Annahme einer »primären Intersubjektivität« (Trevarthen 1979) bilden nun die beiden Achsen von Sterns (1992) Entwicklungstheorie der frühen Kindheit, die im interdisziplinären Diskurs über die Säuglingswelt breite Anerkennung findet. Stern unterscheidet vier aufeinander folgende Stufen des »Selbstempfindens« von vier Stufen der »Bezogenheit«[7], die jeweils miteinander korrespondieren und in den beiden Varianten eines (abgegrenzten) »self-versus-other« und eines (verbundenen) »self-with-other« vorkommen. Bei letzteren hat das Objekt die Rolle eines Vermittlers von affektiven Selbstzuständen, es fungiert über Prozesse der Spiegelung, der affektiven Einstimmung (»attunement«) und der sprachlichen Kommunikation als ein »das Selbst regulierender Anderer«. Dabei werden ständig Interaktionserfahrungen in intrapsychische Zustände transformiert, äußere Vorgänge in innere umgewandelt (s. Abb. 1.3-1).

---

6 Eine Fülle weiter anwachsender Literatur liegt vor (s. neuere Übersichten bei: Dornes 2000; 2005; Rochat 2001; Fonagy 2001; Fonagy et al. 2002; Bremner u. Fogel 2001). Für den deutschsprachigen Raum sind wichtige Beiträge zur Bedeutung dieser Befunde für die Psychoanalyse versammelt in einem Sonderheft der »Psyche« zum Thema »Psychoanalyse und Säuglingsforschung« (1991) sowie in drei weiteren Themenheften mit den Titeln »Bindungsforschung« (1998), »Entwicklungstheorie, Bindungsforschung, Lebenszyklus« (2002) und »Der Andere in der Psychoanalyse – Figuren der Begegnung« (2004).

7 Es sind die Stufen des »auftauchenden Selbst« (»auftauchende Bezogenheit«), des »Kern-Selbst« (»Kern-Bezogenheit«), des »subjektiven Selbst« (»intersubjektive Bezogenheit«) und des »verbalen Selbst« (»verbale Bezogenheit«); nach dem dritten Lebensjahr nimmt Stern eine weitere Stufe an, und zwar die des »narrativen Selbstempfindens«.

1 Grundlagen

Stufe der Bezogenheit	Interaktion (äußerlich)	Selbstempfinden (innerlich)
Kern-Bezogenheit	⟶ direkte Spiegelung	Sicherheit im Zusammensein
Intersubjektivität	⟶ affective attunement	Gefühlsgemeinschaft
verbale Bezogenheit	⟶ sprachliche Verständigung	symbolische Zusammengehörigkeit

Abb. 1.3-1: Transformation eines extrapsychischen in einen intrapsychischen Zustand nach Daniel Stern (mod. nach Altmeyer 2000a).

Für das Erleben konzediert auch Stern, dass der Säugling »die objektiven Vorgänge mit anderen, die sein Selbst regulieren, als subjektive Erfahrungen wahr(nimmt)« (Stern 1992, S. 152), hält aber daran fest, dass es sich dabei nicht um eine symbiotische Verschmelzung im Sinne einer Entgrenzung handelt, weil die Urheberschaft dieser Erfahrung des Zusammenseins beim Selbst bleibt (ebd., S. 153): »Das Selbstempfinden ist zwar von der Anwesenheit und dem Handeln des Anderen abhängig, gehört aber ganz und gar dem Selbst an.« Das klassische Konzept eines primären Narzissmus oder einer ursprünglichen Symbiose weist Stern zurück:

»Im Gegensatz zu diesen Ansichten haben wir (...) die sehr frühe Herausbildung der Empfindung eines Kern-Selbst und eines Kern-Anderen während einer Lebensphase, die anderen Theorien zufolge durch eine fortdauernde Undifferenziertheit zwischen Selbst und Anderem charakterisiert ist, betont.« (ebd., S. 147)

Zwischen Subjektivität und Intersubjektivität konstruiert Stern ein Verhältnis wechselseitiger Abhängigkeit, in dem aber die Intersubjektivität den entwicklungspsychologischen Vorrang hat und verstärkend auf Subjektivität wirkt:

»Eine – wie auch immer beschaffene – Verbindung subjektiver psychischer Erfahrungen ist paradoxerweise vor dem Einsetzen der Intersubjektivität nicht denkbar. Ebendiese Verbindung wird durch den Sprung in eine intersubjektive Empfindung des Selbst und des Anderen erst möglich, und zwar zu einem Zeitpunkt, an dem die Entwicklung der traditionellen Theorie zufolge in die andere Richtung umschlägt. Nach unserer Auffassung gehen Separation und Individuation ebenso wie die neuen Erlebnisweisen des Einsseins oder Zusammenseins aus dem Erleben der Intersubjektivität hervor.« (ebd., S. 183)

Diese Reihenfolge unterscheidet sich deutlich vom Entwicklungsschema bei Mahler (1968), bei dem Separation und Individuation erst aus der symbiotischen Verschmelzung hervorgehen: Intersubjektivität hat dyadische, keine symbiotische Qualität.

Das Ende der Amöbensage – oder doch nicht?

Auch wenn Margaret Mahler (1968) mit ihrer Entwicklungstrias von Autismus – Symbiose – Individuation Freuds Ursprungsthese erweitert und zugleich kanonisiert hatte – die Auffassung einer selbstgenügsamen primärnarzisstischen Erlebniswelt, durch symbiotische Verschmelzung mit der Mutter gegen eine feindselige oder bestenfalls gleichgültige Realität geschützt, war auch in der Psychoanalyse nicht unwidersprochen geblieben. Michael Balint (1969) hatte schon 1937 die monadologische Ursprungstheorie als »Amöbensage« dem Bereich der Legende zugeordnet.[8] Auch die Formel vom Trieb, der nicht Befriedigung, sondern das »Objekt sucht« (Fairbairn 1952), oder das Bild einer »haltenden Umwelt« (Winnicott 1965) wollten nicht zu den monadologischen Metaphern passen, welche die Theorie eines primären Narzissmus bereithält.[9] Selbst die narzisstischen Konfigurationen eines grandiosen Selbst und eines idealisierten Selbstobjekts, die Kohut (1973) dem Sektor der Objektbeziehungen gegenübergestellt hatte, schienen irgendwie intersubjektiv kontaminiert.[10] Inzwischen lässt sich sagen, dass die Monadentheorie quer durch die Schulen Anhänger verloren hat; im Licht der neueren Säuglingsforschung bröckelt ihre empirische Basis weiter: Der Mensch wird nicht als narzisstische Monade in eine feindliche Umwelt hineingeboren, der er sich bloß aus Gründen der Triebnot zuwendet.

---

8 Gegen diese »Robinsonade« hatte Balint eingewandt: »Eine Seele, welche keine Beziehungen zur Außenwelt unterhält, ist die logisch einfachste Vorstellung, aber folgt daraus, dass diese Form auch in der Realität die ursprünglichste sein muss? Dies ist ein nahe liegender Trugschluss, welchem nicht nur wir Analytiker zum Opfer gefallen sind.« (Balint 1969, S. 101)

9 Winnicott hatte die Zurechenbarkeit des Narzissmus zur Ein-Person-Psychologie ohnehin bezweifelt: »Wenn man in Dreier- und Zweierbeziehungen denkt, wie natürlich, dass man noch einen Schritt weiter zurückgeht und von einer Einerbeziehung spricht! Zunächst scheint es, als sei der Narzissmus die Einerbeziehung, entweder eine Frühform des sekundären Narzissmus oder der primäre Narzissmus selbst. Ich meine, dass dieser Sprung von der Zweier- zur Einerbeziehung in Wirklichkeit nicht möglich ist, ohne sehr viel von dem zu verletzen, was wir durch unsere analytische Arbeit und durch direkte Beobachtung von Müttern und Säuglingen wissen.« (Winnicott 1974, S. 37)

10 Der primäre Narzissmus werde durch die Mutter-Kind-Einheit »getragen«, heißt es bei Kohut, oder er sei »durch ein hochbewertetes Objekt hindurchgegangen« (Kohut 1973, S. 566).

1 Grundlagen

Für die klassische Psychoanalyse und ihre entwicklungspsychologischen Grundannahmen fällt eine Zwischenbilanz ernüchternd aus. Die Existenz von Phasen aktiver Aufmerksamkeit, die frühe Empfänglichkeit für Außenreize und die zielstrebige Suche nach Stimulation sprechen dafür, dass Spannungssituationen vom Säugling als angenehm erlebt werden, solange sie ihn nicht überfordern – entgegen der gängigen Reizschutzhypothese. Die Kontaktaufnahme zur Mutter findet jenseits und unabhängig von ihrer Still- und Befriedigungsfunktion statt – entgegen der unterstellten Objektlosigkeit des primärnarzisstischen Zustands. Das Vorhandensein von differenzierten Sinnesfunktionen, Präferenzreaktionen und Wahrnehmungsleistungen lässt auf präfigurierte Ich-Funktionen beim Säugling schließen, die bereits den Kern eines frühen Selbst ausmachen – entgegen der Annahme einer ursprünglichen Selbst-Objekt-Fusion. Die beiden Ausgangsfragen jedenfalls, nämlich was der Säugling bereits kann und wie er sich in seiner Umwelt vermutlich erlebt, können unter Berücksichtigung dieser Forschungsergebnisse so beantwortet werden: Er kann sehr viel, jedenfalls mehr und anderes als die These vom primären Narzissmus ihm zutraut; und er handelt von Anfang an objektbezogen und im Rahmen einer Welt, in der er sich vom anderen unterscheiden kann.

Die empirisch gut belegte und metapsychologisch anspruchsvolle Entwicklungstheorie Sterns gestattet nun eine differenzierte Betrachtung der Vorstellungen über den Säugling, die in der Psychoanalyse miteinander konkurrieren (denn es gibt kein psychoanalytisches Standardmodell: Melanie Kleins Säugling ist ein anderer als der von Margaret Mahler oder von Otto Kernberg, Balints Säugling der »primären Liebe« unterscheidet sich von dem bei Winnicott, den es – ohne die Mutter, die ihn hält – »gar nicht gibt«, und dieser wiederum vom selbstpsychologisch konstruierten Säugling Kohuts). Ungeachtet der Verschiedenheit all dieser Säuglingsmodelle, die zudem in eine notorisch widersprüchliche, terminologisch unscharfe Narzissmus-Theorie eingebettet sind[11] – als entwicklungspsychologisches Leitkonzept scheint die Theorie des primären Narzissmus nicht mehr zu dem zu passen, was wir sonst von Säuglingen wissen; sie müsste zumindest variiert, differenziert oder metapsychologisch reformuliert werden.

Wenn Einigkeit darüber herrscht, dass wir es hier mit einem theoretischen Konzept zu tun haben, nicht mit einer essenzialistischen Behauptung, und wenn wir konzedieren, dass wir uns auf einer epistemischen, nicht auf einer ontologischen Ebene bewegen, sollte die Frage lauten: Welche Konzeption ist besser geeignet, unser bisheriges Wissen über die Welt zu organisieren, in welcher der Säugling sich bewegt, Empfindungen entwickelt, Wahrnehmungen macht, mit seiner Umgebung interagiert und dabei sich selbst und den anderen erlebt? Aber

---

11 Im Geleitwort zur deutschen Ausgabe der ersten Auflage des Bandes »Narzisstische Persönlichkeitsstörungen« (1996) hat A.-E. Meyer auf diesen Zustand der psychoanalytischen Narzissmus-Theorie hingewiesen.

der monadologische Ursprungsmythos hält sich mit erstaunlicher Zählebigkeit in den Archiven des Theoriebestands, selbst wenn dieses Beharren die wissenschaftliche Reputation der Psychoanalyse ernsthaft beschädigt. Eine Entwicklungskonzeption wird beibehalten, der es notorisch an interner Konsistenz und zunehmend an externer Validität und interdisziplinärer Akzeptanz fehlt. Warum ist das so?

Das ganz Andere der Psychoanalyse: Exkurs zu André Green

Die klassische Ursprungstheorie einer primärnarzisstischen Welt aufzugeben fällt schon deshalb nicht leicht, weil mit diesem Schritt ein Identitätsthema der Psychoanalyse angeschnitten wird. Keiner hat das besser demonstriert als André Green (2000) in seiner Auseinandersetzung mit Daniel Stern (2000)[12]: Die Einzigartigkeit der Psychoanalyse, ihre Spezifität, so Green, sei gegen unerwünschte Eindringlinge zu verteidigen. Der charismatische Nestor der französischen Schule geht so weit, die Psychoanalyse als weitverzweigte »spirituelle« Großfamilie zu definieren, unter deren Dach die unterschiedlichsten »Sekten« mit den verschiedensten Verwandtschaftsgraden Platz hätten – aber eben nicht jene Vertreter einer mit wissenschaftlichen Methoden antretenden Forschung, die er »Objektivisten« nennt: Sie seien »Fremde, andersartig für mich in unserer multikulturellen Gemeinschaft« (Green 2000, S. 440). Eigentliches Ziel der Säuglingsforscher sei es, »die psychoanalytische Theorie zu zerstören (...) und sie durch eine so genannte wissenschaftliche Psychologie zu ersetzen« (ebd., S. 453).

Green, auf der einzigartigen Forschungsposition des Psychoanalytikers bestehend, lässt als Erkenntnisquelle für Intrapsychisches nur die analytische Situation gelten. Das Geschehen zwischen Analytiker und Analysand lasse sich zwar nur im Rahmen einer Zwei-Personen-Psychologie begreifen – allerdings in der »Zwei-Personen-Psychologie nur einer Person« (ebd., S. 445). Die Säuglingsfor-

---

12 Das »Journal of the American Psychoanalytic Association« (44/1996) hatte seinerzeit eine Debatte über die Bedeutung der Säuglingsforschung innerhalb der Psychoanalyse organisiert, die durch die Auseinandersetzung zwischen Daniel Stern und André Green – gewissermaßen als Protagonisten – fortgesetzt worden ist (zuletzt 1997 in London, dokumentiert in Sandler et al. 2000; ein erhellender Kommentar dazu stammt von Dornes [2002]). Die historische Parallele zu den »Controversial Discussions« ist schwer zu übersehen, und es scheint so, als ob der Streit zwischen Anna Freud und Melanie Klein, in dem auch die »Middle Group« der Britischen Gesellschaft geboren wurde, mit der Debatte zwischen André Green und Daniel Stern eine Neuauflage erhalten hat. Die gesamte Kontroverse erweckt in vieler Hinsicht einen Déjà-vu- oder besser: Déjà-entendu-Effekt.

schung dagegen sei als reine Interaktionstheorie prinzipiell nicht in der Lage, Intrapsychisches oder gar Unbewusstes zu erfassen. Indem Green sich auf die Exklusivität des therapeutischen Prozesses zurückzieht, steckt er das Terrain der Psychoanalyse bis zu einer Grenze ab, an der die interdisziplinäre Auseinandersetzung über Säuglingserleben und Narzissmus völlig verweigert werden kann. Weil das Unbewusste sich nicht beobachten lasse, könne die Psychoanalyse als Theorie des Unbewussten von äußeren Beobachtungen auch nicht irritiert werden. Das Feld der Psychoanalyse sei nämlich – im Unterschied zur Säuglingsforschung, deren Gegenstand der Säugling sei – das Unbewusste des Analysanden. Sie interessiere sich gar nicht für den Säugling selbst, sondern für den »Säugling im Erwachsenen« bzw. (bei der Kinderanalyse) für den »Säugling im Kind« (ebd., S. 453), der die psychische Realität des Patienten beeinflusst und in Gegenwart des Analytikers auftaucht. Letzten Endes ist für Green die Beobachtungsmethode selbst der Sündenfall:

»Viel von dem, was den Konzepten der psychoanalytischen Theorie des Säuglings entgegengesetzt wird und werden wird, hat hier in der Widerlegung der undifferenzierten Phase, des infantilen Narzissmus, der Omnipotenz, halluzinatorischen Wunscherfüllung und der Reizschwelle seine Quelle. Diese Ideen passen nicht zu der Perspektive der Beobachtung. (...) Die Beobachtung kann uns nichts über intrapsychische Prozesse sagen, die das subjektive Erleben wirklich charakterisieren.« (ebd., S. 454)

Aus dieser Position heraus eröffnet Green zugleich einen Frontalangriff auf die Wissenschaftlichkeit der Säuglingsforschung. Denn deren Erkenntnisse haben interdisziplinär nur dann wissenschaftliches Gewicht, falls ihre Befunde gültig und nicht etwa Artefakte inadäquater Methoden sind, falls ihre Schlussfolgerungen nicht einer naiven, den Gegenstand verfehlenden Erkenntnis- oder Forschungstheorie entspringen und falls ihre Entwicklungstheorie überhaupt Relevanz für die Psychoanalyse besitzt. Das alles bestreitet Green vehement. Die Säuglingsforschung genüge ihrem eigenen Wissenschaftsanspruch nicht: Sie betreibe nicht »science«, sondern »science-fiction«; ihre Beobachtungen seien gar keine, sondern Abstraktionen, ihre Befunde konstruiert; ihre Erkenntnisse seien in Wahrheit hochspekulativ – nicht weniger als die »phantastischsten Spekulationen« Melanie Kleins. Radikaler kann die Absage an die Säuglingsforschung nicht ausfallen: Es gibt keinen gemeinsamen Gegenstand, es gibt keinen Schnittbereich der Erkenntnisse, es gibt keine Komplementarität der Methoden – und es gibt auch keine interdisziplinäre Herausforderung, weil die Psychoanalyse gar keine Wissenschaft ist und ihre Kontrahentin diesen Status zu Unrecht beansprucht.

Konstruktion oder Rekonstruktion – Komplementarität beim methodischen Zugang zur Säuglingswelt

Daniel Stern (2000) hat diesen auf die psychoanalytische Situation restringierten Forschungsbegriff kritisiert und die scharfe Attacke auf die angebliche Unwissenschaftlichkeit der Säuglingsforschung abgleiten lassen. Die Spekulationen seiner Entwicklungstheorie seien keine »pure Erfindung«, sondern Hypothesen, die nicht nur die eigenen empirischen Befunde integrieren, sondern interdisziplinäre Plausibilität für sich beanspruchen könnten, »plausible Spekulationen« eben (ebd., S. 472). Auch entwicklungspsychologische Konzepte hätten sich, wie jede humanwissenschaftliche Theorie, mit dem Erkenntnisstand in den Nachbardisziplinen auseinander zu setzen, wenn sie Validität beanspruchen wollen: Sie müssten mit dem vorliegenden Weltwissen über die Entwicklung des Menschen vereinbar und so etwas wie »externe Kohärenz« besitzen (vgl. auch Strenger 1991), um in der »scientific community« vermittelbar zu sein.

Dieses Plausibilitätskriterium wendet Stern auf die Theorie vom frühkindlichen Autismus an. Die klassische Behauptung, dieser sei eine Regression auf eine normalpsychologische autistische Phase, sei zwar nicht zu widerlegen, aber – im Licht des angesammelten Wissens über Säuglinge und ihre Mütter – eben nicht plausibel. Die Psychoanalyse könne dennoch an ihr festhalten, freilich um den Preis abnehmender Bedeutung in der wissenschaftlichen Welt. Wissenschaftspolitisch zukunftsträchtiger und im Sinne eines interdisziplinär erarbeiteten Erkenntnisfortschritts sinnvoller wäre es allerdings, die Relevanz der Säuglingsbeobachtung in dieser Frage anzuerkennen. Zwar seien deren Befunde für die psychoanalytische Theorie nicht relevant in einem direkten Sinne, aber doch indirekt von Bedeutung. Sie könnten ein metapsychologisches Konzept oder eine klinische Rekonstruktion weder beweisen noch falsifizieren. Die Validität entwicklungsbezogener Aussagen der Psychoanalyse könnte jedoch verbessert werden, wenn sie sich einer kritischen Überprüfung, auch in Bezug auf ihre externe Kohärenz, stellen würde. Gibt es hier nicht doch jene Komplementarität, die Stern geduldig anbietet und Green ungeduldig zurückweist, eine wechselseitige Ergänzung des eigentümlichen Wissens, das jede der beiden Disziplinen für sich generiert hat?

Es ist ein weit verbreitetes Missverständnis, anzunehmen, die Säuglingsforschung erfasse ihren Gegenstand unmittelbar in naturalistischen oder experimentell hergestellten Situationen, während die Psychoanalyse ihn klinisch »bloß« rekonstruiere. Auch die auf Beobachtungsdaten gestützten Aussagen über das Erleben des Säuglings sind Konstruktionen. Von Stern haben wir schon vor seinem Disput mit Green erfahren, dass die Säuglingsforschung im wahrsten Sinne des Wortes erfinderisch vorgeht:

1 Grundlagen

»Da wir in das Innenleben des Säuglings nun mal nicht hineinkriechen können, scheint es vielleicht sinnlos, sich vorstellen zu wollen, was er erlebt. Und doch ist dies der Kern all dessen, was wir wissen wollen. (...) Weil wir die subjektive Welt, in der der Säugling lebt, selbst nicht kennen, müssen wir uns diese Welt (...) ›ausdenken‹, wir müssen sie ›erfinden‹. Das vorliegende Buch ist eine solche ›Erfindung‹. Sie dient als Arbeitshypothese, um zu erforschen, wie Säuglinge ihre eigenen Sozialbeziehungen subjektiv erleben.« (Stern 1992, S. 15ff)

Die Kluft zwischen objektiver Beobachtung und subjektivem Erleben, die Green gegenüber der Säuglingsforschung ins Feld führt, gilt für die Erforschung des Seelischen generell und muss nach Stern durch »Inferenzsprünge« (ebd., S. 17) überbrückt werden, gleich, welcher Art von Empirie wir verpflichtet sind und welche Methoden wir zur Erhebung der Ausgangsdaten verwenden. Die Innenwelt des Säuglings gehört (wie die des Erwachsenen) zu jenen unzugänglichen Residuen der Subjektivität, denen wir uns durch solche Erfindungen oder Sprünge immer nur mittelbar annähern können.

Das alte epistemologische Problem, das hier aufgeworfen wird, ist den wissenschaftstheoretisch aufgeklärten Säuglingsforschern also wohl bewusst. Es ist die Differenz zwischen der Außenperspektive der dritten Person und der Ich-Perspektive der ersten Person, aus der sich subjektives Erleben erst darstellen lässt – und sie teilen dieses Problem mit der Psychoanalyse. Indem Stern bei der Weiterverarbeitung der Beobachtungsdaten beansprucht, sich in den Säugling einzufühlen (»Wie könnte das Erleben des Säuglings aus seinem eigenen Blickwinkel aussehen?«, Stern 2000, S. 470), geht er so weit, diese empathische Haltung des Forschers mit der gleichschwebenden Aufmerksamkeit des Analytikers zu vergleichen. Die Säuglingsforschung verfährt demnach, wenn sie das Erleben des Säuglings aus seinen Interaktionen mit der Umwelt konstruiert, ebenfalls im Rahmen einer »Zwei-Personen-Psychologie nur einer Person«, welche Green für den psychoanalytischen Prozess reservieren möchte. Hier liegt eine größere Nähe zum rekonstruierenden Vorgehen der Psychoanalyse, als wir bei der Unterschiedlichkeit der Methoden zunächst unterstellen.

Auch die Kur findet nämlich auf dem Boden einer Empirie statt, welche mithilfe von »Inferenzsprüngen« weiterverarbeitet wird. Das geschieht durch die kommunikative Verflüssigung einer sedimentierten Innenwelt hindurch, indem Gedanken und Erinnerungen, Gefühle und Phantasien, Erlebnisse und Träume aufeinander bezogen, szenisch verstanden und schließlich gedeutet werden. Die Deutungen wiederum können angenommen oder verworfen werden. Auf diese Weise werden in der psychoanalytischen Situation unbewusst gewordene Erfahrungen der Vergangenheit zum Gesprächsgegenstand, von denen auf die wirkliche Biografie bis zurück in die Kindheit geschlossen werden kann. Es geht dabei (wie bei der Säuglingsforschung) um die Interpretation von »Daten«, die Überprüfung von Hypothesen, die deutende Herstellung von Konsistenz und Sinn. Nur bestehen die Ausgangsdaten hier aus dem subjektiven Material, wie es sich

1.3 Narzissmus-Theorie und Säuglingsforschung

aus der freien Assoziation des Patienten in der Übertragungs-Gegenübertragungs-Situation ergibt, während die Säuglingsforschung ihre Daten aus der Beobachtung der Mutter-Kind-Interaktion gewinnt.

Epistemologisch handelt es sich um zwei Modelle des Zugangs zum Erleben, die eng miteinander verwandt sind, wie der Vergleich in der Abbildung 1.3-2 zeigt.

Modell I: „Säuglingsforschung"

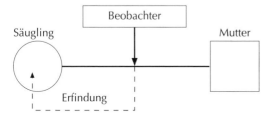

Modell II: „Psychoanalyse"

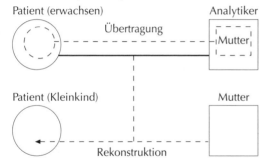

Abb. 1.3-2: Das Erleben des Säuglings – zwei Modellkonstruktionen im Vergleich (mod. nach Altmeyer 2000a).

Die Anwendung der psychoanalytischen Methode generiert zwar eine andere Art von entwicklungspsychologischem Wissen als das methodische Repertoire ihrer nachbarwissenschaftlichen Konkurrenz. Dennoch lässt sich eine epistemische Nähe von (auf Direktbeobachtung beruhender) Konstruktion und (psychoanalytischer) Rekonstruktion schwerlich übersehen: Psychoanalyse und Säuglingsforschung versuchen jeweils, dem auf unterschiedlichen Wegen gewonnenen Material einen Sinn aus der Perspektive des Subjekts (des »Säuglings im Patienten«, des »Säuglings der Beobachtung«) zu geben. Aber auf welchem Wege tun sie das? Was für eine Art Wissen im Zwischenbereich von Innen und Außen wird hier erzeugt? Und ergänzen sich die Erkenntnisse nicht gegenseitig?

─── 1 Grundlagen ───────────────

Jenseits des Dualismus von Innen und Außen: das »Dritte« als ein Zwischen

Die Perspektive einer Integration von Wissen wird durch eine dualistische Erbschaft in der Psychoanalyse versperrt, deren latente anthropologische Grundlage in der gegenwärtigen Auseinandersetzung um den primären Narzissmus überdacht werden muss. Im kartesianischen Innen-Außen-Dualismus dieses Konzepts werden nämlich ausgerechnet jene klassisch-psychoanalytischen Dichotomien theoretisch verfestigt, die unter den Befunden der Säuglingsforschung ins Wanken geraten sind: die alten Gegensätze von Ich und Realität, Trieb und Kultur, Individuum und Gesellschaft – und eben von Narzissmus und Objekt. Und diese enthalten wiederum eine anthropologische Prämisse, die von der Psychoanalyse wie selbstverständlich durch ihre Theoriegeschichte mitgeschleppt wird: die Außenwelt als Trauma. Stillschweigend wird die postnatale Realität auf ein einziges Gefahrenszenario reduziert und genau jene Sicht einer feindlichen Außenwelt fixiert, aus der das triebtheoretische Innenwelt-Konzept des paradiesischen Primärnarzissmus erst seine Überzeugungskraft zu beziehen scheint.

An der Argumentation von Gerhard Dahl (2001a; 2001b) lässt sich dieser Zirkelschluss demonstrieren[13]: Metapsychologische Konzepte spiegelten empathisch wider, wie die Geburt als »innere Katastrophe des Lebensbeginns« im Seelenleben verarbeitet werde; der primäre Narzissmus bezeichne einen psychischen Urzustand der Weltabgewandtheit, der das seelische Überleben in einer bedrohlichen Realität sichere, als Keimzelle eines ganz auf Abwehr eingestellten psychischen Apparats, der gegen die per se traumatisierende Welt aufgerichtet werde. Die anthropologische Kernidee dieses Konzepts ist die monadische Existenz des Menschen in einer katastrophischen Welt, die im Trauma des Auf-die-Welt-Kommens ihren Ursprung hat. Als Ergebnis psychoanalytischen Nachdenkens wird hier ein Konzept präsentiert, das, bereits vorgedacht, schon die unbefragte Voraussetzung dieses Nachdenkens war. Dass der Säugling auch erleichtert darüber sein mag, seine fötale Existenz zu beenden und den beengten Verhältnissen im Uterus zu entkommen, dass er die spannende Welt da draußen womöglich auch freudig begrüßt – eine solche Sicht der Dinge, für welche die

---

13 Dahl hält – wie Green (2000) – an der Theorie eines primären Narzissmus fest, ohne – anders als Green – den Wert der Säuglingsforschung zu bestreiten (s. Dahl 2001a; 2001b; vgl. die Kritik an Dahl von Dornes 2001 sowie Altmeyer 2001): Beobachtungen der Mutter-Kind-Interaktion besäßen gewiss Relevanz für die psychoanalytische Klinik, welche die neuen entwicklungspsychologischen Erkenntnisse zu beachten habe, nicht aber für die Metapsychologie. Diese sei »immun gegen jede positivistische Widerlegung, (…) weder beweisbar noch widerlegbar«, weil sie lediglich »psychoanalytisches Denken« ermöglicht (Dahl 2001b, S. 626). Das ist eine selbstreferenzielle Begründung par excellence.

Säuglingsforscher einige Belege anführen können, passt nicht zur Anthropologie einer realitätsfeindlichen Monade, die eigentlich eine Ontologie ist (s. Frommer u. Tress 1998).[14]

Wenn Dahl den primären Narzissmus als »metapsychologische *intra*psychische *Entität*« betrachtet, die durch einen »gewaltigen Abgrund« vom bloß »*inter*aktiven klinischen Konzept« getrennt sei (Dahl 2001b, S. 626; kursive Hervorhebungen von M.A.), stellt sich die Frage, welchen Status diese supponierte »intrapsychische Entität« hat – und ob sie nicht selbst ein ontologischer Abgrund ist. Wenn man das *Intra-* derart vom *Inter-* (vgl. Reiche 1999) isoliert, zerreißt man gerade jene spezifische Verbindung von Innen und Außen, der die Kleinkindforschung nachspürt und die auch für die Metapsychologie der seelischen Strukturbildung Bedeutung hat. Die Psychoanalyse hat von Anfang an, indem sie nämlich mit Freud (1923) das Ich als »Niederschlag der aufgegebenen Objektbesetzungen« begreift und in dessen Innerstem »die Geschichte seiner Objektbeziehungen« entdeckt, der binären Logik von »Entweder innen oder außen« mit dem »Zwischen« etwas Drittes hinzufügt. Dahl (2001a, S. 585) beruft sich deshalb zu Unrecht auf Freud, wenn er meint, die auch von ihm nicht bestrittene Außenweltbezogenheit des Säuglings gebe »»keinerlei Auskunft über die Bedeutung dieser Welt««. Freud (1926, S. 293) hatte bekanntlich aus der neonatalen Hilflosigkeit nicht nur den aktuellen »Wert des Objekts« abgeleitet, »das allein gegen diese Gefahren schützen und das verlorene Intrauterinleben ersetzen kann«; er erkennt hier auch die Quelle für das »Bedürfnis, geliebt zu werden, das den Menschen nie mehr verlassen wird« – und das er immer wieder mit dem Narzissmus gleichsetzt.

Die Tatsache, dass der Mensch als soziale Frühgeburt zur Welt kommt, spricht eben nicht für einen objektlosen Primärnarzissmus, sondern für die elementare Bedeutung des frühen Objekts. Die viel zitierte Bemerkung vom »purifizierten Lust-Ich« im Erleben des Säuglings, das dieser nur realisieren kann, wenn man »die Mutterpflege hinzunimmt« (Freud 1911, S. 18f), kann man genau in diesem Sinne lesen. Dann wäre die primärnarzisstische »Fiktion« geradezu Bestandteil einer intersubjektiv konstituierten Welt, die das »gute« Objekt als das »ungedachte Bekannte« (Bollas 1997) mit einbezieht. In einer Lebensphase, in der es nach Winnicott den Säugling ohne die Mutter »gar nicht gibt«, wäre der primäre Narzissmus weder innen noch außen angesiedelt, sondern im »potential space«, wie er sich in der intimen dyadischen Interaktion auftut (vgl. Abb. 1.3-3). In diesem intermediären Bereich entsteht das Selbst als etwas Eigenes *zwischen* Subjekt

---

[14] Die Unterscheidung von negativer und positiver Anthropologie, die Frommer und Tress (1998) bei der Sichtung psychoanalytischer Ansätze treffen, korrespondiert mit der von »feindlicher« vs. »freundlicher« Realität, die Loewald (1986) in seinem Aufsatz »Ich und Realität« so erhellend beschrieben hat. Vgl. dazu auch Reiche (1999), der darauf aufmerksam macht, dass als Konsequenz einer generell traumatischen Konnotation von äußerer Realität in der psychoanalytischen Entwicklungspsychologie eine besondere Traumatisierung nur noch als komparative Steigerung oder Superlativ dargestellt werden kann (S. 587f).

1 Grundlagen

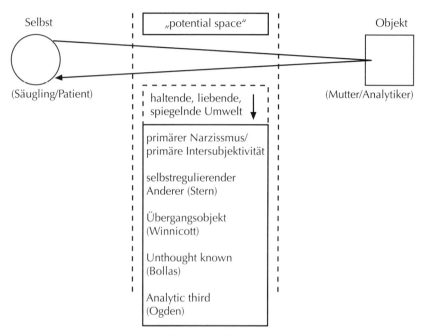

Abb. 1.3-3: Narzissmus zwischen Selbst und Objekt (mod. nach Altmeyer 2005).

und Objekt – so wie bei Thomas Ogden (1995) das »Subjekt der Analyse« als »analytisches Drittes« zwischen den beiden am psychoanalytischen Prozess Beteiligten erst geboren wird[15].

Primärer Narzissmus als primäre Intersubjektivität

Winnicotts Begriff des »potential space« spielt in der psychoanalytischen Gegenwartsdebatte über das Selbst eine prominente Rolle und ist inzwischen schulenübergreifend zur Leitmetapher einer schöpferischen Intersubjektivität geworden.

---

15 Thomas Ogden hat sein rätselhaftes »subject of analysis« als »intersubjective analytic third« in deutlicher Anspielung auf Winnicotts Konzept einer intersubjektiven Genese des Subjekts formuliert (Ogden 1995, S. 1071): »Es gibt keinen Analytiker, keinen Analysanden, keine Analyse außerhalb des Prozesses, durch den der analytische Dritte geschaffen wird.« Bei Winnicott (1974, S. 50) existiert bekanntlich kein Säugling ohne die Mutter, es gibt am Anfang nur die Mutter-Kind-Einheit.

1.3 Narzissmus-Theorie und Säuglingsforschung

Der Kern dieser Auffassung besteht darin, dass das Subjekt nicht länger als a prori abgegrenzte Einheit betrachtet wird, »isolated from the social matrix from which it emerges« (Dunn 1995, S. 723).[16] Die »soziale Matrix«, aus der das Selbst auftaucht, ist die Dualunion von Mutter und Kind. Subjektivität entsteht nicht aus einem biologisch gedachten »festen Kern«. Winnicott hat diesen Kern psychogenetisch im »Stillpaar« lokalisiert, in einem vorindividuellen »Gesamtgefüge«:

»Die Einheit ist nicht das Individuum, die Einheit ist ein Gefüge aus Umwelt und Individuum. Der Schwerpunkt des Seins geht nicht vom Individuum aus. Er liegt im Gesamtgefüge: Durch genügend gute Kinderpflege, Technik, genügend gutes Halten und genügend gute Versorgung wird die Schale allmählich übernommen, und der Kern (der für uns die ganze Zeit wie ein Baby ausgesehen hat) kann anfangen, ein Individuum zu sein.« (Winnicott 1976, S. 127)

Christopher Bollas (1997) hat diesen Verwandlungsvorgang die Übernahme des Systems der mütterlichen Fürsorge in eine »Fürsorge für sich selbst« genannt: Das Selbst gewinnt durch diese Metamorphose ein Verhältnis zu sich als Objekt nach dem Vorbild der liebenden Mutter. Das erst ist der eigentliche Geburtsakt des Individuums, der in Ogdens Konzeption eines »subject of analysis« für die analytische Situation anolog konzipiert ist: Aus einer produktiv gestalteten Zweierbeziehung – der Mutter-Kind- bzw. der therapeutischen Dyade – taucht etwas Drittes auf, das vorher noch nicht da war.

Bereits der Anfang ist abgeleitet. Im potenziellen Raum für Emergenz gibt es kein Ich ohne ein Alter ego, kein Selbst ohne den anderen, keinen Analysanden ohne Analytiker – und keinen primären Narzissmus ohne primäre Intersubjektivität. Ich schlage vor, diesen Raum konzeptionell auch für die frühesten Erfahrungen des Gehalten-, Geliebt- und Gespiegelt-Werdens zu öffnen, wie sie in der analytischen Situation auf der Ebene der Grundstörung wiederholt werden (vgl. Balint 1970; Grunberger 1976). Dann würde auch die Spiegelfunktion ihre traditionell solipsistische Konnotation verlieren: Das »Gesicht der Mutter (wäre) der Vorläufer des Spiegels« (Winnicott 1974, S. 128), in dessen Reflexion der Säugling eine erste Ahnung davon herausbildet, wer er ist; und der Psychoanalytiker bildete keinen glatten Spiegel der Indifferenz, sondern einen durch Anerkennung »gebrochenen« Spiegel[17], in dem der Patient sich als ein Anderer erkennen kann. Der narzisstische Spiegel – einer »Zwei-Personen-Psychologie nur einer Person« (Green) angehörend – würde zu einer Metapher der Intersubjektivität.

---

16 Vgl. etwa den informativen Übersichtsartikel von Dunn (1995) zur Intersubjektivität der psychoanalytischen Situation; vgl. auch das »Psyche«-Sonderheft aus dem Jahre 1999 und die verschiedenen Arbeiten von Ogden (1985; 1994; 1998) und Mitchell (2000), der verschiedene Ansätze zu einer »relationalen Psychoanalyse« integriert.
17 Ich benutze dieses Bild in der gleichen Weise, wie es Axel Honneth (2000) benutzt hat, als er die Liebe als »eine durch Anerkennung gebrochene Symbiose« bezeichnet hat.

1 Grundlagen

Mein Vorschlag läuft darauf hinaus, auf der Ebene des Unbewussten die intersubjektive Dimension des primären Narzissmus (man könnte auch sagen: die narzisstische Dimension der primären Intersubjektivität) anzuerkennen und metapsychologisch den Antagonismus aufzuheben, der zwischen den beiden Ursprungskonzepten zu herrschen scheint. Der Säugling ist mit seiner Mutter weder ganz verschmolzen noch ganz von ihr abgegrenzt. Er kommt mit vorgebildeten Fähigkeiten auf die Welt, ist aber hilflos und auf die haltende Umwelt existenziell angewiesen, die er zunächst seinem Einflussbereich zurechnet. Identität gewinnt er aus dem Reichtum an Rückmeldung, Echo und Spiegelung, aus einer intimen Beziehung, in der er sich als eigenes Wesen anerkannt fühlt. Im primärnarzisstischen Erleben spiegelt sich ontogenetisch diese besondere Verfassung der Conditio humana. In Übereinstimmung mit den Befunden der Säuglingsforschung könnte man so auf die These einer fusionären Frühphase der seelischen Entwicklung verzichten, ohne zugleich das Konzept des primären Narzissmus zu verwerfen – man müsste es allerdings in den Kategorien einer primären Objektbeziehung, die vom Säugling »gewusst«, aber noch nicht »gedacht« werden kann, reformulieren.

Gegen diese Strategie einer Integration von Narzissmus-Theorie und Säuglingsforschung gibt es freilich Widerstände von beiden Seiten, die – abgesehen von den konservativen Lasten der jeweiligen Theorietradition und den unvermeidlichen Zwängen der Selbstbehauptung in der Zunftkonkurrenz – in der schwierigen Materie selbst ihre Ursachen haben. Zwei Problembereiche, die weitere empirische Forschung und metapsychologische Reflexion erfordern, will ich am Ende nennen:

- Die Beobachtung der subtilen Mutter-Kind-Interaktion lässt sich für die psychoanalytische Theoriebildung weit über die Metapsychologie der frühen Kindheit hinaus fruchtbar machen. Die Anerkennung einer primären Intersubjektivität hat nämlich nicht nur entwicklungspsychologische, sondern auch klinische Relevanz. Mithilfe dieser Betrachtungsweise lassen sich möglicherweise jene ätiologischen und therapeutischen Probleme besser bearbeiten, die mit den Erscheinungen des pathologischen Narzissmus verbunden sind (vgl. z. B. Rosen Soref 1995)[18]. So können wir beispielsweise das differenzialdiagnostisch diffuse Konstrukt der »Narzisstischen Persönlichkeitsstörung« schärfer fassen, indem wir hinter den »rätselhaften Botschaften« des Narziss-

---

18 Alice Rosen Soref hat eine aus meiner Sicht aussichtsreiche Strategie entwickelt, indem sie den pathologischen Narzissmus mit Störungen auf zwei genetisch offenbar vorprogrammierten, interagierenden Entwicklungslinien verbindet, die von der Forschung gut untersucht sind: »mastery« als Tendenz, von einer imperfekten Umwelt gestellte Aufgaben zu bewältigen und archaische Omnipotenzphantasien in reife Fähigkeiten zu verwandeln; »attachment/love« als Tendenz, Bindungen zu suchen, Liebe zu geben und geliebt zu werden. Diese Theorie trägt damit zu einer Integration zweier Disziplinen bei, die aufeinander angewiesen sind.

mus die unbewussten Objektbeziehungsangebote, Übertragungsphantasien und Gegenübertragungsgefühle erkennen und das schillernde Symptomspektrum neu sichten. Im »Beachtung-Suchen«, »Aufmerksamkeit-Verlangen«, »Bewunderung-Fordern«, im »Kontrolle-Ausüben« oder in der »Verleugnung von Abhängigkeit«, im »grandiosen« Selbstbild bzw. im »idealisierten« Selbstobjekt könnten wir die intersubjektiven Spuren wiederfinden, die eine basal gestörte Mutter-Kind-Interaktion hinterlassen hat.[19] Das symptomatische Verhalten, das von stillen zu lärmenden Formen, vom Pol des narzisstischen Rückzugs zu dem der expansiven Grandiosität, von der solipsistischen Unabhängigkeit bis zur symbiotischen Fusion reicht, ließe sich dann als unbewusster Kampf um die kompensatorische Anerkennung des Anderen dechiffrieren, der in vielfältigen Formen geführt wird und zugleich verborgen werden muss.

- Umgekehrt kann die Wissenschaft vom Unbewussten, wenn sie in der Frage der Emergenz ihre eigenen erkenntnistheoretischen und anthropologischen Prämissen reflektiert, dazu beitragen, die theoretischen Aporien der Säuglingsforschung aufzulösen. Diese neigt nämlich dazu, die kognitive Ebene mit der praktischen Ebene der Weltaneignung zu konfundieren, wenn sie die Theorie des primären Narzissmus kritisiert (vgl. Dornes 1997, S. 150ff; dagegen: Altmeyer 2000a, S. 141ff). Gewiss, die Streitfrage, ob der Säugling die Außenwelt von Anfang an kognitiv als *Außen* erkennen kann, scheint entschieden: Er kann. Eine ganz andere Frage ist es, ob er das Objekt auch als unabhängig erleben kann. Die erste Anforderung ist kognitiver Natur und wird vom »kompetenten« Säugling im Rahmen seiner angeborenen Fähigkeiten offenbar schon früh erfüllt. Die zweite Anforderung ist eine viel anspruchsvollere psychosoziale Entwicklungsaufgabe, die der Neugeborene wegen seiner Hilflosigkeit noch gar nicht leisten kann. Weil er selbst völlig abhängig ist, von dieser Abhängigkeit aber nichts wissen kann – sonst würde er »unendlich fallen«, wie man mit Winnicott dieses Erleben einfühlen kann –, ist er nicht in der Lage, die Unabhängigkeit der Mutter anzuerkennen: Er behandelt sie so, als ob er über sie verfügen kann, obwohl er sie als getrennt wahrnimmt. Erst wenn er sich von der Mutter selbst als eigenes Wesen anerkannt fühlt, kann er seine Abhängigkeit und ihre Unabhängigkeit anerkennen (vgl. Winnicott 1974, S. 101ff; Altmeyer 2005). Aus diesem Stoff scheinen die Paradoxien des Selbst gemacht, die vom primären Narzissmus ihren Ausgang nehmen und dem Säugling beides erlauben: sich mit seiner Umwelt verbunden zu fühlen, ohne mit ihr zu verschmelzen, und gleichzeitig von ihr abgegrenzt zu sein, ohne sich von ihr zu lösen.

---

19 Vgl. etwa Balints Theorie der Grundstörung und die Selbstpsychologie Kohuts, die beide miteinander verwandte Kategorien für eine intersubjektive Sicht der »narzisstischen Störung« liefern (s. auch Bacal u. Newman 1994).

Literatur

Altmeyer M (2000a). Narzissmus und Objekt. Ein intersubjektives Verständnis der Selbstbezogenheit. Göttingen: Vandenhoeck & Ruprecht.
Altmeyer M (2000b). Narzissmus, Intersubjektivität und Anerkennung. Psyche; 54: 143–71.
Altmeyer M (2001). Das Ende der Amöbensage lässt auf sich warten. Primärer Narzissmus oder primäre Intersubjektivität – bloß erkenntnistheoretisch ein Widerspruch. Psyche; 55: 619–24.
Altmeyer M (2003). Im Spiegel des Anderen. Anwendungen einer relationalen Psychoanalyse. Gießen: Psychosozial-Verlag.
Altmeyer M (2005). Innen, Außen, Zwischen. Paradoxien des Selbst bei Donald Winnicott. Forum Psychoanal; 21: 43–57.
Argelander H (1971). Ein Versuch zur Neuformulierung des primären Narzissmus. Psyche; 25: 358–78.
Bacal HA, Newman KM (1994). Objektbeziehungstheorien – Brücken zur Selbstpsychologie. Stuttgart-Bad Cannstatt: frommann-holzboog.
Balint M (1937). Frühe Entwicklungsstadien des Ichs. Primäre Objektliebe. In: Die Urformen der Liebe und die Technik der Psychoanalyse. Stuttgart: Klett 1969; 93–115.
Balint M (1968). Therapeutische Aspekte der Regression. Die Theorie der Grundstörung. Stuttgart: Klett 1970.
Baumgart M (1991). Psychoanalyse und Säuglingsforschung: Versuch einer Integration unter Berücksichtigung methodischer Unterschiede. Psyche; 45: 780–809.
Benjamin J (1988). Die Fesseln der Liebe. Frankfurt/M.: S. Fischer 1993.
Bollas C (1987). Der Schatten des Objekts. Das ungedachte Bekannte: Zur Psychoanalyse der frühen Kindheit. Stuttgart: Klett-Cotta 1997.
Bowlby J (1969). Bindung. Eine Analyse der Mutter-Kind-Beziehung. München: Kindler 1975.
Bremner G, Fogel A (eds) (2001). Blackwell Handbook of Infant Development. Oxford: Blackwell.
Chasseguet-Smirgel J (1986). Zwei Bäume im Garten. Zur psychischen Bedeutung der Vater- und Mutterbilder. München, Wien: Verlag Internationale Psychoanalyse 1988.
Dahl G (2001a). Primärer Narzissmus und inneres Objekt. Psyche; 55: 577–611.
Dahl G (2001b). Muss die Metapsychologie intersubjektiv reformuliert werden? Eine Entgegnung. Psyche; 55: 624–8.
Dornes M (1993). Der kompetente Säugling. Die präverbale Entwicklung des Menschen. Frankfurt/M.: S. Fischer.
Dornes M (1997). Die frühe Kindheit. Entwicklungspsychologie der ersten Lebensjahre. Frankfurt/M.: S. Fischer.
Dornes M (2000). Die emotionale Welt des Kindes. Frankfurt/M.: S. Fischer.
Dornes M (2001). Primärer Narzissmus – widerlegbar oder nicht? Psyche; 55: 612–9.
Dornes M (2002). Ist die Kleinkindforschung irrelevant für die Psychoanalyse? Psyche; 56: 888–921.
Dornes M (2005). Die emotionalen Ursprünge des Denkens. Westend; 1: 3–48.
Dunn J (1995). Intersubjectivity in psychoanalysis: a critical review. Int J Psycho-Anal; 76: 723–38.
Eagle MN (1984). Neuere Entwicklungen in der Psychoanalyse. Frankfurt/M.: Verlag Internationale Psychoanalyse 1988.
Emde R (1981). Changing models of infancy and the nature of early development: remodeling the foundation. J Am Psychoanal Assoc; 29: 179–219.
Fairbairn WRD (1952). Psychoanalytic Studies of the Personality. London: Tavistock (dt.: Das Selbst und die inneren Objektbeziehungen. Gießen: Psychosozial-Verlag 2000).
Fonagy P (1982). The integration of psychoanalysis and experimental science: a review. Int Rev Psycho-Anal; 9: 125–45.
Fonagy P (2001). Bindungstheorie und Psychoanalyse. Stuttgart: Klett-Cotta 2003.
Fonagy P, Gergely G, Jurist EL, Target M (2004). Affektregulierung, Mentalisierung und die Entwicklung des Selbst. Stuttgart: Klett-Cotta.

1.3 Narzissmus-Theorie und Säuglingsforschung

Freud S (1911). Formulierungen über die zwei Prinzipien des psychischen Geschehens. GW VIII. Frankfurt/M.: S. Fischer 1999; 230–8.
Freud S (1914). Zur Einführung des Narzißmus. GW X. Frankfurt/M.: S. Fischer 1999; 137–70.
Freud S (1923). Das Ich und das Es. GW XIII. Frankfurt/M.: S. Fischer 1999; 237–89.
Freud S (1926). Hemmung, Symptom und Angst. GW XIV. Frankfurt/M.: S. Fischer 1999; 111–205.
Frommer J, Tress W (1998). Primär traumatisierende Welterfahrung oder primäre Liebe? Zwei latente Anthropologien in der Psychoanalyse. Forum der Psychoanalyse; 12: 57–77.
Gedo JE (1979). Beyond Interpretation. Hillsdale, NJ: Analytic Press.
Gedo JE (1996). Die Psychobiologie der Motivation. Psyche; 50: 385–406.
Gill M, Holzman P (eds) (1976). Psychology vs. Metapsychology. New York: International University Press.
Green A (2000). Science and science-fiction in der Säuglingsforschung. Z psychoanal Theor Prax; 15: 438–66.
Greenberg J (1991). Oedipus and Beyond. A clinical theory. Cambridge, MA: Harvard University Press.
Grunberger B (1971). Vom Narzissmus zum Objekt. Frankfurt/M.: Suhrkamp 1976.
Hartmann H (1964). Ich-Psychologie. Studien zur psychoanalytischen Theorie. Stuttgart: Klett 1972.
Honneth A (1992). Kampf um Anerkennung: zur moralischen Grammatik sozialer Konflikte. Frankfurt/M.: Suhrkamp.
Honneth A (2000). Objektbeziehungstheorie und postmoderne Identität. Über das vermeintliche Veralten der Psychoanalyse. Psyche; 54: 1087–109.
Joffe WG, Sandler J (1965). Über einige begriffliche Probleme im Zusammenhang mit dem Studium narzisstischer Störungen. Psyche; 21/1967: 152–65.
Kernberg OF (1975). Borderline-Störungen und pathologischer Narzißmus. Frankfurt/M.: Suhrkamp 1978.
Kernberg OF (1980). Innere Welt und äußere Realität. Stuttgart: Verlag International Psychoanalyse 1988.
Kernberg OF (Hrsg) (1989). Narzißtische Persönlichkeitsstörungen. Stuttgart, New York: Schattauer 1996 (korr. Nachdruck 1998).
Kernberg OF (1991). Some comments on early development. In: Akhtar S, Parens H (eds). Beyond the Symbiotic Orbit. Advances in separation-individuation theory. Hillsdale, NJ: The Analytic Press; 103–20.
Klein M (1928). Frühstadien des Ödipuskonfliktes. In: Psychoanalyse des Kindes. Wien: Internationale Psychoanalyse Verlag 1932; 287–305.
Kohut H (1971). Narzissmus. Eine Theorie der psychoanalytischen Behandlung narzisstischer Persönlichkeitsstörungen. Frankfurt/M.: Suhrkamp 1973.
Kohut H (1977). Die Heilung des Selbst. Frankfurt/M.: Suhrkamp 1979.
Lacan J (1936). Das Spiegelstadium als Bildner des Ich. In: Schriften I. Olten, Freiburg i. Br.: Olten 1973; 61–70.
Lebovici S (1983). Der Säugling, die Mutter und der Psychoanalytiker: Die frühen Formen der Kommunikation. Stuttgart: Klett-Cotta 1990.
Lichtenberg JD (1983). Psychoanalyse und Säuglingsforschung. Berlin, Heidelberg: Springer 1991.
Lichtenberg JD (1989). Psychoanalysis and Motivation. Hillsdale, NJ: The Analytic Press.
Loewald HW (1980). Psychoanalyse. Aufsätze aus den Jahren 1951–1979. Stuttgart: Klett 1986.
Mahler MS (1968). Symbiose und Individuation. Stuttgart: Klett 1972.
Meyer AE (1996). Geleitwort. In: Kernberg OF (Hrsg). Narzißtische Persönlichkeitsstörungen. Stuttgart, New York: Schattauer.
Mitchell S (1988). Relational Concepts in Psychoanalysis: an integration. Cambridge, MA: Harvard University Press.
Mitchell S (2000). Bindung und Beziehung. Auf dem Weg zu einer relationalen Psychoanalyse. Gießen: Psychosozial-Verlag 2003.
Modell AH (1984). Psychoanalysis in a New Context. New York: International Universities Press.
Ogden TH (1989). Frühe Formen des Erlebens. Wien, New York: Springer 1995.

Ogden TH (1994). The analytic third: working with intersubjective facts. Int J Psycho-Anal; 75: 3–19.
Ogden TH (1995). Lebendiges und Totes in Übertragung und Gegenübertragung. Psyche; 52/1998: 1067–92.
Ogden TH (1996). Reconsidering three aspects of the psychoanalytic technique. Int J Psycho-Anal; 77: 883–900.
Piaget J (1937). Der Aufbau der Wirklichkeit beim Kinde. Stuttgart: Klett 1975 (Studienausgabe, Gesammelte Werke Bd. 2).
Pine F (1990). Infant research, the symbiotic phase, and clinical works. In: Drive, Ego, Object, and Self. A synthesis for clinical work. New York: Basic Books: 232–46.
Psyche-Sonderheft »Psychoanalyse und Säuglingsforschung« (1991); 45(9).
Psyche-Sonderheft »Bindungsforschung« (1998); 52(4).
Psyche-Sonderheft »Therapeutischer Prozess als schöpferische Beziehung. Übertragung, Gegenübertragung, Intersubjektivität« (1999); 53(9–10).
Psyche-Sonderheft »Entwicklungstheorie, Bindungsforschung, Lebenszyklus« (2002); 56(9–10).
Psyche-Sonderheft »Der Andere in der Psychoanalyse – Figuren der Begegnung« (2004); 58(9–10).
Reiche R (1991). Haben frühe Störungen zugenommen? Psyche; 45: 1045–66.
Reiche R (1995). Von innen nach außen? Sackgassen im Diskurs über Psychoanalyse und Gesellschaft. Psyche; 49: 227–58.
Reiche R (1999). Subjekt, Patient, Außenwelt. Psyche; 53: 572–96.
Rochat P (2001). The Infant's World. Cambridge, MA: Harvard University Press.
Rosen Soref A (1995). Narcissism: a view from infant research. Am J Psychoanal; 23: 49–77.
Sandler J, Sandler A, Davies R (eds) (2000). Clinical and observational psychoanalytic research: roots of a controversy (André Green & Daniel Stern). London: Karnac.
Schafer R (1997). Die zeitgenössischen Kleinianer. Psyche; 51: 338–84.
Spitz R (1965). Vom Säugling zum Kleinkind. Naturgeschichte der Mutter-Kind-Beziehungen im ersten Lebensjahr. Stuttgart: Klett 1974.
Stern DN (1985). Die Lebenserfahrung des Säuglings. Stuttgart: Klett-Cotta 1992.
Stern DN (2000). Die Relevanz der empirischen Säuglingsforschung für die psychoanalytische Theorie und Praxis. Z psychoanal Theor Prax; 4: 467–83.
Stolorow RD, Atwood G (1992). Contexts of Being: the intersubjective foundations of psychological life. Hillsdale, NJ: The Analytic Press.
Stolorow RD, Atwood G, Brandchaft B (eds) (1994). The Intersubjective Perspective. Northvale, NJ: Jason Aronson Inc.
Stone J, Smith H, Murphy L (eds) (1973). The Competent Infant. New York: Basic Books.
Strenger C (1991). Between Hermeneutics and Science. An essay on the epistemology of psychoanalysis. Madison, CO: International Universities Press.
Strenger C (1997). Further remarks on the classic and the romantic vision in psychoanalysis: Klein, Winnicott, and ethics. Psychoanal Contemp Thought; 20: 207–43.
Trevarthen C (1979). Communication and cooperation in early infancy: a description of primary intersubjectivity. In: Bullowa M (ed). Before Speech: The beginning of interpersonal communication. New York: Cambridge University Press; 321–47.
Uexküll T v et al. (1996). Der Säugling und das Phantasieren. Psyche; 50: 1019–35.
Winnicott DW (1958). Von der Kinderheilkunde zur Psychoanalyse. Stuttgart: Klett 1976.
Winnicott DW (1965). Reifungsprozesse und fördernde Umwelt. Stuttgart: Klett 1974.
Winnicott DW (1971). Vom Spiel zur Kreativität. Stuttgart: Klett-Cotta 1995.

1.4
Das Ich und der Narzissmus

Jean Laplanche

Zwei Wege verbinden, wie es scheint, das Ich als individuelle lebende Totalität mit dem Ich, wie es die Psychoanalyse versteht. Von diesen Wegen, dem metonymischen und dem metaphorischen, beschreiben wir nun den zweiten, weil wir uns von diesem mehr erhoffen und, vor allem, weil dieser von einer ganzen Strömung in der zeitgenössischen Psychoanalyse weit mehr vernachlässigt wird.

Der »Entwurf einer Psychologie« von 1895 setzt das Ich von vornherein als etwas, das nicht wesentlich **Subjekt** ist: Es ist weder Subjekt im Sinne der klassischen Philosophie – also Subjekt der Wahrnehmung und des Bewusstseins (es ist nicht ω) – noch ist es Subjekt des Wunsches – also das, was sich an uns Psychoanalytiker wendet. Es ist nicht das Ganze von ψ, nicht einmal das Wesentliche in ψ, sondern ein besonderes Gebilde im Innern der Gedächtnissysteme, ein inneres Objekt, das von der Energie des Apparates besetzt ist. Dieses **Objekt** ist allerdings zu Aktionen fähig und nimmt am Konflikt in einer doppelten Funktion teil: in einer hemmenden, das heißt bindenden Funktion – die wir im vorangegangenen Kapitel besprochen haben – und in einer abwehrenden Funktion, auf die wir bereits im Zusammenhang mit der Theorie der Hysterie gestoßen sind (Laplanche 1985) und die einerseits als pathologische Abwehr, andererseits als normale Abwehr erscheint. Wenn wir also die These aufstellen, das Ich sei nicht das Subjekt, müssen wir diese sofort ergänzen: Das Ich ist durchaus ein Objekt, aber eine Art Umschalt-Objekt, das sich, in einer mehr oder weniger anmaßenden und uns täuschenden Weise, als begehrendes und wünschendes Subjekt ausgeben kann.

Etwa 20 Jahre nach dem »Entwurf« und rund 10 Jahre vor »Das Ich und das Es« bezeichnet die Arbeit »Zur Einführung des Narzißmus« von 1914 eine Hauptphase im freudschen Denken, soweit dieses sich mit dem Ich beschäftigt. Es handelt sich dabei um einen Text, dessen geschichtliche Stellung und dessen Bedeutung innerhalb einer möglichen strukturalen Geschichte des freudschen Denkens eineAnalyse verdienen. Wollte man die Entwicklung des freudschen Denkens mit dem Bild einer stationären Wellenbewegung vergleichen, also mit einer Folge von »Knoten« und »Bäuchen«, so würde der Text über den »Narzißmus« offensichtlich einen Knoten darstellen, und dies in vielerlei Hinsicht.

1 Grundlagen

Der Text wurde – ähnlich wie »Jenseits des Lustprinzips« – in der Hast, im Fieber und ohne Zweifel in der ersten Begeisterung[1] verfasst; er wurde – im Gegensatz zu jenem anderen inspirierten Essay – schnell als unvollkommen, ja monströs erachtet[2], auf die Seite geschoben und schließlich teilweise verworfen. Seine Stellung innerhalb des Gesamtwerkes ist sehr komplex: Eine ganze Reihe von klinischen Notizen werden eingebaut, die Freud seit mehreren Jahren zum Thema des Narzissmus und dessen Beziehungen zur Perversion, zur Homosexualität und zur Psychose beigebracht hatte. Doch gleichzeitig mit diesem Sammeln von Beobachtungen stellt Freud seine ganze Theorie infrage. Andererseits muss man den Text im Zusammenhang mit jener Gruppe von Artikeln aus dem Jahre 1915 sehen, die den Entwurf sozusagen eines theoretischen Monuments, einer »Metapsychologie«, bilden. Freuds Biograf Ernest Jones meint nicht zu Unrecht, dass diese metapsychologischen Schriften abschließende Texte seien, die eine Art Synthese darstellten und durch keinerlei Unausgeglichenheit die beachtliche theoretische »Wendung« ahnen ließen, die sich 1920, wenige Jahre später, ereignen wird. Von diesen metapsychologischen Schriften behandeln einige den Narzissmus »im Vorbeigehen«, andere versuchen vergeblich, ihn zu integrieren. Diese Texte, die eine ganze Periode abschließen, lassen also die kurz vorher erfolgte Infragestellung gleichsam ruhen. Später wird Freud diese nicht mehr einfach vergessen oder teilweise verkennen, sondern er wird seine eigenen Thesen tendenziös reinterpretieren, und zwar bei der Niederschrift der kurzgefassten Geschichte seiner »Libidotheorie« (s. Freud 1923b, S. 231f[3]).

Die »Narzissmus«-Arbeit ist auch deswegen ein »Knoten«, weil sich in ihr Fäden verknüpfen, die während langer Zeit getrennt und verhältnismäßig unabhängig voneinander verlaufen waren: »Topik« und »Triebtheorie«. Daher lässt sich jene besondere Situation eines Schnittpunkts verschiedener Denk- oder Assoziations-Linien erklären. Und so hat der Leser, der sich mit Jones für einen Augenblick vorstellt, das Werk sei von Freud selbst nicht über diesen Punkt hinaus fortgesetzt worden, einen Eindruck, der einen schroffen Gegensatz bildet zu dem, was er bei der Lektüre der »metapsychologischen« Texte von 1915 empfindet, den Eindruck nämlich, dass von diesem Moment der Umgruppierung aus eine neue Entwicklung möglich gewesen wäre, die nicht notwendig über den Umweg und die Bruchstelle von »Jenseits des Lustprinzips« hätte führen müssen.

---

1 Freud verbrachte in Rom, zusammen mit Minna Bernays, »siebzehn köstliche Tage« (vgl. Jones 1962, S. 130).
2 »Ich schicke Ihnen morgen den Narzißmus, der eine schwere Geburt war und alle Deformationen einer solchen zeigt.« (Freud u. Abraham 1965, S. 163)
3 Im Abschnitt über die »Scheinbare Annäherung an die Jungsche Auffassung« behandelt Freud jenes Moment am Narzissmus, in dem sich die Versuchung durch den energetischen Monismus Jungs als besonders stark erweist und wo das Sich-Abschließen dominiert.

1.4 Das Ich und der Narzissmus

Freuds These lässt sich – verdichtet und gleichzeitig gewissermaßen radikalisiert – in drei Sätze fassen: Der Narzissmus ist eine Libidobesetzung der eigenen Person, er ist **Eigenliebe** – eine These, die nichts Erstaunliches zu enthalten scheint. Doch diese Libidobesetzung der eigenen Person ist beim Menschen nur über eine **Libidobesetzung des Ich** möglich. Und – dritte These – diese Libidobesetzung des Ich ist untrennbar von der **Bildung** eben dieses menschlichen Ich.

Freud will – in einem ersten Ansatz – nur das »zusammentragen, was bereits an anderen Stellen gesagt worden ist, um eine Einführung des Narzißmus zu rechtfertigen« – als psychoanalytischen Begriff und als verallgemeinernde Theorie jenseits ihres klinischen Nachweises in gewissen besonders beweiskräftigen Phänomenen. Die Geschichte des Narzissmus wird – über den Beitrag der Psychoanalyse hinaus – kaum skizziert; die Beziehung zum antiken Mythos bleibt ebenso unerwähnt wie die neuere und sehr eingehende Behandlung des Themas durch Havelock Ellis. Wir wollen hier nicht diese ganze Geschichte wiederholen (vgl. Ellis 1898); wir möchten nur hervorheben, dass der Begriff der Eigenliebe seit langem präzise umgrenzt war. Schon bei Ovid (Metamorphosen, III, 339 – 510) finden wir eine Reihe von Merkmalen: Der Narzissmus steht diesseits des Geschlechtsunterschieds und auch diesseits der Sprache; Echo, jene Personifikation der akustischen Selbstbespiegelung, wird ihrerseits disqualifiziert, da sie ein erstes Element von Symbolisierung oder Differenz ins Spiel bringt. Hingegen erscheint der »Irrtum des Narziss« schlechthin als Irrtum des Lebenden, wer immer er sei – was die Entdeckung des narzisstischen Elements in jeder Liebesbeziehung vorwegnimmt (ebd., 446–454). In die gleiche Richtung weist übrigens, dass einige Platoniker den Narziss-Mythos als Symbol für die Selbstgenügsamkeit der vollkommenen Liebe verstehen: Diese Beziehung ist erkennbar noch in Freuds Gleichsetzung des »Lebenstriebs« mit dem platonischen Eros.

Havelock Ellis[4] erwähnt, zuerst 1898, mehrere wesentliche Aspekte des Narzissmus, vor allem dessen totalitären Aspekt, die Tatsache, dass der Narzissmus sich über die Lokalisierung des auto-erotischen sexuellen Genusses hinwegsetzt: Der Narzissmus ist nach Havelock Ellis gekennzeichnet durch »die Tendenz (…) der sexuellen Emotionen, von der Bewunderung für die eigene Person absorbiert zu werden und sich manchmal völlig in dieser Bewunderung zu verlieren«.

Freud hat indessen – im Gegensatz zu den Sexologen – keine sehr genaue nosographische Abgrenzung im Sinn, wenn er sich in der Einführung zu seinem Text auf die Perversion bezieht. An dieser ersten Skizze, an diesen seltenen, wenn auch vielleicht exemplarischen Fällen von Narzissmus als Perversion ist wichtig, dass Freud behauptet, der eigene Körper und der »Körper eines Sexualobjekts«, das als Ganzes behandelt, gehätschelt, betrachtet und liebkost wird,

---

4 Freud bezieht sich auf P. Näcke, der eigentlich nur das Wort »Narzißmus« geprägt hat. Darin zeigt sich, wie ambivalent Freuds Beziehung zu Havelock Ellis war; Ellis dagegen hat die klinischen Neuerungen Freuds dankbar aufgenommen.

müssten einander ähnlich sein: Betrachtung, Pflege und Liebkosungen bilden und verstärken die totale Gestalt, die Grenze, die geschlossene Hülle, als die sich die Körperhaut erweist.

Außerhalb der »narzisstischen Perversion« – selbst wenn man annimmt, dass diese sich klinisch nachweisen lässt, was recht zweifelhaft ist – wird der Narzissmus von den Sexologen und Analytikern rasch als konstitutionierendes Element der Perversionen und vor allem der homosexuellen Perversion erkannt. Dieser Hinweis auf die Homosexualität, in der Freud »das stärkste Motiv zu erkennen« glaubt, »welches uns zur Annahme des Narzißmus genötigt hat« (Freud 1914, S. 154), wird besser verständlich sein, wenn wir im weiteren Verlauf dieses Kapitels auf die Unterscheidung der beiden Typen von »Objektwahl« zu sprechen kommen.

Eine andere wichtige Entdeckung wird auf diesen paar Seiten in Erinnerung gerufen und beharrlich weiterentwickelt: die wesentliche Bedeutung des Narzissmus für das Verständnis der Psychosen. Freud unterscheidet zwei (seither recht klassische) Aspekte: Einerseits zieht sich die Libido und, allgemeiner, das »Interesse« von der äußeren Welt zurück – eine Loslösung vom äußeren Objekt, die den »negativen« Aspekt des Vorgangs darstellt und am Anfang einer psychotischen Entwicklung oft in den Eindruck oder Wahn umgesetzt wird, die Welt gehe unter. Andererseits muss sich diese Libido, entsprechend ihrem Rückzug, auf einen anderen Objekttyp fixieren, auf die inneren Objekte. Freud unterscheidet nun aber, anders als Jung, zwei Schritte bei diesem Libido-Rückzug: einen Rückzug auf das phantasmatische Leben – den Jung »Introversion« nennt – und einen Rückzug auf jenes vorrangige Objekt, genannt Ich (s. auch Schneider 2005). Diese Introversion kann zwar gewisse Typen oder Phasen neurotischer Existenz erklären; sie versagt aber, wenn es darum geht, die von der Psychose bewirkte Umkehrung einsichtig zu machen, jenen Bereich jenseits des Spiegels also, den sie erschafft; denn selbst wenn in der Folge eine Phantasiewelt neu geschaffen wird, so beginnt diese neue Ausarbeitung doch mit dem radikalen Rückzug. In der ersten Phase findet jeder Versuch, die durch das »Ende der Welt« befreite Libidoenergie zu »binden«, in der Sphäre des Ich – und *nur* in ihr – statt, und dies geschieht auf zwei scheinbar recht verschiedene Arten: im Größenwahn und in der Hypochondrie. Doch ob sich nun die Grenze des Ich ausdehnt bis zur Peripherie des Kosmos oder ob sie sich zusammenzieht auf das Maß des leidenden Organs, ob die Libido mehr oder weniger beherrscht wird oder nicht – und damit das Subjekt in die Gefahr bringt, von der Angst überschwemmt zu werden –, der psychotische Kampf stellt sich am Anfang immer als verzweifelter Versuch dar, von neuem ein bestimmtes Territorium abzustecken: Auch das »Seelenleben von Kindern und primitiven Völkern« legt es nahe, den Begriff Narzissmus einzuführen. Diesen letzten »Zufluss« glaubt Freud seiner klinischen Erfahrung zu verdanken; er leitet ihn aber gleichzeitig von den Ausführungen in »Totem und Tabu« ab:

1.4 Das Ich und der Narzissmus

»Wir finden bei diesen letzteren (den Kindern und den primitiven Völkern) Züge, welche, wenn sie vereinzelt wären, dem Größenwahn zugerechnet werden könnten, eine Überschätzung der Macht ihrer Wünsche und psychischen Akte, die ›Allmacht der Gedanken‹, einen Glauben an die Zauberkraft der Worte, eine Technik gegen die Außenwelt, die (Magie), welche als konsequente Anwendung dieser größensüchtigen Voraussetzungen erscheint.« (Freud 1914, S. 140)

An dieser Stelle wird, eingekleidet in die Geschichte der Art und des Individuums, faktisch die Dimension des Mythos und des »Ursprünglichen« eingeführt, eines Ursprünglichen, das sich sofort, um dargestellt werden zu können, in Termini verwandelt, die der Biologie entlehnt sind:

»Wir bilden so die Vorstellung einer ursprünglichen Libidobesetzung des Ichs, von der später an die Objekte abgegeben wird, die aber, im Grunde genommen, verbleibt und sich zu den Objektbesetzungen verhält wie der Körper eines Protoplasmatierchens zu den von ihm ausgeschickten Pseudopodien.« (ebd., S. 140f)

Dabei handelt es sich um eine Biologie, die quantitativ sein will, energetische Bilanzen und Messen von Potenzialdifferenzen erlaubt, so sehr, dass sich dieses biologische Modell wie selbstverständlich mit einem anderen aus dem Bereich der Banken vermischt. Das Protoplasmatierchen ist eine Art Geldfonds, eine Zentralbank, die »Investitionen« tätigt oder zurückzieht.

Der Begriff **ursprünglicher** oder **primärer Narzissmus** ist einer der am meisten irreführenden, einer von denen, die, obschon sie evident zu sein scheinen, am dringendsten der Interpretation bedürfen. Vereinfacht könnte man vorerst sagen, dass es im freudschen Denken zwei manifeste Strömungen bezüglich dieses Begriffs gibt. Die Strömung, welche »Zur Einführung des Narzißmus« repräsentiert, ist zwar fast im ganzen Werk nachweisbar, doch dominiert sie nur vorübergehend. Eine andere Strömung, die sich ebenfalls schon früh, bevor noch der Terminus »Narzissmus« vorkommt, bemerkbar macht – explizit vor allem in einem Text von 1911, »Formulierungen über die zwei Prinzipien des psychischen Geschehens« –, wird in der Folge immer mehr an Bedeutung gewinnen. Nach ihrem **manifesten Inhalt** will diese These die Entwicklung des menschlichen Seelenlebens sozusagen von einem **hypothetischen Urzustand** her rekonstruieren, in dem der Organismus eine **von der Umwelt abgeschlossene Einheit** bilden würde. Dieser Zustand ließe sich nicht als Besetzung des Ich definieren, da er ja der Differenzierung eines Ich voranginge, sondern als eine Art Stauung der Libidoenergie in einer biologischen Einheit, die als »anobjektal« zu begreifen wäre. Dies würde sich sowohl auf den Prototyp des Lebens in der Gebärmutter als auch auf den Zustand des Säuglings beziehen.

Freud legt Wert darauf, mit dieser Rekonstruktion, ausgehend von der biologischen Monade, das Auftauchen gewisser Funktionen des Realen in ihrer Genesis vorzuführen, vor allem das der Wahrnehmung, aber auch das des Urteilens, der Kommunikation usw. Er tut dies nicht ohne Zögern und auch nicht ohne Reue, was sogar in einem so offen psychologisierenden Text wie den »Formulierungen« von 1911 an den Tag tritt. In diesem Text wird erstmals das Bild eines in sich geschlossenen primären Zustands entworfen, jenes Prototyps von Schlaf und Traum. Die inneren Bedürfnisse, die eine Anhebung des energetischen Niveaus im System herbeiführen und dessen Gleichgewicht stören, finden einen direkten Ausweg in der »Befriedigung auf halluzinatorischem Weg«. Erst das »Ausbleiben der erwarteten Befriedigung« (Freud 1911, S. 231) würde demnach die Monade irgendwie zwingen, diese so bequeme und scheinbar sichere Position zu verlassen. Sofort fragt sich aber Freud – in einer Anmerkung zu diesem Text –, wie eine solche Organisation sich auch nur »die kürzeste Zeit am Leben erhalten könnte«; er gibt zu, dass es sich dabei um eine »Fiktion« handle, und verweist auf ein Modell, das diesem Zustand nahe kommt: auf den »Säugling, wenn man nur die Mutterpflege hinzunimmt« (ebd., S. 232 Fn). Doch hier ruft wohl eher die Unvollkommenheit des Systems, der Bruch – so geringfügig er sein mag – zwischen den Bedürfnissen und der Pflege durch die Mutter die Halluzination hervor. Sicher will Freud im Rahmen dieser Reflexion keine konkrete Beschreibung des Lebens vor oder kurz nach der Geburt geben; und wir wollen weder leugnen noch behaupten, dass es in der Biologie monadische Zustände gibt (vgl. den Vogelembryo in seinem Ei, dem nichts als Wärme zugeführt wird), dass dyadische Zustände vorkommen, die wie eine Quasi-Monade funktionieren (die Mutter und ihr Fötus), oder weit weniger vollkommene dyadische Zustände wie die Mutter mit ihrem Säugling. Wir müssen uns fragen, ob eine **reale Genese** der objektalen Beziehung einzig dank dem inneren Druck des Bedürfnisses und einzig auf dem Wege der primitiven Halluzination möglich ist. Welches System auch immer man betrachtet (vergessen wir nicht, dass Freud selbst diese Problematik in ihrer ganzen Abstraktheit ins Spiel bringt), schon der Begriff einer »primitiven Halluzination« wirft das Rätsel auf, wie diese beiden Termini, von denen sie definiert wird, zueinander passen und sich miteinander vertragen. Halluzination setzt ja voraus, dass es einen minimalen Vorstellungsinhalt und folglich eine erste Spaltung gibt – mag diese noch so unvollkommen sein –, eine Spaltung nicht so sehr zwischen dem Ich und dem Objekt oder zwischen inneren Reizen und äußeren Reizen, sondern vielmehr zwischen der unverzüglichen Befriedigung und den Anzeichen, die jede aufgeschobene, unvollkommene, zufällige und mittelbare Befriedigung begleiten, die Befriedigung nämlich, die vom »anderen Menschen« herkommt.

Das Verhältnis zwischen Halluzination und Befriedigung kann am ehesten helfen, die Frage zu beantworten, ob die Halluzination aus der Nicht-Befriedigung entsteht oder ob diese ihr ein Ende setzt. Freuds Antwort ist zweideutig: Manchmal speist die wegen der Nicht-Befriedigung gestaute Triebenergie die halluzinatorische Produktion, manchmal zwingt jedoch gerade diese Stauung die Monade, ihren Traum zu verlassen. Die deutlichste Antwort wäre ohne Zweifel, dass eine gewisse Unbefriedigtheit ihren Ausweg in der Halluzination findet,

1.4 Das Ich und der Narzissmus

dass aber jenseits einer bestimmten energetischen Schwelle »der Versuch der Befriedigung auf halluzinatorischem Wege aufgegeben« wird. Wir müssen uns aber gerade die Frage stellen, welche Bedeutung dieser Begriff einer halluzinatorischen Befriedigung hat; wir sehen deren mindestens zwei: Entweder ist sie **Halluzination der Befriedigung**, das heißt Reproduktion des bloßen Gefühls der Abfuhr, wobei diese selbst nicht stattfindet; oder sie ist **Befriedigung durch Halluzination**, das heißt durch die Tatsache des Halluzinationsphänomens selbst. Doch die Halluzination der Befriedigung – vorausgesetzt, ein solches Phänomen ist vorstellbar – lässt in ihrem Schoß keinerlei Widerspruch zu, der es erlauben würde, aus ihr herauszufinden. Der Einwand, den Freud selbst vorbringt, gilt also in vollem Umfang: Ein solcher Organismus wäre von vornherein und ohne irgendeine Ausweichmöglichkeit der Zerstörung geweiht. Die Befriedigung durch Halluzination ist im Gegenteil vorstellbar, etwa nach dem Modell des Traums: Dieser *führt* ja nicht eine Befriedigung des Wunsches *herbei*, er *ist* die Wunscherfüllung, allein durch seine Existenz. Doch das Beispiel des Traums lässt, ebenso wie der Ausdruck »Wunsch« selbst, vermuten, dass die objektive Entsprechung zum Bedürfnis (die Nahrung) bereits umgewandelt sei in ein »Objekt«, in ein Zeichen, das an Stelle des Bedürfnisses introjiziert werden kann. Von nun an zeigen sich die an der Halluzination beteiligten Elemente in einer Komplexität und in einer Dialektik, zu der die angebliche narzisstische Monade nicht fähig wäre.

Nochmals möchte ich unterstreichen, dass alle diese Einwände nicht die Existenz abgeschlossener biologischer Systeme zu leugnen versuchen; sie wollen nur auf den Widerspruch hinweisen, der darin liegt, dass man aus ihr den Begriff eines »Für sich« gewinnen und, mehr noch, die Genese dieses »Für sich« nachzeichnen will. Der primäre Narzissmus kann, als psychische Realität, nichts anderes sein als der primäre Mythos der Rückkehr in den mütterlichen Schoß – ein Szenario, das Freud manchmal ausdrücklich unter die großen Urphantasien einreiht. Wir wollten hier kurz jene Version des primären Narzissmus zusammenfassen, die ab 1920 vorherrschend, wenn nicht ausschließlich gültig wird. Diese Version ist ein Teilstück von Freuds großem biologischen Mythos; sie muss als solche in neuer Interpretation angewandt werden. Dennoch entgeht die Bedeutung, die dem Narzissmus in den Arbeiten, die seine Einführung vorbereiten und in der »Einführung« selbst gegeben wird, teilweise den Widersprüchen der älteren These. Was mit diesem Terminus behauptet wird, ist in Wirklichkeit nicht die ursprüngliche Besetzung des biologischen Individuums, sondern die einer psychischen Ausformung, des Ich; daraus lässt sich der in seiner Einfachheit zwingende Schluss ziehen: Wenn das Ich nicht von vornherein da ist, dann ist es auch der Narzissmus, wie »primär« er auch sein mag, nicht. Offensichtlich bleibt die Frage stehen, warum uns der Narzissmus und das Ich mythisch als »ursprünglich« erscheinen.

Der Autoerotismus war in den Jahren 1910 bis 1915 eine recht frische, noch nicht verdrängte Entdeckung; der Begriff eignete sich dazu, dem Narzissmus in der Entwicklung der Sexualität den richtigen Stellenwert zugeben. Mit Autoerotismus war, wie man sich erinnert, ab 1905 nicht ein primärer, anobjektaler Zustand des menschlichen Seins, sondern etwas gemeint, was aus einer doppelten, aber koordinierten Bewegung hervorgeht: Umleitung von funktionellen Aktivitäten, die von vornherein auf eine gewisse Objektalität, auf einen »Objektwert« gerichtet waren, und Rückfluss der Aktivität zum Subjekt, gemäß der Leitlinie der Phantasie. Da diese Position unverrückbar zu sein scheint, stellt sich – seit den ersten Formulierungen über den Narzissmus – legitimerweise die Frage: »Wie verhält sich der Narzißmus, von dem wir jetzt handeln, zum Autoerotismus, den wir als einen Frühzustand der Libido beschrieben haben?« (Freud 1914, S. 141) Die Antwort ist in zwei kurze Sätze gefasst, die wahrscheinlich die am meisten zugespitzte und verdichtete Ansicht Freuds zu diesem Problem verraten:

»Es ist eine notwendige Annahme, dass eine dem Ich vergleichbare *Einheit* nicht von Anfang an *im Individuum* vorhanden ist; das Ich muss *entwickelt* werden. Die *autoerotischen Triebe* sind aber uranfänglich; es muss also irgend etwas zum Autoerotismus hinzukommen, eine *neue psychische Aktion,* um den Narzißmus zu gestalten.« (ebd., S. 142)

Was also in der Sexualität als »uranfänglich« bezeichnet wird, sind die autoerotischen Triebe, die zudem keine Einheit bilden; wir haben gesehen, wie sie sozusagen »am Ort« funktionieren, ausgehend von diesem oder jenem Apparat, von dieser oder jener erogenen Zone. Das Ich ist im Gegenteil eine Einheit »im Individuum«; es findet in diesem Text seinen richtigen Platz – vor der »zweiten Topik«, als Instanz. Zwei Termini, die ein wenig voneinander abweichen, aber vielleicht auch einander ergänzen, kennzeichnen die Weise seines Auftretens: »Entwicklung«, was an ein fortschreitendes Wachstum, und »neue psychische Aktion«, was an eine Art Gründung denken lässt, an eine **Mutation**, die den Autoerotismus in die Gestalt des Narzissmus umgießt. Somit würde der Narzissmus – chronologisch oder dialektisch – auf den Autoerotismus folgen, doch müssen wir uns daran erinnern, dass in den »Drei Abhandlungen zur Sexualtheorie« (Freud 1905) auch dieser nicht »primär« ist; selbst wenn er der erste Zustand der Sexualität wäre, würde das noch immer nicht bedeuten, dass er notwendig der erste biologische Zustand wäre. Der Autoerotismus wurde beschrieben als Moment, in dem die menschliche Sexualität als solche auftritt und damit das Feld absteckt, das die Psychoanalyse erforscht. Das heißt, dass der Narzissmus, wenn er durch sein Auftreten dem autoerotischen Funktionieren Einheit und »Gestalt« gibt, seinerseits – so »ursprünglich« er sein mag – von einem komplexen Prozess vorbereitet wird.

Im gleichen Maße wie ein äußeres Objekt ist das Ich Gegenstand von Liebe, ist geladen mit Libido, also »besetzt«. Was bringt es für die Theorie, wenn Gefühle und Leidenschaften in »ökonomische« Termini übersetzt werden? Das ökonomische Modell – das ja auch dann ein quantitatives ist, wenn es kein eigentliches Messen erlaubt – dient dazu, gewisse klinisch beobachtete Fakten genauer zu orten, zum Beispiel Äquivalenzen, Austauschvorgänge, Antagonismen usw. In der Theorie des Narzissmus hilft es, das energetische Gleichgewicht zu beschreiben, das zwischen dem Ich und den äußeren Objekten oder auch zwischen dem Ich und den verinnerlichten phantasierten Objekten besteht, und zwar als energetische Bilanz, im Sinne einer buchhalterischen Bilanz: Wenn der eine sich bereichert, wird der andere notwendig ärmer. Das Individuum verfügt ja nur über eine **relativ konstante Libidoquantität**. Das Libidokapital ist nicht unerschöpflich, jeder legt es möglichst gut an, kann aber nicht über seine Reserven hinaus investieren. Andererseits gibt es keine vollständige Symmetrie zwischen der Besetzung äußerer Objekte und der Besetzung des Ich – obschon die Vorgänge ähnlich sind. Das Ich muss immer ein gewisses Energiequantum zurückbehalten, und selbst im »Zustand der Verliebtheit, der sich uns wie ein Aufgeben der eigenen Persönlichkeit gegen die Objektbesetzung darstellt« (Freud 1914, S. 141), bleibt das Ich der Ort eines permanenten Energiestaus, es wahrt in sich immer ein bestimmtes Minimalniveau. Daher lässt sich der Vergleich mit dem Protoplasmatierchen (vgl. S. 99 in diesem Text) verstehen, das zwar Pseudopodien ausstreckt, aber doch von einer zentralen Masse her, die sich auch bei stärkster Dehnung nicht verliert.

In der ökonomischen Theorie des Ich wird bald ein weiteres Bild verwendet: das »Reservoir«. Freud nimmt 1923 an, »dass das Ich (...) als ein großes Libidoreservoir angesehen werden« muss, »aus dem Libido auf die Objekte entsandt wird, und das immer bereit ist, die von den Objekten rückströmende Libido aufzunehmen« (Freud 1923b, S. 231). Dieses Bild wird im Übrigen wiederholt abgewandelt, indem es zuerst für das Ich, dann für das Es und schließlich erneut für das Ich verwendet wird.[5] Solche Variationen oder Varianten verdienen Besseres, als dass man einfach die eine oder andere den übrigen vorzieht. Sie erfordern eine Interpretation, und diese setzt wiederum voraus, dass alle Elemente – wie die eines Traums – aneinandergereiht werden, dass nichts ausgelassen wird, dass das »oder« in ein »und« rückübersetzt wird. Wir stoßen im Zusammenhang mit diesem Zögern Freuds auf die *wirklich* schwankende Stellung des Ich. Dieses ist zwar das Reservoir der Libido, von der es besetzt wird; es kann aber auch als **Quelle** erscheinen. Es ist zwar nicht das Subjekt des Wunsches, ja nicht einmal der Ursprungsort des Triebs (als solcher Ort figuriert das Es), aber es kann sich dafür ausgeben. Als Liebesobjekt »sendet« das Ich Libido »aus«, es vertritt die Liebe, indem es sich als liebendes Subjekt einsetzt. Diese These war implizit schon im »Entwurf einer Psychologie« enthalten, doch nun hat die klinische Erfahrung sie erhärtet. Die vertiefte Analyse der Weisen, wie Liebesobjekte »gewählt« werden, hat die These auf einen Weg gebracht, der zu einer Theorie der Identifikation führen wird.

---

5 Eine Anmerkung der Herausgeber der Standard Edition berichtet ausführlich über diese Fluktuationen (vgl. Freud 1953–1974, Bd. XIX, S. 63–66).

1 Grundlagen

Die **Theorie der Objektwahl** ist ohne Zweifel einer der fruchtbarsten Beiträge jener »Einführung des Narzißmus«. Es handelt sich dabei um die Beschreibung der Wege oder, wenn man will, Bahnungen, über die das menschliche Subjekt dazu kommt, sich an diesen oder jenen Partnertyp, an diese oder jene bestimmte Person zu fixieren. Schematisch gesehen, gibt es zweierlei Wege dieser Art, den Typus der Objektwahl **durch Anlehnung** und den narzisstischen Typus der Objektwahl. Der »Anlehnungstypus« der Objektwahl – lange Zeit hat man ihn mit einem blassen Neologismus als »anaklitische Objektwahl« bezeichnet (vgl. Laplanche u. Pontalis 1972) – war schon viel früher entdeckt und spätestens in den »Drei Abhandlungen« beschrieben worden. Die Entdeckung der »narzisstischen Objektwahl« führt nur dazu, dass der erste Typus an seine Stelle gerückt und relativiert wird. Der Begriff einer Objektwahl durch Anlehnung war ja nur eine Verlängerung der fundamentalen Theorie der Anlehnung als ständig erneuertes Moment des Auftauchens von Sexualität. Bei diesem Wahltypus weist die Selbsterhaltung, also die Lebensfunktion, der Sexualität den Weg zum Objekt – durchaus, ohne mit ihr in Konflikt zu geraten. Freud hat »bei der Objektwahl des Kindes (und Heranwachsenden) zuerst gemerkt, dass es seine Sexualobjekte seinen Befriedigungserlebnissen entnimmt« (Freud 1914, S. 153)[6]. Als Objektwahl wird allerdings ein Typus von Wiederholung beschrieben, der von den ersten Erfahrungen bereits recht weit entfernt ist:

»Die Sexualtriebe lehnen sich zunächst an die Befriedigung der Ichtriebe an, machen sich erst später von den letzteren selbständig; die Anlehnung zeigt sich aber noch darin, dass die Personen, welche mit der Ernährung, Pflege, dem Schutz des Kindes zu tun haben, zu den ersten Sexualobjekten werden, also zunächst die Mutter oder ihr Ersatz.« (ebd., S. 153f)

Die narzisstische Objektwahl unterscheidet sich insofern klar von der Objektwahl durch Anlehnung, als das Objekt bei der ersten nach dem eigenen Bild, also nach dem **Modell des Ich** gewählt wird, und insofern, als die Libidoenergie eher tatsächlich übertragen als bloß unmerklich verschoben wird. Man kann die beiden Typen – grob gesehen – einander gegenüberstellen als Liebe zum Ergänzenden, zu dem, was die Erhaltung des Lebens sicherstellt, und als Liebe zum Gleichen oder Ähnlichen, wobei diese Ähnlichkeit immerhin verschiedene Aspekte aufweist, was die Spiegelungen kompliziert. Freud zeigt uns eine ganze Skala narzisstischer Wahlmöglichkeiten: Man kann wählen nicht nur nach dem Bilde dessen, was man im Augenblick ist, sondern auch danach, »was man selbst war« oder »was man selbst sein möchte«; oder man kann »die Person« lieben, »die ein

---

6 Diese ausdrückliche Bezugnahme auf den alten Begriff »Befriedigungserlebnis«, wie er im »Entwurf« und in der »Traumdeutung« vorkommt, bestätigt, dass dieser Begriff und der der Anlehnung der sexuellen Triebe an die Selbsterhaltungstriebe in genau demselben Bereich eine Rolle spielen.

1.4 Das Ich und der Narzissmus

Teil des eigenen Selbst war« (ebd., S. 156). Die Wahl dessen, »was man selbst war«, ist eine der aufschlussreichsten, da diese Art Wahl im Bereich der Homosexualität entdeckt worden ist und die Bestätigung brachte, dass der Narzissmus nicht nur eine »intrasubjektive« Angelegenheit – also Eigenliebe – ist, sondern eine Weise der Objektbeziehung – also Liebe zu jemandem, der einem bestimmten Bild ähnlich ist, das einer von sich selbst hat:

»Wir haben, besonders deutlich bei Personen, deren Libidoentwicklung eine Störung erfahren hat, wie bei Perversen und Homosexuellen, gefunden, dass sie ihr späteres Liebesobjekt nicht nach dem Vorbild der Mutter wählen, sondern nach dem ihrer eigenen Person. Sie suchen offenkundigerweise sich selbst als Liebesobjekt, zeigen den *narzißtisch* zu nennenden Typus der Objektwahl. In dieser Beobachtung ist das stärkste Motiv zu erkennen, welches uns zur Annahme des Narzißmus genötigt hat.« (ebd., S. 154)

Wir sprachen eben von Spiegelungen, in denen sich eine doppelte Verschiebung ereignet: Der Homosexuelle nimmt die Stelle der Mutter ein, und sein »Objekt« diejenige des Kindes, das er selbst gewesen ist. Fügt man nun hinzu, dass die Positionen nicht stabil, sondern im Gegenteil einer Schaukelbewegung ausgesetzt sind, die sie bei der geringsten Erschütterung des Spiegels vertauscht, so legt man den Finger auf die Tatsache, dass die auf den Narzissmus anzuwendenden Modelle – bei der Vielfalt von Austauschvorgängen, die sie ermöglichen sollen – nichts von der abgeschlossenen und sich selbst genügen Gestalt des »Eies« haben können.

Bevor wir nun weiterverfolgen, was die Theorie der Objektwahl mit sich bringt, wollen wir einige Anknüpfungspunkte für das Verständnis des freudschen Denkens in jener Zeit geben. Besonders eine Unterscheidung muss unbedingt erwähnt werden, ohne die der Text über den »Narzissmus« nur Verwirrung stiften kann. Es handelt sich um zwei Termini, die bei oberflächlicher Lektüre Synonyma zu sein scheinen, in Wirklichkeit aber zwei recht verschiedenen Bereichen entstammen: die **Ichtriebe** und die **Ichlibido**. Die Ichtriebe bezeichnen in diesem Text wie im ganzen freudschen Werk bis 1920 die großen Lebensfunktionen, deren Ziel die Selbsterhaltung des biologischen Individuums ist. Beharrlich werden sie, als **nichtsexuelle** Selbsterhaltungstriebe, dem Sexualtrieb entgegengestellt: ein deutlicher Dualismus. Denkt man daran, dass die Libido im Gegensatz dazu den energetischen Aspekt des Sexualtriebs darstellt, so erkennt man, dass die Ichlibido auf den anderen Flügel des Dualismus gehört, da sie eine sexuelle Besetzung des Ich als Objekt bezeichnet, im Gegensatz zur Objektlibido, bei der die sexuelle Besetzung nach außen erfolgt. Der Trieb wird also in einem Fall nach seinem **Ziel** oder **Wesen** benannt – einerseits Selbsterhaltungs- oder Ichtrieb, andererseits Sexualtrieb –; im anderen Fall bezieht sich die Unterscheidung ganz auf das **Objekt** innerhalb der gleichen Gruppe von Trieben, den Sexualtrieben bzw. der Libido.

1 Grundlagen

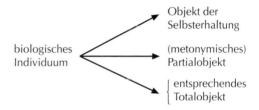

Abb. 1.4-1: Schema der Objektwahl durch Anlehnung.

Diese beiden Dualismen – die, wie man sieht, auf zwei sehr verschiedene Ebenen gehören – stellen uns einmal mehr vor ein Interpretationsproblem. Wenn die Unterscheidung weiterhin gelten soll, wie kann man dann trotz allem jene Zweideutigkeit erklären, welche die gewohnten, echohaften Bezeichnungen »*Ich*triebe« und »*Ich*libido« mit sich bringen? Diese Interpretation führt uns auf die Gesamtproblematik zurück, die wir hier zu skizzieren versuchen, auf diejenige des Übergangs vom Ich als einem biologischen Individuum – wie es am »Ursprung« der »Ichtriebe« steht – zum Ich als Instanz, das Objekt von »Ichlibido« und Schaltstelle für diese bei deren Durchgang sein soll: Damit ist die ganze Problematik der **Ableitung des psychoanalytischen Ich** umrissen.

Als vorläufige Hilfe für das Verständnis jener »Einführung des Narzißmus« geben wir noch zwei Schemata. Das erste (s. Abb. 1.4-1) versucht die Bewegung der Objektwahl durch Anlehnung darzustellen, also ein Ausklinken, eine fortschreitende metonymische Ablösung verschiedener Objekte voneinander. Diese bezieht sich sowohl auf die Kontiguität von Milch und Brust wie auf die Beziehung zwischen Teil und Ganzem, also zwischen Partialobjekt (Brust) und Totalobjekt (Mutter). Das Schema der narzisstischen Objektwahl (s. Abb. 1.4-2) unterscheidet sich davon sehr stark: Entscheidend ist hier – wie oben – nicht eine Ableitung oder ein Gleiten, sondern eine Drehung um einen bestimmten Winkel.

Die Bewegung ist umkehrbar; die Libido kann sich einmal auf das eine, dann wieder auf das andere der Objekte richten, die zueinander in einer reziproken Spiegelbeziehung stehen. Die narzisstische Objektwahl erfolgt also durch einen globalen Übertrag der Energie und der objektalen Form, die dank dieser Energie besteht, auf eine andere Stelle (von der »intersubjektiven« auf die »intrasubjektive« und umgekehrt).

Abb. 1.4-2: Schema der narzisstischen Objektwahl.

1.4 Das Ich und der Narzissmus

Wir kennen diese beiden Typen von Objektwahl nur als zwei abstrakte Idealtypen. Man mag vermuten, dass der eine mehr für das Liebesleben des Mannes und der andere mehr für das der Frau charakteristisch sei; dennoch stehen diese beiden Möglichkeiten jedem menschlichen Wesen offen, selbst wenn in einem bestimmten Fall oder zu einem bestimmten Zeitpunkt einer der beiden Wege eingeschlagen wird, der narzisstische oder der anaklitische, oder wenn sich die beiden Wahltypen in verschiedenster Weise miteinander vermischen. Dass es bei der **Wahl des Realobjekts** zu solcher Verstrickung der metaphorischen und metonymischen Vorgänge kommt, kann uns nicht erstaunen: Die psychoanalytische Forschung hat mehrfach gezeigt, dass »psychische Realität« am Schnittpunkt von Metapher und Metonymie auftaucht und sich verfestigt (Laplanche 1970).

Der psychoanalytischen Theorie bleibt die Aufgabe, zu durchdenken, wie diese beiden Arten von Objektwahl oder von »Objektableitung« sich artikulieren. Unsere beiden schematischen Zeichnungen erweisen sich dabei als rein provisorisch: Man kann sie ohne Zweifel nicht einfach nebeneinander stellen oder kombinieren. Bei der Objektwahl durch Anlehnung etwa kann man die Bewegung, die über das Partialobjekt hinausführt, nicht nur als Übergang zur »Totalität« verstehen: Das »totale« Objekt ist auch die »Entsprechung« zum partialen. Die Vektoren, die bei beiden Wahltypen auf das andere menschliche Wesen gerichtet sind, können sich also genau genommen nicht überlagern.

Wenn Freud verschiedene Arten der Liebeswahl beschreibt, so lässt er doch – bei aller Verschiedenheit und Komplexität dieser Wahlarten – keinen Zweifel daran, dass der Narzissmus zwar vielleicht nicht in jeder libidinösen Beziehung, aber doch in der leidenschaftlichen Liebesbeziehung den Vorrang hat, also in jenem Zustand der Selbstaufgabe, den Freud »Verliebtheit« nennt. Besonders deutlich wird das bei der Beschreibung der männlichen Objektwahl (vgl. auch Küchenhoff 2004 und Schneider 2005). Freud betont zwar in den charakteristischen Beispielen, die er anführt, dass der Mann »die volle Objektliebe nach dem Anlehnungstypus« realisiert. Doch sogar in diesem Fall – wo also der **Objekttyp** nicht dem Ich nachgebildet, sondern aus der Herkunftslinie der pflegenden Frau gewählt wird – entstammt die Libidoenergie immer dem Ich und kann jederzeit dahin zurückkehren. Dieser Ursprung hat Einfluss auf die **Gestalt der Beziehung**: Enthusiasmus und Überschätzung erscheinen als narzisstische Züge. Die »auffällige Sexualüberschätzung« bei der »Objektliebe nach dem Anlehnungstypus« entstamme »wohl dem ursprünglichen Narzißmus des Kindes« und entspreche »somit einer Übertragung desselben auf das Sexualobjekt« (Freud 1914, S. 154). Das Erblinden des Eros in der Liebe – wir denken hier an den Eros der letzten Triebtheorie und nicht an die Bedeutung des Erotischen in den »Drei Abhandlungen« – ist das unleugbare und endgültige Stigma des narzisstischen Elements, das nach Freud jede Art von Liebe kennzeichnet. Darüber hinaus gilt es, jene Behauptung zu korrigieren, nach der für den verliebten Mann wenigstens die Gestalt des Objekts nicht nach dem Ich gebildet sei. Dem Altruismus des Verliebten,

1 Grundlagen

dem Aufgeben des eigenen Narzissmus bei dem, der die Objektliebe sucht, entspricht nämlich die Gefangennahme durch eine andere »schöne Totalität«, durch die sich selbst genügende Frau, durch das schöne narzisstische Tier, das nur sich selbst liebt. ... Im selben Augenblick also, da der Mann – und Freud – der »Objektalität« opfert, schaukelt er auf dialektische Weise in eine andere Form des Narzissmus hinüber ...[7]

Diese Beschreibung der narzisstischen Objektwahl im Leben des Menschen gibt Freud endlich den Anlass, zum Problem des **infantilen Narzissmus** zurückzukehren – eine Rückkehr, die einer richtigen **Umkehrung der Perspektive** gleichkommt. Bei der ersten Annäherung konnte der »infantile Narzissmus« noch als Argument zugunsten der Hypothese eines ursprünglichen Narzissmus gebraucht werden – mit allen Zweideutigkeiten, die ein solcher mit sich brachte; jedoch wird explizit anerkannt, dass dieser infantile Narzissmus selbst schon etwas Abgeleitetes sein müsse:

»Der von uns supponierte primäre Narzißmus des Kindes, der eine der Voraussetzungen unserer Libidotheorien enthält, ist weniger leicht durch direkte Beobachtung zu messen als durch Rückschluss von einem anderen Punkte her zu bestätigen.« (Freud 1914, S. 157)

Die Perspektive ist nun umgekehrt; in der Haltung der Eltern gegenüber dem Kind, »His Majesty the Baby«, verraten sich Überschätzung, Idealisierung und megalomanes Allmachtgefühl, wie sie für die narzisstische Wahl typisch sind. Freud sieht darin den Beweis für den infantilen Narzissmus, der nichts anderes als der ehemalige der Eltern sei und zu dem diese bei der Geburt des Kindes zurückkehren würden. »Die rührende, im Grund so kindliche Elternliebe« sei »nichts anderes als der wiedergeborene Narzißmus der Eltern, der in seiner Umwandlung zur Objektliebe sein einstiges Wesen unverkennbar offenbart« (ebd., S. 158).

Diese Überlegung ist dennoch nicht überzeugend; sie verweist uns unaufhörlich von infantilem Narzissmus auf infantilen Narzissmus. Diese »narzisstischen Zustände« müssten doch – meint man – als in sich geschlossene von der einzig feststellbaren Situation abgeleitet werden, nämlich von der narzisstischen Objektwahl oder Eltern-Kind-Beziehung. Man könnte also einen Schritt weiter in die von Freud gewiesene Richtung gehen und folgendermaßen interpretieren: Es wird allgemein von der narzisstischen Allmacht und vom Größenwahn des Kindes gesprochen; dabei handelt es sich offenbar um nichts anderes als die umgekehrte elterliche Allmacht. Ausgehend von der elterlichen Allmacht, wie sie das Kind erlebt, und von deren Introjektion lassen sich also die narzisstischen Anfäl-

---

7 Wir haben – am Beispiel der Liebesleidenschaft von Hölderlins Hyperion – eine Beschreibung dieser Schaukelbewegungen bei der Objektwahl skizziert (s. Laplanche 1975).

le von Größenwahn beim Kind verstehen.[8] Die eilige Beschreibung der ursprünglichen narzisstischen Beziehung erweist sich also – im so wenig formalistischen, doch gleichzeitig so gedrängten Aufbau jener »Einführung des Narzißmus« – als ein Ruf zur Ordnung, als leichter Stockschlag, der der unausrottbaren Neigung entgegenwirken soll, den »primären Narzissmus« einem objektlosen, psychobiologischen Zustand anzugleichen, einem Zustand, der tatsächlich und subjektiv als ein erstes Stadium existieren soll.

Wir haben in schematischer Weise »Zur Einführung des Narzißmus« den metapsychologischen Texten von 1915 gegenübergestellt. Für einen dieser Texte gilt indessen diese Gegenüberstellung nicht: für »Trauer und Melancholie«. Die Entdeckung des Narzissmus als Typus der Objektwahl und als Identifizierungsweise ist tatsächlich einer der unentbehrlichen Schlüssel, sobald es um den melancholischen Rückzug oder auch um die manische Expansion geht. Dieser Text nun bestätigt unsere Interpretation vollauf, soweit er nämlich den primären Narzissmus als identisch mit den primären Formen der narzisstischen Identifizierung erachtet. Diese Bemerkung führt uns zu einem weiteren Aspekt von Ursprung und Entwicklung des Ich: zur Theorie der **Identifizierung**.

Wir müssen hier daran erinnern, dass die Stelle der Identifizierung in der Gesamtheit des psychoanalytischen Denkens eigentlich nie ausgefüllt worden ist – trotz unzähligen klinischen Beobachtungen, die sich darüber angesammelt haben. Obschon Freud selbst wiederholt versucht hat, verschiedene Identifizierungstypen zu definieren und voneinander abzugrenzen, blieb der Begriff teils zu wenig differenziert, teils zu unscharf, als hätte er dazu dienen müssen, unter einer einzigen Rubrik sehr verschiedene Phänomene zu verstecken. Für eine erste Einteilung – die ein wenig scholastisch anmuten mag[9], aber doch geeignet ist, neue Gruppierungen sichtbar zu machen – könnte man vereinfachend Identifizierungstypen unterscheiden:
- nach dem, womit sich etwas identifiziert
- nach dem Vorgang der Identifizierung selbst
- nach dem Resultat der Identifizierung

Wenn wir danach fragen, *womit* sich etwas identifiziert, so müssen wir sicher antworten: mit dem »Objekt« – wobei dieser Ausdruck im weitesten Sinne zu verstehen ist. Fragen wir weiter, ob es sich zum Beispiel um das totale Objekt oder um das Partialobjekt handelt; allerdings ist auch keiner *dieser* beiden Termini eindeutig. Was ist der Sinn von »Totalität« bei einer Identifizierung mit dem

---

8 Melanie Klein beschreibt die infantile Megalomanie als einen Abwehrmechanismus, der sich in gewissen Augenblicken bemerkbar macht, und nicht als Ausgangsstadium der psychischen Entwicklung.
9 ... doch im Ansatz nicht unähnlich gewissen freudschen Unterscheidungen wie Quelle, Drang, Ziel und Objekt des Triebs ...

totalen Objekt? Müssen wir diese, zum Beispiel, als eine Wahrnehmungstotalität verstehen? Man mag dies bei gewissen Identifizierungen vermuten, etwa bei denen, die das Ich am Anfang strukturieren; man muss aber auch daran denken, dass der Terminus »totales Objekt« manchmal – vor allem bei Melanie Klein – etwas anderes als diese Umgruppierung meint: die Tatsache nämlich, dass ein anderes menschliches Wesen eine Antwort geben kann, die total oder besser absolut gültig ist, eine Antwort, der das Kind auf Gnad oder Ungnad ausgeliefert ist. Ebenso denkt man, wenn von partieller Identifizierung gesprochen wird, nicht unbedingt an einen räumlich lokalisierten Teil, an ein Partialobjekt (Brust, Phallus usw.): Es kann auch Identifizierung mit partiellen Zügen[10] geben, die nicht zu lokalisieren sind. Man denke auch an all die Identifizierungen mit Charakterzügen oder gar mit irgendeinem sehr genau in Raum oder Zeit lokalisierten Einfall, der gerade wegen seiner ungewöhnlichen, künstlichen Art oft im Flug erhascht wird. Es gibt auch partielle Identifizierung mit einem Wort, vor allem mit einem Verbot: An diese Stelle gehören die so genannten Über-Ich-Identifizierungen, derentwegen die Psychoanalytiker den grundlegenden Wert ausgesprochener Worte, also die »akustischen Reste« so sehr betonen. Wenn wir nun nach dem **Vorgang** fragen, der sich abspielt, so müssen wir uns zuerst überlegen, ob die folgenden Phänomene, die üblicherweise unter eine Rubrik eingereiht werden, einen gemeinsamen Nenner haben: die vorzeitige Wahrnehmungsprägung, wie sie uns die Verhaltensforschung an schlagenden Beispielen in der Tierpsychologie vorführt; die Introjektion eines Objekts, das dem Modell eines körperlichen Vorgangs nachgebildet ist; oder auch ein Typus von Identifizierung, der sich explizit auf die Struktur bezieht: die Identifizierung mit der Position des anderen, die somit ein interpersonales Spiel und in der Regel mindestens zwei weitere Positionen voraussetzt, welche die oberen Punkte eines (auf der Spitze stehenden) Dreiecks bilden – es handelt sich dabei natürlich um die Ödipus-Identifizierung.

Die Wirkungen oder Resultate der Identifizierungen endlich würden uns erlauben, solche, die strukturierend und definitiv sind, also eine grundlegende Veränderung der Psyche bewirken, von solchen zu unterscheiden, die vorübergehend sind. Damit ist etwa die hysterische Identifizierung gemeint – die erste, die in der psychoanalytischen oder sogar vorpsychoanalytischen Praxis auftauchte – oder auch das, was Freud viel später als Identifizierung im Schoße der Massen beschrieben hat, bei der eine Gesamtheit von Individuen die hervorragende Person des Führers an die Stelle jener Persönlichkeits-Instanz setzen, die das Ich-Ideal darstellt. Im Rahmen der Identifizierung, die zu strukturellen Änderungen führt, müsste man ebenfalls klar unterscheiden zwischen denen, die grundlegend »primär«, Ausgangspunkt einer neuen Instanz sind, und denen, die nach

---

10 Nach Freud »einziger Zug«; Lacan betonte daran nicht ohne Grund den Aspekt des »Signifikanten« und machte aus ihm den »unären Zug« (trait unaire).

1.4 Das Ich und der Narzissmus

und nach, durch eine regelrechte Ablagerung, dazu führen, dass jene Instanz Form und Fülle gewinnt. Innerhalb einer gegebenen Identifizierung sind Objekt, Vorgang und Resultat streng voneinander abhängig. Das Gleiche gilt für die Genesis des Ich, die wir, Freud folgend, nachzuzeichnen versucht haben. Die »Ich«-Identifizierung muss sehr früh stattfinden; von ihr hängt ja ab, dass eine Grenze entsteht – mag sie nun bloß skizziert oder schon endgültig gezogen sein –, die allein die Existenz so alter Mechanismen wie Introjektion und Projektion verständlich macht. Alles was Melanie Klein beschrieben hat als Dialektik des Guten und des Bösen, des Partiellen und des Totalen, des Introjizierten und des Projizierten wäre nicht zu begreifen, wenn es nicht jene erste Umgrenzung eines Ich gäbe – sei sie auch noch so rudimentär –, die ein Innen von einem Außen trennt. Nur dieser erste Begriff eines Ich verleiht den ersten oralen Phantasien das Minimum an Ausdrucksmöglichkeiten für die Artikulation in der »Sprache der oralen Triebregungen«: »Es soll in mir oder außer mir sein.« (Freud 1925, S. 13)

Wir müssen also annehmen, dass es eine sehr frühe Identifizierung gibt, die wahrscheinlich in ihrer ersten Phase recht summarisch ist, eine Identifizierung mit der Gestalt eines Umgrenzten, eines Sacks: des Hautsacks. Der am weitesten vorgetriebene Versuch, die Stelle auszufüllen, die von Freuds Ich-Begriff offen gelassen worden war, jene »neue psychische Aktion« zu beschreiben, die den Übergang vom Autoerotismus zum Narzissmus bewirkt, stammt von Jacques Lacan. Dieser stützt sich bei der Formulierung seiner Theorie des »Spiegelstadiums« auf Beobachtungen Wallons, verleiht ihnen aber eine größere Tragweite. Das Spiegelstadium (Lacan 1949) ist oft falsch verstanden worden; man hat gemeint, es sei unauflösbar verbunden mit der speziellen Erfahrung, die der Autor beschreibt: dass das kleine Kind seine Gestalt im konkreten technischen Apparat eines Spiegels erblickt. Doch Lacan will das Auftauchen des menschlichen Ich sicher nicht mit der Erfahrung des *Instruments* Spiegel koppeln, auch nicht mit der Tatsache, dass Narziss sich in einer Wasserfläche spiegeln konnte. Bei der Beobachtung, die das Kind mittels eines Spiegels anstellt, ist der Spiegel für uns nur das enthüllende Moment eines Vorgangs, der auch ohne diesen Apparat abläuft, dessen nämlich, dass das Kind die Gestalt des anderen Menschen erkennt und dass sich diese Erkenntnis im Individuum als erste Umrisszeichnung jener Gestalt niederschlägt.

Es wäre ungenau, zu behaupten, Freud habe die Stelle der Spiegel-Identifizierung übersehen. Von ihr ist die Rede nicht nur in »Trauer und Melancholie«, sondern vor allem in einem äußerst dichten Abschnitt von »Das Ich und das Es«, wo präzisiert wird, das Ich sei »vor allem ein körperliches, (...) nicht nur ein Oberflächenwesen, sondern selbst die Projektion einer Oberfläche« (Freud 1923a, S. 253). Diese Angabe klingt rätselhaft; in der englischen Gesamtausgabe wird sie in einer Anmerkung kommentiert, der Freud zugestimmt hat: »Das Ich ist letztlich von körperlichen Empfindungen abgeleitet, vor allem von solchen, die an der Körperoberfläche entstehen. Es kann demnach als geistige Projektion der Körperoberfläche betrachtet werden; es stellt ja gleichzeitig die Oberfläche des

1 Grundlagen

psychischen Apparates dar.«[11] Die Wahrnehmungen, die an der »Entstehung des Ich und seiner Absonderung vom Es« teilhaben, werden genau angegeben: Es handelt sich dabei zum einen um die visuelle Wahrnehmung, dank der der Körper »wie ein anderes Objekt« gesehen wird, zum anderen um Wahrnehmungen über den Tastsinn – die Hautoberfläche hat ja eine recht besondere Stellung insofern, als das Subjekt seinen eigenen Körper mithilfe eines anderen Körperteils erforschen kann, wobei die Haut gleichzeitig von innen wie von außen wahrgenommen und also sozusagen umgangen werden kann. Als ein letzter Faktor wird schließlich die Schmerzempfindung erwähnt – für uns eine Gelegenheit, daran zu erinnern, dass es im freudschen Denken von Anfang an eine recht präzise **Theorie des Schmerzes** gibt, die sich stark von der Konzeption der Unlust unterscheidet. Seit dem »Entwurf einer Psychologie« von 1895 hat der Schmerz seinen besonderen Platz vor allem im Rahmen eines »Schmerzerlebnisses«, das eine Zeit lang als symmetrische Entsprechung zum »Befriedigungserlebnis« angesehen wird. Es sei »keine Frage«, meint Freud, dass »der Schmerz eine besondere Qualität« habe, »die sich neben der Unlust geltend« mache (Freud 1950 [1895], S. 327). Von den hier betrachteten Vorgängen her gesehen ist sein wichtigstes Merkmal das Phänomen eines Bruchs der Schranken: Es könne geschehen, »dass übergroße (Energie-)Quantitäten die Schirmvorrichtungen in φ durchbrechen« (ebd.). Der Schmerz ist also ein **Durchbruch** und setzt die Existenz einer Grenze voraus, und seine Funktion bei der Entstehung des Ich kann nur so verstanden werden, dass dieses seinerseits als etwas von Grenzen Umgebenes verstanden wird.[12]

Freud zeigt damit klar, dass das Ich in zweierlei Hinsicht von der »Oberfläche« abgeleitet ist: Zum einen ist es die Oberfläche des psychischen Apparates und von diesem her differenziert ein spezielles, mit ihm zusammenhängendes Organ; zum anderen ist es Projektion oder Metapher der Körperoberfläche – und für diese Metapher haben die verschiedenen Wahrnehmungssysteme ihre Rolle zu spielen. Dennoch haben wir die eine der beiden Konzeptionen betreffend die Beziehung zwischen dem Ich als psychischer Instanz und dem Ich als lebendem Individuum vorgezogen, nämlich die metaphorische Konzeption, nach der das Ich sich *außerhalb* der Lebensfunktionen als Objekt der Libido bildet. Einer der Gründe für diese Bevorzugung hängt mit der psychoanalytischen Erfahrung des **Konflikts** zusammen; eines der für dessen Verständnis fruchtbarsten Modelle ist nämlich das eines Gegensatzes zwischen Objektlibido und narzisstischer oder Ichlibido[13]. Dieser Gegensatz ähnelt dem Gegensatz zwischen Primär- und Sekundärvorgang, dem man auf der ökonomisch-dynamischen Ebene begegnet:

---

11 Vgl. Freud 1953–1974, Bd. XIX, S. 26.
12 Die Angst (in Bezug auf die Grenze des Ich) ist die exakte Metapher des Schmerzes (in Bezug auf die körperliche Grenze).
13 Und nicht, wie Freud in gewissen Augenblicken geglaubt hat, zwischen den Sexualtrieben und den Ich- oder Selbsterhaltungstrieben.

1.4 Das Ich und der Narzissmus

Der Primärvorgang stellt ja die Sexualität in ihrer ungebundenen Form dar, während der Sekundärvorgang im Gegenteil auf der Libido-»Stauung« im Ich und auf der relativen Stabilität der Liebesobjekte beruht, die wiederum die relative Stabilität der Ich-Gestalt spiegelt.

Dennoch darf man nicht abstreiten, dass es neben dieser Konzeption des Ich als Bild der Körpergestalt eine andere gibt: die des Ich als Organ. Der Ort auch dieser Konzeption wäre nun auszumachen, auch wenn er seinerseits imaginär sein mag, ein **Imaginäres**, das nicht nur das Imaginäre der Anhänger einer »Ich-Psychologie«, sondern auch das des Ich selbst ist. Wir stellen tatsächlich fest, dass das Ich und dessen libidinaler Beistand die Lebensfunktionen, die noch schwach und unreif sind, sozusagen übernehmen. Wir haben an anderer Stelle (s. Laplanche 1985) an die recht banale Geschichte erinnert, wie die besorgten Eltern ihre Kinder zum Essen anhalten: ein Löffel für Papa (d. h. um der Liebe zum Papa willen), ein Löffel für Mama (um der Liebe zur Mama willen). Aber auch: ein Löffel für »mich« (d. h. ein Löffel um der Liebe zu mir, zum Ich willen); dies bezeichnet die grundlegende Bedeutung recht genau, welche die narzisstische Besetzung für das Funktionieren des Lebens selbst hat, also für die Selbsterhaltung jedes menschlichen Wesens. Wir hatten auch daran erinnert (ebd.), dass eine Störung in den Liebesbeziehungen, also eine Neurose, sich in eine Ernährungsstörung, also in eine Anorexie umsetzen kann. Doch neben der neurotischen (ödipalen) Anorexie – deren Drehpunkt der »Löffel für Papa« und der »Löffel für Mama« ist – gibt es noch eine psychotische Anorexie, deren Problem der »Löffel für mich«, also eine Störung ist, deren Grund in der Liebe zum Ich zu suchen wäre.

Wenn es aber wahr ist, dass der Hunger und die Nahrungsfunktion von der Liebe und dem Narzissmus vollständig übernommen werden können, warum sollte man das Gleiche nicht auch von anderen Lebensfunktionen annehmen – vielleicht sogar von der »Wahrnehmung« selbst? Die Beziehung des Ich zur Wahrnehmung – wie sie eine gewisse »Ich-Psychologie« versteht – würde dadurch umgekehrt und bliebe dennoch so eng wie zuvor. Das Ich ist nicht eine Knospe, die das »Wahrnehmungssystem« treibt; es wird zwar einerseits von Wahrnehmungen her gebildet – und vor allem von der Wahrnehmung des Artgenossen –, andererseits übernimmt das Ich die Wahrnehmung auf eigene Libido-»Rechnung«. »Um der Liebe zum Ich willen« nehme ich wahr und esse ich ... Wie man sieht, hat die Psychoanalyse für eine Theorie des Ich Platz, und diese Theorie muss durchaus nicht der akademischen und klassischen Psychologie gleichen, die man dem psychoanalytischen Denken erneut einimpfen wollte. Was ein Autor wie Federn entwickelt hat bezüglich des Ich und dessen Grenzen, deren Besetzung, deren Ausweitung oder Verlust, ist vielleicht wegweisend.

Frühere Texte (s. Laplanche 1985) wollten zeigen, wie die Sexualität und das Ich, diese beiden Pole des Konflikts, mit dem sich die Psychoanalyse befasst, sich mit dem verbinden – allerdings in sehr verschiedener Weise –, was man »Lebensordnung« nennen könnte. Die Sexualität lässt in Wirklichkeit das Leben außerhalb ihres Felds; sie leiht von ihm nur die Prototypen für ihre Phantasien. Das

113

Ich scheint im Gegenteil die Lebensordnung auf eigene Rechnung zu übernehmen; es übernimmt sie in sein Wesen insofern, als es selbst nach dem Modell eines Lebewesens entstanden ist, ein bestimmtes homöostatisches Niveau bewahrt und dem Prinzip Konstanz gehorcht. Andererseits nimmt es sie als Last auf sich, insofern, als es die Stelle von Lebensfunktionen ausfüllt – so sehr, dass man schließlich das, was wir oben geschildert haben, zusammenfassen kann in dem Satz: »Ich lebe um der Liebe zu mir selbst, um der Liebe zum Ich willen.«

Auf beiden Seiten des Konflikts ist also die Sexualität gegenwärtig, die »freie« auf der einen und die »gebundene« auf der anderen, also auf der Seite des Ich. Im Hintergrund bleiben die Lebensphänomene, die nur gebrochen, nicht als solche auf dem Feld anwesend sind, das uns interessiert. Sie befinden sich nur am Horizont des eigentlich psychoanalytischen Bereichs, vielleicht sogar am Horizont dessen, was wir überhaupt vom menschlichen Wesen sagen können.

Dennoch wird sich nicht die Metapsychologie weiterentwickeln, die als »Keim« im Knotenpunkt des »Narzissmus« angelegt ist. Zumindest wird sie eine Mutation durchlaufen müssen, die offenbar nicht vorauszusehen war, nämlich die Mutation, die mit dem »Todestrieb« ins Spiel kommt.

Literatur

Ellis HH (1898). Auto-Erotism. A psychological study. The Alienist and Neurologist; 4: 260–99.
Freud S (1905). Drei Abhandlungen zur Sexualtheorie. GW V. Frankfurt/M.: Fischer 1999; 27–145.
Freud S (1911). Formulierungen über die zwei Prinzipien des psychischen Geschehens. GW VIII. Frankfurt/M.: Fischer 1999; 229–38.
Freud S (1923a). Das Ich und das Es. GW XIII. Frankfurt/M.: Fischer 1999; 235–89.
Freud S (1923b). »Psychoanalyse« und »Libidotheorie«. GW XIII. Frankfurt/M.: Fischer 1999; 209–33.
Freud S (1925). Die Verneinung. GW XIV. Frankfurt/M.: Fischer 1999; 9–15.
Freud S (1950 [1895]). Entwurf einer Psychologie. In: Bonaparte M, Freud A, Kris E (Hrsg). Aus den Anfängen der Psychoanalyse. London: Imago Publishing Co.; 371–466 (Neudruck in neuer Transkription in GW Nachtragsband. Frankfurt/M.: Fischer 1999; 387–486).
Freud S (1953–1974). The Standard Edition of the Complete Psychological Works of Sigmund Freud. Hrsg. v. James Strachey in Zusammenarbeit mit Anna Freud, Alix Strachey und Alan Tyson. London: The Hogarth Press and The Institute of Psycho-Analysis.
Freud S, Abraham K (1965). Briefe 1907–1926. Frankfurt/M.: Fischer.
Jones E (1962). Das Leben und Werk von Sigmund Freud. Bd. II. Bern: Huber.
Küchenhoff J (2004). »Zur Einführung des Narzißmus« – eine Relektüre. Psyche; 58: 150–69.
Lacan J (1949). Das Spiegelstadium als Bildner der Ich-Funktion, wie sie uns in der psychoanalytischen Erfahrung erscheint. In: Schriften I. Freiburg, Olten: Walter; 61–70.
Laplanche J (1970). Dérivations des entités psychanalytiques. In: Hommage à Jean Hyppolite. Paris : Presses Universitaires de France.
Laplanche J (1975). Hölderlin und die Frage nach dem Vater. Stuttgart: frommann-holzboog.
Laplanche J (1985). Leben und Tod in der Psychoanalyse. Frankfurt/M.: Nexus.
Laplanche J, Pontalis JB (1972). Das Vokabular der Psychoanalyse. Frankfurt/M.: Suhrkamp.
Ovid (o. J.). Metamorphosen. Bibliothek der Alten Welt. Zürich: Artemis 1958.
Schneider P (2005). (In) den Narzißmus einführen. Ein Kommentar zu Freuds »Zur Einführung des Narzißmus«. Psyche; 59: 316–35.

1.5
Eine zeitgenössische Interpretation von »Zur Einführung des Narzißmus«

Otto F. Kernberg

Freuds außerordentlich vielseitige Abhandlung enthüllt mehrere neue Entwicklungen in seinem Denken und führt einige seiner grundlegendsten und beständigsten Ideen ein. Er erforscht den Narzissmus als eine Phase der psychischen Entwicklung, als einen Kernaspekt des normalen Liebeslebens, als eine zentrale Dynamik mehrerer Arten der Psychopathologie (der Schizophrenie, der Perversion, der Homosexualität, der Hypochondrie), als Regulierung der Selbstachtung, als Ursprung des Ich-Ideals und – über das Ich-Ideal – als einen Aspekt der Massenpsychologie. Die einzig bedeutenden, auf den Narzissmus bezogenen Themen, welche die zeitgenössische klinische Psychoanalyse beschäftigen und die in dieser Abhandlung nicht behandelt werden, sind der pathologische Narzissmus, der als spezifischer Typus oder als Spektrum der Charakterpathologie gilt, und narzisstische Widerstände als ein wichtiger Faktor in der psychoanalytischen Technik. Die theoretischen und klinischen Beobachtungen jedoch, die diese beiden Themen möglich gemacht haben, sind in diesem grundlegenden Essay schon implizit enthalten.

Ich will nachfolgend eine kritische Interpretation von Freuds Abhandlung vorlegen und mich dabei auf das Schicksal der darin enthaltenen Gedanken konzentrieren, besonders darauf, welche Ergänzung oder Modifikation diese Gedanken seither erfahren haben.

Wenn man Freuds Essay in der englischen Fassung der Standard Edition (Freud 1953–1974) liest, so darf man nicht vergessen, dass das von Strachey benutzte Wort »instinct« die Entsprechung für Freuds Wort »Trieb« ist und dass Freud diesen Begriff als rein psychologisches und nicht als biologisches Konstrukt benutzte, um eine Quelle der psychischen Motivation zu bezeichnen. Man darf auch nicht vergessen, dass das Wort »ego« in der englischen Übersetzung nicht das »ego« der Strukturtheorie ist, sondern das Wort, mit dem Strachey Freuds »das Ich«, welches viel breitere und subjektivere Nebenbedeutungen hat, ins Englische übertrug. Wenn Freud zum Beispiel beschreibt, wie die Verliebtheit zu einer »Verarmung des Ichs« führen kann (Freud 1914, S. 154f), so bezieht er sich deutlich auf ein Selbstgefühl und nicht auf eine unpersönliche psychische Struktur. Zu der begrifflichen Zweideutigkeit kommt, dass Stracheys beständiger Gebrauch des Wortes »ego« einen abstumpfenden Effekt hat, der in gewisser Weise durch die überraschende Wirkung, die wir beim Lesen des Wortes »instincts« bzw. »Triebe« in einem psychoanalytischen Kontext empfinden, wieder ausgeglichen wird.

Die Trieblehre und die frühe psychische Entwicklung

Indem Freud indirektes Beweismaterial aus dem Studium der menschlichen sexuellen Entwicklung, der Schizophrenie, der Neurosen, der Perversionen und primitiver Kulturen zusammenbringt, erweitert er seine Libidotheorie. Er schlägt vor, davon auszugehen, dass sich die Libido aus einem Stadium des primären Narzissmus zur Objektbesetzung entwickelt, mit der Tendenz eines späteren Rückzugs der objektbesetzenden Libido auf das Ich, in Form des sekundären Narzissmus. Diese theoretische Feststellung, die scharf und präzise zu Beginn der Abhandlung gemacht wird, führt Freud – wie auch uns – sofort zu neuen Fragen (die er auf den folgenden Seiten behandelt), Fragen, mit denen sich die psychoanalytische Theorie nach wie vor beschäftigt.

Freud fragt, wie sich der primäre Narzissmus zum Autoerotismus verhält, und schließt, dass Letzterer eine primäre Manifestation der libidinösen Triebe sei, der von Beginn des Lebens an vorhanden sein müsse, wohingegen der Narzissmus, die libidinöse Besetzung des Ichs, zuerst die Entwicklung des Ichs selbst benötige: Der Autoerotismus muss daher dem primären Narzissmus vorausgehen. Als zweites fragt er, wie sich der primäre Narzissmus, als Ich-besetzte Libido, zum Selbsterhaltungstrieb verhält. In der Abhandlung Freuds liest sich das wie folgt (ebd., S. 138f): »Narzißmus in diesem Sinne wäre keine Perversion, sondern die libidinöse Ergänzung zum Egoismus des Selbsterhaltungstriebes.« In der nachfolgenden Erörterung, die einen polemischen Aspekt hat – nämlich Freuds Kritik an Jungs weitgespanntem neuen Konzept der »Libido« –, verteidigt Freud die Notwendigkeit, die Unterscheidung zwischen den Ichtrieben (Selbsterhaltung) und der Libido vorläufig beizubehalten. Wie wir wissen, verwarf er selbst später die Idee der Ichtriebe, als er 1920 die dualistische Triebtheorie von Libido und Aggression, den Lebens- und Todestrieben, vorlegte.

Der bemerkenswerteste Aspekt der Formulierungen über den Narzissmus und die Objektlibido in dieser Abhandlung ist Freuds Konzept der engen Beziehung zwischen der libidinösen Besetzung des Selbst und der Objekte und die zentrale Funktion dieser dialektischen Beziehung in der Normalität und der Pathologie – Konzepte, die zum Ursprung der Idee eines normalen und eines pathologischen

1.5 Eine zeitgenössische Interpretation von »Zur Einführung des Narzißmus«

Narzissmus wurden. In heutigen Begriffen könnten wir sagen, dass die zwischen dem Selbst und den Objekten oszillierenden Libidobesetzungen, die durch introjektive und projektive Mechanismen hervorgerufen werden, die wechselseitige Verstärkung der affektiven Besetzung von Selbst und bedeutsamen anderen bestimmen, den gleichzeitigen Aufbau einer inneren und einer äußeren Welt der Objektbeziehungen, die sich gegenseitig verstärken. Es gibt jedoch auch Probleme, die sich aus Freuds neuen Formulierungen ergeben.

Selbst wenn wir das inzwischen überholte Problem, ob Selbsterhaltung und narzisstische Libido das Gleiche sind oder nicht, aus unseren Erwägungen streichen, bleibt doch mit dem Konzept des primären Narzissmus selbst das größere Problem bestehen. Im Lichte dessen, was wir über die frühe Entwicklung wissen, ist es berechtigt, Freuds implizite Annahme, dass die Psyche in dem, was wir heute ein geschlossenes System nennen würden, ihren Ursprung hat, zu hinterfragen. So wird die von Mahler (Mahler u. Furer 1968) aufgestellte Hypothese einer »autistischen« Phase der frühesten Entwicklung zum gegenwärtigen Zeitpunkt infrage gestellt (Stern 1985). Wie stark auch immer die Fähigkeit zur Selbst-Objekt-Differenzierung in den ersten paar Wochen und Monaten des Lebens ausgeprägt sein mag, die frühesten Stadien der intrapsychischen Entwicklung scheinen durch parallele, gleichzeitige Entwicklungen der symbolischen Strukturen, die Selbst und Objekt reflektieren, gekennzeichnet zu sein. Mit anderen Worten, ich halte sowohl das Konzept des Autoerotismus als auch das eines Selbst oder Ichs, das vor der psychischen Erfahrung der eigentlichen Beziehung des Kleinkindes mit dem primären Objekt liegt, für äußerst fragwürdig.

Nach wie vor debattieren Psychoanalytiker darüber, ob man, in der Tradition von Melanie Klein (1945; 1946; 1952) und Fairbairn (1954), die Existenz eines differenzierten Selbst ab frühester Kindheit annehmen darf; oder ob, in der Tradition von Jacobson (1964) und Mahler (Mahler u. Furer 1968), ein symbiotisches Entwicklungsstadium (ein Fehlen der Selbst- und Objekt-Differenzierung) der früheste Organisationsrahmen des Seelenlebens ist; oder ob, wie Stern (1985) vorschlug, eine angeborene Fähigkeit zur Differenzierung von Selbst und Objekt eine Tatsache ist, deren intrapsychischer Erfahrungsaspekt erst noch erforscht werden muss. Doch alle diese theoretischen Strömungen deuten auf die sehr frühe gleichzeitige Entwicklung von Selbst- und Objektrepräsentanzen und stellen die Auffassung eines autoerotischen und primärnarzisstischen Stadiums ebenfalls infrage (es sei denn, man betrachtet den primären Narzissmus als Äquivalent zur primären Objektliebe). Ja, Freud selbst behandelt auf einer der letzten Seiten der Abhandlung über den Narzissmus, fast als sei es ein nachträglicher Einfall, den primären Narzissmus und die primäre Objektliebe als praktisch gleichwertig!

»Die Rückkehr der Objektlibido zum Ich, deren Verwandlung in Narzißmus, stellt gleichsam wieder eine glückliche Liebe dar, und andererseits entspricht auch eine reale glückliche Liebe dem Urzustand, in welchem Objekt- und Ichlibido voneinander nicht zu unterscheiden sind.« (Freud 1914, S. 167)

Eine parallel verlaufende Diskussion gab dem Status des Konzeptes vom »primären Masochismus« – der in dieser Abhandlung überhaupt nicht erwähnt wird – Gestalt, und in den Begriffen von Freuds späterer, dualistischer Triebtheorie von der Libido und der Aggression bildet er das Gegenstück zum primären Narzissmus. Diese Diskussion verweist auch auf das Fehlen einer allgemeinen Integration der Entwicklungsschemata der Libido und der Aggression in Freuds Werk – auch heute noch eine unvollendete Aufgabe. Obwohl die neuesten Forschungen über das Kleinkind andeuten, dass Kleinkinder ihrem tatsächlichen Verhalten nach fähig sind, in den ersten Lebenswochen äußerst genau zwischen Objekten zu unterscheiden, muss man doch zwischen angeborenen Verhaltensmustern und ihren psychischen Repräsentanzen differenzieren. Man darf auch das Stadium, in dem sich die Fähigkeit zur symbolischen Handhabung des psychischen Erlebnisses entwickelt, nicht vergessen. In Anlehnung an Jacobson und Mahler glaube ich, dass der Säugling etwa zwischen dem zweiten und fünften Lebensmonat damit beginnt, primitive Repräsentanzen des Selbst und des Objekts zu entwickeln, jedoch noch nicht die eine von der anderen differenziert.

Diese Selbst-Objektrepräsentanzen sind von zweierlei Art, je nach den Erfahrungen, die zu ihrer Bildung führen. Ist das Erlebnis lustvoll (besonders im Zusammenhang mit lustvollen »peak-affect-states« [Zuständen affektiver Höhepunkte]), so wird eine »positive« Selbst-Objektrepräsentanz gebildet; wenn das Erlebnis unlustvoll ist (besonders im Zusammenhang mit traumatischen, schmerzlichen »peak-affect-states«), wird eine »negative« Selbst-Objektrepräsentanz gebildet. Ich glaube, dass die libidinöse Besetzung der positiven oder lustvollen Selbst-Objektrepräsentanzen parallel zur aggressiven Besetzung der entsprechenden schmerzlichen Selbst-Objektrepräsentanzen stattfindet und dass sowohl die Libido als auch die Aggression auf diese Weise gleichzeitig primäre, undifferenzierte, verschmolzene Selbst-Objektrepräsentanzen besetzen. Gleichzeitig kann sich jedoch unter Bedingungen von leichteren oder mäßig positiven oder negativen Affektzuständen eine differenziertere Erfahrungsintegration entwickeln, bei der die Wahrnehmungen des Selbst und anderer stärker an der Realität orientiert sind und nur allmählich mit den »extremeren« psychischen Strukturen verbunden werden, die durch die affektiv überwältigenden, libidinös und aggressiv besetzten Selbst-Objektrepräsentanzen gebildet werden.

Zu unserem Ausgangspunkt zurückkehrend, glaube ich, dass sich die narzisstische Libido und die Objektlibido gleichzeitig entwickeln, und zwar in affektiven Besetzungen, die noch nicht im Sinne von Selbst und Objekt differenziert sind, und dass die narzisstische Libido und die Objektlibido sich erst allmählich von ihrer gemeinsamen Matrix in die undifferenzierten, positiven Selbst-Objektrepräsentanzen differenzieren. Das Gleiche würde für die Aggression gelten, ob sie nun auf das Selbst oder auf das Objekt gerichtet ist.

Mithilfe dieses Entwicklungsrahmens habe ich das Affektkonzept als eng verwandt mit dem der Triebe und der Entwicklung der Triebe – anstelle der Existenz eines differenzierten Triebs vom Beginn des Lebens an – eingeführt. In welchem

Maße Libido und Aggression als umfassende Triebe vom Moment der Geburt »gebrauchsfertig« sind und/oder reifen und sich durch die Zeit hindurch entwickeln, bleibt ebenso wie die entwicklungsmäßige Beziehung zwischen Affekt und Triebentwicklung in der Psychoanalyse wie auch in anderen Disziplinen kontrovers und Gegenstand weiterer Forschung (Kernberg 1984, S. 227ff).

Schizophrenie, Paranoia und Hypochondrie

In seiner Abhandlung über den Narzissmus erwähnt Freud verschiedene Beispiele, bei denen die Libido den Objekten entzogen und zum Ich (oder Selbst) zurückgeführt wird. Er erwähnt den Schlafzustand, bei dem die Libido sich auf das Selbst zurückzieht, den Rückzug des Interesses von der äußeren Welt bei physischem Schmerz und Krankheit und im Fall der Hypochondrie. Er bemerkt, dass die Hypochondrie das Zurückziehen der Objektlibido auf das Selbst und den Körper in einer Weise reflektiert, die dem Zurückziehen der Objektlibido bei anderen »Aktualneurosen« (Neurasthenie und die Angstneurose) auf »Objekte der Phantasie« gleicht: Objektrepräsentanzen, wie wir es nennen würden. Im Gegensatz zur Hypochondrie reflektiere die Schizophrenie (»Paraphrenie« entstammt Freuds Bemühen, einen Begriff zu prägen, der Schizophrenie und Paranoia umschließt) das Extrem eines solchen Zurückziehens der Objektlibido auf das Ich – parallel zum extremen Rückzug der Objektlibido auf Objekte der Phantasie – auf dem Wege der »Introversion« bei den Psychoneurosen (die anderen Aktualneurosen reflektieren eine eingeschränktere Zurücknahme der Objektlibido). Freud stellt die extreme Unlust, die mit dem Zurückziehen der Objektlibido auf das Ich und den Körper verbunden ist, in Bezug zu der intensivierten »Stauung« der Libido (s. auch Küchenhoff 2004 sowie Schneider 2005). Er meint, dass jede erhöhte Spannung als schmerzlich, alle Spannungsentladungen als lustvoll erlebt werden. Diese Ansicht wurde von Jacobson (1953) angefochten, die die klinische Beobachtung hervorhebt, dass es ebenso lustvolle Spannungen wie Entladungen und genauso unlustvolle Entladungen wie Spannungen gibt.

Auf der Basis seiner kühnen Verallgemeinerung hinsichtlich der Auswirkungen der quantitativen Libidoverschiebungen formuliert Freud eine psychoanalytische Theorie der Schizophrenie und postuliert, dass beim psychotischen Prozess den Objekten Libido entzogen und ins Ich oder Selbst zurückgeführt wird. Die übermäßige Stauung dieser Libido führt zum Größenwahn, was einer psychischen Beherrschung der Libido entspricht; ein Versagen in dieser psychischen Funktion würde zur Hypochondrie der Paraphrenie führen. Freud zieht eine Parallele zwischen diesem letzteren Ergebnis und der Entwicklung der neurotischen Angst in den Übertragungsneurosen. Er verweist auch auf die Restitutionserscheinungen bei der Schizophrenie, die er später (Freud 1916a) als die psychotischen Neubesetzungen von Objekten bei den für diese Krankheit typischen Halluzinationen und Wahnvorstellungen beschreibt.

Selbst wenn die psychoanalytische Erforschung der Schizophrenie und manisch-depressiven Psychose in den letzten 40 Jahren zu Einblicken geführt hat, die die psychoanalytischen Formulierungen in neue Richtungen verschoben haben, so nahmen Freuds frühe Hypothesen doch diese Richtungen vorweg und bilden vielfach die Wurzeln unserer zeitgenössischen psychoanalytischen Theorien über die Psychose. Somit lenkte sein Konzept der Zurücknahme der Libido von den Objekten auf das Selbst die Aufmerksamkeit zuerst auf die »Unbesetztheit« der Ich-Grenzen, sodann auf die fehlende Differenzierung zwischen Selbst und Nicht-Selbst und schließlich auf den Mangel an Differenzierung zwischen den Selbst- und den Objektrepräsentanzen als die intrapsychischen Voraussetzungen für den Verlust der Fähigkeit, zwischen dem Selbst und anderen zu unterscheiden. Jacobsons (1971) Erforschungen der Psychose, ihre Beschreibung der »psychotischen Introjektion« (bei der eine Regression der undifferenzierten oder verschmolzenen Selbst- und Objektrepräsentanzen stattfindet) trugen wahrscheinlich mehr als alles andere zur Umwandlung von Freuds früher, quantitativer, energetischer Formulierung der Psychose in eine qualitative, strukturelle Formulierung bei.

Freuds Studie über Trauer und Melancholie (1916b) und seine spätere Entwicklung der dualistischen Triebtheorie der Libido und Aggression verwiesen auf die Bedeutung der Aggression in der psychotischen Regression. Seine Arbeit regte Fairbairn (1954) und Melanie Klein (1940; 1945; 1946) dazu an, primitive Objektbeziehungen und primitive Abwehrmechanismen, die sich auf libidinöse und aggressive Besetzungen bezogen, zu untersuchen. Der gleichen Spur folgend, beschäftigten sich die Arbeiten Hartmanns (1953) und ganz allgemein die amerikanische Ich-Psychologie damit, dass es in der Psychose nicht gelingt, die Aggression zu neutralisieren. Im Lichte von Mahlers (Mahler u. Furer 1968) und Jacobsons (1964) Konzepten des symbiotischen Entwicklungsstadiums habe ich angenommen, dass bei der Schizophrenie eine Fixierung und/oder Regression auf einen pathologisch aktivierten Zustand der Wiederverschmelzung von Selbst- und Objektrepräsentanzen, unter Einwirkung der Dominanz aggressiver über die libidinösen Aspekte sämtlicher früheren Beziehungen, stattfindet, bei entsprechendem Vorherrschen der primitiven Abwehrhandlungen, wie sie von der britischen Schule beschrieben werden (Kernberg 1986; 1987).

Im weiteren Verlauf seiner Abhandlung über den Narzissmus spricht Freud von der Bedeutung des Ich-Ideals für die Bestimmung des Verfolgungswahns bei der Paranoia. Der Begriff »Ich-Ideal« wird hier benutzt, um Funktionen abzudecken, die später in das Konzept des Über-Ichs aufgenommen werden. Freud führt den Ursprung des Ich-Ideals auf den kritischen Einfluss der Eltern zurück. Es ist jedoch nicht klar, ob er die Ursache solcher Vorstellungen (und Halluzinationen) des Verfolgungswahns in der Pathologie des Ich-Ideals sah oder als Teil der Restitutionsphänomene, die ein psychotisches Bemühen darstellen, Objekte erneut zu besetzen. Und wirklich ließ Freud die wesentliche Frage offen, in welchem Maße die narzisstischen Regressionen bei der Psychose ein libidinöses Aufgeben äußerer Objekte und den Rückzug auf das Ich – im Gegensatz zu einem Aufgeben äußerer Objekte bei Regression auf internalisierte Beziehungen zu primitiven, pathologischen Objektrepräsentanzen – implizieren.

Dahinter steht wiederum die Frage, ob der primäre Narzissmus den Objektbeziehungen vorausgeht oder sich parallel zur Bildung verinnerlichter Objektbeziehungen entwickelt. Wenn Freud meint, dass der libidinöse Trieb angeboren ist, wohingegen sich das Ich entwickeln muss, so will mir scheinen, dass er stillschweigend davon ausgeht, dass ein solcher Trieb ein Objekt hat, obwohl sich die Instanz des Ich oder Selbst noch nicht gebildet hat. Wenn das der Fall ist – deutet Freud dann indirekt an, dass die Objekte der Triebe und die Objekte, auf die sich das Selbst bezieht, verschiedener Art sind? Wieder zeigt sich, dass eine der kritischen Fragen im Zusammenhang mit dem Konzept des Narzissmus nach wie vor die des tieferen Verhältnisses zwischen der Entwicklung des Narzissmus und der Objektbeziehungen ist.

Der Anlehnungstypus und der narzisstische Typus der Objektwahl

Die Beschreibung von zwei Typen bei der Wahl eines Liebesobjekts ist zweifellos das zentrale Thema in Freuds Abhandlung über den Narzissmus und bildet einen Grundbeitrag zur Psychologie der normalen und pathologischen Liebesbeziehungen. Es fällt auf, dass im Gegensatz zu der äußerst umfangreichen neueren Literatur über die Psychologie der Sexualität Freuds ebenso wichtige Beobachtungen über die Psychologie der Liebe im psychoanalytischen Denken über viele Jahre hinweg eher vernachlässigt worden sind. Erst in den letzten beiden Jahrzehnten gab es eine neue Flut an Beiträgen zu diesem Thema, besonders in der französischen Literatur. Ich denke dabei an die Arbeiten von Braunschwig und Fain (1971), David (1971), Aulagnier (1979), Gantheret (1984), Chasseguet-Smirgel (1975) und anderer Autoren.

Freud meint, dass eine Person nach dem narzisstischen Typus lieben kann: das heißt, was sie selbst ist, war oder gerne wäre, oder jemanden, der einst Teil ihrer selbst war. Oder sie liebt nach dem anaklitischen, dem abhängigen oder Anlehnungstypus: die Frau, die sie nährt, oder den Mann, der sie beschützt und die Reihe von Ersatzpersonen, die nacheinander an ihre Stelle treten. Freud betont, dass »jedem Menschen beide Typen der Objektwahl offen stehen, wobei der eine oder der andere bevorzugt werden kann« (1914, S. 154), und er fährt fort:

»Wir sagen, der Mensch habe zwei ursprüngliche Sexualobjekte: sich selbst und das pflegende Weib, und setzen dabei den primären Narißmus jedes Menschen voraus, der eventuell in seiner Objektwahl dominierend zum Ausdruck kommen kann.« (ebd.)

Freud sagt, dass Männer vor allem nach dem Anlehnungstypus lieben und dass die deutliche sexuelle Überschätzung des Sexualobjekts, die den Zustand der Verliebtheit charakterisiere, der Übertragung des ursprünglichen Narzissmus des Kindes auf das Sexualobjekt entstammt. Im Gegensatz dazu zeige der »reinste und echteste« Typus der Frau die narzisstische Objektwahl, eine Liebe ihrer selbst, die sich in dem Wunsch spiegelt, geliebt zu werden, sodass der Mann, der diese Bedingung erfüllt, auch der ist, dem sie ihre Gunst schenkt. Freuds Unterscheidungen zwischen der männlichen und weiblichen Psychologie sind in der psychoanalytischen Literatur über Liebesbeziehungen, besonders der oben erwähnten französischen Literatur (Kernberg 1988a; 1988b), ernst zu nehmenden Einwänden ausgesetzt worden. Hinzu kommt, dass die von Freud getroffenen Unterscheidungen zwischen der narzisstischen und der anaklitischen Liebe im Verlauf seiner Abhandlung selbst schon problematisch werden, da sich in ihr viele Beobachtungen im Kontext einer dialektischen Beziehung zwischen Narzissmus und Objektliebe rasch in ihr Gegenteil zu verwandeln scheinen.

So wählt zum Beispiel eine Frau, die einen Mann liebt, weil er sie liebt, doch auch ein anaklitisches Objekt, weil der Mann, den sie wählt, ihre narzisstischen Wünsche nährt und sie beschützt, sodass ihre Objektwahl ihren Narzissmus ergänzt. Oder der Mann, der eine Frau, deren sexuellen Reiz er überschätzt, nach dem Anlehnungstypus idealisiert, projiziert auch die narzisstische Überschätzung seiner selbst auf sie. Auch der ursprüngliche Narzissmus des Säuglings fällt ja mit dem projizierten Narzissmus der Eltern zusammen, die ihren eigenen infantilen Narzissmus auf ihn übertragen. Besonders Frauen, so Freud (1914), projizieren ihren eigenen Narzissmus auf ihren Säugling, ein Weg, »der sie zur vollen Objektliebe führt« (S. 156). Und »His Majesty the Baby« entwickelt sich in verschiedene Richtungen, je nachdem, ob der Säugling männlichen oder weiblichen Geschlechts ist, und verweist so (indirekt) auf die Auswirkung der kindlichen Sexualität auf die Schicksale des Narzissmus und der Objektliebe bei beiden Geschlechtern – ein Thema, das Freud in seiner Abhandlung nur kurz streift.

Wie Laplanche (1974) überzeugend dargelegt hat, ist das, was Freud hier beschreibt, in Wirklichkeit die tiefe, unauflösliche und komplexe Beziehung zwischen der Objektlibido und der narzisstischen Libido und den vielfältigen Transformationen, Integrationen und Interaktionen der libidinösen Selbst- und Objektbesetzungen in Liebesbeziehungen (s. auch Kap. 1.4 in diesem Band); somit gelangen wir zur Transformation der narzisstischen Besetzung in die Besetzung des Ich-Ideals.

– 1.5 Eine zeitgenössische Interpretation von »Zur Einführung des Narzißmus«

Das Ich-Ideal

Freud präsentiert nun seine erste Skizze dessen, was später zum Konzept des Über-Ichs wird. Nach seiner Beschreibung ist die Verdrängung von wichtigen Aspekten des infantilen Narzissmus in der Selbstachtung des Ichs begründet, und hier wird die Unzulänglichkeit des Begriffs »ego« in Stracheys englischer Übersetzung deutlich: Man kann sich nur schwer ein unpersönliches Ich (ego) vorstellen, das Selbstachtung entwickelt. Abgesehen von der Unklarheit, ob die Verdrängung des infantilen Narzissmus seinen Ersatz bzw. seine Substitution durch das Ich-Ideal verursacht oder ob es das Ich-Ideal ist, das die Verdrängung des infantilen Narzissmus durch das Ich-Ideal motiviert, wird dieses Ich-Ideal zum Zielpunkt dessen, was ursprünglich die Selbstliebe war, die man in der Kindheit genoss. Der infantile Narzissmus, die libidinöse Besetzung des Selbst, wird (jedenfalls bis zu einem wesentlichen Grade) durch die libidinöse Besetzung des Ich-Ideals ersetzt. Freud macht deutlich, dass die mit dem Prozess der Ich-Ideal-Bildung einhergehende Idealisierung von der Sublimierung, einem Prozess, der die Objektlibido beeinflusst, unterschieden werden muss, wohingegen die Idealisierung das Objekt betrifft, nicht den Trieb. Freud postuliert auch, dass eine andere Instanz, »das Gewissen«, die Beziehung zwischen den Forderungen des Ich-Ideals und den eigentlichen Errungenschaften des Ichs misst und in diesem Prozess die Selbstachtung des Individuums reguliert.

Diese Formulierungen stellen bedeutende Fortschritte in Richtung auf die Strukturtheorie dar. Die Forderungen nach Vollkommenheit, die mit den Idealisierungsprozessen im Ich-Ideal verwandt sind, sind indirekt mit dem Selbstangriff und der Selbstkritik verbunden, die sich aus den verbietenden, strafenden Aspekten des Über-Ichs herleiten. Seine Kommentare zu den Funktionen des »Gewissens« verweisen auf das, was wir heute die sadistischen Vorläufer nennen (Sandler 1960; Jacobson 1964), die hinter der Einführung einer reiferen Integration der elterlichen Ansprüche und der Verbote des schließlichen Über-Ichs stehen. Freud verbindet ausdrücklich die normale Selbstkritik des Gewissens mit den Halluzinationen des Verfolgungswahns und der Wahnvorstellungen bei der Paranoia (1914, S. 164).

Im Lichte von Freuds Erörterung der Schicksale der objektlibidinösen und der Ich- (oder Selbst-)libidinösen Bestrebungen wird deutlich, dass das Ich-Ideal, Erbe des primären Narzissmus, auch die Verinnerlichung der idealisierten Objekte der infantilen Liebe repräsentiert – eine Idealisierung der frühen Objekte, die wiederum die objektlibidinösen Bestrebungen des anaklitischen Typus reflektieren. Freud deutet somit einen Kreislauf an, bei dem zuerst der hypothetische primäre Narzissmus auf idealisierte Objekte projiziert und somit der Narzissmus, simultan zum Vorgang der Objektwahl nach dem anaklitischen Typus, in Objektlibido umgewandelt wird. Diesem Prozess folgen die Verinnerlichung der idealisierten Objekte (die Objektlibido spiegelnd) in das Ich-Ideal und die gleichzeitig stattfindende Umwandlung des infantilen Narzissmus in narzisstische Besetzungen des Ich-Ideals.

Mir scheint, dass der eigentliche Idealisierungsprozess zusammen mit den Produkten dieses Prozesses mit der Zeit allmählich umgewandelt wird. Frühe Idealisierungen, die einen unrealistischen Charakter haben und mit stark narzisstischen Implikationen des frühen Ich-Ideals einhergehen, werden allmählich in Prozesse der Idealisierung umgewandelt, die das komplexe Wertsystem der frühen Kindheit begründen. Das erleichtert wiederum die Entwicklung weiterer Fortschritte bzw. normaler Prozesse der adoleszenten Idealisierung, die in der Besetzung ästhetischer, ethischer und kultureller Werte impliziert sind.

Wenn wir in diesem Zusammenhang noch einmal die Schicksale der Entwicklung der Aggression betrachten, die eine moderne psychoanalytische Konzeption, auf der Grundlage von Freuds späterer, dualistischer Triebtheorie, auf jene der libidinösen Umformungen beziehen würde, so könnten wir hinzufügen, dass die frühesten Idealisierungsvorgänge auch Formen der Abwehr gegen abgespaltene, auf projizierte Aggression bezogene Verfolgungstendenzen sind und dass spätere Idealisierungsprozesse die Charakteristika von Reaktionsbildungen gegen unbewusste Schuld (wegen aggressiver Impulse) und von reparativen und sublimierenden, auf Objekte bezogenen libidinösen Bestrebungen aufweisen. Und wirklich deutet Freud (1914, S. 165) in seinen Bemerkungen über das Gewissen, seine selbstkritischen Funktionen in der Normalität und der Pathologie und seine enge Verbindung zur Zensur in Träumen an, dass ein solches enges Verhältnis zwischen den Schicksalen libidinöser und aggressiver Bestrebungen besteht, obwohl er zu diesem Zeitpunkt noch nicht den Schritt gemacht hat, das Ich-Ideal und die unbewusste, infantile Moralität als die Struktur der Über-Ichs zusammenzubringen. Diese Elemente sind jedoch vorhanden; ihre Integration wird nicht nur von Freud, sondern von einer Generation von Psychoanalytikern nach ihm geleistet werden, zum Beispiel in Sandlers (1960) umfassender Analyse des Über-Ich-Konzepts bei Freud und in Jacobsons (1964) systematischer Analyse der strukturellen Entwicklung und Integration des Über-Ichs.

Das Konzept des Ich-Ideals, jener grundlegende Ersatz bzw. die Ergänzung des infantilen Narzissmus, gibt Freud einen Bezugsrahmen für das Studium der Regulierung der Selbstachtung – meinem nächsten Thema.

Die Regulierung der Selbstachtung

Im letzten Teil seiner Abhandlung wendet sich Freud den klinischen Aspekten der Regulierung der Selbstachtung zu. Nach der Festsetzung eines theoretischen Rahmens – einer Metapsychologie – für den Narzissmus konzentriert er sich auf die unmittelbarste klinische Manifestation des Narzissmus, nämlich die Schwankun-

1.5 Eine zeitgenössische Interpretation von »Zur Einführung des Narzißmus«

gen in der Selbstachtung. Diese zwei Grundaspekte des Narzissmus-Konzepts entsprechen auch tatsächlich dem praktischen zeitgenössischen doppelten Gebrauch des Begriffs »Narzissmus«, der sich sowohl auf die libidinöse Besetzung des Selbst (zuerst von Hartmann [1950] so verdeutlicht) als auch auf den klinischen Vorgang der (normalen oder abnormalen) Regulierung der Selbstachtung bezieht.

Auf der Ebene metapsychologischer Formulierungen ziehe ich es vor, das »Selbst« für eine Unterstruktur des System-Ichs zu halten, das die Integration der beteiligten Selbstbilder oder Selbstrepräsentanzen reflektiert, die sich im Laufe der realen und phantasierten Interaktionserlebnisse mit anderen – Objekten – entwickeln. Die libidinöse Besetzung des Selbst entwickelt sich parallel zu der libidinösen Besetzung von Objekten und ihren psychischen Repräsentanzen (»Objektrepräsentanzen«), welche die Objektlibido ausmachen. Für mich sind die Objektlibido und die Selbstlibido eng aufeinander und auch eng auf die parallelen Besetzungen der Selbst- und Objektrepräsentanzen durch Aggression bezogen. Ein gesundes Selbst integriert nicht nur libidinös besetzte, sondern auch aggressiv besetzte Selbstrepräsentanzen. Im Gegensatz dazu ist ein pathologisches Größen-Selbst, wie es die narzisstische Persönlichkeit kennzeichnet, zu einer solchen Integration aggressiv besetzter Selbstrepräsentanzen unfähig und versagt dementsprechend auch bei der Integration libidinöser und aggressiv besetzter Objektrepräsentanzen.

Zum klinischen Gebrauch des Narzissmus-Konzepts als Regulierung der Selbstachtung zurückkehrend, weist Freud zunächst darauf hin, dass das von der narzisstischen Libido abhängige Selbstgefühl in potenziellem Konflikt mit der Objektlibido steht, dass die Besetzung eines Liebesobjekts dazu tendiert, das Selbstgefühl herabzusetzen (1914, S. 166): »Wer liebt, hat sozusagen ein Stück seines Narzißmus eingebüßt und kann es erst durch das Geliebtwerden ersetzt erhalten.« An verschiedenen Stellen kehrt Freud zu diesem Gedanken zurück, der seitdem, zum Beispiel in Chasseguet-Smirgels (1975) umfassender Studie des Ich-Ideals, infrage gestellt worden ist. Tatsächlich beobachtet Freud selbst, dass es die unerwiderte Liebe ist, die zu einem herabgesetzten Selbstgefühl führt, während erwiderte, gegenseitige Liebe es erhöht. Auch deutet die Zunahme der Selbstachtung in einer befriedigenden Liebesbeziehung auf die enge Verbindung zwischen der narzisstischen und der Objektlibido hin.

Meiner Ansicht nach erhöht das Verliebtsein normalerweise die Selbstachtung, doch nur insofern, als das, was auf das Liebesobjekt projiziert wird, nicht eine primitive Art von Ich-Ideal ist, sondern das kultivierte, entwickelte Ich-Ideal des normalen Jugend- und Erwachsenenalters, das Werturteile reflektiert, welche Aspekte des reifen Ich-Ideals in eine neue Realität, die durch die Beziehung zum geliebten und idealisierten Objekt geschaffen wird, umwandeln. Die Aktualisierung des Ich-Ideals in der Liebesbeziehung erhöht die Selbstachtung. Die neurotische Verliebtheit, die primitivere Aspekte der Idealisierung sowie viele andere Quellen für Minderwertigkeitsgefühle einbezieht, unterscheidet sich von der normalen Verliebtheit. Und die normale Verliebtheit löst sich, wenn die Liebe nicht erwidert wird, allmählich durch einen Trauerprozess, der wiederum zu weiterem Ich-Wachstum und nicht zu einer Herabsetzung der Selbstachtung führt, auf. Das Gegenteil gilt für die neurotische Reaktion auf unerwiderte Liebe. Die normale Trauer um das Objekt der unerwiderten Liebe bereichert die Erfahrung des Selbst und öffnet neue Sublimierungskanäle.

Freud untersucht dann die Herabsetzung des Selbstgefühls, die aus der Liebesunfähigkeit resultiert: Wird aufgrund starker Verdrängungen die erotische Liebe unmöglich, wird das Selbstgefühl reduziert. Wenn wir den Gedanken akzeptieren, dass die Repräsentanzen geliebter Objekte normalerweise im Ich verinnerlicht werden, dann könnten wir sagen, dass die Liebe, die sowohl von äußeren Objekten als auch von ihren verinnerlichten Objektrepräsentanzen (einschließlich jener, die Teil des Ich-Ideals sind, ebenso wie jener, die dem Ich einverleibt sind) empfangen wird, die Selbstachtung erhöht.

Wenn wir Freuds Denken im Lichte der Beiträge zu diesem Thema durch spätere Generationen von Psychoanalytikern weiter ausführen, könnten wir sagen, dass die Selbstachtung schwankt, und zwar je nach befriedigenden oder versagenden Erlebnissen in den Beziehungen zu anderen und dem Gefühl des Individuums, von anderen anerkannt oder abgelehnt zu werden, und je nachdem, wie das Ich-Ideal die Distanz zwischen Zielen und Bestrebung einerseits und den Errungenschaften und dem Erfolg andererseits einschätzt. Die Selbstachtung hängt auch von dem Druck ab, den das Über-Ich auf das Ich ausübt: Je strenger das Über-Ich, desto mehr wird die Selbstachtung herabgesetzt, und im Grunde würde eine solche Herabsetzung der Selbstachtung ein Vorherrschen der gegen sich selbst gerichteten Aggression (die vom Über-Ich herstammt) über die libidinöse Besetzung des Selbst reflektieren. Die Selbstachtung kann auch durch mangelnde Befriedigung der Triebbedürfnisse, die sowohl libidinöser als auch aggressiver Natur sein können, herabgesetzt werden, sodass eine unbewusste Ich-Abwehr, die das Bewusstsein und den Ausdruck solcher triebhafter Bedürfnisse verdrängt, dem Ich befriedigende Erlebnisse entzieht und so die libidinöse Selbstbesetzung »entleert« und die Selbstachtung reduziert. Schließlich verstärkt die Verinnerlichung der libidinös besetzten Objekte in Form von libidinös besetzten Objektrepräsentanzen die Libidobesetzung des Selbst in großem Maße; mit anderen Worten, unsere gedankliche Vorstellung von jenen, die wir lieben und von denen wir uns geliebt fühlen, stärkt unsere Selbstliebe. Wenn umgekehrt übermäßige Konflikte um die Aggression herum die libidinöse Besetzung anderer aufheben und, sekundär dazu, ihre entsprechenden Objektrepräsentanzen, so leiden auch die libidinösen Besetzungen des Selbst und die Selbstliebe.

Diese Beobachtungen in Bezug auf die Regulierung der Selbstachtung deuten wieder einmal auf die enge und komplexe Beziehung zwischen der narzisstischen und der Objektlibido und zwischen Libido und Aggression hin. Von dieser Perspektive aus betrachtet, glaube ich, dass wir eine gewisse Tendenz in Freuds Abhandlung infrage stellen können, nämlich die Auffassung, dass die narzisstische Libido und die Objektlibido zusammen eine feststehende Gesamtsumme ergeben, wobei sie in umgekehrt proportionalem Verhältnis zueinander stehen; ich glaube, dass die selbst-besetzte Libido und die objekt-besetzte Libido sich eigentlich gegenseitig stärken und ergänzen können.

Freuds Zusammenfassung und einige Weiterentwicklungen

Der letzte Abschnitt der Abhandlung reformuliert frühere Gedanken und fügt neue Themen hinzu, die zukünftige Entwicklungen andeuten. Wenn Freud (1914, S. 167) zum Beispiel das Verhältnis zwischen Selbstgefühl und libidinöser Besetzung von Objekten zusammenfasst, wiederholt er nicht nur, dass unerwiderte Liebe die Selbstachtung reduziert, wohingegen das Gefühl, geliebt zu werden, sie erhöht, sondern er stellt auch Folgendes fest: »anderseits entspricht auch eine reale glückliche Liebe dem Urzustand, in welchem Objekt- und Ichlibido voneinander nicht zu unterscheiden sind«. Der primäre Narzissmus wird der primären Objektlibido praktisch gleichgesetzt.

Freud sagt, dass, obwohl ein Teil des Selbstgefühls primär sei – »der Rest des kindlichen Narzißmus« (S. 168) –, ein anderer Teil aus der Allmacht entstehe, die sich aus der Erfüllung des Ich-Ideals herleite, und »ein dritter aus der Befriedigung der Objektlibido« (ebd.): Auch hier fließen der Narzissmus und die Objektliebe ineinander (vgl. auch Schneider 2005).

In einer interessanten, aber auch rätselhaften Bemerkung heißt es (ebd.): »Die Verliebtheit besteht in einem Überströmen der Ichlibido auf das Objekt. Sie hat die Kraft, Verdrängungen aufzuheben und Perversionen wieder herzustellen.« Freud spielt dann auf die Bedeutung von polymorphen perversen Bestrebungen als Teil einer normalen Liebesbeziehung an – ein Thema, dessen nähere psychoanalytische Erforschung erst in jüngster Zeit begonnen hat (Kernberg 1988a; 1988b; 1988c) – und verweist auf die enge Verbindung zwischen Perversion und Idealisierung. Er erwähnt auch die narzisstische Funktion der Sexualliebe, wenn ein Neurotiker sein Sexualideal durch eine narzisstische Objektwahl findet. Das ist »Heilung durch Liebe«, die Freud ebenfalls als eine typische Kompromissbildung bei manchen Patienten erwähnt, deren anfänglicher Liebesunfähigkeit, die aus »ausgedehnten Verdrängungen« resultiert, in der psychoanalytischen Behandlung allmählich abgeholfen wird, die aber dann, als Flucht vor der Frustration in der Übertragung, ein idealisiertes Sexualobjekt als Ersatz wählen, um eine verfrühte Unterbrechung der Behandlung zu rationalisieren. In seinem Schlussabsatz streift Freud kurz das Verhältnis zwischen Narzissmus und Gruppenpsychologie, ein Gegenstand, der zu komplex ist, als dass ihm hier nachgegangen werden könnte.

Wie ich zu Beginn dieses Aufsatzes sagte, ist ein wichtiger Gegenstand, der mit dem Narzissmus verwandt ist und den Freud praktisch auslässt, der Narzissmus als Charakterpathologie. Er erwähnt nur einen Typus der Charakterpathologie, der mit dem Narzissmus verbunden ist – nämlich den der narzisstischen Objektwahl von männlichen homosexuellen Patienten. Diese Patienten wählen vielleicht einen anderen Mann, der ihre Stelle einnimmt, während sie sich mit der eigenen Mutter identifizieren und den anderen Mann lieben, wie sie von ihr geliebt werden wollten. Im Lichte unserer heutigen Kenntnisse ist dieser Charaktertypus nur einer von mehreren. Ich habe die folgenden Typen beschrieben (Kernberg 1984, S. 192ff):

- Der normale erwachsene Narzissmus, charakterisiert durch die normale Regulierung der Selbstachtung. Er ist abhängig von einer normalen Selbststruktur, die auf normal integrierte oder »vollständige«, verinnerlichte Objektrepräsentanzen, auf ein integriertes, weitgehend individualisiertes und abstrahiertes Über-Ich und die Befriedigung von Triebbedürfnissen innerhalb des Kontexts stabiler Objektbeziehungen und Wertsysteme bezogen ist.
- Der normale infantile Narzissmus, der von Bedeutung ist, weil die Fixierung auf oder Regression zu infantilen narzisstischen Zielen (infantile Mechanismen der Regulierung der Selbstachtung) ein wichtiger Wesenszug jeglicher Charakterpathologie ist. Der normale infantile Narzissmus besteht in der Regulierung der Selbstachtung durch altersgemäße Befriedigungen, die normale infantile »Wertsysteme«, Forderungen und/oder Verbote direkt oder indirekt implizieren. Ein erster Typus der pathologischen Regulierung der Selbstachtung, der den leichtesten Typus der narzisstischen Charakterpathologie reflektiert, besteht gerade in der Fixierung oder Regression auf diese Stufe des normalen infantilen Narzissmus. Dieser Typus zeigt sich in den häufigen Fällen von Persönlichkeits- oder Charakterstörungen, bei denen die Regulierung der Selbstachtung übermäßig vom Ausdruck kindlicher Befriedigungen, die normalerweise im Erwachsenenalter aufgegeben werden, oder von der Abwehr gegen sie abhängt. Hier ist das Problem, dass das Ich-Ideal von infantilen Bestrebungen, Werten und Verboten beherrscht wird. Man könnte sagen, dass Freud in seiner Beschreibung der neurotischen Herabsetzung der Selbstachtung aufgrund der übermäßigen Verdrängung des Sexualtriebs indirekt eigentlich das beschrieb, was später als die strukturellen Charakteristika der Psychoneurose und der neurotischen Charakterpathologie formuliert wurde. Diese ist eine sehr häufige und – im Lichte unserer gegenwärtigen Kenntnisse der schwereren narzisstischen Pathologie – relativ leichte Störung, der meistens im Verlauf der gewöhnlichen psychoanalytischen Behandlung abgeholfen wird.
- Ein zweiter, stärkerer, doch relativ seltener Typus des pathologischen Narzissmus ist genau jener, der von Freud in seiner Abhandlung zur Veranschaulichung der narzisstischen Objektwahl beschrieben wird. Wie im Falle von männlichen homosexuellen Patienten, ist hier das Selbst des Patienten mit einem Objekt identifiziert, während gleichzeitig die Repräsentanz des infantilen Selbst des Patienten auf jenes Objekt projiziert wird und so ein libidinöses Verhältnis schafft, bei dem die Funktionen des Selbst und des Objekts ausge-

tauscht worden sind. Dies lässt sich tatsächlich bei einigen männlichen und weiblichen Homosexuellen finden: Sie lieben einen anderen in der Art, in der sie selbst gerne geliebt worden wären.

- Ein dritter und der schwerste Typus des pathologischen Narzissmus ist die eigentliche Narzisstische Persönlichkeitsstörung, eines der schwierigsten Syndrome in der klinischen Psychiatrie. Aufgrund des intensiven Studiums seiner Psychopathologie und der psychoanalytischen Technik, die optimal auf seine Beilegung ausgerichtet ist, gehört es heute zu den Standardindikationen für eine psychoanalytische Behandlung. Freuds Abhandlung über den Narzissmus regte spätere Beiträge zum Verständnis der narzisstischen Persönlichkeit an, darunter die von Jones (1913), Abraham (1919) und Riviere (1936) noch zu Freuds Lebzeiten, und die von Klein (1957), Reich (1960), Jacobson (1964), Van der Waals (1965) und Tartakoff (1966) als die einer späteren Generation. In jüngerer Zeit haben Grunberger (1971), Rosenfeld (1964; 1971; 1975), Kohut (1971; 1972; 1977) und ich (1975; 1984) versucht, neue theoretische Modelle als Bezugsrahmen für die Pathologie der narzisstischen Persönlichkeit ebenso wie technische Ansätze speziell für den Umgang mit diesen Patienten zu entwickeln (s. auch Akhtar 2000; Hartkamp et al. 2002).

Ich glaube, dass der pathologische Narzissmus nicht die Libidobesetzung einer normal integrierten Selbststruktur, sondern einer pathologischen Selbststruktur reflektiert. Diese Struktur, ein pathologisches Größen-Selbst, umfasst wirkliche Selbstrepräsentanzen, ideale Selbstrepräsentanzen und ideale Objektrepräsentanzen, wohingegen entwertete oder aggressiv bestimmte Selbst- und Objektrepräsentanzen abgespalten oder dissoziiert, verdrängt oder projiziert werden. Mit anderen Worten, im Unterschied zur normalen Integration der libidinös und aggressiv bestimmten Selbst- und Objektrepräsentanzen in das normale Selbst bildet hier das, was man ein »purifiziertes Lust-Ich« nennen könnte, die pathologische Selbststruktur.

Diese Patienten projizieren typischerweise ihr eigenes pathologisches Größen-Selbst auf ihre zeitweiligen Liebesobjekte, sodass sie entweder andere, die unbewusst sie selbst repräsentieren, idealisieren, oder von anderen Bewunderung erwarten, während sie selbst sich mit ihrer eigenen Größen-Selbst-Struktur identifizieren.

Für diese Patienten ist die gewöhnliche Verbindung des Selbst zum Objekt weitgehend verloren gegangen und wird durch die Größen-»Selbst-Selbst«-Verbindung, die hinter ihren brüchigen Objektbeziehungen steht, ersetzt, eine pathologische Entwicklung, die in der Tat eine schwere Pathologie der Objektbeziehungen, den Verlust der Besetzung einer normalen Selbststruktur und auch der Fähigkeit zu normalen Objektbeziehungen ausmacht. Die narzisstische Persönlichkeit hat die Objektliebe nicht durch die Selbstliebe ersetzt, sondern sie zeugt, worauf Van Der Waals (1965) als Erster aufmerksam gemacht hat, von einer Kombination der pathologischen Liebe zum Selbst und auch zu anderen.

Literatur

Abraham K (1919). Über eine besondere Form des neurotischen Widerstandes gegen die psychoanalytische Methodik. Berliner Psychoanalytische Gesellschaft. Int Z Ärztl Psychoanal; 5: 173–80.

Akhtar S (2000). Narzißtische und Borderline-Persönlichkeitsstörungen: zwei verwandte Bilder. In: Kernberg OF, Dulz B, Sachsse U (Hrsg). Handbuch der Borderline-Störungen. Stuttgart, New York: Schattauer; 371–9.

Aulagnier P (1979). Les Destins du Plaisir. Paris: Presses Universitaires de France.

Braunschweig D, Fain M (1971). Eros et Antiros: Reflexions psychanalytiques sur la sexualité. Paris: Presses Universitaires de France.

Chasseguet-Smirgel J (1975). Das Ich-Ideal. Psychoanalytischer Essay über die »Krankheit der Identität«. Frankfurt/M.: Suhrkamp 1981.

Clarkin JF, Yeomans FE, Kernberg OF (Hrsg) (2001). Psychotherapie der Borderline-Persönlichkeit. Manual zur Transference-Focused Psychotherapy (TFP). Stuttgart, New York: Schattauer.

David C (1971). L'Etat Amoureux: Essais psychanalytiques. Paris: Presses Universitaires de France.

Fairbairn WRD (1954). An Object-Relations Theory of the Personality. New York: Basic Books.

Freud S (1914). Zur Einführung des Narzißmus. GW X. Frankfurt/M.: Fischer 1999; 137–70.

Freud S (1916a). Metapsychologische Ergänzung zur Traumlehre. GW X. Frankfurt/M.: Fischer 1999; 411–26.

Freud S (1916b). Trauer und Melancholie. GW X. Frankfurt/M.: Fischer 1999; 427–46.

Freud S (1953–1974). The Standard Edition of the Complete Psychological Works of Sigmund Freud (24 Bände). London: The Hogarth Press and The Institute of Psycho-Analysis.

Gantheret E (1984). Incertitude d'Eros. Paris: Presses Universitaires de France.

Grunberger B (1971). Vom Narzissmus zum Objekt. Frankfurt/M.: Suhrkamp 1976 (Neuausgabe: Gießen: Psychosozial-Verlag 2001).

Hartkamp N, Wöller W, Langenbach M, Ott J (2002). Narzisstische Persönlichkeitsstörung. In: Tress W, Wöller W, Hartkamp N, Langenbach M, Ott J. Persönlichkeitsstörungen. Leitlinie und Quellentext. Stuttgart, New York: Schattauer; 213–33.

Hartmann H (1950). Bemerkungen zur psychoanalytischen Theorie des Ichs: In: Ich-Psychologie. Studien zur psychoanalytischen Theorie. Stuttgart: Klett 1972; 119–44.

Hartmann H (1953). Ein Beitrag zur Metapsychologie der Schizophrenie. In: Ich-Psychologie. Studien zur psychoanalytischen Theorie. Stuttgart: Klett 1972; 181–204.

Jacobson E (1953). On the psychoanalytic theory of affects. In: Depression. New York: International Universities Press 1971; 3–47.

Jacobson E (1964). Das Selbst und die Welt der Objekte. Frankfurt/M.: Suhrkamp 1973.

Jacobson E (1971). Depression. Vergleichende Untersuchung normaler, neurotischer und psychotisch-depressiver Zustände. Frankfurt/M.: Suhrkamp 1983.

Jones E (1913). The God Complex. In: Jones E (ed). Essays in Applied Psychoanalysis. Vol. 2. New York: International Universities Press 1964; 244–65.

Kernberg OF (1975). Borderline-Störungen und pathologischer Narzißmus. Frankfurt/M.: Suhrkamp 1978.

Kernberg OF (1984). Severe Personality Disorders: Psychotherapeutic Strategies. New Haven, London: Yale University Press.

Kernberg OF (1986). Identification and its vicissitudes as observed in psychosis. Int J Psycho-Anal; 67: 147–59.

Kernberg OF (1987). Projection and projective identification. Developmental and clinical aspects. J Am Psychoanal Assoc; 35: 795–819.

Kernberg OF (1988a). Between conventionality and aggression: The boundaries of passion. In: Gaylin W, Person E (eds). Passionate Attachments: Thinking about love. New York, London: MacMillan; 63–83.

Kernberg OF (1988b). Sadomasochism, sexual excitement, and perversion. J Am Psychoanal Assoc; 39: 333–62.

1.5 Eine zeitgenössische Interpretation von »Zur Einführung des Narzißmus«

Kernberg OF (1988c). Aggression and love in the relationship of the couple. J Am Psychoanal Assoc; 39: 45-70.

Kernberg OF, Dulz B, Sachsse U (Hrsg) (2000). Handbuch der Borderline-Störungen. Stuttgart, New York: Schattauer.

Klein M (1940). Die Trauer und ihre Beziehung zu manisch-depressiven Zuständen. In: Gesammelte Schriften. Bd. 1, 2: Schriften 1920-1940. Teil 2. Hrsg. von Ruth Cycon. Stuttgart-Bad Cannstatt: frommann-holzboog 1996; 159-99.

Klein M (1945). Der Ödipuskomplex im Lichte früher Ängste. In: Gesammelte Schriften. Bd. 1, 2: Schriften 1920-1945. Teil 2. Hrsg. von Ruth Cycon. Stuttgart-Bad Cannstatt: frommann-holzboog 1996; 361-431.

Klein M (1946). Bemerkungen über einige schizoide Mechanismen. In: Gesammelte Schriften. Bd. III Schriften 1946-1963. Hrsg. von Ruth Cycon. Stuttgart-Bad Cannstatt: frommann-holzboog 2000; 1-41.

Klein M (1952). Theoretische Betrachtungen über das Gefühlsleben des Säuglings. In: Gesammelte Schriften. Bd. III: Schriften 1946-1963. Hrsg. von Ruth Cycon. Stuttgart-Bad Cannstatt: frommann-holzboog 2000; 105-55.

Klein M (1957). Neid und Dankbarkeit. In: Gesammelte Schriften. Bd. III: Schriften 1946-1963. Hrsg. von Ruth Cycon. Stuttgart-Bad Cannstatt: frommann-holzboog 2000; 279-367.

Kohut H (1971). Narzißmus. Frankfurt/M.: Suhrkamp 1973.

Kohut H (1972). Überlegungen zum Narzißmus und zur narzißtischen Wut. Psyche; 27 (1973): 513-54.

Kohut H (1977). Die Heilung des Selbst. Frankfurt/M.: Suhrkamp 1979.

Küchenhoff J (2004). »Zur Einführung des Narzißmus« – eine Relektüre. Psyche; 58: 150-69.

Laplanche J (1974). Leben und Tod in der Psychoanalyse. Frankfurt/M.: Nexus 1985.

Mahler MS, Furer M (1968). Symbiose und Individuation. Bd. 1: Psychosen im frühen Kindesalter. Stuttgart: Klett 1972.

Reich A (1960). Pathological forms of self-esteem regulation: Psychoanal Study Child; 15: 215-32.

Riviere JA (1936). A contribution to the analysis of the negative therapeutic reaction. Int J Psycho-Anal; 17: 174-86.

Rosenfeld HA (1964). Zur Psychopathologie des Narzissmus. Ein klinischer Beitrag. In: Zur Psychoanalyse psychotischer Zustände. Frankfurt/M.: Suhrkamp 1981; 196-208.

Rosenfeld HA (1971). Beitrag zur psychoanalytischen Theorie des Lebens- und Todestriebes aus klinischer Sicht: Eine Untersuchung der aggressiven Aspekte des Narzissmus. Psyche; 25: 476-93.

Rosenfeld HA (1975). Negative therapeutic reaction. In: Giovacchini PL (ed). Tactics and Techniques in Psychoanalytic Therapy. Vol. 3: Countertransference. New York: Jason Aronson; 217-28.

Sandler J (1960). On the concept of the superego. Psychoanal Study Child; 15: 128-62.

Schneider P (2005). (In) den Narzißmus einführen. Ein Kommentar zu Freuds »Zur Einführung des Narzißmus«. Psyche; 59: 316-35.

Stern DN (1985). Die Lebenserfahrung des Säuglings. Stuttgart: Klett-Cotta 1992.

Symington N (1993). Narzißmus. Gießen: Psychosozial-Verlag 2002.

Tartakoff HH (1966). The normal personality in our culture and the Nobel Prize complex. In: Loewenstein RM, Newman LM, Schur M (eds). Psychoanalysis: A General Psychology. Essays in honor of Heinz Hartmann. New York: International Universities Press; 222-52.

Tress W, Wöller W, Hartkamp N, Langenbach M, Ott J (2002). Persönlichkeitsstörungen. Leitlinie und Quellentext. Stuttgart, New York: Schattauer.

Van Der Waals HG (1965). Problems of narcissism. Bull Menniger Clinic; 29: 293-311.

1.6 Metamorphosen des Narzissmus. Ein Beitrag zur psychoanalytischen Ideen- und Begriffsgeschichte

Lilli Gast

1923 schrieb Freud: »Man versteht die Psychoanalyse immer noch am besten, wenn man ihre Entstehung und Entwicklung verfolgt.« (1923a, S. 211) Zweifellos ist diese Sentenz angesichts der immensen Diversifikation des psychoanalytischen Diskurses heute gültiger denn je.

Wie kaum ein anderes Begriffskonzept der Psychoanalyse zeichnet sich das des Narzissmus durch eine überaus bewegte und wechselvolle Geschichte aus. Seit seiner Inauguration in den metapsychologischen Apparat durch Freud im Jahre 1914 hat es derart viele Umgestaltungen und Neudefinitionen erfahren, dass eine aussagekräftige Anwendung angesichts dieser Diversifikation ohne einen präzisen Aufweis des jeweiligen theoretischen Bezugssystems kaum mehr möglich scheint.

Ich möchte hier nicht nur die Brüche, Verwindungen und Metamorphosen des Narzissmus-Begriffs schlaglichtartig aufzeigen, sondern zugleich – unvermeidlich und zwangsläufig – das Moment der Verleugnung und Unterschlagung transgenerationaler Verknüpfungen in der psychoanalytischen Theoriebildung nach Freud thematisieren.

Die Ausgestaltung des freudschen Narzissmus-Konstrukts in der Auseinandersetzung mit Adler und Jung

Obgleich bereits seit 1909 im Schwange, besann sich Freud auf eine metapsychologische Kanonisierung des Narzissmus-Gedankens zu einer Zeit, als die Grundfesten seiner Libidotheorie ernsthaft erschüttert wurden. Die erste Fassung der

1.6 Metamorphosen des Narzissmus

Triebtheorie, die der lustorientierten Libido ein auf Selbsterhaltung gerichtetes, vergleichsweise realitätsorientiertes und vernünftiges Ich als eigenständigen Antagonisten gegenüberstellte, geriet durch die Erfahrungen im Umgang mit psychotischen Patienten empfindlich an ihre Grenzen und erwies sich in dieser Hinsicht als nicht tragfähig genug. Erst Adler, dann Jung nahmen dies zum Anlass, die in ihren Augen längst überfällige Relativierung und Entschärfung des Skandalons der Psychoanalyse – als welche sie, in je unterschiedlicher Gewichtung, die Libidotheorie, die Lehre vom Unbewussten sowie den Aufweis einer sexuellen Ätiologie der Neurosen erachteten – voranzutreiben und legten jeweils eigene Fassungen des motivationalen Kerns der Persönlichkeit vor (s. auch Küchenhoff 2004 und Schneider 2005).

Erkannte Freuds Triebtheorie in der Libido und deren ontogenetischem Schicksal, wie es sich entlang der Konfliktlinie Triebwunsch und Triebverzicht bzw. -verzichtsforderung vollzieht, das primum movens nicht nur des Psychischen, sondern auch das kulturstiftende Moment par excellence, verlegte sich Adler mehr und mehr auf eine diametral gegenläufige Ich-psychologische Sichtweise, welche neurotische Prozesse, ja die psychische Entwicklung schlechthin, ausschließlich auf der Ebene eines bewussten Ich situierte. Der dem – von Adler zentral gesetzten – Aggressionstrieb entspringende Wille zur Macht, die Überwindung der primären anthropologischen (Organ-)Minderwertigkeit durch eine aggressive Bemächtigung der Außenwelt sowie das generelle Streben von einer ursprünglichen Position des Mangels zu einer »Plus-Situation« (verdichtet in der Konzeptfigur des »Männlichen Protests«) avancierten in der Folge zu den basalen Organisatoren des Psychischen (vgl. z. B. Adler 1912; 1933). Für Adler stellte die Wirkweise der Libido, wie Freud sie beschrieb und in den Mittelpunkt seiner Gedankenwelt stellte, nurmehr ein sekundäres Phänomen bar jeglicher Eigengesetzlichkeit dar. Das Ich Adlers bedient sich der Libido vielmehr symbolisch und ordnet sie seinen eigenen (teleologisch-final gedachten) Leitzielen unter. Das also, was bei Freud noch »Sexualsymbol in scheinbaren Ichformen« (Andreas-Salomé 1958, S. 16) war, mutierte in Adlers Lesart zu einem sexuellen Ich-Symbol.

Freud reagierte auf Adlers Umkehrungen und Neuordnungen, mit denen er letztlich eine systematisierte und in sich konsistente »Gegen-Psychoanalyse« entwarf, mit zunehmend schärfer werdender Heftigkeit. Zweifellos den Höhepunkt der ablehnenden Formulierungen erreichte er in seiner Zirkusmetapher, mit der er Adler vorwarf, dessen Ichfigur spiele »die lächerliche Rolle des dummen August im Zirkus, der den Zuschauern durch seine Gesten die Überzeugung beibringen will, dass sich alle Veränderungen in der Manege nur infolge seiner Kommandos vollziehen. Aber nur die Jüngsten (d. h. Adler selbst) unter seinen Zuschauern schenken ihm Glauben.« (Freud 1914b, S. 97)

Doch auch Freud, trotz seiner schäumenden Kritik, konnte – und dies wird in den Protokollen der Wiener Psychoanalytischen Vereinigung besonders deutlich – nicht darüber hinwegsehen, dass Adler den Finger zielsicher auf eine überaus virulente Schwachstelle seines Theoriegebäudes legte. In der ersten Triebtheorie

1 Grundlagen

Freuds nämlich war das weite Feld des Ich nur unwesentlich mehr als eine terra incognita, und es wurde – vor allem im erwähnten Scheitern der zu dieser Zeit gültigen Fassung am Problem der Psychosetheorie und -therapie – offenkundig, dass das Ich oder genauer: die Ichtriebe (Selbsterhaltungsinteressen) in ihrer metapsychologischen Konzeptuierung als relativ neutraler, vernunftgebietender Antagonist der Libido auf Dauer unhaltbar sein würde. So war es denn Adler, der für Freud den letzten Anstoß lieferte, sich der Notwendigkeit einer angemessenen Einbeziehung des Ich in die libidinöse Dynamik zu stellen und ihm aufgab, sich mit der Struktur des Ich, mit dessen Genese, Funktion und (metapsychologischem) Verhältnis zu den Sexualtrieben eingehender zu befassen, und dies alles erklärtermaßen ohne seine erkenntnistheoretischen Prinzipien einer dualistischen Fassung der Triebtheorie preiszugeben.

Gerade Letzteres aber, die dualistisch-bipolare Auslegung der Triebtheorie, wurde von anderer Seite vehement infrage gestellt. Verwarf Adler die Grundannahme einer Prädominanz des Sexuellen, indem er das Verhältnis von Gestalter und Gestaltetem zugunsten des Ich gleichsam verkehrte, bewegte sich Jungs Denken in Richtung einer essenziell triebmonistischen Auffassung, in welcher – wie Andreas-Salomé seinerzeit so lapidar wie treffend kommentierte – »Ich und Sexus einträchtiglich zusammen darin unterkommen« (1958, S. 165). Erkenntnislogisch notwendige Voraussetzung hierfür allerdings war der kategorische Verzicht auf die sexuelle Definition des Libido-Begriffs selbst, der nun bei Jung als eine Art allgemeiner Spannung, als eher unbestimmte »psychische Energie« (Jung 1912b, S. 223) reüssierte. Auf seine »reservierte Haltung gegenüber der Ubiquität der Sexualität« (Jung 1912a, S. 52) verweisend, legte Jung mit der Abhandlung »Wandlungen und Symbole der Libido« (später unter dem Titel »Symbole der Wandlung«, s. Jung 1912b) – die, nebenbei bemerkt, in den darauf folgenden Jahren unzählige Erweiterungen und Überarbeitungen erfuhr – seinen Gegenentwurf einer genetischen Libidotheorie vor, in der das sexuelle Moment streng auf die Funktion der Arterhaltung begrenzt blieb. Die das Psychische strukturierende Kraft der Libido freilich fand hier keine Anerkennung mehr. Jung hielt der freudschen Triebpolarität das Bild einer einheitlichen Urlibido entgegen, verstanden als eine Matrix diffuser »Wachstumsenergie mit der Funktion der Ei- und Samenzeugung« (vgl. Jung 1912a, S. 56f), aus der heraus sich die vielfältigen sekundären Funktionen differenzieren. Die »libidinösen Zuschüsse« (ebd.) für diesen Differenzierungsvorgang indes verlieren, so Jung, ihre libidinös-sexuelle Konnotation vollständig, insofern sie ihrer arterhaltenden Bestimmung entbunden sind. Freuds metapsychologische Postulierung zweier voneinander unabhängiger Stränge – das heißt Ichtriebe und Libido – sind für Jung demzufolge nichts weiter als bloße sekundäre Erscheinungsformen, reine Artefakte einer Entfremdung zwischen der entsexualisierten und der sexuell gebliebenen, also auf Propagation gerichteten Libido, was die Ichtriebe logischerweise als »Abkömmlinge der ursprünglich sexuellen Libido« (vgl. Wittels 1924) identifizierbar machte.

1.6 Metamorphosen des Narzissmus

Zugleich unterzog Jung auch das Konstrukt des Unbewussten einer grundlegenden Revision. Waren in Adlers Komplexfigur des »Männlichen Protests« in ihrer Bedeutung als Kernkomplex des Psychischen die Mechanismen der Verdrängung und der Begriff des Unbewussten mehr oder minder zu vernachlässigenswerten Größen herabgesetzt worden, so könnten Jungs Neuformulierungen als Bereinigung, als immanente »Säuberungsaktion« verstanden werden. Hand in Hand mit der Entsexualisierung der Libido nämlich erfuhr auch das Unbewusste seine moralisch-sittliche Läuterung als zeitlos-ahistorisches, gleichwohl sinnstiftendes »Zentralarchiv« menschlicher Erfahrung und Seinsweise. Aus ihm schöpft nicht zuletzt die Libido jungscher Couleur ihre Finalität, ihre planvolle Vorwärtsgerichtetheit, die auf Individuation – oder in heutigem Sprachgebrauch: auf Selbstrealisation – entlang der Engramme eines göttlichen Urprinzips abzielt. Es versteht sich fast von selbst, dass hierbei die freudsche Einsicht in die infantile Sexualität und deren ontogenetische Umformungen und Metamorphosen unter dem Eindruck der Kulturforderung in ganz ähnlicher Weise wie zuvor schon bei Adler der Postulierung einer »vorsexuellen Stufe« (1.–4. Lebensjahr) weichen musste und jegliche Hinweise auf sexuelle Manifestationen, sofern sie nicht gänzlich zu leugnen sind, zu einer »sexuellen Gleichnissprache der Regression« (Jung 1912b, S. 721) im Sinne einer sekundären (retrospektiven) Sexualisierung primär asexueller (Mutter-)Bindungen transmutierten. Gleichsam im Vorgriff angemerkt sei, dass eben dieser Grundgedanke von Ferenczi – und zwar ohne Verweis auf seine Abkunft von Jung – wenig später erneut aufgegriffen werden sollte.

Adler, der wenig sublime Pragmatiker, und Jung, der euphemistisch-beschwichtigende Metaphysiker, trafen sich demzufolge eben hier, in der Ablehnung und fundamentalen Revision der freudschen Schlüsselparadigmen, obgleich ihre jeweiligen Lösungsversuche bekanntlich recht unterschiedlicher Natur waren. Die Problemstellungen indes, auf die beide hinwiesen, liegen nicht zuletzt in der Metapsychologie Freuds selbst begründet. Oben habe ich bereits auf die Ungeklärtheit des freudschen Ich-Begriffs hingewiesen, die für Adlers bewusstseins- und eher sozialpsychologisch orientierte Milieutheorie gleichsam den Nährboden und die Legitimation bildete. Jung hingegen beließ das Unbewusste zwar im Zentrum seines Gegenentwurfes, sorgte aber über eine Entsexualisierung des Libido-Begriffs für dessen Befreiung von sexuell-triebhaften Inhalten und formulierte es im Sinne einer Universalia ante rem als (ahistorischen, gleichsam anthropologisch konstant ausgelegten) *Ursprungsort* der Psyche schlechthin.

Die jeweiligen Ansatzpunkte beider nun, trotz ihrer Verschiedenheit, verweisen auf gravierende erkenntnislogische Ungelöstheiten aporetischer Natur (s. auch Schneider 2005), wie sie von der Metapsychologie Freuds selbst aufgegeben werden, allen voran die unabschließbare Frage nach dem Ursprung und der Konstitution des Psychischen, wie sie der freudschen Triebfigur und dem darauf gegründeten Konstrukt des Unbewussten inhärent ist.

Am 16. März 1914 schrieb Freud an seinen Berliner Freund und Schüler Karl Abraham: »Ich schicke Ihnen morgen den Narzissmus, der eine schwere Geburt war und alle Deformationen einer solchen zeigt« (Freud u. Abraham 1965, S. 163); und in der Tat, führt man sich das – hier nurmehr kurz skizzierte – diskursive Umfeld vor Augen, so wird klar, warum es sich nachgerade um eine »Zangengeburt« angesichts einer schweren paradigmatischen Krise handelte. Seine Narzissmus-Idee musste sich drei Seiten gegenüber in Szene setzen und hierbei folgenden »Drahtseilakt« vollbringen: (1) Freuds erklärtes Ziel war es, mithilfe des Narzissmus-Konzepts das Verständnis der Psychosen »unter die Voraussetzung der Libidotheorie zu bringen« (1914a, S. 139). Dem Narzissmus-Konstrukt kam folglich vor allem die Aufgabe zu, die Erklärungsdefizite und Inkonsistenzen der ersten Triebtheorie, wie sie insbesondere im Umgang mit den Psychosen offenkundig wurden, aufzufangen, allerdings ohne hierbei ihre bipolare Ausgelegtheit zu unterlaufen. Zugleich sollte (2) dem adlerschen Ich und dessen Konstrukt des »Männlichen Protests« ebenso wie (3) dem jungschen spannungslosen Triebmonismus sowie dessen entsexualisiertem Libido-Begriff mit einer eigenen Konzeption begegnet werden – mit einer Theoriefigur, die solide, tragfähig und souverän genug zu sein hatte, um sich, gegen Adler und Jung, in der metatheoretischen Absicherung der Konstruktion des Unbewussten zu bewähren.

Die dialektische Tiefe der freudschen Narzissmus-Figur

Insofern die Narzissmus-Konzeption Freuds all diese Zielsetzungen verfolgt und auf diesem Wege recht einschneidende Modifikationen und Differenzierungen an der ersten Triebtheorie vornimmt, darf die Schrift »Zur Einführung des Narzißmus« von 1914 nicht nur als Schlussakkord der personellen und konzeptuellen Schismen innerhalb der Psychoanalytischen Gemeinschaft, sondern darüber hinaus auch als substanzieller Wendepunkt im freudschen Œuvre bezeichnet werden. Sie ist ebenso ein erratischer Block im freudschen Theoriegefüge wie ein nachgerade überdeterminierter Schwellentext, der den Weg zu so bedeutsamen Arbeiten wie »Das Ich und das Es« (1923b), in welcher die topischen Überlegungen ihre Gestaltung finden, oder zuvor zum Entwurf einer Bipolarität von Eros und Thanatos als Grundprinzipien des menschlichen Psychismus in der zweiten Triebtheorie, niedergelegt 1920 in »Jenseits des Lustprinzips«, ebnete.

Da im Zuge der in den letzten Jahren neu aufgekeimten Narzissmus-Diskussion die ursprünglichen Konnotationen und metapsychologischen Formulierungen weitgehend in Vergessenheit gerieten, möchte ich Freuds Narzissmus-Konstrukt von 1914 kurz zusammenfassen und diese Skizzierung auf einen wesentlichen Punkt konzentrieren: nämlich auf das der freudschen Narzissmus-Figur innewohnende ursprungslogische Moment, wie es sich in der Analyse des Verhältnisses von Libido, Narzissmus und Ich-Konstitution dialektisch verdichtet.

1.6 Metamorphosen des Narzissmus

Für Freud stellt sich das Narzisstische folgendermaßen dar: Ausgehend vom klinischen Bild des Größenwahns und der Hypochondrie beschreibt er die hier wirksam werdende libidinöse Ökonomie als Verschiebung der Libido von äußeren Objektbesetzungen auf das Ich. Stichwort ist ihm hier das von Abraham geprägte Bild einer »reflexiven Rückwendung«. Anders als die Introversion in Jungs Terminologie münde diese Libidoeinziehung jedoch nicht in eine kompensatorische Aufrichtung der aufgegebenen Objekte in der Phantasie, sondern libidinöses Zielobjekt sei in der Tat das Ich selbst. Dieser Vorgang stelle aber nicht etwa eine pathologische Neuschöpfung dar, sondern entspreche vielmehr der »Vergrößerung und Verdeutlichung eines Zustandes, der schon vorher bestanden hatte« und der sich nun »über einem primären, durch mannigfache Einflüsse verdunkelten (Narzissmus) aufbaut« (1914a, S. 140). Die Differenzierung zwischen Objekt- und Ich-Gerichtetheit der Libido, die mit dieser Aussage getroffen ist, führt zu der neuen – und für große Teile der psychoanalytischen Gemeinschaft höchst beunruhigenden – Unterscheidung zwischen (narzisstischer) Ichlibido einerseits und Objektlibido andererseits, das heißt zur Einführung eines neuen Dualismus, der nun jedoch in der Libido selbst angesiedelt ist. Als zweifellos einschneidendste und folglich auch irritierendste Neuerung muss die mit der neuen Dualität verbundene Vorstellung einer »ursprünglichen Libidobesetzung des Ichs« (Freud 1914a, S. 141) gelten, durch die das Ich als eine Art Reservoir der Libido erkannt wird, von dem aus später quantifizierte Libidobeträge an die Objekte der Außenwelt abgegeben werden, denn damit untersteht das Ich von nun an – zumindest partiell – der Ordnung der Libido, ist selbst libidinös affiziert und folglich seiner vormaligen konzeptuellen Position als eindeutiger Antagonist der Libido endgültig entschlagen. Freud kommentierte dies einige Jahre später mit den Worten: »Das Ich trat unter die Sexualobjekte und wurde gleich als das vornehmste unter ihnen erkannt.« (Freud 1920, S. 55f)

Das hohe Maß an Beunruhigung, das diese metapsychologische Neuordnung auszulösen vermochte und die ratlos-irritierte Ablehnung, mit der ihr fast durchgängig begegnet wurde, mag nicht zuletzt dem Umstand geschuldet sein, dass sich Freud damit in gefährliche Nähe zu Jungs Triebmonismus bewegte, zumal er nicht umhinkam einzuräumen, dass die »Unterscheidung der psychischen Energien (...) zunächst im Zustande des Narzissmus« nicht getroffen werden könne (1914a, S. 141). Dieser Befund aber spreche mitnichten gegen seine Konzeption einer primären Triebdualität, sondern beruhe vielmehr auf methodisch-instrumentellen Unzulänglichkeiten – »unsere grobe Analyse« (ebd.) –, die eine sichere Differenzierung von Libido und Ichtrieben bedauerlicherweise erst anhand erfolgter Objektbesetzungen zulasse.

Freilich bleibt – auf der erkenntnistheoretischen Ebene – ein Dilemma weiterhin bestehen, nämlich die Gleichzeitigkeit zweier, allem Anschein nach konfligierender Dualitäten, deren widerspruchsfreie Koexistenz auch durch den Aufschluss, beim Narzissmus handle es sich um die »libidinöse Ergänzung zum Egoismus des Selbsterhaltungstriebes« (ebd.) nicht hinreichend abgestützt ist.

1 Grundlagen

Freud war sich dieser logischen Schwierigkeit offensichtlich wohl bewusst, bestand aber – wie seine Argumentationsentfaltung nahe legt – auf dem vorläufigen Erhalt seiner Triebtheorie, die zu diesem Zeitpunkt primär die Funktion zu haben schien, die duale Ausgelegtheit der inneren Struktur, insbesondere aber die sexuelle Konnotation der Libido aufrechtzuerhalten und sie gegen jeden Versuch einer Entkräftung oder Relativierung zu schützen.

Die erkenntnislogische wie diskursive Zwangslage, in der sich Freud befand und aus der heraus er seinen Narzissmus-Entwurf lancierte, ist überaus prekär und beileibe nicht zu unterschätzen. Jungs Verständnis des Vorgangs der Introversion, dass nämlich die in den Psychosen (d. h. narzisstischen Neurosen) von den Objekten abgezogene Libido, indem sie auf das Ich zurückgeworfen wird, per definitionem desexualisiert wird und sich folglich nicht mehr von der allgemein wirksamen psychischen Energie unterscheidet, entspricht der engen freudschen Definition der Ichtriebe und der Libido, denen von Freud selbst jedoch je eigene Energiequellen zuerkannt wurden, in nachgerade buchstäblicher Konsequenz. Allerdings impliziert eine solche Möglichkeit der Rückverwandlung der Libido in desexualisierte Energie notwendigerweise eine gemeinsame Provenienz der antagonistischen Triebe, ihrer, wenn man so will, genetischen Abkunft aus nur einer Quelle.

Die Einführung der neuen Bipolarität von Ich- und Objektlibido kann – und für diese Perspektive möchte ich werben – als ein in hohem Maße kreativer Versuch Freuds gewertet werden, die triebdichotome Bias seiner Metapsychologie zu stützen, ermöglicht diese doch sowohl die Explikation der Genese und funktionellen Struktur des Ich angesichts der Ich-psychologischen Revisionen Adlers als auch eine nachdrückliche Bekräftigung des Sexuellen im Blick auf Jungs gesäuberten Libido-Begriff. Mit der zunächst ja als recht vordergründig instrumentell anmutenden, gleichwohl bedeutsamen Unterscheidung von Ichlibido und Objektlibido eröffnet sich eine neue Gegenstandsbildung, insofern sich das Augenmerk nun auf die Binnenstrukturierung oder – mit W. Salber – auf die Frage richtet, »wie die Einheit des Seelischen in sich ausgelegt und vermittelt wird« (Salber 1974, S. 14).

Freuds Zugang zur Ich-Psychologie ist unübersehbar von dem vitalen Erkenntnisinteresse geleitet – und dies steht in krassem Gegensatz zu Adlers Ansatz –, die Gewordenheit, also die ontogenetische Konstitution des Ich, sowie dessen Verhältnis zur Libido zu erhellen. So lesen wir in seiner »Einführung des Narzißmus« von 1914:

»Es ist eine notwendige Annahme, daß eine dem Ich vergleichbare Einheit nicht von Anfang an im Individuum vorhanden ist; das Ich muss entwickelt werden.« (1914a, S. 142)

Die sich hieran anschließende Entfaltung des Prozesses der Ich-Konstitution und der narzisstischen Libidoorganisation lässt die Anfänge der dialektischen Denkweise Freuds wie kaum ein anderer Text erkennen. Insofern der Gegenstand der

Analyse nun das Spannungsfeld der antagonistischen Triebe selbst ist, trägt die Dimension des Narzissmus, der sich in diesem Feld verdichtet, ja mehr noch: der es gestaltet, paradoxe doppelseitige Züge und entfaltet sich vornehmlich in Antinomien. Die neue Dualität von Objekt- und Ichlibido liegt gleichsam quer zur alten, umfasst diese beinahe. Ihre Achse verläuft durch die Libido und kreuzt doch auch das Ich; sie bringt Ich und Libido in Berührung, um sie sogleich wieder voneinander zu trennen. Eine Formulierung Salbers aufgreifend, kann man von einer »gleitenden Begriffsbildung« (1974, S. 31) sprechen, und in der Tat hat es den Anschein, als könne Freud – gerade angesichts der inkriminierten »Simplifizierungen« (Freud) Adlers und Jungs – die volle dialektische Tiefe und von Antinomien durchzogene Komplexität seiner Position bis zum Äußersten ausschöpfen.

Anknüpfend an die Schrift »Totem und Tabu« aus den Jahren 1912/13, in der die enge Verwobenheit der Ich-Konstitution mit der Bündelung der Partialtriebe und der parallel zu ihr verlaufenden libidinösen Objektbesetzung bereits zur Sprache kam, beschreibt Freud nun in Erweiterung dieses Gedankens die Gestaltung des Narzissmus durch das Moment der Ich-Konstitution. Das Ineinandergreifen beider Prozesse – Narzissmus und Ich-Konstitution – lässt sich recht anschaulich im Sinne einer Kreisfigur verstehen, in welcher die Interdependenz libidinöser und subjektkonstituierender Entwicklungsprozesse die narzisstische Dimension hervorbringt, um sogleich von dieser geformt zu werden. Man kann sagen, die narzisstische Libidoorganisation sei sowohl Produkt als auch Determinante der Ich-Konstitution. Das den Narzissmus gestaltende Moment liegt demnach in der Mimesis des sich differenzierenden Ich bzw. des frühen Selbst als Objekt, wodurch auf einen dialektischen Vorgang verwiesen wird, in welchem ein narzisstisches Ich – einem Prisma gleich – die »dissoziierten Sexualtriebe« (Freud 1912–13, S. 109) zu einer Einheit organisiert, sich also als archaisches, rudimentäres Subjekt konstituiert, welches sich selbst als Objekt gegenübertritt und der Libido anbietet. Eben jene libidinöse Bezugnahme auf das Ich als objektale Einheit verlötet schließlich die Partialtriebe zur Libido. Auf diese Weise leitet der primäre Narzissmus, als welcher er hier metapsychologisch figuriert, einen prozessualen Selbstbezug in der objektalen Selbstwahrnehmung ein, der letztlich in Subjektivität münden wird.

Primärer Narzissmus und Uranfänglichkeit

Zweifellos ist kaum ein Begriffskonstrukt der Psychoanalyse so umstritten wie das des primären Narzissmus. Betrachtet man die Argumentationslinien der Kritik und auch Freuds Ringen selbst, den primären Narzissmus vom Autoerotismus abzugrenzen und eine zeitliche Verortung zu bewerkstelligen, so wird bei näherer Betrachtung offensichtlich, worin seine eigentliche Problematik zu suchen ist. In ihm scheint sich, gleichsam als Leitmotiv, die gnoseologische Problemstellung des Urzustandes des Psychischen, eben jenes in der freudschen Gedankenwelt letztlich unlösbare Problem der Rückgründung des Psychismus zu verdichten, an das sich Freud nicht zuletzt durch die dialektische Figur der Ich-Konstitution im Narzissmus und zugleich der Bedingtheit der narzisstischen Libidoorganisation von eben jenen Prozessen der Ich-Konstitution anzunähern trachtete.

Verfolgt man seine Hypothesenbildung bezüglich des primären Narzissmus, aber auch hinsichtlich des Autoerotismus als dessen begrifflichen Vorgänger (vgl. hierzu Gast 1992), so ist unschwer zu erkennen, dass beide, der primäre Narzissmus wie auch der Autoerotismus, keineswegs als »uranfänglich« (Freud 1914a, S. 142) im strengen Sinn des Wortes verstanden werden können. Vielmehr verweisen beide Begriffskonstrukte auf bereits mit einer eigenen Konstitutionsgeschichte behaftete Funktionen des Psychischen. Laplanche war es, der diese Lesart präzise auf den Punkt brachte, als er daran erinnerte, dass der Begriff des Autoerotismus bei Freud und – wie zu ergänzen wäre – der des primären Narzissmus nicht etwa einen primären, uranfänglichen Zustand des menschlichen Seins bezeichnen, sondern etwas,

»was aus einer doppelten, aber koordinierten Bewegung hervorgeht: Umleitung von funktionellen Aktivitäten, die von vornherein (...) auf einen ›Objektwert‹ gerichtet waren, und Rückfluss der Aktivität zum Subjekt, gemäß der Leitlinie der Phantasie« (Laplanche 1974, S. 108; s. auch S. 102 in diesem Buch).

Das anobjektale Moment, das dem Begriffsverständnis des primären Narzissmus anhaftet, beruht folglich auf einer phantasmatischen Verkennung und Umdeutung, ja gar Verleugnung der Realität im Sinne der Errichtung eines Lust-Ich. Betrachtet man die autoerotische Rückwendung als erste Reaktion auf eine – aus der kindlichen Perspektive – unvermeidlich unlustvolle äußere (und auch innere) Realität, so bestünde der Beitrag des Narzissmus in der Nicht-Anerkennung der Faktizität dieser (im Primärobjekt repräsentierten) äußeren Realität im Sinne einer Verleugnung äußerer Lustquellen, die reklamatorisch »einverleibt« (Freud 1915), also der eigenen sich hierbei konstituierenden Struktur zugeschlagen werden. In diesem Sinne ist auch jene bedeutsame Fußnote Freuds in der die Narzissmus-Arbeit weiter vertiefenden Abhandlung »Triebe und Triebschicksale« aus dem Jahr 1915 zu verstehen, in welcher er die primärnarzisstische Libidoorganisation in eine substanzielle Abhängigkeit von der faktischen Hilflosigkeit und der Pflege, die dem Säugling zuteil wird und durch die »seine drängenden Bedürfnisse durch Dazutun von Außen befriedigt« werden, stellt. Damit aber exponiert sich der Narzissmus im Gegensatz zum (partialtriebhaften) Autoerotismus als libidinöse Bezugnahme des im Werden begriffenen Subjekts auf ein imaginär-phantasmatisches ganzes »Ich-Subjekt« (Freud 1915, S. 228), auf ein frühes Ich als Imago des ganzheitlichen Körpers also, welches sich der – wie Laplanche und Pontalis es formulieren – »Konvergenz der Partialtriebe auf ein gemeinsames Objekt« (1967, S. 81) verdankt, und weist jenes »purifizierte Lust-Ich« zugleich als Produkt eines aktiven (Abwehr-)Prozesses unter der Ägide des Lustprinzips aus.

Es ist offenkundig, wie Freud den Narzissmus unmissverständlich als eine Erscheinungsform, als eine Transformationsgestalt der Libido (vgl. hierzu auch Zepf 1985) konzipierte und in dieses Feld das Moment der Subjekt- und Ich-Konstitution im phantasmatischen Raum einbettete. Die Bipolarität »Lust und Unlust« bildet hierbei die signifikante Bezugsachse des Aufbaus der inneren Struktur. Insbesondere der Figur des primärnarzisstischen Lust-Ichs kommt eine immense Bedeutung zu, insofern hier die Libido und das von ihr losgetretene Begehren auf jener Bezugsachse von Lust und Unlust nicht nur die narzisstische Organisation, sondern auch die Ich-Konstitution modelliert und damit zugleich unverkennbar wird, wie die primärnarzisstisch strukturierte Innenwelt des Kindes das Verhältnis der Libido zu den Objekten auf eben dieser Strukturlinie regelt.

Die Konstitution des Psychischen, jener, wie Freud es nannte, »Anfang des Seelenlebens« (1915, S. 227) also, ist eng gebunden an das »purifizierte Lust-Ich«, welches eine objektive Trennung von (Körper-)Ich und Außenwelt nicht zulässt. Es wird durch eine fiktive, ja phantasmatische innerpsychische Differenzierung hervorgebracht, sodass man sagen kann, es sei die libidinös untergründete Lust-Unlust-Relation, in der sich das Psychische situiere, und nicht – wie es die moderne Objektbeziehungspsychologie nahe legt – die objektivierbare Beziehung zwischen Kind und Objekt. Dem primären Narzissmus kommt hierbei vor allem die funktionelle Bedeutung der Aufrechterhaltung des Lust-Ich zu, wobei sich das Narzisstische und das libidinöse Luststreben als Bewegung des Begehrens aufs Engste verflechten. Lacans Konzeption des Spiegelstadiums (1949) arbeitet diesen Aspekt in prägnanter Weise heraus. Hier, in der Denkfigur des primären Narzissmus, verdichtet sich jener oben bereits umrissene dialektische Voraussetzungszirkel, in welchem die Ich-Konstitution als die für die Gestaltung des Narzissmus notwendige »neue psychische Aktion« (Freud) in Erscheinung tritt und in dem das Narzisstische zugleich auch die Konstitution des Ich begründen muss, welche anders als durch die »Einführung des Narzißmus« nicht zu klären war – erinnert sei hier an die Unabgeschlossenheit und, bedeutsamer noch, an die strukturelle Unabschließbarkeit der Ursprungsfrage im freudschen Denken. Primärer Narzissmus und Ich-Konstitution sind also ontogenetisch eng ineinander verflochten. Ja mehr noch: Diese wechselseitige, zirkuläre Bedingtheit von Narzissmus und Ich-Konstitution wird zum Ausgangspunkt der in Freuds Gedankenwelt so zentralen strukturellen Konflikte wie etwa jene zwischen Individuum und Objektwelt, zwischen Wunsch und Verzicht, Subjekt und Kultur – Konflikte, die in ihrer Gesamtheit nicht nur für die Entwicklung der Subjektivität, sondern eben für das Moment der Vergesellschaftung des Subjekts schlechthin stehen.

Insofern Freud, anders als Adler, sich nicht auf ein natürliches Gemeinschaftsgefühl des Individuums berufen will, unterstreicht er mithilfe des hochkomplexen Narzissmus-Konstrukts – wiederum in Abgrenzung vor allem zu Adler, aber auch zu Jung – die (ontogenetische) Gewordenheit des Ich und zeigt damit das Subjekt als ein zu konstituierendes und folglich als ein historisches, in der Zeitlichkeit situiertes.

An diesem Grundgedanken und an dem intimen Verhältnis von Libido, Narzissmus und Ich-Konstitution ändert auch die 1923 im Zuge der Formulierung des Instanzenmodells vorgenommene Umgestaltung nichts, in der Freud das Reservoir der Libido nun nicht mehr im Ich, sondern im Es erkennt und den Narzissmus des Ich als sekundären, den Objekten entzogenen bezeichnet. Lediglich die Berechtigung einer terminologischen Unterscheidung zwischen primärem und sekundärem Narzissmus wird dadurch fraglich. Freuds Vorstellung ist nunmehr folgende: Das zunächst ichbildende Moment ist die Identifizierung durch Objektbesetzung, wobei die dem Es entstammende Libido von diesen Objekten auf das sich (hierbei) konstituierende Ich zurückgezogen wird. Mit der Einpassung des Narzissmus-Konstrukts in das Strukturmodell ist in der Tat ein konzeptuelles Höchstmaß an dialektischer Verstrickung und Verwobenheit zwischen Ich-Genese und dem in einer Wirkeinheit mit der Libido befindlichen Narzissmus erreicht, insofern die Ich-Instanz nachgerade als »Schatten«, als Reflex der narzisstischen Ordnung, die ja der libidinösen untersteht, verstanden werden könnte. Relativiert wird dies lediglich dadurch, dass das dialektische Verhältnis der mutuellen konstitutionellen Angewiesenheit beider Prinzipien aufeinander auf metapsychologischer Ebene nach wie vor signifikant bleibt.

Unter dem Einfluss des Narzissmus entwickeln sich also, um wieder auf die (erste und im Grunde einzige, nie revidierte oder gar explizit aktualisierte) Fassung des freudschen Narzissmus-Entwurfs von 1914/15 zurückzugreifen, strukturell bedeutsame Ichfunktionen, die den Begriff des Ich bereits zu diesem Zeitpunkt der psychoanalytischen Wissensbildung zu einer differenzierten Denkfigur machen und den Weg zur späteren Ausformulierung des Instanzenmodells ebnen, allen voran das Ich-Ideal, wie es sich aus der Frage nach dem weiteren Schicksal des infantilen Narzissmus herleitet. Freuds Ich-Ideal als genuin narzisstische Bildung dient dem Erhalt der narzisstischen Vollkommenheit, die ja der Ordnung des Lustprinzips angehörte, und verlängert dies – nach dem Zusammenbruch jener primärnarzisstischen Fiktion – in die Ordnung des Realitätsprinzips hinein, ebenso wie die Anerkennung des Realitätsprinzips das Luststreben bekanntlich weiter in sich trägt. Es schöpft seine Existenz aus der Störung durch eine Triebverzicht fordernde (Gegenwarts-)Realität, seinen Inhalt jedoch aus der Vergangenheit. Damit aber unterscheidet es sich grundsätzlich – und dies sei hier nur am Rande angemerkt – von Adlers Begriff des Persönlichkeitsideals, welches sich, getrieben vom Willen zur Macht, durch eine in die Zukunft geworfene Projektion all dessen auszeichnet, was die gegebene Minderwertigkeit zu überwinden vermag.

1.6 Metamorphosen des Narzissmus

Ich möchte auf eine darstellende Diskussion der weiteren Ausgestaltungen des Narzissmus, der Topoi des sekundären Narzissmus, des daraus abgeleiteten Gechlechterverhältnisses sowie auch des Problems der ontogenetischen Rückgründung des Psychischen, das sich im Narzissmus-Gedanken in erkenntnistheoretisch überaus interessanter Weise verdichtet, an dieser Stelle verzichten (vgl. hierzu ausführlich Gast 1992) und den Blick stattdessen auf die Metamorphosen dieses metapsychologischen Konstrukts im Zuge seiner Rezeptionsgeschichte lenken. Doch zuvor seien noch einmal die wesentlichen begriffslogischen Merkmale des freudschen Narzissmus-Verständnisses kurz zusammengefasst.

Die freudsche Modellierung des Narzissmus ist nicht nur eine Antwort auf die profunden Revisionsversuche Adlers und Jungs, sondern zugleich auch das Vehikel einer umfassenden Ausdifferenzierung der ersten Triebtheorie (Libidotheorie), die sich unter seinem Einfluss von einer recht einfachen Bipolarität zu einer dialektisch und erkenntnislogisch hochpotenten und komplexen Denkfigur entwickeln konnte. Der Narzissmus, eingebunden in eine antinomische Wirkeinheit mit der Libido, figuriert hier als Regulations- und Konstitutionsprinzip des Psychischen, als Bedingungsmoment und Produkt der Ich-Konstitution zugleich. Dies stellt ein Paradoxon dar, das Freud nicht widerspruchsfrei auflösen konnte und – wie ich vermute – wohl auch nicht auflösen wollte, da dies konzeptueller Rekurse auf prä- und außerpsychoanalytische Denkfiguren bedurft hätte, wie er sie Adler und Jung zum Vorwurf machte. So versagte er sich – nicht nur hier – die »Lösung(en) von idealer Einfachheit« (Freud 1933, S. 127), wie er es in einem anderem Zusammenhang nannte, und folgte – Aporetiker, der er zweifellos war – seinem Anspruch, die paradigmatische Signifikanz der Libido für den Konstitutionsprozess des Psychischen gleichsam immanent, das heißt »mit den Mitteln der Psychoanalyse«, um ein Wort Andreas-Salomes in Gebrauch zu ziehen, zu zementieren. Jenes Paradoxon des Bedingungszirkels von Narzissmus und Ich-Konstitution aber entfaltet gleichsam in der »Rotation« – so die von mir vorgeschlagene Lesart – seine volle dialektische Tiefe, indem es die Funktion des Narzissmus als vermittelndes und gestaltgebendes energetisches Moment zwischen Libido und Ich zeigt und zugleich den Blick auf die unlösbare Bindung des Narzissmus an die Triebdynamik und damit an das ontogenetische Schicksal der Libido freigibt.

Die Rezeptionsgeschichte des Narzissmus als Spiegel der Entsexualisierung der Psychoanalyse

War das Narzisstische bei Freud unablösbar mit dem Sexuell-Libidinösen verbunden und wohnte dem Narzissmus-Konzept per definitionem und sui generis eine Geschlechtlichkeit inne, so zeichnet sich die Rezeptionsgeschichte durch

1 Grundlagen

eine zunehmende Lockerung dieser dialektischen Verwobenheit bis hin zum Ausschluss des Sexuellen überhaupt aus. Verfolgt man die unzähligen Metamorphosen des Narzissmus-Begriffs nach Freud, so kann man aus ideen- bzw. theoriegeschichtlicher Perspektive in thesenhafter Prägnanz zwei Aussagen treffen: Erstens, dass jeglicher modifizierende Eingriff in die Libidotheorie erkennbare Konsequenzen nicht nur für die metatheoretische Verankerung und dialektische Ausgelegtheit der Narzissmus-Figur zeitigen muss, sondern dass sich darüber hinaus auch dessen semantisches Bedeutungsspektrum grundlegend verändert, wie auch umgekehrt eine Vereinnahmung des Narzissmus und dessen Freisetzung aus seiner Verwobenheit mit dem Triebschicksal nicht ohne eine vitale Rückwirkung auf die paradigmatische Bedeutung der Libidotheorie und deren radikal aufklärerische erkenntnistheoretische Potenz bleiben kann. Die zweite These besagt, dass der Diskurs der Zweigeschlechtlichkeit, die Formulierung der Geschlechterdifferenz, wie es einst die Domäne der Psychoanalyse darstellte, an den paradigmatischen Rang der Libidotheorie geknüpft ist. Die Vermutung, die sich mit dieser These verbindet, ist, dass insofern das Moment des Libidinös-Sexuellen bei Freud untrennbar mit der Subjekt- und Geschlechterkonstitution verbunden war, ein Verlust des Sexuellen, die Demontage der libidotheoretisch fundierten Metapsychologie also, notwendigerweise einen Verlust der Geschlechterdifferenz im psychoanalytischen Diskurs zur Folge haben muss.[1]

In der Analyse der überaus bewegten psychoanalytischen Theoriegeschichte erweist sich das Narzissmus-Konstrukt eben wegen seiner engen Bindung an das Libidinöse als, wenn man so will, hochsensibler Seismograph, der die Erschütterungen und Erosionen der freudschen Psychoanalyse mit ihrem weit gespannten, bis in die Gefilde beispielsweise der Kultur- und Erkenntnistheorie hineinreichenden Geltungsbereich zu registrieren besonders in der Lage ist. Dies ist sein instrumenteller Wert für die psychoanalytische Historiografie. In seiner Rezeptionsgeschichte aber entpuppt sich das Narzissmus-Konstrukt darüber hinaus auch als bevorzugtes Instrument der Demontage des Libidoparadigmas selbst, sodass man sagen kann, die konzeptuellen Metamorphosen des Narzissmus seien Beispiele von paradigmatischem Rang für das metatheoretische Schicksal der Psychoanalyse nach Freud.

Ich möchte im Folgenden, lediglich holzschnittartig, einige markante Durchgangsstationen jener Entsexualisierung des psychoanalytischen Diskurses entlang der semantischen Metamorphosen und begriffslogischen Verwerfungen der Narzissmus-Figur Freuds benennen, in denen sich die Verwandlung des Narzissmus-Begriffs von einer weichenstellenden erkenntnislogischen Vertiefung der freudschen Metapsychologie in einen Brückenkopf der Banalisierung des Diskurses vor allem durch die Freisetzung der Einsicht in die strukturierende Kraft des

---

1 Diese Thesen bildeten u. a. die Grundlage meiner Studie »Libido und Narzißmus« (Gast 1992).

1.6 Metamorphosen des Narzissmus

Phantasmatischen sowie in die Unausweichlichkeit des konfliktuösen Triebschicksals in besonders verdichteter Weise zeigt.

Die frühe Rezeption des Narzissmus ist eng mit Ferenczis Arbeiten verknüpft. In ihnen verdichtet sich das spannungsgeladene diskursive Feld des historischen Dreiecks (scil.: Freud–Adler–Jung), insofern dessen Revisionen des Narzissmus-Begriffs in einer kongenialen Form der Antizipation und Rezeption des freudschen Denkens wesentliche Versatzstücke jungscher und adlerscher Provenienz in das psychoanalytische Denken integrierten, ohne dass diese zu ihren geistigen Vätern jemals in Bezug gesetzt worden wären. In diesem Sinne kann Ferenczi, pointiert formuliert, als erster Vertreter einer ahistorischen, einer ihre Wurzeln verleugnenden Theoriebildung bezeichnet werden. Darüber hinaus erweist er sich in der weiteren Analyse der Rezeptionsgeschichte des freudschen Narzissmus-Konzepts als Schlüsselfigur, als »graue Eminenz« im Hintergrund der postfreudianischen Theoriebildung und in diesem Sinn als Wegbereiter der paradigmatischen Wende, da sich führende Zweige der Exil- und Nachkriegs-Psychoanalyse auf ihn berufen und den Nachweis der Legitimität ihrer eigenen weitreichenden Revisionen der psychoanalytischen Metapsychologie Freuds über den Verweis auf die Arbeiten Ferenczis zu erbringen glauben. Sein argumentativer Ansatz strukturierte und determinierte die Exil-Psychoanalyse sowohl in den Vereinigten Staaten als auch in Großbritannien, insofern er der Ich-Psychologie (Heinz Hartmann) und vor allem der neofreudianischen Schule (Karen Horney und Erich Fromm) mit ihrer Remythologisierung des Subjektbegriffs entscheidende Impulse gab, aber auch die englische Objektbeziehungstradition (hier vor allem Michael Balint) nachhaltig bestimmte.

In den Arbeiten Ferenczis, vor allem in seiner Schrift »Versuch einer Genitaltheorie« (1924) und den nachfolgenden, ist eine recht bedeutsame und vor allem für die weitere Theoriebildung folgenreiche Akzentverschiebung erkennbar, in der ein primordial gegebenes, narzisstisch wünschendes und wollendes Ich das Psychische determinierend strukturiert. Dieses ins Zentrum gerückte und metatheoretisch aufgewertete Ich unterwirft die Libido seinem Sehnen nach dem pränatalen Paradies der fetalen Intrauterinexistenz, jener archaischen Matrix der ontogenetischen Entwicklung. Nicht nur Adlers zentrales Thema der Prädominanz des Ich über die Libido klingt hier an, sondern ebenso Jungs romantisierendes Motiv der »Rückkehr zur Großen Mutter« (»maternaler Regressionszug« bei Ferenczi). Im regressiven Wunschziel sind Ich und Narzissmus (zumindest auf deskriptiver Ebene) identisch, unter dem Druck des Realitätsprinzips indes werden der Libido als Stellvertreterin des narzisstisch-regressiven Ich dessen Zielvorgaben zur Erledigung übertragen: Der Narzissmus figuriert nun, gleichsam sekundär, als bloße Ausdrucksform einer in den Dienst des Ich gestellten Libido bar jeglicher sexuell-libidinöser Konnotation. Das Ich Ferenczis ist folglich kein in der zentripedalen Kreisbewegung von Libido–Autoerotismus–Narzissmus zu konstituierendes, sondern vielmehr eine von der lediglich parallel verlaufenden libidinösen Linie unberührte primär gegebene Struktur, die sich der Libido bemächtigt. Eine solche Modellierung hat weitreichende Konsequenzen, insofern der für die freudsche Psychoanalyse zentrale Konfliktgedanke aus dem Binnenpsychischen ausgelagert und stattdessen zwischen dem Ich und einer die narzisstische Ruhe störenden und dem regressiven Streben hinderlichen Umwelt polarisiert wird.

Eine solche Auslöschung des triebdialektischen Moments geht einher mit der Wiedereinsetzung des Trauma-Begriffs (s. auch Hirsch 2004). Die Umgestaltung des Lustprinzips unter dem Eindruck der Realitätsforderungen sowie die Subjektkonstitution schlechthin vollzieht sich nun nicht mehr über die unvermeidlich konfliktuösen Topoi wie etwa, um nur zwei zentrale Konfliktlinien zu nennen, die Integration der Geschlechterdifferenz sowie ödipale Schuld und Triebverzicht, Lust hat nun nichts mehr mit libidinös ausgreifendem Begehren zu tun, sondern die äußere Realität drängt sich vielmehr von außen auf, fast ohne Entsprechung zu innerpsychischen Abläufen und Phantasien, und sie tut dies vornehmlich über in der Regel vermeidbare Noxen wie Kränkungen und, wie Ferenczi es nennt, »Taktlosigkeiten« (passim; vgl. z. B. 1929, S. 450) vonseiten der Bezugspersonen. Hier zeichnet sich eine bedeutsame Wende im Narzissmus-Verständnis ab, die – bei Kohut bis ins Groteske verzerrt – bis in die heutige Narzissmus-Debatte hinein fortwirkt: Narzissmus wird zu einem Störungsbegriff, der unterstellt, es gebe so etwas wie einen harmonischen und weitgehend konfliktfreien Entwicklungsverlauf, förderliche (Milieu-)Bedingungen für eine gelungene Adaption des Ich an die Umwelt immer vorausgesetzt. Die Vorstellung einer grundsätzlichen Vermeidbarkeit von Konflikten und deren Verschiebung auf äußere, vermeintlich objektivierbare Noxen, wie es nach Ferenczi den Diskurs der Neofreudianer um Horney und Fromm sowie der englischen Objektbeziehungstheorie nach Melanie Klein so entscheidend prägte, findet hier bei Ferenczi ihren Anfang, wobei die Wurzeln noch vor ihm, nämlich vor allem bei Adler liegen.

Der Narzissmus im Exil

Die historische Aufarbeitung der Wandlungen des Narzissmus-Begriffs muss dem erzwungenen Exodus der psychoanalytischen Gemeinschaft in ihr US-amerikanisches und englisches Exil folgen. Interessant hierbei ist, wie die amerikanische und die englische Tradition zunächst sehr unterschiedliche Richtungen nahmen, dann aber in der Nachkriegszeit schließlich in einen gemeinsamen Mainstream konvergierten.

Als weichenstellend und überaus folgenreich für die weitere diskursive Entwicklung psychoanalytischer Theoreme und Theoriemodelle erwiesen sich die Adaptionsbereitschaft europäisch-stämmiger Analytiker sowie die an sie herangetragenen gesellschaftlich funktionalen Forderungen einer medikozentristi-

1.6 Metamorphosen des Narzissmus

schen Wissenschaftslandschaft in den Vereinigten Staaten. Nicht nur fand die bereits in den 20er Jahren virulent gewordene und äußerst kontrovers geführte Debatte um die Frage der Laienanalyse ihren Höhepunkt, mit ihrer machtpolitisch herbeigeführten Entscheidung zugunsten medizinistisch-standespolitischer Interessen veränderte sich auch die Verortung der Psychoanalyse im Wissenschaftskanon sowie ihre Zieldefinition und Methodologie. Die komplementären Prozesse der Selektion und Adaption brachten nicht nur ein Verständnis von Heilung hervor, das mit demjenigen Freuds, wie es ja aus seiner Metapsychologie destillierbar ist, unvereinbar scheint, auch die Intentionalität von klinischer Praxis schlechthin erfuhr eine unübersehbare Wandlung und verdrängte zunehmend das psychoanalytische Wissen um das Unbewusste und die Triebdimension. Das der freudschen Psychoanalyse innewohnende spannungsreiche und erkenntnistheoretisch fruchtbare Verhältnis von Theorie und Praxis wurde dergestalt zugunsten einer eher psychotherapeutisch strukturierten und verengt relevanzorientierten Praxistheorie harmonisiert.

Exemplarisch lässt sich diese Entwicklung anhand der Beiträge Hartmanns für die Ich-psychologische Wende und entlang der die neofreudianische Schule begründenden Ansätze Horneys und Fromms nachvollziehen. Beide Strömungen, ungeachtet ihrer deutlichen Unterschiedenheit, hatten nicht nur wesentlichen Anteil an der Subsumption der Psychoanalyse unter klinisch-psychiatrische Forderungen, sondern können, pointiert formuliert, auch als Abbild der Zurichtung und Konformisierung des psychoanalytischen Diskurses verstanden werden. Trotz der divergierenden Argumentationen verfolgten die postfreudianische Ich-Psychologie wie auch die neofreudianische Schule gleichermaßen die theoretische Restitution des Ich bzw. des Selbst durch eine konzeptuelle Abkoppelung der psychischen Organisation vom Triebgeschehen, in deren Folge die reale Außenwelt und deren formative Einflüsse auf das Individuum an immenser Bedeutung gewann. Das Narzisstische – im freudschen Denken ja nicht zuletzt der Garant der Sicherung des Luststrebens im Realitätsprinzip – imponierte nun vornehmlich als malignes, pathogenes Störungspotenzial.

Das unter dem Eindruck des amerikanischen Positivismus und Pragmatismus erwachte Interesse an den Aspekten gesunden, leistungsorientierten und realitätsangepassten Verhaltens sowie die Hinwendung zu inhärenten Wachstumspotenzialen finden in Hartmanns begrifflichen Neuschöpfungen der primären und sekundären Ich-Autonomie sowie der metapsychologischen Freisetzung der Ich-Entwicklung aus dem Konfliktgeschehen ihren unmittelbaren Ausdruck (vgl. Hartmann 1939; 1950). Der genuin psychoanalytische Topos der inneren Zerrissenheit des Menschen (im Konflikt) gerät aus dem Blickfeld und damit nichts Geringeres als das genuin gegenstandsbildende innere, von unbewussten Konflikten und Phantasien, Trieb und Verbot, Wunsch und Verzicht durchzogene Spannungsfeld, in welchem sich ja die Gesellschaftlichkeit des Subjekts bereits abbildet und dessen unausweichliche Konfliktlinien von Freud als die subjektkonstitutiven Momente par excellence erkannt und exponiert wurden.

1 Grundlagen

In Hartmanns Argumentation fand, wenn man so will, eine Rückkehr zu einer strengen Dichotomie von Trieb und Ich statt, die Freud ja mithilfe seiner Narzissmus-Figur in gewisser Weise von der Mitte her aufgeweicht und in eine dialektische Bewegung versetzt hatte. Der Narzissmus, die Vorstellung einer libidinösen Besetzung des Ich, konkretisierte in Freuds Denkfigur gleichsam das Hineinreichen der Libido in die Struktur und auch in die Funktionsweise des Ich und lässt im freudschen Duktus keinen Zweifel an der profunden Heteronomie der Ich-Instanz aufkommen. Mehr noch: Die narzisstische Dimension charakterisierte in signifikanter Weise sowohl die doppelte Verankerung der Instanz des Ich im Triebgeschehen und in der Realität als auch deren profunde Abhängigkeit vom Es und dessen Forderungen. Dies verwies auf das strukturelle und unlösbare Dilemma des Ich, ja des Subjekts, zwischen Triebansprüchen einerseits und kollidierenden Realitätsforderungen andererseits zu stehen – diese Einsicht eben ist es, die Hartmanns Ich-Psychologie rückgängig machte.

Die adlersche Perspektive eines ungebrochen autonomen, final orientierten Ich einnehmend, setzte er dem strukturell schwachen, gebeutelten Ich Freuds ein vorgängig gegebenes, souveränes und vom Triebschicksal auch energetisch weitgehend unabhängiges Ich, das sehr wohl »Herr in seinem eigenen Haus« (Freud 1917, S. 11) genannt werden darf, entgegen. Es ist dies ein Ich, welches seine funktionell realitätsorientierten Anlagen – einem natürlichen Reifungsprozess gleich – in einem konfliktfreien Raum idealiter ungestört ausdifferenziert und zum Erblühen bringt. Als Referenzpunkt seiner Modellierung des psychischen Geschehens diente Hartmann die reale Umwelt des Individuums, die von diesem Zeitpunkt an und bis heute als wesentlicher Determinant begriffen wird. Wie schon zuvor Adler beschwört nun auch er die natürliche Umwelt des Kindes als dessen genuinen Verbündeten: »Die primäre Ausrüstung des Menschen« (Hartmann 1939, S. 78) sei, so schreibt er, als »Garant der Anpassung« auf die »durchschnittlich zu erwartende« Umwelt hin ausgelegt (ebd., S. 77). Anpassung und entgegenkommende Realität, »Anpassung und Zusammenpassung« (ebd., S. 88) gehen hier ein inniges, Konfliktfreiheit gewährendes Verhältnis ein.[2] Ähnlich wie Ferenczi betont also auch Hartmann die überragende Bedeutung der realen Außenweltbeschaffenheit – ein Aspekt, der von Freud zwar niemals negiert, aber konsequent subjektzentriert in den Termen der innerpsychischen phantasmatischen Verarbeitung im Kontext der Triebkonflikte und des ontogenetischen Libidoschicksals beschrieben wurde. Der Grad des »Zusammenpassens« von primären Ich-Funktionen und der empirischen Realität entscheidet über Stärke oder Schwäche des Ich und damit über die Fähigkeit des Ich, libidinös-narzisstische

---

2 Es bestehen hier, und ich will dies bei einer bloßen Andeutung belassen, deutliche Parallelen zwischen Piagets Adaptionsbegriff, den dieser über das Ineinandergreifen von Akkomodation und Assimilation entwirft. Hartmann steckt über die Begriffe der Auto- und Alloplastik sowie über den als synthetisierende Zusammenführung verstandenen Vorgang der Verinnerlichung ein recht ähnliches Terrain ab (vgl. Hartmann 1939, S. 99).

Energien zu neutralisieren und dem Ich im Dienste dessen energetischer Versorgung zuzuführen. Während also das Versagen der Außenweltbeziehungen die reifende Entfaltung der Ich-Funktionen zu hemmen oder gar zu schädigen vermag, liegt die sekundäre Bedrohung des autonomen souveränen Ich, mithin das genuin maligne und pathogene Störungspotenzial, in libidinös-narzisstischen Impulsen und Strebungen, derer sich das Ich erwehren muss. Libido und Narzissmus sind hier in Hartmanns Verständnis im Grunde deckungsgleich, das Ich indes ist aus der libidinös-narzisstischen Organisation vollständig ausgenommen.

Auch die Ansätze der Neofreudianer stehen ganz unter dem Zeichen einer Renaissance des reifend sich entfaltenden, genuin konfliktfreien und guten Selbst. Fast müßig zu erwähnen, dass natürlich auch für sie die Problemstellung der Ich-Genese bzw. der Genese dieses Selbst mit all seinen inhärenten Wachstumspotenzialen in keiner Weise zur Disposition steht. Obgleich sie mit Hartmann den primären Referenzpunkt, nämlich die empirisch objektive Wirklichkeit, teilen, melden sie jedoch, anders als jener, große Zweifel an der Verträglichkeit gegebener gesellschaftlicher Strukturbedingungen für das Subjekt an. Dies markiert zugleich den diametralen Gegensatz zwischen der Ich-psychologischen und der neofreudianischen Ausrichtung der Psychoanalyse nach Freud – notabene: eine Differenz vornehmlich auf inhaltlichem, weniger auf strukturellem Niveau.

Sah also Hartmann die harmonisch-förderliche Verschränkung von entgegenkommender Realität und dem auf Adaption ausgerichteten Ich-Apparat als normativ gegeben an, verlegten sich Horney und in ganz systematischer Weise Fromm auf die selbst-unverträglichen Aspekte gesellschaftlicher Strukturen (vgl. Fromm 1947; 1964; 1973). Fromm spannte dieses Verhältnis zwischen einem potenten, sich entfalten-wollenden Selbst und der es umgebenden Gesellschaft/Kultur in den Termen einer »primären« und einer »sekundären Potentialität« auf (Fromm 1973, S. 411; vgl. auch Fromm 1947) und entwickelte daraus sein Leitmotiv der nekrophilen Überformung (sekundäre Potentialität) eines primären wahren Selbst, dessen innerer Reichtum (primäre Potentialität) durch eine widrige, ja grausame Realität an seiner Entfaltung gewaltsam gehindert und destruktiv verzeichnet wird. Es ist dies eine Gedankenfigur, die von Horney auf der ihr eigenen, eher klinisch-deskriptiv ausgerichteten Perspektivebene geteilt wird.

Der Narzissmus erlebte hier seinen ersten radikalen semantischen Bedeutungswandel und wurde nun als Zerfallsprodukt mit Symptom-Charakter im Sinne einer Narbenbildung des Selbst – hervorgebracht durch unverträgliche, toxische Umwelteinflüsse – auf der Linie der Nekrophilie (Fromm) bzw. als neurotische Sicherungshaltung gegen ein erhöhtes Niveau der Grundangst auf der Linie des adlerschen Begriffskomplexes des »Männlichen Protests« (Horney) rubriziert. Interessant ist hierbei, wie sich Fromms »Bioethik« (1964) mit prävalenten amerikanischen Moral- und Wertekategorien aufs Intimste verbindet, allen voran die primordiale Freiheit von Schuld und das verbürgte Recht auf Glück (pursuit of happiness), wie es sich in Fromms Duktus direkt und umstandslos aus einem das genuin Gute des Subjekts und dessen moralische Reinheit beschwörenden metaphysischen Überbau herzuleiten scheint.

Die tragenden Argumentationsfiguren, die bei Fromm zur Anwendung kommen, stehen unübersehbar in der Tradition Jungs, während Horneys Ausführungen bis in den konzeptuellen Grundtenor und in die Terminologie hinein etliche Anleihen bei Adler aufweisen (vgl. vor allem Horney 1939). Allerdings finden diese offenkundigen Geistesverwandtschaften letztlich keinerlei Erwähnung:[3] Vielmehr ist es, gerade in den frühen Schriften und in der Folge allerdings mit nachlassender Tendenz, immer wieder Ferenczi, auf den als Kronzeuge der Legitimität neofreudianischer Revisionen rekurriert wird.

Parallel zum Siegeszug der Ich-Psychologie und zur neofreudianischen Huldigung der idealistischen Kategorie der Persönlichkeit in Amerika war die theoretische Entwicklung in Großbritannien von der Analyse der frühen Objektbeziehungen gekennzeichnet. Auch hier vollzog sich eine Verlagerung des psychisch strukturierenden Faktors von inneren Triebkonflikten zu äußeren formativen Einflüssen realer Objekte. Die sukzessive Konvergenz der amerikanischen und der britischen Tradition kann entlang der Beiträge zunächst Melanie Kleins, dann Michael Balints und schließlich William Fairbairns nachvollzogen werden.

In der Tat kann Melanie Klein als letzte Vertreterin einer trieb- und konfliktpsychologisch untergründeten Objektbeziehungstheorie gelten, obgleich auch sie nicht mehr von im freudschen Sinn sexuell interagierenden Objekten handelt. Ihr frühes Spaltungskonzept ebenso wie dessen Erweiterung zu einer Theorie der inneren Objekte ist vielmehr am Aspekt der Abwehr konstitutionell gegebener thanataler Triebimpulse[4] orientiert, sodass das Narzisstische im kleinianischen Sinne folglich als sekundäre, rein abwehrfunktionale Bildung auf der Matrix des von Klein bekanntlich ins Zentrum gerückten »primären Neides« verstanden werden muss. So beschreibt Melanie Klein einen bedauernswerten Säugling, der, gefangen im Klammergriff seiner (libidinös und thanatal) extrem polarisierten Triebwelt, gegen eben diese inneren Triebreize um Stabilität und Ausgleich ringt, welcher ihm doch nur mithilfe des Objekts – bei Klein eines phantasmatischen Objekts – gelingt (vgl. hierzu Gast 1996). Trotz aller dialektischer Finessen, die Kleins Entwurf auszeichnen, ist doch die Preisgabe eines für die freudsche Psychoanalyse wesentlichen Stranges zu verzeichnen: In Kleins Entwurf mutiert die tiefenscharfe Begriffsfigur des strukturellen Konflikts, dessen integraler Bestandteil das narzisstische Moment ja war und mithilfe dessen die Konstitution und Enkulturation des geschlechtlichen Subjekts als historisches in der Zeit beschreibbar wurde, zu einem rein intrapsychischen, endogenen, zutiefst ahistorischen, um nicht zu sagen präkulturellen Triebkonflikt.

---

3 Bei Fromm findet sich nur ein Hinweis auf Jung, und zwar in der Arbeit von 1964 (S. 66).
4 Allerdings handelt es sich hierbei weniger um einen Verweis im Sinne einer Referenz, sondern vielmehr um einen gleichsam persönlichen Nachtrag zum »historischen« Konflikt zwischen Freud und Jung, wie er sich um Jungs Auffassung der Libido als psychische Energie entspann.

1.6 Metamorphosen des Narzissmus

Während jedoch Klein ihre Theorie der Objektspaltung zumindest noch im phantasmatischen Raum aufspannt und die Phantasiebildung auf der Grundlage der genuinen Triebausstattung bzw. im Kontext (konstitutionell) unausweichlicher und struktureller Triebkonflikte beschreibt, wartet Balint, ebenso wie Klein prominenter Schüler Ferenczis, der erst 1939 unter dem Druck der nach Ungarn übergreifenden faschistischen Bedrohung nach England emigrierte, mit einer nachgerade romantisierenden Vorstellung einer idealtypisch verlaufenden Entwicklung auf der Bias der primären Objektliebe auf, die die reale Mutter zunehmend zur Drehscheibe der inneren Strukturierung des Psychischen macht und dergestalt den freudschen Triebkonflikt nun gänzlich obsolet werden lässt. Auch für ihn sind – ebenso wie für Adler, Hartmann, Horney und Fromm – Manifestationen des Narzissmus lediglich Fehlhaltungen und sekundäre Reaktionsbildungen auf eine unempathische reale Objektwelt, welche die »primäre Objektliebe« des Kindes ins Leere laufen lässt, sie »verstümmelt« (1937, S. 99) und ihrerseits die gedeihlichen Objektqualitäten verfehlt. Balint ist es expressis verbis um die Rückgewinnung einer »harmonischen« (1961, S. 160) und konfliktfreien Kindheit zu tun, und ähnlich wie Hartmann von Anpassung und Zusammenpassung sprach, ist bei Balint die Rede von einer »harmonischen Verschränkung« von Mutter und Kind im Zeichen zärtlich-asexueller primärer Liebe (1968, S. 81). Freuds Konzept des primären Narzissmus ist in seinen Augen schon allein deshalb nicht haltbar, weil es sich als lediglich durch Extrapolation entwickeltes Konstrukt der direkten Beobachtung und Validierung entzöge. So läutet er denn mit großem »aufklärerischem« Gestus das »Ende der Amöbensage« (1937, S. 102) ein und sieht damit im Übrigen auch die Libidotheorie als solche grundsätzlich infrage gestellt. Die psychoanalytische Explikation des Libidoschicksals nämlich, ja die Theorie der Libidoentwicklung schlechthin, sei vor diesem Hintergrund schon allein deshalb mehr als zweifelhaft, weil diese doch gerade in der inkriminierten Vorstellung eines primären Narzissmus ihren Ausgangspunkt nehme (vgl. 1935, S. 47ff). In Balints Modellierung eines primär objektbezogenen und dem Objekt in primärer Liebe verbundenen Säuglings sind neben der fast unveränderten Übernahme der Genitaltheorie Ferenczis auch grobe, eher intentionale Übereinstimmungen mit Fromms romantisierender Beschwörung des genuinen guten, »triebbereinigten« Selbst unschwer auszumachen, auch wenn er dies mit weit weniger komplexen Dogmen die menschliche Natur und Wesenhaftigkeit betreffend unterfüttert als jener. Dennoch steht auch Balints Kernkonzept einer aufsteigenden Entwicklungslinie von der primär passiven zur aktiven Objektliebe unübersehbar in der (entwicklungspsychologischen) Tradition des Reifungsgedankens und verabschiedet sich in diesem Sinne, im strikten Gegensatz zu Klein, von der freudschen Vorstellung der (historisch-ontogenetischen) Subjektwerdung entlang struktureller Konflikte.

Wollte man die Beiträge Kleins und Balints wieder an Ferenczis Beitrag zur Psychoanalyse rückbinden, so könnte man sagen, jeder von ihnen hätte sich jeweils eines markanten Stranges seines Werkes angenommen und weiterentwickelt. Klein nahm Ferenczis Aspekt der Mutterleibsphantasie zum Ausgangspunkt und weitete dieses für ihn paradiesisch konnotierte Motiv vor dem Hintergrund der die kindliche Psyche beutelnden strukturellen Triebkonflikte auf die bedrohlichen Aspekte hin aus. Balint hingegen knüpfte an Ferenczis Vorstellung einer entsexualisierten Dualunion von Mutter und Kind an und setzt damit zugleich das von Klein entmystifizierte Paradies der unbedingten Geborgenheit, Erfüllung und ambivalenzfrei reinen Liebe gleichsam synchron erneut in Szene.

Fairbairn schließlich war es, der den Anschluss der englischen Objektbeziehungstheorie an die prävalenten Strömungen der nordamerikanischen Psychoanalyse besorgte. So gelang ihm das Kunststück, Kleins Spaltungskonzept auf das Niveau der amerikanischen Ich-Psychologie und der neofreudianischen Selbstpsychologie zu bringen und es damit in gewisser Weise salonfähig zu machen, indem er nicht nur Aspekte der modernen Ich-Psychologie, sondern auch die für Balints Theorie der primären Objektliebe vitalen Elemente damit legierte. Fairbairns Entwurf ist in seiner Art beispiellos, denn anders als die postfreudianischen Revisionsversuche behielt er den Libido-Begriff bei, statt ihn zu marginalisieren, definierte ihn aber, einem nominalistischen Trick gleich, konsequent um. Die Libido, so Fairbairn, sei nicht primär am Lustgewinn orientiert, sondern das »wahre libidinöse Bedürfnis liegt in der Herstellung befriedigender Objektbeziehungen« (1952, S. 65) – eine Auffassung, die bekanntlich in seiner formelhaften Leithypothese der »primär objektsuchenden Libido« aufgehoben ist (vgl. ebd., S. 71). So beschreibt Fairbairn den kindlichen Innenweltaufbau auf der Grundlage der infantilen Abhängigkeit von einem empirisch-realen Primärobjekt über die Bildung »guter« und »böser« Ich-Substrukturen und deren zunehmender Verlötung unter der Ägide eines, ebenfalls durch günstige Milieubedingungen, hinreichend starken Zentral-Ichs. Einziger und zentraler Referenzpunkt ist ihm, wie zuvor für Adler, Hartmann, Horney und Fromm, die reale Beschaffenheit der kindlichen Umwelt, namentlich der Mutter, und deren direkter Zugriff auf die Entwicklung der kindlichen Psyche, wodurch folglich auch bei Fairbairn der für Freud und Klein so wesentliche Konfliktgedanke durch die eher eindimensionale Figur potenzieller Störungsfreiheit und vermeidbarer Ich- bzw. Selbstdefekte und Entwicklungsdefizite ersetzt wird.[5] Auch das Narzisstische scheint nun metapsychologisch keine Rolle mehr zu spielen, ja mehr noch, es scheint in der Konzeptfigur selbst gar keinen Platz mehr zu haben, was angesichts der radikalen Neudefinition der Libido auch nicht wirklich überraschen kann. Eine konzeptuelle Nachfolge der Narzissmus-Figur kann allenfalls in dem nicht nur von Fairbairn, sondern von der Objektbeziehungstheorie und -psychologie nach Klein allgemein als zentral beschriebenen Bildung eines inneren Ideal-Objekts, welches seine Entsprechung im idealen Ich, dem idealen Selbstobjekt hat, gesehen

---

5 So identifiziert er beispielsweise die frühen schizoiden Spaltungsmechanismen als Abwehrformationen gegen unverträgliche Aspekte des äußeren Primärobjekts.

1.6 Metamorphosen des Narzissmus

werden. Insofern sich nun in diesen Ideal-Objekt- und Selbstobjekt-Bildungen immer die entsexualisierte idealisierte mütterliche Seinsweise verdichtet, verbinden sich eben diese Merkmale mit dem Narzisstischen im weitesten Sinne, das nun als eine Art Substrat des guten, gedeihlichen, nährenden Objekts verstanden werden kann.

Mit einem solcherart Ich-psychologisch modellierten Spaltungskonzept der frühen Objektrelation sowie einem gänzlich triebbereinigten und harmonisierten Modell der inneren Objektwelt konvergierte der britische Diskurs vor allem über den Aspekt der Adaption des Individuums an empirisch-reale Außenweltbedingungen in den US-amerikanischen und kulminierte schließlich in Heinz Kohuts »Psychologie des Selbst«. Insofern sich dessen Ansatz nicht nur am radikalsten von der Libidotheorie verabschiedet hat, sondern auch das Unbewusste gänzlich obsolet werden ließ, wäre hier, wie ich meine, nicht mehr von einer psychoanalytischen Objektbeziehungstheorie im eigentlichen Sinne, sondern von einer Objektbeziehungs*psychologie* zu sprechen. Ich komme hierauf im Folgenden zurück.

Zuvor jedoch bliebe zusammenfassend festzuhalten, dass im Zuge der hier nur kurz umrissenen diskursiven Neuordnung der postfreudianischen Ansätze nicht zuletzt auch die psychoanalytische Gegenstandsbildung selbst einer bedeutsamen Wandlung unterzogen wurde: Das gemeinsame Bindeglied der amerikanischen und der britischen Psychoanalyse lag nunmehr zweifellos im Aspekt der Anpassung und einer primären Gerichtetheit des Individuums auf die äußere Realität, und das von Freud thematisierte Feld der sexuellen Konflikte, das Zerschellen des libidinösen (bzw. libidinös-narzisstischen) Wunsches an einer repressiven Kulturforderung wich der Abwehr toxischer Aspekte der Realität und der Integration guter mütterlicher Seinsweisen in ein recht totalitäres, idealiter konfliktfreies Selbst. Die unauflösbare Opposition von Subjekt und Kultur, wie sie im freudschen Denken zentral waren, wurden also von einer teilweise überzeichnet euphemistischen Remythologisierung des Subjektbegriffs abgelöst. Ein solch eklatanter diskursiver Umschwung schrieb sich vor allem in den Narzissmus-Begriff ein, der von nun an metatheoretisch nicht mehr auf der Strukturachse Lust und Unlust, also auf der Ebene der Libido angesiedelt, sondern im Spannungsfeld von »gut« und »böse« bezogen auf das mütterliche Objekt im Sinne der Selbsterhaltungsfunktion (»Hunger«) im weitesten Sinne positioniert wurde. Wohl bekanntestes Stichwort hierfür dürfte Guntrips »Seelennahrung« sein (zit. nach Eagle 1984, S. 102).

Spricht man nun von einem Einmünden der britischen Objektbeziehungspsychologie in den amerikanischen Mainstream, so findet der Entsexualisierungszug der Psychoanalyse nach Freud seinen konzeptuellen Höhepunkt, um nicht zu sagen: seine Vollendung in der Psychologie des Selbst von Kohut. Diese beruht nahezu ausschließlich auf einer neuen Narzissmus-Theorie, die sich indes bei näherem Hinsehen als ein, zugespitzt formuliert, Konglomerat der gesamten Revisionsgeschichte der freudschen Psychoanalyse erweist. In der Tat verarbeitet und legiert Kohut Argumentationsfiguren und Denkmodelle von Adler, Jung, Ferenczi, Hartmann, Fromm, Balint und Fairbairn, fügt also all die Durchgangsstationen und Marksteine der das diskursive Schicksal des Narzissmus-Konzepts bestimmenden Elemente in ein neues, für ihn universell gültiges Paradigma zusammen. Vor diesem Hintergrund kann man also getrost von einer gelungenen Synthese der Auffassungen Adlers und Jungs gegen Freud sprechen, ohne dass jene auch nur am Rande Erwähnung fänden. So gesehen steht Kohut – obgleich dies vielfach infrage gestellt wird – durchaus in der Tradition der Psychoanalyse, oder anders ausgedrückt: In seinem ahistorischen Solipsismus steht er zugleich in der folgenreichen Tradition der Geschichtslosigkeit der postfreudianischen Psychoanalyse.

Untersucht man ferner die Entwicklung seiner Modellierungen bis hin zur für ihn letztgültigen Fassung einer Selbstpsychologie, so ist unschwer zu erkennen, wie sich in ihnen – gleichsam mikrokosmisch – eben jene Geschichte der Entsexualisierung des psychoanalytischen Diskurses nachbildet.

Kohut lässt dem Narzissmus-Begriff – im nachfreudianischen Diskurs unversehens zum Inbegriff des Bedrohlich-Malignen geworden und kurzerhand im grenzpathologischen Bereich angesiedelt – eine, wenn man so will, ihn rehabilitierende Triebbereinigung und semantische Entschuldung zuteil werden. Metatheoretisch geschieht dies durch die Postulierung einer vom Triebgeschehen vollständig abgelösten und autonomen narzisstischen Entwicklungslinie, die ihrerseits den Strukturaufbau des Selbst leistet und mit weiterem Fortschreiten seiner Theoriebildung gar mit dem Selbst identisch wird. Dieser Gedanke eines souveränen Narzissmus findet sich bereits in Kohuts mittlerweile wohl legendärem Narzissmus-Entwurf von 1971 und zieht sich als Richtschnur und ungeachtet späterer konzeptueller Modifikationen durch alle seine Arbeiten hindurch. Bereits 1975 und abschließend 1977 totalisierte Kohut seine Modellierung des Selbst und begriff es nun nicht mehr als integralen Bestandteil des psychischen Apparates neben anderen (vgl. 1977, S. 219 Fn), sondern als primordiale übergeordnete Struktur sui generis (vgl. 1975). Damit postulierte er ein von der Ich- und auch Triebentwicklung sowie den sie jeweils begleitenden Erfahrungen und Funktionen nicht nur autonomes, sondern diesen gar übergeordnetes Selbstsystem, welches sich jenen – subalternen – Bereichen als organisierende Konfiguration annimmt.

Bereits in seinem revidierten Entwurf von 1977 verliert das Triebmoment, ohnehin als theoretisch weitgehend verzichtbares Relikt stark banalisiert und marginalisiert, vollends an Bedeutung, und stattdessen rückt dieses superiore apriorische Selbst ins Zentrum, dessen »Erforschung (...) jenseits der Psychologie von Trieben und Abwehrmechanismen« (1975, S. 268) Kohut von nun an zu seinem zentralen Topos erklärte. Auf der genetischen Ebene entwirft er einen von Triebschicksalen unbehelligten und im Grunde anthropologisch konstanten, gleichsam natürlichen Entfaltungs- bzw. Manifestationsprozess inhärenter progressiver Potenziale (vgl. Kohut 1975) und bedient sich damit, Jungs, Fromms und

1.6 Metamorphosen des Narzissmus

Balints – um nur einige zu nennen – Faden aufnehmend, einer ebenso gesellschaftlich funktionalen und reduktionistischen wie theoretisch und erkenntnislogisch überaus fragwürdigen Reifungsfigur. Nicht mehr das ontogenetische und notwendig konfliktuöse Konstitutionsschicksal von Subjektivität entlang der libidinösen Verfasstheit der Subjekte in der Kollision mit den Kulturforderungen ist der Gegenstand, sondern die Bestimmung der qualitativen und quantitativen Abweichungen vom Idealverlauf – paradigmatisch durch exogene Faktoren, also aufgrund förderlicher oder maligner Umweltbedingungen – der Realisation dieses ganzheitlichen Selbst. Mit anderen Worten: Ein buchhalterisches Bilanzieren von Defekten tritt an die Stelle der Analyse struktureller Konflikte nebst ihrer Abwehr und Verdrängung, ein eher pragmatisches Modell von Störung substituiert die (ebenso kulturphilosophische wie therapietheoretisch bedeutsame) Einsicht in die Unausweichlichkeit des Triebkonflikts als Signum der Conditio humana (vgl. Kohut 1977, S. 85), und es ist eben diese »Neuordnung«, die dem Individuationsgedanken Jungs und in dessen Verlängerung der frommschen Vorstellung eines »wahren Selbst« auf nachgerade emphatische Weise zur Renaissance verhilft.

Kohuts »Tragischer Mensch«, jener Gegenentwurf zum »Schuldigen Menschen« Freuds, ist der Glücksritter, wie ihn schon Jung und Fromm entwarfen. Was ihn treibt, ist nicht die Sicherung seines Luststrebens in der Ordnung des Realitätsprinzips, und was ihn leiden macht, ist nicht die schuldhafte Verstrickung in Wunsch, Verbot und Verzicht. Er strebt vielmehr nach der Verwirklichung seiner Ideale und Potenzialitäten, nach Selbstrealisation und Wiedererlangung des narzisstischen Glücks, und er scheitert an den Grenzen, die ihm von seiner kontaminierten Sozialisationsgeschichte gesetzt werden.

Daraus aber ergibt sich eine klare Konturierung der sich in der postfreudianischen Psychoanalyse schon lange abzeichnenden Tendenz: Die Mutation der psychoanalytischen Kur zur instrumentellen Psychotherapie, das Ausschließungsverhältnis von erkenntnistheoretisch-aufklärerischem Impetus und einem euphemistischen Verständnis von Heilung – einer Tendenz der Psychoanalyse zu einer Sozialisationstheorie also, deren alleiniger Maßstab eine recht positivistische Praxisintentionalität zu werden droht. Als (vorläufig?) Letzter in einer langen Reihe opferte Kohut, überpointiert formuliert, die Psychoanalyse als Instrument der Erkenntnis sowie deren profunde Widerständigkeit gegen gesellschaftliche Vereinnahmung einem letztlich konformistischen Furor sanandi, für den er darüber hinaus auch bereit war, die genuin psychoanalytische Einsicht sowohl in die strukturelle Konflikthaftigkeit der Conditio humana als auch in die dialektische Ausgelegtheit des Verhältnisses von Subjekt und Kultur preiszugeben.

Stattdessen ist bei ihm nun die Rede von »heilbarer« Selbstpathologie: Blockierungen werden aufgehoben, Defekte und fehlende Segmente reimplementiert, narzisstischer Hunger gespeist (vgl. Kohut 1966, S. 570). Die Restitution des aufgrund von elterlichen Entgleisungen schwachen, desintegrierten Selbst – die Anklänge an Ferenczi sind nicht zu übersehen – zugunsten einer idealistisch, ja ideologisch getönten Wiederherstellung von Ganzheitlichkeit tritt an die Stelle der widerständig-aufklärerischen Einsicht in die unausweichliche Konflikthaftigkeit und kulturelle Gebrochenheit des Subjekts im Zuge seiner Subjektwerdung. Auch wenn man diese Versprechen von Glück und Gesundheit vordergründig als tröstlich empfinden mag, so verliert das Subjekt dadurch doch seine Verankerung in der Kultur, deren Teil es ist, und findet sich auf seine eigene Störungsbiografie zurückgeworfen. Ein solches Subjekt aber ist ebenso ahistorisch und solipsistisch wie die Theorie, die es inszenierte und auf ihren Schild hob.

Literatur

Adler A (1912). Über den nervösen Charakter. Frankfurt/M.: Fischer 1973.
Adler A (1933). Der Sinn des Lebens. Frankfurt/M.: Fischer 1973.
Andreas-Salomé L (1958). In der Schule bei Freud. Tagebuch eines Jahres 1912/1913. Frankfurt/M., Berlin, Wien: Ullstein 1983.
Balint M (1935). Zur Kritik der Lehre von den prägenitalen Libidoorganisationen. In: Die Urformen der Liebe und die Technik der Psychoanalyse. Frankfurt/M.: Fischer 1969.
Balint M (1937). Frühe Entwicklungsstadien des Ichs. Primäre Objektliebe. In: Die Urformen der Liebe und die Technik der Psychoanalyse. Frankfurt/M.: Fischer 1969.
Balint M (1961). Beitrag zum Symposium über die Theorie der Eltern-Kind-Beziehung. In: Die Urformen der Liebe und die Technik der Psychoanalyse. Frankfurt/M.: Fischer 1969.
Balint M (1965). Die Urformen der Liebe und die Technik der Psychoanalyse. Frankfurt/M.: Fischer 1969.
Balint M (1968). Regression. Therapeutische Aspekte und die Theorie der Grundstörung. München: dtv 1987.
Eagle MN (1984). Neuere Entwicklungen in der Psychoanalyse. Eine kritische Würdigung. München: Verlag Internationale Psychoanalyse 1988.
Fairbairn WRD (1952). Objektbeziehungen und dynamische Struktur. In: Kutter E (Hrsg). Psychologie der zwischenmenschlichen Beziehungen. Darmstadt: Wissenschaftliche Buchgesellschaft 1984; 64–81.
Ferenczi S (1924). Versuch einer Genitaltheorie. In: Schriften zur Psychoanalyse. Bd. II (hrsg. v. M. Balint). Frankfurt/M.: Fischer 1982.
Ferenczi S (1929). Das unwillkommene Kind und sein Todestrieb. In: Bausteine zur Psychoanalyse. Bd. III. 2. Aufl. Bern, Stuttgart, Wien: Huber 1964; 347–66.
Freud S (1912–13). Totem und Tabu. GW IX. Frankfurt/M.: Fischer 1999.
Freud S (1914a). Zur Einführung des Narzißmus. GW X. Frankfurt/M.: Fischer 1999; 137–70.
Freud S (1914b). Zur Geschichte der psychoanalytischen Bewegung. GW X. Frankfurt/M.: Fischer 1999; 43–113.
Freud S (1915). Triebe und Triebschicksale. GW X. Frankfurt/M.: Fischer 1999; 210–32.
Freud S (1917). Eine Schwierigkeit der Psychoanalyse. GW XII. Frankfurt/M.: Fischer 1999; 3–12.
Freud S (1920). Jenseits des Lustprinzips. GW XIII. Frankfurt/M.: Fischer 1999; 1–69.
Freud S (1923a). »Psychoanalyse« und »Libidotheorie«. GW XIII. Frankfurt/M.: Fischer 1999; 211–33.
Freud S (1923b). Das Ich und das Es. GW XIII. Frankfurt/M.: Fischer 1999; 237–89.
Freud S (1933). Neue Folge der Vorlesungen zur Einführung in die Psychoanalyse. GW XV. Frankfurt/M.: Fischer 1999.
Freud S, Abraham K (1965). Briefe 1907–1926. Hrsg. von H. C. Abraham und E. L. Freud. Frankfurt/M.: Fischer.

Fromm E (1947). Psychoanalyse und Ethik. Zürich: Diana 1954.
Fromm E (1964). Die Seele des Menschen. Ihre Fähigkeit zum Guten und zum Bösen. München: dtv 1988.
Fromm E (1973). Anatomie der menschlichen Destruktivität. Reinbek: Rowohlt 1977.
Gast L (1992). Libido und Narzißmus. Vom Verlust des Sexuellen im psychoanalytischen Diskurs. Eine Spurensicherung. Tübingen: edition diskord.
Gast L (1996). Himmel und Hölle, Paradies und Schreckenskammer. Die Idee der Subjektgenese im phantasmatischen Raum bei Freud und Klein. Luzifer-Amor; 9: H 17.
Hartmann H (1939). Ich-Psychologie und Anpassungsproblem. Int Z Psychoanal; 24: 62–135.
Hartmann H (1950). Bemerkungen zur psychoanalytischen Theorie des Ichs. In: Ich-Psychologie. Studien zur psychoanalytischen Theorie. Stuttgart: Klett 1972.
Hirsch M (2004). Der Traumabegriff bei Freud. In: Psychoanalytische Traumatologie – Das Trauma in der Familie. Psychoanalytische Theorie und Therapie schwerer Persönlichkeitsstörungen. Stuttgart, New York: Schattauer; 9–27.
Horney K (1939). Neue Wege in der Psychoanalyse. München: Kindler 1977.
Jung CG (1912a). Versuch einer Darstellung der psychoanalytischen Theorie. Zürich: Rascher 1955.
Jung CG (1912b). Symbole der Wandlung. Zürich: Rascher 1952.
Kohut H (1966). Formen und Umformungen des Narzißmus. Psyche; 20: 561–87.
Kohut H (1971). Narzißmus. Eine Theorie der psychoanalytischen Behandlung narzißtischer Persönlichkeitsstörungen. Frankfurt/M.: Suhrkamp 1976.
Kohut H (1975). Bemerkungen zur Bildung des Selbst. In: Die Zukunft der Psychoanalyse. Frankfurt/M.: Suhrkamp 1985.
Kohut H (1977). Die Heilung des Selbst. Frankfurt/M.: Suhrkamp 1981.
Küchenhoff J (2004). »Zur Einführung des Narzißmus« – eine Relektüre. Psyche; 58: 150–69.
Lacan J (1949). Das Spiegelstadium als Bildner der Ichfunktion, wie sie uns in der psychoanalytischen Erfahrung erscheint. In: Schriften I. Olten: Walter 1973; 61–70.
Laplanche J (1974). Leben und Tod in der Psychoanalyse. Frankfurt/M.: Nexus 1985.
Laplanche J, Pontalis J-B (1967). Das Vokabular der Psychoanalyse Frankfurt/M.: Suhrkamp 1977.
Salber W (1974). Entwicklungen der Psychologie S. Freuds. Bd. 3. Bonn: Bouvier.
Schneider P (2005). (In) den Narzißmus einführen. Ein Kommentar zu Freuds »Zur Einführung des Narzißmus«. Psyche; 59: 316–35.
Wittels E (1924). Sigmund Freud – Der Mann. Die Lehre. Die Schule. Leipzig, Wien, Zürich: Internationale Psychoanalyse Verlag.
Zepf S (1985). Narzißmus, Trieb und die Produktion von Subjektivität. Stationen auf der Suche nach dem verlorenen Paradies. Berlin, Heidelberg, New York: Springer.

1.7
Pathologischer Narzissmus und Machtmissbrauch in der Politik

Hans-Jürgen Wirth

Das schlechte Image von Macht und Narzissmus

»Keine Macht für niemand!«, lautete einer der Slogans der 68er-Bewegung. Und Jacob Burckhardt schrieb schon exakt 100 Jahre früher in seinen »Weltgeschichtlichen Betrachtungen«: »Und nun ist die Macht an sich böse, gleichviel wer sie ausübe.« (Burckhardt 1868, S. 73)

Aber die Studenten des Pariser Mai '68 forderten nicht nur die Abschaffung der Macht, sondern formulierten auch: »Die Phantasie an die Macht!« und »Alle Macht dem Volke!«

Macht ist offenbar ein schillerndes Phänomen, das höchst ambivalente Gefühle, Phantasien und Wertungen auslöst. Macht wird einerseits entwertet, verdammt, gar verteufelt, und andererseits gilt ihr unsere Faszination. Wir bewundern und beneiden diejenigen, die sie ausüben. Wir träumen heimlich davon, selbst über unendlich viel Macht zu verfügen und beschwichtigen die Schuldgefühle, die dieser Wunsch auslöst, mit der Vorstellung, diese unendliche Macht natürlich zum Wohle der Menschheit einzusetzen.

Interessanterweise ergeht es dem Begriff des Narzissmus ähnlich wie dem der Macht: Auch ihm haftet eine höchst ambivalente Tönung an. Sigmund Freud (1914) stellt dem Narzissmus die Objektliebe diametral gegenüber. Je mehr man seine begrenzte libidinöse Energie an andere Menschen als Liebe und Zuneigung verschenke, umso weniger bleibe sozusagen dafür übrig, sich selbst zu lieben. Wer umgekehrt in erster Linie an sich selbst denke, dem stünden für den Mitmenschen keine Liebesreserven mehr zur Verfügung.

Der Narzissmus scheint mit dem Egoismus assoziiert und ist demnach eine antisoziale Eigenschaft. Wenn wir einen Menschen als narzisstisch bezeichnen, werten wir ihn ab und charakterisieren ihn als egoistisch, Ich-bezogen und in seinen sozialen Beziehungen beeinträchtigt. Narzisstisch gestörte Persönlichkeiten gelten als psychotherapeutisch schwer behandelbar, und die von manchen Autoren postulierte Zunahme narzisstischer Störungen im »Zeitalter des Narzissmus« (Lasch 1979) wird als Zeichen eines tief greifenden sozialen Verfalls gedeutet. Der amerikanische Soziologe Richard Sennett (1977) erklärt den Narzissmus gar zur »protestantischen Ethik von heute«, und er lässt keinen Zweifel daran, dass er den »Terror der Intimität« für ein Grundübel der an narzisstischen Zielen und Werten orientierten Gesellschaft hält.

Macht als Verleugnung von Abhängigkeit

Die moderne Säuglingsforschung hat dem »klassischen« psychoanalytischen Bild vom Säugling als einem autistischen, symbiotischen, passiven und »primärnarzisstischen« Wesen das Bild vom – wie Martin Dornes (1993) es formuliert hat – »kompetenten Säugling« entgegengesetzt, der von Anfang an in einem aktiven Austausch mit seiner Umwelt steht. Wie die Beobachtung der frühen Mutter-Kind-Interaktionen gezeigt hat, suchen bereits Babys direkt nach ihrer Geburt aktiv den Kontakt mit der Mutter. Der von Freud (1914) postulierte »primäre Narzissmus« beschreibt also nicht den normalen und gesunden seelischen Zustand des Neugeborenen, sondern nur die pathologische Fehlentwicklung. Damit ist auch Freuds diametraler Gegenüberstellung von Narzissmus und Objektliebe die Grundlage entzogen. Dies entspricht im Übrigen auch allen klinischen Erfahrungen, die zeigen, dass Patienten, deren Selbstwertgefühl im Laufe der Therapie zunimmt, auch zunehmend fähiger werden, stabile und befriedigende (Liebes-)Beziehungen zu anderen Menschen einzugehen. Man muss geradezu umgekehrt annehmen, dass ein (gesunder) Narzissmus die inneren Voraussetzungen zur Aufnahme reifer Objektbeziehungen darstellt.

Die amerikanische Psychoanalytikerin Jessica Benjamin (1988) hat in ihrem Buch »Die Fesseln der Liebe« den Versuch unternommen, das Problem der Macht mit der existenziellen Abhängigkeit des Menschen einerseits und seinem ebenso existenziellen Bedürfnis nach Souveränität andererseits in Verbindung zu bringen. Sie geht davon aus, dass der Mensch sein ganzes Leben lang auf die Anerkennung durch andere Menschen angewiesen ist, also nicht nur, wenn er als völlig hilfloser Säugling auf die Welt kommt. Schon der Säugling hat ein primäres Interesse am Kontakt mit anderen Menschen, vor allem der Mutter, das sich nicht auf das Bedürfnis nach Nahrungsaufnahme und orale Bedürfnisse beschränkt. Damit sich ein Gefühl der Identität entwickeln kann, bedarf es eines Gegenübers, das durch Liebe und Anerkennung das Selbst-Gefühl bestätigt – oder genauer: überhaupt erst konstituiert. »Niemand kann sich der Abhängigkeit von anderen oder dem Wunsch nach Anerkennung entziehen«, fasst Benjamin (ebd., S. 53) diesen Gedanken zusammen. Die Erfahrung, auf den anderen und sein Wohlwollen in fundamentaler Weise angewiesen zu sein, gehört zu den schmerzlichsten, aber auch beglückendsten Erfahrungen, denen jeder Mensch vom Beginn seines Lebens an immer wieder ausgesetzt ist.

Die Ausübung von Macht und der pathologische Narzissmus stellen Strategien dar, um dieser Abhängigkeit zu entgehen. Wenn das Subjekt seine Abhängigkeit von einer anderen Person zu leugnen versucht, kann es danach trachten, diese Person mithilfe der Macht zu unterjochen, zu versklaven oder sich in anderer Form gefügig zu machen. Der andere soll gezwungen werden, seine Anerkennung auszudrücken, ohne selbst Anerkennung zu ernten. Die Anhäufung von noch so viel Macht kann das menschliche »Urbedürfnis« nach Liebe und Anerkennung jedoch nicht ersetzen, sondern nur umformen und ausnutzen. Wer Macht hat, kann sich Liebe und Anerkennung erzwingen und erkaufen. Er verschleiert damit seine fundamentale Abhängigkeit, ohne sie jedoch wirklich aufheben zu können. Damit beginne ein Circulus vitiosus, schreibt Benjamin (ebd., S. 213): »Je mehr der andere versklavt wird, desto weniger wird er als menschliches Subjekt erfahren, und desto mehr Distanz oder Gewalt muss das Selbst gegen ihn einsetzen.« Das daraus folgende Fehlen von Anerkennung führt beim Mächtigen jedoch zu einer narzisstischen Mangelerfahrung und zu narzisstischer Wut (Kohut 1973), die er mit einer weiteren Steigerung seiner Macht beantwortet. Aus dieser Dynamik leitet sich der suchtartige Charakter von Machtprozessen ab, der sich sowohl in unseren privaten Beziehungen, in beruflichen Zusammenhängen als auch in der Politik beobachten lässt.

Zum Ausbruch narzisstischer Wut kommt es dann, wenn das grandiose Selbst auf seinem omnipotenten Anspruch, das Selbstobjekt völlig zu beherrschen, beharrt. Verleugnet das Ich, dass »die Macht des Selbst ihre natürliche Begrenztheit hat, und schreibt dessen Unvollkommenheit und Schwächen der Böswilligkeit und Verderbtheit des archaischen Objekts zu« (ebd., S. 551), so kann die ganze Persönlichkeit von einer seelischen Haltung durchsetzt werden, die Kohut als »chronische narzisstische Wut« (ebd.) bezeichnet.

Diese chronische narzisstische Wut kann nicht nur das Seelenleben des Einzelnen vergiften, sondern auch in Gruppen und Großgruppen ihre Wirkung entfalten, beispielsweise wenn das grandiose Gruppen-Selbst durch eine Verletzung des Nationalstolzes, etwa infolge einer militärischen Niederlage, eine Demütigung erfährt (Volkan 1999). Aber auch die schleichende Zerstörung und Zersetzung von kulturellen und religiösen Wertesystemen – beispielsweise als Folge der Globalisierung – kann als eine Erniedrigung der idealisierten Eltern-Imago erlebt werden, die zur Regression, zur Verschmelzung mit einem archaischen omnipotenten Größen-Selbst und dann zu den verschiedenen Äußerungsformen einer chronischen narzisstischen Wut führen. Kohut betont ausdrücklich, dass diese Wut, die sich anfänglich als »kurzlebiger Wut-›Anfall‹« (ebd., S. 551) äußern mag, im fortgeschrittenen Stadium in »wohlorganisierten Feldzügen« (ebd., S. 552) und in endloser Rachsucht ausleben kann. Die Psychopathologie und die kollektive Pathologie der Selbstmordattentäter und ihrer Hintermänner, die den Terrorangriff auf das World-Trade-Center und das Pentagon verübten, sind von einer solchen Dynamik der chronischen narzisstischen Wut bestimmt (Wirth 2002; 2004a; Auchter et al. 2003).

Macht und Machtmissbrauch

Auf Anregung der »relationalen Psychoanalyse« (Mitchell 2003; 2004; Wirth 2004b) betrachten wir den Narzissmus heute nicht mehr als »einsame Beschäftigung des Subjekts mit sich selbst« (Altmeyer 2000, S. 228), sondern als Ausdruck und Medium des Bedürfnisses, von anderen geliebt, anerkannt und angesehen zu werden. Einerseits sind wir bestrebt, uns als Individuen unserer Einzigartigkeit und Individualität zu vergewissern, andererseits sind wir dazu aber – paradoxerweise – auf die spiegelnde Anerkennung (und Liebe) der anderen angewiesen. »Der Narzissmus bildet keinen Gegensatz zur Objektbeziehung, er ist in einem Zwischenbereich angesiedelt, welcher das Selbst mit dem anderen verbindet.« (ebd., S. 22)

Interessanterweise betont auch die Soziologie den Beziehungsaspekt von Macht. Macht hat grundsätzlich einen relationalen Charakter; sie existiert nicht schlechthin, sondern man übt sie über etwas oder über jemanden aus (Hösle 1997). Luhmann versteht Macht als ein »Kommunikationsmedium«, das dazu dient, »auf einen Partner, der in seinen Selektionen dirigiert werden soll« (Luhmann 1975, S. 8), Einfluss zu nehmen.

So wie der Narzissmus ein allgegenwärtiger Aspekt des Seelenlebens ist, stellt die Macht einen unvermeidlichen Bestandteil des sozialen Lebens dar. Der Soziologe Max Weber (1921, S. 28) definiert Macht als »jede Chance, innerhalb einer sozialen Beziehung den eigenen Willen auch gegen Widerstand durchzusetzen, gleichviel, worauf diese Chance beruht«. In seinem berühmten Essay »Politik als Beruf« richtet Weber im Zusammenhang mit den negativen Wirkungen der Macht seinen soziologischen Blick auf »einen ganz trivialen, allzu menschlichen Feind (...): die ganz gemeine Eitelkeit« (Weber 1919, S. 74). Er bezeichnet die Eitelkeit als eine »Berufskrankheit« der Politiker und der Wissenschaftler und vermutet, sie sei eine Eigenschaft, von der sich niemand so ganz frei wähnen könne. Weber gibt auch eine implizite Definition von Machtmissbrauch:

»Die Sünde gegen den heiligen Geist seines Berufs aber beginnt da, wo dieses Machtstreben *unsachlich* und ein Gegenstand rein persönlicher Selbstberauschung wird, anstatt ausschließlich in den Dienst der ›Sache‹ zu treten.« (ebd., S. 75)

Interessanterweise thematisiert Weber hier implizit den engen Zusammenhang zwischen Narzissmus und Macht, auch wenn ihm der Begriff des Narzissmus als Soziologe nicht geläufig war.

Die Ausübung von Macht wird dann problematisch, wenn die Leitungsfunktion vom pathologischen Narzissmus der Führungsperson bestimmt wird, wenn der politische Führer seine Macht dazu benutzt, seine unbewussten narzisstischen Konflikte auszuagieren oder abzuwehren. Es ist einer Führungsperson aber durchaus erlaubt, ihre gesunden narzisstischen und auch ihre aggressiven Strebungen in ihre Arbeit einfließen zu lassen:

»Die Machtausübung ist ein wesentlicher, unvermeidbarer Teil der Führung und verlangt von der Führungskraft, dass sie sich die aggressiven Aspekte ihrer eigenen Persönlichkeit problemlos zunutze machen kann.« (Kernberg 1998, S. 139)

Auch die gesunden narzisstischen Wünsche und Bedürfnisse sind eine wichtige Stimulanz für die Führungsaufgabe. Beispielsweise ist es unproblematisch, wenn ein politischer Führer stolz auf die Arbeit und die Erfolge ist, die er selbst und die von ihm geleitete Gemeinschaft erbracht haben. Sein Selbstwertgefühl sollte sich durch solche Erfolge steigern, er sollte sich auch gerne mit seiner Arbeit in der Öffentlichkeit zeigen und sich dafür anerkennen, feiern und gegebenenfalls auch wählen lassen. Das alles sind Ausdrucksformen eines gesunden Narzissmus, die der sachlichen Arbeit und auch der Entwicklung der Persönlichkeit des politischen Führers und der Weiterentwicklung der Gruppen-Identität förderlich sind.

Wir können dann von Machtmissbrauch sprechen, wenn der Mächtige seine Stellung dazu benutzt, Interessen und Bedürfnisse zu befriedigen, die mit der sachlichen Aufgabe, die mit seiner sozialen Rolle verknüpft ist, nichts zu tun haben, sondern primär oder ausschließlich seiner »persönlichen Selbstberauschung«, seiner »Eitelkeit« (Weber 1919, S. 74), also seinem pathologischen Narzissmus dienen. Entsprechend könnte man den pathologischen Narzissmus (im Unterschied zum gesunden) dadurch kennzeichnen, dass andere Menschen (mithilfe von Macht) funktionalisiert werden, um das eigene Selbstwertgefühl zu stabilisieren.

Besonders problematisch wird der Machtmissbrauch dann, wenn sich die Gemeinschaft in einer existenziellen Krise befindet, ein narzisstisch gestörter politischer Führer die Macht erringen kann, ein großer Teil der Gemeinschaft sich subjektiv bedroht und ungerecht behandelt fühlt und ein gemeinsam »gewähltes Trauma« im Sinne von Vamik Volkan (1999) dazu dienen soll, die emotionale Krise, in der sich die Gemeinschaft befindet, zu bewältigen.

Aufgrund der Machtstellung, der öffentlichen Beachtung und des gesellschaftlichen Ansehens, welche mit der Stellung eines wichtigen politischen Amtes verbunden sind, ist es politischen Amtsträgern häufig möglich, ihr übersteigertes Geltungsbedürfnis, ihre Großmannssucht und ihren Ehrgeiz funktional so einzusetzen, dass diese narzisstischen Eigenschaften ihnen Gewinn bringen, ja, ihre ungezügelte Selbstbezogenheit wird für sie zur wichtigsten Voraussetzung des Gewinnens überhaupt. Das Siegen wird zu einem Merkmal ihres Charakters. Solche Siegertypen phantasieren sich nicht nur als großartig, überdurchschnittlich, erfolgreich und herausragend, sie sind es häufig auch tatsächlich in speziellen Sparten. Die Faktizität ihrer politischen Machtstellung und ihres gesellschaftlichen Erfolgs, das heißt die »Verankerung der psychosozialen Abwehr in der Realität« (Mentzos 1976), nährt ihre Größenphantasien, so wie umgekehrt ihre Karriere-Besessenheit und ihre Rücksichtslosigkeit sich selbst und anderen gegenüber ihnen den Weg bahnt, oft bereits in jungen Jahren ein hohes Amt zu erringen. Selbstzweifel, Sensibilität, Empathie, Introspektionsfähigkeit, Zögerlichkeit, Nachdenklichkeit, gar Depressivität und Ängstlichkeit können diese Menschen nur als Unterhöhlung ihrer Siegermentalität und damit als drohenden Verlust von Geld, Macht und Einfluss erleben.

Das dynamische Wechselspiel zwischen Narzissmus und Macht wird auf der einen Seite durch die Machtgelüste des »Herrschers« geprägt, die auf der anderen Seite durch die Unterwerfungs- und Schutzbedürfnisse der »Beherrschten« ergänzt werden und dessen Macht überhaupt erst ermöglichen. Es gehört zu den Merkmalen von Machtbeziehungen, dass die Macht so weit wie möglich verleugnet wird, häufig von beiden Seiten. Die Mächtigen verleugnen sie, weil die Herausstellung und Bewusstwerdung der Tatsache, dass es sich um eine von Macht bestimmte Beziehung handelt, die Frage der Legitimität der Beziehung aufwirft. Aber auch derjenige, der sich der Macht unterwirft oder unterwerfen muss, neigt häufig dazu, diese Tatsache zu verleugnen, da sie seinen Narzissmus kränkt. Wer hingegen in den eigenen Reihen »auf Machtstrukturen (...) hinweist, wird in aller Regel diffamiert, er projiziere seinen eigenen Machthunger (...), sei paranoid« oder wolle das friedliche Einvernehmen in der Gruppe stören (Bruder-Bezzel u. Bruder 2001, S. 25).

Die narzisstisch gestörte Persönlichkeit und die Macht

Nach Kernberg (2002, S. 132f) ist die narzisstische Persönlichkeit

»charakterisiert durch eine abnorme extreme Idealisierung des Selbst, die so weit geht, dass ideale Anteile anderer inkorporiert werden. Mit Hilfe dieser Selbstidealisierung kann jede Abhängigkeit von anderen vermieden werden. Gleichzeitig schützt diese abnorme Selbstidealisierung den Patienten vor einer Wahrnehmung der verfolgenden Anteile seines Erlebens, vor Frustration und Aggression. Klinisch fallen diese Personen durch ein übertriebenes Maß an Grandiosität und

Selbstzentriertheit auf, das nur gelegentlich von plötzlichen heftigen Minderwertigkeitsgefühlen durchbrochen wird, wenn das pathologische grandiose Selbst bedroht wird. Das pathologische grandiose Selbst dieser Patienten – Ausdruck einer abnormen Selbstidealisierung – zeigt sich in Exhibitionismus, Anspruchsdenken, Rücksichtslosigkeit, der Inkorporation idealisierter Anteile anderer, der chronischen Neigung zur Entwertung anderer, ausbeuterischem und parasitärem Verhalten sowie in dem chronischen Bedürfnis danach, von anderen bewundert zu werden und im Zentrum des Interesses aller zu stehen, um eben ihre Selbstidealisierung aufrechtzuerhalten.«

Narzisstisch gestörte Persönlichkeiten finden sich unter sozial unangepassten und verwahrlosten Menschen ebenso wie unter gesellschaftlich höchst erfolgreichen Personen, die es verstehen, ihren Hunger nach Anerkennung und Bewunderung durch außergewöhnliche berufliche Leistungen und das daraus resultierende gesellschaftliche Ansehen zu stillen. Gesellschaftliche Machtpositionen bieten eine geradezu ideale Voraussetzung dafür, diese Seiten auszuleben: Vordergründig fallen zunächst die narzisstischen Gratifikationen ins Auge, die mit Positionen der Macht verknüpft sind. Allerdings ist die Position des Mächtigen auch dadurch gekennzeichnet, dass es eine rückwärtige Seite gibt, die der Ohnmacht. Im Zeitalter der Medien ist der Mächtige einer geradezu totalen öffentlichen Kontrolle ausgesetzt, selbst bis in die privatesten Bereiche seines Lebens. So musste Bill Clinton, der in seiner Zeit mächtigste Mann der Welt, eine verletzende und erniedrigende Kampagne wegen seiner Affäre mit der Praktikantin Monica Lewinsky über sich ergehen lassen. Aber auch in historischen Zeiten waren Positionen der Macht mit einengenden gesellschaftlichen Zwängen, insbesondere solchen der Etikette und der sozialen Rollenvorschriften verbunden, wie sie Freud (1912) in »Totem und Tabu« analysiert hat. Sowohl die soziale als auch die innerpsychische Bewegungsfreiheit der mit Macht ausgestatteten Persönlichkeit ist in spezifischer Weise eingeschränkt.

Der Narzissmus ist nicht nur eine der zentralen psychischen Voraussetzungen zur Ausübung von Macht, sondern die Ausübung von Macht ist auch ein wirkungsvolles Stimulans für das narzisstische Selbsterleben. Wer erfolgreich seinen Willen durchzusetzen vermag, fühlt sich narzisstisch gestärkt. Menschen, die unter einem gestörten Selbstwertgefühl leiden, entwickeln häufig als Bewältigungsstrategie ein übersteigertes Selbstbild, das durch die Ausübung von Macht eine Stärkung erfährt. Beispielsweise kommt es in Paarbeziehungen häufig vor, dass der eine Partner – von untergründigen Selbstwertzweifeln geplagt – ständig versucht, den anderen zu dominieren. Er zwingt ihm seinen Willen auf, um sich selbst zu beweisen, dass er der Wertvollere, Klügere, Überlegene ist. Bei solchen paardynamischen Machtkämpfen tritt der inhaltliche Aspekt – welche Entscheidungen und Handlungen nun im Einzelnen durchgesetzt werden sollen – mehr und mehr in den Hintergrund, und zwar zugunsten der bloßen Tatsache, den eigenen Willen wieder einmal durchgesetzt zu haben. Die Machtausübung

1.7 Pathologischer Narzissmus und Machtmissbrauch in der Politik

dient der narzisstischen Gratifikation. Ein Mensch, der stark darauf angewiesen ist, sein labiles Selbstwertgefühl laufend durch demonstrative Beweise seiner Großartigkeit zu stabilisieren, wird sich an die einmal erreichten Positionen klammern, die ihm die Ausübung von Macht gestatten.

Konstellationen, die die Ausübung von Macht begünstigen, können u. a. darin bestehen, dass die Partner besonders bereitwillig sind, sich auf die Bedürfnisse eines pathologischen Narzissten einzulassen, weil dies ihren eigenen pathologischen Wünschen nach Anpassung und Unterwerfung entgegenkommt. Schon Wilhelm Reich (1922) hat »zwei narzisstische Typen« unterschieden: Der Typus des phallischen Narzissten zeichnet sich durch eine übersteigerte und demonstrativ zur Schau getragene Selbstsicherheit aus, um damit sein latentes Minderwertigkeitsgefühl zu kompensieren. Ihm könnte man raten: »Mach dich nicht so groß, so klein bist du doch gar nicht.« Beim zweiten Typus des Narzissten ist es genau umgekehrt: Er leidet unter einem manifesten Minderwertigkeitsgefühl, hinter dem sich latente Größenphantasien verbergen. Auf ihn trifft das Motto zu: »Mach dich nicht so klein, so groß bist du doch gar nicht.« In der Terminologie des Paartherapeuten Jürg Willi (1972) würde man vom phallischen Narzissten und vom Komplementär-Narzissten sprechen, die einander in einer Kollusion ergänzen können. Das Modell der Kollusion, also des unbewussten Zusammenspiels zweier sich gegenseitig ergänzender Partner, trifft auch für die Interaktion zwischen politischem Führer und Großgruppe (Freud spricht von »Masse«) zu. Beispielsweise ist der geltungsbedürftige Fanatiker nur dann als politischer Führer erfolgreich, wenn er auf ein Publikum trifft, das bereit ist, sein Spiel mitzumachen. Oder anders formuliert: Der pathologische Narzissmus des politischen Führers verzahnt sich mit der wie auch immer gearteten Pathologie seiner Interaktionspartner.

Pathologische Narzissten sind häufig besonders erfolgreich bei der Durchsetzung ihres eigenen Willens, weil ihnen die Ausübung von Macht innere Stabilität verleiht. Es kommt hinzu, dass die soziale Pathologie, die die narzisstisch gestörte Führerpersönlichkeit auf dem sozialen Feld induziert, von den Spaltungen profitiert, »die innerhalb dieses Feldes bereits vorhanden sind und die Konflikte in der administrativen Struktur der sozialen Organisation widerspiegeln« (Kernberg 1998, dt. 2000, S. 27f). Auf diese Weise verstärkten der intrapsychische und der soziale Konflikt einander (ebd.). Der Mächtige dominiert und unterdrückt die Gruppe nicht nur, über die er Macht ausübt – er befindet sich auch in einer psychischen Abhängigkeit von den Untergebenen. Wenn er auf die narzisstische Zufuhr, auf die Liebe und Anerkennung durch die Beherrschten angewiesen ist, haben diese eine ganze Menge Möglichkeiten, ihn zu manipulieren und auszunutzen. Das starke Bedürfnis des Mächtigen, geliebt und bewundert zu werden, zwingt ihn, den Wünschen der Gruppe nachzukommen und ihre Erwartungen zu erfüllen. Dies gilt für den Kontakt des Mächtigen mit seinen engsten Mitarbeitern, aber auch für den mit den Mitgliedern seiner Partei, mit den verschiedensten Lobbyisten bis hin zum Kontakt mit den »verehrten Wählerinnen und Wählern«. Eigentlich müsste er überall die Ich-Stärke haben, sich abzugrenzen und seine Entscheidungen unter sachlichen Gesichtspunkten zu treffen, die das Wohl des Ganzen im Auge haben – aber seine narzisstische Bedürftigkeit hindert ihn häufig daran.

Die psychotherapeutische Behandlung der Reichen und der Mächtigen

In einer Studie über »Die psychoanalytische Behandlung der Reichen und der Mächtigen« hat Johannes Cremerius (1979) eine Antwort auf die Frage gesucht, warum »Patienten in hohen politischen und wirtschaftlichen Machtpositionen sich nur ganz ausnahmsweise einer psychoanalytischen Behandlung unterziehen« (ebd., S. 12f). Er kommt zu dem Ergebnis, dass es den Reichen und Mächtigen aufgrund ihrer privilegierten Lage und ihres gesellschaftlichen Einflusses möglich ist, »ihre Neurosen derart in gesellschaftlich akzeptierten Formen« unterzubringen, dass sie nicht als krankhafte Störungen bemerkt werden, sodass sie nicht an ihnen leiden müssen. Der Mächtige lebt seine neurotischen Bedürfnisse ungehindert in der Realität aus – anstatt Leidensdruck zu entwickeln, agiert er.

Als Paradebeispiel für diese Patientengruppe gilt die von Herrmann Argelander (1972) publizierte Fallstudie »Der Flieger«. Der Patient stammt aus wohlhabenden Kreisen und ist auch beruflich sehr erfolgreich. Er sucht psychotherapeutische Hilfe, weil er unter Kontaktstörungen leidet. In der psychoanalytischen Behandlung, die Argelander durchführt, zeigt sich die Narzisstische Persönlichkeitsstörung des Patienten, aufgrund derer er versucht, sich von menschlichen Beziehungen unabhängig zu machen. »Anstatt Liebe verschafft er sich Bewunderung und Erfolg bei anderen Menschen«, schreibt Cremerius (1979, S. 26) mit Bezug auf den »Flieger«. Symbolisch für dessen narzisstische Form der Lebensbewältigung ist das Fliegen, das er als passionierter Sportflieger extensiv betreibt. Über den Wolken, fern vom direkten Kontakt mit anderen Menschen und als Alleinherrscher über seine Maschine muss das Gefühl der Freiheit für diesen Patienten wohl grenzenlos sein. Er phantasiert sich unabhängig und allen anderen überlegen. Trotz anfänglicher Fortschritte scheitert die Analyse dieses Mannes schließlich, da – wie Argelander schreibt – der Patient eine kontraphobische Reaktionsbildung entwickelt, die es ihm erlaubt, mit seinen Mitmenschen direkter und angstärmer umzugehen, allerdings um den Preis, dass diese nun vor ihm Angst haben, weil er sie einschüchtert. Cremerius (1979, S. 29) kommentiert den Ausgang dieser Behandlung mit folgenden Worten:

»Der ›Flieger‹ jedoch hat aufgrund der sozioökonomischen Sonderstellung die Möglichkeit, seine Neurose funktional so unterzubringen, dass sie ihm Gewinn

1.7 Pathologischer Narzissmus und Machtmissbrauch in der Politik

bringt, ja, dass sie eine der wichtigen Voraussetzungen des Gewinns überhaupt wird – und zwar nicht im Sinne des sekundären Krankheitsgewinnes, der ja in der Regel nur noch ein Surrogat ist, sondern eines echten primären Gewinnes. Ihm kann die Analyse keine unmittelbaren Vorteile versprechen – für ihn ist sie zunächst einmal mit Verlusten verbunden, und zwar mit realen Verlusten an Geld, Besitz, Macht. Was sie ihm für die Zukunft in Aussicht stellt, nämlich ein Mehr an menschlichen Kontakten, Liebesfähigkeit und Vertrauen, kann deshalb nicht als verlockend erlebt werden.«

Kernberg (1984, S. 97) berichtet von einem ähnlich gelagerten Fall:

»Der 17-jährige Sohn eines mächtigen Politikers bekämpfte zu Hause den konservativen arroganten Stil seines Vaters mit chronischen Wutausbrüchen, identifizierte sich jedoch mit der autoritären Haltung seines Vaters, indem er dessen Einfluss in der Stadt ausnutzte. Er versuchte Lehrer, Geschäftsleute und andere Erwachsene zu terrorisieren, indem er sich auf die Macht seines Vaters berief, es ihnen heimzuzahlen drohte, falls seine Forderungen nicht erfüllt würden.«

Auch Kernberg betont, dass die Behandlung eines solchen Patienten große behandlungstechnische Schwierigkeiten aufwirft, da die narzisstische Störung mit real existierenden Macht- und Abhängigkeitsverhältnissen verzahnt sei und von diesen unterstützt werde. Allerdings ist Kernbergs Auffassung von den therapeutischen Chancen nicht so fatalistisch wie die von Cremerius. Das hängt damit zusammen, dass sich unsere Möglichkeiten, in solchen Fällen psychotherapeutisch hilfreich zu sein, dank der Weiterentwicklung der psychoanalytischen Behandlungstechniken der narzisstischen Störungen enorm verbessert haben. Diese Fallgeschichte zeigt, wie die Ausübung von Macht destruktiv und zugleich selbstschädigend werden kann, wenn sie in den Dienst pathologischer narzisstischer Bedürfnisse gestellt wird. Überall im Alltag lassen sich andere Beispiele finden, die strukturell ähnlich gelagert sind. Immer dort, wo ein starkes Machtgefälle auftritt, also zwischen Eltern und Kindern, zwischen Arzt und Patient, zwischen Pfleger und Hilfsbedürftigem, zwischen Wärter und Gefangenem, zwischen Bürokrat und Antragsteller, existiert für denjenigen, der in diesem Moment die Macht innehat, die Versuchung, seine verdrängten und unbewältigten Erfahrungen von Ohnmacht und Hilflosigkeit dadurch zu lindern und abzuwehren, dass er sie dem unterlegenen Partner zufügt. Es ist deshalb von zentraler Bedeutung, uns als Psychotherapeuten bewusst zu machen, dass wir auch die Machtposition in der Therapeut-Patient-Beziehung missbrauchen können, um unser unsicheres narzisstisches Gleichgewicht zu stabilisieren.

1 Grundlagen

Narzissmus, Macht und Destruktivität

Der Historiker Ludwig Quidde (1858–1941) veröffentlichte 1894 eine kleine Schrift (»Caligula. Eine Studie über römischen Cäsarenwahnsinn«), die im kaiserlichen Deutschland zu einer politischen Sensation wurde und in kurzer Zeit 30 Auflagen erlebte (vgl. Quidde 1977). Quidde zeichnete »im Gewande einer seriösen, durch Verweise auf die lateinischen Historiker gestützten Abhandlung über den römischen Kaiser« das Bild der Macht, das die Züge der Physiognomie Wilhelms II. trug, »der im Laufe seiner Regierungszeit gleichermaßen zum Gespött und zur Bedrohung ganz Europas wurde« (ebd., S. 3). Das Porträt, das Quidde von Caligula malte, erlaubt tiefe Einblicke in die Psychologie des Machtrausches: »Größenwahn, gesteigert bis zur Selbstvergötterung, Missachtung jeder gesetzlichen Schranke und aller Rechte fremder Individualitäten, ziel- und sinnlose Grausamkeit« (ebd., S. 67) nennt er als die auffälligsten Symptome. Des Weiteren registriert er die »unangemessene Prunk- und Verschwendungssucht, ein Charakterzug fast aller Fürsten, die das gesunde Urteil über die Grenzen ihrer eigenen Stellung verlieren« (ebd., S. 68), was sich »bei Festen, Mahlzeiten, und Geschenken, in Kleidung und Wohnung, (...) der Einrichtung seiner Paläste und Villen und der mit unsinnigem Luxus ausgestatteten Jachten, (...) in riesenhaften Bauten und Bauprojekten« (ebd., S. 69) zeige. Quidde sieht aber auch die Wechselwirkung zwischen der individuellen Pathologie des Herrschers, seiner »Ruhmessucht«, seiner »Zerstörungssucht« (ebd.), seinem »Heißhunger nach militärischen Triumphen« (ebd., S. 70) einerseits und dem Entgegenkommen der sozialen Situation andererseits, die in der Position der Macht und der Unterwürfigkeit der Untertanen begründet sei. Das Besondere des Cäsarenwahnsinns liege darin,

»dass die Herrscherstellung den Keimen solcher Anlagen einen besonders fruchtbaren Boden bereitet und sie zu einer sonst kaum möglichen ungehinderten Entwicklung kommen lässt, die sich zugleich in einem Umfange, der sonst ganz ausgeschlossen ist, in grausige Taten umsetzen kann. (...) Der Eindruck einer scheinbar unbegrenzten Macht lässt den Monarchen alle Schranken der Rechtsordnung vergessen. (...) Die unterwürfige Verehrung aller derer, die sich an den Herrscher herandrängen, bringen ihm vollends die Vorstellung bei, ein über alle Menschen durch die Natur selbst erhobenes Wesen zu sein.« (ebd., S. 67)

Der bis zur Selbstvergötterung gesteigerte Narzissmus, die Vorstellung, gottgleich Herrscher über Leben und Tod zu sein, lieferte die psychische Grundlage für die »Missachtung jeder gesetzlichen Schranke und aller Rechte fremder Individualitäten«. Der Eindruck, eine göttliche Macht über Leben und Tod auszuüben, ließ die Vorstellung entstehen, »ein über alle Menschen durch die Natur selbst erhobenes Wesen zu sein« – eine Allmachtsphantasie, die Richter (1979) und vor ihm schon Jones (1913) als »Gotteskomplex« beschrieben hat. Der mörderische Sadismus entspringt nicht einer sexuellen Lust, sondern dem Bedürfnis, absolute Kontrolle über ein anderes lebendes Wesen zu erhalten.

Eng verknüpft mit dem Realitätsverlust der narzisstisch gestörten Führungspersönlichkeit ist ihre Abkehr von den Normen, Werten und Idealen, denen sie selbst und ihre Institution eigentlich verpflichtet sind. Der Verrat der kommunistischen Ideale durch die inzwischen gestürzten Despoten des real existierenden Sozialismus ist ein eindrucksvolles Beispiel für diese Tatsache. Beim Typus des paranoiden Führers steigern sich Skrupellosigkeit, Zynismus und Menschenverachtung in einem Ausmaß, dass sich eine Verfolgungsmentalität und ein Terrorsystem herausbilden. Dem paranoiden politischen Führer geht es im Gegensatz zum narzisstischen politischen Führer nicht darum, geliebt zu werden, »sondern er ist vielmehr sehr misstrauisch gegenüber denjenigen, die ihn zu mögen vorgeben, und er fühlt sich nur dann sicher, wenn er mit Hilfe von Angst die anderen omnipotent kontrollieren und unterwerfen kann« (Kernberg 2002, S. 153). Werden große gesellschaftliche, politische oder nationale Gruppierungen von einem paranoiden Anführer geleitet, entwickelt sich häufig eine politische Konstellation, in der reale Gefahren zum Beweis dafür werden, dass die paranoiden Feindbilder wirklich gerechtfertigt sind.

Literatur

Altmeyer M (2000). Narzissmus und Objekt. Ein intersubjektives Verständnis der Selbstbezogenheit. Göttingen: Vandenhoeck & Ruprecht.
Argelander H (1972). Der Flieger. Eine charakteranalytische Fallstudie. Frankfurt/M.: Suhrkamp.
Auchter T, Büttner C, Schultz-Venrath U, Wirth H-J (Hrsg) (2003). Terror und Trauma vor und nach dem 11. September 2001. Psychoanalytische, psychosoziale und psychohistorische Aspekte. Gießen: Psychosozial-Verlag.
Benjamin J (1988). Die Fesseln der Liebe. Psychoanalyse, Feminismus und das Problem der Macht. Frankfurt/M.: Fischer 1996.
Bruder-Bezzel A, Bruder K-J (2001). Auf einem Auge blind: Die Verleugnung der Macht in der Psychoanalyse. Z Individualpsychol; 26: 24–31.
Burckhardt J (1868). Weltgeschichtliche Betrachtungen. In: Gesamtausgabe, Bd. VII. Basel: Schwabe 1929; 1–208.
Cremerius J (1979). Die psychoanalytische Behandlung der Reichen und Mächtigen. In: Cremerius J, Hoffmann SO, Trimborn W. Psychoanalyse, Über-Ich und soziale Schicht. München: Kindler; 11–54.
Dornes M (1993). Der kompetente Säugling. Die präverbale Entwicklung des Menschen. Frankfurt/M.: Fischer.
Freud S (1912). Totem und Tabu. GW IX. Frankfurt/M.: Fischer 1999.
Freud S (1914). Zur Einführung des Narzißmus. GW X. Frankfurt/M.: Fischer 1999; 137–70.
Hösle V (1997). Moral und Politik. Grundlagen einer politischen Ethik für das 21. Jahrhundert. München: C.H. Beck.
Jones E (1913). The God Complex. In: Jones E (ed). Essays in Applied Psychoanalysis. Vol. 2. New York: International Universities Press 1964; 244–65.
Kernberg OF (1975). Borderline-Störungen und pathologischer Narzißmus. Frankfurt/M.: Suhrkamp 1978.

—— 1 Grundlagen ——————————————————————

Kernberg OF (1984). Schwere Persönlichkeitsstörungen. Theorie, Diagnose und Behandlungsstrategie. Stuttgart: Klett-Cotta 1995.
Kernberg OF (1998). Ideologie, Konflikt und Führung. Psychoanalyse von Gruppenprozessen und Persönlichkeitsstruktur. Stuttgart: Klett-Cotta 2000.
Kernberg OF (2002). Affekt, Objekt und Übertragung. Aktuelle Entwicklungen der psychoanalytischen Theorie und Technik. Gießen: Psychosozial-Verlag.
Kohut H (1973). Überlegungen zum Narzißmus und zur narzisstischen Wut. Psyche; 27: 513–54.
Lasch C (1979). Das Zeitalter des Narzissmus. München: dtv 1982.
Luhmann N (1975). Macht. Stuttgart: Enke.
Mentzos S (1976). Interpersonale und institutionalisierte Abwehr. Frankfurt/M.: Suhrkamp.
Mitchell S (2003). Bindung und Beziehung. Auf dem Weg zu einer relationalen Psychoanalyse. Gießen: Psychosozial-Verlag.
Mitchell S (2004). Kann denn Liebe ewig sein? Psychoanalytische Erkundungen über Liebe, Begehren und Beständigkeit. Gießen: Psychosozial-Verlag.
Quidde L (1894). Caligula. Schriften über Militarismus und Pazifismus. Frankfurt/M.: Syndikat 1977.
Reich W (1922). Zwei narzißtische Typen. In: Frühe Schriften I. Aus den Jahren 1920 bis 1925. Frankfurt/M.: Fischer 1977; 144–52.
Richter H-E (1979). Der Gotteskomplex. Die Geburt und die Krise des Glaubens an die Allmacht des Menschen. Gießen: Psychosozial-Verlag 2005.
Sennett R (1977). Verfall und Ende des öffentlichen Lebens. Die Tyrannei der Intimität. Frankfurt/M.: Fischer 1983.
Volkan VD (1999). Das Versagen der Diplomatie. Zur Psychoanalyse nationaler, ethnischer und religiöser Konflikte. Gießen: Psychosozial-Verlag.
Weber M (1919). Politik als Beruf. Tübingen: Mohr 1994.
Weber M (1921).Wirtschaft und Gesellschaft. Grundriss der verstehenden Soziologie. Tübingen: Mohr 1980.
Willi J (1975). Die Zweierbeziehung. Reinbek: Rowohlt.
Wirth H-J (2001). Fremdenhaß und Gewalt als psychosoziale Krankheit. Psyche; 55: 1217–44.
Wirth H-J (2002). Narzissmus und Macht: Zur Psychoanalyse seelischer Störungen in der Politik. Gießen: Psychosozial-Verlag.
Wirth H-J (2004a). 9/11 as a Collective Trauma and other Essays on Psychoanalysis and Society. Gießen: Psychosozial-Verlag.
Wirth H-J (Hrsg) (2004b). Das Selbst und der Andere. Die relationale Psychoanalyse in der Diskussion. Psychosozial; 97(III).

1.8
Narzissmus als klinisches und gesellschaftliches Phänomen[1]

Diana Diamond

Das Zeitalter des Narzissmus

Es ist ein Allgemeinplatz, dass wir in einem Zeitalter des Narzissmus leben. In der psychoanalytischen Theoriebildung hat sich dieser Umstand in einer zunehmenden Fokussierung der klinischen Extremausprägungen dieses allgemeinen gesellschaftlichen Trends niedergeschlagen, wobei vor allem eine Patientengruppe ins Blickfeld rückte, deren schwaches und unzureichend integriertes Größen-Selbst sie abhängig sein lässt von der Bewunderung durch andere sowie passageren Identifikationen mit Medienbildern, autoritären Führern und Anforderungen normativer bürokratischer Strukturen (Kernberg 1978; 1988a; 1988b; Kohut 1973; 1979; 1987). Die Verbreitung psychoanalytischer Narzissmus-Theorien hatte eine Zunahme an entsprechenden Diagnosen und Behandlungen zur Folge, wobei nicht eindeutig belegt ist, ob überhaupt von einem substanziellen Anstieg Narzisstischer Persönlichkeitsstörungen innerhalb klinischer Populationen die Rede sein kann. Vertreter der Kritischen Theorie, angefangen von Adorno, Horkheimer und der Frankfurter Schule, die sich im Deutschland vor und nach dem Zweiten Weltkrieg etabliert hatte, bis hin zu Lasch, der für die Verbreitung der

---

1 Ich möchte mich an dieser Stelle bei meinen zahlreichen Kollegen und Kolleginnen bedanken, die durch die Genauigkeit und Großzügigkeit ihrer kritischen Kommentare über die Jahre hinweg zur endgültigen Fassung des vorliegenden Aufsatzes beigetragen haben. Mein besonderer Dank gebührt Dr. Otto Kernberg, dessen theoretische Formulierungen zu den gesellschaftlichen und individuellen Aspekten des Narzissmus für mich stets eine Quelle der Inspiration bedeuteten und der durch seine unschätzbare Kritik zur Entstehung des Textes beigetragen hat. Dr. Sidney Blatt, der als Erster seine Wertschätzung gegenüber den hier eingeflossenen Überlegungen bekundete und zu dessen Ehre eine frühere Fassung des Aufsatzes veröffentlicht wurde, gilt ebenfalls mein besonderer Dank. Ich danke auch meinen Kollegen der City University, Drs. Eliot Jurist, Paul Wachtel und Lissa Weinstein, für ihre scharfsinnigen und aufschlussreichen Kommentierungen.

sozialphilosophischen Theorien in Nordamerika sorgte, sprechen von einer immer stärker um sich greifenden Selbstsucht und Entwurzelung in unserer Gesellschaft, was dazu führe, dass äußerer Schein mit anhaltender Kreativität und geistigem Engagement verwechselt werde, wie auch blinde Gefolgschaft gegenüber den Zwängen politischer und bürokratischer Organisationen mit individueller Moral sowie oberflächliche Kontakte mit genuiner Intimität. Es ist dies eine Entwicklung, die von den genannten Autoren (Adorno 1967; 1968; Horkheimer u. Adorno 1944; Lasch 1982) auf verschiedene gesellschaftliche und kulturelle Veränderungen zurückgeführt wird, die ihrerseits auch einen Wandel innerhalb der Familienstruktur und des Sozialisationsprozesses mit einschließen:

- zunehmende Bürokratisierung, die bis in die Sphäre des Privatlebens reicht und Eigeninitiative und Selbstfürsorge erstickt
- Konsumbesessenheit und die Neigung, alles mit zu verändern, inklusive menschlicher Erfahrungen
- Überflutung durch Medienbilder, die stereotype Darstellungen mit genuiner Individualität und menschlicher Komplexität verwechseln

Der zu beobachtende Anstieg an narzisstischen Verhaltensweisen wurde mit einer ganzen Reihe gesellschaftlicher Phänomene in Verbindung gebracht, die vom Fundamentalismus bis hin zur Gier der Wirtschaftskonzerne reichen. Firmenbosse, so ein Kommentar der »New York Times« vom Juli 2002, für die Imagepflege und Eigenwerbung noch vor dem Wohl der Firma oder der Gemeinschaft kommt, seien »narzisstisch umnebelt« und schrieben ihr falsches Machtempfinden und ihre Unbesiegbarkeit dem »Ökosystem des Narzissmus« zu, das den Firmenalltag durchziehe (Race 2002).

Formulierungen dieser Art sind insofern irreführend, als sie Gesellschaft und Individualpsychologie in einen Topf werfen. Die zentrale These meiner Ausführungen geht von der Reziprozität gesellschaftlicher und psychologischer Aspekte des Narzissmus aus, auch wenn beide klar voneinander unterscheidbar und nicht auf den jeweils anderen reduzierbar sind. Die Gesellschaft entfaltet ihren Einfluss im Individuum, das nach den jeweiligen gesellschaftlichen Vorstellungen und Anforderungen geformt wird, in dem jedoch gleichzeitig gesellschaftliche Prozesse zu intrapsychischen Strukturen umgewandelt werden, die einer eigenen Sprache und Gesetzmäßigkeit unterliegen (Adorno 1967; 1968; Horkheimer u. Adorno 1944). Die Instrumente der Gesellschaftstheorie können uns helfen zu verstehen, wie die Gesellschaft Individuum und entsprechende Charaktertypen konstituiert, doch erst das Instrumentarium der Psychoanalyse ermöglicht die Dekodierung dessen, wie sich Gesellschaft auf pathologische oder nichtpathologische Art und Weise in der individuellen Psyche niederschlägt.

Während es einen eindeutigen Zusammenhang zwischen kulturellen Strömungen und Persönlichkeitsbildung gibt, resultiert die Charakterentwicklung stets aus einer starken Adaptierung kulturell unterfütterter Muster einerseits und Anforderungen der innerpsychischen Welt der Triebe, Affekte und Objektbezie-

1.8 Narzissmus als klinisches und gesellschaftliches Phänomen

hungen andererseits. Narzisstische Charaktereigenschaften wie Selbstbezogenheit und Konventionalität mögen kulturell verstärkt sein, doch erst im Rahmen des pathologischen Narzissmus bekommen wir es mit einer Überschätzung und/oder sklavischen Anpassung an die jeweilige Kultur bzw. die Führer, die ihre Werte repräsentieren, zu tun. Im Normalfall mögen infantil-narzisstische Strebungen, Intimität und Bezogenheit nebeneinander existieren und sich im Laufe der Entwicklung zu reiferen Formen transformieren. Im Falle des pathologischen Narzissmus jedoch prädisponiert die Aktivierung und Persistenz des infantilen Narzissmus zur Überschätzung einer narzisstischen Kultur, was zur gegenseitigen Verstärkung von Persönlichkeit und Kultur führt.

Seit ihren Anfängen hat sich die Psychoanalyse mit den Verknüpfungen zwischen Individualpsychologie und gesellschaftlichen Entwicklungen sowie zwischen normaler Charakterstruktur und ihren pathologischen Ausformungen beschäftigt. Der Gedanke eines Kontinuums, der von psychischer Gesundheit bis hin zu Abnormalität reicht, zum ersten Mal von Freud (1940) formuliert, rückte mit dem Auftauchen des Narzissmus als klinischem Konzept und gesellschaftlichem Phänomen wieder ins Zentrum psychoanalytischer Theoriebildung.[2] Narzissmus, der das normale Bedürfnis nach Perfektion, Meisterung und Ganzheit ebenso in sich vereint wie pathologische Verzerrungen dieser Wünsche in Form von Grandiosität, rücksichtsloser Ausbeutung anderer und Rückzug auf Omnipotenz bzw. Verleugnung von Abhängigkeit, gilt als grundlegender Aspekt des menschlichen Erlebens, welcher unsere Geschichte und Kultur formt und wiederum von diesen geformt wird (Alford 1988).

Trotz der im Hinblick auf die Frage des Narzissmus gegebenen gegenseitigen Durchdringung von Psychoanalyse und Gesellschaftstheorie ist es doch wichtig festzuhalten, dass es sich dabei um unterschiedliche, wenngleich komplementäre Sichtweisen handelt.

Aus psychoanalytischer Sicht werden Narzissmus und seine Störungsbilder im Sinne der Selbstentwicklung und seiner Beziehung zu Objekten konzeptualisiert. Demgegenüber bezieht sich Narzissmus als gesellschaftliches Phänomen auf die Entwicklung in Richtung einer Apotheose des Selbst in jeder Sphäre der gesellschaftlichen und kulturellen Existenz. Im Folgenden soll über eine kritische und integrative Auseinandersetzung mit den entsprechenden psychoanalytischen und gesellschaftstheoretischen Sichtweisen eine Annäherung an den Narzissmus als gesellschaftliches und psychologisches Phänomen versucht werden. Im ersten Teil werde ich eine Auswahl an Narzissmus-Theorien und der entsprechenden Störungsbilder vorstellen, wie sie innerhalb der Psychoanalyse ausgearbeitet wurden, wobei ich mich auf das Werk von Freud, Klein und Rosenfeld,

---

[2] Freud trennte eindeutig zwischen Narzissmus und Objektliebe, ohne im Narzissmus einen Aspekt der modernen Gesellschaft zu sehen bzw. ihm eine gesellschaftliche Dimension zuzuschreiben.

vor allem aber auf Kohut, Kernberg und Blatt konzentrieren werde, die sich in ihren klinischen Formulierungen um eine gesellschaftstheoretische Dimension bemüht haben. Im zweiten Teil möchte ich auf das Narzissmus-Konzept der Vertreter der Kritischen Theorie – Horkheimer, Adorno, Marcuse und Lasch – eingehen, die in ihren Gesellschaftsanalysen auf psychoanalytische Konzepte zurückgreifen.

Das Konzept des Narzissmus in der Psychoanalyse

Die traditionelle psychoanalytische Sichtweise versteht Narzissmus als geschichtsübergreifende, universelle menschliche Neigung, das eigene Selbst libidinös zu besetzen. Zwei Positionen des Narzissmus gelten hier als wesensbestimmend:
- eine erste Position, die sich noch vor der Differenzierung zwischen Selbst und anderem manifestiert und sich durch die libidinöse Besetzung eines rudimentären, noch undifferenzierten Selbst auszeichnet
- eine zweite Position, in deren Rahmen es nach der Grenzziehung zwischen Selbst und anderem zu einer libidinösen Wiederbesetzung des Selbst kommt (Freud 1940)
- In Freuds (1914) ursprünglicher Formulierung ging die Phase des primären Narzissmus mit der libidinösen Besetzung der Selbstrepräsentanz einher, die von der Repräsentanz der Objekte unterschieden wurde. Freud betrachtete Narzissmus zunächst als normale Entwicklungsphase zwischen den Stufen des Autoerotismus und der Objektliebe, wobei im Rahmen des Autoerotismus die Libido auf der Ebene von Partialtrieben organisiert sei und sich das Streben nach Befriedigung nicht auf Objekte, sondern den eigenen Körper richte. Die Transformation von Autoerotismus in Narzissmus setze eine »neue psychische Aktion« (1914, S. 142) voraus und gehe mit der Entwicklung des Ichs sowie den Anfängen einer rudimentären Selbstrepräsentanz einher. Die Entwicklung des primären Narzissmus, so Freuds ursprünglicher Gedanke, verlaufe somit parallel zu jener der Selbst- und Objektrepräsentanzen, wobei der eigene Körper als Liebesobjekt fungiere.

Aus Freuds erster Narzissmus-Theorie ergeben sich mehrere Fragen, die für unsere Diskussion der gesellschaftlichen und psychologischen Faktoren des Narzissmus relevant sind. Erstens: Da der Körper die Rolle des ersten Liebesobjekts übernimmt, wird die Überschätzung des Selbst zu einem Grundmoment psychischen Funktionierens – eine These, die durch die empirische Forschung zur sozialen Kognition belegt wird, der zufolge sich eine Aufblähung des Selbstkon-

1.8 Narzissmus als klinisches und gesellschaftliches Phänomen

zepts auch innerhalb der Normalbevölkerung abzeichne (Greenwald 1980; Taylor u. Brown 1988; Weston 1990). Zweitens: Die Besetzung von Trieben oder Triebdispositionen im Selbst bedeutet, dass möglicherweise sowohl Libido als auch Aggression unauflösbar mit rudimentären Selbstrepräsentanzen verbunden sind. Drittens: Diese erste Narzissmus-Theorie stimmt mit aktuellen Befunden aus der Säuglingsforschung überein, der zufolge Kinder von Geburt an über die kognitive und perzeptuelle Fähigkeit zur Unterscheidung zwischen Selbst und anderem verfügen – ein Befund, der manche Theoretiker dazu veranlasst hat, die Vorstellung einer Stufe des primären Narzissmus, der mit Indifferenz gegenüber Objekten bzw. einer fehlenden frühen Selbst-Objekt-Differenzierung einhergehe, aufzugeben (vgl. Auerbach 1993; Beebe et al. 1997; 2002; s. auch die umfassende Diskussion zu diesem Thema von Tronick 1998).

In seiner zweiten Narzissmus-Theorie jedoch postuliert Freud ausdrücklich eine Entwicklungsstufe, die den Objektbeziehungen vorausgehe und auf der der Säugling, unter dem beherrschenden Einfluss eines purifizierten Lust-Ichs, seinen Körper libidinös besetze, während Impulse, Phantasien und Ängste gegenüber einem Objekt nicht primär von Bedeutung seien. Unabhängig davon, so Green (2000) in einer Einschätzung der grundsätzlichen Überlegungen Freuds zur Theorie des primären Narzissmus, ob es sich dabei nun um eine tatsächliche Entwicklungsstufe handle oder nicht – der freudschen Theorie des primären Narzissmus komme insofern erklärende Bedeutung zu, als sie das Verschwimmen psychischer Grenzen, wie es auch gesunde Menschen erleben, sowie die Rückkehr auf eine undifferenzierte, infantile Stufe psychischen Funktionierens, charakterisiert durch das so genannte »ozeanische Gefühl«, zur Sprache bringe.

Melanie Klein (1962) weist Freuds Vorstellung eines primären Narzissmus explizit zurück. Vielmehr postuliert sie, dass Objektbeziehungen im Zentrum des emotionalen Lebens stünden. Liebe und Hass, Phantasien und Ängste sowie die entsprechenden Abwehrmechanismen seien von Anfang an wirksam und an die jeweiligen Objektbeziehungen geknüpft. Basierend auf ihren psychoanalytischen Säuglings- und Kleinkindbeobachtungen stellt Klein fest, dass es keine Triebregung, keine Angstsituation und keinen psychischen Prozess gebe, die bzw. der nicht innere und äußere Objekte mit einbeziehe. Ein in der Entstehung begriffenes Ich existiere von Geburt an, wenn auch unter dem Druck von Verfolgungsängsten – die, um das rudimentäre Ich zu schützen, nach außen projiziert werden müssen – und Fragmentierung bedroht. Kurz, Aufbau und Stärkung des Ichs, so Klein, erfolge über Zyklen von Introjektion und Projektion, in denen das introjizierte gute Objekt den Kern bildet, um den sich das Ich organisiert und somit über die Projektion schlechter oder verfolgender Ängste und Objekte vor Fragmentierung geschützt wird. Für Melanie Klein verfolgt der Narzissmus eine sekundäre Entwicklungslinie, die mit der abwehrbedingten Identifizierung mit einem idealisierten inneren Objekt, das als ganz und intakt erlebt wird, einhergeht. Narzisstischer Rückzug von äußeren Beziehungen hin zu idealisierten inneren Objektbeziehungen, so Klein weiter, ist von Anfang an mit Neid verbunden, der wiederum eine der frühesten Manifestationen des Todestriebs im frühen psychischen Leben des Säuglings darstellt. Der Säugling beneidet das Objekt um all das, was es an Gutem zu geben hat, und phantasiert das eigene Selbst als Quelle alles Guten und Wertvollen. Der Narzissmus funktioniert somit als Abwehr, die mit Phantasien von Allmacht und omnipotenter Kontrolle über gute Objekte einhergeht. Mit ihrer Auffassung von Neid als zentralem Moment im psychischen Leben des Kindes rückt Klein die Konzepte von Aggression und Hass stärker in den Mittelpunkt der Diskussion des Narzissmus, als dies bei Freud der Fall ist.

In Anlehnung an Melanie Klein erweiterte Herbert Rosenfeld (1971; 1981) unser Verständnis für die destruktiven Aspekte des Narzissmus und seiner Störungsbilder. Rosenfeld geht davon aus, dass sowohl libidinöse als auch destruktive Impulse von Anfang an mit dem Narzissmus und seiner Entwicklung in Zusammenhang stehen. Im Gegensatz zu Klein, die in erster Linie die libidinösen Aspekte der narzisstischen Störungen sowie den damit verbundenen Rückzug auf ein gutes, idealisiertes Objekt im Blick hatte, betont Rosenfeld die destruktiven und aggressiven Impulse im Rahmen schwerer narzisstischer Störungen, was zu einer Schwächung von Libido und Aggression bzw. Lebens- und Todestrieben führe. Rosenfeld weist auf einen Widerspruch in Freuds Narzissmus-Theorie hin, der zwischen Folgendem bestehe: einerseits der Annahme eines objektlosen Zustands und andererseits der Tatsache, dass das primärnarzisstische Sehnen nach Vereinigung mit Gott oder dem Universum ebenfalls eine zumindest rudimentäre Objektbeziehung voraussetzt, in der das Objekt noch nicht als von eigenem Selbst getrennt erlebt wird. Er setzt somit den primären Narzissmus in engen Zusammenhang mit primitiven Objektbeziehungen. Für Rosenfeld gehen Freuds Nirwana-Prinzip oder das ozeanische Gefühl mit »Rückzug oder Regression auf den primären Narzissmus« einher, »unter Dominanz des Todestriebes (...), wobei er Frieden, Leblosigkeit und Hingabe an den Tod gleichsetzte« (Rosenfeld 1971, S. 278).

In Anlehnung an Freuds (1914) Auffassung, dass aggressive bzw. destruktive oder aggressive und libidinöse Impulse gleichermaßen während der primärnarzisstischen Entwicklungsphase in den Vordergrund treten, postuliert Rosenfeld, dass bei narzisstischen Persönlichkeiten libidinöse und aggressive Aspekte stets nebeneinander existieren. Narzisstische Zustände, so Rosenfeld, sind in einer Identifizierung zwischen Selbst und Objekt verankert – eine unweigerliche Folge der verschiedenen Zyklen von Projektion und Introjektion, die das Kern-Ich bilden. Wie Klein vertrat Rosenfeld die Auffassung, dass narzisstische Störungen dann entstehen, wenn Getrenntheit und Abhängigkeit vom Gegenüber nicht ertragen werden und es zu einem Rückzug auf omnipotente Identifizierungen mit idealisierten Objekten kommt, die als Teil und unter Kontrolle des eigenen Selbst erlebt werden. Da das Bewusstwerden der eigenen Getrenntheit, so Rosenfeld (1971) weiter, die Anerkennung der Abhängigkeit von guten Objekten und somit Frustrationen und destruktive Affekte, wie etwa Neid, nach sich zieht, werden

1.8 Narzissmus als klinisches und gesellschaftliches Phänomen

beim Verlassen der narzisstischen Position unweigerlich destruktive und aggressive Impulse freigesetzt. In pathologischen Zuständen werden diese zerstörerischen, omnipotenten Aspekte in das eigene Selbst aufgenommen und von guten äußeren und inneren Objektbeziehungen gleichermaßen getrennt gehalten – was zur Entwertung und Verleugnung von Abhängigkeit von diesen äußeren Objekten führt. Destruktive internalisierte Objektbeziehungen können die betreffende Person als seicht, leer und unecht erscheinen lassen, wie abgelöst von der Welt der äußeren Objektbeziehungen. In diesen Fällen hat der mit destruktiven omnipotenten Objekten verbündete destruktive Selbstanteil den Sieg über das libidinöse Selbst davongetragen.

Rosenfelds Konzeptualisierung narzisstischer Objektbeziehungen bildet das Fundament für moderne objektbeziehungstheoretische Formulierungen des Narzissmus und seiner Störungsbilder, wie sie von Kohut (1973; 1975; 1979; 1987) und Kernberg (1978; 1986; 1988) vorgelegt wurden. Kohut und Kernberg stimmen darin überein, dass sich die narzisstische Persönlichkeit durch ein pathologisches Größen-Selbst auszeichnet – eine Selbstformation, die den Anschein einer problemlosen und effektiven sozialen Anpassung haben kann, ohne manifeste Symptomatik, die jedoch im besten Fall ein schwaches Selbstgefühl und chronische Selbstwertschwankungen verbirgt, während es im schlimmsten Fall zu schweren Depersonalisations- und Derealisationszuständen kommen kann. Narzisstische Persönlichkeiten lassen mit der Zeit eine gewisse Oberflächlichkeit in Arbeits- und Liebesbeziehungen erkennen. Es fehlt ihnen an gut integrierten und kohäsiven internalisierten Selbst- (und Objekt-)Imagines, die dem eigenen Erleben Tiefe und Kontinuität verleihen. Sowohl Kernberg als auch Kohut erkennen an, dass das Größen-Selbst einer narzisstischen Persönlichkeit den Anforderungen einer entwickelten, industriellen und bürokratischen Gesellschaft durchaus entsprechen mag, weil sie stabil genug ist, um sich in die Routine und Struktur der leistungsorientierten Arbeitswelt einzupassen, während es ihr jedoch an einem integrierten Kern-Selbst mangelt und sie sich von Massenmedien und bürokratischen Institutionen leicht manipulieren lässt. Die klinischen Schriften von Otto Kernberg und Heinz Kohut eröffnen uns die Möglichkeit, ein allgemeingesellschaftliches Problem gleichsam unter dem klinisch-therapeutischen Brennglas zu betrachten. Ich möchte daher im Folgenden auf die Arbeiten bzw. unterschiedlichen Sichtweisen dieser beiden Theoretiker zum Phänomen des Narzissmus und seiner Störungsbilder näher eingehen.

Das, was Charles Dickens für die Armut im 19. Jahrhundert gewesen sei, so James (1973), sei Heinz Kohut für den Narzissmus. So wie Dickens in seinen Romanen die sozialen Wurzeln und individuellen Idiosynkrasien der Armut aufzeigt, so entwirft Kohut in seinen Fallgeschichten und theoretischen Schriften das Bild der narzisstischen Persönlichkeit. Für Kohut war ein Verständnis des Narzissmus und der damit einhergehenden Störungen nur über eine Neuformulierung der psychoanalytischen Metapsychologie möglich, was eine Neukonzeptualisierung der Triebtheorie und ihrer Grundannahmen entlang der Linien einer

Psychologie des Selbst mit einschloss und als solche im Sinne eines Paradigmenwechsel innerhalb der Psychoanalyse zunächst begrüßt wurde (Ornstein 1978). Wenngleich ein Großteil von Kohuts Werk eher in anderen Strömungen psychoanalytischer Theoriebildung, insbesondere den intersubjektiven oder relationalen Richtungen, Eingang gefunden hat, so möchte ich doch an dieser Stelle näher auf seine Überlegungen eingehen, um ihre Bedeutung für die Geschichte psychoanalytischer Narzissmus-Theorien zu erhellen.

Kohut (1987) versteht narzisstische Störungen als Folge eines Stillstands auf einer der drei normalen Entwicklungsstufen des infantilen Narzissmus:
- dem Größen-Selbst, in dessen Rahmen ein elterliches Selbstobjekt die Empfindungen des Kindes von Omnipotenz und Perfektion spiegeln und bestätigen soll
- der Alter-Ego-Beziehung oder Zwillingsbeziehung, in der ein elterliches Selbstobjekt dem Kind die Erfahrung grundlegenden Gleichseins vermittelt
- der idealisierten Eltern-Imago, in der das Kind seine Gefühle von Omnipotenz und Vollkommenheit auf ein idealisiertes elterliches Selbstobjekt projiziert, mit dem es zu verschmelzen sucht

Über das Spiegeln der normalen Grandiosität des Kindes verstärken die Eltern das Aufgehen phantasierter Allmacht, während ihre Bereitschaft, die primitiven Idealisierungen des Kindes aufzunehmen und in sich zu bewahren, es dem Kind ermöglicht, mit dem omnipotenten Selbstobjekt zu verschmelzen und somit das als Katastrophe erlebte Gefühl der Hilflosigkeit zu vermeiden. Die Fähigkeit der Eltern, im Rahmen der normalen Entwicklung als spiegelnde und idealisierte Selbstobjekte zu fungieren, ebnet den Weg für die allmähliche Internalisierung dieser Funktionen.

Kohut postuliert getrennte Entwicklungslinien für narzisstische Strukturen und Objektbeziehungen und geht davon aus, dass über den Prozess der umwandelnden Verinnerlichung diese archaischen Selbstobjektbeziehungen in erwachsene Selbststrukturen transformiert werden: das Größen-Selbst in realistische und stabile Formen des Selbstwerts und des Ehrgeizes; die Alter-Ego-Beziehung (oder Zwillingsbeziehung) in Fähigkeiten und Talente, die der Integration von Idealen und ehrgeizigen Strebungen dienen; und die idealisierte Eltern-Imago in reife Zielsetzungen und Wertvorstellungen, die die Grundlage bilden für intrapsychische Strukturen, wie etwa Ich-Ideal und Über-Ich. Werden die ursprünglichen Bedürfnisse nach Spiegelung, Zwillingsbeziehung und idealisierten Erfahrungen durch unempathische Reaktionen seitens der Selbstobjekte frustriert, bleiben archaische Überreste unmodulierter Bedürfnisse nach Grandiosität und Gleichheit sowie Idealisierungen weiterhin bestehen und münden in eine narzisstische Pathologie. Diese markiert sozusagen den Endpunkt der misslungenen elterlichen Versuche, mit den Bedürfnissen des Kindes nach Grandiosität und Idealisierung umzugehen.

Im Laufe der weiteren Entwicklung kommt es zur Abspaltung dieser unerfüllten primitiven Bedürfnisse, die, getrennt vom sich entwickelnden Ich, als archaische und unintegrierte Grandiosität bzw. archaisches und unintegriertes Bedürfnis nach einem idealisierten anderen, mit dem Verschmelzung möglich ist, um ein beschädigtes und fragiles Selbst zu stützen, überdauern. Diese Formen des Entwicklungsstillstandes setzen narzisstische Wut frei, die Kohut als Begleiterscheinung der Frustration narzisstischer Bedürfnisse versteht. Die dadurch entstehende Aggression, Konflikthaftigkeit und Abwehrtätigkeit stellen für Kohut keine ursächlichen ätiologischen Momente in der Pathogenese des Narzissmus dar. Vielmehr handle es sich dabei um »Folgen des Zusammenbruchs«, wenn empathisches Spiegeln und Idealisierung scheitern. So wie er Aggression als Begleiterscheinung frustrierter narzisstischer Bedürfnisse und Spannungen begreift, so konzeptualisiert Kohut (1979; 1987) die ödipale Entwicklungsstufe als Zwischenstation auf dem Weg der Selbstformation, die im Falle narzisstischer Defizite womöglich unerreichbar ist:

»Solange sich das Kind nicht als abgegrenzten, dauernden, unabhängigen Mittelpunkt von Antrieben erlebt, ist es nicht fähig, die objektgerichteten Wünsche zu erleben, die zu den Konflikten und sekundären Anpassungen der ödipalen Periode führen.« (Kohut 1979, S. 235)

Kohuts Neuformulierung der Theorie und Behandlungstechnik Narzisstischer Persönlichkeitsstörungen bildet einen Trend innerhalb der psychoanalytischen Theoriebildung, Narzissmus und Selbstentwicklung stärker in den Mittelpunkt zu rücken und zu entpathologisieren. Kohut (1979) definiert das Selbst als bipolare psychische Konfiguration, die sich als unabhängige Struktur entwickelt. Infolge seiner nahezu mystisch anmutenden Konzeption des Selbst als eine unabhängige und überdauernde psychische Konfiguration, die aus spezifischen, von objekt- und triebgerichteten Beziehungen unabhängigen Selbstobjektbeziehungen heraus entsteht, schreibt Kohut dem Selbst eine für die psychoanalytische Theoriebildung völlig neuartige Bedeutung und Autonomie innerhalb des psychischen Apparates zu.

Im Gegensatz dazu verbleibt Otto Kernberg mit seiner Konzeptualisierung Narzisstischer Persönlichkeitsstörungen im Rahmen der eher traditionellen psychoanalytischen Objektbeziehungstheorien. Kernberg integriert sein Narzissmus-Konzept in triebtheoretische Überlegungen, wobei er Triebe in einem komplexen Geflecht an affektgeladenen frühen Objekterfahrungen eingebunden sieht:

»Ich bin überzeugt, dass die Entwicklung des normalen und des pathologischen Narzissmus immer auch die Beziehung der Selbstvorstellungen zu den Objektvorstellungen und äußeren Objekten und immer auch Triebkonflikte umfasst, an denen sowohl Libido als auch Aggression beteiligt sind.« (Kernberg 1988b, S. 275)

Im Gegensatz zu Kohut, der unterschiedliche Entwicklungsstränge des Narzissmus und der triebgerichteten Objektbeziehungen postuliert, vertritt Kernberg die

Auffassung, dass keine Entwicklungslinie einer anderen übergeordnet werden kann, wenn es darum geht, normale und pathologische Entwicklung zu verstehen. Während Kohut eine radikale Trennung vornimmt zwischen Objektbeziehungen vom narzisstischen und vom objektbezogenen Typus, konzeptualisiert Kernberg Objektbeziehungen als eine komplexe Mischung narzisstischer und objektgerichteter Strebungen und Identifizierungen. Er weist darauf hin, dass in Liebesbeziehungen das Objekt immer geliebt wird für seine Einzig- und Andersartigkeit *und* seine Fähigkeit, das Selbst zu bestärken. Objekt- und Selbstbesetzung, so Kernberg (1978), gehen in befriedigenden Beziehungen mit solchen Objekten immer Hand in Hand. Diese Auffassung steht in starkem Kontrast zu Kohuts Aufteilung der Entwicklungslinien in einen narzisstischen und einen objektbezogenen Strang, wodurch das narzisstische Moment in Beziehungen reifiziert wird.

Kernberg geht davon aus, dass der pathologische Narzissmus sowohl vom normalen erwachsenen Narzissmus als auch von Fixierungen des infantilen Narzissmus abweicht. Im Gegensatz zu Kohut, der das Größen-Selbst des Narzissten als normative, wenngleich archaische Struktur definiert, sieht Kernberg (1978) das Größen-Selbst als ausgeprägt pathologische Struktur, die mit einer Verdichtung im Laufe der frühen präödipalen Entwicklung von Real-Selbst (besondere Eigenschaften des Kindes), Ideal-Selbst (Phantasien über Vollkommenheit und Macht des Selbst) und idealem Objekt (Phantasien über den jeweiligen Elternteil als unumschränkt gebend und liebend) einhergeht und zu Verzerrungen sowohl in der Ich- als auch Über-Ich-Entwicklung führt. Diese Selbstformation entsteht in der Wiederannäherungsphase, allerdings noch vor der Konsolidierung der Objektkonstanz, wenn das Kind damit beginnt, Phantasien über die Vollkommenheit und unbegrenzte Verfügbarkeit der Eltern durch tatsächlichen Kontakt mit Elternobjekten zu ersetzen. Im Falle späterer Narzisstischer Persönlichkeitsstörungen kommt es laut Kernberg häufig zu einer Beschleunigung dieses Prozesses, wenn Eltern ein kaltes und rücksichtslos-ausbeuterisches Verhalten an den Tag legen, emotional nicht verfügbar sind oder die Bedürfnisse des Kindes übermäßig frustrieren. An die Stelle realer Abhängigkeit von elterlichen Objekten, die vorzeitig unterbrochen und verleugnet wird, treten die verfrühte Internalisierung elterlicher Funktionen und die Verschmelzung abwehrbedingter idealisierter Eltern-Imagines mit idealisierten Selbst-Imagines, während primitive, verzerrte und abgespaltene Eltern-Imagines unbewusst überdauern. Die Reprojizierung dieser entwerteten und bedrohlichen Imagines elterlicher Objekte kann in eine anhaltende Entwertung äußerer Objekte übergehen. Die den Narzisstischen Persönlichkeitsstörungen zugrunde liegende Objektbeziehungspathologie führt zu einer Beeinträchtigung der Über-Ich-Entwicklung, was in den meisten Fällen wiederum eine Über-Ich-Pathologie zur Folge hat, die von schwach bis sehr schwer ausgeprägt reichen kann. Die Verdichtung von Real-Selbst mit Ideal-Selbst und idealem anderen geht mit der Persistenz idealisierter Imagines im Ich einher – und nicht mit ihrer Integration im Über-Ich, wie es im Rahmen der normalen Entwicklung der Fall ist. Die Folgen sind eine grandiose Aufblähung des

Ichs, die fehlende Modulierung primitiv-strafender Aspekte des Über-Ichs sowie eine damit verbundene Ausbildung antisozialer Merkmale.

Im Gegensatz zu Kohut definiert Kernberg (1988a) das Selbst als eine spezifische Struktur innerhalb des psychischen Apparates, die den internalisierten Selbstrepräsentanzen entspricht und nicht vom Ich getrennt ist. Die für narzisstische Persönlichkeiten charakteristische Pathologie von Ich, Über-Ich und Objektbeziehungen interferiert darüber hinaus mit der ödipalen Entwicklung, wenngleich sie die Erfahrung intensiver ödipaler Konflikte Kernberg zufolge nicht ausschließt. Während Kohut den narzisstischen Persönlichkeiten die für das Erleben ödipaler Konflikte nötige Selbstkohäsion abspricht, bleibt Kernberg (1978; 1986; 1988b) bei seiner Überzeugung, dass es sich beim Ödipuskomplex um ein grundlegendes Drama der frühen Entwicklung handelt, das sich tief greifend auf die präödipale oder narzisstische Pathologie auswirkt.

Der vielleicht wichtigste Unterschied zwischen Kohut und Kernberg betrifft das Schicksal der Aggression im Rahmen narzisstischer Störungen. Während Kohuts Sichtweise narzisstischer Pathologie eher eindimensional zu nennen ist, zeichnet Kernberg ein überaus differenziertes Bild der einzelnen Abstufungen narzisstischer Pathologie, die sich daran bemessen, inwieweit das Größen-Selbst von Aggression durchdrungen ist. Kernbergs Schema ist eine Weiterentwicklung von Rosenfelds (1971) Beschreibung der Dynamik von Patienten, deren grandioses oder idealisiertes Selbst von omnipotenten destruktiven Selbstaspekten vergiftet ist. Kurz, Kernberg (1988b) postuliert unterschiedliche Abstufungen narzisstischer Pathologie, die von narzisstischen Persönlichkeiten auf einem höher organisierten (neurotischen) Niveau mit schwach ausgeprägten antisozialen Merkmalen bis hin zum malignen Narzissmus reichen, bei dem das Größen-Selbst von Ich-syntoner Aggression durchdrungen ist, die ihrerseits der Identifizierung mit primitiven sadistischen elterlichen Objekten entspringt.

Aus Kohuts und Kernbergs Formulierungen lassen sich zwei Konfigurationen des Narzissmus und seiner Störungsbilder ableiten. Entsprechend seiner Sichtweise der narzisstischen Störung als einer schweren Selbst- und Objektbeziehungspathologie betont Kernberg die ungezügelte Grandiosität dieser Patienten, ihre rücksichtslose Ausbeutung anderer Menschen, ihre emotionale Kälte und Oberflächlichkeit sowie ihre äußerst pathologischen und abgespaltenen Objektbeziehungen. Kohut wiederum, in Übereinstimmung mit seiner Fokussierung narzisstischer Störungen im Sinne eines Stillstands normativer Entwicklungsprozesse, betont nicht nur die offenkundige Grandiosität, sondern auch die schmerzvoll empfundene Schüchternheit dieser Patienten sowie ihre Beschäftigung mit geheimen Größenphantasien. Er hat nicht nur den Aspekt der Selbstüberhöhung im Blick, sondern auch die Bereitschaft, sich anderen zu unterwerfen, die als mächtig und omnipotent wahrgenommen werden. Klinische und empirische psychoanalytische Studien haben dieses Spektrum des Narzissmus, das von dreister Angeberei bis zu verdruckster Zurückhaltung reicht, bestätigt (Bateman 1998; Bursten 1973; Cooper 1998; Gabbard 1986; Gersten 1991; Rosenfeld 1990; Wink 1991). Rosenfeld (1990) unterscheidet zwischen der emotionalen Unzugänglichkeit und abwehrbedingten Aggression dickfelliger Narzissten und der Fragilität und Vulnerabilität des dünnhäutigen Typus. Gabbard (1986) beschreibt auf der einen Seite den in sich versponnenen und völlig selbstbezogenen Typus, der sich in keiner Weise der Wirkung seines Verhaltens auf andere bewusst ist, auf der anderen Seite den hypervigilanten Typus, der überaus empfindlich auf die Reaktionen seines jeweiligen Gegenübers achtet und dessen Exhibitionismus und Grandiosität sich eher in der Phantasie denn in offener Aufschneiderei äußern. Gersten (1991) unterscheidet manifest grandiose und manifest kränkbare Subtypen, Cooper (1998) zwischen offenem Narzissmus – die Selbstwertregulierung erfolgt hier über grandiose Selbstbestätigung – und verstecktem Narzissmus, der mit masochistischer Verzweiflung und Unterwürfigkeit einhergeht, um die entsprechenden Größenphantasien von Macht und Einfluss zu stützen. Bursten (1973) differenziert zwischen verschiedenen Narzissmustypen und dem jeweiligen Entwicklungsniveau ihrer Objektbeziehungen, das vom bedürftigen Typus und seinem verzweifelten Verlangen nach Aufmerksamkeit und omnipotenten Objektphantasien bis hin zum phallisch-narzisstischen Typus reicht, dessen stabilere Selbststrukturen und Internalisierungen zu entsprechenden Manifestationen des Größen-Selbst in Form von Zielsetzungen und Idealen führen. Aus einer Reihe von empirischen Untersuchungen, die mit Methoden der Selbst- und Fremdbeschreibung arbeiten, extrahierte Wink (1991) zwei Formen von narzisstischen Störungen: den verdeckt sensitiv-kränkbaren Typus, wie ihn charakteristischerweise überempfindliche und sozial zurückgezogene Menschen repräsentieren, sowie den grandios-exhibitionistischen Typus, dessen Beziehungen von Arroganz, übersteigertem Selbstbewusstsein und aggressiver Selbstbehauptung auf Kosten anderer geprägt sind.

Blatt (1990) wiederum unternimmt den Versuch, narzisstische Störungen im Rahmen einer umfassenderen Theorie normaler und pathologischer Persönlichkeitsentwicklung zu begreifen, die klinische Beobachtungen mit empirischer Forschung verbindet. Die oben zitierten klinisch-empirischen Studien gehen von einem Kontinuum narzisstischer Störungen aus, das den beiden zentralen Entwicklungskonfigurationen, wie Blatt sie benennt, entspricht: eine anaklitische Entwicklungslinie der Bezogenheit und eine introjektive Entwicklungslinie der Selbstdefinition. Beide Stränge stellen unterschiedliche Momente eines Prozesses normaler Persönlichkeitsentwicklung und pathologischer Formationen dar (Blatt u. Blass 1990; 1992; Blatt u. Shichman 1983). Die Errichtung überdauernder zwischenmenschlicher Beziehungen fördert die Selbstentwicklung, so wie umgekehrt intersubjektive Bezogenheit von der Ausbildung eines differenzierten, individuierten Selbst abhängt. Um mit Entwicklungsbrüchen fertig zu werden, greifen Menschen auf Strategien zurück, die Bezogenheit und/oder Selbstdefinition ermöglichen sollen, aber aufgrund ihrer Verzerrtheit und Unangemessenheit in unterschiedlichste Pathologien, wie etwa narzisstische Störungen, münden können (Blatt u. Shichman 1983; Blatt u. Auerbach 2001). Die ungenierte Grandiosität der manifest narzisstischen Persönlichkeit stellt eine Verzerrung des Bedürfnisses nach Einzigartigkeit, Meisterschaft und Perfektion dar, wie es für die introjektive Entwicklungslinie der Selbstdefinition charakteristisch ist, während Idealisierung und Unterwerfung unter ein omnipotentes Gegenüber, wie es für den verdeckten Narzissmus typisch ist, eine Verzerrung der anaklitischen Wünsche nach Bezogenheit sind. Nach Auffassung von Blatt (1990) neigt die phallisch-narzisstische Persönlichkeit zu introjektiven Abwehrmechanismen der Internalisierung, zur Identifizierung mit dem Aggressor und Überkompensation, was die Existenz ungehemmter Grandiosität neben realistisch-angemessenen und sublimatorischen Verhaltensweisen erklärt. Im Gegensatz dazu greift die anaklitisch-bedürftige oder infantile narzisstische Persönlichkeit auf eher primitive Abwehrmechanismen der Idealisierung, Entwertung und Inkorporation derer zurück, die als omnipotent oder uneingeschränkt bedürfnisbefriedigend wahrgenommen werden, um ein fragiles und vulnerables Selbst zu schützen.

Psychoanalytische Theoriebildung und kulturelle Strömungen

Die Tatsache, dass Narzissmus und Entwicklung des Selbst zu zentralen Schlüsselkonzepten psychoanalytischer Theoriebildung wurden, darf nicht nur als aktueller Trend innerhalb der Psychoanalyse verstanden, sondern muss in einen größeren kulturellen Zusammenhang gesetzt werden, der wiederum Theoriebildung und Behandlungstechnik der Psychoanalyse beeinflusst. Kohuts Selbstpsychologie stünde so für die Schaffung einer Ideologie des Selbst, und zwar zu einem Zeitpunkt in der Geschichte, an dem wahre Individualität und mit ihr das Subjekt im Schwinden begriffen sind (Adorno 1968). Ein Selbst-loses Zeitalter führt zum ständigen Kreisen um das eigene Selbst. Erstaunt über das immense »Selbst-Interesse« seiner Patienten, vermutet Bursten (1973, S. 110) eine »mangelnde Selbst-Verständlichkeit«, was in eine permanente Suche nach »Selbst-Affirmation« münde. Wir müssen uns fragen, inwieweit dieser Trend innerhalb der Psychoanalyse, Störungen des Narzissmus und des Selbst mehr und mehr ins Blickfeld zu rücken, auf theoretischer Ebene nicht seinerseits kulturelle Prozesse und Muster widerspiegelt, die Lasch (1982) als das »Zeitalter des Narzissmus« beschrieben hat. Im Folgenden möchte ich näher auf den Zusammenhang zwischen narzisstischen Störungen und kulturellen Strömungen eingehen, wie er von Kohut, Kernberg und Blatt in ihren Arbeiten konzeptualisiert wurde.

Kohut (1973) sieht den Anstieg narzisstischer Störungen in der Unfähigkeit unserer Gesellschaft begründet, unseren gesunden narzisstischen Strebungen – unsere Ambitionen, unsere Wünsche zu beherrschen, zu glänzen und mit allmächtigen Figuren zu verschmelzen – die gleiche Berechtigung zuzuschreiben wie unseren objektgerichteten Strebungen. Die Heuchelei, mit der man in unserer Gesellschaft dem Narzissmus begegne, sei der viktorianischen Heuchelei gegenüber Sexualität vergleichbar. Offiziell, so Kohut, würden die dem Größen-Selbst und omnipotenten Selbstobjekt entspringenden gesellschaftlichen Manifestationen des Narzissmus verleugnet, was jedoch nicht über ihre Omnipräsenz hinwegtäuschen könne.

Die narzisstische Persönlichkeit mit ihrem unbeständigen und schwach ausgeprägten Selbstgefühl ist für Kohut (1979) eine direkte Widerspiegelung der charakteristischen psychologischen Schwierigkeiten unserer Zeit. Als Beleg führt er die um Selbstkohäsion und Selbstfragmentierung kreisenden Themen und Bilder in der zeitgenössischen Kunst an. Den Anstieg narzisstischer Störungen schreibt er insbesondere dem Wandel in der Familienstruktur und damit einhergehenden Veränderungen in den frühen Beziehungserfahrungen des Kindes zu. Die typische Mittelschichtfamilie des 19. Jahrhunderts mit ihren zahlreichen Familienmitgliedern, Bediensteten und Kindermädchen bot ihren Angehörigen ein reichhaltiges und vielfältiges Repertoire an unterschiedlichsten Objektbeziehungen, die, wenn internalisiert, der eigenen Persönlichkeit Tiefe und Kontinuität verliehen. Das Hauptproblem für ein Kind, das in einer emotional derart dichten Familienatmosphäre aufwuchs, bestand in einem Übermaß an elterlicher Wärme und Enge, die an Verführung grenzte. Im Gegensatz dazu prädisponiere die typische Mittelschichtfamilie des 20. Jahrhunderts, die nicht mehr in die Strukturen einer Großfamilie bzw. Gemeinschaft eingebunden ist und nicht selten durch Scheidung oder soziale Mobilität zusätzliche Brüche erfährt, aufgrund ihres verarmten emotionalen Klimas und Mangels an Objektbeziehungen geradezu für Narzisstische Persönlichkeitsstörungen.

Aufgrund der Trennung zwischen öffentlicher Arbeitssphäre und Familienleben habe »das heutige Kind immer weniger Gelegenheiten, seine Eltern entweder bei der Arbeit zu beobachten oder wenigstens emotional, durch konkrete, verständliche Vorstellungen, an der Kompetenz der Eltern und ihrem Stolz in der Arbeitssituation teilzuhaben, in der das Selbst der Eltern zutiefst engagiert« sei (Kohut 1979, S. 266). Die Einkapselung der Eltern-Kind-Beziehung in eine isolierte und geschrumpfte Kernfamilie verleihe den Interaktionen eine schemenhafte, oberflächliche Qualität, die die Schwäche und Instabilität des narzisstischen Selbst- und Realitätsempfindens noch verstärke.

Für die Entwicklung von Ich und Über-Ich birgt dieses Vermächtnis zeitgenössischer Familienstrukturen bestimmte Implikationen, die sich wiederum auf Individual- und Gruppenpsychologie auswirken. Das Fehlen früher Spiegelung und idealisierender Selbstobjektbeziehungen, so warnt Kohut (1979), könne dem Verfolgen grandioser Ziele und widerstandsloser Verschmelzung mit allmächtigen Selbstobjekten Vorschub leisten. Die Unterwerfung unter einen idealisierten Führer im Deutschland des Dritten Reichs gilt als historisches Beispiel eines solch kollektiven Ausbruchs frustrierter archaisch-narzisstischer Bedürfnisse und Bestrebungen, ebenso wie die Preisgabe von Ratio und individueller Autonomie an religiöse Sekten oder fundamentalistische Gruppierungen.

1.8 Narzissmus als klinisches und gesellschaftliches Phänomen

Im Gegensatz zu Kohut, der die narzisstische Persönlichkeit als unmittelbares Abbild von als »narzisstisch« bezeichneter gesellschaftlicher Strömungen sieht, spricht Kernberg (1978) von einer dialektischen Wechselwirkung zwischen gesellschaftlichen Prozessen und psychologischer Entwicklung, die bestimmten historischen Gegebenheiten und sozialen Strukturen Nachdruck verleihen oder aber Widerstand entgegensetzen. Er geht der Frage nach, inwieweit pathologische versus normal-narzisstische Persönlichkeitszüge durch gesellschaftliche und kulturelle Institutionen verstärkt werden und inwieweit pathologische versus normal-narzisstische Persönlichkeitszüge innerhalb der Führung einer bestimmten Gesellschaft vorherrschen. Zwar weist Kernberg im Gegensatz zu Kohut jede direkte Entsprechung zwischen gesellschaftlicher Entfremdung und dem subjektiven Erleben der narzisstischen Persönlichkeit von Leere und Selbstentfremdung zurück, besticht jedoch mit seiner These von Kontinuität zwischen Narzisstischen Persönlichkeitsstörungen und Narzissmus als gesellschaftlicher Strömung. Mildere Formen narzisstischer Pathologie, so seine Beobachtung, muten zuweilen nicht nur asymptomatisch an, sondern verkörpern auch jene Persönlichkeitsmerkmale, die den Erfolg moderner bürokratischer Strukturen garantieren. Nach der Auffassung Kernbergs sind es genau die Leere der narzisstischen Persönlichkeit und ihre mangelnde emotionale Tiefe und Unfähigkeit, sich auf andere Menschen einzulassen, die es ihr ermöglichen, in bestimmten politischen und bürokratischen Organisationen tätig zu sein, in denen das Vermeiden tiefer gehender Beziehungen das eigene Überleben sichert und den Zugang zu Spitzenpositionen eröffnet. Soziale Entfremdung für sich genommen, so Kernberg, verstärke noch nicht das von der narzisstischen Persönlichkeit erlebte Empfinden der Selbstentfremdung und inneren Verarmung von Objektbeziehungen, da es sich bei Objektbeziehungen nicht um tatsächliche zwischenmenschliche Interaktionen handle, sondern um intrapsychische Strukturen, die auf der Basis früher familiärer Beziehungen und Interaktionen gebildet werden. An anderer Stelle konzidiert Kernberg jedoch, dass über mehrere Generationen hinweg gesellschaftliche Entwicklungen, wie familiäre Entwurzelung, gesellschaftliche Auflösungsprozesse, Bürokratisierung der Arbeit sowie die ubiquitäre Stereotypisierung von Bildern in den Massenmedien, in die unmittelbare Beziehungswelt des Kindes eindringen und so Veränderungen in den intrapsychischen Strukturen nach sich ziehen können.

So untersucht Kernberg, wie Banalisierung und Stereotypisierung der durch die Massenkultur propagierten Bilder die Entwicklung von Ich und Über-Ich beeinträchtigen. Er geht davon aus, dass in normativen Gruppen die Über-Ich-Entwicklung zunehmend Merkmale der Latenzzeit und ihres Funktionsniveaus annimmt, die entsprechend simplizistische Moral mit eingeschlossen:

- kritiklose Unterwerfung unter konventionelle Normen von »richtig« und »falsch«
- die Neigung, in Gruppennormen nach individueller Identität zu suchen
- rigide Polarisierung der Objektwelt in »gut« und »böse«

1 Grundlagen

Manche Aspekte der Massenkultur und Massenpsychologie – das Eintauchen des Einzelnen in die normativen Gesetze einer Gruppe sowie die Projektion individueller Identität auf Gruppenführer – interferieren mit der Entwicklung von Psychosexualität und Objektbeziehungen. Die Folge ist die Bereitschaft des Einzelnen, auf Merkmale und Funktionsniveau der Latenzzeit zu regredieren, was mit einem Scheitern der vollständigen Integration von Sexualität und Zärtlichkeit in Liebesbeziehungen einhergeht, mit der Analisierung von Sexualität bzw. der Verknüpfung von Sexualität und Ausscheidung sowie der Kanalisierung von sexuellen und aggressiven Wünschen und Bedürfnissen in kulturelle Konformität und Konsumverhalten.

Kernbergs Ausführungen zu den aggressiven Aspekten des Narzissmus und insbesondere seine Theorie des malignen Narzissmus lassen uns besser verstehen, wie Gewalt und gesellschaftliche Entwicklungen in Richtung Narzissmus zusammenlaufen. Es bestehe ein Kontinuum, so Kernberg, zwischen dem malignen Narzissmus demagogischer Führer einerseits und den narzisstischen Ideologien, wie wir sie aus totalitären Regimen kennen, andererseits. Über die totale Kontrolle von Medien und Streitkräften sowie des gesellschaftlichen und wirtschaftlichen Lebens würden Wille und Bewusstsein des Einzelnen untergraben und einer gesellschaftlich sanktionierten Regression Vorschub geleistet, die sich in gewalttätigem Verhalten bis hin zum Genozid in der Allgemeinbevölkerung Bahn brechen kann, deren Mitglieder nicht notwendigerweise eine Persönlichkeitsstörung aufweisen müssen. Die durch Massenkultur und schwere Psychopathologie hervorgerufene Unreife und Rigidität von Ich und Über-Ich lasse den Einzelnen eher regressiv-paranoide und narzisstische Ideologien wählen als sich humanistischen Idealen von individueller Autonomie bzw. gesellschaftlicher Verantwortung und Gleichheit zu verschreiben.

Schlüsselfaktor in derartigen Massenregressionen, in denen eine primitive und verfolgende Schicht des Über-Ichs zusammen mit primitiven internalisierten Objektbeziehungen sowie den entsprechenden Abwehrformationen aktiviert wird, ist der maligne Narzissmus des Führers. Politische Führer, die paranoide Persönlichkeitszüge, aggressionsgeladene Grandiosität sowie antisoziale Verhaltensweisen in sich vereinigen, stellen sich an die Spitze paranoider Massenbewegungen, die ihrem rationalisierten Hass und ihrer Zerstörungswut freien Lauf lassen. In solchen Situationen, so Kernberg, könne man beobachten, wie Todestrieb und primitive Aggression – gewöhnlich durch familiäre und soziale Interaktionen in normale Ambivalenz umgewandelt und gebunden – wiederbelebt und entfesselt werden.

»Die Dimensionen narzisstischer und paranoider Regression werden so zum Kristallisationspunkt regressiver gesellschaftlicher Pathologien. Sie verknüpfen die Psychopathologie des Führers mit der jeweiligen Regression in unstrukturierten Klein- und Großgruppen.« (Kernberg 2003b, S. 8)

1.8 Narzissmus als klinisches und gesellschaftliches Phänomen

Kernberg nennt in seiner Analyse eine Reihe von Faktoren, die entlang narzisstischer und paranoider Linien organisiert sind und zwischen individueller narzisstischer Pathologie und sozialer Ordnung Vermittlerfunktion übernehmen. Zu den wichtigsten zähle die Persönlichkeitsstruktur des Führers und dessen Ausmaß an narzisstischen und paranoiden Persönlichkeitszügen, ebenso die Sozialgeschichte der jeweiligen Gruppe sowie insbesondere die Frage, inwieweit historische Traumata zur Exazerbation individueller Traumatisierungen und Vereitelung narzisstischer Strebungen beitragen und dadurch den Einzelnen anfällig dafür machen, über Projektion auf einen omnipotenten oder gar bösartigen Führer das eigene verletzte oder brüchige Ich-Ideal zu stärken. Erst wenn wir verstehen, so Kernberg, wie paranoide und narzisstische Führer die ubiquitäre und intrinsische Natur menschlicher Aggression zu aktivieren und auszunützen wissen, die in totalitären Regimen mit atavistischen Strebungen in der Allgemeinbevölkerung nach narzisstischer Selbstidealisierung zusammenfließen kann (insbesondere im Falle historischer Traumata), lässt sich die gegenwärtige Entwicklung in Richtung gesellschaftlicher Gewalt begreifen.

Wie Kernberg vertritt auch Blatt (1983) eine dialektische Sichtweise der Beziehung zwischen normalem und pathologischem Narzissmus, zwischen gesellschaftlichen Strömungen und individueller Persönlichkeitsentwicklung, wodurch eine totalistische Auffassung des Narzissmus-Konzepts umgangen wird. Blatt unterscheidet zwischen Narzissmus – den er im Sinne pathologischer Entwicklungsprozesse der Selbstbildung mit begrenzter Anwendbarkeit auf normative individuelle oder kulturelle Entwicklung versteht – und dem Konzept des Egozentrismus als normaler Entwicklungsstufe von Piaget, das sich zur konzeptuellen Verknüpfung individueller Entwicklung mit gesellschaftlichen und kulturellen Veränderungen weitaus besser eigne. Narzissmus, so Blatt, zeichne sich durch ein geschwächtes Selbst aus, das sich über introjektive oder anaklitische Mechanismen auf einem defensiven Rückzug aus Objektbeziehungen befinde, während Egozentrismus mit kognitiven Prozessen einhergehe, die die Sichtweisen und Handlungen Einzelner mit denen anderer vermische und die erst über einen Prozess der Dezentrierung überwunden werden.[3] Wie Lasch und Adorno geht Blatt davon aus, dass eine hochgradig mobile und technologisierte Gesellschaft in der Tat zu einer Verstärkung des Egozentrismus beitragen kann, indem sie ihren Mitgliedern eine größere Bandbreite an Wahlmöglichkeiten anbietet und dadurch das Netz verwandtschaftlicher und allgemeiner zwischenmensch-

---

[3] Entwicklung, um mit Piaget zu sprechen, geht mit einem Prozess der Dezentrierung einher, in dessen Rahmen der Einzelne nicht nur allmählich lernt, zwischen seiner eigenen Sichtweise und der Erfahrungsrealität anderer zu unterscheiden sowie die Unabhängigkeit seiner eigenen kognitiven Prozesse zu erkennen, sondern sich auch bewusst wird, dass er für die Konstruktion der Realität und die ihr jeweils zugeschriebene Bedeutung verantwortlich ist. Auf erkenntnistheoretischer Ebene stellen Piagets Formulierungen ein Erklärungskonstrukt für kulturelle und individuelle Entwicklung gleichermaßen dar.

licher Bindungen zerreißt. Er warnt allerdings davor, diese Entwicklungen ausschließlich verzerrt-pathogenetisch im Lichte des Narzissmus und seiner Störungen zu deuten. Vielmehr stelle das Erstarken des Narzissmus in der gegenwärtigen Gesellschaft nur ein Moment erhöhten Egozentrismus dar, das nach neuen Möglichkeiten der Dezentrierung kultureller Entwicklung suche und die Anerkennung und Integration unterschiedlichster Sichtweisen mit einbeziehe.

Die Kultur des Narzissmus, so Blatt, »geht mit unseren Bemühungen einher zu abstrahieren – von einer Konzeption von Natur und Gesellschaft, basierend auf kulturellem Absolutismus, hin zu einer neuen Stufe der Integration und Synthese, basierend auf individuellem und kulturellem Relativismus« (Blatt 1983, S.301). Die Zerstörung kultureller Absolutheitsansprüche in Form von Familienstrukturen, Werten und herrschenden kulturellen Formen birgt nach der Auffassung von Blatt und der anderer Autoren das Potenzial, entrechteten Individuen und sozialen Gruppierungen ein höheres Maß an Anerkennung und Integration innerhalb unserer kulturellen Realität zu ermöglichen.

Sowohl Heinz Kohut als auch Otto Kernberg und S. J. Blatt stellen interessante Überlegungen darüber an, wie wir uns den Zusammenhang zwischen narzisstischer Pathologie einerseits und dem Weg, wie das Selbst in unserer Gesellschaft konstruiert wird, andererseits vorstellen können. Ergänzend hierzu hat sich die Kritische Theorie – deren Arbeiten im Folgenden näher beleuchtet werden sollen – mit der Frage befasst, wie sich die narzisstische Gesellschaft im Individuum niederschlägt und jene Selbstentfremdung und Selbstschwächung hervorzurufen vermag, wie wir sie von den Narzisstischen Persönlichkeitsstörungen kennen.

Das Konzept des Narzissmus in der Kritischen Theorie

Obschon sehr stark an psychoanalytische Konzeptualisierungen des Narzissmus angelehnt, die sie zu Freuds »großartigsten Entdeckungen« (Adorno 1968, S. 88) zählen, verstehen die Vertreter der Frankfurter Schule die narzisstische Pathologie als innerpsychischen Kristallisationspunkt gesellschaftlicher Prozesse. Jede Gesellschaft, so ihre These, organisiere Triebregungen und Beziehungswünsche – die das Fundament individueller Persönlichkeit und Identität darstellen – in Form charakteristischer Muster, die wiederum bestimmte Charaktertypen konstituieren. In Übereinstimmung mit der psychoanalytischen Auffassung eines Kontinuums zwischen psychischer Gesundheit und Abnormalität handle es sich bei den vorherrschenden Formen von Psychopathologie um Übersteigerungen der genannten Charaktertypen. Das Muster von Ich-Konflikten und regressiven Bewegungen werde nicht nur von interpersonellen oder intrapsychischen Faktoren bestimmt, sondern auch von objektiven Aspekten der sozialen Welt, das

1.8 Narzissmus als klinisches und gesellschaftliches Phänomen

heißt ökonomischen Strukturen, charakteristischen Familienformen und politischen Organisationen einer Gesellschaft (Adorno 1967; 1968; Alford 1988; Held 1980; Lasch 1982; Marcuse 1965).

Es ist wichtig festzuhalten, dass sich die Vertreter der Frankfurter Schule zunächst der Psychoanalyse zuwandten, um psychologische Hindernisse auf dem Weg bedeutsamer gesellschaftlicher Veränderungen zu erklären – insbesondere, als ihre Enttäuschung am Marxismus nach dem Spanischen Bürgerkrieg und den großen Säuberungsaktionen und Moskauer Schauprozessen unter Stalin wuchs (Jay 1973; Schroyer 1973). Die Integration der Psychoanalyse in die Kritische Theorie wurde von der Erkenntnis geleitet, dass in fortgeschrittenen kapitalistischen Gesellschaften soziale Kontrolle und Herrschaft über die Unterdrückung von Wünschen und die Beschränkung des Bewusstseins mithilfe der Instrumente der Massenkultur bzw. Kulturindustrie sowie über ökonomische Faktoren, wie die Organisation von Arbeit und Produktionskräften (Adorno 1991; Jay 1973; Schroyer 1973) erreicht werde. Das Eindringen von Kulturindustrie und Technologie in Privat- und Familiensphäre hat insofern zu einer Krise der individuellen Subjektivität in den entwickelten Industriegesellschaften geführt, als individuelle Identität stärker im Kollektiv bzw. in der jeweiligen Gruppenidentität aufgeht, allerdings auch weniger zur Selbstverwirklichung genutzt werden kann (Adorno 1991). Theorie und Praxis der Psychoanalyse mit ihrer Erforschung und Erinnerung an die Universalität von Triebhaftigkeit und psychosexueller Entwicklung des Menschen versprach in den Augen der Kritischen Theorie, die individuelle Psyche von den Fesseln instrumenteller Rationalität zu befreien, die die Perpetuierung sozialer Kontrolle und Herrschaft festschreibt, unter der es zur Unterwerfung und Kanalisierung, jedoch nicht Freisetzung des Eros komme (z. B. Konsum, Massenmedien). Die Vertreter der Kritischen Theorie wandten sich der Psychoanalyse als einer Möglichkeit zu, verdrängte Erlebensdimensionen individueller und kollektiver Geschichte zu verknüpfen sowie emanzipatorische Reflexion zu fördern, die letztlich eine Transformation der sozialen Praxis nach sich ziehen würde (Adorno 1967; 1968; Jay 1973; Schroyer 1973). Psychoanalytische Überlegungen zum Narzissmus und seiner Störungsbilder galten als Schlüssel zum Verständnis individueller psychischer Bereitschaft, sich in den Dienst regressiver Bewegungen auf individueller Ebene und Gruppenebene sowie des Herrschaftserhalts unter totalitären Regimen stellen zu lassen.

Die Positionen der Kritischen Theorie zur gesellschaftlichen Bedeutung des Narzissmus ähneln bis zu einem gewissen Grad den psychoanalytischen Konzeptualisierungen von Kohut, Kernberg und Blatt, auch wenn ihr Kenntnisstand zu objektbeziehungstheoretischen Formulierungen nach Freud eher begrenzt war. Vor allem Horkheimer (1936; Horkheimer u. Adorno 1944), Adorno (1967; 1968) und Lasch (1982) sehen die Prävalenz Narzisstischer Persönlichkeitsstörungen als unheilvolles Zeichen für die Schwächung und Fragmentierung der zugrunde liegenden Charakterstruktur unserer Gesellschaft, die durch starke Identifizierungen und elterliche Introjekte der Erschütterung und dadurch sozialen

Manipulation preisgegeben werde. In ihrem Verständnis der gesellschaftlichen Bedeutung des Narzissmus gleichen die Arbeiten von Horkheimer, Adorno und Lasch den Überlegungen Kernbergs, der emotionale Oberflächlichkeit, innere Leere und passive Realitätsorientierung der narzisstischen Persönlichkeit in Zusammenhang setzt mit den Anforderungen moderner bürokratischer und politischer Organisationen nach formbaren und unreflektierten Mitgliedern der Gesellschaft.

Ein ursprünglich von Marcuse (1965) entwickelter, wenig bekannter Ansatz innerhalb der Kritischen Theorie betont die potenziell emanzipatorischen Aspekte des Narzissmus. Vertreter dieser Richtung sehen im Narzissmus nicht nur den Ausdruck einer erotischen Verbindung zum Selbst und zur Welt, sondern auch die Möglichkeit einer Stärkung des Selbst sowie eines subversiven Rückzugs aus einer repressiven Realität. Diese Erhebung des Narzissmus zum Archetyp eines existenziellen Wirklichkeitsbezugs, dessen historischer Moment gekommen ist, geschieht zeitgleich mit dem Auftauchen der Selbstpsychologie Kohuts. Diese unterschiedlichen Sichtweisen des Narzissmus sollen im Folgenden kritisch beleuchtet werden.

Narzissmus als Schwächung des Selbst: die Arbeiten von Horkheimer, Adorno und Lasch

Horkheimer, Adorno und Lasch führen das Auftauchen des Narzissmus als dominanten Charakterzug und die Ausweitung Narzisstischer Persönlichkeitsstörungen als vorherrschende Psychopathologie auf den Zusammenbruch väterlicher Autorität und die Verwässerung mütterlicher Fürsorge im Zuge veränderter familiärer Strukturen und ökonomischer Produktionsprozesse zurück. Die Übernahme elterlicher Funktionen durch Medien, Schule und Sozialeinrichtungen haben zu einer Verwässerung elterlicher Autorität und zur Beeinträchtigung der Fähigkeit von Kindern geführt, starke psychische Identifizierungen mit ihren Eltern auszubilden. Autorität und Autonomie des Vaters werden mehr und mehr durch die Trivialisierung seiner Rolle im Produktionsprozess unterminiert, während Effektivität und Fürsorge der Mutter durch die zunehmende Professionalisierung von Kindererziehung und den Mangel an gesellschaftlicher Anerkennung ihrer Rolle als Trägerin dieser Qualitäten (d. h. Liebe, Zärtlichkeit, Gegenseitigkeit) infrage gestellt werden – Qualitäten, die einer Reduzierung des Menschen auf ein bloßes Anhängsel des Produktionsprozesses entgegenstehen.

Nach Auffassung von Horkheimer, Adorno und Lasch interferiert dieser Schwund elterlicher (insbesondere väterlicher) Autorität mit ödipalen und präödipalen Internalisierungsprozessen. Der Ödipuskomplex dient in den Augen dieser Theoretiker nicht nur als Medium zur Internalisierung väterlicher Autorität, sondern auch als Fundament moralischer Autonomie, die ihrerseits zum Hort gesellschaftlichen Widerstands werden kann. Viele Mitglieder unserer Ge-

1.8 Narzissmus als klinisches und gesellschaftliches Phänomen

sellschaft, so die These, entbehrten aufgrund der Abwesenheit des Vaters von zu Hause sowie seiner Machtlosigkeit innerhalb der sozialen Welt einer starken Identifikationsfigur, was den Verlust eines starken Ichs zur Folge habe, das normalerweise den langwierigen Auseinandersetzungen mit einem geliebten und verehrten, wenngleich gefürchteten Vater entspringt. Vielmehr sei der Einzelne, so Lasch (1982), seinen primitiven Phantasien über einen unnötig strengen und strafenden Vater ausgeliefert, mit dem Ergebnis, dass auch das Über-Ich seine primitiven personifizierten Qualitäten behalte und auf die soziale Welt projiziere, die dann als gefährlich und irrational erscheine. Der Zusammenbruch väterlicher Autorität als zentrales Sozialisationsmoment mache so den Weg frei für die direkte Manipulation des Ichs durch Massenmedien, Schule, Peergroups und politische Führer. Das Ich-Ideal entspringe nicht der Auseinandersetzung und Identifizierung mit dem Vater, sondern einem unentwickelten Ich bzw. dem direkten Einwirken von Kräften außerhalb der Familie. Eine derartige Aufpfropfung des Ich-Ideals auf das entstehende Ich prädisponiere zu dessen rascher Reprojektion auf äußere Figuren sowie zu Regressionen, die mit einer Verdichtung von Ich und Ich-Ideal in Richtung narzisstischer Pathologie einhergehen.

Für Horkheimer und Adorno führt der Niedergang väterlicher Autorität und stabiler Identifizierungen mit dem Vater zu einer Deformation der Mutter-Kind-Beziehung, indem der Boden für eine unangemessene Trennung zwischen Selbst und anderem bereitet wird, wie sie uns aus der narzisstischen Pathologie bekannt ist. Benjamin (1978) und andere Vertreter der feministischen Psychoanalyse haben den Theoretikern der Frankfurter Schule vorgeworfen, den Einfluss, den befriedigende präödipale Erfahrungen auf stabile Internalisierungen haben, zu ignorieren sowie das Ausmaß an Unterdrückung, mit der Frauen im traditionell patriarchalen Familiensystem konfrontiert waren, sträflich zu unterschätzen. Wenngleich kritische Einwände dieser Art in gesellschaftlicher Hinsicht wichtig sind, so berücksichtigen sie doch nicht die Komplexität und Bedeutung triadischer Bindungen innerhalb der Familie – vor allem nicht potenziell anklammerndes Verhalten seitens der Mutter, das die Abwesenheit des Vaters ausgleichen soll, in Wahrheit jedoch den Individuations-Separations-Prozess des Kindes beeinträchtigt (Lasch 1982) – oder die Art und Weise, in der die Autorität von Vater und Mutter gleichermaßen unterminiert wird.

Eine weitere psychologische Konsequenz des Zusammenbruchs elterlicher Autorität innerhalb der Familie betrifft die Transformation der Beziehung des Einzelnen zu äußeren Autoritäten. Adorno (1968) spricht von einer Neigung der Mitglieder einer Massengesellschaft, verschmelzungsähnliche Identifikationen präödipaler oder narzisstischer Art mit idealisierten Führern einzugehen, die als Erweiterung der eigenen Persönlichkeit oder des eigenen Ich-Ideals erlebt werden. Die Internalisierung kollektiver oder familiärer Normen und Werte wird ersetzt durch unmittelbare und passagere Identifizierungen, die keiner reflexiven Kontrolle unterliegen. Adorno und Horkheimer (1944) beschreiben dieses undifferenzierte und schwache Selbst, das auf frühe inkorporative Formen der Identifizierung und primitive Abwehrmechanismen zurückgreift, als »narzisstisch«. Nach ihrer Auffassung ersetzt Narzissmus Internalisierung als dominanten psychologischen Modus unserer Zeit.

Die Verstärkung des Narzissmus in der Persönlichkeit koinzidiere, so Adorno (1968), mit dem Triumph der Gesellschaft über das Individuum. Möglicher Wege der Individuierung und Meisterung beraubt, wendet sich das Ich sich selbst zu. Die Aufblähung des Narzissmus innerhalb des Ichs, die dieser Regression entspringt, markiere nur einen Moment vor der völligen Auflösung als autonome Kraft. Horkheimer und Adorno gehen davon aus, dass der Anstieg Narzisstischer Persönlichkeitsstörungen eine Veränderung in der Natur menschlicher Subjektivität signalisiert. Es läute nicht nur das Ende des Individuums ein, das über ein reiches, komplexes und autonomes Innenleben verfügt, sondern auch die Beschneidung der Fähigkeit aktiver Meisterung anstelle passiver Unterwerfung unter die Realität.

In ihrer Tendenz, die pathologischen Aspekte eines zunehmenden Narzissmus zu betonen, ähneln die Schriften Horkheimers und Adornos in erster Linie den psychoanalytischen Überlegungen Kernbergs. Der Trend in Richtung Ich-Schwäche und mangelnder Differenzierung, der Niedergang des Ödipuskomplexes sowie die Beeinträchtigung von Ich- und Über-Ich-Entwicklung, die Neigung zu verschmelzungsähnlichen Identifizierungen und sklavischer Unterwerfung unter irrationale Autoritäten, wie sie sich in der nichtklinischen Allgemeinbevölkerung beobachten lassen, haben allesamt ihr Gegenstück im klinischen Bild der narzisstischen Persönlichkeit im Sinne Kernbergs.

Es gibt jedoch einige zentrale Unterschiede in den Konzeptualisierungen des Narzissmus innerhalb Kritischer Theorie einerseits und Psychoanalyse andererseits. Der Rückzug der Vertreter der Kritischen Theorie vom politischen Aktivismus war begleitet von einer durchaus naiven und utopischen Idealisierung der psychoanalytischen Theorie und Praxis im Sinne einer geschrumpften, aber sicheren Sphäre zur Bewahrung ihrer progressiven individualistischen Ideologie. Für die Kritische Theorie stellte die Psychoanalyse das Paradigma einer nichtausbeuterischen Beziehung dar, mit deren Hilfe Interessenkonflikte versöhnt und Aggression innerlich gehalten und umgewandelt werden konnte. In einer Gesellschaft, in der der Niedergang der Unabhängigkeit des ökonomischen Subjekts und die Reifizierungen der Massenkultur das Ende der psychischen Autonomie des Subjekts einläuten, in der Mimesis anstatt Internalisierung als hauptsächliches psychologisches Moment wirksam ist, wird die Psychoanalyse nicht nur zum Statthalter individueller Autonomie und Subjektivität, sondern auch von Gegenseitigkeit (Adorno 1968). Mit ihrer Erforschung individueller Subjektivität wurde die Psychoanalyse als Bollwerk gegen die gesellschaftliche Erosion von Individualität und Autonomie konzipiert.

Dieser Vorstellung von Psychoanalyse als Möglichkeit des Rückzugs, aber auch des Widerstands gegenüber einer ausbeuterischen Gesellschaftsordnung haftet jedoch etwas grundlegend Irreführendes an. Allein das Konzept techni-

1.8 Narzissmus als klinisches und gesellschaftliches Phänomen

scher Neutralität, so Kernberg (2000), einer der Hauptpfeiler psychoanalytischer Praxis, ist davon abhängig, inwieweit Analytiker und Patient über einen gemeinsamen kulturellen und ideologischen Hintergrund verfügen. Er nennt in diesem Zusammenhang das Beispiel eines sozialdemokratischen Ausbildungskandidaten und seines marxistischen Lehranalytikers im Chile der Allende-Ära. Als der Lehranalytiker die Teilnahme des Patienten an einem Ärzte-Streik gegen die Allende-Regierung als Unterwerfung unter die kapitalistische, den ödipalen Vater repräsentierende Ideologie deutet, beendet der Kandidat die Lehranalyse und verlässt einige Zeit später das Land. Dazu Kernberg:

»Die Reproduktion ideologischer Konflikte der politischen Kultur, die diesen zugrunde liegenden Konsens zerstören, kann in der analytischen Situation zuerst zu einem Zusammenbruch der funktionalen Voraussetzungen der analytischen Arbeit und daran anschließend zu Autoritarismus führen.« (Kernberg 2000, S. 265ff)

Die jeweilige Kultur und Ideologie, die innerhalb der Psychoanalyse praktiziert wird, finden so ihren Niederschlag in psychoanalytischen Ausbildungsinstituten und beeinflussen die Haltung des Analytikers gegenüber klinischem Fallmaterial.

Die Vertreter der Frankfurter Schule halten letztlich an einer Utopie menschlicher und gesellschaftlicher Perfektion fest, die die Ubiquität menschlicher Aggression außer Acht lässt. In seiner Diskussion von Narzissmus und Internalisierung geht Adorno davon aus, dass Möglichkeiten der Selbst-Differenzierung der Verleugnung anheimfallen bzw. die Selbsterhaltungsfunktion des Ichs bestehen bleibt, wenngleich vom Bewusstsein abgespalten und für die Vernunft verloren (Adorno 1978, S. 136). Das geschwächte Ich wird ohne Schwierigkeiten von äußeren (z. B. totalitären Bewegungen, Kulturindustrie) oder inneren Kräften (z. B. den Trieben) überwältigt. Die genaue Art des Rückzugs des Ichs bestimmt sich jedoch Adorno zufolge durch objektive historische Kräfte, weniger durch die allgegenwärtige Natur der Triebe, die durch unterschiedliche historische Gegebenheiten unterschiedlich mobilisiert werden können, denen jedoch weiterhin etwas potenziell Regressives anhaftet, unabhängig von den jeweiligen gesellschaftlichen Faktoren. Während die Vertreter der Kritischen Theorie den Eros als universelles und unbestechliches, wenngleich unbewusstes Reservoir an Widerstandskraft gegenüber sozialer Kontrolle und Herrschaft preisen, deren Einfluss via Technologie, Medien und Reifizierung in der Kunst bis in die Sphäre individueller Subjektivität reicht, so haben sie nicht verstanden, dass Aggression oder Todestrieb bzw. die damit verbundenen katalytischen Affekte von Hass und Neid ein nahezu universelles Moment sozialer Herrschaft, Destruktivität und Unterdrückung darstellen. Dieser Hang zur Utopie unter den Vertretern der Kritischen Theorie findet seinen deutlichsten Ausdruck im Werk von Herbert Marcuse.

Narzissmus als Empowerment des Selbst: das Werk von Herbert Marcuse

Kohuts wohlwollende Sichtweise des Narzissmus als normale Entwicklungslinie, die unter optimalen Bedingungen die Suche des Einzelnen nach glücklicher Vollkommenheit und Erweiterung des Selbst unterstützt, hat ihre sozialphilosophische Entsprechung in Marcuses Konzeption des Narzissmus als Ausrichtung auf die Realität, die gleichermaßen progressiv und regressiv zu nennen ist und im Dienste der Selbsterweiterung steht. Wie Kohut (1973) beklagt auch Marcuse (1965) die anhaltende Voreingenommenheit des Westens gegenüber dem Narzissmus und hält die narzisstischen Modi des Seins und der Bezugnahme (relating) nicht nur für wünschenswert, sondern auch für historisch realisierbar. »Der Narzissmus könnte den Keim eines andersartigen Realitätsprinzips enthalten.« (ebd., S. 167ff) Der technologische Fortschritt, so Marcuse, habe die Voraussetzungen für eine Versöhnung von Realitätsprinzip und Lustprinzip geschaffen, das im Kapitalismus durch den Prozess der »repressiven Entsublimierung« – in sinnlosen Konsum kanalisierte sexuelle Lust – deformiert worden war. Das Realitätsprinzip im entwickelten Kapitalismus wurde zum Leistungsprinzip, das Marcuse als besondere Form des Realitätsprinzips in einer Gesellschaft auffasst, die sich nach der ökonomischen Leistung ihrer Mitglieder bemisst. Eine derartige Versöhnung würde Marcuse zufolge »frühe Stadien der Libido reaktivieren, die in der Entwicklung des Realitäts-Ich übergangen wurden« (ebd., S. 196) – Phasen, die er als narzisstisch bezeichnet und die mit zutiefst befriedigenden, wenn auch archaischen Formen des Seins und der Bezugnahme einhergehen, zu denen er Spiel, polymorph perverse Sexualität und Verschmelzungserfahrungen zwischen Selbst und anderem bzw. Selbst und der Welt zählt.

Wie Kohut versucht Marcuse seine Neukonzeptualisierung des Narzissmus durch eine eigene Interpretation der freudschen Theorie des primären Narzissmus zu stützen. Beim primären Narzissmus, so seine mit Nachdruck vertretene These, handle es sich nicht nur um eine Entwicklungsphase der Libido, in der Ich und äußere Objekte vereint würden, sondern auch um eine Symbolisierung des Archetyps eines »anderen existentiellen Bezugs zur Realität«. Der primäre Narzissmus impliziere nicht eine Verarmung oder Reduzierung des Selbst, sondern eine Erweiterung der Selbstgrenzen, mit dem Ziel, die äußere Welt mit aufzunehmen. Um seine Position zu untermauern, zitiert Marcuse Freud und dessen Auffassung primärnarzisstischer Zustände, die in der reifen Psyche als »ozeanisches Gefühl« im Sinne einer Unbegrenztheit und Verbundenheit mit dem All überdauerten (Freud 1930, S. 425).

Im Narzissmus, so Marcuse, manifestiere sich eine präödipale oder polymorphe Form des Eros, die sich auf den Inskriptionsprozess der sozialen Ordnung auf den Einzelnen während der ödipalen Phase störend auswirkt. Als negatives Moment der Verweigerung gegenüber einer repressiven sozialen Ordnung lasse der Narzissmus die potenzielle Manifestation von Wünschen als soziale Kraft erkennen. Mit seinem Potenzial zur Selbst-Objekt-Entdifferenzierung erhebt Marcuse den Narzissmus zum Prototypen dessen, der die Grenzen zwischen Öffentlichem und Privatem, Individuum und Gesellschaft, Heterosexuellem und Homosexuellem, Spiel und Arbeit, Privatem und Politischem aufhebt. Angesichts der Weiterentwicklung psychoanalytischer Theorien zum Verständnis des Narzissmus und seiner Störungsbilder während der letzten 50 Jahre muten Marcuses Analysen mit ihren Zügen von Omnipotenz und Utopismus hoffnungslos naiv, altmodisch und politisch fahrlässig an.

Im Gegensatz zu Horkheimer und Adorno glaubte Marcuse nicht daran, dass die Psychoanalyse politisches Handeln als Sphäre der Authentizität und Hort individueller Freiheiten ersetzen könne. Für ihn bezogen sich psychoanalytische Theorie und Praxis nicht nur auf eine Vergangenheit, die wir hinter uns gelassen haben, sondern auch auf eine Zukunft, die es zurückzuerobern gelte. Marcuse war der Auffassung, dass die Anwendung psychoanalytischer Konzepte den gleichen gesellschaftlichen und historischen Kräften unterliegen würde, die auch zu den Veränderungen in Ich- und Über-Ich-Struktur führten, das heißt der Stärkung außerfamiliärer Autorität, der Identifizierung mit Gruppenidealen auf Kosten der Entwicklung eines autonomen individuellen Ich-Ideals, der Kanalisierung libidinöser Gratifikationen in konkretisierte gesellschaftliche Beziehungen und personifizierte Dinge oder Objekte, wie es im Zuge repressiver Entsublimierung der Fall ist. Marcuse war jedoch auch davon überzeugt, dass in einer repressiven Gesellschaft die psychoanalytische Praxis, wenn nicht sogar Theorie, nicht im Dienste menschlicher Erfüllung stehe, sondern selbst für repressive Zwecke missbraucht werden könnte. Individuelles Glück und produktive Entwicklung stünden der repressiven Gesellschaft entgegen. Werden sie als Werte definiert, die es innerhalb dieser Gesellschaft zu erfüllen gelte, so würden sie selbst repressiv. Die Einnahme einer kritischen Perspektive hing für Marcuse davon ab, den Spannungsbogen zwischen psychoanalytischer Theorie und Praxis aufrechtzuerhalten. Ein Anspruch, dem er selbst in seiner Analyse der Aggression jedoch nicht gerecht wurde.

Mehr noch als Adorno und Horkheimer verstand Marcuse Freuds Aggressionstheorie oder Todestrieb-Konzept als die Anerkennung der Vorherrschaft bzw. Intensivierung menschlicher Destruktivität, die eine permanente Bedrohung für den Zivilisationsprozess darstelle. In einer utopisch anmutenden gedanklichen Wendung interpretiert Marcuse in »Triebstruktur und Gesellschaft« (1965) den Todestrieb als Nirwanaprinzip, indem er ihn nicht mit menschlicher Zerstörungswut per se oder angeborenen aggressiven Impulsen in Verbindung bringt, sondern mit der Suche nach einem Zustand der Ruhe und Stille. In einer nichtrepressiven Gesellschaft – einer Gesellschaft, die keine zusätzliche Unterdrückung von Sexualität verlangt, was laut Marcuse Aggressivität fördert – könne der Todestrieb seine Destruktivität verlieren und mit der Libido versöhnt werden. Da die Grundfunktion der Triebe nicht in der Beendigung des Lebens, sondern des Schmerzes bestehe – der Abwesenheit von Spannung –, löse sich der Konflikt zwischen Leben und Tod paradoxerweise umso mehr auf, je mehr sich das Leben dem Zustand der Befriedigung annähere. Lustprinzip und Nirwanaprinzip gehen ineinander über. Narzissmus bedeutet für Marcuse die Erlösung von Lust, vom Stillstand der Zeit, von der Absorption des Todes. Ruhe, nächtliches Paradies – das Nirwanaprinzip nicht als Tod, sondern als Leben. Die Abmilderung der Aggression und ihre potenzielle Versöhnung mit der Libido unterminieren Marcuses Ziel, ein triebhaftes und biologisches Fundament des Widerstands gegen Herrschaft zu schaffen. Die Aufhebung des Unterschieds zwischen Eros und Thanatos und ihre Zusammenfassung mit dem Narzissmus lassen ein Theoriegebäude entstehen, das nicht nur naiv und utopisch erscheint, sondern auch omnipotente und rücksichtslose Züge trägt. Whitebook stellt fest: »Während Freud versuchte, einen Weg zu finden, Allmachtswünsche zu beherrschen und mit unserer Endlichkeit fertig zu werden, wollte Marcuse dem entgehen.« (Whitebook 1995, S. 4)

Marcuses Interpretation des Narzissmus entspricht in einigen Aspekten der von Heinz Kohut, weicht aber auch von ihr ab. Seine Erhebung des Narzissmus zu einem Archetyp eines weniger ängstlichen und in verschiedene Bereiche aufgeteilten Realitätsbezugs entspricht Kohuts Konzeption eines kosmischen Narzissmus, »der die Grenzen des Individuums transzendiert« (Kohut 1975, S. 162). Im Gegensatz jedoch zu Kohut, der in seinen späteren Formulierungen das Konzept des Todestriebs aufgibt, hält Marcuse, wie die Mehrheit der kritischen Sozialphilosophen, an Freuds Libidotheorie fest, um in der Vorstellung von Trieben und Konflikten innerhalb der Persönlichkeit ein Reservoir an Widerstand gegen die soziale Ordnung auszumachen. Aggression wird letztlich unter dem Nirwanaprinzip zusammengefasst, was Kohuts Konzeption eines kosmischen Narzissmus entspricht. Während jedoch Kohut (1987) an das Ideal eines kohärenten und kohäsiven Selbst glaubt, das innerhalb der sozialen Ordnung erreicht werden könne, besteht Marcuse auf seiner These, dass unter Bedingungen zusätzlicher Repression und repressiver Entsublimierung, wie sie der Kapitalismus abverlange, das Selbst zur Eindimensionalität verdammt sei. Für beide Theoretiker steht jedoch die anfeuernde Kraft des Narzissmus im Vordergrund, während sie seine pathologischen Verzerrungen herunterspielen. Marcuses Neukonzeptualisierung des Narzissmus innerhalb der Kritischen Theorie entspricht somit Kohuts Trend zur Normalisierung das Narzissmus – Akzeptanz, aber auch Aufblähung der Bedeutung für die Persönlichkeit – innerhalb der Psychoanalyse.

Kritik und Schlussfolgerung

Die Übereinstimmungen in den Werken psychoanalytischer und sozialphilosophischer Autoren lassen auf ein Kontinuum des Narzissmus als psychologisches Phänomen und gesellschaftliche Strömung schließen. Basierend auf der von Psychoanalyse und Kritischer Theorie gleichermaßen vertretenen Auffassung, dass abnormale Charakterstrukturen die verborgene Wahrheit des Normalen repräsentieren, können wir in der narzisstischen Persönlichkeit nach Hinweisen für die charakteristische Persönlichkeit unserer Zeit Ausschau halten. Die narzisstische Persönlichkeit wird gequält vom chronischen Gefühl der Unwirklichkeit und Leere, wenngleich wir auch in der Allgemeinbevölkerung auf Gefühle von Vergeblichkeit, Bedeutungslosigkeit und Selbstzweifel treffen. Das Größen-Selbst der narzisstischen Persönlichkeit hält sein prekäres Gleichgewicht aufrecht, indem es sich permanent von anderen bewundern lässt, doch ist es ebenso ein Zeichen unserer Zeit, das Selbst über Spiegelung und Bewunderung narzisstischer Figuren zu definieren. Die narzisstische Persönlichkeit kultiviert emotionale Oberflächlichkeit und ist unfähig zu tief gehenden Objektbeziehungen, so wie Reiz- und Sensationssuche in der Allgemeinbevölkerung dem Aufbau dauerhafter tiefer und intimer Bindungen im Weg stehen.

Obwohl es eine eindeutige Übereinstimmung zwischen narzisstischer Pathologie und als narzisstisch bezeichneten gesellschaftlichen Strömungen gibt, bedarf die Komplexität eines solchen Kontinuums – mit all seinen Kontinuitäten und Brüchen – noch genauerer Analysen. In ihrem Bemühen, aus einzelnen Persönlichkeitstypen gesellschaftsrelevante Bedeutung abzuleiten, hat die Kritische Theorie womöglich die Grenzen zwischen Normalität und Pathologie zu stark verwischt. Ihr Versuch, die Konturen des Normalen im Vergrößerungsspiegel des Abnormalen nachzuzeichnen, führt zur Aufhebung der Polarität zwischen normalem und pathologischem Narzissmus, wie sie von der Psychoanalyse vertreten wird. Folgt man dem Argumentationsstrang von Horkheimer, Adorno und Lasch, so verliert das Konzept des Narzissmus seine psychoanalytische Spezifizität im Sinne individueller Psychopathologie, die mit frühen entwicklungspsychologischen Verzerrungen einhergeht, sondern wird mit jedem von diesen Autoren beklagten gesellschaftlichen und kulturellen Trend in einen Topf geworfen. Die Kritische Theorie und ihre Vertreter sehen die Kultur des Narzissmus als gesellschaftliches Netzwerk, in das die narzisstische Persönlichkeit unweigerlich als Moment eingewoben ist. Die einzelnen Stränge dieser Kultur sind von unterschiedlichen gesellschaftlichen Faktoren aus gespannt – Bürokratisierung der Arbeit, Zusammenbruch der Familie, Hegemonie der Medien, bis hin zum Würgegriff des Konsums –, letztlich haben wir es jedoch immer mit einer totalistischen Struktur zu tun, aus der es kein Entrinnen gibt und gegen die jeglicher Widerstand zwecklos ist.

So wie für Horkheimer und Adorno das Normale zur bloßen verwässerten Widerspiegelung des Abnormalen wird, so ist für Marcuse der normale Pol des narzisstischen Kontinuums mythologisiert und idealisiert, während das pathologische Ende als ideologische Verzerrung abgetan und ihm jegliche reale Existenz abgesprochen wird. Marcuse vertritt die These, dass frühe narzisstische Zustände, die sich durch eine Verwischung der Grenzen zwischen Selbst und anderem auszeichnen, durchaus Hand in Hand gehen können mit einem reifen und realitätsorientierten Ich, das der Bereicherung des Selbst dient. Allerdings differenziert er nicht zwischen der Regression auf archaische, zutiefst pathologische Zustände und solchen, die potenziell selbsterweiternd sind. Unabhängig davon, welcher Aspekt der sozialen Bedeutung des Narzissmus betont wird – Narzissmus als Regression und Fragmentierung des Selbst oder aber Narzissmus als Erweiterung und Transzendenz des Selbst –: Die Aufhebung der Polarität zwischen normalem und pathologischem Narzissmus schafft die Grundlage für die Transformation des Narzissmus in ein totalistisches Konzept, das für eine Gesellschaftsanalyse nur von begrenztem Nutzen ist.

Psychoanalytiker jedoch, mit ihrer konstanten und tief greifenden Erforschung des Intrapsychischen in Zweier- und Gruppensituationen, befinden sich in der Position, die vielen verschiedenen Formen der Enkodierung des Sozialen im Einzelnen – ob pathologischer Art oder nicht – zu verstehen. Die Mehrzahl der Psychoanalytiker hat den Spannungsbogen zwischen gesellschaftlichem Narzissmus und Narzisstischen Persönlichkeitsstörungen als eine spezifische pathologische Strukturierung der Persönlichkeit in ihrem Denken beibehalten, das heißt zwischen dem Trend in Richtung seichter Ich-Bezogenheit, oberflächlicher Lustsuche, mangelnder Kontinuität und Tiefe in den Objektbeziehungen in der nichtklinischen Allgemeinbevölkerung einerseits und den besonderen entwicklungspsychologischen Verzerrungen und Behinderungen, Über-Ich- und Ich-Entwicklungen sowie Konstellationen der Persönlichkeitszüge, wie sie für die narzisstische Pathologie typisch sind, andererseits. Gleichwohl übersehen Psychoanalytiker zuweilen, wie sich in ihren eigenen Theorien die charakteristischen Verzerrungen der Kultur des Narzissmus widerspiegeln. Kohuts Selbstpsychologie stellt in dieser Hinsicht die perfekte Entsprechung zur Kultur des Narzissmus dar, da sie den Narzissmus nicht nur zu einem neuen Paradigma innerhalb der Psychoanalyse, sondern auch zu einem Weltbild erhebt. Anstatt, wie etwa Kernberg, Blatt und andere Autoren, menschliche Entwicklung als intersubjektiven Prozess zu konzeptualisieren, in dem Narzissmus oder Selbstbezogenheit nur einen Aspekt darstellt, betont Kohut das narzisstische Moment in der Entwicklung, wobei er vor allem die Entwicklung der Selbststruktur im Blick hat und die Objektbeziehungen außen vor lässt. Die Vorstellung einer grundlegenden Spaltung im Entwicklungsprozess, die die Konsolidierung der Selbststruktur vom Schicksal der Objektbeziehungen abkoppelt, repräsentiert womöglich eine Reifizierung des narzisstischen Moments in der Entwicklung. Dass Kohut ursprünglich von zwei getrennten und unabhängig voneinander existierenden Entwicklungsachsen ausging, entspringt wohl weniger der Tatsache, dass eine derartige Trennung in einem absoluten oder universellen Sinne existiert, wie er in seinem frühen Werk postulierte, sondern seiner Wahrnehmung einer derartigen Kluft aufgrund bestimmter gesellschaftlicher Prozesse. Das heißt nicht, dass die von Kohut und anderen als narzisstisch definierten Phänomene nicht existierten. Diese Frage ist irrelevant. Vielmehr scheint es von Bedeutung, die komplexe Dialektik zwischen Phänomenen, die wir als Kliniker beobachten, den Theorien,

1.8 Narzissmus als klinisches und gesellschaftliches Phänomen

die uns in die Lage versetzen, diese Phänomene wahrzunehmen und zu verstehen, und dem sozialen Klima, in dem diese Theorien gedeihen, genauer zu untersuchen.

Zu den innovativsten theoretischen Vorstößen in dieser Richtung zählen die Arbeiten von Psychoanalytikern wie Kernberg (2000; 2003a; 2003b) und Volkan (2004), die pathologischen Narzissmus mit Gruppenprozessen und der Frage der Ideologie in Verbindung setzen. Beide gehen der Frage nach, wie die narzisstische Pathologie im Einzelnen zu einem Verständnis gesellschaftlicher Pathologie beitragen kann, indem sie nachzeichnen, auf welche Art und Weise individuelle Identifikationen und Gruppenidentifikationen, individuelle Regressionen und Gruppenregressionen, die innere Welt des Einzelnen und die innere Welt des politischen Führers vermittelnde Funktionen zwischen gesellschaftlichem und individuellem Narzissmus übernehmen. Kernberg hat die Grundlage für eine differenzierte Sichtweise der Beziehung zwischen gesellschaftlicher und individueller Pathologie geschaffen, indem er unseren Blick geschärft hat für die unterschiedlichen Abstufungen narzisstischer Pathologie, die von milderen Formen narzisstischer Störungen – gekennzeichnet durch Grandiosität, abwehrbedingte oberflächliche und verzerrte Objektbeziehungen sowie durch leicht antisoziale Züge – bis hin zu schweren Formen des pathologischen oder malignen Narzissmus reichen, der sich durch ein aggressionsgetränktes Größen-Selbst, schwere antisoziale oder psychopathische Persönlichkeitszüge und rücksichtslose Ausbeutung anderer auszeichnet. Nach der Auffassung von Kernberg (1989) manifestiert sich pathologischer Narzissmus auf Gruppenebene in Form von Trivialitäten, Klischees und Stereotypen, die von Medien, Werbung und anderen Bereichen der Kulturindustrie verbreitet werden. Das von der Kulturindustrie geschaffene Image mit seinen typischen Plots und Szenarien mündet in narzisstisch regressive Bewegungen, die mit einem Rückfall auf primitive Moralkonstruktionen einhergehen, in denen das Gute siegt und das Böse bestraft wird, auf die Analisierung der Sexualität bzw. die Zerstörung der Verbindung zwischen Sexualität und Zärtlichkeit, auf die Schwächung von Familien- und Verwandtschaftsbanden zugunsten sklavischer Unterwerfung unter Autoritäten und Gruppennormen. All diese gesellschaftlichen Strömungen zeugen von Veränderungen in den Objektbeziehungen sowie Ich- und Über-Ich-Strukturen (wie z. B. ein Entwicklungsstillstand auf der Ebene des naiven und strengen Über-Ichs der Latenzzeit, das für mildere Formen narzisstischer Regression kennzeichnend sein kann). Abgesehen davon, dass sie als Verstärker der kulturellen Konformität fungieren, bleiben diese Regressionen ohne maligne Folgen, solange sie nicht auf einen politischen Führer treffen, dessen Narzissmus pathologische Züge trägt.

Kernberg geht auch auf jene gruppendynamischen und gesellschaftlichen Bedingungen ein, in denen eine plötzliche und dramatische Regression auf die Ebene des malignen Narzissmus ungezügelte Aggression und Ambivalenz, mit den entsprechenden Objektbeziehungen und Abwehrbewegungen, hervorrufen kann, die im Dienste von Selbstwertregulierung und grandioser Selbstüberhöhung stehen. Zu solchen Regressionen kommt es in Massenbewegungen, an deren Spitze maligne narzisstische Führer stehen, die eine Wiedergutmachungsideologie über Gewalt und gnadenlose Zerstörung anderer propagieren. Nach Auffassung Kernbergs sind auch Menschen ohne narzisstische Pathologie anfällig für Regressionen auf einen unverändert primitiven und aggressiven Kern, auf die Ebene primitiver Objekte und primitiver Abwehrmechanismen, die über die Identifizierung mit malignen narzisstischen Führern aktiviert werden, welche die Wiedergutmachung individueller und historischer Demütigung über die Verfolgung entwerteter Gruppen versprechen.

In Anlehnung an Kernberg unterscheidet Volkan (2004) zwischen benignen und malignen narzisstischen Führern, die sich gleichermaßen durch exzessive Selbstliebe und Selbsterhöhung auszeichnen, die sie in den Dienst der Mobilisierung und Konsolidierung einer kohäsiven Großgruppen-Identität unter ihren Anhängern stellen. Für Volkan geht narzisstische Pathologie immer mit einem nichtintegrierbaren Aspekt grandioser Selbstüberschätzung, aber auch demütigender Entwertung einher, was zu mangelhafter Selbstkohäsion und Identitätsentwicklung führt. Im Falle benigner narzisstischer Führer stabilisiert sich die Selbstüberhöhung des Führers über den Wunsch seiner Anhänger, ihn zu idealisieren und ihn in seiner Überlegenheit und Vollkommenheit zu bestätigen. Über Idealisierung der Gruppenidentität und Verleugnung depressiver Affekte angesichts von Verlusten und Niederlagen in der Vergangenheit stützen diese von Volkan als »reparativ« bezeichneten narzisstischen Führer Hoffnung und Selbstwert der Gruppe, aber auch des Einzelnen. Diese »gutartigen« narzisstischen Mechanismen gehen Hand in Hand mit der Aufrechterhaltung der Spaltung zwischen Gruppe und Einzelnem, Vergangenheit und Gegenwart, der Aufrechterhaltung intrafamiliärer Bindungen, des Grundvertrauens und der Bewahrung der Familie als autonome Einheit, der Bewahrung der Verbindungen zwischen gegenwärtiger Ideologie und den vielschichtigen Aspekten der Geschichte der Gruppe sowie der Fähigkeit, sowohl positive als auch negative Aspekte der eigenen und der fremden Gruppe zu erkennen, ohne auf eine Spaltung in »Gute« und »Böse« zurückgreifen zu müssen. Politische Führer mit malignem Narzissmus reagieren auf entwertete Selbstaspekte nicht nur mit der Mobilisierung von Perfektionismus, Idealisierung und Konformität aufseiten ihrer Anhänger, sondern auch mit deren Verpflichtung, die Angehörigen jener Gruppen zu kontrollieren, zu verfolgen und zu vernichten, die die entwerteten Selbstanteile repräsentieren. Der Selbstwert des Führers, der nicht selten in einer von tieferem Kontakt mit seinen Anhängern abgeschnittenen »Glaskugel« lebt, wird durch wiederholte aggressive Attacken und Triumphgefühle stabilisiert, die der Wiedergutmachung und Reparation beschädigter individueller Identität und Gruppenidentität dienen. Maligne narzisstische Führer katalysieren die Regression auf maligne narzisstische Mechanismen über die Forderung, die individuelle Identität ihrer Anhänger in der Gruppenidentität aufgehen zu lassen, über die Trennung in »Gute« und »Böse« sowohl innerhalb der eigenen als auch der fremden

1.8 Narzissmus als klinisches und gesellschaftliches Phänomen

Gruppe, über die Förderung von introjektiven und projektiven Mechanismen, die Unterminierung von Grundvertrauen zwischen Eltern und ihren Kindern, über die Zerstörung intrafamiliärer Bindungen zugunsten von Loyalität und Identität der Gruppe und schließlich über die Bildung von Ideologien, die bestimmte Aspekte der historischen Kontinuität der Gruppe hochhalten, um sie gleichzeitig auszulöschen.

Maligne narzisstische Regressionen, ob auf Gruppenebene oder im Einzelnen, sind nach Auffassung Volkans (2004) dann am wahrscheinlichsten, wenn es zur Mobilisierung kollektiver psychischer Repräsentanzen historischer Traumata kommt, die mit als Katastrophe erlebten Niederlagen, Demütigungen oder Viktimisierungen durch andere Gruppierungen einhergingen. Historische Traumatisierungen dieser Art werden unweigerlich in Form von verletzten, verfolgten oder ausgebeuteten Selbstbildern internalisiert, die das Individuum selbst dann für narzisstische Kränkungen oder Wut anfällig machen, wenn keine voll ausgeprägte narzisstische Pathologie vorliegt. Volkan geht davon aus, dass die ursprünglichen Opfer massiver historischer Traumata unbewusst dazu getrieben werden, ihre oftmals verleugneten Erfahrungen von Scham, Demütigung und Verlust im Sinne einer Delegation in ihre Kinder zu verlagern, die dann nicht nur für Wiedergutmachung des Leidens ihrer Eltern, sondern auch für die Wiederherstellung der beschädigten Gruppenidentität sorgen sollen. In solchen Situationen kann es zu Regressionen auf individueller Ebene und auf Gruppenebene kommen – zu Regressionen, die von einem malignen narzisstischen Führer katalysiert wurden und mit der gnadenlosen Massenvernichtung anderer, als verabscheuungswürdig und minderwertig gebrandmarkter Menschen einhergehen. Volkan (2004, S. 192) schreibt: »Nur die gnadenlose Vernichtung und Demoralisierung der entwerteten anderen kann die Illusion von Grandiosität und Allmacht des malignen Narzissten aufrechterhalten.« Kernbergs und Volkans Analyse, wie individuelle Identität unter dem Einfluss maligner narzisstischer Führer in Großgruppen aufgeht, ist ein Beispiel dafür, wie die narzisstische Pathologie eines Einzelnen auf der Gruppenebene ihren Weg in gesellschaftlichen Narzissmus und oft genug tragischerweise in soziale Gewalt findet, wie sie so typisch ist für unser narzisstisches Zeitalter.

Die jüngsten Überlegungen von Kernberg und Volkan zeigen, dass sich der Diskurs zum Narzissmus entsprechend den Veränderungen historischer und gesellschaftlicher Gegebenheiten wandelt. Der Zusammenbruch des Kommunismus, das Aufkommen religiös-fundamentalistischer Bewegungen, die Traumatisierungen und Bedrohungen im Zuge des 11. September, die Durchlässigkeit von Geschlechtsrollen und sogar Geschlechtszuschreibungen haben den Diskurs zu den gesellschaftlichen und psychologischen Aspekten des Narzissmus sowie zum Wesen narzisstischer Pathologie selbst neu aufgelegt. Während narzisstische Störungen bei Frauen gemeinhin über parasitäre Beziehungen zu Männern und exzessiven Neid auf andere Frauen, Überbesetzung des Körpers als Phallus sowie idiosynkratische Perversionen (z. B. zwanghaftes Einkaufen, zwanghafte

Beschäftigung mit dem Körper; vgl. Kaplan 1991) ihren Ausdruck fanden, manifestieren sich narzisstische Störungen bei Frauen und Männern heutzutage eher in Form von Promiskuität und der Unfähigkeit zu tief gehenden Beziehungen, in Form rücksichtsloser Ausbeutung anderer zum Zweck der Selbsterhöhung in beruflichen und familiären Bezügen sowie unkritischer und unhinterfragter Anpassung an die Anforderungen bürokratischer Organisationen (Kernberg, persönl. Mitteilung). Veränderungen der gesellschaftlichen und historischen Gegebenheiten werden es somit notwendig machen, das Wesen narzisstischer Pathologie selbst und die Beziehung zwischen gesellschaftlichem Narzissmus und Narzisstischer Persönlichkeitsstörung als eine besondere Form pathologischer Persönlichkeitsstruktur immer wieder neu zu überdenken.

Literatur

Alford FC (1988). Narcissism. Socrates, the Frankfurt School, and Psychoanalytic Theory. London, New Haven: Yale University Press.
Adorno TW (1967). Sociology and Psychology. New Left Rev; 46: 67-80.
Adorno TW (1968). Sociology and Psychology. New Left Rev; 47: 79-95.
Adorno TW (1978). Freudian theory and the patter of fascist propaganda. In: Arato A, Gebbardt E (eds). The Essential Frankfurt School Reader. Oxford: Basil Blackwell.
Adorno TW (1991). The Culture Industry. Selected essays on mass culture. Bernstein JM (ed). London, New York: Routledge.
Auerbach JS (1993). The origins of narcissism and narcissistic personality disorder: a theoretical and empirical reformulation. In: Masling JM, Bornstein RF (eds). Psychoanalytic Perspectives on Psychopathology. Washington, DC: American Psychological Association.
Bateman A (1998). Thick and thin skinned organizations and enactment in borderline and narcissistic disorders. Int J Psychoanal; 79: 13-25.
Beebe B, Lachman F (2002). Infant Research and Adult Treatment: Co-constructing Interactions. New York: Analytic Press.
Beebe B, Lachman F, Jaffe J (1997). Mother-infant interaction structures and presymbolic self and object representations. Psychoanal Dialogues; 7: 113-82.
Benjamin J (1978). Authority and the family revisited: or A world without fathers? New German Critique; 13: 35-57.
Blatt SJ (1983). Narcissism an egocentrism as concepts in individual and cultural development. Psychoanal Contemp Thought; 6: 187-254, 291-303.
Blatt SJ (1990). Interpersonal relatedness and self-definition. Two personality configurations and their implications for psychopathology and psychotherapy. In: Singer JL (ed). Repression and Dissociation. Implications for personality theory, psychopathology & health. Chicago: University of Chicago Press; 299-335.
Blatt SJ, Schichman S (1983). Two primary configurations of psychopathology. Psychoanal Contemp Thought; 6: 187-254.
Blatt SJ, Blass RB (1990). Attachment and separateness. A dialectic model of the products and processes of psychological development. Psychoanal Study Child; 45: 107-27.
Blatt SJ, Blass RB (1992). Relatedness and self-definition. Two primary dimensions in personality development, psychopathology, and psychotherapy. In: Barron J, Eagle M, Wolitsky D (eds). The Interface of Psychoanalysis and Psychology. Washington, DC: The American Psychological Association; 399-428.

1.8 Narzissmus als klinisches und gesellschaftliches Phänomen

Blatt SJ, Auerbach JS (2001). Mental representation, severe psychopathology, and the therapeutic process. J Am Psychoanal Assoc; 49: 113-59.
Bursten B (1973). Some narcissistic personality types. Int J Psychoanal; 54: 287-300.
Cooper AM (1998). Further developments in the clinical diagnosis of narcissistic personality disorder. In: Ronningstam EF (ed). Disorders of Narcissism. Diagnostic, clinical and empirical implications. Washington, DC: American Psychiatric Press.
Freud S (1914). Zur Einführung des Narzißmus. GW X. Frankfurt/M.: Fischer; 138-70.
Freud S (1930). Das Unbehagen in der Kultur. GW XIV. Frankfurt/M.: Fischer; 421-506.
Freud S (1940). Abriß der Psychoanalyse. GW XVII. Frankfurt/M.: Fischer; 67-138.
Frenkel-Brunswick E, Levinson D, Sanford N (1950). The Authoritarian Personality. New York: Harper.
Gabbard GO (1986). Two subtypes of narcissistic personality disorder. Bulletin of the Menninger Clinic 53, 527-37.
Gersten SP (1991). Narcissistic personality disorder consists of two subtypes. Psychiatr Times; 8: 25-6.
Green A (2000). Geheime Verrücktheit. Grenzfälle der psychoanalytischen Praxis. Gießen. Psycho-sozial-Verlag.
Greenwald AG (1980). The totalitarian ego. Fabrication and revision of personal history. Am Psychologist; 35: 603-18.
Held D (1980). Introduction to Critical Theory. Horkheimer to Habermas. Berkeley, Los Angeles: University of California Press.
Horkheimer M (1936). Autorität und Familie. In: Traditionelle und kritische Theorie. Fünf Aufsätze. Frankfurt/M.: Fischer.
Horkheimer M, Adorno TW (1944). Dialektik der Aufklärung. Philosophische Fragmente. Frankfurt/M.: Fischer.
James M (1973). Review of the »Analysis of the Self« by Heinz Kohut. Monograph Series of the Psychoanalytic Study of the Child. Monograph No. 4. London: Hogarth Press, Int J Psychoanal; 54: 363-8.
Jay M (1973). The Dialectical Imagination. A history of the Frankfurt School and the Institute of Social Research, 1923-1950. Boston: Little Brown.
Kaplan LJ (1991). Female Perversions. The temptations of Emma Bovary. New York: Doubleday.
Kernberg OF (1978). Borderline-Störungen und pathologischer Narzissmus. Frankfurt/M.: Suhrkamp.
Kernberg OF (1986). Factors in the psychoanalytic treatment of narcissistic personalities. In: Morrison AP (ed). Essential Papers on Narcissism. New York, London: New York University Press.
Kernberg OF (1988a). Innere Welt und äußere Realität. Anwendungen der Objektbeziehungstheorie. München, Wien: Verlag Internationale Psychoanalyse.
Kernberg OF (1988b). Schwere Persönlichkeitsstörungen. Theorie, Diagnose und Behandlungsstrategien. Stuttgart: Klett-Cotta.
Kernberg OF (1989). The temptations of conventionality. Int Rev Psychoanal; 16: 191-205.
Kernberg OF (2000). Autoritarismus, Kultur und Persönlichkeit in der psychoanalytischen Ausbildung. In: Ideologie, Konflikt und Führung. Psychoanalyse von Gruppenprozessen und Persönlichkeitsstruktur. Stuttgart: Klett-Cotta.
Kernberg OF (2003a). Sanctioned social violence. A psychoanalytic view. Part I. Int J Psychoanal; 84: 683-98.
Kernberg OF (2003b). Sanctioned social violence. A psychoanalytic view. Part II. Int J Psychoanal; 84: 953-68.
Kohut H (1973). Narzißmus. Eine Theorie der psychoanalytischen Behandlung narzisstischer Persönlichkeitsstörungen. Frankfurt/M.: Suhrkamp.
Kohut H (1975). Formen und Umformungen des Narzissmus. In: Die Zukunft der Psychoanalyse. Frankfurt/M.: Suhrkamp.
Kohut H (1979). Die Heilung des Selbst. Frankfurt/M.: Suhrkamp.
Kohut H (1987). Wie heilt die Psychoanalyse? Frankfurt/M.: Suhrkamp.
Klein M (1962). Neid und Dankbarkeit. In: Das Seelenleben des Kleinkindes. Stuttgart: Klett-Cotta.
Klein M (1974). Liebe, Schuldgefühl und Wiedergutmachung. München: Kindler.

Lasch C (1982). Das Zeitalter des Narzissmus. München: Bertelsmann.
Marcuse H (1965). Triebstruktur und Gesellschaft. Ein philosophischer Beitrag zu Sigmund Freud. Frankfurt/M.: Suhrkamp.
Ornstein P (ed). The Search for the Self. Selected writings of Heinz Kohut, 1950–1978. Vol. 2. New York: International Universities Press.
Race T (2002). Executives are smitten, and undone, by their own images. New York Times, 29 July 2002.
Rosenfeld H (1971). Ein Beitrag zur psychoanalytischen Theorie des Lebens- und Todestriebs aus klinischer Sicht. Eine Untersuchung der aggressiven Aspekte des Narzißmus. Psyche; 25: 476–93.
Rosenfeld H (1981). Zur Psychopathologie des Narzißmus. Ein klinischer Beitrag. In: Zur Psychoanalyse psychotischer Zustände. Frankfurt/M.: Suhrkamp.
Rosenfeld H (1990). Sackgassen und Deutungen. Therapeutische und antitherapeutische Faktoren bei der psychoanalytischen Behandlung von psychotischen, Borderline- und neurotischen Patienten. Stuttgart: Verlag Internationale Psychoanalyse.
Schroyer T (1973). The Critique of Domination. The origins and the development of critical theory. New York: George Braziller.
Spruiell V (1974). Theories of the treatment of narcissistic personalities. J Am Psychoanal Assoc; 22: 268–78.
Taylor SE, Brown JD (1988). Illusion and wellbeing. A social psychological perspective on mental health. Psychol Bull; 103: 193–210.
Tronick E (1998). Dyadically expanded states of consciousness and the process of therapeutic change. Inf Ment Health J; 19: 290–9.
Volkan V (2004). Blind Trust. Large groups and their leaders in times of crisis and terror. Charlottesville, Virginia: Pitchstone Publishing.
Westen D (1990). The relations among narcissism, egocentrism, self-concept, and self-esteem: experimental, clinical, and theoretical considerations. Psychoanal Contemp Thought; 13: 183–239.
Whitebook J (1995). Perversion and Utopia. A study in psychoanalysis and critical theory. Cambridge, MA: MIT Press.
Wink P (1991). Two faces of narcissism. J Person Soc Psychol; 61: 590–7.

1.9
Großgruppen und ihre politischen Führer mit narzisstischer Persönlichkeitsorganisation

Vamik D. Volkan

In der Regel interessieren sich die Menschen für die Persönlichkeit ihrer politischen Führer, ihr Verhalten, ihre Denk- und Gefühlsmuster, ihre Art zu sprechen oder ihr Auftreten. In Zeiten gesellschaftlicher Krisen oder nationaler Katastrophen nimmt dieses Interesse innerhalb und außerhalb der jeweiligen Anhängerschaft zu. Dennoch spielen Historiker, Politologen und Wissenschaftler allgemein die Bedeutung der Persönlichkeit eines politischen Führers für historische Ereignisse oder Prozesse politischer Entscheidungsfindung gerne herunter. Oft sind es die Politiker selbst, die die Möglichkeit leugnen, ihr Verhalten, Denken oder Fühlen könne gewichtige psychosoziale Entwicklungen in Gang setzen. David Ben Gurion, der gemeinhin als der »Vater« des Staates Israel gilt, stellte in einem Interview dem israelischen Historiker Yehoshua Arieli die Frage, ob denn die Persönlichkeit eines Politikers für die Geschichte tatsächlich von Bedeutung sei. Die Antwort auf diese Frage, so der Historiker, sei ein dezidiertes »Ja«, hinge aber von mehreren Faktoren ab, wie etwa davon, in welchen Zeiten und unter welchen historischen Gegebenheiten man lebe, welches gesellschaftliche und politische System vorherrsche, und natürlich davon, welche Stellung man innerhalb der Regierung einnehme. Ben Gurion ließ sich nicht überzeugen, sondern blieb bei seiner Auffassung: Geschichte werde von der Nation, nicht von ihren Führern gemacht (Malkin u. Zhahor 1992). Ich persönlich hätte in dieser denkwürdigen Begegnung mit dem legendären israelischen Führer die Position Arielis eingenommen.

Ein Grund, warum in Geschichts- und Politikwissenschaften die Persönlichkeit eines politischen Führers in ihrer Bedeutung unterschätzt wird – während es innerhalb der Bevölkerung durchaus ein Interesse dafür gibt – mag an der Dominanz so genannter »rationaler Handlungsmodelle« in der Innen- und Außenpolitik liegen (s. die Übersicht von Barner-Barry u. Rosenwein 1985; Volkan et al. 1998), die die Entscheidungsfindung eines Politikers nur von logischen Überlegungen und unabhängig von psychologischen Faktoren geleitet sehen. Ursprünglich geht diese Vorstellung auf August L. von Rochaus (1853) Konzept der »Realpolitik« zurück. Es waren immer rationale Handlungsmodelle, die unter den verschiedensten Bezeichnungen das politische Denken des 20. Jahrhunderts, insbesondere jedoch die heiße Phase des Kalten Krieges geprägt haben und die nach wie vor darüber entscheiden, wie wir das Verhältnis verfeindeter Gruppen sowie die Beziehung zwischen Großgruppen und ihren Führern analysieren. Neben einer Reihe von Arbeitshypothesen basieren diese Modelle auf einer rationalen Kosten-Nutzen-Rechnung.

Politische Entscheidungsfindung und Propaganda in Innen- und Außenpolitik gehen natürlich mit der rationalen Verarbeitung einer Fülle an Daten und Informationen einher – dazu zählt auch, was aufseiten eines politischen Führers als nationales Interesse oder Wille des Volkes gilt, wie das Bild äußerer Feinde gezeichnet wird und mit welcher innenpolitischen Opposition er es zu tun hat. In der Tat mag es zahlreiche Situationen geben, in denen sich angesichts kaum vorhandener Alternativen und einer genau umrissenen Datenlage die vorhandenen Probleme ohne störenden Einfluss psychologischer Faktoren lösen lassen. Die innere Ausgeglichenheit des Entscheidungsträgers kann rationale Handlungsmodelle als Erklärung für die jeweils getroffenen Entscheidungen als ausreichend erscheinen lassen, sodass wenig Anlass besteht, nach verborgenen psychologischen Variablen zu suchen. Müssen politische Entscheidungen jedoch unter besonders komplexen und stressreichen Bedingungen für den Führer oder seine (d. h. nationale, ethnische) Großgruppe getroffen werden, greifen rationale Handlungsmodelle als befriedigende Erklärungskonzepte oftmals zu kurz. In diesen Fällen kann dann die Persönlichkeit bzw. Persönlichkeitsorganisation des politischen Führers ausschlaggebend dafür sein, inwieweit bestimmte politische oder diplomatische Entwicklungen in Gang gesetzt oder aber gestoppt werden.

Wenn die persönliche Wahrnehmung eines politischen Führers seine innere Welt in Aufruhr versetzt, kann dies eine »Personalisierung« makropolitischer Entscheidungen zur Folge haben, das heißt politische oder diplomatische Gegebenheiten werden unbewusst mit ungelösten persönlichen Konflikten gleichgesetzt oder unterliegen dem Einfluss persönlicher Wünsche, starker Gefühle, unbewusster Phantasien, psychischer Abwehr oder Hemmung. In der Tat kann in kritischen Momenten die innerpsychische Verfassung eines einzelnen Menschen Entscheidungen historischen Ausmaßes mit weit reichenden Konsequenzen nach sich ziehen – selbst in einem Land wie den Vereinigten Staaten, in dem ein Regierungssystem von »Checks and Balances« die Politik substanziell vor dem Einfluss der Persönlichkeitsorganisation eines einzelnen politischen Führers schützen soll, die in solchen Augenblicken zur »entscheidenden Kleinigkeit« werden kann (Tucker 1973, S. xi).

Im Allgemeinen ist die »Passung« zwischen einer Großgruppe und einem politischen Führer mit übermäßiger Selbstliebe (Narzissmus) dann am größten, wenn sich die ethnische, nationale oder religiöse Großgruppe in einem Zustand der **Regression** befindet: Der Glaube des narzisstischen Führers an die eigene

Machtüberlegenheit, Intelligenz und Omnipotenz sorgt für Trost und wiegt die Großgruppe in illusionärer Sicherheit. Die Anhänger nutzen die Persönlichkeit des narzisstischen Führers als »Antidot«, um sich vor gemeinsamen Ängsten zu schützen. Der narzisstische Führer wiederum macht sich die Abhängigkeit und Bewunderung der regredierten Anhängerschaft als eine Möglichkeit zunutze, seine Grandiosität zu schützen und aufrechtzuerhalten und seine eigenen Abhängigkeitsbedürfnisse zu verbergen. Dies lässt in ihm die Bereitschaft entstehen, die gesellschaftlichen und politischen Anzeichen einer Großgruppenregression bewusst, noch häufiger jedoch unbewusst (Volkan 2001) auf übertriebene Art und Weise zu manipulieren. Die psychologischen Mechanismen aufseiten der Mitglieder einer regredierten Großgruppe passen somit zur Psychodynamik eines narzisstischen Führers, der die Regression der Großgruppe auslösen oder zum Stillstand bringen kann. Zuweilen umgeht ein narzisstischer Führer aber auch die »Wünsche« der Großgruppe und fällt Entscheidungen, die den Beginn einer einschneidenden historischen Wende markieren. Was in diesem Fall zählt, ist nicht so sehr die »Passung« zwischen Führer und Anhängern, sondern sein Versuch, innere Konflikte auf historischer Bühne zu lösen. Das Verhältnis eines politischen Führers zu seiner Anhängerschaft hat etwas von einer belebten Straße: In der Regel herrscht ruhiger Verkehrsfluss in beide Richtungen – das heißt Informationsaustausch, politische Entscheidungsfindung und andere Wege der Einflussnahme zwischen Führer und öffentlichen Bewusstsein fallen naturgemäß mal in die eine, mal in die andere Richtung stärker aus, ähnlich den Hauptverkehrszeiten auf einer viel befahrenen Autobahn. Es gibt aber auch Zeiten, in denen die Straße aus unterschiedlichen Gründen von offizieller Seite zur »Einbahnstraße« erklärt wird – wie im Falle totalitärer Regime und ihrer politischen Propaganda. Selbst in demokratischen Ländern konzentriert sich im Falle nationaler Krisen und Terroranschläge, wie etwa nach dem 11. September 2001 in den Vereinigten Staaten, der »Verkehrsfluss« stärker auf die Richtung Führer/Regierung-Öffentlichkeit, die nach einem »Retter« Ausschau hält, der sie beschützen soll.

Im Folgenden möchte ich erläutern, was ich unter einer »Großgruppe« und ihrer Regression verstehe, um anschließend darzulegen, wie es zur »Passung« zwischen einem Führer mit narzisstischer Persönlichkeitsorganisation und seinen regredierten Anhängern kommen kann und wie ein Führer die Merkmale einer Großgruppenregression dergestalt manipuliert, dass es letztlich »reparative« oder »destruktive« Auswirkungen hat.

Was ist ein Großgruppe?

Beginnend mit Sigmund Freud (1921) haben sich zahlreiche Psychoanalytiker mit der Frage der Massenpsychologie, politischen Propaganda, Kriegen und

1 Grundlagen

Nachkriegsbedingungen beschäftigt. Auf dieses weite Feld möchte ich an dieser Stelle nicht näher eingehen (s. zur Übersicht Volkan 2004). Aufgrund des klinischen Interesses war der psychoanalytische Fokus stärker auf die Betrachtung von Kleingruppen – 7 bis 15 Einzelpersonen finden sich zu einer Reihe von Treffen zusammen – und der damit verbundenen Psychodynamik gerichtet. Wilfred Bions (1961) Arbeiten zählen hier zu den bekanntesten. Eine »Kleingruppe« mit einem definierten Leiter, einer strukturierten Aufgabenstellung und einer im Bewusstsein umschriebenen Zeit, die zur Verfügung steht, wird so zur »Arbeitsgruppe«, die die gestellten Aufgaben realitätsangepasst erfüllt. Ist die Sicherheit einer solchen Gruppe bedroht oder fehlt es an einer realistischen und strukturierten Aufgabenstellung, beginnt sie nach bestimmten »Grundeinstellungen« zu funktionieren, die Bion im Detail beschrieben hat.

Der Begriff »Großgruppe« bezieht sich in der psychoanalytischen Literatur meist auf 30 bis 150 Mitglieder, die regelmäßig zusammenkommen, um sich einer bestimmten Aufgabe zu widmen. Ist die Aufgabenstellung unstrukturiert und vage, kommt es zur Regression der »Großgruppe«, die mit einem erhöhten Ausmaß an Angst, Chaos und Panik unter den Mitgliedern einhergeht (Turquet 1975; Rice 1965; 1969). Um der panischen Atmosphäre zu entkommen, so Otto Kernberg (2003a; 2003b), reagieren regredierte »Großgruppen« narzisstisch oder paranoid und restrukturieren sich durch den Einsatz primitiver psychischer Mechanismen. Ob es zu narzisstischen oder paranoiden Restitutionsversuchen kommt, ist laut Kernberg vom jeweiligen soziokulturellen Umfeld, von realem äußeren Druck und von ökonomischen, gesellschaftlichen oder politischen Zwängen abhängig, denen die Gruppenmitglieder unterliegen. Kernbergs Beschreibung einer narzisstischen Reorganisation chaotisch regredierter »Großgruppen« entspricht Bions (1961) Beobachtungen einer »abhängigen Grundeinstellung« in Kleingruppen. Im Bemühen um narzisstische Restitution halten »Großgruppen« Ausschau nach einem allmächtigen narzisstischen Anführer, den sie idealisieren können, während sie eine »parasitäre Abhängigkeit« ausagieren (Kernberg 2003a, S. 685). Kernbergs Beschreibung einer paranoiden Reorganisation chaotisch regredierter »Großgruppen« auf der anderen Seite entspricht Bions (1961) »Kampf-Flucht-Grundeinstellung« in Kleingruppen. In diesem Fall wird ein besonders misstrauischer Anführer gesucht, der bereit ist, gegen Feinde vorzugehen, die er selbst oder seine Anhänger als solche definieren.

Kernberg verwendet den Begriff der »Großgruppe« für Zusammenkünfte von 30 bis 150 Menschen, während er die Bezeichnung »Menschenansammlung« für Zuschauer großer Sportereignisse oder Theateraufführungen reserviert. Er erinnert uns, dass es keine »empirischen Studien« zur Regression in »unstrukturierten Menschenansammlungen« gibt (Kernberg 2003a, S. 687), beschreibt aber, wie es anlässlich von Großveranstaltungen zur Desintegration und Panik von unstrukturierten Massen kommen kann. Er erwähnt zudem die Desintegration von Menschenmengen nach Naturkatastrophen und spricht von Massenbewegungen, gesellschaftlichen und kulturellen Prozessen. Er illustriert in erster Linie die

1.9 Großgruppen und ihre politischen Führer

Manifestation von Aggression in Kleingruppen, »Großgruppen«, Menschenansammlungen und Gesellschaften, wenn Regression und Desintegration einsetzen. »Die Furcht vor den Folgen einer derartigen Aggression mobilisiert narzisstische oder paranoide Abwehrmechanismen.« (ebd.)

Ich möchte in diesem Kapitel den Fokus auf ethnische, nationale oder religiöse Gruppen richten und verwende den Begriff der **Großgruppe** nur für die Größenordnung von zehntausenden, hunderttausenden oder Millionen von Menschen. In Anlehnung an das Konzept der persönlichen Identität von Erik Erikson (1956) verwende ich den Begriff der **Großgruppen-Identität**, um damit ein überdauerndes Gefühl von Gleichheit der Gruppenmitglieder untereinander zu beschreiben, während bestimmte Wesenszüge der Gruppe Ähnlichkeit mit anderen Großgruppen aufweisen. Die Psychodynamik von ethnischen, nationalen oder religiösen Großgruppen unterscheidet sich von jener in Kleingruppen, herkömmlichen »Großgruppen« (30 bis 150 Mitgliedern) oder Menschenansammlungen. Eine Menschenmenge in einem Fußballstadion ist und bleibt eine Gruppe kurz vor dem Spiel, währenddessen und womöglich noch kurz danach. Betrachten wir auf der anderen Seite eine ethnische Großgruppe. Die Mitgliedschaft beginnt hier in der Kindheit und aus praktischen Gründen wird die Identität der Gruppe für jedes Mitglied zur »zweiten Haut«, wobei die meisten Angehörigen der Großgruppe sich Zeit ihres Lebens weder begegnen noch am selben Ort aufhalten werden. Die Kern-Identität jedes einzelnen Gruppenmitglieds ist mit der Großgruppen-Identität verwoben und die inneren Bilder zur Geschichte der Großgruppe, zu Mythen, Liedern, Essgewohnheiten, Tänzen, Helden und Märtyrern verbinden die Gruppenmitglieder über die Zeit hinweg. Über gemeinsame Projektionen werden die »anderen«, das heißt Feinde oder Verbündete, identifiziert (s. auch Volkan 1988; 1999; 2004).

Unter bestimmten äußeren Bedingungen kommt es auch in ethnischen, nationalen oder religiösen Großgruppen zu Regressionen, die dazu dienen, die jeweilige Identität aufrechtzuerhalten, zu schützen oder wiederherzustellen. Was Kernberg über die Mobilisierung narzisstischer oder paranoider Abwehrmechanismen und die Suche nach narzisstischen oder paranoiden Anführern in Gruppen, Menschenansammlungen und Menschenmassen geschrieben hat, gilt auch für die Regression von ethnischen, nationalen oder religiösen Gruppen. Da solche Großgruppen ganz spezifische Charakteristika aufweisen, die sich oft über Jahrhunderte hinweg herausgebildet haben, sollte die Untersuchung der Merkmale ihrer Regression auch psychologische Prozesse einschließen, die *spezifisch* für diese Großgruppen sind. Politische Führer werden bewusst oder unbewusst genau diese spezifischen Merkmale manipulieren, um – sei es friedlich oder auf destruktive Art und Weise – die Identität der Großgruppe zu wahren.

Großgruppen-Regression

Vorübergehende oder anhaltende **individuelle Regressionen** nach traumatischen äußeren Ereignissen sind oft eindeutig beobachtbar:

> Eine Patientin, die außerhalb von New York City lebt, nahm über Wochen nach dem 11. September 2001 nur noch Nudeln mit Käsesoße zu sich – ein Essverhalten, das einer persönlichen Regression gleichkam. Nudeln mit Käsesoße sind ein typisch amerikanisches Kindergericht, das auch die Mutter der Patientin zubereitet hatte, wann immer ihre Tochter Angst hatte. Die Mutter der Patientin lebt in New York City. Rein kognitiv wusste die Tochter nach dem 11. September, dass die Mutter den Angriff auf das World Trade Center überlebt hatte, fürchtete aber unbewusst ihren Tod. Ausschließlich Nudeln mit Käsesoße zu sich nehmen kam einer individuellen Regression gleich, die die Mutter »am Leben« hielt und erst aufgegeben werden konnte, als diese einige Wochen später zu Besuch kam. Jetzt »wusste« die Patientin, dass die Mutter am Leben war.

Weniger drastische Regressionen und Progressionen gehören normalerweise zu unserem Alltag. Erst wenn es sich um eine hartnäckige und anhaltende Regression handelt, würde man von psychischen Schwierigkeiten sprechen.

Ich möchte nun den Fokus meiner Aufmerksamkeit auf die **Regression in Großgruppen** richten, wenn die Mehrzahl der Gruppenmitglieder einem Trauma ausgesetzt ist, das die Großgruppen-Identität bedroht und Ängste, Erwartungen, Denk- und Handlungsmuster hervorruft, die allen Angehörigen der Gruppe gemeinsam sind. Auf einige Anzeichen von Großgruppen-Regression wies bereits Freud (1921) hin, dessen Theorien, so Robert Waelder (1971), zum großen Teil auf regredierte Gruppen anwendbar sind, deren Mitglieder ihre Individualität verlieren und sich blind um ihre Führer scharen. Wir wissen außerdem, dass es innerhalb regredierter Gruppen zu schweren Spaltungen kommt zwischen jenen, die dem Anführer folgen, und jenen, die sich ihm (meist heimlich) widersetzen. So wurde während der Großgruppen-Regression unter dem Diktator Enver Hoxha die albanische Bevölkerung in »gute« Familien und Familien mit »schwarzen Flecken« aufgeteilt (Volkan 2004). Die regredierten Anhänger grenzen sich zudem scharf von anderen (verfeindeten) Gruppierungen ab, verfallen magischem Denken und betonen minimale Unterschiede zwischen sich und den »anderen« (Volkan 2001).

Manche Anzeichen einer Gruppen-Regression münden in gesellschaftliche Prozesse, die sehr spezifisch für eine Großgruppe sind. Ich möchte mich an dieser Stelle nur auf Schlüsselsymptome beziehen:

1.9 Großgruppen und ihre politischen Führer

- die übertriebene Reaktivierung von »gewählten Ruhmesblättern«
- »gewählte Traumata«
- »Reinigung« innerhalb der Großgruppe

Gewählte Ruhmesblätter (chosen glories) sind gemeinsame psychische Repräsentationen von Ereignissen und Helden, die, wenn sie aktiviert werden, den Selbstwert unter den Gruppenmitgliedern steigern. Mit gewählten Ruhmesblättern in Verbindung gebrachte Ereignisse und Personen unterliegen einer starken Mythologisierung und werden dadurch zu typischen Markern von Großgruppen. Über Elternhaus und Schule sowie über die Teilnahme an rituellen Zeremonien, in denen an vergangene, glorreiche Ereignisse erinnert wird, werden gewählte Ruhmesblätter von einer Generation an die nächste weitergegeben. Durch sie werden die Kinder einer Großgruppe aneinander und an die Gruppe selbst gebunden, während die Assoziation mit einer glorreichen Vergangenheit sie in ihrem Selbstwert bestärkt.

In Zeiten großer Anspannung, Kriegen oder kriegsähnlichen Zuständen, wenn die Großgruppe regrediert, kann es aufseiten politischer Führer zur überzogenen Reaktivierung von gewählten Ruhmesblättern kommen, mit denen die Massen mobilisiert werden sollen. Während des Golfkrieges war Saddam Hussein ganz massiv von gewählten Ruhmesblättern abhängig und brachte seine eigene Person mit Sultan Saladin in Verbindung, der im 12. Jahrhundert die christlichen Kreuzfahrer bezwungen hatte. Die Reaktivierung eines Ereignisses und eines Helden der Vergangenheit sollte die Illusion schaffen, dem irakischen Volk stünde ein ähnlich triumphales Schicksal bevor, das ihn, Saddam, zum Helden machte. Da spielte es keine Rolle, dass Saladin kein Araber war und vom Irak aus herrschte, sondern kurdischer Abstammung mit Herrschaftssitz in Ägypten. Beide waren sie jedoch in Tikrit geboren, was für Saddam ausreichte, sich mit Saladins Ruhm zu schmücken. Alles, was zählte, waren der Sieg über die fremden Eindringlinge und die Überzeugung, sie auch dieses Mal zu bezwingen.

Ein **gewähltes Trauma** bezieht sich auf die psychische Repräsentanz eines Ereignisses, das für eine Großgruppe mit dramatischen Verlusten, dem Gefühl der Hilflosigkeit, Demütigung und Kränkung sowie Viktimisierung durch eine andere Gruppe verbunden ist (Volkan 1992; 1997; Volkan u. Itzkowitz 1994). Obschon jedes einzelne Mitglied einer traumatisierten Großgruppe eine eigene Kern-Identität besitzt und individuell auf das Trauma reagiert, teilen doch alle die psychische Repräsentanz der Tragödien, die die Gruppe zu erdulden hatte. Die an die Repräsentanzen des gemeinsamen Traumas geknüpften Selbstbilder werden in die sich entwickelnde Selbstrepräsentanz der Kinder »deponiert«, so als könnten diese den Verlust, der an das schlimme Trauma der Elterngeneration gebunden ist, abtrauern, die Demütigung rückgängig machen und Passivität in Aktivität umwandeln. Gelingt es den Kindern nicht, mit dieser Hinterlassenschaft fertig zu werden und die daran geknüpften Aufgaben zu bewältigen, werden sie sie als Erwachsene wiederum an die nächste Generation weitergeben.

1 Grundlagen

Das gewählte Trauma manifestiert sich als zentraler Marker einer Großgruppe, da die gemeinsamen Repräsentanzen des traumatischen Ereignisses und der damit verbundenen Aufgaben ein unsichtbares Band unter den Gruppenmitgliedern knüpfen, das von einer Generation an die nächste weitergegeben wird.

Da sie das Bemühen implizieren, unbewussten Delegationen gerecht zu werden, üben gewählte Traumata einen nachhaltigeren Einfluss auf die Identität der Großgruppe aus als gewählte Ruhmesblätter. Sie gehen mit einem starken Verlusterleben einher, mit einem Gefühl der Demütigung, der Rache und des Hasses, das unter den Gruppenmitgliedern eine Reihe von Abwehrbewegungen in Gang setzt, die eben diese Empfindungen umkehren sollen. Es besteht somit ein signifikanter Unterschied zu gewählten Ruhmesblättern, die der Beschönigung und Mythologisierung von Ereignissen dienen, es aber nicht notwendig erscheinen lassen, die von den Vorfahren weitergegebenen emotionalen Bilder umzukehren.

In Zeiten großer Anspannung, wenn die ethnische, nationale oder religiöse Gruppen-Identität bedroht ist, werden gewählte Traumata reaktiviert und können dazu genutzt werden, die Empfindungen der Gruppe hinsichtlich des Selbstbildes und des Feindbildes anzuheizen. Es kommt zum **Zeitkollaps**, und das gewählte Trauma wird erlebt, als habe es sich gestern zugetragen: Gefühle, Wahrnehmungen und Erwartungen, die ein Ereignis oder einen Feind aus der Vergangenheit betreffen, vergiften die Gefühle, die sich auf aktuelle Geschehnisse und Gegner beziehen und führen zu fehlangepasstem Gruppenverhalten, irrationalen Entscheidungen und Veränderungswiderständen. In einer früheren Arbeit (Volkan 1997) habe ich eingehend beschrieben, wie Slobodan Milosević und seine Schergen eine Propaganda-Maschinerie in Gang setzten, die das gewählte Trauma der Serben (die Schlacht auf dem Amselfeld im Jahr 1389) reaktivierte und aufblähte, was zu einem Zeitkollaps führte, der wiederum die emotionale Grundlage für Gräueltaten gegen Bosnier und Kosovo-Albaner schuf.

Oft kommt es in einer regredierten Gruppe, wie etwa unter Milosevićs Anhängern, zu einem Ritual, das ich als »**Reinigung**« bezeichne (Volkan 2001; 2004). Im Zuge dieser »Reinigung« verhält sich die regredierte Gruppe wie eine Schlange, die sich häutet: Sie entledigt sich ungewollter und potenziell vergiftender Anteile, um mit der Angst fertig zu werden, die aus der Bedrohung der Großgruppen-Identität erwächst. Wie diese »Reinigung« jeweils aussieht, ist ein höchst individueller und spezifischer Prozess innerhalb der Großgruppe. Er kann einen gutartigen Verlauf nehmen, wenn überholte Symbole gleichsam ausgemustert werden, oder aber maligne enden, wie im Falle ethnischer Säuberungen. Es handelt sich um ein typisches Übergangsszenario einer Großgruppe auf der Suche nach einer »neuen« oder modifizierten Identität, während die bestehende Identität von Regression bedroht ist oder aber die Großgruppe versucht, sich aus der Regression herauszubewegen.

Ein Beispiel gutartiger »Reinigung« ist der nach dem griechischen Unabhängigkeitskrieg in den 30er Jahren des 19. Jahrhunderts angeordnete Ausschluss türkischer Begriffe aus der griechischen Sprache, die über Jahrhunderte, in denen Griechenland zum Osmanischen Reich gehört hatte, in Gebrauch gewesen waren. Zu einer malignen »Reinigung« kam es hingegen im ehemaligen Jugoslawien in den 90er Jahren des 20. Jahrhunderts, als im Zuge kultureller und ethnischer »Säuberungen« Moscheen und jahrhundertealte Bibliotheken zerstört und Angehörige der bosnischen Volksgruppe aus bestimmten Gebieten vertrieben wurden.

Narzisstische Führer machen sich ihre Persönlichkeitsorganisation zunutze, um ihre regredierten Anhänger zu manipulieren, indem sie gewählte Ruhmesblätter und Traumata der Gruppe reaktivieren und die Reinigungsrituale in eine eher harmlose oder aber höchst destruktive Richtung lenken. Da sie auf Gefühle der Demütigung, Scham, Minderwertigkeit oder des Neides schnell mit Angst und nicht selten mit Aggression reagieren, lässt sich ihre Art der Entscheidungsfindung nicht einfach nur anhand eines irrationalen Handlungsmodells erklären, im Zuge dessen politische, diplomatische oder gar militärische Aktionen in die Wege geleitet werden. Vor allem in Zeiten großer Anspannung für die Gruppe und/oder sie selbst greifen narzisstische Führer auf gewählte Ruhmesblätter und Traumata zurück, um damit auf ihre eigene innerpsychische Verfassung zu reagieren. So wie gewählte Ruhmesblätter nicht selten personalisiert werden, um dadurch die eigene Grandiosität zu unterstreichen, sollen gewählte Traumata dem eigenen gedemütigten und hilflosen Selbstbild Ausdruck verleihen. Der Führer kann versuchen, persönliche Gefühle dieser Art ungeschehen zu machen, indem er sich um eine »Umkehr« der gewählten Traumata auf historischer Bühne bemüht. Auch der Prozess der »Reinigung« kann personalisiert werden und der Führer kann Menschen oder Dinge in der äußeren Welt verändern oder zerstören, um die Bedrohung seiner Grandiosität aufzuheben.

»Reparative« oder »destruktive« narzisstische Führer

»Narzissmus« ist natürlich kein »Unwort«, sondern gehört ebenso zur menschlichen Psychologie wie sexuelle oder aggressive Wünsche oder die natürliche Angst angesichts innerer Konflikte. In der Tat ist gesunder Narzissmus (Weigert 1967) notwendig, um zu überleben, zu arbeiten und eine stabile Identität aufrechtzuerhalten. Doch unterliegt der menschliche Narzissmus auch Frustrationen, die zu einer ungesunden, geschwächten oder aufgeblähten Selbstliebe führen können. Im Falle überzogener Selbstliebe kommt es zu den typischen Denk-, Verhaltens- und Gefühlsmustern, wie wir sie von der **narzisstischen Persönlichkeit** kennen. Überzeugt von der eigenen Einzigartigkeit und Größe fühlen sich diese Menschen allmächtig und handeln, als ob sie besser als alle anderen wären. Sie leben jedoch in einem Paradoxon: Die Schattenseite ihrer übertriebenen Selbstliebe, Grandiosität und Omnipotenz ist das Gefühl der Wertlosigkeit und des »Hungers« nach Liebe. Von Zeit zu Zeit gelangt dieser Hunger ins Bewusstsein und löst ein Gefühl der Angst, Beschämung oder Demütigung aus. Entsprechend gespalten ist die Persönlichkeitsorganisation in ein **grandioses Selbst** und ein **hungriges Selbst**, was auf eine defizitäre Kohäsion der Identität hinweist. Die Persönlichkeitsmerkmale, die dem grandiosen Selbst entspringen, sind manifest, während diejenigen des hungrigen Selbst verdeckt sind (Kernberg 1975; Akhtar 1992; Volkan u. Ast 1994).

Da im vorliegenden Band die Frage der narzisstischen Persönlichkeitsorganisation, das Wie und Warum ihrer Entwicklung, ihre Merkmale und Symptome etc. ausführlich behandelt werden, möchte ich mich an dieser Stelle nicht mit psychodynamischen Überlegungen aufhalten. In einer früheren Arbeit (Volkan u. Ast 1994) habe ich politische Führer mit einer narzisstischen Persönlichkeitsorganisation beschrieben, die man als »erfolgreiche Narzissten« bezeichnen könnte: Es gelingt ihnen, ihre Umwelt zu manipulieren und eine »Passung« zwischen eigenen inneren Anforderungen und äußeren Realitäten herzustellen. Diese Manipulation der Außenwelt, inklusive Anhänger und Gegner, dient dem Schutz und der Aufrechterhaltung ihres grandiosen Selbst. Manchen politischen Führern gelingt es unter bestimmten historischen Bedingungen, für Jahrzehnte oder gar Zeit ihres Lebens »erfolgreich« zu bleiben. Bei anderen ist diese Zeitspanne kürzer. Eine derartige Manipulation der Außenwelt mündet in politische Führerschaft, deren überzogener Narzissmus entweder »reparative« oder »destruktive« Züge trägt.

- Als »reparativ« bezeichne ich narzisstische Führer, die sich der Aufgabe verschreiben, die eigenen Anhänger aus dem Zustand der Regression herauszuführen und ihre innere und äußere Welt dergestalt zu verändern, dass ihr Selbstwertgefühl gestärkt und ihre Großgruppen-Identität modifiziert wird – ein Ziel, das ohne Massentötung irgendeiner Gruppe von Menschen erreicht wird bzw. erreicht werden soll.
- Als »destruktiv« bezeichne ich narzisstische Führer, die auf die Massenzerstörung einer »äußeren« Gruppe abzielen und ihre Anhänger dahingehend zu beeinflussen suchen, sie dabei zu unterstützen, das heißt in einem regredierten Zustand zu verbleiben. Auch diesen Führern ist an einer Stärkung und Modifizierung des Selbstwertempfindens und der Großgruppen-Identität gelegen, jedoch nur in Bezug auf die der Zerstörung preisgegebenen Gruppe.

Beide Führungstypen bedienen sich »gewählter Ruhmesblätter« und »gewählter Traumata«, um die jeweilige Großgruppen-Identität anzufeuern, und beide machen extensiven Gebrauch von »Reinigungsritualen«, um die bestehende Großgruppen-Identität zu modifizieren. In beiden Fällen kann es zur Zerstörung von alten Gruppensymbolen bzw. Protosymbolen (Werner u. Kaplan 1963) und zur Veränderung kultureller Werte und Sitten kommen. Was jedoch auf lange Sicht einen narzisstischen Führer reparativ oder destruktiv werden lässt, hängt davon ab, auf welche Art und Weise er eine bestimmte »äußere« Zielgruppe (die sich durchaus innerhalb der eigenen legalen Grenzen bewegen kann) der Zerstörung anheim gibt. Es mag zuweilen schwierig sein, zwischen beiden narzisstischen Typen zu unterscheiden. So kann auch aus einem reparativen ein destruktiver Führer werden.

Um »erfolgreich« zu sein – ob reparativ, destruktiv oder beides, ist nicht von Belang –, müssen narzisstische Führer nicht nur über die nötige Intelligenz, sondern auch über entsprechende Ich-Funktionen verfügen, um bestehende äußere Realitäten zu prüfen und manipulieren zu können. Manche narzisstische Menschen werden zu Führungspersönlichkeiten, weil ihr Größen-Selbst sie dazu antreibt, sich hervorzutun und die »Nummer eins« zu sein. Anderen mag es anfangs an einer typisch narzisstischen Persönlichkeitsorganisation mangeln, doch können historische Umstände (die äußere Welt) sie verändern. Es kann zur Bildung narzisstischer Merkmale kommen, die mit zunehmender Liebe zur »Macht« und dem Gefühl, die »Nummer eins« zu sein, verinnerlicht und assimiliert werden. Führer, die über Jahrzehnte an der Macht bleiben – Fidel Castro auf Kuba, Muammar al Ghaddafi in Libyen oder Rauf Denktas auf Zypern –, enden unabhängig davon, ob sie ursprünglich eine typisch narzisstische Persönlichkeitsorganisation hatten oder nicht, alle mehr oder weniger als »erfolgreiche Narzissten«. Studien über narzisstische politische Führer sollten Beispiele dieser Art in jedem Fall berücksichtigen.

Im folgenden Kapitel möchte ich anhand der Metapher des »Apfelkuchens« die innere Landkarte der Persönlichkeitsorganisation narzisstischer Führer illustrieren und aufzeigen, welche psychodynamischen Prozesse diese Persönlichkeiten zu reparativen, destruktiven oder beiderlei Führern werden lässt.

Der Einfluss auf Großgruppen-Prozesse unter einer »Glaskugel«

Lassen Sie mich die innere Welt einer narzisstischen Persönlichkeit folgendermaßen illustrieren: Wir servieren einen frischen Apfelkuchen aus dem Ofen. Während des Anrichtens auf dem Abendbrottisch kippt eine Flasche mit Salatsauce und diese läuft über den Kuchen. Um das Gebäck zu retten, schneiden wir das »verdorbene« Stück ab und legen es an den Rand des Tellers. Das verbliebene, größere Stück symbolisiert den Anteil des Selbstbildes des narzisstischen Führers, das mit übertriebener Selbstliebe (Größen-Selbst) besetzt ist; das kleinere Stück steht für die entwerteten Anteile (hungriges Selbst). Da narzisstische Menschen nicht in der Lage sind, den aufgeblähten grandiosen Teil ihres Selbst mit den entwerteten und gedemütigten Aspekten zu integrieren, ist es von wesentlicher Bedeutung für sie, den »guten« Anteil nicht mit dem »verdorbenen« in Berührung kommen zu lassen (Spaltung).

Das große und gute Stück Kuchen muss unter allen Umständen geschützt werden. Menschen mit narzisstischen Persönlichkeitszügen haben oft die bewusste oder unbewusste Phantasie, wunderbar autonom, wie unter einer »Glaskugel«, leben zu können (Volkan 1979), wobei sie das »verdorbene« Stück Kuchen noch weiter an den Rand des Tellers schieben und das große Stück mit einem durchsichtigen Schutzdach überziehen. Man trifft dann auf Selbstbeschreibungen wie »schöne Blume unter Glas« oder begegnet dem Bild »Glaskugel« als Metapher für einen bestimmten inneren Zustand, etwa im Falle eines Patienten, der sich als allmächtiger Robinson Crusoe *ohne* Freitag phantasierte. Das Meer, das seine Insel Juan Fernandez umgab, war seine Glaskugel.

Narzisstische politische Führer sind oft angewiesen auf »Getreue«, die mit der unausgesprochenen Aufgabe betraut sind, den Führer als »Glaskugel« zu umgeben. Sie achten auf die Unversehrtheit und Undurchdringlichkeit des Größen-Selbst ihres Führers. In unserer Psychobiografie über den 37. Präsidenten der Vereinigten Staaten, Richard Nixon, haben Norman Itzkowitz, Andrew Dod und ich dessen narzisstische Persönlichkeitsorganisation illustriert. Was als die »Nixon-Methode« seiner Präsidentschaft in die Geschichte einging, war Ausdruck eines »Glaskugel«-Syndroms. Manche Menschen in Nixons Umgebung, wie zum Beispiel seine Berater Robert Haldeman und John Ehrlichman, entwickelten Funktionen, die über ihre eigentlichen politischen Pflichten hinausgingen, um Nixons Bedürfnis nach »splendid isolation« (wunderbare Einsamkeit) zu erfüllen. So verwundert es nicht, dass sie den Spitznamen »Berlin Wall« (Berliner Mauer) trugen, mit der sie das einsame innere Königreich des Präsidenten umgaben. In seinem Buch »Der Präsident wird gemacht« beschreibt Theodore White, wie er Nixon eines Tages schmunzelnd die Fifth Avenue hinunterspazieren sah, mit nach innen gewandtem Blick, aus dessen Konzentriertheit einem der innere Dialog gleichsam entgegensprang (White 1960).

Allerdings reicht es nicht aus, das »verdorbene« Stück Apfelkuchen an den Rand des Tellers zu schieben und das gute unter eine »Glaskugel« zu ziehen. Ein Mensch mit einer narzisstischen Persönlichkeitsorganisation ist sich seines »hungrigen Selbst«, das unter Kontrolle gehalten werden muss, um Angst, Scham, Demütigung und/oder Hilflosigkeit zu vermeiden, immer bewusst. Die Hauptabwehr des Ichs besteht in diesem Fall darin, die innere Beziehung zwischen grandiosem und hungrigem Selbst in Schach zu halten. Ein politischer Führer mit einer narzisstischen Persönlichkeitsorganisation bedient sich verschiedener Ich-Funktionen, um mit einem verdorbenen Stück Kuchen umzugehen, was sich in seiner Art der politischen Entscheidungsfindung, seinem Verhältnis zu Anhängern und »Gegnern« und in historischen Entwicklungen widerspiegelt. Um bei unserer Metapher zu bleiben: Ein »reparativer« Umgang mit dem verdorbenen Stück Kuchen würde bedeuten, die Salatsauce abzuwischen oder das entsprechende Stück nachzusüßen, um es nicht wegschmeißen

1.9 Großgruppen und ihre politischen Führer

zu müssen, sondern für den Verzehr womöglich noch zu retten. Ein solcher Führer phantasiert und erhofft für sich oder seine Anhänger ein hohes Funktionsniveau, in dem sich sein strahlendes Selbstbild widerspiegelt, das als Erweiterung seiner Überlegenheit gilt. Eines der besten Beispiele für einen reparativen narzisstischen Führer ist Kemal Atatürk, der Begründer der modernen Türkei.

In Zusammenarbeit mit Norman Itzkowitz habe ich eine ausführliche Psychobiografie über Kemal Atatürk verfasst (Volkan u. Itzkowitz 1984), dessen Lebensgeschichte sich in der konventionellen Geschichtsschreibung wie folgt liest: 1881 als Sohn eines Zollbeamten und kleinen Geschäftsmannes in Selanik (dem heutigen griechischen Thessaloniki, damals Teil des Osmanischen Reiches) geboren. Der Vater stirbt, als Mustafa sieben Jahre alt ist. Auf der Militärakademie, in die er als Jugendlicher eintritt, gibt ihm ein Lehrer den Zweitnamen Kemal (»perfekt«). Beim Abschluss der Schule gehört er zu den Besten seines Jahrgangs. Trotz Offizierslaufbahn in der Osmanischen Armee engagiert er sich in oppositionellen Gruppen als Kritiker des Sultans. Nach seinem herausragenden Einsatz im Ersten Weltkrieg, der im heldenhaften Kampf um die Dardanellen (Schlacht von Gallopoli) und gegen die Alliierten seinen Höhepunkt findet, wird er im Alter von 35 Jahren in den Rang eines Generals erhoben. Als die alliierten Kräfte das, was vom Osmanischen Reich nach dem Ersten Weltkrieg übrig geblieben war, zu überrollen drohen und sich der Sultan als machtlos erweist, den Einfall der Italiener, Franzosen, Briten und Griechen abzuwehren, versucht Kemal, die türkische Unabhängigkeit zu retten. Er verlässt Istanbul und geht nach Anatolien, dem »Herzland« des türkischen Volkes, um von dort aus eine Armee gegen die griechischen Invasoren anzuführen. Aus Furcht vor Kemals wachsendem Einfluss und unter Druck der Alliierten ordnet der Sultan seine Entlassung an und drängt ihn zur Gründung einer provisorischen nationalistischen Regierung in Ankara, zu deren Führer er gewählt wird. Von Ankara aus, damals noch ein Provinznest, organisiert Kemal seinen Kampf gegen die Griechen, die in Anatolien eingefallen waren. Sein Sieg im Jahr 1922 führt zum Friedensabkommen mit den Alliierten. Der Sultan geht ins Exil, und 1923 kommt es unter der Führung von Kemal zur Gründung der modernen Türkei. Nach der Machtübernahme nimmt er den Namen »Atatürk« (»Vater der Türken«) an. Als erster Präsident der Türkischen Republik veranlasst er tief greifende politische und kulturelle Veränderungen, die die Türkei modernisieren und säkularisieren sollen: Abschaffung des Kalifats; Aufhebung des islamischen Rechts und Beschneidung des religiösen Einflusses auf den Staat; Installierung eines Rechtssystems nach europäischem Vorbild; Emanzipation der Frauen; Einführung des lateinischen Alphabets, das die arabische Schrift ersetzt; und schließlich die Etablierung moderner ökonomischer Prinzipien. Entsprechend einer unter Türken weit verbreiteten Auffassung hat es Atatürk nahezu im Alleingang geschafft, sein vom Krieg gezeichnetes Land in die Unabhängigkeit zu führen und mithilfe einer Kulturrevolution eine neue türkische Identität zu schaffen. Obwohl er 1938 stirbt, lässt die außergewöhnliche Verehrung, die ihm in der Türkei zuteil wird, den Eindruck entstehen, als lebe er noch. Noch heute sprechen die meisten von ihm als Ata (Vater) oder Atam (mein Vater), und sein Titel (»Der ewige Führer«) hat ihn unsterblich werden lassen.

Ohne weiter auf geschichtliche Details einzugehen, möchte ich Atatürk in eigenen Worten beschreiben lassen, wie er während seiner Kindheit eine narzisstische Persönlichkeitsorganisation entwickelte und wie er seinen Wunsch, »reparativ« zu sein, erlebte. Er wurde in ein Haus des Todes geboren (drei seiner Geschwister vor ihm waren gestorben), und er hatte eine trauernde Mutter. Von zwei weiteren Geschwistern nach ihm starb wiederum eines früh. Dazu kam der Tod des Vaters. Die folgende Aussage, gemacht als Erwachsener, bezeugt seine Frühreife bzw. abwehrbedingte Aufblähung seines Größen-Selbst:

»Seit meiner Kindheit, als ich noch zu Hause lebte, habe ich es nicht gemocht, mit meiner Mutter, meiner Schwester oder einem Freund zusammen zu sein. Ich habe es immer vorgezogen, allein und unabhängig zu sein, und ich habe immer auf diese Art gelebt. (...) Denn wenn man einen Rat erteilt bekommt, muss man ihn entweder befolgen oder ihn rundweg ablehnen. Keine dieser Antworten scheint mir richtig. Käme es nicht einem regressiven Rückzug in die Vergangenheit gleich, einer Warnung meiner Mutter, die mehr als 20 oder 25 Jahre älter ist als ich, Beachtung zu schenken? Würde ich jedoch dagegen rebellieren, würde ich meiner Mutter das Herz brechen, an deren Tugend und Erhabenheit als Frau ich fest glaube.« (zit. bei Aydemir 1969, Bd. 3, S. 482)

Atatürk erlebte sich über den anderen stehend – und wurde von seinen Anhängern auch so wahrgenommen. Allerdings suchte er keine phantasierten Gegner oder Gruppierungen, deren Entwertung oder Zerstörung seine Überlegenheit sicherstellen sollte. Sein Narzissmus verschaffte sich auf ganz andere Art und Weise Ausdruck:

»Warum sollte ich mich – nach der jahrelangen Ausbildung, nach dem Studium der Zivilisation und des Prozesses der Sozialisierung, und nachdem ich Zeit meines Lebens an der Freiheit Freude empfunden habe –, warum sollte ich auf die Ebene der gemeinen Leute herabsteigen? Ich werde sie auf meine Ebene ansteigen lassen. *Nicht ich sollte ihnen gleichen; sie sollen mir gleichen.*« (ebd., Hervorhebung d. A.)

Die moderne Türkei wurde 1923 auf den Trümmern des Osmanischen Reiches errichtet, das im Laufe des 19. Jahrhunderts zunehmend Territorium an seine Feinde, vornehmlich westliche Nationen, verloren hatte. Als Atatürk die Macht übernahm, war ihm nicht, wie etwa einem Slobodan Milosevićs in jüngerer Zeit, daran gelegen, gewählte Traumata wiederzubeleben oder einen Zeitkollaps zu provozieren, um Rache zu üben. Das »gewählte Trauma«, das er im Blick hatte, war die Regression seines eigenen Volkes unter dem Osmanischen Reich. Anstatt auf Vergeltung zu sinnen, propagierte er die Werte der »Feinde« (der westlichen Nationen) als Lösung für die Weiterentwicklung seines Volkes. Es würde an dieser Stelle zu weit führen, darüber zu spekulieren, inwieweit es Atatürk gelungen ist, die Türkei dem Westen anzupassen. Meine Betonung liegt auf seinem Bemühen, das Selbstbewusstsein seiner Anhänger zu stärken, deren »Hunger« nach einem besseren Leben er wahrnahm. Er süßte sozusagen das verdorbene Stück Apfelkuchen nach.

Manche mögen Einwände gegen meine Charakterisierung von Atatürks Handlungen als »reparativ« erheben und ihn eher als eine Art Verhaltenstrainer seiner Anhänger sehen oder gar als »Verwestlicher« um der »Verwestlichung« willen. Auch er initiierte »Reinigungsbewegungen«, indem er zahlreiche gesellschaftliche, kulturelle und religiöse Traditionen, Sitten und Gebräuche aufhob. Man könnte sogar behaupten, Atatürks Säkularisierungsprogramm habe einen Bruch für bestehende Familienpraktiken und Eltern-Kind-Interaktionen dargestellt und damit einen anderen Typus gesellschaftlicher Regression hervorgerufen. Auf der anderen Seite war das islamische Ehe-, Scheidungs- und Erbrecht während der osmanischen Herrschaft von großem Nachteil für Frauen, und Atatürk (1952, S. 183) war der Überzeugung, dass ein »schlechtes Familienleben unweigerlich eine Schwächung von Gesellschaft, Wirtschaft und Politik nach sich zieht. Die männlichen und weiblichen Elemente, die die Familie bilden, müssen im Vollbesitz ihrer natürlichen Rechte sein und die Möglichkeit haben, familiäre Verpflichtungen abzugeben.« Atatürk war an einer psychischen Entlastung seiner Anhänger gelegen, um ihnen mehr Freiraum für Kreativität und Produktivität zu eröffnen. Wenngleich seine Neuerungen mitunter gesetzlich erzwungen werden mussten, so war ihre Intention und Konsequenz doch stets die Steigerung der persönlichen Autonomie seiner Anhänger, um die bestehende gesellschaftliche Regression in Progression umzuwandeln. Obschon innerlich in der Tat ein einsamer Mann, entwickelte Atatürk doch keine paranoiden Züge, sondern setzte sich und seine »Glaskugel« freiwillig der Öffentlichkeit aus.

Im Gegensatz zum reparativen Typus ist der destruktive narzisstische Führer entschlossen, das verdorbene Stück Kuchen zu zerstören. Wegschieben oder gar »Externalisierung« auf einen anderen Teller sind nicht ausreichend. Es muss vernichtet werden. Das Größen-Selbst des hier vorliegenden »malignen Narzissmus« (Kernberg 1975; Volkan u. Ast 1994) geht mit paranoiden Erwartungen und psychopathischen Zügen einher.

Viele Versuche wurden unternommen, die Psyche jenes Mannes zu verstehen, der an der Spitze des Holocaust stand. Auf wissenschaftlicher Seite wurden die verschiedensten potenziellen Einflussfaktoren auf die Persönlichkeitsentwicklung Adolf Hitlers untersucht. Da wir so viel über Hitler und das Dritte Reich wissen, werde ich keine Psychobiografie dieses Mannes vorlegen, sondern mich lediglich auf die Persönlichkeitsmuster beziehen, die sich in seinen Schriften, zum Beispiel in »Mein Kampf« (1925), widerspiegeln. Wir wissen, dass seine Ideologie, Propaganda und Aktivitäten auf die Schaffung zweier Kollektive abzielten:

1 Grundlagen

Auf der einen Seite standen die Nationalsozialisten, die als zäh, großartig, überlegen und mächtig zu gelten hatten; auf der anderen Seite die Juden, »Zigeuner«, Homosexuellen und andere »Unter-« oder gar »Un-Menschen«. Die Vorstellung, dass Letztere – das kleine Stück Kuchen – vernichtet werden müssten, lässt den Schluss zu, dass Hitlers Persönlichkeitsorganisation der des malignen Narzissmus entspricht. Wie auch immer die korrekte »Diagnose« seiner Persönlichkeit lauten mag, für die Zwecke dieses Kapitels ist sie nicht von Belang. Vielmehr möchte ich aufzeigen, wie sich eine maligne narzisstische Persönlichkeitsorganisation auf historischer Bühne widerspiegelt.

In Joseph Goebbels, den er 1928 zum Kopf der nationalsozialistischen Propaganda macht und der als Minister für Propaganda und Volksaufklärung mit der Schaffung des »Führermythos« betraut ist (Bramsted 1965), hat Hitler einen außerordentlich begabten Verbündeten. Der österreichische Historiker Victor Reimann – 1940 von den Nazis verhaftet und bis 1945 im Gefängnis – bezeichnet die Kombination Hitler-Goebbels als »wahrscheinlich einzigartig in der Weltgeschichte« (Reimann 1976, S. 2). Goebbels war der Architekt der »Glaskugel«, in der Hitler sein Größen-Selbst, von den Grausamkeiten der Nazis unberührt und unkontaminiert, aufrechterhalten und verbergen konnte, sodass jede Gräueltat, die ans Tageslicht kam, anderen zur Last gelegt werden konnte. »›Wenn das der Führer wüsste ...‹ wurde zum geflügelten Wort im Dritten Reich.« (ebd., S. 6) Goebbels verbot Witze über den Führer und versuchte dessen persönliche Schwächen zu verbergen: Ein Gott hat keine Schwächen. Hitlers Zeichnungen und Aquarelle aus seiner Zeit als hungerleidender Künstler wurden gesammelt, sodass niemand seine künstlerischen Fähigkeiten kritisieren konnte. Goebbels verbot sogar, ohne Erlaubnis des Propaganda-Ministeriums aus »Mein Kampf« zu zitieren.

Es war Goebbels, der letztlich für Hitlers öffentliches Bild und viele seiner typischen Handbewegungen verantwortlich war, der den Titel »Führer« und den Gruß »Heil Hitler« verpflichtend einführte. Den Deutschen, die durch den Versailler Vertrag von 1919 materiell und emotional gedemütigt worden waren, wurde Hitler in seiner »Glaskugel« als »Gott« präsentiert. Das Bild in dieser »Glaskugel« war das eines wohlwollenden Gottes, eines kinder- und tierlieben Menschen, eines Naturliebhabers, einer makellos reinen Person.

Es gab jedoch noch weitere explizite Versuche, Hitler mit dem Bild Gottes zu assoziieren. Walter C. Langer zitiert deutsche Zeitungsberichte, die so weit gingen, »den Mantel Gottes durch den Raum schweben« zu hören, wenn Hitler sprach. Eine deutsche Christengemeinde verabschiedete sogar eine Resolution, die Hitlers Wort als »Gottes Gesetz« ansah – »seine Verordnungen und Gesetze sind von göttlicher Autorität« (Langer 1972, dt. 1973, S. 71). Die Loyalitätserklärung der Nationalsozialistischen Partei entsprach eindeutig einem christlichen Glaubensbekenntnis (ebd.): »Wir alle glauben auf dieser Erde an Adolf Hitler, unsern Führer, und wir bekennen, dass der Nationalsozialismus der allein seligmachende Glaube für unser Volk ist.« Auf dem Nürnberger Parteitag im September 1937 lautete die Inschrift unter einer riesigen Fotografie von Hitler: »Am Anfang war das Wort ...«, die ersten Zeilen des Johannes-Evangeliums. Ein anderes Mal hatte eine der großen Berliner Galerien, »Unter den Linden«, ein Hitler-Porträt in die Mitte der Schaufensterauslage gestellt und es mit einem Heiligenschein umgeben (ebd.).

Somit wird deutlich, dass auch maligne narzisstische Führer einen bestimmten Personenkreis um sich scharen müssen, der ihre »Glaskugel« bildet und als Erweiterung des mächtigen Führers das eigene Selbstwertgefühl stützt. Auf der anderen Seite hilft dieser Personenkreis dem Führer, die Illusion eines sicheren und undurchdringlichen Größen-Selbst aufrechtzuerhalten. Die Forderungen, die der maligne destruktive Narzissmus stellt, werden von den Anhängern ausgeführt, was es dem politischen Führer, wie in Hitlers Fall, erspart, sich für diese Akte der Zerstörung verantwortlich zu fühlen. Der maligne politische Führer vereinigt in sich einen überzogenen Narzissmus, angereichert mit paranoiden und psychopathischen Zügen. Er fürchtet, die »Glaskugel« könne durchlässig werden und von ihm entwerteten »gefährlichen« anderen Zugang zu seinem einsamen Königreich gewähren. Doch sollte auch diese Aussage nicht unhinterfragt bleiben, da sogar ein Adolf Hitler »reparative« Qualitäten an den Tag legte. In ihrer Imitation des Führers, so Judith Stern, wurden die Nazis selbst zu »kleinen Göttern« (Stern 2001). In gewisser Weise versuchte Hitler das Selbstwertgefühl seiner Anhänger zu stärken, wenngleich dieser reparative Akt nur auf Kosten anderer Gruppen stattfinden konnte, die entmenschlicht und vernichtet werden mussten. Die »kleinen Götter« unter den Anhängern wurden nicht mit persönlicher »Freiheit« belohnt, sondern dazu benutzt, die Glaskugel des Führers zu schützen.

Scham und Demütigung

Die Persönlichkeitsorganisation eines politischen Führers gibt uns Aufschluss darüber, wie er auf ein äußeres Ereignis reagieren wird, das für ihn mit Angst verbunden ist und daher ein inneres Gefahrensignal auslöst. Freuds (1926) Überlegungen zu den verschiedenen Konstellationen, die das Ich des heranwachsenden Kindes gefährden, sind hinlänglich bekannt. An erster Stelle steht die Angst vor einem tatsächlichen Verlust der »Mutter«, gefolgt von der Angst, ihre Liebe zu verlieren. Drittens die ödipale Angst vor dem Verlust des Penis (Kastrationsangst). An vierter Stelle erwähnt Freud die Furcht, den Erwartungen des eigenen Über-Ich nicht zu entsprechen und so an Selbstwert einzubüßen. Wir können eine fünfte Angst für jene Menschen mit unintegrierter Selbstrepräsentanz hinzufügen: die vor dem Verlust des »guten« oder idealisierten Anteils der Selbstrepräsentanz, wenn sich dieser mit dem »schlechten« oder entwerteten Anteil vermischt. Oder – im Fall einer narzisstischen Persönlichkeitsorganisation – der Verlust der Allmacht des Größen-Selbst, wenn es sich mit den entwerteten Selbst- und Objektbildern, die das »hungrige Selbst« ausmachen, verbindet.

Wenn ein politischer Führer ein äußeres Ereignis personalisiert und es als **Derivat** der genannten Gefahrensignale erlebt, kann dies zu einer Variablen politischer Entscheidungsfindung oder politischen Handelns werden, die eigentlich der Persönlichkeitsorganisation des politischen Führers entspringt. Für einen politischen Führer mit ausgeprägtem Zwangscharakter ist drohender Kontrollverlust, sei es in emotionaler Hinsicht oder aber im Sinne eines Verlusts von Ausgewogenheit, mit Angst verbunden. Seine Energie ist auf Ordnung und Vorhersagbarkeit ausgerichtet. In Entscheidungssituationen, insbesondere unter Stress, wird die zwanghafte Persönlichkeit typischerweise nach einer Lösung suchen, die von Regeln, Prinzipien, »moralischen« Erwägungen oder äußeren Notwendigkeiten bestimmt ist, die »richtige Antwort« bereithält und die Kontrolle über frustrierende äußere Faktoren wiederherstellt.

Für einen politischen Führer mit einer narzisstischen Persönlichkeitsorganisation liegt die Gefahr im drohenden Verlust des Größen-Selbst, in dem auch die Angst vor dem Verlust der Mutter, ihrer Liebe, von Körperteilen oder dem des Selbstwerts enthalten ist. Diese Angst ist mit Gefühlen der Scham und Demütigung, des Neides und der Hilflosigkeit verbunden, die für das psychische Gleichgewicht narzisstischer Führungspersönlichkeiten die größte Bedrohung darstellen und unter allen Umständen vermieden werden müssen, wenn sie nicht in einen Angriff auf alles und jeden münden sollen, das ihre Überlegenheit direkt oder symbolisch gefährdet. Es kommt zu einem noch tieferen defensiven Rückzug in die Glaskugel, der das Eindringen als gefährlich wahrgenommener Menschen oder Bilder unter das Schutzdach verhindern soll.

Eines der eindrücklichsten Beispiele dafür, wie Entscheidungsfindung und politisches Handeln eines narzisstischen politischen Führers an Empfindungen von Scham und Demütigung geknüpft sind, stammt von dem Politikwissenschaftler und Psychoanalytiker Blema Steinberg (1996). Akribisch hat er dokumentiert, wie unterschiedlichste äußere Ereignisse (die in diesem Kapitel nicht zusammengefasst sind) eine Demütigung für den damaligen amerikanischen Präsidenten Richard Nixon bedeuteten – eine Demütigung, die zur Bombardierung nordvietnamesischer Stellungen in Kambodscha Mitte März 1969 und letztlich zur Invasion der Amerikaner in Kambodscha im Jahr 1970 führte. Es gibt eindeutige Hinweise dafür, dass Nixons Entscheidung, Kambodscha zu bombardieren, im »einsamen Königreich« seiner »Glaskugel« gefällt wurde – nach Auskunft von Henry Kissinger während eines Flugs von Washington, D.C., nach Brüssel, ohne Hinzuziehung seiner Berater und »ohne einen genauen Plan« (Kissinger 1979, S. 242).

Nixon war damals auf dem Weg zu einem zehntägigen Staatsbesuch in Europa. Einen Tag vor Abflug, am 22. Februar 1969, hatten die Nordvietnamesen eine neue Offensive gestartet. Aus realpolitischer Perspektive lässt sich Nixons

1.9 Großgruppen und ihre politischen Führer

Entscheidung zum Bombenangriff problemlos als Reaktion auf die neuerliche nordvietnamesische Offensive interpretieren. Kambodscha – eine Monarchie mit sieben Millionen Einwohnern – war zwar zum damaligen Zeitpunkt auf seinen neutralen Status bedacht, doch hatten die Nordvietnamesen Stellungen im Grenzgebiet zwischen beiden Ländern errichtet. Die Prüfung nachrichtendienstlicher Erkenntnisse hatte ergeben, dass die Bombardierung dieser Stellungen die Nordvietnamesen weiter nach Westen und tiefer ins kambodschanische Binnenland drängen und Kambodscha womöglich in die Hände der Kommunisten treiben würde, sodass sich Nixon zuvor gegen einen Angriff entschieden hatte (Hersh 1983). Woher also dieser plötzliche Sinneswandel, ohne seinen Beraterstab hinzuzuziehen? Ein Teil der Antwort auf diese Frage entspringt Nixons narzisstischer Persönlichkeitsorganisation (Volkan et al. 1997). Die Offensive der Nordvietnamesen war für ihn (Nixon 1978, S. 250) ein »vorsätzlicher Test, um mich und meine Verwaltung schon zu Beginn meiner Amtszeit auf die Probe zu stellen. Mein erster Gedanke war, Vergeltung zu üben.« Auf die Bitte Kissingers hin erklärte sich Nixon einverstanden, seine Entscheidung um 48 Stunden aufzuschieben, um anschließend den ursprünglichen Bombardierungsplan ganz fallen zu lassen. Er gab neuerlich Befehl zum Angriff für den 9. März und zog auch diesen wieder zurück. Die erste B-52-Angriffswelle auf nordvietnamesische Stellungen in Kambodscha begann schließlich am Morgen des 18. März. Vor der amerikanischen Öffentlichkeit hielt Nixon die Bombardierung geheim und sagte zu Kissinger, das Außenministerium solle »erst in Kenntnis gesetzt werden, wenn es keine Möglichkeit zur Umkehr mehr« gebe (Ambrose 1989, S. 258). Erst nachdem er den Vergeltungsschlag auf die Nordvietnamesen in Kambodscha befohlen hatte, setzte sich Nixon mit einigen seiner Berater zusammen, wobei er ihnen durchaus den Eindruck vermittelte, ihre Meinung sei von Belang, obwohl der Angriff längst ein »fait accompli« war.

Ich möchte an dieser Stelle das Interesse auf die jeweiligen Decknamen für die Bombardments in Kambodscha lenken. Die erste Angriffswelle wurde unter dem Kodewort »Unternehmen Breakfast« (»Frühstück«) geflogen. Die zweite Mitte April unter dem Decknamen »Lunch« (»Mittagessen«), was laut Kissinger auf eine Demütigung durch Nordkorea zurückzuführen war, das kurz zuvor ein US-Spionageflugzeug abgeschossen hatte und gegen das nun ein Vergeltungsschlag geflogen werden sollte: »Aber wie jedes Mal, wenn er seinen spontanen Impuls nach Vergeltung unterdrückte, suchte Nixon an anderer Stelle zu demonstrieren, mit wem man es zu tun hatte. Er fürchtete nichts mehr, als dass man ihn für schwach halten könnte.« (Kissinger 1979, S. 247) Ich weiß nicht, wer für diese Decknamen verantwortlich ist. Womöglich stehen sie für Nixons »hungriges Selbst«. Wird der »Hunger« dieses Selbst gestillt, ist das Größen-Selbst nicht gefährdet. Wir wissen auch, dass unter dem Decknamen »Dinner« (»Abendessen«) Angriffe geflogen wurden, die schließlich in einem ganzen »Menu« (»Menü«) endeten. Es würde an dieser Stelle zu weit führen, die historischen Details nach diesen symbolisch als »Mahlzeiten« verschlüsselten Angriffswellen zu untersuchen.

——— 1 Grundlagen ———

Steinberg erinnert uns an den Schneeballeffekt, den Nixons Handlungen auslösten: Die US-Invasion in Kambodscha am 1. Mai 1970 markiert den Beginn eines ausgewachsenen Bürgerkriegs, der Kambodscha zerstörte und mehr als eine Million Menschen das Leben kostete (Steinberg 1996, S. 206).

Schlussbemerkung

Die Intensität des Denkens, Fühlens und Verhaltens von Menschen mit narzisstischer Persönlichkeitsorganisation verändert sich entsprechend ihrem Erleben eigener Grandiosität. Manche haben chronische Schwierigkeiten, sich auf andere zu beziehen und leiden unter einer verzerrten Realitätssicht. Diejenigen, deren Identität in Teilen integriert ist und die über eine bessere Realitätswahrnehmung verfügen – die also trotz ihrer Überzeugung über die eigene Überlegenheit ihre Grenzen kennen und wissen, welches Ziel sie verfolgen –, sind besser an das Leben angepasst und können in den Augen der Welt sehr erfolgreich werden. Einige Narzissten, die tatsächlich durch ihre Klugheit, Attraktivität und Macht bestechen und mit Erfolg ihre manipulativen Strategien einsetzen, werden durch ihr inneres Verlangen nach Erfolg und Applaus gleichsam in Führungspositionen getrieben, ob in Bereichen des Erziehungswesens, der Wirtschaft, in sozialen Organisationen oder der Politik. In diesem Fall würden wir von einem »erfolgreichen Narzissten« sprechen, der gerne zur »Nummer eins« in Gruppen avanciert. Richard Nixons »Bedürfnis«, die »Nummer eins« zu sein, blieb während seines gesamten Erwachsenenlebens unverändert. Schon als junger Mann in seinen Zwanzigern wurde er zum Vorsitzenden der »Whittier Alumni Association«, der »Duke University Alumni Association of California«, der »Orange County Association of Cities« und des »20-30 Clubs« gewählt. Im Alter von 33 Jahren wurde er in den Kongress, mit 37 Jahren in den Senat und 1952, im Alter von 39 Jahren, zum zweitjüngsten Vizepräsidenten in der Geschichte der Vereinigten Staaten gewählt. Nixon sammelte außerdem »Premieren«, die von bedeutsamen Ereignissen wie dem ersten Besuch eines amerikanischen Präsidenten in der Volksrepublik China bis hin zum Abstecher in eine besonders unbedeutende Kleinstadt auf dem Land während des Präsidentschaftswahlkampfs reichten. Sein Berater John Ehrlichman sprach von einem »immer wiederkehrenden Scherz im Nixon-Wahlkampf« (Volkan et al. 1997, S. 94): »Alles, was passierte, war eine ›historische Premiere‹.« Das Sammeln solcher »Premieren« war ein Zeichen für Nixons Bedürfnis, sein Größen-Selbst emotional zu unterfüttern, sodass niemand, nicht einmal er selbst merken würde, dass seine Angst den »verdorbenen«, ungewollten Teil des Kuchens in seiner Psyche betraf.

Wenn ich von »erfolgreichen« politischen Führern spreche, so beziehe ich mich dabei nicht auf den moralischen Wert ihrer individuellen Handlungen, sondern auf die Tatsache, dass es ihnen gelungen ist, mit ihrer Persönlichkeit in der äußeren Welt ein Echo zu erzeugen, das ihnen in den Augen anderer den ersten Platz sichert. Im Falle erfolgreicher narzisstischer Führer kommt es zu einer »Passung« zwischen eigenen inneren Bedürfnissen und den Reaktionen ihrer Anhänger, insbesondere wenn diese sich in einem Zustand der Regression befinden. Manchen dieser politischen Führer gelingt es, diese Passung über einen längeren Zeitraum aufrechtzuerhalten, anderen nicht. Darüber hinaus ist es schwierig zu beurteilen, ob die Entscheidung eines narzisstischen politischen Führers, die er unter einer »Glaskugel« getroffen hat, letztlich reparativer oder destruktiver Art sein wird. Der ehemalige ägyptische Präsident Anwar Sadat – auch er ein politischer Führer mit narzisstischer Persönlichkeitsorganisation – ließ sich in seinen Entscheidungen ebenfalls von der »Nixon-Methode« leiten: Überzeugt davon, es besser zu wissen als alle anderen, wollte er sich nicht von Beratern abhängig machen, sondern traf einsame Entscheidungen. In seinem Heimatort, knapp 80 Kilometer vor Kairo, schuf er sich seine eigene »Glaskugel«: Im traditionellen Männergewand der »galibia« und bei einer Wasserpfeife entschied er über alle wichtigen politischen Fragen allein, so auch über seinen Besuch in Israel und seine Rede vor der Knesset im Jahr 1979 (Volkan 2004). In diesem Sinne bedeutet die Tatsache, dass eine Entscheidung unter der »Glaskugel« getroffen wird, noch nicht, dass sie destruktiver Natur sein muss. Im Gegenteil, es kann sich auch um eine Entscheidung handeln, die zu einer Art Versöhnung zwischen Feinden führt.

Eine ausreichende Portion Narzissmus, ja selbst übertriebener Narzissmus, ist meines Erachtens notwendig, um als politischer Führer etwas bewirken zu können. Es ist sein Narzissmus, der ihn sich wohlfühlen lässt in seiner Haut als »Nummer eins«. Narzissmus, ich wiederhole es noch einmal, ist kein Unwort. Er kann jedoch auch Schreckliches in Gang setzen, insbesondere wenn sich die Großgruppe, der der politische Führer angehört, in einem Zustand der Regression befindet und Vergeltung als rechtmäßige Reaktion auf aktuell erlittene Traumata und/oder gewählte Traumata ansieht. Wenn ein narzisstischer Führer ein gewähltes Trauma reaktiviert und schürt und eine Atmosphäre von Viktimisierung schafft, in der es zum Zeitkollaps kommt, sollte die Möglichkeit einer destruktiven Entwicklung in Betracht gezogen werden. Wenn sich innerhalb einer Großgruppe ein allgemeines Gefühl von Opfertum breitmacht, kann der Wunsch nach Vergeltung entstehen. Es ist sehr zweifelhaft, dass ein zukünftiger politischer Führer eine Psychoanalyse machen wird, bevor er an die Macht kommt. Auf der anderen Seite sollten Psychoanalytiker, die politische Prozesse und die Interaktionen zwischen Führer und ihren Anhängern ernsthaft beobachten und untersuchen, auf die Gefahrensignale hinweisen, die destruktive narzisstische Führer erkennen lassen.

Literatur

Akhtar S (1992). Broken Struktures. Severe personality disorders and their treatment. Northvale, NJ: Jason Aronson.
Ambrose SE (1989). Nixon. The triumph of a politician. 1962–1972. New York: Simon & Schuster.
Atatürk K (1952). Atatürk'ün Söylev ve Demecleri (Speeches and Statements of Atatürk). In: Aydemir SS (1969). Tek Adam (The Singular Man). Bd. 2. Istanbul: Remzi Kitabevi.
Aydemir SS (1969). Tek Adam (The Singular Man). Bd. 1–3. Istanbul: Remzi Kitabevi.
Barner-Barry C, Rosenwein R (1985). Psychological Perspectives on Politics. Englewood Cliffs, NJ: Prentice-Hall.
Bion WR (1961). Experiences in Groups. London: Tavistock Publications.
Bion WR (1971). Erfahrungen in Gruppen und andere Schriften. Stuttgart: Klett-Cotta.
Bramsted EK (1965). Goebbels and National Socialist Propaganda. East Lansing, MI: Michigan State University Press.
Erikson EH (1956). Das Problem der Ich-Identität. Frankfurt/M.: Suhrkamp 1966.
Freud S (1921). Massenpsychologie und Ich-Analyse. GW XIII. Frankfurt/M.: Fischer 1999; 71–161.
Freud S (1926). Hemmung, Symptom und Angst. GW XIV. Frankfurt/M.: Fischer 1999; 111–205.
Hersh SM (1983). The Price of Power. Kissinger in the Nixon White House. New York: Summit Books.
Hitler A (1925). Mein Kampf. München: Zentralverlag der NSDAP 1938.
Kernberg OF (1975). Borderline-Störungen und pathologischer Narzissmus. Frankfurt/M.: Suhrkamp 1978.
Kernberg OF (2003a). Sanctioned social violence. A psychoanalytic view, part I. Int J Psychoanal; 84: 953–68.
Kernberg OF (2003b). Sanctioned social violence. A psychoanlytic view, part II. Int J Psychoanal; 84: 953–68.
Kissinger HA (1979). The White House Years. Boston: Little & Brown.
Langer WC (1972). Das Adolf Hitler-Psychogramm. München: Molden Verlag 1973.
Malkin E, Zhanor Z (1992). Leaders and Leadership. Collected essays. Jerusalem: Zlaman Shezar Center and Israeli Historical Society.
Nixon RM (1978). Memoiren. Köln: Ellenberg Verlag.
Reimann V (1976). Goebbels. The man who created Hitler. New York: Doubleday.
Rice AK (1965). Learning for Leadership. London: Tavistock.
Rice AK (1969). Individual, group and intergroup processes. Human Relations; 22: 565–84.
Steinberg B (1996). Shame and Humiliation. Presidential decision-making on Vietnam. A psychoanalytical interpretation. Montreal: McGill-Queen's University Press.
Stern J (2001). Deviance in the Nazi Society. Mind and Human Interaction; 12: 218–37.
Tucker RC (1973). Stalin as a Revolutionary, 1879–1929. A study in history and personality. New York: Norton.
Turquet P (1975). Threats to identity in the large group. In: Kreeger L (ed). The Large Group. Dynamics and therapy. London: Constable; 87–144.
Volkan VD (1979). The glass bubble of a narcissistic patient. In: Le Boit J, Capponi A (eds). Advances in Psychotherapy of the Borderline Patient. New York: Jason Aronson; 405–31.
Volkan VD (1988). The Need to have Enemies and Allies. From clinical practice to international relationships. Northvale, NJ: Jason Aronson.
Volkan VD (1992). On »chosen trauma«. Mind and Human Interaction; 3: 13.
Volkan VD (1997). Blutsgrenzen. Die historischen Wurzeln und die psychologischen Mechanismen ethnischer Konflikte und ihre Bedeutung bei Friedensverhandlungen. München: Scherz Verlag 1999.
Volkan VD (1999). Das Versagen der Diplomatie. Zur Psychoanalyse nationaler, ethnischer und religiöser Konflikte. Gießen: Psychosozial-Verlag.
Volkan VD (2001). September 11 and social regression. Mind and Human Interaction; 12: 196–216.

1.9 Großgruppen und ihre politischen Führer

Volkan VD (2004). Blind Trust. Large groups and their leaders in times of crisis and terror. Charlottesville, VA: Pitchstone Publishing.

Volkan VD, Itzkowitz N (1984). The Immortal Atatürk. A psychobiography. Chicago: Chicago University Press.

Volkan VD, Itzkowitz N (1994). Turks and Greeks. Neighbors in conflict. Cambridgeshire, England: Eothen Press.

Volkan VD, Ast G (1994). Spektrum des Narzissmus. Göttingen: Vandenhoeck & Ruprecht.

Volkan VD, Itzkowitz N, Dod A (1997). Richard Nixon. A psychobiography. New York: Columbia University Press.

Volkan VD, Akhtar S, Dorn RM, Kafka JS, Kernberg OF, Olsson PA, Rogers RR, Shanfield SB (1998). The psychodynamics of leaders and decision-makers. Mind and Human Interaction; 9: 130-81.

Von Rochau AL (1853). Grundsätze der Realpolitik. Frankfurt/M.: Ullstein 1972.

Waelder R (1971). Psychoanalysis and history. In: Wolman BB (ed). The Psychoanalytic Interpretation of History. New York: Basic Books; 3-22.

Weigert E (1967). Narcissism. Benign and malignant forms. In: Gibson RW (ed). Crosscurrents in Psychiatry and Psychoanalysis. Philadelphia: Lippincott; 222-38.

Werner H, Kaplan B (1963). Symbol Formation. New York: Wiley.

White T (1960). Der Präsident wird gemacht. Köln: Kiepenheuer & Witsch 1963.

2 Zur Diagnostik

2.1
Deskriptive Merkmale und Differenzialdiagnose der Narzisstischen Persönlichkeitsstörung

Salman Akhtar

In diesem Beitrag werde ich versuchen, ein phänomenologisches Profil der Narzisstischen Persönlichkeitsstörung mit vielen Facetten zu entwickeln. Auf entwicklungspsychologische, dynamische und strukturelle Konzepte soll dabei nur so weit eingegangen werden, wie diese die Phänomenologie der Störung berühren. Ich werde nicht die widersprüchlichen Hypothesen zur Ätiologie der Störung diskutieren (Grunberger 1976; Kernberg 1970a; 1981; Kohut 1976; 1979), ebenso wenig die verschiedenartigen Verwendungen des Begriffs »Narzissmus« in der psychoanalytischen Literatur (Pulver 1970; Van der Waals 1965). Der Begriff wird hier primär deskriptiv benutzt, das heißt im Sinne von »einer Konzentration des psychischen Interesses auf das Selbst« (Moore u. Fine 1967). Ich werde mich also hauptsächlich mit einer Beschreibung der Narzisstischen Persönlichkeitsstörung und ihrer Differenzierung von anderen Persönlichkeitsstörungen befassen, wobei ich mich hierbei auf frühere Versuche einer Klärung des Konzeptes beziehe (Akhtar u. Thomson 1982a) und einige Themen aufgreife, die damals noch nicht diskutiert wurden. Außerdem wird die relevante Literatur berücksichtigt, die seit der Veröffentlichung meiner älteren Arbeit aus dem Jahr 1982 erschienen ist. Um die Entwicklung einer Theorie der Narzisstischen Persönlichkeitsstörung als nosologische Einheit nachvollziehen zu können, beginne ich mit den frühesten Überlegungen zu diesem Thema.

Die frühe Literatur

Freud benutzte den Begriff »Narzißmus« erstmalig in einer 1910 hinzugefügten Fußnote zu den »Drei Abhandlungen zur Sexualtheorie« (Freud 1905). Vier Jahre später differenzierte er in seiner wichtigen Arbeit »Zur Einführung des Narzißmus« (Freud 1914) die Konzepte des primären und des sekundären Narzissmus, beschrieb die Natur der narzisstischen Objektwahlen sowie die narzisstische Begründung des Ich-Ideals als psychische Struktur. Ohne in dieser Arbeit auf eine Charaktertypologie einzugehen, bezog sich Freud auf Individuen, die durch die narzisstische Beharrlichkeit unser Interesse erwecken, mit der sie alles von ihrem Ich fernhalten, was dieses bedrohen könnte (ebd.).

Erst 1931 beschrieb er den »narzisstischen Charaktertypus« (Freud 1931):

»Das Hauptinteresse (ist) auf die Selbsterhaltung gerichtet, (er ist) unabhängig und wenig eingeschüchtert. Dem Ich ist ein großes Maß an Aggression verfügbar, das sich auch in Bereitschaft zur Aktivität kundgibt; im Liebesleben wird das Lieben vor dem Geliebtwerden bevorzugt. Menschen dieses Typus imponieren den anderen als ›Persönlichkeiten‹, sind besonders geeignet, anderen als Anhalt zu dienen, die Rolle von Führern zu übernehmen, der Kulturentwicklung neue Anregungen zu geben oder das Bestehende zu schädigen.« (S. 511)

Diese Beschreibung wird allgemein als die erste grundlegende Definition der Narzisstischen Persönlichkeitsstörung angesehen. Allerdings enthielten bereits zwei frühere Arbeiten, verfasst von Jones (1913) und Waelder (1925), bedeutende Informationen zur Phänomenologie dieser Störung. Wenngleich der Begriff »Narzisstische Persönlichkeitsstörung« in der Arbeit von Jones (1913) nicht vorkommt, sind seine Beschreibungen von Menschen mit einem »Gotteskomplex« wahrscheinlich die ersten detaillierten Ausführungen hierzu.

Nach Jones zeigt ein solcher Mensch

»eine exzessive Bewunderung für bzw. hohes Vertrauen in die eigenen Kräfte, das eigene Wissen und eigene Qualitäten, sowohl körperlicher als auch mentaler Art, (...) den Wunsch, die eigene Person oder einen bestimmten Teil der Person zur Schau zu stellen, (...) Omnipotenzphantasien (...), ein großes Interesse an Wegen, die Vorteile bringen (...), eine Abneigung gegenüber der Aneignung neuen Wissens (...), einen ausgeprägten Wunsch, geliebt zu werden (und) nach Verehrung und Bewunderung« (ebd.).

Die hier beschriebenen Menschen zeigten auch ihre Verachtung für andere, zum Beispiel durch die mangelnde Bereitschaft, sich an Gruppenaktivitäten zu beteiligen, durch ihre Missachtung der Zeit anderer Menschen oder ihre Tendenz, Briefe nicht zu beantworten. Wichtiger für die gegenwärtige psychoanalytische Auffassung ist Jones' Beobachtung, wonach narzisstische Grandiosität gelegentlich verdeckt sei durch eine »ungewöhnliche Fülle« der entgegengesetzten Tendenzen, beispielsweise eine übertriebene Freundlichkeit, soziale Zugänglichkeit und eine ausgeprägte Verachtung für Geld im Alltagsleben. Jones machte auch auf bestimmte kognitive Charakteristika aufmerksam, die zum einen Artikuliert-

2.1 Deskriptive Merkmale und Differenzialdiagnose

heit, Redegewandtheit und eine Vorliebe für die Sprache umfassen, zum anderen eine sehr umständliche und ausschweifende Form der Diktion, subtile Lerndefizite und eine Achtlosigkeit gegenüber den objektiven Aspekten bestimmter Ereignisse.

1925 charakterisierte Waelder Menschen mit einer »**narzisstischen Persönlichkeit**« durch ihre Tendenz, Überlegenheit auszudrücken, ihre Neigung zu besorgter Selbstbeobachtung und ein auffälliges Fehlen der Sorge um andere Menschen. Dieser Mangel an Empathie würde besonders deutlich in ihrer Sexualität: Sexueller Verkehr sei für sie ausschließlich körperlicher Genuss, der Partner werde viel weniger als Individuum denn als Mittel zum Zweck betrachtet. Sogar ihre Moral werde von narzisstischen Motiven geleitet. Im Gegensatz zu dem üblichen Über-Ich-Diktat: »Ich darf dies nicht tun oder denken, es ist unmoralisch, meine Eltern haben es mir verboten« betont die narzisstische Moral so etwas wie: »Dies darf nicht sein, weil es mich erniedrigen würde; dies passt nicht zu meiner gehobenen und erlauchten Persönlichkeit.« Waelder führte auch an, dass narzisstische Individuen häufig eine Präferenz für »Konzepte« gegenüber »Fakten« an den Tag legten, ebenso wie eine Überbewertung ihrer eigenen Denkvorgänge.

1933 beschrieb Wilhelm Reich den »**phallisch-narzisstischen Charakter**« den er als Schutz gegen ein tief sitzendes Gefühl der Unterlegenheit verstand. Er porträtierte solche Personen als arrogant, energisch, häufig promiskuitiv; auf jeden Angriff auf ihre Überlegenheit reagierten sie mit kalter Verachtung, ausgeprägtem schwarzen Humor und offener Aggression. Reich wies auch auf die Tendenz dieser Menschen hin, sadistische Perversionen, sexuelle Impotenz, Homosexualität, Sucht und Über-Ich-Defekte zu entwickeln. Er sah diese Charakterpathologie häufiger bei Männern und beschrieb, dass ihre sozialen Fähigkeiten stark variierten: Einige von ihnen würden Ruhm und soziale Macht erlangen, während andere zu Tagträumen, zu Suchtentwicklung und Kriminalität neigten. Reich unterschied den narzisstischen Charakter vom Zwangscharakter und meinte, dass für den ersten das Fehlen einer Reaktionsbildung gegen offen aggressives und sadistisches Verhalten charakteristisch sei, ebenso wie seine größere Dreistigkeit und seine geringere Sorgfalt im Hinblick auf Details (Reich 1933).

Zwölf Jahre später beschrieb Fenichel einen Patienten, den er als den »**Don Juan der Leistung**« bezeichnete (s. Fenichel 1975). Von diesem Fall ausgehend charakterisierte Fenichel ähnliche Individuen, die getrieben seien, von einer Leistung zur anderen zu eilen. Ein Erfolg würde ihnen dabei aber keine innere Befriedigung geben. Sie wünschten sich, bedeutend zu sein, und seien ständig in Eile. Es fehle ihnen an Zärtlichkeit, und sie seien unsensibel gegenüber ihren Partnern. Fenichel wertete eine derartige Getriebenheit als Versuch, unbewusste Schuldgefühle aufzuwiegen, die auf einer frühen mütterlichen Verführung und einem partiellen ödipalen Sieg beruhten, betonte aber auch die überwältigenden narzisstischen Defizite. In anderem Kontext beschrieb Fenichel narzisstische Charaktere als Menschen, die omnipotentes Verhalten, absolute Unabhängigkeit und Führungsqualitäten zeigten. Er stimmt mit Oldens (Olden 1941) Beobachtung überein, dass die narzisstischen Persönlichkeiten häufig auf andere faszinierend wirkten. Fenichel vermutete Über-Ich-Defekte bei diesen Menschen und nahm an, dass zumindest einige von ihnen, die »narzisstischen Psychopathen«, sogar einen kriminellen Lebenswandel wählten.

1946 beschrieb Olden eine spezifische Art der intellektuellen Störung unter der eindrucksvollen Bezeichnung einer »**Schlagzeilen-Intelligenz**«. Die Charakteristika dieser Störung sind nach Olden:

»ein schneller Blick für Schlagworte und Überschriften; eine gewisse Fähigkeit, etwas aus wenigen und oberflächlich wahrgenommenen Teilen zu erschließen; die Fähigkeit, dieses partielle Wissen geschickt anzuwenden, wodurch der Eindruck von Bildung entsteht (und) die mangelnde Fähigkeit sorgfältigen Studierens und Lernens in allen möglichen Bereichen«.

Olden bemerkte sehr wohl, dass hinter dem Wunsch, keine Details zur Kenntnis zu nehmen, auch ödipale Ängste stehen könnten; diese spezielle Art eines oberflächlichen und exhibitionistischen Wissens sei aber besonders charakteristisch für narzisstische Persönlichkeiten.

A. Reich (1960) stellte Narzissten als Menschen dar, deren Libido sich hauptsächlich auf sich selbst konzentriere, und zwar auf Kosten der Objektliebe. Sie hätten eine außergewöhnlich hohe Meinung von sich – »übersteigert, unrealistisch, mit infantilen inneren Maßstäben« – und zeigten eine exzessive, nicht neutralisierte Aggression und übermäßige Abhängigkeit gegenüber jedem Zuspruch von außen. Sie seien fixiert auf Phantasien der Selbsterhöhung, manifestierten eine getriebene Neigung zur Arbeit, eine Unfähigkeit zu warten, Hypochondrie und perverse sexuelle Praktiken. Reich verdeutlichte, dass diese Selbstaufblähungen eine Abwehr gegen narzisstische Beschädigungen und Kränkungen während der präödipalen und ödipalen Entwicklungsphase darstellten.

In der Folge charakterisierte Nemiah (1963) Individuen mit einer narzisstischen Charakterstörung als Menschen, die großen Ehrgeiz zeigten, unrealistisch hohe Ziele entwickelten, Intoleranz gegenüber Unzulänglichkeiten und einen unstillbaren Hunger nach Bewunderung vermittelten. Wenig würden sie aufgrund echter innerer Motivation tun. Alle ihre Handlungen seien beeinflusst durch ihre Phantasien, wie sie von anderen akzeptiert werden könnten. Nemiah sah hohe Anforderungen vonseiten der Eltern und heftige Kritik an dem Kind, die später in dessen Charakter internalisiert würden, als den Ursprung der Störung an. Als Erwachsener würde man so ein »Gefangener seiner Ansprüche, seiner Bedürfnisse und seiner strengen Selbstkritik«.

1966 beschrieb Tartakoff Menschen mit einem »Nobelpreis-Komplex« und veranschaulichte dies an deren brennenden Ehrgeiz, den höchsten Preis zu gewinnen, große Reichtümer zu erreichen, einen Oscar überreicht zu bekommen oder gar Präsident zu werden. Viele davon seien sehr privilegiert und oftmals die ersten oder einzigen Kinder in ihrer Familie. Sie lebten die aktive Phantasie, der Mächtige, und die passive Phantasie, der Besondere zu sein, aufgrund ihrer außergewöhnlichen Begabungen dazu auserwählt, herausragende Leistungen zu vollbringen. Diese Phantasie erinnert an den von Ferenczi berichteten Traum vom »gelehrten Säugling«, in dem jemand bereits weise und allwissend geboren wird. Tartakoff wies auf die häufige Umgehung des ödipalen Konflikts bei diesen Menschen hin, was dazu führe, dass sie sich gegenüber Autoritätsfiguren »keck, promiskuitiv und respektlos« verhielten.

Zuletzt sollte man die Analysen schizoider Patienten von Fairbairn (1952) und Guntrip (1969) erwähnen, Winnicotts (1976) Arbeiten zur Entwicklung des »falschen Selbst« und Khans (1977) theoretische und technische Innovationen, wenngleich all diese Autoren sich eher mit Zuständen befassten, die nur zum Teil mit narzisstischen Persönlichkeiten verbunden werden.

Zusammengefasst enthält die frühere Literatur folgende Informationen:
- Die Existenz einer Narzisstischen Persönlichkeitsstörung wird eindeutig anerkannt, wenngleich sie manchmal noch nicht als solche bezeichnet wird.
- Ihre Merkmale beinhalten nicht nur die Vorstellung von Grandiosität, eine fortdauernde Suche nach Ruhm sowie Getriebenheit, Dreistigkeit und Artikuliertheit, sondern auch eine beeinträchtigte Liebesfähigkeit, Über-Ich-Defekte, eine Tendenz zur Promiskuität und Perversion sowie kognitive Auffälligkeiten.
- Ihr zentrales Merkmal, die Grandiosität, wird als Abwehr gegen Unterlegenheitsgefühle aufgefasst.
- Diese Unterlegenheit wird mit schweren Frustrationen in präödipalen und ödipalen Entwicklungsphasen in Zusammenhang gebracht.
- Mit der Narzisstischen Persönlichkeitsstörung werden unterschiedliche Stufen sozialer Anpassung verbunden.

Der Beitrag Kernbergs

Nach Kernberg (1970a) sind die wesentlichen Merkmale narzisstischer Persönlichkeiten ihre ausgeprägte Beschäftigung mit sich selbst, starker Ehrgeiz, Grandiositätsvorstellungen und ein außerordentliches Bedürfnis nach Anerkennung durch andere. Solche Patienten kümmerten sich wenig um andere und könnten sich am Leben nicht freuen, es sei denn, sie würden von anderen bewundert oder sie ergötzten sich an ihren grandiosen Phantasien. Sie seien gelangweilt, wenn sich der äußere Glanz verliere und es keine neuen Nahrungsquellen für das Selbstbewusstsein gibt. Kernberg betont die Koexistenz von Minderwertigkeitsgefühlen mit Vorstellungen von Grandiosität und verdeutlicht die »Gegenwart dauerhaften intensiven Neides und der Abwehr gegen diesen Neid, insbesondere bestehend aus Entwertung, omnipotenter Kontrolle und narzisstischem Rückzug« (Kernberg 1978). Diese Abwehrformen erschienen als Verachtung oder Geringschätzung gegenüber anderen, ängstliches Anklammern oder aber als soziale Vermeidung jener Menschen, die insgeheim bewundert werden. Kernberg beschreibt die pathologische Natur der inneren Welten narzisstisch gestörter Persönlichkeiten, die trotz ihres oberflächlich betrachtet gut angepassten Verhaltens persistiert. Diese innere Pathologie zeige sich an der emotionalen Flachheit, der eingeschränkten Empathie, an extremen Widersprüchen im Selbstkonzept und an der Unfähigkeit, Sehnsucht und Trauer angesichts von Trennung und Verlust zu empfinden. Die Betroffenen besäßen die Fähigkeit zu ausdauernder, harter Arbeit und könnten sozial durchaus sehr erfolgreich sein. Dabei diene ihre Leistung aber nur der Selbstdarstellung, um die Bewunderung anderer herauszufordern. Kernberg bezeichnet diese Tendenz als pseudosublimierend und unterscheidet sie damit von reifer, aufrichtiger Arbeit als Folge echter Sublimierungen. Hinzu kommt nach Kernberg, dass narzisstische Personen ein korrumpierbares Gewissen hätten und sehr leicht bereit seien, ihre Werte zu ändern, um die Akzeptanz idealisierter anderer Personen zu erlangen. Sie erlebten andere auch als »grundlegend ehrlos und unzuverlässig oder aber verlässlich lediglich aufgrund äußerer Notwendigkeiten« (ebd.). Ein derartiges Selbst- und Fremdkonzept spiele natürlich eine bedeutende Rolle in der Entwicklung der Übertragung im Behandlungsverlauf.

Kernberg betont, dass der Narzissmus dieser Patienten in starkem Maße pathologisch ist. Normaler Narzissmus wird von ihm mit der Fähigkeit zu stabilen Objektbeziehungen assoziiert. Der pathologische Narzissmus dagegen sei durch eine Beeinträchtigung dieser Fähigkeit charakterisiert. Er hebt die Bedeutung ausgeprägter Frustrationen im Kontakt mit wichtigen frühen Objekten für die abwehrbedingte Genese Narzisstischer Persönlichkeitsstörungen hervor und meint ferner, dass die narzisstische Persönlichkeit damit einerseits sehr ähnlich, dann aber doch deutlich unterscheidbar sei von der Borderline-Persönlichkeitsorganisation. Die Ähnlichkeit liegt nach Kernberg in der Dominanz des Hauptabwehrmechanismus der Spaltung über den der Verdrängung, der Unterschied dagegen darin, dass die narzisstische Persönlichkeit über ein zusammenhängendes, wenngleich hochpathologisches grandioses Selbst verfüge, das eine innere Identitätsdiffusion und Ziellosigkeit verbirgt. Er unterscheidet die narzisstische Persönlichkeit auch von zwanghaften und hysterischen Persönlichkeiten, die er eher um die Verdrängung denn um die Spaltung organisiert sieht, deren Charakteristika ferner ein besser integriertes Über-Ich und eine größere Fähigkeit für wirklich gegenseitige Objektbeziehungen seien (Kernberg 1970b; 1978; 1985).

Kernberg (1978) differenziert drei Stufen sozialer Anpassung bei narzisstischen Persönlichkeiten:
- Narzisstische Persönlichkeiten, die durch gewisse Talente und eine hohe Intelligenz **außergewöhnliche soziale Erfolge** erreichen können: Sie werden

2.1 Deskriptive Merkmale und Differenzialdiagnose

sozusagen in Gang gehalten durch die konstante Bewunderung, die ihnen widerfährt, und müssen so womöglich niemals um eine Behandlung nachsuchen.»Man kann sagen, dass der Gewinn, den sie aus ihrer Krankheit ziehen, die Schwierigkeiten und Störungen, die aus ihrer Objektbeziehungspathologie stammen, kompensiert.« (ebd.)
- Narzisstische Patienten, die eine Behandlung aufsuchen wegen ihrer **Schwierigkeiten, eine länger dauernde Beziehung aufrechtzuerhalten**, oder wegen einer öden Ziellosigkeit trotz durchaus passablen Erfolgs: Diese Gruppe stellt wahrscheinlich die Mehrzahl narzisstischer Patienten dar.
- Schließlich Patienten, die ganz offensichtlich auf Borderline-Niveau funktionieren und **unspezifische Manifestationen einer Ich-Schwäche**, zum Beispiel Defizite im Bereich der Angsttoleranz, Impulskontrolle oder Sublimierung an den Tag legen.

Schließlich beschreibt Kernberg eindrücklich die Auswirkungen des pathologischen Narzissmus auf spezifische Konflikte, die zu Beginn des mittleren Alters deutlich werden. Er meint, dass – aus einer Langzeitperspektive betrachtet –

»das grandiose Selbst immer allein war und auch bleiben wird in einer seltsam zeitlosen Welt sich immer wiederholender Zyklen von Wünschen, temporären Idealisierungen, gierigen Inkorporationen und dem Verschwinden von Unterstützung durch Vernichtung, Enttäuschung und Entwertung. Der Gesamteffekt dieser Mechanismen auf den Alterungsprozess ist eine graduelle Verschlimmerung der inneren Vergangenheit des narzisstischen Patienten (...), vermengt mit dem schleichenden schmerzhaften Bewusstsein, dass die narzisstischen Gratifikationen der Jugend und vergangene Triumphe nicht länger verfügbar sind. Um die schmerzhafte Sehnsucht nach der eigenen Vergangenheit zu vermeiden, ist der narzisstische Patient gezwungen, seine früheren Erfolge und Fähigkeiten zu entwerten.« (ebd., S. 138)

Die Verleugnung der eigenen Grenzen, die mit dem Alter deutlich würden, könne dazu führen, dass der narzisstische Charakter einen grotesk-jugendlichen Lebensstil entwickelt. Daraus resultiere oftmals eine ausgeprägte Krise in der Mitte des Lebens mit dramatischen beruflichen Veränderungen und unangemessenen Liebesbeziehungen. Die sexuell gehemmte narzisstische Persönlichkeit des frühen Erwachsenenalters könne nun promiskuitiv oder sogar pervers werden. Andererseits sei manchmal zu beobachten, dass ein Narzisst mittleren Alters mit einer langen Geschichte von Promiskuität nun plötzlich beginne, eine feste und treue Beziehung zu führen, die allerdings mit einer subtilen Herabsetzung des Partners einhergehen könne. Das mittlere Alter mache einerseits die Anerkennung der aufkeimenden Sexualität und der Unabhängigkeit der eigenen Kinder notwendig, auf der anderen Seite das Akzeptieren der realistischen eigenen Abhängigkeitsbedürfnisse und nicht zuletzt der Endlichkeit und Sterblichkeit. Diese

Aufgaben seien für den Narzissten auf schmerzhafte Art und Weise schwierig, weswegen er mit ausgeprägtem Neid und Hass auf seine eigenen Nachkommen reagieren könne, mit einer ängstlichen Verneinung der eigenen Abhängigkeitswünsche und einer unrealistischen Anklammerung an Jugendlichkeit bzw. mit einem zynischen Rückzug in eine »splendid isolation«.

Der Beitrag Kohuts

Im Gegensatz zu Kernberg schlug Kohut eher wenige empirische Kriterien für die Diagnostik Narzisstischer Persönlichkeitsstörungen vor. Er kritisierte insbesondere »das traditionelle medizinische Ziel, eine Diagnose zu formulieren, in der eine Krankheitsentität durch bestimmte Cluster sich wiederholender Manifestationen identifizierbar wird«, und plädierte stattdessen dafür, dass das »wesentliche diagnostische Kriterium nicht nur auf der Evaluation von Präsentiersymptomen oder sogar der Lebensgeschichte basieren sollte, sondern auf der Natur sich spontan entwickelnder Übertragung«. Seine beiden Monografien über den Narzissmus widmen sich der Aufdeckung dieser spezifischen narzisstischen Übertragungen und ihrer ontogenetischen Vorläufer, nämlich fehlender elterlicher Empathie, und zwar zunächst innerhalb der theoretischen Sprache traditioneller Psychoanalyse (Kohut 1976), später unter dem Blickwinkel seiner provokativen und kontroversen Selbstpsychologie (Kohut 1979). Kohuts posthum veröffentlichte Replik auf Kritiken seiner Selbstpsychologie, die fast Buchlänge aufweist, enthält auch einige Kommentare zu deskriptiven Aspekten der Narzisstischen Persönlichkeitsstörung. Allerdings hat er auch 1978 in einer Arbeit, die er gemeinsam mit Wolff verfasste (Kohut u. Wolff 1978), einige Details hierzu beschrieben. Man kann einige verhaltensorientierte Beschreibungen narzisstischer Patienten auch Kohuts Monografie aus dem Jahr 1971 entnehmen (vgl. Kohut 1976). Er stellte fest, dass narzisstische Patienten über Störungen auf ganz verschiedenen Feldern klagen könnten: In puncto Sexualität könnten sie beispielsweise über perverse Phantasien berichten oder über den Mangel sexuellen Interesses; sozial könnten sie Arbeitshemmungen, Schwierigkeiten, Beziehungen einzugehen oder aufrechtzuerhalten, oder delinquente Handlungen erleben; schließlich könnten sie einen Mangel an Humor, wenig Empathie für die Bedürfnisse und Gefühle anderer, eine fast pathologische Neigung zum Lügen oder hypochondrische Vorstellungen zeigen. Die Patienten legten auch oft eine offene, unangemessene Grandiosität an den Tag, eine übersteigerte Selbstbeachtung, das Verlangen nach Aufmerksamkeit und eine unangemessene Idealisierung bestimmter anderer Personen. Ein reaktiver Zuwachs an Grandiosität als Folge erlebter Verletzungen des Selbstwertes könne sich an zunehmender Kälte, gespreizter Sprache und schmerzhafter Gehemmtheit zeigen.

2.1 Deskriptive Merkmale und Differenzialdiagnose

Später beschrieb Kohut (1972) das Phänomen der »**narzisstischen Wut**«, eine extrem heftige Reaktion auf verletztes Selbstwertgefühl. Zu den zentralen Merkmalen dieser Wut zählte Kohut das »Bedürfnis nach Rache, danach, etwas wiedergutzumachen, eine Verletzung mit allen möglichen Mitteln ungeschehen zu machen und einen tief verankerten und unablässigen Zwang im Dienste all dieser Ziele« (ebd.).

Ein anderes affektives Merkmal, bei dessen Beschreibung Kohut anderen voraus war (Bach 1977; Grunberger 1976; Svrakic 1985), bezieht sich auf die Tendenz der narzisstischen Person zur **hypomanischen Exaltierung**. Kohut illustrierte diese als ängstliche Erregung, manchmal verbunden mit einer tranceähnlichen Ekstase und fast religiösen Gefühlen der Transzendenz. Diese Emotion werde oft durch reale Geschehnisse ausgelöst, die den bereits ungezähmten Exhibitionismus des Narzissten anstachelten und seine Psyche mit archaischer Grandiosität überfluteten. 1978 führte Kohut (Kohut u. Wolff 1978) die Unterscheidung zwischen **narzisstischen Verhaltensstörungen und Narzisstischen Persönlichkeitsstörungen** ein. Anders als bei den Borderline-Zuständen, bei denen das Aufbrechen, die Schwächung oder das funktionale Chaos des Kern-Selbst permanent oder protrahiert seien, zeigten sowohl narzisstische Verhaltensstörungen als auch Narzisstische Persönlichkeitsstörungen eine derartige Pathologie nur vorübergehend. Nach Kohut liegt der Unterschied zwischen den beiden darin, dass die Symptome der letzteren, zum Beispiel Hypochondrie, Depression, Übersensibilität für Kränkungen, mangelnde Begeisterungsfähigkeit, nicht primär die Handlungen oder Interaktionen des Individuums betreffen, sondern eher seinen inneren Zustand (ebd.). Unklar bleibt, ob die beiden Kategorien als unterschiedliche Ausprägungen klinischer Schweregrade einer narzisstischen Persönlichkeit zu verstehen sind.

In derselben Arbeit beschrieben Kohut und Wolff fünf verschiedene narzisstische Persönlichkeitstypen:
- »spiegelhungrige Persönlichkeiten« oder Individuen, die ständig versuchen, sich darzustellen oder die Bewunderung anderer herauszufordern, um ihrer inneren Überzeugung der Wertlosigkeit entgegenzuwirken
- »idealhungrige Persönlichkeiten«, die immer nach anderen suchen, die sie wegen ihres Prestiges, ihrer Fähigkeiten oder Macht bewundern und von denen sie emotionale Unterstützung erhalten können
- »Alter-Ego-Persönlichkeiten«, die eine Beziehung mit jemandem benötigen, der den eigenen Werten entspricht und somit auch die Realitäten ihres Selbst unterstützt
- »fusionshungrige Persönlichkeiten«, die einen ungebändigten Wunsch aufweisen, andere zu kontrollieren, um dem eigenen Bedürfnis nach innerer Struktur Ausdruck zu verleihen
- »kontaktscheue Persönlichkeiten«, wahrscheinlich der häufigste narzisstische Typus, die soziale Kontakte meiden, um dadurch ihr für sie angstweckend unmäßiges Bedürfnis nach anderen zu verschleiern

Hier erscheinen mir zwei Kommentare notwendig: Zum einen stellen Kohut und Wolff nach der Beschreibung der ersten drei dieser narzisstischen Charaktertypen in einer nicht näher erläuterten Aufhebung fest, dass diese »im Allgemeinen nicht als Form der Psychopathologie aufgefasst werden sollten, sondern eher als Varianten der normalen menschlichen Persönlichkeit mit ihren Vorzügen und Defekten«. Dagegen müssten die beiden letzten der fünf Typen »allgemein als Varianten auf dem Spektrum des pathologischen Narzissmus betrachtet werden«. Zum zweiten – und dies entspricht Kohuts Tendenz, die übliche psychiatrische Terminologie zu ignorieren – wird die mögliche Überlappung der fusionshungrigen und der kontaktscheuen narzisstischen Typen mit Borderline- bzw. schizoiden Persönlichkeiten von ihm nicht kommentiert. Somit haben wir keine Möglichkeit, diese eingängigen psychoanalytischen Beobachtungen mit der üblichen psychiatrischen Nosologie zu verbinden.

Die Sichtweise anderer zeitgenössischer amerikanischer Psychoanalytiker

Ich werde nur noch kurz die Auffassungen von Mahler, Bach, Volkan, Modell, Horowitz, Bursten und Rothstein kommentieren, da diese bedeutende zusätzliche Erkenntnisse über die Narzisstische Persönlichkeitsstörung geliefert haben, allerdings überwiegend bezogen auf Fälle, die zwischen typisch neurotischen und psychotischen Patienten anzusiedeln sind und die natürlich auch einen pathologischen Narzissmus zeigen können. Hierzu würden beispielsweise Patienten mit Perversionen gehören.

Aus ihren Beobachtungen von Kindern schloss Margaret Mahler (Mahler 1971; Mahler u. Kaplan 1977; Mahler et al. 1978), dass narzisstische Persönlichkeiten den frühen Entwicklungsprozess der Separation-Individuation, der in einem genau definierten Ödipuskomplex kulminiert, nicht regulär durchliefen. Sie war der Auffassung, dass die Angemessenheit narzisstischer Libido, die sich in einem gesunden Selbstbewusstsein manifestiere, von einer ausgeglichenen Pflege durch die Mutter während der symbiotischen Phase abhängt sowie davon, dass die Mutter ihr Kind während der späteren Differenzierung und den frühen übenden Subphasen der Separation-Individuation »emotional auftanke«. Außerdem sollten die autonomen Aktivitäten der späteren Subphase eine narzisstische Erhöhung von innen mit sich bringen. Speziell während der Wiederannäherungsphase sei der wachsende Narzissmus des Kindes besonders anfällig und verwundbar. Die mangelnde Verfügbarkeit und die mangelnde empathische Unterstützung der kontrastierenden Bemühungen des Kindes nach Autonomie und Fusion durch die Mutter während dieser Entwicklungsphase könnten dazu führen, dass das Omnipotenzerleben des Kindes in sich zusammenstürzt. Somit

2.1 Deskriptive Merkmale und Differenzialdiagnose

werde ein Fixierungspunkt geschaffen, an dem Selbst- und Objektrepräsentanzen beharrlich gespalten würden. Eine gänzliche Aufgabe der kindlichen Omnipotenz werde schwierig (Kramer 1974), und die sich bildenden Selbst- und Objektkonstanzen litten darunter. Dies wiederum übe eine destruktive Wirkung auf die Qualität und die Auflösung des Ödipuskomplexes aus.

Phänomenologische Korrelate dieses entwicklungsbezogenen Verständnisses des narzisstischen Charakters durch Mahler (Mahler u. Kaplan 1977) umfassen eine fortgesetzte Suche nach Perfektion bei sich selbst und anderen, die Unfähigkeit, Ambivalenz zu ertragen, eine erhöhte Sensibilität für tatsächliche Rückschläge, ein Vorherrschen gegensätzlicher Selbstbilder der Omnipotenz und der verzweifelten Minderwertigkeit sowie ein andauerndes Schwanken zwischen dem Rückzug von äußeren Objekten und dem zwanghaften Versuch, sie zu unterwerfen und zu kontrollieren.

Bach (1977) ist der Auffassung, dass die narzisstische Person Defizite in insgesamt fünf Bereichen aufweise:
- in der Selbstwahrnehmung
- in der Sprache und der Organisation des Denkens
- in der Intentionalität und Volition
- in der Stimmungsregulation
- in der Wahrnehmung von Zeit, Raum und Kausalität

Die Störung des Selbst beinhalte eine Spaltung des Selbst, wobei die abgespaltene Selbstrepräsentanz sogar eine spezifische psycho-physische Verkörperung aufweisen könne, etwa so wie ein Double. Auch wenn eine derartige Personifizierung nicht auftritt, zeige das abgespaltene Selbst eine »Spiegelkomplementarität« mit ganz bewussten Beschwerden. Eine Person, die sich schwach und verletzbar fühle, könne also insgeheim über ein grandioses und geradezu gefährlich mächtiges abgespaltenes Selbst verfügen, und jemand, der nach außen hin eine paranoide Arroganz zeige, könne insgeheim das ängstlich abhängige Kind-Selbst fürchten. Unter diesen Menschen gebe es auch eine relative Dominanz selbstorientierter Realitätswahrnehmung und eine Tendenz zu exzessiver Selbststimulation in Form von libidinisiertem Denken, Selbstberührungen und Masturbation.

Wie Jones (1913) und Waelder (1925) hebt auch Bach die kognitiven Eigenarten hervor, die mit der Narzisstischen Persönlichkeitsstörung einhergehen. Die narzisstische Person benutze die Sprache in einer autozentrischen Art und Weise, um das Selbstwertgefühl zu regulieren, weniger zum Zweck der Kommunikation. Es gebe einen auffälligen Bruch zwischen Worten und Perzepten sowie den Eindruck, dass die betroffene Person eher mit sich selbst spreche oder dass ihre Worte endlos kreisten. Ein Verlust an Flexibilität für Perspektiven führe zu einer Überabstrahierung, Konkretisierung oder zu einer Fluktuation zwischen diesen Extremen. Bach meint darüber hinaus, dass subtile Lernprobleme und Gedächtnisdefizite bei narzisstischen Personen zu beobachten seien; der Lernprozess an sich, der ja bedeutet, dass ein Lernbedarf oder Unwissenheit besteht,

2 Zur Diagnostik

stelle eine nicht ertragbare narzisstische Kränkung dar. In Kombination mit diesen Defiziten gebe es Einschränkungen in der Volition, Spontaneität und Intentionalität, oftmals verdeckt durch fruchtlose Pseudoaktivitäten. Für narzisstische Personen scheine die Zeit ihre unpersönliche abstrakte Qualität zu verlieren und werde stattdessen aufgrund ihrer inneren persönlichen Auswirkungen beurteilt. Ähnlich könnten kausale Beziehungen zwischen irgendwelchen Ereignissen oft nur deswegen erkannt werden, weil sie gleichzeitig aufträten. Bach legt nahe, dass bei narzisstischen Personen die Stimmungsregulation extrem abhängig sei von äußeren Umständen und charakterisiert durch viele Hochs und Tiefs. Diese Stimmungsschwankungen unterschieden sich aber von einer klassischen Zyklothymie insofern, als diese durch eine begrenzte Dauer und rasche Schwankungen charakterisiert sei, die Einsichtsfähigkeit dabei aufrechterhalten bliebe, ebenso wie die allgemeine Integrität der Persönlichkeit.

Volkan, der seine Auffassung des pathologischen Narzissmus in mehreren Schriften auf Untersuchungen soziopolitischer Prozesse angewandt hat (Volkan 1976; 1980; 1982; 1986), stützt die Diagnose einer Narzisstischen Persönlichkeitsstörung auf insgesamt drei Kriterien:

»Das Oberflächenbild, welches das grandiose Selbst des Patienten reflektiert (...), das klinische Bild, das die andere Seite der Münze darstellt, und die konstanten Versuche des Patienten, die Kohäsion seines grandiosen Selbst zu schützen und zu erhalten.« (Volkan 1982)

Seine Beschreibung der ersten beiden Aspekte entspricht den Darstellungen in der Literatur, die hier bereits zusammengefasst wurden. Speziell im Zusammenhang mit dem dritten Gebiet leistet Volkan einen neuen Beitrag zum Verständnis der Narzisstischen Persönlichkeitsstörung. Er beschreibt spezifische Manöver, die der Narzisst benutze, um seine illusionäre Größe intakt zu halten: die »Phantasie der Glaskugel« und die »Übergangsphantasie«. Gemäß der Glaskugelphantasie empfänden Narzissten, dass sie mit sich allein auf eine gloriose Art und Weise lebten, umschlossen von einem undurchdringlichen, aber transparenten Schutz. Sie könnten die anderen zwar sehen, aber nicht von diesen »berührt« werden. Die Übergangsphantasien (Volkan 1976; 1982) bestünden aus imaginären und ziemlich banalen Geschichten persönlichen Ruhms, in die sich narzisstische Personen habituell flüchteten, sobald sie ihr Selbstwertgefühl bedroht sähen oder wenn die Kontrolle ihrer Ich-Funktionen regrediere, zum Beispiel beim Einschlafen. Die Art und Weise, wie sie dann diese Phantasien benutzten, erinnere an den Gebrauch von Übergangsobjekten durch Kinder (Winnicott 1976).

Modell (1984) stützt seine Formulierungen weitgehend auf die Arbeiten von Winnicott und ist der Auffassung, dass narzisstische Individuen als Kinder traumatisiert worden seien, gerade als sich ihr Selbstgefühl entwickelte. Eine defiziente mütterliche Empathie zu dieser Zeit mache die Entwicklung eines vorzeitigen und sehr verletzlichen Autonomie-Gefühls notwendig, welches durch

2.1 Deskriptive Merkmale und Differenzialdiagnose

Omnipotenzphantasien gestützt würde. Aus diesen wiederum entwickele sich das grandiose Selbst.

Horowitz (1975) greift auf drei Gruppen von Kriterien für die Diagnose einer narzisstischen Persönlichkeit zurück. Die ersten beiden beziehen sich auf Eigenschaften und interpersonelle Beziehungen und umfassen jene klinischen Charakteristika, die durch Kohut und Kernberg beschrieben wurden. Die dritte Gruppe der Kriterien bezieht sich auf die Art und Weise der Informationsverarbeitung, die nach Horowitz gekennzeichnet ist durch eine unangemessene Aufmerksamkeit für Lob und Kritik, somit inkompatible psychische Einstellungen in verschiedenen Bereichen aufrechterhält und dazu führe, dass charakteristische Bewältigungsmechanismen eingesetzt würden, sobald das Selbstwertgefühl bedroht ist.

»Der Narzisst verneint, verleugnet oder negiert enttäuschende Erfahrungen oder verändert die Bedeutung von bestimmten Ereignissen, um sein Selbst in einem besseren Licht erscheinen zu lassen.« (ebd., S. 170 f)

Solche raschen Veränderungen in der Bedeutung führten zu sehr instabilen subjektiven Erfahrungen von Konzepten, obgleich sie eine gewisse logische Konsistenz enthielten.

Bursten (1973) hat sich ebenfalls an einer Definition und einer weiteren Unterscheidung von Subgruppen der Narzisstischen Persönlichkeitsstörung versucht. Seine Definition ähnelt den oben genannten. Seine Klassifikation der Störung in vier verschiedene Typen allerdings (sehnsüchtig, paranoid, manipulierend und phallisch) scheint insofern etwas wenig schlüssig zu sein, als so verschiedene Charakterpathologien wie passiv-aggressive, antisoziale und paranoide unter einer nosologischen Rubrik zusammengefasst werden. Bei aller Anerkennung von Burstens Leistung sollte man bedenken, dass Ähnlichkeiten zwischen Narzisstischen Persönlichkeitsstörungen und paranoiden, antisozialen, hypomanischen und Borderline-Charakteren bestehen. Allerdings weisen diese Störungen eben auch bedeutsame Unterschiede auf, die in dem Abschnitt zur Differenzialdiagnose noch weiter erläutert werden.

Ein weiterer Punkt bezieht sich auf die Natur des Ödipuskomplexes bei narzisstischen Persönlichkeiten und dessen Auswirkungen auf die Phänomenologie der Störung. Viele Autoren, beispielsweise W. Reich (1933), A. Reich (1960), Mahler (Mahler u. Kaplan 1977) und Kernberg (1970a; 1978), haben sich hierzu geäußert, besonders ausführlich Rothstein (1979). In einem Bericht über mehrere männliche narzisstische Patienten vertritt Rothstein die Auffassung, dass in deren Geschichte oftmals eine Kombination mütterlicher Verführung und väterlichen Versagens zu beobachten sei. Dies führe zu der Erfahrung eines partiellen positiven ödipalen Sieges. Diesem wiederum folgten intensive Kastrationsangst, Schuldgefühle angesichts der Befürchtung, den Vater vernichtet zu haben, und Selbstdestruktivität, die mit einer lebenslangen Sehnsucht nach einem bewundernswerten Vater gekoppelt sei. Widersprüchliche Einstellungen zu den ödipalen Realitäten herrschten habituell vor und beförderten unbewusst Schuldgefühle, eine eingeschränkte genitale Sexualität sowie einen zeitlosen Lebensstil, respektloses Draufgängertum, Promiskuität und perverse Bildungen.

Am Ende dieses Abschnitts sollen noch einige neuere Veröffentlichungen zumindest kurz erwähnt werden, die, wenngleich oftmals indirekt, einen wichtigen Beitrag zur Phänomenologie der Narzisstischen Persönlichkeitsstörung geleistet haben. Dazu gehört beispielsweise Gedimens (1985) Arbeit über die Mehrfachdeterminiertheit der Neigung zum Schwindeln und zur Betrügerei, ferner Rinsleys Synthese verschiedener ätiologischer Modelle der Borderline- und der narzisstischen Störung (Rinsley 1980; 1981), Singers Arbeiten zum subjektiven Gefühl der Leere (Singer 1977a; 1977b), Sprueills Unterscheidung dreier verschiedener Entwicklungslinien innerhalb des Narzissmus-Konzeptes, nämlich der Selbstliebe, des Selbstwertgefühls und des Omnipotenzgefühls (Sprueill 1975). Ferner seien Stones Konstruktion der multidimensionalen Persönlichkeitsprofile (Stone 1980) erwähnt, die Arbeit von Tyson und Tyson (1984) zum Über-Ich und zur narzisstischen Pathologie und schließlich meine eigenen Beschreibungen der Verhaltenskorrelate der Spaltung (Akhtar u. Byrme 1983) und der Identitätsdiffusion (Akhtar 1984).

Neuere Beiträge aus der europäischen Literatur

Einige zeitgenössische europäische Psychoanalytiker haben bedeutsame Beiträge zum Verständnis der Narzisstischen Persönlichkeitsstörung geleistet. Hervorzuheben sind Rosenfeld und Kinston aus England, Freeman aus Schottland, Grunberger, Green und Chasseguet-Smirgel aus Frankreich, Miller in der Schweiz und Svrakic aus dem ehemaligen Jugoslawien.

Rosenfeld (1964; 1971) beschreibt die narzisstischen Objektbeziehungen als charakterisiert durch Omnipotenzgefühle, ein Vorherrschen der Identifikation und eine Abwehr gegen jegliche Erkenntnis der Getrenntheit zwischen Selbst und Objekt. Das Omnipotenzerleben des Narzissten äußere sich in der rücksichtslosen Benutzung anderer, gekoppelt mit der Verleugnung jeglicher Abhängigkeit von ihnen, denn deren Anerkennung würde ja die Vulnerabilität gegenüber Liebe, Trennungserlebnissen und den Neid auf alles, was die anderen zu bieten haben, beinhalten. Nach Rosenfeld werden die wünschenswerten Aspekte der anderen durch introjektive Identifikation als zum Selbst gehörig deklariert und unerwünschte Aspekte des eigenen Selbst durch projektive Identifikation in anderen untergebracht. Es werde ein idealisiertes Selbstbild aufrechterhalten und alles, was damit interferiert, vehement bekämpft. Für den Fall, dass die Idealisierung **libidinöser Aspekte des Selbst** dominiere, sei das Individuum der

2.1 Deskriptive Merkmale und Differenzialdiagnose

Auffassung, dass es durch jeden geliebt werde oder geliebt werden sollte, da es nun einmal so liebenswert sei. Es fühle sich erniedrigt durch die Entdeckung von Güte bei anderen und verteidige sich durch Entwertungen oder die Vermeidung von Kontakten. Eine eher maligne Situation herrsche vor, wenn die **destruktiven Aspekte des Selbst** idealisiert würden. Solche Patienten versuchten, jegliche Liebe, die man ihnen anbietet, zu zerstören, um ihre Überlegenheit über andere aufrechtzuerhalten. Dadurch, dass sie vollständig mit den omnipotenten destruktiven Aspekten ihres Selbst identifiziert seien, zerstörten sie ihr gesundes, liebendes und abhängiges Selbst. Gelegentlich seien sie sich dieser inneren Gefangenschaft schmerzlich bewusst und hätten das Gefühl, dass es keine Möglichkeit gebe, die Situation zu verändern.

Nach Kinston (1980; 1982) haben die Identitätsstörung des Narzissten, seine Unsicherheitsgefühle und seine Selbstzweifel ihre Wurzel in der Abwesenheit mütterlicher Zuwendung als authentische Erfahrung während der Kindheit. Die geschwächte innere Sicherheit und der damit einhergehende Wunsch, das mütterliche Objekt unter solchen Umständen zu kontrollieren, beförderten erhöhte Vigilanz, besondere Aufmerksamkeit gegenüber der Umwelt, eine interpersonelle Übersensibilität und die gleichzeitige Abwehr gegen diese Zustände. Die Tatsache, dass die Mutter ihr Kind wiederholt und ausgiebig für ihre eigenen Bedürfnisse benutzt, führe zu dessen scheinbarer Gefügigkeit, zu pathologischem Omnipotenzerleben, zu der Unfähigkeit, von anderen abhängig zu sein, sowie zu einer scheinbar generösen, freigiebigen Grandiosität.

Freeman (1964) ist ebenfalls der Meinung, dass pathologischer Narzissmus sich als Abwehrreaktion auf frühe Frustrationen entwickelt. Das Selbst werde geliebt, weil die Objekte der Kindheit enttäuschend gewesen seien. Er ist außerdem der Auffassung, dass pathologischer Narzissmus zwar auch bei Neurotikern und Psychotikern vorkommen könne, dass er aber besonders deutlich werde bei Patienten, die zwischen diesen Extremen einzuordnen sind.

Grunberger (1976) vergleicht den Narzissten mit dem Fetus, der in einer anscheinend selbstgenügsamen, selbstvergessenen und parasitären Ökonomie existiert, dabei alles bekommt, aber keine Gegenleistung erbringen müsse. Er ist der Auffassung, dass es während des ganzen Lebens einen fundamentalen Konflikt gebe zwischen dem Wunsch, zu dieser narzisstischen Glückseligkeit zurückzukehren, und der unvermeidbaren Notwendigkeit des Menschen, von anderen emotional abhängig zu sein. Der Narzisst halte wie kein anderer daran fest, sich nach bedingungsloser Verwöhnung durch seine Welt zu sehen, nach Einzigartigkeit, Omnipotenz und unbegrenzter Autonomie. Er sei häufig auf den Wunsch nach Unverletzbarkeit, Unendlichkeit und Unsterblichkeit fixiert und verabscheue es, die Abhängigkeit von anderen anzuerkennen. Er fasse sich selbst als Inkarnation des Perfekten auf, die ganz spontan auftauchen könne und alle rationalen Begründungen verleugne.

Die Thematik findet sich auch in den Schriften von Green (1986), der propagiert, dass der Narzissmus sich in drei Bereichen manifestiere, nämlich im körperlichen, im intellektuellen und im moralischen. Körperlicher Narzissmus zeige sich in der ungebrochenen Aufmerksamkeit für die äußere Erscheinung, im Exhibitionismus und in hypochondrischen Befürchtungen. Der intellektuelle Narzissmus werde an Gefühlen der Omnipotenz, der Libidinisierung des Denkens deutlich und an der Tendenz, andere durch intellektuelle Kühnheit zu dominieren. Der moralische Narzissmus schließlich äußere sich in der Sehnsucht, rein zu sein, über den gewöhnlichen menschlichen Bedürfnissen zu stehen und von anderen unabhängig zu sein. Green unterscheidet eine derartige narzisstische Askeseneigung (welche nach meiner Meinung möglicherweise eine häufigere Form Narzisstischer Persönlichkeitsstörungen in orientalischen Kulturen sein könnte) vom Masochismus auf der Basis zweier Überlegungen: Erstens leide der moralische Narzisst unter der Scham angesichts seiner gewöhnlichen Bedürfnisse, während der moralische Masochist unter dem Schuldgefühl aufgrund der Natur seiner Wünsche leide; zweitens versuche der moralische Narzisst, seine Objektbeziehungen verkümmern zu lassen, um seine infantile Megalomanie der Selbstgenügsamkeit wiederherzustellen, während der moralische Masochist einen sehr qualvollen, aber durchaus reichhaltigen Bezug zu diesen Objekten aufrechterhalte.

Chasseguet-Smirgel (1986; 1987) betrachtet den narzisstischen Charakter als eine Erkrankung oder Störung der Ich-Ideal-Bildung. Nach ihrer Auffassung verursacht die Erkenntnis des Geschlechtsunterschiedes und der Generationsgrenzen unvermeidlich eine narzisstische Kränkung für das Kind. Normalerweise werde diese Kränkung durch die Idealisierung des Vaters und durch die Formierung eines Ich-Ideals kompensiert, in dem sich ausdrückt, dass das Kind so wie der Vater werden will. Das Kind akzeptiere seine Kleinheit, lerne zu warten und entwickle eine Vorstellung von der Zukunft. Wenn aber die Mutter in kollusiver Weise dem Kind nahe bringe, dass es dem Vater überlegen und bereits ein Mann sei, dann komme es nicht zu dieser Vorwärtsprojektion des kindlichen Narzissmus, und der Vater werde nicht idealisiert. Ich und Ich-Ideal würden so vereinigt. Die narzisstische Kränkung der eigenen Kleinheit werde »repariert, allerdings nicht durch eine Imitation des Vaters und seiner Eigenschaften (...), sondern durch den Versuch, sich selbst von allen Bindungen an diesen zu befreien« (Chasseguet-Smirgel 1986). Während der weiteren Entwicklung zum Erwachsenen entwickle die betroffene Person eine Verleugnung der Generationsgrenzen, begreife das Inzesttabu nicht vollständig und entwickle Promiskuität, Perversion, Ungeduld und eine ausgeprägte Intoleranz gegenüber allen Grenzen, die ihm durch die Realität gesetzt werden. Chasseguet-Smirgel betont – ebenso wie Rothstein (1979) – jedoch auch die innere Leere, Unechtheit und die unbewussten Schuldgefühle so gearteter narzisstischer Persönlichkeiten.

Die innere Gefühlswelt des Narzissten wird besonders pointiert beschrieben durch Alice Miller (1981). Ihrer Auffassung nach wurden narzisstische Individuen eigentlich nicht um ihrer selbst willen geliebt, wenngleich man in ihrer Kindheit sehr nachsichtig mit ihnen war. Sie seien stattdessen benutzt worden, um die Eltern zu glorifizieren, als Substitut für fehlende Strukturen aufseiten der Eltern, und hätten nicht die empathische Akzeptanz erfahren, mit deren Hilfe sich ein authentisches Selbst hätte entfalten können. Aus der im Elternhaus erlebten Einsamkeit entstehe unter solchen Bedingungen unausweichlich die innere Isolation des Narzissten. Eine überzogene Anpassung an elterliche Bedürfnisse führe zum Verlust affektiver Lebendigkeit und Spontaneität. Der vage depressive Schmerz angesichts des Verlusts des realen Selbst werde mit Grandiosität und mit einem Verhaften an äußerem Zuspruch verteidigt. Da Bewunderung aber nicht dasselbe ist wie Liebe, führten diese Errungenschaften nicht zum inneren Frieden; somit müsse der Narzisst weiterhin all jene beneiden, deren inneres Leben viel reifer ist.

Ein weiterer Versuch einer Systematisierung der emotionalen Merkmale der narzisstischen Persönlichkeit wurde schließlich durch Svrakic (1985; 1986) unternommen. Er unterschied zwischen primären und sekundären narzisstischen Emotionen. Die ersteren umfassten chronischen Neid, nicht provozierte, immer wiederkehrende Wut und das Gefühl von Leere und Langeweile. Zu den zweiten zählt Svrakic die narzisstische Wut als Folge einer Verletzung des Selbstwertgefühls sowie eine hypomanische Exaltierung als Folge einer ausgeprägten Befriedigung der narzisstischen Bedürfnisse. Svrakic meint, dass die meisten narzisstischen Patienten – von wenigen Ausnahmen abgesehen – in der späten Lebensmitte dekompensierten, sobald die äußeren narzisstischen Zuwendungen weniger würden. Sie stellten sich dann häufig als depressiv, gelangweilt und pessimistisch dar. In einigen Fällen würde das Bild des pessimistischen Helden allerdings zu einem »neuen Nukleus, um den sich, durch das alte Muster, die subjektive Erfahrung der Grandiosität von alleine wiederherstellt« (Svrakic 1986).

DSM-III und DSM-III-R

Das DSM-III (1982) listet die Narzisstische Persönlichkeitsstörung als separate, abgegrenzte nosologische Einheit auf und erweist sich damit als fortschrittlich gegenüber einigen psychiatrischen Lehrbüchern. Im DSM-III werden die folgenden diagnostischen Kriterien aufgeführt, wobei damit überdauernde Verhaltensweisen des Individuums ohne Beschränkung auf Krankheitsepisoden gemeint sind:

A) Übertriebenes Gefühl des Selbstwertes oder der Einmaligkeit, zum Beispiel Übertreibung von Leistungen und Begabungen, Konzentration auf die besondere Art der eigenen Probleme.

B) Beschäftigung mit Phantasien von grenzenlosem Erfolg und von Macht, Glanz, Schönheit oder idealer Liebe.

C) Exhibitionismus: Der Betroffene verlangt dauernde Aufmerksamkeit und Bewunderung.

D) Kühle Gleichgültigkeit oder deutliche Gefühle von Zorn, Minderwertigkeit, Scham.
E) Mindestens zwei davon sind Merkmale für Beeinträchtigungen der zwischenmenschlichen Beziehungen:
1. Ansprüche: Erwartung besonderer Vergünstigungen, ohne entsprechende Verpflichtungen zu übernehmen, zum Beispiel Überraschung und Ärger darüber, dass andere nicht tun, was von ihnen erwartet wird;
2. Zwischenmenschliche Ausbeutung: Andere zu übervorteilen, um die eigenen Wünsche zu erfüllen oder zur Steigerung des Selbstwertgefühls; Missachtung der persönlichen Integrität und der Rechte anderer;
3. Beziehungen, die typischerweise zwischen den Extremen der Idealisierung und der Entwertung schwanken;
4. Mangel an Empathie: Unfähigkeit zu verstehen, wie andere empfinden, etwa die Besorgnis eines schwerkranken Menschen nachzufühlen.

Obwohl sie im Großen und Ganzen durchaus diesem Störungsbild angemessen sind, beinhalten diese Kriterien einige wichtige Merkmale der Störung nicht. Dazu gehören chronischer, intensiver Neid und dessen Abwehr, eine exhibitionistische Motivation zur Arbeit, die Korrumpierbarkeit von Wertesystemen, die Tendenz zur Promiskuität und kognitive Eigenarten, zu denen eine scheinbare Artikuliertheit gehört, »eine Verschiebung von Bedeutungen« (Horowitz 1975), eine egozentrische Wahrnehmung der Realität, pathologisches Lügen (Kohut 1976), leichte Lerndefizite, ein autozentrischer Gebrauch der Sprache und eine gewisse Unaufmerksamkeit gegenüber objektiven Aspekten bestimmter Ereignisse (Bach 1977; Jones 1913; Waelder 1925).

Das DSM-III-R (1989) präsentiert dementsprechend eine revidierte Auffassung. Es porträtiert die Störung als ein durchgreifendes Muster von Grandiosität, Hypersensibilität und defizitärer Empathie, die sich mindestens in fünf der nachfolgend beschriebenen Kriterien äußert:
1. Der Betroffene reagiert auf Kritik mit Wut, Scham oder Demütigung (auch wenn dies nicht gezeigt wird);
2. nützt zwischenmenschliche Beziehungen aus, um mit Hilfe anderer die eigenen Ziele zu erreichen;
3. zeigt ein übertriebenes Selbstwertgefühl, übertreibt zum Beispiel die eigenen Fähigkeiten und Talente und erwartet daher, selbst ohne besondere Leistung als »etwas Besonderes« Beachtung zu finden;
4. ist häufig der Ansicht, dass seine Probleme einzigartig sind und dass er nur von besonderen Menschen verstanden werden könne;
5. beschäftigt sich ständig mit Phantasien grenzlosen Erfolges, von Macht, Glanz, Schönheit oder idealer Liebe;
6. legt ein Anspruchsdenken an den Tag: stellt beispielsweise Ansprüche und übermäßige Erwartungen an eine bevorzugte Behandlung, meint zum Beispiel, dass er sich nicht wie alle anderen auch anstellen muss;

7. verlangt nach ständiger Aufmerksamkeit und Bewunderung, ist zum Beispiel ständig auf Komplimente aus;
8. zeigt einen Mangel an Einfühlungsvermögen: kann zum Beispiel nicht erkennen und nachempfinden, wie andere fühlen, zeigt sich zum Beispiel überrascht, wenn ein ernsthaft kranker Freund ein Treffen absagt;
9. ist innerlich sehr stark mit Neidgefühlen beschäftigt.

Die Aufnahme chronischer Neidgefühle stellt eine Verbesserung gegenüber dem DSM-III dar. Die Beseitigung der Tendenz zur Überidealisierung und Entwertung anderer aus der Liste schwächt dagegen die Beschreibung. Auch in der revidierten Fassung des DSM-III fehlen unter den diagnostischen Kriterien Über-Ich-Defizite, eine Pseudosublimierung, die kognitiven Eigenheiten und Störungen der Sexualität und intimer Beziehungen. Sowohl DSM-III als auch DSM-III-R zielen nicht auf die Koexistenz einander widersprechender Tendenzen in fast allen Bereichen psychischen Funktionierens als fast zentrales Merkmal der Störung ab (Akhtar u. Thomson 1982a)[1]. Im Folgenden soll ein zusammengefasstes Profil der Störung dargestellt werden, welches auch jene wichtigen Aspekte beinhaltet, die im DSM-III und DSM-III-R nicht enthalten sind.

Versuch einer Synthese

Die zusammengefasste Literatur sollte dazu beitragen, ein kombiniertes und komprimiertes Profil der Narzisstischen Persönlichkeitsstörung zu entwerfen. Nach diesem Profil (vgl. Tab. 2.1-1), welches eine Erweiterung eines früheren Versuchs (Akhtar u. Thomson 1982a) darstellt, betreffen die klinischen Merkmale der narzisstischen Persönlichkeit insgesamt sechs Bereiche psychischen Funktionierens:
- das Selbstkonzept
- die interpersonellen Beziehungen
- die soziale Anpassung
- die ethischen Auffassungen, Standards und Ideale
- die Liebe und Sexualität
- den kognitiven Stil

---

[1] In der zwischenzeitlich erschienenen Version IV des DSM (DSM-IV) wurden die diagnostischen Kriterien für eine Narzisstische Persönlichkeitsstörung erneut geringfügig geändert: Das erste Kriterium aus der Version DSM-III-R (s.o.) wurde entfernt, stattdessen wurde neu aufgenommen: »zeigt arrogante, überhebliche Verhaltensweisen und Einstellungen«. Die übrigen Kriterien aus dem DSM-III-R blieben erhalten, wenngleich sich deren Reihenfolge geändert hat (Anm. d. Übs.).

2 Zur Diagnostik

Tab. 2.1-1: Klinische Merkmale der Narzisstischen Persönlichkeitsstörung.

	sichtbar	verdeckt/larviert
I. Selbstkonzept	Grandiosität; Vorherrschen von Phantasien besonderen Erfolgs; ungebrochenes Gefühl der Einzigartigkeit; Anspruchshaltung; scheinbare Selbstgenügsamkeit	Minderwertigkeit; mürrische Selbstzweifel; ausgeprägte Neigung zu Schamgefühlen; Fragilität; unerbittliche Suche nach Ruhm und Macht; ausgeprägte Sensibilität gegenüber Kritik und realistischen Rückschlägen
II. interpersonelle Beziehungen	zahlreiche, aber oberflächliche Beziehungen; intensives Bedürfnis nach Zuspruch von anderen; Verachtung für andere, oftmals verdeckt durch eine Pseudodemut; Mangel an Empathie; Unfähigkeit, wirklich authentisch an Gruppenaktivitäten teilzunehmen; höhere Bewertung der Kinder gegenüber dem Partner im Familienleben	Unfähigkeit, wirklich von anderen abhängig zu sein und diesen zu vertrauen; chronischer Neid auf die Fertigkeiten anderer, auf ihren Besitz und ihre Fähigkeit zu echten Objektbeziehungen; Missachtung von Generationsgrenzen; Missachtung der Zeit anderer Menschen; Tendenz, Briefe nicht zu beantworten
III. soziale Anpassung	sozial betörend; oftmals erfolgreich; beharrliche und angestrengte Arbeit, meist aber nur zu dem Zweck, Bewunderung zu erfahren (»Pseudosublimierung«); ausgeprägter Ehrgeiz; besondere Betonung der äußeren Erscheinung	quälende Ziellosigkeit; oberflächliches berufliches Engagement; dilettantische Einstellung; vielfältige, aber oberflächliche Interessen; chronische Langeweile; das ästhetische Empfinden ist oft künstlich und nachahmend
IV. ethische Grundsätze, Standards und Ideale	karikierte Bescheidenheit; geheuchelte Verachtung für Geld im Alltagsleben; idiosynkratisch oberflächliche Moralvorstellungen; offensichtlicher Enthusiasmus für sozialpolitische Belange	große Bereitschaft, Anschauung aus eigennützigen Motiven zu ändern; pathologisches Lügen; materialistischer Lebensstil; Tendenzen zur Delinquenz; ausschweifender ethischer und moralischer Relativismus; Unehrerbietigkeit gegenüber Autoritäten
V. Liebe und Sexualität	Ehekrisen; kalte und gierige Verführung; außereheliche Beziehungen und Promiskuität; ungehemmtes Sexualleben	Unfähigkeit zur Liebe; eingeschränkte Fähigkeit, den Sexualpartner als getrenntes Individuum mit eigenen Interessen, Rechten und Werten zu sehen; Unfähigkeit, das Inzesttabu wirklich zu respektieren; gelegentliche sexuelle Perversionen
VI. kognitiver Stil	beeindruckende Kenntnisse; wirkt bestimmt und hartnäckig; oftmals auffällig artikuliert; egozentrische Wahrnehmung der Realität; Vorliebe für die Sprache; Vorliebe für jede schnelle Art, Wissen zu erlangen	das Wissen ist oft auf Trivialitäten begrenzt (»Schlagzeilenintelligenz«); Vergesslichkeit für Details, insbesondere Namen; eingeschränkte Möglichkeit, neue Fertigkeiten zu erwerben; Tendenz, die Bedeutung der Realität zu verändern, wenn diese als Bedrohung für das Selbstwertgefühl betrachtet wird; Sprache und Sprechen werden zur Regulation des Selbstwertsystems benutzt

2.1 Deskriptive Merkmale und Differenzialdiagnose

In jedem dieser Bereiche gibt es sichtbare und verdeckte Manifestationen der Störungen, wobei die Aufgliederung der klinischen Merkmale in diese beiden Bereiche als Fortschritt aufgefasst werden sollte, da sie dabei hilft,

»die zentrale Bedeutung der Spaltung bei Patienten mit Narzisstischen Persönlichkeitsstörungen zu betonen und ihr geteiltes Selbst hervorzuheben. Dies untermauert nicht nur theoretisch die Phänomenologie der Störung, sondern vermittelt auch dem Kliniker die Spiegelkomplementarität des Selbst, welche von Bach (1977) hervorgehoben wurde. Patienten mit Narzisstischen Persönlichkeitsstörungen können in Erstinterviews durchaus manchmal zunächst Merkmale offenbaren, die üblicherweise nicht sichtbar sind, während die gewöhnlich offenkundigen Merkmale verdeckt oder verborgen bleiben. Das Wissen um ein dichotomes Selbst beim Patienten wird den Therapeuten dazu befähigen, weiter zu explorieren und somit eine Fehldiagnose zu vermeiden.« (Akhtar u. Thomson 1982a; s. auch Fenichel 1975)

Es sollte hier angemerkt werden, dass die Bezeichnungen »sichtbar« und »verdeckt oder larviert« in diesem Kontext nicht notwendigerweise implizieren, dass sie bewusst oder unbewusst existieren, obwohl es hier auch eine topografische Verteilung gibt. Kohuts Konzept der gelegentlichen »horizontalen Spaltung« (Kohut 1976) des grandiosen Selbst weist darauf hin. Allgemein aber beziehen sich die Bezeichnungen »sichtbar« gegenüber »verdeckt« auf scheinbar gegensätzliche phänomenologische Aspekte, die mehr oder weniger leicht unterscheidbar sind. Diese Widersprüche beschränken sich nicht auf das Selbstkonzept des Individuums, sondern durchdringen auch seine interpersonellen Beziehungen, seine soziale Anpassung, sein Liebesleben, seine Moralvorstellungen und seine kognitiven Einstellungen. Eine Person mit einer Narzisstischen Persönlichkeitsstörung ist nach außen grandios, verächtlich gegenüber anderen, erfolgreich, enthusiastisch in Bezug auf Ideologien, verführend und oftmals auffällig artikuliert; innerlich allerdings ist sie von Zweifeln geplagt, neidisch, gelangweilt, unfähig zu echten Sublimierungen, unfähig zu lieben, korrumpierbar, vergesslich und in ihrer Lernfähigkeit beeinträchtigt.

Diese Art, die Symptome zu strukturieren oder zu gliedern, ist sicher nicht ganz unproblematisch. So besteht zum Beispiel das Risiko, dass bewusste und unbewusste Aspekte gleichgesetzt werden. Das Risiko wird dadurch erhöht, dass verdeckte Merkmale per definitionem schwer zu entdecken sind und oftmals überhaupt nicht offenkundig werden. Die tatsächliche diagnostische Bedeutung der einzelnen klinischen Merkmale ist gegenwärtig darüber hinaus schwer festzustellen, da bislang konkrete Daten zur Häufigkeit dieser Merkmale fehlen. Dennoch wird dieses Profil der Narzisstischen Persönlichkeitsstörung gewöhnlichen Symptomlisten überlegen sein, da es erstens sowohl phänomenologische als auch psychodynamische Aspekte beinhaltet, zweitens Hintergründe und Komplexität gegenüber deskriptiver Vereinfachung hervorhebt und drittens eine

Verbindung herstellt zwischen beschreibenden und strukturellen (entwicklungsbezogenen) Aspekten der narzisstischen Pathologie. Auch wenn damit nicht alle Probleme gelöst sind, die uns bei der Beschreibung einer jeden Persönlichkeitsstörung begegnen (Frances 1982), lehnt sich das detaillierte Profil besser an ein prototypisches Modell der Klassifikation an, wie es beispielsweise von Frances und Widiger (1986) als »einziger Weg, ein kategoriales System der Persönlichkeitsdiagnostik zu retten«, vorgeschlagen wurde. Schließlich kann das Profil dabei helfen, die Narzisstische Persönlichkeitsstörung von anderen Persönlichkeitsstörungen differenzialdiagnostisch besser abzugrenzen.

Abgrenzung von besser integrierten Persönlichkeitsstörungen

Die Abgrenzung der Narzisstischen Persönlichkeitsstörung von Persönlichkeitsstörungen mit einer Charakterorganisation auf »höherer Stufe« (Kernberg 1970b), wie zum Beispiel zwanghafter oder hysterischer Persönlichkeiten, dürfte nicht sonderlich schwierig sein. Die Ähnlichkeiten sind nur oberflächlich. Menschen mit Zwanghaften und Hysterischen (bzw. Histrionischen) Persönlichkeitsstörungen berichten nicht über eine Vorgeschichte mit zutiefst traumatisierter früher Kindheit. Anders als die narzisstischen Charaktere vermitteln sie den Eindruck eines geglückten Separations-Individuations-Prozesses, einer besseren Internalisierung von Konflikten, einer besseren Über-Ich-Integration, einer Konsolidierung der Identität, eines Überwiegens der Verdrängung gegenüber der Spaltung als Hauptabwehrmechanismus und der Fähigkeit, tiefer gehende Objektbeziehungen eingehen zu können. Auf der Ebene des Verhaltens ähneln Narzisstische Persönlichkeitsstörungen allerdings den Zwanghaften und den Hysterischen, weswegen eine Abgrenzung schon notwendig erscheint.

Zwanghafte Persönlichkeit

Sowohl narzisstische als auch zwanghafte Persönlichkeiten vermitteln ein hohes Ich-Ideal, ein ausgeprägtes Kontrollbedürfnis, Perfektionismus und einen geradezu getriebenen Charakter im Verhältnis zu ihrer Arbeit. Wichtige Unterschiede bestehen allerdings im inneren Erleben (Akhtar 1984; Akhtar u. Thomson 1982a; Kernberg 1970a; 1978; Volkan 1976; 1982): Der Zwanghafte sucht nach Perfektion, der Narzisst fordert sie. Der Zwanghafte ist in Details verliebt, die der Narzisst gewöhnlich missachtet (Reich 1933). Der Zwanghafte entwertet die anderen nicht, während der Narzisst eher Verachtung zeigt. Der Zwanghafte respektiert Autoritäten – manchmal sogar auf übertriebene Weise –, während der

Narzisst oftmals Schwierigkeiten hat, Menschen zu akzeptieren, die Macht über ihn ausüben. Der Zwanghafte ist bescheiden, der Narzisst anmaßend. Das Wertesystem des Letzteren ist korrumpierbar, im Gegensatz zu den rigiden Moralvorstellungen des Zwangscharakters. Auch wenn sie in gewisser Weise – oberflächlich betrachtet – nichtssagend sind, verfügt der Zwangscharakter doch über genuine Moralvorstellungen und sozialpolitische Anschauungen; der Narzisst zeigt nach außen hin diesbezüglich zwar Enthusiasmus, fühlt sich diesen Anschauungen aber nicht wirklich verpflichtet.

Hysterische Persönlichkeit

Viele Autoren (Akhtar u. Thomson 1982a; Kernberg 1978; Volkan 1976) haben festgestellt, dass narzisstische Personen oft wie hysterische wirken. Beide neigen dazu, demonstrativ zu sein, exhibitionistisch, dramatisch und manchmal verführerisch. Der Exhibitionismus und die Verführung des Narzissten haben allerdings eine eher ausnutzende und kalte Qualität; die hysterische Person ist humaner, verspielter und wärmer. Ein Hysteriker ist durchaus in der Lage, Ambivalenz auszuhalten, und verfällt nicht in die typische »narzisstische Wut«, wenn er ärgerlich ist. Die Affektualisierung des Hysterikers ist gewöhnlich beschränkt auf instinktiv erregende, triangulierte Situationen. Der Narzisst dagegen sprudelt geradezu vor sadistisch gefärbten exhibitionistischen Affekten. Sicher ist, dass sowohl zwanghafte als auch hysterische Persönlichkeiten im Gegensatz zu den narzisstisch gestörten Menschen die Fähigkeiten besitzen, empathisch zu sein, sich um andere zu kümmern und diese auch zu lieben.

Unterscheidung von anderen schweren Persönlichkeitsstörungen

Narzisstische Persönlichkeitsstörungen müssen auch abgegrenzt werden von Borderline-Persönlichkeiten, schizoiden, paranoiden, hypomanischen (Akhtar 1988), antisozialen und »Als-ob-Persönlichkeiten«. Auch wenn sie in ihrem Erscheinungsbild und in gewisser Weise auch im Hinblick auf den entwicklungspsychologischen Hintergrund und strukturelle Charakteristika unterschiedlich sind, implizieren all diese Störungen ein »niedrigeres Niveau« der Charakterorganisation. Entwicklungspsychologisch gesehen zeigen alle Personen, die unter einer der genannten Persönlichkeitsstörungen leiden, eine Vorgeschichte präödipaler Traumatisierungen; der Separations-Individuations-Prozess wurde unterbrochen. Sie weisen ein hohes Maß an prägenitaler Aggression auf, einen verzerrten und nicht gelösten Ödipuskomplex, unausgeglichene, defekte und schlecht internalisierte Über-Ich-Funktionen. Sie sind unfähig, einen optimalen Zustand der Latenz zu erreichen. Die Adoleszenz ist massiv gestört (Akhtar 1984; Erikson 1966; Fairbairn 1952; Guntrip 1969; Kernberg 1970b; 1978; Khan 1977; Klein 1972; Mahler u. Kaplan 1977; Meissner 1978; 1982). Strukturell implizieren diese Störungen eine Identitätsdiffusion (Akhtar 1984; Erikson 1966; Kernberg 1978; 1988), wenngleich das Ausmaß, in dem verschiedene Merkmale dieses Syndroms bereits manifest sind, variiert. Dynamisch zeigen sich die Spaltung oder die aktive Dissoziation einander widersprechender Selbst- und Objektrepräsentanzen als Hauptabwehrmechanismen bei all den genannten Störungen (Akhtar u. Thomson 1982b; Kernberg 1978; Mahler u. Kaplan 1977). Phänomenologisch offenbaren Patienten mit diesen Persönlichkeitsstörungen wechselhafte interpersonelle Beziehungen, Empathiedefizite, Unfähigkeit zu lieben, eine egozentrische Wahrnehmung der Realität, sexuelle Schwierigkeiten und Probleme im Umgang mit geltenden Moralvorstellungen. Trotz dieser offensichtlichen Ähnlichkeiten gibt es allerdings auch wichtige Unterschiede.

Borderline-Persönlichkeit

Verheerende traumatische Ereignisse während der Kindheit, zum Beispiel Scheidung der Eltern, Verluste oder Todesfälle, Alkoholismus in der Familie oder Gewalt, charakterisieren häufig den Entwicklungshintergrund von Borderline-Patienten (Gunderson 1985; Shapiro et al. 1975; Waelder 1925). Von narzisstischen Patienten erfährt man häufig, dass sie als Kinder von ihren Eltern sehr wenig empathisch, kalt, manchmal sogar bösartig, aber nichtsdestoweniger in einer »besonderen« Art und Weise behandelt wurden (Robbins 1982; Volkan 1976). Dies rührt vielleicht daher, dass viele dieser Patienten von Anfang an spezielle Eigenschaften besaßen (z. B. eine hervorragende Intelligenz oder körperliche Anziehungskraft), durch die sie die Bewunderung ihrer ansonsten keineswegs empathischen frühen Umwelt erfuhren.

Das Selbst ist bei der narzisstischen Störung darüber hinaus kohäsiver und läuft weniger Gefahr, regressiv zu fragmentieren (Adler 1981; Kohut 1976). Bei der Borderline-Persönlichkeit ist das Selbst wenig integriert und droht sich in psychoseähnliche Zustände aufzulösen, wenn die Person belastet ist oder unter dem Einfluss psychotroper Substanzen steht (Adler 1981; Gunderson 1985; Gunderson u. Singer 1975; Kohut 1976).

Bei narzisstischen Patienten verbirgt das »aufgeblasene« Selbstkonzept eine schambeladene, hungrige Selbstrepräsentation (Kernberg 1970a; 1978; Volkan 1976), während bei den Borderline-Patienten ein Kern von Omnipotenzerleben hinter der nach außen hin deutlich entwerteten Selbstrepräsentanz versteckt ist (Gunderson u. Kolb 1978). Die Identitätsdiffusion ist bei der Borderline-Persönlichkeit deutlicher, bei der narzisstischen Persönlichkeit ist sie verdeckt – etwa durch ein enthusiastisches, wenngleich oberflächliches berufliches Engagement.

Aufgrund der größeren Kohäsion ertragen die narzisstischen Persönlichkeiten Einsamkeit besser (Adler 1981), sie sind arbeitsfähiger und sozial besser angepasst. Ein Mensch mit einer Narzisstischen Persönlichkeitsstörung zeigt darüber hinaus eine besser entwickelte Impulskontrolle und Angsttoleranz als der Borderline-Patient. Selbstverletzung und andauernde offene Wut, bei Borderline-Persönlichkeiten häufig zu beobachten (DSM-III; DSM-III-R; Gunderson 1985; Gunderson u. Kolb 1978; Gunderson u. Singer 1975), sind keine Merkmale der narzisstischen Störung.

Schizoide Persönlichkeit

Sowohl die narzisstischen als auch die schizoiden Patienten bevorzugen Phantasien gegenüber Menschen. Beide offenbaren nach außen eine intellektuelle Hypertrophie und – damit korrespondierend – einen Mangel an gesunder Verwurzelung in ihrer körperlichen Existenz. Beide zeigen mangelnde Wärme, fühlen sich in intimen Situationen unwohl und vermeiden Begegnungen, die echte, spontane Reaktionen erfordern (Akhtar 1987; Akhtar u. Thomson 1982a; Bach 1977; Fairbairn 1952; Guntrip 1969; Khan 1977). Wichtige Unterschiede gibt es für die beiden Bilder dennoch. Der Narzisst nutzt aufgrund seiner Abhängigkeitswünsche andere aus, während der Schizoide diese Abhängigkeitswünsche verbirgt (Nemiah 1961). Der narzisstische Mensch ist ehrgeizig und konkurrierend (Kernberg 1970a; 1978), während der schizoide resigniert und fatalistisch wirkt (Akhtar 1987; Fairbairn 1952; Guntrip 1969; Khan 1977). Der Narzisst kompensiert seine fehlenden Objektbeziehungen dadurch, dass er fast zwanghaft Gesellschaft und Bewunderung sucht. Der schizoide Mensch hat die nach außen verlagerte Suche nach einem omnipotenten Liebesobjekt aufgegeben, ersetzt diese aber durch eine fortwährende Beschäftigung mit hochwertigen inneren Objekten. Insgesamt erscheint der Narzisst aktiv, rastlos, extravagant und ständig getrieben, während der Schizoide passiv, zynisch, oberflächlich freundlich oder bestenfalls auf unbestimmte Weise rätselhaft wirkt.

Paranoide Persönlichkeit

Eine Fassade kalter Grandiosität lässt sich sowohl bei narzisstischen als auch paranoiden Persönlichkeiten feststellen. Auch die Entwertung anderer, Schwierigkeiten, Kritik anzunehmen, eingeschränkte Affektivität, Empathiedefizite, chronischer Neid und Anspruchshaltungen sind für beide typisch. Dem Paranoiden fehlt allerdings der aufmerksamkeitssuchende Charme und die Verführungskunst des Narzissten. Der Narzisst dagegen zeigt nicht das durchdringende Misstrauen des Paranoiden und die ständige Suche nach verborgenen, erniedrigenden Intentionen anderer (Shapiro 1991). Der Narzisst kann sich oberflächliches

Scherzen mit anderen, wenngleich oft auf egoistische Art und Weise, durchaus gestatten, während dem Paranoiden jeglicher Sinn für Humor fehlt und er unfähig ist, mit anderen entspannt umzugehen. Die kognitiven Stile der beiden zeigen ebenfalls wichtige Unterschiede. Der Narzisst, oftmals wenig aufmerksam für reale Begebenheiten, vergisst Details und hat Lernschwierigkeiten (Bach 1977; Jones 1913; Van der Waals 1965), wogegen der Paranoide über eine durchaus scharfe und sehr vigilante Auffassungsgabe verfügt, die allerdings mit Urteilsfehlern behaftet ist.

Antisoziale Persönlichkeit

Narzissten neigen durchaus zu Drogenmissbrauch, sie sind promiskuitiv, manipulierend und zeigen antisoziales Verhalten. Außerdem verfallen sie gelegentlich in pathologisches Lügen und verdrehen Ereignisse, um sie nach ihren Vorstellungen und Zwecken zu gestalten. Diese Verhaltensweisen sind aber sporadisch. Der narzisstische Patient fürchtet sich vor der konsistenten, durchdringenden, berechneten und skrupellosen Missachtung sozialer Standards, wie man sie bei soziopathischen Personen antrifft (DSM-III; DSM-III-R), und er erhält die Arbeitsfähigkeit mit den entsprechenden Erfolgen aufrecht.

Hypomanische Persönlichkeit

Sowohl narzisstische als auch hypomanische Individuen zeigen eine gewisse Grandiosität, Selbstabsorbierung, soziale Bequemlichkeit, Artikuliertheit, Verführung und einen moralischen, ästhetischen und beruflichen Enthusiasmus. Unter dieser Oberfläche erleben aber beide Minderwertigkeitsgefühle, Langeweile, Unsicherheit und Ziellosigkeit. Sie unterscheiden sich aber auch in bedeutender Hinsicht (DSM-III-R): Der Narzisst entwertet andere offen, während er sie insgeheim beneidet; der Hypomaniker ist oberflächlich der Freund eines jeden, während er sie insgeheim verachtet. Der narzisstisch gestörte Mensch zeigt nicht jene dauerhafte Begeisterung, den Wortreichtum und die strikte Zurückweisung, den fast zwanghaften Humor und den Objekthunger, welche den Hypomaniker charakterisieren. Diesem fehlt dagegen die schäumende Rachsucht der »narzisstischen Wut«. Er explodiert, wenn er verärgert ist, oder gibt sich allzu bereit, zu vergeben und zu vergessen, indem er stark verleugnet. Obwohl beide ehrgeizig und überaktiv sind, begegnet uns der Narzisst in seinem Kampf um Perfektion eher verbissen, anmaßend, humorlos und unerschütterlich, während der Hypomaniker eher verspielt, suggestibel, sprunghaft und in seiner Fähigkeit zu Traurigkeit und reifem Alleinsein beeinträchtigt wirkt (ebd.).

Als-ob-Persönlichkeit

Mangelnde Authentizität, unmäßiger moralischer Relativismus und eine Tendenz, idealisierte Menschen zu imitieren, trifft man sowohl bei Als-ob-Persönlichkeiten (Deutsch 1942; Meissner 1982; Ross 1967) als auch bei narzisstischen Persönlichkeiten an; Letzteren aber mangelt es an der intensiven Suggestibilität der Als-ob-Persönlichkeit. Auch das Ausmaß, in dem die Aggressivität »abgeschnitten« scheint, ist bei den Als-ob-Persönlichkeiten viel größer. Narzisstische Patienten können sehr oppositionell und sogar voller rachsüchtiger Wut sein (Kohut 1972; Reich 1933). Die öde, schnell wechselnde und oberflächliche Umwelt, die man oft als typisch bei Als-ob-Persönlichkeiten ansieht, steht in scharfem Kontrast zu der qualvollen, letztlich aber doch lebendigen Kindheit des Narzissten. Wie Meissner (59) hervorhebt, haben Als-ob-Persönlichkeiten in ihrer Kindheit keine »ausreichend starke ödipale Involvierung« erfahren, wohingegen der Narzisst einen sehr intensiven, aber auch sehr verdrehten Ödipuskomplex durchläuft (Chasseguet-Smirgel 1986; 1987; Rothstein 1979). Dies manifestiert sich in der Unfähigkeit des Narzissten, das Inzesttabu wirklich zu verstehen und die Generationsgrenzen zu respektieren (Chasseguet-Smirgel 1986; 1987), sowie in seiner ausgeprägten Kastrationsangst und seiner Unfähigkeit, reife genitale Sexualität zu leben (Rothstein 1979).

Schlussbemerkungen

Hier gilt es noch einen letzten Aspekt der Narzisstischen Persönlichkeitsstörung als nosologische Einheit anzusprechen, nämlich ihre demografischen Korrelate. Die Störung scheint häufiger unter Männern vorzukommen; dies wird in der hier zusammengefassten Literatur deutlich und von einigen Untersuchern (Ross 1967) explizit festgestellt. Die Gründe hierfür sind allerdings nach wie vor unklar. Die noch in der ersten Version dieses Beitrags mit Bezug auf Pulver (1978) geäußerte Vermutung, dass mehr Männer als Frauen eine Psychoanalyse machen (s. Akthar 1996), dürfte sich inzwischen als überholt erwiesen haben. Neuere Publikationen (s. Biermann-Ratjen 2005) unterstreichen die Tatsache, dass es genau umgekehrt ist. Tatsächlich kommen alle Beschreibungen weitgehend aus der analytischen Praxis. Oder liegt es an einem diagnostischen Bias, wonach Männer eher als narzisstisch gestört diagnostiziert werden, während Frauen mit ähnlichen Merkmalen andere Diagnosen, beispielsweise die einer Hysterie, gestellt bekommen? Oder handelt es sich hier um ein Überweisungsartefakt? Mit anderen Worten: Suchen narzisstische Männer häufiger als narzisstische Frauen Behandlung? Wenn dem so ist, dann fragt sich natürlich, was der Grund dafür ist. Gibt es womöglich eine tatsächlich größere Inzidenz Narzisstischer Persönlichkeitsstörungen bei Männern? In diesem Fall wäre zu fragen, ob die männliche psychosexuelle Entwicklung oder sogar Unterschiede im Separations-Individuations-Prozess beider Geschlechter (Mahler 1971; Mahler et al. 1978) zu dieser Differenz beitragen. Dies sind provokative Fragen, auf die es momentan kaum definitive Antworten gibt.

Ein zweiter demografischer Aspekt bezieht sich auf die Stellung in der Geschwisterreihe. Es gibt einige Hinweise in der Literatur dafür, dass ein großer Teil der narzisstischen Patienten entweder Erstgeborene oder Einzelkinder sind. Die Bedeutung dieses Befundes ist unklar. Möglicherweise ist die Tatsache, das erste oder einzige Kind zu sein, damit verbunden, dass die sich entwickelnde psychische Struktur des Kindes anfälliger ist für elterliche Ängste bzw. für deren bewusste oder unbewusste Wünsche nach Perfektion. Wir wissen nicht, in welchem Ausmaß die Stellung in der Geschwisterreihe tatsächlich die Separation-Individuation, den ödipalen Konflikt oder die Konsolidierung der Identität beeinflusst.

Der letzte demografische Aspekt bezieht sich auf die Frage, ob die Narzisstische Persönlichkeitsstörung primär ein soziokulturelles Epiphänomen ist, typisch für die zeitgenössische westliche Kultur. Hankoff (1982) meint beispielsweise, dass

»die Merkmale der narzisstischen Persönlichkeit sich häufiger auf kulturelle Einstellungen und Werte beziehen als auf psychologische oder psychopathologische Entitäten ... (und dass) ... man fragen muss, wenn die Gesellschaft insgesamt die Themen und Verhaltensweisen widerspiegelt, die den Narzissmus charakterisieren, ob wir nicht eher auf ein soziokulturelles Phänomen als auf Intrapsychisches blicken« (ebd., S. 1078).

Ähnliche Implikationen, allenfalls minimal variiert, kann man in Liftons Porträt des »Protean man« (1971), in der pointierten Beschreibung des »Illusionless Man« von Wheeli (1966), in Johnsons existenziellem Porträt des »Alienated Man« (1977) und in Laschs soziologischer Studie »The Culture of Narcissism« (1982) finden.

Diese Art der Betrachtung ist allerdings irreführend. Sie ignoriert die Tatsache, dass narzisstische Patienten bereits beschrieben wurden, bevor die so genannte »Ich-Generation« an Bedeutung gewann. Sie übersieht auch das Vorkommen der Narzisstischen Persönlichkeitsstörung bei Menschen, die nicht in westlichen Kulturen aufgewachsen sind bzw. dort leben (Akhtar u. Thomson 1982b). Gesellschaftliche Einstellungen können aber sicher die Ausbildung von pathologischem Narzissmus fördern. Es wäre aber eine Täuschung, den kulturellen Individualismus mit einer pathologischen Persönlichkeitsbildung gleichzusetzen, die ein gequältes (und andere quälendes!) Eigenleben besitzt. Ich hoffe, dass dieser Beitrag die nosologische Einheit, die aus diesem pathologischen Narzissmus resultiert, weitgehend geklärt und festgeschrieben hat.[2]

---

2 Der Autor dankt J. Anderson Thomson jr., M.D., seinem Ko-Autor in einer früheren Arbeit über die narzisstische Persönlichkeit (Akhtar u. Thomson 1982a), für die Erlaubnis, einige Auffassungen, die aus der früheren Zusammenarbeit stammen, hier aufzunehmen.

2.1 Deskriptive Merkmale und Differenzialdiagnose

Literatur

Adler G (1981). The borderline-narcissistic personality disorder continuum. Am J Psychiatry; 138: 46-50.
Akhtar S (1984). The syndrome of identity diffusion. Am J Psychiatry; 141: 1381-5.
Akhtar S (1987). Schizoid personality disorder: A synthesis of developmental, dynamic and desciptive features. Am J Psychother; 4(4): 499-518.
Akhtar S (1988). Hypomanic personality disorder. Integr Psychiatry; 6: 37-46.
Akhtar S (1996). Deskriptive Merkmale und Differentialdiagnose der narzißtischen Persönlichkeitsstörung. In: Kernberg OF (Hrsg). Narzißtische Persönlichkeitsstörung. Stuttgart, New York: Schattauer; 1-29.
Akhtar S, Byrne JP (1983). The concept of splitting and its clinical relevance. Am J Psychiatry; 140: 1013-6.
Akhtar S, Thomson JA (1982a). Overview: Narcissistic personality disorder. Am J Psychiatry; 139: 12-20.
Akhtar S, Thomson JA (1982b). Drs. Akhtar and Thomson Reply (letter to editor). Am J Psychiatry; 139: 1078.
Bach S (1977). On the narcissistic state of consciousness. Int J Psychoanal; 58: 209-33.
Biermann-Ratjen EM (2005). Der männliche Psychotherapeut. In: Kernberg OF, Dulz B, Eckert J (Hrsg). WIR: Psychotherapeuten über sich und ihren »unmöglichen« Beruf. Stuttgart, New York: Schattauer; 364-75.
Bursten B (1973). Some narcissistic personality types. Int J Psychoanal; 54: 287-300.
Chasseguet-Smirgel J (1986). Kreativität und Perversion. Frankfurt/M.: Nexus.
Chasseguet-Smirgel J (1987). Das Ich-Ideal: Psychoanalytischer Essay über die Krankheit der Idealität. Frankfurt/M.: Suhrkamp.
Deutsch H (1942). Some forms of emotional disturbance and their relationship to schizophrenia. Psychoanal Q; 11: 301-21.
DSM-III (1982). Diagnostisches und statistisches Manual psychischer Störungen. Weinheim: Beltz.
DSM-III-R (1989). Diagnostisches und statistisches Manual psychischer Störungen. Weinheim: Beltz.
Erikson EH (1966). Identität und Lebenszyklus. Frankfurt/M.: Suhrkamp.
Fairbairn WRD (1952). An Object Relations Theory of Psychoanalysis. New York: Basic Books.
Fenichel O (1975). Psychoanalytische Neurosenlehre. Olten: Walter.
Ferenczi S (1972). Der Traum vom gelehrten Säugling. In: Ferenczi S (Hrsg). Schriften zur Psychoanalyse II. Frankfurt/M.: Fischer.
Frances AJ (1982). Categorical and dimensional systems of personality diagnosis: A comparison. Compr Psychiatry; 23: 516-27.
Frances AJ, Widiger T (1986). The classification of personality disorders: An overview of problems and solutions. In: Frances AJ, Hales E (eds). Psychiatry Update: American Psychiatric Association Annual Review. Vol. 5. Washington, DC: American Psychiatric Press; 240-57.
Freeman T (1964). Some aspects of pathological narcissism. J Am Psychoanal Assoc; 12: 540-61.
Freud S (1905). Drei Abhandlungen zur Sexualtheorie. GW V. Frankfurt/M.: Fischer; 33-145.
Freud S (1914). Zur Einführung des Narzißmus. GW X. Frankfurt/M.: Fischer; 138-70.
Freud S (1931). Über libidinöse Typen. GW XIV. Frankfurt/M.: Fischer; 507-13.
Gedimen HK (1985). Imposture, inauthenticity and feeling fraudulent. J Am Psychoanal Assoc; 33: 911-36.
Green A (1986). Moral narcissism. In: Green A (ed). On Private Madness. Madison, CON: International Universities Press; 115-41.
Grunberger B (1976). Narzißmus. Vom Narzißmus zum Objekt. Frankfurt/M.: Suhrkamp.
Gunderson JG (1985). Borderline Personality Disorder. Washington, DC: American Psychiatric Press.
Gunderson JG, Kolb JE (1978). Discriminating features of borderline patients. Am J Psychiatry; 135: 792-6.

Gunderson JG, Singer MJ (1975). Defining borderline patients: An overview. Am J Psychiatry; 132: 1-10.
Guntrip H (1969). Schizoid Phenomena, Object Relations and the Self. New York: International Universities Press.
Hankoff LD (1982). Response to overview on narcissism (letter to editor). Am J Psychiatry; 139: 1078.
Horowitz MJ (1975). Sliding meanings: A defense against threat in narcissistic personalities. Int J Psychoanal Psychother; 4: 167-80.
Johnson FA (1977). Psychotherapy of the alienated individuals. In: Nelson MC (ed). The Narcissistic Condition. New York: Human Sciences Press; 127-51.
Jones E (1913). The God Complex. In: Jones E (ed). Essays in Applied Psychoanalysis. Vol. 2. New York: International Universities Press 1964; 244-65.
Kernberg OF (1967). Borderline personality organization. J Am Psychoanal Assoc; 15: 641-85 (dt.: Der Gottmensch-Komplex. In: Jones E [Hrsg]. Zur Psychoanalyse der christlichen Religion. Frankfurt/M.: Suhrkamp 1971; 15-36).
Kernberg OF (1970a). Factors in the treatment of narcissistic personality disorder. J Am Psychoanal Assoc; 18: 51-85.
Kernberg OF (1970b). A psychoanalytic classification of character pathology. J Am Psychoanal Assoc; 18: 800-22.
Kernberg OF (1978). Borderline-Störungen und pathologischer Narzißmus. Frankfurt/M.: Suhrkamp.
Kernberg OF (1981). Objektbeziehungen und Praxis der Psychoanalyse. Stuttgart: Klett-Cotta.
Kernberg OF (1985). Schwere Persönlichkeitsstörungen. Stuttgart: Klett-Cotta.
Kernberg OF (1988). Innere Welt und äußere Realität. München: Verlag Internationale Psychoanalyse.
Khan MMR (1977). Selbsterfahrung in der Therapie. München: Kindler.
Kinston W (1980). A theoretical and technical approach to narcissistic disturbance. Int J Psychoanal; 61: 383-94.
Kinston W (1982). An intrapsychic developmental scheme for narcissistic disturbance. Int Rev Psychoanal; 9: 253-61.
Klein M (1972). Bemerkungen über einige schizoide Mechanismen. In: Das Seelenleben des Kleinkindes. Stuttgart: Klett-Cotta.
Kohut H (1972). Thoughts on narcissism and narcissistic rage. Psychoanal Study Child; 27: 360-400.
Kohut H (1976). Narzißmus. Frankfurt/M.: Suhrkamp.
Kohut H (1979). Die Heilung des Selbst. Frankfurt/M.: Suhrkamp.
Kohut H (1987). Wie heilt die Psychoanalyse? Frankfurt/M.: Suhrkamp.
Kohut H, Wolff E (1978). Die Störungen des Selbst und ihre Behandlung. In: Peters UH (Hrsg). Die Psychologie des 20. Jahrhunderts. Zürich: Kindler.
Kramer S (1974). Vicissitudes of infantile omnipotence (Panel Report). J Am Psychoanal Assoc; 22: 588-600.
Lasch C (1982). Das Zeitalter des Narzißmus. München: Bertelsmann.
Lifton RJ (1971). Protean man. Arch Gen Psychiatry; 24: 298-304.
Mahler MS (1971). A study of the separation and individuation process and its possible application to borderline phenomena in the psychoanalytic situation. Psychoanal Study Child; 26: 403-24.
Mahler MS, Kaplan L (1977). Developmental aspects in the assessment of narcissistic and so-called borderline personalities. In: Hartocollis P (ed). Borderline Personality Disorders. New York: International Universities Press; 71-86.
Mahler M, Pine F, Bergman A (1978). Die psychische Geburt des Menschen. Symbiose und Individuation. Frankfurt/M.: Fischer.
Meissner WW (1978). Theoretical assumptions of concepts of the borderline personality. J Am Psychoanal Assoc; 26: 559-98.
Meissner WW (1982). Notes on the potential differentiation of borderline conditions. Int J Psychoanal Psychother; 9: 3-49.

Miller A (1981). Prisoners of Childhood. New York: Basic Books (dt.: Das Drama des begabten Kindes. Frankfurt/M.: Suhrkamp 1978).
Modell A (1984). Psychoanalysis in a New Context. New York: International Universities Press.
Moore BE, Fine D (eds) (1967). A Glossary of Psychoanalytic Terms and Concepts. New York: American Psychoanalytic Association.
Nemiah JC (1961). Foundations of Psychopathology. New York: Oxford University Press.
Olden C (1941). About the fascinating effect of the narcissistic personality. Am Imago; 2: 347–55.
Olden C (1946). Headline intelligence. Psychoanal Study Child; 2: 263–9.
Perry JC, Klerman GL (1978). The borderline patient. Arch Gen Psychiatry; 35: 141–50.
Pulver SE (1970). Narcissism: The term and the concept. J Am Psychoanal Assoc; 18: 319–41.
Pulver SE (1978). Survey of psychoanalytic practice 1976: Some trends and implications. J Am Psychoanal Assoc; 26: 615–31.
Reich A (1960). Pathologic forms of self-esteem regulation. Psychoanal Study Child; 15: 215–32.
Reich W (1933). Charakteranalyse. Wien: Selbstverlag des Verfassers.
Rinsley DB (1980). The developmental etiology of borderline and narcissistic disorders. Bull Menninger Clin; 44: 127–34.
Rinsley DB (1981). Dynamic and developmental issues in borderline and related »spectrum« disorders. Psychiatr Clin North Am; 4: 117–32.
Robbins M (1982). Narcissistic personality as a symbiotic character disorder. Int J Psychoanal; 63: 457–73.
Rosenfeld HA (1964). On the psychopathology of narcissism: A clinical approach. Int J Psychoanal; 45: 332–7 (dt.: Zur Psychopathologie des Narzißmus – ein klinischer Beitrag. In: Rosenfeld HA [Hrsg]. Zur Psychoanalyse psychotischer Zustände. Frankfurt/M.: Suhrkamp 1981; 196–208).
Rosenfeld HA (1971). Theory of life and death instincts: Aggressive aspects of narcissism. Int J Psychoanal; 52: 169–83.
Ross N (1967). The »as-if« personality. J Am Psychoanal Assoc; 15: 59–82.
Rothstein A (1979). Oedipal conflicts in narcissistic personality disorders. Int J Psychoanal; 60: 189–99.
Schwartz L (1974). Narcissistic personality disorders – a clinical discussion. J Am Psychoanal Assoc; 22: 292–306.
Shapiro D (1991). Neurotische Stile. Göttingen: Vandenhoeck & Ruprecht.
Shapiro E, Zinner J, Shapiro R et al. (1975). The influence of family experience on borderline personality development. Int Rev Psychoanal; 2: 399–411.
Singer M (1977a). The experience of emptiness in narcissistic and borderline states I: Deficiency and ego-defect versus dynamic-defensive models. Int Rev Psychoanal; 4: 459–70.
Singer M (1977b). The experience of emptiness in narcissistic and borderline states II: The struggle for a sense of self and the potential for suicide. Int Rev Psychoanal; 4: 471–82.
Sprueill V (1975). Three strands of narcissism. Psychoanal Q; 44: 577–95.
Stone MH (1980). The Borderline Syndromes. New York: McGraw-Hill.
Svrakic DM (1985). Emotional features of narcissistic personality disorder. Am J Psychiatry; 142: 720–4.
Svrakic DM (1986). Dr. Svrakic replies (letter to editor). Am J Psychiatry; 143: 269.
Tartakoff H (1966). The normal personality in our culture and the Nobel Prize complex. In: Lowenstein RM, Newman LM, Schure M et al. (eds). Psychoanalysis: A General Psychology. New York: International Universities Press; 222–52.
Tyson R, Tyson P (1984). Narcissism and superego development. J Am Psychoanal Assoc; 32: 75–91.
Van der Waals HG (1965). Problems of narcissism. Bull Menninger Clin; 29: 293–311.
Waelder R (1925). The psychoses, their mechanisms and accessibility to influence. Int J Psychoanal; 6: 259–81.
Walsh F (1977). The family of the borderline patient. In: Grinker R, Werble B (eds). The Borderline Patient. New York: Jason Aronson.
Wheeli A (1966). The Illusionless Man. New York: Colophon Books/Harper & Row.
Winnicott DW (1975). Reifungsprozesse und fördernde Umwelt. München: Kindler.

2 Zur Diagnostik

Winnicott DW (1976). Übergangsobjekte und Übergangsphänomene. In: Von der Kinderheilkunde zur Psychoanalyse. München: Kindler.
Volkan VD (1976). Primitive Internalized Object Relations. New York: International Universities Press.
Volkan VD (1980). Narcissistic personality organization and »reparative« leadership. Int J Group Psychother; 30: 131-52.
Volkan VD (1982). Narcissistic personality disorder. In: Cavenar JO, Brodie HKH (eds). Critical Problems in Psychiatry. Philadelphia: JB Lippincott Co.; 332-50.
Volkan VD (1986). The narcissism of minor differences in the psychological gap between opposing nations. Psychoanal Inq; 6: 175-91.

2.2
Die narzisstische Persönlichkeit und ihre Beziehung zu antisozialem Verhalten und Perversionen – pathologischer Narzissmus und narzisstische Persönlichkeit

Otto F. Kernberg

Wie ich in einer früheren Arbeit (1985) aufzeigte, können wir Narzissmus entlang eines Kontinuums klassifizieren, dessen Schweregrade von »normal« bis »pathologisch« reichen und das sich über folgende Hauptkategorien erstreckt:
- Der normale erwachsene Narzissmus, der sich durch eine normale Selbstwertregulierung auszeichnet. Er basiert auf einer normalen Selbststruktur (gebunden an normal oder »vollständig« internalisierte Objektrepräsentanzen), auf einem integrierten, größtenteils individuell geprägten und abstrahierten Über-Ich, und schließlich auf der Befriedigung von Triebbedürfnissen innerhalb stabiler Objektbeziehungen und Wertsysteme.
- Der normale infantile Narzissmus ist insofern von Bedeutung, als die Fixierung an bzw. Regression auf infantil-narzisstische Ziele (infantile Mechanismen der Selbstwertregulierung) ein zentrales Merkmal aller Charakterpathologien darstellt. Der normale infantile Narzissmus umfasst die Regulierung des Selbstwerts durch altersadäquate Gratifikationen, die normale kindliche »Wertsysteme« bzw. Ge- oder Verbote beinhalten oder implizieren.
- Der pathologische Narzissmus wiederum kann in drei Subkategorien unterteilt werden:
  - Die Regression auf infantile Modi der Selbstwertregulierung, die die mildeste Form narzisstischer Charakterpathologie darstellt und die oben genannte Fixierung bzw. Regression auf das Niveau des normal-infantilen Narzissmus beinhaltet. In dieser Kategorie finden wir häufig Fälle von Persönlichkeits- oder Charakterstörungen, deren Selbstwertregulierung übermäßig von der Äußerung oder auch Abwehr kindlicher Bedürfnisbefriedigung ab-

hängig scheint, auf die wir als Erwachsene normalerweise nicht mehr zurückgreifen. Das Problem ist hier, dass das Ich-Ideal dieser Menschen von infantilen Bestrebungen, Werten und Verboten kontrolliert wird. Man könnte auch sagen, dass Freuds (1916) Beschreibung des neurotischen Selbstwertverlustes infolge massiver Verdrängung des Sexualtriebs implizit bereits enthält, was später als die strukturellen Merkmale einer Psychoneurose und neurotischen Charakterpathologie formuliert werden sollte. Dabei handelt es sich um eine häufige und – angesichts unseres aktuellen Kenntnisstandes über schwerere narzisstische Pathologien – relativ milde Störung, die sich normalerweise im Laufe einer normalen psychoanalytischen Behandlung auflöst.
- Eine zweite, schwerwiegendere, aber relativ seltene Form pathologischen Narzissmus ist das, was Freud (1914) als narzisstische Objektwahl beschreibt. In diesem Fall ist das Selbst des Patienten mit einem Objekt identifiziert, während die Repräsentanz seines infantilen Selbst auf dieses Objekt projiziert wird und so eine libidinöse Beziehung herstellt, in der die Funktionen von Selbst und Objekt ausgetauscht wurden. Eine Beziehungsform, die wir bei manchen Menschen finden, die einander so lieben, wie sie selbst geliebt werden möchten.
- Eine dritte und besonders schwere Form pathologischen Narzissmus ist die eigentliche Narzisstische Persönlichkeitsstörung, ein Syndrom, das zu den schwierigsten der klinischen Psychiatrie gehört. Aufgrund der intensiven Forschungsarbeiten zur Psychopathologie dieser Störung und einer optimal angepassten psychoanalytischen Behandlungstechnik stellt die Narzisstische Persönlichkeitsstörung mittlerweile eine der Standardindikationen für eine psychoanalytische Behandlung dar. Für ihre schwereren Ausprägungsgrade ist häufig auch eine psychoanalytische Psychotherapie indiziert.

Klinische Merkmale der Narzisstischen Persönlichkeitsstörung (NPS)

Die wesentlichen pathologischen Charakterzüge der NPS basieren auf
- pathologischer Selbstliebe,
- pathologischer Objektliebe,
- pathologischem Über-Ich.

Pathologische Selbstliebe manifestiert sich in einer exzessiven Selbstbezogenheit und Selbstzentriertheit. Die Patienten legen eine Grandiosität an den Tag, die sich in exhibitionistischen Tendenzen, dem Gefühl der Überlegenheit, Rücksichtslosigkeit und einer Diskrepanz zwischen großen Ambitionen und tatsäch-

2.2 Pathologischer Narzissmus und narzisstische Persönlichkeit

lich Erreichbarem widerspiegelt. Infantilen Werten, wie physische Attraktivität, Macht, Reichtum, Kleidung, Auftreten u. Ä., wird häufig große Bedeutung beigemessen. Jene, die über eine hohe Intelligenz verfügen, stellen diese nicht selten in den Dienst intellektueller Überheblichkeit.

Pathologische Selbstliebe geht mit einer übermäßigen Abhängigkeit von der Bewunderung durch andere einher, ohne dafür ein Gefühl der Dankbarkeit zu entwickeln. Die Bewunderung gilt als selbstverständlich und wird nicht so sehr als solche geschätzt. Das Gefühlsleben dieser Patienten, insbesondere in ihren Beziehungen zu anderen, ist seicht und oberflächlich. Grandiosität wechselt ab mit Gefühlen der Unsicherheit oder Minderwertigkeit, was den Eindruck entstehen lässt, dass sich diese Patienten entweder überlegen oder völlig wertlos fühlen. Am meisten jedoch fürchten sie »Durchschnittlichkeit« oder »Mittelmaß«, was die Grandiositat zum hervorstechendsten Merkmal der pathologischen Selbstliebe macht.

Die pathologische Objektliebe manifestiert sich in exzessivem, zuweilen auch überwältigendem Neid, der sowohl bewusst als auch unbewusst sein kann (im letzteren Fall sichtbar an den bewussten Versuchen, seine Existenz zu vermeiden oder zu verleugnen). Mittels bewusst oder unbewusst eingesetzter Entwertung versuchen sich diese Patienten gegen aufkommende Neidgefühle zur Wehr zu setzen. Auf bewusster Ebene zeigt sich dies in einem fehlenden Interesse an anderen Menschen und deren Arbeit oder Tätigkeiten sowie in einem Gefühl der Verachtung, das unterschiedlich stark ausgeprägt sein kann. Unbewusst wird das, was von anderen kommt, übernommen – um es gleichzeitig zu entwerten und dadurch zu etwas zu machen, um das man niemanden beneiden muss.

Eine andere Möglichkeit, Neid abzuwehren, ist Ausbeutung. Übermäßige Gier mündet im Wunsch zu »stehlen« oder sich anzueignen, was andere besitzen. Nicht selten trifft man hier auf eine Haltung rechthaberischer Anspruchlichkeit.

Pathologische Objektliebe geht mit der Unfähigkeit einher, von anderen abhängig zu sein. Eine temporäre Idealisierung anderer kann schnell in Entwertung umschlagen. Unbewusst scheinen andere zunächst als Idole wahrgenommen zu werden, um letztlich jedoch zu Feinden oder Idioten degradiert zu werden. Einfühlung oder die Fähigkeit zu echter Verbindlichkeit fehlen.

Das pathologische Über-Ich ist weniger entscheidend für die Diagnosestellung, jedoch von großer Bedeutung für die prognostische Einschätzung einer psychotherapeutischen Behandlung. Die genannten Charaktermuster und affektiven Störungen schließen auch die Unfähigkeit mit ein, differenzierte, unterschiedliche depressive Zustände (z. B. Gewissensbisse, Traurigkeit, melancholisches Um-sich-selbst-Kreisen) zu erleben, im Gegensatz zu schweren Stimmungsschwankungen, die häufig durch fehlgeschlagene grandiose Zielsetzungen, nicht erlangte Bewunderung oder aber Kritik ausgelöst werden und die die Größenphantasien des Patienten erschüttern. Der Selbstwert wird eher durch Scham als durch Schuld reguliert. Die Patienten zeigen wenig Interesse an ethischen, ästhetischen oder intellektuellen Werten; vielmehr muten ihre Werte infantil an und sind darauf ausgerichtet, Selbstwert und Stolz zu schützen. Ihre enorme Abhängigkeit von äußerer Bewunderung spiegelt indirekt ihr unreifes Über-Ich wider. Manche narzisstische Patienten mit besonders schwerer Über-Ich-Pathologie weisen ein Syndrom auf, das ich als »malignen Narzissmus« bezeichnet habe und auf das ich im Abschnitt »Die Psychodynamik narzisstischer Störungen« näher eingehen werde (s. S. 268ff).

Der elementare Selbstzustand im Rahmen einer Narzisstischen Persönlichkeitsstörung ist typischerweise der eines Gefühls der Leere und des Allein-Seins. Die Betreffenden sind in der Regel unfähig, von anderen zu lernen, haben einen intensiven Reizhunger und empfinden das Leben als bedeutungslos. Wird ihr Bedürfnis nach Bewunderung und Erfolg nicht erfüllt, verfallen sie bezeichnenderweise in Langeweile.

Das Kontinuum narzisstischer Pathologie reicht von nahezu »normalen« Persönlichkeiten bis hin zu einem Mischzustand mit Borderline-Charakterpathologie (»offenes Borderline-Funktionsniveau«). Für diese Patientengruppe kann eine differenzialdiagnostische Abgrenzung zu psychotischen Krankheitsbildern sinnvoll sein.

Jene Patienten, die sich auf dem höchsten Funktionsniveau bewegen (d. h. die am wenigsten schwere Pathologie aufwiesen), zeigen keine neurotischen Symptome und scheinen an die soziale Realität angepasst. Emotionalen Schwierigkeiten sind sie sich so gut wie nicht bewusst, ausgenommen eines chronischen Gefühls der Leere oder Langeweile sowie eines außerordentlichen Bedürfnisses nach Bestätigung und Erfolg. Ihre Unfähigkeit, sich in andere einzufühlen bzw. sich gefühlsmäßig auf sie einzulassen, ist bemerkenswert. Nur wenige von ihnen finden ihren Weg in unsere Praxis; wenn, dann sind es anderweitige Schwierigkeiten und nicht primär ihre narzisstische Pathologie, die sie in Behandlung führen.

Auf der mittleren Stufe der schweren Narzisstischen Persönlichkeitsstörung finden wir die typischen Symptome, die ich bereits beschrieben habe.

Am untersten Rand unseres Kontinuums (d. h. im Bereich der schwersten Pathologie) bewegen sich jene Patienten, die trotz der Abwehrfunktion, die ihr pathologisches Größen-Selbst in ihren sozialen Interaktionen bietet, offene Borderline-Züge an den Tag legen – also einen Mangel an Impulskontrolle und Angsttoleranz, schwere Beeinträchtigungen ihrer sublimatorischen Fähigkeiten sowie eine Neigung zu Wutausbrüchen oder chronischem Ärger bzw. schweren paranoiden Verzerrungen.

In früheren Arbeiten (1981; 1985; 1988) habe ich gezeigt, dass die spezifischen Charaktermerkmale von Patienten mit Narzisstischer Persönlichkeitsstörung einen pathologischen Narzissmus widerspiegeln, der sich sowohl vom normalen erwachsenen Narzissmus als auch von einer Fixierung bzw. Regression auf die Stufe des normal-infantilen Narzissmus unterscheidet. Im Gegensatz zum zuletzt genannten geht der pathologische Narzissmus mit der libidinösen Besetzung einer pathologischen Selbststruktur einher. Das pathologische Größen-

2.2 Pathologischer Narzissmus und narzisstische Persönlichkeit

Selbst, so meine damalige Überlegung, beinhaltet reale und ideale Selbstrepräsentanzen sowie ideale Objektrepräsentanzen. Entwertete oder durch Aggression gekennzeichnete Selbst- und Objektrepräsentanzen werden abgespalten oder dissoziiert, verdrängt oder projiziert. Die Auflösung des Größen-Selbst als Teil der systematischen Analyse narzisstischer Charakterwiderstände führt regelmäßig dazu, dass primitive Objektbeziehungen, Konflikte und Abwehrbewegungen ans Tageslicht gelangen bzw. in der Übertragung wiederbelebt werden, die für Entwicklungsphasen kennzeichnend sind, die ihrerseits dem Stadium der Objektkonstanz vorausgehen. Diese Übertragungen sind jedoch immer mit ödipalen Konfliktabkömmlingen verdichtet, sodass sie eine erstaunliche Ähnlichkeit mit jenen Übertragungsmanifestationen von Patienten mit einer Borderline-Persönlichkeitsorganisation aufweisen.

Die psychische Entwicklung der Narzisstischen Persönlichkeitsstörung verläuft nicht reibungslos entlang der frühen Entwicklungsstadien, wie sie von Jacobson (1973) und Mahler (Mahler u. Furer 1968; Mahler et al. 1975) beschrieben wurden. Ihre Darstellung der frühen Phasen von Separation, Individuation und Objektkonstanz liegt meinem theoretischen Modell zugrunde. Zwischen dem dritten und fünften Lebensjahr, so meine Auffassung, verbindet die narzisstische Persönlichkeit alle *positiven* Selbst- und Objektrepräsentanzen – anstatt »auf dem Weg zur Objektkonstanz« (Mahler et al. 1975) *positive* und *negative* Selbst- und Objektrepräsentanzen zu integrieren. Ergebnis ist ein extrem unrealistisches, idealisiertes, pathologisches Größen-Selbst. Genährt wird die Entwicklung eines pathologischen Größen-Selbst von Eltern, die sich dem Kind kalt und abweisend, aber bewundernd gegenüber verhalten. Narzisstische Individuen entwerten ihre realen Objekte, aber erst, nachdem sie sich jedoch jene Aspekte dieser Objekte angeeignet haben, die sie für sich selbst beanspruchen. Sie dissoziieren und verdrängen bzw. projizieren auf andere alle negativen Aspekte ihrer selbst und anderer.

Die idealen Selbst- und idealen Objekt-Repräsentanzen, die normalerweise ins Über-Ich einfließen, werden in das pathologische Größen-Selbst aufgenommen. Dies mündet in ein Über-Ich, in dem lediglich die aggressiv determinierten Anteile enthalten sind (d. h. die ehemals verbietenden und bedrohlichen Aspekte der Eltern-Imagines, die durch die Wucht der auf sie projizierten eigenen aggressiven Impulse des Kindes verzerrt wurden). Auch dieses harsche Über-Ich wird wiederum dissoziiert und projiziert, was der Entwicklung »verfolgender« äußerer Objekte Vorschub leistet und zum Verlust der normalen Über-Ich-Funktionen für die Selbstwertregulierung, wie zum Beispiel Zustimmung oder kritische Prüfung, führt.

Die Entwertung anderer und die Entleerung der inneren Welt von Objektrepräsentanzen ist ein Hauptgrund dafür, dass es der narzisstischen Persönlichkeit an normalem Selbstwert mangelt und er unfähig ist, sich in andere einzufühlen. Das Gefühl einer inneren Leere vermag nur durch nie versiegende Bewunderung durch andere sowie den Versuch, andere zu kontrollieren, kompensiert werden, um den Neid nicht spüren zu müssen, den die Unabhängigkeit anderer, ihre Freude am Leben sowie ihre Kreativität auslösen.

Die Psychodynamik narzisstischer Störungen

Innerhalb dieses deskriptiven und strukturellen Rahmens ist es uns nunmehr möglich, von einer psychodynamischen Perspektive aus die charakteristischen Merkmale der Antisozialen Persönlichkeitsstörung sowie des gesamten Spektrums narzisstischer Pathologie mit antisozialen Zügen zu formulieren, das von der narzisstischen Persönlichkeit über das Syndrom des malignen Narzissmus bis hin zur eigentlichen Antisozialen Persönlichkeitsstörung reicht. In meiner Definition der Antisozialen Persönlichkeitsstörung im eigentlichen Sinne beziehe ich mich zum einen direkt auf das von Robert Hare vorgestellte Konzept (vgl. Hare et al. 1991; Hare u. Hart 1995) sowie meine eigenen Arbeiten (1993), womit ich unmittelbar an Cleckleys (1941) klassische Darstellung anknüpfe und eine Verwässerung des Konzepts vermeide, wie sie im Zuge der DSM-Klassifikationssysteme aufgetreten ist.

Die klassische Antisoziale Persönlichkeitsstörung

Die klassische Antisoziale Persönlichkeitsstörung stellt die schwerste Form des pathologischen Narzissmus dar. Ihr Hauptcharakteristikum in struktureller Hinsicht ist die ausgeprägte Entstellung bzw. der Zerfall oder das gänzliche Fehlen des Über-Ich-Systems. Die frühesten Über-Ich-Vorläufer dieser Patienten, das heißt primitive verfolgende, aversive Repräsentanzen bedeutsamer anderer (auf die primitive aggressive Impulse projiziert werden), konnten nicht neutralisiert werden durch die Internalisierung idealisierter, nur guter, fordernder, aber befriedigender Repräsentanzen, die normalerweise die zweite Schicht an Über-Ich-Vorläufern bzw. das frühe Ich-Ideal darstellen. Das Fehlen idealisierter Objektrepräsentanzen des Ich-Ideals verhindert, dass es zu einer Abschwächung der bedrohlichen Verbots- und Bestrafungsphantasien der frühesten Über-Ich-Vorläufer kommen kann, sondern verstärkt vielmehr ihre defensive Reprojektion auf die Umwelt. In der Folge misslingt die realistische Einschätzung und Verinnerlichung von angemessenen Ge- und Verboten der dritten Stufe von Über-Ich-Vorläufern (die der fortgeschrittenen ödipalen Phase entsprechen würde), die stattdessen unter dem Diktat projizierter Aggression extrem verzerrt wahrgenommen werden. Die dritte Schicht von Über-Ich-Vorläufern – also die Internalisierung realistischer Ge- und Verbote, die der ödipalen Phase entstammen – kann sich somit nicht entwickeln.

Das daraus resultierende Fehlen eines normal integrierten Über-Ichs, das heißt eines Systems kohärenter internalisierter ethischer und moralischer Gebote, führt dazu, dass der Betreffende zur Regulierung seiner Interaktionen und seines Verhaltens vollständig auf unmittelbare äußere Zeichen angewiesen ist; es fehlt an jeglicher Unterstützung, wie wir sie normalerweise von unserem Über-Ich im Zuge von Selbsterfahrung und Identitätsbildung erfahren; stattdessen sind diese Menschen von sofortiger Bewunderung durch andere abhängig oder entwickeln Triumph- und Dominanzgehabe gegenüber ihrer Umwelt, um sich sicher zu fühlen und ihren Selbstwert zu schützen. Es fehlt auch an der Fähigkeit zu ethischer Selbstregulierung und zur Einfühlung in moralische und normative Wertsysteme anderer als wichtiges motivationales System in Beziehungen. Über projektive Mechanismen werden Selbstsucht, Misstrauen und Aggression allen anderen zugeschrieben, was die Fähigkeit zu Vertrauen, Intimität, Abhängigkeit und Erfüllung durch die von anderen erfahrene Liebe ausschließt. Zusammenfassend kann man sagen, dass zu den allgemeinen strukturellen Merkmalen dieser Menschen das Fehlen eines funktionierenden integrierten Über-Ichs gehört sowie ein hypertrophes, sich bedroht fühlendes und in Gefahr befindliches gewalttätiges Selbst, das darauf ausgerichtet ist, einer von Grund auf gefährlichen und gewalttätigen Welt gegenüberzutreten. Dieses pathologische grandiose und aggressiv durchsetzte Selbst ist die primitivste Form einer »Identifizierung mit dem Aggressor«.

Wenn wir diese pathologische Struktur in die Sprache unbewusster Phantasien übersetzen, dann spiegelt die Welt der Antisozialen Persönlichkeitsstörung die Pathologie internalisierter Objektbeziehungen wider, in diesem Fall die Grunderfahrung grausamer Aggression seitens elterlicher Objekte, eine Welt von Gewalt, die alle Beziehungs- und Interaktionserfahrungen geprägt hat. Das Fehlen jeglicher guten und verlässlichen Objektbeziehung führt

- zu einem Gefühl, dass die Guten schwach und unzuverlässig sind;
- zu Wut und Hass infolge von Frustration und unvermeidlicher Enttäuschung durch potenziell befriedigende Objekte;
- zu unbewusstem Neid auf andere, deren Verhalten nicht von einer gewalttätigen inneren Welt beherrscht scheint.

Das schmerzliche Gefühl von Neid und Hass verstärkt die machtvollen Abwehrbewegungen von Entwertung und Verachtung, die das pathologische Größen-Selbst dieser Menschen charakterisiert. Die, die etwas zählen in der Welt, sind die Mächtigen, denen man sich aber auch unterwerfen muss, die kontrolliert, manipuliert und vor allem gefürchtet werden müssen, denn die Mächtigen sind auch sadistisch und unberechenbar.

Die Umwandlung von Schmerz und chronischer Wut in Hass ist eine zentrale affektive Entwicklungslinie dieser Persönlichkeiten. Die strukturellen Merkmale von Hass implizieren die Beziehung zwischen einem gefährdeten Selbst und einem hasserfüllten sowie gehassten Objekt, das kontrolliert, gequält und letztlich zerstört werden muss. Die Projektion von Hass führt zu einer grundlegenden paranoiden Orientierung gegenüber einer Welt, die als hasserfüllt wahrgenommen wird und gegen die man sich mit Unehrlichkeit, Verrat und Aggression zur Wehr setzen muss. Angesichts kruder Selbstinteressen als einzigem Verhaltensmaßstab und angesichts einer Grundüberzeugung, dass das unberechenbare und gefährliche Verhalten mächtiger anderer durch impulsive Wut und Hass bestimmt wird, ist die Prüfung und Internalisierung eines Wertsystems irrelevant: Das Überleben hängt von vorsichtiger Unterwerfung, Ausflüchten und einer konsequenten Manipulation des Aggressors ab.

Mit anderen Worten: Die paranoide Grundhaltung der antisozialen Persönlichkeit sowie seine psychopathische Abwehr (Kernberg 1993) verhindern die Verinnerlichung von Wertsystemen, ja sogar die Idealisierung des Wertsystems des potenziellen Aggressors. In dieser Hinsicht unterscheidet sich die antisoziale Persönlichkeit vom Syndrom des malignen Narzissmus, der zumindest noch Ansätze eines idealisierten Wertsystems des Mächtigen in sich trägt, nämlich die Idealisierung des pathologischen Größen-Selbst im Sinne selbstgerechter Aggression sowie die Fähigkeit, sich mit anderen mächtigen Figuren als Teil einer kohäsiven »Gang« (Meltzer 1977) zu identifizieren, die zumindest eine teilweise Internalisierung von Loyalität und guten Objektbeziehungen ermöglicht. Im Gegensatz dazu erlebt der Psychopath nur Macht als verlässlich und sadistische Kontrolle als Hauptantriebsfeder in einer Welt, in der Macht und verachtenswerte Schwäche klar voneinander getrennt sind.

Die von Henderson (Henderson 1939; Henderson u. Gillespie 1969) vorgeschlagene differenzialdiagnostische Abgrenzung zwischen passivem und aggressivem Psychopathen scheint mir von großer klinischer Relevanz. Der passive Typus ist sehr viel weniger gefährlich und eröffnet somit Raum für psychotherapeutische Interventionen, so fraglich das Ergebnis auch sein mag. Die Gefährlichkeit des gewalttätigen Psychopathen verlangt sofortigen Schutz der Familie und der Gesellschaft – und des Therapeuten – als höchste Priorität im Umgang mit diesen Patienten. Dem passiven Typus ist es gelungen, mit den Mächtigen durch Pseudo-Unterwerfung und Hintergehen fertig zu werden – eine passiv-parasitäre Ausbeutung, die die Fähigkeit impliziert, unmittelbaren Ärger und Zorn zu kontrollieren und ihn in eine Art Zeitlupen-Aggression zu verwandeln, im Sinne eines »Wolfs im Schafspelz«. Die eigene Aggression kann verleugnet werden, während die Aufteilung der Welt in Wölfe und Schafe eine zusätzliche Komponente erfährt durch den Wolf, der sich unter Schafen versteckt.

Unabhängig davon, ob die psychopathische Persönlichkeit in erster Linie zum aggressiven oder passiven Typus gehört – die Befriedigung, die sie sucht, ist ausschließlich an Körperfunktionen gebunden: Essen, Trinken, Drogen und Alkohol sowie an eine Sexualität, die ihrer Objektbeziehungsinhalte, also jeglicher Liebe und Zärtlichkeit entledigt ist. In den schwersten Fällen aggressiver Psychopathie kann sexueller Sadismus zu einer Aufforderung zum Mord werden, was diese Menschen extrem gefährlich macht. Oder aber ihr Gefühlsleben wird so stark von früher Aggression beherrscht, dass selbst die Sinnlichkeit von Körperkontakt und Hauterotik ausgelöscht wird und damit auch jegliche Fähigkeit zu sexueller Befriedigung, die durch sinnlose physische Zerstörung, Selbstverstümmelung und Mord ersetzt wird.

Maligner Narzissmus

Das Syndrom des malignen Narzissmus ist eine etwas weniger schwere Form des pathologischen Narzissmus, mit signifikanten antisozialen Merkmalen, paranoiden Zügen und einer gegen das eigene Selbst und andere gerichteten Ich-syntonen Aggression, ohne dass jedoch die Über-Ich-Funktionen derart vollständig zerstört sind (Kernberg 1996b). Die Projektion bzw. Internalisierung der frühesten aggressiven Über-Ich-Vorläufer in Form eines gewalttätigen pathologischen Größen-Selbst wird im Falle des malignen Narzissmus durch die Fähigkeit modifiziert, zumindest auch einige idealisierte Über-Ich-Vorläufer in sich aufzunehmen. Diese Patienten sind in der Lage, mächtige Menschen zu idealisieren, und können von sadistischen und mächtigen, aber verlässlichen Eltern-Imagines abhängig sein. Das pathologische Größen-Selbst dieser Patientengruppe zeichnet sich dadurch aus, dass sowohl aggressive als auch idealisierte Über-Ich-Vorläufer internalisiert werden, was wiederum zur Idealisierung der aggressiven, sadistischen Merkmale des pathologischen Größen-Selbst der Patienten selbst führt: »Gerechte Empörung« wird zu »gerechter« Gewalt gegen sich selbst und andere. Die Idealisierung des mächtigen Selbst geht Hand in Hand mit der Fähigkeit, Loyalität zu empfinden und eine gewisse Toleranz für die dritte Ebene realistischer Ge- und Verbote des Über-Ichs an den Tag zu legen.

Die narzisstische Persönlichkeit

Die nächste Stufe auf unserem Kontinuum ist die narzisstische Persönlichkeit im eigentlichen Sinn. Hier hat ein gewisses Maß an Über-Ich-Entwicklung stattgefunden – mit Internalisierung der dritten Stufe realistischer Ge- und Verbote –, während das pathologische Größen-Selbst aufgrund seiner Idealisierung eine massive Abwehr gegen das Bewusstwerden unbewusster Aggression darstellt, insbesondere in ihrer Form von primitivem überragendem Neid. Tatsächlich sind die Abwehrmanöver gegen unbewussten Neid die vorherrschende Dynamik der narzisstischen Persönlichkeit, was gleichzeitig auf ihre Fähigkeit hinweist, gute Aspekte anderer zu erkennen, sie darum zu beneiden und sie sich aneignen zu wollen. Das antisoziale Verhalten dieser Patienten besteht in einer Ich-syntonen, rationalisierten Anspruchlichkeit und in der Gier eines pathologischen Größen-Selbst. Im Laufe einer erfolgreichen Behandlung kann es zu Konflikten zwischen sich auflösenden Über-Ich-Anteilen und noch bestehenden Überresten internalisierter Wertsysteme kommen.

Narzisstische Pathologie und antisoziales Verhalten in der Adoleszenz

Die wichtigste Aufgabe eines Psychiaters, der einen auffälligen Jugendlichen untersucht, besteht darin, den genauen Schweregrad der Psychopathologie zu eruieren und zwischen emotionalem Aufruhr als Teil einer Neurose oder Anpassungsreaktion einerseits und Anzeichen einer beginnenden Psychose oder schweren Charakterpathologie andererseits zu differenzieren. Unterschiedliche Schweregrade an Angst und Depression, emotionale Ausbrüche oder Wutanfälle, exzessive Aufsässigkeit und/oder Abhängigkeit, sexuelle Hemmung sowie polymorph-perverse sexuelle Impulse und Verhaltensweisen können sowohl bei Jugendlichen ohne schwere Charakterpathologie als auch bei psychotischen Erkrankungen oder schweren Charakterstörungen auftreten.

Dreh- und Angelpunkt einer differenzialdiagnostischen Einschätzung milderer Formen von Charakterpathologie und neurotischer Persönlichkeitsorganisation einerseits und schwerer Charakterpathologie und Borderline-Persönlichkeitsorganisation andererseits ist das jeweilige Niveau an Identitätsintegration. Dem erfahrenen Kliniker sollte diese Differenzialdiagnose keine großen Schwierigkeiten bereiten. Es ist wichtig, eine Identitätskrise als normale Erscheinung der Adoleszenz vom Syndrom der Identitätsdiffusion zu unterscheiden. Identitätskrisen spiegeln die Wucht relativ rasch aufeinander folgender körperlicher und psychologischer Wachstumsschübe wider:
- die Veränderungen der Pubertät
- die innere Konfusion, die das Auftauchen starker sexueller Impulse und den widersprüchlichen Druck, mit ihnen umzugehen, auslöst
- die breiter werdende Kluft zwischen der Wahrnehmung des Adoleszenten als Teil einer traditionellen Familie einerseits und seiner Selbstwahrnehmung andererseits

Identitätskrisen in der Adoleszenz beziehen sich somit auf eine bedeutsame Diskrepanz zwischen einem sich schnell wandelnden Selbstkonzept einerseits und der anhaltenden Erfahrung des Jugendlichen, wie andere ihn wahrnehmen, andererseits (Erikson 1966).

Identitätsdiffusion hingegen meint das Fehlen sowohl eines Selbstkonzepts als auch des Konzepts bedeutsamer anderer. Sie wurzelt meist in der frühen Kindheit und einer misslungenen Lösung der Individuations-Separations-Phase

(Mahler et al. 1975). Das Syndrom der Identitätsdiffusion kann die gesamte Kindheit hindurch vorhanden sein, wird jedoch, außer in den ganz schweren Fällen, erst dann manifest, wenn sich die protektiven Funktionen strukturierter Umwelt- und Kindheitserfahrungen in der Adoleszenz lockern.

Die Diagnose der Identitätsdiffusion und Realitätsprüfung

Die Diagnose der Identitätsdiffusion ist der erste Schritt auf dem Weg einer Einschätzung schwerer Charakterpathologie bei Jugendlichen. Auf die Bitte, sich selbst kurz zu beschreiben, um ein Bild von sich und seiner Person zu vermitteln, das ihn von anderen unterscheidet, werden in den meisten Fällen von Identitätsdiffusion widersprüchliche und chaotische Beschreibungen folgen. Es fehlt diesen Patienten an der selbstreflexiven Fähigkeit, sich ihrer chaotischen Art der Selbstdarstellung bewusst zu werden. In manchen Fällen kommt es auch zu einer rigiden Befolgung sozialer Normen – seien es Forderungen, die die Tradition oder die Familie vorschreibt – oder aber zu einer Anhängerschaft an die Klischees der jeweiligen Jugendkultur. Dieser rigide Stil im Umgang mit der inneren Erfahrung der Identitätsdiffusion spiegelt sich in dem wider, was als »stiller Borderline-Patient« bezeichnet wurde, der als relativ affektloser, unentschiedener, unbestimmter, pseudo-submissiver Jugendlicher imponiert (Sherwood u. Cohen 1994). Sowohl die rigide als auch die chaotische Selbstbeschreibung stehen in scharfem Kontrast zum reichhaltigen und sehr persönlich-individuellen Bild, das ein Jugendlicher mit einer normalen Identitätsintegration von sich zu zeichnen vermag. Während in diesem Fall der Diagnostiker eine plastische und konturierte Vorstellung davon entwickeln kann, wen er im Gespräch vor sich hat, kommt es im Falle einer Identitätsdiffusion zu Diskrepanzen zwischen Selbstdarstellung und Fremdwahrnehmung.

Zur Untersuchung der Ich-Identität bzw. des Selbstkonzepts gehört auch die Frage, wie die Repräsentanzen bedeutsamer anderer integriert sind – ein Aspekt, der besondere Aufmerksamkeit verlangt, da es im speziellen Fall der narzisstischen Persönlichkeit zu einer scheinbaren Integration aller möglichen Selbstkonzepte in das pathologische Größen-Selbst kommen kann, während die Integration eines Konzepts bedeutsamer anderer ganz offensichtlich fehlt. Als Diagnostiker erkennt man, wenn es dem Patienten nicht gelingt, ein lebendiges und integriertes Bild der wichtigsten Menschen in seinem Leben zu vermitteln.

Wie ich früher bereits ausgeführt habe (1985), kann ein Jugendlicher mit einer neurotischen Persönlichkeitsorganisation, der unter schweren Konflikten zu Hause und/oder in der Schule leidet und der einen aufsässigen und affektiv instabilen Interaktionsstil an den Tag legt, den Erwachsenen um sich herum, insbesondere Lehrern und Eltern, mit massiver Kritik begegnen. Er kann durchaus in Loyalitätskonflikte und Gruppenbildungsprozesse geraten und trotzdem in der

2 Zur Diagnostik

Lage sein, jene Menschen, mit denen er sich im Konflikt befindet, mit bemerkenswertem Tiefgang und großer Plastizität zu beschreiben. Ein Jugendlicher mit Identitätsdiffusion dagegen wird sich erstaunlich schwer tun, ein lebendiges Bild von jenen zu zeichnen, die ihm am nächsten stehen und mit denen die konflikthafte Auseinandersetzung um Abhängigkeit, Unterwerfung und/oder Rebellion am heftigsten entbrannt ist. Daher liefert die Aufforderung, die wichtigsten Bezugspersonen zu beschreiben – egal, ob er sie mag oder nicht –, zentrale Informationen darüber, inwieweit die Fähigkeit ausgebildet ist, das Konzept bedeutsamer anderer zu integrieren. Natürlich sollte ein Jugendlicher mit einer normalen Identitätsbildung in der Lage sein, in Fällen, in denen diese Bezugspersonen objektiv chaotisch und widersprüchlich sind, genau dies vermitteln zu können und kritisch und aus seinem inneren Bedürfnis heraus genau diese Widersprüche herauszufiltern.

Während das Fehlen eines integrierten Selbstkonzepts und eines integrierten Konzepts bedeutsamer anderer zur Identitätsdiffusion führt und so die Diagnose einer Borderline-Persönlichkeitsorganisation rechtfertigt, kann diese Diagnose durch die Überprüfung der Über-Ich-Funktionen überprüft bzw. untermauert werden. Im Rahmen einer normal integrierten Ich-Identität kommt es auch zur Herausbildung eines Über-Ichs, das heißt eines Prozesses, der frühe verfolgende, idealisierte und realistische Über-Ich-Vorläufer (der ödipalen Phase) sowie die abschließenden Prozesse von Depersonifizierung, Abstrahierung und Individualisierung des Über-Ichs umfasst und integriert. Fehlt es an einer normalen Identitätsintegration, wird dieser Prozess gestört, was ein unreifes Über-Ich in unterschiedlich starker Ausprägung zur Folge hat.

Neben der Qualität der Objektbeziehungen des betreffenden Jugendlichen ist der Grad der Über-Ich-Integration ein wesentlicher prognostischer Faktor für alle Formen psychotherapeutischer Intervention. Die Frage ist jeweils, ob der Jugendliche fähig ist, sich für Werte einzusetzen, die über seine eigenen Selbstinteressen und narzisstischen Gratifikationen hinausgehen: Interesse an Arbeit, Kunst, Kultur, das Vertreten einer bestimmten Ideologie sowie die reife Überprüfung dieser Besetzungen. Ganz offenkundig wird der kulturelle Hintergrund die jeweilige Wertorientierung wesentlich mit bestimmen; doch unabhängig vom sozioökonomischen oder kulturellen Rahmen haben Jugendliche mit einer normalen Identitätsintegration die Fähigkeit, sich für Ideale wie Freundschaft, Loyalität, Ehrlichkeit einzusetzen, sich für Sport oder Musik zu interessieren, für Politik, den Erfolg oder die Geschichte der Gruppe, der sie angehören. Im Falle einer Identitätsdiffusion existiert ein erstaunlicher Mangel an derartig besetzten Wertsystemen. Je ausgeprägter die Unreife des Über-Ichs, desto manifester kann das antisoziale Verhalten sein, das allerdings – um es von individuellen antisozialen Verhaltensweisen abzugrenzen – dahingehend untersucht werden muss, inwieweit es durch die Zugehörigkeit zu einer gesellschaftlichen Subgruppe mit bestimmt ist.

Ein zusätzlicher Indikator für ein normal integriertes Über-Ich ist die Fähigkeit zu romantischer Idealisierung und Verliebtheit. Während die noch fehlende Er-

2.2 Pathologischer Narzissmus und narzisstische Persönlichkeit

fahrung des Verliebtseins in der frühen oder mittleren Adoleszenz die Diagnose einer Über-Ich-Pathologie noch nicht rechtfertigt, spricht doch die Erfahrung intensiver Liebesgefühle oder Verliebtheit für eine gute Über-Ich-Integration – eine Fähigkeit, die normalerweise während der Latenz voll zur Entfaltung kommt, in ihrer Bedeutung für die frühe Kindheit jedoch für gewöhnlich unterschätzt wird (P. Kernberg u. Richards 1994).

Einige Merkmale, die bei Erwachsenen in der Regel auf eine schwere Charakterpathologie schließen lassen, sind, wenn es um die Phase der Adoleszenz geht, nicht so zentral wie die Faktoren Ich-Identität und Über-Ich-Reife. So haben primitive Abwehrmechanismen, wie sie typisch sind für eine Borderline-Persönlichkeitsorganisation im Erwachsenenalter, während der Adoleszenz sehr viel weniger diagnostische Relevanz. Angesichts der eindrücklichen regressiven Bewegung, um mit aufkommenden sexuellen Impulsen fertig zu werden, sowie angesichts des Versuchs, die Abhängigkeit von den Eltern zu verringern und frühe Konflikte mit dem Elternhaus auf Schule, soziale Gruppen und Autoritäten außerhalb zu übertragen, kann es – wie im Rahmen der normalen Wiederbelebung intensiver ödipaler Konflikte und präödipaler Abwehrmechanismen – zur Aktivierung eines breiten Spektrums von Abwehrbewegungen kommen, die von den reiferen, wie beispielsweise Verdrängung, bis hin zu primitiveren, wie etwa Spaltung, reichen. Spaltung, primitive Idealisierung, Entwertung, Projektion und projektive Identifizierung, Verleugnung, Omnipotenz und omnipotente Kontrolle können Hand in Hand gehen mit Verdrängung, Reaktionsbildung, Verschiebung, Intellektualisierung und verschiedenen Hemmungen, die sich bereits sehr früh im diagnostischen Interview manifestieren.

Im Fall einer neurotischen Persönlichkeitsorganisation ist es jedoch typisch, dass mit einem Rückgang der anfänglichen Angst des Jugendlichen während des diagnostischen Gesprächs auch die primitiven Abwehrbewegungen schwächer werden, wenngleich sie außerhalb der Behandlungssituation unvermindert anhalten können. Gleichzeitig lässt sich jedoch aus der Schwere der neurotischen Symptome, affektiven Krisen, polymorph-perversen Aktivitäten oder sexuellen Hemmungen noch nicht auf die Schwere der Pathologie schließen, außer in Fällen einer konsolidierten Perversion mit bedeutsamen und gefährlichen sadistischen und masochistischen Anteilen. In diesem Fall ist es für die diagnostische Einschätzung von Bedeutung, inwieweit die Kontrolle durch das Über-Ich vor einer exzessiven Aktivierung aggressiver Impulse schützt.

Alle bislang genannten diagnostischen Kriterien dienen dazu, eine neurotische Persönlichkeitsorganisation von einer Borderline-Persönlichkeitsorganisation abzugrenzen. Das Kriterium der Realitätsprüfung hingegen erlaubt die Differenzierung einer Borderline-Persönlichkeitsorganisation von einer psychotischen Persönlichkeitsorganisation, das heißt die Abgrenzung schwerster Charakterpathologien von einer beginnenden oder atypischen psychotischen Entwicklung. Es ist von entscheidender Bedeutung für diese Differenzierung, ob das Merkmal der Realitätsprüfung gegeben ist oder nicht. Wie ich an anderer Stelle

2 Zur Diagnostik

(1983; 1985) bereits ausführte, heißt Realitätsprüfung, das eigene Selbst vom Selbst der anderen unterscheiden zu können, intrapsychische Reize von äußeren Stimuli zu trennen und ein Gefühl für die herkömmliche äußere Realität aufrechtzuerhalten.

In praktischer Hinsicht bedeutet dies zunächst die Überprüfung, ob der Jugendliche Halluzinationen und/oder Wahnideen präsentiert, also »produktive Symptome« einer Psychose aufweist: Ist dies der Fall, so bedeutet dies auch den Verlust der Realitätsprüfung. In Fällen, in denen es keinen manifesten Hinweis für Halluzinationen oder Wahnvorstellungen gibt, sondern in denen abnorme sinnliche Wahrnehmungen oder Phantasiebildungen auftreten – so zum Beispiel Pseudohalluzinationen, Halluzinosen, Täuschungen oder überwertige Ideen –, ist es hilfreich zu erkunden, wie der Jugendliche selbst seine Symptome sieht und inwieweit er sich in die Haltung des Therapeuten diesen Symptomen gegenüber hineinversetzen kann.

Eine sehr hilfreiche Methode, die Fähigkeit zur Realitätsprüfung zu untersuchen, besteht darin, das festzuhalten, was bezüglich Verhalten, Affekt, inhaltlichen und formalen Denkprozessen als seltsam, bizarr, besonders oder unangemessen anmutet. Wenn er taktvoll damit konfrontiert wird, kann der Jugendliche womöglich die Beobachtung des Diagnostikers verstehen und eine Erklärung für die Diskrepanz zwischen Selbsterleben und Fremdbeobachtung liefern. Dies hieße, dass er mit der Realitätsprüfung des Therapeuten mitschwingen kann, sodass von einer ungestörten Realitätsprüfung auszugehen ist. Führt die Konfrontation hingegen zu einer weiteren Desorganisation, ist die Realitätsprüfung womöglich zusammengebrochen. Diese für einen erfahrenen Kliniker relativ einfache Vorgehensweise ist, wie bereits erwähnt, von enormem Wert für eine differenzialdiagnostische Abgrenzung zu atypischen Psychosen.

Ein Fallbeispiel:

> Ein junger Patient, der während seiner gesamten Schullaufbahn stets Klassenbester in Mathematik gewesen war, erreicht in der Oberstufe der High School in diesem Fach »nur« Platz zwei. Auf die Frage, wie ihn dies in eine derart tiefe depressive Krise stürzen könne, antwortet der junge Mann im Brustton der Überzeugung, als »bester Mathematiker weltweit« stelle der zweite Platz ein nicht wieder gut zu machendes Versagen dar. Wie er denn so sicher sein könne, so der taktvolle Einwand des Therapeuten, dass es nicht irgendwo auf der Welt noch einen jungen Mann seines Alters gebe, der ihm das Wasser reichen oder ihn gar in seinen mathematischen Fähigkeiten übertrumpfen könne? Die Antwort auf die Frage sind ein Wutausbruch und Schimpftiraden (der Untersucher sei ein »Idiot«). Dieser Zusammenbruch der Kommunikation bestätigte den Eindruck, dass es sich bei der Größenidee des Patienten weniger um eine überwertige Idee als Teil eines pathologischen Größen-Selbst, das heißt einer narzisstischen Struktur, handelte als vielmehr um eine tatsächliche

2.2 Pathologischer Narzissmus und narzisstische Persönlichkeit

Wahnvorstellung, was die Diagnose einer schizophrenen Erkrankung rechtfertigte.

Die Diagnose der Realitätsprüfung löst gewöhnlich das Problem der differenzialdiagnostischen Abgrenzung zwischen Borderline-Persönlichkeitsorganisation und psychotischer Persönlichkeitsorganisation. Es gibt jedoch Bedingungen, die diese Diagnosestellung erschweren: Zunächst sind hier jene Patienten zu nennen, die sich vollständig und über einen längeren Zeitraum von der äußeren Realität zurückziehen, ohne Sinnestäuschungen oder Wahnbildungen an den Tag zu legen. Der Zusammenbruch in der Schule bzw. im Studium, das Darniederliegen familiärer Bindungen sowie die Unfähigkeit, intime Beziehungen einzugehen, wirken für Außenstehende dramatisch, während der Betreffende selbst seiner Not erstaunlich gleichmutig gegenübersteht. In diesen Fällen ermöglicht eine vorsichtige Konfrontation mit der Diskrepanz zwischen der Besorgnis anderer und der eigenen Indifferenz in der Regel eine differenzialdiagnostische Abgrenzung zwischen einer schweren schizoiden/schizotypen Persönlichkeitsstörung und einer chronisch-schizophrenen Erkrankung.

In Fällen einer paranoiden Psychose weiß der jugendliche Patient oft sehr wohl, was vom Untersucher als psychotisch angesehen wird, und hält demzufolge die entsprechenden Informationen zurück. Eine differenzialdiagnostische Abklärung kann hier sehr viel mehr Zeit in Anspruch nehmen, obwohl projektive Testverfahren und fremdanamnestische Angaben die Verdachtsdiagnose eher untermauern können.

Eine dritte und häufige Schwierigkeit zeigen jene Patienten, deren Verhalten so abwehrend und negativistisch ist, dass die Frage der Realitätsprüfung nicht angemessen beantwortet werden kann. Auch hier sind genaue fremdanamnestische Daten (aus Schule, Elternhaus, Freundeskreis) sowie eventuell vorliegende sozialpsychiatrische Berichte und psychologische Testverfahren hilfreich. Die ausgeprägt negativistische Haltung im Rahmen nichtpsychotischer Erkrankungen schwächt sich normalerweise im Laufe mehrerer diagnostischer Interviews ab, während dies für eine genuin psychotische Entwicklung nicht zutrifft.

Schließlich gibt es (relativ selten) jene Gruppe von Patienten, die eine der aktuellen Symptomatik lange vorausgehende Vorgeschichte von Halluzinationen oder Wahngedanken aufweisen. Oft handelt es sich um die wahnhafte Vorstellung, die manchmal von Kindheit an besteht, in einem bestimmten Alter oder sehr früh zu sterben, oder aber um chronische Halluzinationen, ohne Anzeichen einer emotionalen Störung. Auch in diesen Fällen gelangt man über projektive Testverfahren und die wiederholte Evaluierung der Realitätsprüfung zu einer angemessenen diagnostischen Beurteilung, die auch jene Bereiche umfasst, die von der chronischen Symptomatik nicht betroffen sind. Bei einigen dieser Fälle mit chronisch halluzinatorischer Symptomatik und/oder Wahnsymptomatik – insbesondere, wenn diese depressiv getönt sind – handelt es sich um atypische affektive Erkrankungen. Die Abklärung einer in der Persönlichkeitsstruktur des

Betreffenden verankerten depressiven Symptomatik kann die Diagnosestellung erleichtern.

Die Diagnose narzisstischer Pathologie im Jugendalter

Die Narzisstische Persönlichkeitsstörung ist eine der häufigsten Persönlichkeitsstörungen. Je schwerer die narzisstische Charakterpathologie, desto eher wird man auf sie aufmerksam. Kinder mit einer Narzisstischen Persönlichkeitsstörung haben oft erhebliche Probleme in ihren Beziehungen zu Hause und in der Schule. Gewöhnliche Freundschaften werden durch exklusive Beziehungen, die von Dominanz und Unterwerfung geprägt sind, und durch die Inszenierung von Größenphantasien ersetzt. Innerhalb der Familie versuchen diese Jugendlichen, omnipotente Kontrolle auszuüben und können es nicht ertragen, wenn sie nicht im Zentrum stehen oder andere beherrschen. Sie sind unfähig zu Gegenseitigkeit, Dankbarkeit und nicht narzisstisch motivierten Objektbesetzungen, was den pathologischen Narzissmus im Kindesalter vom normalen infantilen Narzissmus unterscheidet.

Ersterkrankungen während der Adoleszenz sind weniger gravierend als jene, die bereits im Kindesalter diagnostiziert werden, jedoch schwerwiegender als Erstmanifestationen im frühen Erwachsenenalter, wenn sich herausstellt, dass keine intimen Liebesbeziehungen eingegangen werden können und es zu ersten Zusammenbrüchen in Studium und Beruf kommt. Der Zusammenhang zwischen Schweregrad und Erstmanifestation einer narzisstischen Psychopathologie gilt auch für die Borderline-Persönlichkeitsorganisation im Allgemeinen. Allerdings hat die Narzisstische Persönlichkeitsstörung einige Besonderheiten, die ihre Abgrenzung innerhalb der größeren Gruppe von Patienten mit Borderline-Persönlichkeitsorganisation erlauben.

Zunächst einmal weist das Syndrom der Identitätsdiffusion im Fall der narzisstischen Persönlichkeit die Besonderheit eines augenscheinlich gut integrierten Selbstkonzeptes auf – wobei es sich allerdings um ein pathologisches Größen-Selbst-Konzept handelt, das an eine deutlich mangelhafte Integration der Repräsentanzen bedeutsamer anderer geknüpft ist. Es ist charakteristisch für die Narzisstischen Persönlichkeitsstörungen, dass die Betreffenden kaum fähig sind, sich in andere einzufühlen oder ein Gefühl der Verbindlichkeit und Loyalität in Freundschaften zu entwickeln. Ihre Beziehungen sind beherrscht von bewusstem und unbewusstem Neid. Ihr Verhalten ist eine Mischung aus Entwertung anderer, symbolischer Zerstörung dessen, was sie von ihnen bekommen, Ausbeutung, Gier, Anspruchshaltung und der Unfähigkeit, genuin von anderen abhängig zu sein. Das pathologische Größen-Selbst dieser Jugendlichen zeigt sich in übertriebener Selbstbezogenheit und Selbstzentriertheit. Ihre Größenphantasien äußern sich häufig in exhibitionistischen Zügen, Überheblichkeit, Rück-

2.2 Pathologischer Narzissmus und narzisstische Persönlichkeit

sichtslosigkeit und einer Diskrepanz zwischen hoch gesteckten Zielen und begrenzten Fähigkeiten. Ihr exzessives Bedürfnis nach Bewunderung kann auch als Abhängigkeit fehlinterpretiert werden. Doch im Gegensatz zu abhängigen Persönlichkeiten sind sie unfähig, Dankbarkeit jenen gegenüber zu empfinden, die ihre Bedürfnisse erfüllen. Die Seichtheit ihres Gefühls- und Selbsterlebens spiegelt sich häufig wider in Reizhunger sowie einem Gefühl der Leere und Langeweile.

Häufig ist Schulversagen ein vorherrschendes Symptom. Wie ich bereits früher (vgl. Kernberg 1985) ausführte, sind Lernstörungen an der Tagesordnung, da Lernen mit der Vorstellung interferiert, bereits alles zu wissen oder Informationen durch nur einmaliges Sehen oder Lesen bereits speichern zu können. Verfügt der narzisstische Jugendliche über eine hohe Intelligenz, dann kann er exzellente schulische Leistungen vollbringen, solange er nichts dafür tun muss. Oftmals kommt es zu einer Mischung von herausragenden Leistungen in Fächern, in denen er sich leicht tut, und völligem Versagen in jenen, in denen er sich anstrengen müsste. Sich anstrengen und der unbewusste Neid, der dadurch hervorgerufen wird, werden als Beleidigung erlebt. Eine sekundäre Entwertung jener Fächer, in denen sie schlecht sind, mündet so in einen Teufelskreis von schulischem Versagen.

Ein Beispiel: Ein Patient lernt als kleines Kind mühelos schwimmen, versagt aber im Skiunterricht – was zurückgeht auf die erste Unterrichtsstunde, als ihm klar wird, dass seine älteren Geschwister sehr viel besser Ski fuhren als er. Die Bereitschaft zu lernen, wurde dadurch zunichte gemacht.

Das innere Erleben von Grandiosität und Anspruchsdenken, der enorme Neid und die Entwertung, die begrenzte Fähigkeit zur Empathie und Verbindlichkeit, alles Kardinalsymptome der narzisstischen Persönlichkeit, sind bei Jugendlichen nicht immer leicht auszumachen, da sie an der Oberfläche ein sehr unterschiedliches Verhalten bieten können. Im typischen Fall ist es eine Haltung von Überheblichkeit und Selbstsicherheit, ein charmantes, verbindliches und freundlich-verführerisches Auftreten, das die spontanen Erstkontakte des Patienten charakterisiert, hinter dem sich jedoch ein pathologisches Größen-Selbst verbirgt. In atypischen Fällen wiederum kann das Oberflächenverhalten geprägt sein von Angst, Anspannung, Unsicherheit und Schüchternheit, während zugleich gefürchtet wird, die eigene Überlegenheit zu gefährden oder das Bedürfnis nach Bewunderung unerfüllt zu sehen. Tatsächlich leiden manche narzisstische Patienten an wahren Anfällen von Unsicherheit, und der Stress solcher Episoden kann, im Sinne einer sekundären Abwehrbewegung, Schüchternheit hervorrufen, die sie vor der Enttäuschung ihrer narzisstischen Ansprüche schützt. Manche besser funktionierenden Patienten legen auch eine Art konventioneller Rigidität an den Tag, die die normale Tiefe von Beziehungen, Ideen und Werten ersetzen soll.

Die mangelhafte Über-Ich-Integration der Borderline-Persönlichkeitsorganisation wird im Falle der narzisstischen Pathologie noch verstärkt, da die idealisierten Über-Ich-Vorläufer (das Ich-Ideal) ins pathologische Größen-Selbst aufgenommen sind. Diese Verdichtung des pathologischen Größen-Selbst mit dem Ich-Ideal führt zu einer Art falscher Identitätsintegration und fördert unspezifische Manifestationen von Ich-Stärke (Angsttoleranz, Impulskontrolle, ein gewisses Maß an Sublimierungsfähigkeit), was diesen Patienten ein sehr viel besseres Funktionsniveau attestiert als dem gewöhnlichen Borderline-Patienten.

Die Aufnahme des Ich-Ideals in das Selbst führt zu einer Beeinträchtigung der inneren Welt der Objektbeziehungen und der Fähigkeit zu nichtnarzisstischer Objektbesetzung. Hauptsächlich jedoch kommt es zu einer Fehlentwicklung eines reifen Über-Ichs, das sich in relativ milden Fällen im Fortbestehen infantiler Werte zeigt, zum Beispiel der übermäßigen Beschäftigung mit physischer Attraktivität, Kleidung, Besitz und konventionellen Prestigeobjekten – je nach kulturellem Hintergrund. Die mangelhafte Über-Ich-Integration wird außerdem in der Unfähigkeit erkennbar, normale Trauer zu zeigen oder auf Fehlverhalten und Kritik mit differenzierter Selbstkritik anstatt schweren Stimmungsschwankungen zu reagieren. Die Selbstregulierung des Verhaltens erfolgt eher über die Vermeidung von Scham denn Schuldempfinden.

In schwereren Fällen äußert sich die mangelhafte Über-Ich-Integration unmittelbar in antisozialem Verhalten. Das pathologische Größen-Selbst toleriert Aggression, die sich wiederum in Form Ich-syntoner sadistischer, autoaggressiver, selbstverstümmelnder oder suizidaler Verhaltensweisen Ausdruck verschafft. Da das Ich-Ideal in das pathologische Größen-Selbst absorbiert wurde, können die Über-Ich-Vorläufer nicht problemlos in ein allgemein integriertes Über-Ich einfließen, sondern werden als paranoide Züge reprojiziert. Die in diesen schweren Fällen vorliegende Kombination von Narzisstischer Persönlichkeitsstörung, antisozialem Verhalten, Ich-syntoner Aggression und Paranoia mündet in das Syndrom des malignen Narzissmus, der schwersten – wenngleich psychotherapeutisch immer noch erreichbaren – Form Narzisstischer Persönlichkeitsstörung.

> Fälle, in denen die Über-Ich-Pathologie so weit geht, dass keinerlei Über-Ich-Funktionen mehr vorhanden sind, machen die **Antisoziale Persönlichkeitsstörung** im strengen Sinne aus. (Im Gegensatz zur weniger präzisen Definition dieser Persönlichkeitsstruktur, wie sie im DSM zu finden ist.)

Die Antisoziale Persönlichkeitsstörung im Jugendalter

Die Antisoziale Persönlichkeitsstörung stellt die schwerste Form narzisstischer Charakterpathologie dar. Sie kann definiert werden als Narzisstische Persönlichkeitsstörung mit einem extremen Mangel an Über-Ich-Funktionen. Klinisch gesehen kann die antisoziale Persönlichkeit unterteilt werden in einen aggressiven Typus und einen passiv-parasitären Typus (Henderson 1939; Henderson u. Gillespie 1969).

2.2 Pathologischer Narzissmus und narzisstische Persönlichkeit

Untersucht man Jugendliche mit einer Antisozialen Persönlichkeitsstörung, so stellt man fast immer fest, dass es bereits in der frühen Kindheit zu Symptommanifestationen gekommen ist. Die Tendenz in der DSM-III- und DSM-IV-Nomenklatur zwischen »Verhaltensstörung« in der Kindheit und »Antisozialer Persönlichkeitsstörung« im Erwachsenenalter zu unterscheiden, indem eine künstliche Altersgrenze bei 18 Jahren gesetzt wird, bevor man überhaupt eine Antisoziale Persönlichkeitsstörung diagnostizieren darf, ignoriert diese Kontinuität (Hare 1970; Hare u. Shalling 1978; Kernberg 1996b). Von einem psychopathologischen und klinischen Standpunkt aus betrachtet scheint die Unterscheidung zwischen Verhaltensstörung und Antisozialer Persönlichkeitsstörung absurd. Angesichts der schwerwiegenden Implikationen einer Antisozialen Persönlichkeitsstörung auf jeder Altersstufe ist es wichtig, dass ein Kliniker, der einen Jugendlichen mit signifikantem antisozialen Verhalten untersucht, darauf eingestellt ist, diese Diagnose zu stellen. In einer früheren Arbeit (vgl. Kernberg 1996b) habe ich die Differenzialdiagnose zwischen Antisozialer Persönlichkeitsstörung, malignem Narzissmus und Narzisstischer Persönlichkeitsstörung im engeren Sinne untersucht und möchte im Folgenden kurz die Hauptmerkmale der Antisozialen Persönlichkeitsstörung zusammenfassen, um diese vom Syndrom des malignen Narzissmus und der weniger schweren Narzisstischen Persönlichkeitsstörung zu unterscheiden, die beide auch antisoziale Züge tragen können.

Es ist wichtig, sich zu vergegenwärtigen, dass der passiv-parasitäre Typus der antisozialen Persönlichkeit normalerweise in der frühen Kindheit unbemerkt bleibt, insbesondere, wenn antisoziale Merkmale der Familie und des sozialen Hintergrundes des Patienten sein eigenes antisoziales Verhalten in kulturell tolerierten Verhaltensmustern aufgehen lassen. So kann es zum Beispiel vorkommen, dass früh auftretende Betrügereien in der Schule, Stehlen und gewohnheitsmäßiges Lügen in einer Umgebung sozialer Desorganisation und schwerer Familienpathologie nicht ernst genommen werden, während in einem relativ stabilen und gesunden Familienumfeld Verhaltensweisen dieser Art ausgesprochen auffällig wären. Antisoziale Tendenzen oder schwere narzisstische Pathologien seitens der Eltern können das passiv-parasitäre antisoziale Verhalten eines Kindes – charakterisiert durch Manipulation, Ausbeutung, Lügen, Stehlen und Betrügen in der Schule – »vertuschen«.

Der eher aggressive Typus der Antisozialen Persönlichkeitsstörung wird aufgrund der unmittelbaren Folgen für sein soziales Umfeld gewöhnlich schneller erkannt. Wie Paulina Kernberg (1989) gezeigt hat, zeichnet sich der aggressive Typus durch extreme Aggression von frühester Kindheit an aus, bis dahin, dass es zu gewalttätigem und destruktivem Verhalten gegenüber Geschwistern, Tieren und dem Eigentum anderer kommt. Nicht selten haben die Eltern dieser Kinder Angst vor ihnen. Sie legen eine »affektlose« Aggression, chronische Manipulationsneigung und Paranoia an den Tag, sind unfähig, Freunde zu gewinnen, und errichten zu Hause oder in der Schule oftmals eine wahre Schreckensherrschaft. Häufig gelingt es den Eltern nicht, die sozialen Behörden von der Schwere der Situation zu überzeugen. Im frühen Jugendalter überschreitet die Aggression dieser Kinder dann auch die familiäre Schwelle und kann in offen kriminelles Verhalten münden.

Vom diagnostischen Standpunkt aus sind die wesentlichen Merkmale einer antisozialen Persönlichkeit folgende:
- Zunächst einmal sind es die Merkmale der Narzisstischen Persönlichkeitsstörung, wie ich sie oben beschrieben habe.
- Im Falle der antisozialen Persönlichkeit vom vorwiegend aggressiven Typus sind es die Symptome des malignen Narzissmus. Der vorwiegend passiv-parasitäre Typus zeichnet sich nicht durch Gewalt, sondern passiv-ausbeuterisches Verhalten, wie zum Beispiel Lügen, Betrügen, Stehlen und Ausbeutung anderer aus.
- Eine sorgfältige Evaluierung der Vorgeschichte ergibt schließlich nicht selten, dass antisoziales Verhalten bereits seit der frühen Kindheit vorliegt.
- Ein grundlegendes Merkmal dieser Patienten ist ihre Unfähigkeit, Schuld und Reue angesichts ihrer Taten zu empfinden. Sie mögen sich durchaus zerknirscht geben, wenn sie gefasst werden, nicht jedoch, solange sie davon ausgehen, unentdeckt zu bleiben. Moralische Kategorien, zum Beispiel des Untersuchers, sind für sie nicht nachvollziehbar. Sie mögen zwar geschickt Motivation und Verhalten des Gegenübers erkennen, doch der Gedanke ethischer Beweggründe ist ihnen völlig fremd – was sich auch in ihrem Unverständnis der Haltung des Untersuchers gegenüber widerspiegelt –, ebenso wie Gefühle von Traurigkeit, Besorgnis oder moralischem Schock, die durch grausames oder ausbeuterisches Verhalten hervorgerufen werden.
- Es ist diesen Jugendlichen nicht möglich, andere *nicht* auszubeuten. Sie sind von einer Gleichgültigkeit und Kälte, die auch vor Haustieren nicht Halt macht, die sie misshandeln oder aussetzen, ohne etwas dabei zu empfinden.
- So wenig sie für andere sorgen, so wenig Selbstfürsorge legen sie an den Tag. Ein Gefühl für Zeitlichkeit oder vorausschauende Planung existiert nicht. Während konkretes antisoziales Handeln auf kurze Sicht exzellent geplant werden kann, gelten die Langzeitfolgen ihrer Taten als emotional bedeutungslos und werden daher völlig ignoriert. Ein Gefühl für die Zukunft zu entwickeln gehört zu den Fähigkeiten eines funktionierenden Ichs und Über-Ichs, was diesen Patienten völlig fehlt.
- Die unzulängliche affektive Besetzung bedeutsamer anderer geht einher mit einem Mangel an normaler Selbstliebe, was sich in abwehrendem, furchtlosem, potenziell selbstdestruktivem Verhalten äußert, in einer Bereitschaft für impulsive Suizidversuche, wenn sie sich in die Enge gedrängt fühlen; nicht zuletzt geht von diesen Menschen eine ernsthafte Bedrohung aus, andere zu verletzen und zu töten, wenn sie sich in einem Zustand intensiver Wut befinden.
- Die Fähigkeit, depressive Gefühle und Trauer zu empfinden, ist verkümmert, die Angsttoleranz begrenzt – Letzteres wird deutlich in der raschen Entwick-

lung neuer Symptome oder in der Manifestation antisozialen Verhaltens, wenn sie sich durch äußere Strukturen bedroht oder kontrolliert fühlen.
- Die Unfähigkeit, aus Erfahrung zu lernen oder aber den Therapeuten als Quelle für Neues oder moralische Unterstützung zu nutzen. Hinter dieser Unempfindlichkeit verbirgt sich eine radikale Entwertung jeglicher Wertsysteme, ein Gefühl, dass das Leben ein immerwährender Kampf ist – unter Wölfen, zwischen Wölfen und Schafen oder unter vielen Wölfen im Schafspelz.
- Die Unfähigkeit, sich zu verlieben. Zärtlichkeit und Sexualität sind nicht integriert, und die sexuellen Beziehungen dieser Patienten haben etwas Mechanisches, das sie permanent unbefriedigt sein lässt. Entwickeln antisoziale Persönlichkeiten eine Perversion, können sie zu einer extremen Gefahr für andere werden. Die Kombination von schwerer Aggression, fehlendem Mitgefühl sowie misslungener Über-Ich-Entwicklung liefert die Grundlage für Massen- und Sexualmord.

In den diagnostischen Interviews hat man es mit einem Gegenüber zu tun, das Paulina Kernberg (persönliche Mitteilung) als »holographischen Menschen« beschrieben hat: Manipulationsneigung, pathologisches Lügen und fadenscheinige Rationalisierungen zeichnen ein unkonturiertes, schillerndes und widersprüchliches Bild, was die eigene Person, das eigene Leben und die jeweiligen Beziehungen angeht. Um eine entsprechende Diagnose zu stellen, sind ausführliche anamnestische und fremdanamnestische Erhebungen sowie eine genaue Beobachtung des Interaktionsverhaltens in der therapeutischen Situation bzw. mit äußeren Bezugspersonen vonnöten, um unterschiedlichen Versionen ein und derselben Lebensgeschichte auf die Spur zu kommen, die diese Patienten bei unterschiedlichen Gelegenheiten womöglich präsentieren.

Dazu kann es sinnvoll sein, taktvoll nachzufragen, warum es in bestimmten Situationen wohl *nicht* zu antisozialem Verhalten gekommen sein mag, während es doch sonst vom Betreffenden zu erwarten gewesen wäre? Die Unfähigkeit, sich mit ethischen Normen zu identifizieren, ist in den entsprechenden Antworten oft unübersehbar, selbst wenn die Patienten bemüht sind, das Bild eines ehrlichen und verlässlichen Individuums von sich zu zeichnen. Ein Patient, der den Therapeuten belügt, sollte damit natürlich auf nicht bestrafende Art und Weise konfrontiert werden – hauptsächlich deshalb, um herauszufinden, ob Schuld, Reue oder Scham Empfindungen sind, die ihm noch zur Verfügung stehen. Die Narzisstische Persönlichkeitsstörung mit passiv-parasitären Tendenzen wird dieselben allgemeinen Charakteristika an den Tag legen, wie sie auch für den aggressiven Typus gelten, ausgenommen direkte aggressive Angriffe – sei es auf das Leben oder Eigentum anderer, auf Tiere oder das eigene Selbst. Patienten mit dem Syndrom des malignen Narzissmus (ohne antisoziale Persönlichkeit im eigentlichen Sinne) können Schuld empfinden, Selbstfürsorge entwickeln, in begrenztem Umfang nicht ausbeutende Beziehungen unterhalten sowie auf einen Rest an authentischen Über-Ich-Funktionen zurückgreifen und sich von anderen abhängig zeigen. Ihre Prognose ist als signifikant besser anzusehen.

Antisoziales Verhalten an sich stellt noch keine Diagnose dar. Es kann bei Patienten mit Borderline-Persönlichkeitsorganisation und anderen Persönlichkeitsstörungen ebenso auftreten wie bei Patienten mit neurotischer Persönlichkeitsorganisation oder gut integrierter Ich-Identität. Zuweilen spiegelt antisoziales Verhalten auch eine neurotische Entwicklung bei Jugendlichen mit extrem rebellischen Zügen oder gar eine normale Anpassungsreaktion auf pathologische Subgruppen wider (»dissoziale Reaktion«). Diese Fälle haben eine exzellente Prognose, wenn die zugrunde liegende Charakterpathologie oder die neurotische Symptombildung psychotherapeutisch angegangen wird. Bei allen adoleszenten Patienten mit antisozialem Verhalten ist somit von zentraler Bedeutung, das Syndrom der Identitätsdiffusion, das Vorliegen einer Narzisstischen Persönlichkeitsstörung, das Syndrom des malignen Narzissmus sowie eine Antisoziale Persönlichkeitsstörung im eigentlichen Sinn auszuschließen.

Pathologischer Narzissmus und Perversion (Paraphilien)

Definition und Psychodynamik der Perversion

Klinisch gesprochen können **Perversionen** als zeitlich überdauernde, rigide Einschränkungen des Sexualverhaltens definiert werden, in dessen Rahmen ein polymorph-perverser, infantiler Partialtrieb als obligatorische und unverzichtbare Voraussetzung für sexuelle Erregung und Orgasmus benötigt wird (Kernberg 1989b; 1991; Stoller 1975).

Alle sexuellen Perversionen vereinen in sich eine schwere Hemmung der sexuellen Freiheit und Flexibilität, die einhergeht mit einer Idealisierung eines bestimmten sexuellen Szenarios, das dem jeweils vorherrschenden infantilen polymorph-perversen Partialtrieb entspringt. Die Diagnose sexueller Sadismus, Masochismus, Voyeurismus, Exhibitionismus, Fetischismus und Transvestitismus ist nicht schwierig, solange man sich an diese Definition hält. Sie ist auch anzuwenden auf Fälle episodischer Perversion, in deren Rahmen dissoziative Phänomene das Ausleben einer Perversion erlauben und sich mit einer ansonsten konventionellen, zum Teil verarmten Sexualität abwechseln bzw. gänzlich davon abgespalten sind.

Auf deskriptiver Ebene können Perversionen entlang eines Kontinuums klassifiziert werden, das unterschiedliche Schweregrade umfasst, bis hin zu einem Punkt, an dem aggressive Verhaltensweisen eine bestimmte Perversion beherr-

2.2 Pathologischer Narzissmus und narzisstische Persönlichkeit

schen und für die potenzielle Objektbeziehung, in der diese Perversion gelebt wird, lebensgefährlich werden. Neben dieser Gefahr der schweren Fälle von Perversion, wie sie bereits genannt wurden, zeigt sich eine solch aggressive Infiltration ganz besonders in Fällen von Pädophilie sowie den selteneren Fällen von Zoophilie, Koprophilie, Urophilie und natürlich Nekrophilie.

Auf psychodynamischer Ebene besteht innerhalb der psychoanalytischen Literatur Übereinstimmung darüber, die Perversionen in zwei Hauptgruppen gemäß ihres jeweiligen Schweregrades zu unterteilen. André Lussiers (1982) Arbeiten zum Fetischismus sind hier richtungsweisend. Rigidität des perversen Musters, Entwicklung eines an die jeweilige Perversion geknüpften idiosynkratischen »Szenarios« sowie eine beeindruckende Hemmung sexueller Phantasietätigkeit und Neugier außerhalb dieses Szenarios sind als Merkmale beiden Klassifikationsgruppen gemein. Ein wichtiges gemeinsames Charakteristikum des perversen Szenarios höherer Ordnung ist, dass Aggression »contained« bzw. in den Dienst von Liebe und Erotik gestellt werden kann. Dieses Containment verschafft ein Gefühl der Sicherheit sowie eine intensive erotische Erfahrung, in der die sadomasochistische Verschmelzung bzw. innere Identifizierung als Täter und Opfer die Verschmelzung mit dem Objekt in sexueller Erregung und Orgasmus noch verstärkt. Die höheren strukturellen Ebenen bei Perversionen wurden am besten in den klassischen Konzeptualisierungen von Freud selbst erfasst (1905; 1919; 1927; 1939). Die Fixierung an einen Partialtrieb dient hier der Verleugnung von Kastrationsangst mithilfe der Inszenierung eines prägenitalen sexuellen Szenarios als Abwehr gegenüber genitalen ödipalen Konflikten. Genitale Sexualität wird als Realisierung ödipaler Wünsche gefürchtet; eine schwere Kastrationsangst ist an mächtige aggressive Anteile des positiven Ödipuskomplexes gebunden; jede sexuelle Begegnung wird zur symbolischen Inszenierung der Urszene; und jede regressive Bewegung auf ein präödipales Entwicklungsniveau hat eindeutig Abwehrfunktion. Präödipale Aggression gehört nicht zu den zentralen aggressiven Komponenten des Ödipuskomplexes bei diesen Patienten. Klinisch gesehen erscheinen Perversionen auf diesem Niveau typischerweise im Rahmen einer neurotischen Persönlichkeitsorganisation, das heißt im Rahmen von Zwanghaften, Depressiv-Masochistischen und Hysterischen Persönlichkeitsstörungen (Kernberg 1996a).

Auf dem zweiten, niedrigeren Organisationsniveau der Perversion, die in der neueren psychoanalytischen Literatur beschrieben wird (Chasseguet-Smirgel 1984; Lussier 1982), ist eine typische zweischichtige Abwehrorganisation wirksam, in deren Rahmen es zu einer Verdichtung ödipaler Konflikte mit schweren präödipalen Konflikten kommt, deren aggressive Aspekte das klinische Bild beherrschen. Diese Form der Perversion findet man in der Regel im Rahmen der Borderline-Persönlichkeitsorganisation. Tatsächlich überschneidet sich die charakteristische Psychodynamik der Borderline-Persönlichkeit, die ich auf der Grundlage des Psychotherapie-Forschungsprojekts der Menninger Foundation (Kernberg 1975) dargestellt habe, dramatisch mit der Dynamik schwerer Perver-

sionen, auf die André Lussier (1982) in seiner Studie zum Fetischismus Bezug nimmt.
Die schwere Form der Perversion begegnet uns bei zwei Persönlichkeitsorganisationen:
- im Rahmen der gewöhnlichen Borderline-Struktur vorwiegend mit Spaltungsmechanismen, die Ich und Über-Ich betreffen, sowie einer Kombination von sadistischen und masochistischen Zügen in Sexualität und allgemeiner Charakterstruktur, die die abnorme Verarbeitung der Aggression widerspiegeln
- im Rahmen der Narzisstischen Persönlichkeitsstruktur, in der aggressive Aspekte verdichteter ödipaler und präödipaler Konflikte das perverse Szenario infiltrieren; im Falle des malignen Narzissmus werden die aggressiven Triebderivate in das pathologische Größen-Selbst integriert, was die sadistische Komponente der Perversion gefährlich ansteigen lässt (Kernberg 1996b)

In der psychoanalytischen Literatur zur Perversion gelten narzisstische Merkmale als allgemeines Charakteristikum. Aus klinischer Perspektive ist es jedoch außerordentlich wichtig, Patienten mit »narzisstischen Konflikten« in einem unspezifischen Sinne von jenen zu unterscheiden, deren spezifische Charakterstruktur besondere Implikationen für Prognose und Behandlung aufweist. Die anale und orale Regression auf diesem schweren Perversionsniveau spiegelt sich in dem wider, was Donald Meltzer (1977) »Konfusion der erogenen Zonen« genannt hat. Diese bezieht sich auf die symbolische Äquivalenz aller männlichen und weiblichen Geschlechtszonen, mit einer entsprechenden Verdichtung oraler, analer und genitaler Strebungen. Das Geschlechtsleben dieser Patienten wird von unbewussten analen Phantasien im Sinne einer »Fäkalisierung« der Genitalorgane und des Geschlechtsverkehrs beherrscht. Die anale/sadistische Regression dieser Patienten bedeutet einen Angriff auf bzw. die Zerstörung von Objektbeziehungen, während sich die orale Regression in der oral-sadistischen Manifestation von Neid und destruktiver Gier Ausdruck verschafft.
Einer in höchstem Maße dramatischen Kombination dieser Dynamiken begegnen wir in den Perversionen der narzisstischen Persönlichkeiten, wie sie Chasseguet-Smirgel (1984) beschrieben hat: die unbewusste Phantasie eines fäkalen Penis und einer fäkalen Vagina, die unbewusste Gleichsetzung der Geschlechter und der verschiedenen Altersgruppen, eine primitive Idealisierung der Perversion, geknüpft an die Verleugnung von Kastration, sowie die Tendenz zu universeller Gleichsetzung aller Objektbeziehungen und sexueller Aktivitäten, die »verdorben«, »verdaut« und als Fäzes »ausgestoßen« werden. Dem perversen Szenario mag es gelingen, die Aggression zu halten, doch werden die libidinösen Impulse von den aggressiven überschattet, was die erotische Erregung zu neutralisieren und die Objektbeziehung zu korrodieren oder zu zerstören droht. Die defensive Idealisierung der Perversion kann sich in einer Betonung ästhetischer Qualitäten des sexuellen Objekts und Szenarios ausdrücken – wodurch sich das

2.2 Pathologischer Narzissmus und narzisstische Persönlichkeit

Bild eines fäkalisierten Geschlechtsorgans manifestieren und zugleich der Abwehr unterworfen werden kann – und einer illusionären Anpassung in Form von »Als-ob«-Beziehungen Vorschub leisten.

Auf struktureller Ebene kann die Pathologie der Perversion in sechs Hauptgruppen unterteilt werden, die ich entlang der jeweiligen Schweregrade sowie unter dem Gesichtspunkt der Pathologie der Objektbeziehungen, des Sexuallebens dieser Patienten sowie der prognostischen Einschätzung einer psychoanalytischen Therapie kurz beschreiben möchte (Kernberg 1992).

- Perversionen im Rahmen einer neurotischen Persönlichkeitsorganisation: Diese Fälle haben eine sehr gute Prognose, wenn sie psychoanalytisch behandelt werden. Die jeweiligen »Szenarien« variieren von Patient zu Patient, sind aber für gewöhnlich klar umschrieben. Wie bei allen Perversionen sind sie eine unverzichtbare Voraussetzung dafür, dass die Patienten ihre sexuellen Bedürfnisse befriedigen und einen Orgasmus erreichen können. Die Idealisierung der Perversion geht Hand in Hand mit einer sexuellen Hemmung in anderen Bereichen. Die Patienten verfügen über eine tief gehende und stabile Fähigkeit zur Objektbezogenheit. In der Übertragung herrschen eindeutig ödipale Konflikte vor.
- Perversionen auf Borderline-Organisationsniveau: Hier begegnen wir der typischen Verdichtung präödipaler und ödipaler Konflikte, in der präödipale Aggression vorherrscht. Spezifische Perversionen auf diesem Niveau sind für gewöhnlich an pathologische Objektbeziehungen geknüpft, die das perverse Szenario weniger klar umschrieben oder differenziert erscheinen lassen, sondern sich eher mit der allgemeinen Charakterpathologie der betreffenden Patienten vermischen. In diesen Fällen ist es von Bedeutung, eine generalisierte, polymorph-perverse infantile Sexualität, das heißt eine Kombination vieler infantiler perverser Tendenzen, von einer konsolidierten typischen Perversion abzugrenzen. Paradoxerweise verbessert die chaotische Verknüpfung polymorph-perverser Impulse die Prognose von Borderline-Patienten signifikant, die im Rahmen einer psychoanalytischen Therapie oder Psychoanalyse behandelt werden. Jene Borderline-Patienten hingegen, die unter einer schweren allgemeinen erotischen Hemmung leiden, haben eine schlechte Prognose, da die Auflösung der Borderline-Organisation die sexuelle Hemmung nicht selten verstärkt. Eine spezifische Perversion in diesen Fällen ist prognostisch als günstig einzuschätzen, auch wenn die Behandlung naturgemäß komplexer ist als im Falle einer neurotischen Persönlichkeitsorganisation.
- Die Verknüpfung von Perversion und Narzisstischer Persönlichkeitsstörung: Diese Fälle sind besonders schwer zu behandeln, da es aufgrund von Abwehrzwecken zu einer Verdichtung von idealisierter Perversion und idealisiertem Größen-Selbst kommt, die nicht selten sehr schwer aufzudecken ist. Wie im Rahmen der Borderline-Organisation ist es wichtig, generalisiertes polymorph-perverses infantiles Verhalten von einer spezifischen Perversion

abzugrenzen. Im Sinne zwanghaften sexuellen Verhaltens, das im Dienste der Angstreduzierung steht, wird dieses polymorph-perverse Verhalten im Fall von narzisstischen Patienten häufig als Ersatz für Objektbeziehungen eingesetzt.
- Perversion und maligner Narzissmus: Wenn Ich-syntone Aggression in die spezifische Perversion einfließt und diese in ein sadomasochistisches Muster transformiert, kann dies den Patienten und seinen Sexualpartner in Gefahr bringen. Da das Syndrom des malignen Narzissmus am unteren Ende der Behandelbarkeit steht, scheint eine Klassifizierung als eigene Untergruppe gerechtfertigt. Hier begegnen wir den schweren und gefährlichen Formen von Sadismus, Masochismus, Pädophilie sowie anal regredierten Perversionen, wie zum Beispiel der Koprophilie.
- Die antisoziale Persönlichkeit im strengen Sinne, wie sie ursprünglich von Cleckley (1941) beschrieben und vor einigen Jahren von Robert Hare (Hare et al. 1991; Hare u. Hart 1995), Michael Stone (1980) und mir selbst (Kernberg 1992) untersucht wurde. Diese Fälle (die meines Erachtens innerhalb der DSM-IV-Klassifikation nicht genau genug konzeptualisiert sind) stellen die schwerste Form der narzisstischen Charakterstörung dar, deren Über-Ich-Entwicklung vollkommen misslungen ist. Eine konsolidierte Perversion im Rahmen einer antisozialen Persönlichkeit muss immer als extrem gefährlich erachtet werden, solange das Gegenteil nicht bewiesen ist. Hier begegnen wir den Sexual- und Serienmördern, in denen die Überreste von Erotik gänzlich von extremen Formen primitiver Aggression überschattet sind. Die Prognose für die Behandlung der antisozialen Persönlichkeit mit einer der gegenwärtig bekannten Therapieverfahren ist praktisch gleich null.
- Perversion als Teil einer psychotischen Persönlichkeitsorganisation, Schizophrenie oder pseudopsychopathischen Schizophrenie (Kernberg 1996a): Eine Perversion im Rahmen einer schizophrenen Erkrankung kann womöglich psychopharmakologisch kontrolliert werden, wenn die Schizophrenie selbst auf eine medikamentöse Behandlung anspricht.

Perversion und Perversität

Das Syndrom der Perversität in der Übertragung besteht im Wesentlichen darin, dass Liebe und Erotik in den Dienst von Aggression gestellt werden. Die Tatsache, dass diese schwere und bedeutsame Form einer negativen therapeutischen Reaktion den Perversionen als spezifische sexuelle Pathologie gleichgestellt hätte werden sollen, geht auf eine semantische Verwirrung zurück, an der unglücklicherweise die psychoanalytische Literatur nicht ganz unbeteiligt ist. Herbert Rosenfeld (1987), Donald Meltzer (1977) und Wilfred Bion (1968; 1970), einige der bedeutsamsten Autoren, die Texte zu Perversion und Perversität veröffentlicht haben, verwenden diese Begriffe entweder häufig synonym oder aber differen-

2.2 Pathologischer Narzissmus und narzisstische Persönlichkeit

zieren nicht ausreichend. Zudem begegnen wir in der französischen und britischen psychoanalytischen Literatur dem Begriff der »perversen Struktur«, die eine besondere und einzigartige Persönlichkeitsorganisation oder psychodynamische Konstellation einer Perversion impliziert, jedoch, wie wir gesehen haben, dem breiten Spektrum an Persönlichkeitsorganisationen, in dem Perversionen auftreten, nicht gerecht wird.

Gleichzeitig sind es die oben genannten Autoren, die das Syndrom der Perversität in der Übertragung am eingehendsten beschrieben haben – also jenem Syndrom, dem wir sowohl bei Patienten begegnen, die an einer Perversion leiden, als auch bei Fällen ohne sexuelle Perversion, wie beispielsweise bei Patienten mit Narzisstischer Persönlichkeitsstörung oder dem Syndrom des malignen Narzissmus.

In früheren Arbeiten habe ich gezeigt, wie manche Patienten versuchen, die Güte, Sorge und Liebe des Analytikers zu erhalten, um dann – sozusagen im »Rausch der Missgunst«, der über das Bedürfnis hinausgeht, den Analytiker in seiner Inkompetenz und Impotenz vorzuführen, sondern die Quelle seiner Gelassenheit und Kreativität zerstören soll – genau diese Eigenschaften zunichte zu machen. Da das Syndrom der Perversität vor allem bei Patienten mit schwerer narzisstischer Persönlichkeitsstruktur anzutreffen ist, die gleichzeitig eine Perversion im engeren Sinne aufweisen, können beide Syndrome Hand in Hand gehen.

Ein Fallbeispiel

Im Folgenden möchte ich die ersten Phasen der psychoanalytischen Behandlung einer schweren Narzisstischen Persönlichkeitsstörung beschreiben. Der Patient bewegte sich zum Zeitpunkt seiner ersten Kontaktaufnahme auf dem Strukturniveau einer offenen Borderline-Organisation, zeigte jedoch keine antisozialen Züge. Er wurde mir von einem Kollegen überwiesen, der ihn in psychoanalytischer Psychotherapie hatte. Einige Jahre später suchte mich der Patient erneut auf – er hatte enorme Fortschritte gemacht, war jedoch durch seine narzisstische Pathologie nach wie vor stark eingeschränkt. Ich begann eine klassische Psychoanalyse, deren frühe Phasen der folgende Bericht umfasst. Sinn und Zweck dieser Falldarstellung ist es, die von mir eingangs beschriebene typische Dynamik der narzisstischen Pathologie zu illustrieren, nicht die Behandlungstechnik per se. Die frühen Übertragungsdispositionen dieses Patienten kreisen vorrangig um unbewusste Neidkonflikte, um die Abwehr gegen Abhängigkeit in der Übertragung sowie die daran geknüpften Abwehrmechanismen der primitiven Idealisierung, omnipotenten Kontrolle, Entwertung, projektiven Identifizierung, Verleugnung und Spaltung.

2 Zur Diagnostik

Hintergrund:
Im Zuge einer schweren Depression konsultiert mich Herr F. im Jahr 1975 zum ersten Mal. Der 18-jährige junge Mann leidet unter stark andrängenden Suizidgedanken, während er zugleich seine Größenphantasien als herausragendster Student kultiviert. Er ist an einem sehr angesehenen College eingeschrieben, muss jedoch aufgrund seiner Depression das Studium unterbrechen. Erreicht er nicht Platz 1 unter seinen Kommilitonen, so seine Phantasie, müsse er sich umbringen. Aufgrund wiederholten Scheiterns in seinen Studienleistungen wird er schließlich tatsächlich exmatrikuliert.

Sein Liebesleben ist geprägt von Beziehungen, die stets dem gleichen Muster folgen: Einer heftigen Anfangsverliebtheit gegenüber Frauen, die ihn nicht zu beachten scheinen, folgen rasch Entwertung und Abbrechen der Beziehung, sobald die Frauen sein Interesse erwidern. Aufgrund seines fordernden und aggressiven Wesens haben ihn mehrere Freundinnen verlassen, bevor er die Möglichkeit zur Entwertung hatte – was heftigste Wut und Minderwertigkeitsgefühle auslöst, weil er sich zurückgewiesen fühlt. Er rivalisiert immens mit seinen Partnerinnen, etwa um die Frage, wer von beiden besser im Bett sei oder aber sich im Liebesakt besser gehen lassen könne. Die Inhalte seiner Zwangsphantasien kreisen um Exkremente bzw. darüber, seinen Kopf in das Rektum seiner jeweiligen Partnerin zu stecken. Seine Größenphantasie, der brillanteste intellektuelle Kopf am College zu sein, hatten eindeutig Wahncharakter – was (neben der unvermindert starken Suizidalität dieses Patienten) in mir die ernsthafte Sorge entstehen ließ, ob eine psychotherapeutische Behandlung auf ambulanter Basis noch zu verantworten sei.

Der Vater des Patienten, ein lateinamerikanischer Geschäftsmann, der im Freundeskreis sehr angesehen, in Wirklichkeit jedoch, laut Aussage seines Sohnes, ein Versager war, lebte von den Ersparnissen seiner längst vergangenen Geschäftserfolge. Eine kurze Szene illustriert die Angst des Patienten vor dem Vater seiner Kindheit: Die Mutter habe ihn eines Morgens gebeten, dem Vater, der sich im oberen Stockwerk im Badezimmer rasierte, zum Frühstück zu holen. Oben angekommen, habe ihn der strenge Blick des Vaters so geängstigt, dass er auf dem Absatz kehrtgemacht und der Mutter fälschlicherweise gesagt habe, er hätte dem Vater Bescheid gegeben – um anschließend tausend Ängste auszustehen, seine Unwahrheit könnte entdeckt werden. Seine Mutter beschreibt Herr F. als eine aus dem Mittleren Westen stammende Persönlichkeit des öffentlichen Lebens, die sich oberflächlich um ihre sechs Kinder gekümmert, sie im Grunde aber sich selbst überlassen habe. Herr F. hat zwei jüngere Brüder und drei jüngere Schwestern. Die Mädchen seien allesamt wegen einer, wie er es nennt, schweren Borderline-Störung in Behandlung. Er wäre lieber tot, so sein abfälliger Kommentar, als

2.2 Pathologischer Narzissmus und narzisstische Persönlichkeit

so gestört zu sein. In der Schule sei er stets Klassenbester gewesen, auch besser als seine Geschwister, denen er als leuchtendes Vorbild präsentiert worden sei. Sein aktuelles Scheitern beschäme ihn zutiefst und verstärke seine Todeswünsche.

Während seiner frühen Kindheit sei es zu autoaggressivem Verhalten (mit dem Kopf gegen die Wand schlagen) und Wutanfällen gekommen, in der Grundschule galt er als schwierig aufgrund permanenter Raufereien mit anderen Kindern, was sich jedoch im Laufe der High School und kurz vor seiner Exmatrikulation auf dem College sehr gebessert habe.

Ich diagnostizierte damals eine narzisstische Persönlichkeit auf offenem Borderline-Strukturniveau sowie eine schwere Depression mit Suizidalität und empfahl eine psychoanalytisch orientierte Psychotherapie, da ich aufgrund der Schwere der Erkrankung eine klassische Psychoanalyse für nicht indiziert hielt. Ich klärte ihn außerdem darüber auf, dass, zumindest in den Anfangsphasen einer Behandlung, eine stationär-psychiatrische Aufnahme nötig werden könnte. Herr F. entschied sich für einen psychoanalytisch orientierten Psychiater, den ich ihm empfohlen hatte und der seine Praxis in der gleichen Stadt hatte, in der Herr F. lebte (eine Kleinstadt in einem Nachbarstaat). Ob er eine Hospitalisierung und/oder antidepressive Medikation in der Anfangsphase der Behandlung für indiziert hielt oder nicht, wollte ich der Beurteilung des Kollegen überlassen.

Ungefähr einen Monat später informierte mich der Kollege, dass eine zweistündige psychodynamische Psychotherapie vereinbart worden war, dass sich die Depression zu bessern begann und er den Eindruck hatte, ohne stationären Aufenthalt und Medikation auszukommen.

Von Herrn F. selbst hörte ich erst wieder im Jahr 1981, als er mich nach sechs Jahren Psychotherapie bei besagtem Kollegen erneut konsultierte. Sein Therapeut war damals Zielscheibe heftigster Entwertungen. Er sei zwar ein warmherziger und großzügiger Mensch, so Herr F., jetzt jedoch an den Grenzen seines Verständnisses angelangt und unfähig, ihm neue Einsichten zu vermitteln. Er habe die Therapie beendet, halte jedoch eine Weiterbehandlung für nötig, weswegen er sich nunmehr an mich wende. Wie sich herausstellte, hatte die Psychotherapie zu einer bedeutenden Veränderung seines Zustands geführt, sodass es ihm jetzt möglich war, erneut das College zu besuchen und eine Ausbildung als Sozialarbeiter zu beginnen. Seine allgemeine Studien- und Arbeitsleistungen hatten sich deutlich verbessert. Die Depression war nur wenige Monate nach Beginn der Psychotherapie verschwunden, und bis zum aktuellen Zeitpunkt war es zu keiner ähnlich schweren depressiven Episode mehr gekommen.

Die wahnhaft anmutenden Größenideen hatten sich aufgelöst und hatten dem unmissverständlichen Wunsch Platz gemacht, der Beste, Intelligenteste und Kompetenteste zu sein. Er wusste, dass dies eine unrealistische Phantasie war, aber er konnte nicht umhin, in all seinen Beziehungen, egal, mit wem er es zu tun hatte, sofort in heftigstes Rivalitätsgehabe zu verfallen – die Frauen, mit denen er während der vergangenen Jahre eher unbefriedigende Beziehungen unterhalten hatte, mit eingeschlossen. Überhaupt war sein Umgang mit Frauen unverändert geblieben: Anfängliche Bedürftigkeit und Minderwertigkeit, sobald er sich einer begehrten Frau näherte, mündeten rasch in heftige Konkurrenz auf intellektueller Ebene, um schließlich in ein Gefühl der Überlegenheit umzuschlagen, was ihn die Frau entwerten und die Beziehung scheitern ließ. Anschließend verfiel er regelmäßig in eine vergleichsweise milde Depression, die allerdings nie das Ausmaß jener schweren Episode erreichte, unter der er während unseres ersten Aufeinandertreffens gelitten hatte. Es war beeindruckend, wie sich die wiederholte Entwertung seines Therapeuten abwechselte mit Erkenntnissen darüber, wie sehr sich sein Befinden im Zuge dieser Behandlung, die auch explorative und supportive Elemente enthalten hatte, gebessert hatte.

Ich erneuerte meine Diagnose einer narzisstischen Persönlichkeit (nun jedoch nicht mehr auf Borderline-Niveau) und hielt eine Psychoanalyse zum aktuellen Zeitpunkt für die Behandlung der Wahl. Ich besprach mich mit dem behandelnden Kollegen, der die signifikante Verbesserung des Zustands des Patienten bestätigte, jedoch selbst den Eindruck hatte, an seinen Grenzen angelangt zu sein, und mich daher bat, einen entsprechenden Psychoanalytiker zu empfehlen. Im Zuge meiner Bemühungen, den Patienten an einen Kollegen im Raum New York zu überweisen, wo er mittlerweile lebte, äußerte Herr F. wiederholt den Wunsch, bei mir eine Psychoanalyse zu beginnen, und zeigte sich bereit zu warten, bis ein Platz frei sein würde. Mit zwei Kollegen hatte er Vorgespräche geführt, war jedoch immer wieder zu mir gekommen, mit der Bitte, ihn in Behandlung zu nehmen. Ich willigte schließlich ein, und die Analyse begann im Herbst 1983.

Sein Studium hatte Herr F. abgeschlossen und in New York eine weiterführende Ausbildung zum psychologischen Berater begonnen. Er zeigte sich erleichtert darüber, dass ich ihn in Analyse nehmen würde, war aber auch voller Ressentiment angesichts meiner »Reputation«, wie er es nannte, in diesem Bereich. Er habe mich wohl genau aufgrund dessen erneut aufgesucht, doch gleichzeitig ärgerte er sich und hatte das Gefühl, ich wolle ihn mit meiner Einwilligung, ihn in Analyse zu nehmen, provozieren. Sehr früh in der Behandlung tauchten Phantasien auf, sich mir sexuell zu unterwerfen, und er äußerte die Zwangsvorstellung, an meinem Penis zu saugen. Voller Scham offenbart er mir, dass seine alten Phantasien, seinen Kopf in ein Rektum zu stecken, nun auch bei mir virulent wurden.

2.2 Pathologischer Narzissmus und narzisstische Persönlichkeit

Im Folgenden sollen die ersten eineinhalb Jahre des Behandlungsverlaufs kurz zusammengefasst werden:

Der rote Faden der ersten Sitzungen – die Analyse wurde durchgängig bis zu ihrer Beendigung mit vier Wochenstunden durchgeführt – ist die Angst des Patienten, eine abhängige Beziehung zu mir würde in homosexueller Unterwerfung enden. Sexuelle Phantasien, in denen er an meinem Penis saugt und verzweifelt um meine Liebe fleht, waren begleitet von der beschämenden Vorstellung, ich würde meine Überlegenheit, was seine Liebe für mich anging, als Triumph genießen. Er stellte sich vor, ich würde ihn demütigen und unterwerfen, zum Beispiel ihn anal penetrieren und ihn zwingen wollen, seinen Kopf in mein Rektum zu stecken, was Herrn F. mit tiefer Abscheu und Angst erfüllte. Hierbei handelte es sich um eine Verdichtung verwandter Phantasien, beispielsweise die erzwungene Penetrierung meines Körpers und die Herausgabe all meines Wissens; oder die Vorstellung, mich und alles, was von mir kam, mit Exkrementen zu beschmieren, um anschließend zu befürchten, dass ich ihn dafür wiederum in meinen Exkrementen ertränken würde. Diese Phantasien erfüllten Herrn F. mit großer Angst, und er fürchtete, ich könnte mich vor ihm ekeln und ihn als Patienten ablehnen, was einer Projektion eines extrem sadistischen und furchterregenden primitiven Objekts entsprach, in dem Züge beider Elternteile ineinander flossen. Im Laufe mehrerer Monate nahm diese Angst allmählich ab, und zum Vorschein kamen erneut Größenphantasien, als der beste und intelligenteste Teilnehmer seines Postgraduiertenprogramms zu glänzen. Seine verbalen Attacken gegenüber Dozenten und Mitstudenten gingen Hand in Hand mit verächtlich-triumphierenden Kommentaren – auch solcher, die er andernorts aufgeschnappt hatte – bezüglich meiner Person und meiner Grenzen.

Eines Tages berichtet Herr F., er habe sich in »Mary Ann« verliebt, eine Kollegin aus dem Weiterbildungsprogramm. Sie sei die schönste, intelligenteste, kreativste und sportlichste Frau, die man sich nur denken könne, stamme aus einer Aristokratenfamilie Südamerikas, was schon am gesellschaftlichen Umgang, den sie pflegte und den entsprechenden Umgangsformen deutlich zu erkennen sei. Nachdem sie eine sexuelle Beziehung eingegangen waren, beginnt Herr F. zunehmend mit ihr zu rivalisieren, etwa um die Frage, wer wohl besser reiten oder Reitunterricht erteilen könne (ganz abgesehen von der Tatsache, als unmittelbare Konkurrenten am gleichen Weiterbildungsprogramm teilzunehmen). Sein Gefühl, über mich triumphiert zu haben, weil er nunmehr eine so begehrenswerte Frau besaß, wurde lediglich von der Tatsache überschattet, dass ihm hier und da eine, in seinen Worten, außergewöhnlich attraktive Blondine über den Weg lief – ganz offensichtlich eine Kollegin von mir, die im gleichen Gebäudekomplex arbeitete wie ich. In seiner Phantasie unterhielt ich zu dieser Kollegin eine sexuelle Beziehung, was mir die Möglichkeit gab, mich über ihn und seine irrige Annahme, selbst die attraktivste Frau zu besitzen, lustig zu machen.

Sein Verhältnis zu mir schwankte zwischen grandioser Überlegenheit und quälenden Minderwertigkeitsgefühlen, die durch das abrupte Ende seiner Beziehung zu Mary Ann, die ihn nach einem erbitterten intellektuellen Streit um eine völlige Nichtigkeit verlassen hatte, nur noch verstärkt wurden. Es konnte nie geklärt werden, warum sie die Beziehung so plötzlich beendete. Herr F. fühlte sich gedemütigt und minderwertig, ein Zustand, der über mehrere Monate anhielt. Er war voller Hass und Rachegefühlen Mary Ann gegenüber und fühlte sich beschämt von mir und meinen Bemühungen, ihm zu helfen, mit seiner problematischen Trauerreaktion fertig zu werden.

Die Vorstellung, dass es sich bei Mary Ann um die wunderbarste Frau der Welt handelte und ihn ihre Zurückweisung auf ewig dazu verdammte, mit zweitrangigen Frauen vorlieb nehmen zu müssen, wurde in der Folgezeit immer drängender. Über mehrere Monate ging er jeder Verabredung mit einer Frau aus dem Weg, da keine von ihnen Mary Ann das Wasser reichen könne. Zur gleichen Zeit entwickelte er den unwiderstehlichen Zwang, Männern und Frauen, insbesondere jedoch Männern, in den Schritt zu starren, was ihn mit großer Angst erfüllte, er könne entdeckt, als homosexuell gebrandmarkt und beruflich disqualifiziert zu werden. Besonders drängend erlebte Herr F. dieses »Spannen« im Kontakt mit seinen Supervisoren, deren Intelligenz er bewunderte und die ihm wiederum sehr zugetan waren. Nun fürchtete er, erwischt zu werden, was es ihm unmöglich machte, die Supervisionsstunden optimal für sich zu nutzen.

In der Analyse dieses Zwangs und der anhaltenden Idealisierung Mary Anns konnten verschiedene Aspekte aufgedeckt werden: Er war unbewusst mit seiner Ex-Freundin identifiziert; er wünschte sich, die Merkmale eines überlegenen Mannes und einer überlegenen Frau in sich zu vereinen; und er hatte große Angst vor homosexuellen Wünschen sowie davor, dass seine Identifikation mit einer Frau ans Tageslicht kommen könnte. Indem er sich in seinen Phantasien immer wieder über die Einzigartigkeit Mary Anns erging und sich ausmalte, wie er sich an ihr rächen würde, vermochte er sich vor aufkommenden Abhängigkeitswünschen in der Übertragung zu schützen. Das »Spannen« ermöglichte Macht und Kontrolle über die beneideten Supervisoren, um sich zugleich unbewusst mit mir zu identifizieren, von dem er annahm, ich würde auf sein Geschlecht starren, insbesondere auf seinen schlaffen Penis unter seiner Kleidung, der Ausdruck seiner Minderwertigkeit und Kastration war. Seine Phantasie homosexueller Unterwerfung als einzigem Weg, mit mir in Beziehung zu treten, ohne Gefahr zu laufen, von mir zerstört

2.2 Pathologischer Narzissmus und narzisstische Persönlichkeit

zu werden, die Beschämung, die dies bedeutete, sowie ein Gefühl von heraufnahendem Unheil in seiner beruflichen Entwicklung, weil man ihn als »Spanner« entlarven würde, erfüllten ihn mit tiefer Verzweiflung. In Anlehnung an diese Hintergrundinformation möchte ich im Folgenden zwei Sitzungen derselben Woche (Montag und Freitag), ca. eineinhalb Jahre nach Behandlungsbeginn kurz zusammenfassen.

Sitzung 1 – Montag:
Herr F. eröffnet die Stunde mit der Mitteilung, ein schreckliches Wochenende hinter sich zu haben. Er sei kein einziges Mal aus dem Haus gekommen. Er habe mit P. zu Abend gegessen, einem Jungianer, die doch die wahren Analytiker seien. Er hatte das Gefühl, ich sei altmodisch und käme an die Tiefe der jungschen Analyse nicht heran. Während seiner Sprechstunde am Freitag habe es eine Diskussion über das Konzept des »therapeutischen Arbeitsbündnisses« gegeben, was ich nie mit ihm diskutiert oder ihm gegenüber auch nur erwähnt hätte. Ich war noch nicht mal auf dem Laufenden mit der altmodischen Ich-Psychologie. Anschließend kommt Herr F. auf Monica zu sprechen, eine aufregende dunkelhaarige Lateinamerikanerin mit wunderschönen Beinen und gleichzeitig eine seine Supervisorinnen. Sie sei sehr klug, und er konnte nicht umhin, auf ihren Unterleib zu starren. Monica habe dies wohl bemerkt, was ihn verunsichere. Auch bei Dr. N., einem anderen älteren Supervisor, habe er »spannen« müssen, was gefährlich war und seine berufliche Zukunft aufs Spiel setzte.

An dieser Stelle warf ich ein, dass er sich zu bestätigen schien, dass ich altmodisch und nutzlos war, und es daher keinen Grund gab, mich zu beneiden. Sein »Spannen« schien ihm gefährlich, gleichzeitig könnte es aber seine Supervisoren verunsichern, wodurch seine Überlegenheit unangetastet bliebe.

Monica, so Herr F. weiter, hatte Dr. U. erwähnt, eine sehr hässliche Kollegin, die sich als Anhängerin meiner Theorien erwies und unter den Studenten großes Ansehen genoß. Er wünsche sich eine Beziehung zu einer Frau und habe schon einen Monat lang mit keiner Frau geschlafen. Er erinnerte sich an Mary Ann und seinen Groll auf sie, als er erfahren hatte, dass sie einen tollen Job gefunden hatte – was ihre Überlegenheit aufs Neue unter Beweis stellte –, und tadelte sich für sein dummes Verhalten ihr gegenüber, nachdem sie die Beziehung beendet hatte. Übellaunig und zänkisch sei er gewesen, und jetzt hatte er das Gefühl, mit ihr nicht mithalten zu können.

Er hatte Angst, ich könnte genug von ihm haben. Außerdem habe es schlecht gerochen, als er ins Zimmer gekommen sei, so als hätte ich gefurzt. Vor der Stunde habe er gedacht bzw. sei er überzeugt gewesen, ich würde ihn hinauswerfen.

2 Zur Diagnostik

Ich deutete an dieser Stelle, dass er auf meinen vorherigen Kommentar reagierte, indem ihm Dr. U. eingefallen sei, die er als Anhängerin meiner Theorien ansah, die von den Studenten sehr geschätzt wurde und die er beneidete – wogegen er sich jedoch wehrte, indem er sie schlecht machte und indem er an Mary Ann dachte, die die tollste Frau war – was bedeutete, dass er erfolgreich mit mir rivalisieren konnte, denn mich brachte er mit Dr. U. in Verbindung, die seiner Meinung nach Mary Ann eindeutig unterlegen war.

Er habe, so Herr F., die Blondine aus meiner Praxis kommen sehen. Sie war eine schöne Frau und wahrscheinlich Deutsche. Er erinnerte sich, dass er etwas von einer wunderschönen Blondine habe läuten hören, die Oberärztin an unserer Klinik sein soll, und fragte sich, ob ich wohl etwas mit ihr hatte. Jemand hatte ihm erzählt, ich hätte eine Auszeichnung als Dozent des Jahres erhalten, aber eigentlich gehe das Krankenhaus, in dem ich tätig bin, den Bach hinunter.

Mir schien, so mein Kommentar, dass sein Neid mir gegenüber nunmehr erträglicher sei, wenn er phantasierte, ich hätte Erfolg bei schönen Frauen, und dieser Gedanke sofort die Entwertung meiner Person oder Arbeitsstelle nach sich zöge.

Ich würde nie eine Frau mit solchen Qualitäten wie Mary Ann an Land ziehen, so Herr F. weiter – er jedoch auch nicht, weil sie ihn abwies, was ihn niedergeschlagen stimmte und ihn an sein leeres Wochenende erinnerte, an dem keine Frau in Sicht war.

Er konnte sich mit keiner Frau treffen, warf ich ein, da keine war wie Mary Ann. Seine gedankliche Beschäftigung mit Mary Ann schützte ihn vor der Phantasie, dass ich Erfolg bei Frauen hatte, verurteilte ihn aber auch zur Einsamkeit, während er weiterhin mit Mary Ann identifiziert blieb.

Herr F. beklagte, ich hätte ihm nicht geholfen, von der Erinnerung an Mary Ann oder seinem »Spannen« loszukommen. Er war wütend und sauer und fürchtete, dass ich wiederum genug von ihm haben könnte. Ich müsste mich doch langweilen, und er erinnerte sich an einen Klienten, den er in Beratung hatte, der sehr narzisstisch war und der ihn entsetzlich langweilte.

Ich sagte ihm, wenn ich mich mit ihm langweilen würde, dann würde er sich verloren vorkommen, weil dies die vollkommene Zurückweisung meinerseits bedeuten würde. Würde ich mich nicht langweilen, wäre er jedoch genauso verloren, weil dies bedeuten würde, dass ich nicht mit den gleichen Schwierigkeiten zu kämpfen hätte wie er im Umgang mit seinem Klienten.

Herr F. kehrte zu seinen Gedanken über Dr. U. zurück. Er ärgerte sich über mich und die Tatsache, dass ich sie wahrscheinlich als meinen Spit-

2.2 Pathologischer Narzissmus und narzisstische Persönlichkeit

zel einsetzte. Er war niedergeschlagen und fand die Stunde nutzlos, die kurz darauf endete.

Sitzung 2 – Freitag (derselben Woche):
Herr F. beginnt die Stunde mit der Bemerkung, er sei nach der Sitzung am Tag zuvor ziemlich verstört gewesen (in der Donnerstagstunde hatte er geweint und hatte sich sehr bewegt gezeigt angesichts meiner Geduld mit ihm; er hatte sich an seinen früheren Therapeuten erinnert, der so geduldig gewesen war und den er, so war sein Eindruck, verlassen hatte, ohne ihm jemals seine Dankbarkeit zu erweisen – was ihn mit Schuldgefühlen erfüllte). Er habe sich nach der Stunde tags zuvor kurz erleichtert gefühlt, hatte nicht an Mary Ann gedacht oder den Zwang verspürt zu »spannen«, aber er wisse, dass er sich eigentlich nicht verändert habe und dass er jetzt die übliche Leere empfand.

Nach einer kurzen Pause fuhr er fort, er habe vergessen, mir zu erzählen, dass er für seine beraterische Tätigkeit Anerkennung erhalten habe und dass man ihm eine Stelle in einer nahen Beratungsstelle angeboten habe, sobald seine Ausbildung abgeschlossen sei. Er fürchte jedoch zu bluffen und habe Angst vor meiner Kritik, weil er nun selbst mit Patienten arbeiten würde. Ich sagte ihm, er sei erleichtert über meine Geduld und fühle sich dankbar, aber auch schuldig, dass er mich entwertet hatte. Gleichzeitig ließ ihn das Gefühl, von mir abhängig zu sein, sich beschämt und minderwertig vorkommen sowie den Eindruck entstehen, dass er mit mir auf professioneller Ebene nicht konkurrieren könne.

Er habe Angst, so Herr F., von mir abhängig zu sein, denn dies würde bedeuten, meine Überlegenheit als Analytiker anzuerkennen, und es gab in seinen Beratungen sogar schon Momente, in denen er sich überlegte, was ich an seiner Stelle wohl sagen würde. Dann fiel ihm die anstehende Ferienpause ein, und dass dies eine lange Trennung von mir bedeute. Er war wütend, weil ich in Urlaub ging, und fand es unverantwortlich von mir, so lange weg zu sein. Ich würde mir um meine Patienten keine Gedanken machen, aber was habe er schon zu melden, er sei ja nur ein Sozialarbeiter und heimlicher Spanner. Dann drifteten seine Gedanken zu Mary Ann und seinem Zorn darüber, von ihr abgewiesen worden zu sein. Ein Freund hatte für die kommende Woche ein Blind Date für ihn arrangiert – was aber auch nichts bringe, das wisse er jetzt schon.

Als Nächstes kam Herr F. auf einen schizophrenen Patienten zu sprechen, der die Beratung abgebrochen hatte. Herr F. fürchtete nun, haftrechtlich belangt zu werden, da er seinen Vorgesetzten empfohlen hatte, die Termine des Patienten zu reduzieren. Nun überlegte Herr F., ihn in die Beratung zurückzuholen, indem er die Familie des Patienten kontaktierte, oder ihn zumindest dazu zu bewegen, die Ambulanz einer psychiatrischen Einrichtung aufzusuchen, um dort weiter medikamentös behandelt zu werden, da er ein Aussetzen der Medikation für gefährlich hielt. Er war sehr ängstlich und fürchtete weitreichende Konsequenzen, sollte diesem Patienten etwas zustoßen.

Ich fragte Herrn F., was ihm solche Angst machte. Die Antwort auf meine Frage war sehr konfus, und ich sagte ihm, ich hätte nicht verstanden. »Sie sollten besser Acht geben auf das, was ich sage!«, war die ärgerliche Reaktion. Er erklärte mir dann, er habe dem Psychiater in der Vergangenheit empfohlen, besagten schizophrenen Patienten nicht zu früh nach Hause zu entlassen – was mich zu der Frage veranlasste, ob er sich über den Patienten geärgert habe, weil er keine Besserung zeigte, und ob er aus diesem Grund eine Stundenreduzierung empfohlen habe. War ich denn der Meinung, so Herr F. spöttisch, dass schizophrene Patienten einer Art Langzeitkontrolle unterliegen sollten, bis sie sich besserten? Dies bestätige nur meine altmodische medizinische Auffassung und Ignoranz bezüglich moderner Behandlungsmethoden schizophrener Erkrankungen!

Ich sagte ihm, dass ich nun sehr deutlich das Gefühl hatte, er ärgere sich über meine Geduld angesichts seines unveränderten Zustands, im Gegensatz zu seiner Ungeduld seinem Patienten gegenüber.

An dieser Stelle brach Herr F. in Tränen aus. Er müsse zugeben, dass ich große Geduld mit ihm habe, doch genau das sei schwer zu ertragen. Er freue sich auf das Blind Date am kommenden Wochenende, obwohl er Angst davor habe, sich auf etwas Sexuelles einzulassen. Er fürchte, impotent zu sein. Er glaubte, einen kleinen Penis zu haben – und was würde passieren, wenn es zu einem Problem in seiner Beziehung zu Frauen käme, während ich im Urlaub bin?

Das Gefühl der Erleichterung und Wertschätzung für meine Geduld, so mein Kommentar, ließen ihn sich klein und unsicher fühlen, so als hätte er seine sexuelle Potenz verloren. Und doch, so fuhr ich fort, verberge sich hinter seinem Symptom des »Spannens«, mit dem er seine Supervisoren verunsichern konnte, und seinem permanenten Gedankenkreisen um Mary Ann ein Gefühl der Überlegenheit, mit dem er sich davor schützen konnte, unsicher im Kontakt mit anderen Frauen zu werden. Wenn er das Gefühl hatte, sich auf mich und meine Hilfe verlassen zu können, so bedeute dies gleichzeitig das Risiko, schwach und unterlegen zu sein, sodass die Tatsache, dass ihn meine Geduld tief berührte, sofort von einem Gefühl der Unterlegenheit auf seiner Seite vergiftete würde.

Er habe Angst, so Herr F., dass ich mich wirklich um ihn sorgte. Niemand sorge sich doch wirklich um irgendjemand anderen! Er erinnerte sich, wie in seiner Familie alle Aufmerksamkeit seinen jüngeren Brüdern galt – und, so setzte ich hinzu, den Schwestern, die noch nachkamen –, was in ihm das Gefühl hatte entstehen lassen, es sei sicherer, ein Mäd-

2.2 Pathologischer Narzissmus und narzisstische Persönlichkeit

chen zu sein als ein Junge (eine Bemerkung, die ich in der Vergangenheit oft von ihm gehört hatte).

Nach dieser Stunde, so Herr F., käme ja eine dunkelhaarige, spanisch sprechende Patientin, und ich arbeite sicher sehr viel lieber mit ihr als mit ihm.

Sitzung 3 – ein Montag im November, vier Monate später:
Herr F. beginnt die Stunde mit der Bemerkung, dass es ihm während der einwöchigen Ferienunterbrechung schlecht ergangen sei und er sich erkältet habe. Er erwähnt einen Traum, ohne Anstalten zu machen, näher auf ihn einzugehen. Er fühle sich ängstlich. Er habe sich zum dritten Mal mit Margo getroffen, einer jungen Künstlerin, die er zuvor als sehr klug, schön und an ihm interessiert beschrieben hatte. Dieses Mal, so Herr F., habe er gar nicht so viel Lust gehabt, sie Samstagabend zu sehen. Sie hatten sich nicht einmal geküsst. Sie waren ausgegangen, doch hatte sie ihn hinterher nicht einmal gebeten, noch mit zu ihr zu gehen. Er hatte sich gedacht, dass sie nicht interessiert sei, doch dann habe sie am nächsten Tag doch angerufen und ihn zum Essen eingeladen. Nun sei er verwirrt. Das vierte Treffen sei sehr romantisch gewesen, und er habe gemerkt, dass er sie mochte. Sie habe es ihm freigestellt, ob er noch mit zu ihr gehen wolle oder nicht. Er habe ihr dann gesagt, dass er sich über seine Gefühle nicht im Klaren sei, und sie habe geantwortet, dass sie verstehe, dass er mehr Zeit brauche. Dabei hätten sie es belassen, und wenn er kein Interesse habe, würde er nicht mehr anrufen.

Herr F. hatte hierüber mit Helen gesprochen, der Frau eines guten Freundes, und ihr erzählt, dass er sich nicht sicher sei, was Margo angehe. Er hatte das Gefühl, dass Helen ihm kritisch gegenüberstand, wegen seiner früheren gescheiterten Beziehungen, dann wegen seiner Affäre mit Mary Ann und nun wegen Margo. Er meinte, Verachtung in ihrem Gesicht wahrgenommen zu haben, als er mit ihr sprach, aber er wäre einfach gerne mit einer Frau zusammen. Er hatte Helen gesagt, dass ihm die Nähe fehle, das Sich-Kümmern, das Reden. Ein anderer Freund, Bob, hatte auch erfahren, dass er mit Margo ausgehe, und ihn beglückwünscht, aber er ließ Bob ausrichten, dass zwischen ihm und Margo nicht wirklich etwas sei. Dann sprach Herr F. über ihren Altersunterschied. Margo sei sieben Jahre jünger und sehe auch sehr jung aus.

Es nerve ihn, so Herr F., so früh eine Therapiestunde zu haben. Er wolle nicht so früh aufstehen, und er frage sich, ob ich wohl genervt sei, dass seine Beziehung zu Margo nirgendwo hinführte. Sie schien sanft, möglicherweise wäre sie abhängig von ihm, so unreif. Dann fiel ihm ein, dass sich Margo in intellektuellen Kreisen bewegte, und er war neidisch und zwiespältig ihr gegenüber. Außerdem gefielen ihm Frauen, die größer waren.

Ich stellte ihm die Frage, ob er deshalb frustriert von Margo sei, weil er ihre Wünsche wahrnahm, von ihm abhängig zu sein, was sie in seiner Wertschätzung sinken ließ, genauso wie er sich in jeder abhängigen Beziehung schlecht machte, und ob er dadurch nicht seine eigenen Wünsche, von einer Frau abhängig zu sein, der er vertraute, enttäuschte. Herr F. unterbrach mich ungeduldig und meinte, ich würde mal wieder meine altbekannten Kommentare anbringen. Dann fiel ihm ein Kollege ein, der an einem Gehirntumor erkrankt war und dann von seiner Frau verlassen worden war. Dieser Kollege habe infolge seiner Erkrankung seine Arbeit verloren, habe aber überlebt und sei nun schwul! Er habe Angst, dass ich stocksauer sein könnte, weil er sich über meine Deutungen lustig mache. Er erinnerte sich dann an ein Telefonat mit mir, als seine Tante gestorben sei, und ich sei damals so überzeugt gewesen, dass ihn dies berühre, während es sich in Wirklichkeit um eine Familienverpflichtung gehandelt habe, und er wäre viel lieber in die Stunde gekommen als auf die Beerdigung zu gehen.

Meine damalige Haltung, erwiderte ich, habe er als Zurückweisung erlebt. So als sei es für mich Standard, einem solchen Tod eine bestimmte Bedeutung beizumessen und nicht zu erkennen, dass er lieber in die Stunde gekommen wäre. Er habe wirklich eine schreckliche Woche hinter sich, so Herr F., die ganze Woche sei furchtbar gewesen, doch er habe versucht, darüber hinwegzukommen, indem er jeden Abend ausgegangen sei und gar nicht mehr an mich gedacht habe.

Ich deutete ihm, dass die Woche so furchtbar gewesen sei, weil er das Gefühl gehabt habe, ich hätte ihn verlassen, dass er jedoch den Gedanken nicht ertrage, mich zu vermissen, weil dies eine Demütigung bedeute. Herr F. erinnerte sich dann an einen Kongress, auf dem meine Frau den Fall eines narzisstischen Kindes vorgestellt habe, das eine ausgesprochen abweisende Mutter gehabt habe, die nur vorgab, sich für ihr Kind zu interessieren. Meine Frau schien sehr um dieses Kind/ihren Patienten bemüht. Er fühle sich ängstlich, distanziert, und dann, in einem plötzlichen Lachanfall, fragte er sich, ob ich mich überhaupt an sein Aussehen erinnerte, wenn ich ihn eine Woche nicht sehe! Es seien ihm auch kritische Kommentare über meine Frau zu Ohren gekommen, und er frage sich, was ich wohl über ihn sagen würde.

Es sei schmerzlich für ihn, warf ich an dieser Stelle ein, sich vorzustellen, wie gleichgültig er mir war, sodass ich mich nicht einmal an sein Aussehen erinnerte. Er wünsche sich, dass ich ihm gegenüber ebenso warmherzige Gefühle hegte wie meine Frau dem kleinen Patienten gegenüber, doch dass dieser Wunsch sofort ein Gefühl der Unterlegenheit und Demütigung in ihm aufkommen lasse, so als könne man nur vorgeben, sich für ihn zu interessieren, und als wiederhole sich hier die schmerzliche Erfahrung mit seiner Mutter. Schweigen.

2.2 Pathologischer Narzissmus und narzisstische Persönlichkeit

Er sei sich bewusst, so Herr F., dass er dazu neige, Frauen als ausbeuterisch zu sehen, auch wenn sie es gar nicht sind. Mary Ann habe ihn gar nicht ausgenutzt, sondern sei nur allmählich zu der Entscheidung gelangt, dass sie ihn nicht möge. Mary Ann sei so schön, blond und groß, während Margo klein und dunkelhaarig sei. Er frage sich, ob er viel Angst davor habe, dass Margo von ihm abhängig sein und ihn ausnutzen könnte. Eigentlich habe er sich diese Woche über Margos Beruf, ihre Kontakte zur Kunstszene und ihr ausgeprägtes gesellschaftliches Leben geärgert.

Er erinnerte sich an den Traum, den er zu Beginn der Stunde habe erzählen wollen. Im Traum treffe er einen Freund in einem Restaurant, den er lange nicht gesehen hatte und der mit einem meiner Patienten, den Herr F. für homosexuell hält, an einem Nebentisch sitzt. Sein Freund stellt die beiden einander vor, und der vermeintlich Homosexuelle bekennt freimütig, sich wohl in seiner Homosexualität zu fühlen, um anschließend recht offen mit Herrn F. zu rivalisieren. Er, Herr F., habe sich wie ein ausgesprochener »Macho« verhalten und schien plötzlich sehr mächtig, so als sei er Gewichtheber. Er flirtete mit einer Frau, die ein paar Tische weiter saß. An den Rest des Traums erinnere er sich nicht mehr.

Dass er sich über die freundliche Begrüßung des Patienten, den er für homosexuell hielt, freute, war Herrn F. peinlich, und er schämte sich. Er erinnerte sich dann, dass er sich im Traum zunehmend ärgerte, da ihn dieser Patient demütigte. Er kenne ja eigentlich keine anderen Patienten von mir, doch falle ihm nun ein anderer an, ein sehr großer Mann, den er einmal lebhaft mit mir auf dem Gang hatte reden sehen, als er aus der Stunde kam. Er sei sicher, dass ich eine andere Patientin lieber mochte, eine Blondine, die er hatte hereinkommen sehen und die ich angelächelt hätte.

Ich sagte, dass er fürchte, ich könne meine anderen Patienten ihm vorziehen, insbesondere jenen homosexuellen Patienten, der offen seine Liebe zeigen würde, im Gegensatz zu ihm, der jegliche positive Empfindung mir gegenüber als Erniedrigung erlebte und Angst vor einem Umschlagen in homosexuelle Wünsche hätte. Im Verlauf der Woche, so Herr F., habe er stets das Gefühl gehabt, sein Penis sei sehr klein, und er fürchtete, sollte er mit Margo schlafen, dass sie dies merken würde und dass er sich schlecht und unsicher fühlen würde. In der Tat glaube er, dass ich meine anderen Patienten ihm vorziehen würde, und stelle einen Rückgang an sexueller Lust bei sich fest, er sei kein richtiger Mann, er könne keine Frau befriedigen, Frauen liebten Männer mit großem Penis.

Ich fragte, ob er wohl annahm, auch ich zöge Männer mit großem Penis vor, und dass von mir keine Akzeptanz oder Liebe zu erwarten sei. Herr F. schwieg eine Weile, um dann plötzlich aufzulachen und ein Treffen mit seinen Freund, dem jungschen Analytiker, zu erwähnen, der der Auffassung war, traditionelle Analytiker hätten keine Ahnung, und nur Jungianer seien hilfreich. Nun versuche er, so meine Erwiderung, das Gefühl der Demütigung auszulöschen, dass seine Phantasie, einen kleinen Penis zu haben und von mir abgewiesen worden zu sein, in ihm ausgelöst habe, indem er meine Art der Analyse schlecht machte. Danach endete die Stunde.

Sitzung 4 – Dienstag (derselben Woche):
Er habe am Vorabend, so Herr F., eine Konferenz besucht, auf der ein berühmter Psychoanalytiker einen Vortrag gehalten habe, und er sei verlegen gewesen, als ich ihn dort erblickt hätte. Ich hatte ihn tatsächlich aus einiger Entfernung gesehen. Er fragte sich, ob ich meinte, er sei nur hingegangen, weil ich dort sein würde, und sagte, er hasse diesen Gedanken. Er sei die letzten Wochen ziemlich sauer gewesen, habe sich über seine Kollegen und über seine Klienten geärgert und habe eine sadistische Freude empfunden, andere zu beschimpfen, woraufhin er fürchtete, diese könnten sich rächen. Er berichtet dann detailliert über ein hitziges Gespräch mit einem Anwalt seiner Beratungsstelle, der einen gemeinsamen Patienten verteidigte, ihn in Wirklichkeit jedoch geradewegs in seiner Pathologie bestätigte. Er hatte dem Anwalt gesagt, dass er dem Patienten schade, und hatte zum ersten Mal keine Angst, ihn zu reizen. Herr F. klang lebendig und selbstsicher, als er über seine Arbeit sprach, ohne jenen anklagenden Tonfall der letzten Stunden, als genieße er es, mir mitzuteilen, dass er sich mehr durchsetzte.

Ich wollte gerade diese Tatsache kommentieren, als sich Herr F. umdrehte und sah, dass ich mitschrieb. Er sei schockiert, dass ich mitschrieb (er wusste, dass ich mir von Zeit zu Zeit Notizen machte). Er fragte sich, ob ich mitschrieb, weil es ihm besser ging und ich mich über ihn freute, doch dann fügte er schnell hinzu, wahrscheinlich schrieb ich mit, weil ich dement wurde und mir nicht mehr alles merken könne. Dann bekam er Angst und fragte sich, ob ich wohl daran dachte, die Behandlung zu beenden, und ob ich mir deshalb Notizen machte, um meine Entscheidung zu rechtfertigen.

Ich sagte ihm, dass er in einer sehr lebendigen und warmherzigen Weise über seine Arbeit gesprochen hatte und womöglich mein Mitschreiben als Interesse meinerseits gewertet hatte, dann jedoch plötzlich als Zurückweisung und Vergeltung dafür, dass er mich als dement abqualifiziert hatte. Herr F. antwortete, das stimme nicht. Er fühle sich nicht selbstsicher in der Arbeit. Im Gegenteil, er hätte Angst vor der Rache des Anwalts gehabt. Er könne mir nicht trauen. Dann fragte er sich, ob ich ihm mehr Aufmerksamkeit zollte, indem ich mir Notizen machte, oder ob es ein Zeichen von Schwäche seinerseits war, dass er sich so aufregen konnte. Jedenfalls machten mich meine Notizen zu einem gewöhnlichen Menschen, denn er hatte gedacht, ich könnte mir alles merken, ohne mitzuschreiben. Dann erinnerte er sich an kritische Kommentare über meine Person, dass ich zu hohe und perfektionistische Anforderungen an meine Patienten stellte.

Nach längerem Schweigen sagte er schließlich, er habe am Anfang der Stunde seine Erfahrungen mit mir teilen wollen und sich Hilfe von mir gewünscht, doch habe er sich gefragt, ob er mir wirklich etwas bedeute. Er erinnerte sich an eine alte Freundin, die eines Morgens zu ihm im Bett gesagt habe, er sei »ewig weit weg«, und er hatte für einen Moment das Gefühl gehabt, ich sei ewig weit weg.

Ich deutete ihm, dass seine Sicht über mich einer starken Spaltung unterlag: Auf der einen Seite erlebte er mich als jemanden, der sich für ihn interessierte, ihm helfen könnte, was ihm gut tat – ein Analytiker mit vollkommenem Interesse, der sich alles merken könne, dem er trauen könne. Ein anderer Teil hatte das Gefühl, ich sei ewig weit weg, sei entweder arbeitsunfähig oder würde ihn völlig zurückweisen, sodass sich niemals etwas ändern würde und er auf immer und ewig dazu verdammt sei, in dieser Situation zu verharren.

Das stimme, so Herr F., und tatsächlich sei es so, dass während der vergangenen Tage einiges Gutes passiert sei, was er noch gar nicht erwähnt habe. Sein Steuerberater habe ihm mitgeteilt, dass er eine große Summe Geld an Steuerrückzahlung zu erwarten habe. Er habe mehr soziale Kontakte. Er habe sich mit Frauen getroffen, und er hätte sich auch gefreut, mir davon zu erzählen, sogar über seine Beziehung zu Margo. Doch dann überkomme ihn das Gefühl, so wie in der Sitzung einen Tag zuvor, dass sich nichts ändern würde. Er habe einen schönen Schreibtisch für seine Praxis erstanden, was ihn sehr freue. Dies gebe ihm die Möglichkeit, seine Praxisräume umzugestalten, und es sehe nunmehr sehr schön aus. Ich würde das aber sicher lächerlich finden, seinen Möbeln derart viel Aufmerksamkeit zu schenken – worauf Herr F. plötzlich in Tränen ausbricht.

Er müsse weinen, so sagte ich ihm, weil er sich getraut hatte, mir seine Freude darüber mitzuteilen, dass es besser laufe in seinem Leben, aber dass er womöglich sofort Angst bekommen hätte, ich könne ihn zurückweisen, weil er mit seinen Möbeln beschäftigt war und ich das nicht schätzte. Herr F. stimmt zu – ja, er habe gedacht, das sei narzisstisch, Gedanken an seine Möbel zu verschwenden. Nach der Stunde vom Tag zuvor habe er sich gehasst, und er begann, sich wieder mit Mary Ann zu vergleichen, mit dem Gefühl, dass ihn nie etwas berühren würde. Erst sehr spät am Abend sei ihm ganz kurz der Gedanke durch den Kopf geschossen, dass dieses Gefühl – es würde sich etwas ändern und Mary Ann sei die vollkommenste Frau auf Erden – in Wirklichkeit eine Abwehr gegen seine Verletzlichkeit und sein Vertrauen mir gegenüber sei. Wie könne er mir trauen, wenn ich ihn doch zurückweisen würde, weil er so narzisstisch sei? Er hatte das Gefühl, dass es ihm in der Arbeit besser ging, dass er Anerkennung von anderen bekam und viel arbeite, aber er hatte Angst, mir davon zu erzählen.

Herr F. schwieg eine Weile, um dann seinem Ärger über seine Beziehung zu Margo Ausdruck zu verleihen. Er habe das Gefühl, dass er sie zurückwies und dass dies verrückt sei. Er wollte geliebt werden, und Margo sei eine intelligente, hübsche Frau aus einer sehr angesehenen Familie mit hohen kulturellen Interessen, die den seinen entsprachen. Der Gedanke, dass seine Eltern absolut von ihr begeistert wären, wenn er sie ihnen vorstellen würde, stimmte ihn verlegen. Er sei traurig, dass er der Beziehung mit ihr keine Chance gab. Er erinnerte sich dann, wie er sich über seine Eltern geärgert habe, wenn er Freundinnen mit nach Hause gebracht hatte und sie sich darüber gefreut hatten, und dass er die Beziehung zu der jeweiligen Freundin beenden wollte, um seine Eltern unglücklich zu machen.

Ich erinnerte Herrn F. daran, dass er seine Mutter als jemanden wahrnahm, die sich nur für gesellschaftliche Konventionen, aber nicht für ihn interessierte, dass er mich womöglich ähnlich erlebte: Er solle eine gute Beziehung zu einer Frau haben, die mir angemessen erschien, egal, was er dazu fühlte. Das stimme, so Herr F., und das sei vielleicht auch der Grund, warum er mir nicht das Vergnügen bereiten wolle, anzunehmen, er könne mit Margo glücklich sein. Das Wichtigste sei, dass er versuchte, mich ja nicht an ihn ranzulassen. Er habe das Selbstbild, nichts und niemanden zu lieben. Wieder kam er auf Mary Ann zu sprechen, die ihn vielleicht zu Beginn ihrer Beziehung nicht geliebt habe, die aber definitiv fähig war, zu lieben. Er habe nie einen Gedanken daran verschwendet, was es wohl an ihm gewesen sein mag, das es Mary Ann unmöglich machte, ihn zu lieben.

Er erinnerte sich an eine Begebenheit, als Mary Ann versuchte, ihm beim Eislaufen zu helfen. Sie war eine ausgezeichnete Eisläuferin und versuchte, ihn zu schützen, damit er nicht stürzte. Doch stattdessen stürzte sie, während er nur mit sich beschäftigt gewesen sei! Er sei ein Feigling, der für niemanden Liebe empfand. Dann erinnerte er sich an einen guten Freund, Arnold, der eine sehr interessante Persönlichkeit sei und mit dem er Sonntagmorgen zum Frühstücken ging, während es regnete. Sie hatten nur einen Schirm, doch er habe nur an sich gedacht, während ihm egal war, ob Arnold nass werden würde. Freundschaft sei ihm »scheißegal«, ihn freue nur sein neuer Tisch! Dann kommt Herr F. auf einen anderen Freund zu sprechen, dem es in der Arbeit nicht gut gehe, und dass ihn das mit Triumph erfüllt habe, dass es ihm gut gehe und seinem Freund nicht. Er verachte sich dafür und wolle gar nicht hören, was ich dazu zu sagen hätte, er fühle sich wie ein Soziopath und sollte sich einfach umbringen.

Ich sagte ihm, er habe das Gefühl, kein Recht darauf zu haben, dass ich mich freue und ihm alles Gute für seine Beziehung zu Margo wünsche, weil er mit sich selbst so kritisch und entwertend ins Gericht ging, dass er sich gar nicht vorstellen könne, dass meine Gefühle und Gedanken ganz anders sein könnten. Er schreibe mir seine eigene Geringschätzung zu und müsse sich deshalb vor allem schützen, was von mir komme. Jedes gute Gefühl von mir müsse sofort ins Gegenteil umgewandelt werden, in eine Art hochmütiger Freundlichkeit, die er mit seiner Mutter assoziierte.

Herr F. erwiderte, er fühle sich tatsächlich narzisstisch benutzt, und vielleicht erlebe er mich genauso, und vielleicht weise er deshalb Margo zurück, um sich dafür an mir zu rächen. Es sei ihm bewusst, dass seine Angst vor mir darauf zurückzuführen war, dass er mir sein eigenes Verhalten zuschrieb. Ihm fiel ein Kommentar seines Supervisors ein, der sich zu einem narzisstischen Patienten geäußert hatte, den er betreute. Der Supervisor hatte gesagt, der Patient habe »Scheißeltern«, kein Wunder, dass der Patient solche Probleme habe! Das klinge genau nach ihm und seiner Mutter, so Herr F., und tatsächlich nehme er mich wahr wie seine Mutter. Das sei einfach ein altes Muster.

Er erinnert sich dann wieder an den Kommentar meiner Frau anlässlich der Fallvorstellung ihres kleinen Patienten, der eine schwer narzisstische Mutter hatte. Nach einigem Schweigen fiel ihm der Traum mit meinem vermeintlich homosexuellen Patienten ein. Wenn er mir traue, habe er homosexuelle Gefühle. Dann fällt ihm sein Vater ein. Sein Vater sei sadistisch und demütigend, aber kümmere sich um seinen Sohn, und Herr F. nehme dem Vater ab, dass er ehrlich an ihm interessiert sei. Der Vater habe einst gesagt, er würde ihn nie aufgeben, und Herr F. beginnt zu weinen. Sein Vater meine das wirklich.

Ich sage ihm, dass ich in einem Moment für ihn ein guter Elternteil sei, der ihn liebe, der vielleicht streng sei, aber der sich für ihn einsetze, so wie sein Vater. Doch dies habe zur Folge, dass er sexuelle Gefühle mir gegenüber verspüre, als Teil seiner Liebe und Dankbarkeit, und dass dies eine Katastrophe sei, weil er dann homosexuell würde. Die Alternative sei dann, mich als schlechten Elternteil zu sehen, mit einer Persönlichkeit genau wie die seiner Mutter. Die einzige Sicherheit, die ihm dann bliebe, sei die völlige Lähmung, nichts würde sich ändern, und er und Mary Ann wären in einer vollkommenen Welt vereint und müssten sich auf nichts und niemanden beziehen.

Zum ersten Mal in der Stunde entspannt sich Herr F. etwas. Wenn er wirklich gut genug sei, von mir geliebt zu werden, dann würde ihn das wahnsinnig freuen, doch dann hätte er Angst, mich zu enttäuschen, wegen seiner vielen Probleme. Tief in sich drin habe er das Gefühl, dass ihn niemand jemals wirklich lieben könnte. Dann war das Ende der Stunde erreicht.

Abschließender Kommentar:
Das Funktionsniveau des Patienten hatte sich im Laufe der Behandlung enorm verbessert, und er war ein von seinen Kollegen und Supervisoren wertgeschätzter Kollege. Er hatte mehr soziale Kontakte und lebte nicht mehr so isoliert wie vorher. Er war ein Jahr lang nicht mehr depressiv gewesen, und sein freies Assoziieren hatte nicht mehr den monotonen und verkrampften Charakter wie noch im ersten Jahr der Analyse. An dieser Stelle hatte ich den Eindruck, dass sich die narzisstische Abwehr aufzulösen begann und sich die Fähigkeit zu einer genuin abhängigen Beziehung zu entwickeln begann. Sinn und Zweck dieser Fallvorstellung war jedoch nicht die Dokumentation einer stattgefundenen Veränderung, sondern der anhaltenden Qualität der narzisstischen Persönlichkeitsstruktur als Abwehrorganisation.

Literatur

Bion WR (1968). Second Thoughts. Selected papers on psychoanalysis. New York: Basic Books.
Bion WR (1970). Attention and Interpretation. London: Heinemann.
Chasseguet-Smirgel J (1985). Kreativität und Perversion. Frankfurt/M.: Stroemfeld.
Cleckley H (1941). The Mask of Sanity. St. Louis: Mosby.
Erikson EH (1966). Identität und Lebenszyklus. Frankfurt/M.: Suhrkamp.
Freud S (1905). Drei Abhandlungen zur Sexualtheorie. GW V. Frankfurt/M.: Fischer 1999; 27–145.
Freud S (1914). Zur Einführung des Narzißmus. GW X. Frankfurt/M.: Fischer 1999; 137–70.
Freud S (1916). Einige Charaktertypen aus der psychoanalytischen Arbeit. GW X. Frankfurt/M.: Fischer 1999; 363–91.
Freud S (1919). »Ein Kind wird geschlagen«. GW XII. Frankfurt/M.: Fischer 1999; 195–226.
Freud S (1927). Fetischismus. GW XIV. Frankfurt/M.: Fischer 1999; 309–17.
Freud S (1939). Die Ichspaltung im Abwehrvorgang. GW XVII. Frankfurt/M.: Fischer 1999; 57–62.
Hare RD (1970). Psychopathy. Theory and research. New York: Wiley.
Hare RD, Shalling E (1978). Psychopathic Behavior. Approaches to research. New York: Wiley.
Hare RD, Hart S (1995). Commentary on antisocial Personality Disorder. In: Livesley J (ed). The DSM-IV Personality Disorders. New York: Guilford; 127–34.
Hart S, Harpur T (1991). Psychopathy and the DSM-IV criteria for antisocial personality disorder. J Abnorm Psychol; 100: 391–8.
Henderson DK (1939). Psychopathic States. London: Chapman and Hall.
Henderson DK, Gillespie RD (1969). Textbook of Psychiatry. For students and practitioners. 10th ed., rev. IRC Batchelor. London: Oxford University Press.
Jacobson E (1973). Das Selbst und die Welt der Objekte. Frankfurt/M.: Suhrkamp.
Kernberg OF (1981). Objektbeziehungen und Psychoanalyse. Stuttgart: Klett-Cotta.
Kernberg OF (1983). Borderline-Störungen und pathologischer Narzissmus. Frankfurt/M.: Suhrkamp.
Kernberg OF (1985). Schwere Persönlichkeitsstörungen. Stuttgart: Klett-Cotta.

2.2 Pathologischer Narzissmus und narzisstische Persönlichkeit

Kernberg OF (1988). Innere Welt und äußere Realität. München, Wien: Verlag Internationale Psychoanalyse.
Kernberg OF (1989). A theoretical frame for the study of sexual perversions. In: Blum HP, Weinshel EM, Rodman FR (eds). The Psychoanalytic Core. Festschrift in honor of Dr. Leo Rangell. New York: International Universities Press; 243–63.
Kernberg OF (1991). Sadomasochism, sexual excitement, and perversion. J Am Psychoanal Assoc; 39: 333–62.
Kernberg OF (1993). Psychoanalytische Objektbeziehungstheorien. In: Mertens W (Hrsg). Schlüsselbegriffe der Psychoanalyse. München, Wien: Verlag Internationale Psychoanalyse; 96–104.
Kernberg OF (1996a). A psychoanalytic theory of personality disorders. In: Clarkin JF, Lenzenweger MF (eds). Major Theories of Personality Disorders. New York: The Guilford Press; 106–40.
Kernberg OF (1996b). Die narzisstische Persönlichkeitsstörung und ihre differentialdiagnostische Abgrenzung zum antisozialen Verhalten. In: Kernberg OF (Hrsg). Narzisstische Persönlichkeitsstörungen. Stuttgart, New York: Schattauer; 52–70.
Kernberg OF (1997). Wut und Hass. Über die Bedeutung von Aggression bei Persönlichkeitsstörungen und sexuellen Perversionen. Stuttgart: Klett-Cotta.
Kernberg PF (1989). Narcissistic personality disorder in childhood. Psychiatr Clin North Am; 12(3): 671–94.
Kernberg PF, Richards AK (1994). Love in preadolescence as seen through children's letters. In: Richards AK, Richards AD (eds). The Spectrum of Psychoanalysis. Essays in honor of Martin Bergman. Madison, CT: International Universities Press; 199–218.
Lussier A (1982). Les Déviations du désir. Etude sur le fétichisme. Paris: Presses Universitaires de France.
Mahler M, Furer M (1968). Human Symbiosis and the Vicissitudes of Individuation. New York: International Universities Press.
Mahler M, Pine F, Bergman A (1975). Die psychische Geburt des Menschen. Frankfurt/M.: Fischer.
Meltzer D (1977). Sexual States of Mind. Pertshire, Scotland: Clunie Press; 132–9.
Rosenfeld H (1990). Sackgassen und Deutungen. München, Wien: Verlag Internationale Psychoanalyse.
Sherwood VR, Cohen CP (1994). Psychotherapy of the Quiet Borderline Patient. Northvale, NJ: Jason Aronson.
Stoller RJ (1975). Perversion. The erotic form of hatred. Washington, DC: American Psychiatric Press.
Stone MH (1980). The Borderline Syndromes. New York: McGraw-Hill.

2.3
Die Paradoxa des Narzissmus – ein dynamisches selbstregulatorisches Prozessmodell

Carolyn C. Morf, Frederick Rhodewalt[1]

Im Folgenden soll ein dynamisches selbstregulatorisches Prozessmodell des Narzissmus entworfen und anhand entsprechender empirischer Befunde illustriert werden. Unser Modell versteht Narzissmus im Sinne eines motivierten Selbstkonstrukts, in welchem das narzisstische Selbst durch das Zusammenwirken kognitiver und affektiver intrapersoneller Prozesse sowie interpersoneller selbstregulatorischer Strategien geformt wird, die ihrerseits auf der sozialen Bühne zum Einsatz kommen. Dem ständigen Bemühen um Bestätigung von außen scheint ein grandioses, aber verletzbares Selbstkonzept zugrunde zu liegen. Da narzisstische Menschen unempfänglich sind für die Belange und sozialen Zwänge anderer, die sie als ihnen unterlegen ansehen, sind ihre selbstregulatorischen Bemühungen oftmals kontraproduktiv und vereiteln letztlich die positive Rückmeldung, die sie sich wünschen – das heißt sie unterminieren das Selbst, das sie ja gerade schaffen und aufrechterhalten wollen. Wir setzen unser Modell in Bezug zu anderen Prozessmodellen der Persönlichkeit, die uns dabei helfen sollen, das Konstrukt des Narzissmus weiter zu erhellen. Die Neukonzeptualisierung des Narzissmus als selbstregulatorisches Prozessmodell ist ein viel versprechender Ansatz, um zahlreiche offensichtliche Paradoxien zu lösen, da das Verständnis des Zusammenspiels von narzisstischer Kognition, Affekt und Motivation ihre innere subjektive Logik und Kohärenz ins Blickfeld rücken.

---

1 Unser Dank gilt unseren Studenten und Kollegen Brian Tschanz, Charlene Weir, Maayan Davidov, Donna Ansara, Stacey Eddings und Michael Tragakis für ihren unschätzbaren Beitrag zu den zitierten Forschungsarbeiten sowie Walter Mischel für seine gewissenhafte Kommentierung der verschiedenen Probefassungen des vorliegenden Aufsatzes. Die im Text diskutierten Thesen spiegeln die Auffassung der Autoren wider und entsprechen nicht unbedingt der offiziellen Sichtweise des National Institute of Mental Health oder irgendeiner anderen Abteilung des U. S. Department of Health and Human Services.

2.3 Die Paradoxa des Narzissmus

Auf die Frage, ob sie je einem Narzisst begegnet sind, wird den meisten Menschen ein Freund, Vorgesetzter oder Liebespartner in den Sinn kommen. Sie werden eine Persönlichkeit voller Widersprüche beschreiben: selbstverliebt und ichbezogen, ausschließlich um sich kreisend, aber nichtsdestotrotz überaus empfindlich gegenüber Kommentaren von außen; emotional labil und anfällig für wahre Begeisterungsstürme, aber auch in tiefster Verzweiflung und Wutausbrüchen. Dem Charme und der Leichtigkeit, mit der sie sich auf sozialem Parkett bewegen, steht ihre Gefühllosigkeit angesichts der Empfindungen, Wünsche und Bedürfnisse anderer gegenüber. Einem anfänglichen Sich-hingezogen-Fühlen zu diesen Menschen folgt nicht selten ein Überdruss angesichts der permanenten Forderung nach Bewunderung und Aufmerksamkeit.

Formal wird Narzissmus im Diagnostischen und Statistischen Manual Psychischer Störungen (DSM-IV) als tiefgreifendes Muster von Großartigkeit und Selbstbezogenheit definiert (American Psychiatric Association 1994). Narzissten sind eingenommen von Phantasien grenzenlosen Erfolgs, Macht, Glanz, Schönheit oder idealer Liebe. Im zwischenmenschlichen Bereich legen sie ein exhibitionistisches Verhalten an Tag, verlangen nach Aufmerksamkeit und Bewunderung, reagieren aber auf eine Bedrohung ihres Selbstwertgefühls mit Wut, Trotz, Scham und einem Gefühl der Demütigung. Sie verhalten sich ausbeuterisch, hegen übertriebene Erwartungen an eine besonders bevorzugte Behandlung, sind aber nicht willens, anderen das Gleiche zukommen zu lassen. Dazu unterhält der Narzisst Beziehungen, die zwischen Idealisierung und Entwertung schwanken.

Auf viele von uns üben narzisstische Menschen eine Faszination aus. Voller Widersprüche scheinen sie zuweilen die erwachsene Version kindlicher Charakteristika zu verkörpern, die die meisten Menschen im Laufe ihrer Entwicklung hinter sich lassen. Psychoanalytiker und Kliniker haben sich lange mit der Frage des Narzissmus beschäftigt, die gegenwärtig eine Art Renaissance unter Persönlichkeits- und Sozialpsychologen erfährt. Wir vermuten, dass ein Großteil des anhaltenden wissenschaftlichen Interesses am Narzissmus aus der Tatsache herrührt, dass es sich dabei um ein hochkomplexes, schwer zu fassendes und empirisch zu überprüfendes Phänomen handelt, an das eine ganze Reihe unterschiedlichster Theorien geknüpft sind.

Unter den klinischen Theoretikern wird heftig über die entwicklungspsychologischen Vorläufer des Narzissmus sowie über die Bedeutung und Wirkungsweise seiner Hauptmerkmale debattiert. Sozial- und Persönlichkeitspsychologen wiederum interessieren sich für das soziale Konstrukt des Selbst und die Beschäftigung des Narzissten mit der Errichtung und Verteidigung eines Wunsch-Selbst. Das Syndrom des Narzissmus stellt gewissermaßen den idealen Prototyp dar, um diese Selbstprozesse, wie sie sowohl in der sozialen Welt als auch in der Psyche des Narzissten ablaufen, genauer zu untersuchen. Kurz, wir vermuten, dass sich die Faszination am Narzissmus, dem sowohl Laien als auch Fachleute erliegen, der psychologischen Dynamik narzisstischen Verhaltens verdankt. Was das Konstrukt »Narzissmus« als Forschungsfrage virulent bleiben lässt, ist die

2 Zur Diagnostik

Tatsache, dass sich diese psychische Dynamik als weitaus vielschichtiger erwiesen hat, als es die populärwissenschaftliche und intuitive Konzeption des »narzisstischen Freundes, Vorgesetzten oder Liebhabers« erahnen lässt.

Wir möchten im Folgenden die Nützlichkeit eines Ansatzes aufzeigen, der Narzissmus eher als Persönlichkeitsprozess denn als statisches individuelles Unterscheidungsmerkmal auffasst. Wir werden ein Forschungsprogramm vorstellen, das sich die Validierung eines Narzissmus-Modells zum Ziel gesetzt hat, das wiederum das Syndrom des Narzissmus als dynamisches System sozialer, kognitiver und affektiver selbstregulatorischer Prozesse versteht. Dieses Modell geht davon aus, dass die genannten selbstregulatorischen Prozesse im Dienste motivierter Selbstkonstruktion stehen, die wiederum die Errichtung und Aufrechterhaltung gewünschter Selbstzustände sowie die Befriedigung selbstevaluativer Bedürfnisse zum Ziel hat. Bei der zugrunde liegenden narzisstischen Selbstregulation, so unsere These, handelt es sich um ein grandioses, aber verletzbares Selbstkonzept. Es ist diese Zerbrechlichkeit, die zur drängenden Suche nach permanenter äußerer Selbstbestätigung führt, wie wir sie von narzisstischen Menschen so gut kennen. Ein Großteil der Bemühungen um Selbstkonstruktion findet im öffentlichen Raum statt. Da Narzissten charakteristischerweise jedoch für die Sorgen und Nöte sowie sozialen Zwänge anderer unempfänglich sind und häufig Feindbilder aufbauen, haben ihre Versuche der Selbstkonstruktion nicht selten einen gegenteiligen Effekt. Während narzisstische Strategien kurzfristig durchaus zur Stützung des Selbstwerts und Regulierung von Affekten dienen können, so wirken sie sich doch negativ auf zwischenmenschliche Beziehungen aus und unterminieren auf Dauer das Selbst, das eigentlich errichtet werden soll. Das Ergebnis ist ein chronischer Zustand der Selbstkonstruktion, die unablässig und nicht immer optimal entlang verschiedenster sozialer, kognitiver und affektiver selbstregulatorischer Mechanismen abläuft. In unserer Arbeit konzentrieren wir uns darauf, die Dynamik dieser selbstregulatorischen Versuche näher zu beleuchten, um gleichzeitig ein genaueres Prozessmodell der Selbstregulation zeichnen zu können.

Reizvoll an dieser Forschung ist, dass sie eine Möglichkeit aufzeigt, dispositionelle Persönlichkeitszüge und prozessuale (sozial-kognitiv-affektive) Persönlichkeitsansätze zu integrieren, die in der Vergangenheit eher als rivalisierende und sich gegenseitig ausschließende Konzepte gedacht wurden. Über die strategischen intra- und interpersonellen selbstregulatorischen Verhaltensweisen und Prozesse, die dem Aufbau und der Aufrechterhaltung des narzisstischen Selbst dienen, verknüpft das Modell die psychischen Repräsentanzen des Selbst des Narzissten mit seiner sozialen Umwelt. Auf diese Art und Weise behandelt es sowohl stabile narzisstische Persönlichkeitszüge als auch die ihnen zugrunde liegenden situativen psychischen Prozesse. Auf prozessualer Ebene fühlen sich Narzissten sehr schnell in ihrem Selbstwertempfinden angesprochen (oder sorgen dafür), um sogleich charakteristische soziale, kognitive und affektive selbstregulatorische Strategien zum Einsatz zu bringen, die die Aufrechterhaltung ihres Selbstwertes sicherstellen sollen. Diese zugrunde liegenden Prozesse spiegeln sich auf der Ebene der Persönlichkeitszüge wider, wenn regelmäßig Selbstherrlichkeit und Arroganz das Verhalten ebenso bestimmen wie Feindseligkeit, Anspruchlichkeit und fehlende Einfühlung gegenüber anderen. Diese merkmalähnlichen Unterschiede im allgemeinen Verhalten, in Kognition und Affekt verstehen wir als Resultat der zugrunde liegenden Dynamik selbstregulatorischer Prozesse. Es existiert eine relative Stabilität im Persönlichkeitssystem, da alle Prozesse um Selbstziele organisiert sind, so auch die Unverwechselbarkeit, mit der unterschiedliche situative Merkmale leicht unterschiedliche (wenngleich in Zusammenhang stehende) Aspekte des Systems aktivieren. Diese Integration von Merkmalszügen und prozessualen Abläufen hilft uns zu verstehen, warum sich der Narzissmus über derart paradoxe Persönlichkeitszüge Ausdruck verschafft.

Im ersten Teil unseres Aufsatzes werden wir unser selbstregulatorisches Prozessmodell des Narzissmus mit den entsprechenden Forschungsarbeiten, die wir zur Validierung des Modells durchgeführt haben, sowie andere relevante Untersuchungen zu diesem Thema vorstellen. In diesem Zusammenhang sollen offene Fragen und ungelöste Probleme zur Sprache kommen und diskutiert werden. Im zweiten Teil wird es um die weitreichenden Implikationen dieses Modells sowie seine Beziehung zu anderen sozialen Prozessmodellen der Persönlichkeit und den damit verbundenen Fragen gehen. Abschließen werden wir unsere Ausführungen mit einer Diskussion über die Nützlichkeit eines Modells, das dispositionale und prozessuale Aspekte gleichzeitig innerhalb desselben konzeptuellen Rahmens zu untersuchen und auf diese Art und Weise unterschiedliche Ebenen der Persönlichkeitsforschung zu integrieren vermag.

Das paradoxe Leben der narzisstischen Persönlichkeit

Ausgelöst wurde unser anfängliches Interesse am Narzissmus durch den offenkundig unstillbaren Hunger nach Selbstbestätigung, den narzisstische Menschen an den Tag legen und der sie zur permanenten Manipulation ihrer sozialen Umwelt veranlasst. Dieses Kernmerkmal ist sowohl in der Definition des DSM-IV als auch in klinischen Darstellungen enthalten. Wir erinnern uns, dass das DSM-IV (American Psychiatric Association 1994; Saß et al. 1996) Narzissmus als ein tiefgreifendes Muster beschreibt, die eigene Großartigkeit, Bedeutung und Überlegenheit anderen Menschen gegenüber zu betonen. Nichtsdestotrotz gelten Narzissten als aufmerksamkeits- und bewunderungssüchtig, permanent damit beschäftigt, wie gut sie etwas können und wie sie von anderen gesehen werden. Obgleich auf den ersten Blick paradox anmutend, so überrascht es bei näherer Betrachtung nicht, dass narzisstische Persönlichkeiten zwar über ein extrem positives, aber zugleich ausgesprochen fragiles Selbstbild verfügen. Gerade die Tatsache, dass es sich beim narzisstischen Selbst um eine derart grandiose und aufgeblähte Struktur handelt, macht seine Verletzbarkeit aus. Wir haben es mit einem Selbst zu tun, das nicht für sich zu stehen vermag, das nicht in einer objektiven Realität verankert ist und daher auf kontinuierliche Bestätigung und Verstärkung von außen angewiesen ist. Es ist die Errichtung eines positiven und stabilen Selbstbildes, dem die selbstregulatorischen Bemühungen des Narzissten gelten, was jedoch, wenn überhaupt, nur vorübergehend gelingt.

Das konstante Bedürfnis nach Selbstbestätigung begegnet uns auch in verschiedensten klinischen Darstellungen und ihren Überlegungen zum Ursprung dieses Verhaltensmusters. Im Wesentlichen nennen sie alle frühe elterliche Empathiemängel oder Vernachlässigung, die Narzissten in ihren erwachsenen Beziehung auszugleichen suchen. So schreibt Kernberg (1978) die Störung einer abweisenden Mutter und dem nachfolgenden Verlassenheitsgefühl des Kindes zu. Kohut (1972; 1973) wiederum spricht von Inkonsistenz und Unberechenbarkeit im elterlichen Verhalten, das in hohem Maße von den Stimmungen der Mutter abhängig ist. Millon (1981) schließlich macht eine permanente Überschätzung des Kindes, die auf keine objektive Realität gegründet ist, für die Störung verantwortlich. Obwohl also unter den klinischen Theoretikern durchaus unterschiedliche Meinungen zur exakten Ätiologie des Narzissmus existieren, so stimmen sie doch alle darin überein, dass es sich beim grandiosen, aber fragilen Selbst um das Ergebnis unempathischer und inkonsistenter frühkindlicher Interaktionen handelt und diese in der Kindheit hinterlassene Lücke in den erwachsenen Beziehungen gefüllt werden soll. Es scheint, dass Narzissten dies auf zweierlei Art und Weise versuchen, was sich als Suche nach einem grandiosen Selbst manifestiert. Der erste Weg scheint affektiver Art zu sein und mit dem Verlangen einherzugehen, ein nagendes Gefühl des Ungenügens zu beruhigen. Der zweite, eher kognitiv anmutende Weg ist darauf ausgerichtet, den Wunsch nach Selbstdefinition zu befriedigen. In der Verknüpfung beider Komponenten richten wir unser Augenmerk auf die sich stets wiederholenden Gedanken, Gefühle und Verhaltensweisen, die das grandiose Selbst bestätigen sollen.

Diese Prozesse sind deshalb von besonderem Interesse, da es sich beim grandiosen Selbst letztlich um ein unmöglich zu erreichendes Ziel handelt, wenn die narzisstische Persönlichkeit auf die Realität des Scheiterns und der fehlenden sozialen Bestätigung durch andere trifft, die ihre hohe Meinung über sich selbst nicht immer teilen. Und selbst wenn es ihr gelingt, Bestätigung hervorzurufen, so geschieht dies nicht selten durch plumpe Manipulation oder Verzerrung der gewünschten Reaktionen, die als nicht ausreichend erlebt werden. Aufgrund der negativen Erfahrungen mit den frühen Bezugspersonen sind ihre Beziehungen im Erwachsenenalter nicht selten erfüllt von Feindseligkeit und Misstrauen. Aus diesem Grund bleiben Kontingenzen zwischen sozialem Feedback und Rückschlüssen auf das eigene Selbst immer mit einer gewissen Ambiguität behaftet, was die Betreffenden (auf einer bestimmten Ebene) permanent an der Gültigkeit der jeweiligen Rückmeldung zweifeln lässt. Dies wiederum nährt das Bedürfnis nach sozialer Konstruktion: Narzissten müssen andere ständig »fragen«, ob sie sie bewundern. Zu diesem Zweck saugen sie ihre Beziehungen förmlich aus, um die gewünschte Bestätigung zu erhalten. Sie hegen jedoch aufgrund ihrer frühen Erfahrungen nicht nur ein tiefes Misstrauen gegenüber anderen Menschen, vielmehr fehlt es ihnen an echter Zuneigung oder Fürsorge für andere Menschen, denen sie nicht selten mit Verachtung begegnen. Diese tendenziöse Beziehung zwischen der narzisstischen Persönlichkeit und ihrem »sozialen Netzwerk zur Unterstützung des eigenen Selbst« zeigt sich an der großen Bandbreite zwischenmenschlicher Defizite, wie sie im DSM-IV skizziert werden:

- Mangel an Empathie
- Anspruchsdenken
- ausbeuterisches und arrogantes Verhalten

Diese Kombination von Feindseligkeit und Unempfindsamkeit gegenüber den Bedürfnissen und Wünschen anderer lässt Narzissten häufig solche interpersonellen Strategien einsetzen, die kontraproduktiv sind und letztlich das soziale Netzwerk daran hindern, eben jenes positive Feedback, das so sehr gewünscht wird, tatsächlich zur Verfügung zu stellen. Man könnte hier vom »narzisstischen Paradoxon« sprechen: In ihrem Verlangen nach Selbstbestätigung zerstören sie justament jene Beziehungen, auf die sie angewiesen sind.

Vorläufige empirische Belege, die diese deskriptiven Erklärungen der Grandiosität sowie der Beeinträchtigungen im zwischenmenschlichen Bereich stützen, wurden in Form von Korrelationsstudien mithilfe des Narcissistic Personality Inventory (NPI, Raskin u. Hall 1979; 1981) gesammelt. Der auf den Definitionen des DSM basierende Fragebogen misst Narzissmus entlang eines Kontinuums, das vom pathologischen Narzissmus als extreme Ausprägungsform bis hin zu narzisstischen Persönlichkeitszügen reicht (Emmons 1987). In Übereinstimmung mit den im DSM aufgeführten Merkmalen für **Grandiosität** korreliert der NPI positiv mit hohen Werten in den Skalen »Selbstwert« (z.B. Emmons 1984; 1987; Raskin et al. 1991a; Raskin u. Terry 1988; Rhodewalt u. Morf 1995), »selbstzentrierte Aufmerksamkeit« (Emmons 1987), »Selbstbezogenheit« (Raskin u. Shaw 1988), »Bedürfnis nach Einzigartigkeit« (Emmons 1984), »Machtstreben« (Carroll 1987) und »mangelnde Diskrepanz zwischen tatsächlichem und idealem Selbst« (Rhodewalt u. Morf 1995). Der NPI korreliert negativ mit **Beziehungsvariablen**, wie zum Beispiel »Empathie und Perspektivenübernahme« (Watson et al. 1984), »Liebenswürdigkeit« (Rhodewalt u. Morf 1995; 1998) und »Bedürfnis nach Intimität« (Carroll 1987), während zur Skala »Feindseligkeit« ein positiver korrelativer Zusammenhang besteht (Bushman u. Baumeister 1998; Rhodewalt u. Morf 1995; Raskin et al. 1991b). Darüber hinaus gingen die im NPI angegebenen Höchstwerte im Bereich **positive Selbstbilder** einher mit Höchstwerten im Bereich **negative Fremdbilder**, vor allem in den Skalen »zynische Feindseligkeit« und »Antagonismus« (Rhodewalt u. Morf 1995).

2 Zur Diagnostik

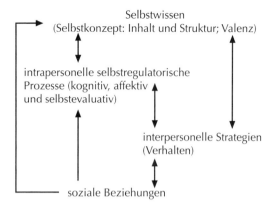

Abb. 2.3-1: Selbstregulatorische und prozessbezogene Rahmenbedingungen für die Untersuchung von Persönlichkeitsdispositionen.

Aus der klinischen sowie persönlichkeits- und sozialpsychologischen Literatur ergibt sich somit das Bild eines Menschen, der übermäßig auf äußere Quellen der Bestätigung eines grandiosen, aber vulnerablen Selbst angewiesen ist. Man gewinnt den Eindruck, dass ein Großteil des täglichen Handelns darauf abzielt, ein positives Feedback zu erhalten oder zu schaffen, auf das der Betreffende wiederum mit intensiveren Emotionen als andere reagiert. Überhaupt sind für die narzisstische Persönlichkeit andere Menschen in gewisser Weise nicht real oder als Individuen mit eigenen Rechten von Bedeutung, außer wenn sie das narzisstische Selbst stützen. Da Narzissten über wenig Einfühlung verfügen und sich eigentlich nicht dafür interessieren, was andere denken, kommt es nicht selten zu paradoxen und kontraproduktiven Verhaltensweisen, die die gewünschten Reaktionen seitens der Umwelt letztlich vereiteln. Diese zwei Charakteristika machen den Narzissmus zum idealen Prototypen dafür, die soziale On-Line-Konstruktion des Selbst zu untersuchen: Narzissten sind ständig damit beschäftigt, an ihrem (grandiosen) Selbst zu »feilen«, wobei andere Menschen in erster Linie als Zulieferer narzisstischer Bestätigung gesehen werden. Da diese narzisstischen Selbstregulationsversuche oft fehlschlagen, ist dieser Prozess des Selbstaufbaus ein potenziell endloses Unterfangen, das sich jedoch als nützlich erwiesen hat, den Ablauf des Prozesses selbst zu erhellen. Das narzisstische Selbst ist eine ständige »Baustelle«, so als würde man sich auf Treibsand bewegen.

Ein Prozessmodell des Narzissmus

Unser Ziel war es, die paradoxen Elemente des Narzissmus zu verstehen, indem wir ihre Funktion im Prozess der Errichtung und Aufrechterhaltung des Selbst näher beleuchten. Die Abbildung 2.3-1 zeigt sozusagen das Rahmenmodell, das wir zur Darstellung dieser Elemente und prozessualen Beziehungen entworfen haben. Es geht davon aus, dass narzisstische Persönlichkeiten bestimmte Identitätsziele mit mehr oder weniger Erfolg über ihre sozialen Interaktionen verfolgen. Der Hauptfokus des Modells liegt auf den inter- und intrapersonellen dynamischen selbstregulatorischen Prozessen, über die die narzisstische Persönlichkeit aktiv (wenn auch nicht unbedingt bewusst) auf ihre soziale Umgebung einwirkt, um ihr Selbstwissen zu schaffen und aufrechtzuerhalten.

Auf theoretischer Ebene existieren zahlreiche Überschneidungen zwischen unserem Ansatz und anderen sozial-kognitiven dynamischen Prozessmodellen (z. B. Cantor u. Kihlstrom 1987; 1989; Dweck u. Leggett 1988; Higgins 1987; Mischel u. Shoda 1995; Schlenker 1985; Swann 1985). Im Kern gehen all diese Modelle von der Überlegung aus, dass Menschen nicht nur passiv auf situative Zusammenhänge reagieren, sondern aktiv an der Strukturierung ihrer sozialen Umwelt beteiligt sind, um diese in Übereinstimmung mit ihren Zielen zu bringen. In diesem Sinne konzentriert sich unser Ansatz ebenfalls auf die Frage, was Menschen *tun* – verhaltensmäßig, kognitiv oder affektiv –, um bestimmte Situationen oder Aufgaben (mit denen sie konfrontiert werden, die sie auswählen oder selbst erzeugen) mit diesen Zielen in Einklang zu bringen. Obwohl manche Modelle eher soziale und andere eher intrapersonelle Prozesse im Blick haben, geht es doch allen explizit darum, das Zusammenspiel von kognitiven, affektiven und sozialen Einheiten sowie ihre (gemeinsame) Vermittlung individuellen Verhaltens zu verstehen. Innerhalb eines bestimmten Individuums oder Persönlichkeitstyps sind diese Einheiten, so die Annahme, in relativ stabilen Konfigurationen organisiert. Dynamische Selbstregulation wird somit im Sinne eines Systems von Personeneinheiten verstanden, die mit den situativen Anforderungen, zum Beispiel ein Verfolgen von Zielen, interagieren.

Unser Modell gründet auf einer etwas spezifischeren Definition von Selbstregulation, die insbesondere jene Momente im Blick hat, in denen das Individuum Selbstinhalte reguliert, die die eigene Identität definieren (in denen es also weniger um eine globale Selbsteinschätzung oder Versuche der Selbstkontrolle geht). In diesem Sinne hat es große Ähnlichkeit mit Schlenkers Arbeiten zur **Selbstidentifizierung**, die sich mit den Prozessen und Wegen befassen, über die Menschen in ihren sozialen Interaktionen ihre eigene Identität und die anderer festschreiben und zum Ausdruck bringen (Schlenker 1985; Schlenker u. Wiegold 1992). Wichtig zu betonen ist hierbei, dass es sich bei Selbstidentifizierungen nicht einfach nur um getreue Abbildungen des Selbstkonzepts handelt, sondern dass sie im Moment des Zusammenwirkens von Individuum und sozialer Umwelt geschaffen werden. Unser Begriff der Selbstregulation umfasst diese strategischen interpersonellen Bemühungen des Einzelnen, seine gewünschte Identität zu erschaffen. Diese **interpersonellen Prozesse** spielen sich auf der Ebene tatsächlichen sozialen Verhaltens ab, auf der Narzissten strategisch mit ihrer sozialen Umwelt interagieren, um ihr gewünschtes Selbst zu konstruieren und zu regulieren. Es sind die sozialen Interaktionen, in denen sie ihr Selbst in Szene setzen und andere manipulieren, um ihr Selbst positiv bestätigt zu sehen bzw. negative Rückmeldungen zu drosseln.

Zur Selbstregulation gehören jedoch auch intrapersonelle Angleichungsprozesse und Feinabstimmungen, wenn keine perfekte Selbstidentifizierung erreicht wird. **Intrapersonelle Prozesse** umfassen kognitive, affektive und selbstevaluative Handlungen, die das soziale Verhalten motivieren bzw. als Reaktion darauf zu verstehen sind. Dazu zählen:

- Voreingenommenheit, was die Interpretation sozialen Feedbacks und der eigenen Leistung angeht (zur Regulierung des Selbstwerts)
- selektive Aufmerksamkeit bezüglich bestimmter Merkmale von Aufgaben und sozialen Umwelten
- selektive oder verzerrte Erinnerung vergangener Ereignisse

Unserer Ansicht nach stellen diese intra- und interpersonellen selbstregulatorischen Prozesse das Wesen der Persönlichkeit dar, insofern als sie dem zugrunde liegenden psychischen System eine klare Form verleihen (Kognitionen, Emotionen, Bedürfnisse und Motive eingeschlossen). Man darf nicht vergessen, dass die Grenze zwischen beiden Bereichen fließend ist. Wie noch zu zeigen sein wird, dienen interpersonelle Manöver nicht selten intrapersonellen Bedürfnissen und haben intrapersonelle Strategien interpersonelle Folgen. Dazu kommt, dass interpersonelles Handeln kontinuierlich intrapersonell verschlüsselt, gedeutet und evaluiert wird und dadurch eine Kaskade an kognitiv-affektiven Reaktionen und selbstregulatorischen Skripts nach sich zieht, die wiederum interpersonell zum Einsatz kommen. Mit anderen Worten, in Übereinstimmung mit anderen aktuellen kognitiv-affektiven Prozessmodellen der Persönlichkeit (z. B. das CAPS-Modell, vgl. Mischel u. Shoda 1995) bedingen sich inter- und intrapersonelle Selbstregulation gegenseitig. Das narzisstische Selbst entsteht durch diese intra- und interpersonelle Transaktionen, die das System narzisstischen Selbstwissens mit ihren sozialen Beziehungen verknüpfen.

Selbstwissen motiviert selbstregulatorische Prozesse und ist zugleich deren Resultat. In ihm bündeln sich die aktuellen Selbstbilder des Narzissten mit ihrem sozialen Kontext. Dies umfasst sowohl das kognitive Selbst als auch die entsprechenden Bewertungen. Das kognitive Selbst mündet in psychische Repräsentanzen des aktuellen Selbst (dem Selbst zugeschriebene Persönlichkeitszüge und Kompetenzen), Beurteilungen sowie möglichen zukünftigen Selbstzuständen, Idealen und Zielen. Der Bewertungsaspekt spiegelt das allgemeine Gefühl für die eigene Wertigkeit wider, erfasst jedoch auch den momentanen Zustand des Selbstwerts. Wie wir bereits erwähnten, neigt das narzisstische Selbst zu übermäßiger Grandiosität, ist dabei jedoch sehr verletzbar und fragil. Es scheint, als glaubten Narzissten selbst nicht an ihre vermeintliche Großartigkeit, was zu den typischen Selbstwertschwankungen als Reaktion auf äußere Ereignisse führt. Das narzisstische Selbstwertempfinden ist somit stark oder schwach ausgeprägt, je nachdem, auf welches Ereignis reagiert wird; doch handelt es sich dabei um

Abweichungen vom durchschnittlichen Selbstwertgefühl, das wiederum hoch ist im Vergleich zu anderen. Um das Wesen der narzisstischen Verletzbarkeit zu verstehen, ist es ebenso wichtig oder womöglich noch wichtiger, die strukturelle Organisation des Selbstwissens näher zu beleuchten. Wir werden hierzu einige unserer Forschungsarbeiten vorstellen, in denen wir der Frage nachgehen, ob es sich bei narzisstischen Selbstkonzepten um einfache Strukturen handelt (Emmons 1987; Kernberg 1978).

Die Komponente **soziale Beziehungen** meint jenen größeren sozialen Kontext, innerhalb dessen selbstregulatorische Prozesse zum Tragen kommen. Diese Beziehungen werden durch strategische Manöver zur Stützung des narzisstischen Selbst beeinflusst und wirken sich wiederum auf Verhalten, Selbsteinschätzung und Selbstwissen des Narzissten aus. Wie bereits erwähnt, werden Narzissten eher solche Beziehungspartner bevorzugen, die über das nötige Potenzial verfügen, sie in ihrem Selbstwert zu stärken und ihr aufgeblähtes Selbstbild zu stützen, während sie sich mit der Aufrechterhaltung von Beziehungen schwer tun, sobald das Gegenüber zur realen (d. h. unvollkommenen oder gar fehlerhaften Person) wird (Campbell 1999).

Unser Modell zeigt das narzisstische Selbst als Produkt des Zusammenspiels von dynamischen Selbstprozessen und einem größeren sozialen System, innerhalb dessen es funktioniert. Wie zu zeigen sein wird, ist die kohärente narzisstische Dynamik permanent darauf ausgerichtet, Selbstbestätigung zu erlangen, während es sich gegenüber sozialen Zwängen – insbesondere, wenn das Selbst bedroht ist – relativ unempfänglich zeigt. Diese Dynamik ist zum Teil das Ergebnis der zugrunde liegenden narzisstischen Selbstkonzepte (grandios, aber fragil) und der entsprechenden Fremdbilder (unterlegen), die beide wiederum über verschiedene sozial-kognitiv-affektive selbstregulatorische Mechanismen aufrechterhalten werden.

Wir möchten nun jene Untersuchungen vorstellen, die wir zur Untermauerung unserer Thesen durchgeführt haben. In Anlehnung an Cronbach und Meehl (1955) gingen wir von der Anfangsüberlegung aus, dass das Schlüsselmerkmal narzisstischer Dynamik die konstante Suche nach On-Line-Bestätigung ihrer grandiosen Selbstbilder ist, um anschließend die Bedingungen näher zu beleuchten, unter denen dies der Fall ist. Wenn wir aufzeigen, wie funktionale Beziehungen dieser Art miteinander verknüpft sind und ein System – im Sinne eines nomologischen Netzwerks – bilden, so kann dies als Validierung unseres selbstregulatorischen Prozessmodells des Narzissmus gewertet werden.

Forschungsergebnisse

Klinische und objektbeziehungstheoretische Darstellungen zeigen eindeutig, dass es verschiedene Aspekte des Narzissmus sind, die die Betreffenden in erster

2 Zur Diagnostik

Linie auf zwischenmenschliche Beziehungen zur Selbstregulation und Selbstaufwertung zurückgreifen lassen (vgl. Reich, die diesen Gedanken bereits 1960 aufgegriffen hat). Infolge defizitärer frühkindlicher Interaktionen bleibt die nötige Selbstdifferenzierung unabgeschlossen, was in den späteren Erwachsenenbeziehungen aufgeholt werden soll. Aus diesem Grund möchten wir unsere Diskussion relevanter Forschungsarbeiten mit den interpersonellen Aspekten beginnen, da sich die narzisstische Dynamik gerade im zwischenmenschlichen Bereich am deutlichsten manifestiert und daher einer systematischen Untersuchung am zugänglichsten ist.

In einem ersten Versuch, den Modus der zwischenmenschlichen Selbstwertregulierung zu erfassen (Morf u. Rhodewalt 1993) untersuchten wir, welche Auswirkungen es auf das narzisstische Selbst hat, von einer anderen Person übertroffen zu werden und somit einer Bedrohung ausgesetzt zu sein, und dies in einem Bereich, der für die Selbstdefinition des Individuums von Bedeutung ist. Unser Interesse galt der Frage, ob Narzissten versuchen würden, den sozialen Wettbewerb zu drosseln und sich über die Entwertung der besseren Leistung des anderen selbst aufzuwerten. Aufgrund des typisch narzisstischen Anspruchsdenkens und der mangelhaften Rücksicht auf die Belange anderer erwarteten wir, dass es zu Bemühungen kommen würde, um jeden Preis ein positives Selbstbild aufrechtzuerhalten, selbst wenn dies auf Kosten des anderen oder der Beziehung geschehen würde. Wie vermutet und in Übereinstimmung mit Tessers (1988) Modell der Aufrechterhaltung der eigenen Selbsteinschätzung, stellten wir fest, dass der Versuch der Wiederherstellung des eigenen Selbstwerts bei sich bedroht fühlenden Narzissten zu signifikant häufigeren negativen Fremdeinschätzungen führte, als dies für jene narzisstischen Persönlichkeiten der Fall war, die sich in ihrem Selbstbild nicht angegriffen fühlten. Wichtig ist hierbei zu erwähnen, dass die negative Fremdeinschätzung auch im direkten Kontakt zum Betreffenden abgegeben wurde. Dieses Ergebnis ist konsistent mit der Vorstellung, dass Narzissten andere ausbeuten und benutzen, um ihren Selbstwert zu erhöhen – ohne jedoch auf die Gefühle des Gegenübers bzw. auf den Konflikt, der daraus erwachsen könnte, zu achten.

Repliziert wurden diese Ergebnisse in einer unabhängigen Studie von South und Oltmann (1999), die anhand der Narzissmus-Subskala des Clark Schedule for Nonadaptive and Adaptive Personality (SNAP, Clark 1993) das gleiche von Entwertung geprägte Verhaltensmuster feststellten. Interessanterweise korrelierten von den 18 weiteren im SNAP aufgeführten Persönlichkeitsmerkmalen auch Aggression, Anspruchsdenken und manipulatives Verhalten mit der Skala »Entwertung von anderen«.

Weitere Belege dafür, dass Narzissten eher auf interpersonelle Modi der Selbstregulierung zurückgreifen, liefert die Studie von Smalley und Stake (1996), in der festgestellt wurde, dass individuelle Unterschiede im Selbstwerterleben die Entwertung gegenüber einer unpersönlichen Feedback-Quelle (es wurden negative Testergebnisse vorgetäuscht) vorhersagten, wobei nur die narzisstischen

2.3 Die Paradoxa des Narzissmus

Probanden gegenüber der Person, die das negative Testergebnis sozusagen überbrachte, ein entwertendes und feindseliges Verhalten an Tag legten.

Wir selbst wandten uns in unserer Forschung nunmehr der Frage zu, welche weiteren interpersonellen Strategien Narzissten zum Einsatz bringen, um ihren Selbstwert zu erhalten. Ein Forschungsstrang hatte dabei die Taktiken der Selbstdarstellung im Blick, wenn es darum ging, von anderen, etwa im Rahmen einer Unterhaltung, gemocht zu werden (Morf 1994). Es zeigte sich, dass die Antworten narzisstischer Persönlichkeiten weniger von Zurückhaltung oder sozialer Erwünschtheit als von selbstherrlicher Eitelkeit geprägt waren. Angekreuzt wurden eher Kommentare wie: »Die Menschen sehen zu mir auf, weil ich immer das Richtige tue« (im Gegensatz zu: »Manchmal ist es mir peinlich, wenn ich einen Fehler mache«). Ein weiteres Ergebnis dieser Studie war, dass unabhängige Rater, die die Tonbandprotokolle auswerteten, einen signifikant negativeren Eindruck von den Probanden mit stark ausgeprägtem Narzissmus hatten (im Gegensatz zu den Probanden mit schwach ausgeprägten narzisstischen Zügen). Dies legt den Schluss nahe, dass narzisstische Persönlichkeiten, wenn es darum geht, zwischen »gemocht« und »bewundert« werden zu wählen, sich eher für die Bewunderung entscheiden.

Dieser Punkt wurde von Emmons (1989) bestätigt, dessen Studie den Zusammenhang von Narzissmus und starkem Machtstreben einerseits sowie schwach ausgeprägten Wünschen nach Intimität andererseits ergeben hatte: Narzissten war weniger an der Etablierung und Aufrechterhaltung warmherziger zwischenmenschlicher Beziehungen gelegen als daran, auf andere einzuwirken. Stark ausgeprägter Narzissmus korrelierte mit Dominanz und Ausbeutung, während niedrige Werte auf der Narzissmus-Skala mit dem Bestreben einhergingen, zwischenmenschliche Konflikte so gering wie möglich zu halten, andere zu unterstützen bzw. gut mit ihnen auszukommen.

Erstaunlich bei alledem ist, dass man erwarten würde, dass sich die narzisstische Persönlichkeit so vorteilhaft wie möglich in Szene setzt, um die Bewunderung und Aufmerksamkeit zu erlangen, wie es laut DSM ihrem zentralen Anliegen entspricht. Das heißt, auch wenn sie sich keine Gedanken um andere macht, so sollte sie doch in der Lage sein, ihr soziales Umfeld strategischer zu nutzen. Es sollte ihr gelingen, Respekt oder soziale Anerkennung zu erlangen, je nachdem, was in welcher Situation angemessen ist und den meisten Nutzen bringt. Die Tatsache, dass Narzissten hier nicht zu differenzieren scheinen, wirft die Frage auf, welche Rolle das jeweilige Publikum genau spielt. Morf et al. (2000) sind dem nachgegangen und haben die jeweiligen situativen Anforderungen in einer Testsituation manipuliert. Es wurde untersucht, wie sich narzisstische Persönlichkeiten (starker und schwacher Ausprägung) im Kontakt mit Menschen darstellen, denen eine ihrer negativen Eigenschaften höchstwahrscheinlich nicht verborgen bleiben würde. Ein strategischer Umgang damit, welchen Eindruck man beim anderen hinterlässt, würde Bescheidenheit hinsichtlich dieser negativen Eigenschaft verlangen. Die These lautete jedoch, dass Narzissten nichtsdestotrotz ihr Größen-Selbst ausspielen, da sie sehr viel mehr mit der Konstruktion ihres Selbst als mit sozialer Anerkennung beschäftigt sind. Wie erwartet wurde das fragliche negative Persönlichkeitsattribut unterstrichen, wenn keine negative Rückmeldung bzw. Entlarvung drohte. War dies jedoch der Fall, so verhielten sich die männlichen Probanden mit ausgeprägt narzisstischer Persönlichkeit mit der üblichen Aufgeblasenheit, während sich die Probanden mit schwach ausgeprägter narzisstischer Persönlichkeit wie erwartet bescheiden zeigten.

Diese Befunde weisen darauf hin, dass es nicht so sehr die soziale Anerkennung ist, an der Narzissten gelegen ist, sondern die Schaffung und Vermittlung eines grandiosen Selbst. Sie haben weniger Gespür für die Anforderungen der jeweiligen sozialen Situation und wahrscheinlich eine falsche Vorstellung davon, wie sie wahrgenommen werden. Obwohl sie das soziale Umfeld zur Anerkennung ihrer Selbstdarstellung zu brauchen scheinen, ist ihr Verhalten in gewisser Weise pseudosozial, da sie sich keine richtigen Gedanken darüber machen, was das Publikum wirklich denkt. Dies bedeutet, dass die soziale Interaktion des Narzissten nicht in erster Linie zum Ziel hat, den Eindruck, den er auf *andere* hat, strategisch einzusetzen, sondern das eigene *Selbst* mit der eigenen Grandiosität zu täuschen. Bestätigt findet sich diese Annahme in Paulhus' (1998) Studie, die eine hohe Korrelation zwischen Narzisstischer Persönlichkeitsstörung und der Skala »gesteigerte Selbsttäuschung« des Fragebogens zur Sozialen Erwünschtheit offenbarte. Die Skala »gesteigerte Selbsttäuschung« misst übermäßig positive Selbsteinschätzungen, an die der Proband tatsächlich glaubt. Die Korrelation zwischen Narzisstischer Persönlichkeitsstörung und der Subskala »äußerer Eindruck«, welche die auf ein Publikum gerichteten Bemühungen um Selbstaufwertung erfasst, ist hingegen schwach ausgeprägt.

Einen Beleg hierfür lieferten Rhodewalt et al. (2000a): Narzisstische Persönlichkeiten verfallen häufiger in selbstboykottierendes Verhalten, insbesondere dann, wenn es um persönliche Belange geht bzw. wenn es ihnen hinsichtlich des Ausgangs eines bestimmten Unterfangens am nötigen Selbstvertrauen fehlt. Diese Form des Selbstboykotts kalkuliert eine Reduzierung möglicher Misserfolge ebenso mit ein wie die Steigerung potenziellen Erfolgs. Die primäre Motivation mag darin liegen, das öffentliche Selbstbild zu schützen oder den eigenen Selbstwert zu regulieren. Die Tatsache, dass selbstbehinderndes Verhalten im Privatbereich am ausgeprägtesten war, wenn niemand davon wusste, ist ein Hinweis dafür, dass es eher der Selbsttäuschung diente als der Steuerung des öffentlichen Eindrucks.

Zusammenfassend kann man aufgrund zahlreicher empirischer Belege davon ausgehen, dass narzisstische Persönlichkeiten ihr soziales Umfeld dazu nutzen, ein grandioses Selbst zu errichten und aufrechtzuerhalten. Die entsprechenden Untersuchungen zeigen, dass Narzissten mehr damit beschäftigt sind, bewundert zu werden und auf andere einzuwirken als soziale Anerkennung oder tatsächliche soziale Rückmeldung zu erlangen. Leistungen, die ihre eigenen übertreffen, begegnen sie mit Entwertung, eigene Vorhaben werden durch

2.3 Die Paradoxa des Narzissmus

Selbstsabotage vereitelt, und Situationen, die eigentlich nach bescheidener Zurückhaltung rufen, begegnen sie mit selbstherrlichem Verhalten. Es verwundert somit nicht, dass Verhaltensweisen dieser Art zu Schwierigkeiten im zwischenmenschlichen Bereich beitragen. Aus anderen Untersuchungen wissen wir, dass Außenstehende selbstherrliches (Schlenker u. Leary 1982) oder selbstsabotierendes Auftreten (Rhodewalt et al. 1995) ablehnen. Diese Studien beleuchten einige der Wege, auf denen narzisstische Belange in interpersonelle Störungen münden, wie sie für das narzisstische Syndrom charakteristisch sind.

Intrapersonelle Selbstregulierung

Wie die interpersonellen Prozesse zielen viele intrapersonale Mechanismen darauf ab, den eigenen Selbstwert zu regulieren. Als intrapersonell gelten alle kognitiven, affektiven und motivationalen selbstregulatorischen Prozesse, die in erster Linie innerpsychisch ablaufen, im Unterschied zu jenen, die in interpersonelles Handeln übersetzt werden. Wie wir jedoch bereits feststellten, ist die Grenze zwischen den beiden sich gegenseitig bedingenden Bereichen fließend.

Phänomenologisch betrachtet würde man bei narzisstischen Persönlichkeiten, je nach situativen Gegebenheiten, abwechselnd ein sowohl starkes als auch schwach entwickeltes Selbstwertgefühl erwarten. Diese Annahme gründet auf klinischen Darstellungen, die von einem tief liegenden Gefühl der Unterlegenheit und Wertlosigkeit sprechen, das sich hinter manifesten grandiosen Selbstkonzepten verbirgt (s. hierzu die Überblicksarbeit von Akhtar u. Thompson 1982). Bestätigt wird diese Dualität von Raskin et al. (1991a), die in den hohen Werten der Selbstevaluation sowohl authentische als auch abwehrbedingte Komponenten enthalten sehen, wobei sich der Abwehraspekt im Sinne defensiver Selbstaufwertung zeigte und nicht so sehr als Bedürfnis einer Zustimmung von außen. Die in zahlreichen Studien belegte Korrelation von Narzissmus und hohen Ausprägungsgraden im Bereich Selbsteinschätzung des eigenen Selbstwerts ist somit nicht besonders aussagekräftig, da sowohl genuin unverstellte als auch defensive Komponenten von diesen Selbstwertskalen gemessen werden (Baumeister et al. 1989). Von größerem Interesse sind solche Untersuchungen, die das Selbstwertempfinden unter Bedingungen beobachten, die die defensiv errichtete narzisstische Fassade erschüttern und Instabilität sowie Schwankungen erfassen, die man aufgrund der Koexistenz von Grandiosität und Verletzbarkeit erwarten würde.

Rhodewalt und Morf (1998) haben in einer Studie narzisstischen Probanden hohe und niedrige Erfolgs- und Fehlerquoten angeblicher Intelligenztests rückgemeldet. Wie erwartet zeigten Narzissten eine deutlichere Reaktion auf diese Rückmeldung: Im Vergleich zu Nicht-Narzissten sank das Selbstwertempfinden signifikant, wenn auf erfolgreiche Aufgabenbewältigung Fehlermeldungen folgten, während die umgekehrte Reihenfolge zu einem Anstieg des Selbstwerterlebens führte. In einer Reihe anderer Untersuchungen (Rhodewalt et al. 1998; 2000b) sollten Probanden mit einer Narzisstischen Persönlichkeitsstörung (eingeteilt in Gruppen hoher und niedriger Ausprägung) in Form von Tagebuchaufzeichnungen über einen Zeitraum von mehreren Tagen tägliche Ereignisse und den jeweiligen Zustand ihres Selbstwerterlebens festhalten. In der Gruppe hochnarzisstischer Probanden zeigten sich nicht nur stärkere Selbstwertschwankungen über den Tag verteilt, das Selbstwertempfinden war auch stärker an die Qualität sozialer Interaktionen geknüpft. So korrelierte das tägliche Selbstwerterleben vor allem hoch mit dem Ausmaß positiver oder negativer Interaktionen und auch damit, inwieweit sie den Betreffenden gestatteten, sie selbst zu sein, und – überraschenderweise – inwieweit die Probanden sich vom Gegenüber akzeptiert fühlten. Obwohl kein direkter Untersuchungsgegenstand, schien »Akzeptanz« hier eher Bestätigung als Zustimmung zu bedeuten. Die These einer übermäßigen Abhängigkeit des Narzissten von äußerer Wertschätzung erfährt somit eine zusätzliche Bestätigung.

Wenn der eigene Selbstwert derart eng an das Feedback von außen geknüpft ist, so würde man stärkere allgemeine Stimmungsschwankungen erwarten, wie es Kernis und seine Mitarbeiter für Personen festgestellt haben, die über ein stark ausgeprägtes, aber instabiles Selbstwertempfinden verfügen (s. beispielsweise Kernis et al. 1993): Die Betreffenden reagieren besonders empfindlich und heftiger auf Rückmeldung von außen, während sie Wege und Möglichkeiten finden werden, die Auswirkungen negativer Rückmeldung zu drosseln. Extreme emotionale Reaktivität als zentrales Merkmal der narzisstischen Persönlichkeit wird von den verschiedensten klinischen Theoretikern benannt (z. B. Kernberg 1978; Kohut 1972). Emmons (1987) hat in einer Studie einen korrelativen Zusammenhang zwischen narzisstischer Affektivität und täglichen Stimmungsschwankungen festgestellt.

Auch in der oben genannten Studie von Rhodewalt und Morf (1998) konnte diese narzisstische emotionale Reaktivität beobachtet werden, nicht so sehr als allgemeines Muster, jedoch insbesondere im Bereich Selbstwert und Wut. Darüber hinaus vermuteten wir, dass sich diese Reaktivität bestimmten Attribuierungsprozessen verdankt. Probanden mit stark ausgeprägtem Narzissmus neigten sehr viel mehr dazu, anfängliche Erfolgserlebnisse auf ihre Fähigkeiten zurückzuführen, während sie auf Misserfolge mit extremer Wut und deutlicheren Selbstwerteinbrüchen reagierten. Narzissten scheinen ihren Selbstwert zu stärken, indem sie positive Leistungen ihren inneren, stabilen und umfassenden Qualitäten zuschreiben und somit einen höheren Eigenanteil am Erfolg verbuchen können. Unglücklicherweise kehrt sich diese Dynamik um, wenn der Erfolg nicht von Dauer ist und die entsprechende Attribuierung in eine umfassende Labilisierung mündet. Die Neigung narzisstischer Menschen, sich selbst aufzuwerten, konnten wir bereits in einer früheren Studie feststellen (Rhodewalt u. Morf 1995). Der Fokus scheint eher auf Selbstaufwertung denn exzessivem Selbstschutz zu liegen, da sich in keiner Untersuchung Belege dafür finden ließen, dass

2.3 Die Paradoxa des Narzissmus

Narzissten negative Ereignisse stärker unberücksichtigt lassen. In beiden Studien reagierten die Probanden auf Misserfolge mit Externalisierung, ohne sich dabei jedoch von anderen Probanden zu unterscheiden. Es gibt also Hinweise dafür, dass sich Narzissten im zwischenmenschlichen Bereich stärker auf selbstbestätigendes Verhalten konzentrieren, wenngleich sie dabei das Risiko eingehen, sich größere Verluste oder Zurückweisung einzuhandeln.

Narzisstische Persönlichkeiten polstern ihr grandioses Selbst nicht nur, indem sie positive Ergebnisse sich selbst zuschreiben, sondern auch, indem sie sich und ihre Leistungen schlicht und einfach als überlegen ansehen. So untersuchten John und Robins (1994) die Beteiligung ihrer Probanden an verschiedenen Gruppengesprächen, inklusive ihrer eigenen. Aufseiten der narzisstischen Gruppenteilnehmer kam es im Vergleich zu den anderen Gruppenmitgliedern sowie den Einschätzungen unabhängiger Rater zu einer signifikanten Überschätzung ihrer eigenen Beteiligung (vgl. Gosling et al. 1998). Andere Studien haben ergeben, dass Narzissten nicht nur ihre Intelligenz sowie ihre allgemeine (Gabriel et al. 1994) und spezifische Attraktivität (Rhodewalt u. Eddings 2000) für andere überschätzen, sondern auch ihre Leistungen (Farwell u. Wohlwend-Lloyd 1998) und positiven Persönlichkeitseigenschaften (Paulhus 1998). Es gibt Hinweise dafür, dass sie sich eher solchen Aufgabenstellungen zuwenden, deren Bewältigung ihre Überlegenheit gegenüber anderen unterstreicht. Narzisstische Persönlichkeiten zeigten Freude und Durchhaltevermögen angesichts solcher Anforderungen, die mit der Notwendigkeit einhergingen, mit anderen in Wettbewerb zu treten oder diese zu übertreffen – im Gegensatz zu eher spielerischen Aufgaben, die man nur aus Spaß verfolgt (Morf et al. 2000b). Daher suchen sie eher nach Bewertungsmöglichkeiten, die ihre Kompetenz gegenüber anderen Mitstreitern hervorheben. Stehen sie nicht unter Druck, weil keine expliziten Leistungsanforderungen an sie gestellt oder bestimmte Leistungsnachweise verlangt werden, werden sich Narzissten durch bloßes Überlegenheitsgebaren selbst aufwerten.

Direkt konfrontiert mit Misserfolg oder Scheitern, werden Narzissten Mittel und Wege finden, dies ungeschehen zu machen. Auf ein negatives Feedback etwa wird mit Entwertung desjenigen reagiert, der die entsprechende Rückmeldung gegeben hat (Kernis u. Sun 1994; Morf u. Rhodewalt 1993; Smalley u. Stake 1996). Manchmal werden vergangene Ereignisse auch verzerrt oder umgedeutet, um Kränkungen abzumildern. Auf die experimentelle Präsentation einer Szene, in der sich eine Person in ihrer Liebe zu einer anderen abgewiesen fühlen musste, reagierten narzisstische Probanden mit der Erinnerung an eigene Liebesgeschichten, deren Schilderung weitaus selbstaufwertender ausfiel, als dies zu früheren Zeitpunkten der Fall gewesen war (Rhodewalt u. Eddings 2000). Je verzerrter die Erinnerung, desto besser war ihr Selbstwertgefühl vor der Erfahrung des Abgewiesen-Werdens geschützt. Im Gegensatz dazu waren die Erinnerungen jener Probanden, deren Narzissmus weniger stark ausgeprägt war, sehr viel bescheidener und durchaus von angekratztem Selbstbewusstsein begleitet.

2 Zur Diagnostik

Es scheint an dieser Stelle sinnvoll, darauf hinzuweisen, dass – entgegen dem Eindruck, der entstanden sein mag – Narzissten nicht zwangsläufig eine negative Rückmeldung als unzutreffend ablehnen. Es hat sich gezeigt, dass sie die Richtigkeit eines Ergebnisses manipulieren, Fehlermeldungen durchaus als zutreffend akzeptieren, allerdings anschließend Mittel und Wege finden, deren Auswirkungen zu schmälern (vgl. Kernis u. Sun 1994; Morf et al. 2000a).

Narzisstische Persönlichkeiten legen also einen immensen Einfallsreichtum an den Tag, wenn es darum geht, Feedback und soziale Informationen so zu steuern, dass ihr grandioses Selbst gestärkt daraus hervorgehen kann: Persönliche Eigenschaften und Leistungen werden als überlegen angesehen, über Selbstaufwertung sollen Lob und Zustimmung von außen provoziert werden, die Vergangenheit wird umgedeutet und in einem besseren Licht dargestellt, Kritiker und Kritik werden gleichermaßen entwertet. Die Tatsache jedoch, dass Narzissten permanent auf der Suche nach mehr Selbstbestätigung sind, lässt vermuten, dass sie von ihrer eigenen Großartigkeit nicht überzeugt sind.

Diese intrapersonellen Prozesse tragen zur Verschlechterung der zwischenmenschlichen Beziehung in mindestens dreierlei Hinsicht bei:
- Die übertrieben positive Selbstsicht des Narzissten lässt andere in einem schlechten Licht erscheinen, denen er mit Verachtung begegnet.
- Die Suche nach Rückmeldung von außen lässt Narzissten in einen permanenten Wettbewerb mit anderen treten, in dem sie ihre Überlegenheit demonstrieren müssen.
- Im Extremfall schließlich, wenn ihre psychische Verfassung sie vor Fehlern nicht bewahrt, neigen sie zu Wutanfällen (Rhodewalt u. Morf 1998) und Aggressionsdurchbrüchen (Bushman u. Baumeister 1998).

Obwohl es durchaus überzeugende Hinweise für diese beschriebenen Verknüpfungen zwischen intra- und interpersonellen Prozessen gibt, sind Studien, die den Zusammenhang zwischen innerpsychischen Vorgängen und äußerem Verhalten bislang dünn gesät. Es fehlt an Forschungsarbeiten, die die inneren Repräsentanzen, Strategien und Verzerrungsmanöver mit interpersonellen Verhaltensweisen und den entsprechenden Folgen in Verbindung setzen.

Die zitierten Befunde gewähren auch Einblick in die Phänomenologie des Narzissmus. Narzisstische Menschen scheinen die Welt als einen Ort zu erleben, der ihnen die permanente Bestätigung ihres Selbstwerts abverlangt. Ihre emotionalen Reaktionen sind um ein positives, aber fragiles Selbsterleben organisiert und daher großen Schwankungen unterworfen. Da sie auf Bestätigung von außen angewiesen sind, sind ihre Selbstbilder hochgradig kontextabhängig. Wir möchten uns aus diesem Grund im Folgenden den Forschungsarbeiten zum narzisstischen Selbstkonzept zuwenden, die Struktur und Ausmaß dieser allgemeinen Fragilität des Selbst näher beleuchten.

Das narzisstische Selbstkonzept

Wie bereits erwähnt, geht aus den einschlägigen Forschungsarbeiten hervor, dass die Selbstkonzepte narzisstischer Menschen extrem positiv und grandios sind. Die Tatsache allerdings, dass sie gleichzeitig von Instabilität und Zerbrechlichkeit bedroht sind, hat uns zu der Frage veranlasst, wie narzisstisches Selbstwissen repräsentiert ist, um das Wesen dieser Vulnerabilität besser zu verstehen. Wenn es sich beim Narzissmus im Kern um eine »kognitiv-affektive Beschäftigung mit dem Selbst« handelt (Westen 1990, S. 227), so klingt es eher paradox, wenn die klinische Literatur das narzisstische Selbst als »leer« oder »inkohärent« beschreibt. Genauer ausgedrückt: Wenn – wie klinische Theoretiker postulieren – die narzisstische Beschäftigung mit dem eigenen Selbst die Folge einer Störung frühkindlicher Beziehungen und Selbstentwicklung ist, so würde man erwarten, dass sich die Selbstkonzepte der narzisstischen Persönlichkeiten von denen anderer auf theoretisch bedeutsame Weise unterscheiden. Darüber hinaus sollten diese Merkmale des Selbst in Zusammenhang stehen mit der Instabilität des narzisstischen Selbstwerterlebens sowie den narzisstischen selbstregulatorischen Prozessen, wie wir sie bereits beschrieben haben.

In Anlehnung an Bachs (1977) Beobachtung, wonach Narzissmus eine defizitäre Selbstwahrnehmung widerspiegelt, sowie Emmons' (1987) These, der zufolge Narzissten unter den Folgen wenig komplexer Selbstrepräsentanzen leiden, haben wir das narzisstische Selbstkonzept unter kognitiven Gesichtspunkten untersucht und uns dabei an zwei Fragestellungen orientiert:
* Unterscheiden sich Narzissten von anderen insofern, als ihre Selbstkonzepte weniger eindeutig und zugänglich sind? (was als Defizitmodell beschrieben wurde)
* Sind narzisstische Selbstkonzepte anders organisiert? (was unter den Begriff des Strukturmodells fallen würde; Rhodewalt 2001)

Der Defizitansatz postuliert, dass es sich bei narzisstischen Selbstkonzepten um unzureichend ausgebildete, instabile, nicht automatisch abrufbare und demzufolge nicht mit Selbstsicherheit belegte Konstrukte handelt, wie dies bei weniger narzisstischen Menschen der Fall ist. Tschanz und Rhodewalt (2001) gingen der Frage der Abrufbarkeit nach und untersuchten, wie lange Probanden brauchten, Selbsteinschätzungen abzugeben, denen in manchen Testdurchläufen aktiv in Erinnerung gerufene, vergangene Episoden ihres Verhaltens oder ihres Ansehens in der Öffentlichkeit vorgeschaltet waren. Narzissten waren weder schneller noch langsamer als Nicht-Narzissten, diese Persönlichkeitsbeschreibungen abzugeben, noch reagierten sie responsiver auf die erinnerten Episoden der Vergangenheit. Mit anderen Worten, die Studie konnte keinen Beleg für eine verbesserte oder eingeschränkte Zugänglichkeit zum Selbstwissen finden.

Was Eindeutigkeit und Selbstvertrauen bezüglich der eigenen Selbstbilder angeht, so fanden sich in zwei Studien keine Hinweise dafür, dass Narzissten über weniger eindeutige Selbstkonzepte (Campbell 1990) verfügen als Nicht-Narzissten (Rhodewalt u. Regalado 1996; Rhodewalt et al. 2000), vielmehr sind ihre Selbstkonzepte positiver und werden von ihnen mit mehr Selbstbewusstsein vertreten (Rhodewalt u. Morf 1995).

Kurz, wir konnten keine Belege dafür finden, dass es sich beim narzisstischen Selbstkonzept um ein leeres, unzugängliches oder wenig selbstbewusst vertretenes Konstrukt handelt. Vielmehr berichten die narzisstischen Probanden in unseren Untersuchungen von ihrer hohen Wertschätzung für ihre Fähigkeiten und Persönlichkeitseigenschaften, von der sie überzeugt seien, auch wenn ihr Verhalten zuweilen andere Schlussfolgerungen zulassen würde.

Das Strukturmodell geht davon aus, dass sich narzisstische Persönlichkeiten von anderen nicht bezüglich Inhalt oder Abrufbarkeit ihres Selbstwissens unterscheiden, sondern darin, wie dieses Wissen organisiert ist. Wäre das Selbstwissen bei Narzissten in seiner Komplexität nur schwach ausgebildet, wie von Emmons (1987) postuliert, so würde dies ihre emotionale Hyper-Responsivität bezüglich selbstrelevanten Feedbacks erklären – eine Argumentation, die sich an den Arbeiten von Linville (1985), Showers (1992) und anderen orientiert, die Merkmale der Organisation von Selbstwissen mit emotionaler Labilität verknüpfen.

Wir sind direkt der Frage nachgegangen, wie Narzissmus im Sinne einer Narzisstischen Persönlichkeitsstörung, Selbstkomplexität (Linville 1985), evaluative Integration (Showers 1992) und emotionale Reaktivität zusammenhängen. Selbstkomplexität beschreibt das Ausmaß der Differenzierung des eigenen Selbstkonzeptes. Es hat sich gezeigt, dass komplexe Selbstrepräsentanzen, im Gegensatz zu simplizistischen, mit einer relativ stabilen Stimmungslage einhergehen (Linville 1985). Evaluative Integration (Showers 1992) meint die Aufteilung des Selbstwissens in positive und negative Einschätzungen. Bezüglich des Zusammenhangs von Narzissmus und der Organisation von Selbstwissen haben wir es mit sehr gemischten und wenig überzeugenden Befunden zu tun. Obwohl Rhodewalt und Morf (1995) den vorhergesagten Zusammenhang zwischen Narzisstischer Persönlichkeitsstörung und schwach ausgeprägter Selbstkomplexität bestätigt fanden, konnte dieses Ergebnis in fünf anderen unabhängigen Untersuchungen nicht repliziert werden (Rhodewalt u. Regalado 1996; Rhodewalt et al. 1998; Rhodewalt u. Morf 1998). Das Gleiche gilt für den Zusammenhang von NPI-Narzissmus und gering ausgeprägter evaluativer Integration in drei unabhängigen Stichproben (Rhodewalt u. Regalado 1996; Rhodewalt et al. 1998). Allerdings hat sich gezeigt, dass die evaluative Integration, jedoch nicht Selbstkomplexität, den Zusammenhang zwischen Narzissmus und emotionaler Responsivität auf Rückmeldungen von außen mäßigt (Rhodewalt et al. 1998). Narzissten, deren evaluative Integration gering ausgeprägt war, deren Selbstkonzepte also einer starken Zersplitterung unterlagen, zeigten im täglichen Vergleich die größten Selbstwertschwankungen.

Vom Gesichtspunkt der Selbstkomplexität aus betrachtet, geht man davon aus, dass größere Selbstkomplexität als positiv zu beurteilen ist. Im Gegensatz dazu haben Donahue und Mitarbeiter (1993), basierend auf den Arbeiten von Block (1961), festgestellt, dass eine Selbstkonzept-Differenzierung, das heißt die Neigung, sich selbst als Träger unterschiedlicher Persönlichkeitszüge und sozialer Rollen zu sehen, mit größeren intra- und interpersonellen Schwierigkeiten verbunden ist. Rhodewalt und Regalado (1996) haben vorläufige Belege dafür gesammelt, dass Narzissmus mit einer größeren Selbstkonzept-Differenzierung einhergeht. Setzt man diesen Befund in Zusammenhang mit narzisstischer emotionaler Instabilität und Selbstwertschwankungen, so hieße dies, dass Narzissten über ein Selbst verfügen, das hochdifferenziert ist, was Rollenübernahme und sozialen Kontext angeht – eine Tatsache, die die offensichtliche Inkohärenz des narzisstischen Selbstkonzeptes erklären würde. Während also keine Belege für das Defizitmodell zu existieren scheinen, gibt es einige vorläufige Hinweise dafür, dass das narzisstische Selbst desorganisiert sein könnte – was mit der klinischen Vorstellung eines fragmentierten narzisstischen Selbst übereinstimmen würde.

Abschließend möchten wir einen weiteren Gedankengang verfolgen, und zwar den, wie es zur Verzerrung von Selbstwissen und erhöhter Abhängigkeit von äußerer Validierung kommen kann. Wie wir bereits feststellten, verfügen Narzissten über einen selbstaufwertenden Attribuierungsstil (Rhodewalt u. Morf 1995; 1998; Rhodewalt et al. 2000; s. auch Emmons 1987; John u. Robins 1994). Erfolge werden sehr viel mehr der eigenen Person zugeschrieben, als dies bei Nicht-Narzissten der Fall ist, während Misserfolge eher externalisiert werden (wenngleich nicht in größerem Ausmaß als bei Nicht-Narzissten). Eine Folge davon wären rasche Schwankungen in den Selbst- und Fremdbildern sowie den Vorstellungen des jeweiligen sozialen Kontextes, je nachdem, wann und in welcher Form sich das eigene Selbst aufgewertet oder aber bedroht sieht. Kernberg (1978) geht davon aus, dass Narzissten häufig auf »Spaltung« oder dramatische Veränderungen in der Selbsteinschätzung zurückgreifen und dadurch jenen Konflikten aus dem Weg gehen, die die Auseinandersetzung mit den eigenen Schwächen und Stärken mit sich führt. Der anhaltende, sich permanent verändernde, dem eigenen Selbst dienliche Attribuierungsstil mag als »Spaltung« anmuten und dem Kliniker ein inkohärentes Selbstempfinden anzeigen. Die Überheblichkeit des narzisstischen Attribuierungsstils führt dazu, dass Selbstwert und Wut sehr viel stärker angesprochen werden als bei Nicht-Narzissten. Es ist durchaus denkbar, dass die Neigung des Narzissten, positive Rückmeldung stets als selbstdefinierend zu interpretieren, zu stark kontextgebundenen Selbstbildern führt, die wiederum einer allgemeinen Integration und Kohärenz des Selbst im Wege stehen.

Zwischenmenschliche Beziehungen

Ein großer Teil der narzisstischen Identitätssuche findet auf der sozialen Bühne statt. Wie wir bereits gesehen haben, involvieren viele der narzisstischen selbstregulatorischen Strategien direkt oder indirekt andere Menschen, was, so möchte man meinen, ihre zwischenmenschlichen Beziehungen beeinflusst und strukturiert. Klinische Darstellungen (z. B. von Kernberg und Kohut) sehen Narzissmus in Verbindung mit schlecht entwickeltem interpersonellem Funktionieren und einer mangelhaften Fähigkeit, echte Intimität zu erleben. Dies überrascht nicht, da Narzissten sich allzu gern auf Kosten anderer hervortun, auf deren Bewunderung sie gleichzeitig aus sind. Bislang liegen jedoch kaum direkte empirische Befunde vor, die über die signifikanten Beziehungen von Narzissten bzw. deren Entwicklung über die Zeit hinweg Aufschluss geben. In einer dieser wenigen Studien konnte K. Campbell (1999) aufzeigen, dass sich Narzissten – im Sinne einer Strategie der Selbstaufwertung – eher zu Menschen mit positiven und geschätzten Qualitäten hingezogen fühlen, insbesondere wenn sie von ihnen bewundert werden. Sie dienen als Quelle der Bestätigung, weil sie dem Narzissten Popularität und Bedeutung verleihen. Die Implikationen einer solchen Wahl sind allerdings weitreichend. So kommt es sehr wahrscheinlich zu einem Gefühl der Ernüchterung und zu negativen Reaktionen auf die Beziehungspartner, wenn deren Fehler sichtbar werden und sie sich nicht als perfekt erweisen. Bezeichnend ist auch die Kurzlebigkeit solcher Beziehungen, aus denen sie sich zurückziehen, wenn die Quelle der Bestätigung versiegt, zum Beispiel infolge des Verlusts eines angesehenen Arbeitsplatzes oder infolge einer chronischen Krankheit.

Das erhöhte Bedürfnis nach Selbstbestätigung beeinflusst über bestimmte Verhaltensweisen, Kognitionen und Emotionen in der Interaktion selbst das Zusammensein mit anderen. Das Verhalten von Narzissten – so eine Studie von Buss und Chiodo (1991), in der die Testpersonen narzisstische Bekannte beschreiben sollten – ist geprägt vom Versuch, andere zu beeindrucken; es werden also beispielsweise die eigenen Leistungen hervorgekehrt, es wird mit Geld oder Besitz angegeben, oder aber es werden andere in ihrer Intelligenz abgewertet. Obwohl in der genannten Studie nicht untersucht wurde, wie dieses Verhalten wahrgenommen bzw. wie darauf reagiert wurde, so handelt es sich dabei sicher nicht um einen liebenswerten Umgang mit anderen (vgl. auch Colvin et al. 1995).

In einer interessanten Studie von Paulhus (1998) wurde direkt untersucht, welche Auswirkungen narzisstische Persönlichkeiten mit ihrem Verhalten auf ihre Interaktionspartner haben. Er stellte fest, dass Narzissten besonders in Erstbegegnungen einen positiven Eindruck hinterließen, was sich jedoch mit der Zeit umkehrte. Wurden sie im Erstkontakt noch als angenehm, kompetent, intelligent, vertrauenerweckend und unterhaltsam wahrgenommen, hatte sich dies im siebten Aufeinandertreffen in Richtung Arroganz, Überheblichkeit bezüglich der eigenen Fähigkeiten, Angeberei und Feindseligkeit verändert. Während also die narzisstischen selbstregulatorischen Strategien kurzfristig durchaus Aufmerksamkeit und Bewunderung der Interaktionspartner nach sich zogen, führten sie auf lange Sicht gesehen zu Ablehnung und Scheitern im zwischenmenschlichen Bereich.

2.3 Die Paradoxa des Narzissmus

Die Art und Weise, wie Narzissten selbst ihre Beziehungen wahrnehmen, ist ebenfalls ein Beleg für diese größere Instabilität. Erwartungsgemäß betrachten die Männer unter ihnen ihre Beziehungsgeschichte als recht »erfolgreich«: Es habe ihnen in der Vergangenheit keine Schwierigkeiten bereitet, mit Frauen in Kontakt zu kommen, ihr Interesse zu wecken und entsprechende Verabredungen folgen zu lassen. Gleichzeitig erfahren wir von einer größeren Anzahl ernsthafter Beziehungen, die sie geführt hätten, sowie von häufigeren parallelen Verabredungen mit Frauen, als dies bei nichtnarzisstischen Männern der Fall ist. Diese Befunde sprechen für eine größere Instabilität in Liebesbeziehungen. In einer Neufassung der »Liebes-Quiz-Studie« von Hazan und Shaver (1987) ergänzten Rhodewalt und Shimoda (2000) das Testmaterial um den NPI (Narcissistic Personality Inventory) sowie einen ausführlichen Fragebogen, der nach den wichtigsten Liebesbeziehungen der Probanden fragte. Die Narzissten unter ihnen berichteten von ausgeprägteren emotionalen Extremen, Eifersucht, Besessenheit und sexueller Anziehung – und erkannten somit selbst an, dass ihre Beziehungen (insbesondere ihre Liebesbeziehungen) von emotionalem Aufruhr und Instabilität gekennzeichnet sind.

Es bedarf noch entsprechender Forschungsarbeiten, um die interpersonellen Komponenten des Modells umfassender zu beleuchten und die relativ überdauernden Muster zu verstehen, die das dynamische Zusammenspiel von narzisstisch-selbstregulatorischem Verhalten einerseits und der jeweils signifikanten Beziehungspartner andererseits bildet. In diesem Zusammenhang ließen sich viele verschiedene Gedankengänge verfolgen, nicht nur hinsichtlich der negativen und feindseligen Einstellungen narzisstischer Menschen anderen gegenüber, sondern auch, was ihren allgemeinen Mangel an Einfühlung und Responsivität gegenüber den Bedürfnissen und Sichtweisen anderer Menschen angeht. So beschreibt Westen (1990) den egozentrischen Kommunikationsstil narzisstischer Patienten im Sinne eines »gemeinsamen Monologs«, der es ihnen unmöglich macht, auf die Mitteilungen des Gegenübers einzugehen. Dies bedeutet, dass die Mechanismen zur Aufrechterhaltung von Beziehungen, wie Perspektiven- und Rollenübernahme, empathische Genauigkeit und Anpassungsprozesse – die Fähigkeit, dem Impuls zu widerstehen, auf destruktive Äußerungen des Partners nicht ebenso, sondern konstruktiv zu reagieren –, nur mangelhaft ausgebildet sein werden (vgl. Rusbult et al. 1991). Hinsichtlich all dieser Interaktionsmuster wird es besonders wichtig sein, ihre Entstehung und Transformation über die Zeit hinweg zu untersuchen, um zu verstehen, welche Bedeutung die signifikanten Beziehungen im Rahmen sozialer Konstruktion (oder Dekonstruktion) narzisstischer Selbstkonzepte haben.

2 Zur Diagnostik

Das Narzissmus-Modell – die Aufdeckung der Paradoxa

Ziel unserer bisherigen Ausführungen war die Skizzierung des Narzissmus-Modells und der dazugehörigen relevanten empirischen Forschung. Der Fokus des Modells liegt auf der Wechselwirkung zwischen narzisstischen Selbstinteressen, Zielen und Motiven einerseits und dem jeweiligen interpersonellen Kontext andererseits. Es gibt zahlreiche Belege dafür, dass narzisstische Menschen ihr Selbst in Interaktion mit ihrer sozialen Umwelt konstruieren und aufrechterhalten. Von Bedeutung ist dabei, dass die Bemühungen um stabile und positive Selbstbilder zwar mit der Schaffung sozialer Bereiche einhergehen, die zum Teil selbsterhaltend bzw. das Selbst erhaltend sind, dass die Betreffenden aber gleichzeitig auf eine Art und Weise auf ihre Umwelt einwirken, die sich letztlich für ihr Unterfangen als schädlich erweist. In Übereinstimmung mit Cantor und Kihlstroms Problemlöseansatz der Persönlichkeit und des sozialen Verhaltens (Cantor u. Kihlstrom 1987; 1989; s. auch Cantor 1990; 1994) betrachten wir die für Narzissten typischen sozialen Verhaltensmuster als eine Form sozialer Intelligenz, die in mancherlei Hinsicht durchaus effektiv und adaptiv ist, in anderen Kontexten jedoch selbstschädigende Züge annehmen kann.

Narzissmus als Form sozialer Intelligenz

Das Prinzip der sozialen Intelligenz besagt, dass Regelmäßigkeiten im sozialen Verhalten an die Bemühungen der Menschen um Problemlösung im täglichen Leben geknüpft sind.

> Die **Persönlichkeit** eines Menschen definiert sich über seine zentralen Probleme, die wiederum in seinen Selbstkonzepten, seinem autobiografischen Wissen sowie den jeweiligen Prozessen verankert sind, über die er bestimmte Situationen auswählt und formt, um für eben diese Probleme strategische »Lösungen« zu finden.

Wie anderen Prozessmodellen auch liegt diesem Modell die Annahme zugrunde, dass unterschiedliche Situationen unterschiedliche Anforderungen an bestimmte Probleme stellen und die Persönlichkeit des Einzelnen dadurch charakterisiert wird, wie jeweils auf diese Anforderungen reagiert wird. Mit anderen Worten, die psychologische oder funktionelle Bedeutungen von Situationen ist abhängig von den Bedürfnissen und Zielen des Einzelnen. Probleme, Reaktionen, Strategien und Lösungen sind somit gleichermaßen Konstruktionen des Betreffenden und der situativen Anforderung. Menschen sind insoweit sozial intelligent, als

2.3 Die Paradoxa des Narzissmus

sie den optimalen Nutzen aus den situativen Anforderungen ziehen, um ihre persönlichen Ziele zu verfolgen.

Von dieser funktionellen Perspektive aus betrachtet, die die idiosynkratischen Lebensprobleme des Einzelnen berücksichtigt, lässt sich ein großer Teil narzisstischen Verhaltens verstehen, mag es auch an der Oberfläche, weil nicht selten kontraproduktiv und mit hohen persönlichen Kosten verbunden, paradox anmuten. Wenn das Kernanliegen des Narzissten darin besteht, sein grandioses Selbstbild zu unterfüttern, so scheint es durchaus vernünftig, einer Bedrohung des Ichs zuvorkommen zu wollen. In der Folge werden Situationen aufgesucht, die mit einem hohen Maß an Kontrolle und der Erwartung einer guten Leistung einhergehen (vgl. Farwell u. Wohlwend-Lloyd 1998), was vermutlich Konzentration und Durchhaltevermögen sicherstellt. Was Aufgaben im zwischenmenschlichen Bereich angeht, so ernten Narzissten – zumindest im Erstkontakt – Respekt für ihr selbstsicheres Auftreten (Paulhus 1998). Sie manipulieren ihr Umfeld, um aus positiven Ereignissen Kapital zu schlagen. Handelt es sich um ein Ereignis, das eine Bedrohung für das Ich darstellt, werden Informationen entsprechend des Selbstschemas kognitiv umstrukturiert, um den Selbstwert wiederherzustellen (z. B. über das Umdeuten von Misserfolgen, an denen andere oder die Aufgabe schuld sind; oder über die selektive Auswahl von »Tatsachen«). Eine andere, wenngleich noch nicht empirisch untersuchte Strategie wäre die allmähliche oder zumindest vorübergehende phänomenologische Übernahme in die eigene Identität.

Wichtig zu erwähnen ist in diesem Zusammenhang, dass es sich bei dieser Art der Selbstregulierung – ähnlich anderer Prozessmodelle und trotz ihrer strategischen (d. h. zielgerichteten) Natur – um einen größtenteils automatisch und unreflektiert ablaufenden Prozess handelt, der automatisch und situativ ausgelöst wird, wobei diese situativen Auslöser ihre Bedeutung aus vergangenen Erfahrungen mit ähnlichen Merkmalen beziehen. Dies scheint vor allem für den Narzissmus zuzutreffen, bei dem es sich aufgrund seines von der Suche nach Selbstbestätigung des Betroffenen getriebenen Wesens um eine auf Affekten basierende Disposition handelt. Infolge dieses tief sitzenden Bedürfnisses befindet sich das narzisstische Selbstsystem in einem permanenten Zustand der Wachsamkeit, in dem Ausschau gehalten wird nach Möglichkeiten der Selbstaufwertung, aber auch potenzieller Gefährdungen, auf die das Selbstsystem automatisch mit der Mobilisierung entsprechender Strategien reagiert. Ähnlich einem konnexionistischen Modell aus der Kognitiven Psychologie, das keiner bewussten und reflexiven Momente bedarf (vgl. Mischel u. Shoda 1995), kommt es anschließend zu einer Aktivierung der gesamten Prozesseinheiten des Selbstsystems entlang ehemals gelernter Verbindungen. In gewisser Weise handelt es sich bei Affekten um das Alarmsystem des Selbst, das das gesamte selbstregulatorische Verhalten in Gang setzt.

Insgesamt betrachtet scheinen die narzisstischen Strategien der Selbstaufwertung einigermaßen gut zu greifen, was Stärkung und Aufrechterhaltung des Ichs angeht. Selbst auf klinischer Ebene hat Kernberg (1978) die adaptiven Funktionen narzisstischen Machtstrebens betont und darauf hingewiesen, dass nicht wenige sehr erfolgreiche Persönlichkeiten eine narzisstische Störung aufweisen. Die Tatsache jedoch, dass sie strategisch einen Problembereich im Visier haben, schließt negative Folgen in anderen Bereichen nicht aus. Ihre wahllose Selbstaufwertung schafft unrealistisch hohe Erwartungen, denen sie nur schwer gerecht werden können. Wenn jedes Ereignis – selbst jene, die normalerweise Spaß machen und entspannen – zum Inhalt von Rivalitätskämpfen oder zur Selbstbeweihräucherung genutzt wird, so kann dies in permanenten Stress oder in Versagensangst münden. Vor allem aber wird dieses Verhalten in den zwischenmenschlichen Beziehungen seinen Tribut fordern. Egoistisches und arrogantes Verhalten wird Freunde und Bekannte vertreiben und negative soziale Sanktionen nach sich ziehen. Die Fähigkeit zur Einfühlung und Perspektivenübernahme wird beeinträchtigt, was schwerwiegende Folgen für ihre Liebesbeziehungen hat.

Diese Defizite im zwischenmenschlichen Bereich können viele der genannten Strategien letztlich scheitern lassen, wenn permanente soziale Bestätigung vonnöten ist, um ein positives Selbstbild aufrechtzuerhalten. Wie bei vielen anderen Problemen im Bereich der Selbstregulierung liegt die Ursache für die Wahl schlechter sozialer Strategien wahrscheinlich darin, dass unbewusst ein kurzfristiger Nutzen gegen langfristige Kosten ausgetauscht wird (s. auch die Überblicksarbeit hierzu von Baumeister und Scher [1988]). Bedingungen, die eine mögliche Bedrohung für das Selbst anzeigen, rufen einen aversiven affektiven Zustand hervor, dem der Narzisst so schnell wie möglich und mithilfe unmittelbar zur Verfügung stehender Mittel entkommen möchte. Möglicherweise führt der negative emotionale Zustand zu einer Einengung ihres Aufmerksamkeitsfokus, sodass nur noch die drohende Gefahr wahrgenommen wird, wodurch allerdings langfristige Folgen aus dem Blick geraten. Genauso denkbar ist es jedoch, dass es zu einer simplen Fehlinterpretation langfristiger Risiken und Kosten kommt, indem die eigenen Fähigkeiten und Ressourcen überschätzt werden. In der Folge überschreiten ihre Versuche der Selbstaufwertung die Grenzen des Glaubhaften und unterminieren so die erwünschten Effekte.

Soziale Intelligenz und effektive Selbstregulierung sind abhängig von der Fähigkeit, die eigenen Strategien den sich permanent ändernden Umweltbedingungen geschickt anzupassen. Es scheint, als setzten Narzissten ihre Lieblingsstrategien zu allgemein und undifferenziert ein, was die jeweiligen Aufgaben und Kontextbedingungen angeht. Während narzisstische Strategien durchaus Sinn machen und von Bedeutung sind, wenn es um die Errichtung und Ausdehnung des Selbst geht, so führt ihre fehlerhafte Anwendung im zwischenmenschlichen Bereich zur Unterminierung und letztlich Zerstörung des Selbst. Obgleich ihnen tragischerweise die Auswirkungen, die ihr Verhalten auf andere hat, nicht bewusst sein mögen, so meinen wir doch, dass Narzissten ihre Unfähigkeit, warmherzige und überdauernde Beziehungen aufzubauen, sehr wohl spüren. Auch wenn nicht klar ist, ob sie Nähe und Intimität wirklich wünschen, so kennen wir aus klinischen Darstellungen die Beschreibung narzisstischer Persönlichkeiten, die sich emotional kalt, unglücklich, leer, niedergeschlagen und bedeutungslos fühlen (z. B. Kernberg 1978; Kohut 1987). Während sie mit ihrem Verhalten im öffentlichen Leben durchaus Erfolge haben können, so lauern unter der Oberfläche Selbstzweifel und Gefühle der Wertlosigkeit, die regelmäßig in ihr Privatleben eindringen. Während die Existenz narzisstischer Selbstzweifel eindeutig aus der klinischen Literatur hervorgeht, so bedarf es doch entsprechender empirischer Belege.

Beweggründe der narzisstischen Persönlichkeit und die Rolle des Publikums

Wenn es sich beim Narzissmus um eine Form sozial intelligenter Problemlösung handelt, dann besteht einer der widersprüchlichsten Aspekte narzisstischer Selbstkonstruktion darin, dass ihr so charakteristischer Gebrauch – oder Missbrauch – des äußeren Publikums so unintelligent anmutet. Wie ist es möglich, dass die narzisstische Persönlichkeit mit ihren grandiosen Selbstbildern derart angewiesen ist auf Rückmeldung von außen und gleichzeitig ein Verhalten an den Tag legt, das negative Reaktionen auslöst? Solange wir uns nicht der subjektiven inneren Welt dieser Persönlichkeit zuwenden, ihren Zielsetzungen und Beweggründen, bleibt dieses Rätsel ungelöst. Entsprechende Forschungsbefunde legen nahe, dass die Antwort auf diese Frage wohl in den Motiven narzisstischen Verhaltens zu suchen ist, das eher auf Bewunderung als auf soziale Anerkennung aus ist (Raskin et al. 1991a).

Wenn Narzissten in soziale Interaktion treten, mit dem Ziel, ihr grandioses Selbstbild bestätigt zu finden, sowie unter der Prämisse »Siegen ist nicht nur alles, sondern das Einzige«, dann wären die Belange und Wünsche des Publikums kaum von Bedeutung. Vonnöten wäre lediglich die Bühne, um sich in Szene zu setzen – egal, um welchen Preis, den sie dafür im zwischenmenschlichen Bereich zahlen müssten. Ganz im Gegensatz zu einem Verhalten, das von der Suche nach sozialer Anerkennung geprägt ist und das voraussetzt, dass man auf die besonderen Bedürfnisse und Vorlieben des jeweiligen Gegenübers eingeht (Baumeister 1982). Diese Gefühllosigkeit gegenüber den sozialen Anforderungen wurde empirisch belegt durch eine Untersuchung von Morf et al. (2000a), in der männliche Probanden nach einer negativen Rückmeldung nicht mit einer typischen, in dieser Situation zu erwartenden Anpassungsreaktion – sich bescheiden zu geben – gegenüber dem Interviewer/Experten reagierten – bei dem es sich ja immerhin um eine Person handelt, die einer ihrer negativen Eigenschaften womöglich auf die Schliche kommt. Vielmehr war ihre Reaktion von ebenso viel »Eigenwerbung« geprägt wie gegenüber einem Laien. Wenn überhaupt, so gab es eher einen Trend in die entgegengesetzte Richtung, das heißt, männliche Narzissten trugen dem Interviewer gegenüber noch dicker auf, womöglich in der Annahme, dass das Bestehen ihrer Selbstbestätigungskämpfe vor bestimmtem Publikum von noch größerer Bedeutung ist. Obwohl dieser Punkt weiterer empirischer Klärung bedarf, so scheint doch eindeutig, dass narzisstische Persönlichkeiten nicht die üblichen sozialen Unterscheidungen treffen, was ihr jeweiliges Publikum oder Gegenüber angeht. Ihre Strategie scheint die der Gewinnmaximierung zu sein, mit dem Ziel, aus Erfolg Profit zu schlagen, egal, mit welchen Risiken dies verbunden ist. Selbstaufwertung gegenüber einem Experten birgt ein hohes Risiko, da es weniger wahrscheinlich ist, dass man damit durchkommt; auf der anderen Seite ist auch mehr gewonnen, da die wohlwollende Meinung eines Experten schwerer wiegt.

Die gleiche Hochrisiko-Strategie fahren narzisstische Persönlichkeiten im Zuge ihrer inneren Attribuierung von Erfolgserlebnissen (Rhodewalt u. Morf 1995; 1998). Eine Strategie, die von maximalem Nutzen ist, wenn der Erfolg anhält, die aber im Falle des Scheiterns das Potenzial in sich birgt, das Selbst ernsthaft zu gefährden. Was ihre Selbstdarstellung angeht, so scheinen sich Narzissten eines Verhaltensstils zu bedienen, den Arkin (1981) als »habgierig« bezeichnet. Diese Selbstdarstellung bezieht sich auf Situationen, in denen die betreffende Person etwas riskiert, die eigene Selbstdarstellung als Herausforderung ansieht und das eigene Selbst so vorteilhaft wie möglich zu präsentieren sucht. Im Gegensatz dazu charakterisiert eine vorsichtige Selbstdarstellung den sozialen Konservatismus des Betreffenden, der mögliche negative Folgen oder Störungen vermeiden möchte. Er geht Risiken aus dem Weg bzw. »auf Nummer sicher« – ein Verhalten, das von Vermeidung und Rückzug gekennzeichnet ist. Der »habgierige« Verhaltensstil hat zum Ziel, Respekt zu erlangen, während die vorsichtige Selbstdarstellung soziale Missbilligung zu vermeiden sucht. Diese Strategie ist dann sinnvoll, wenn die Hauptsorge des Narzissten nicht dem Vermeiden von Missfallen gilt, sondern der Errichtung eines grandiosen Selbst. Nur dann kann er sich es leisten, solche Hinweise großzügig zu übersehen, die die Frage der sozialen Angemessenheit betreffen und verlangen würden, sich in seinem prahlerischen Auftreten zu mäßigen. Wenn wir also die Beweggründe narzisstischen Verhaltens berücksichtigen, so wird die scheinbar fehlende Sensitivität gegenüber dem sozialen Publikum verständlich.

Die mangelnde Rücksichtnahme, was die Belange anderer angeht, wird verstärkt durch die Überschätzung eigener Fähigkeiten und Leistungen. Allerdings liegen hierzu keine direkten Forschungsbefunde vor. Wir vermuten, dass narzisstische Persönlichkeiten auch vor solchen Strategien nicht Halt machen, die Nachteile für die eigene Person bedeuten, um sich selbst in einem besseren Licht darzustellen. Sie scheinen das Gefühl zu haben, sich das damit verbundene Risiko des Scheiterns leisten zu können, da sie davon ausgehen, Erfolg zu haben, und hoffen, gerade in Anbetracht schwieriger Umstände für ihre Leistung bewundert zu werden. Sie setzen alles auf eine Karte, in der Absicht, Kapital aus ihrem Erfolg zu schlagen. Um an dieser Stelle einer möglichen Verwirrung vorzubeugen, möchten wir anmerken, dass unserer Auffassung nach (wenngleich von Arkin nicht explizit erwähnt), die »habgierige« Selbstdarstellung auf einer tieferen Ebene nichtsdestotrotz selbstprotektiven Beweggründen dienen kann.

Bevor wir auf diesen Punkt zurückkommen, möchten wir Higgins' (1998) Modell des selbstregulatorischen Fokus vorstellen, das für diesen Aspekt sozial intelligenter Selbstregulierung ebenfalls relevant ist. Higgins' Modell zufolge greifen narzisstische Persönlichkeiten zumindest auf einer strategischen Handlungsebene auf eine Form der Selbstregulierung zurück, die eher von Offensivität denn Prävention geprägt ist. Der offensive Typus zeichnet sich aus durch Fortschritts- und Leistungsdenken sowie durch das Bestreben, einem gewünschten Endzustand zu entsprechen. Der vorsorgende Typus wird geleitet durch pflichtbewusstes Sicherheitsdenken. Seine Strategie basiert auf Vorsichtsmaßnahmen und dem Bemühen, Abweichungen vom gewünschten Endzustand zu vermeiden. Kurz, die Selbstregulierung des offensiven Typus orientiert sich entlang potenzieller Erfolge – er will »Treffer« landen und »Nieten« ausschließen –, die des präventiven Typus entlang möglicher Misserfolge und Fehler, die es zu vermeiden gilt.

Offensive Selbstregulierung konnten wir bei jenen narzisstischen Persönlichkeiten feststellen, die ihre Grenzen austesten, indem sie Erfolge sich selbst zuschreiben und ihr selbstaufwertendes Verhalten auch dann nicht ablegen, wenn sie Misserfolge zu verzeichnen haben – im Gegensatz zum Bedürfnis, das eigene Selbst durch Rückzugstendenzen oder Vermeidungsverhalten zu schützen. Es ist zu erwarten, dass sich ein offensiver Fokus auch auf andere motivationale Variablen – beispielsweise darauf, wie Anreize oder Möglichkeiten eingeschätzt werden – und affektive Reaktionen auswirkt. Auf das Studium des Narzissmus angewandt, kann das Modell des selbstregulatorischen Fokus mehr Aufschluss darüber geben, wie narzisstische Persönlichkeiten ihre Umwelt erleben und mit ihr interagieren.

Wie bereits erwähnt, scheint die Offensivität auf Verhaltensebene der Vermeidung von Misserfolgen bzw. dem Selbstschutz zu dienen. Mit anderen Worten: Im Kern ist es das verletzbare Selbst, das abgewehrt werden muss. Prinzipiell wären verschiedene Wege denkbar, mit dieser Vulnerabilität umzugehen:
- Minimierung von Misserfolgen über Vermeidung
- Erlangung sozialer Unterstützung und Anerkennung über freundlich-zugewandtes Verhalten
- Maximierung von Erfolgen über Selbstaufwertung

Narzisstische Persönlichkeiten scheinen sich für die zuletzt genannte Strategie entschieden zu haben. Sie handeln offensiv, tun sich bei jeder Gelegenheit hervor, um aus positiven Ereignissen den größtmöglichen Gewinn zu schlagen, wobei sie potenzielles Scheitern oder negative Folgen ausblenden. Anstelle »passiver Fehlervermeidung« in Form psychischen oder physischen Rückzugs greifen Narzissten zur Strategie der »aktiven Fehlervermeidung« in Form von Selbsterhöhung, selbst wenn sie dadurch im zwischenmenschlichen Bereich mit negativen Konsequenzen zu rechnen haben (vgl. Elliot u. Church 1997 sowie Elliot u. Harackiewicz 1996, die für den Leistungsbereich ähnliche Konzepte entwickelt haben). Obwohl für den zwischenmenschlichen Bereich noch keine spezifischen empirischen Daten vorliegen, scheint es doch nahe liegend anzunehmen, dass gerade die positiven Erfolgserwartungen diesen aggressiven Weg der Selbstregulierung ermöglichen.

Zusammenfassend kann man sagen, dass das eigene »Fortkommen« der narzisstischen Persönlichkeit wichtiger ist als Schadensbegrenzung für das eigene Selbst oder ein gutes Auskommen mit anderen Menschen (Hogan et al. 1985). Während die Strategie der kurzfristigen »Gewinnmaximierung« für den bloßen Leistungsbereich von Vorteil sein kann, geht sie eindeutig auf Kosten langfristiger supportiver zwischenmenschlicher Beziehungen.

Gibt es Geschlechtsunterschiede des Narzissmus?

Eine Analyse narzisstischer Dynamik als Manifestation sozialer Intelligenz auf interpersoneller Ebene setzt voraus, die Rolle des Geschlechts als möglichen Mediator von Anpassungsbemühungen zu berücksichtigen. Welche interpersonellen Verhaltensweisen als adaptiv oder pragmatisch zu werten sind, wird sich je nach Geschlechtszugehörigkeit und dem damit verbundenen sozial erwarteten und akzeptierten Geschlechtsrollenverhalten unterscheiden. Selbst wenn es also bezüglich motivationaler Aspekte, typischer Vulnerabilitäten und Stärken zu Überschneidungen kommen mag, scheinen sich Männer und Frauen im Ausdruck ihres Narzissmus letztlich zu unterscheiden.

Unsere aktuellen Untersuchungen weisen in der Tat auf größeres »stereotypes narzisstisches Verhalten« bei Männern hin. So legten unter unseren narzisstischen Probanden ausschließlich Männer ein erhöhtes selbstbehinderndes Verhalten an den Tag (Rhodewalt et al. 2000a); nur Männer zeigten eine Vorliebe für Aufgaben, bei denen sie mit anderen in Wettbewerb treten mussten (Morf et al. 2000b), oder machten sich wichtig, wenn eigentlich Bescheidenheit angesagt war (Morf et al. 2000a). Wir haben es also mit einem eindeutigen und konsistenten Bild selbstaufwertenden Verhaltens bei narzisstischen Männern (im Sinne der Narzisstischen Persönlichkeitsstörung) zu tun, nicht jedoch bei Frauen. Dies wirft die Frage auf, ob Narzissmus bei Männern und Frauen phänomenologisch

2.3 Die Paradoxa des Narzissmus

das Gleiche beschreibt – eine Frage, die, so meinen wir, mehr systematische Aufmerksamkeit verdient.[2]

Ein möglicher Anknüpfungspunkt wäre die psychoanalytische Literatur, die sich ausführlich mit den Entwicklungslinien der Geschlechtsrollensozialisation, die in Geschlechtsunterschiede hinsichtlich des Narzissmus münden können, befasst hat und die entsprechende Thesen formuliert hat, wie diese Unterschiede aussehen könnten. Da eine ausführlichere Diskussion den Rahmen des vorliegenden Aufsatzes sprengen würde, muss an dieser Stelle der Hinweis genügen, dass die Störung im Allgemeinen auf fehlerhafte empathische Responsivität seitens der Mutter zurückgeführt wird, was wiederum bei beiden Geschlechtern zu Defiziten in der Internalisierung der Selbststruktur führt. Beide Geschlechter haben somit gleichermaßen mit der »Stützung« ihres Selbst zu kämpfen. Gleichzeitig geht man davon aus, dass Männer und Frauen hierbei auf unterschiedliche Strategien zurückgreifen, um diese Defizite auszugleichen. So beschreibt Philipson (1985), dass Mütter auf ihre Söhne als einen bedeutsamen **anderen** (als z. B. den Ehemann) reagieren, auf ihre Töchter hingegen im Sinne einer Erweiterung ihres **Selbst**. In der Folge verfügen Männer wie Frauen über unterschiedliche psychische Ressourcen, um mit diesem Mangel eines internalisierten Selbst fertig zu werden. Männer legen eher Grandiosität, extreme Selbstbezogenheit und ein exzessives Bedürfnis nach Bewunderung an den Tag, um ihre »Andersartigkeit« zu bekräftigen, während Frauen – in Wiederholung ihrer Beziehung zur Mutter – den bedeutsamen anderen übermäßig besetzen bzw. sich mit ihm identifizieren.

---

2 Die Analyse von Geschlechtsunterschieden wird durch die Tatsache erschwert, dass sich die im DSM aufgeführte Definition des Narzissmus aus klinischen Beschreibungen zum pathologischen Narzissmus ableitet und die Mehrzahl dieser Falldarstellungen auf männlichen Patienten basiert. Aus diesem Grund haben mehrere Theoretiker die Frage aufgeworfen, ob Narzissmus, wie er im DSM definiert ist, überhaupt verallgemeinerbar sei (Akhtar u. Thompson 1982; Philipson 1985). Eine Frage, die auch das Konzept der Narzisstischen Persönlichkeitsstörung betrifft, das ja sozusagen als »Maßeinheit« der DSM-Definition entwickelt wurde. Aufgrund der inkonsistenten Datenlage, aus der sich keine systematischen Muster ergeben, vermag auch die empirische Forschung zum Narzissmus nicht so recht Aufschluss über die Frage der Geschlechtszugehörigkeit geben. Ein Befund, der sich relativ konsistent durch verschiedenste Untersuchungen zieht, lautet, dass männliche Narzissten durchschnittlich etwas höher auf der Skala »Narzisstische Persönlichkeitsstörung« abschneiden als Frauen (Carroll 1987; Gabriel et al. 1994; Farwell u. Wohlwend-Lloyd 1998; Tschanz et al. 1998). Darüber hinaus bleibt jedoch unklar, ob und, wenn ja, auf welche Art und Weise das jeweilige Geschlecht die Beziehung zwischen Narzissmus und Verhalten sowie anderen wichtigen Variablen systematisch und vorhersehbar beeinflusst. Zahlreiche Studien konnten diesbezüglich keine Geschlechtsunterschiede feststellen (Auerbach 1984; Emmons 1984; 1987; Raskin et al. 1991a; Rhodewalt u. Morf 1995; 1998), andere wiederum basieren nur auf rein männlichen oder weiblichen Stichproben (z. B. Kernis u. Sun 1994; Morf u. Rhodewalt 1993). Wenn Geschlechtsunterschiede festgestellt wurden, so waren diese gering und von fraglicher Bedeutung (z. B. Buss u. Chiodo 1991; Carroll 1987; McCann u. Biaggio 1989).

2 Zur Diagnostik

Nun würde man meinen, dass es hinsichtlich der grundlegenden Themen der Selbstentwicklung wenig Unterschiede zwischen den Geschlechtern gibt, große Abweichungen jedoch in den strategischen Bemühungen um Selbstentwicklung. In der Tat können diese strategischen Unterschiede derart gravierend ausfallen, dass sie sich in unterschiedlichen klinischen Störungsbildern manifestieren. Haaken (1983) geht davon aus, dass diese frühen Empathiemängel in eine Borderline-Entwicklung bei Frauen bzw. in Narzisstische Persönlichkeitsstörungen bei Männern münden. Dies scheint umso plausibler, als der Borderline-Kranke – im Gegensatz zur narzisstischen Persönlichkeit, die ein frühes, aber unsicheres Autonomiegefühl entwickelt – unter einer fehlgeschlagenen Individuierung leidet (Masterson 1981). Dafür sprechen auch die höheren Inzidenzraten Narzisstischer Persönlichkeitsstörungen unter Männern (Akhtar u. Thompson 1982; Masterson 1981; s. auch DSM-IV) als auch die höheren Inzidenzraten von Borderline-Störungen unter Frauen (Haaken 1983).

Sowohl die psychoanalytische Theorie als auch die empirische Beobachtung gelangen somit zu der Schlussfolgerung, dass das exzessive Bemühen, sich der Überlegenheit über andere zu versichern, womöglich nur Teil des männlichen Syndroms ist, wohingegen sich die narzisstische Problematik bei Frauen anders ausnimmt. Einen Beleg für diese Annahme liefern Tschanz et al. (1998), die zeigen konnten, dass Anspruchsdenken und ausbeuterisches Verhalten im weiblichen Narzissmus-Konstrukt weniger integriert waren. Dies erscheint insofern plausibel, als explizites Dominanzgebaren und Verfolgung von Eigeninteressen von Männern auf eine größere gesellschaftliche Anerkennung trifft, während Frauen aus dem gleichen Verhalten weniger gesellschaftliche Vorteile erwachsen würden. Während also narzisstische Männer instrumentelle Verhaltensweisen als durchaus vertretbare Strategien anzusehen scheinen, suchen Frauen, aufgrund andersartiger Überzeugungen, Ressourcen und gesellschaftlicher Zwänge, nach anderen Wegen und Möglichkeiten, ihr Selbst zu stärken. Frauen sind vermutlich gezwungen, ihre narzisstischen Strebungen auf subtilere, indirektere und beziehungsorientiertere Art und Weise zu verfolgen, entsprechend den Erwartungen an ihre Geschlechtsrolle. So würde etwa eine Sozialisierung, die Gemeinschaftssinn und Beziehungsorientiertheit propagiert, bei Frauen dazu führen, ihre gesellschaftliche Macht über die Anbindung an »Berühmtheiten« sicherzustellen.

Kurz, aufgrund geschlechtsbedingter Unterschiede in Entwicklung und Sozialisation unterscheiden sich Männer und Frauen im Ausdruck ihrer narzisstischen Bedürfnisse. Im Sinne der sozialen Intelligenz wären narzisstische Verhaltensweisen für Männer praktischer als für Frauen, da mit weniger »Kosten« verbunden. Es bedarf weiterer empirischer Forschung, um Geschlechtsunterschiede in diesem Bereich zu untersuchen und jene Formen der Selbstkonstruktion aufzuzeigen, derer sich Frauen bedienen, insbesondere wenn ihr Selbst gefährdet ist.

Die innere Logik des narzisstischen Regulationssystems

Wir haben Narzissmus im Sinne eines selbstregulatorischen Systems konzeptualisiert, das insofern sozial intelligent ist, als es Ziele und Strategien zu spezifizieren weiß. Ein solches Rahmenmodell hilft uns zu erklären, wie offenkundig paradoxe und widersprüchliche Aspekte des Narzissmus innerhalb ein und derselben Person als sinnvoll organisiertes Muster kohärent nebeneinander existieren können. Das heißt, es hilft uns zu verstehen, wie narzisstische Persönlichkeiten auf der einen Seite extrem abhängig sein können vom Feedback anderer, die ihre positive Selbstsicht bestätigen sollen, gleichzeitig jedoch ein derart abschreckendes Verhalten an den Tag legen, das andere das Weite suchen lässt und das gewünschte Feedback unmöglich macht. Wenn wir uns klar machen, wie Kognition und Affekt im narzisstischen System zusammenhängen, lassen sich diese Widersprüche etwas auflösen und als Ausdruck eines zugrunde liegenden und überdauernden Persönlichkeitssystems verstehen.

Diese Konzeptualisierung von Narzissmus ist konsistent mit dem Modell des Kognitiv-Affektiven-Persönlichkeitssystem (CAPS) von Mischel und Shoda (z. B. 1995; 1998), in dem sich ein Persönlichkeitstypus aus einer Reihe von Einzelfällen zusammensetzt, deren Beziehungen von Kognitionen und Affekten, wie sie als Reaktion auf bestimmte psychisch bedeutungsvolle situative Reize aktiviert werden, ähnlich organisiert sind. Obwohl es noch an einer umfassenden und systematischen empirischen Überprüfung dieser Beziehungen fehlt, lassen sich doch einige aus Beobachtungen ableiten. Narzisstische Persönlichkeiten scheinen ein chronisch erhöhtes Aktivierungsniveau aufzuweisen, wenn es um ihren Selbstwert geht – Möglichkeiten der Selbstaufwertung werden rasch wahr- und in Anspruch genommen, potenzielle Gefährdungen für das Selbst abgewehrt. Wie wir bereits gesehen haben, konzentrieren sich Narzissten auf Situationen und Aufgaben, die die Möglichkeit der Selbstaufwertung in sich bergen: Erfolge schreiben sie sich selbst zu (Rhodewalt u. Morf 1995; 1998), sie beißen sich an Aufgaben fest, in denen sie mit anderen rivalisieren können (Morf et al. 2000b), und sie fühlen sich zu bewundernden Partnern mit positiven Eigenschaften hingezogen (Campbell 1999) – allesamt Verhaltensweisen, die auf der Annahme basieren, ihr betont selbstsicheres Auftreten werde für bare Münze genommen und habe positive Folgen (z. B. dass man ihnen Respekt und Bewunderung entgegenbringt). Risiken scheinen unberücksichtigt zu bleiben. Wird ihren Erwartungen nicht entsprochen (etwa im Fall einer schlechten Leistung oder negativen Rückmeldung von außen), geraten sie in Wut (Rhodewalt u. Morf 1998) und greifen zu solchen intra- und interpersonellen Strategien, die die Auswirkungen ihrer Wut ungeschehen machen sollen:

- Entwertung desjenigen, der die negative Rückmeldung abgegeben hat (Kernis u. Sun 1994)
- Missachtung des besseren Abschneidens anderer, um einem sozialen Vergleich aus dem Weg zu gehen (Morf u. Rhodewalt 1993)
- Glorifizierung ihrer vergangenen Liebesbeziehungen, wenn sie zurückgewiesen werden (Rhodewalt u. Eddings 2000)

Einer der zentralen Vorzüge des CAPS-Modells liegt in seiner expliziten Spezifizierung der zentralen innerpsychischen Vermittlungseinheiten (Enkodierungen, Erwartungen, Affekte, Ziele und Kompetenzen), die es zu berücksichtigen gilt. Die Durchsicht der empirischen Befunde, die unser selbstregulatorisches Modell belegen, hat gezeigt, dass die Entwicklung psychischer Repräsentanzen und ihrer Interaktion einen zentralen Bereich darstellt, der weiter untersucht werden muss, wenn wir verstehen wollen, wann und warum unterschiedliche kognitivaffekte Muster aktiviert werden. Mit anderen Worten, während wir eine einigermaßen gute Kenntnis der unterschiedlichen narzisstischen Verhaltensstile haben, wissen wir weitaus weniger über ihre spezifischen auslösenden und situativen Merkmale, die über grobe Verallgemeinerungen hinausgehen würden (z. B. Fehlermeldungen). Dazu sind direktere und umfassendere Einschätzungen des psychischen Vermittlungssystems vonnöten, so etwa eine Kodierung des offenen Beschreibungs- und Interpretationsstils narzisstischer Persönlichkeiten.

Diese Repräsentationen umfassen einen großen Bereich, die subjektive Phänomenologie des Narzissten, seine persönlichen Konstrukte, impliziten Theorien über sich und andere sowie seine sozialen Rollen mit eingeschlossen. Zum Beispiel:
- Worauf basiert das Gefühl, privilegiert zu sein bzw. ein Anrecht auf eine besondere Behandlung zu haben?
- Verstehen Narzissten nicht, was es mit sozialen Rollen auf sich hat, oder ignorieren sie sie?
- Interpretieren sie die Auswirkungen, die ihr Verhalten auf andere hat, falsch?
- Anders gefragt: Wie sehen narzisstische Persönlichkeiten ihr Verhalten und wie rechtfertigen sie es vor sich selbst?

Die genauen Antworten auf diese Fragen würde unser Verständnis für den »aktiven« psychischen Anteil dafür erhöhen, der es der narzisstischen Persönlichkeit erlaubt, in manchen Situationen besonders charmant, bezaubernd und unterhaltsam zu sein, in anderen wiederum Feindseligkeit, Beschämung und Aggression auszulösen. Es würde auch helfen zu unterscheiden zwischen der Verfügbarkeit bestimmter Kompetenzen und der Frage, ob und wie sie zur Anwendung kommen. So ist es zum Beispiel unklar, ob es Narzissten schlicht an der Fähigkeit zur Einfühlung mangelt oder ob dieses Defizit einen motivationalen Hintergrund hat. Eine Illustrierung dieser psychischen Operationen würde helfen, die psychologischen Merkmale jener Situationen zu erfassen, von denen sich narzisstische Persönlichkeiten angezogen fühlen, sowie jene, die bestimmte

2.3 Die Paradoxa des Narzissmus

narzisstische Prozesse in Gang setzen – was wiederum die Einschätzung des Narzissmus im Sinne eines selbstregulatorischen Systems verbessern würde.

Wie aus den bisherigen Ausführungen ersichtlich, ermöglicht unser Rahmenmodell die Erfassung der inneren, subjektiven Logik und Kohärenz einer Persönlichkeitsdisposition, zum Beispiel des Narzissmus. Die Konzeptualisierung des Narzissmus im Sinne selbstregulatorischer, inhärent hierarchischer Zielsetzungen erlaubt zudem, Vorhersagen zur Diskriminationsfähigkeit zu treffen und somit Flexibilität und Stabilität gleichermaßen als zu untersuchende Kriterien aufzunehmen. Stabilität entspringt der zugrunde liegenden Struktur und der stabilen Aktivierung spezifischer Prozesse als Reaktion auf bestimmte psychische Auslöser. Flexibilität resultiert aus der Veränderung dieser Auslöser, wodurch unterschiedliche Prozesse in Gang gesetzt werden. Wir gehen davon aus, dass dieser Aspekt bei narzisstischen Persönlichkeiten insofern relativ selten anzutreffen ist, als es ihnen an Flexibilität mangelt und ihr Verhalten im Allgemeinen eher Trait-ähnliche Züge trägt. Es spricht manches dafür, dass die Komplexität des Selbst narzisstischer Persönlichkeiten nur schwach ausgebildet ist, ebenso ihre Diskriminationsfähigkeit sozialer Signale und Antworten. Dies weist uns auf einen weiteren verwirrenden Punkt hin, der in unseren Ausführungen bislang nur gestreift wurde. Worin besteht die Natur des »Selbst«, das die narzisstische Persönlichkeit zu konstruieren versucht?

Die Selbstkonzepte der meisten Menschen sind hierarchisch aufgebaut, das heißt, von manchen Merkmalen glauben die Betreffenden, sie seien wichtiger zu erlangen und zu validieren als andere. Gibt es nun im Fall der narzisstischen Persönlichkeit eine Kerngruppe an Attributen, um die sie ihre Selbstbilder organisieren? Oder übernehmen sie, was immer ihnen in bestimmten Situationen soziale Anerkennung und Zustimmung verspricht? Die bislang zusammengetragenen Befunde sprechen eher für Letzteres: Narzissten streben nach einem überlegenen und grandiosen Selbst, das sich jedoch nicht unbedingt an einer bestimmten Gruppe von Merkmalen oder Werten orientiert und daher in hohem Maße kontextabhängig ist (vgl. Westen 1990). Es bedarf weiterer empirischer Untersuchungen narzisstischer Selbstkonzepte in unterschiedlichen Situationen mit jeweils unterschiedlichen psychologischen und sozialen Anforderungen. Einfließen in diese Studien könnte auch die Frage nach den Kontingenzen narzisstischen Selbstwerts (Crocker u. Wolfe 2000). Im Gegensatz zu den meisten Menschen, in deren Leben es bestimmte Bereiche gibt, von denen ihr Selbstwert abhängt, trifft dies bei der narzisstischen Persönlichkeit womöglich für alle Bereiche zu. Während es also auf den ersten Blick paradox anmuten mag, dass Narzissten derart viel Energie in die soziale Validierung von Selbstbildern investieren, die sich von einem Moment auf den anderen ändern können, so wird dies verständlicher, wenn wir bedenken, dass das zugrunde liegende Ziel darin besteht, überall der »Beste« zu sein.

Schlussfolgerung

Das Konzept des Narzissmus ist ein komplexes und multidimensionales klinisches Persönlichkeitskonstrukt, das in den Sozialwissenschaften seit vielen Jahrzehnten für großes Interesse sorgt. Zeitgeist-Chronisten (Lasch 1982; Wolfe 1976) sind der Ansicht, dass wir in einem Zeitalter und in einer Kultur des wachsenden Narzissmus leben, der vor allem die Gesellschaften der westlichen Hemisphäre ergriffen hat. Eine unzureichende Konzeptualisierung, die sich wiederum in einer ungenauen Definition und in widersprüchlichen Untersuchungsansätzen niedergeschlagen hat, haben die Erforschung des Narzissmus behindert. Diese Schwierigkeiten resultieren aus der Tatsache, dass es sich beim Konstrukt des Narzissmus um ein komplexes Muster an typischen Kognitionen, Affekten, Verhaltensweisen und interpersonellen Beziehungen handelt, die unterschiedlichen Ebenen der Analyse und Interpretation zugänglich sind. Im hier vorliegenden Aufsatz stellen wir eine moderne Sicht des Narzissmus im Sinne eines dynamischen selbstregulatorischen Prozesses vor. Wir sind der Auffassung, dass ein Prozessmodell des Narzissmus, in Verbindung mit der entsprechenden empirischen Validierung, eine handhabbare und heuristische Definition des Konstrukts ermöglicht. Im Wesentlichen begreift unser Modell Narzissmus als motivierte Selbstkonstruktion, in deren Rahmen das narzisstische Selbst durch das dynamische Zusammenspiel von kognitiven und affektiven intrapersonellen Prozessen sowie interpersonellen selbstregulatorischen Strategien, die sich auf sozialen Bühnen manifestieren, geformt wird.

Die genannten Prozesse resultieren zum Teil aus den zugrunde liegenden grandiosen, aber fragilen narzisstischen Selbstkonzeptionen sowie ihren zynischen und unempathischen Fremdbildern. Aufrechterhalten werden diese psychischen Repräsentanzen des Selbst und der jeweiligen sozialen Umwelt über charakteristische kognitiv-affektive Mechanismen. Die empirischen Befunde, die wir für einige dieser Mechanismen vorgestellt haben, bestätigen die These, dass narzisstische Persönlichkeiten permanent mit Selbstkonstruktion und Möglichkeiten der Selbstbestätigung beschäftigt sind, was als Beleg für unser selbstregulatorisches Prozessmodell des Narzissmus gewertet werden kann.

Auf konzeptueller Ebene schließt unser Modell die Lücke zwischen Trait-orientierten und prozessorientierten Persönlichkeitsansätzen. Das Prozessmodell hat die kohärente Funktionsweise der gesamten Persönlichkeit im Blick und bietet so die Möglichkeit, sowohl die zugrunde liegenden psychischen Prozesse als auch die charakteristischen (Trait-ähnlichen) kognitiven, affektiven und verhaltensmäßigen Muster der narzisstischen Persönlichkeit zu verstehen. Es vermag somit jenen kritischen Einwänden standzuhalten, die in der Vergangenheit zu Recht gegenüber Prozessmodellen vorgebracht wurden, die ganze Reihen scheinbar unzusammenhängender Persönlichkeitsprozesse zusammengetragen haben, dabei jedoch riskierten, die betreffende Person im Prozess selbst aus dem Blick zu verlieren. Das selbstregulatorische Modell beschreibt, was das Wesen und die Disposition der narzisstischen Persönlichkeit ausmacht. Es hat die psychologischen Prozesse und Dynamiken im Blick, die dieser Persönlichkeitsdisposition zugrunde liegen, und beschäftigt sich mit dem komplexen Zusammenspiel von situativen Gegebenheiten einerseits und Verhalten andererseits – was die Kritik entkräftet, die normalerweise gegenüber Trait-Ansätzen vorgebracht wird. Auf diese Weise gewährt es Einblick in die Kohärenz und Stabilität einer narzisstischen Persönlichkeit, aber auch in ihre Flexibilität und Unverwechselbarkeit. Wir brauchen dieses Maß an Komplexität, wenn wir einen Persönlichkeitstypus wie den des Narzissmus begreifen wollen. Genauer gesagt, bedarf es der Analyse eines dynamischen informations- und affektverarbeitenden Prozess-Systems, das die Vernetzung der einzelnen Komponenten und ihre Funktionsweise als Ganzes in Interaktion mit bestimmten psychischen Situationen berücksichtigt (Mischel u. Shoda 1995; 1998).

Während wir unser selbstregulatorisches Prozessmodell speziell für die narzisstische Persönlichkeit entwickelt haben, könnte es durchaus als Prototyp zum Verständnis anderer dispositioneller und kategorieller Persönlichkeitskonzeptionen im Sinne ihrer charakteristischen selbstregulatorischen Prozessdynamik herangezogen werden. Allerdings ist es unwahrscheinlich, dass sich alle Persönlichkeitszüge gleichermaßen gut für diese Art der Analyse eignen. Am geeignetsten wären jene Dispositionen mit spezifischen kognitiven Repräsentanzen des Selbst und des anderen sowie charakteristische affektive Komponenten, wie etwa Bedürfnisse, Ziele, Werte und emotionale Reaktionen. Es bedürfte einer anschließenden Abstrahierung dieser Komponenten, die die Übersetzung in einzelne Motive und selbstregulatorische Prozesse ermöglicht (vgl. Cantor 1990). Weder deskriptive Taxonomien, wie zum Beispiel Extraversion oder Gewissenhaftigkeit, noch umfassende Informationsverarbeitungsstile, wie zum Beispiel Selbstmonitoring oder öffentliche/private Gehemmtheit, eignen sich als fruchtbare Untersuchungskategorien. Sie sind zu allgemein formuliert, als dass sie ein einzigartiges Arbeitsmodell des Selbst und des anderen oder spezifische Prozessdynamiken erfassen könnten. Kategorien dieser Art beschreiben bevorzugte Reaktions- oder Informationsverarbeitungsstile, die bei einer Vielzahl von Persönlichkeitstypen in unterschiedlichen Zusammensetzungen anzutreffen sind, sie liefern jedoch keine eigenständige spezifische Definition von selbstregulatorischen Zielen oder kognitiven und affektiven psychischen Repräsentanzen.[3]

---

3 Nehmen wir etwa das Beispiel »Extraversion«: Hierbei handelt es sich um einen Aspekt des Narzissmus (vgl. Rhodewalt u. Morf 1995) mit entsprechenden Bedürfnissen nach Selbstbestätigung. Aber auch im Rahmen anderer Persönlichkeitstypen, die von anderen Beweggründen geleitet werden, treffen wir auf diesen Verhaltensstil. Psychische Einheiten und Dynamiken unterscheiden sich je nach Persönlichkeitstypus, so auch die Bedeutung der »Extraversion« in den einzelnen Fällen. Auf der anderen Seite gibt es durchaus fruchtbare analytische Prozessansätze, die sich sinnvoll auf bestimmte Aspekte der Persönlichkeit anwenden lassen – so etwa auf das Merkmal »Überempfindlichkeit gegenüber Zurückweisung«, das solche Persönlichkeiten beschreibt, die in sozialen Interaktionen ängstlich Zurückweisung erwarten und wahrnehmen und

Was das Phänomen des Narzissmus angeht, so trägt das selbstregulatorische Prozessmodell dazu bei, Definition und Funktionsweise des Konstrukts zu klären. Mithilfe expliziter Aussagen zu den Bedingungen, unter denen narzisstische Prozesse üblicherweise stattfinden, konnten einige Widersprüche aufgeklärt und ein kohärentes Bild der Beziehungen der einzelnen Komponenten untereinander gezeichnet werden. Natürlich liegen noch nicht für alle dieser Verknüpfungen empirische Befunde vor, doch stellt das bislang zusammengetragene Datenmaterial eine gute Grundlage für weitere Forschungsvorhaben dar. Im Sinne von Cronbach und Meehl (1955) befinden wir uns in einem Prozess des »Dazu-Lernens«, was das Konstrukt des Narzissmus angeht, indem wir sein nomologisches Netzwerk detailliert aufschlüsseln. Wie die beiden so scharfsinnig bemerken, werden wir nie genau wissen, »worum es sich bei einem Konstrukt handelt«, solange wir nicht alle Gesetzmäßigkeiten kennen, denen es unterworfen ist. Was das Konstrukt des Narzissmus angeht, so meinen wir jedoch, diesem Ziel bereits ein gutes Stück näher gekommen zu sein.

Literatur

Akhtar S, Thompson JA (1982). Overview. Narcissistic personality disorder. Am J Psychiatry; 139: 12–20.
American Psychiatric Association (1994). Diagnostic and Statistical Manual for Mental Disorders. 4th ed. Washington, DC: American Psychiatric Association Press (dt. [1996]: Diagnostische Kriterien des Diagnostischen und Statistischen Manuals Psychischer Störungen. DSM-IV. Bearbeitung von Saß H, Wittchen H-U, Zaudig M, Houben I. Göttingen: Hogrefe).
Arkin RM (1981). Self-presentation styles. In: Tedeschi JD (ed). Impression Managment Theory and Social Psychological Research. New York: Academic Press; 311–33.
Auerbach JS (1984). Validation of two scales for narcissistic personality disorder. J Person Assessm; 48: 649–53.
Bach S (1977). On the narcissistic state of consciousness. Int J Psychoanal; 58: 209–33.
Baumeister RF (1982). A self-presentational view of social phenomena. Psychol Bull; 91: 3–26.
Baumeister RF, Scher SJ (1988). Self-defeating behavior patterns among normal individuals: Review and analysis of common self-destructive tendencies. Psychol Bull; 104: 3–22.
Baumeister RF, Tice DM, Hutton DG (1989). Self-presentational motivations and personality differences in self-esteem. J Person; 57: 547–79.
Block J (1961). Ego-identity, role variability, and adjustment. J Consult Clin Psychol; 25: 392–97.
Bushman B, Baumeister RF (1998). Threatened egoism, narcissism, self-esteem and, direct and displaced aggression: Does self-love or self-hate lead to violence? J Person Soc Psychol; 75: 219–29.
Buss DM, Chiodo LM (1991). Narcissistic acts in everyday life. J Person; 59: 179–215.
Campbell JD (1990). Self-esteem and clarity of the self-concept. J Person Soc Psychol; 59: 538–49.

darauf mit Feindseligkeit reagieren (Freitas u. Downey 1998). Ein ähnlicher Prozessansatz wurde auf die Kategorie »defensiver Pessimismus«, mit dem die betreffenden Persönlichkeiten hohe Leistungserwartungen und -ängste kontrollieren, indem sie vor ihrem geistigen Auge jede potenzielle Form des Scheiterns durchspielen, ihre Erwartungen zurückschrauben, um anschließend über verstärkte Anstrengungen und Abklopfen möglicher Hindernisse ihre Leistung zu verbessern (Norem u. Cantor 1986). Dies sind nur zwei Beispiele, doch es gibt sicherlich auch andere Persönlichkeitsdimensionen oder -typen, die sich für eine Prozessanalyse eignen würden.

Campbell WK (1999). Narcissism and romantic attraction. J Person Soc Psychol; 7: 1254–70.
Cantor N (1990). From thought to behavior. »Having« and »doing« in the study of personality and cognition. Am Psychologist; 45: 735–50.
Cantor N (1994). Life task problem solving. Situational affordances and personal needs. Person Soc Psychol Bull; 20: 235–43.
Cantor N, Kihlstrom JF (1987). Personality and Social Intelligence. Englewood Cliffs, NJ: Prentice-Hall.
Cantor N, Kihlstrom JF (1989). Social intelligence and cognitive assessment of personality. In: Wyer RS, Srull TK (eds). Advances in Social Cognition. Vol. 2. Hillsdale: Erlbaum; 1–59.
Carroll L (1987). A study of narcissism, affiliation, intimacy, and power motives among students and business administration. Psychol Rep; 61: 355–8.
Clark LA (1993). Schedule for Nonadaptive and Adaptive Personality. Minneapolis, MN: University of Minnesota Press.
Colvin CR, Block J, Funder DC (1995). Overly positive self-evaluations and personality. Negative implications for mental health. J Person Soc Psychol; 68: 1152–62.
Crocker J, Wolfe CT (2000). Contingencies of self-worth. Psychol Rev; 108(3): 593–623.
Cronbach LJ, Meehl PE (1955). Construct validity in psychological tests. Psychol Bull; 52: 281–302.
Donahue EM, Robins RW, Roberts BW, John OP (1993). The devided self: Concurrent and longitudinal effects of psychological adjustment and social roles on self-concept differentiation. J Person Soc Psychol; 64: 834–46.
Dweck CS, Leggett EL (1988). A social-cognitive approach to motivation and personality. Psychol Rev; 95: 256–373.
Elliot AJ, Harackiewicz JM (1996). Approach and avoidance achievement goals and intrinsic motivation. A mediational analysis. J Person Soc Psychol; 70: 461–75.
Elliot AJ, Church MA (1997). A hierarchical model of approach and avoidance achievement motivation. J Person Soc Psychol; 72: 218–32.
Emmons RA (1984). Factor analysis and construct validity of the Narcissistic Personality Inventory. J Person Soc Psychol; 48: 291–300.
Emmons RA (1987). Narcissism. Theory and measurement. J Person Soc Psychol; 52: 111–7.
Emmons RA (1989). Exploring the relations between motives and traits. The case of narcissism. In: Buss DM, Cantor N (eds). Personality Psychology: Recent Trends and Emerging Directions. New York: Springer; 32–44.
Farwell L, Wohlwend-Lloyd R (1998). Narcissistic processes. Optimistic expectations, favorable self-evaluations, and self-enhancing attributions. J Person; 66: 65–83.
Freitas AL, Downey G (1998). Resilience. A dynamic perspective. Int J Behav Dev; 22: 263–85.
Gabriel MT, Critelli JW, Ee JS (1994). Narcissistic illusions in self-evaluations of intelligence and attractiveness. J Person; 62: 143–55.
Gosling SD, John OP, Craik KH, Robins RW (1998). Do people know how they behave? Self-reported act frequencies with on-line codings by observers. J Person Soc Psychol; 74: 1337–49.
Haaken J (1983). Sex differences in narcissistic disorders. Am J Psychoanal; 43: 315–24.
Hazan C, Shaver P (1987). Romantic love conceptualized as an attachment process. J Person Soc Psychol; 52: 511–24.
Higgins ET (1987). Self-discrepancy. A theory relating self and affect. Psychol Rev; 80: 307–36.
Higgins ET (1998). Promotion and prevention. Regulatory focus as a motivational principle. In: Zanna MP (ed). Advances in Experimental Social Psychology; 30: 1–46.
Hogan R, Jones WH, Cheek JM (1985). Socioanalytic theory. An alternative to armadillo psychology. In: Schlenker BR (ed). The Self and Social Life. New York: McGraw Hill; 175–98.
John OP, Robins RW (1994). Accuracy and bias in self-perception. Ind Psychol; 66: 206–19.
Kernberg OF (1978). Borderline-Störungen und pathologischer Narzissmus. Frankfurt/M.: Suhrkamp.
Kernberg OF (1988). Innere Welt und äußere Realität. München, Wien: Verlag Internationale Psychoanalyse.
Kernis MH, Sun CR (1994). Narcissism and reactions to interpersonal feedback. J Res Person; 28: 4–13.

Kernis MH, Cornell DP, Sun CR, Berry AJ, Harlow T (1993). There's more to self-esteem than whether it is high or low. The importance of stability of self-esteem. J Person Soc Psychol; 65: 1190–204.
Kohut H (1972). Thoughts on narcissism and narcissistic rage. Psychoanal Study Child; 27: 360–400.
Kohut H (1973). Narzissmus. Eine Theorie der psychoanalytischen Behandlung narzisstischer Persönlichkeitsstörungen. Frankfurt/M.: Suhrkamp.
Kohut H (1987). Wie heilt die Psychoanalyse? Frankfurt/M.: Suhrkamp.
Lasch C (1982). Das Zeitalter des Narzissmus. München: Bertelsmann.
Linville PW (1985). Self-complexity and affective extremity: Don't put all of your in one cognitive basket. Soc Cognition; 3: 94–120.
Masterson J (1981). The Narcissistic and Borderline Disorders. New York: Brunner/Mazel; 29–30.
McCann JT, Biaggio MK (1989). Narcissistic personality features and self-reported anger. Psychol Rep; 64: 55–8.
Millon T (1981). Disorders of Personality: DSM III, Axis II. New York: Wiley.
Mischel W, Shoda Y (1995). A cognitive-affective system theory of personality. Reconceptualizing situations, dispositions, dynamics, and invariance in personality structure. Psychol Rev; 102: 246–68.
Mischel W, Shoda Y (1998). Reconciling processing dynamics and personality dispositions. Ann Rev Psychol; 49: 229–58.
Morf CC (1994). Interpersonal consequences of narcissists' continual effort to maintain and bolster self-esteem. Doctoral dissertation. University of Utah, Salt-Lake City. Dissertation Abstracts International; 55(6B): 2430.
Morf CC, Rhodewalt R (1993). Narcissism and self-evaluation maintenance. Exploration in object relations. Person Soc Psychol Bull; 19: 668–79.
Morf CC, Ansara D, Shia T (2000a). The effects of audiences characteristics on narcissistic self-presentation. Manuscript in preparation. University of Toronto.
Morf CC, Weir CR, Davidov M (2000b). Narcissism and intrinsic motivation. The role of goal congruence. J Exp Soc Psychol; 36: 424–38.
Norem JK, Cantor N (1986). Defensive pessimism. »Harnessing« anxiety as motivation. J Person Soc Psychol; 51: 1208–17.
Paulhus DL (1998). Interpersonal and intrapsychic adaptiveness of trait self-enhancement. A mixed blessing? J Person Soc Psychol; 74: 1197–208.
Philipson I (1985). Gender and narcissism. Psychol Women Q; 9: 213–28.
Raskin R, Hall CS (1979). A narcissistic personality inventory. Psychol Rep; 40: 590.
Raskin R, Hall CS (1981). The narcissistic personality inventory. Alternate from reliability and further eveidence of construct validity. J Person Assessm; 45: 159–62.
Raskin R, Shaw R (1988). Narcissism and the use of personal pronoun. J Person; 56: 393–404.
Raskin R, Terry H (1988). A principle components analysis of the Narcissistic Personality Inventory and further evidence for its construct validity. J Person Soc Psychol; 54: 890–902.
Raskin R, Novacek J, Hogan R (1991a). Narcissism, self-esteem, and defense self-enhancement. J Person; 59: 20–38.
Raskin R, Novacek J, Hogan R (1991b). Narcissistic self-esteem management. J Person Soc Psychol; 60: 911–8.
Reich A (1960). Pathologic forms of self-esteem regulation. Psychoanal Study Child; 18: 218–38.
Rhodewalt F (2001). The social mind of the narcissist: cognitive and motivational aspects of interpersonal self-construction. In: Forgast JP, Williams K, Wheeler L (eds). The Social Mind. Cognitive and motivational aspects of interpersonal behavior. New York: Cambridge University Press; 177–98.
Rhodewalt F, Morf CC (1995). Self and interpersonal correlates of the Narcissistic Personality Inventory. A review and new findings. J Res Person; 29: 1–23.
Rhodewalt F, Morf CC (1998). On self-aggrandizement and anger. A temporal analysis of narcissism and affective reactions to success and failure. J Person Soc Psychol; 74: 672–85.

Rhodewalt F, Regalado M (1996). NPI-defined narcissism and the structure of the self. Unveröffentliche Daten, University of Utah.
Rhodewalt F, Eddings S (2000). Narcissism and reconstructive memory. Distorting history to protect the self. Manuscript in preparation. University of Utah.
Rhodewalt F, Shimoda V (2000). What's love got to do with it? Narcissism and romantic relationships. University of Utah.
Rhodewalt F, Madrian JC, Cheney S (1998). Narcissism, self-knowledge organization, and emotional reactivity. The effect of daily experience on self-esteem and affect. Person Soc Psychol Bull; 24: 75–87.
Rhodewalt F, Sanbonmatsu D, Feick D, Tschanz B, Waller A (1995). Self-handicapping and interpersonal trade-offs. The effects of claimed self-handicaps on observers' performance evaluations and feedback. Person Soc Psychol Bull; 21: 1042–50.
Rhodewalt F, Tragakis MW, Finnerty J (2000a). Narcissism and self-handicapping: Linking self-aggrandizement to behavior. Zur Veröffentlichung freigegebenes Manuskript.
Rhodewalt F, Tragakis MW, Hunh S (2000b). Narcissism, social interaction, and self-esteem. University of Utah.
Rusbult CE, Verette J, Whitney GA, Slovik LF, Lipkus I (1991). Accommodation processes in close relationships. Theory and preliminary empirical evidence. J Person Soc Psychol; 60: 53–78.
Schlenker BR (1985). Identity and self-identification. In: Schlenker BR (ed). The Self and Social Life. New York: Academic Press; 65–99.
Schlenker BR, Leary MR (1982). Audiences' reactions to self-enhancing, self-denigrating, and accurate self-presentations. J Exp Soc Psychol; 18: 89–104.
Schlenker BR, Wiegold MF (1992). Interpersonal processes involving impression regulation and management. Ann Rev Psychol; 43: 113–68.
Showers C (1992). Compartmentalization of positive and negative self-knowledge. Keeping bad apples out of the bunch. J Person Soc Psychol; 62: 1036–49.
Smalley RL, Stake JE (1996). Evaluating sources of ego-threatening feedback. Self-esteem and narcissism effects. J Res Person; 30: 483–95.
South S, Oltmann TF (1999). Threats to the self. Narcissistic individuals and the derogation of others. Unpublished manuscript, University of Utah.
Swann WB (1985). The self as architect of social reality. In: Schlenker BR (ed). The Self and Social Life. New York: Academic Press; 100–25.
Tesser A (1988). Toward a self-evaluation maintenance model of social behavior. In: Berkowitz L (ed). Advances in Experimental Social Psychology. Bd. 21. New York: Academic Press; 181–227.
Tschanz BT, Rhodewalt F (2001). Autobiography, reputation, and the self. On the role of evaluative valence and self-consistency of the self-relevant information. J Exp Soc Psychol; 37: 32–48.
Tschanz BT, Morf CC, Turner CM (1998). Gender differences in the structure of narcissism. A multi-sample analysis of the Narcissistic Personality Inventory. Sex Roles; 38: 863–70.
Watson PJ, Grisham SO, Trotter MV, Biderman MD (1984). Narcissism and empathy. Validity evidence for the narcissistic personality inventory. J Person Assessm; 45: 159–62.
Westen D (1990). The relations among narcissism, egocentrism, self-concept, and self-esteem. Experimental, clinical, and theoretical considerations. Psychoanal Contemp Thought; 13: 183–239.
Wolfe T (1976). The »me« decade and the third great awakening. New York Magazine vom 23. August 1976.

2.4 Der narzisstisch-masochistische Charakter

Arnold M. Cooper

In einem alten chinesischen Spruch heißt es: »Mögest du in interessanten Zeiten leben.« Gegenwärtig erleben wir interessante Zeiten, in denen, mehr als jemals zuvor in der Geschichte der Psychoanalyse, lieb gewonnene Paradigmen infrage gestellt werden und ganze Scharen an alten und neuen Konzepten um Aufmerksamkeit und Anhängerschaft werben. In der Geistesgeschichte münden Phasen intellektueller Unruhe und kreativer Begeisterung stets in der Entstehung neuer Ideen. Die Wissenschaft macht dann ihre großen Würfe, wenn neue Techniken neue Experimente nach sich ziehen, neues Datenmaterial alten Theoremen gegenübersteht und neue Thesen zu neuen Theorien führen. Seit den frühen 70er Jahren kreiste ein Großteil der kreativen Spannung innerhalb der Psychoanalyse um die zentrale Bedeutung präödipaler Erfahrungen und die Fragen des Selbst bzw. des Narzissmus für die Charakterentwicklung. Ich vertrete die Auffassung, dass es sich bei der masochistischen Abwehr um ein ubiquitäres Phänomen in der frühen präödipalen Entwicklung handelt und dass ein tieferes Verständnis der Entwicklung des Masochismus dazu beitragen kann, eine ganze Reihe klinischer Probleme zu lösen. Ich bin zudem der Ansicht, dass eine umfassende Würdigung der Bedeutung von Narzissmus und Masochismus in der Entwicklungspsychologie und Psychopathologie impliziert, dass wir all das, was von Freuds »Schibboleth« der zentralen Bedeutung des Ödipuskomplexes für die Entstehung von Neurosen übrig geblieben ist, aufgeben. Masochismus und Narzissmus, so meine These, sind sowohl entwicklungspsychologisch als auch klinisch derart miteinander verwoben, dass es eine Klärung unserer therapeutischen Arbeit bedeutet, von der Existenz eines narzisstisch-masochistischen Charakters auszugehen und nicht anzunehmen, beide Persönlichkeitsmuster existierten getrennt voneinander.

Das Problem der Neuformulierung unserer Ideen deutete sich bereits vor über einem halben Jahrhundert an, als Freud (1931) über die Intensität und Dauer der Bindung des kleinen Mädchens an seine Mutter schrieb:

2.4 Der narzisstisch-masochistische Charakter

»Die präödipale Phase des Weibes rückt hiermit zu einer Bedeutung auf, die wir ihr bisher nicht zugeschrieben haben. Da sie für alle Fixierungen und Verdrängungen Raum hat, auf die wir die Entstehung der Neurosen zurückführen, scheint es erforderlich, die Allgemeinheit des Satzes, der Ödipuskomplex sei der Kern der Neurose, zurückzunehmen. Aber wer ein Sträuben gegen diese Korrektur verspürt, ist nicht genötigt, sie zu machen.« (Freud 1931, S. 518)

Es bereite ihm selbst Schwierigkeiten, so Freud weiter, seine neuen Entdeckungen anzuerkennen. Man könne diese Revision durchaus umgehen, wenn man einer Neudefinition des Begriffs Ödipuskomplex zustimme:

»Die Einsicht in die präödipale Vorzeit des Mädchens wirkt als Überraschung, ähnlich wie auf einem anderen Gebiet die Aufdeckung der minoisch-mykenischen Kultur hinter der griechischen. Alles auf dem Gebiet dieser ersten Mutterbindung erschien mir so schwer analytisch zu erfassen, so altersgrau, schattenhaft, kaum wiederbelebbar, als ob es einer besonders unerbittlichen Verdrängung erlegen wäre.« (ebd., S. 519)

Womöglich ist dies ein Hinweis dafür, wie schwer es Freud fiel und uns nach wie vor fällt, theoretische Korrekturen, die unser Datenmaterial fordert, in ihrer ganzen Tragweite zu akzeptieren. In seiner posthum veröffentlichten Schrift »Abriß der Psychoanalyse« erklärt Freud 1938 jedenfalls neuerlich den Ödipuskomplex ohne Einschränkung zum Kernmoment der Neurose.

Es ist fraglich, ob es jemals tatsächlich der Fall war, dass die Mehrzahl der analytischen Patienten aufgrund einer primär ödipalen Pathologie eine Therapie aufsuchten. In seinem Buch »Technique of Psychoanalysis« aus dem Jahr 1955 beklagt Edward Glover die Seltenheit klassischer Übertragungsneurosen, »jene milden und äußerst angenehmen Fälle, die nur allzu selten zur Durchschnittsklientel eines Analytikers gehören« (Glover 1955, S. 205). Auch ich gehe davon aus, dass, wenn überhaupt, nur wenige von uns mehrere Fälle einer »klassischen Übertragungsneurose« zu Gesicht bekommen haben, und trotzdem fällt es uns schwer, das entsprechende theoretische Konzept, das Freud so lieb und teuer war – der Ödipuskomplex als Kern der Neurose –, aufzugeben. Ich möchte in keiner Weise die Tragweite des Ödipuskomplexes und seiner Bedeutung für das menschliche Zusammenleben schmälern. Aber wir müssen Freuds Zurückhaltung nicht teilen, den Ödipuskomplex als nur eine unter vielen zentralen Entwicklungsphasen zu sehen und nicht unbedingt als die bedeutsamste für unser Verständnis narzisstischer und masochistischer Pathologie, ja nicht einmal für unser Verständnis von Neurose allgemein.

Kohuts (1971) Selbstpsychologie stellt den bislang radikalsten Versuch dar, die unterschiedlichen Elemente psychoanalytischer Entwicklungsforschung, klinischer Erfahrung und allgemeiner Theorie zu thematisieren und zu integrieren.

2 Zur Diagnostik

Wie ich bereits an anderer Stelle (Cooper 1983) ausgeführt habe, ist es meiner Ansicht nach genau diese Offenlegung zentraler ungelöster Probleme psychoanalytischen Handelns, die für einen Großteil der durch die Selbstpsychologie ausgelösten leidenschaftlichen Auseinandersetzung – positiv wie negativ – verantwortlich ist. Mehr als ein Jahrzehnt lang war die Psychoanalyse produktiv damit beschäftigt, ein neues Verständnis des Narzissmus im Lichte der Betonung präödipaler Ereignisse zu entwickeln. Der wissenschaftliche und klinische Gewinn dieser Untersuchung war groß und sollte uns dazu veranlassen, diese Methoden auf andere metapsychologische und klinische Formulierungen, denen es an Genauigkeit mangelt, anzuwenden. Dazu zählen u. a. die Konzepte des Masochismus und des masochistischen Charakters.

Unsere zentralen Überlegungen zum Masochismus datieren noch aus einer Zeit psychoanalytischer Ideenbildung, als der Ödipuskomplex im Zentrum stand und ein anderes kulturelles Klima innerhalb der Psychoanalyse herrschte. Eine aktuelle Überprüfung des Masochismus unter Heranziehung unserer neuen Ideen zu Separation-Individuation, Selbstwertregulierung, dem Wesen der frühen Objektbeziehungen etc. könnte uns dabei helfen, masochistische Phänomene besser zu verstehen.

Theorien und Definitionen – ein Überblick

Die Literatur zu diesem Thema ist sehr umfangreich, und ich möchte nur einige wesentliche Punkte herausgreifen. Geprägt wurde der Begriff »Masochismus« von Krafft-Ebing im Jahr 1895 in Anlehnung an Leopold von Sacher-Masochs »Venus im Pelz« – ein Roman, der das freiwillige Sich-Ausliefern an eine andere Person beschreibt, verbunden mit der Bereitschaft, Versklavung, Passivität und Demütigung zu erdulden, um das eigene Verlangen nach körperlicher und seelischer Qual zu stillen. Freud (1920) benutzte Krafft-Ebings Terminologie, obwohl er in seinen frühen Schriften zum Masochismus die Verknüpfung sexueller Lust mit Schmerz betont und erst später die Frage des moralischen Masochismus aufgreift, in dem Demütigung und Leiden als Teil der Charakterbildung angestrebt werden, ohne dass eine damit manifeste sexuelle Befriedigung verbunden sein muss. Freud bietet verschiedene Erklärungen für dieses schwierige Phänomen an:

- Es ist physiologisch begründet, dass ein Übermaß an Stimulierung des Nervensystems automatisch Schmerz und Lust nach sich zieht.
- Masochismus als Triebschicksal: Sadismus oder Aggression als Primärtriebe wenden sich in Form von Masochismus gegen das eigene Selbst und werden so zu sekundären Triebphänomenen.

2.4 Der narzisstisch-masochistische Charakter

- Masochismus als Primärtrieb »jenseits des Lustprinzips«, ein Teil des Todestriebs, eine Folge des Wiederholungszwangs und daher ein unabhängig und automatisch operierendes Regulationsprinzip. Der Masochismus als Primärtrieb wird im Laufe der Entwicklung nach außen gerichtet, als Tertiärphänomen nach innen, in Form des klinisch manifesten Masochismus.
- Moralischer Masochismus ist das Bedürfnis nach Bestrafung und Folge eines extrem strengen Über-Ichs. Der Wunsch nach Bestrafung soll von Schuldgefühlen angesichts verbotener sexueller, in der Regel ödipaler Strebungen befreien.
- Masochistisches Leid als Vorbedingung für, aber nicht Quelle von Lust. Nicht der Genuss des Leidens an sich kennzeichnet den Masochisten, sondern das Erdulden von Schmerz als unvermeidbarer Preis für verbotene oder unverdiente Lust.
- Masochismus als Teil des weiblichen Charakters und weiblicher Passivität.

Es ist nur allzu fair, darauf hinzuweisen, dass Freud Zeit seines Lebens um eine befriedigende Erklärung für das Paradoxon der Lust-am-Schmerz suchte. In »Die endliche und die unendliche Analyse« (1937) schreibt er:

»Es gibt keinen stärkeren Eindruck von den Widerständen während der analytischen Arbeit als den von einer Kraft, die sich mit allen Mitteln gegen die Genesung wehrt und durchaus an Krankheit und Leiden festhalten will. Einen Anteil dieser Kraft haben wir, sicherlich mit Recht, als Schuldbewusstsein und Strafbedürfnis agnostiziert und im Verhältnis des Ichs zum Über-Ich lokalisiert. Aber das ist nur jener Anteil, der vom Über-Ich sozusagen psychisch gebunden ist und in solcher Weise kenntlich wird; andere Beträge derselben Kraft mögen, unbestimmt wo, in gebundener oder freier Form, am Werke sein. Hält man das Bild in seiner Gesamtheit vor, zu dem sich die Erscheinungen des immanenten Masochismus so vieler Personen, der negativen therapeutischen Reaktion und des Schuldbewusstseins der Neurotiker zusammensetzen, so wird man nicht mehr dem Glauben anhängen können, dass das seelische Geschehen ausschließlich vom Luststreben beherrscht wird. Diese Phänomene sind unverkennbare Hinweise auf das Vorhandensein einer Macht im Seelenleben, die wir nach ihren Zielen Aggressions- oder Destruktionstrieb heißen und von dem ursprünglichen Todestrieb der belebten Materie ableiten. Ein Gegensatz einer optimistischen zu einer pessimistischen Lebenstheorie kommt nicht in Frage; nur das Zusammen- und Gegeneinanderwirken beider Urtriebe Eros und Todestrieb erklärt die Buntheit der Lebenserscheinungen, niemals eine von ihnen allein.« (Freud 1937, S. 88)

Wie wir alle wissen, hat sich die Idee eines Todestriebs nie durchgesetzt, sondern dient nur anstelle einer Erklärung.

Zusammenfassungen der umfangreichen Literatur nach Freud zum Thema Masochismus liegen vor von Brenner (1959), Stolorow (1975), Malenson (1984) und Grossman (1986). Darüber hinaus hat sich eine Podiumsdiskussion der Amerikanischen Psychoanalytischen Vereinigung im Jahr 1981, an der auch der Autor teilgenommen hat, ebenfalls diesem Thema gewidmet (s. Fischer 1981). Ich möchte an dieser Stelle die Zusammenfassungen der zahlreichen Funktionen und Ätiologien, wie sie dem Masochismus zugeschrieben werden, nicht wiederholen. Allerdings verdient Stolorows Aufsatz besondere Aufmerksamkeit, da er sich auch mit den narzisstischen Funktionen des Masochismus befasst und darauf hinweist, dass eine sadomasochistische Entwicklung zur Aufrechterhaltung eines zufriedenen Selbstbildes beitragen kann. Ich für meinen Teil möchte mich stattdessen im Folgenden auf die Frage des so genannten moralischen bzw. von einigen so bezeichneten »psychischen« Masochismus konzentrieren. Nicht diskutieren werde ich den perversen Masochismus, den ich entwicklungspsychologisch anders einordne (vgl. hierzu auch die kurze Diskussion von Malenson 1984, S. 350). Perverse Phantasien hingegen sind bei den verschiedensten Persönlichkeiten anzutreffen.

Unter den zahlreichen Versuchen, Masochismus zu definieren, blieb Brenners (1959, S. 197) richtungsweisend.

> Er spricht vom **Masochismus** als der »Suche nach Unlust, das heißt körperlichem oder seelischem Schmerz, Missbehagen oder Leid, mit dem Ziel sexuellen Lustgewinns. Das Streben nach Unlust bzw. der sexuelle Lustgewinn oder aber beides bleiben dabei in vielen Fällen unbewusst.«

Für Brenner heißt Masochismus, die schmerzliche Strafe zu akzeptieren, mit der verbotenes sexuelles Lustempfinden, das an den Ödipuskomplex geknüpft ist, belegt ist. Er konzidiert, dass masochistische Phänomene ubiquitär sind, in pathologischer ebenso wie in normalpsychologischer Hinsicht, und vielfältigen Funktionen dienen, wie zum Beispiel der Verführung des Aggressors, der Aufrechterhaltung der Objektkontrolle usw. Für Brenner liegt die Genese des masochistischen Charakters in übermäßig frustrierenden oder abweisenden Eltern.

Eine etwas andere und überaus differenzierte Sichtweise des Masochismus hat der späte Edmund Bergler in seinen umfangreichen Schriften vorgelegt. Da mir seine Theorien im Hinblick auf aktuelle Fragestellungen von großer Relevanz zu sein scheinen, weil sie mich in meinem eigenen Denken beeinflusst haben und in der Literatur so gut wie nicht auf sie Bezug genommen wird – mit seiner Betonung von präödipalen Phänomenen und Narzissmus war Bergler seiner Zeit voraus –, möchte ich an dieser Stelle einen kurzen Überblick über das Werk dieses Autors geben. Bereits im Jahr 1949 stellte Bergler fest, dass es sich beim Masochismus um einen grundlegenden Aspekt neurotischen Verhaltens handelt, und er verbindet masochistische Phänomene mit Fragen der narzisstischen Entwicklung bzw. der Entwicklung des Selbstwertsystems. Er entwirft ein detailliertes genetisches Schema, aus dem der psychische Masochismus als unvermeidbarer Aspekt der menschlichen Entwicklung hervorgehe. Im Folgenden möchte ich

2.4 Der narzisstisch-masochistische Charakter

nur einige wenige Aspekte herausgreifen, die für meine Überlegungen besonders fruchtbar waren.

- Bergler geht davon aus, dass die Aufrechterhaltung infantiler Grandiosität bzw. Allmacht (heute würden wir sagen: Narzissmus) von größter Bedeutung dafür ist, Angst zu reduzieren, und daher – als Quelle der Befriedigung – einer Aufrechterhaltung libidinöser Gratifikation ebenbürtig. Eine Formulierung, die Kohuts Thesen Jahre später nicht unähnlich ist.
- Jedes Kind fühlt sich nach eigenen Maßstäben extrem frustriert, enttäuscht und zurückgewiesen. Diese Enttäuschungen haben immer eine narzisstische Kränkung zur Folge, da sie einen Angriff auf die Allmachtsphantasien des Kindes darstellen.
- Das Kind reagiert auf den Angriff auf sein omnipotentes Selbst mit Wut, vermag diese jedoch in seiner Hilflosigkeit nicht an einem äußeren Objekt festzumachen, sodass sie auf das eigene Selbst zurückfällt (von Rado 1969 als »retroflexive Wut« [retroflexed rage] bezeichnet) und letztlich in einem strengen Über-Ich mündet.
- Angesichts unvermeidbarer Frustration, bedrohlich erlebter Aggression gegenüber den Eltern, die auch geliebt und gebraucht werden, sowie angesichts des Schmerzes der gegen das eigene Selbst gerichteten Aggression versucht das Kind nichtsdestotrotz zentrale Empfindungen von Allmacht und Selbstwert aufrechtzuerhalten und, um mit Bergler zu sprechen, besetzt seine Enttäuschungen libidinös bzw. »versüßt« sie sich. Es lernt, aus schmerzvollen Erfahrungen Lust zu ziehen, mit dem Ziel, die Illusion anhaltender omnipotenter Kontrolle über sich selbst und das sich abgrenzende Objekt aufrechtzuerhalten. »Niemand hat meine Wünsche frustriert. Ich habe mich selbst frustriert, weil ich es so wollte.« Bergler war der Überzeugung, dass eine angeborene Neigung die Entwicklung eines Lust-am-Schmerz-Musters fördere und unvermeidbar mache. Dies, so Bergler weiter, finde in den frühesten Phasen der Objektdifferenzierung statt und, so würde ich hinzufügen, konsolidiert sich während der enttäuschenden Wahrnehmung von Hilflosigkeit in der Wiederannäherungsphase des Individuations-Separations-Prozesses, wie ihn Margret Mahler (1972) beschrieben hat.

Diese frühen Phasen psychischer Entwicklung münden nach Auffassung Berglers in das »klinische Bild« des psychischen Masochismus, der sich durch die so genannte »orale Triade« auszeichne – ein Begriff, der, lange bevor ihn Lewin (1950) in anderen Zusammenhängen benutzte, drei für masochistisches Verhalten paradigmatische Phasen beschreibt:

- Durch das eigene Verhalten oder durch den missbräuchlichen Umgang mit einer äußeren Situation provoziert der Masochist unbewusst Enttäuschung, Zurückweisung und Demütigung. Er setzt die äußere Welt mit einer enttäuschenden, abweisenden präödipalen Mutter gleich. Auf einer *unbewussten* Ebene stellt diese Zurückweisung jedoch eine Befriedigung dar.

- Der Masochist verdrängt bewusst sein Wissen um seinen eigenen Anteil und reagiert mit selbstgerechter Empörung und *scheinbarer* Selbstverteidigung auf die Zurückweisung, die er bewusst als von außen kommend erlebt. Er antwortet mit »Pseudoaggression«, das heißt einer abwehrbedingten Aggression, die ihn von seiner Verantwortung für und seiner unbewussten Lust an der erlebten Niederlage entbinden soll. Dieser zweite Schritt stellt den Versuch dar, innere Schuldgefühle angesichts verbotener und unbewusst masochistischer Lust zu lindern.
- Nach dem Nachlassen der Pseudoaggression, die – weil oft schlecht dosiert oder zeitlich unpassend und nicht zu echter Selbstverteidigung eingesetzt – nicht selten in weitere, unbewusst gesuchte Niederlagen mündet, versinkt der Masochist in bewusstem Selbstmitleid und dem Gefühl »Das passiert nur mir«. Unbewusst jedoch genießt er die masochistische Zurückweisung.

Diese klinische orale Triade oder, wie Bergler es nennt, dieser Mechanismus des »Anhäufens von Ungerechtigkeiten« ist, so meine ich, eine ausgezeichnete Beschreibung eines sich wiederholenden Musters, das nahezu jedes neurotische Verhalten auszeichnet. Der Begriff »Sammler von Ungerechtigkeiten« (»injustice collector«) wurde von Bergler geprägt und später von Auchincloss (1950) als Titel für einen Erzählband übernommen. Nach Auffassung von Bergler haben alle Menschen eine mehr oder weniger ausgeprägte Neigung zu masochistischem Verhalten. Die Frage der Pathologie ist somit eine Frage der Ausprägung.

Theoretische Überlegungen

Ich möchte nun auf einige theoretische Fragestellungen eingehen, die sich durch die bisherige Diskussion des Phänomens des Masochismus ergeben haben.

Es herrscht heute weitgehend Übereinstimmung darüber, dass wir Masochismus im Sinne seiner abwehrbedingten und adaptiven Funktionen erklären können, ohne dabei auf das Konzept eines Primärtriebs zurückgreifen zu müssen. Die außerordentliche Leichtigkeit, mit der sich Lust-am-Schmerz-Phänomene entwickeln und ihre Hartnäckigkeit weisen auf einen psychischen Apparat hin, der gut vorbereitet ist für den Einsatz solcher defensiver Strukturen. Es besteht jedoch keine theoretische Notwendigkeit, von einem primären triebbedingten Masochismus auszugehen.

Worin besteht das Wesen dieser Lust am Masochismus? Die allgemein akzeptierte Formulierung, dass es sich dabei um eine Lust wie jede andere auch handelt und dass Schmerz zwangsläufig der dafür zu zahlende Preis ist, hat den großen Vorteil, dass dadurch das Konzept des Lustprinzips unangetastet bleibt. Es gab jedoch immer eine Gruppe von Analytikern, Loewenstein (1957) und Bergler

2.4 Der narzisstisch-masochistische Charakter

mit eingeschlossen, die darauf bestanden, dass wir »im masochistischen Verhalten eine unbewusste libidinöse Besetzung des Leidens beobachten können, die aus Aggression sowohl von innen als auch von außen herrührt« (Loewenstein 1957, S. 230). Nach dem Motto: »Verbünde dich mit dem, gegen den du nicht ankommst«. Oder einfacher ausgedrückt: Das Kind beansprucht all das, was vertraut ist, als etwas Eigenes und stattet es mit so viel Lust wie möglich aus, ob es sich nun um schmerzliche Erfahrungen oder unempathische Mütter handelt. Die defensive Fähigkeit eines Kindes, die Bedeutung schmerzlicher Erfahrung so umzuwandeln, dass sie als Ich-synton erlebt wird, wurde von Greenacre (1960) und Jacobson (1964) beschrieben. Greenacre berichtet, dass Babys unter extremem Stress bereits in der zweiten Hälfte des ersten Lebensjahrs genitale, orgasmusähnliche Empfindungen haben können, was letztlich zu Ich-Verzerrungen führen kann, die wiederum sexuelle Erregung aus einer gegen das eigene Selbst gerichteten Aggression beziehen. Diese Vorstellung ist Freuds ursprünglicher Formulierung ähnlich, und wir müssen die Möglichkeit in Betracht ziehen, dass es sich hier um eine Dialektik zwischen extrem quantitativen und qualitativen Ausprägungsformen handelt.

Von einer anderen Perspektive aus ließe sich auch fragen: Worin bestehen die befriedigenden und konstruktiven Aspekte des Schmerzes? Dass es sich bei schmerzlicher Frustration, Enttäuschung und Verletzung um unvermeidbare Begleiterscheinungen menschlicher Entwicklung handelt, ist unbestritten. 24 Stunden im Leben eines Kleinkindes ohne Äußerungen von Unbehagen, Frustration oder Bedürftigkeit sind sicher selten. Auch die liebevollste und kompetenteste Mutter kann ihrem Kind diese Erfahrungen nicht ersparen, wobei es gute Gründe dafür gibt, anzunehmen, dass dies auch nicht sinnvoll ist, solange sich die Frustration in angemessenen Grenzen hält. Sehr wahrscheinlich handelt es sich bei schmerzlichen Körper-, insbesondere Hautempfindungen um wichtige propriozeptive Mechanismen, die nicht nur dazu dienen, Schaden abzuwenden, sondern entwicklungspsychologisch bedeutsame Komponenten des entstehenden Körper- und Selbstbildes darstellen. In der Literatur werden zahlreiche Fälle beschrieben (s. die Zusammenfassung hierzu von Stolorow 1975), wie eine schmerzliche Reizung der Haut als Entlastung für das Gefühl der Identitätsdiffusion erlebt wird.

Ein typisches Muster für Selbstverstümmelungen von Borderline-Patienten besteht gerade darin, sich heimlich zu schneiden oder anderweitig selbst zu verletzen und dabei wenig Schmerz zu empfinden. Den üblicherweise sehr überraschten Bezugspersonen, seien es Eltern oder Ärzte, werden diese Verletzungen anschließend demonstrativ und mit offenkundiger Befriedigung vorgeführt: »Sieh her, ich leide, bin in Gefahr, unterliege aber nicht deiner Kontrolle.« Ein wichtiges Motiv für dieses Verhalten ist das Bedürfnis, sich über die Fähigkeit zur Selbstverletzung der eigenen Autonomie zu versichern.

Wenn Kinder mit dem Kopf gegen die Wand schlagen – ein Phänomen, das weitaus häufiger ist als allgemein angenommen und das durchaus in Überein-

2 Zur Diagnostik

stimmung mit normalen Entwicklungsprozessen zu sehen ist –, so handelt es sich dabei meiner Meinung nach um eine normale und schmerzliche Form notwendiger und befriedigender Selbst-Abgrenzung. Hautsensationen aller Art, insbesondere jene, die mit leichten Schmerzempfindungen einhergehen, sind ein Regulativ zur Etablierung von Selbst-Grenzen. Dazu Hermann (1976, S. 30):

»Um masochistisches Lustempfinden zu verstehen, muss man seine enge Verknüpfung mit dem Kastrationskomplex erkennen, hinter der sich jedoch die Reaktionsbildung gegenüber einem drängenden Anklammerungsbedürfnis verbirgt – nämlich der Wunsch nach Separation. An diesem Punkt müssen wir sehr weit in die Entwicklung zurückgehen. Wir glauben, dass der sich abzeichnende Separationsprozess in der Mutter-Kind-Dyade eine Vorstufe des Narzissmus und des schmerzlichen Masochismus darstellt; die normale Separation geht mit einem ›gesunden‹ Narzissmus einher.«

Schmerz, so Hermann weiter, ist ein notwendiger Bestandteil des Separationsprozesses und stellt letztlich das kleinere Übel dar im Vergleich zum Schaden und Zerfall des Selbst, den ein Misslingen eben dieser Separation anrichten würde. Er spricht von reparativen Tendenzen innerhalb der Psyche sowie der Erotisierung von Schmerz, was die Heilung beschädigter psychischer Bereiche erleichtere. Alle späteren Selbstverstümmelungen – sich selbst beißen, Zupfen der Nagelhaut, Haare ausreißen, Schorf aufkratzen etc. – stellen allesamt Versuche dar, sich vom eigenen Anklammerungsbedürfnis zu lösen (ebd.): »Schmerz entsteht in Verbindung mit dem Verlangen nach Separation, während das Gelingen der Separation selbst mit Lust einhergeht.« Hermann sieht masochistische Charakterzüge als Folge misslungener Separation, in Verbindung mit einer reaktiven Wiederholung von Trennungstraumata.

Schmerz, so die These, diene dem Bedürfnis nach Selbstdefinierung sowie nach Separation und Individuation und ist Teil einer befriedigenden innerpsychischen Leistung. Die Meisterung – nicht die Vermeidung – von Schmerz ist eine zentrale psychische Errungenschaft im Laufe der Selbstentwicklung; sie impliziert die Fähigkeit, Befriedigung aus selbst induziertem, selbst dosiertem Schmerz zu ziehen. Die Möglichkeit des Scheiterns liegt auf der Hand. Das lustvolle Gefühl der Ermattung nach einem langen Arbeitstag; die ekstatische körperliche Erschöpfung eines Sportlers; die Verbissenheit, mit der man weit gesteckte Ziele verfolgt; die Bereitschaft, an absurden Idealen festzuhalten – all dies sind konstruktive Versuche, mit Schmerz umzugehen, und stellen Quellen kreativer Energie dar.

Alle Kulturen haben zu allen Zeiten idealisierte Helden hervorgebracht, deren Leistungen mit schmerzlichen und gefährlichen Taten, wenn nicht gar tatsächlichem Martyrium, einhergingen. Eine Heldentat gilt erst als solche, wenn sie im Schmerz geboren wurde. Keine Kultur lebt ohne selbst auferlegtes Leid. Sogar Kulturen, die sich offenkundig dem Ideal eines Nirvana verschrieben haben, verfügen über schmerzliche Rituale. Übergangsriten, schmachvolle Demütigungen und »Feuertaufen« sind Wege, zentrale Aspekte kultureller und individueller Identität zu sichern, und ihre Effektivität ist oft proportional zu Schmerz und Trennschärfe, die darin enthalten sind. Eine Beschneidung in der Pubertät ist sicher eine deutlichere Markierung einer bestimmten Phase der Selbstentwicklung und des Übergangs zum Mann-Sein als eine Bar-Mizwa.

Die Frage nach der Aggression ist in diesem Zusammenhang interessant, aber meiner Ansicht nach zum gegenwärtigen Zeitpunkt nicht befriedigend zu beantworten. Im Laufe der Entwicklung manifestiert sich Aggression regelmäßig in mindestens fünf Richtungen:
- als legitime Selbstbehauptung
- als Projektion
- als gegen das eigene Selbst gerichtete Bewegung
- als Bestandteil der Über-Ich-Bildung
- abwehrbedingt als »Pseudoaggression«

Die jeweiligen Ausprägungsgrade variieren, doch ist Aggression im Sinne legitimer Selbstbehauptung im masochistisch-narzisstischen Charakter eher »Mangelware«. Ich möchte an dieser Stelle nicht auf die vielen offenen Fragen zum Verhältnis des Sadismus zum Masochismus oder die der Doppel-Identifizierung – mit dem Aggressor und dem Opfer – etc. eingehen. Es scheint offensichtlich, dass Erfahrungen von Frustration und fehlender liebender Fürsorge, ob nun beim menschlichen Kleinkind oder bei kleinen Äffchen, Autoaggression und selbstverletzendes Verhalten induzieren. Als Erklärung dafür werden in der Regel »retroflexive Wut« oder das Misslingen einer »Triebvermischung« genannt. Diese Konzepte sind praktisch, aber nicht unbedingt angemessen. Für Stoller (1975) liegt in der Feindseligkeit – als Vergeltung für frühe Erfahrungen der Passivität und Demütigung durch eine Frau und Verleugnung dieser – das zentrale Motiv *aller* Perversionen, nicht nur der masochistischen. (Feindseligkeit ist für ihn ein wichtiger Aspekt von Sexualität überhaupt.) Bezugnehmend auf das Risiko, das Perverse eingehen, meint er:

»Das Wagnis, das frühe Kindheitstrauma erneut zu erleben, trägt entscheidend zur Perversionsbildung bei, und für einige Menschen ist das schrecklicher, als das Leben zu verlieren oder verhaftet zu werden.« (Stoller 1975, dt. 1998, S. 50f)

In ihrer Diskussion des Lesh-Nyhan-Syndroms postulieren Dizmang und Cheatham (1970) eine psycho-biologische Basis für masochistisches Verhalten im Sinne einer niedrigen Aktivierungsschwelle eines Mechanismus, der in der Regel Tendenzen zu zwanghaft autoaggressiven Verhaltensweisen kontrolliert.

In welcher Phase der Entwicklung finden die entscheidenden Ereignisse statt, die dann in eine masochistische Charakterstörung münden? Ausgehend von meinen bisherigen Ausführungen halte ich es für offenkundig, dass es sich bei den masochistischen Konflikten des Ödipuskomplexes um »Neubearbeitungen« sehr viel früher entstandener masochistischer Funktionen handelt. Im Laufe der späteren Entwicklung treten diese Abwehrbewegungen, bedingt durch den Mechanismus der sekundären Autonomie (Hartmann u. Loewenstein 1962), als Wünsche auf den Plan.

Ein Versuch der Klärung

Wenn meine Überlegungen auch nur zum Teil zutreffen, dann handelt es sich bei masochistischen Tendenzen um notwendige und ubiquitäre Aspekte der narzisstischen Entwicklung. Meiner Ansicht nach gibt es überzeugende Hinweise dafür, dass Freud Recht hatte – das Lustprinzip allein vermag das Phänomen des Masochismus nicht zu erklären. Ebensowenig besitzt das Modell einer dualen Triebtheorie ausreichend heuristische Überzeugungskraft. Wenn wir einen Aggressionstrieb oder eine Aggressionsneigung annehmen, so fehlt es uns nach wie vor an heuristischem Erklärungswert. Unser Wissen zur frühkindlichen Entwicklung und unsere Kenntnisse, die wir aus Untersuchungen von Borderline- und psychotischen Störungen gewonnen haben, zeigen mehr als deutlich, dass eine aktuelle theoretische Sichtweise verlangt, den Fragen der Selbstentwicklung und Objektbeziehungen ihren tatsächlichen Stellenwert als zentrale Faktoren der frühen psychischen Entwicklung einzuräumen. Libidinöses Lustempfinden und aggressive Befriedigung werden geopfert oder – wenn nötig – verzerrt, um die Erschütterung durch desorganisierende Ängste zu vermeiden, die in dem Moment virulent werden, wenn das Selbstsystem gestört oder die Bindung zum Objekt unterbrochen ist. Ob man nun auf Kohuts (1972) narzisstische Libido, Eriksons (1963) Grundvertrauen oder aber Sullivans (1953) Sicherheitsempfinden zurückgreifen will, ob man Rados (1969) Vorstellung von Grundstolz und Abhängigkeitsbedürfnissen als Erklärung heranziehen will oder aber Sandler und Joffees (1969) Sicherheitsempfindungen, Berglers (1949) Allmachtsphantasien oder aber Winnicotts (1971) wahres Selbst – es handelt sich allesamt um Konzepte, die die primären Bedürfnisse des Organismus nach Selbstbestimmung aus einer ursprünglich symbiotischen Verbindung heraus erklären sollen. Tatsächlich hat sich auch Freud unter dem unglücklich gewählten Begriff »Todestrieb« dieses Themas angenommen. Um der Sicherheit, Befriedigung oder Aufrechterhaltung eines kohärenten Selbst willen wird der Organismus auf libidinösen Lustgewinn verzichten.

Ich möchte die zentralen Punkte wie folgt zusammenfassen:
- Schmerz ist ein notwendiger und unvermeidbarer Bestandteil von Separation und Individuation sowie der Entwicklung eines Selbst. Vielleicht ist »Doleo, ergo sum« (Ich leide, also bin ich) ein Vorläufer von »Sentio, ergo sum« (Ich fühle, also bin ich) und »Cogito, ergo sum« (Ich denke, also bin ich).

2.4 Der narzisstisch-masochistische Charakter

- Frustration und Missbehagen, die mit Separation und Individuation einhergehen und notwendige Aspekte unserer Hinwendung zur Welt darstellen, werden als narzisstische Kränkungen wahrgenommen – das heißt sie zerstören das Gefühl magischer omnipotenter Kontrolle und lassen unerträgliche Passivität und Hilflosigkeit angesichts äußerer Gefahren als Bedrohung entstehen. Dies ist der Prototyp narzisstischer Demütigung.
- Das Kind versucht in einer Abwehrbewegung das bedrohte Selbstwertempfinden wiederherzustellen, indem es sein Erleben verzerrt. Anstatt die eigene Hilflosigkeit zu akzeptieren, soll Kontrolle wiederhergestellt werden, indem dem Leiden ein Ich-syntoner Charakter verliehen wird. »Ich bin frustriert, weil ich es so wollte. Ich zwinge meine Mutter, grausam zu sein.« Natürlich hat sich auch schon Freud (1937) mit der allgemein menschlichen Intoleranz für Passivität und der Neigung, passiv Erduldetes in aktiv Gesuchtes umzuwandeln, beschäftigt. Die Meisterung von Schmerz gehört zur normalen Entwicklung und impliziert stets die Fähigkeit, aus Schmerz Befriedigung zu ziehen.
- Alternativ ließe sich annehmen, dass das Kind aus dem Bedürfnis heraus, seinen Selbstwert auch in solchen Situationen ansatzweise aufrechtzuerhalten, in denen Schmerz, Missbehagen, fehlende Anerkennung und vermindertes Selbstwertgefühl das übliche Maß übersteigen, nach wie vor versuchen wird, Lustgewinn dadurch herzustellen, indem es Vertrautes mit Lustvollem gleichsetzt. Das Überleben in der Kindheit hängt zweifelsohne von der Fähigkeit ab, dem eigenen Selbst und den Objekten Lustvolles abzugewinnen. Anders formuliert: Das Kind passt sich an, so gut es geht, und vertrauter Schmerz wird so zur bestmöglichen Quelle lustvoller Erfahrung.
- Was ich als narzisstisch-masochistische Tendenzen bezeichne, ist durchaus vereinbar mit der normalen Entwicklung sowie liebevollen, wenngleich niemals unambivalenten Objektbindungen.
- Kommt es aus äußeren oder inneren Gründen zu einem Übermaß an frühen narzisstischen Kränkungen, so schlagen diese reparativen Mechanismen fehl. Das Objekt wird als übermäßig grausam und verweigernd erlebt, das Selbst wiederum als unfähig zu genuiner Selbstbehauptung auf der Suche nach Befriedigung. Die aus Enttäuschung gewonnene Befriedigung übersteigt dann jene elementaren, unerreichbaren und unvertrauten libidinösen, selbstbehauptenden oder Ich-funktionalen Befriedigungen. Enttäuschung oder Zurückweisung wird somit zum bevorzugten narzisstischen Bestätigungsmodus, bis dahin, dass narzisstische und masochistische Verzerrungen zum beherrschenden Charaktermerkmal werden. »Wer sich selbst verachtet, achtet sich doch selbst immer noch als Verächter.« (Nietzsche, zit. bei Hartmann u. Loewenstein 1962) Für Zurückweisung lässt sich immer sorgen – Liebe ist riskanter. Genießt man die Enttäuschung, kann man nicht mehr enttäuscht werden. Solange narzisstisch-masochistische Abwehrmechanismen eingesetzt werden, ist das Ziel nicht die phantasierte Wiedervereinigung mit einer liebenden

und fürsorglichen Mutter; vielmehr besteht das Ziel darin, phantasierte Kontrolle über eine grausame und destruktive Mutter zu gewinnen. Die Degradierung ursprünglicher Quellen der Befriedigung führt dazu, dass Befriedigung sekundär aus einem besonderen Gefühl des Leidens gewonnen wird.
- Die erstrebte Lust ist ganz offenkundig nicht genital-sexuellen, sondern präödipalen Ursprungs. Sie ist Ausdruck von Zufriedenheit und Stolz über eine befriedigendere Selbstrepräsentanz, für die Lust an einer Ich-Funktion und die Regulierung des Selbstwerts. Psychischer Masochismus ist kein Abkömmling des perversen Masochismus, obwohl beide oft miteinander zusammenhängen. Exhibitionistische Strebungen, lustvolles Bekunden von Selbstmitleid und viele andere Befriedigungen spielen eine nur sekundäre Rolle.
- Liegt eine vorwiegend narzisstisch-masochistische Pathologie vor, kommt es unweigerlich zu Über-Ich-Verzerrungen. Die extreme Strenge des Über-Ichs ist meiner Ansicht nach ein typisches Merkmal narzisstischer und masochistischer Pathologie und beherrscht nicht selten das klinische Bild.
- Das manifeste klinische Bild kann in jedem einzelnen Moment eher narzisstisch oder aber masochistisch anmuten. Charme, Selbstdarstellung, beeindruckende Leistungen oder Ehrgeiz können den äußeren Eindruck bestimmen. Oder aber wir werden Zeuge offener Depressivität, Kränkungsneigung und Versagensgefühlen. Analytisch lässt sich bereits nach kurzer Zeit aufdecken, dass in beiden Fällen die gleiche gedämpfte Empfindungs- und Genussfähigkeit vorliegt; in beiden schwankt das hyperempfindliche Selbstwerterleben zwischen Grandiosität und Beschämung. Die betreffenden Personen sind unfähig, Befriedigung aus ihren Beziehungen oder ihrer Arbeit zu ziehen. Permanenter Neid und die unerschütterliche Überzeugung, dass ihnen Unrecht getan und Fürsorge vorenthalten wird, kennzeichnet ihr Erleben ebenso wie eine nie versiegende Fähigkeit, andere zu provozieren.

In seinem brillanten Aufsatz »The fate of pleasure« (»Das Schicksal der Lust«), der auf Freuds Schrift »Jenseits des Lustprinzips« basiert, spricht Trilling (1963) vom kulturellen Wandel seit Wordsworths »großem elementaren Prinzip der Lust«, das die »eigentliche und angeborene Würde des Menschen« darstelle, »das Prinzip, durch das der Mensch weiß und fühlt, lebt und sich bewegt«. Trilling nimmt Bezug auf eine »quantitative Veränderung«:

»Es hat immer Menschen gegeben, die den Schmerz der Lust vorzogen. Die sich schwierige und leidvolle Aufgaben auferlegten, sich ›unnatürlichen‹ Lebensformen verschrieben und nach spannungsreichen Empfindungen suchten, mit dem Ziel, in den Genuss seelischer Energien zu gelangen, die die Bezeichnung Glück nicht verdienen. Diese seelischen Energien, selbst wenn sie als Selbstzerstörung erfahren werden, sind Formen der Selbstabgrenzung und Selbstbestätigung. Als solche dienen sie als sozialer Bezugspunkt – die Wahl von Unlust, wie isoliert und privat der Akt als solcher auch sein mag, muss sich auf die Gesellschaft beziehen, und sei es auch nur aus dem Grund, dass sie die Wertschätzung, mit der Lust im Allgemeinen in der Gesellschaft belegt ist, verleugnet. Natürlich erfährt die Wahl von Unlust nicht selten höchste gesellschaftliche Anerkennung, wenngleich zeitverzögert – in der Wahl des Helden, des Heiligen oder des Märtyrers und, in einigen Kulturen, des Künstlers. Darin liegt die quantitative Veränderung: Was einst eine Erlebensform einiger weniger war, ist heute das Ideal vieler. Aus bestimmten Gründen, die sich, zumindest hier, jeglicher Spekulation entziehen, hat sich das Ideal der Lust erschöpft. So als habe es sich tatsächlich verwirklicht und sei in Sättigung und Langeweile aufgegangen. An seiner Stelle, oder wenigstens daran anknüpfend, gibt es – zumindest, wenn man nach der Literatur geht – ein Ideal, jene seelischen Energien zu erleben, die an Unlust gebunden sind und auf Selbstabgrenzung und Selbstbestätigung abzielen.« (ebd., S. 85)

Der Held aus Dostojewskis »Aufzeichnungen aus dem Untergrund«, ein Provokateur ohnegleichen, stand hier Pate. Es ließe sich auch Melvilles »Bartleby« anführen, als der andere Pol des masochistisch-narzisstischen Charakters, der alles durch seine scheinbare Passivität beherrscht. Mit seinem bekanntermaßen außergewöhnlichen Scharfsinn hat Trilling den gleichen Wandel auf kultureller Ebene beschrieben, den wir innerhalb der Psychoanalyse im Rahmen unserer klinisch-therapeutischen Tätigkeit erlebt haben. Der neue Typus, von dem hier die Rede ist, ist genau der gleiche, mit dem sich die Psychoanalyse nun schon seit Jahren herumschlägt, nämlich der so genannte masochistisch-narzisstische Charakter. Trilling hat sehr luzide erkannt, dass dieser Charaktertypus Selbstabgrenzung über das Erleben von Unlust sucht. Ist dies der Fall innerhalb sozial akzeptabler Grenzen, haben wir es mit einer »normalen« masochistisch-narzisstischen Charakterentwicklung zu tun. Als pathologischer Typus unterschiedlicher Ausprägung zeichnet sich der narzisstisch-masochistische Charakter dadurch aus, dass er die Erfahrung des Leidens und des Zurückgewiesen-Werdens eher freudvollen Erlebnissen vorzieht. Die unterschiedlichen Ausprägungen reichen von normal bis hin zu hochpathologisch oder zum Borderline-Niveau. Der leicht neurotische Charakter »spielt« mit selbstquälerischen Verhaltensweisen, während der Borderline-Kranke oder Psychotiker irreparablen Schaden für das eigene Selbst anrichten kann.

— 2 Zur Diagnostik —

Klinische Beispiele

Meine These soll im Folgenden anhand zweier Fallvorstellungen illustriert werden. Dabei möchte ich nur auf einige wenige relevante Punkte eingehen, die meine Ausführungen verdeutlichen sollen.

Fall 1

A., eine 26-jährige Studentin, beklagt bei Therapiebeginn chronische Angst und Depression, Gefühle sozialer Isoliertheit sowie eine Reihe unglücklicher Liebesbeziehungen mit Männern. Sie war die drei Jahre jüngere von zwei Töchtern eines zurückhaltenden, schweigsamen, aber erfolgreichen Geschäftsmannes und einer für ihre Schönheit bewunderten Mutter, die nahezu ihre gesamte Zeit auf die Pflege ihres Äußeren verwandte. In ihrer Kindheit konnte sie die Familie mit heftigen Wutausbrüchen einschüchtern, war jedoch ansonsten ein braves Kind und eine ausgezeichnete Schülerin. Obwohl sie sich selbst in ihren Beziehungen als kalt und distanziert erlebte, war bis zur Pubertät, so erinnert sich A., jeder Versuch seitens der Eltern, abends auszugehen, ein Drama. Sie hielt es nicht aus, von ihnen allein gelassen zu werden. Ihre ersten Verabredungen ab dem Alter von 14 Jahren traf sie allesamt mit Schwarzen sozial niedriger Herkunft (A. selbst stammte aus einer jüdischen Mittelschichtfamilie), die sie jedes Mal partout mit nach Hause nehmen wollte, um sie ihren Eltern vorzustellen. In der Folge kam es zu Auseinandersetzungen mit ihrem Vater, und die beiden sprachen buchstäblich nicht mehr miteinander, bis der Vater starb, als die Patientin 16 Jahre alt war. Als sie in Behandlung kam, hatte sich ihr Verhaltensmuster mit Männern bereits mehrere Male wiederholt: Sie ging eine intensive Beziehung zu einem Mann ein, von dem sie von Anfang an wusste, dass er nicht zu ihr passte. Entweder er war verheiratet, ihr intellektuell unterlegen oder aber sie mochte ihn gar nicht. Sie wusste, dass die Beziehung nicht halten würde, projizierte dieses Gefühl und entwickelte einen heftigen Groll auf den jeweiligen Partner, dem sie vorhielt, unzuverlässig zu sein und sie verlassen zu wollen. Sie konnte ihr Gegenüber zur Weißglut treiben und dadurch letztlich die Trennung provozieren, die sie sowohl wünschte als auch fürchtete. Was folgte, waren Gefühle der Depression und der Verlassenheit.

Die Wiederholung dieses Musters war ein Hauptelement in der Übertragung. Sie kam nie zu spät zu einer Sitzung, zahlte pünktlich ihre Rechnungen, bemühte sich, eine »gute Patientin« zu sein, obwohl es ihr schwer fiel, zu reden. Sie war überzeugt davon, dass ich jedes Mal das Ende der Stunde, das Wochenende oder den Ferienbeginn kaum erwarten konnte, dass ich froh war, sie endlich los zu sein, während sie mein-

2.4 Der narzisstisch-masochistische Charakter

te, ohne mich nicht überleben zu können. (Sie träumte davon, isoliert im Weltall zu schweben oder in Unfälle verwickelt zu sein.) Oberflächlich betrachtet war ihre Idealisierung meiner Person lückenlos, doch enthüllten Träume und anderes Material die durchschimmernde Wut und Entwertung. Idealisierung in der erwachsenen Übertragung ist niemals vollständig, sondern immer vermischt mit der verborgenen Wut, die das Kind im Rahmen von Separation und Individuation erlebte. A. ließ niemals eine Stunde ausfallen oder nahm außerhalb der Therapieferien einen Tag frei, ganz offensichtlich, um sicherzustellen, dass ich derjenige war, der stets verließ – ein Muster, das eingehend analysiert wurde. Dann, in der mittleren Phase der Analyse, begann A. bereits im Frühjahr ihren Sommerurlaub zu planen, ohne Kenntnis der genauen Daten meiner Ferienunterbrechung. Wir sprachen ausführlich über ihr Vorhaben, und zum ersten Mal fühlte sie sich sicher und freute sich über ihre Fähigkeit, von sich aus zu gehen. Einige Wochen später erwähnte ich in einer Sitzung, dass es sich mit ihren Ferienplänen gut traf, da nun mein Urlaub genau mit dem ihren zusammenfallen würde. Wütend beschwerte sie sich, ich würde weggehen und sie allein lassen, wobei sie völlig unter den Tisch fallen ließ, dass sie diejenige war, die als Erste ihren Urlaub geplant hatte.

Folgende Punkte wurden in der Analyse dieser Szene sichtbar:
- Ein nicht unerheblicher Teil ihres Selbstwerts und ihres Wissens über die eigene Person bestand darin, sich selbst als unschuldig verlassene Märtyrerin zu sehen.
- Nur wenn sie eine Atmosphäre der Verlassenheit bzw. tatsächliches Verlassen-Werden provozierte, konnte sie das Gefühl von Vertrautheit und Kontrolle über ihre Objekte empfinden – ein Verhaltensmuster präödipaler Natur, in dem sich eindeutig ihr Gefühl widerspiegelte, von ihrer narzisstischen Mutter keine Fürsorge empfangen zu haben.
- Zudem repräsentierte diese Konstellation die Wiederholung einer ödipalen Problematik, und in der Übertragung kam es ebenfalls zu einer Wiederbelebung ihrer ödipalen Beziehung zum Vater. Alle präödipalen Konstellationen erfahren in der ödipalen Phase eine Neubearbeitung, wobei die ödipale Problematik nicht den gesamten Inhalt der genetischen Konstellation ausmacht.
- Die unerträgliche Frustration der ursprünglichen kindlichen Forderungen nach Liebe und Vereinigung hatte die Ausbildung narzisstisch-masochistischer Abwehrmechanismen zur Folge. Was sie nunmehr in ihren Beziehungen suchte, verborgen hinter ihrem unersättlichen Hunger nach Aufmerksamkeit, war die Wiederholung schmerzlicher Verlassenheit, angereichert jedoch mit versteckter narzisstischer Kontrolle und masochistischer Befriedigung. Der Anspruch auf Liebe wurde zugunsten der Lust an Zurückweisung aufgegeben.

2 Zur Diagnostik

Hierbei handelt es sich um eine paradigmatische Abfolge einer narzisstisch-masochistischen Pathologie.

Fall 2
Ein erfolgreicher 40-jähriger leitender Angestellter kam in Analyse, nachdem man ihn geringfügigen Fehlverhaltens bezüglich finanzieller Transaktionen beschuldigt hatte und er darüber in eine tiefe Depression verfallen war. Wie sich herausstellte, traf ihn keine Schuld, sondern der Fehler war einem seiner – ebenfalls unschuldigen – Assistenten unterlaufen, den er wiederum unzureichend beaufsichtigt hatte. Er wurde offiziell von allen Vorwürfen freigesprochen, und die ganze Angelegenheit war kaum der Rede wert. Allerdings handelte es sich dabei um nur ein Beispiel einer ganzen Reihe lebenslang andauernder tatsächlich oder potenziell selbstschädigender Verhaltensweisen in wichtigen Situationen, die sich auch dadurch auszeichneten, dass es ihm nicht so recht gelang, sich angemessen und bestimmt gegen die jeweiligen Anschuldigungen zu wehren. Diese Vorfälle mündeten regelmäßig in depressive Verstimmtheit und Selbstmitleid, und dieses Mal war es besonders schwer. Er wurde das Gefühl nicht los, sich vor seinen Kollegen bloßgestellt und seine ganze Karriere in den Sand gesetzt zu haben. Er würde zum Gespött der Leute, und man würde ihm betrügerische Großmannssucht unterstellen. Die manifeste Symptomatik vereinigte somit masochistische und selbstschädigende Züge, Selbstmitleid und das Erleben eines narzisstischen Zusammenbruchs. Ich möchte im Folgenden nur einige wenige relevante Aspekte der Lebens- und Behandlungsgeschichte (die Analyse wurde durchgehend mit vier Sitzungen pro Woche durchgeführt) vorstellen. Ödipales Material werde ich weitgehend außen vor lassen, um mich stattdessen auf entwicklungsgeschichtlich frühere Aspekte zu konzentrieren. Viele bedeutsame Punkte können daher in dieser kurzen Zusammenfassung nicht berücksichtigt werden.
　Der Patient war das jüngste von drei Kindern, der einzige Sohn und, wie er später erkannte, das Lieblingskind. Seine Kindheit betrachtete er mit großer Bitterkeit. Er hatte das Gefühl, nichts Wertvolles von seinen Eltern erhalten zu haben, die keine positive Rolle in seinem Leben spielten. Er sah sich selbst als Phönix – aus sich selbst heraus geboren, sein eigener Vater und seine eigene Mutter. Diese Gefühle bitterer Deprivation – »Ich habe nie etwas bekommen« – zogen sich wie ein masochistischer roter Faden durch sein Leben. Seine Mutter war eine überaus narzisstische Frau, die in ihrem Sohn die einzige Möglichkeit sah, ihren eigenen Hunger nach Geld und gesellschaftlicher Stellung zu befriedigen – Wünsche, die nicht zu erfüllen sie ihrem Ehemann permanent vorhielt. Der Patient selbst erinnerte sich kaum an affektive Zuwendung seitens der Mutter und hatte das Gefühl, von ihr nur zur eigenen Befriedigung

2.4 Der narzisstisch-masochistische Charakter

und als Verbündeter gegen den schwachen und passiven Vater benutzt worden zu sein. Dieser hatte es zu bescheidenem Wohlstand gebracht, bis eine Wirtschaftsdepression seine Geschäfte und ihn selbst zusammenbrechen ließ, wovon er sich nicht mehr erholen sollte (der Patient war damals vier Jahre alt). Für die Idealisierungsbedürfnisse des Sohnes stellte dies mit großer Wahrscheinlichkeit einen schweren Schlag dar. Zwischen den Eltern herrschte ständig Streit, wobei die Mutter keinen Tag ausließ, den Vater an sein Scheitern zu erinnern. Für den Patienten war diese Zeit mit großer Angst verbunden, die Eltern könnten sich trennen und er würde womöglich allein gelassen.

Zu einem Abklingen der akuten Depression kam es bereits kurz nach Analysebeginn. Sichtbar wurden eine chronische depressive Entwicklung und eine Persönlichkeit, die in Selbstmitleid versank und permanent das Gefühl hatte, ungerecht behandelt zu werden, wenngleich verborgen hinter einer sozial durchaus erfolgreichen Fassade von Charme und Jovialität. Viele Menschen, so sein Eindruck, betrachteten ihn als Freund und suchten seine Freundschaft, während er sich selbst jedoch ohne Freunde und ohne warmherzige Gefühle anderen gegenüber erlebte. Seine Frau und Kinder mochte er lieben, doch war sein Arbeitspensum so beschaffen, dass er niemals längere Zeit mit ihnen zusammen sein musste. Er fühlte sich isoliert und mit der ständigen Sorge belastet, ihm würde ein Unglück widerfahren. Der Vorfall, der seine aktuelle Depression ausgelöst hatte, machte ihm zum Teil auch deshalb zu schaffen, weil es eine Nichtigkeit und gerade keine große Sache gewesen war, die ihn derart aus der Bahn zu werfen vermochte. Mit seinen Mitgesellschaftern verstrickte er sich in endlose Auseinandersetzungen, seine Ansprüche waren unverhältnismäßig, und er fühlte sich ungerecht behandelt, wenn man diesen Forderungen nicht nachkam. Gleichzeitig legte er ein mörderisches Arbeitstempo an den Tag und bat nie um Unterstützung, die sehr wohl angeboten wurde, um sein Pensum zu reduzieren. Mit seiner Frau unterhielt er ein eher mechanisches Sexualleben, phantasierte aber ohne Unterlass, mit einer schönen Frau zu schlafen. Tatsächlich jedoch fürchtete er, bei jeder anderen Frau impotent zu sein, und er wagte sich nie an eine Affäre.

Schon früh in der Behandlung brachte er zwei Hauptsorgen in Bezug auf meine Person zum Ausdruck. Erstens, dass ich aus ihm jemanden machen wollte, der war »wie alle anderen«. »Ich könnte so nicht leben, mit dem Gefühl, so zu sein wie alle anderen. Lieber wäre ich böse oder tot. Bevor ich das Gefühl aufgebe, dass mir Schreckliches zustößt, möchte ich mich meines Gefühls, etwas Besonderes zu sein, versichern.« Zweitens war er davon überzeugt, dass ich mich nicht für ihn interessierte, dass ich ihn nur des Geldes wegen sah. Das passte ihm wiederum ganz gut, denn auch er hegte keinerlei Interesse für mich. Allerdings beunruhigte ihn der Gedanke, ich könnte womöglich doch nicht so sehr auf sein Honorar angewiesen sein, sodass nicht sicher war, ob ich ihm zur Verfügung stand, solange er mich wollte. Überzeugt, dass ich ihn nur des Geldes wegen empfing, war er interessanterweise mit seinen Rechnungen regelmäßig im Verzug und fürchtete die Konsequenzen, was er von sich aus jedoch nie ansprach. Wenn ich seine Nachlässigkeit zur Sprache brachte, war er einerseits tief erschrocken und fürchtete, ich könne wütend auf ihn sein und ihn rauswerfen, andererseits ärgerte er sich maßlos, dass ich die Frechheit besaß, ihn an seine Schulden zu erinnern, während doch jeder wusste, dass er ein Ehrenmann war. In der Übertragung entwickelte sich dann rasch eine ganze Reihe an narzisstischen und masochistischen Themen.

Die frühe Übertragungsbeziehung war durch idealisierende und spiegelnde Tendenzen geprägt. Diese narzisstischen Übertragungsformationen tragen meines Erachtens immer auch masochistische Züge, da sie regelmäßig mit Wut und Enttäuschungserwartung angefüllt sind. Idealisierung ist häufig nur die Fassade, an der sich spätere und größere Enttäuschungen abbilden. Erwachsene narzisstisch-masochistische Persönlichkeiten haben nicht die Erwartung an die Erfüllung ihrer Größenphantasien. Vielmehr stellen diese Größenphantasien eine Möglichkeit dar, unbewusst befriedigende Enttäuschungen zu reinszenieren. Die scheinbare Unersättlichkeit vieler dieser Patienten entspringt nicht einer übermäßigen Bedürftigkeit, sondern repräsentiert eine Anspruchlichkeit in puncto Liebe, Zeit, Aufmerksamkeit etc., die so gesteigert wird, dass sie mit Sicherheit nicht erfüllt werden kann. So schien sich mein Patient auf die Stunden zu freuen, war freundlich, empfand meine Kommentare als brillant und schien glücklich, mir all jene intelligenten Gedanken zuschreiben zu können, die er selbst in der Analyse hatte. Die andere Seite der Medaille war jedoch seine wütende Überzeugung, dass ich meine Intelligenz nur für meine Zwecke einsetzte und kein Interesse daran hatte, ihm zu helfen. Er allein, so war sein Empfinden, leistete die ganze analytische Arbeit. Ein typischer Traum war, wie er und ein Führer einen hohen Berg bestiegen und mehr als gut vorankamen, dabei aber nie das Wort aneinander richteten und er die Führung übernahm. Als wir über den Traum sprachen, beschwerte er sich: »Sie schubsen mich nur. Warum helfen Sie mir nicht mehr? Ich muss die ganze Arbeit tun. Ich kann den Gedanken nicht ertragen, dass irgendjemand anders Teil hat an dem, was ich tue.« Phantasien dieser Art haben den doppelten Zweck, sowohl ein grandioses, omnipotentes Selbstbild als auch das Bild einer völlig abweisenden Mutter aufrechtzuerhalten. Der narzisstische Teil dieser Phantasie braucht den masochistischen Teil. »Ich gebe mir selbst alles. Meine Mutter gibt mir nichts.« Grandiosität und das Gefühl selbstmitleidiger Deprivation sind paradoxerweise zwei Seiten ein und derselben Medaille und ohne die jeweils andere nicht denkbar. Das narzisstische Größen-Selbst, wie wir es beim Erwachsenen antreffen, stellt niemals den ursprünglichen Keim des Narzissmus dar, sondern wird immer durch die Erfahrungen von Frustration abgeschwächt, die dann Teil und Träger der narzisstischen Phantasie werden.»Ich bin großartig, weil ich die Boshaftigkeit meiner abweisenden Mutter überwinde.«

In einer späteren Phase der Behandlung, in der ich konsequent seine Gefühle in Bezug auf mich thematisierte, reagierte er heftig:»Dies ist ein Prozess, keine menschliche Beziehung. Sie sind nicht hier. Sie sind nicht. Da gibt es nur diese körperlose Stimme, die hinter mir sitzt.« Als ich nicht locker ließ und ansprach, wie schwer es ihm fiel, anzuerkennen, dass er etwas von mir bekam und etwas für mich empfand.»Ich fühle mich miserabel. Ich reagiere körperlich auf diese Diskussion.« Die Wiederbelebung der verdrängten affektiven Bindung an seine Mutter bedeutete eine Irritation seines Selbst und seines narzisstischen Gleichgewichts, was wiederum eine leichte Depersonalisation nach sich zog. Die Anerkennung, dass es dieses affektive Band zwischen ihm und seiner Mutter gab, löste ein erschreckendes Gefühl der Schwäche aus, das Gefühl, einem bösartigen Riesen hilflos ausgeliefert zu sein. Auf der anderen Seite war diese masochistische, passive und von Opferhaltung geprägte Beziehung zu einer als boshaft wahrgenommenen Mutter eine unbewusste Quelle narzisstischer (»Ich werde mich ihr nie ergeben«) und masochistischer Gratifikation (»Ich genieße es, unter den Händen eines Ungeheuers zu leiden«). Man könnte den Großteil des Lebens dieses Mannes als Versuch sehen, zugrunde liegende, passiv-masochistische Wünsche narzisstisch zu verleugnen.

Auf zunehmende Erinnerungen an liebevolle Momente mit seiner Mutter reagierte der Patient mit Tränen und Niedergeschlagenheit. Er träumte, ein großes schwarzes Ding aus sich herauszuziehen, einen Krebs, der nicht raus wollte, der ihn aber umbringen würde, wenn er raus käme. Die bislang für ihn angenehme Analyse wurde nunmehr extrem schmerzlich, und er war überzeugt, ich würde ihn absichtlich beschämen, indem ich ihn zwang, seine Dummheit einzugestehen, weil ich alle Antworten auf alle Fragen wusste, die ich aufwarf, und er nicht. Ich würde es genießen, ihn als hilflosen Idioten dastehen zu lassen. Er träumte von sich in der Praxis eines Psychiaters in Brooklyn, was in seinen Augen einen Abstieg bedeutete, um dort eine besondere Behandlung zu erhalten.»Ich wurde hypnotisiert und war völlig hilflos. Menschen um mich herum machen sich lustig über mich, brechen in schallendes Gelächter aus, wie in einer Geisterbahn. Dann laufe ich einen Hügel hinunter, durch eine große Trödelhalle.« In einem anderen Traum aus dieser Phase der Analyse fährt er einen riesigen glänzenden 1928er Cadillac-Oldtimer in ausgezeichnetem Zustand.»Während ich fahre, geht das

Lenkrad ab. Ich halte plötzlich die rechte Hälfte in der Hand, dann geht die schwarze glänzende Kühlerhaube ab, dann der Kühlergrill.« Der Patient wurde 1928 geboren. In der Zeit des Traums litt er vorübergehend an verzögertem Samenerguss, womit er aktiv die Milch zurückhalten konnte, die, so seine Überzeugung, ihm vorenthalten wurde.

Die Wiederbelebung verdrängter positiver Bindungen an die Mutter bedrohte seine zentrale masochistische und narzisstische Charakterabwehr. Sein gesamtes Selbstempfinden, eine Ausnahme zu sein, hing von seinem Stolz ab, ungewöhnliche Deprivation durch die Mutter erlitten zu haben. Gleichzeitig bedrohte ihn die Erfahrung, von seiner Mutter geliebt und allen anderen vorgezogen worden zu sein, mit der passiven Unterwerfung unter eine höhere böse Macht. Diese Wendung in der Analyse gefährdete sein Leben narzisstischer und masochistischer Befriedigungen und setzte ihn den Risiken von Intimität und gegenseitiger Abhängigkeit aus. Er wurde damit konfrontiert, tatsächlich erkennen zu müssen, wie sehr er unbewusst diese bittersüße Lust an Selbstschädigung und Selbstdeprivation immer wieder gesucht hatte. Die zunehmende Anerkennung, dass auch zwischen uns eine Bindung bestand, ließ ihn umso mehr die Phantasie entwickeln, ich sei die allmächtige, verweigernde Mutter und er das ihr ausgelieferte Kind. Loewenstein (1957) hat den Masochismus als »die Waffe des Schwachen – eines jeden Kindes – angesichts der Gefahr menschlicher Aggression« bezeichnet. In der Tat ist jedes Kind in seiner eigenen Wahrnehmung mit der Gefahr menschlicher Aggression konfrontiert.

Das Gefühl, ungerecht behandelt zu werden, nahm in dieser Phase der Analyse neue und raffinierte Formen an. Häufige Wünsche nach Terminverschiebungen, verschachtelte Träume, für die ich keine magischen und brillanten Deutungen parat hatte, die Tatsache, dass er nicht schon längst geheilt war, mein Bestehen darauf, dass man für Sitzungen zu bezahlen hatte – all dies waren Belege für meine gemeine Verweigerung ihm gegenüber und seine unschuldige Opfersituation. Das Gefühl, ungerecht behandelt zu werden, zum Teil die Folge fragiler und fragmentierter Selbst- und Objektrepräsentanzen, dient zudem der Entlastung von Schuldgefühlen, dem Anheizen von Wut sowie der Bekräftigung masochistischer und narzisstischer Abwehrbedingungen. Tatsächlich sind genau diese Patienten prädestiniert, von mächtigen Bezugspersonen, zu denen eine besonders schmerzliche Bindung besteht, missbraucht zu werden.

Nach einer langen Strecke des Durcharbeitens ereigneten sich zwei Vorfälle, die eine Wende in der Übertragung signalisierten. Der erste betraf einen Fehler meinerseits: Ich hatte das Datum einer Stunde, die er abgesagt hatte, falsch notiert. Anstelle seiner herkömmlichen Reaktion, in Wut und Empörung auszubrechen, setzte sich der Patient kerzengerade auf und sah mich an, als wäre dies der erste Fehler meines Lebens. »Heißt das, auch Sie machen Fehler?« Der zweite Zwischenfall ereignete sich einige Wochen später. Nach einer Stunde, die von besonders zähen Widerständen geprägt gewesen war, sagte ich: »Ich wünschte, wir könnten die Beziehung zu ihrer Mutter besser verstehen.« Wieder machte sich Erstaunen auf seinem Gesicht breit. »Heißt das, Sie kennen die Antwort wirklich nicht?« Ich versicherte ihm, dass ich es tatsächlich nicht wusste und wir es gemeinsam herausfinden müssten. Erst jetzt begann er meine Realität als fehlerhaftes menschliches Wesen, das um sein Wohlergehen besorgt war, anzuerkennen. Ab jenem Zeitpunkt nahm der Fall mehr und mehr die Züge einer klassischen Neurose an, wenngleich mit zahlreichen masochistischen und narzisstischen Abstechern.

Es ließe sich natürlich auch die Beschaffenheit des Ödipuskomplexes bei diesem Patienten diskutieren, was jedoch den Rahmen des vorliegenden Aufsatzes sprengen würde.

Zusammenfassung

Auf der Grundlage genetischer Hypothesen und klinischer Daten habe ich die These entwickelt, dass Fragen des Narzissmus und Masochismus, die in der psychischen Entwicklung eines jeden Menschen eine zentrale Rolle spielen, ihren besonderen individuellen Charakter auf einer präödipalen Entwicklungsstufe ausbilden. Narzisstische Abwehrformationen und masochistische Tendenzen sind entwicklungspsychologisch aufs Engste und unvermeidbar miteinander verwoben, sodass ich sogar so weit gehen möchte, den narzisstischen Charakter und den masochistischen Charakter als ein und denselben zu betrachten. Die sehr umfangreiche Literatur zu diesen Themen könnte kohärenter sein, ginge man von einer einzelnen nosologischen Entität aus – dem narzisstisch-masochistischen Charakter.

In den einzelnen Fällen mag entweder die narzisstische oder masochistische Seite überwiegen, als Folge innerer oder äußerer Kontingenzen, die im Verlauf einer Analyse zurückverfolgt und analysiert werden können. Bei näherer Betrachtung jedoch wird man trotz oberflächlicher Unterschiede die strukturelle Einheit und gegenseitige Verstärkung beider charakterologischen Modi erkennen. Der eine ist nicht ohne den anderen denkbar. Die Deutung masochistischen Verhaltens bedeutet eine narzisstische Kränkung, so wie die Deutung narzisstischer Abwehr Gefühle masochistischer Schikane, Selbstmitleid und Demütigung nach sich zieht.

Die Analyse des narzisstisch-masochistischen Charakters ist immer eine schwierige Aufgabe. Ich hoffe, dass unser veränderter Bezugsrahmen und die beginnende Erhellung der genetischen und klinischen Einheit der nach außen unterschiedlich anmutenden Pathologien unsere Bemühungen konsistenter, kohärenter und effektiver werden lassen.

Literatur

Auchincloss L (1950). The Injustice Collectors. Boston: Houghton Mifflin.
Bergler E (1949). The Basic Neurosis, Oral Regression and Psychic Masochism. New York: Grune & Stratton.
Bergler E (1961). Curable und Incurable Neurotics. New York: Liveright.
Brenner C (1959). The masochistic character. Genesis and treatment. J Am Psychoanal Assoc; 7: 197–226.
Cooper A (1983). Psychoanalytic inquiry and new knowledge. In: Lichtenberg I, Kaplan S (eds). Reflections on Self Psychology. Hillsdale, NJ: The Analytic Press.
Dizmang L, Cheatham C (1970). The Lesh-Nyhan Syndrome. Am J Psychiatry; 127(5): 131–7.
Erikson E (1963). Kindheit und Gesellschaft. Stuttgart: Klett-Cotta 1982.
Fischer N (1981). Masochism. Current concepts. J Am Psychoanal Assoc; 29: 673–88.
Freud S (1914). Zur Geschichte der psychoanalytischen Bewegung. In: GW X. Frankfurt/M.: Fischer 1999; 43–113.
Freud S (1920). Jenseits des Lustprinzips. GW XIII. Frankfurt/M.: Fischer 1999; 1–69.
Freud S (1931). Über die weibliche Sexualität. GW XIV. Frankfurt/M.: Fischer 1999; 515–37.
Freud S (1937). Die endliche und die unendliche Analyse. GW XVI. Frankfurt/M.: Fischer 1999; 57–99.
Freud S (1938). Abriß der Psychoanalyse. GW XVII. Frankfurt/M.: Fischer 1999; 63–138.
Glick RA, Meyer DI (eds) (1988). Masochism. Current psychological perspectives. Hillsdale, NJ: The Analytic Press.
Glover E (1955). Technique of Psychoanalysis. New York: International Universities Press.
Greenacre P (1960). Regression and fixation. Consideration concerning the development of the ego. J Am Psychoanal Assoc; 8: 703–23.
Grossman WI (1986). Notes on masochism. A discussion of the history and development of a psychoanalytisis concept. Psychoanal Q; 54: 379–413.
Hartmann H, Loewenstein RM (1962). Notes on the superego. Psychoanal Study Child; 17: 442–81.
Hermann J (1976). Clinging going on research. Psychoanal Q; 44: 5–36.
Jacobson E (1964). Das Selbst und die Welt der Objekte. Frankfurt/M.: Suhrkamp 1973.
Kohut H (1971). Narzissmus. Eine Theorie der psychoanalytischen Behandlung narzisstischer Persönlichkeitsstörungen. Frankfurt/M.: Suhrkamp 1973.
Kohut H (1972). Überlegungen zum Narzissmus und zur narzisstischen Wut. Psyche; 27(6): 513–54.
Krafft-Ebing RF v (1893). Psychopathia sexualis. Stuttgart: Enke.
Lewin B (1950). Psychoanalysis of Elation. New York: W. Norton & Company.
Loewenstein RM (1957). A contribution to the psychoanalytic theory of masochism. J Am Psychoanal Assoc; 5: 197–234.
Mahler M (1972). Rapprochment subphase of the separation-individuation process. Psychoanal Q; 44: 487–506.
Malenson F (1984). The multiple meanings of masochism in psychoanalytic discourse. J Am Psychoanal Assoc; 32: 325–56.
Rado S (1969). Adaptional Psychodynamics. New York: Science House.
Sacher-Masoch L v (1870). Sacher-Masoch. An interpretation by Gilles Deleuze. Mit dem Gesamttext von *Venus im Pelz*. London: Faber & Faber 1971.
Sandler J, Joffee WG (1969). Towards a basic psychoanalytic model. Int J Psychoanal; 50: 79–90.

Stoller RJ (1975). Perversion: The erotic form of hatred. Washington, DC: American Psychiatric Press (dt.: Perversion. Die erotische Form von Hass. Gießen: Psychosozial-Verlag 1998).
Stolorow RD (1975). The narcissistic function of masochism and sadism. Int J Psychoanal; 56: 441–8.
Sullivan HS (1953). The Interpersonal Theory of Psychiatry. New York: W.W. Norton.
Trilling L (1963). Beyond Culture. New York: Viking Press.
Winnicott DW (1971). Vom Spiel zur Kreativität. Stuttgart: Klett-Cotta 1974.

3 Empirische Grundlagen zum Narzissmus und zur narzisstischen Persönlichkeit

3.1
Behandlung und Verlauf der Narzisstischen Persönlichkeitsstörung

Kenneth N. Levy, John F. Clarkin

Patienten mit der Diagnose »Narzisstische Persönlichkeitsstörung« (NPS) werden von Klinikern verschiedenster Couleur gemeinhin als Persönlichkeiten beschrieben, deren Verhalten von Grandiosität und Anspruchlichkeit geprägt ist. In der Überzeugung, privilegiert zu sein und eine Vorzugsbehandlung erwarten zu dürfen, legen sie ein übertriebenes Gefühl für die eigene Wichtigkeit an den Tag, während ihr Auftreten anderen gegenüber arrogant und herablassend ist (Westen u. Shedler 1999a). Trotz klinischer Übereinstimmungen handelt es sich jedoch bei der Narzisstischen Persönlichkeitsstörung um ein hochkontroverses Konzept unbestimmter Validität (Frances 1980; Maier et al. 1992; Siever u. Klar 1986; Perry u. Vaillant 1989). Die Literatur zur Narzisstischen Persönlichkeitsstörung ist zum größten Teil theoretischer und klinischer Natur und weniger empirisch begründet. Wenn empirische Daten existieren, so fließen sie, mit wenigen Ausnahmen, nicht in programmatische Forschung ein.

Im folgenden Kapitel sollen die überzeugendsten wissenschaftlichen Belege zum Verlauf und zur Behandlung der NPS zusammengetragen und integriert werden. Zur Orientierung werden wir mit einem kurzen Abriss zur Geschichte des Konzepts der NPS beginnen. Daran anschließend folgt eine Übersicht und Beurteilung entsprechender Verlaufs- und Behandlungsstudien. Abschließen werden wir unsere Ausführungen mit einer Zusammenfassung und mit Empfehlungen hinsichtlich zukünftiger Forschungsvorhaben.

Kurzer geschichtlicher Abriss des Konzepts der Narzisstischen Persönlichkeitsstörung

Der Begriff des Narzissmus entstammt bekanntlich dem griechischen Mythos des Narzissus, der sein Abbild für das eines anderen hält, sich in dieses Bild verliebt und stirbt, als er erkennen muss, dass sein Spiegelbild ihn nicht wiederzulieben vermag. Ursprünglich als homerischer Hymnus im 7. oder 8. Jahrhundert v. Chr. verfasst (Hamilton 1942), hat sich die Legende des Narzissus von einem relativ unbedeutenden Text zu einem der prototypischen Mythen unserer Zeit entwickelt (Lasch 1978; Wolfe 1976) und Ausdrücke wie »Das Zeitalter des Narzissmus« und »Ich-Generation« geprägt.

Der englische Psychologe und Sexualforscher Havelock Ellis (1898), ein Pionier auf seinem Gebiet, rekurrierte als Erster auf den Mythos des Narzissus, um damit in einer Fallgeschichte den psychischen Zustand eines exzessiv masturbierenden Mannes zu illustrieren, der zum Objekt seines eigenen sexuellen Verlangens wurde. In Anlehnung an Ellis verwendete Freud den Begriff „narzißtisch" zum ersten Mal 1910 in einer Fußnote zu seinen »Drei Abhandlungen zur Sexualtheorie«, als er die Wahl von Sexualpartnern diskutiert, deren Eigenschaften dem eigenen Selbst ähnlich sind. Eine der frühesten psychiatrischen Bedeutungen von Narzissmus bezog sich somit auf sexuelles Verhalten (s. Pulver 1970; Van der Waals 1965 zur Übersicht). 1911 schrieb Otto Rank den ersten Aufsatz, der sich ausschließlich dem Thema Narzissmus widmete und in dem er die Verbindung zu Eitelkeit und Selbstbewunderung herstellt. 1914 veröffentlichte Freud »Zur Einführung des Narzißmus«, in dem er auf das dynamische Merkmal des Narzissmus hinweist, all jene Informationen und Gefühle aus dem Bewusstsein fern zu halten, die das eigene Selbstempfinden schmälern würden. Aus entwicklungspsychologischer Perspektive diskutiert Freud zudem die Frage, wie die Bewegung von einer normalen, aber relativ ausschließlichen Selbstbezogenheit hin zu reifer Bezogenheit verläuft.[1]

Das Konzept der »narzisstischen Persönlichkeit« wiederum wurde als Erstes von Waelder im Jahr 1925 formuliert, der von einem Persönlichkeitstypus spricht, dessen Verhalten von Herablassung, Überlegenheitsgebaren, übermäßiger Beschäftigung mit sich selbst und der Suche nach Bewunderung geprägt sei. Zudem habe man es mit einem bedeutsamen Mangel an Einfühlung zu tun, der sich insbesondere im Bereich der Sexualität zeige, die rein auf physischer Lust als auf einer Verbindung mit emotionaler Nähe basiere. Freud selbst beschreibt 1931, in Anlehnung an Waelder, zum ersten Mal den narzisstischen Charaktertypus (ein Konzept, das im Aufsatz aus dem Jahr 1914 noch fehlt).

---

[1] Freud verwendet den Begriff »Narzissmus« (bzw. »Narzißmus«) im Laufe seiner Veröffentlichungen unter folgenden Gesichtspunkten: (a) zur Beschreibung einer Phase normaler kindlicher Entwicklung; (b) als normalen Aspekt des Selbstinteresses und des Selbstwerts; (c) als Modus, sich auf andere zu beziehen, insbesondere wenn die Partnerwahl weniger von tatsächlichen Eigenschaften des anderen als vielmehr von der Ähnlichkeit mit dem eigenen Selbst bestimmt ist; und schließlich (d) als Modus, sich auf die Umwelt zu beziehen, die durch einen relativen Mangel an interpersonellen Beziehungen geprägt ist. – Diese vielfältigen begrifflichen Konnotationen bei Freud haben in der Folgezeit zu einiger Verwirrung geführt, die nach wie vor unaufgelöst ist.

3.1 Behandlung und Verlauf der Narzisstischen Persönlichkeitsstörung

1939 unterscheidet Karen Horney das Gefühl des gesunden Selbstwertempfindens von pathologischem Narzissmus und schlägt vor, den Begriff des Narzissmus auf unrealistische Selbstüberhöhung zu beschränken. Auch Ernest Jones (1913) beschrieb pathologische narzisstische Charakterzüge, während Abraham (1949) die Verknüpfung zwischen Neid und Narzissmus herstellt. Annie Reich (1960) wiederum versteht Narzissmus als pathologische Form der Selbstwertregulierung, in deren Rahmen Selbstüberhöhung und Aggression zum Schutze des eigenen Selbstkonzeptes eingesetzt werden. Im Jahr 1961 beschreibt Nemiah Narzissmus explizit nicht nur als Persönlichkeitstypus, sondern als Störung und prägt den Begriff der »narzisstischen Charakterstörung«. Im Rahmen seiner Überlegungen zur Borderline-Persönlichkeitsorganisation veröffentlicht Kernberg 1967 eine klinische Falldarstellung, in der er von »narzisstischer Persönlichkeitsstruktur« spricht (s. Kernberg 1967). In einem späteren Aufsatz (1970) führt er die explizite Beschreibung klinischer Merkmale weiter aus und formuliert die Grundlagen einer diagnostischen Einschätzung, die auf beobachtbarem Verhalten basiert und zwischen normalem und pathologischem Narzissmus unterscheidet. Auf Kernbergs ursprünglichen Aufsatz aus dem Jahr 1967 folgt ein Jahr später eine Veröffentlichung von Heinz Kohut (1968), in der er den Begriff »Narzisstische Persönlichkeitsstörung« einführt. Kernbergs (1968) und Kohuts (1966; 1968) Veröffentlichungen zum Thema Narzissmus waren zum Teil eine Reaktion auf das erhöhte klinische Interesse, das man der Behandlung dieser Patienten entgegenbrachte, während im Gegenzug das klinische und konzeptuelle Interesse durch die Veröffentlichungen dieser beiden Autoren stimuliert wurde. Darüber hinaus gingen jedoch diese klinischen Trends mit einer entsprechenden Entwicklung kritischer Gesellschaftstheorien einher (Blatt 1983; Horkheimer 1936; Lasch 1978; Marcuse 1965; Nelson 1977; Wolfe 1976).

Obschon Kohut und Kernberg hinsichtlich der Ätiologie der Narzisstischen Persönlichkeitsstörung unterschiedliche Standpunkte vertreten, so sind sie doch größtenteils einer Meinung, was die klinische Manifestation des Störungsbildes angeht, insbesondere bei jenen Patienten, die sich im gesünderen Funktionsbereich bewegen. Beide Autoren haben mit ihren Theorien nicht nur Psychoanalytiker, sondern auch zeitgenössische Persönlichkeitsforscher und -theoretiker beeinflusst (Baumeister et al. 2000; Dickinson u. Pincus 2003; Emmons 1981; 1984; 1987; John u. Robins 1994; Raskin u. Hall 1979; Raskin et al. 1991a; 1991b; Raskin u. Terry 1988; Robins u. John 1997; Rose 2002; Wink 1991; 1992a; 1992b).

Einführung der Narzisstischen Persönlichkeitsstörung in das diagnostische System

Als eigenständige Diagnose wurde die Narzisstische Persönlichkeitsstörung (NPS) zum ersten Mal in das offizielle Diagnosesystem der Amerikanischen Psychiatrischen Vereinigung Version III (American Psychiatric Association 1980) aufgenommen, was sich dem weit verbreiteten klinischen Gebrauch des Konzeptes sowie der Identifizierung des Narzissmus als Persönlichkeitsfaktor in einer Reihe von psychologischen Studien verdankt (Ashby et al. 1979; Block 1971; Exner 1969; 1973; Frances 1980; Harder 1979; Leary 1957; Murray 1938; Pepper u. Strong 1958; Raskin u. Hall 1979; Serkownek 1975). Der DSM-III-Kriterienkatalog zur Diagnostizierung einer NPS entstand auf der Grundlage einer im Rahmen eines Komitees erstellten Zusammenfassung der vor 1978 veröffentlichten Fachliteratur, ohne jedoch eine entsprechende empirische Überprüfung klinischer Untersuchungsgruppen mit einzubeziehen. Die Diagnosekriterien waren ein Amalgam aus den theoretischen und klinischen Arbeiten von Kernberg (1968), Kohut (1966; 1968) und Millon (1968) sowie anderen Fachbeiträgen (s. hierzu Frances 1980). Obwohl sich das nachfolgende DSM-III-R inhaltlich eng an das DSM-III anlehnte, so wurde doch der gemischt polythetisch-monothetische Kriterienkatalog zugunsten einer rein monothetischen Kriterienliste modifiziert. Das vier Teile umfassende interpersonelle Kriterium wurde in drei eigenständige Kriterien unterteilt und die Beschreibung »alternierender extremer Überidealisierung und Entwertung« gestrichen. Das Kriterium, das sowohl »Grandiosität« und »Einzigartigkeit« umfasste, wurde in zwei getrennte Kriterien aufgespalten, während man das Kriterium »Beschäftigung mit Neidgefühlen« hinzufügte.

Westen und Shedler (1999a; 1999b) haben vor einigen Jahren eine große Anzahl von erfahrenen Psychiatern und Psychologen unterschiedlichster theoretischer Provenienz hinsichtlich der Persönlichkeitsmerkmale von Patienten mit Persönlichkeitsstörungen – NPS eingeschlossen – befragt. Mithilfe faktorenanalytischer Methoden zur Erstellung eines empirischen Profils fanden sie heraus, dass die Achse-II-Gruppen den größten Anteil der zentralen Merkmale narzisstischer Persönlichkeiten, wie sie in der klinischen Praxis imponieren, umfassten. Sie weisen jedoch auch darauf hin, dass narzisstische Patienten, wie sie von Klinikern beschrieben werden, kontrollierender erscheinen, schneller in Machtkämpfe geraten und kompetitiver auftreten, als dies im DSM-IV festgehalten ist.

3.1 Behandlung und Verlauf der Narzisstischen Persönlichkeitsstörung

Verlauf und Langzeitergebnisse

Es gibt nur wenige Daten zu Langzeitverläufen der Narzisstischen Persönlichkeitsstörung. Der Vergleich von 17 stationär aufgenommenen Patienten mit NPS mit 33 ebenfalls stationär-psychiatrischen Patienten mit der Diagnose »Borderline-Persönlichkeitsstörung« zeigte, dass sich über einen Zeitraum von annähernd 14 Jahren die Gruppe der Borderline-Patienten besser entwickelt hatte (Plakun 1989). Patienten mit einer NPS wiesen eine höhere Wahrscheinlichkeit zur stationären Wiederaufnahme auf, funktionierten insgesamt schlechter und waren sexuell weniger zufrieden. In der Chestnut-Lodge Follow-up-Studie stellten McGlashan und Heinssen (1989) fest, dass es über die Zeit hinweg zu einem Rückgang an destruktiven interpersonellen Verhaltensweisen von Patienten mit NPS kam. Die PI-500 Follow-up-Studie von McGlashan und Heinssen (1989) sowie Stone (1989) ließ wiederum keine Rückschlüsse auf Unterschiede zwischen narzisstischen Patienten und Borderline-Patienten hinsichtlich des allgemeinen Funktionsniveaus zu (vorausgesetzt, es lag keine antisoziale Komorbidität vor). Ronningstam et al. (1995) untersuchten eine Gruppe von 20 Patienten mit der Diagnose »Narzisstische Persönlichkeitsstörung« hinsichtlich möglicher Veränderungen des Narzissmus dieser Patienten über einen Zeitraum von drei Jahren. Die Mehrzahl der Patienten (60%), die ursprünglich eine NPS aufgewiesen hatten, zeigten im Rahmen der dreijährigen Follow-up-Untersuchung eine signifikante Verbesserung ihres pathologischen Narzissmus. Obgleich Grandiosität in einer früheren Studie (Ronningstam u. Gunderson 1991) narzisstische Patienten von Borderline-Patienten unterschied, so handelt es sich bei diesem Persönlichkeitsmerkmal jedoch nicht um einen über die Zeit hinweg stabilen Prädiktor des Störungsbildes. Patienten mit einem hohen Grad an narzisstischer Pathologie waren in ihren interpersonellen Beziehungen signifikant narzisstischer und zeigten sich unfähig, sich überhaupt auf eine andere Person einzulassen. Ronningstam et al. (1995) nennen drei Ereignisse, die zu einer Veränderung der narzisstischen Pathologie führen können:
- korrektive Erfolge
- korrektive Desillusionierung
- korrektive Beziehungen

In ihrer einen Zeitraum von 30 Monaten umfassenden Follow-up-Studie ambulant-depressiver Patienten wiesen Ferro et al. (1998) für narzisstische Persönlichkeiten, insbesondere im Vergleich mit anderen Persönlichkeitsstörungen, eine geringere Stabilität nach. De facto korrelierte die narzisstische Persönlichkeit mit acht anderen Störungsbildern höher als mit der Narzisstischen Persönlichkeitsstörung selbst. Dem widerspricht jedoch das Ergebnis der zweijährigen Follow-up-Studie von Grilo et al. (2001), wonach der auf einer dimensionalen Skala eingeschätze Narzissmus über den genannten Untersuchungszeitraum hinweg stabil war. Es ist an dieser Stelle wichtig zu betonen, dass diese Ergebnisse zu einem hohen Grad stichprobenabhängig sein können, was ihre Interpretation schwierig macht und ihre Verallgemeinerbarkeit begrenzt. Die Stichproben umfassten in einigen Studien stationär aufgenommene Patienten, in anderen ambulante Patienten. In manchen Fällen handelte es sich bei der NPS um das primäre bzw. einzige Störungsbild, während andere eine Komorbidität zu anderen Störungsbildern aufwiesen. Lediglich Grilo et al. (1998) untersuchten in ihrer Studie konsekutiv stationär aufgenommene Patienten. Nichtkonsekutive Stichproben bergen die Gefahr der Verzerrung und komplizieren die Interpretation des Datenmaterials. So ist es denkbar, dass Patienten, die sich zur Teilnahme an einer Studie bereit erklären, ein höheres therapeutisches Engagement aufweisen oder aber unter größerem Stress leiden – beides Faktoren, die mit einem besseren Ergebnis korrelieren (Clarkin u. Levy 2003). Zum zweiten kann auch die Tatsache, dass es sich um eine therapierte Stichprobe handelt, das Ergebnis beeinflussen.

Die umfangreichste Arbeit zum Verlauf des narzisstischen Störungsbildes liegt für nichtklinische Stichproben vor, die im Rahmen einer entwicklungspsychologischen Studie untersucht worden waren (Block 1971; Wink 1992b). In »Lives Through Time« berichtet Block (1971), dass als »dominant narzisstisch« klassifizierte Frauen zwischen 18 und 30 Jahren im Laufe der Zeit an sozialer Kompetenz und Rücksichtnahme gewannen, ohne dass es jedoch zu einer bedeutsamen Veränderung ihres ichbezogen dominanten und ausbeuterischen Verhaltens gekommen wäre. Anhand einer Gruppe von Frauen, die zwischen 1958 und 1960 ihren Abschluss am Mills College gemacht hatten, untersuchte Wink (1992b) über einen Zeitraum von 20 Jahren die Beziehung zwischen Narzissmus und normalpsychologischer Entwicklung bis zur mittleren Lebensphase. Er identifizierte drei narzisstische Muster, die wiederum sehr unterschiedliche Muster an Persönlichkeitsveränderung in der Zeit zwischen College-Abschluss und mittlerer Lebensphase widerspiegelten: hypersensitiv, eigensinnig und autonom (bzw. gesund). Im Vergleich zu der Zeit des Schulabschlusses hatten hypersensitiv narzisstische Frauen mit Anfang 40 kontinuierlich über die Jahre hinweg in ihrer allgemeinen Funktionsfähigkeit nachgelassen. Narzisstische Frauen, die als »eigensinnig« galten, hatten sich bezüglich des allgemeinen Funktionsniveaus zwischen ihrem 21. und 43. Lebensjahr nur wenig verändert, wobei es allerdings mit Ende 20 zu einem leichten Anstieg gekommen war. Jene narzisstischen Frauen schließlich, die als »autonom« bzw. »gesund« klassifiziert worden waren, erlebten mit Anfang 40 einen deutlichen Aufschwung ihrer Persönlichkeitsentwicklung.

Studien zum Behandlungsverlauf

Narzisstische Persönlichkeitsstörungen gelten aufgrund der Unfähigkeit, Schwäche zuzugeben, Rückmeldung von anderen anzunehmen und für sich zu nutzen, bzw. anzuerkennen, welche Auswirkungen ihr Verhalten auf andere hat, als schwierig in der Behandlung. Empfehlungen hinsichtlich des therapeutischen Umgangs mit Patienten, die an einer NPS leiden, basieren primär auf klinischen Erfahrungen und theoretischen Formulierungen. Diese klinischen Fallstudien illustrieren, dass ein bestimmter Patientenkreis mit einer NPS erfolgreich behandelt werden kann, während andere Patienten nicht auf Psychotherapie ansprechen.

Randomisierte Kontrollstudien zur Behandlung von Narzisstischen Persönlichkeitsstörungen liegen nicht vor. Es gibt zwar eine Reihe von Psychotherapiestudien, deren Stichproben Patienten umfassen, die an einer spezifischen Persönlichkeitsstörung, einer Untergruppe der Persönlichkeitsstörungen, an Persönlichkeitsstörungen im Allgemeinen oder einer Achse-I-Störung leiden, die auch Narzisstische Persönlichkeitsstörungen umfassen. Die Interpretation dieser Studien ist jedoch schwierig, da sie auf gemischten Typen von Persönlichkeitsstörungen ohne spezifische narzisstische Kohorten basieren. Eine Ausnahme stellt die Untersuchung von Teusch et al. (2001) dar, die die Effekte der Klientenzentrierten Psychotherapie für Persönlichkeitsstörungen sowohl allein als auch in Kombination mit psychopharmakologischer Behandlung untersuchte. Die Stichprobe umfasste eine diagnostische Untergruppe von Persönlichkeitsstörungen als auch Narzisstische Persönlichkeitsstörungen. Es zeigte sich, dass die Klientenzentrierte Psychotherapie im Vergleich zu einer medikamentösen Kombinationsbehandlung zu einem stärkeren Rückgang der depressiven Symptomatik führte. Von Callaghan et al. (2003) liegt eine Einzelfallstudie vor, die die funktional-analytische Psychotherapie (Kohlenberg u. Tsai 1991) einer Patientin mit einer Histrionischen und Narzisstischen Persönlichkeitsstörung untersucht. Berichtet werden signifikante Veränderungen des narzisstischen Verhaltens während der therapeutischen Sitzungen, die anhand einer sequenziellen Analyse zu den Reaktionen des Therapeuten auf das Patientenverhalten in den Stunden in Beziehung gesetzt wurden. Nicht untersucht wurde jedoch, wie diese Veränderungen in den Stunden mit möglichen Verbesserungen im äußeren Alltag der Patientin in Zusammenhang standen.

Hinsichtlich des Verlaufs von Psychotherapien stellten Hilsenroth et al. (1998) in einer Studie zu vorzeitigem Therapieabbruch – die Stichprobe umfasste Patienten einer Universitätsklinik – fest, dass Patienten mit einer Narzisstischen Persönlichkeitsstörung die höchste Abbruchrate (64 %) aufwiesen. Das DSM-IV-Kriterium »Verlangt nach übermäßiger Bewunderung« stellte sich hierbei als signifikanter Prädiktor des Abbruchs heraus.

Die oben genannten Follow-up-Studien von Plakun, McGlashan, Stone und Ronningstam untersuchten allesamt Patienten, die psychotherapeutisch behandelt worden waren, was ihre Aussagekraft einschränkt. Allgemein gesprochen zeigen diese Studien, dass es über die Zeit hinweg zu einer Verbesserung der Symptomatik in diesen behandelten Stichproben kommt. In der prospektiven Follow-up-Studie von Ronningstam et al. (1995) lassen die retrospektiv gewonnenen Daten über Behandlungserfahrungen den Schluss zu, dass die Art und Weise, wie Patienten die Behandlung für sich nutzten, keine Unterschiede aufwies zwischen jenen Patienten, deren Befinden sich verbessert hatte, und jenen, bei denen dies nicht der Fall war. Die Autoren räumen allerdings eine mangelnde Detailliertheit und Strukturiertheit der Behandlungsberichte ein, sodass es nicht möglich sei, valide Schlussfolgerungen daraus zu ziehen. Zur pharmakologischen Behandlung der NPS ohne Achse-I-Komorbidität liegen keine Untersuchungen vor. Die Formulierung klinisch-praktischer Leitlinien steht hier aus den bekannten Gründen noch aus.

Zusammenfassung und Schlussfolgerung

Es gibt eine allgemeine Übereinstimmung hinsichtlich der Beschreibung narzisstischer Persönlichkeitsmerkmale und Verhaltensmuster, die ein überzogenes Gefühl für die eigene Wichtigkeit, das Empfinden von Privilegiertheit und Grandiosität sowie die Erwartung besonderer Behandlung umfassen. Dissens besteht hingegen, was die Frage der Ätiologie des Narzissmus, die Motivation und die Dynamik dieser Menschen angeht.

Das Konzept der Narzisstischen Persönlichkeitsstörung wurde zuerst 1925 von Waelder formuliert, dem entsprechende Beschreibungen von Nemiah, Kernberg und Kohut folgten. 1980 fand die Diagnose der Narzisstischen Persönlichkeitsstörung zum ersten Mal Eingang in das offizielle diagnostische System des DSM, dessen Kriterienkatalog zum großen Teil auf den Arbeiten von Kernberg, Kohut und Millon basiert.

Trotz der offiziellen Anerkennung als Störung im Jahr 1980 wurde enttäuschend wenig empirisch zu diesem Störungsbild geforscht, zum naturalistischen Verlauf der Störung liegen nur wenige Daten vor. Untersucht wurden jeweils kleine oder ausgewählte Patientengruppen, und der Beobachtungszeitraum erstreckte sich von wenigen bis zu 14 Jahren. Im Allgemeinen lassen diese Studien eine Verbesserung des Befindens der Patienten mit NPS über die Zeit hinweg erkennen.

Es gibt keine randomisierten Kontrollstudien zur Behandlung von Patienten mit NPS. Die klinische Erfahrung zeigt, dass Patienten, die als Komorbidität eine Narzisstische Persönlichkeitsstörung aufweisen, zu Therapieabbruch neigen, wenngleich es zu einigen Verbesserungen im Verlauf der Behandlung kommen kann. Angesichts des klinischen Interesses und der dargestellten Probleme, die dieses Störungsbild mit sich bringt, sind Ergebnisstudien zur Behandlung von Patienten mit NPS dringend vonnöten.

Literatur

Abraham K (1949). A particular form of neurotic resistance against the psychoanalytic method. In: Selected Papers on Psychoanalysis. London: Hogarth Press (dt. [1919]: Über eine besondere Form des Widerstands gegen die psychoanalytische Methode. In: Psychoanalytische Studien. Bd. II. Frankfurt/M.: Fischer 1971; 254–61).
American Psychiatric Association (1980). Diagnostic and Statistical Manual of Mental Disorders. 3rd ed. Washington, DC: American Psychiatric Association Press.
American Psychiatric Association (1987). Diagnostic and Statistical Manual of Mental Disorders. 3rd rev. ed. Washington, DC: American Psychiatric Association Press.
Ashby HU, Lee RR, Duke EH (1979). A narcissistic personality disorder MMPI scale. Paper presented at the meeting of the American Psychological Association, New York.
Baumeister RF, Bushman BJ, Campbell WK (2000). Self-esteem, narcissism, and aggression. Does violence result from low self-esteem or from threatened egoism? Curr Directions Psychol Sci; 9: 26–8.
Blatt SJ (1983). Narcissism and egocentrism as concepts in individual and cultural development. Psychoanal Contemp Thought; 6: 291–303.
Block J (1971). Lives Through Time. Berkeley, CA: Bankroft Books.
Callaghan GM, Summers CJ, Weidman M (2003). The treatment of Histrionic and Narcissistic Personality Disorder behaviors. A single-subject demonstration of clinical improvement using functional analytical psychotherapy. J Contemp Psychother; 33: 321–39.
Clarkin JF, Levy KN (2003). A psychodynamic treatment for severe personality disorders. Issues in treatment development. Psychoanal Inq; 23: 248–67.
Dickinson KA, Pincus AL (2003). Interpersonal analysis of grandiose and vulnerable narcissism. J Person Disord; 17: 188–207.
Ellis H (1898). Auto-Erotism: a psychological study. Alienist & Neurologist; 19; 260–99.
Emmons RA (1981). Relationship between narcissism and sensation seeking. Psychol Rep; 48: 247–50.
Emmons RA (1984). Factor analysis and construct validity of the Narcissistic Personality Inventory. J Person Assessm; 48: 291–300.
Emmons RA (1987). Narcissism. Theory and measurement. J Person Soc Psychol; 52: 11–7.
Exner JE (1969). Rorschach responses as an index of narcissism. J Project Techn Person Assessm; 33: 324–30.
Exner JE (1973). The self focus sentence completion. A study of egocentricity. J Person Assessm; 37: 437–55.
Ferro T, Klein DN, Schwartz JE, Kasch KL, Leader JB (1998). 30-month stability of personality disorder diagnosis in depressed outpatients. Am J Psychiatry; 155: 653–9.
Frances A (1980). The DSM-III personality disorders section. A commentary. Am J Psychiatry; 137: 1050–4.
Freud S (1905). Drei Abhandlungen zur Sexualtheorie. GW V. Frankfurt/M.: Fischer 1999; 27–145.
Freud S (1914). Zur Einführung des Narzißmus. GW X. Frankfurt/M.: Fischer 1999; 137–70.
Freud S (1931). Über libidinöse Typen. GW XIV. Frankfurt/M.: Fischer 1999; 507–13.
Grilo CM, McGlashan TH, Quinlan DM, Walker ML, Greenfeld D, Edell WS (1998). Frequency of personality disorders in two age cohorts of psychiatric inpatients. Am J Psychiatry; 155: 140–68.
Grilo CM, Becker DF, Edell WS, McGlashan TH (2001). Stability and change of DSM-III-R personality disorder dimensions in adolescents followed up 2 years after psychiatric hospitalization. Compreh Psychiatry; 42: 364–8.

Harder DW (1979). The assessment of ambitious-narcissistic character style with three projective tests. The early memories, TAT, and Rorschach. J Person Assessm; 43: 23-32.
Hilsenroth MJ, Holdwick DJ Jr., Castlebury FD, Blais MA (1998). The effects of DSM-IV cluster B personality disorder symptoms on the termination and continuation of psychotherapy. Psychotherapy: Theory, Research, Practice, Training; 35: 163-76.
Horkheimer M (1936). Studien über Autorität und Familie. Schriften des Instituts für Sozialforschung. Bd. 5. Paris: Felix Alcan.
Horney K (1939). New Ways in Psychoanalysis. New York: W.W. Norton & Co. (dt.: Neue Wege in der Psychoanalyse. Frankfurt/M.: Fischer 1977).
John OP, Robins RW (1994). Accuracy and bias in self-perception. Individual differences in self-enhancement and the role of narcissism. J Person Soc Psychol; 66: 206.
Jones E (1913). The God Complex. In: Jones E (ed). Essays in Applied Psychoanalysis. Vol. 2. New York: International Universities Press 1964; 244-65 (dt. [1913]: Der Gottmensch-Komplex. Zur Psychoanalyse der christlichen Religion. Frankfurt/M.: Suhrkamp 1970; 15-36).
Kernberg OF (1967). Borderline Personality Organization. J Am Psychoanal Assoc; 15: 641-85.
Kernberg OF (1968). The treatment of patients with borderline personality organization. Int J Psychoanal; 49: 600-19.
Kernberg OF (1970). Factors in the psychoanalytic treatment of narcissistic personalities. J Am Psychoanal Assoc; 18: 51-85.
Kohlenberg RJ, Tsai M (1991). Functional Analytic Psychotherapy: Creating intense and curative therapeutic relationships. New York: Plenum Press.
Kohut H (1966). Forms and transformations of narcissism. J Am Psychoanal Assoc; 14: 243-72.
Kohut H (1968). The psychoanalytic treatment of narcissistic personality disorders. Outline of a systematic approach. Psychoanal Study Child; 23: 86-113.
Lasch C (1978). Das Zeitalter des Narzißmus. München: Steinhausen 1980.
Leary T (1957). Interpersonal Diagnosis of Personality. A functional theory and methodology for personality evaluation. Oxford, England: Ronald Press.
Maier W, Lichtermann D, Klingler T, Heun R (1992). Prevalences of personality disorders (DSM-III-R) in the community. J Person Disord; 6: 187-96.
Marcuse H (1965). Triebstruktur und Gesellschaft. Ein philosophischer Beitrag zu Sigmund Freud. Frankfurt/M.: Suhrkamp.
McGlashan TH, Heinssen RK (1989). Narcissistic, antisocial, and noncomorbid subgroups of borderline disorder. Are they distinct entities by long-term clinical profile? Psychiatr Clin North Am; 12: 653-70.
Millon T (1968). Approaches to Personality. Oxford, England: Pitman.
Murray HA (1938). Explorations in Personality. A clinical and experimental study of fifty men of college age. Oxford, England: Oxford University Press.
Nelson MC (ed) (1977). The Narcissistic Condition. A fact of our lives and times. Oxford, England: Human Sciences.
Nemiah JC (1961). Foundations of Psychopathology. New York: Oxford University Press.
Pepper LJ, Strong PN (1958). Judgmental subscales for the MF scale of the MMPI. Unpublished manuscript.
Perry JC, Vaillant GE (1989). Personality disorders. In: Kaplan HI, Sadock BJ (eds). Comprehensive Textbook of Psychiatry. Vols. 1 & 2. 5th ed. Baltimore: Williams & Willkins Co.; 1352-87.
Plakun EM (1989). Narcissistic personality disorder. A validity study and comparison to borderline personality disorder. Psychiatr Clin North Am; 12: 603-20.
Pulver SE (1970). Narcissism. The term and the concept. J Am Psychoanal Assoc; 18: 319-42 (dt. [1972]: Narzißmus: Begriff und metapsychologische Konzeption. Psyche; 26: 34-57).
Rank O (1911). Ein Beitrag zum Narzißmus. Jahrbuch für Psychoanalytische und Psychopathologische Forschungen; 3: 401-26.
Raskin R, Hall CS (1979). A narcissistic personality inquiry. Psychol Rep; 45: 590.
Raskin R, Terry H (1988). A prinicipal-components analysis of the Narcissistic Personality Inventory and further evidence of its construct validity. J Person Soc Psychol; 54: 890-902.
Raskin R, Novacek J, Hogan R (1991a). Narcissism, self-esteem, and defensive self-enhancement. J Person; 59: 19-38.

Raskin R, Novacek J, Hogan R (1991b). Narcissistic self-esteem management. J Person Soc Psychol; 60: 911–8.
Reich A (1960). Pathologic forms of self-esteem regulation. Psychoanal Study Child; 18: 218–38.
Robins RW, John OP (1997). Effects of visual perspective and narcissism on self-perception. Is seeing believing? Psychol Sci; 8: 37–42.
Ronningstam E, Gunderson J (1991). Differentiating borderline personality disorder from narcissistic personality disorder. J Person Disord; 5: 225–32.
Ronningstam E, Gunderson J, Lyons M (1995). Changes in pathological narcissism. Am J Psychiatry; 152: 253–7.
Rose P (2002). The happy and unhappy faces of narcissism. Personal Indiv Diff; 33: 379–91.
Serkownek K (1975). Subscales for Scale 5 and O of the MMPI. Unpubl. manuscript.
Siever L, Klar H (1986). A review of DSM-III-R criteria for the personality disorders. In: Frances A, Hales R (eds). American Psychiatric Association Annual Review. Vol. 5. Washington, DC: American Psychiatric Association; 299–301.
Stone MH (1989). Long-term follow-up of narcissistic/borderline patients. Psychiatr Clin North Am; 12: 621 41.
Teusch L, Boehme H, Finke J, Gastpar M (2001). Effects of client-centered psychotherapy for personality disorders alone and in combination with psychopharmacological treatment. Psychother Psychosom; 70: 328–36.
Van der Waals HG (1965). Problems of narcissism. Bull Menninger Clin; 29: 293.
Waelder R (1925). The psychoses, their mechanisms and accessability to influence. Int J Psychoanal; 6: 259–81.
Westen D, Shedler J (1999a). Revising and assessing axis II, Part I. Developing a clinically and empirically valid assessment method. Am J Psychiatry; 156: 258–72.
Westen D, Shedler J (1999b). Revising and assessing Axis II, Part II. Toward an empirically based and clinically useful classification of personality disorders. Am J Psychiatry; 156: 273–85.
Wink P (1991). Two faces of narcissism. J Person Soc Psychol; 61: 590–7.
Wink P (1992a). Three narcissism scales for the California Q-set. J Person Assessm; 58: 51–66.
Wink P (1992b). Three types of narcissism in women from college to mid-life. J Person; 60: 7–30.
Wolfe T (1976). The »me« decade and the third great awakening. In: Mauve Gloves & Madmen, Clutter & Vine: And Other Stories, Sketches, and Essays. New York: Farrar, Straus & Giroux.

3.2
Veränderungen der narzisstischen Psychopathologie – der Einfluss korrigierender und korrosiver Lebensereignisse

Elsa Ronningstam

Ziel dieses Kapitels ist es, das Wesen der Veränderungen des psychopathologischen Narzissmus zu untersuchen. Dabei liegt ein besonderes Augenmerk auf Veränderungen, die sich nicht in erster Linie unmittelbaren therapeutischen Interventionen verdanken, sondern Lebensereignissen, die der Einzelne entweder als **korrigierend** oder aber **korrosiv** erlebt. Erfahrungen dieser Art können zu einer Modifizierung oder Transformation des Narzissmus beitragen, im Zuge derer bestimmte Charakterzüge, interpersonelle Muster oder Verhaltensmuster ihre pathologische narzisstische Funktion einbüßen. Lebensereignisse können aber auch in eine Exazerbation des pathologischen Narzissmus münden, in eine Traumatisierung mit entsprechenden narzisstischen Symptomen, in eine schwere Narzisstische Persönlichkeitsstörung oder gar eine psychotische Störung mit Wahnideen. Der Zusammenhang zwischen äußeren Lebensereignissen und der im Rahmen einer Therapie geleisteten Arbeit kann dabei durchaus vielschichtig sein, wenngleich auch weniger offensichtlich. Korrigierende Lebenserfahrungen, die mit strukturellen Veränderungen und verbesserten zwischenmenschlichen Beziehungen einhergehen, können sich in der Tat dämpfend auf die Motivation einer betreffenden Person auswirken, um therapeutische Hilfe zu ersuchen. Sie können in eine progressive und befriedigendere Lebenseinstellung münden und daher als weniger bedrohlich für das eigene Selbst erlebt werden, als wenn man sich auf eine intensive Psychotherapie einlässt. Andererseits vermag eine akute oder allmähliche Exazerbation des pathologischen Narzissmus infolge eines korrosiven Lebensereignisses zu persönlicher Weiterentwicklung und therapeutischer Behandlung motivieren. Neue Einsichten sowie Veränderungen in der Selbstwahrnehmung, der interpersonellen Muster oder Verhaltensmuster können unmittelbare Folgen derartiger Lebensereignisse sein,

3.2 Veränderungen der narzisstischen Psychopathologie

die ihrerseits wieder die Beschaffenheit einer therapeutischen Arbeitsbeziehung beeinflussen.

Zum Zwecke der Klarheit möchte ich vorab einige Begriffe genauer definieren:

In einer früheren Arbeit (Ronningstam u. Maltsberger 1998) habe ich **pathologischen Narzissmus** als strukturelle Deformation beschrieben, die mit einem pathologischen Größen-Selbst, unintegrierten Objektbeziehungen, einem inkonsistenten und/oder übermäßig strengen Über-Ich sowie einer Beeinträchtigung der Affektregulierung einhergeht. Das Selbstwertgefühl ist fragil und wird mithilfe pathologischer, expressiver und supportiver regulatorischer Prozesse aufrechterhalten. Pathologischer Narzissmus kann sich mehr oder weniger negativ auf das dauerhafte Funktionieren der Persönlichkeit auswirken.

Ist der Grad an pathologischem Narzissmus weniger ausgeprägt, sondern eher situationsbedingt oder als spezifischer Charakterzug gekennzeichnet, der sich auf das allgemeine persönliche und/oder berufliche Funktionieren weniger stark auswirkt, spricht man von einer **narzisstischen Störung** oder **narzisstischen Charakterzügen**.

Die **Narzisstische Persönlichkeitsstörung** (NPS) wiederum bezeichnet eine stabile und überdauernde Funktionsweise der Persönlichkeit, die die Kriterien der NPS im DSM-IV oder jeder anderen umfassenden diagnostischen Beschreibung dieser Charakterstörung erfüllt (Akhtar 1989, s. auch Kap. 2.1 in diesem Band; 1997; Cooper 1997; Kernberg 1975; 1985).

Veränderbarkeit des pathologischen Narzissmus

Menschen mit narzisstischer Persönlichkeit galten lange Zeit als veränderungsresistent. Das Fehlen einer manifesten Symptomatik, die Verleugnung von Problemen und Grenzen sowie ein Verhalten, das der permanenten Bestätigung des eigenen Selbst dient, lassen ihre Veränderungswünsche als gering erscheinen. Da der pathologische Narzissmus ätiologisch bestimmten interaktionellen Mustern und einem Misslingen selbstregulatorischer Fähigkeiten in der frühen Kindheit entspringt (P. Kernberg 1989, s. auch Kap. 4.6 in diesem Band; 1997; Schore 1994), gilt er als Ich-syntone und überdauernde Störung mit tief verankerten Persönlichkeitsmustern. Eine neuere Zwillingsstudie (Torgersen et al. 2000; s. auch Kap. 3.4 in diesem Band) hat darüber hinaus eine starken genetischen Einfluss im Zusammenhang mit Narzisstischen Persönlichkeitsstörungen (79 %) geltend gemacht, was für den Faktor Erblichkeit als wesentliches Einflussmoment spricht. Studien zur Regulierung des Selbstwertgefühls bestätigen zudem, dass

Menschen mit einem stark ausgeprägten Narzissmus über ein ebenfalls stark entwickeltes, aber instabiles Selbstwertempfinden verfügen. Auf Kritik reagieren sie überaus empfindlich, auf ihre als bedroht wahrgenommenen Selbstbilder mit Wut und Feindseligkeit (Rhodewalt u. Morf 1998).

Eine beständige Suche nach Bestätigung des grandiosen, aber verletzlichen Selbst sowie interpersonelle selbstregulative Strategien, die das eigene Selbst eher unterminieren und die Integration positiver Rückmeldung verhindern (s. Kap. 2.3 in diesem Band), sind beides Merkmale der narzisstischen Persönlichkeit, die Veränderung und persönlichem Wachstum im Wege stehen.

Ein weiteres Hindernis entspringt dem für narzisstische Menschen typischen Widerstand, sich in eine psychotherapeutische Behandlung zu begeben. Sie erleben ihre Charakterzüge nicht als problematisch. Äußere Umstände und Beziehungen, die ihre Grandiosität stützen oder fördern bzw. ihre typisch narzisstische Kränkbarkeit festschreiben, werden von den Betreffenden nicht selten als Beleg ihres guten Funktionierens aufgefasst. Der therapeutische Prozess seinerseits setzt Fähigkeiten voraus, die einem Narzissten nicht unbedingt zur Verfügung stehen, zum Beispiel die Fähigkeit zur Symbolisierung oder das Ertragen gegenseitiger zwischenmenschlicher Beziehungen. Die Art und Weise, wie Therapie stattfindet, kann als provokativ, demütigend oder bedeutungslos erlebt werden, so wie in der Beziehung zum Therapeuten unerträgliche Gefühle wie beispielsweise allgemeiner seelischer Schmerz (Kernberg 1993), Wut, Minderwertigkeit, Scham und Neid aktiviert werden. Die Fähigkeit, sich auf eine langfristige therapeutische Arbeitsbeziehung einzulassen und davon zu profitieren, kann aufgrund geringer Affekttoleranz und dem Bedürfnis zu zerstören, was andere haben und man selbst haben könnte, begrenzt sein. Zahlreiche klinische Beispiele belegen die Neigung narzisstischer Patienten, auf Distanz zu gehen, indem sie Informationen in ihrem Sinne aufspalten und »dosieren«, sich gegenüber dem Therapeuten an ihre eigenen verborgenen Tagesordnungspunkte halten, Deutungen zurückweisen und sich weigern, über bestimmte Themen zu sprechen, die für ihre Problematik und den Fortgang der Therapie von Belang sind. Der Kontakt zum Psychotherapeuten wird als intrusiv oder demütigend erlebt, als Beweis für ihre eigene Unzulänglichkeit oder gar als bedrohlich, und mithilfe von bestimmten Strategien sollen das eigene Selbstwertgefühl geschützt und unerträgliche Affekte wie Schmerz, Wut, Scham und Neid oder aber ein Gefühl der Minderwertigkeit und Hilflosigkeit vermieden werden.

Veränderungen innerhalb der Behandlung

Freuds Aussage, Menschen mit narzisstischen Neurosen seien nicht geeignet für die Durchführung von Psychoanalysen, weil sie keine Übertragung entwickelten, blieb für mehrere Jahrzehnte unhinterfragt. Moderne objektbeziehungstheoretische, selbstpsychologische und interpersonelle Ansätze lassen jedoch Behandelbarkeit und Prognose des pathologischen Narzissmus bzw. narzisstischer Störungen unter zunehmend günstigerem Licht erscheinen. Zwei psychoanalytische Strategien haben sich dabei als besonders effektiv erwiesen: Kernberg auf der einen Seite (1975; 1984) setzt vor allem auf Realitätsprüfung, Konfrontation und Deutung von pathologischem Größen-Selbst und negativer Übertragung. Kohut (1966; 1971; 1977) wiederum betont empathisches Beobachten sowie Entfaltung und Durcharbeitung dreier Übertragungskonstellationen – Spiegelübertragung, idealisierende und Zwillings- bzw. Alter-Ego-Übertragung (Ornstein 1997) – als Möglichkeit, die strukturellen Defizite, die die narzisstischen Störungen charakterisieren, zu korrigieren. Eine dritte, weniger bekannte Methode (Fiscalini 1993; 1994) bedient sich eines aktiven und interpersonellen psychoanalytischen Fragens, das zwischen konfrontierender und empathischer Exploration der narzisstischen Übertragungs-Gegenübertragungs-Matrix alterniert. Eine Strategie, die sich auf die Schwierigkeiten des Patienten konzentriert, die eigenen subjektiven Einstellungen zu hinterfragen und sein Selbstwertgefühl herausgefordert zu sehen, um ihn zugleich zur Exploration zwischenmenschlicher Interaktion zu ermuntern.

Jüngere Forschungsarbeiten zum Verständnis von psychischer Veränderung (Horowitz et al. 1993) sind von besonderer Relevanz, was die Behandlung narzisstischer Störungen angeht. Untersucht werden hier vor allem Übertragungs- und Gegenübertragungs-Entwicklungen, projektive Identifizierung und Inszenierung (Renik 1998), in Verbindung mit einem erweiterten Spielraum therapeutischer Interventionen (Stewart 1990). Einige klinische Studien jüngeren Datums berichten von Fortschritten in der Behandlung narzisstischer Störungen, die an das Erkennen von Inszenierung und Gegenübertragung aufseiten des Therapeuten/Analytikers geknüpft sind (Jorstad 2001; Kernberg 1999; Bateman 1998; Ivey 1999; Glasser 1992). Auch außerhalb der Psychoanalyse und psychoanalytischen Psychotherapie angesiedelte Behandlungswege können sich in der Modifizierung maladaptiver Merkmalszüge narzisstischer Störungen als effektiv erweisen. Am vielversprechendsten ist hier die schemafokussierte Therapie (Young 1997), die kognitive, verhaltens-, erfahrungs- und übertragungsorientierte Techniken miteinander kombiniert, um bestimmte Schemata zu verändern.

Veränderungen außerhalb der Behandlung

Neben den Veränderungen innerhalb eines therapeutischen Settings kann es natürlich auch außerhalb einer Psychotherapie, das heißt im Rahmen der persönlichen Entwicklung und bestimmter Lebensereignisse, zu Veränderungen des Narzissmus kommen. Kernberg (1980) weist auf die Fähigkeit narzisstischer Patienten hin, aus Erfahrungen zu lernen und mit der Zeit eine größere Selbstbewusstheit zu entwickeln. Das Veränderungspotenzial, so Kernberg weiter, könne sich im mittleren Lebensalter erhöhen, wenn sich die betreffenden Personen ihrer Grenzen sowie der schwerwiegenden oder langfristigen Folgen ihrer narzisstischen Persönlichkeit und Lebensgestaltung bewusst werden. Die Fähigkeit zu trauern und Gefühle von Depression, Schuld und Bedauern zu ertragen weist auf eine bessere Prognose hin. Kohut (1968) stellte fest, dass es über die Kompensation der eigenen narzisstischen Kränkbarkeit und Defizite sowie über die Transformation narzisstischer Strebungen, wie zum Beispiel Grandiosität und Exhibitionismus, während des gesamten Lebenszyklus zu Veränderungen in der narzisstischen Persönlichkeit kommt.

In einer Katamnese-Studie, deren Stichprobe sich aus Patienten mit einer Narzisstischen Persönlichkeitsstörung zusammensetzte (Ronningstam et al. 1995), stellten wir über einen Zeitraum von drei Jahren einen signifikanten Rückgang in der Ausprägung des pathologischen Narzissmus fest. Die spezifischen Behandlungsmerkmale (d. h. Dauer, Art der Behandlung und Intensität) verteilten sich relativ ausgewogen zwischen der Patientengruppe, die sich positiv entwickelte, und jener, bei der keine Veränderungen zu verzeichnen waren. Überraschenderweise schrieben die Patienten, deren Entwicklung einen günstigen Verlauf nahm, ihre Veränderungen nicht der psychotherapeutischen Behandlung zu, sondern in erster Linie bestimmten Lebensereignissen. Eine eingehende Analyse ergab dabei drei Formen korrigierender Lebensereignisse: das Erreichen bestimmter Ziele, neue dauerhafte Beziehungen und Enttäuschungen oder Desillusionierungen. Mit anderen Worten, Faktoren und Umstände außerhalb einer psychotherapeutischen Behandlung – konkrete Lebensereignisse sowie die spezifische Art und Weise des Patienten, diese wahrzunehmen und damit umzugehen – tragen zur inneren Veränderung von Menschen mit Narzisstischer Persönlichkeitsstörung bei.

Korrigierende Lebensereignisse

Der Gedanke, dass Erfahrungen an sich eine korrigierende Wirkung entfalten können, stammt von Franz Alexander (1956), der von »korrigierenden emotionalen Erfahrungen« im Rahmen von Psychotherapien sprach. Während sich die Life-Event-Forschung (Brown u. Harris 1989) in der Regel auf die korrosiven Effekte stressreicher Erfahrungen konzentrierte, lagen bislang keine Studien vor, die sich mit der Möglichkeit korrigierender Auswirkungen von Lebensereignissen befassten. Die drei Bereiche korrigierender Erfahrungen, die wir in unseren katamnestischen Interviews herausarbeiten konnten, waren folgende: **Korrigierende (berufliche oder schulische) Leistungen**, wie zum Beispiel Schulabschlüsse, Verleihung von Preisen oder anderen Formen der Anerkennung, Erlangen einer angestrebten Position, Aufnahme in eine bestimmte Schule oder ein bestimmtes Ausbildungsprogramm, zählten zu den häufigsten korrigierenden

3.2 Veränderungen der narzisstischen Psychopathologie

Lebensereignissen in unserer Studie. Sie trugen zu mehr Ausgewogenheit bei zwischen persönlichem Ehrgeiz, Idealen, Phantasien und inneren Zielsetzungen und mündeten in ein adäquateres Selbstgefühl, dessen defensive Grandiosität und narzisstische Reaktionen weniger stark ausgeprägt waren. In der Tat vermochten Leistungen dieser Art eine bemerkenswerte Veränderung zu bewirken, da die Erfahrung, bestimmte Ziele zu erreichen sowie Verantwortung und Zusammenarbeit erfolgreich zu meistern, Gefühle von Arroganz, Verachtung und Neid, aber auch das Erleben, unterschätzt und missverstanden zu werden, ersetzen konnte.

Korrigierende zwischenmenschliche Beziehungen – eine dauerhafte, intime Bindung an einen anderen Menschen – führten ebenfalls zu einer Reduzierung des pathologischen Narzissmus. Das Gefühl von Besonderheit und überlegener Isolierung wurde ersetzt durch die Erfahrung zwischenmenschlicher und gegenseitiger Besonderheit und Verpflichtung. Gefühle von Verachtung und Entwertung gingen ebenso zurück wie anspruchliche oder ausbeuterische Verhaltensweisen. Die Fähigkeit, eine enge, auf Gegenseitigkeit basierende Beziehung aufrechtzuerhalten, erwies sich als zentral für anhaltende Veränderungen. Sie beinhaltet die Fähigkeit, Affekte und Nähe auszuhalten, durch die unerträgliche Gefühle wie Schmerz, Wut, Groll, Neid und/oder Scham ausgelöst werden können, was das dauerhafte Eingehen einer Beziehung unmöglich macht.

Zur **korrigierenden Desillusionierung** gehört die Erfahrung, dass das frühere Grandiositätsgefühl infrage gestellt wird und einer Anpassung des Selbstkonzepts Platz macht, das den tatsächlichen Fähigkeiten der betreffenden Person eher entspricht. Zu Anpassungen dieser Art zählt die Anerkennung persönlicher, intellektueller und/oder beruflicher Grenzen sowie unrealistischer Erwartungen oder verpasster Gelegenheiten (Ronningstam u. Gunderson 1996, S. 35ff). Korrigierende Desillusionierungen können sich aus der Erfahrung schwerer Verluste oder Begrenzungen des Lebens ergeben, zum Beispiel Brüche in der beruflichen Entwicklung (s. u.), oder aber aus korrosiven Lebensereignissen, die die herkömmliche Art und Weise der Affekt- und Selbstwertregulierung beeinträchtigen oder ernsthaft infrage stellen. Paradoxerweise kann es aber auch im Zuge beruflichen Fortkommens oder aber neuartiger persönlicher oder beruflicher Verantwortung zu Desillusionierungen kommen. Sind diese Erfahrungen jedoch zu tief greifend, traumatisierend oder beeinträchtigend und treffen sie auf kein stützendes Umfeld, können sie auch in ein chronisch grandioses Gefühl der Desillusionierung und einen gesteigerten pathologischen Narzissmus übergehen.

Zwischenmenschliche Bezogenheit – der Weg zur Veränderung

Die weitere Analyse unserer Untersuchungsergebnisse hat ergeben, dass das, was als überdauernder pathologischer Narzissmus anmutet, sich sowohl aus einer stabilen Narzisstischen Persönlichkeitsstörung als auch einem veränderbaren, kontextabhängigen Typus des pathologischen Narzissmus zusammensetzen kann. Ein stark ausgeprägter pathologischer Narzissmus im zwischenmenschlichen Bereich – insbesondere die Unfähigkeit, sich auf längerfristige Beziehungen einzulassen – sowie eine extreme Empfindlichkeit gegenüber Kritik und Niederlagen weisen auf eine ernsthafte und überdauernde Form einer Narzisstischen Persönlichkeitsstörung hin. Wir konnten zudem feststellen, dass sich der pathologische Narzissmus im Bereich der Selbstwertregulierung (z. B. Grandiosität und ein Gefühl der Überlegenheit) über einen Zeitraum von drei Jahren beträchtlich verändert, was dafür spricht, dass es sich hierbei womöglich um einen eher kontextabhängigen und veränderungsoffenen Aspekt des pathologischen Narzissmus handelt. Die bedeutsamsten Veränderungen fanden im Bereich der zwischenmenschlichen Beziehungen statt. Die Patienten zeigten sich im Allgemeinen weniger verächtlich, entwertend, anspruchlich und ausbeuterisch als drei Jahre zuvor. Überraschenderweise differenzierten die Behandlungserfahrungen nicht zwischen Patienten mit einer lang anhaltenden Narzisstischen Persönlichkeitsstörung und jenen, deren narzisstische Pathologie zurückgegangen war.

Unsere Untersuchungsergebnisse lassen die Schlussfolgerung zu, dass die Patienten mit eingeschränkter Beziehungsfähigkeit – die Fähigkeit, sich auf längerfristige Beziehungen einzulassen mit eingeschlossen – über weniger Veränderungspotenzial verfügen. Im Gegensatz dazu zeigen jene Patienten, deren narzisstische Pathologie in erster Linie an Selbstwert- oder Affektregulierung geknüpft ist, und deren Fähigkeit, intime Beziehungen einzugehen und aufrechtzuerhalten, weniger stark beeinträchtigt ist, eine größere Offenheit für Veränderung und somit eine bessere Prognose. Diese Befunde haben Implikationen für die Fähigkeit des Narzissten, sich auf eine Behandlung und dadurch mögliche Veränderungen einzulassen.

Korrosive Lebensereignisse

In einer Untersuchung zur Gruppentherapie von Patienten, deren beruflicher Werdegang durch eine schwere psychische Erkrankung zum Stillstand gekommen war (z. B. Depression, bipolare Störung, Posttraumatische Belastungsstörung oder eine eskalierende Persönlichkeitsstörung) (Ronningstam u. Anick

3.2 Veränderungen der narzisstischen Psychopathologie

2001), konnten wir feststellen, dass das Erleben einer narzisstischen Kränkung gerade jenen Patienten besonders zusetzte, deren Selbstwert sich in erster Linie an berufliche Aktivitäten knüpfte. Bei den meisten Untersuchungsteilnehmern kam es infolge des Karriereknicks zu einem gesteigerten pathologischen Narzissmus und zu heftigen emotionalen Reaktionen, vor allem Scham und Wut. Retrospektiv betrachtet könnte man bei einigen Gruppenmitgliedern im Nachhinein von traumaassoziierten narzisstischen Symptomen (TANS, s. Simon 2001) sprechen, die als traumatischer Stressor das Selbst überwältigen und narzisstische Symptome wie Scham, Demütigung und Wut nach sich ziehen. Im Gegensatz zu Traumatisierungen, die in eine Posttraumatische Belastungsstörung (PTBS) münden, hatte diese Form der Traumatisierung einen interaktionellen Charakter und wurde als persönlicher Angriff bzw. Kränkung erlebt.

Gruppentherapien, in deren Zentrum die Bearbeitung intensiver narzisstischer Reaktionen sowie Empfindungen der Scham und Minderwertigkeit stehen, führen zu einem Rückgang an pathologisch-narzisstischen Symptomen. Die für die Gruppenmitglieder positive Entwicklung dieses gruppentherapeutischen Settings ging in der Regel mit einer ausführlichen Durcharbeitung der Erfahrung des jeweiligen Karrierebruchs einher, der von manchen als ausgesprochen demütigend und beunruhigend erlebt wurde. Dazu gehörte auch eine tief greifende Auseinandersetzung mit den damit einhergehenden Gefühlen von defensiver Überheblichkeit, Anspruchlichkeit, Wut, Rachsucht, Scham, Neid und Minderwertigkeit. Zu bemerkenswerten Veränderungen kam es insbesondere bei jenen Gruppenmitgliedern, die mit dem Beschreiten alternativer bzw. neuer, integrierter beruflicher oder persönlicher Wege – integriert im Sinne dessen, was die betreffende Person gewesen war und aufzuweisen hatte und nunmehr an Begrenzungen und Möglichkeiten mitbrachte – ein neues Gefühl von Kompetenz entwickelten. Zusammenfassend können wir festhalten, dass die betreffenden Gruppenmitglieder nach dem Erleben eines Karrierebruchs und einem entsprechenden Anstieg an pathologisch-narzisstischer Symptomatik mit fortschreitender gruppentherapeutischer Bearbeitung neue und integrative Aktivitäten und Lebenswege zu beschreiben begannen. Der Gedanke von Kontextabhängigkeit und Veränderung, was die Zunahme oder aber den Rückgang an pathologisch-narzisstischer Symptomatik angeht, hat sich somit durch die zitierten Untersuchungsergebnisse bestätigt.

Allerdings kann es in manchen Fällen aufgrund von Ereignissen, die als potenziell korrektiv gelten, zu einem gesteigerten pathologischen Narzissmus kommen. Menschen mit einer ausgeprägten narzisstischen Störung bzw. Narzisstischen Persönlichkeitsstörung können sich gerade durch den Beweis ihrer tatsächlichen Leistungen in spezifischen Aspekten ihres Narzissmus – im Zusammenhang mit Exhibitionismus, Scham, Schuld und Anspruchlichkeit – erschüttert sehen. So etwa in dem Fall einer Finanzberaterin, die im Laufe ihrer 15-jährigen Karriere auf zahlreiche Erfolge und Anerkennungen für ihre Leistungen zurückblicken konnte, die aber auch einige Male daran gescheitert war, Spitzenpositionen in ihrem Bereich mit entsprechender Verantwortungs- und Einflussnahme und dem entsprechenden Gehalt zu erreichen. Nachdem man sie im Rahmen einer wichtigen Beförderung übergangen hatte, reagierte sie mit schweren depressiven Verstimmungen und einem ernsthaften Suizidversuch. Wie sie anschließend berichtete, ließen tatsächliche Erfolgserlebnisse und Beförderungen eine unmittelbare aggressive Anspruchshaltung in ihr entstehen, die sie höhere Positionen und Anerkennungen einfordern ließ, während sie sich gleichzeitig leer und gelangweilt fühlte, jegliches Interesse an der Arbeit und der Firma verlor und ihre eigene Leistung und Erfahrung vollkommen unrealistisch einschätzte. Ihre Vorgesetzten wiesen darauf hin, dass ihre Leistungen, trotz hervorragender Projektarbeit und Kundenbetreuung, inkonsistent waren, dass sie Situationen falsch einschätzte, aufbrausend reagierte und es ihr an Führungsqualitäten sowie an einem Verständnis für den Auftrag der Firma mangelte. Für diese Frau bedeuteten tatsächliche Leistung und Anerkennung paradoxerweise nicht die Bestätigung ihrer Fähigkeiten, sondern einen Beleg für ihre Grenzen. Selbstkritische Vergleiche mit Kollegen mündeten in Wut, Ärger, Neid und Selbstmitleid, was jedoch berufliches Fortkommen und das Empfinden von Stolz angesichts der eigenen Leistung unmöglich machte.

Fallvignetten

Die folgenden Fallvignetten sollen zeigen, wie Lebensereignisse Veränderungen im pathologischen Narzissmus bewirken können. Es handelt sich dabei um Patientenkontakte der Autorin im Rahmen von Langzeitpsychotherapien und zeitlich begrenzten Beratungen. Wenngleich die intrapsychische Komplexität des pathologischen Narzissmus nicht in der Form erfasst werden kann, wie dies im Rahmen einer Psychoanalyse oder intensiven psychoanalytischen Psychotherapie möglich ist, so handelt es sich doch um eine naturalistische und allgemeinpsychiatrische Behandlungssituation für Patienten mit narzisstischen Störungen. Das erste Fallbeispiel illustriert, wie eine allmähliche Veränderung des Lebensumfeldes, verbunden mit einem spezifischen Lebensereignis, plötzlich zu einer bedeutsamen Veränderung in der narzisstischen Störung des Patienten führte. Die zweite Vignette berichtet, wie die Interpretation eines bestimmten Lebensereignisses aufseiten des Betreffenden eine rasche und bedeutsame Veränderung seiner schweren narzisstischen Störung nach sich zog. Der dritte Fall diskutiert die Eskalation des pathologischen Narzissmus nach einem extrem korrosiven Lebensereignis – eine Eskalation, die in eine schwere traumaassoziierte narzisstische Symptomatik (TANS) mündete.

3.2 Veränderungen der narzisstischen Psychopathologie

»Meine schrecklichen Nachbarn haben meine Rachsucht geheilt ...«

H., Mitte 30, ersuchte um Psychotherapie, nachdem man ihm in seiner Tätigkeit als Versicherungsvertreter gekündigt hatte. Trotz seiner Fähigkeiten und Intelligenz, die ihm Phasen beruflicher Erfolge und entsprechender Anerkennung eingebracht hatten, war dies das 24. Mal in 15 Jahren, dass er, wütend und frustriert, seine Anstellung verloren oder selbst gekündigt hatte. Die Gründe für den jeweiligen Arbeitsplatzverlust lagen in H.s Streitsucht, die Bekannte und Freunde ebenso betraf wie Kollegen und Vorgesetzte. Darüber hinaus war H. seit Jahren in heftige Auseinandersetzungen mit seinen Nachbarn verstrickt, die er als provokativ und ungebildet bezeichnete. Seine Redegewandtheit ließ in ihm ein Gefühl der Überlegenheit entstehen, und er fühlte sich aufgerufen, es den Menschen heimzuzahlen, die er als unhöflich, dumm, sarkastisch, unkooperativ oder kontraproduktiv erlebte. Er empfand eine Art aufregenden Nervenkitzel, wenn Streit und Feindseligkeit eskalierten und er seine Macht und überragende Fähigkeit zur »verbalen Vernichtung« unter Beweis stellen konnte. Die Auseinandersetzungen boten H. die Möglichkeit, sich über seine schrecklichen Kollegen und Nachbarn zu echauffieren, die ihn terrorisierten und ihm das Leben zur Hölle machten. Auch im Kollegenkreis legte er ein zunehmendes Misstrauen an den Tag und zweifelte an den Absichten und der Aufrichtigkeit seiner Mitarbeiter.

Die überaus bedrohliche Erfahrung des letzten Arbeitsplatzverlustes überzeugte H., dass er therapeutische Hilfe nötig hatte. Trotz der konsequenten Versuche der Therapeutin, H.s Motive, sich immer wieder auf verbale Auseinandersetzungen einzulassen, sowie deren Nachteile und Risiken zu explorieren, zu klären und zu deuten, machte H. keinerlei Anstalten, sie aufzugeben. Auch die Klärung der damit einhergehenden spezifisch narzisstischen Gefühle, wie Überlegenheit, Feindseligkeit, Rachsucht, Anspruchlichkeit, Risikoverhalten, sowie sadomasochistisches Oszillieren zwischen Opfer- und Täterposition vermochten H.s Verhalten nicht zu ändern. Vielmehr war er überzeugt und stolz darauf, dass er die Fäden in der Hand hielt und die Konflikte mit seinen Nachbarn, die er nach seinen eigenen Spielregeln austrug, auch nach seinem Gutdünken beenden konnte – indem er sie entweder ignorierte oder ihnen höflich begegnete. Für die Therapeutin war die Unerschütterlichkeit, mit der H. an seinem Verhalten festhielt, irritierend und frustrierend. Sie fühlte sich auf Distanz gehalten, wenn H. in den Stunden nur tröpfchenweise von seinem aktuellen Leben draußen berichtete, während er sie mit detaillierten Schilderungen und Klagen über vergangene und gegenwärtige Auseinandersetzungen gleichsam überschüttete.

Im Laufe der 6-jährigen Psychotherapie, die mit einer Frequenz von 1 bis 2 Wochenstunden durchgeführt wurde und in der zahlreiche schwierige und bedrohliche Begebenheiten der ersten zwölf Lebensjahre von H. bearbeitet worden waren, ereigneten sich jedoch eine ganze Reihe bedeutsamer Veränderungen im Leben des Patienten. Er ging eine Beziehung zu einer Frau ein, deren Engagement und Loyalität stärker waren als seine früheren Versuche, Konflikte eskalieren zu lassen und Beziehungen zu beenden; er wurde Vater; und er wurde an einer angesehenen Wirtschaftsschule angenommen. Eines Tages eröffnete er die Therapiesitzung mit einem breiten Lächeln: »Meine schrecklichen Nachbarn haben meine Rachsucht geheilt.« Nach einer besonders unangenehmen und beängstigenden Begegnung hatte sich H. zu seiner eigenen Überraschung zunehmend belastet, unwohl in seiner Haut und bedroht gefühlt. Sein Verlangen, sich neuerlich auf einen Streit einzulassen, hatte sichtlich nachgelassen. Er empfand seine Nachbarn als soziale Außenseiter, insbesondere wenn er an seine eigenen neuen Ausbildungspläne dachte. Der frühere Nervenkitzel, wenn er mit ihnen stritt, schwand, und er erkannte, dass Begegnungen dieser Art seiner Tochter ebenso schaden könnten wie seiner zukünftigen beruflichen Laufbahn. Als ihm klar wurde, dass es ihm – entgegen seiner früheren Überzeugung – immer weniger gelang, den Verlauf der Interaktion durch vernünftiges und höfliches Verhalten oder aber Ignorieren provokativer Kommentare zu steuern, entschloss er sich zum Umzug in eine freundlichere Gegend. Als sich die Therapeutin dafür interessierte, was wohl zu dieser Veränderung gerade zum aktuellen Zeitpunkt beigetragen haben mochte, schwieg H., änderte das Thema und begann zu überlegen, wie er es wohl zum Jahrgangsbesten an der Wirtschaftsschule schaffen könnte.

Ganz offensichtlich konnte die narzisstische Funktion des feindseligen, überheblichen und rachsüchtigen Verhaltens des Patienten gegenüber Nachbarn und Kollegen aufgegeben werden. Energie und Ehrgeiz konnten auf angemessenere und reifere Ziele umgeleitet werden, die den narzisstischen Funktionen von Selbstrespekt, elterlicher Verantwortung und beruflichem Ehrgeiz besser entsprachen. Die Frage bleibt jedoch, was tatsächlich die Veränderung in H.s Einstellung und Verhalten bewirkt hat. Die Fähigkeit, sich auf langfristige Beziehungen zur Therapeutin, zur Verlobten und Mutter seiner Tochter sowie seiner Tochter selbst einzulassen, bildeten mit Sicherheit die Basis und Motivation, seine pathologisch-narzisstischen Muster zu verändern. In ein Ausbildungsprogramm aufgenommen zu werden, das eine angesehene berufliche Karriere ermöglichte, veränderte H.s narzisstische Strebungen sowie sein Selbstwertgefühl und seine Affektregulierung. Aggressiver und rachsüchtiger Exhibitionismus wurden ersetzt durch berufliche Ambitionen und Leistungen. Es mag sein, dass H. erst adäquatere Ich-Ziele und Ideale entwickeln musste, bevor er sein pathologisch-narzisstisches Muster verändern konnte. H. selbst schrieb die Entwicklungen, die zu einer Veränderung in seinem narzisstischen Verhalten führten, Ereignissen außerhalb der Psychotherapie zu. Die Frage ist, ob die mit einem aktuellen Lebensereignis einhergehenden motivationalen und emotionalen Prozesse notwendige Voraussetzungen dafür waren, eine sichtbare strukturelle Veränderung in H. zu bewirken. Oder könnte es sein, dass eine vollständige Anerkennung der Interaktion mit der Therapeutin sowie der damit einhergehenden spezifischen Übertragung unerträgliche Gefühle von Abhängigkeit, Angst vor Zurückweisung, Wut und Neid ausgelöst hätte?

»Ein Geschenk Gottes ...«

J. war Mitte 40, verheiratet, Vater von vier Kindern und millionenschwerer Inhaber einer Firma im Bereich Industrieentwicklung. Schlau, arrogant und unabhängig hielt er sich in der Regel für einen fähigen Mann und war stolz auf das von ihm Geleistete. Trotzdem hatte er lange mit einem unspezifischen Gefühl von Minderwertigkeit zu kämpfen, das er auf sein geringe Körpergröße und seine falschen Zähne zurückführte. Seine Frau hatte er sich aus einem Land der Dritten Welt gesucht, da er sich für zuverlässig hielt und überzeugt war, gut für sie sorgen zu können.

Nach nahezu 20 Jahren Ehe wuchs in ihm der Verdacht, seine Frau könne eine Affäre haben – eine Vermutung, die sich beim Abhören ihrer Telefonate bestätigte. J. verbrachte Stunden damit, den Bändern mit dem aufgezeichneten Telefonsex zwischen seiner Frau und ihrem Liebhaber, einem früheren Geschäftspartner, zu lauschen. Unfähig, damit aufzuhören, beschrieb er eine Gefühlsmischung aus Schock, schwerer Demütigung und sexueller Erregung. Nach einigen Monaten entschloss er sich zu handeln. In einer psychischen Verfassung, die geprägt war von beeinträchtigter Urteilsfähigkeit, partieller Realitätsverleugnung, Gefühlen von Demütigung, Selbstgerechtigkeit und Anspruchlichkeit, traf J. eine Reihe von verhängnisvollen Entscheidungen. Als Erstes wollte er die Bänder der Familie seiner Frau übergeben, in der Hoffnung, dort Unterstützung zu erfahren. Die Angehörigen seiner Frau hielten jedoch deren Integrität für verletzt und wiesen sein Anliegen zurück. Nach einigen wenigen Sitzungen Paartherapie verlangte seine Frau schließlich die Scheidung. In der Überzeugung, ihn treffe keine Schuld, entschloss sich J., seine Sache eigenhändig vor Gericht zu verteidigen, ohne einen Anwalt hinzuzuziehen, während sich seine Frau von einem sehr fähigen Scheidungsanwalt vertreten ließ. Nach einjähriger gerichtlicher Auseinandersetzung musste J. eine Scheidungsvereinbarung unterzeichnen, die zum Verlust seines Hauses und des Sorgerechts für seine Kinder führte und ihn zu umfangreichen Unterhaltszahlungen für seine Ex-Frau und die Kinder verurteilte. Immer noch der Meinung, ihm könne »nach all dem nichts mehr passieren«, unterliefen ihm eine Reihe von Fehlkalkulationen und riskante Geschäftsmanöver, und er musste Konkurs anmelden. Zahlreiche Versuche, nach der Schließung seiner Firma neuerlich im Geschäftsleben Fuß zu fassen, scheiterten. Obwohl sich immer wieder viel versprechende Möglichkeiten zu neuen Geschäftsgründungen oder entsprechenden Führungspositionen auftaten, war J. doch die meiste Zeit über zu depressiv oder apathisch, um wirklich zu arbeiten, zu kritisch und entwertend, zu schnell in wütende Auseinandersetzungen mit Kollegen und Vorgesetzten verstrickt. Er tat sich ausgesprochen schwer, seinesgleichen anzuerkennen oder sich anderen unterzuordnen. Nach und nach begann er andere Menschen und deren erfolgreiche Arbeit zu beneiden und zu verachten, während ihm frühere Geschäftspartner und Kollegen zunehmend aus dem Weg gingen.

Unter Schlaflosigkeit und Verwirrtheitszuständen leidend, verzweifelt und depressiv, suizidal und apathisch, mit seiner immensen Wut kämpfend, war dies der Zeitpunkt, als ihm ein Verwandter riet, einen Psychiater aufzusuchen. Für J., der Unterordnung und Hilflosigkeit verachtete und stets stolz auf seine »geistige Gesundheit« und Selbstgenügsamkeit gewesen war, bedeutete psychiatrische Hilfe eine außerordentliche Demütigung und den ultimativen Beweis seines Scheiterns und seiner Inkompetenz. So endete der erste Anlauf bereits nach wenigen Wochen, als sich der Arzt aufgrund J.s arroganten, unkooperativen und entwertenden Gebarens weigerte, die Behandlung fortzuführen. Ein neuerlicher Versuch bei einem zweiten Arzt scheiterte schließlich an dessen zunehmenden Bedenken angesichts der mörderischen Wut seines Patienten gegenüber seiner Ex-Frau, Bedenken, mit denen sich der Therapeut an den Anwalt der Frau wandte, woraufhin J. die Therapie abbrach. Die Psychotherapeutin, an die sich J. in einem dritten Versuch wandte, hielt J. für einen verzweifelten, schwer gedemütigten Mann, der von einer mörderischen Rachsucht und narzisstischen Wut seiner Ex-Frau gegenüber erfüllt war. Die Scheidung sowie die der Trennung vorausgehenden Ereignisse hatten ganz offensichtlich eine bereits existierende narzisstische Grundkonstitution – geprägt von Anspruchsdenken und Masochismus, extremer Verletzbarkeit des Selbstwertes sowie Neigung zu heftigen, von Wut und Rachsucht begleiteten Reaktionen – eskalieren lassen. J.s Realitätsprüfung war partiell beeinträchtigt, ebenso wie seine Fähigkeit, sich zu schützen und zu verteidigen, und er litt an schweren Selbstwerteinbrüchen. Die Folgen seiner Gefühle und Handlungen waren ihm ebenso wenig zugänglich wie sein eigener Anteil, den er an der Verschlechterung seiner Situation hatte. Er selbst fühlte sich vom Schicksal geschlagen und war der Überzeugung, die Situation würde, was immer

3.2 Veränderungen der narzisstischen Psychopathologie

er tat, nur noch schlimmer. Obwohl er an den Nutzen einer Behandlung nicht glaubte, fühlte er sich, aus welchem Grund auch immer, veranlasst, weiter zuverlässig zu den Stunden zu erscheinen. Im schlimmsten Fall erlebte er die Therapeutin als unberechenbaren Feind, im besten Fall als hilflose und inkompetente Kreatur, die sich am Bodensatz der Gesellschaft bewegte. Doch als solche konnte sie ihm offenbar nicht gefährlich werden. Im Gegenteil, auf paradoxe Art und Weise war sie ihm sympathisch, was wohl als Zeichen einer projektiven Identifizierung zu werten ist.

Die eineinhalb Jahre während Psychotherapie wurde durch die Tatsache erschwert, dass J. weder über Introspektions- noch über Einsichtsfähigkeit verfügte. Konkretistisch und handlungsorientiert wie er war, wies er für lange Zeit die Mehrzahl der therapeutischen Interventionen ärgerlich zurück. Immerhin hatte er keine kriminelle Vorgeschichte, hatte kein gefährliches Verhalten an den Tag gelegt und konnte schließlich der Aufforderung der Therapeutin nachkommen, sich in seinen juristischen Angelegenheiten von einem Anwalt vertreten zu lassen.

Die erste Phase der Therapie wurde beherrscht von der mörderischen Wut und Rachsucht gegenüber seiner Ex-Frau. Die Therapeutin fühlte sich in dieser Zeit entweder in die Rolle einer Komplizin eines Mordkomplotts oder aber in die Position eines Schutzengels gedrängt, der J. vor seiner eigenen Wut bewahren sollte. Nach und nach vermochte J. zu erkennen, dass er nicht in der Lage war, seine Frau umzubringen (d. h., dass er zwar mörderische Wut in sich trug, aber kein Mörder war). Obwohl nie zuvor religiös, wandte er sich an eine höhere Macht, die er darum bat, dem Leben seiner Ex-Frau durch einen Unfall oder eine Krankheit ein Ende zu setzen. Als sein Flehen ungehört blieb, fühlte er sich wie gelähmt, verfiel in eine schwere Depression mit Suizidgedanken und bewegte sich, aufgrund ernsthafter finanzieller Schwierigkeiten zum damaligen Zeitpunkt, am Rande der Obdachlosigkeit. Eine antidepressiv-medikamentöse Behandlung lehnte er ab. Den Vorschlag einer Elektrokrampftherapie wollte er sich über das Wochenende durch den Kopf gehen lassen.

Anlässlich einer Zusammenkunft der Pfingstbewegung, zu der ihn ein Bekannter mitgenommen hatte, verfiel er in einen Zustand der Ekstase und Trance. Kurz darauf bot man ihm eine Anstellung als Haushaltswarenverkäufer in einer kleinen, aber prosperierenden Firma an. Obwohl er jegliche Spiritualität und Religiosität für sich ablehnte, war er doch überzeugt, dass diese Stelle ein besonderes Geschenk Gottes darstellte. Seine neue Arbeit gefiel ihm, und er kam gut aus mit seinen Vorgesetzten und Kollegen. Er machte Überstunden und erarbeitete sich Provisionen. J.s gesamtes Leben nahm eine Wendung, er gewann an Selbstbewusstsein, fühlte sich geschätzt und kompetent und entwickelte neue Interessen und Freundschaften. Der depressive Schleier lichtete sich, und aus der mörderischen Wut seiner Ex-Frau gegenüber wurde kontrollierter Ärger und Hass. Mehr und mehr konnte er seiner Rolle und Verantwortung als Vater nachkommen. Seine zornerfüllte Aggressivität anderen Menschen gegenüber nahm ab, und er fühlte sich mehr und mehr in der Lage, berufliche und persönliche Ziele zu verfolgen. Aufgrund seiner Arbeitszeiten sagte er immer häufiger Sitzungen ab, um die Behandlung schließlich ohne formalen Abschluss zu beenden.

J.s mörderische narzisstische Wut wurde durch eine ganze Reihe extrem korrosiver und traumatischer Ereignisse ausgelöst, konnte jedoch im Laufe der Psychotherapie allmählich internalisiert und in eine Depression umgewandelt werden, die er in Form von Suizidgedanken gegen sich selbst richtete. Das korrigierende Lebensereignis – eine neue Stelle, durch die er seine Arbeitsfähigkeit zurückerlangte und Geld verdiente – ereignete sich zu einem Zeitpunkt, als J.s Leben finanziell und durch selbstdestruktive Handlungsweisen ernsthaft bedroht war. J. deutete dieses Ereignis narzisstisch. Die neue Stelle als »Geschenk Gottes« zu verstehen machte es ihm offensichtlich einfacher, Unterordnung zu ertragen, Hilfe anzunehmen und sich nach wie vor als etwas Besonderes zu fühlen sowie das alte narzisstische Muster aggressiver und überheblicher Unabhängigkeit aufzugeben. Die Frage bleibt, inwieweit J.s ekstatisches Erlebnis während des Treffens der Pfingstbewegung mit der therapeutischen Empfehlung einer EKT-Behandlung zu tun hatte, um seinen pathologischen Narzissmus in gesündere zwischenmenschliche Beziehungen, Interaktionen und berufliche Pläne umzuwandeln.

»Da war etwas, das war stärker als ich ...«

C., Ende 40 und verheiratet, war leitender Flugsicherungslotse einer Bodenkontrollstation. Er arbeitete seit über 20 Jahren am Flughafen und galt als fähig und zuverlässig. Als junger Mann war er zur Luftwaffe gegangen, um Pilot zu werden, konnte jedoch diesen Weg aufgrund einer körperlichen Behinderung nicht weiter verfolgen, was ihn schließlich die Fluglotsenlaufbahn einschlagen ließ. Seine Arbeit, so C., machte ihm großen Spaß. Er war stolz darauf, Tausenden von Flugzeugen, inklusive Jumbo Jets und riesiger Frachtflugzeuge, sicher und ohne Komplikationen zur Landung verholfen zu haben. Allein und ohne Unterstützung, so sein Empfinden, brachte er die Maschinen auf den Boden, so als hätten die Piloten keinen Anteil an den jeweiligen Landungen. Eines Tages kam es zu einem folgenschweren Unfall, als unter schlechten und unvorhersehbaren Wetterverhältnissen eine Maschine, deren Landemanöver C. überwachte, die Orientierung verlor, abstürzte und 25 Menschen mit in

3.2 Veränderungen der narzisstischen Psychopathologie

den Tod riss. In der sehr eingehenden nachfolgenden Untersuchung wurden C.s professionelle Einschätzung der Lage sowie sein Verhalten vor und während des Absturzes als angemessen beurteilt, sodass man ihn von jeglicher Verantwortung für den Flugzeugabsturz freisprach. C. jedoch verbiss sich während der Untersuchung zunehmend in die Phantasie (Zelin et al. 1983), er hätte den Absturz durch ein alternatives Landemanöver verhindern können. Er war überzeugt, dass er, da er nicht für den Unfall verantwortlich gemacht wurde, der Einzige war, der von diesem alternativen Landemanöver wusste, und dass es an ihm allein gelegen hätte, es einzuleiten. Obgleich C. viel Unterstützung seitens der Kollegenschaft erfuhr und schon bald nach der Untersuchung an seinen Arbeitsplatz zurückkehrte, entwickelte er Konzentrationsschwierigkeiten und tat sich zunehmend schwer, seine Aufgaben zu erfüllen.

Die genauere Exploration während einer Kurzpsychotherapie, die einige Jahre nach dem Absturz stattfand, ergab, dass C. weiterhin von der Phantasie beherrscht war, den Flugzeugabsturz zu verhindern. Er verbrachte mehrere Stunden am Tag damit, jede einzelne Sekunde der damaligen Ereignisse und seiner Entscheidungen durchzugehen. Immer wieder spielte er in Gedanken das alternative Landungsmanöver durch. In seiner inneren Welt hatte er die Kontrolle, er fühlte sich stark und fähig, so wie er sich sein gesamtes Berufsleben über gefühlt hatte. Äußerlich jedoch hatte er mit überwältigenden Gefühlen von Minderwertigkeit und Gescheitert-Sein zu kämpfen. Immer wieder meinte er: »Da war etwas, das war stärker als ich ... die Natur! Das ist mir nie zuvor passiert!« Er leugnete, sich schuldig für den Absturz zu fühlen oder in Gedanken mit den 25 Opfern und ihren Familien beschäftigt zu sein. Trotzdem litt er unter Depressionen, hatte schlimme Wutausbrüche, war reizbar, chronisch suizidal und entwickelte Mordphantasien. Eine neuropsychologische Testung ergab eine anhaltende Einschränkung der abstrakten Denkfähigkeit. Trotz intensiver psychotherapeutischer Bemühungen ging es C. nicht besser. Er kapselte sich ab in dem Versuch, sich seiner Kompetenz zu versichern. Er fühlte sich völlig allein und ohne Verbindung zu anderen Menschen. Was ihn am Leben hielt, schien seine eigene innere Selbstwertschätzung.

C.s Geschichte ist ein Beispiel für eine extreme Verschärfung des pathologischen Narzissmus im Zusammenhang mit einem außerordentlich traumatischen und korrosiven Lebensereignis, das das Selbsterleben des Patienten als fähiger und wertvoller Mensch zutiefst erschütterte. Diese Erfahrung führte zu einem dramatischen Anstieg der pathologisch-narzisstischen Symptomatik, insbesondere zur Manifestation einer wahnhaften Grandiosität und zu Angriffen auf das eigene Selbst, die von schweren Symptomen einer Posttraumatischen Belastungsstörung begleitet waren. Es kam zudem zu einer Exazerbation einer bereits bestehenden narzisstischen Grundkonstitution sowie zur Auslösung traumaassoziierter narzisstischer Symptome (TANS). C. hatte seine nicht realisierbaren Pläne, Pilot zu werden, mit der Phantasie kompensiert, der einzig Verantwortliche im Landungsmanöver zu sein – eine Phantasie, die ganz offensichtlich lange Zeit sein berufliches Selbstwertgefühl und Kompetenzerleben stützte und seine Fähigkeit, seinen beruflichen Pflichten nachzukommen, nicht einschränkte. Allerdings vereitelte seine pathologisch-narzisstische Konstellation nach dem Absturz die volle Realitätsprüfung und die Fähigkeit, sich auf ein therapeutisches Arbeitsbündnis einzulassen.

Zusammenfassung

Beim pathologischen Narzissmus handelt es sich nicht um ein statisches und festgeschriebenes psychopathologisches Gebilde. Im Gegenteil, der Wechsel zwischen Stabilität und Veränderbarkeit, das Oszillieren zwischen gesundem und pathologischem Narzissmus – all dies ist ein aktiver Prozess, der in jedem von uns und in all unseren zwischenmenschlichen Beziehungen unter den jeweiligen Lebensbedingungen stattfindet. Ein geplantes oder unerwartetes Lebensereignis kann samt seiner spezifischen narzisstischen Bedeutung entweder Selbstbewusstsein und persönliches Wachstum fördern oder aber ein erhöhtes Minderwertigkeitsgefühl nach sich ziehen, das begleitet ist von defensiver Grandiosität, Aggressivität und Entfremdung. Unsere Forschungen haben ergeben, dass pathologischer Narzissmus aufgrund korrigierender Lebensereignisse im Laufe der Zeit geringer werden kann, unabhängig von psychotherapeutischer Begleitung. Doch genauso kann es infolge korrosiver Lebensereignisse zu einer Exazerbation des pathologischen Narzissmus kommen, wodurch Selbsterleben und normale Selbstregulationsfähigkeiten des Betreffenden von Grund auf bedroht oder außer Kraft gesetzt werden können. In manchen Fällen, in denen sich das korrosive Ereignis als traumatisch und besonders gefährlich für die zugrunde liegende narzisstische Vulnerabilität erweist, kann es infolge des gesteigerten pathologischen Narzissmus zu traumaassoziierten narzisstischen Symptomen (TANS) kommen. Es bedarf weiterer klinischer und empirischer Untersuchungen zur Komplexität des Narzissmus, insbesondere Studien, die jene Einflussfaktoren im Blick haben, die sich auf die Veränderungsmotivation eines Patienten sowie auf die jeweiligen Interaktionsmuster auswirken, die wiederum zu Veränderungen in der Psychotherapie mit narzisstischen Patienten führen.

Literatur

Akhtar S (1989). Narcissistic personality disorder: descriptive features and differential diagnosis. Psychiatr Clin North Am; 2(3): 505–30 (dt.: Deskriptive Merkmale und Differenzialdiagnose der Narzisstischen Persönlichkeitsstörung. In diesem Band: S. 231–62).
Akhtar S (1997). The shy narcissist. Vortrag anlässlich der 150. Jahrestagung der American Psychiatric Association in San Diego, USA, Mai 1997.
Alexander F (1946). Individual psychotherapy. Psychosom Med; 8: 110–5.
Alexander F (1956). Psychoanalysis and Psychotherapy. New York: Norton.
Bateman A (1998). Thick- and thin-skinned organizations and enactment in borderline and narcissistic disorders. Int J Psychoanal; 79: 13–25.
Brown GW, Harris TO (eds) (1989). Life Events and Illness. New York: The Guilford Press.
Cooper A (1997). Further developments of the diagnosis of narcissistic personality disorder. In: Ronningstam E (ed). Disorders of Narcissism. Diagnostic, clinical and empirical implications. Washington, DC, American Psychiatric Press.
Fiscalini J, Grey A (1993). Narcissism and the Interpersonal Self. New York: Columbia University Press.
Fiscalini J, Grey A (1994). Narcissism and coparticipant inquiry – explorations in contemporary interpersonal psychoanalysis. Contemp Psychoanal; 30(4): 747–76.
Glasser M (1992). Problems in the psychoanalysis of certain narcissistic disorders. Int J Psychoanal; 73: 493–503.
Horowitz MJ, Kernberg OF, Weinshel EM (eds) (1993). Psychic Structure and Psychic Change. Essays in honor of Robert S. Wallerstein, M.D. Madison: International Universities Press.
Ivey G (1999). Transference-countertransference constellations and enactments in the psychotherapy of destructive narcissism. Br J Med Psychol; 72: 63–74.
Jorstad J (2001). Avoiding unbearable pain. Resistance and defense in the psychoanalysis of a man with a narcissistic personality disorder. Scand Psychoanal Rev; 24: 344–5.
Kernberg OF (1975). Borderline-Störungen und pathologischer Narzissmus. Frankfurt/M.: Suhrkamp 1978.
Kernberg OF (1980). Innere Welt und äußere Realität. Anwendungen der Objektbeziehungstheorie. München: Verlag Internationale Psychoanalyse 1988.
Kernberg OF (1984). Schwere Persönlichkeitsstörungen. Theorie, Diagnose und Behandlungsstrategien. Stuttgart: Klett-Cotta 1988.
Kernberg OF (1985). Clinical diagnosis and treatment of narcissistic personality disorder. Vortrag, gehalten vor der Schwedischen Association for Mental Health in Stockholm, August 1985.
Kernberg OF (1993). Nature and agents of structural intrapsychic change. In: Horowitz MJ, Kernberg OF, Weinshel EM (eds). Psychic Structure and Psychic Change. Essays in honor of Robert S. Wallerstein, M.D. Madison, CT: International Universities Press; 327–44.
Kernberg OF (1999). A severe sexual inhibition in the course of the psychoanalytic treatment of a patient with a narcissistic personality disorder. Int J Psychoanal; 80: 899–908.
Kernberg P (1989). Narcissistic personality disorder in childhood. Psychiatr Clin North Am; 12: 671–94.
Kernberg P (1997). Developmental aspects of normal and pathological narcissism. In: Ronningstam E (ed). Disorders of Narcissism. Diagnostic, clinical, and empirical implications. Washington, DC: American Psychiatric Press.
Kohut H (1966). Forms and transformations of narcissism. J Am Psychoanal Assoc; 14: 243–72.
Kohut H (1968). The psychoanalytic treatment of narcissistic personality disorder. Psychoanal Study Child; 23: 86–113.
Kohut H (1971). Narzißmus. Eine Theorie der psychoanalytischen Behandlung narzißtischer Persönlichkeitsstörungen. Frankfurt/M.: Suhrkamp 1973.
Kohut H (1977). Die Heilung des Selbst. Frankfurt/M.: Suhrkamp 1979.
Ornstein P (1997). Psychoanalysis of patients with primary self-disorder. In: Ronningstam E (ed). Disorders of Narcissism. Diagnostic, clinical, and empirical implications. Washington, DC: American Psychiatric Press.

Renik O (1998). The role of countertransference enactment in a successful clinical psychoanalysis. In: Ellman S, Moskowitz M (eds). Enactment – Towards a New Approach to the Therapeutic Relationship. Northvale, NJ: Jason Aronson; 111–28.
Rhodewalt F, Morf CC (1998). On self-aggrandizement and anger. A temporal analysis of narcissism and affective reactions to success and failure. J Person Soc Psychol; 74: 672–85.
Ronningstam E, Anick D (2001). The interrupted career group. A preliminary Report. Harv Rev Psychiatry; 9: 234–43.
Ronningstam E, Gunderson J (1996). Narcissistic personality – a stable disorder or a state of mind? Psychiatr Times; XIII(2): 35–6.
Ronningstam E, Maltesberger J (1998). Pathological narcissism and sudden suicidal collapse. Suic Life-Threat Behav; 28(3): 261–71.
Ronningstam E, Gunderson J, Lyons M (1995). Changes in pathological narcissism. Am J Psychiatry; 15: 253–7.
Schore A (1994). Affect Regulation and the Origin of the Self. The neurobiology of emotional development. Hillsdale, NJ: Lawrence Erlbaum Associates.
Simon RI (2001). Distinguishing trauma-associated narcissistic symptoms from posttraumatic stress disorder. A diagnostic challenge. Harv Rev Psychiatry; 10: 28–36.
Stewart H (1990). Interpretation and other agents for psychic change. Int Rev Psychoanal; 17: 61–9.
Torgersen S, Lyndgren S, Oien PA, Skre I, Onstad S, Edvardson J, Tambs K, Kringlen E (2000). A twin study of personality disorders. Compr Psychiatry; 41: 416–25.
Young J (1997). Schema-focused therapy for narcissistic patients. In: Ronningstam E (ed). Disorders of Narcissism. Diagnostic, clinical, and empirical implications. Washington, DC: American Psychiatric Press.
Zelin ML, Bernstein SB, Hein C, Jampel RM, Myerson PG, Adler G, Buie DH, Rizzuto AM (1983). The sustaining fantasy questionnaire. Measurement of sustaining functions of fantasies in psychiatric patients. J Person Assessm; 47(4): 427–39.

3.3
Narzissmus und Kriminalität

Michael Stone

Der Begriff »Kriminalität« soll im Folgenden die tief verwurzelte Neigung zu antisozialem Verhalten beschreiben, das in Art und Ausmaß – vorausgesetzt, es wird polizeilich geahndet und aufgedeckt – eine Festnahme und strafrechtliche Verfolgung nach sich zieht. Ich betone explizit »polizeilich geahndet und aufgedeckt«, da es nicht wenige Persönlichkeiten gibt, denen es in erster Linie aufgrund ihres Reichtums oder ihrer Machtposition (oder auch ihres Geschicks) immer wieder gelingt, mit ihren antisozialen Machenschaften unbeschadet durchzukommen oder aber, wenn es zur Aufdeckung kommt, einer strafrechtlichen Verfolgung zu entgehen. Derartige antisoziale Handlungen müssen nicht unbedingt mit Gewalt verbunden sein, da Vergehen gegen fremdes Eigentum – Börsenmanipulation und Aktienfälschung mit eingeschlossen – auch darunter fallen würden. Der Begriff »tief verwurzelt« oder »chronisch« ist ebenfalls von Bedeutung, da man regelmäßig von spektakulären Kriminalfällen hört, die im Sinne einer einmaligen Tat von Personen begangen werden, die sich zuvor nie etwas zu schulden haben kommen lassen und nie wieder danach kriminell werden. Ein Beispiel dafür ist Cindy Campbell (Olsen 1987), die ihren Freund dazu brachte, ihre Eltern zu ermorden. Sexuell von ihrem Vater missbraucht, übte sie Vergeltung und ließ ihn im Schlaf töten. Die Mutter fand nur deshalb den Tod, weil sie sich zur falschen Zeit am falschen Ort aufhielt, das heißt neben ihrem Ehemann im Ehebett schlief. Das Persönlichkeitsprofil von Cindy Campbell ergab noch nicht einmal eine narzisstische Störung, sondern zeigte eher Borderline- und histrionische Züge.

Im Gegensatz dazu sind chronisches bzw. wiederholtes kriminelles Verhalten und Narzissmus sehr eng, man könnte fast sagen: unauflöslich miteinander verknüpft, insofern als es sich beim Wiederholungstäter oder »Berufskriminellen« um eine Persönlichkeit handelt, die ganz klar »die erste Geige« spielen muss. Der Wiederholungstäter kreist um sich selbst und begegnet den Empfindungen derjenigen, auf die er es abgesehen hat, mit Gleichgültigkeit.

Von den neun Kriterien, die in die DSM-IV-Definition (American Psychiatric Association 1994) für die Narzisstische Persönlichkeitsstörung Eingang gefunden

3 Empirische Grundlagen zum Narzissmus

haben, gibt es einige, auf die wir beim Berufskriminellen mit großer Regelmäßigkeit stoßen:
- ein übertriebenes Gefühl des eigenen Selbstwerts
- Glaube an die eigene »Einmaligkeit«
- Anspruchlichkeit
- ausbeuterisches Verhalten
- Mangel an Empathie

Vom Standpunkt einer kategoriellen Diagnosestellung aus sind mindestens fünf Kriterien ausreichend, eine Narzisstische Persönlichkeitsstörung zu diagnostizieren.

Mit Ausnahme kulturell akzeptierter Formen antisozialen Verhaltens, zum Beispiel in Verbindung mit den Machenschaften der Mafia oder im Umkreis radikal-religiöser Sekten – Gruppierungen, deren Mitglieder es auf »Außenstehende« abgesehen haben, sich jedoch innerhalb ihrer eigenen Gruppe ehrenwert verhalten –, gehen Kriminalität und Narzisstische Persönlichkeitsstörung eine enge Verbindung ein. Gleichwohl wird die Mehrzahl der Personen mit einer Narzisstischen Persönlichkeitsstörung nicht kriminell. Dieser Eindruck gilt als allgemein gültig, obschon es uns an genauen epidemiologischen Daten für jene Bereiche fehlt, in denen es zwischen Kriminalität und Narzisstischer Persönlichkeitsstörung zu Überschneidungen (oder auch nicht) kommt.

Kernberg (1992) hat unser Verständnis für das Gebiet der narzisstischen Persönlichkeit vertieft, indem er die Aufmerksamkeit auf ein ganzes Spektrum von Störungen richtete, die mit den milderen Ausprägungsgraden im Sinne narzisstischer Persönlichkeitszüge beginnen und über den »malignen Narzissmus« bis hin zur eigentlichen Antisozialen Persönlichkeit reichen. Ich selbst habe dieses Schema um die Dimension der Psychopathie, wie sie Robert Hare (1991) definiert und in seiner Psychopathy Checklist-Revised (PCL-R) operationalisiert wurde (Harpur et al. 1989), als noch extremere Variante entlang des narzisstischen Spektrums ergänzt, die einen ganzen Bereich noch unterhalb der »Antisozialen Persönlichkeitsstörung« (APS) abdeckt. Die Wechselbeziehungen zwischen den einzelnen Ausprägungsgraden des Narzissmus und der Wahrscheinlichkeit von (chronischer) Kriminalität sind in der Tabelle 3.3-1 aufgeführt. Die Tabelle soll das Spektrum narzisstischer Ausprägungsgrade illustrieren, wobei es sich notgedrungen um eine schematische und unvollständige Auflistung handelt: So wäre auch ein Zwischenbereich denkbar zwischen malignem Narzissmus und Antisozialer Persönlichkeitsstörung, der all jene Persönlichkeiten umfasst, die eine Narzisstische Persönlichkeitsstörung, womöglich auch im »malignen« Sinne, aber nicht ausreichend antisoziale Züge aufweisen, um den Kriterien einer eigentlichen Antisozialen Persönlichkeitsstörung zu entsprechen. Ein weiterer kritischer Punkt betrifft die Frage psychischer Erkrankung. Bipolare manisch-depressive Erkrankungen gehen regelmäßig mit dem Erleben von Größenwahn und häufig mit einer Art starrer Gefühllosigkeit gegenüber den Empfindungen anderer Men-

Tab. 3.3-1: Wechselbeziehung zwischen Kriminalität und Narzissmus (Zunahme narzisstischer Ausprägung von links nach rechts).

narzisstische Züge	Narzisstische Persönlichkeitsstörung (NPS)	maligner Narzissmus	Antisoziale Persönlichkeitsstörung (APS)	Antisoziale Persönlichkeitsstörung (APS) mit psychopathischen Zügen	Psychopathie im eigentlichen Sinn (d. h. mit PCL-R > 29)
kriminelles Verhalten selten	kriminelles Verhalten selten	kriminelles Verhalten recht häufig	kriminelles Verhalten häufig	kriminelles Verhalten sehr häufig	kriminelles Verhalten in nahezu allen Fällen

schen (sprich: fehlender Empathie) einher. Neben dem Größenwahn existiert im Allgemeinen eine dezidierte Anspruchshaltung, was insgesamt eine Kombination von Persönlichkeitszügen darstellt, die akut manisch Erkrankte zu kriminellem Verhalten geradezu prädisponiert. Empfindungen anderer wird mit Ungerührtheit begegnet, Gefühlen, auf die man sie explizit aufmerksam machen muss, mit Verachtung. Darüber hinaus fühlen sie sich nicht an soziale Regeln gebunden, die die anderen Mitglieder der Gemeinschaft in ihrem Verhalten leiten. Da sich manisch Erkrankte nur manchmal derart außerhalb jeder Realität bewegen, als dass sie der Öffentlichkeit (oder einem Psychiater oder einem Staatsanwalt) als »verrückt« erscheinen würden, ist es häufig eher das Kriminelle und weniger das »Verrückte« ihrer Handlungen, mit dem sie auffallen. Dies steht im Kontrast zum Verhalten mancher größenwahnsinniger schizophrener Patienten, deren Verrücktheit unmittelbar zu erkennen ist. Der Mord am Privatsekretär des britischen Premierministers Pitt durch den schwer wahnkranken Daniel M'Naghten Mitte des 19. Jahrhunderts ist ein berühmtes Beispiel hierfür (Rosner 1994, S. 19). Was die Person des Psychopathen und seine Grandiosität und Selbstzentriertheit angeht, so besteht ein enger Zusammenhang zwischen Psychopathie (am extremen Ende des narzisstischen Spektrums angesiedelt) und antisozialem Verhalten im Sinne des Gesetzes. Hierzu Samenov (1984, S. 181): »Obwohl auf diagnostischer Ebene zwischen Psychopathen und Kriminellen differenziert wird, so gibt es im Grunde doch kaum Unterschiede zwischen beiden.« Auch Coid (1998, S. 82) sieht den Zusammenhang zwischen Narzisstischer Persönlichkeitsstörung (NPS) und Verbrechen, die dem Bedürfnis entspringen, Macht und Kontrolle auszuüben sowie andere zu beherrschen, in Übereinstimmung mit der psychodynamischen Literatur zur Narzisstischen Persönlichkeitsstörung.

Im Folgenden möchte ich die Verbindung zwischen Narzissmus und Kriminalität anhand verschiedener Beispiele illustrieren. Ich werde zeigen, dass Narzissmus nicht notwendigerweise mit kriminellem Verhalten einhergehen muss, Kriminalität jedoch sehr wohl Narzissmus impliziert (unter Berücksichtigung oben genannter Ausnahmen). Die Fallvignetten entstammen unterschiedlichen Quellen: meiner Privatpraxis, meiner Arbeit an einer forensischen Klinik, dem fachlichen Austausch mit forensischen Kollegen weltweit sowie der Literatur umfassender (sich nunmehr auf 450 belaufender) Biografien berüchtigter Mörder und Mörderinnen.

Bipolare affektive Störungen als Verstärker von Narzissmus und Kriminalität

Die forensische Literatur ist voll von Beispielen manisch erkrankter Männer, deren Narzissmus als Ergebnis ihrer bipolaren »Risiko-Gene« angesehen werden kann – oder zumindest durch Vererbung verstärkt. Entsprechend können die Verbrechen, die sie begehen – hinsichtlich ihrer Motivation – als Reaktion auf die Zunichtemachung ihrer narzisstischen Strebungen interpretiert werden. Die Zurückweisung durch eine/n Liebespartner/in ist ein häufiger Auslöser dieser narzisstischen Bedrohung, was die folgende Vignette illustrieren soll.

Richard Minns

Der texanische Bäderfürst ist Mitte 40 und verheiratet und hat vier Kinder, als er sich in die 22-jährige Schönheitskönigin und Medizinstudentin Barbara Piotrowski veliebt. Minns Rücksichtslosigkeit als Geschäftsmann hatte ihn zum Multimillionär gemacht. Er gilt als hypoman, rachsüchtig, arrogant, selbstbezogen, narzisstisch, gewalttätig, paranoid, großspurig, eifersüchtig, heftig, reizsüchtig, unmoralisch, hypersexuell, manipulativ und verlogen. Sein klinisches Profil ist das eines malignen Narzissten, er weist auch die Mehrzahl der (Faktor-I-)Persönlichkeitsmerkmale der Hare Psychopathy Checklist auf. Obwohl in tiefer Leidenschaft zu seiner Geliebten entbrannt, sabotiert er die Affäre letztendlich selbst durch seine Unaufrichtigkeit und seine Gier (er verschweigt zunächst seine Ehe und weigert sich, eine vernünftige Scheidungsvereinbarung mit seiner Ehefrau Mimi auszuhandeln). Als er seiner jungen Geliebten mit seinem besitzergreifendem Verhalten immer mehr zusetzt und sie ihn zurückzuweisen beginnt, schlägt er sie wiederholt – woraufhin sie schließlich ihre Sachen packt und auszieht. Außer sich vor Wut setzt Minns mehrere Killer auf Barbara an, die sie erschießen sollen. Die Schüsse treffen die Wirbelsäule und haben so »nur« eine doppelseitige Lähmung zur Folge.

Minns entzieht sich der Gerichtsbarkeit, flieht nach Europa und ist bis heute auf freiem Fuß. Obwohl es sich beim Mordversuch an seiner Geliebten um seinen einzigen »Ausrutscher« in den Bereich körperlicher Gewalt handelt, gilt er doch als »Berufskrimineller«, da sein rasanter Aufstieg zum Multimillionär auf betrügerischen Machenschaften und Lügen gegenüber seinen Geschäftspartnern basiert. In Abwesenheit wird er zu 60 Millionen $ Schadenersatz verurteilt – von denen keines seiner Opfer wohl je etwas zu Gesicht bekommen wird (Finstad 1991).

Ira Einhorn

Ira Einhorn war der »Superstar« der antibürgerlichen Protestbewegung der Vietnam-Ära, der die Massen Philadelphias mit seinen Antikriegs-Reden hypnotisierte. Hypoman, narzisstisch und sexuell aggressiv, ein zwanghafter Schürzenjäger, der zur Gewalt griff, wann immer ihn eine Frau verlassen wollte. Besonders starke Gefühle hegte er offenbar für die bildschöne Holly Maddux, mit der er Mitte der 70er Jahre eine relativ lange Affäre unterhält (wenngleich immer wieder unterbrochen von Nebenbeziehungen). Einhorn ist Verfechter einer Gewaltphilosophie und überzeugt, dass »auf dem Grund unseres innersten Wesens Gewalt herrscht«. Sein Vorbild ist der Marquis de Sade. Als Holly seine besitzergreifende Art, sexuellen Eskapaden und Wutanfälle leid ist und ihn verlassen will, tötet er sie 1977 und versteckt ihre Leiche in einem Übersee-Koffer in seiner Wohnung. Zwei Jahre lang bleibt sie dort unentdeckt. Bei seiner Verhaftung lässt er die Kaution verfallen und taucht in Europa unter. Er nimmt einen anderen Namen an, heiratet eine Schwedin und lebt später in Frankreich, wo man ihn 20 Jahre später ausfindig macht. Nach seiner Auslieferung in die Vereinigten Staaten hat er nunmehr eine lebenslange Freiheitsstrafe zu verbüßen. Beim Mord an Holly, so eine ihrer Schwestern in der Gerichtsverhandlung, handle es sich um einen »simplen Akt äußerster Selbstsucht«.

Maligner Narzissmus und Verachtung

Die Verbrechen des Chirurgen John Dale Cavaness Ende der 70er, Anfang der 80er Jahre suchen ihresgleichen in der forensischen Literatur.

Der Vater von vier Söhnen quält nicht nur seine Frau (die sich 1971 von ihm scheiden lässt), seine Söhne, seine Sekretärin, sondern alle, die mit ihm zu tun haben. Überhaupt behandelt er Menschen aus seiner engsten Umgebung mit besonderer Niedertracht. Er unterhält zahlreiche Affären und sexuelle Beziehungen zu früheren Patientinnen. Sein Absturz beginnt mit zunehmendem Alkoholmissbrauch. Aus Geldmangel, und um eine entsprechende Versicherungssumme zu kassieren, tötet er 1977 seinen ersten, 1984 auch seinen zweiten Sohn. Des Mordes an seinen Kindern schließlich überführt, wird Cavaness zum Tode verurteilt, begeht aber im Gefängnis Selbstmord.

Die größten Parallelen in der Geschichte des Verbrechens weist dieser Fall mit dem von Len Fagot (Donahue u. Hall 1991) auf:

Der ehemalige Marine-Infanterist und erfolgreiche Anwalt aus New Orleans verlässt seine Frau wegen einer 30 Jahre Jüngeren, und auch seinen Töchtern gegenüber legt er ein zunehmend besitzergreifendes und kontrollierendes Verhalten an den Tag. Als sein Leben mehr und mehr aus den Fugen zu geraten droht, plant er die Ermordung seiner beiden Schwiegersöhne – auch hier ist Geldgier das Motiv –, wobei er es so aussehen lassen will, als seien die beiden Männer von »Einbrechern« überrascht worden. Das Verhältnis zu den Schwiegersöhnen und der Familie allgemein ist von Demütigungen, Schikanen und Wutanfällen geprägt. Len Fagot ist eine perfektionistische narzisstische Persönlichkeit mit ausgeprägten psychopathischen Zügen. Im Zuge seiner »Midlife-Crisis« und der Beziehung zu einer sehr viel jüngeren Frau war es zu einer regelrechten Zersetzung seiner Persönlichkeit gekommen. Auch Fagot begeht Selbstmord nach seiner Verhaftung.

Kriminelles Verhalten bei narzisstischen Frauen

Frauen werden sehr viel seltener zu Berufsverbrecherinnen, so wie sie sehr viel seltener antisoziale, sadistische oder psychopathische Züge entwickeln. In seiner anschaulichen Zusammenfassung über die Bedeutung des männlichen Geschlechtshormons für aggressives Verhalten beim Menschen weist Valzelli (1981, S. 119) auf den positiven Zusammenhang zwischen Testosteron-Spiegel, Feindseligkeit, Aggression und Dominanzgebaren sowohl bei jungen Männern als auch in kriminellen Populationen hin. Auch unter Eishockey-Spielern, die generell einen hohen Aggressivitätsgrad aufweisen, sind jene mit den höchsten Testosteron-Titern am gewalttätigsten (Scaramella u. Brown 1978).

Nun gibt es aber auch eine Reihe von überaus narzisstischen und aggressiven Frauen, die sich schwerer und zum Teil wiederholter Gewaltverbrechen schuldig machen. Wie bei allen von Frauen begangenen Schwerverbrechen stammen die Opfer nahezu ausschließlich aus dem engsten Familien- und Freundeskreis: Familienmitglieder, Liebespartner oder Rivalinnen.

Betty Broderick

Betty Broderick stammt aus einer wohlhabenden und nicht gewalttätigen Familie außerhalb von New York City. Sie heiratet Dan Broderick, der mit Abschlüssen in Medizin und Rechtswissenschaften zu einem überaus erfolgreichen Anwalt für Kunstfehlerprozesse in San Diego avanciert, wo er und Betty mit den vier Kindern leben. Dan, der als egozentrisch, kalt und herrschsüchtig gilt, stellt eine 20-jährige Empfangssekretärin ein, die seiner Frau in jungen Jahren wie aus dem Gesicht geschnitten ähnlich sieht, und beginnt eine Affäre mit ihr. Seine Ehe verschlechtert sich, und bald verlässt er Betty, lässt sich scheiden und heiratet seine junge Geliebte. Aus der ruhigen und hingebungsvollen Hausfrau Betty wird eine rachsüchtige Furie, die versucht, das Haus niederzubrennen, in dem Dan und seine neue Braut leben. Schließlich kauft sie einen 38er Revolver, stiehlt sich eines Nachts in das neue Haus des frisch gebackenen Ehepaares und erschießt Dan und seine neue Frau aus nächster Nähe. Sie wird zu zwei Mal lebenslänglich verurteilt. Da es keine Anzeichen für antisoziale Tendenzen in früheren Jahren gibt, lässt sich Bettys Verhalten wohl am ehesten als Ausdruck eines malignen Narzissmus verstehen, dessen hervorstechendstes Merkmal in diesem Fall das der »Selbstgerechtigkeit« ist, mit der sie in der Gerichtsverhandlung ihren Rachefeldzug und ihre »Selbstjustiz« verteidigt.

Medea wiederaufgelebt: der Fall Dr. Debora Green

Auf der einen Seite diejenige, die auf der Abschlussfeier der High School die Abschlussrede hält, ist Debora Green auf der anderen Seite eine launenhafte und cholerische Frau, die auch über Nichtigkeiten schnell in Rage gerät. Ihre erste Ehe mit Duane Green hält nur wenige Jahre. Darauf folgend heiratet sie den Medizinstudenten Michael Farrer. Unter sexueller Unempfindsamkeit leidend, ist sie chronisch wütend auf ihren Mann. Sie vernachlässigt ihre Kleidung und gewöhnt sich eine ordinäre Sprechweise an, wobei sie sich diesbezüglich nicht einmal vor ihren drei Kindern zusammennimmt. Sie hat eine scharfe Zunge, einen diktatorischen und konfrontativen Umgangston, reagiert aber auf Kritik selbst außerordentlich empfindlich. Im Grunde eine Einzelgängerin, zeigt sie ausgeprägte narzisstische und Borderline-Züge, die mehr als ausreichend sind, entsprechende DSM-Diagnosen zu stellen. Als ihre Ehe zunehmend schlechter wird, kommt es zum Narkotika-Abusus. Im Versuch, ihre beiden älteren Kinder gegen ihren Vater aufzubringen, steigern sich sowohl Wutanfälle und Tablettenkonsum. Auf einer gemeinsamen Reise nach Peru lernt Michael eine andere Frau kennen. Die beiden beginnen einen Affäre, was Debora nicht lange verborgen bleibt. Mit Rizinusöl, das sie eigenhändig aus den hochgiftigen Samen des Rizinusstrauchs extrahiert, beginnt sie ihren Mann zu vergiften. Allein elfmal innerhalb eines Jahres wird Michael ins Krankenhaus eingeliefert, bis er dem Mordkomplott seiner Frau auf die Spur kommt, die Scheidung einreicht und das Sorgerecht für seine Kinder beantragt. Als sich abzeichnet, dass er den Sorgerechtsstreit gewinnen wird, setzt Debora das gemeinsame Haus in Brand. Ungerührt beobachtet sie, wie das Haus in Flammen aufgeht und zwei ihrer Kinder darin umkommen (das dritte kann sich durch einen Sprung aus dem Fenster retten). Neben dem diagnostischen Vollbild einer Narzisstischen Persönlichkeitsstörung und Borderline-Persönlichkeitsstörung finden sich bei Debora Green auch psychopathische Züge (Verlogenheit, Gefühlskälte, fehlende Gewissensbisse) (Rule 1997).

Eine Frau vieler Männer und vieler Morde

Dorothea Helen Gray McFaul Johannson Puente Montalvo, besser bekannt als Dorothy Puente (nach dem dritten ihrer vier Ehemänner benannt), war von ihrer Mutter, einer Prostituierten, in ein Waisenhaus gegeben worden. Die Schule bricht sie ab und arbeitet für kurze Zeit selbst als Prostituierte, bis sie im Alter von 16 Jahren heiratet. Ihre beiden Töchter, die aus dieser Ehe hervorgehen, verlässt sie. Im Alter von 18 Jahren wird sie wegen Diebstahls, Meineids und Betrugs verhaftet – sie war unter vielen verschiedenen Namen und Berufsbezeichnungen aufgetreten: Krankenschwester, Ärztin und Chirurgin. Als Hochstaplerin und pathologische Lügnerin mit großer Überzeugungskraft ausgestattet, gelingt es ihr schließlich, in Sacramento ein Wohnheim für ältere Sozialhilfeempfänger zu eröffnen. Als man sie wegen Unterschlagung von Verrechnungsschecks zu drei Jahren Gefängnis verurteilt, gerät sie wegen des unerklärlichen Verschwindens einiger ihrer Zöglinge zugleich unter Mordverdacht: Eine Sozialarbeiterin, auf der Suche nach einem ihrer Klienten, hatte nicht locker gelassen und die Polizei verständigt. Im Garten findet man daraufhin neben einem Oberschenkelknochen die Überreste von sieben weiteren Leichen vergraben. Insgesamt hatte Dorothy Puente 25 Heimbewohner ermordet und deren Sozialhilfe kassiert. Ihre Rücksichtslosigkeit und Selbstbezogenheit hatte sie hinter einer Fassade aus Sanftmut verborgen und damit viele Menschen über lange Zeit hinweg täuschen können. Puente ist eine der wenigen echten psychopathischen Frauen und weiblichen »Berufskriminellen« in der forensischen Literatur. Ihre Opfer waren Fremde und stammten nicht – im Gegensatz zu sonst von Frauen verübten Morden – aus dem näheren Beziehungsumfeld (Norton 1994).

Gewaltloser Narzissmus und Kriminalität

Jedes Jahrzehnt hat seine eigenen spektakulären Betrugsfälle, von denen viele als geistige Nachfahren der legendären »Ponzi-Methode«[1] gelten dürfen. So ebnete der amerikanische Bausparkassenskandal der späten 80er Jahre den Weg für die Bilanzfälschungen bei Enron. Enrons Zusammenbruch wiederum geht auf das Konto unerlaubter Machenschaften zahlreicher Top-Manager der Firma, allen voran Andrew Fastow (BBC-Nachrichten vom 2. Oktober 2002).

Fastow, eindeutig ein Mann auf der Suche nach dem ganz großen Wurf – dessen Narzissmus in erster Linie auf phantastischen Reichtum und Machtgewinn abzielte –, hatte ein hochkomplexes Netz an Geschäftsverbindungen und Tochterfirmen geknüpft. Die Muttergesellschaft Enron[2] verkaufte Rohstoffe an verschiedene, unabhängig von Enron operierende Tochterfirmen, die diese nicht bar, sondern in Enron-Aktien »zahlten«. Die Aktie selbst hatte keinen intrinsischen Wert, wurde jedoch an

---

1 Im Amerikanischen auch als »Ponzi game« (Ponzi-Spiel) oder »Ponzi scheme« (Ponzi-Schema) bezeichnete Methode, über die Börsianer durch vorsätzliche Täuschung von Investoren und durch Bilanzierungstricks an hohe Summen von Geld gelangen: Anleger sollen mithilfe rascher und hoher Gewinne dazu verleitet werden, weitere Investitionen zu tätigen und dabei immer höhere Risiken einzugehen. Benannt nach Charles Ponzi (gest. 1949), der in den Jahren 1919 und 1920 dieser Betrugsmethode zu trauriger Berühmtheit verhalf (Anm. d. Übs.).

2 Enron war 1985 aus der Fusion zweier US-amerikanischer Gasunternehmen hervorgegangen und handelte hauptsächlich mit Rohstoffen. Als das Unternehmen im Oktober 2001 einen Verlust von 681 Millionen $ anmelden musste, war dies der Auftakt zu einem der größten Finanz- und Politikskandale in der amerikanischen Geschichte. Über Täuschung der Anleger, Manipulation der Bücher und Verfilzung mit der Regierung hatten führende Enron-Manager versucht, die Bonität und Kreditwürdigkeit des Unternehmens aufzuwerten. Im Zuge der Enron-Insolvenz kam es auch zu einer historischen Klage gegen die Bush-Regierung, als die Aufsichtsbehörde des amerikanischen Kongresses Einsicht in die Akten des Vizepräsidenten verlangte, um Aufschluss darüber zu gewinnen, inwieweit Enron-Vertreter Einfluss auf die Energiepolitik der Regierung ausgeübt hatten (Anm. d. Übs.).

der Börse gehandelt. Infolge (scheinbar) unglaublicher Verkaufszahlen stand die Mutterfirma hervorragend da, was die Öffentlichkeit dazu verleitete, Enron-Aktien immer teurer zu handeln. Solange der Strom an naiven Anlegern nicht versiegte, konnten die Tochterfirmen ihre Außenstände mit inflationären Enron-Aktien begleichen. Als jedoch jene Zulieferer-Firmen, die nicht zu Enron gehörten, ihr Geld einforderten, konnte man sie nicht bar bezahlen, sondern wieder nur mit wertlosen Enron-Aktien. Als dieses »Pyramiden-Schema« aufflog, stürzte die Aktie in den Keller und Enron musste Insolvenz anmelden – allerdings erst nachdem die Protagonisten, wie Fastow und anderen führenden Manager der Firma, ihr Aktienkapital abgestoßen und große Gewinne eingestrichen hatten.

Martin Frankel

Wenn es darum geht, wer in Fragen »Grandiosität« den Stich macht, dann wohl der aus Toledo stammende Martin Frankel. Verglichen mit den 350 Millionen $, um die Frankel verschiedenste Versicherungsfirmen betrogen hat, nehmen sich die 37 Millionen eines Andrew Fastow eher bescheiden aus. Während Fastow sich einen fürstlichen Lebensstil zulegte, residierte Frankel wie ein König. Mit Versprechungen, Millionen von Dollar für katholische Wohlfahrtsverbände zu spenden, gelang es ihm sogar, den Vatikan zu täuschen. Er benutzte so viele Decknamen, dass auch Gäste, die er in sein Anwesen in Greenwich/Connecticut einlud, ihn unter verschiedenen Namen kannten (The New York Times vom 25. Juni 1999). Frankel hatte Ende der 80er Jahre die »Frankel-Stiftung« ins Leben gerufen, die von einem Zimmer in seinem Elternhaus aus operierte. Nach seiner ersten Million stieg er auf einen extravaganten Lebensstil um und legte sich schon bald eine rumänische Königin und einen jugoslawischen Exil-König als Kunden zu. Mit einigen Geschäftspartnern gründete er den »Thunor Trust«, der in verschiedenen Versicherungsunternehmen die Aktienmehrheit übernahm. Frankel war ein obsessiver Vielredner. Seine schnelle und abgehackte Sprechweise, das Springen von einem Thema zum nächsten, lassen den Schluss zu, dass er an einer bipolaren affektiven Störung litt. Als sich die Schlinge um seinen Hals immer enger zuzog, setzte er sich in Begleitung einer seiner Freundinnen, Cynthia Allison, nach Europa ab. Beide reisten unter falschen Namen und landeten schließlich, mit Umweg über Rom, im Hamburger Nobelhotel »Prem«, wo sie die deutsche Polizei unter Mithilfe des FBI festnahm. Frankels Karriere als Betrüger erstreckte sich auf nahezu 20 Jahre, was die Bezeichnung »Berufsverbrecher« auch jenseits seines erstaunlichen Größenwahns als gerechtfertigt erscheinen lässt. Niemals um eine Prahlerei verlegen, verfasste Frankel eine ganze Reihe von protzigen Beschreibungen zur eigenen Person, die als Teil von Werbebroschüren an potenzielle Kunden versandt wurden. Darunter auch folgende: »Im Rahmen eines an der Grundschule unangemeldet durchgeführten Tests, wobei der Stanford-Binet-Intelligenztest verwendet wurde, kam er auf eine Punktzahl von 194 – einer der höchsten Werte, die jemals ein Kind in diesem bekannten Intelligenztest erreichte.« (Pollack 2002)

Diagnostisch betrachtet muss man Frankel, was das bislang zusammengetragene Material angeht, eine Narzisstische Persönlichkeitsstörung mit antisozialen und psychopathischen Zügen attestieren.

Ein Psychopath mit ausgeprägter Grandiosität

Justin Merriman (Scott 2003) wächst in zerrütteten familiären Verhältnissen in Südkalifornien auf. Sein Stiefvater ist gewalttätig, seine Mutter führt einen lockeren Lebenswandel. Im Alter von 16 Jahren schließt er sich den »Skinhead Dogs« an – einer gewalttätigen Neonazi-Gruppierung weißer Jugendlicher. Als er das Fenster einer Synagoge mit einem Stein einschlägt, landet er in einer von den kalifornischen Jugendbehörden unterhaltenen Jugendhaftanstalt. Ein dortiger tätlicher Übergriff auf einen Wärter bringt ihm eine Gefängnisstrafe ein, die er mit Vollendung seines 18. Lebensjahres anzutreten hat. Kurz vor der Überstellung in die normale Haftanstalt verliebt er sich jedoch in die aufmüpfige Katrina Montgomery, die aus einer intakten und behüteten Familie stammt. Im Gefängnis erfährt Merriman, dass sich Katrina mit einem College-Studenten trifft, und er macht sich lustig über deren gemeinsamen Besuch bei einem Basketball-Spiel, in seinen Worten: »eine Horde überbezahlter Nigger«. Er schreibt ihr, sie aus diesem Leben »befreien« zu wollen: »Aus dem Nichts taucht ein Weißer auf, mit einer breiten, behaarten Brust und einem Herz aus Gold. (...) Er verdreht ihr völlig den Kopf. Sie verlieben sich, haben unglaublichen Sex miteinander, machen fünf reinrassige weiße Nazi-Kinder und leben glücklich bis ans Ende ihrer Tage!« In einem der folgenden Briefe nimmt sein prahlerisches Geschwätz atemberaubende Ausmaße an: »Ich bin so weiß. So wunderbar weiß! Nichts als reine Gene. Irisches und walisisches Blut fließt durch diesen mächtigen Weißen. Verdammt, ich stamme aus diesem wundervollen weißen Stall. Ich bin so verdammt toll! Ich bin die große weiße Hoffnung. Wer weiß? Du könntest dich glücklich schätzen, wenn ich dir aus diesem hervorragenden Samen ein paar Kinder machte.« Nach seiner Entlassung aus dem Gefängnis – Merriman ist jetzt 20 Jahre alt – versucht er, die Beziehung zu Katrina wieder aufzunehmen, die jedoch kaum noch Interesse an ihm zeigt. Nichtsdestotrotz begleitet sie ihn im November 1992 auf eine Party, auf der die Dinge schnell außer Kontrolle geraten. Sie schlafen miteinander. Als sich Katrina wieder ankleiden will, ist Merriman noch nicht zufrieden, sondern verlangt neuerlich Sex. Als sich die junge Frau sträubt, vergewaltigt er sie, schlägt ihr ins Genick, reißt ihren Kopf herum und durchtrennt ihr dadurch die Jugularvene. Er kann auch als Beispiel par excellence für den Zusammenhang von Narzissmus und Kriminalität sowie das Konzept einer Über-Ich-Lücke gelten, das Adelaide Johnson bereits im Jahr 1949 beschrieben hat.

Ian Brady – ein Serienmörder mit grenzenlosem Narzissmus

> Alles ist nicht verloren. Denn der Wille,
> Der unbesiegbar ist, des Rachsinns Eifer,
> Zeitloser Hass, Mut, der sich nie ergibt,
> Noch unterwirft, noch was sonst unbezwinglich (...)
> Wir herrschen hier in Sicherheit, und wenn's nach mir geht, so
> Sei's in der Hölle, Herrschen lohnt sich immer:
> Zu herrschen in der Hölle hier ist mir
> Lieber, als im Himmel nur zu dienen.
>
> Satan (aus: Milton, »Das verlorene Paradies«. Erstes Buch, Verse 120 und 300)

Ian Brady ist der dämonische Inbegriff des (malignen) Narzissmus. Jeremy Coid, Professor für Forensik in London und Gutachter von Brady, nennt ihn »den größten Narzissten, dem ich je begegnet bin« (persönl. Mitteilung 2003). Geboren 1938 als Ian Duncan Stewart in Glasgow/Schottland, wird er schon bald nach seiner Geburt von seiner Mutter, Mary Stewart, einer Kellnerin in einem Tea Room, weggegeben. Sie kann nach dem Tod ihres Mannes, der nur drei Monate nach Ians Geburt stirbt, nicht mehr ausreichend für ihren Sohn sorgen. Das Ehepaar Mary und John Sloan nimmt Ian als Pflegekind in ihre Familie auf, wo er mit ihren eigenen Kindern aufwachsen soll. Ian ist ein Einzelgänger und Außenseiter, ein hervorragender Schüler, wenngleich mit einer sehr dominanten Persönlichkeit ausgestattet. Die Sloans wiederum sind warmherzige Pflegeeltern, und das Familienleben ist harmonisch. Ian wird weder vernachlässigt noch misshandelt oder missbraucht (ein Phänomen, auf das wir in den Lebensläufen der meisten Serienmörder stoßen). Doch im Alter von neun Jahren begeht er einen Diebstahl – »einfach so«, nicht, weil er das Geld braucht. Wegen des gleichen Vergehens landet er mit 13 vor dem Jugendrichter. Mit 15 hebt er Löcher in der Erde aus, gräbt Katzen und Kaninchen bis zum Kopf darin ein und fährt anschließend mit dem Rasenmäher über sie hinweg. Mit 16 verlässt er die Schule und arbeitet als Metzgerlehrling. Er kehrt zu seiner Mutter zurück, die mittlerweile mit Patrick Brady, einem Fleischlieferanten, verheiratet ist, dessen Namen er annimmt.

Als Ian die Schule verlässt, sind neun Strafanzeigen gegen ihn anhängig (vier wegen Einbruchdiebstahls). Im Rahmen einer dieser Diebstähle hatte er Waren von einem Lastwagen gestohlen, nachdem ihn der Fahrer dazu überredet hatte. Aufgrund seines langen Strafregisters hat Brady nun eine mehrmonatige Gefängnisstrafe zu verbüßen – die er zusammen mit Berufsverbrechern absitzt. Ganz offensichtlich ist es diese Erfahrung, die ihn abstumpfen, antisozial und aufsässig werden lässt (Wilson 2001, S. 9). Dostojewskis »Schuld und Sühne« wird zu einem seiner Lieblingsbücher. Er ist 21, nach wie vor ein Einzelgänger, und arbeitet als Bibliothekar, der sich vor allem für Nazi-Literatur, inklusive »Mein Kampf«, begeistert.

Zwei Jahre später begegnet er Myra Hindley, die in der gleichen Bibliothek als Sekretärin angestellt ist. Es »funkt« heftig zwischen den beiden: Myra verliebt sich leidenschaftlich in Brady, der wiederum die unschuldige und behütete junge Frau in die Werke von Hitler und de Sade einführt. Vor allem beeindruckt ihn de Sades »Philosophie«, wonach körperliche Lust den einzig wahren Wert darstelle und Moral nur dazu da sei, die Armen auf ihren Platz zu verweisen. Entsprechend seien Mitleid und Mitgefühl »Zeichen der Schwäche«. Es dauert nicht lange und das fatale Zusammenwirken dieser Zufallsbegegnung führt im Juli 1963 zum ersten Mord im englischen Hochmoor (»Moor Murders«). Da Kinder einer weiblichen Unbekannten eher trauen als einem fremden Mann, besteht Myras Aufgabe darin, die Kinder in das Cottage zu locken, in dem Brady die jungen Opfer vergewaltigen (das erste Opfer ist ein sechzehnjähriges Mädchen) und erwürgen wird, um gleichzeitig ihre Schreie auf Tonband aufzunehmen – was später wiederum als sexuelles Stimulans für ihn und Myra dienen soll. Zwischen Juli 1963 und September 1965 folgen etwa im Abstand von jeweils sechs Monaten vier weitere Morde an Kindern im Alter von 10 bis 16 Jahren: drei Jungen und ein Mädchen. Dann wird Brady gefasst. Die folgenden 38 Jahre (bis zur Niederschrift dieses Aufsatzes) verbringt er unter strengster Sicherheitsverwahrung im Hochsicherheitstrakt in Broadmoor.

In einem Brief bringt Brady seine schier unglaubliche Ich-Bezogenheit und Verachtung für andere zum Ausdruck: »Sich der Realitäten entledigen, an denen die meisten Menschen ersticken. Stattdessen sich dem nähern, was jenseits dieser Realitäten liegt, und es annehmen. Ich hatte schon immer das Gefühl, weit und tief blicken zu können. Für jene, die dazu nicht in der Lage sind, habe ich nur Verachtung übrig.« (ebd.)

Es ist nicht die Niedertracht seiner Verbrechen, die Brady zum »Narzissten unter den Narzissten« macht. Andere Serienmörder, wie etwa Robert Berdella (Jackman u. Cole 1992) oder Gary Taylor (Imbrie 1993), richteten ganze Folterkammern in den Kellern ihrer Häuser ein, in denen sie ihre Opfer für sehr viel längere Zeitspannen Todesqualen aussetzten, als dies bei Brady und Hindley der Fall war. Leonard Lake demütigte seine Opfer, indem er ihre Foltersitzungen auf Video aufzeichnete (Lasseter 2000). Tommy Sells knüppelte Babys vor den Augen ihrer Mütter zu Tode, um anschließend auch diese zu töten (Fanning 2003). Doch nur Brady äußerte sich zu seiner pervertierten Philosophie (Brady 2001) – so wie der Marquis de Sade zwei Jahrhunderte zuvor (vgl. de Sade 1969; s. auch du Plessix-Gray 1998 und Thomas 1992). Auch de Sade kann als der Narzisst unter den Narzissten angesehen werden, und zwar als der des ausgehenden 18. Jahrhunderts – nicht, weil er alle anderen seiner Zeitgenossen an perverser Brutalität übertroffen hätte (er vergewaltigte, aber tötete nicht), sondern weil er seine sexuelle Gewaltlust in schriftliche Form goss.

In Ian Bradys Weltanschauung[3], wenn man von einer solchen sprechen möchte, ist das Tun der Menschen einzig und allein von Scham geleitet, das heißt von der Furcht, gefasst zu werden.»Die Menschen schämen sich nicht so sehr ihrer verbrecherischen Gedanken oder haben deswegen ein schlechtes Gewissen. Sie fürchten vielmehr jenes kriminelle Gedankengut, das ihnen von anderen zugeschrieben wird.« (Brady 2001, S. 36) Und weiter (ebd.): »Gut und Böse können somit als etwas betrachtet werden, von dem wir glauben, dass wir damit durchkommen, ohne unseren Ruf zu riskieren. (...) Das Gefasst-Werden macht den Verbrecher. (...) Wir alle wünschen, was wir nicht haben oder was verboten ist zu besitzen.« Es scheint Brady nie in den Sinn gekommen zu sein, dass es sich bei den Menschen, die einem Kind die Kehle durchschneiden, um eine kleine Minderheit der menschlichen Spezies handelt und dass es nicht die »Furcht, gefasst zu werden« ist, die die meisten von uns davon abhält, eine solche Tat zu begehen. Brady fügt hinzu: »Individualität ist der höchste Wert, (...) nicht Reglementierung oder unterwürfige soziale Anpassung.«

An einer anderen Stelle bringt Brady (S. 151) seine Auffassung zum Ausdruck, dass wir alle verkappte Serienvergewaltiger oder Serienmörder seien: »Die Gesetzestreuen (...) sonnen sich in der Vorstellung, sie seien dem Verbrecher moralisch überlegen, doch es sind dieselben mustergültigen Bürger, die den wiegenden Gang eines hübschen Mädchens genussvoll betrachten, sie dabei ausziehen und vergewaltigen. Kurz, tief in unseren Herzen sind wir alle Voyeure und heimliche Verbrecher.« Jeglicher Unterschied zwischen Gedanke und verbrecherischer Tat ist Brady fremd.

Was Brady kennzeichnet, ist nicht so sehr sein belletristischer Stil als vielmehr sein Selbsterleben als jemand, der sich aufgrund seiner Intelligenz und schriftstellerischen Begabung von der gemeinen Masse anderer Serienmörder »abhebt« (von denen einige ebenfalls in Broadmoor einsitzen). Erinnern wir uns an das diagnostische Kriterium, das im DSM-IV an dritter Stelle genannt wird: »überzeugt, besonders und einzigartig zu sein«, und »häufig der Ansicht, dass seine Probleme einzigartig sind und dass er nur von besonderen Menschen verstanden werden kann«. In dieser Hinsicht stellt sich Brady Peter Sutcliffe gegenüber (Burn 1985), bekannt unter dem Namen »The Yorkshire Ripper«, in dem Brady einen »desorganisierten, psychotischen Killer mit mittelmäßiger Intelligenz« sieht: »sozial introvertiert, ungelernter Arbeiter, im Tötungsakt rasend, die Opfer nur selten ausgewählt und leicht zu finden, (...) die Leichen am Ort des Verbre-

---

3 Deutsch im Original (Anm. d. Übs.).

chens zurücklassend« (Brady 2001, S. 162). Brady diagnostiziert diese »Mittelmäßigkeit« – er hat in Broadmoor lange Unterredungen mit Sutcliffe – als schizophren, ein Zustand, der durch Sutcliffes Alkoholmissbrauch noch verstärkt wurde und als Katalysator für seine mörderischen Impulse diente. Seine offenkundige Verachtung für Sutcliffes Ungeschicklichkeit endet mit den Worten: »Die Tatsache, dass sich Sutcliffe fünf Jahre lange seiner Verhaftung entziehen konnte, verdankt sich nicht seiner Intelligenz, sondern der erstaunlichen Dummheit aufseiten der Polizei.« Die größere Hälfte von Bradys Aufzeichnungen ist der psychologischen Analyse von zehn berüchtigten Serienmördern (u. a. Sutcliffe) gewidmet. Bedenkt man seine mangelnde Schulbildung und fehlende Ausbildung in diesem Bereich, legt Brady eine erstaunlich genaue Beobachtungsgabe an den Tag – mehr noch bei jenen Männern, die er persönlich kennen lernte. Doch macht ihn seine überragende Intelligenz um keinen Deut menschlicher. Vielmehr erhöht sie lediglich seinen grenzenlosen Narzissmus und macht aus einem »bloßen« Verbrecher (über die er sich in seinem Buch lustig macht) einen »Erzverbrecher«.

Diskussion

Biologische und umweltbedingte Faktoren: die wissenschaftliche Literatur

Um die Wechselbeziehung zwischen Narzissmus und Kriminalität zu verstehen, ist es hilfreich, den Zusammenhang zwischen Anlage- und Umweltfaktoren zu untersuchen. Die pseudodarwinistischen Theorien der Nazis haben die Frage der Psychogenetik zu einem hochsensiblen und zuweilen »politisch inkorrekten« Thema werden lassen, was Forscher in diesem Bereich schnell zu Aussagen verleitet, es gebe »keine Verbrechens-Gene per se, die ihre Träger unausweichlich in Richtung antisozialem Verhalten drängen würden«. Was jedoch existiert, ist eine Kombination von anlagebedingten bzw. konstitutionellen Faktoren auf der biologischen Seite (intrauterine Schädigungen und Schädelhirntraumata mit eingeschlossen) sowie familiäre und interpersonelle Muster auf der Umweltseite. Abnormalitäten in den Frontallappen, insbesondere im orbitomedialen Bereich und im Cingulum, ob durch äußere Einwirkung oder durch eine angeborene Verminderung des neuronalen Volumens bedingt, können unangemessene soziale Entscheidungsfindungsprozesse nach sich ziehen (Volavka 1995; Lapierre et al. 1995). Die Frage ist aber auch, welche Rolle diese Areale für die Hemmung unangemessenen Verhaltens spielen. Der in der Literatur bekannte Unfall des Eisenbahnarbeiters Phineas Gage aus dem Jahr 1848 kann hier angeführt werden, dem eine Eisenstange den ventromedialen präfrontalen Bereich durchtrennte

(Damasio 1994, dt. 1995). Vor dem Unfall ein völlig normaler, ehrenwerter und fleißiger Arbeiter ist Gage jetzt »launisch, respektlos, flucht manchmal auf abscheulichste Weise, was früher nicht zu seinen Gewohnheiten gehörte, erweist seinen Mitmenschen wenig Achtung, reagiert ungeduldig auf Einschränkungen und Ratschläge, wenn sie seinen Wünschen zuwiderlaufen (...), hat er doch die animalischen Leidenschaften eines starken Mannes« (dt. Ausgabe: S. 31). Mit anderen Worten, Gage entwickelte sich zu einer reizbaren, antisozialen und narzisstischen Persönlichkeit, einzig und allein infolge seiner Hirnverletzung.

Wie Bremner (2005, S. 47), unter Bezugnahme auf den Fall Phineas Gage, weiter ausführt, »verfügen Menschen mit Schädigungen des medial-präfrontalen Kortex (...) über intakte sprachliche und kognitive Fertigkeiten, während ihr Umgang mit normalen Emotionen dysfunktional ist und sie unfähig sind, sich auf soziale Situationen zu beziehen, die die korrekte Deutung der emotionalen Reaktion eines Gegenübers verlangen«. Weiter schreibt Bremner:

»Dieser Teil des Gehirns scheint das Empfinden dafür zu regulieren, was richtig und falsch ist. Patienten, die hier seit frühester Kindheit eine Schädigung aufwiesen, brachen als Erwachsene häufiger das Gesetz oder waren in antisoziale Verhaltensweisen verstrickt.« (ebd.)

Auch Adrian Raine (1993) hat auf das Zusammenspiel von genetischen Faktoren und Umweltfaktoren hingewiesen, das kriminellem Verhalten Vorschub leistet. Bestechende Beweise dafür, dass erbliche Einflüsse zu antisozialem Verhalten zumindest prädisponieren können, kommen aus Untersuchungen an eineiigen, getrennt aufgewachsenen Zwillingen. In der Regel sind solche Zwillingspaare selten. Nichtsdestotrotz gab es eine Konkordanzrate von 50 % (d. h. vier von acht Zwillingspaaren) für kriminelles Verhalten in der Gruppe der getrennt aufgewachsenen Zwillinge (Christiansen 1977). In einer eine größere Datenmenge umfassenden Re-Analyse (die auch gemeinsam aufgewachsene Zwillingspaare umfasste) stellten Cloninger und Gottesman (1987) eine Erblichkeitsrate von 0,50 für gewalttätige Übergriffe und 0,78 für Eigentumsdelikte fest. Dies lässt darauf schließen, dass die Erblichkeitsrate für kriminelles Verhalten ohne Gewalt höher ist als für kriminelles Verhalten mit Gewalt, die Erblichkeit für Letzteres jedoch höher ist, als bislang angenommen wurde.

Wenn entsprechende Erbfaktoren (E) und Umweltfaktoren (U) aufeinander treffen, ist die Wahrscheinlichkeit, so Raine, dass es zu kriminellem Verhalten kommt, sehr hoch. Darüber hinaus erklärt die Wechselwirkung dieser beiden Faktorengruppen einen höheren Prozentsatz der Varianz, als dies für jede Gruppe für sich alleine der Fall ist (Raine 1993, S. 67). Wenn zum Beispiel die Wahrscheinlichkeit eines erblichen Einflusses für kriminelles Verhalten bei 15 % läge und das Risiko entsprechender Umweltfaktoren ebenfalls 15 % betrüge, so wäre das Gesamtrisiko von 45 % um einiges höher als die bloße Addition beider Faktorengruppen. Da erbliche, intrauterine (»konstitutionelle«) Schäden sowie postpartale Hirnschädigungen als biologische Faktoren zu Buche schlagen, möchte ich sie entsprechend unter »B« (anstelle von Raines »E«) zusammenfassen. Die jeweilige Stärke der E-Faktoren (ich spreche hier von rein erblich bedingten Faktoren) wurde in einer Reihe von Studien untersucht: Verglichen wurde dabei das kriminelle Verhalten von ehemals adoptierten Kindern (deren Eltern – Mutter oder Vater oder beide – eine kriminelle Vorgeschichte hatten), die in Familien aufgenommen worden waren, in denen es entweder keine kriminelle Vorgeschichte gab oder aber ein Adoptivelternteil antisoziale Züge aufwies. Mednick et al. (1984) zeigten, dass die Verurteilungsrate adoptierter Söhne 13,5 % betrug, wenn weder die leiblichen Eltern noch die Adoptiveltern kriminell waren, 14,7 %, wenn nur ein Adoptivelternteil kriminelle Züge an den Tag legte, 20 %, wenn es sich bei den leiblichen Eltern um Kriminelle handelte, und 24,5 %, wenn sowohl die leiblichen Eltern als auch die Adoptiveltern (entweder ein oder beide Elternteile) kriminelles Verhalten zeigten.

Dürftiger sind unsere Informationen zur Erblichkeit von Psychopathie, da die meisten Untersuchungen zur Persönlichkeit sich bislang auf die Antisoziale Persönlichkeitsstörung konzentriert haben, wie sie im DSM-IV definiert ist. Dadurch ist es schwieriger, die genetische Komponente bei jenen Formen narzisstischer Pathologie einzuschätzen, die mit Kriminalität in Verbindung stehen, da Psychopathie, wie wir bereits feststellten, ein hohes Maß an narzisstischer Persönlichkeitspathologie impliziert. Dies trifft jedoch weniger für die Antisoziale Persönlichkeitsstörung zu, da es sich dabei um ein breiter gefasstes Konzept handelt, unter das auch zahlreiche Persönlichkeiten fallen, die die Kriterien für Psychopathie nicht erfüllen und die keine narzisstischen Persönlichkeitszüge an den Tag legen. Die Untersuchung von Raine et al. (2000) zeigte eine Minderung der präfrontalen grauen Hirnsubstanz sowie eine Reduzierung der autonomen Aktivität bei Menschen mit einer Antisozialen Persönlichkeitsstörung, wobei die Forscher jedoch nicht das engere Konzept der Psychopathie im Blick hatten. Raine spricht von einer »mäßigen genetischen Prädisposition« für Psychopathie (1993, S. 77). Dies würde, de fortiori, für eine ebenfalls gemäßigte Erblichkeitsrate bei schweren Formen der Narzisstischen Persönlichkeitsstörung sprechen.

Auch traumatische Umweltbedingungen können offenkundig zur Ausbildung einer Psychopathie führen, selbst dann, wenn keine belastenden biologischen Faktoren vorliegen (Porter 1996). Die von Raine et al. (1996) zusammengetragenen Daten weisen ebenfalls in diese Richtung, obgleich es sich bei den Probanden ihrer Studie um Männer handelte, die sowohl unter frühen neuromotorischen Defiziten als auch instabilen familiären Bedingungen zu leiden hatten.

Abgesehen von Veröffentlichungen zu spezifischen Gehirnarealen, in denen Defizite oder schädigende Einflüsse Gewalt und Kriminalität Vorschub leisten können, gibt es eine umfassende Literatur zu Abnormalitäten im Neurotransmitter-Haushalt, die ähnliche Effekte nach sich ziehen können. Linnoila und Virkkunen (1992) sprechen in diesem Zusammenhang vom »Syndrom des niedrigen Serotonins« in einer Untergruppe von Gewalttätern, dessen Merkmale frühe Alkoholabhängigkeit, impulsive Gewalttätigkeit sowie Typ-II-Alkoholismus in der familiären Vorgeschichte sind. Eine niedrige Serotonin-Aktivität bei entsprechenden Personen prädisponiert zu impulsivem und zuweilen impulsiv-gewalttätigem Verhalten – was als Zusammenhang zwischen biologischen Faktoren und Kriminalität, wenn auch nicht Narzissmus, gesehen werden könnte.

Biologische und umweltbedingte Faktoren: die forensische Literatur

Es gibt überzeugende Hinweise in der forensischen Literatur dafür, dass sowohl biologische als auch umweltbedingte Faktoren wesentlich zu Narzissmus und Kriminalität beitragen, was ich an dieser Stelle unter dem Begriff »krimineller Narzissmus« zusammenfassen möchte.

Obwohl es in den Biografien bekannter Mörder, Serienmörder mit eingeschlossen, an Angaben zu Abnormalitäten während der Schwangerschaft und der Geburt (»konstitutionelle Faktoren«) fehlt, ist das Material zur Familiengeschichte und frühen Entwicklung in der Regel recht umfangreich. Unter den erblich bedingten Prädispositionen, die zu Narzissmus führen können, ist die bipolare affektive Störung bereits genannt worden (vgl. die Fallvignetten von Einhorn und Frankel). Manche Persönlichkeiten mit einem genetischen Risiko für Schizophrenie, die entweder an einer Schizophrenie im eigentlichen Sinne oder aber einer entsprechend abgeschwächten Form leiden (Schizotype Persönlichkeitsstörung oder schizotype Persönlichkeit – wobei man im letzteren Fall nicht immer von einem Risiko für die Ausbildung einer Schizophrenie sprechen kann), legen ausgesprochen starke narzisstische und grandiose Züge an den Tag (Stone 2001). Von Interesse sind in diesem Zusammenhang die Biografien von drei Serienmördern mit ausgeprägten schizoiden Persönlichkeitsmustern, die alle in warmherzigen und behüteten Adoptivfamilien aufwuchsen: David Berkowitz (bekannt als »Son of Sam«) (vgl. Klausner 1981), Joel Rifkin (vgl. Eftimiades 1993) und Gerald Stano (vgl. Flowers 1993). Bei allen drei Persönlichkeiten handelte es sich um »Außenseiter«, unfähig, Freundschaften zu schließen, geschweige denn Liebesbeziehungen einzugehen. Berkowitz wurde im Jugendalter, nach dem Krebstod seiner geliebten Adoptivmutter, gewalttätig; ähnlich Rifkin, den der Tod seines Adoptivvaters völlig aus der Bahn warf. Welche Diagnose Stanos Mutter zuzuordnen ist, wissen wir nicht. Selbst Missbrauchsopfer galt sie als alkoholabhängig, promiskuitiv und nachlässig. Stano war ein »gebranntes Kind« und galt bei den Behörden bereits als »nicht vermittelbar«, als ihn seine Adoptiveltern – ein Ehepaar der gehobenen Mittelschicht in Pennsylvania – unbedingt bei sich aufnehmen wollten. In seiner Jugend nässte er ein, schwänzte die Schule, war jähzornig, hatte keine Freunde und einen nur geringen IQ. Den ersten seiner 40 Sexualmorde beging er im Alter von 18 Jahren.

Diverse andere Serienmörder, die ebenfalls aus einem normalen (behüteten und nichtgewalttätigen) Elternhaus stammten (»normal« mag ein hartes Wort sein, um es auf Familien anzuwenden), trugen, was die Frage einer familiären Vorbelastung anging, kein Risiko einer affektiven oder schizophrenen Störung. Da es auch keine anderen Anzeichen für Risikofaktoren gab, scheint ihre kriminelle Psychopathie aus einem genetischen Risiko herzurühren. Ian Brady wurde in diesem Zusammenhang bereits genannt. Andere Beispiele sind der Arzt und Hochstapler Herman Mudgett, der in den 80er Jahren des 19. Jahrhunderts einen »Folterpalast« in Chicago errichtete, in dem er 27, womöglich auch mehr, junge Frauen sadistisch quälte und ermordete. Mudgett besaß Charme, war aber aalglatt. Er war in drei verschiedenen Bundesstaaten mit drei verschiedenen Frauen gleichzeitig verheiratet – die allesamt seine Wärme und Liebenswürdigkeit priesen und sich lediglich darüber beklagten, dass er so oft »geschäftlich unterwegs« gewesen sei. Auch Randall Woodfield (Rule 1984) entwickelte bereits früh Paraphilien, vor allem exhibitionistische Tendenzen, und begann mit dem Morden, als er Mitte 20 war. Bei beiden, Mudgett und Woodfield, handelte es sich um ausgeprägte narzisstische Persönlichkeiten.

Eine ganze Reihe von Serienmördern mit offenkundigem kriminellem Narzissmus scheinen einzig und allein infolge negativer Umweltfaktoren zu Verbrechern geworden zu sein. Sowohl der oben erwähnte Robert Berdella als auch John Wayne Gacy (Cahill 1986) wurden von ihren Vätern äußerst schwer verbal und körperlich misshandelt. Dazu kam Gleichgültigkeit und Vernachlässigung aufseiten der Mütter. Fälle wie diese unterstützen Porters (1996) These, wonach Psychopathie rein umweltbedingte Ursachen haben kann, wenn diese nur schwer genug sind und lange genug anhalten.

Es gibt aber auch andere Umweltfaktoren, die zu kriminellem Narzissmus prädisponieren und die nichts mit Misshandlung oder Missbrauch zu tun haben. Manche Kinder von despotischen und korrupten Eltern in gesellschaftlich einflussreicher Position werden selbst zu korrupten, brutalen und malignen Egozentrikern. Beispiele hierfür sind die Söhne von Saddam Hussein (insbesondere Uday, der ältere der beiden [vgl. Aburish 2000]) und von Nicolae Ceauşescu (Nicu [vgl. Pacepa 1987]).

Auch wohlmeinende Eltern, die ihr Kind keineswegs misshandeln, können durch eine übermäßige Verwöhnungshaltung die Entwicklung einer narzisstischen Persönlichkeit fördern, die schließlich in die Kriminalität abrutscht. Dies scheint der Fall gewesen zu sein bei Dr. George Hodel, einem Chirurgen und später als Psychiater tätigen Mitglied der Amerikanischen Psychiatrischen Vereinigung, der erst nach seinem Tod im Jahr 1999 als der langjährig gesuchte Vergewaltiger, Mörder und Leichenschänder der aufstrebenden Schauspielerin Elizabeth Short – bekannt als »Schwarze Dahlie« aus dem Jahr 1947 – entlarvt wurde. Geboren und aufgewachsen in Los Angeles, mit einem IQ von 186, galt Hodel als junges Genie – erst als musikalisches Wunderkind, später dann als Arzt. Arrogant, charismatisch und voller Verachtung für Frauen inszenierte er

Orgien in seinem eleganten Heim in Los Angeles, war fünfmal verheiratet, unterhielt ein inzestuöses Verhältnis zu seiner Tochter aus zweiter Ehe und wurde mit Mitte 40 zu einem Sexual-Serienmörder. Die »Schwarze Dahlie« war nur eines von acht oder neun Opfern. Nachdem man ihn aufgrund des sexuellen Missbrauchs seiner Tochter verhaftet hatte – ein Vorwurf, von dem er später freigesprochen wurde –, setzte er sich ins Ausland ab und arbeitete fortan als Psychiater. Man ist versucht, den Narzissmus dieses wahrhaft brillanten, aber korrupten Hodel dem »kompensatorischen« Narzissmus eines Justin Merriman gegenüberzustellen, der sich selbst aufblähte, um seine völlige Mittelmäßigkeit zu verbergen.

Bei der Mehrzahl der Serienmörder haben wir es mit einer dualen Pathologie zu tun: Biologische Faktoren und Umweltfaktoren wirken zusammen und schaffen so das tödliche Gemisch narzisstischer Kriminalität. Zum Beispiel Joseph Kallinger (Schreiber 1984), dessen aus Philadelphia stammende Adoptiveltern eine besondere Grausamkeit und Bösartigkeit an den Tag legten. Kallinger war schizophren, wahrscheinlich erblich vorbelastet durch seine leiblichen Eltern. Gary Heidnick (Englade 1988), auch er aus Philadelphia, wies in seiner Familienanamnese ebenfalls affektive Störungen auf. Sein alkoholkranker Vater hatte die Angewohnheit, ihn kopfüber aus dem Fenster im vierten Stock zu halten und zu drohen, ihn fallen zu lassen, wenn sein Sohn nicht aufhören würde zu schreien. Als Erwachsener und nun selbst ernannter Prediger verlegte sich Heidnick auf das Entführen von farbigen Frauen, die er in seinem Keller an die Wand kettete, um sie in dieser Position zu schwängern. Wenn das Experiment misslang, was stets der Fall war, tötete er seine Opfer, verstümmelte die Leichen und verbrannte sie im Hof hinter dem Haus. Er selbst wurde ein einziges Mal wegen Depression und Suizidalität stationär psychiatrisch behandelt. Jeffrey Dahmer (Schwartz 1992) wuchs bei einem normalen Vater und einer schizoiden, abweisenden Mutter auf, die die Familie in frühen Jahren verließ. Charles Schmid (Gilmore 1996) wurde zuweilen von seinem Adoptivvater körperlich misshandelt, wenngleich nicht in dem Ausmaß, wie dies bei anderen Vätern von Serienmördern der Fall war. Seine Adoptivmutter wiederum war eine patente und eher nachgiebige Frau. Als sich Schmid als Jugendlicher auf die Suche nach seiner leiblichen Mutter machte, trat diese ihm mit der vernichtenden Aussage entgegen: »Ich wollte dich nicht, als du geboren wurdest, ich wollte dich nicht, bevor du geboren wurdest, und ich will dich jetzt nicht! Raus!«

Frauen, die er verführen wollte, tischte er Lügengeschichten auf, was so weit ging, dass er erzählte, er sei an Leukämie erkrankt und habe nur noch wenige Monate zu leben.

Als letztes Beispiel in dieser Reihe möchte ich Charles Gallego (Biondi u. Hecox 1987) nennen. Gallego lernte seinen leiblichen Vater nie kennen. Die Mutter heiratete erneut, und sie und sein Stiefvater ließen keine Gelegenheit aus, Charles zu demütigen, dessen chronische Enuresis ihm den Spitznamen »Hosenpisser« eintrug. Seine Karriere als Serienmörder wurde, wie im Fall von Ian Brady, von seiner Sexualpartnerin, das heißt seiner fünften Frau, Charlene, unterstützt. Auch er unterhielt ein inzestuöses Verhältnis zu einer Tochter aus einer früheren Ehe. Sie sollte junge Mädchen in ihren Wohnwagen lokken, den sie auf Volksfestparkplätzen abgestellt hatten. Im Wohnwagen vergewaltigte Charles die jungen Frauen, erwürgte sie und »entsorgte« ihre Leichen am Straßenrand. Während seiner Gerichtsverhandlung stellte sich heraus, dass sein leiblicher Vater Jahre zuvor einen Polizisten in Georgia getötet und seine Leiche ebenfalls am Straßenrand abgelegt hatte. Galego sen. wurde zum Tode verurteilt und hingerichtet. Angesichts der Tatsache, dass sein Vater ein Psychopath, jedoch nicht psychisch krank war, kann dieser Fall als Beispiel narzisstischer Kriminalität gelten, bei dem ein angeborenes Risiko für Psychopathie eine wichtige Rolle spielt.

Narzissmus und Kriminalität: der Faktor Empathie

Anlässlich des 9. Internationalen Kongresses der Gesellschaft zur Erforschung von Persönlichkeitsstörungen im Frühjahr 2005 in Mar del Plata, Argentinien, vertrat ich die Auffassung, dass ein Empathiedefizit der »rote Faden« sei, der sich durch die unterschiedlichen Formen kriminellen und sadistischen Verhaltens ziehe und das »Gesamtbild des Narzissmus« charakterisiere (Stone 2005). In Anlehnung an Simon Baron-Cohen (2003) verwende ich den Begriff »Empathie« zur Beschreibung der Fähigkeit, die Emotionen eines anderen Menschen zu »lesen« (»Gedankenlesen«) und Mitgefühl für dessen emotionalen Zustand zu aufzubringen. Baron-Cohen lenkt die Aufmerksamkeit nicht nur auf die orbito- und medialfrontalen Bereiche des präfrontalen Kortex, die für das Empathie-Empfinden zuständig seien (vgl. Eslinger u. Damasio 1985), sondern auch auf den in den Schläfenlappen beidseitig lokalisierten Sulcus temporalis superior (STS). Wie Baron-Cohen et al. (1999) aufgezeigt haben, enthalten diese Gehirnareale Zellen, die spezifisch auf ein anderes menschliches (oder tierisches) Wesen reagieren, das einen beobachtet. Auch Verbindungen zwischen dem STS und den Amygdalae sind von Bedeutung für unsere Empathiefähigkeit. Beim Ungeborenen ist es das Hormon Testosteron, das Schlüsselareale in den Amygdalae beeinflusst und somit zu den unterschiedlichen Ausprägungsgraden der Empathiefähigkeit der Geschlechter beiträgt. Mädchen legen im Allgemeinen eine größere Empathiefähigkeit an den Tag als Jungen (Lutchmaya et al. 2002). Extreme Ausprägungsgrade lassen sich beim Autismus und dem Asperger-Syndrom beobachten – beides Krankheitsbilder, die sehr viel häufiger bei Jungen auftreten. Nur schwach ausgebildete empathische Fertigkeiten werden häufig begleitet von Selbstzentriertheit, jedoch nicht immer von Kriminalität. Doch die Tatsache, dass vorwiegend Männer extreme Empathiedefizite an den Tag legen, würde einen stichhaltigen Beleg für unsere Beobachtung liefern, dass es sich bei nahezu der Hälfte der Sexual-Serienmörder (allesamt Männer) diagnostisch um schizoide Psychopathen handelt (Stone 2001). Distanziertheit, Null-Empathie, Narzissmus und kriminelles Verhalten scheinen sich in dieser Gruppe auf eine Art und Weise zu verbinden, die der grausamen Gleichgültigkeit gegenüber den Gefühlen anderer, wie sie für die so genannten Serienmörder charakteristisch sind, Vorschub leisten.

Viele Psychopathen sind sehr geschickt, wenn es darum geht, die Empfindungen eines anderen Menschen zu erraten: Sie können genau benennen, welches Kind traurig ist, welche Frau einsam, welcher Mann leichtgläubig usw. Doch sie verarbeiten diese Information ausschließlich im Dienste der eigenen Vorteilsnahme – was offenkundig mit dem Phänomen des Narzissmus korreliert. Als soziale Wesen sind Menschen gezwungen, ihre Rolle als Individuum und Mitglied einer Gruppe gleichermaßen zu erfüllen. Normalerweise besteht dies darin, die richtige (d. h. sozial akzeptable) Balance zwischen beiden Notwendigkeiten zu finden. Im Wiederholungstäter kommt es hier zur maximalen Schieflage: Der Kriminelle, insbesondere der gewalttätige und sadistische Kriminelle, denkt nur an sich, in keiner Weise an den anderen. Gunderson und Ronningstam (2001) weisen auf den gleichen Punkt hin, wenn sie von der ausbeuterischen Haltung selbst milderer Formen der narzisstischen Persönlichkeit sprechen: »Ausbeuterisches Verhalten kann auch aus der Unfähigkeit des Narzissten herrühren, sich einzufühlen und die Grenzen und Gefühle anderer zu erkennen.« In ihrer Monografie zur Narzisstischen Persönlichkeitsstörung stellt Ronningstam (2005, S. 115) fest, dass Menschen mit einer Narzisstischen Persönlichkeitsstörung nicht wiederholt auf antisoziale Verhaltensweisen zurückgreifen, dass es aber zu kriminellen Handlungen kommen kann, wenn sie in Rage sind oder eine Niederlage vermeiden wollen.

Eine kriminelle Handlung stellt eine Verletzung des sozialen Kontrakts dar, der das Zusammenleben unserer Spezies sichert. Es ist daher zu erwarten, dass Menschen, die auch in Friedenszeiten diesen Kontrakt willentlich und wiederholt brechen (ich beziehe mich hier nicht auf Handlungen, die in Kriegszeiten oder im Rahmen von Gruppenkonflikten begangen werden), weitaus mehr an ihrem eigenen Wohlergehen als dem der anderen interessiert sein müssen. Genau diese Egozentrik ist es, die uns bei der Beschreibung ihrer Persönlichkeit auf den Begriff des Narzissmus zurückgreifen lässt. Da es sich jedoch nur bei einem kleinen Prozentsatz der Menschen mit Narzisstischer Persönlichkeitsstörung (gemäß der Definition im DSM-IV) um Straftäter handelt, muss es im Falle kriminellen Verhaltens noch andere Faktoren geben, die neben dem Narzissmus eine Rolle spielen. Dazu zählen, wie bereits oben erwähnt, Defizite im für die Empathiefähigkeit zuständigen Frontal- und Temporallappenbereich, ob vererbt oder infolge einer Hirnverletzung entstanden. Ferner Unterschiede in den Neurotransmitter-Aktivitäten in den Schlüsselbereichen des Gehirns – zum Beispiel niedrige Serotonin-Spiegel, die einer Impuls-Dyskontrolle Vorschub leisten, oder aber Veränderungen im Dopamin-Haushalt, die mit verstärkter Reizsuche korrelieren.

3.3 Narzissmus und Kriminalität

Menschen mit antisozialer Persönlichkeit, insbesondere jene, die die Kriterien für Psychopathie erfüllen, legen häufig sowohl eine verminderte Impulskontrolle als auch intensiven Reizhunger an den Tag. Allerdings münden diese Attribute nicht zwangsläufig in kriminelles Verhalten, sondern können sich auch in Form eines riskanten Lebensstils – beispielsweise die typischen Motorradraser oder »Teufelskerle« im Zirkus – Ausdruck verschaffen. Während genetische Faktoren für sich genommen durchaus einige Aspekte der Verbindung von Narzissmus und Kriminalität erklären (in manchen Fällen ist dann die Rede von »schlechtem Samen«), so ist doch die Vorgeschichte der meisten Kriminellen geprägt von Vernachlässigung, schwerer Misshandlung, Demütigung oder dem Mitansehen-Müssen des Missbrauchs von Familienmitgliedern, was wiederum Rachephantasien auslöst, gepaart mit tief liegenden Minderwertigkeitsgefühlen. Beim Narzissmus, der vor diesem Hintergrund entsteht, handelt es sich um einen pathologischen und kompensatorischen Narzissmus, dessen Hauptziel darin besteht, die inneren Empfindungen von Wertlosigkeit und Minderwertigkeit hinter einer Fassade von Dominanz und vermeintlicher Überlegenheit zu verbergen. Eine Reihe von Autoren haben in ihren Ausführungen zur Kriminalität – und insbesondere zur sadistischen Kriminalität – auf dieses Bedürfnis zu beherrschen hingewiesen (Drukteinis 1992; Wilson u. Seaman 1992; Ferreira 2000). Man könnte sagen, dass der sadistische Kriminelle den extremsten Pol des Narzissmus besetzt (vgl. Dolan u. Coid 1993, S. 25). Die extreme Egozentrik wird in einem Ausspruch des Serienmörders Edmund Kemper III sichtbar (zit. bei Drukteinis 1992, S. 532): »Ich habe Phantasien von Massenmord. Ganze Gruppen von Frauen, die ich (...) totmache und mit deren toten Körpern ich leidenschaftliche Liebe mache (...), und dann besitze ich alles, was ihnen gehörte. Das alles würde mir gehören.« Das Bedürfnis des sadistischen Narzissten, zu beherrschen – als äußerstes Antidot gegen Gefühle von Minderwertigkeit –, wird im »Manifest« des Serienmörders Mike Debardeleben (Hazelwood u. Michaud 2001, S. 88) mehr als treffend beschrieben:

»Sadismus: (...) Der zentrale Impuls besteht darin, völlig Gewalt über einen anderen Menschen zu erlangen (...), ihn absolut zu beherrschen (...), mit ihm das zu tun, was einem gefällt. Und das bedeutet in letzter Konsequenz, ihn leiden zu lassen. Denn es gibt keine größere Macht über einen anderen Menschen, als ihm Schmerz zuzufügen. Ihn zu zwingen, zu leiden, ohne in der Lage zu sein, sich zu wehren. Die Lust an der vollständigen Beherrschung eines anderen Menschen ist das zentrale Wesen des sadistischen Triebes.«

Aussichten für die Zukunft

Zu den zitierten Fallvignetten liegen keine Daten aus bildgebenden Verfahren der Neurowissenschaften vor, da diese Techniken erst in den letzten Jahren entwickelt wurden, und auch jene Straftäter, die man in den letzten zehn Jahren vor Gericht brachte, wurden nicht anhand der fMRT (funktionellen Magnetresonanztomographie) oder anderer Verfahren untersucht. Was Persönlichkeiten angeht, die am extremen Ende des narzisstischen Spektrums angesiedelt sind, wie zum Beispiel die Gruppe der Psychopathen, so haben sich Untersuchungen ereigniskorrelierter Hirnpotenziale (EKP) als Reaktion auf emotional neutrale und emotional belastete Worte als nützlich erwiesen (s. hierzu die Pionierarbeit von Joanne Intrator: Intrator 1993; 1997). Intrator und ihre Mitarbeiter haben gezeigt, dass Psychopathen im Vergleich zu den Probanden einer gesunden Kontrollgruppe bemerkenswert unterreagieren. Neurowissenschaftliche Techniken dieser Art könnten sich als hilfreich erweisen, wenn es darum geht, zwischen narzisstischen Persönlichkeiten, die den diagnostischen Trennwert in der Hare Psychopathy Checklist nicht erreichen, aber trotzdem das klinische Bild einer manifesten Psychopathie (mit den entsprechenden kriminellen Neigungen) aufweisen, von einer weniger gefährlichen Gruppe narzisstischer Persönlichkeiten, die weder die Kriterien der Hare Psychopathy Checklist erfüllen noch das entsprechende klinische Bild an den Tag legen, zu unterscheiden.

Psychologische Testverfahren haben ergeben, dass, je mehr sich die narzisstische Pathologie dem psychopathischen Pol nähert, die Ergebnisse im »Handlungsteil« eines Intelligenztests signifikant höher ausfallen als im »Verbalteil« (Yochelson u. Samenov 1976, S. 97). In vielen Fällen wurde eine ausführliche Rorschach-Testung vorgenommen, um zwischen psychopathischen und nichtpsychopathischen Personen zu unterscheiden (Meloy u. Gacono 2000). Die Antworten des Psychopathen zeigen in der Regel einen stärker ausgeprägten pathologischen Narzissmus und Sadismus, während in den Bereichen Angst und Bindungsfähigkeit die Werte geringer ausfallen (ebd.).

Die Bestimmung des Serotonin-Spiegels könnte sich als nützlich erweisen, wenn es darum geht, jene Persönlichkeiten mit narzisstischen und kriminellen Merkmalen zu identifizieren, die das höchste Maß an Impulsivität aufweisen und somit die größte Bedrohung für andere darstellen. Da es dazu einer Lumbalpunktion bedarf, werden diese Untersuchungen nicht routinemäßig durchgeführt (was natürlich um vieles einfacher wäre, wenn weniger invasive Untersuchungsmethoden zur Verfügung stünden).

Was die Rückfallgefahr entlassener psychopathischer versus nichtpsychopathischer Straftäter (aus dem Gefängnis oder einer forensischen Klinik) angeht, so hat sich die Psychopathy Checklist mittlerweile als bemerkenswert aussagekräftig erwiesen (Hemphill et al. 1998). Diese und andere Fragebogen-Tests (Intelligenztests, Persönlichkeitstest, wie z. B. der MMPI) tragen zur prognostischen

Einschätzung der Rückfallgefahr krimineller Narzissten bei. Wir wissen heute mehr als noch vor 20 Jahren, welche Folgen negative familiäre Einflussfaktoren und Kopfverletzungen auf die Veranlagung zu kriminellem Verhalten haben. Aktuell geht es darum, uns noch stärker der bildgebenden Verfahren und anderer neurowissenschaftlicher Techniken zu bedienen, um die Funktionsweise des Gehirns zu untersuchen und zu verstehen, warum manche narzisstischen Persönlichkeiten mehr und andere weniger gefährdet sind, in kriminelles Verhalten abzugleiten.

Literatur

Aburish SK (2000). Saddam Hussein. The politics of revenge. New York: Bloomsbury.
American Psychiatric Association (1994). Diagnostic and Statistical Manual for Mental Disorders. 4th ed. Washington, DC: American Psychiatric Association Press (dt.: Diagnostische Kriterien des Diagnostischen und Statistischen Manuals Psychischer Störungen. DSM-IV. Bearbeitung von Saß H, Wittchen H-U, Zaudig M, Houben I. Göttingen: Hogrefe 1998).
Baron-Cohen S (2003). The Essential Difference. Truth about the male and female brain. New York: Basic Books.
Baron-Cohen S, Ring H, Wheelwright S, Bullmore E, Brammer M, Simmons A, Williams S (1999). Social intelligence in the normal and autistic brain: an FMRI study. Eur Neurosci; 11: 1891–8.
Biondi R, Hecox W (1987). All His Fathers's Sins. Rockland, CA: Prima Publ.
Brady I (2001). The Gates of Janus. Serial killing and its analysis. Los Angeles: Feral House.
Bremner JD (2005). Brain Imaging Handbook. New York: WW Norton.
Burn G (1985). Somebody's Husband, Somebody's Son. New York: Viking Press.
Cahill T (1986). Buried Dreams. Inside the mind of a serial killer. New York: Bamtam Books.
Christiansen KO (1977). A preliminary study of criminality among twins. In: Mednick SA, Christiansen KO (eds). Biosocial Bases of Criminal Behavior. New York: Gardner Press; 89–108.
Cloninger CR, Gottesman II (1987). Genetic and environmental factors in antisocial behavior disorders. In: Mednick SA, Moffitt TE, Stack S (eds). The Causes of Crime. New biological approaches. Cambridge: Cambridge University Press.
Coid JW (1998). Axis II disorders and motivation for serious criminal behavior. In: Skodol AE (ed). Psychopathology and Violent Crime. Washington, DC: American Psychiatric Press; 53–97.
Damasio AR (1994). Descartes' Irrtum. Fühlen, Denken und das menschliche Gehirn. München: List Verlag 1995.
de Sade Marquis (1969). Gesammelte Werke. München: Heyne Verlag.
Donahue C, Hall S (1991). Deadly Relations. New York: Bantam Books.
Drukteinis A (1992). Serial murder. The heart of darkness. Psychiatr Ann; 22: 532–8.
Du Plessix-Gray F (1998). At Home with the Marquis de Sade. New York: Penguin.
Eftimiades M (1993). Garden of Groves. New York: St Martin's Paperbacks.
Englade K (1988). Cellar of Horrors. New York: St Martin's Paperbacks.
Eslinger P, Damasio A (1985). Severe disturbance of higher cognition after bilateral frontal lobe ablation: Patient EVR. Neurology; 35: 1731–41.
Fanning D (2003). Through the Window. New York: St Martin's Paperbacks.
Ferreira C (2000). Serial killers. Victims of compulsion or masters of control? In: Fishbein DH (ed). The Science, Treatment & Prevention of Antisocial Behaviors. Kingston: Research Institute; 1–18.
Finstand S (1991). Mit dem Teufel im Bett. München: Heyne 1992.

Flowers A (1993). Blind Fury. The true shocking story of Gerald Eugene Stano. New York: Pinnacle Books.
Gilmore J (1996). Cold Blooded. Portland: Feral House.
Gunderson JG, Ronningstam E (2001). Differentiating antisocial and narcissistic personality disorders. J Personal Dis; 15: 103–9.
Hare RD (1991). The Hare Psychopathy Checklist Revised. Toronto: Multi-Health Systems, Inc.
Harpur TJ, Hare RD, Hakstian AR (1989). Two-factor conceptualization of Psychopathy. Construct Validity and assessment implications. Psychological assessment. J Consult Clin Psychol; 1: 6–17.
Hazelwood R, Michaud SG (2001). Dark Dreams. Sexual violence, homicide, and the criminal mind. New York: St Martin's Press.
Hemphill JF, Tempelman R, Wong S, Hare RD (1998). Psychopathy and crime. Recidivism and criminal careers. In: Cooke DJ, Forth AE, Hare RD (eds). Psychopathy. Theory, research and implications for society. Dordrecht, The Netherlands: Kluwer Press; 375–99.
Imbrie AE (1993). Spoken in Darkness. New York: Plume Books.
Intrator J, Keilp J, Dorfman D, Bernstein D, Schaefer C, Wakeman J, Harpur T, Hare RD, Handelsman L, Stritzke P (1993). Cerebral activation of emotion words in psychopaths. Aufsatz, vorgestellt anlässlich des 3. International Congress of the Society for the Study of Personality Disorders. Cambridge, Mass.
Intrator J, Hare RD, Stritzke P, Brichtswein K, Dorfman D, Harpur T, Bernstein D, Handelsman L, Keilp J, Rosen J, Machac J (1997). A brain-imaging (SPECT) study of semantic and affective processing in psychopaths. Biol Psychiatry; 42: 96–103.
Jackman T, Cole T (1992). Rites of Burial. New York: Pinnacle Books.
Johnson AM (1949). Sanctions for super-ego lacunae of adolescents. In: Eissler KR (ed). Searchlights on Delinquency. New York: International University Press; 225–45.
Kernberg OF (1992). Wut und Hass. Über die Bedeutung von Aggression bei Persönlichkeitsstörungen und sexuellen Perversionen. Stuttgart: Klett-Cotta 1997.
Klausner LD (1981). Son of Sam. New York: McGraw Hill.
Lapierre D, Braun CMJ, Hodgins S (1995). Ventral frontal deficits in psychopathy. Neuropsychological test findings. Neuropsychologia; 33: 139–51.
Lasseter D (2000). Die for Me. Pinnacle Books.
Linnoila M, Virkkunen M (1992). Aggression, suicidality and serotonin. J Clin Psychiatry; 53: 46–51.
Lutchmaya S, Baron-Cohen S, Raggatt P (2002). Fetal testosterone and vocabulary size in 18-month old infants. Inf Behav Development; 24: 418–24.
Mednick SA, Gabrielli WH, Hutchings B (1984). Genetic influences in criminal convictions. Evidence from a adoption cohort. Science; 224: 891–4.
Meloy JR, Gacono CB (2000). Assessing psychopathy. Psychological testing and report writing. In: Gacono GB (ed). The Clinical and Forensic Assessment of Psychopathy. A practitioner's guide. London: Lawrence Erlbaum Associates; 231–49.
Michaud S (1994). Lethal Shadow. New York: Onyx Press.
Milton J (1667). Das verlorene Paradies. Stuttgart: Reclam 1968.
Norton C (1994). Disturbed Ground. New York: William Morrow.
O'Brien D (1989). Murder in Little Egypt. New York: William Morrow.
Olsen J (1987). Cold Kill. New York: Athenaeum Press.
Pacepa IM (1987). Red Horizons. The true story of Nicolae and Elena Ceausescu crimes, lifestyle and corruption. Washington, DC: Regnery Gateway.
Pollack E (2002). The Pretender. How Martin fooled the financial world and led the feds on one of the most publicized manhunts in history. New York: Wall Street Journal Press.
Porter S (1996). Without conscience or without active conscience? The etiology of psychopathy revisited. Aggr Viol Behav; 1: 179–89.
Raine A (1993). The Psychobiology of Crime. New York: Academic Press.
Raine A, Brennan P, Mednick SA (1996). High rates of crime, violence, academic problems and behavior problems in mals with both early neuromotor deficits and unstable family environmentss. Arch Gen Psychiatry; 53: 544–9.

Raine A, Lencz T, Bihrie S, LaCasse L, Coletti P (2000). Reduces prefrontal gray matter volume and reduced autonomic activity in antisocial personality disorder. Arch Gen Psychiatry; 57: 119–27.
Ronningstam EF (2005). Identifying & Understanding Narcissistic Personality. New York: Oxford University Press.
Rosner R (ed) (1994). Principles and Practice of Forensic Psychiatry. New York: Chapman & Hall.
Rule A (1984). The I-5 Killer. New York: New American Library/Signet.
Rule A (1997). Bitter Harvest. A woman's fury, a mother's sacrifice. New York: Simon & Schuster.
Samenov SE (1984). Inside the Criminal Mind. New York: Time Books.
Scaramella TJ, Brown WA (1978). Serum testosterone and aggression in hockey players. Psychosom Med; 40: 262–5.
Schreiber FR (1984). The Shoemaker. The anatomy of a psychotic. New York: Signet.
Schwartz A (1992). The Man Who Could Not Kill Enough. New York: Carol Publ.
Scott R (2003). Dangerous Attraction. New York: Pinnacle Books.
Stone MH (2001). Serial sexual homicide. Biological, psychological & sociological aspects. J Personality Dis; 15: 1–19.
Stone MH (2005). The far side of narcissism. Vortrag, gehalten anlässlich des 9. International Congress of the International Society for the Study of Personality Disorders (ISSPD), Mar del Plata, Argentinien, 20. April.
Taubman B (1992). Hell Hath No Fury. New York: St Martin's Paperbacks.
Thomas D (1992). The Marquis de Sade. A new biography. New York: Citadel Press.
Valzelli L (1981). Psychobiology of Aggression and Violence. New York: Raven Books.
Volavka J (1995). Neurobiology of Violence. Washington, DC: American Psychiatric Press.
Wilson C (2001). The Moor Murders. Introduction to Ian Brady's The Gates of Janus. Los Angeles: Feral House; 4–32.
Wilson C, Seaman D (1992). The Serial Killers. A study in the psychology of violence. New York: Carol Publishers.
Yochelson S, Samenov SE (1976). The Criminal Personality. Vol. I. A profile for change. Northvale, NJ: Jason Aronson Press.

3.4
Genetische Aspekte Narzisstischer Persönlichkeitsstörungen

Svenn Torgersen

Es gibt ein natürliches Bedürfnis, die Ursachen einer psychischen Störung oder Verhaltensauffälligkeit aufzudecken, was bedeutet, dass wir uns früher oder später mit der Anlage-Umwelt-Problematik auseinander setzen müssen. Bis zu welchem Grad kann ein Phänomen auf bestimmte Gene zurückgeführt werden, und bis zu welchem Grad müssen wir Umweltfaktoren dafür verantwortlich machen? Setzt eine bestimmte genetische Disposition Umweltfaktoren frei, die ein bestimmtes Verhaltensmuster verstärken (die Frage der Gen-Umwelt-Korrelationen)? Wie ist die genetische Beziehung zwischen einem Verhaltensmuster und anderen Verhaltensstilen beschaffen? Und schließlich: Können wir bestimmte Gene ausfindig machen, ihre organische Zusammensetzung spezifizieren und so den Weg von einem Gen bis hin zu einem bestimmten Verhalten nachzeichnen?

Was die Narzisstischen Persönlichkeitsstörungen angeht, sind wir weit davon entfernt, diese Fragen beantworten zu können. Nichtsdestotrotz finden sich in einigen Untersuchungen zumindest indirekte Antworten auf die Frage, inwieweit Gene die Entwicklung eines narzisstischen Verhaltensmusters oder einer Narzisstischen Persönlichkeitsstörung beeinflussen.

Um zwischen dem Anteil genetischer Disposition einerseits und Umweltfaktoren andererseits bei der Entstehung eines Phänomens zu differenzieren, stehen uns eine Anzahl unterschiedlicher Methoden zur Verfügung:
- Familien-, Zwillings- und Adoptionsstudien
- Studien von getrennt aufwachsenden Zwillingen
- die direkte und indirekte Lokalisierung von Genen auf einem Chromosom bzw. die organische Zusammensetzung des Allels eines Gens

Einige Methoden ermöglichen es, zwischen Umwelteinflüssen, die mehrere Familienmitglieder betreffen (gemeinsame Umwelt), und Umweltfaktoren, die sich auf nur ein einziges Familienmitglied beziehen, zu differenzieren. Zudem können wir den genetischen Einfluss in additive und nichtaddititive Effekte unterteilen. Gene mit additiver Wirkung werden schlicht addiert, wobei einige von grö-

3.4 Genetische Aspekte Narzisstischer Persönlichkeitsstörungen

ßerer Bedeutung sind als andere, jedoch keines unbedingt nötig. Liegt hingegen ein nichtadditiver Effekt vor, so ist eine bestimmte genetische Zusammensetzung vonnöten, vergleichbar mit den Ziffern einer Telefonnummer, von der keine ausgelassen werden darf, um einen bestimmten Anruf zu tätigen.

Im Folgenden sollen zunächst Untersuchungen zu bestimmten Persönlichkeitsdimensionen in Korrelation zur Narzisstischen Persönlichkeitsstörung vorgestellt werden, daran anschließend eine Studie zur Erforschung narzisstischer Persönlichkeitszüge und schließlich eine Studie zur eigentlichen Narzisstischen Persönlichkeitsstörung.

Untersuchungen, die die Beziehung zwischen den fünf großen Persönlichkeitsdimensionen und einzelnen Persönlichkeitsstörungen erforschen, sprechen von einer leicht positiven Korrelation der Narzisstischen Persönlichkeitsstörung mit den Dimensionen »Extrovertiertheit« und »Aufgeschlossenheit für neue Erfahrungen«, wohingegen zum Faktor »Liebenswürdigkeit« eine negative Korrelation besteht (Costa u. McCrae 1992; Trull 1992; Soldz et al. 1993).

Einige Familienstudien zeigen, dass Familienangehörige ersten Grades bezüglich Extrovertiertheit leicht korrelieren, dass diese Korrelation geringer bzw. niedrig ausfällt bei Angehörigen zweiten bzw. dritten Grades (Eaves et al. 1989), was auf einen genetischen Einfluss hindeutet. Eine Korrelation von 0,15 bis 0,20 zwischen Angehörigen ersten Grades weisen auf eine Erblichkeitskoeffizienten von 0,30 bis 0,40 hin.

Familienstudien vermögen jedoch nicht zwischen Einflussfaktoren einer gemeinsamen Umwelt und genetischen Einflüssen zu trennen, sodass Zwillingsstudien eine größere Bedeutung zukommt. Eine Untersuchung von über 30 000 Zwillingen sowie ihrer Eltern und Geschwister, die Dimension »Extrovertiertheit« in der Testbatterie eingeschlossen (Eaves et al. 1999), zeigten einen additiven Effekt von 0,17 sowie einen nichtadditiven Effekt von 0,26 bei Männern. Der Anteil gemeinsamer Umwelt betrug 0,02 – gegenüber 0,53 getrennter Umwelteinflüsse. Frauen wiesen hierbei einen etwas höheren genetischen Einfluss auf (0,27 additiv und 0,23 nichtadditiv) sowie keinerlei Effekt einer gemeinsamen Umwelt. Der getrennte Umwelteffekt betrug 0,49.

Von größerer Bedeutung sind Untersuchungen von getrennt aufwachsenden Zwillingspaaren. Die schwedische Zwillings-Adoptionsstudie untersuchte alle drei Persönlichkeitsdimensionen, die mit der Narzisstischen Persönlichkeitsstörung in Zusammenhang standen (Pedersen et al. 1988; 1991; Bergeman 1993), und stellte fest, dass alle einen genetischen Einfluss aufwiesen. Die Dimension »Extrovertiertheit« zeigte einen genetischen Effekt von 0,41, der Einfluss einer gemeinsamen Umwelt betrug 0,07, jener einer getrennten Umwelt 0,52. »Aufgeschlossenheit für neue Erfahrungen« wies einen genetischen Effekt von 0,40 auf, der Effekt gemeinsamer Umwelt betrug 0,06, jener der getrennten Umwelt 0,54. Für den Faktor »Liebenswürdigkeit« zeigte sich ein genetischer Einfluss von lediglich 0,12, der gemeinsame Umwelteffekt betrug hier 0,21, der getrennte Umwelteffekt 0,67.

3 Empirische Grundlagen zum Narzissmus

In relativ neuen Studien von De Clercq und De Fruyt (2003) wurde die Beziehung zwischen Untergruppen der fünf großen Persönlichkeitsdimensionen und Persönlichkeitsstörungen untersucht. Hierbei korrelierte die Narzisstische Persönlichkeitsstörung positiv mit Feindseligkeit (Neurotizismus), Durchsetzungsvermögen und Aktivität (Extrovertierheit), negativ mit Angst (Neurotizismus), Wärme und positiven Emotionen (Extrovertierheit), Bescheidenheit (Liebenswürdigkeit) sowie Pflichtbewusstsein (Gewissenhaftigkeit).

Eine Zwillingsstudie gibt Aufschluss darüber, dass alle diese Untergruppen von Persönlichkeitszügen genetisch beeinflusst sind (Feindseligkeit: 0,21, Durchsetzungsvermögen: 0,29, Aktivität: 0,25, Warmherzigkeit: 0,23, positive Emotionen: 0,30 und Pflichtbewusstsein: 0,28). Lediglich der Faktor »Bescheidenheit« wird durch den Effekt gemeinsamer Umwelt beeinflusst (0,26).

In einer Itemsammlung für einen Fragebogen, der dysfunktionale Persönlichkeitsaspekte untersuchen sollte, extrahierten Livesley et al. (1992) per Faktorenanalyse 18 Persönlichkeitszüge, von denen sie einen als Narzissmus bezeichneten. In einer Zwillingsstudie beobachteten sie eine Erblichkeit von 0,53 für diesen Persönlichkeitszug (Jang et al. 1996). Innerhalb der Subgruppen wies »Suche nach Aufmerksamkeit« einen Erblichkeitskoeffizienten von 0,48 auf, »Bedürfnis nach Bewunderung« 0,43 und »Grandiosität« 0,38. Aufgrund einer geringeren Anzahl von Items in den Subgruppen und einer damit verbundenen geringeren Reliabilität wird der Erblichkeitsanteil für das Persönlichkeitsmerkmal der Untergruppe geringer ausfallen als für das Hauptmerkmal. Ein nicht unerheblicher Teil getrennter Umwelt ist lediglich auf unzureichende Reliabilität zurückzuführen. Hinweise für einen Anteil gemeinsamer Umwelt wurden nicht gefunden.

Livesley et al. (1998) zufolge gibt es eine genetische Verbindung zwischen Narzissmus und Unterwürfigkeit, Identitätsproblemen, Widerspruchsgeist, sozialer Vermeidung, Ängstlichkeit, kognitiver Dysregulierung, Affektlabilität, eingeschränkter Expressivität, Misstrauen und Bindungsunsicherheit. Eine spezifische Erblichkeit blieb jedoch bestehen, auch wenn die allgemeine genetische Komponente entfernt wurde. Die Struktur gemeinsamer Umweltfaktoren war dem gemeinsamen genetischen Faktor zum Teil ähnlich. Darüber hinaus korrelierte Narzissmus mit einem ausgeprägteren antisozialen Faktor gemeinsamer Umwelt.

Eine der Skalen im California Psychological Inventory trägt den Titel »Narzissmus«. Bouchard et al. (1998) fanden in einer Studie über getrennt aufgewachsene Zwillingspaare einen nichtadditiven genetischen Effekt von 0,45, keinen Effekt einer gemeinsamen Umwelt und einen nichtadditiven Effekt von 0,55.

Lediglich eine Zwillingsstudie untersuchte explizit die Genetik Narzisstischer Persönlichkeitsstörungen (Torgersen et al. 2000). In einer landesweit durchgeführten norwegischen klinischen Zwillingsstudie korrelierten eineiige Zwillinge mit 0,7 und zweieiige Zwillinge mit 0,18. Das beste genetische Modell wies auf eine nichtadditive Erblichkeit von 0,77 hin. Der Rest waren Effekte einer getrennten Umwelt.

Schlussfolgerung

Untersuchungen über gemeinsam aufwachsende Zwillinge, Adoptionsstudien sowie Studien getrennt aufwachsender Zwillingspaare weisen auf einen hohen genetischen Einfluss von Persönlichkeitszügen hin, die mit Narzisstischen Persönlichkeitsstörungen korrelieren. Insbesondere Untersuchungen von getrennt aufwachsenden Zwillingspaaren zeigen, dass eine gemeinsame Umwelt von Bedeutung ist, wenngleich in sehr viel geringerer Ausprägung als der Anteil an Erblichkeit. Das bedeutet, dass womöglich 25 % der Ähnlichkeit zwischen Familienangehörigen auf gemeinsame Umweltfaktoren zurückzuführen sind, 75 % auf genetische Einflüsse. Mehr als 50 % der Varianz einer Persönlichkeit könnte jedoch auf den Faktor getrennter Umwelt zurückzuführen sein.

Was die eigentliche Narzisstische Persönlichkeitsstörung angeht, so liegt hierzu nur eine einzige veröffentlichte Zwillingsstudie vor, die eine hohe Erblichkeit für Narzisstische Persönlichkeitsstörungen aufweist (Torgersen et al. 2000) und keinen Faktor gemeinsamer Umwelt. Allerdings ist eine Wiederholung der Studie notwendig.

Darüber hinaus ist durchaus denkbar, dass Untersuchungen gemeinsam aufwachsender Zwillingspaare den genetischen Einfluss überschätzen, während sie den Anteil gemeinsamer Umwelt ausschalten. Schließlich sind genetische Untersuchungen auf eine bestimmte Kultur in einer bestimmten historischen Zeit begrenzt. Würde es uns gelingen, eine große Bandbreite unterschiedlicher Kulturen über die Zeit hinweg in unsere Untersuchungen mit einzubeziehen, so käme es womöglich zu einem drastischen Rückgang genetischer Einflüsse.

Literatur

Bergeman CS, Chipur HM, Plomin R, Pedersen NL, McClearn GE, Nesseltroade JR (1993). Genetic and environmental effects on openness, agreeableness, and conscientiousness. An adoptive/twin study. J Personal; 61: 159–78.

Bouchard TJ, McGue M, Hur JM, Horn JM (1998). A genetic and environmental analysis of the California Psychological Inventory using adult twins reared apart and together. Eur J Person; 12: 307–20.

Costa P, McCrae R (1992). The five-factor model of personality and its relevance to personality disorders. J Person Disord; 6: 343–59.

De Clercq B, De Fruyt F (2003). Personality disorder symptoms in adolescence. A five-factor model perspective. J Person Disord; 269–92.

Eaves LJ, Eysenck HJ, Martin NG (1989). Genes, Culture and Personality. An empirical approach. London: Academic Press Limited.

Eaves LJ, Heath A, Martin N, Maes H, Neale M, Kendler K, Kirk K, Corey L (1999). Comparing the biological and cultural inheritance of personality and social attitudes in the Virginia 30 000 study of twins and their relatives. Twin Res; 2: 62–80.

Jang KL, Livesley WJ, Vernon PA, Jackson PA (1996). Heritability of personality disorder traits. A twin study. Acta Psychiatr Scand; 94: 438–44.

Livesley WJ, Jackson DN, Schroeder ML (1992). Factural structure of traits delineating personality disorders in clinical and general population samples. J Abnorm Psychol; 101: 432-44.
Livesley WJ, Jang KL, Vernon PA (1998). Phenotypic and genetic structure of traits delineating personality disorder. Arch Gen Psychiatry; 55: 941-8.
Pedersen NL, Plomin G, McClearn GE, Friberg L (1988). Neuroticism, extraversion and related traits in adult twins reared apart and reared together. J Person Soc Psychol; 55: 950-7.
Pedersen NL, McClearn GE, Plomin R, Nesselroade JR, Berg S, DeFaire U (1991). The Swedish adoption/twin study of aging. An update. Arch Gen Med; 40: 7-20.
Soldz S, Budman S, Demby A, Merry J (1993). Representation of pesonality disorders in circumplex and five-factor space. Exploration with a clinical sample. Psychol Ass; 5: 41-52.
Torgersen S, Lygren S, Olien PA, Skre I, Onstad S, Edvardsen J, Tambs K, Kringlen E (2000). A twin study of personality disorders. Compr Psychiatry; 41: 416-25.
Trull TJ (1992). DSM-III-R personality disorders and the five-factor model of personality. An empirical comparison. J Abnorm Psychol; 101: 553-60.

3.5
Rorschach-Merkmale der Narzisstischen Persönlichkeitsstörung bei Kindern

Karen Kernberg Bardenstein

Angesichts zahlreicher unbeantworteter Fragen zur Persönlichkeitsentwicklung ist der Begriff »Narzisstische Persönlichkeitsstörung bei Kindern« nach wie vor höchst umstritten. Das Diagnoseschema der Amerikanischen Psychiatrischen Vereinigung DSM-IV (American Psychiatric Association 1994) definiert Persönlichkeit als »überdauernde Muster des Wahrnehmens, der Beziehungsgestaltung und des Denkens über die Umwelt und über sich selbst« (S. 712). Sind diese Muster maladaptiv und inflexibel, konstituieren sie eine Persönlichkeitsstörung. Gegenwärtig wird der Beginn dieser Störung oftmals für die Zeit der Adoleszenz und früher angenommen. Laut DSM-IV gibt es jedoch entsprechende Diagnosen für Kinder und Jugendliche, wie etwa die Verhaltensstörung als einem früheren Äquivalent der Antisozialen Persönlichkeitsstörung. Für die Narzisstische Persönlichkeitsstörung existiert keine derartige Entsprechung, trotz der anerkannten Tatsache, dass sie sich vor dem 18. Lebensjahr entwickelt. Wie sehr der Begriff »Persönlichkeitsstörung bei Kindern« mit Ambivalenz und Ambiguität behaftet ist, wird auch an der Aussage deutlich, man könne bei Kindern eine Persönlichkeitsstörung diagnostizieren, wenn die entsprechenden Persönlichkeitszüge stabil sind.

Ausgehend von seiner klinischen Erfahrung hat Bleiberg (1988; 1994; 2001) systematisch zum Narzissmus bei Kindern veröffentlicht und dabei Theorie und Forschung hinsichtlich der Themen Konstitution, Bindungsstörung und Trauma integriert. Bei narzisstischen Kindern, so seine These, ist die »reflexive Funktion«, das heißt die Fähigkeit, die Welt exakt zu interpretieren und adäquat darauf zu reagieren, grundlegend beeinträchtigt. Dies wiederum interferiert mit der Fähigkeit, die Intentionen anderer intuitiv zu erfassen und sich in die Gefühle, Gedanken und Motive, die fremdem und eigenem Verhalten zugrunde liegen, einzufühlen. Paulina Kernberg (1989) hat eine Beeinträchtigung der Über-Ich-Funktionen dieser Patienten beobachtet, was zu antisozialen Zügen und paranoiden Ängsten führt, die sich wiederum in somatischen oder hypochondrischen Befürchtungen äußern können. Die Fähigkeit, zu lieben und Fürsorge zu empfinden, sowie die Fähigkeit zu Empathie und Vertrauen ist bei narzisstischen Kindern, so Paulina Kernberg, eklatant gestört. Ihr »hungriges, neidisches und entwertetes Selbst« ist dissoziiert und auf andere projiziert. Das Größen-Selbst bleibt unverändert bestehen und ist permanent auf der Suche nach Glanz, Reichtum, Macht und Schönheit, um die Gefühle von Langeweile und Leere zu lindern.

Weitere Veröffentlichungen zum Thema »Narzisstische Persönlichkeitsmerkmale bei Kindern aus psychoanalytischer Sicht« sowie zur Frage, wie die einzelnen Merkmale der Störung – Grandiosität, negative und aggressive Übertragung, Bindungsschwierigkeiten, Abgrenzungsschwierigkeiten zwischen Selbst und anderen, primitive Abwehrmechanismen wie Spaltung und Entwertung – theoretisch erklärt werden können, liegen vor von Egan und P. Kernberg (1984), Ferreira (1990), Rinsley (1990), Cohen (1991), Beren (1992), Bernstein (1995) und Imbesi (2000). Diese Veröffentlichungen basieren in erster Linie auf klinisch-therapeutischen Beobachtungen sowie auf theoretischen Überlegungen. Guile (1996) spricht von einer hohen Konkordanzrate zwischen den drei Systemen, die zur diagnostischen Evaluierung DSM-Kriterien einsetzen (P. Kernberg für Kinder, Bleiberg für Jugendliche und das DSM-IV für Präadoleszente), und hält die Narzisstische Persönlichkeitsstörung bei Präadoleszenten für diagnostizierbar.

Verschiedene Studien haben strukturierte Interviews eingesetzt, um narzisstische Merkmale bei Kindern systematisch zu untersuchen. Eppright et al. (1993) interviewten inhaftierte Jugendliche mit dem Diagnostic Interview for Children and Adolescents-Revised sowie dem Structured Clinical Interview for Mental Disorders-III-Revised for Personality Disorders. Nach der Antisozialen Persönlichkeitsstörung, so ihr Befund, stellt die Narzisstische Persönlichkeitsstörung eine der häufigsten Diagnosen dar. Myers et al. (1995) führten ähnlich strukturierte diagnostische Interviews durch. Anhand der Revised Psychopathy Checklist (PCL-R) fragten sie nach komorbiden Persönlichkeitsstörungen bei psychiatrisch hospitalisierten Jugendlichen und stellten einen signifikanten Zusammenhang zwischen den Psychopathie-Werten und der Narzisstischen Persönlichkeitsstörung fest.

Psychologische Tests finden erst seit kurzem Anwendung in der Untersuchung des Narzissmus bei Kindern. Abrams (1993) berichtet von einer Einzelfallstudie, in der sowohl der Thematische Apperzeptionstest (TAT) als auch der Thematische Apperzeptionstest für Kinder (CAT) eingesetzt wurde, um einen achtjährigen Jungen diagnostisch und psychodynamisch zu evaluieren. Allerdings erfüllen weder TAT noch CAT trotz großer klinischer Nützlichkeit die strengen empirischen Validitäts- und Reliabilitätskriterien. Auch Kernberg et al. (2001) stellen in ihrer Arbeit psychologische Testergebnisse vor, die für Kinder mit Persönlichkeitsstörungen, die Narzisstische Persönlichkeitsstörung eingeschlossen, charakteristisch sind.

Während die Erforschung von Charakter- bzw. Persönlichkeitsstörungen bei Erwachsenen in der Rorschach-Literatur mittlerweile üblich ist, fehlt es an entsprechenden Untersuchungen hinsichtlich typischer Merkmale bei Kindern mit Persönlichkeitsstörungen. Die Möglichkeit, den Rorschach-Test methodisch valide zur Bestimmung von Narzisstischen Persönlichkeitsstörungen einzusetzen, wurde von Hilsenroth et al. (1997) entwickelt, deren Stichprobe Patienten umfasste, die unabhängig voneinander auf der Grundlage von DSM-IV-Kriterien für die Cluster A, B, C und D diagnostiziert worden waren.[1] Hilsenroth und seine Mitarbeiter konnten aufzeigen, dass die Rorschach-Variablen »Reflexion«, »paarweise Anordnung«, »Personalisierung«, »Idealisierung« und »Egozentrizitätsindex« die Gruppe der Narzisstischen Persönlichkeitsstörungen effektiv von einer nichtklinischen Stichprobe sowie von Persönlichkeitsstörungen der Cluster A und C und anderen des Clusters B unterscheiden konnte. Zwei Variablen erwiesen sich dabei über die statistischen Analysen hinweg als besonders signifikant: »Reflexion« und »Idealisierung«. Der EGOI (»Egozentrizitätsindex«) und »Paarungsantworten« differenzierten zwischen der NPS und einigen anderen Störungsgruppen, jedoch nicht über alle Gruppen hinweg. Die Autoren fanden signifikante Korrelationen zwischen den Rorschach-Kriterien und den DSM-IV-Kriterien für die Narzisstische Persönlichkeitsstörung.

Strukturelle Merkmale des Rorschach-Verfahrens bei Kindern mit Narzisstischer Persönlichkeitsstörung

Das Rorschach-Verfahren ist ein faszinierendes Instrument zur Erfassung von bestimmten Mustern, die Umwelt wahrzunehmen, über sie nachzudenken und zu ihr in Beziehung zu treten. Ob es sich jedoch auch zur Diagnostizierung einer möglichen und überdauernden Persönlichkeitsstörung bei Kindern eignet, muss noch aktiv überprüft werden. Während zahlreiche Rorschach-Indizes und Merkmale als bestimmend oder charakteristisch für eine Narzisstische Persönlichkeitsstörung bei Erwachsenen gelten, wie zum Beispiel die Variable »Reflexion« (Exner 1990), so zielen die meisten dieser Indizes auf eine inhaltliche Analyse der Antworten. So sieht Kwawer (1980) das mit Reflexion, Zwillingsbildern oder Schatten einhergehende »narzisstische Spiegeln« mit narzisstischen Persönlichkeitszügen verknüpft. Lerner und Lerner (1980) sowie Cooper et al. (1988) schließen aus dem Inhalt der Antworten ebenfalls auf narzisstische Abwehrmechanismen wie Entwertung und Idealisierung. Berg (1983) wiederum untersucht

---

1 Frühere Forschungsarbeiten sprachen von der Möglichkeit, anhand des Rorschach-Tests die NPS von anderen Störungen zu unterscheiden, wobei jedoch keine auf DSM-IV-Kriterien basierte.

das Merkmal der Grandiosität, und Wagner und Hoover (1972) sprechen vom Exhibitionismus als bezeichnend für ein narzisstisches Antwortprotokoll. Der explorative Charakter des Rorschach-Verfahrens zur Erfassung einer NPS bei Kindern setzte voraus, die allgemeinen strukturellen und mit einer NPS zusammenhängenden Merkmale zu untersuchen, wie sie Kinder und Jugendliche mit ähnlichen klinischen Bildern aufweisen. Die aktuelle Studie (Bardenstein, in press) wurde mit dem Ziel entworfen, zu überprüfen, ob sich diese Persönlichkeitsmerkmale in den Rorschach-Protokollen der Kinder wiederfinden würden.

Folgenden Fragestellungen wird in der Studie nachgegangen:
- Lässt sich aufgrund des vorliegenden Datenmaterials auf strukturelle Merkmale schließen, wie sie die Theorie der Narzisstischen Persönlichkeitsstörung vorhersagen würde?
- Handelt es sich um chronische Merkmale, die die Annahme einer überdauernden Konstellation von Persönlichkeitszügen rechtfertigen würden?
- Weisen die Kinder und Jugendlichen der Stichprobe die gleichen pathologischen Merkmale auf, was für eine typisch narzisstische Konstellation von Persönlichkeitszügen sprechen würde?

Die Pilotstudie umfasste die Rorschach-Protokolle von 36 Kindern im Alter von 5 bis 17 Jahren, mit einem Durchschnittsalter von 11,8 Jahren. Die Stichprobe setzte sich aus ungefähr gleich vielen Mädchen und Jungen zusammen, wobei die Mehrzahl aus Mittel- und Oberschichtfamilien stammte. Die meisten Kinder (89 %) waren weiß, zwei Kinder waren afroamerikanischer, drei Kinder asiatischer Herkunft. Alle Kinder wurden ambulant über einen Zeitraum von fünf Jahren untersucht und wiesen auf der Verhaltensebene eine Narzisstische Persönlichkeitsstörung gemäß den DSM-IV-Kriterien auf (u. a. Grandiosität, mangelnde Empathie und Überempfindlichkeit gegenüber Kritik; s. Tab. 3.5-1).

Zu den Kindheitsäquivalenten gehören:
- Wutausbrüche bei Kritik oder Forderungen
- antisoziales Verhalten wie Lügen, Stehlen oder körperliche Aggressivität
- Entwertung
- Neid auf den Status, den materiellen Reichtum oder die Fähigkeiten anderer
- grandiose Selbstwahrnehmung, die nicht in der Realität verankert ist
- Misstrauen gegenüber den Motiven anderer
- Verleugnung von bzw. fehlendes Verantwortungsbewusstsein für das eigene Handeln
- mangelndes Schuldgefühl
- mangelnde Sorge um andere

3.5 Rorschach-Merkmale der Narzisstischen Persönlichkeitsstörung

Tab. 3.5-1: DSM-IV-Kriterien der Narzisstischen Persönlichkeitsstörung (mod. nach American Psychiatric Press 1994).

- Hat ein grandioses Gefühl der eigenen Wichtigkeit.
- Ist stark eingenommen von Phantasien grenzenlosen Erfolgs, Macht, Glanz, Schönheit oder idealer Liebe.
- Glaubt von sich, »besonders« oder einzigartig zu sein und nur von anderen besonderen oder angesehenen Personen (oder Institutionen) verstanden zu werden oder nur mit diesen verkehren zu können.
- Verlangt nach übermäßiger Bewunderung.
- Legt ein Anspruchsdenken an den Tag, d.h. übertriebene Erwartungen an eine besonders bevorzugte Behandlung oder automatisches Eingehen auf die eigenen Erwartungen.
- Ist in zwischenmenschlichen Beziehungen ausbeuterisch.
- Zeigt einen Mangel an Empathie.
- Ist häufig neidisch auf andere oder glaubt, andere seien neidisch auf ihn/sie.
- Zeigt arrogante, überhebliche Verhaltensweisen oder Haltungen.

Diese Verhaltensmuster werden in der Hare Psychopathy Scale zur differenzialdiagnostischen Abgrenzung der narzisstischen Persönlichkeit mit antisozialen Zügen abgefragt. So antwortete ein Junge auf den Tadel eines Lehrers: »Lieber putze ich die Toiletten, als das zu tun, was Sie von mir wollen!« Ein anderes Kind drohte der Schule mit einer Anzeige wegen Belästigung, da es aufgrund einer nicht abgegebenen Hausarbeit schlecht benotet worden war. Ein Erstklässler schimpfte seine Lehrerin als »beschränkt« und wollte lieber die Ziegel in der Eingangshalle zählen als mit ihr weiter im Klassenzimmer zu bleiben. Ein anderes Kind rühmte sich »einer Million Freunde«, und ein Mädchen zerriss schnell das Bild eines anderen Kindes, das von der Kindergärtnerin gelobt worden war.

Die zitierten Kinder waren zuvor erfolglos in Behandlung gewesen, und ihr Verhalten zeichnete sich aus durch Streitsucht, Aufsässigkeit, fehlenden schulischen Ehrgeiz, wenn er nicht sofort von Erfolg gekrönt war, die Erwartung an andere, ihre Bedürfnisse zu erfüllen, ohne Gegenseitigkeit oder Dankbarkeit zeigen zu müssen, das permanente Bedürfnis, im Zentrum der Aufmerksamkeit zu stehen sowie ein fehlendes Engagement, Freundschaften oder familiäre Bindungen zu pflegen, was zu oberflächlichen Beziehungen führte. Tadel für ihr Verhalten wurde externalisiert, um Bestrafung zu umgehen oder schlechte Leistungen zu rechtfertigen. Alle Kinder begegneten dem Leid, das sie durch ihr unangemessenes Verhalten auslösten, mit Indifferenz.

Die Rorschach-Protokolle wurden von zwei Ratern anhand des Exner Comprehensive System (s. Exner 2003) mit einer Reliabilität von 91 % ausgewertet, wobei dem zweiten Rater die Diagnosen der Patienten unbekannt waren. Anschließend erfolgten ein Rating der Protokolle nach strukturellen Merkmalen sowie eine Überprüfung, welche Merkmale in mehr als der Hälfte der Fälle auftauchten und sich signifikant (Standardabweichung > 1) von der gesunden Kontrollgruppe mit Gleichaltrigen unterschieden. Obwohl Exner von einem derartigen Vorgehen im Allgemeinen abrät, berücksichtigt er durchaus solche Untersuchungsergebnisse, die vom erwarteten Ausprägungsgrad signifikant abweichen. Die Ergebnisse wurden anschließend in verschiedene Altersgruppen unterteilt, um mögliche Entwicklungseinflüsse zu berücksichtigen, die ansonsten durch den Zusammenschluss von Latenzkindern und älteren Jugendlichen verloren gegangen wären.

In einem nächsten Schritt wurden verschiedene Cluster entlang folgender zentraler Persönlichkeitsaspekte gebildet:
- Zusammensetzung klinisch verwandter Persönlichkeitszüge
- Erleben und Ausdruck von Emotionen
- Kognition
- interpersonelle Wahrnehmung
- Selbstwahrnehmung

Die Ergebnisse sind in den Tabellen 3.5-2 bis 3.5-6 nach Altersgruppen, normaler Kontrollgruppe und Häufigkeit der einzelnen Variablen zusammengefasst.

Die narzisstischen Kinder zeigen positive Werte auf mehreren Exner-Skalen (s. Tab. 3.5-2). Sie verzerrten die Realität und überließen sich einer auffälligen und von Denkstörungen geprägten Bilderwelt. Ihre Fähigkeit, die konventionelle Realität wahrzunehmen, ist eingeschränkt, wie aus dem Wahrnehmungs-Denk-Index (WDI) ersichtlich ist. Diese Befunde lassen auf eine Verzerrung des Denkens schließen, das die allgemeine Funktionsfähigkeit der Kinder zusätzlich beeinträchtigt. Der Hypervigilanz-Index (HVI) weist darauf hin, dass sie viel Energie darauf verwenden, das eigene Selbst vor einer als böse wahrgenommenen äußeren Welt zu schützen. In zwischenmenschlichen Beziehungen bleiben sie

Tab. 3.5-2: Zusammensetzung (nach Häufigkeit) (* = $p < 0{,}10$; ** = $p < 0{,}05$).

	n = 7 (5–7 Jahre)		n = 6 (8–10 Jahre)		n = 8 (11–14 Jahre)		n = 15 (15–17 Jahre)		
	NPS	Kontrollgruppe	NPS	Kontrollgruppe	NPS	Kontrollgruppe	NPS	Kontrollgruppe	Signifikanzniveau
WDI + (Wahrnehmungs-Denk-Index)	43	0	67	0	12	0	7	0	*
HVI + (Hypervigilanz-Index)	0	0	83	0	50	3	50	1	**
DPI + (Depressions-Index)	14	0	67	0	38	1	21	0	**
CDI + (Copingdefizit-Index)	57	12	17	9	37	15	43	10	**

3.5 Rorschach-Merkmale der Narzisstischen Persönlichkeitsstörung

auf der Hut, sie misstrauen den Motiven anderer Menschen und sind sehr darauf bedacht, ihren persönlichen Bereich zu schützen. Während wir bei gesunden Kindern und Jugendlichen extrem selten auf HVI-Konstellationen treffen, waren diese für Kinder mit Narzisstischer Persönlichkeitsstörung, die älter als sieben Jahre waren, charakteristisch. Auch auf dem Copingdefizit-Index (CDI), einem allgemeinen Maß für die generellen Coping-Fähigkeiten vor allem im zwischenmenschlichen Bereich, erzielten drei der vier Altersgruppen positive Werte. Ein positiver CDI-Wert wird mit Beziehungsunfähigkeit und chaotischen Beziehungen in der Vergangenheit assoziiert. Ebenfalls erhöht war der Depressions-Index (DPI), was auf häufiges Erleben von dysphorischen Stimmungen, auf ein geringes Selbstwertgefühl und auf psychischen Schmerz schließen lässt, was aus den präsentierten Symptomen der Patienten nicht konsistent ersichtlich war.

Bei diesen Konstellationen, die in gesunden Vergleichsgruppen nur selten auftreten, handelt es sich um frühreife und kristallisierte Entwicklungsformen, die über die Zeit hinweg stabil sind und wahrscheinlich im Verlauf des Reifungsprozesses nicht verschwinden werden (Erdberg 1996, persönl. Mitteilung).

Wie man aus den Befunden ersehen kann, sind die Auswirkungen auf affektive und kognitive Prozesse tief greifend (s. Tab. 3.5-3). Die hohe Anzahl an Raum-Antworten korreliert mit einer entfremdeten und trotzigen Haltung, die zu aggressiven Zusammenstößen mit der Umwelt führen kann. Diese Kinder sind leicht reizbar, und ihr Bemühen, als unangepasst zu gelten, führt zu einer zusätzlichen Distanzierung von anderen. Emotional aufgeladenen Situationen gehen sie ebenso aus dem Weg wie affektivem Austausch mit anderen (vgl. den geringen Ausprägungsgrad auf der Affektivitätsskala). Die Art und Weise, wie sie

Tab. 3.5-3: Affekt (nach Häufigkeit) (** = $p < 0{,}05$; Fb = Farbantwort; FFb = Formfarbantwort; FbF = Farbformantwort; ^ = durchschnittliche Antwortzahl nach Gewichtung).

	n = 7 (5–7 Jahre)		n = 6 (8–10 Jahre)		n = 8 (11–14 Jahre)		n = 15 (15–17 Jahre)		
	NPS	Kontrollgruppe	NPS	Kontrollgruppe	NPS	Kontrollgruppe	NPS	Kontrollgruppe	Signifikanzniveau
Raum-Antworten > 2	71	21	100	9	75	12	50	14	**
AFR (Affektivitäts-Ratio) < 40	29	4	50	3	25	4	50	5	**
Mor (Morbid) > 2	28	5	67	7	25	4	21	4	**
FFb > (FbF + Fb) + 1	29	4	33	9	37	11	7	19	**
gewichtete Summe C^	3,9	4,8	2,4	4,8	2,1	4,1	2,0	4,5	**

ihren emotionalen Ausdruck einschränken und hemmen (Verhältnis von Formfarb- zu Farbformantworten), ist nicht nur atypisch für Kinder und Jugendliche – sie wirkt sich auch schädlich auf die emotionalen Lernerfahrungen mit Gleichaltrigen aus. Im Gegensatz zur Kontrollgruppe ist die allgemeine Anerkennung von Gefühlen in den Rorschach-Protokollen unterdrückt (geringerer Fb-Summen-Score). Die erhöhten Werte auf der Krankheitsskala (Morbidity) mögen eine Erklärung für die allgemeine affektive Hemmung sein. Krankheitsantworten korrelieren mit Gefühlen des Beschädigtseins, des Pessimismus und des Nicht-Genügens, was für Kinder mit einer Narzisstischen Persönlichkeitsstörung unannehmbar ist – sie kämpfen aus diesem Grund verzweifelt darum, ihr aufgeblähtes, aber fehlerhaftes Selbst zu stützen.

Auch die kognitiven Prozesse scheinen der Notwendigkeit zu unterliegen, das Selbst schützen zu müssen (s. Tab. 3.5-4). Die relativ hohen Lambda-Werte ver-

Tab. 3.5-4: Kognition (^ = Durchschnittsanzahl).

	n = 7 (5–7 Jahre)		n = 6 (8–10 Jahre)		n = 8 (11–14 Jahre)		n =15 (15–17 Jahre)		
	NPS	Kontrollgruppe	NPS	Kontrollgruppe	NPS	Kontrollgruppe	NPS	Kontrollgruppe	Signifikanzniveau
Informationsverarbeitung Lambda > 0,99	71	12	33	14	25	10	43	7	**
kognitive Verarbeitung (Informationsverzerrung)									
X → 0,20	100	3	83	3	50	8	21	2	**
P (Populärantworten) < 4	43	6	67	2	75	2	21	2	**
hyperintroversiv (Erlebnistypus)	14	0	50	0	38	5	36	8	**
Phantasietätigkeit									
Bp (passive Bewegungsantworten) > Ba (aktive Bewegungsantworten)	28	10	50	12	25	13	57	12	**
B^ (Bewegungsantwort in entstellter Form)	1,4	0,31	2,8	0,21	1,0	0,19	0,86	0,11	**
Angleichung der Kontrollgruppe D (Details) > 0	29	0	33	6	38	12	36	15	**

3.5 Rorschach-Merkmale der Narzisstischen Persönlichkeitsstörung

weisen auf eine Reduzierung und Simplifizierung komplexer und mehrdeutiger Informationen zu bloßen »Schwarz-Weiß«-Darstellungen. Diese rein tatsachenorientierte Einstellung dem Leben gegenüber eliminiert problematische Nuancen, die die Situation verkomplizieren könnten. Kinder mit einer Narzisstischen Persönlichkeitsstörung müssen Probleme auf eine Art und Weise wahrnehmen, die ihren psychischen Bedürfnissen entspricht. Die Simplifizierung von Tatsachen macht sie somit anfällig für fehlende wichtige (und womöglich schmerzliche) Details. Der erhöhte X-Prozentsatz (X-percentage) bestätigt, dass Kinder mit einer Narzisstischen Persönlichkeitsstörung regelmäßig Informationen verzerren und unfähig oder unwillig sind, Dinge auf konventionelle Art wahrzunehmen, wie es die niedrigen P-Werte (Populärantworten) nahe legen. Ihr allgegenwärtiges »hyperintroversives« Problemlöseverhalten ist untypisch für Kinder ihres Alters. Sie reagieren erst, nachdem sie verschiedene Möglichkeiten methodisch durchdacht haben, ohne dabei jedoch emotionale Aspekte zu berücksichtigen. Letztlich ist es ihre eigene Phantasietätigkeit, die sie dabei leitet, Probleme zu lösen oder Ansprüche zu formulieren. Ihre Anfälligkeit für simplifizierende und verzerrende Informationsverarbeitung bedeutet jedoch eine ernsthafte Beeinträchtigung ihres allgemeinen Problemlöseverhaltens, das nicht selten in unangemessene Lösungsvorschläge mündet.

Die beiden Variablen zur Phantasietätigkeit bestätigen dieses Problem. Die NPS-Gruppe gibt sich in einem Ausmaß ihrer eigenen inneren Bilderwelt hin, das sie unangenehme Situationen vermeiden lässt – in der Hoffnung, dass sie letztlich von jeglicher Verantwortung entbunden werden und jemand anders »den Karren aus dem Dreck zieht«. Dieses maladaptive »Schneewittchen«-Syndrom – ein Begriff, der das Verhältnis von aktiven zu passiven Bewegungsantworten (Bp > Ba) beschreibt – ist innerhalb der NPS-Gruppe zwei- bis viermal häufiger als in der Kontrollgruppe. Auch auf die zweite Variable, B (Menschenbewegung), treffen wir häufiger in der NPS-Gruppe als in der Kontrollgruppe. B verweist auf verzerrte Bewegungsantworten, die empirisch mit umschriebenen und eigentümlichen Phantasien über andere Menschen korrelieren – Phantasien, die auch wahnhaften Charakter annehmen können.

Es überrascht nicht, dass auch der zwischenmenschliche Bereich betroffen ist (s. Tab. 3.5-5). Aus dem HVI-Wert (Hypervigilanz) ließ sich bereits ablesen, dass die NPS-Gruppe Distanz wahrt zu anderen Menschen, denen automatisch mit Misstrauen begegnet wird. Bei genauerer Betrachtung der interpersonellen Variablen wird deutlich, dass das Fehlen differenzierter Oberflächen- und Strukturdeutungen (Textur), wie wir es häufig in dieser Gruppe, aber auch in den meisten anderen Patientenpopulationen antreffen, auf eine eingeschränkte Bindungsfähigkeit und auf die resignierte Überzeugung hinweist, dass die eigene Bedürftigkeit nicht gesehen wird. Das relative Fehlen aggressiver und kooperativer Bewegung ist ebenfalls signifikant, da beide Variablen Interaktion und Gegenseitigkeit implizieren, sei es nun im positiven oder negativen Sinn, was jedoch für Kinder mit einer Narzisstischen Persönlichkeitsstörung weder im einen noch

Tab. 3.5-5: Interpersonelle Wahrnehmung und zwischenmenschliche Beziehungen
(* = p < 0,10; ** = p < 0,05).

	n = 7 (5–7 Jahre)		n = 6 (8–10 Jahre)		n = 8 (11–14 Jahre)		n =15 (15–17 Jahre)		
	NPS	Kontrollgruppe	NPS	Kontrollgruppe	NPS	Kontrollgruppe	NPS	Kontrollgruppe	Signifikanzniveau
Textur (differenzierte Oberflächen- und Strukturdeutungen) = 0	43	19	100	10	87	15	71	10	**
kooperativ = 0	57	13	67	4	50	8	43	12	**
aggressiv = 0	86	16	50	10	87	14	86	23	**
human (menschliche Ganzfigur) < 2	71	41	33	26	50	23	36	15	*

im anderen Fall zutrifft. Die NPS-Kinder stehen an der Peripherie menschlicher Interaktion, sie beobachten, aber treten eigentlich nicht in Kontakt. Die letzte Variable, die allgemeine Anzahl an menschlichen Ganzantworten, bestätigt den relativen Mangel an Interesse und Identifizierung mit anderen Menschen, die eher als Erweiterung des eigenen Selbst oder aber als Quelle der Bedürfnisbefriedigung oder -versagung wahrgenommen werden. Sie sind Objekte, derer man sich bedient, die man beneidet oder entwertet.

Die Untersuchungsergebnisse im Bereich »Selbstwahrnehmung« sind ebenfalls konsistent mit unserem theoretischen Verständnis der Narzisstischen Persönlichkeitsstörung (s. Tab. 3.5-6). Es existiert ein aufgeblähtes Selbstempfinden, das sich an den Spiegelantworten ablesen lässt – das heißt, es wurden eher Spiegelbilder wahrgenommen als paarweise angeordnete Objekte –, deren Anzahl die der Kontrollgruppe übersteigt. Paradoxerweise vermag die eigene Selbsterhöhung das nagende Gefühl des Nicht-Genügens (Egozentrizitäts-Index), das aus dem eigenen Bewusstsein ferngehalten werden soll, nicht zu verbessern. Die Spiegelantwort korreliert mit Abwehroperationen wie Verleugnung und Externalisierung von Tadel, um das Bedürfnis nach einem makellosen Selbst aufrechtzuerhalten.

Die ungewöhnlich hohe Anzahl an FD-Antworten (FD = Formdimension) überraschte uns. Bei Erwachsenen korreliert FD mit der Fähigkeit zu objektiver Selbstbetrachtung, während es im Falle unserer Stichprobe auf ein vorzeitig entwickeltes Bewusstsein für das eigene Selbst hindeuten könnte, wie es von anderen gesehen wird (bzw. wie man selbst von anderen gesehen werden möchte), das heißt ein Vorläufer reflexiver Antworten. Paradoxerweise entsteht diese Selbst-Bewusstheit anstelle tatsächlicher Selbstreflexion oder Introspektion – ein Persönlichkeitszug, der bei den Kindern und Jugendlichen der NPS-Gruppe sel-

3.5 Rorschach-Merkmale der Narzisstischen Persönlichkeitsstörung

Tab. 3.5-6: Selbstwahrnehmung (* = p < 0,10; ** = p < 0,05).

	n = 7 (5–7 Jahre)		n = 6 (8–10 Jahre)		n = 8 (11–14 Jahre)		n = 15 (15–17 Jahre)		
	NPS	Kontrollgruppe	NPS	Kontrollgruppe	NPS	Kontrollgruppe	NPS	Kontrollgruppe	Signifikanzniveau
Egozentrismus < 0,33	71	8	67	9	37	7	43	10	**
Egozentrismus < 0,44	0	71	17	48	50	73	43	51	**
Reflexion (Mittelwert)	0,14	0,32	0,83	0,37	1,8	0,28	1,4	0,27	*
Form (Mittelwert)	1,4	0,27	2,0	0,61	1,6	1,2	1,2	1,3	**

ten auftritt. FD und HVI sind eng miteinander verwoben, da die anderen dahingehend beobachtet werden, wie sie das NPS-Kind wahrnehmen. Auch mit größer werdender Stichprobe zeigte sich ein konsequent erhöhter FD-Wert der NPS-Kinder in den Rorschach-Protokollen, ohne dass dies mit einer objektiven Selbstbeurteilung einhergegangen wäre, wie wir das von erwachsenen Probanden kennen.

Was den Inhalt der Rorschach-Protokolle angeht, so gibt es ein klinisches Gegenstück zu den strukturellen Merkmale der vorliegenden Untersuchung. Die Klassifikationen der Antworten wurden sowohl aus der Theorie als auch aus dem gesammelten Datenmaterial abgeleitet. Zu jenen Kategorien, die der Theorie entlehnt wurden und signifikant häufig in den Antworten der Kinder vertreten waren, gehören:
- Grandiosität
- Exhibitionismus
- die Abwehrmechanismen der Entwertung und Idealisierung

Grandiose Antworten umfassten jene, in denen Status und Bewunderung betont wurden, zum Beispiel: »Ein Prediger, der die Hände hebt, wenn er mit den Leuten redet«. Exhibitionistische Antworten umfassten solche, in denen das Subjekt versuchte, andere zu beeindrucken: »Ein Mädchen mit BH und königlichem Umhang, das seine Bommel schüttelt«. Entwertung und Idealisierung kennzeichneten jene Antworten, in denen das Subjekt der Antwort die Tintenkleckse oder die Kinder sich selbst kritisierten und andere Antworten zum Vorbild erhoben: »Eine dumme Motte. Wer hat bloß diese blöden Bilder gemalt?«, »Eine schöne Prinzessin auf einem Schimmel«.

Zu den theoretischen Konstrukten der Narzisstischen Persönlichkeitsstörung, wie wir sie aus der Literatur kennen, gehören u. a.:
- die Annahme einer zugrunde liegenden Abhängigkeit von anderen, die jedoch durch die Illusion von Selbstgenügsamkeit abgewehrt werden soll

- hypervigilantes Verhalten, um die bösen Absichten anderer Menschen zu antizipieren (Externalisierung der eigenen Aggression)
- sadistische oder aggressive Lust am Scheitern anderer, ohne dabei Gewissensbisse oder Bedauern zu empfinden

Diese Konstrukte wurden in folgende Kategorien umgewandelt:
- Nahrungsantworten (in Korrelation zu Abhängigkeitsthemen)
- Kampfbereitschaft (Dinge wie Radar, Antennen, Fernglas, Krallen, Spitzen, Waffen)
- Aggression und aggressive/morbide Antworten

Wie bereits erwähnt, waren auf Kooperation oder Gegenseitigkeit basierende Beziehungen zwischen den Subjekten eher ungewöhnlich für die Protokolle. Interaktionen waren oft entweder abhängig, destruktiv oder ausbeuterisch. »Ein Inder, der einen anderen Inder auf dem Rücken trägt und sich nach vorne beugt.« »Sieht aus wie eine Falle, die Leute einsaugt.« »Ein zerquetschter Waschbär. Da ist die Reifenspur. Sieht aus, als sei das Auto acht- oder neunmal über ihn drüber gefahren. (Patient lacht)«

Aggressive oder morbide Inhalte wurden oft fröhlich-ausgelassen beschrieben, was die grausamen und antisozialen Züge, die mit der Narzisstischen Persönlichkeitsstörung verknüpft sind, deutlich macht: »Zwei Spatzen, die am Kopf zusammengenäht sind. Cool!«, »Ein Erdbeben, alles bricht auf. Da ist jemand, der macht die Spalten, er versucht sich festzuhalten. Er wird sterben. (Patient lächelt)«

Aus den Protokollen wurden u. a. folgende inhaltliche Kategorisierungen extrahiert: »derbe« Inhalte oder Antworten, die typischerweise Ekel oder Abscheu auslösen; »etwas fehlt« bzw. unvollständige Antworten oder »seltsame« Beschreibungen der Tintenkleckse.
- derb: »Jemand übergibt sich«, »Ein Piranha, der Blut spuckt«
- etwas fehlt: »Ein Weberknecht, dem zwei Beine fehlen«
- seltsam: »Sieht aus wie ein seltsamer Schmetterling, mit Antennen am Kopf und am Hintern« (wird auch als »Kampfbereitschaft« gewertet)

In einer ersten Durchsicht fanden sich diese Kategorien in über 50 % der Antwortprotokolle. Sie scheinen sowohl theoretische als auch praktische Validität zu besitzen. Die Inhaltsanalyse bestätigt die strukturellen Befunde hinsichtlich beeinträchtigter zwischenmenschlicher Beziehungen sowie Aufblähung des eigenen Selbst und der Selbstbeschäftigung.

Schlussfolgerung

Die vorliegende Studie ist ein erster Versuch, das Wesen der Narzisstischen Persönlichkeitsstörung bei Kindern zu bestimmen und zu überprüfen, ob es Variablen gibt, die mit der Narzissmus-Theorie und der Annahme, dass es Persönlichkeitsstörungen bei Kindern gibt, konsistent sind. Die Untersuchungsergebnisse weisen auf eine überdauernde Persönlichkeitspathologie der narzisstischen Kinder und Jugendlichen hin: Realitätsverzerrung, affektive Hemmung, hypervigilante Wachsamkeit gegenüber den Motiven anderer, depressive Züge, die klinisch nicht manifest waren, aufgeblähtes Selbst bei gleichzeitigem Gefühl der Minderwertigkeit und vergleichsweise geringem Interesse an anderen Menschen oder engen Beziehungen. Wenn es um das Lösen von Problemen geht, suchen sie kaum die Unterstützung anderer, sondern verlassen sich am liebsten auf sich selbst. Ihre Persönlichkeitszüge sind stabil, und trotz ihres maladaptiven Charakters sehen sie kaum eine Notwendigkeit, diesen Anpassungsmodus im Rahmen einer Behandlung zu verändern. Vielmehr käme es durch die genauere Betrachtung und Deutung ihres Verhaltens zur Manifestation paranoider und narzisstischer Persönlichkeitszüge, die nicht nur mit der klinischen Beschreibung dieser Patienten konsistent sind, sondern auch die Chronizität und Hartnäckigkeit der Persönlichkeitkonstellation belegen, die zur Kompensation eines brüchigen Selbst errichtet wurde.

Literatur

Abrams D (1993). Pathological narcissism in an eight-year-old boy. An example of Bellak's TAT and CAT diagnostic system. Psychoanal Psychol; 10(4): 573–91.
American Psychiatric Association (1994). Diagnostic and Statistical Manual for Mental Disorders. 4th ed. Washington, DC: American Psychiatric Association Press (dt.: Diagnostische Kriterien des Diagnostischen und Statistischen Manuals Psychischer Störungen DSM-IV. Bearbeitung von Saß H, Wittchen H-U, Zaudig M, Houben I. Göttingen: Hogrefe 1998).
Bardenstein K (in press). Rorschach features of narcissistic children. J Person Assessm.
Beren P (1992). Narcissistic disorders. Psychoanal Study Child; 47: 265–78.
Berg M (1983). Borderline psychpathology as displayed on psychological tests. J Person Assessm; 47: 120–33.
Bernstein J (1995). The grandiose character, primary type. Psychoanal Rev; 82(2): 293–311.
Bleiberg E (1988). Developmental pathogenesis of narcissistic disorders in children. Bull Menninger Clin; 52: 3–15.
Bleiberg E (1994). Normal and pathological narcissism in adolescence. Am J Psychother; 48: 30–51.
Bleiberg E (2001). Treating Personality Disorders in Children and Adolescents. A relational approach. New York: The Guilford Press.
Cohen Y (1991). Grandiosity in children with narcissistic and borderline disorders. A comparative analysis. Psychoanal Study Child; 46: 307–24.

Cooper S, Perry J, Arnow D (1988). An emprical approach to the study of defense mechanisms. Reliability and preliminary validity of the Rorschach defense schales. J Person Assessm; 52: 187–203.
Egan J, Kernberg P (1984). Pathological narcissism in childhood. J Am Psychoanal Assoc; 32: 39–62.
Eppright T, Kashani J, Robinson B, Reid J (1993). Comorbidity of conduct disorder and personality disorder in an incarcerated juvenile population. Am J Psychiatry; 150(8): 1233–6.
Exner J Jr. (1990). A Rorschach Workbook for the Comprehensive System. Vol. 1. Basic Foundations. 3rd ed. New York: Wiley & Sons.
Exner J Jr. (2003). The Rorschach. A comprehensive system. Vol. 1. Basic foundations and principles of interpretation. 4th ed. Hoboken, NJ: John Wiley & Sons.
Ferreira T (1990). The all-powerful child. Some aspects of narcissistic pathology. Revista Portuguesa de Psicanalise; 4(8): 61–70.
Guile J-M (1996). Identifying narcissistic personality disorders in preadolescents. Can J Psychiatry; 41(6): 343–9.
Guile J-M (2002). Associated variables to narcissistic personality disorder in children and adolescents. Annales Medico-Psychologiques; 160(8): 550–8.
Hilsenroth M, Fowler JC, Padawer J, Handler L (1997). Narcissism in the Rorschach revisited. Some reflections on empirical data. Psychol Assessm; 9: 113–21.
Imbesi L (2000). On the etiology of narcissistc personality disorder. Iss Psychoanal Psychol; 22(2): 43–58.
Kernberg P (1989). Narcissistic personality disorder in childhood. Psychiatr Clin North Am; 12(3): 671–94 (dt.: Narzisstische Persönlichkeitsstörungen in der Kindheit. In: Kernberg OF [Hrsg]. Narzisstische Persönlichkeitsstörungen. Stuttgart, New York: Schattauer 1996; 191–217, überarbeitet in diesem Band: s. Kap. 4.6, S. 570).
Kernberg P, Weiner A, Bardenstein K (2001). Persönlichkeitsstörungen bei Kindern und Jugendlichen. Stuttgart: Klett-Cotta.
Kwawer J (1980). Primitive interpersonal modes, borderline phenomena, and Rorschach content. In: Kwawer J, Lerner H, Lerner P, Sugarman A (eds). Borderline Phenomena and the Rorschach Test. New York: International Universities Press.
Lerner P, Lerner H (1980). Rorschach Assessment of primitive defense in borderline personality structure. In: Kwawer J, Lerner H, Lerner P, Sugarman A (eds). Borderline Phenomena and the Rorschach Test. New York: International Universities Press.
Myers W, Burket R, Harris E (1995). Adolescent psychopathy in relation to delinquent behaviors, conduct disorder, and personality disorders. J Forensic Serv; 40(3): 435–9.
Rinsley D (1990). The severely disturbed adolescent. Indications for hospital and residential treatment. Bull Menninger Clin; 54(1): 3–12.
Wagner EE, Hoover TO (1972). Behavioral implications of Rorschach's human movement response. Further validation based on exhibitionistic M's. Perceptual Motor Skills; 32: 27–30.

4 Die Bedeutung des Narzissmus bei spezifischen Störungsbildern und in unterschiedlichen Lebensphasen

4.1
Narzisstische Persönlichkeitsstörungen bei dissozialen Patienten

Udo Rauchfleisch

Allgemeine Gesichtspunkte zur Struktur und Dynamik der dissozialen Persönlichkeit

Die Diagnose »Dissoziale Persönlichkeitsstörung«[1] ist wie keine andere in einem hohen Ausmaß durch negative Etikettierungen gekennzeichnet. Menschen mit dieser Störung zeichnen sich gemäß ICD-10 durch ein »dickfelliges Unbeteiligtsein gegenüber den Gefühlen anderer« und durch »deutliche und andauernde Verantwortungslosigkeit« sowie durch die »Unfähigkeit zum Erleben von Schuldbewusstsein und zum Lernen aus Erfahrung« aus. Charakteristisch sei für sie ein »tiefgreifendes Muster von Missachtung und Verletzung der Rechte anderer«, von ihnen werde Täuschung und Manipulation mit der Absicht eingesetzt, einen persönlichen Vorteil zu erlangen, sie ließen eine starke Neigung zum Lügen, Betrügen oder Simulieren erkennen, ihnen fehle häufig jedes Mitgefühl, und sie neigten dazu, »abgebrüht und zynisch zu sein und die Gefühle, Rechte und Leiden ihrer Mitmenschen zu missachten« (DSM-IV).

Auch im psychoanalytischen Schrifttum finden sich ausgesprochen negative Aussagen über die dissozialen Persönlichkeiten, deren Fähigkeit, von den üblichen Formen der Psychotherapie zu profitieren, etwa Kernberg (1989) für sehr zweifelhaft hält und deren Prognose er deshalb als »außerordentlich ungünstig« einschätzt.

---

1 Die Diagnose »Dissoziale Persönlichkeitsstörung« wird in der ICD-10 (F60.2) gleichgesetzt mit der Antisozialen Persönlichkeitsstörung. Sie überschneidet sich weitgehend mit der Diagnose »Antisoziale Persönlichkeitsstörung« des DSM-IV (Achse II, Cluster B: 301.7).

Die Diagnose »Dissoziale Persönlichkeitsstörung« stellt in erster Linie eine soziale – stigmatisierende – Etikettierung dar und weist weniger auf einen einheitlichen Persönlichkeitstyp hin. Dennoch lassen sich bei einer psychodynamischen Betrachtungsweise Verhaltensmerkmale, Konfliktbereiche und Verarbeitungsweisen erkennen, die weitgehende Übereinstimmungen aufweisen. Bei vielen dieser Menschen finden sich in der Kindheit zum Teil **schwere, in der sozialen Realität erfahrene Traumatisierungen**. Aufgrund von früh erlebten Versagungen besteht bei ihnen geradezu eine Gier nach Zuwendung und Einverleibung der verschiedensten Objekte, von Alkohol, Drogen und materiellen Gütern bis zu Mitmenschen, die stark funktionalisiert werden und in erster Linie unter dem Aspekt wahrgenommen werden, ob sie die an sie gerichteten – im Hinblick auf die soziale Realität: maßlosen – oralen Ansprüche befriedigen (oral-aggressiver Kernkonflikt, s. Rauchfleisch 1999). Sobald die Bezugspersonen diese Bedürfnisse jedoch nicht zu erfüllen vermögen, werden sie Ziel eines immensen Hasses. In genetisch-dynamischer Hinsicht haben wir es vor allem mit **prägenitalen Konflikten** zu tun, die eine starke Aufladung mit **prägenitaler Aggression** aufweisen.

Ein weiterer Störungsbereich ist der der **Autonomie-Entwicklung**. Die späteren dissozialen Persönlichkeiten haben in ihrer Kindheit keine konstruktiven Formen von Abgrenzungs- und Unabhängigkeitsstrebungen entwickeln können und bleiben auch im Erwachsenenalter in einer hoch ambivalenten Weise an ihre Bezugspersonen gebunden, wobei für sie vor allem die Nähe-Distanz-Regulierung ein besonderes Problem darstellt.

Ferner finden sich vielfältige Ich-strukturelle Störungen, etwa in der Realitätsprüfung, der schützenden Schranke gegen übermäßige Reize von außen und innen, in der Abwehr (vor allem Einsatz archaischer Mechanismen wie Spaltung, Verleugnung, Projektion und projektive Identifizierung, Idealisierung und Entwertung) sowie in der Fähigkeit, anstelle eines impulsiven Handelns Konflikte und (äußere wie innere) Spannungen innerpsychisch zu bewältigen. Die Folge ist eine **mangelhafte Angst- und Spannungstoleranz**.

Im Hinblick auf das **Über-Ich** kann man nach meiner Erfahrung keineswegs, wie es die Beschreibungen der ICD-10 und des DSM-IV nahe legen, vom Fehlen einer Über-Ich-Instanz sprechen. Es besteht bei diesen Menschen vielmehr eine Dissoziation der verschiedenen Teilstrukturen: Unintegriert stehen ein auf die Erfüllung illusionärer Wünsche ausgerichtetes, oft weit von der Realität entferntes Ich-Ideal und ein aus archaischen Verboten hervorgegangenes, mit aggressiver Energie gespeistes Gewissen (Über-Ich im engeren Sinne) mit sadistischen Kernen (Glover 1960) einander gegenüber und übernehmen abwechselnd die Herrschaft. Eine Integration dieser beiden Teilstrukturen ist im Verlauf der Entwicklung nicht gelungen.

Schließlich treten bei dissozialen Persönlichkeiten oft auch erhebliche **narzisstische Störungsanteile** hervor. Ausgeprägte Insuffizienzgefühle einerseits und Omnipotenz- und Grandiositätsvorstellungen andererseits sind charakteristische Merkmale und führen zu vielfältigen sozialen und intrapsychischen Konflikten. Auf diese spezifische Dynamik wird im folgenden Abschnitt noch ausführlicher eingegangen werden.

Hinsichtlich der Struktur und Dynamik haben wir es mit einer **Persönlichkeit mit Borderline-Organisation auf einem eher tiefen Funktionsniveau** zu tun. Hinzu kommen charakteristischerweise gravierende Probleme in der sozialen Integration, wie Verstöße gegen die geltenden Normen, Mangel an grundlegenden sozialen Kompetenzen, Schwierigkeiten in der Schul- und Berufsausbildung, Etikettierung als »Straftäter« und eine Fülle anderer, sekundärer Folgen der dissozialen Fehlentwicklung (Probleme im Bereich von Wohnen und Arbeit, finanzielle Verschuldung, Partnerkonflikte usw.). Es ist charakteristisch für viele dieser Menschen, dass bei ihnen die individuelle Psychopathologie aufs Engste mit den sozialen Determinanten verwoben ist, unter denen sie aufgewachsen sind und heute leben, und dass sich beide Faktoren gegenseitig bedingen (Rauchfleisch 1996).

Eine Charakterisierung wie die hier gegebene birgt indes eine große Gefahr in sich: Sie erscheint wie eine Summierung von Defiziten. Eine solche Sicht wäre jedoch aus drei Gründen verhängnisvoll: Zum einen würde sie der realen Situation dieser Persönlichkeiten nicht gerecht, denn selbst bei schwersten psychopathologischen Zuständen haben wir nie Menschen vor uns, die nur aus »Defiziten« bestehen. Zum zweiten müssten wir, wenn wir eine derartige Haltung einnähmen, den Patienten völlig hilflos und resigniert gegenüberstehen und eine wie auch immer geartete Betreuung und Behandlung als »aussichtslos« ablehnen. Zum dritten könnten wir gar nicht mit Menschen arbeiten, bei denen wir uns nicht auf intakte Persönlichkeitsanteile stützen und Ressourcen erschließen könnten. Mehr noch als andere Patienten fordern uns deshalb dissoziale Persönlichkeiten zu einem radikalen Umdenken heraus, geradezu zu einem Paradigmenwechsel, indem wir nicht mehr in erster Linie von der psychischen und sozialen Pathologie ausgehen dürfen, sondern im Sinne der Salutogenese (Antonovsky 1987; Tress 1986) unser Augenmerk insbesondere auf die intakten Bereiche und Funktionen und auf die positiven Entwicklungsmöglichkeiten der Patientinnen und Patienten richten müssen.

Die narzisstische Störung der dissozialen Persönlichkeit

Wie bereits erwähnt, zeichnen sich viele dissoziale Persönlichkeiten durch spezifische narzisstische Störungen aus. Zum Verständnis dieser Selbstwertpathologie scheint mir das kernbergsche Konzept (1979; 1989) am hilfreichsten, da es sowohl die Trieb- und Ich-Entwicklung als auch die narzisstischen Positionen

und deren enge Interaktionen berücksichtigt. Gemäß diesem Modell finden wir bei narzisstischen Persönlichkeiten ein **pathologisches Größen-Selbst**, das ein Verschmelzungsprodukt aus den folgenden drei Bausteinen darstellt:
- dem **Real-Selbst** (jemand »Besonderes« zu sein, was schon durch Kindheitserfahrungen bestärkt wurde)
- dem **Ideal-Selbst** (Phantasien und Selbstvorstellungen von Macht, Reichtum, Allwissenheit, Schönheit etc., die in der Kindheit kompensatorisch gegen Erfahrungen von schwerer oraler Frustration, Wut und Neid entwickelt worden sind)
- den **Ideal-Objekten** (Phantasien von unablässig gebenden, grenzenlos liebenden und akzeptierenden Elternfiguren, im Gegensatz zu den als frustrierend und traumatisierend erlebten tatsächlichen Eltern)

Wichtig ist dabei, dass es sich um bereits primär, das heißt früh in der Entwicklung pathologische Qualität aufweisende Bausteine handelt, die zur Struktur des Größen-Selbst zusammengewachsen sind und seine Pathologie ausmachen.

Die Auswirkungen dieses pathologischen Größen-Selbst lassen sich im Leben vieler dissozialer Menschen nachweisen:
- in **pseudologischen Berichten**, in denen die eigene desolate Situation in grandioser Weise umgedeutet wird
- in einer **Funktionalisierung von Beziehungen**, die damit oft eine ausgesprochen ausbeuterisch und rücksichtslos wirkende Qualität erhalten
- in starken **manipulativen Tendenzen**
- in einer die Professionellen oft kränkenden **Entwertung** der therapeutischen Angebote
- in einem Schwanken zwischen massiven **Insuffizienzgefühlen und Schamgefühlen** einerseits und **grandios-arrogantem Gebaren** andererseits

Es sind vor allem die narzisstischen Störungsanteile, die im Verbund mit der Borderline-Persönlichkeitsorganisation auf tiefem Funktionsniveau dazu führen, dass diese Patienten bei Psychotherapeutinnen und -therapeuten so unbeliebt sind. Wie im Folgenden zu zeigen sein wird, bieten diese Patienten zwar tatsächlich etliche Schwierigkeiten, die Therapien sind bei einer modifizierten psychoanalytisch orientierten Therapieform prognostisch jedoch nicht so ungünstig, wie sie oft beurteilt werden.

Therapeutische Konsequenzen

Eine therapeutische Interventionsform, die diesen Persönlichkeiten gerecht werden soll, bedarf einiger – gegenüber der psychoanalytischen Standardtechnik: grundlegender – Modifikationen, die die genannten Störungsbereiche psychi-

4.1 Narzisstische Persönlichkeitsstörungen bei dissozialen Patienten

scher und sozialer Art berücksichtigen. Dabei hat sich ein **bifokales Behandlungskonzept** (Rauchfleisch 1996; 1999; 2001) bewährt. Das Wesentliche dieses Konzepts liegt darin, dass der Therapeut von den vielfältigen sozialen Problemen ausgeht, vor die sich diese Patienten tagtäglich gestellt sehen, und mitunter auch aktiv in das soziale Leben der Patienten eingreift (z. B. Kontakte und Konflikte mit Arbeitgebern und Ämtern, gemeinsame Sitzungen mit Betreuerinnen und Betreuern anderer Berufsgruppen, Einbezug von Angehörigen, bis hin zur Hilfe bei der Arbeits- und Wohnungssuche und bei Schuldensanierungen). Zugleich arbeitet der Therapeut anhand dieses Materials in klassisch-psychoanalytischer Weise an Widerstand, pathologischer Abwehr und (negativer) Übertragung.

Man könnte diesem Vorgehen zwei kritische Argumente entgegenhalten: Eine erste Schwierigkeit könnte man darin sehen, dass die Objektbeziehungen dieser Patienten nicht objektaler, ganzheitlicher Art sind, sondern Partialobjektbeziehungen darstellen, wobei jeweils nur Teilrepräsentanzen mit den daran gebundenen libidinösen und aggressiven Triebimpulsen erlebt werden. Aufgrund dieser Situation kann in der Behandlung keine konsistente Übertragung entstehen, sondern es kommt zu Partialobjektübertragungen, bei denen der Therapeut das eine Mal als nur freundliches, unterstützendes, ein anderes Mal als nur böses, versagendes Objekt erlebt wird. Aufgrund dieser Dynamik könnte man befürchten, dass bei einem aktiven Eingreifen des Therapeuten in die soziale Realität der Patienten diese die Unterstützung nicht »verwerten« könnten, sondern sie entsprechend der jeweiligen Partialobjektübertragung als narzisstische Gratifikation oder als bösartige Versagung und Einschränkung erlebten, nie aber so, wie sie vom Therapeuten intendiert sind.

Damit hängt eine zweite Schwierigkeit zusammen. Man könnte einwenden, durch das Eintreten des Therapeuten in eine konkrete soziale Rolle werde gerade angesichts der beschriebenen Übertragungsdispositionen die Bearbeitung der Übertragung verhindert. Der Patient könne sich in diesem Fall darauf berufen, dass der Therapeut sich ja tatsächlich in einer Situation hart und versagend, in einer anderen unterstützend und wohlwollend verhalten habe.

Tatsächlich sind wir, sobald wir als Psychotherapeuten die soziale Realität der Patienten stärker in die Behandlung einbeziehen, mit den beschriebenen Schwierigkeiten konfrontiert. Es sind jedoch keineswegs unlösbare Probleme, sondern sie lassen sich gerade durch das von mir gewählte bifokale Vorgehen entschärfen. Dadurch wird es möglich, die angesichts der desolaten sozialen Situation dieser Patienten dringend notwendige Hilfe in der äußeren Realität zu bieten und zugleich mit der klassisch-psychoanalytischen Technik an Abwehr, Widerstand und Übertragung zu arbeiten. Dieses Vorgehen erfordert allerdings eine besonders intensive Reflexion der Übertragung und Gegenübertragung und setzt voraus, dass alle Interventionen im sozialen Bereich begleitet werden von der Bearbeitung der jeweils aktuellen Partialobjektbeziehung, insbesondere wenn sie sich als negative Übertragung oder – als Abwehr aggressiver Impulse – in idealisierender Form präsentiert.

―― 4 Die Bedeutung des Narzissmus bei spezifischen Störungsbildern ――

Wegen der weitreichenden Konsequenzen der narzisstischen Störungsanteile ist diesen ganz besondere Beachtung zu schenken. Dabei scheint es mir wichtig, nicht nur die Psychopathologie der Patienten zu berücksichtigen, sondern auch den (Gegenübertragungs-)Anteil der Therapeutinnen und Therapeuten zu beachten. Außerdem ist es für das therapeutische Vorgehen und die Gegenübertragung von Vorteil, auch die – durch die narzisstische Störung bedingten – provokativsten und manipulativsten Verhaltensweisen als Symptom der Persönlichkeitsstörung dieser Menschen zu verstehen, darin den **kommunikativen Anteil** zu erkennen und darauf in einer therapeutisch angemessenen Art zu reagieren. Im Folgenden seien einige für dissoziale Persönlichkeiten spezifische Verhaltensweisen, die aus der narzisstischen Störung resultieren, dargestellt und im Hinblick auf die therapeutischen Implikationen diskutiert.

Pseudologische Berichte

Recht häufig treffen wir bei dissozialen Persönlichkeiten auf pseudologische Berichte und bewusst geäußerte Unwahrheiten. Es sind dies Phänomene, die in Psychotherapeutinnen und -therapeuten oft ausgesprochen negative Gegenübertragungsgefühle hervorrufen und mitunter sogar zur Empfehlung führen, die Behandlung abzubrechen, wenn die Patienten nicht bereit seien, das »Lügen« zu unterlassen. Eine solche Haltung ist verständlich, da es bei einem derartigen Verhalten der Patienten schwierig ist, sich auch nur ein halbwegs zutreffendes Bild von ihrer inneren und äußeren Situation zu machen. Außerdem zeigt sich im »Lügen«, dass vonseiten der Patienten keinerlei Vertrauen zum Therapeuten besteht, wodurch nicht zuletzt der Aufbau eines tragfähigen Arbeitsbündnisses infrage gestellt ist.

Auch wenn sich aus dieser Situation etliche Schwierigkeiten für den therapeutischen Prozess ergeben, ist nach meiner Erfahrung der Schluss, auf diese Weise lasse sich therapeutisch nicht miteinander arbeiten, keineswegs zwingend. Gerade in den pseudologischen Berichten entwerfen diese Patienten ein anschauliches Bild ihrer inneren Situation. Insofern muss man sagen, dass die »Unwahrheit« nicht Tatsachen verschleiert und uns Professionelle nicht aus der Welt der Patienten ausschließt, sondern uns im Gegenteil gerade Einblicke in ihr Erleben und ihre spezifische Psychodynamik eröffnet. Eindrücklich war für mich in dieser Hinsicht der folgende Bericht eines dissozialen Patienten:

> Bei seinem ersten Zusammentreffen mit mir berichtete der Patient, er sei das einzige Kind eines Artistenpaares, das früher wegen seiner schwierigen Trapezakte berühmt gewesen sei. Als Kind habe er den Eltern als Partner gedient, bis er im Alter von fünf Jahren durch einen Absturz vom Trapez schwer verletzt worden sei. Während seines langen Spitalaufenthaltes seien die Eltern mit ihrer Truppe weitergezogen und hätten ihn

4.1 Narzisstische Persönlichkeitsstörungen bei dissozialen Patienten

allein zurückgelassen, zumal er für sie durch seine bleibende Behinderung (der Patient demonstrierte mir bei diesen Worten eine tatsächlich bestehende Behinderung in der Beweglichkeit seines Schultergelenks) als Partner »uninteressant und nur noch eine Belastung« gewesen sei. Er sei in der Folge in Heimen aufgewachsen. Den Vater habe er niemals wiedergesehen. Soweit er informiert sei, hätten sich die Eltern später getrennt. Der Vater sei mit einer Artistengruppe in die USA gegangen und lebe jetzt dort. Auch die Mutter habe er 20 Jahre lang nicht gesehen. Erst vor kurzer Zeit habe er ihre Adresse in Erfahrung gebracht und die Mutter daraufhin aufgesucht.

Der Patient schilderte diese Lebensgeschichte und das jüngste Zusammentreffen mit der Mutter in so überzeugender Weise und mit so starker emotionaler Beteiligung, dass ich keinen Augenblick an der Wahrheit dieses Berichts zweifelte. Später erwies sich diese »Biografie« hingegen in allen Punkten als nicht der Realität entsprechend.

Dieser Bericht ist indes psychodynamisch höchst aufschlussreich: Er entsprach zwar in keinem Punkt der äußeren Realität, vermittelte aber ein anschauliches Bild der inneren Realität dieses Patienten: Seine tatsächliche Lebensgeschichte war dadurch gekennzeichnet, dass er als jüngstes von sechs Kindern bei den Eltern aufgewachsen war, die unter gravierenden sozialen und persönlichen Schwierigkeiten in einer sehr spannungsreichen Ehe lebten. Von frühester Kindheit an hatte er vonseiten der Umgebung Zurückweisung, Desinteresse und Entwertung erlebt. Seine schon früh beginnende dissoziale Fehlentwicklung hatte schulische und berufliche Erfolge unmöglich gemacht. Er hatte sich zunehmend in Delikte verwickelt, musste wiederholt Haftstrafen verbüßen und befand sich, als ich mit ihm zusammentraf, innerlich und äußerlich in einer desolaten Situation. In dieser Lage stellte seine pseudologische Darstellung eine wirkungsvolle Kompensation seiner zentralen Selbstwertprobleme dar. In grandioser Weise deutete er in seinem Bericht die bedrückende Realität um: Nun war er nicht mehr der aus misslichen Familienverhältnissen stammende, von niemandem beachtete, sich durch nichts Positives auszeichnende Mensch, sondern das ehemals umjubelte Wunderkind, dessen Kunststücken, hoch oben in der Zirkuskuppel, Tausende mit angehaltenem Atem folgten. Ohnmacht wird in dieser Schilderung in Allmacht, Unbeachtetheit in grenzenlose Bewunderung, Insuffizienz in Grandiosität verkehrt.

Zu Schwierigkeiten in der Behandlung dieser Patienten kommt es nicht primär durch eine derartige pseudologische Kommunikationsform, sondern vor allem durch die dadurch provozierte negative Gegenübertragungsreaktion der Therapeuten. Um nicht unreflektiert ablehnend zu reagieren, ist es für die Professionellen wichtig, in den pseudologischen Berichten nicht nur die Abweichung von der äußeren Realität und die sie kränkende »Lüge« zu sehen, sondern das pseudologische Gebilde als Symptom der narzisstischen Störung aufzufassen und die darin liegende Botschaft zu dechiffrieren.

Manipulatives Verhalten (Inszenieren innerer Konflikte in der Außenwelt)

Schon in der Benennung dieses Phänomens wird ein wichtiger Gegenübertragungsaspekt sichtbar: Die Begriffe »manipulatives Verhalten« oder »Agieren« sind weitgehend negativ konnotiert. Ich bevorzuge die Umschreibung »Inszenieren innerer Konflikte in der Außenwelt«, weil damit der psychodynamische Hintergrund präziser benannt und die Gefahr der Entwicklung einer negativen Gegenübertragung (die den Zugang zum Verständnis des Patienten unter Umständen verhindert) eingeschränkt wird. Es gilt, das provokativste sowie das selbst- und fremdgefährliche Verhalten als Symptom, als **Ausdruck der spezifischen Psychodynamik** des Patienten zu verstehen, wodurch es überhaupt erst möglich wird, therapeutisch angemessen darauf zu reagieren.

Persönlichkeitsstrukturell und -dynamisch können dem Inszenieren innerer Konflikte in der Außenwelt und dem oft in diesem Zusammenhang zu beobachtenden impulsiven Verhalten ganz unterschiedliche Motive zugrunde liegen. Stichwortartig seien hier die wichtigsten Aspekte, die bei dissozialen Persönlichkeiten stark vom narzisstischen Störungsanteil bestimmt werden, genannt (eine ausführlichere Darstellung findet sich bei Rauchfleisch 1999):

- Dieses Verhalten kann als eine »Sonderform der **Kommunikations- und Äußerungsweise**« (Sandler et al. 1973) betrachtet werden.
- Es stellt nicht selten den Versuch dar, der auf andere Art nicht zu bewältigenden **Gefahr psychischer Dekompensation** zu begegnen, indem die Außenwelt geradezu gezwungen wird, die steuernden Funktionen zu übernehmen, die das Ich dieser Patienten selbst nicht zu erfüllen vermag.
- Das Handeln dient den Patienten zur **Validierung ihrer Projektionen**, etwa indem sie ihre Umgebung dahingehend manipulieren, dass diese tatsächlich die Rolle eines sadistischen Über-Ich übernimmt und sich die Patienten entsprechend ihrem bisherigen Lebensmuster wieder in der Rolle des Opfers sehen können.
- Das impulsive Handeln ist die Folge des Einsatzes des Abwehrmechanismus der **Verkehrung ins Gegenteil**, mit dessen Hilfe die unerträglichen Gefühle der Ohnmacht und Insuffizienz im Sinne einer »Flucht nach vorne« aus der Passivität in die Aktivität abgewehrt werden.
- Das Inszenieren innerer Konflikte in der Außenwelt stellt oft auch eine **Re-Inszenierung** der als enttäuschend erlebten frühkindlichen Situation dar.

4.1 Narzisstische Persönlichkeitsstörungen bei dissozialen Patienten

Selbstverständlich bedeutet der Versuch, die manipulativen Tendenzen und das impulsive Verhalten psychodynamisch zu verstehen, keineswegs Akzeptanz, sondern erfordert, wie bei anderen Patienten auch, Grenzsetzung und konsequente Bearbeitung der diesem Verhalten zugrunde liegenden Dynamik, das heißt die **Analyse von pathologischer Abwehr, Widerstand und negativer Übertragung.** Diese therapeutische Arbeit ist aber erst in dem Moment möglich, in dem wir uns als Therapeutinnen und Therapeuten nicht nur provoziert und gekränkt fühlen (und den Kontakt zu den Patienten abbrechen oder uns gar nicht erst auf sie einlassen), sondern den Symptomcharakter erkennen und das Verhalten auf die in ihm liegende Botschaft befragen, das heißt vor allem auf der Übertragungsebene »lesen« und beantworten. Hilfreich sind dabei die Konzepte des »szenischen Verstehens« (Lorenzer 1983) und des »fördernden Dialogs« (Leber 1988; s. auch Rauchfleisch 1999).

Wie stark bei dissozialen Persönlichkeiten im Bereich des Inszenierens innerer Konflikte in der Außenwelt (mit mitunter extremen Manipulationstendenzen und impulsivem Verhalten) Übertragung und Gegenübertragung zusammenwirken, sei am folgenden Beispiel demonstriert:

> Über längere Zeit äußerte sich ein dissozialer Patient, dessen Psychotherapie im Rahmen einer vom Gericht angeordneten Maßnahme stattfand, sehr negativ und entwertend über die Behandlung. Er kam zwar regelmäßig zu den Sitzungen, verhielt sich dann aber zusätzlich zu den Entwertungen äußerst provokativ, indem er beispielsweise rigoros darauf bestand, dass ich bei seiner Arbeitsstelle anrufen und »bessere« (d. h. weniger anstrengende und besser bezahlte) Arbeitsbedingungen erwirken solle – bei meiner Weigerung beschimpfte er mich in hasserfüllter Weise. Eine Bearbeitung seiner Kränkungsgefühle, der Manipulationstendenzen und seiner negativen Übertragung verunmöglichte er, indem er beim geringsten Versuch meinerseits, derartige Interventionen zu formulieren, mir lautstark ins Wort fiel, mich mit weiteren Forderungen und Beschimpfungen überhäufte, vom Stuhl aufsprang und im Zimmer hin- und herlief und auf diese Weise eine konstruktive therapeutische Arbeit vollkommen unmöglich machte. Meine Gegenübertragung war zunehmend von Gereiztheit und aggressiven Phantasien geprägt, die darin gipfelten, den Kontakt zum Patienten, der sich so provokativ verhielt, abbrechen zu wollen. Dieser äußerst unangenehme, mich belastende Zustand blieb trotz permanenter Versuche meinerseits, konsequent an Widerstand, Übertragung und Abwehr zu arbeiten und auf Einhaltung der vereinbarten Grenzen zu dringen, während etlicher Wochen bestehen. Erst die intensive Reflexion der Übertragungs-Gegenübertragungs-Dynamik ließ schließlich erkennen, dass der Patient aufgrund seiner Probleme mit der Nähe-Distanz-Regulierung die therapeutische Beziehung nur dadurch aufrechterhalten konnte, dass er einerseits durch die Mani-

pulationsversuche eine besondere Nähe herzustellen versuchte, diese andererseits aber durch seine Entwertungen auch wieder aufhob. Zugleich provozierte er mich durch sein grandioses Gebaren dazu, mich emotional besonders intensiv mit ihm zu beschäftigen und mich zugleich auch zurückzuziehen. Auf diese Weise konstellierte er eine große, emotional intensive Nähe zwischen uns und bei uns beiden ein starkes Distanzbedürfnis, das ihm die Beziehung zu mir überhaupt erst möglich machte (bezeichnenderweise kam er in dieser Zeit pünktlicher denn je!).

In diesem Fall hat sich im »Agieren« des Patienten eine zentrale Thematik seiner Persönlichkeit gezeigt, die aufgrund der narzisstischen Störungsanteile für mich zwar schwer erträglich war, mir aber durch das Einbezogen-Sein in die »Szene« ein plastisches Bild von seiner extremen Ambivalenz gegenüber Nähe und Distanz vermittelte.

Manifestationen des pathologischen Größen-Selbst

Dissoziale Patienten mit ausgeprägten narzisstischen Störungen können uns infolge ihres pathologischen Größen-Selbst (s. meine Ausführungen oben) vor große Probleme stellen. Die Bearbeitung dieser Selbststruktur erweist sich aus mehreren Gründen als besonders schwierig: Zum einen sind die Dissozialen Menschen, die oft erhebliche Defizite in ihren sozialen Kompetenzen aufweisen und infolge von Ausbildungsdefiziten und wegen ihrer emotionalen Instabilität große berufliche Probleme haben, was zu einer nur geringen narzisstischen Gratifikation in diesem Bereich führt. Zum anderen haben sie früh eine hochgradig pathologische Selbststruktur ausgebildet, die dazu führt, dass sie sich immer weiter von der sozialen Realität entfernen, das heißt in ihrem Realitätsbezug zunehmend schwerer werdende Störungen aufweisen, was die soziale Integration erheblich behindert. Zum dritten weisen sie wegen ihrer narzisstischen Störung eine mitunter extreme Kränkbarkeit auf, die jegliche Konfrontation mit der Realität (im sozialen Leben wie in der Therapie) fast unmöglich macht, weil sie in solchen Situationen mit Ausbrüchen heftiger narzisstischer Wut, mit Impulsdurchbrüchen (z. B. Alkohol- und Drogenexzessen, aber auch mit suizidalen Aktionen) und weiterem sozialem Rückzug und unter Umständen auch mit einem Abbruch der Therapie reagieren.

Ihre Tragik liegt darin, dass diese äußerst kränkbaren Menschen in der sozialen Realität nur geringe narzisstische Gratifikation erhalten und deshalb – kompensatorisch – ihr Größen-Selbst immer grandiosere Züge annimmt. Der auf diese Weise unterhaltene Teufelskreis wird noch dadurch verstärkt, dass das Umfeld im Allgemeinen sehr ablehnend auf die Manifestationen des Größen-Selbst reagiert und dem Betreffenden dadurch weitere narzisstische Kränkungen zufügt.

4.1 Narzisstische Persönlichkeitsstörungen bei dissozialen Patienten

Therapeutisch befinden wir uns mitunter fast in einer Pattsituation, da wir einerseits um die Notwendigkeit der konsequenten analytischen Arbeit an der pathologischen Selbststruktur wissen, zugleich aber wegen der großen narzisstischen Kränkbarkeit dieser Menschen sehr behutsam vorgehen müssen. Hinzu kommt, dass die grandiosen, die äußere Realität verzerrenden Entwürfe durch die rigiden Abwehrstrukturen (mithilfe von Verleugnung, Spaltung und projektiven Prozessen) aufrechterhalten werden. Schließlich spüren wir gerade bei den dissozialen Persönlichkeiten, dass das Größen-Selbst zwar eine pathologische Struktur ist und zu vielfältigen innerpsychischen wie sozialen Problemen führt, zugleich aber eine ihre Persönlichkeit **stabilisierende Funktion** besitzt und deshalb für ihr Überleben in einer chaotischen inneren und äußeren Welt geradezu unverzichtbar ist.

Für das therapeutische Vorgehen bedeutet dies, dass das **narzisstische System** zunächst auf einer realistischen Grundlage gestärkt werden muss, ehe das Größen-Selbst abgebaut werden kann. Das bedeutet für diese – wie wir bereits sahen – im sozialen Leben wenig bis keine Erfolgserlebnisse aufweisenden Patienten, dass im Sinne des oben beschriebenen bifokalen Behandlungskonzepts der **Arbeit an der sozialen Dimension** (berufliche Integration, Schuldensanierung etc.) besondere Beachtung zu schenken ist. Parallel dazu muss in der Therapie – wie bei anderen Patienten mit einer Borderline-Persönlichkeitsorganisation auf tiefem Funktionsniveau und ausgeprägten narzisstischen Störungsanteilen – konsequent an pathologischer Abwehr, negativer Übertragung und Widerstand gearbeitet werden, und es sind die Manifestationen des Größen-Selbst im Hier-und-Jetzt der Patient-Therapeut-Beziehung zu deuten, wobei insbesondere die darin wirksam werdende Destruktivität aufgezeigt werden muss.

In dieser Situation können **schwierige Gegenübertragungskonstellationen** entstehen, indem sich die Behandelnden
- mit ihren Patienten in einen sadomasochistischen Clinch mit schnell wechselnden Rollen verstricken;
- zusammen mit den Patienten in ein narzisstisches Universum begeben (und damit z. B. die in der Realität bestehende Gefährlichkeit eines Patienten gegenüber Dritten ausblenden);
- durch die hoch geschraubten, von den Patienten an sie delegierten Anforderungen (Ausdruck des hypertrophierten Ich-Ideals der Dissozialen) unter einen enormen Druck gesetzt fühlen und auf das Nicht-Erreichen der hoch geschraubten Ziele mit Schuld- und Insuffizienzgefühlen reagieren oder im Rahmen einer empathischen Regression mit in den Strudel der prägenitalen aggressiven Impulse dieser Patienten gerissen werden, wodurch in den Therapeuten eigene archaische Ängste und Aggressionen aufbrechen können.

Fazit

Die hier geschilderten Schwierigkeiten in der Psychotherapie dissozialer Persönlichkeiten sind ernst zu nehmen. Sie stellen aber kein unüberwindbares Hindernis dar, das gar zu einer Ablehnung solcher Patienten führen müsste. Es sind vielmehr Probleme, wie wir sie auch bei etlichen anderen Patienten mit schweren Persönlichkeitsstörungen erleben. Erschwerend kommt bei dissozialen Menschen allerdings ihre desolate soziale Situation hinzu, die, wie dargestellt, besonderer Beachtung bedarf und in Abweichung von der Behandlung anderer Patienten im Sinne des bifokalen Behandlungskonzepts (Rauchfleisch 1999; 2001) integraler Bestandteil der Psychotherapie sein muss.

Literatur

Antonovsky A (1987). Unraveling the Mystery of Health. How people manage stress and stay well. San Francisco: Jossey-Bass (dt.: Salutogenese. Zur Entmystifizierung der Gesundheit. Tübingen: dgvt 1997).
Glover E (1960). The Roots of Crime. London: Imago.
Kernberg OF (1979). Borderline-Störungen und pathologischer Narzissmus. Frankfurt/M.: Suhrkamp.
Kernberg OF (1989). Schwere Persönlichkeitsstörungen. Stuttgart: Klett-Cotta.
Leber A (1988). Zur Begründung des förderdnes Dialogs in der psychoanalytischen Heilpädagogik. In: Iben G (Hrsg). Das Dialogische in der Heilpädagogik. Mainz: Matthias Grünewald; 41–61.
Lorenzer A (1983). Sprache, Lebenspraxis und szenisches Verstehen in der psychoanalytischen Therapie. Psyche; 37: 97–115.
Rauchfleisch U (1996). Menschen in psychosozialer Not. Göttingen: Vandenhoeck & Ruprecht.
Rauchfleisch U (1999). Außenseiter der Gesellschaft. Psychodynamik und Möglichkeiten zur Psychotherapie Straffälliger. Göttingen: Vandenhoeck & Ruprecht.
Rauchfleisch U (2001). Arbeit im psychosozialen Feld. Beratung, Begleitung, Psychotherapie, Seelsorge. UTB 2272. Göttingen: Vandenhoeck & Ruprecht.
Sandler J, Dare C, Holder A (1973). Die Grundbegriffe der psychoanalytischen Therapie. Stuttgart: Klett.
Tress W (1986). Das Rätsel der seelischen Gesundheit. Göttingen: Vandenhoeck & Ruprecht.

4.2
Narzisstische Persönlichkeitsstörung und Perversion

Friedemann Pfäfflin, Franziska Lamott, Thomas Ross

Stellt man die Begriffe »Narzisstische Persönlichkeitsstörung« und »Perversion« nebeneinander, wie dies in der Überschrift dieses Kapitels geschieht, wird im klinischen Kontext fast automatisch das den diagnostischen Regelwerken ICD-10 und DSM-IV inhärente Komorbiditätskonzept assoziativ aufgerufen. In diesem Sinne wird der Leser auf Bahnen gelenkt, die in der Medizin gängig sind, nämlich die Interdependenz von Krankheiten bzw. Störungen zu bedenken, wie zum Beispiel »Diabetes mellitus und Koronare Herzkrankheit«, »Hypertonus und Zerebraler Insult«, »Adipositas per magna und Leistenhernie«. Der jeweils zuerst genannte Faktor in diesen Paaren kann als Kausalitäts- oder zumindest als Risikofaktor für den jeweils zuletzt genannten gelten. Kausale Zusammenhänge und Wechselwirkungen sind durch große epidemiologische Studien gesichert.

Dies gilt jedoch nicht für die Zusammenhänge zwischen Perversion und Narzisstischer Persönlichkeitsstörung als einer spezifischen Persönlichkeitsstörung, ja noch nicht einmal für den Zusammenhang von Perversion und Persönlichkeitsstörungen ganz generell. Während die meisten Persönlichkeitsstörungen auf der deskriptiven Ebene heute relativ präzise definiert und reliabel einschätzbar sind (Herpertz u. Saß 2003; Saß u. Herpertz 1999; Tress et al. 2002), war die Reliabilität der Diagnostik der Narzisstischen Persönlichkeitsstörung zur Zeit der Konsensbildung über die ICD-10 zu gering, sodass sie in diesem Regelwerk zusammen mit der »exzentrischen«, »haltlosen«, »unreifen«, »passiv-aggressiven« und der »(psycho)neurotischen Persönlichkeit(sstörung)« nur als »andere spezifische Persönlichkeitsstörung« unter ICD-10, F60.8 klassifiziert werden kann. Saß et al. (1999) haben dies zwar bedauert und die der Entscheidung zugrunde liegenden Argumente als unverständlich bezeichnet, ohne dass dies bisher zu einer Änderung geführt hätte. Im Anschluss an die Tradition des DSM-III, DSM-III-R und DSM-IV, in denen die Narzisstische Persönlichkeitsstörung (mit unterschiedlichen Kriterienkatalogen) weiterhin geführt wird, hat der Arbeitskreis OPD (1996) einen sich eng an das DSM-IV anlehnenden Kriterienkatalog zusammengestellt und vorgeschlagen, die Narzisstische Persönlichkeitsstörung unter

ICD-10, F 60.81 zu verschlüsseln. Das vorliegende Buch verfolgt u. a. den Zweck, dieser unbefriedigenden Situation abzuhelfen.

Wie der Quellentext zur Narzisstischen Persönlichkeitsstörung von Hartkamp et al. (2002) belegt, stützt sich die entsprechende Diagnose im klinischen Alltag einerseits auf die Kriterienkataloge von DSM-IV und OPD. Andererseits fließen, je nach theoretischer Ausrichtung des Diagnostikers, implizit oder explizit Konzepte über intrapsychische Affekte, Abwehrmechanismen, Objektbeziehungen usw. ein, wie sie in den objektbeziehungstheoretischen Arbeiten Kernbergs (1970) und Akhtars (1989), den selbstpsychologischen Arbeiten Kohuts (1971), den lerntheoretisch akzentuierten Auffassungen Millons (1981), der interpersonellen Perspektive Benjamins (1993) und dem 5-Faktoren-Modell der Persönlichkeit von Trull und McCrae (1994) formuliert wurden. Als Einziger überprüfte Glassman (1988) empirisch die theoretischen Differenzen zwischen selbstpsychologischen und objektbeziehungstheoretischen Auffassungen mithilfe einer LISREL-Pfadanalyse und fand Teilaspekte beider Auffassungen bestätigt (vgl. Hartkamp et al. 2002). Da einige der genannten Autoren in diesem Buch selbst zu Wort kommen und in eigenen Übersichten theoretische Konzepte und empirische Befunde referieren, erscheint es uns entbehrlich, in diesem Kapitel noch näher auf Hintergrunddaten zur Narzisstischen Persönlichkeitsstörung einzugehen, und wir verweisen diesbezüglich auf die anderen Kapitel des Bandes sowie auf Tress et al. (2002), Hartkamp et al. (2002), Herpertz und Wenning (2003) sowie Wenning und Herpertz (2003). Erwähnt werden soll allerdings, dass es Sexualforscher waren, die den Terminus »Narzissmus« einführten. Im Sinne eines sehr weit gefassten Autoerotismus sprach erstmals Havelock Ellis (1898) von »Narcissus-like tendencies« (S. 280), während der deutsche Psychiater und Sexualforscher Paul Näcke (1899, S. 375) mit Narzissmus bereits eine Perversion beschrieb, in der der eigene Körper wie ein Sexualobjekt behandelt wird. Historisch bestand also schon früh eine Brücke zwischen den beiden in der Kapitelüberschrift genannten Termini.

So unabgeschlossen die Diskussion um die entscheidenden Leitsymptome ebenso wie die Diskussion um die Konzeptualisierung der Narzisstischen Persönlichkeitsstörung noch immer sein mögen, liegen doch weitaus klarere Konzepte und Befunde dazu vor als zur Perversion. Eine auch nur annähernd einheitliche und konsensfähige inhaltliche Definition von Perversion gibt es nicht. Nur innerhalb der psychoanalytischen Fachwelt ist Perversion ein Terminus technicus, allerdings mit einem breiten Spektrum von Bedeutungsgehalten. Daneben werden die Wörter »pervers« und »Perversion« umgangssprachlich vielfältig zur Diffamierung aller möglichen Verhältnisse und Verhaltensweisen gebraucht. Eine zentrale Rolle spielten sie in der seit den 90er Jahren intensivierten Diskussion über Sexualdelinquenz, die gleichzeitig eine bedenkliche Verschiebung der Strafrechtssystematik vom bisherigen Schuldstrafrecht in Richtung auf ein Präventionsrecht markierte. In dieser Diskussion wurden Sexualstraftäter oft pauschal sowohl als pervers als auch als persönlichkeitsgestört charakterisiert, um damit die Notwendigkeit ihrer langfristigen vorsorglichen Unterbringung zu begründen.

Der folgende Beitrag fokussiert deshalb darauf, einen Überblick über die historische Entwicklung verschiedener Perversionsbegriffe und verwandter Begriffe zu geben, wie zum Beispiel »sexuelle Präferenzstörung«, »Paraphilie«, »Devianz« und »Dissexualität«. Referiert werden ferner mit dem SKID-II erhobene Prävalenzdaten über Persönlichkeitsstörungen in einer Gefängnispopulation. Außerdem wird die psychoanalytische Theoriebildung über Perversion zusammengefasst, um anschließend anhand einer Kasuistik auf therapeutische Aspekte einzugehen und diese zu diskutieren.

Aktuelle Perversionskonstrukte

Der moralisch entwertenden Konnotation des Terminus »Perversion« versuchten schon die ICD-9 und mehr noch die ICD-10 entgegenzusteuern, indem sie den Begriff ersetzten durch »Sexuelle Verhaltensabweichungen und Störungen« (ICD-9) bzw. »Störungen der Sexualpräferenz« (ICD-10). Diese Terminologie trägt im Wort »Störungen«, auch wenn es durchgängig für alle anderen, früher als Krankheiten bezeichneten Phänomene gebraucht wird, noch immer die moralische Wertung, während das Wort »Sexualpräferenz« ein voluntaristisches und lustvolles Moment betont (Präferenz = »Vorliebe«), das dem subjektiven Erleben von Personen mit Störungen der Sexualpräferenz nur bei Ich-syntoner Verarbeitung devianten oder perversen Erlebens zukommen dürfte und das die Aspekte des Leidens, das viel häufiger anzutreffen ist, überspielt. Allerdings sind die in der ICD-10 genannten »Präferenzen« weder zwangsläufig störend noch mit Leiden verbunden (vgl. beispielsweise die diagnostischen Leitlinien zum Fetischismus und zum Sadomasochismus) und können daher auch unter dem klinischen Schwellenwert bleiben.

Das DSM-IV (vgl. Tab. 4.2-1) ersetzte Perversion bzw. »Sexual deviations and disorders« (DSM-III-R) durch »Paraphilie«, ein Terminus, der aus dem Wien zu Zeiten Freuds stammt und von dem Kulturanthropologen und Herausgeber des großen ethnologischen Sammelwerks »Anthropophyteia«, Friedrich S. Krauss, als Synonym für die im Sinne des 19. Jahrhunderts verstandenen Perversitäten gebraucht und später von dem Psychoanalytiker Stekel vor allem zur Kennzeichnung analytisch unerreichbarer Verläufe verwendet worden war. Während Money (1986) in seiner immer ausufernden Klassifikation der Paraphilien – er definierte mehr als 50 spezifische Paraphilien und kreierte dafür die entsprechenden griechisch-amerikanischen Fachtermini – alle Übergänge vom »Normalen« zum »Abnormen« berücksichtigte, scheinen Berner et al. (1998) den Terminus »Paraphilie« für die strukturell schwerer gestörten Fälle, den Terminus

Tab. 4.2-1: Verschiedene Bezeichnungen für ähnliche Phänomene.

aktuelle klinische Bezeichnungen
• sexuelle Präferenzstörung (ICD-10)
• Paraphilie (DSM-IV)
frühere klinische Bezeichnung
• Perversion

»Perversion« dagegen für neurosenpsychologisch besser verständliche Verläufe reservieren zu wollen, obwohl dies mit dem Klassifikationsschema des DSM-IV, das auch Voyeurismus, transvestitischen Fetischismus sowie Frotteurismus aufzählt, kaum in Einklang zu bringen sein dürfte. Im Kontrast zur ICD-10 (s. Tab. 4.2-2) betont das DSM-IV den Aspekt subjektiven Leidens.

Bemerkenswert ist, dass sowohl in der ICD-10 als auch im DSM-IV in den entsprechenden Abschnitten Verhaltensweisen aufgeführt werden, die unter strafrechtlichen Gesichtspunkten irrelevant sind, während umgekehrt strafrechtlich bedeutsame Phänomene, die sich in aggressiven Sexualdelikten (z. B. Vergewaltigung, Mord) Ausdruck verschaffen, nicht explizit genannt werden. Dass die zuletzt genannten in den diagnostischen Regelwerken fehlen, ist vor der Überlegung verständlich, dass strafrechtlichen Sachverhalten ganz unterschiedliche Psychopathologien zugrunde liegen können. Allerdings gilt dies auch für andere Paraphilien bzw. sexuelle Präferenzstörungen: Fetischismus, Exhibitionismus und Pädophilie sind ebenso wie aggressive sexuelle Handlungen allenfalls Sammelkategorien und geben über die individuelle Bedeutung des Verhaltens noch keinerlei Aufschluss.

Tab. 4.2-2: Störungen der Sexualpräferenz nach ICD-10.

F65.0	Fetischismus
F65.1	fetischistischer Transvestismus
F65.2	Exhibitionismus
F65.3	Voyeurismus
F65.4	Pädophilie
F65.5	Sadomasochismus
F65.6	multiple Störungen der Sexualpräferenz
F65.8	sonstige Störungen der Sexualpräferenz
F65.9	nicht näher bezeichnete Störung der Sexualpräferenz

4.2 Narzisstische Persönlichkeitsstörung und Perversion

Tab. 4.2-3: Paraphilien nach DSM-IV.

302.2	Pädophilie
302.3	transvestitischer Fetischismus
302.4	Exhibitionismus
302.81	Fetischismus
302.82	Voyeurismus
302.83	sexueller Masochismus
302.84	sexueller Sadismus
302.89	Frotteurismus
302.9	nicht näher bezeichnete Paraphilie

Bedenklich stimmt unter forensisch-präventiven Gesichtspunkten auch die Betonung des subjektiven Leidens als Voraussetzung für die diagnostische Zuordnung nach DSM-IV (s. Tab. 4.2-3). Wenn davon der »Krankheitswert« eines bestimmten paraphilen Verhaltens abhängt, können sich Krankenkassen bei all jenen Fällen, bei denen die Paraphilie bzw. Präferenzstörung Ich-synton verarbeitet wird, leicht aus der Leistungspflicht verabschieden. Wahrscheinlich war dies von den Autoren des DSM-IV intendiert, um nicht die Verantwortung für die Therapie aller Sexualstraftäter übernehmen zu müssen, sondern das Gros davon dem Justizsystem überlassen zu können.

Ältere Perversionskonstrukte

Im römischen Altertum konnte Perversion sowohl eine lokale Verdrehung (oculi perversi = schielen) als auch einen Verstoß gegen Naturrecht und Moral (bellum poscunt perverso numine = sie zettelten einen ungerechten Krieg an, Vergil) bezeichnen. Die breite Anwendung auf Normverstöße im sexuellen Bereich findet sich erstmals beim Marquis de Sade um die Zeit der Französischen Revolution, ohne dass der Begriff bei ihm auf sexuelle Verhaltensweisen eingeschränkt wurde. Wenn man bei de Sade überhaupt schon von einem Perversionsbegriff sprechen kann, dann müsste man ihn als politisch-provokativen bezeichnen, der den feudalen Lebensstil seiner Zeit anprangern und ad absurdum führen sollte.

Mit dem Entstehen der Psychiatrie als medizinischer Disziplin und der Sexualwissenschaft in der zweiten Hälfte des 19. Jahrhunderts wurde Perversion zunehmend zum Thema dieser beiden Fächer (vgl. Tab. 4.2-4), doch fehlte weiterhin die Beschränkung auf sexuelle Normverstöße. Auch »Unlust an Arbeit« und

Tab. 4.2-4: Verschiedene Perversionskonstrukte.

naturrechtlich	römisches Altertum
politisch-provokativ	Marquis de Sade
moralisch	
psychiatrisch	Psychiatrie 19.–20. Jahrhundert
strafrechtlich	Strafgesetzbuch 1870–1970
ethnologisch	Sexualwissenschaft (I. Bloch)
statistisch/soziologisch	Sexualwissenschaft (A. Kinsey u. Mitarbeiter)
phänomenologisch/forensisch	Sexualwissenschaft (H. Giese)
psychoanalytisch	Psychoanalyse (S. Freud)

die »Störung des Lebens- und Familienglückes anderer Menschen« wurden zum Beispiel in von Krafft-Ebings (1890) Psychiatrie-Lehrbuch als Perversionen beschrieben. Die meisten Lehrbücher jener Zeit entfalteten eine große Eloquenz in der Beschreibung, Benennung und Klassifizierung aller möglichen Perversitäten, die man als Konkretionen der Perversion von dieser abtrennen zu können glaubte. Die zunächst offen moralische Verurteilung bestimmter sexueller Verhaltens- und Erlebnisweisen (moralischer Perversionsbegriff), die auch das Strafgesetzbuch von ca. 1870 bis 1970 prägte (der 13. Abschnitt des StGB trug in dieser Zeit die Überschrift: »Verbrechen gegen die Sittlichkeit«, wurde danach umbenannt in »Verbrechen gegen die sexuelle Selbstbestimmung«), erschien jetzt wissenschaftlich kaschiert im Gewand der Pathologisierung und Pönalisierung dieser Verhaltensweisen, die als Ausdruck von Degeneration, minderwertiger Erbanlage und Psychopathie begriffen wurden (Perversion als Krankheit und Straftat: medizinischer und strafrechtlicher Perversionsbegriff). Mit unterschiedlichem Nachdruck wurden einzelne als Perversion bezeichnete Verhaltensweisen bekämpft bzw. »therapiert«: Im 18. und 19. Jahrhundert richtete sich der Kampf hauptsächlich gegen Onanie bzw. Masturbation, deren zentrale Rolle zu Beginn des 20. Jahrhunderts vom Thema »Homosexualität« eingenommen wurde. Das aufklärerische achtbändige »Bilderlexikon der Erotik«, Hauptwerk und Vermächtnis des Wiener Instituts für Sexualforschung aus dem Jahr 1930, verzeichnete unter dem Stichwort Perversion zum Beispiel lediglich den Querverweis auf Homosexualität. Seit den 90er Jahren sind es pädosexuelle Handlungen, die den früheren Platz von Onanie und homosexuellen Handlungen eingenommen haben: Eine EU-Framework-Decision on Combating the Sexual Exploitation of Children and Child Pornography zielt darauf ab, die Schutzaltersgrenzen für sexuelle Handlungen europaweit bis zum Ende des 18. Lebensjahrs anzuheben, das heißt die Differenzierungen zwischen Kindheit und Adoleszenz im Bereich des Sexualstrafrechts abzuschaffen (May-Chahal u. Herczog 2003).

Gegen die am Abnormen, an den klinischen »Entartungserscheinungen« orientierte Lehre von der Psychopathia sexualis wandte sich mit Nachdruck der Berliner Sexualforscher Ivan Bloch (1906) »vom Standpunkt des Anthropologen und Ethnologen«. Für ihn lag die »endgültige und letzte Ursache aller geschlechtlichen Perversionen, Aberrationen, Abnormitäten, Irrationalitäten in dem dem Genus Homo eigentümlichen Variationsbedürfnis, welches als physiologische Erscheinung aufzufassen ist« (ethnologischer Perversionsbegriff). Dieser Gedanke wurde später von Kinsey et al. (1949) aufgegriffen. Diesen Autoren zufolge ist eine Perversion »einfach ein Gradmesser (...), mit welchem das normwidrige Verhalten einer Person relativ zu den Sitten der Gesellschaft, in der sie lebt, gemessen werden kann« (statistischer bzw. soziologischer Perversionsbegriff).

Psychoanalytische Perversionskonstrukte

Die vor der Wende zum 20. Jahrhundert erschienene sexualwissenschaftliche und psychiatrische Literatur drang trotz ihrer Klassifikationsschemata und ihrer Versuche zu ätiologischen Ableitungen nicht über die Kompilation von Kasuistik hinaus zu einer theoretischen Reflexion des Perversionsbegriffs vor. Erstmals mit den 1905 publizierten »Drei Abhandlungen zur Sexualtheorie« S. Freuds erfolgte eine Konzeptualisierung des Perversionsbegriffs, die ihn zum Schlüsselbegriff sowohl normalen als auch abnormen sexuellen Verhaltens und auch zum Terminus technicus machte (psychoanalytische Perversionslehre). Freud postulierte als normales Sexualobjekt einen gegengeschlechtlichen erwachsenen Partner und als normales Sexualziel »die Vereinigung der Genitalien in dem als Begattung bezeichneten Akte, der zur Lösung der sexuellen Spannung und zum zeitweiligen Erlöschen des Sexualtriebs« führt. Vor dem Hintergrund dieser Norm ließen sich Abweichungen erstens hinsichtlich des Sexualobjektes (z. B. Kinder, Tiere, Fetische) und zweitens solche in Bezug auf das Sexualziel unterscheiden, und zwar einerseits anatomische Überschreitungen (z. B. orale und anale Kontakte) und andererseits Fixierungen von vorläufigen Sexualzielen (z. B. Betasten und Beschauen, sadistische und masochistische Tendenzen). Solche auch in der normalen Sexualität praktisch nie fehlenden Abweichungen speisen sich nach Freud aus der schon beim Kleinkind vorhandenen »polymorph-perversen Anlage«, und nur wenn der Erwachsene in seinem sexuellen Erleben ausschließlich auf derartige Partialtriebregungen fixiert oder zur Erreichung des Orgasmus angewiesen ist, lässt sich nach Freud von Perversion, die dann als Krankheit aufzufassen ist, sprechen. Indem Freuds Libidotheorie gleichermaßen normales wie perverses Sexualverhalten erklärte, trug sie wesentlich zur Überwindung der von der Psychiatrie und frühen Sexualforschung geschaffenen Kluft bei, die zur Abschiebung perversen Verhaltens ins Monstrositätenkabinett geführt hatte. (Es ist freilich nicht zu übersehen, dass später nicht wenige Psychoanalytiker diesen Ansatz insofern verrieten, als sie durch ihre Beschreibungen bestimmte sexuelle Verhaltensweisen monströs aufblähten.)

Zunächst umstritten blieb allerdings, inwieweit es sich bei den Perversionen um unverstellte Äußerungen der kindlichen Partialtriebe oder, analog den Neurosen, um komplizierte Abwehrleistungen des Ich handelte. Die zunächst triebdynamisch akzentuierte und am Kastrationskomplex als zentralem Konflikt orientierte psychoanalytische Perversionslehre wurde in der weiteren Diskussion Ich-, selbst- und objektpsychologisch ergänzt durch die Herausarbeitung der Bedeutung von Abwehraspekten und die Betonung der Einflüsse sowohl prä- als auch postödipaler Entwicklungsprozesse, besonders plastisch bei Morgenthaler (1974; 1984), der die Perversion als Plombe bezeichnete, die die (narzisstische) Lücke in der Selbstentwicklung schließt und dadurch dem Betroffenen ermöglicht, in seinen sonstigen Sozialbeziehungen eine innere und äußere Homöostase aufrechtzuerhalten. Stoller (1975; 1979) sah im perversen Verhalten Neu-Inszenierungen früher erlittener Traumata unterschiedlicher Art, jetzt mit triumphalem Ausgang, und er deutete Perversion als erotische Form von Hass. Weil die heimlichen Triumphe die alten Traumata jedoch nicht real zur Abheilung bringen, sind immer neue Re-Inszenierungen erforderlich (Wiederholungszwang). Insbesondere dieser zuletzt genannte Aspekt ist auch außerhalb der psychoanalytischen Theoriebildung aufgegriffen worden (z. B. Money 1986, S. 36: »A shared principle of all paraphilic love maps is that they represent tragedy turned into triumph«) und findet heute selbst in kognitiv-behavioralen und lerntheoretischen Behandlungskonzepten Berücksichtigung (vgl. Tab. 4.2-5).

Alle psychoanalytischen Weiterentwicklungen (z. B. Goldberg 1995; 1997; 1998; Kernberg 1997; 2001; Reiche 2001) betonen mit Morgenthaler (1974) den funktionalen Aspekt der Perversion und untersuchen vor allem den Prozess der Perversionsbildung sowie die strukturellen und interaktionellen Aspekte sexuell perversen Erlebens. Aspekte der narzisstischen Kränkbarkeit bzw. des narzisstischen Überspielens anderer Affekte und Defizite spielen dabei in allen Theorien eine bedeutsame Rolle. Schulenunterschiede zwischen Ich-Psychologen, Narzissmus-Theoretikern, Objektbeziehungstheoretikern und Selbstpsychologen betreffen die Beurteilung der Beziehung zwischen perversem Erleben und Aggressivität sowie die Beschreibung der Funktion der Perversion für das psychische

Tab. 4.2-5: Psychoanalytische Perversionskonstrukte.

- persistierende Partialtriebregung
- Abwehr von Kastrationsangst
- Abwehr früherer Ängste
- Funktion

Gleichgewicht. Einig ist man sich jedoch darin, dass »Perversion« als Terminus technicus verwendet wird, der, frei von moralischer Wertung, eine intrapsychische Symptombildung beschreibt (Übersicht bei Becker 2001). In diesem Sinne wird das Wort auch hier verwendet, ungeachtet dessen, dass ihm umgangssprachlich die moralische Konnotation durchgängig anhaften blieb.

Andere Konstrukte

In der Kriminologie und im strafrechtlichen Kontext wurden die psychoanalytischen Theorien nur begrenzt rezipiert, was vor allem zwei Gründe hatte. Zum einen unterlagen sie jahrzehntelang einem deterministischen Missverständnis der Psychoanalyse, was zum anderen als Angriff auf das Schuldstrafrecht mit seinem Postulat der prinzipiell freien Willensbestimmung verstanden und deshalb zurückgewiesen werden musste. Mit der Reform des Sexualstrafrechts in den 60er und 70er Jahren des 20. Jahrhunderts wurde von der moralischen Verankerung Abschied genommen, und die Überschrift von Abschnitt 13 des Strafgesetzbuches wurde, wie bereits erwähnt, umbenannt in »Straftaten gegen die sexuelle Selbstbestimmung«, was keine nur kosmetische, sondern eine konzeptionelle Änderung implizierte. In der sozialwissenschaftlichen, juristischen und kriminologischen Literatur bürgerte sich in der Mitte des 20. Jahrhunderts ein, von sexueller Devianz bzw. sexuellen Deviationen zu sprechen, womit die äußere Beschreibung bestimmter sexueller Verhaltensweisen erfasst und klassifiziert werden sollte, ohne auf umstrittene ätiologische Modelle rekurrieren zu müssen. Auch der im strafrechtlichen Kontext so fruchtbare Ansatz von Giese (1962) mit seiner Unterscheidung zwischen Stilbildungen im Sinne devianter Verhaltensweisen und Perversionen im Sinne sexuell süchtiger Entwicklungen verzichtete letztlich auf ätiologische Konzepte. Der jüngste Versuch, einen möglichst wertfreien und praktikablen Begriff zur Kennzeichnung sexueller Handlungen zu finden, der unabhängig ist von strafrechtlichen Gesichtspunkten, aber doch eine sozial dysfunktionale Gestaltung der Sexualität erfasst, stammt von Beier (1995), der den Terminus »Dissexualität« einführte und diese als »sich im Sexuellen aus-

Tab. 4.2-6: Verwandte Bezeichnungen.

- Deviation (Kriminologie, Soziologie)
- Dissexualität (Sexualwissenschaft)
- sexuelle Präferenzstörung (ICD-10)
- Paraphilie (DSM-IV)

drückendes Sozialversagen« bezeichnete – gemessen an der Norm »durchschnittlich zeit- bzw. soziokulturell erwartbarer Partnerinteressen«. Die ausdrücklich beabsichtigte sprachliche Analogie zwischen Dissexualität und Dissozialität impliziert freilich die wertende und auf Dauer sicher auch abwertende Konnotation dieser Begriffswahl (s. Tab. 4.2-6).

Zur Prävalenz

Angesichts der unterschiedlichen Dignität und des unterschiedlichen Ausmaßes an Operationalisierung der Konstrukte Perversion und Persönlichkeitsstörungen findet man heute verständlicherweise keine verlässlichen Daten, die beide Merkmale in einer bestimmten Population erfassen. Während es gute Erhebungen über die Prävalenz von Persönlichkeitsstörungen in der Allgemeinbevölkerung und in psychiatrisch-psychotherapeutischen Populationen gibt, fehlen vergleichbare Untersuchungen für Perversionen, letztlich aber auch für sexuelle Präferenzstörungen und für Paraphilien, und insbesondere fehlen Paralleluntersuchungen für beide Populationen. Die Prävalenz der Narzisstischen Persönlichkeitsstörung in der Allgemeinbevölkerung liegt bei 1 % (Tress et al. 2002). Vergleichbare Daten für Perversionen stehen nicht zur Verfügung; Kriminalstatistiken helfen hier nicht weiter, weil bei weitem nicht bei allen Sexualstraftätern sexuelle Präferenzstörungen zu diagnostizieren sind und umgekehrt ebenso gilt, dass vermutlich nur ein verschwindend geringer Bruchteil derjenigen Personen, bei denen eine sexuelle Präferenzstörung oder eine Paraphilie diagnostiziert werden könnte, straffällig wird. Da viele von ihnen auch nicht unter ihren Präferenzstörungen leiden und deswegen nie einen Arzt konsultieren, gehen sie auch nicht in medizinische Statistiken ein.

Vor dem Hintergrund der im vergangenen Jahrzehnt so laut geführten Debatte über Fehleinweisungen in den Maßregel- bzw. in den Strafvollzug wollten wir wissen, wie hoch der Anteil von Personen mit Persönlichkeitsstörungen in der Population eines durchschnittlichen (d. h. weder ausschließlich Kurz- noch eine Überrepräsentation von Langzeitstrafen) Gefängnisses ist. Mit Genehmigung des Landesjustizministeriums wurde dazu eine Erhebung in der Justizvollzugsanstalt Ulm durchgeführt, in der mithilfe des Strukturierten Klinischen Interviews für DSM-IV, Achse II (SKID-II) (s. Wittchen u. Fydrich 1997) Daten erhoben wurden. Das SKID-II ist ein mehrstufiges Verfahren mit hoher Interraterreliabilität, bei der der Proband zunächst einen Fragebogen, in dem die diagnostischen Kriterien der Persönlichkeitsstörungen nach DSM-IV in Frageform vorgegeben werden, mit Ja oder Nein beantwortet. Danach wird ein strukturiertes Interview durchgeführt, das sich gezielt mit den Inhalten beschäftigt, die im Fragebogen als zutreffend angegeben wurden. Nun bewertet der Interviewer, ob einzelne

4.2 Narzisstische Persönlichkeitsstörung und Perversion

Kriterien qualitativ und quantitativ der in DSM-IV vorgegebenen Form entsprechen. Wird die für eine Diagnose erforderliche Mindestanzahl an Kriterien erreicht, erfolgt die Diagnose einer Persönlichkeitsstörung.

Bei einer Stichprobe von 90 Strafgefangenen fanden sich 45 (= 50 %) Personen mit einer oder mehreren Persönlichkeitsstörungen nach SKID-II. Erwartungsgemäß waren Persönlichkeitsstörungen des Clusters B mit einem relativen Anteil von 43,3 % gegenüber Cluster-A-Diagnosen sowie Cluster-C-Diagnosen überrepräsentiert (s. Tab. 4.2-7).

Geordnet nach Deliktkategorien fanden sich die höchsten Anteile bei Straftaten gegen Leib und Leben (77,8 %), gefolgt von Straßenverkehrsdelikten (71,4 %) und schließlich, als drittgrößter Gruppe, Sexualstraftaten (62,5 %).

Tab. 4.2-7: Persönlichkeitsstörungen in einer Gefängnispopulation (relative Häufigkeiten sind auf 90 Probanden bezogen [n = 90]; NNB = nicht näher bezeichnete; die letzte Zeile zeigt die Gesamtzahl der Einzeldiagnosen [manche Probanden hatten mehr als eine Persönlichkeitsstörung]) (nach Frädrich u. Pfäfflin 2000).

Cluster	Persönlichkeitsstörung	absolut n	relativer Anteil %
Cluster A		20	22,2
	Paranoide	10	11,1
	Schizoide	2	2,2
	Schizotypische	8	8,9
Cluster B		39	43,3
	Antisoziale	33	36,7
	Borderline	3	3,3
	Histrionische	–	–
	Narzisstische	3	3,3
Cluster C		7	7,8
	Selbstunsichere	3	3,3
	Dependente	2	2,2
	Zwanghafte	2	2,2
andere		19	21,1
	Depressive	6	6,7
	Negativistische	3	3,3
	NNB	10	11,1
gesamt		85	

Bringt man die untersuchten acht Deliktkategorien (Leib und Leben, Sexualstraftaten, Raub und Diebstahl, Betrug, Straßenverkehrsdelikte, Verstöße gegen das Betäubungsmittelgesetz, Sonstige, Kombinationen von zwei oder mehr Deliktkategorien) unter der Fragestellung, in welcher Deliktkategorie sich die Antisoziale Persönlichkeitsstörung am häufigsten findet, in eine Rangfolge, dann rangiert die Gruppe der Sexualstraftäter an vorletzter Stelle.»Nur« 25 % von ihnen erfüllen die Kriterien einer Antisozialen Persönlichkeitsstörung, während es bei den Straftaten gegen Leib und Leben 77,8 %, bei Straßenverkehrsdelikten 71,4 % sind. Weil Narzisstische Persönlichkeitsstörungen insgesamt nur bei drei Personen der Stichprobe diagnostiziert wurden (also kaum häufiger als in der Allgemeinbevölkerung), war eine weitere prozentuale Aufschlüsselung nach Deliktgruppen für diese Teilstichprobe nicht sinnvoll. Bemerkenswert war des Weiteren, dass bei den 45 Personen der Stichprobe, bei denen überhaupt eine Persönlichkeitsstörung diagnostiziert worden war, häufig gleichzeitig die Kriterien weiterer Persönlichkeitsstörungen erfüllt waren (Einzelheiten bei Frädrich u. Pfäfflin 2000). Diese Beobachtung stimmt überein mit Befunden aus niederländischen Maßregelkliniken (Greeven 1997).

Auch wenn es sich ausschließlich um eine kategoriale, nicht um eine dimensionale Erfassung nach Schweregrad handelte und auch wenn bei den Sexualstraftaten nicht gesondert erhoben wurde, ob die Betreffenden wirklich die Kriterien einer Perversion erfüllten, sprechen die Daten gegen die Beliebigkeit, mit der umgangssprachlich Sexualstraftaten, Perversionen und Persönlichkeitsstörungen in einen Topf geworfen werden. Nach älteren Erhebungen von Schorsch (1971) erfüllten nur ca. 5 % einer Stichprobe von mehr als 400 psychiatrischen Gutachtenprobanden aus Sexualstrafverfahren die Kriterien einer Perversion im Sinne Gieses. Die damals erfassten psychopathologischen Daten erlauben allerdings keine Zuordnung zu einzelnen Persönlichkeitsstörungen.

Kasuistik

Das folgende klinische Beispiel zeigt, wie schwierig es im Einzelfall sein kann, differenzialdiagnostisch zwischen einer bzw. mehreren Persönlichkeitsstörungen und einer bzw. mehreren Perversionen zu unterscheiden und diese Phänomene noch von zusätzlicher Komorbidität abzugrenzen. Kombinationen und Übergänge sind häufiger als isolierte und »reine« Kategorien.

> Ein etwa 30-jähriger Handwerksmeister zeigte sich selbst bei der Polizei wegen sexuellen Missbrauchs an, den er an 3- bis 16-jährigen Jungen in früheren Jahren wiederholt begangen hatte. Eine solche Selbstanzeige ist ungewöhnlich und außerordentlich selten, weshalb es nicht überraschte,

dass die Staatsanwaltschaft ein Gutachten in Auftrag gab, weil jemand, der sich selbst anzeigt, ja »nicht ganz dicht« sein kann.

Bei der entsprechenden Exploration schilderte der Mann als Hintergrund seiner Selbstanzeige ein seit über fünf Jahren bestehendes schweres Leiden an allnächtlich wiederkehrenden Albträumen, in denen er sich in relativ stereotyp sich wiederholenden Mustern Situationen ausgeliefert erlebte, in denen ihn ein oder mehrere Männer sexuell missbrauchten und erniedrigten. In den Träumen erlebte er sich als 10- bis 12-Jährigen, das heißt in einem Lebensabschnitt, für den er sonst eine vollständige Amnesie angab, weder herausragende Ereignisse, wie zum Beispiel seinen Geburtstag, noch Alltagsereignisse, wie zum Beispiel wer neben ihm auf der Schulbank saß, erinnerte. Von den Albträumen wachte er gerädert auf, litt unter schweren Schmerzen, insbesondere an den Körperregionen der geträumten Missbrauchshandlungen, und brauchte häufig viele Stunden, um überhaupt wieder in die Gänge zu kommen, weshalb er seit einigen Jahren arbeitsunfähig krank und inzwischen sogar schon vorläufig berentet war.

Schon mehrfach war er in stationärer Behandlung in psychiatrischen Kliniken gewesen, auch schon in einer psychosomatischen Klinik. Als er zur Begutachtung kam, war er hochdosiert neuroleptisch eingestellt, wirkte sehr gebremst, und es war schwer einzuschätzen, ob die Antriebshemmung Nebenwirkung der Medikation oder primäres Krankheitssymptom war. In den verschiedenen Einrichtungen war er unterschiedlich diagnostiziert worden. Neben dem Verdacht auf eine Psychose aus dem schizophrenen Formenkreis waren auch diverse Persönlichkeitsstörungen, darunter auch eine Narzisstische und eine Borderline-Persönlichkeitsstörung, diagnostiziert worden und schließlich eine Posttraumatische Belastungsstörung nach sexuellem Missbrauch, wobei den Berichten über die stationären Aufenthalte zu entnehmen war, dass man mit dem Patienten jeweils wenig anzufangen wusste und die Albträume nur in der Initialphase der Erkrankung vor einigen Jahren vorübergehend durch Neuroleptika zurückgedrängt werden konnten. Später halfen auch Dosierungserhöhungen nicht, wie der Patient überhaupt den Eindruck hatte, dass ihm alle Behandlungen nicht halfen. Zeitweilig war er so hoch medikamentös eingestellt, dass es während eines der Klinikaufenthalte zu dokumentierten Grand-mal-Anfällen kam, ein Zuammenhang, der auch in der betreffenden Klinik der Medikamentenüberdosierung zugeschrieben worden war.

Bei der Untersuchung aus Anlass der Begutachtung äußerte er sich sparsam, formelhaft, entwertend über Vorbehandlungen, gab durch Floskeln (»Sag ich ja«) zu erkennen, dass er voraussetzte, dass der Untersucher im Prinzip schon alles über ihn wissen müsste und es ohnehin wenig Sinn mache, weiter darüber zu sprechen. Am meisten belasteten ihn die Albträume, doch wollte er sie eigentlich nicht erzählen, denn dann, so befürchtete er, würden seine Schmerzen noch größer. Er wurde gebeten, die Träume aufzuschreiben, woraufhin er ein dickes handgeschriebenes Konvolut mitbrachte. Es war fast unerträglich, die Aufzeichnungen der Albträume zu lesen. Selbst als Leser fühlte man sich als Opfer. Mit ihrer Detailgenauigkeit und ihren Wiederholungen lasen sie sich wie pornografische Repetitorien, sodass Zweifel aufkamen, ob es sich um Albträume oder um Tagphantasien einer Perversion handelte, mit der möglicherweise eine psychotische Dekompensation aufgefangen wurde.

Während eines der vorausgegangenen Klinikaufenthalte war dem Patienten schon einmal von einem Kollegen gesagt worden: »Was Sie hier vortragen, ist vielleicht einfach nur eine Wunschvorstellung von Ihnen, eine Perversion.« Von einem der ihn zuvor behandelnden Ärzte berichtete der Patient, er habe ihn immer mit der Formulierung begrüßt: »Jetzt kommt wieder unser perverses Schwein.« Wenn der Patient darüber sprach, verstärkten sich beim Zuhören die Zweifel, ob das wirklich stimmte, denn man sollte von Kollegen erwarten, dass sie sich nicht in der beschriebenen Weise gegenüber Patienten äußern. Könnte es sein, dass der Patient den ihn früher behandelnden Kollegen ungerechtfertigterweise beschuldigte, sich als Opfer darstellte und die sadomasochistischen Konstellationen seiner Albträume in der Übertragungsbeziehung mit dem Kollegen und im Bericht darüber fortschrieb? Was war der Realitätsgehalt seiner Schilderungen?

Im schriftlichen Gutachten für das Gerichtsverfahren wurden diese Fragen benannt, ohne endgültig entschieden zu werden. Nach sorgfältiger Abwägung differenzialdiagnostischer Alternativen wurden die Beschwerden des Probanden im Gutachten als Ausdruck einer möglichen Posttraumatischen Belastungsstörung charakterisiert. Da der Patient aktuell so gestört und so leidend wirkte, wurde ihm angeboten, bis zu der in Kürze erwarteten Verhandlung einmal wöchentlich zu einer Besprechung zu kommen.

Das Verfahren zog sich unerwartet lang hin. Die Staatsanwaltschaft wollte nicht so recht aktiv werden. Bis es schließlich zur Verhandlung kam, vergingen fast zwei Jahre, in denen der Patient regelmäßig einmal wöchentlich kam, unterbrochen von einem stationären Aufenthalt, in dessen Vorfeld er in der Therapie heftig agiert hatte. Wie häufiger hatte er über erhebliche körperliche Schmerzen geklagt, nachdem er wieder einen besonders belastenden Albtraum gehabt hatte. Gegen Ende der Stunde hatte er erklärt, er könne sich von seinem Stuhl nicht mehr erheben, den Raum nicht verlassen. Im Behandlungszimmer stand eine Couch, auf die er sich legte, seine verbale Erklärung, dass er nicht mehr gehen wolle, damit nachdrücklich unterstreichend. Was sollte man in einer solchen Situation tun? Sollte man den Patienten packen und hinauswerfen? Selbst wenn man dies gewollt hätte, wäre es nicht leicht zu realisieren gewesen, denn er war ein Koloss von Mann, den einer allein kaum bewegen konnte. Der Therapeut entschloss sich schließlich zu folgender Bemerkung: »Ich habe jetzt eine Konferenz. Sie können hier liegen bleiben. Ich komme in einer Stunde wieder.« Und er verließ den Raum mit gemischten Gefühlen, denn schließlich lagen dort Unterschriftsmappen und andere Korrespondenz vertraulichen Inhalts auf dem Schreibtisch. Nach der Konferenz traf er den Patienten unverändert auf der Couch vor Schmerzen stöhnend an, hatte glücklicherweise keine unmittelbar anschließende Behandlungsstunde, sodass er sich neben die Couch setzte und teils mit ihm sprach, teils mit ihm zusammen schwieg. Insgesamt lag der Patient drei Stunden. Nachdem er sich beruhigt hatte, ging er.

Am nächsten Tag kam er bereits mit Gepäck und der Erklärung, der Albtraum aus der vorausgegangenen Nacht quäle ihn so sehr, dass er jetzt stationär bleiben müsse, wohlwissend, dass der Therapeut über keine Bettenstation verfügte. Obwohl dieser den Sinn der Maßnahme bezweifelte, blieb ihm angesichts des demonstrativen Verhaltens des Patienten, mit dem er, auf allen Vieren krabbelnd, inszenierte, dass er nicht mehr gehen konnte, nichts anderes übrig, als schließlich einen Krankentransport zu bestellen und ihn in eine jener benachbarten Kliniken einzuweisen, über deren Ärzte der Patient früher bitter geklagt hatte. Mehrere Wochen blieb er in stationärer Behandlung, fand dort bald Anschluss an Mitpatienten. Von diesen Kontakten profitierte er nach eigener Einschätzung mehr als von allen therapeutischen Aktivitäten. Wie schon nach früheren Krankenhausaufenthalten kehrte er danach voller Vorwürfe gegen die behandelnden Ärzte zurück und setzte seine Behandlung mit einer Wochenstunde ambulant fort.

Neu war, dass sich seine bisherige Amnesie zu lösen begann und er seine Geschichte in Einzelheiten rekonstruierte. Was bisher Albträume waren, wurden Ereignisse mit Namen der Beteiligten und bestimmten Taten. Einzelnes klang realistisch, ja sogar sehr wahrscheinlich, anderes wirkte wie eine Steigerung der Albtrauminhalte ins Unermessliche. Nicht nur ein namentlich mittlerweile identifizierter Mann und seine beiden noch unbekannten Genossen hatten den Patienten vergewaltigt, sondern auch sein vor Jahren verstorbener Vater hatte ihn missbraucht und in der Stammtischrunde in einer bestimmten Gaststätte sonntagmorgens an andere weitergereicht. Immerhin wusste der Patient jetzt zu berichten, dass der Vater selbst wegen sexueller Misshandlungen schon ein Strafverfahren gehabt hatte. Er begann Details zu recherchieren, fragte nach, las alte Zeitungen, um dort Nachrichten über jenes Strafverfahren zu finden. Vom Luftaufsichtsamt besorgte er sich Luftaufnahmen seines Heimatortes, die gar nicht leicht zu beschaffen sind, brachte sie mit und bezeichnete die verschiedenen Orte, wo ihn dieser oder jener zu bestimmten Zeiten drangsaliert hatte. Der Therapeut war immer wieder im Zweifel, ob sich hier ein wahnhafter Ausbau perverser Vorstellungen entfaltete oder ob die Rekonstruktionen des Patienten sein früheres Erleben real wiedergaben. Besonders beeindruckte der Patient während der mündlichen Hauptverhandlung, in der er seine Entwicklung und aktuelle Situation kompetent und differenziert darstellte, ohne jede Dramatisierung. Verurteilt wurde er zu einer Bewährungsstrafe mit den Auflagen, gemeinnützige Arbeit zu verrichten und die ambulante Behandlung fortzusetzen.

In der Folgezeit erstattete er Anzeigen gegen Angehörige, die von dem ihm früher widerfahrenen Missbrauch gewusst und ihn geduldet hatten, dann auch gegen Ärzte und anderes Personal in den verschiedenen Kliniken, in denen er zu stationären Aufenthalten war. Seine Schriftsätze waren dramatisch und fordernd. Empfindlich reagierte er darauf, wenn sie als unbegründet zurückgewiesen wurden, wogegen er mündlich und schriftlich Einspruch erhob. Er fühlte sich nicht ernst genommen, es kam zu lautstarken Auseinandersetzungen in Behörden, man hielt ihn, der sich mittlerweile das Gesicht mit einem großen, von ihm selbst entworfenen und bedeutungsschwangeren Tatoo zieren ließ, für eine auffällige Person, einen psychiatrischen Patienten. Gelegentlich wurde der Patient brüsk abgewiesen, woraufhin er auch dagegen Anzeige erstattete. Wie in Kleists Novelle »Michael Kohlhaas« eskaliert die Entwicklung aus unbestreitbaren Kränkungen. Von »Beamten«, sagte der Patient, wurde ihm die Menschenwürde abgesprochen, was ihn dazu bewegte, die Annahme aller an ihn mit der Bezeichnung »Herr« und seinem bürgerlichen Namen gekennzeichneten Schreiben abzulehnen, sein Konto und die Mitgliedschaft in der Krankenkasse aufzulösen und dergleichen mehr, bis schließlich eine Betreuung in Vermögensangelegenheiten errichtet wurde. Gleichzeitig bot er alle Leitsymptome einer Narzisstischen Persönlichkeitsstörung.

Obwohl kaum Zweifel bestanden, dass in seinen Klagen, wie bei Michael Kohlhaas, zumindest ein wahrer Kern steckte, stellte sich doch die Frage, warum aus dem Opfer-Sein wieder eine Täterschaft geworden war und sich die perversen Inszenierungen aktuell fortsetzten, obwohl ihm in der Therapie viel Raum gegeben wurde.

Als er noch in der Initialphase der Begegnung gefragt worden war, was er mit seiner Selbstanzeige und dem daraus resultierenden Prozess eigentlich beabsichtigte, hatte er geantwortet, es gehe ihm einzig und allein darum, dass die Jungen, die er missbraucht hatte, später sagen können: »Da ist einer zur Rechenschaft gezogen worden« und »Wir sind misshandelt worden, und das ist auch objektiv anerkannt«. Das war ihm ein großes Anliegen, weil er mit seiner eigenen entsprechenden Klage nie ernst genommen worden war. Einmal hatte er sich als Kind seiner Mutter offenbaren wollen. Sie hatte jedoch keine Zeit gehabt und ihn abgewiegelt, und er hatte sich sehr allein und im Stich gelassen erlebt. In seinen jetzigen Anzeigen gegen andere erlebt er sich manchmal ohnmächtig, oft aber auch grandios, hegt die Erwartung, dass nicht nur einzelne Ärzte, die ihn behandelt hatten, sondern auch Staatsanwälte, andere Beamte und schließlich Regierungsmitglieder seinetwegen zumindest arbeitslos, wenn nicht gar ins Gefängnis kommen werden.

Psychotherapie

Man kann sich in der Psychotherapie von Patienten mit Perversionen an der älteren analytischen Literatur orientieren und wird dann vor allem darauf aus sein, die spezifische Psychodynamik der perversen Symptombildung möglichst lückenlos aufzuklären. Solange die perversen Inszenierungen nur geringe Gewaltaspekte implizieren, mag es sogar einigermaßen leicht fallen, sich empathisch auf den Patienten und dessen frühere Traumatisierungen und aktuelle Dramatisierungen einzulassen. Erheblich schwieriger wird dies, wenn aggressive Komponenten mit potenziell fremdschädigendem Verhalten und die für Narzisstische Persönlichkeitsstörungen charakteristische Großartigkeit im Vordergrund stehen. Die Empathie geht dann ins Leere, bringt die perverse Symptomatik eher noch zum Aufblühen, wenn der Therapeut nicht auch strukturiert und urteilt. Im Übrigen ist die perverse Inszenierung oft so ritualisiert, dass der Zugang zur Psychodynamik vollkommen verstellt und manchmal erst nach sehr langer Arbeit oder aber auch gar nie gefunden werden kann. Reiche (2001) hat eine variable Sequenz »idealtypischer Konstellationen« bei der Perversionsbehandlung beschrieben, die regelmäßig in solchen Behandlungen zustande kommt und auf die Therapeuten gefasst sein sollten. Ihm zufolge stellt sich oft schon im Erstgespräch die entscheidende sexuelle Szene dar, auch wenn sich ihr Bedeutungsgehalt womöglich erst sehr viel später erschließt. Funktionell dient die Perversion dem Überleben, nicht dem so genannten Sexualleben. Wenn der Patient dessen gewahr wird, kommt es zu Schamreaktionen, oft auch zu suizidalem und anderem Agieren. Entspannung und Erleichterung stellen sich ein, wenn die in der perversen Szene implizierte symbolische Vernichtung überlebt wird. Der Therapeut bekommt dann für den Patienten eine so große Bedeutung, dass die Gefahr von Idealisierung sowie Sexualisierung der therapeutischen Beziehung besteht und der Rahmen der Behandlung, die vielfältiges Durcharbeiten solcher Konstellationen erfordert, immer wieder auf dem Spiel steht.

Nach Goldberg (1995; 1997; 1998), der seine Perversionstheorie nicht an Sexualstraftätern, sondern an anderen Patienten mit Perversionen und narzisstischen Störungen entwickelte und sich dabei vor allem auf selbstpsychologische analytische Konzepte stützte, ist das primäre Ziel der Behandlung die Reduktion der Sexualisierung innerhalb und außerhalb der therapeutischen Beziehung. Diese Reduktion bezeichnet er als Gradmesser für den Erfolg der Behandlung. Eine strukturelle Veränderung ist ihm zufolge jedoch nur erreichbar, wenn die »vertikale Spaltung« zwischen den perversen und den realitätsbezogenen normalen Selbstanteilen überwunden wird und es zu einer Integration des Selbst kommt. Wie der Patient diese beiden Selbstanteile auf den Therapeuten – und natürlich auch in andere Situationen – überträgt, muss auch der Therapeut in der Gegenübertragung auf beide Selbstanteile des Patienten eingehen und sie miteinander verbinden, Empathie und kritische Stellungnahme (»emphathy« und »judgement«) zum Ausdruck bringen. In Goldbergs Worten:

»Die Übertragung ist tatsächlich anders als bei monosymptomatischen und integrierten Störungen. Bei Patienten mit vertikaler Spaltung hat auch die Übertragung zwei Gesichter.« (Goldberg 1998, S. 717)

Weiter schreibt er:

»Bei Perversionen führt der Strukturmangel zur Sexualisierung, und das Fehlverhalten und die Aktivität des abgespaltenen Sektors sind vorwiegend Ausdruck des strukturellen Defizits. Aber das Defizit findet sich nicht nur im Verhalten. Das wesentliche Defizit liegt in der Spaltung, die der Überbrückung bzw. der Heilung bedarf.« (ebd., S. 719)

Reduktion der Sexualisierung und Deutung der vertikalen Spaltung sind die wesentlichen therapeutischen Schritte. Die Aufdeckung der individuellen Psychodynamik ist zwar nicht unwichtig, demgegenüber jedoch sekundär. In der Straftäterbehandlung werden heute vielerorts psychoedukative Therapiemodelle bevorzugt, die vor dem Hintergrund von Sicherheitsinteressen der Allgemeinheit zweifellos ihre Berechtigung haben, die jedoch Kontrolle als das gegenüber Heilung höhere und letztlich auch einzig erreichbare Behandlungsziel propagieren (vgl. das auch in vielen deutschsprachigen Publikationen zur Straftäterbehandlung inzwischen vielfach zitierte Motto: »control, no cure«). Es gibt fraglos Patienten, bei denen man sich damit zufrieden geben muss, wenn man dieses Ziel erreicht. Darüber hinaus gibt es aber noch mehr, nämlich die Heilung, die nicht aus dem Auge verloren werden sollte.

Die Götter haben, so lernen die Mediziner, bekanntlich die Diagnose vor die Therapie gestellt. Wer viele Sexualdelinquenten begutachtet und viele narzisstische Patienten mit Perversionen behandelt, wird häufig die Erfahrung machen, dass er im Rahmen auch noch so umfänglicher Eingangsdiagnostik zunächst nicht mehr als eine äußerste Oberflächenschicht zu Gesicht bekommt. Begreift man perverse Symptombildungen als sexualisierte Abwehr und narzisstische Großartigkeit ebenfalls als Abwehr und teilt man die Auffassung, dass jede Form von Abwehr primär der Homöostase einer fragilen Persönlichkeitsstruktur dient, wird man sowohl bezüglich der Diagnostik als auch der Psychotherapie ein vorsichtiges Prozedere wählen, nämlich von der Oberfläche der Abwehr her deutend vorgehen, anstatt die Abwehr zu durchbrechen zu suchen. Letzteres birgt die Gefahr in sich, dass der Patient entweder dekompensiert oder die Behandlung abbricht und seine Pathologie womöglich weiter agiert – zum eigenen und zum Schaden anderer.

Wenn man im Wissen um die vertikale Spaltung als neben der Sexualisierung vorherrschenden Abwehrmechanismus bei Perversionen und dem Wissen darum, dass die narzisstische Großartigkeit der Abwehr innerer Leere und Verzweiflung dient, die Notwendigkeit der Abwehr anerkennt, wird man im Sinne Goldbergs bei Deutungen jeweils beide Seiten der Spaltung ansprechen, die pathologische ebenso wie die gesunde, um letztere zu stärken und die Spaltung zu überbrücken. Es ist nicht Aufgabe des Therapeuten, Abwehr zu durchbrechen, den Patienten bloßzustellen und noch weiter zu destruieren. Vielmehr müssen seine Interventionen immer gleichzeitig auch stabilisieren, damit sich die rigide Abwehr des Patienten lockern und im Hinblick auf Gesundheit funktional neu strukturieren kann.

So viel wir auch über pathologische Mechanismen von Perversion und Narzissmus zu wissen glauben, dem Patienten wird dieses Wissen kaum etwas nützen, wenn es ausschließlich auf Defekte, Strukturmängel, pathologische Abwehr, »pathologische Eigenliebe«, »pathologische Objektliebe«, »pathologisches Über-Ich« (Kernberg 2001, S. 139) und dergleichen mehr Mängel fokussiert, ohne im selben Maße auch die ihm innewohnenden Ressourcen ins Auge zu fassen und zur Entfaltung zu bringen. Das theoretische Wissen ist unentbehrlich, kann aber einem fruchtbaren therapeutischen Prozess auch im Wege stehen: Wenn erst einmal alle diagnostischen Schubladen aufgezogen und alle Kästchen aufgestellt sind, wo soll dann der Spielraum entstehen, in dem sich der Patient kreativ entfalten und mit seinem Therapeuten und mit anderen konstruktiv interagieren kann?

Literatur

Akhtar S (1989). Narcissistic personality disorder: a synthesis of development, dynamic, and descriptive features. Am J Psychother; 41: 499–518.
Arbeitskreis OPD (Hrsg) (1996). Operationalisierte Psychodynamische Diagnostik. Grundlagen und Manual. Bern, Göttingen, Toronto: Huber.
Becker N (2001). Psychoanalytische Theorie sexueller Perversionen. In: Sigusch V (Hrsg). Sexuelle Störungen und ihre Behandlung, Stuttgart, New York: Thieme; 418–38.

4 Die Bedeutung des Narzissmus bei spezifischen Störungsbildern

Beier KM (1995). Dissexualität im Lebenslängsschnitt. Theoretische und empirische Untersuchungen zu Phänomenologie und Prognose begutachteter Sexualstraftäter. Berlin: Springer.
Benjamin LS (1993). Interpersonal Diagnosis and Treatment of Personality Disorders. New York, London: Guilford.
Berner W, Kleber R, Lohse H (1998). Psychotherapie bei sexueller Delinquenz. In: Strauß B (Hrsg). Psychotherapie der Sexualstörungen. Stuttgart, New York: Thieme; 122–38.
Bloch I (1906). Das Sexualleben unserer Zeit in seinen Beziehungen zur modernen Kultur. 10.–12. Aufl. 1919. Berlin: Louis Marcus Verlagsbuchhandlung.
Ellis H (1898). Auto-Erotism: a psychological study. Alienist & Neurologist; 19: 260–99.
Frädrich S, Pfäfflin F (2000). Zur Prävalenz von Persönlichkeitsstörungen bei Strafgefangenen. Recht & Psychiatrie; 18: 95–104.
Freud S (1905). Drei Abhandlungen zur Sexualtheorie. GW V. Frankfurt/M. 1999: Fischer; 27–145.
Giese H (1962). Psychopathologie der Sexualität. Stuttgart: Enke.
Glassman M (1988). Kernberg and Kohut: a test of competing psychoanalytic models of narcissism. J Am Psychoanal Assoc; 36: 597–625.
Goldberg A (1995). The Problem of Perversion. The view from self psychology. New Haven: Yale University Press.
Goldberg A (1997). Perversion. Recht & Psychiatrie; 15(4): 152–5.
Goldberg A (1998). Perversion aus der Sicht psychoanalytischer Selbstpsychologie. Psyche; 52: 709–30.
Greeven PGJ (1997). De intramurale behandeling van forensische patiënten met een persoonlijkheidsstoornis. Een empirische studie. Deventer: Gouda Quint.
Hartkamp N, Wöller W, Langenbach M, Ott J (2002). Narzisstische Persönlichkeitsstörung. In: Tress W, Wöller W, Hartkamp W, Langenbach M, Ott J (2002). Persönlichkeitsstörungen. Leitlinie und Quellentext. Stuttgart, New York: Schattauer; 213–33.
Herpertz S, Saß H (Hrsg) (2003). Persönlichkeitsstörungen. Stuttgart, New York: Thieme.
Herpertz S, Wenning B (2003). Narzisstische Persönlichkeitsstörung. In: Herpertz S, Saß H (Hrsg). Persönlichkeitsstörungen. Stuttgart, New York: Thieme; 140–3.
Kernberg OF (1970). Factors in the psychoanalytic treatment of narcissistic personalities. J Am Psychoanal Assoc; 18: 51–85.
Kernberg OF (1997). Wut und Hass. Über die Bedeutung von Aggression bei Persönlichkeitsstörungen und sexuellen Perversionen. Stuttgart: Klett-Cotta.
Kernberg OF (2001). Die narzisstische Persönlichkeit und ihre Beziehungen zu antisozialem Verhalten und zu Perversionen. Persönlichkeitsstörungen; 3: 137–71.
Kinsey A, Pomeroy W, Martin C, Gebhard P (1949). Begriff des Normalen und Abnormen im geschlechtlichen Verhalten. In: Giese H (Hrsg) (1967). Die sexuelle Perversion. Frankfurt/M.: Akademische Verlagsgesellschaft; 331–52.
Kohut H (1971). The Analysis of the Self. New York: International University Press.
Krafft-Ebing R v (1890). Lehrbuch der Psychiatrie. 4. Aufl. Stuttgart: Enke.
May-Chahal C, Herczog M (eds) (2003). Child Sexual Abuse in Europe. Straßburg: Council of Europe Publishing.
Millon T (1981). Disorders of Personality, DSM-III: Axis II. New York: Wiley.
Money J (1986). Lovemaps. Clinical concepts of sexual/erotic health and pathology, paraphilia, and gender transposition in childhood, adolescence, and maturity. New York: Irvington Publishers.
Morgenthaler F (1974). Die Stellung der Perversionen in Metapsychologie und Technik. Psyche; 28: 1077–89.
Morgenthaler F (1984). Homosexualität, Heterosexualität, Perversion. Frankfurt/M., Paris: Qumran.
Näcke P (1899). Kritisches zum Kapitel der normalen und pathologischen Sexualität. Arch Psychiatrie Nervenkrankheiten; 32: 356–86.
Reiche R (2001). Psychoanalytische Therapie sexueller Perversionen. In: Sigusch V (Hrsg). Sexuelle Störungen und ihre Behandlung. Stuttgart, New York: Thieme; 439–64.
Saß H, Herpertz S (Hrsg) (1999). Psychotherapie von Persönlichkeitsstörungen. Beiträge zu einem schulenübergreifenden Vorgehen. Stuttgart, New York: Thieme.

Saß H, Houben I, Herpertz S (1999). Zur Diagnostik von Persönlichkeitsstörungen. In: Saß H, Herpertz S (Hrsg). Psychotherapie von Persönlichkeitsstörungen. Beiträge zu einem schulenübergreifenden Vorgehen. Stuttgart, New York: Thieme; 1–15.
Schorsch E (1971). Sexualstraftäter. Stuttgart: Enke.
Stoller RJ (1975). Perversion. The erotic form of hatred. New York: Pantheon.
Stoller RJ (1979) Sexual Excitement. Dynamics and erotic life. New York: Patheon.
Tress W, Wöller W, Hartkamp W, Langenbach M, Ott J (2002). Persönlichkeitsstörungen. Leitlinie und Quellentext. Stuttgart, New York: Schattauer.
Trull TJ, McCrae RR (1994). A five-factor perspective on personality research. In: Costa PT, Widiger TA (eds). Personality Disorders and the Five-Factor Model of Personality. Washington, DC: American Psychological Association Press; 59–71.
Wenning B, Herpertz S (2003). Psychotherapie. In: Herpertz S, Saß H (Hrsg). Persönlichkeitsstörungen. Stuttgart, New York: Thieme; 143–7.
Wittchen HU, Fydrich T (1997). Strukturiertes Klinisches Interview für DSM-IV. Manual zum SKID-I und SKID-II. Göttingen: Hogrefe.

4.3
Persönlichkeitsstörung und Gewalt – ein psychoanalytisch-bindungstheoretischer Ansatz[1]

Peter Fonagy

Problemstellung

Gewalt ist eine extreme Form der Aggression, die durch die implizite Absicht gekennzeichnet sein kann, einem anderen körperlichen Schaden zuzufügen oder seinen Tod zu verursachen. Mehr als die Hälfte der Gewaltverbrechen in Großbritannien wird von jungen Straftätern unter 20 Jahren verübt. Statistiken zur Erstmanifestation von Schwerverbrechen und Gewaltstraftaten belegen, dass ca. die Hälfte der jugendlichen Wiederholungstäter bereits im Alter von 12 bis 13 Jahren »aktiv« ist und dass nur wenige Jahre später über 80 % der zukünftigen Kriminellen schwere Straftaten begangen haben. Die Prävalenzspitzen liegen in der Altersgruppe der 17- bis 18-Jährigen, doch in den meisten Fällen lässt sich der Beginn der kriminellen Karriere sehr viel früher datieren (Moffitt 1993; Moffitt et al. 1996).

Jugendliche, um mit Agatha Christies Romanhelden Hercule Poirot zu sprechen, verfügen über die Mittel (körperliche Kraft, kognitive Kompetenz etc.), die Gelegenheit (weniger Beaufsichtigung, besserer Zugang zu Ressourcen) und das

---

[1] Anm. der Herausgeber: Wir haben den Beitrag von Fonagy in dieses Buch aufgenommen, auch wenn er – was die Überschrift betrifft – zunächst keine direkten Verbindungen zum Narzissmus beinhaltet. Gewalt ist jedoch ein häufiges Problem bei Menschen mit Narzisstischen und Antisozialen Persönlichkeitsstörungen und hat ihren Ausgangspunkt in fragilen und verletzbaren Selbststrukturen. Zu denken ist hier etwa an narzisstische Wut und fehlende Empathie – beides wesentliche Mitbedingungen für das Auftreten von Gewalt. Darüber hinaus weist Fonagy in seinem Beitrag auf die große Bedeutung der Bindungstheorie und der Theorie des Mentalen in der Genese der Gewaltentstehung hin – eine Verbindung, die von Hartmann in seinem einleitenden Beitrag (Kap. 1.1) in dem Abschnitt »Narzissmus und Bindung« bereits ausführlicher dargestellt wurde.

Motiv (Leistungsdruck in der Schule, im Beruf und in sexuellen Beziehungen). Dies erklärt zweifelsohne, warum die Adoleszenz den Entwicklungszeitraum mit der größten Wahrscheinlichkeit für gewalttätiges Verhalten darstellt. Aus einer umfassenden Langzeitstudie, in der 1037 junge Männer eines Geburtenjahrgangs vom 3. bis zum 26. Lebensjahr untersucht wurden (Moffitt et al. 2002), geht hervor, dass die meisten Jugendlichen irgendwann straffällig werden, dass es sich dabei jedoch um Bagatelldelikte handelt. Nur einen kleinen Prozentsatz (6 %) machen jene Wiederholungstäter aus, auf deren Konto die Mehrzahl der Gewaltstraftaten geht. Um die Entwicklung dieser jungen Männer und ihres aggressiven Verhaltens nachzuzeichnen, bedurfte es eines umfangreichen Forschungsdesigns.

Die Entwicklungslinien der Gewalt

A. R. Jonckheere, ein wenig bekannter, aber brillanter Entwicklungspsychologe, der als Piagets Statistiker arbeitete, wies gerne darauf hin, dass sich die meisten entwicklungspsychologischen Trends verflüchtigen, sobald man die Schuhgröße der Probanden als statistisches Maß mit einbezieht. Das Gleiche gilt für Gewalt. Neuere epidemiologische Daten zeigen, dass vom Zeitpunkt der Einschulung an bis zum Ende der Adoleszenz die Wahrscheinlichkeit von Kindern, auf körperlich aggressives Verhalten zurückzugreifen (laut der Berichte von Eltern, Lehrern, Gleichaltrigen oder den Kindern selbst), mit zunehmendem Alter (Schuhgröße) abnimmt. Während physische Aggression (Gewalt) abnimmt, kommt es jedoch zu einem Anstieg von indirekter Aggression (gleiche Intention, ohne direkten »Schaden« zugefügt zu haben), insbesondere bei Mädchen. Es scheint, dass körperliche Aggression um das 2. Lebensjahr herum am stärksten ausgeprägt ist, um dann interindividuell unterschiedliche Entwicklungen zu nehmen.

Bis vor kurzem standen uns nur sehr wenige statistische Methoden zur Identifizierung dieser typischen Entwicklungslinien zur Verfügung. Ein sehr überzeugender Vorschlag stammt von Terrie Moffitt, der zwischen lebenslangen Wiederholungstätern, deren antisoziales Verhalten in der Kindheit ihren Anfang nimmt, um sich im Schweregrad stetig zu steigern, und rein adoleszenten Straftätern differenziert, die in der Adoleszenz kriminell werden, ohne dass dies jedoch über das junge Erwachsenenalter hinausgeht. Neue methodologische Vorgehensweisen ermöglichen mittlerweile, über »Ad-hoc«-Kategorisierungen hinauszugehen und anhand bestimmter statistischer Ansätze bestimmte Cluster empirisch zu erfassen, die die gleichen Entwicklungslinien aufweisen. Die erste Studie mithilfe dieser Technik untersuchte das von Lehrern berichtete aggressive Verhalten von über 1000 Mädchen und Jungen in Montreal, die jährlich, vom 6. bis zum 15.

Lebensjahr, geratet wurden. Es wurden vier typische Entwicklungslinien identifiziert (Nagin u. Tremblay 2001).

17 % der untersuchten Kinder waren niemals aggressiv, 4 % legten ein hochaggressives Verhalten an den Tag, 28 % begannen auf einem hohen, mit der Zeit jedoch geringer werdenden Aggressionsniveau, und die größte Gruppe schließlich wies ein relativ geringes Aggressionsniveau auf, das ebenfalls mit zunehmendem Alter zurückging. Die Gruppenmitglieder, deren Aggressionsniveau unverändert hoch blieb, hatten vergleichsweise häufiger Mütter, die zum Zeitpunkt ihrer Geburt noch Teenager waren, sowie Mütter mit geringem Bildungsstand.

Eine in Pittsburgh durchgeführte Studie, die ebenfalls die Entwicklungslinien von 284 Jungen aus unteren Einkommensschichten im Alter von 2 bis 8 Jahren untersuchte und die Eltern zum gewalttätigen Verhalten ihrer Kinder befragte, ergab ähnliche Cluster: 14 % immer niedrig; 6 % immer hoch; 38 % hoch, aber abnehmend; und 43 % mäßig hoch und abnehmend (Shaw et al. 2003). Kinder, deren Aggressionsniveau gleich hoch blieb, wiesen keine Unterschiede auf bezüglich ihres IQ, des Alters oder der Erziehung ihrer Mütter, hatten jedoch im Alter von 2 Jahren eine größere Furchtlosigkeit an den Tag gelegt und häufiger abweisende Mütter im Vergleich zu jener Gruppe, die ebenfalls ein anfänglich hohes Aggressionsniveau aufwies, das jedoch im Laufe des sechsjährigen Untersuchungszeitraums allmählich zurückging. Der Faktor »mütterliche Depression« spielte ebenfalls eine Rolle: Kinder, deren Aggressionsniveau chronisch hoch war bzw. deren aggressives Verhalten sich über die Zeit hinweg abschwächte, hatten häufiger depressive Mütter.

Während es in der ursprünglichen Montreal-Studie keine signifikanten Hinweise dafür gab, dass körperlich aggressives Verhalten, dem während der Kindheit erfolgreich Einhalt geboten worden war, in der Adoleszenz plötzlich aufbrach, identifiziert eine jüngere Studie, in der Impulsivität und nicht so sehr physische Gewalt an sich an einer größeren Stichprobe untersucht wurde, eine Gruppe von Jungen, deren Impulsivität sich nach dem 9. Lebensjahr manifestierte, um bis zum 12. Lebensjahr kontinuierlich anzusteigen (Cote et al. 2002). Eine auf Selbstbefragung basierende Studie, die Moffitts Hypothese spezifischer Entwicklungsstränge der Kriminalität bis ins Erwachsenenalter überprüfte, identifizierte eine auf die Adoleszenz begrenzte Gruppe von Straffälligen (33 %), eine Gruppe von Wiederholungstätern, die bis ins junge Erwachsenenalter straffällig blieben (7 %), sowie eine Gruppe von Straftätern, die vom 12. bis zum 31. Lebensjahr ein zunehmend kriminelles Verhalten an den Tag legten (13 %) (White et al. 2001). Auch die katamnestische Untersuchung der Dunedin-Kohorte im Alter von 26 Jahren (Moffitt et al. 2002) unterschied zwischen jenen Probanden, die früh straffällig geworden und geblieben waren, sowie jenen, deren straffälliges Verhalten in der Adoleszenz seinen Anfang genommen hatte. Die Anzahl der Gewaltstraftaten in der Gruppe der so genannten »auf die Adoleszenz begrenzten« Straftäter blieb signifikant erhöht, sowohl im Hinblick auf die Eigenangaben der befragten Probanden als auch auf die Anzahl der entsprechenden Verurteilungen.

Gewalt wird verlernt, nicht gelernt

Das neue Datenmaterial, das uns aus dieser Clusterbildung vorliegt, hat zu einer Fokusverschiebung hinsichtlich eines entwicklungspsychologischen Verständnisses von Gewalt geführt und lässt sehr viel mehr Raum für psychoanalytische Erklärungsansätze. Historisch betrachtet haben sich Aggressionsmodelle in der Regel darauf konzentriert, wie Aggression über entsprechende Wissensstrukturen gelernt, geübt und verstärkt wird (Anderson u. Bushman 2002). Allerdings scheint es sich bei der Aggression um ein Problem zu handeln, das bereits in der frühen Kindheit, womöglich schon im Säuglingsalter bzw. ab der Geburt virulent ist. Gewalt markiert letztlich ein Scheitern der normalen Entwicklungsprozesse, mit etwas umzugehen, das zu den natürlichen Gegebenheiten zählt.

Freud sowie Vertreter klassisch psychoanalytischer Sichtweisen haben in Übereinstimmung mit modernen entwicklungspsychologischen Forschungsergebnissen die These vertreten, dass soziale Erfahrung dazu da ist, die dem Mensch-Sein inhärente Destruktivität zu zähmen (Freud 1920; 1930; 1937). Biologische Prädisposition und gesellschaftlicher Einfluss schaffen keine Destruktivität, beeinträchtigen jedoch die sozialen Prozesse, die normalerweise zu ihrer Regulierung und Bezähmung dienen. Es ist nicht so, dass Aggression immer nur Ausdruck eines fehlerhaften Systems ist. Vielmehr kann es sich dabei auch um einen Versuch handeln, mit einer schädigenden Umwelt fertig zu werden, und wäre als solches, um mit Winnicott zu sprechen, ein Zeichen für Lebendigkeit. Die These angeborener Aggression muss somit die Existenz einer positiven und überlebensorientierten Aggression ebenso berücksichtigen wie eine Aggression, die als genuiner Protest gegen Not und Elend im Leben wachgerufen wird.

Das biologische Modell primärer Destruktivität spricht von einem Todestrieb im Sinne einer Bewegung auf einen absoluten Ruhezustand oder Nullpunkt zu. Unter bestimmten Umständen wird primäre Destruktivität nach außen gerichtet. Auf das Objekt gerichtete Aggressivität ist ein Äquivalent von Objektlibido, während sekundäre (gegen das eigene Selbst gekehrte) Destruktivität analog zum sekundären Narzissmus der Lebenstriebe zu sehen ist. Beim Todestrieb, der versucht, Spannung aufzuheben, handelt es sich um einen unabhängigen aggressiven Trieb. Diese Sichtweise definiert den Menschen als von Natur aus aggressiv und nicht als »ein sanftes, liebesbedürftiges Wesen« (Freud 1930, S. 470).

Die Neuformulierung triebtheoretischer Annahmen im Sinne primärer Lebens- und Todestriebe war in ihrer Tiefe wegweisend für die psychoanalytische Theorieentwicklung in der zweiten Hälfte des 20. Jahrhunderts. Triebe galten nicht mehr als energetische Spannung, die sich negativ auf den psychischen Bereich auswirkte, einer organischen Quelle entsprang und darauf abzielte, den Erregungszustand im Ursprungsorgan zu beseitigen. Vielmehr wurden Triebe nunmehr als Ausdruck des Lebensprozesses selbst in bestimmten Richtungen angesehen. Das Ziel war nicht mehr die Herstellung oder Bewahrung von Energie, sondern die Spezifizierung eines Ziels. Im Strukturmodell wird die Psyche als System aufgefasst, und Systeme bedürfen der Regulierung. Während Freud in früheren Theorien zwischen einem psychischen Apparat, der von bestimmten Prinzipien reguliert wurde, und Trieben, die sich negativ darauf auswirkten (so, als kämen sie von außen), unterschied, wurden Triebe jetzt selbst als grundlegende Regulatoren des Lebens konzeptualisiert.

Die psychoanalytische Kontroverse zur angeborenen Aggression

Die psychoanalytischen Sichtweisen zur Aggression lassen sich in zwei Gruppen aufteilen, je nachdem, inwieweit Aggression als angeborener Teil der menschlichen Konstitution betrachtet wird. Im Gegensatz zum Überlebenstrieb, so eine Auffassung, entspringe der Zerstörungstrieb einem angeborenen Erleben der Präsenz des Todes in der menschlichen Psyche und im menschlichen Organismus. Alternativ dazu ließen sich Aggression und Gewalt als reaktive Phänomene erklären, Reaktion im Sinne einer Antwort auf Frustration bzw. auf eine frustrierende Umwelt im Laufe der Entwicklung. Der wütende Protest gegenüber Trennungserfahrungen kann hier als prototypisch angesehen werden.

Ein systematischer Überblick über die entsprechende Literatur zeigt, dass »reaktive« Aggressions- und Gewalttheorien recht heterogen sind. Manche betonen das Unterdrücken unabhängiger Selbstbehauptungswünsche (Storr 1968), andere wiederum die dem Anpassungsprozess innewohnende Konflikthaftigkeit (Hartmann 1939). Die britischen Objektbeziehungstheoretiker konzentrieren sich auf den Aspekt der Frustration als grundlegende Deprivation durch die frühe Umwelt, was zu einer Beeinträchtigung der Fähigkeit des Ich zu Wachstum führe. So sieht etwa Winnicott Aggression als Folge einer fehlgeschlagenen Verschmelzung von erotischen und motorischen Strebungen, wenn die Umwelt des Kindes an dessen frühe Bedürfnisse nur unzureichend angepasst ist (Winnicott 1974b).

Ungeachtet der verschiedenen Hypothesen, die sich grob unter das »Frustrations-Aggressions-Modell« zusammenfassen lassen, hielten doch die einflussreichen psychoanalytischen Ansätze an Freuds Formulierung eines Aggressionstriebs fest. In der kleinianischen Theorie nimmt das Todestrieb-Konzept eine Schlüsselstellung ein. Als führende Vertreterin der modernen Kleinianer wies Elizabeth Spillius (1994) darauf hin, dass, obwohl der Begriff »Todestrieb« de facto weniger häufig verwendet wird als noch vor 30 Jahren, doch weiterhin grundlegende Übereinstimmung hinsichtlich seiner Bedeutung bestehe. Ein Eckpfeiler des kleinianischen Theoriegebäudes basiert auf der Annahme, dass die destruktiven Tendenzen des Kleinkindes gegen das mütterliche Objekt nicht von umweltbedingten Frustrationen abhängig sind. Das Kind richtet seine Aggression gegen die Mutter, ob es nun frustriert oder befriedigt ist. Die Tendenz, das befriedigende Objekt anzugreifen (Neid), verweise auf einen Anti-Lebens- oder Todestrieb. Die nährende Quelle der Befriedigung anzugreifen erfülle das Bedürfnis nach Ruhe und Aufhebung von Spannungszuständen sowie die Herstellung von Leiden. Während die Aggression des Kindes gegenüber der eigenen Lebendigkeit faktisch beobachtbar und schwer zu leugnen ist (Bick 1964), so ist doch die Annahme, der Säugling trage sadistische Phantasien in sich, die sich auf frustrierende und befriedigende Objekte gleichermaßen richten, rein spekulativ. Um es in den Worten von Spillius (1994, S. 356) auszudrücken, »ist es in der Tat häufig schwer zu verstehen, wie sie (Klein) zu ihren phasentypischen Thesen gelangt«.

Im Laufe der Entwicklung zeigt sich der triebhafte Impuls, das offenkundig geliebte und befriedigende Objekt anzugreifen, gerade bei jenen Menschen, die eine besonders ausgeprägte inhärente Destruktivität und Autodestruktivität aufweisen. Unser klinischer Alltag ist voller Beispiele, die belegen, wie Menschen potenziell lebensspendende Beziehungen attackieren und sich von ihnen abwenden. Sie scheinen dem Bewusstwerden ihrer Beziehungswünsche ausweichen zu wollen, die sie als Bedrohung für ihr inneres Gleichgewicht und vermeintliche Selbstgenügsamkeit erleben. Herbert Rosenfeld beschreibt den stummen Sog des Todestriebs (in Anlehnung an Freud), der Unabhängigkeit und Freiheit von Wünschen und störenden Einflüssen verspricht. Was an diesen Fällen deutlich hervortritt, ist nicht so sehr der Gehalt an überwältigend aggressiv-wütenden Phantasien, Hass oder Sadismus, sondern das Überdauern und die offenkundige Unveränderbarkeit einer vollkommenen und vernichtenden Destruktivität.

Die tiefe Verankerung bzw. Hartnäckigkeit derartiger Interaktionsmuster stimmen mit Spekulationen hinsichtlich ihres biologischen Fundaments völlig überein. Doch waren die 60er und 70er Jahre des letzten Jahrhunderts biologisch orientierten Verhaltenstheorien gegenüber ausgesprochen feindselig eingestellt. Es überrascht somit nicht, dass biologisch gefärbte freudsche Konzepte, wie Triebtheorie und insbesondere die Vorstellung eines Todestriebs, einer besonders strengen Prüfung unterzogen wurden (z. B. Peterfreund 1971; Rosenblatt u. Thickstun 1977; Schafer 1980; 1982). So nahm etwa Guntrip (1974) für sich in Anspruch, eine Neuformulierung des Unbewussten im Sinne einer inneren Welt von Ich-Objektbeziehungen vorgelegt zu haben, die die pseudobiologische Beschreibung Freuds ersetzen sollte.

Inhaltlich lag die Betonung dieser Theorien auf frühen Erfahrungen. Balints (1970) Definition der »Grundstörung« sprach von einer misslungenen Passung zwischen den Bedürfnissen des Kindes und den jeweiligen Reaktionen der Beziehungsumwelt in den frühen Entwicklungsstadien, in denen die vollständige Abhängigkeit des Säuglings vom Objekt die zeitgerechte Befriedigung all seiner Bedürfnisse von zentraler Wichtigkeit sein lässt. Die Betonung früher Erfahrungen ließ den Eindruck entstehen, als spiele der Todestrieb keine Rolle in der nachfolgenden Entwicklung von Pathologie und Aggression. So wie Winnicott (1974b,

S. 164) schrieb: »Das Konzept des Todestriebs scheint einfach dadurch zu verschwinden, dass es überflüssig ist.«

Es gibt Aspekte der Aggression und Gewalt, die ein auf dem Konzept des Todestriebs basierendes biologisches Modell kaum zu erklären vermag. Aggressives Verhalten spiegelt nur allzu oft den Versuch wider, mit einer schädigenden Umwelt fertig zu werden, und ist als solches als »Lebenszeichen« (ebd.) zu werten bzw. als Zeichen für unseren Kampf, unter unerträglichen Bedingungen zu überleben. Eine Theorie primärer Destruktivität lässt die Existenz positiver und auf Überleben ausgerichteter Aggression ebenso unberücksichtigt wie Aggression im Sinne einer genuinen Reaktion oder eines unvermeidlichen Protestes gegenüber schlimmen Belastungen im Leben. Das entsetzliche Ausmaß menschlichen Leidens erscheint häufig als ausreichende Erklärung. Wo äußere destruktive Kräfte gegen die zerbrechliche Psyche eines Kindes mobilisiert werden, so wird dies Reaktionen nach sich ziehen, die, mögen sie noch so antisozial sein, am besten als Versuch gewertet werden sollten, mit schädigenden äußeren Einflüssen fertig zu werden – ein Verhalten, das eher als lebenserhaltend denn lebensfeindlich angesehen werden sollte. Berechtigte Aggression bei Kindern kann den Versuch bedeuten, sich gegen pathologische Interaktionen zur Wehr zu setzen. Es ist zweifelsohne falsch, Überreste dieser Erfahrungen als Manifestation des Todestriebs zu interpretieren.

Die Grenzen umwelttheoretischer Ansätze und das Wiedererstarken biologistischer Theorien

Es gibt Situationen, in denen das Konzept einer rein reaktiven Aggression zutiefst unbefriedigend scheint. Zum einen ist hier an die exzessive Grausamkeit von Menschen und Gruppen zu denken, die ohne Grund und ohne zuvor provoziert worden zu sein eine Brutalität und Bestialität an den Tag legen, die paradoxerweise im Tierreich ihresgleichen sucht. Die Fähigkeit zu Gewaltexzessen ist eine menschliche Eigenschaft und nahezu per definitionem jenseits dessen, was als Reaktion auf Frustration gerechtfertigt scheint.

Während die antibiologische Haltung der zweiten Hälfte des letzten Jahrhunderts zu einer allgemeinen Zurückweisung der Vorstellung eines Todestriebs führte, ließ die technologiegeleitete biologische Revolution der letzten Jahrzehnte das Interesse an reduktionistischen Erklärungsansätzen wiederaufleben, die den Fokus neuerlich auf die Vorstellung konstitutioneller Destruktivität – den Todestrieb – richteten. Die Auffassung, dass die frühe Umwelt und subtile Differenzen in der Beziehung zwischen Mutter und Kind für tief greifende Unterschiede in der Persönlichkeit sorgen könnten, steht in Konflikt mit verhaltensgenetischen Daten, die wiederholt belegten, dass sich sehr wenig in der kindlichen Entwicklung unmittelbar auf Merkmale der Eltern zurückführen lässt. Womöglich ausgelöst durch die Begeisterung für das menschliche Genomprojekt, aber auch durch statistisch immer ausgefeiltere Forschungsdesigns haben im letzten Jahrzehnt des 20. Jahrhunderts Thesen der quantitativen Verhaltensgenetik die Entwicklungsforschung zunehmend beeinflusst (z. B. Harris 1998). Eine ganze Reihe von Adoptions- und Zwillingsstudien wurden in den Vereinigten Staaten, in Skandinavien, Großbritannien und anderswo durchgeführt. Berühmt gewordene Studien über getrennt aufgewachsene Zwillinge zeigten eindrückliche Ähnlichkeiten in Verhalten, Persönlichkeit und Denkstil eineiiger Zwillinge (Neubauer 1996; Plomin et al. 1997; Reiss et al. 1995; 2000). Diese und andere Studien belegen, dass in nahezu allen psychischen Erkrankungen Gene eine größere Bedeutung spielen als die Umwelt.

Einige Untersuchungen legen den Schluss nahe, dass der genetische Einfluss so stark ist, dass es kaum Raum gibt für die Entfaltung von Umweltfaktoren (z. B. Nigg u. Goldsmith 1998). Eines der überraschendsten Ergebnisse aus Adoptions- und Zwillingsstudien ist jedoch, dass ungünstige und stressreiche Umweltbedingungen zu einem großen Teil vererbt scheinen und Gene aus diesem Grund in der Verknüpfung zwischen stressreicher Umwelt und den Symptomen einer Posttraumatischen Belastungsstörung bzw. der einem Missbrauch folgenden Symptomatik eine Rolle spielen (z. B. Saudino et al. 1997).

Wir haben wahrscheinlich die Bedeutung der Eltern für die Entwicklung überschätzt: Insbesondere Adoptionsstudien belegen, dass ein Großteil des elterlichen Einflusses auf einer Illusion beruht. Persönlichkeitsmerkmale des Kindes, die als Reaktion auf elterliches Verhalten verstanden wurden, sind in Wirklichkeit genetisch vorherbestimmt. Persönlichkeitsmerkmale und das damit verbundene elterliche Verhalten (Kritik, Wärme oder sogar Missbrauch) sind Folge der gleichen Gene bei Eltern und Kind. So legen Adoptionsstudien ebenfalls den Schluss nahe, dass Kinder, die genetisch in Richtung, sagen wir: Aggression vorbelastet sind, auch aufseiten ihrer Eltern ein feindseligeres und kontrollierenderes Verhalten auslösen (Ge et al. 1996). Evokative projektive Identifizierung (Spillius 1992), so könnte man sagen, führt zu einem Interaktionsmuster, das in biologisch verwandten Familien mit dem elterlichen Verhalten beginnt: einer bestimmten Art und Weise, wie Eltern mit ihrem Kind zusammen sind.

Klinisch gesehen kann diese Erkenntnis aus der Verhaltensgenetik (der so genannte »Kind-zu-Eltern-Effekt«) von einiger Relevanz sein. Wir sind oft erstaunt, wie sehr sich unsere Patienten für das Verhalten ihrer Eltern verantwortlich fühlen, doch auf einer tieferen Ebene entspricht dies womöglich einer richtigen Wahrnehmung. Befunde dieser Art helfen uns, die Bewegung projektiver Identifizierung vom Kind in Richtung Eltern als mächtige Entwicklungsdeterminante, sowohl unmittelbar als auch als Repräsentanz in der kindlichen Psyche, zu bestätigen. Dies erklärt auch, warum die Neigung, den Eltern für alles den Schwarzen Peter zuzuschieben, sich klinisch als so wenig hilfreich erwiesen hat.

Die Biologie der Aggression

Es ist nicht meine Absicht, an dieser Stelle eine Zusammenfassung der boomenden Literatur zur Biologie aggressiven Verhaltens zu geben. Es ist, so meine ich, von zentraler Bedeutung für Kliniker psychoanalytischer Provenienz, in ihren Überlegungen zur Tauglichkeit bestimmter Konzepte, wie etwa dem Todestrieb, die entsprechenden Forschungsergebnisse anderer Disziplinen zu diesem Phänomen, das von so großer gesellschaftlicher Tragweite ist, zu berücksichtigen. Dazu Freud:

»Die Biologie ist wahrlich ein Reich der unbegrenzten Möglichkeiten, wir haben die überraschendsten Aufklärungen von ihr zu erwarten und können nicht erraten, welche Antworten sie auf die von uns gestellten Fragen einige Jahrzehnte später geben würde. Vielleicht gerade solche, durch die unser ganzer künstlicher Bau von Hypothesen umgeblasen wird.« (Freud 1920, S. 65)

Auch wenn das klinische Setting stets die eigentliche Datenquelle sein wird, aus der wir in unserer psychoanalytischen Theoriebildung schöpfen, und auch wenn sich die psychoanalytische Theorie nie auf neurophysiologische oder psychologische Untersuchungsergebnisse allein reduzieren lässt, so sollte sie sich doch zumindest als konsistent mit diesen Befunden erweisen (Fonagy 1982; 2001; s. auch Spillius 1994). Zwei Forschungsrichtungen sind hier von besonderer Relevanz:
- genetische und verhaltens-neurologische Studien von Persönlichkeitsstörungen
- die Entwicklung gewalttätigen Verhaltens bei kleinen Kindern

Genetische und verhaltens-neurologische Studien

Die bislang wichtigste Untersuchung zur Persönlichkeitsstörung ist die von Torgersen et al. (2000) durchgeführte norwegische Zwillingsstudie. Basierend auf Zwillings- und Patientenkarteien wurden 92 eineiige und 129 zweieiige Zwillingspaare anhand des SCID-II befragt und den normalen Prävalenzraten von mehr als 2000 Probanden gegenübergestellt. Es ergab sich eine Konkordanzrate von 38 % bei EZ und 11 % bei ZZ im Falle einer weitgefassten Definition der Borderline-Persönlichkeitsstörung (drei oder mehr Kriterien wurden erfüllt) sowie 35 % bzw. 7 % im Falle des enger gefassten Definitionsbereichs. Zwillingsstudien belegen konsistent, dass gewalttätiges antisoziales Verhalten eine höhere Erblichkeitsrate aufweist als nichtgewalttätiges antisoziales Verhalten (Eley et al. 1999). Bestätigt wurde dieser Befund in einer Meta-Analyse aller bislang durchgeführten Zwillings- und Adoptionsstudien (Rhee u. Waldman 2002). (Impulsive) Aggression, so der nahe liegende Schluss, ist vererbbar und im Labor messbar – ein Ergebnis, das mit den entsprechenden biologischen Indizes, insbesondere der serotoninergen Aktivität, übereinstimmt.

Verschiedene Studien haben mehrfach belegt, dass die Serotonin-Metaboliten bei jenen Probanden, die Suizidversuche hinter sich haben (Asberg et al. 1976) oder eine nach außen gerichtete Aggression an den Tag legen (Coccaro et al. 1998) verändert sind. Von den möglichen für den serotoninergen Stoffwechsel zuständigen Genen wurden u.a. die Tryptophan-Hydroxylase (TPH), der Serotonin-Transmitter, der 5-HT1b-Rezeptor, der 5-HT1a-Rezeptor und der 5-HT2a-Rezeptor untersucht. Das s-Allel des Serotonin-Transmitters und das l-Allel der TPH wurden mit Impulsivität und Neurotizismus in Zusammenhang gebracht (Lesch et al. 1996; New et al. 1998), das 5-HT1b-Rezeptor-Gen mit Suizidalität (New et al. 2001). In einer Studie zur Borderline-Persönlichkeitsstörung (BPS) (Soloff et al. 2000) wurden fünf Patienten mit BPS (aber ohne Achse-I-Diagnose) mit acht gesunden Probanden einer Kontrollgruppe verglichen. Die Patienten mit BPS zeigten auf serotoninerge Stimulierung (durch Fenfluramin) eine verringerte Reaktivität in Bereichen des mit der Regulierung impulsiven Verhaltens assoziierten präfrontalen Kortex. Positronenemissionstomographien (PET) zeigten auch bei Mördern einen reduzierten präfrontalen Glukose-Mechanismus (Raine et al. 1998) – ein Befund, der sich durch entsprechende SPECT-Untersuchungen zu bestätigen scheint. So wurden in einer Studie 40 Probanden, die in der Vergangenheit aggressives Verhalten in Form von Sachbeschädigung oder Körperverletzung an den Tag gelegt hatten, mit 40 Probanden einer psychiatrischen Kontrollgruppe verglichen. Die aggressiven Patienten wiesen eine reduzierte Aktivität im präfrontalen Kortex auf, während die Aktivität im anteromedialen Frontallappen, in den linken Basalganglien bzw. im limbischen System oder aber in beiden Bereichen erhöht war und der linke Temporallappen Abnormalitäten aufwies (Amen et al. 1996). Einige Studien lassen auf eine dysfunktionale Verarbeitung von Informationen aus dem limbischen System schließen, insbesondere im Fall psychopathischer Patienten mit Antisozialer Persönlichkeitsstörung (Intrator et al. 1997; Kiehl et al. 2001).

Zusammenfassend lassen sich somit zahlreiche Belege für neurochemische Abnormalitäten und Dysfunktionen in den frontalen oder regulatorischen Gehirnarealen jener Menschen finden, die ein manifest-destruktives Verhalten bzw. eine entsprechende genetische Veranlagung aufweisen.

Abschließendes zur Biologie

Es scheint, dass neuro- und verhaltenswissenschaftliche Forschungen darin übereinstimmen, dass sie Aggression als konstitutionell gegeben ansehen, wobei frühe Erfahrungen, und hier insbesondere die primäre Objektbeziehung, einen mächtigen und überwiegend destruktiven Impuls »bändigen« sollen. Die Gewalttätigkeit eines Menschen wird jedoch nicht (nur) durch konstitutionell bedingte Aggressivität charakterisiert, sondern auch durch die Dysfunktionalität der in den exekutiven Gehirnarealen lokalisierten regulatorischen Mechanismen, die für tödliche Aggression verantwortlich ist.

Gewalt, die Qualität früher Beziehungen und ihre interpersonelle Bedeutung

Die Entwicklung von Gewalt

Wie bereits erwähnt, sind rund 6 % aller Jugendlichen für die Mehrzahl aller Gewaltstraftaten (mit anschließender Festnahme) in den meisten westlichen Gesellschaften verantwortlich. Dieser Spitzenwert während der Adoleszenz scheint eher mit der Vorstellung konsistent zu sein, Aggression als Reaktion auf Frustration zu sehen denn als Folge konstitutioneller Veranlagung, frustrierten libidinösen Wünschen, misslungenen Selbstausdrucks oder frustrierter Bedürfnisse nach einer unabhängigen Identität. Doch entsteht Gewalt in der Adoleszenz sozusagen de novo? Einige neuere entwicklungspsychologische Befunde belegen eindrücklich die vierte Phase der freudschen Triebtheorie (Freud 1920; 1930). Langzeitbeobachtungen an Kindern vom Schuleintritt bis in die Adoleszenz zeigen übereinstimmend, dass es eher jüngere Kinder sind, die physisch aggressiv sind, was jedoch mit zunehmendem Alter abnimmt. So zeigte eine an über 16000 kanadischen Kindern im Alter von 4 bis 11 Jahren durchgeführte Studie, dass Jungen im Alter von 4 Jahren das höchste Maß an Aggressivität an den Tag legten und dass physisch aggressives Verhalten bei beiden Geschlechtern mit zunehmendem Alter zurückging (Cairns et al. 1989). Es scheint, dass in einem Drittel von uns Gewalt bereits im Kleinkindalter angelegt ist, dann jedoch im Laufe der Kindheit abnimmt. Von Gewalttätigkeit ist dann die Rede, wenn die Bändigung von Aggression nicht stattfindet. Jüngere und sehr differenzierte Studien zu den verschiedenen Entwicklungswegen von Gewalt über die Zeit hinweg zeichnen ein faszinierendes Bild (Cote et al. 2002; Nagin u. Tremblay 2001; Shaw et al. 2003): Es scheint eine Minderheit von Kindern (rund 25 %) zu geben, die niemals aggressiv sind. Die Mehrzahl der Kinder weist ein relativ gering ausgeprägtes Aggressionsniveau im Alter von 2 Jahren auf, was mit zunehmendem Alter noch abnimmt. Ungefähr ein Viertel zeigt ein hohes Maß an körperlicher Aggression im Alter von 2 und 6 Jahren (zwei Messzeitpunkte), die jedoch ebenfalls mit der Zeit zurückgeht. Weniger als 5 % sind im Alter von 2 und 6 Jahren überaus aggressiv und bleiben dies bis zu ihrem 15. Lebensjahr.

Aggression tritt nicht plötzlich auf, sie verschwindet allmählich. Berichte von Müttern legen den Schluss nahe, dass körperlich aggressives Verhalten am Ende des 2. Lebensjahrs seinen Höhepunkt erreicht, um dann stetig abzunehmen (Tremblay et al. 1999). Rund 90 % aller Mütter bestätigen, dass im Alter von 17 Monaten ihr Kind körperlich aggressiv gegen andere ist. Ungefähr eines von vier Kindern dieser Altersstufe hat ein anderes Kind geschlagen. Interessanterweise neigen Mütter dazu, dies zu vergessen, um ein Jahr später zu behaupten, ihr Kind habe bis zum 2. Lebensjahr kein anderes Kind geschlagen. Im Alter von 12 Monaten verfügen Kinder über die kognitiven, körperlichen und emotionalen Möglichkeiten, sich anderen gegenüber aggressiv zu zeigen, und sobald dies der Fall ist, so scheint es, beginnen sie tatsächlich zu schlagen, zu beißen und zu treten. Es ist keine Übertreibung, zu behaupten, dass, sobald das kindliche Gehirn Kontrolle über ein Bein oder einen Arm erlangt, dies auch in den Dienst der Aggression gestellt wird, das heißt zu treten, zu schubsen, zu ziehen, zu vernichten.

Das Entstehen von Gewalt als ein Misslingen normaler Entwicklungsprozesse zu verstehen gibt uns die Möglichkeit, das zu überdenken, was wir über entsprechende Entwicklungsrisiken wissen. Zu den zentralen evolutionären Zielen von Bindung gehört die Sozialisation von Aggression. Selbstkontrolle entwickelt sich über effektive Aufmerksamkeitsmechanismen und Symbolisierung. Da das Bindungssystem durch die Angst des Kindes aktiviert wird (eine verlässliche Basis zu finden, um Sicherheit zu erlangen), ist die Annahme, dass Bindungsprozesse ein zentrales Moment in der Meisterung von Aggression darstellen, konsistent mit der Vorstellung, die Furchtlosigkeit als Prädiktor für eine misslungene Bändigung der frühkindlichen Aggressivität sieht. So untersuchte eine Studie die Fähigkeit zur Regulierung von Wut in frustrierenden Aufgabenstellungen an 310 Jungen aus Familien mit geringem Einkommen im Alter von 18 Monaten bis 6 Jahre (Gilliom et al. 2002). Die im Alter von 18 Monaten als »sicher gebunden« eingestuften Jungen zeigten eine höhere Wahrscheinlichkeit, ihre Aufmerksamkeit von frustrierenden Stimuli abzuziehen und zu fragen, wann und wo Hindernisse aus dem Weg geräumt würden. Bestätigende mütterliche Kontrolle half den Kindern ebenfalls, ihre Aufmerksamkeit auf weniger frustrierende Umweltstimuli zu legen, da diese Strategie in der dyadischen Interaktion mit der Mutter, sozusagen am Modell, gelernt worden war. Abweisende Mütter versagten hier in ihrer Vorbildfunktion, vielmehr modellierten sie Ärger als primäre affektive Reaktion auf Herausforderungen und Einflussmöglichkeit auf andere.

Eine ähnliche Richtung entwicklungspsychologischer Befunde ergibt sich aus den außergewöhnlich eleganten Untersuchungen von Grazyna Kochanska et al. (2002). In zwischen 18 Monaten und 4½ Jahren jährlich wiederholten Testsituationen ließ sie ihre jungen Probanden glauben, sie hätten ein wertvolles Spielzeug kaputt gemacht. Die emotionale Reaktion des jeweiligen Kindes wurde nach Anzeichen von Schuld kodiert. Es zeigte sich, dass auch hier Furchtlosigkeit das Fehlen von Schuld markierte, wobei negative Bemutterung, insbesondere im Sinne mütterlichen Machtgebarens, die Entwicklung des kindlichen Schuldgefühls zu unterminieren schien. Von Machtausübung geprägtes mütterliches Verhalten sagte im Kindesalter von 22 Monaten weniger Schuld voraus als im Kindesalter von 33 Monaten, was impliziert, dass positiver mütterlicher Einfluss mit gleichzeitig weniger Drohungen, Druck, negativen Kommentaren oder Wut die Wahrscheinlichkeit erhöhte, dass das Kind Schuldgefühle zeigen würde, was ebenfalls als selbstkontrollierendes Moment gegenüber aggressiven Impulsen aufgefasst werden kann.

Man sagt, dass unsere Entwicklung vom nichtmenschlichen Primaten zum Homo sapiens auf unserer Fähigkeit beruhe, das subjektive Erleben unserer Artgenossen vorwegzunehmen und zu verstehen (Tomasello 1999), was meine Kollegen und ich als Mentalisierung bezeichnet haben (Fonagy et al. 2002). Die Vorstellung, dass andere über eine Psyche verfügen, erlaubt es uns, zusammen oder aber nebeneinander zu arbeiten. Dieser Zuwachs an Harmonie kostet jedoch seinen Preis. Das natürliche Bedürfnis, das Verhalten weniger mächtiger Mitglieder unserer Gruppe über die Androhung von Gewalt zu kontrollieren, ist maladaptiv (De Waal 2000). Die Androhung physischer Gewalt interferiert direkt mit der Fähigkeit zur Mentalisierung, sodass es von zentraler Bedeutung ist, sie im Zaum zu halten. Sie behält ihren adaptiven Charakter – sozusagen als »Lebenszeichen« – unter schwierigen sozialen Bedingungen, wie zum Beispiel in den rumänischen Waisenhäusern (Smyke et al. 2002). Innerhalb der Ursprungsgruppe jedoch sichert das freie Explorieren der Psyche des anderen das eigene Überleben.

In Anbetracht konfligierender Anforderungen – Aufrechterhaltung potenzieller Gewaltanwendung unter Umweltbedingungen, die über den eigenen Verstehenshorizont hinausgehen, bei gleichzeitiger Hemmung im Rahmen der jeweiligen sozialen Gruppe – entwickelte sich Gewalt zu etwas, das mit der gleichzeitigen Repräsentation des subjektiven Zustands eines anderen nicht mehr in Einklang gebracht werden konnte. Diese Fähigkeit (zur Mentalisierung) ist an Bindung geknüpft: Indem wir die Erfahrung machen, dass unsere inneren Zustände von anderen verstanden werden, lernen wir etwas über unsere eigene Psyche und die der anderen (Fonagy et al. 2002).

Aus diesem Grund verschwindet Aggression allmählich aus dem Verhaltensrepertoire von Jungen und Mädchen in den ersten Lebensjahren. Körperliche Aggression, der Wunsch, andere zu kontrollieren, indem man sie beschädigt oder ausschaltet, wird – neben dem Inzest – zum Tabu innerhalb der Gruppe. In beiden Fällen findet die Verknüpfung über Bindung statt.

Natürlich gibt es Menschen, für die sich dieses evolutionäre Design als unwirksam erweist. Menschen, die sich schwer tun, psychische Zustände bei anderen über Mimik oder den Klang der Stimme zu erkennen, werden womöglich keine vollständige Mentalisierungsfähigkeit ausbilden, was sich wiederum auf ihre Fähigkeit zur Gewalthemmung auswirkt (Blair 2001). Entsprechend der fürchterlichen Bedrohung, die diese Menschen darstellen, tun wir sie als »Psychopathen« ab, um eine maximale Distanz zwischen ihnen und uns zu schaffen. Manche Menschen wiederum sind unfähig, psychische Zustände zu interpretieren, weil

4.3 Persönlichkeitsstörung und Gewalt

sie nie Gelegenheit hatten, diese Fähigkeit im Rahmen angemessener Bindungserfahrungen zu erlernen, oder weil ihre Bindungserfahrungen grausam unterbrochen oder konsequent gestört wurden. In anderen Fällen wird die entstehende Fähigkeit zur Mentalisierung von einer Bindungsperson zerstört, die bezüglich ihrer Gefühle und Gedanken dem Kind gegenüber derart von Angst erfüllt ist, dass auch das Bedürfnis des Kindes, das subjektive Erleben eines anderen zu verstehen, zunichte gemacht wird. Der offenkundigen Gefühlskälte in solchen Fällen liegt somit Angst zugrunde. Die Verknüpfung zwischen Misshandlung in der Kindheit und Externalisierung von Problemen läuft über unangemessenes zwischenmenschliches Verstehen (soziale Kompetenzen) und begrenzte Flexibilität im Verhalten als Reaktion auf Umweltanforderungen (Ich-Stärke) (Shonk u. Cicchetti 2001).

Menschen, deren Aggressionspegel bis in die Adoleszenz und ins frühe Erwachsenenalter durchgehend hoch ist, weisen Bindungserfahrungen auf, die kein Gefühl für den anderen als psychische Einheit zu vermitteln vermochten. Eine Annahme, für die die Biologie zahlreiche Belege liefert. Der mit verschiedenen Formen antisozialer Persönlichkeitsprobleme in Verbindung stehende präfrontale Kortex (Raine et al. 2000) ist auch zuständig für das Verstehen mentaler Zustände. Dies soll jedoch nicht heißen, dass die soziale Umwelt nicht relevant sei. Der größte Teil betrifft die Lokalisation der Dysfunktion, die gewalttätige Menschen und Menschen mit spezifischen exekutiven Problemen teilen. Wir gehen davon aus, dass die primäre entwicklungspsychologische Rolle früher Bindung neuro-kognitiver Natur ist (Fonagy et al. 2002). Unterschiede zwischen gewalttätigen und nichtgewalttätigen Menschen bezüglich sprachlicher Fähigkeiten spiegeln Unterschiede in der Qualität früher Beziehungserfahrungen wider und nicht nur auf sprachliche Fertigkeiten begrenzte konstitutionelle Determinanten. Frühe Beziehungen dienen nicht nur dem Schutz des verletzbaren menschlichen Säuglings, sondern auch der Organisation der Funktionsweise des Gehirns (Hofer 2003) sowie der Schaffung einer Umwelt, in der sich die Fähigkeit zur Selbstmeisterung über die Schaffung repräsentativer Strukturen für mentale Zustände entwickeln kann.

Ob früh in der Entwicklung oder spät, ob bei Jungen oder Mädchen, ob in Schule oder Familie, ob durch gewaltsame oder gewaltfreie Mittel – der Weg zur Gewalt läuft über eine momentane Hemmung der Fähigkeit zur Kommunikation und Interpretation. Womöglich kommt Gewalt erst gar nicht auf, wenn sich aufgrund entsprechender früher Erfahrungen eine ausreichend stabile Fähigkeit zur interpersonellen Interpretation entwickelt hat, die es möglich macht, sich späteren Misshandlungen gegenüber zur Wehr zu setzen. Im Folgenden soll aus einer psychoanalytisch orientierten entwicklungspsychologischen Perspektive dargestellt werden, wie negative frühe Erfahrungen die Entwicklung einer interpersonellen interpretativen Fähigkeit beeinträchtigen und so die Voraussetzung zur Gewalt schaffen.

Das Wesen von Gewalt

Gerade weil es sich letztlich um einen Akt des Mensch-Seins (Abrahamsen 1973) handelt, ist es schwierig für uns, über zwischenmenschliche Gewalt nachzudenken. Wir möchten dem, was womöglich Teil von uns allen ist, aus dem Weg gehen. Sowohl Glorifizierung als auch Dämonisierung – Strategien, die wir aus den Medien kennen – sollen Distanz schaffen zu einer Erfahrung, von der wir vielleicht gar nicht so weit entfernt sind; sie helfen uns dabei, uns der Notwendigkeit, die gewalttätige Psyche zu verstehen, zu entziehen. So, als werde der bloße Akt des Nachdenkens von der damit verbundenen immensen Angst und Hilflosigkeit unmöglich gemacht. Auch wenn ein Nicht-Begreifen der intrapsychischen Faktoren helfen kann, die Ähnlichkeiten, die zwischen unserem Gefühl für uns selbst und unserem Gefühl für einen gewalttätigen Menschen bestehen, zu verwischen, so verhindert es doch auch jegliche Erkenntnis darüber, wie diese Menschen denken und empfinden. Wir müssen uns in die psychische Realität eines gewalttätigen Menschen begeben – nicht nur, um adäquate Behandlungsmöglichkeiten anzubieten, sondern auch, um die Risiken, die diese Menschen für sich selbst und die Gesellschaft darstellen, besser abschätzen zu können (Cox 1982). Der Versuch einer Erklärung bedeutet nicht Exkulpation, doch zu verstehen ist der erste Schritt auf dem Weg zur Prävention von Gewalt. Die Antwort auf die Frage, wie ein Mensch die Beherrschung über sich und seine Hemmung, andere zu verletzen, verlieren kann, liegt eher im Bereich des Herkömmlichen denn Außergewöhnlichen: in der normalen menschlichen Entwicklung.

Es gibt viele Möglichkeiten der Kategorisierung von Gewaltakten, und es ist unwahrscheinlich, dass sie sich durch einen einzigen Ideenstrang erfassen lassen. Ein Erklärungsansatz unterscheidet drei Typen von Gewaltakten:

- Gewalt als Ausdruck überwältigender Wut: In diesen Fällen erscheint Gewalt desorganisiert, angetrieben durch massive affektive Überflutung oder Entladung.
- Gewalt als Befriedigung perverser oder psychotischer Motive: In diesem Zusammenhang erscheint der Gewaltakt organisierter, während dem Motiv des Betreffenden etwas Rücksichtsloses anhaftet. Der gefühllose und prototypisch psychopathische Charakter von Gewaltakten ist in diesen Fällen am offensichtlichsten.
- Gewalt als partielle Befriedigung krimineller Motive: Gewaltakte dieser Kategorie können organisiert oder desorganisiert sein.

Während einzelne Gewaltakte häufig in keine dieser prototypischen Kategorien passen, so kann man doch von Mischzuständen entlang dieser Abgrenzungen ausgehen. Im hier vorliegenden Aufsatz geht es in erster Linie um den ersten Typus, also um den mit unkontrollierten, affektiv desorganisierten Gewaltakten, unabhängig von bestehenden kriminellen Motiven.

4.3 Persönlichkeitsstörung und Gewalt

Mein eigenes psychoanalytisches Interesse an menschlicher Gewalt entspringt meiner Arbeit mit Patienten mit Persönlichkeitsstörungen, von denen einige eine Geschichte extremer Gewalttätigkeit aufweisen. Ich behaupte, dass gewalttätige Menschen über keine adäquate Fähigkeit zur Repräsentierung mentaler Zustände verfügen, das heißt zu erkennen, dass ihre eigenen Reaktionen und die anderer Menschen von Gedanken, Gefühlen, Überzeugungen und Wünschen geleitet werden. Ich werde versuchen aufzuzeigen, dass dieser Mangel an Reflexionsfähigkeit aus einer unzureichenden Integration zweier primitiver Modi, die innere Welt zu erfahren, resultiert und als Folge von Vernachlässigung zu verstehen ist. Die Unfähigkeit zur Mentalisierung wiederum schafft eine Art psychischer Autoimmunerkrankung, die außerordentlich anfällig macht für die Brutalität sozialer Umwelten. Dieser Brutalisierung wird ab einem bestimmten Zeitpunkt nicht mehr widerstanden; stattdessen wird versucht, das eigene Selbst über den Einsatz sozialer Gewalt zu erhalten. Sozusagen als letzten Ausweg und als Reaktion auf die Demütigung, die das eigene Selbst zu zerstören vermag, wird auf Gewalt als eine Form der Selbstverteidigung zurückgegriffen.

Wir wissen, dass es beträchtliche Überschneidungen gibt zwischen Borderline-Störungen, narzisstischen Störungen und antisozialen Störungen und dass der gemeinsame Nenner in einer fragilen und verletzbaren Selbststruktur liegt, die einem Zustand der Desorganisation oder aber exzessiver Rigidität entspringt (Bateman 1997; Bateman u. Holmes 1995). Eine zentrale Dynamik des narzisstischen und aggressiven Psychopathen besteht darin, das eigene Selbst innerhalb schematischer Beziehungsrepräsentanzen zu schützen, wobei seine jeweiligen Partner bestimmte Rollen zu übernehmen haben. Größenphantasien, die Suche nach Bewunderung, das Bedürfnis, andere zu kontrollieren und zu beherrschen, sowie die feste Überzeugung, dass andere nur dazu da sind, die eigenen Erwartungen zu erfüllen, sind an der Tagesordnung. Es war Rosenfeld (1981), der unsere Aufmerksamkeit auf den Aspekt der Selbststruktur richtete und von dickfelligen bzw. dünnhäutigen narzisstischen Persönlichkeiten sprach. Die Persönlichkeitsstruktur des dünnhäutigen Narzissten ist verletzbar und fragil, während der dickfellige Narzisst, neben dem Psychopathen, unzugänglich ist und eine der Abwehr entspringende Aggressivität an den Tag legt.

Bateman (1996) bezeichnet beide Strukturen als defizitär und inhärent instabil, und er diskutiert anhand der Typologie Rosenfelds den Zusammenhang zwischen Gewalt gegenüber anderen und Angriffen auf den eigenen Körper im Rahmen von Suizidversuchen (vgl. auch Bateman 1998). Dickfellige Narzissten zeigen sich eher gewalttätig gegenüber anderen, wenn ihr dominantes und grandioses Selbst bedroht wird (im Sinne der selbsterhaltenden Gewalt, wie sie von Glasser [1998] diskutiert wird), während dünnhäutige Narzissten ihre Aggressivität in der Regel, aber nicht notwendigerweise, gegen sich selbst richten. Das zentrale Moment dieser narzisstischen Dynamik liegt in einer vorweggenommenen oder tatsächlichen Demütigung, die eine gefährliche Bedrohung für das Selbst darstellt. Aufgrund fehlender Mentalisierung wird die beschämende Erfahrung als potenziell vernichtend erlebt (vgl. Gilligans umfassendes psychologisches Modell der Gewalt [Gilligan 1997]). Es existiert kein »Als-ob« mehr, vielmehr wird die Erfahrung psychischer Kränkung mit physischer Vernichtung gleichgesetzt bzw. als »Ich-destruktive Scham« erlebt (Fonagy u. Target 2000). Es sind die intrinsische Instabilität des Selbst, der Schutz der Selbststruktur sowie die entsprechenden Schutzmechanismen, die die Kernpathologie der Borderline-Persönlichkeitsstörung (BPS) und Cluster-B-Störungen des DSM-IV ausmachen, auch wenn es zwischen beiden Störungsgruppen einige Unterschiede gibt. Im Rahmen der Borderline-Persönlichkeitsstörung ist die Selbststruktur inhärent instabil, wann immer eine »Psyche auf eine andere Psyche trifft«, was ein Bild beständiger Desorganisation in Beziehungen entstehen lässt. Im Rahmen narzisstischer und psychopathischer Beziehungen haben sich die Repräsentanzen verhärtet, und Beziehungen werden gewaltsam in ein bestimmtes Schema gepresst, was einen falschen Eindruck von Stabilität entstehen lässt. Fehlt die Fähigkeit zur Mentalisierung, ist das Selbst als Akteur eine inflexible, rigide und fragile Struktur, ungehärtetem Stahl vergleichbar, die plötzlich und ohne Vorwarnung zerbrechen und zu Gewaltausbrüchen führen kann, wobei sich das Selbst schnell wieder restabilisiert.

Das Selbst und die Gewalt: unser kartesianisches Erbe

Den juristischen und alltagspsychologischen Definitionen von Gewalt liegt die Vorstellung eines Selbst als Akteur zugrunde – das von William James (1890) als »I« beschriebene Selbst, das dem physischen Sein des anderen Schaden zufügt. Wir betrachten interpersonelle Gewalt als Folge einer Entwicklungsverzerrung im Selbst als Akteur. Während das von James als »Me« bezeichnete Selbst, die mentale Repräsentation des Selbst oder das »empirische Selbst«, für nahezu das gesamte 20. Jahrhundert im Zentrum psychologischer Forschung stand (vgl. die Überblicksarbeit von Harter 1999), wurde die Erforschung des »Selbst als mentalem Akteur« relativ vernachlässigt, zum Teil aufgrund der vorherrschenden kartesianischen Annahme, dass das Selbst als Akteur automatisch aus dem Empfinden mentaler Aktivität des Selbst entstehe (»Ich denke, also bin ich«). Der Einfluss der kartesianischen Doktrin hat die Vorstellung untermauert, dass es sich beim bewussten Gewahrsein unserer psychischen Zustände um eine grundlegende, unmittelbare und wahrscheinlich angelegte mentale Fähigkeit handelt, was wiederum zu der Überzeugung führte, dass das Wissen um das Selbst als mentalem Akteur (ein Selbst, das Dinge »tut« und Gedanken »denkt«) eine angeborene und keine sich entwickelnde oder konstruierte Fähigkeit darstellt. Wenn wir den Erwerb des Wissens um mentale Urheberschaft als Folge eines Entwicklungsprozesses verstehen, der unter bestimmten Bedingungen schief laufen kann, dann können wir die Ursprünge interpersoneller Gewalt aus einer anderen

Perspektive betrachten. Dazu müssen wir jedoch einen Blick zurück in die früheste Kindheit werfen.

Im Laufe der Entwicklung erwirbt das Kind ein Verständnis für fünf zunehmend komplexe Ebenen des Selbst und seiner Urheberschaft: das Selbst als physischer, sozialer, teleologischer, intentionaler und repräsentationaler Akteur (Fonagy et al. 2002; Gergely 2002). Wir werden zunächst die normalen Entwicklungsstufen beschreiben, um anschließend auf mögliche Abweichungen in der Entwicklung des Selbst als Akteur zu sprechen zu kommen, die die psychologischen Wurzeln der Gewalt darstellen können. Die erste Ebene – ein frühes Verständnis des **Selbst als physischem Akteur** – geht mit dem Erkennen der Auswirkungen von Aktionen auf Körper im Raum einher. Das Kind beginnt sich als physische Einheit mit entsprechender Kraft zu begreifen, die seinen Aktionen zugrunde liegt; es beginnt, sich als Akteur zu verstehen, dessen Aktionen die Körper, mit denen es in unmittelbarem physischen Kontakt ist, verändern können (Leslie 1994). Parallel dazu beginnt sich ein frühes Verständnis des **Selbst als sozialem Akteur** zu entwickeln. Säuglinge treten von Geburt an in Interaktion mit ihren Bezugspersonen (Meltzoff u. Moore 1977; Stern 1992; Trevarthen 1979). Das Verhalten des Säuglings wirkt sich dabei auf das Verhalten und die Emotionen seiner Pflegepersonen aus. Das frühe Verständnis des Selbst als sozialem Akteur geht somit mit der Erkenntnis einher, dass die eigenen kommunikativen Äußerungen Auswirkungen in der sozialen Umwelt haben können (Neisser 1988).

Die Kausalbeziehungen zwischen Aktionen und Akteuren einerseits sowie Aktionen und Welt andererseits gehen weit über die Ebene physischer Beschreibung hinaus, wobei unser Verständnis für beide Entwicklungslinien stetig wächst. So verfügen Säuglinge im Alter von 8 bis 9 Monaten (Tomasello 1999) über die Fähigkeiten, Aktion und Ergebnis zu differenzieren und über Aktionen, die zum Erreichen eines bestimmten Ziels eingesetzt werden, nachzudenken. Dies markiert den Beginn des frühen Verständnisses des **Selbst als teleologischem Akteur** (Csibra u. Gergely 1998; Leslie 1994), das mit der Fähigkeit einhergeht, unter den verfügbaren Möglichkeiten diejenigen Mittel einzusetzen, die auf effizienteste Weise zum Ziel führen. Begrenzt wird diese Entwicklungsstufe des Selbst als Akteur von physikalischen Gegebenheiten. 12 Monate alte Säuglinge interpretieren die Aktionen anderer unter bestimmten physikalischen Gegebenheiten und Zwängen als vernünftig und zielorientiert (Csibra u. Gergely 1998; Csibra et al. 1999; Gergely u. Csibra 1996; 1997; 1998; 2000). So verfolgte in einer visuellen Habituationsstudie eine computeranimierte Figur wiederholte Male einen bestimmten Weg, auf dem auch ein Hindernis eingebaut war, das es zu umgehen galt. Anschließend wurde das Hindernis entfernt. Säuglinge im Alter von 9 Monaten zeigen sich überrascht, wenn die Figur trotz nicht mehr vorhandenen Hindernisses nach wie vor den gleichen Weg ging. Sie sind nicht überrascht, wenn sich die Figur an die veränderten Gegebenheiten – das heißt das Verschwinden des Hindernisses – anpasst und seinen Weg entsprechend verändert. Dieses Verhalten wird vom Säugling als »vernünftig« interpretiert, während er zuvor nicht verstehen konnte, warum die Figur offenkundig »Umwege« machte.

Ein Verständnis von Aktionen im Sinne ihrer physischen Ergebnisse – im Gegensatz zu ihren mentalen Ergebnissen – verknüpft die teleologische Position mit dem Erfahrungsmodus von Urheberschaft, wie wir ihn häufig bei Gewalttaten beobachten können. Erwartungen hinsichtlich der Urheberschaft des anderen sind vorhanden, allerdings ausschließlich im Sinne der physikalischen Welt. Wir sind der Meinung, dass dies nicht die Folge einer fehlenden Repräsentanz des Innerpsychischen (Mentalen) ist. Diese existiert durchaus, wenngleich unter extremen entwicklungspsychologischen Einschränkungen. Um spätere Diskussionen vorwegzunehmen: Unter Bedingungen, in denen der Einsatz der intentionalen Position (Mentalisierung) nur teilweise zugänglich ist, entweder aufgrund biologischer Defizite oder aber aufgrund sozialer Erfahrungen, die das Normalmaß übersteigen, trifft der Kliniker häufig auf ein Verständnis von Urheberschaft, das interpersonelles Verhalten aus der teleologischen Position heraus interpretiert. Am deutlichsten zeigt sich dies hinsichtlich der Aktionen anderer in Bindungskontexten. Es sind genau diese Kontexte, in denen frühe adversive Erfahrungen zu einer Blockierung der Mentalisierung führten, um die traumatische Erfahrung zu vermeiden, dass der andere es böse mit einem meint. Es ist wichtig, festzuhalten, dass das Wiederauftauchen der teleologischen Prinzipien sehr wahrscheinlich eher bei jenen Menschen anzutreffen ist, für die das Fundament der intentionalen Position, das heißt die zweite Stufe der Repräsentanzen emotionalkonstitutioneller Selbstzustände, nicht stabil entwickelt ist. Auch ist es wichtig, festzuhalten, dass Gewalt am häufigsten in Kontexten stattfindet, die sich ganz allgemein als Bindungsbeziehungen beschreiben lassen.

Im Laufe des 2. Lebensjahres entwickeln Kinder ein Verständnis für Urheberschaft, die bereits als mentalistisch zu bezeichnen ist: Sie beginnen sich als **intentionale Akteure** zu begreifen, deren Aktionen durch erschlossene vorgängige mentale Zustände, wie etwa Wünsche, verursacht werden (Wellman u. Phillips 2000), und sie verstehen, dass ihre Handlungen mentale, aber auch körperliche Veränderungen nach sich ziehen: zum Beispiel, wenn sie durch Zeigen auf etwas den Aufmerksamkeitsfokus einer anderen Person verändern (Corkum u. Moore 1995). Entwicklungspsychologisch zeigt sich dieser Zeitpunkt prototypisch an der Fähigkeit, eigene Wünschen von denen anderer zu unterscheiden. Repacholi und Gopnik (1997) demonstrierten, dass Kinder im Alter von 18 Monaten auf die Bitte, der Untersuchungsleiterin etwas zu essen zu geben, genau den Snack aussuchten (Broccoli contra Goldfischcracker), für den die Testleiterin zuvor eine Vorliebe ausgedrückt hatte (»Hm! Lecker!«). Die Kinder modulierten somit ihr eigenes Handeln, indem sie den spezifischen Inhalt des Wunsches berücksichtigten, den sie zuvor dem Gegenüber zugeschrieben hatten, auch wenn sich dieser von ihren eigenen Wünschen unterschied. Kinder im Alter von 14 Monaten hingegen gaben der Untersuchungsleitern genau das Produkt, das sie selbst bevorzugten. Sie stützten ihre Entscheidung somit auf ihre eigene Präferenz und waren nicht in der Lage, die relevante vorgängige Intention der Untersuchungsleiterin zu berücksichtigen. Die Gruppe der jüngeren Kinder hatte eine Identität zwischen dem eigenen Wunscherleben und den wahrscheinlichen Wünschen des anderen angenommen. Im Alter von 3 bis 4 Jahren schließt dieses Verständnis mentaler Urheberschaft im Sinne mentaler Kausalzusammenhänge auch die Repräsentation so genannter »epistemischer mentaler Zustände« mit ein, die sich auf das Wissen um etwas (z. B. Überzeugungen) beziehen (Wimmer u. Perner 1983). In dieser Altersstufe begreift sich das Kind als **repräsentationalen Akteur**: Seine intentionalen mentalen Zustände (Wünsche und Überzeugungen) sind ihrem Wesen nach repräsentational (Perner 1991; Wellman 1990).

Um das 6. Lebensjahr herum entwickeln Kinder die Fähigkeit, Erinnerungen intentionaler Aktivitäten und Erfahrungen in eine kohärente Organisation von Kausalität und Zeit einzubinden (Povinelli u. Eddy 1995), was zum Aufbau eines (zeitlich) »erweiterten« oder »eigentlichen« Selbst (James 1890) führt. In einem leicht abgewandelten Design der berühmten Studien zur Selbsterkennung von Kindern im Spiegel wurden 5-Jährige auf Video aufgenommen. Ohne dass das Kind es merkt, klebt ihm der Testleiter während des Spiels einen Sticker aufs Haar. Als beide anschließend das Video gemeinsam betrachten, hat das Kind keinerlei Schwierigkeiten, sich im Film sofort zu erkennen und den Sticker zu bemerken, ist jedoch von der Frage, ob ihm der Sticker noch anhaftet oder nicht, überfordert: »*Das Kind da* hat einen Sticker auf dem Kopf«, lautet seine Antwort, und nicht: »Im Video habe ich einen Sticker auf dem Kopf«. Bereits wenige Monate später, im Alter von 6 Jahren, erkennt das Kind sich selbst und die Person im Video als ein und dieselbe, mit der Folge, dass es den Sticker sofort entfernt und gemeinsam mit dem Testleiter über den Streich, den man ihm gespielt hat, lachen kann – ein Entwicklungsschritt, der das nunmehr existierende **autobiografische Selbst** anzeigt.

Wie aus diesem kurzen Überblick ersichtlich, führt die Entwicklung des Verständnisses des Selbst und seiner Urheberschaft zu einer zunehmenden Differenzierung, was das Gewahrwerden des Wesens mentaler Zustände angeht. Ein umfassendes Empfinden von Urheberschaft in sozialen Interaktionen ist nur dann möglich, wenn Aktionen des Selbst und des anderen als etwas verstanden werden können, das von Annahmen bezüglich Emotionen, Wünschen und Überzeugungen beider Interaktionspartner initiiert und geleitet wird. Dieser komplexe Entwicklungsprozess muss seinen Anfang nehmen mit dem Entstehen von Konzepten für jeden mentalen Zustand. Um über mentale Zustände, zum Beispiel Angst, nachdenken zu können, müssen wir Konzepte entwickeln, die den tatsächlichen inneren Erfahrungen, die diesen Zustand konstituieren, entsprechen und diese integrieren. Das Konzept »Angst« ist eine Repräsentation zweiter Ordnung von angstkorrelierten physiologischen, kognitiven und verhaltensmäßigen Erfahrungen, so wie das Konzept »Tisch« unsere tatsächlichen Erfahrungen von Tischen benennt und somit integriert. Die meisten Theoretiker, Freud womöglich eingeschlossen, haben angenommen, dass Sekundärrepräsentationen hinsichtlich innerer Zustände spontan entstünden: Das Kind würde sich plötzlich seiner selbst als denkendem Wesen gewahr. Aus kartesianischer Perspektive führt die wiederholte Erfahrung von Angst unweigerlich zur Entstehung eben dieses Konzepts in der Psyche des Kindes, so wie die Erfahrung von Tischen das entsprechende linguistische Label generiert. Nun sind jedoch mentale Zustände subjektiv und per definitionem undurchsichtig, während physikalische Objekte eine gemeinsame soziale Qualität aufweisen. Natürlich sind auch Konzepte zur physikalischen Welt zutiefst sozial konditioniert. Wie lässt sich also der Einfluss sozialer Erfahrung auf das Entstehen von Konzepten mentaler Zustände verstehen? Aus kartesianischer Sicht, von dem ein Großteil unseres Denkens implizit bestimmt wird, wird das spontane Entstehen von Konzepten innerer Zustände nur selten infrage gestellt. Neuere Befunde in der Entwicklungspsychologie sprechen jedoch eindeutig für den Einfluss sozialer Erfahrung auf das Entstehen von Konzepten mentaler Zustände.

Die Anfänge des Selbstbewusstseins: das Modul der Kontingenzentdeckung

Auf der Grundlage von Watsons umfangreichen Forschungsarbeiten im Bereich der Säuglingsbeobachtung (Watson 1979; 1985; 1994) haben Gergely und Watson (1999) die Hypothese formuliert, dass sich die frühesten Formen von Selbstbewusstsein (self-awareness) über den angeborenen Mechanismus des **Kontingenzentdeckungsmoduls** entwickeln. Dieser Mechanismus versetzt den Säugling in die Lage, die Wahrscheinlichkeit von Kausalbeziehungen zwischen seinen Aktionen und einem zuvor erfolgten Stimulus abzuschätzen. Zu den primären Funktionen des Kontingenzentdeckungsmoduls gehört nach Watson (1994; 1995) die **Selbstentdeckung**. Während unsere eigenen Aktionen zwangsläufig perfekt reaktionskontingent sind (z. B. das gleichzeitige Bewegen und Beobachten der eigenen Hand), geht die Wahrnehmung von Reizen aus der äußeren Welt in der Regel mit einem geringeren Grad an Reaktionskontingenz einher. Zu erkennen, inwieweit die von uns beobachteten Stimuli von unseren Aktionen abhängig sind, kann somit als ursprüngliches Kriterium zur Unterscheidung des Selbst von der Außenwelt dienen.

Zahlreiche Studien belegen, dass bereits Säuglinge die Kontingenzbeziehungen zwischen ihren körperlichen Reaktionen und nachfolgenden Stimulusvorgängen hochsensibel wahrnehmen (z. B. Bahrick u. Watson 1985; Field 1979; Lewis et al. 1990; Lewis u. Brooks-Gunn 1979; Papousek u. Papousek 1974; Rochat u. Morgan 1995; Watson 1972; 1994). Watson (1972) zum Beispiel hat gezeigt, dass 2 Monate alte Babys die Frequenz des Strampelns mit einem Bein erhöhen, wenn die Beinbewegung einen kontingenten Vorgang nach sich zieht (die Bewegung eines Mobiles), nicht aber, wenn sie einen ähnlichen, jedoch nichtkontingenten Vorgang erleben. Unsere ausgeprägte Fähigkeit zur Wahrnehmung von Kontingenzbeziehungen erklärt die Art und Weise, wie wir lernen, dass wir physische Akteure sind, deren Aktionen Veränderungen in der Umwelt bewirken.

In einer zukunftsweisenden Untersuchung haben Bahrick und Watson (1985; s. auch Rochat u. Morgan 1995; Schmuckler 1996) nachgewiesen, dass Säuglinge ihre Wahrnehmung der perfekten Kontingenz zwischen ihren körperlichen Aktionen und dem daraus resultierenden Feedback bereits im Alter von 3 Monaten für die Selbstentdeckung und Selbstorientierung nutzen können. In einer Reihe von Testsituationen wurden 3 und 5 Monate alte Säuglinge vor zwei Bildschirme so in einen Hochstuhl gesetzt, dass sie ihre Beinchen frei bewegen konnten. Auf einem Monitor war eine Live-Aufzeichnung der sich bewegenden Beine des Säuglings zu sehen – mit anderen Worten, ein Stimulus, der mit den Reaktionen des Kindes perfekt kontingent war. Auf dem anderen Bildschirm war eine Aufzeichnung der strampelnden Beine des Säuglings zu sehen – also ein Bild, das mit den aktuellen Bewegungen des Säuglings nicht kontingent war. 5 Monate alte Säuglinge differenzierten klar zwischen den beiden Präsentationen und betrachteten das nichtkontingente Bild signifikant länger. Eine Reihe anderer Studien zur Blickpräferenz (Lewis u. Brooks-Gunn 1979; Papousek u. Papousek 1974; Rochat u. Morgan 1995; Schmuckler 1996), in denen der Live-Aufzeichnung das sich bewegende, aber nichtkontingente Bild eines anderen Babys gegenübergestellt wurde, zeigen ebenfalls, dass 4 bis 5 Monate alte Säuglinge zwischen dem Selbst und dem anderen auf der Grundlage von Reaktions-Reiz-Kontingenzen unterscheiden und den Blick bevorzugt vom Selbst weglenken.

Interessanterweise stellten Bahrick und Watson (1985) fest, dass die Präferenzverteilung bei 3 Monate alten Babys zweigipflig war: Eine Untergruppe bevorzugte das perfekt kontingente Bild, die andere hingegen das nichtkontingente Bild. Auch Field (1979) berichtet von einem Sample 3 Monate alter Babys, die das perfekt kontingente Selbstbild deutlich lieber anschauen als ein nichtkontingentes Bild. Piagets (1936) Beobachtung zyklisch wiederholter Aktionen am Selbst während der ersten Lebensmonate spricht ebenfalls für eine anfängliche Präferenz perfekter Kontingenzen. Auf der Grundlage dieser Daten vertraten Gergely und Watson (1999; s. auch Watson 1994; 1995) die Auffassung, dass das Kontingenzentdeckungsmodul während der ersten 2 bis 3 Lebensmonate genetisch darauf programmiert ist, nach perfekt reaktionskontingenter Stimulation zu suchen und sie zu erforschen. Watson geht davon aus, dass dieses anfängliche Aufmerksamkeitsbias die Funktion erfüllt, eine primäre Repräsentanz des Körper-Selbst als distinktes Objekt in der Umwelt zu entwickeln, indem es den Säugling in die Lage versetzt, genau das zu identifizieren, worüber er perfekte Kontrolle ausübt. Ferner postuliert Watson (1995) eine anfängliche Phase selbstbezogenen Verhaltens, die unter Umständen ein notwendiges Stadium der Vorbereitung auf die spätere Fähigkeit darstellt, sich in der Umwelt zurechtzufinden. Im Alter von ungefähr 3 Monaten wird der Zielwert des Kontingenzentdeckungsmechanismus bei normalen Säuglingen auf **hohe, aber imperfekte Kontingenzen** »umgestellt« – wie sie typischerweise aufseiten der jeweiligen Bezugspersonen des Säuglings gezeigt werden. Diese Veränderung dient dazu, die Orientierung des Säuglings nach dem 3. Monat von der Selbsterforschung (perfekte Kontingenzen) wegzulenken und auf die **Erforschung und Repräsentanz der sozialen Welt** zu verlagern, beginnend mit den Eltern, deren Stimuli hochgradig, aber imperfekt kontingent sind. So wie die frühe Kontingenzentdeckung durch die Identifizierung simultan ablaufender Bewegungen in der Außenwelt den Säugling auf Aspekte seines eigenen Körpers hinweist, so lenkt die Entdeckung hoher, aber imperfekter Kontingenzen die Aufmerksamkeit auf die Reaktionen anderer und setzt so die Ausbildung der Fähigkeit in Gang, die Grenzen des eigenen subjektiven Erlebens zu definieren. Wie geht dies vonstatten?

Frühes Verständnis des Selbst als sozialer Akteur

Zahlreiche Studien lassen darauf schließen, dass Säuglinge von Beginn des Lebens an Menschen erkennen (Stern 1992). Sie zeigen eine sehr frühe Sensibilität für Gesichtsmuster (Fantz 1963; Morton u. Johnson 1991), habituieren bereits im Uterus an der Stimme ihrer Mutter, erkennen sie nach der Geburt wieder (DeCasper u. Fifer 1980) und können Gesichtsausdrücke von Geburt an imitieren (Meltzoff u. Moore 1977; 1989). Säuglinge unterhalten Interaktionen mit ihren Bezugspersonen, die durch eine »Protokonversationsstruktur« gekennzeichnet sind (Beebe et al. 1985; Brazelton et al. 1974; Brazelton u. Tronick 1980; Jaffe et al. 2001; Stern 1992; Trevarthen 1979; Tronick 1989). Das dominante zeitgenössische biosoziale Verständnis der emotionalen Entwicklung geht dahin, dass Mutter und Säugling von Anfang an ein affektives Kommunikationssystem bilden (Bowlby 1986; Brazelton et al. 1974; Hobson 1993; Sander 1970; Stern 1977; 1992; Trevarthen 1979; Tronick 1989), in dem die Erwachsene für die Modulation und Regulation der Affektzustände eine überaus wichtige Rolle spielt.

Mütter haben im Allgemeinen ein sehr gutes Gespür für die Empfindungen ihrer Babys, und sensible Mütter neigen dazu, ihre Reaktionen affektiv abzustimmen und den emotionalen Ausdruck des Säuglings wiederholt mimisch und vokal nachzuahmen«, um die emotionalen Zustände bzw. Gefühle des Kindes zu modulieren (Malatesta et al. 1989; Tronick 1989; Gergely u. Watson 1996; 1999; Malatesta u. Izard 1984; Papousek u. Papousek 1987; Stern 1992). Die Spiegelung des subjektiven Erlebens des Säuglings gilt einer Vielzahl psychoanalytisch orientierter Theoretiker (z. B. Kernberg P: 1984; Kohut 1973; Pines 1982; Tyson u. Tyson 1997; Winnicott 1974a) und Entwicklungspsychologen (Legerstee u. Varghese 2001; Meltzoff 1990; Mitchell 1993; Schneider-Rosen u. Cicchetti 1991) als Schlüsselphase in der Entwicklung des kindlichen Selbst. Doch warum sollte die bloße Wiederholung der äußeren Manifestation des angeblichen inneren Erlebens des Säuglings zu einer Veränderung des Affektausdrucks und zur Schaffung eines Selbstgefühls führen?

Die soziale Biofeedback-Theorie elterlicher Affektspiegelung nach Gergely und Watson

Im Gegensatz zur klassisch-kartesianischen Sichtweise geht die Biofeedback-Theorie elterlicher Affektspiegelung nach Gergely und Watson (1996; 1999) davon aus, dass es sich bei der introspektiven Wahrnehmung unserer emotionalen Zustände um keine angeborene Fähigkeit handelt. Vielmehr behaupten sie, dass die Repräsentanzen dieser Emotionen in erster Linie auf Stimuli aus der Außenwelt basieren. Babys lernen, die inneren Muster physiologischer und viszeraler Stimulierung, die mit unterschiedlichen emotionalen Zuständen einhergehen, zu differenzieren, indem sie die mimischen oder vokalen spiegelnden Reaktionen ihrer Bezugspersonen auf diese Stimuli beobachten. Soziales Biofeedback in Form elterlicher Affektspiegelung versetzt das Kind in die Lage, ein symbolisches Repräsentanzensystem zweiter Ordnung für diese inneren Zustände zu entwickeln. Die Internalisierung mütterlicher Affektspiegelung auf den Disstress des Säuglings (Fürsorgeverhalten) wird so allmählich zur Repräsentanz eines inneren Zustands. Der Säugling internalisiert den empathischen mütterlichen Ausdruck durch Entwicklung einer sekundären Repräsentation seines emotionalen Zustands, wobei das empathische mütterliche Gesicht als Zeichengeber (Signifikant) und seine eigene emotionale Erregung als Bezeichnetes (Signifikat) fungieren. Der mütterliche Affektausdruck schwächt die emotionale Erregung des Kindes so weit ab, dass sie von seinem ursprünglichen Erleben als getrennt und unterschiedlich wahrgenommen werden kann, obwohl sie, und das ist von entscheidender Bedeutung, nicht als mütterliches Erleben, sondern als Organisator eines Selbstzustands erkannt wird. Diese Form der »Intersubjektivität« stellt das Fundament dar für die enge Beziehung zwischen Bindung und Selbstregulierung.

Wenn die mütterliche Affektspiegelung die Emotionen des Säuglings effektiv modulieren und den Aufbau eines Symbolisierungssystems fördern soll, mit dessen Hilfe die Fähigkeit zur Selbstregulierung gefestigt werden kann, so ist es nicht nur von Bedeutung, dass die Mutter genau das spiegelt, was ihr Baby empfindet, sondern auch, dass sie deutlich macht, dass das, was ihr Baby sieht, eine Spiegelung seiner eigenen Empfindungen darstellt – wenn nicht, wird der Säugling seine Empfindungen fälschlicherweise seiner Mutter zuschreiben. Emotionale Fehlattribuierungen sind vor allem dann problematisch, wenn es um die Spiegelung negativer emotionaler Zustände geht (z. B. Wut oder Angst). Wenn anstelle einer Nach-unten-Regulierung seines negativen emotionalen Zustands der Säugling meint, die Bezugsperson befände sich tatsächlich in diesem von ihr gespiegelten Zustand, so wird es sehr wahrscheinlich zu einer Eskalation kommen, da der Anblick eines ängstlichen oder wütenden Elternteils für ihn eindeutig Grund zur Beunruhigung darstellt.

Dieses Attribuierungsproblem wird durch ein spezifisches perzeptuelles Merkmal der elterlichen Affektspiegelung gelöst, das wir in Anlehnung an Gergely und Watson als **Markierung** bezeichnen. Die Markierung wird in der Regel dadurch erreicht, dass die Bezugsperson eine übertriebene Version ihres realistischen Gefühlsausdrucks produziert, ähnlich der markierten »Als-ob«-Version von Gefühlsausdrücken, die charakteristischerweise beim Als-ob-Spiel gezeigt werden. Um die Markierung eines Affektausdrucks zu begreifen, ist es notwendig, dass das Kind die Interpretation der Realität, »wie sie ist«, ein Stück weit verlässt und ihr eine Alternativkonstruktion aufzwingt. Dies bedeutet auch ein Verlassen der Unmittelbarkeit der physikalischen Realität. Nichtsdestotrotz bewegt sich der markierte Affektausdruck nahe genug am herkömmlichen Ausdruck der Eltern für diese Emotion, sodass der Säugling seinen dispositionellen Inhalt erkennen kann. Allerdings hemmt die Markierung des Affektausdrucks die Attribuierung der wahrgenommenen Emotion als zu den Eltern gehörig: Da die Emotion mit dem Verhalten des Säuglings kontingent ist, schreibt er sie sich selbst zu.

Mütter, die sich aufgrund eigener emotionaler Schwierigkeiten und Konflikte von den negativen Affektausdrücken ihrer Babys überwältigt fühlen, tun sich schwer mit dieser Form der markierten Affektspiegelung. Vielmehr neigen sie dazu, die negativen Emotionen ihrer Säuglinge zwar genau, aber **unmarkiert und realistisch** widerzuspiegeln. In diesem Fall wird das Kind den spiegelnden Affektausdruck als tatsächliche elterliche Emotion attribuieren und nicht in sich verankern können. In der Folge kann sich auch keine Sekundärrepräsentanz des primären emotionalen Zustands des Säuglings etablieren, was ein entsprechendes Defizit in der affektiven Selbstwahrnehmung und Selbstkontrolle nach sich zieht.

Da der Säugling den gespiegelten Affekt dem Elternteil zuschreibt, wird er seinen eigenen negativen Affekt als etwas »dort draußen« erleben, nicht sich selbst, sondern einem anderen zugehörig. Anstelle einer Regulierung des negativen Affekts des Säuglings wird die Wahrnehmung eines entsprechenden negativen Affekts im Elternteil den negativen Affektzustand des Kindes eskalieren lassen, was anstelle eines Containments zur Traumatisierung führt (Main u. Hesse 1990). Diese Konstellation entspricht der klinischen Beschreibung der projektiven Identifizierung als pathologischem Abwehrmechanismus, wie er für ein Borderline-Niveau der Persönlichkeitsstruktur charakteristisch ist (Kernberg 1981; Klein 1946; Sandler 1987; Segal 1964). Die Charakteristika verarmter Affektregulierung, die übermäßige Betonung physischer gegenüber psychischer Realität sowie eine Überempfindlichkeit gegenüber den offensichtlichen emotionalen Reaktionen des anderen sind eindeutige Merkmale, die das psychische Funktionieren mancher gewaltbereiter Menschen kennzeichnen, was auf die beschriebenen Muster der frühen Affektspiegelung zurückgeführt werden kann. Wir behaupten, dass die anhaltende Erfahrung genauer, aber unmarkierter elterlicher Spiegelung eine wichtige Rolle spielt für das Entstehen projektiver Identifizierung als vorherrschende Form emotionalen Erlebens in der Persönlichkeitsentwicklung mancher gewalttätiger Menschen.

Die Kontingenz der affektiven Reaktionen einer Bindungsfigur ist somit weitaus mehr als bloße Beruhigung über die schützende Präsenz dieser Person. Es ist der zentrale Mechanismus, über den wir ein Verständnis unserer inneren Zustande gewinnen, das einen Zwischenschritt darstellt zum Verstehen anderer als psychologische Einheiten. Im 1. Lebensjahr hat der Säugling ein nur primäres Bewusstsein dafür, sich in einem bestimmten inneren emotionalen Zustand zu befinden. Bei dieser Form des Bewusstseins handelt es sich insofern nicht um eine Kausalitätsbeziehung oder ein Epiphänomen, als es vom System keinen bestimmten funktionellen Nutzen zugewiesen bekommt. Erst im Prozess des sozialen Biofeedbacks erhalten diese inneren Erfahrungen mehr Aufmerksamkeit und spielen eine funktionale Rolle (Signalwert) bzw. eine Rolle in der Modulierung oder Hemmung von Aktionen. Es ist somit die primäre Bindungsbeziehung, die den Weg ebnet von einem primären Bewusstsein für innere Zustände hin zu einem funktionalen Bewusstsein. Im Rahmen dieses funktionalen Bewusstseins kommt ein Konzept zum Einsatz, das dem Gefühl von Wut entspricht (eher der Vorstellung von Wut als dem Erleben von Wut), um den entsprechenden mentalen Zustand des anderen zu simulieren bzw. auf ihn zu schließen. Es kann ebenfalls als Signalwert für direkte Aktionen genutzt werden. Die Festigung dieser Fähigkeiten stellt sicher, dass das Individuum nicht nur seinen Ärger über Selbstregulierung modulieren kann, sondern ihn auch nutzt, um Aktionen zu initiieren, die einen effektiven Umgang mit seinen Ursachen ermöglicht. Fehlt es hingegen an diesem funktionalen Bewusstsein, kann die affektive Erregung durch Ärger als überwältigend erlebt werden, was einen effektiven Umgang mit seinen Ursachen bzw. der zugrunde liegenden Unzufriedenheit beträchtlich einschränkt. Es ist wichtig, an dieser Stelle darauf hinzuweisen, dass dieser Vorgang nicht dem reflexiven Bewusstsein für eine Emotion entspricht, bei der ein kausaler psychischer Zustand zum Objekt der Aufmerksamkeit wird, bevor er eine bestimmte Handlung auslöst. Während funktionales Bewusstsein intrinsisch an eine Aktion geknüpft ist, ist das reflexive Bewusstsein davon abgekoppelt. Es besitzt die Fähigkeit, sich aus der physischen Realität zu entfernen, was zu einem Gefühl von Unwirklichkeit führen kann.

Zahlreiche Untersuchungen belegen das soziale Biofeedback-Modell. So konnte in einer bislang unveröffentlichten Studie nachgewiesen werden, dass das rasche Beruhigen 6 Monate alter Babys, die sich in einem Zustand des Disstress befanden, auf der Basis von Ratings des emotionalen Gehalts des mütterlichen Gesichtsausdrucks, während sie ihr Kind beruhigte, vorhergesagt werden kann. Mütter, deren Säuglinge unmittelbar auf ihre Beruhigungsversuche ansprachen, zeigten etwas mehr Furcht, etwas weniger Freude, jedoch am häufigsten neben Furcht und Traurigkeit eine Reihe anderer Affekte bzw. multiple Affektzustände (komplexe Affekte). Wir interpretierten diese Befunde als Beleg für die These von Gergely und Watson, die besagt, dass das Gesicht der Mutter eine Sekundärrepräsentanz des Erlebens ihres Säuglings darstellt – dasselbe und doch nicht dasselbe. Dies ist funktionales Bewusstsein mit der Fähigkeit, Affektzustände zu modulieren.

Wir können davon ausgehen, dass die Entdeckung von Säuglingen, dass sie über die Reaktionen ihrer Bezugspersonen einen hohen Grad an kontingenter Kontrolle ausüben, eine erregende Wirkung auf sie hat und ihnen das Gefühl verleiht, etwas zu bewirken. Das Gleiche gilt für die angenehmen Veränderungen, die mit den affektmodulierenden beruhigenden Interaktionen mit den Eltern einhergehen (und an diese geknüpft sind; s. auch Gergely u. Watson 1996; 1999). Da derartige affektabgestimmte Interaktionen häufig von Affektspiegelung begleitet sind, ist es denkbar, dass Säuglinge die Kontrolle, die sie über die elterliche Affektspiegelung haben, mit den daraus folgenden positiven Veränderungen ihres Affektzustands verknüpfen, was wiederum zu einem Erleben des Selbst als selbstregulierendem Akteur führt (Gergely et al. 2002; Gergely u. Watson 1996; 1999). Der Aufbau einer Sekundärrepräsentanz von Emotionen schafft die Grundlage für Affektregulierung und Impulskontrolle und stellt einen wesentlichen Bestandteil für die spätere Entwicklung der Mentalisierungsfähigkeit des Kindes dar. Wenn die Bezugsperson die Emotionen des Säuglings ungenau spiegelt oder diese Funktion überhaupt nicht erfüllt, bleiben die Gefühle des Babys unbenannt, verwirrend, unsymbolisiert und daher schwer zu regulieren.

Die zwei basalen Formen der Repräsentation inneren Erlebens: der Modus psychischer Äquivalenz und der Als-ob-Modus

Die mimische und vokale Spiegelung und spielerische Interaktion, mit deren Hilfe die Bezugsperson den affektiven und intentionalen Zuständen des Kleinkindes Form und Bedeutung verleiht, stellt diejenigen Repräsentationen bereit, die den Kern des sich entwickelnden Selbstgefühls des Kindes bilden. Für eine normale Entwicklung braucht das Kind die Erfahrung, dass es über einen selbstreflektierenden Geist verfügt und in der Lage ist, über seine Gefühle und Absichten in einer Art und Weise nachzudenken, die genau, aber nicht überwältigend ist (wenn es etwa um das Erkennen von negativen Affektzuständen geht) – eine Erfahrung, die psychisch vernachlässigte Kinder in der Form nicht haben, selbst wenn ausreichend körperliche Fürsorge und Pflege zur Verfügung gestellt wurde.

Eltern, die nicht über das mentale Erleben ihres Kindes nachdenken können, berauben es der Grundlage für ein lebensfähiges Selbstgefühl (Fonagy et al. 1995b). Diese Vorstellung ist uns aus der Psychoanalyse vertraut (etwa aus den Arbeiten von Bion 1990; McDougall 1989; Winnicott 1974a). Das Kind, das keine integrative Spiegelung seiner Affektzustände erfahren hat, kann keine Repräsentanzen dazu bilden und wird sich später womöglich schwer tun, Phantasie und Wirklichkeit sowie physische und psychische Realität auseinander zu halten. Die daraus entstehenden Repräsentationsmodi von Subjektivität und Urheberschaft des Selbst sind nicht ausreichend repräsentational oder reflexiv (s. unten). Wie wir an anderer Stelle ausführen (Fonagy u. Target 1996), erlebt das 2 oder 3 Jahre alte Kind seine Psyche sehr wahrscheinlich als genaue Entsprechung von inneren Zuständen und äußerer Realität. Mary Target und ich bezeichnen diesen Modus als »psychische Äquivalenz«, um zu unterstreichen, dass für das kleine Kind mentale Ereignisse in ihrer Kraft, Kausalität und Implikation Ereignissen in der materiellen Welt entsprechen. Das Kind setzt nicht nur äußere Erscheinung und Realität gleich (so, wie es scheint, ist es), sondern projiziert von der Phantasie verzerrte Gedanken und Gefühle auf die äußere Realität, die – unmoduliert infolge fehlenden Bewusstseins für diese Verzerrung – die volle Kraft tatsächlichen Erlebens besitzt. Das Kind spürt, dass alles, was in der materiellen Welt existiert, eine Entsprechung in seiner Psyche hat und dass es demzufolge alles, was sich in seiner Psyche befindet, auch in der äußeren Welt geben muss.

Da es erschreckend sein kann, Gedanken und Gefühle als tatsächlich »real« zu erleben, entwickelt das kleine Kind einen alternativen Modus, mentale Zustände zu konstruieren. Im »Als-ob-Modus« erlebt das Kind Gefühle und Vorstellungen als völlig repräsentational oder symbolisch, ohne Implikationen für die äußere Welt. Sein Spiel bildet keine Brücke zwischen innerer und äußerer Realität. Erst allmählich, durch die sichere und aufmerksame Nähe einer anderen Psyche, die die Als-ob-Perspektiven und die realen Perspektiven des Kindes zusammenhalten kann, ebnet die Integration dieser beiden Modi den Weg für eine psychische Realität, in der Gefühle und Vorstellungen als innere Zustände erkannt werden, die jedoch an das, was sich in der äußeren Welt befindet, gebunden sind (Dunn 1996). Eine vor kurzem mit Kollegen aus Kansas durchgeführte Studie bestätigt diesen Punkt. In der Untersuchung wurde der Gesichtsausdruck von 6- bis 10-Jährigen mit bzw. ohne Verhaltensstörung gemessen, während sie Gewaltszenen aus verschiedenen Filmen betrachteten. Kinder mit Verhaltensstörungen zeigten einen intensiveren Ausdruck von Angst und Wut beim Betrachten der entsprechenden Filmausschnitte, jedoch keine größeren Reaktionen auf dazwischen geschaltete Kontrollclips. Dieser Befund stützt die Annahme, dass Kinder mit Verhaltensstörungen »als-ob« und »real« weniger gut auseinanderhalten können und daher Gewaltszenen aus Kinofilmen als »realer« erleben und mit heftigeren Affekten darauf reagieren als Kinder aus der Kontrollgruppe.

Wir glauben, dass die Vulnerabilität, auf einen Zustand psychischer Äquivalenz zu regredieren, in dem Inneres mit Äußerem gleichgesetzt wird, eine wesentliche Vorbedingung für Gewalt darstellt. Mentalisierung, also zu wissen, dass ein Gedanke nur ein Gedanke ist, schützt uns normalerweise vor der Unwirtlichkeit der sozialen Welt. Dieses Wissen kann sich jedoch nur aus einer Bindungsbeziehung heraus entwickeln, in der ein Erwachsener reflektiert genug ist, dem Kind dabei zu helfen, mit Vorstellungen zu spielen, die es als real und zuweilen als erschreckende materielle Realität erlebt hat. Im Gegensatz dazu übertreibt der Modus der psychischen Äquivalenz die Gefahr anderer Psychen. Wenn selbst Kinder in relativ sicheren Bindungsbeziehungen eine Entwicklungsphase durchlaufen, in der sie dem Schrecken dieses psychischen Funktionsmodus ausgesetzt sind – wie fürchterlich müssen dann erst die Auswirkungen tatsächlicher Brutalität sein, insbesondere, wenn sie lange anhält und sehr schwerwiegend ist. Psychische Äquivalenz erleichtert das Übertreten der Schwelle zur Gewalt. Normalerweise wird Gewalt ausgelöst, wenn ein Gedanke, ein Gefühl, ein Vorurteil, ein Verdacht fälschlicherweise als faktische Realität genommen werden. Im Akt der Gewalt spiegelt sich die komplementäre Verwirrung – die irrige Annahme, dass ein physischer Akt einen psychischen Zustand auszulöschen vermag.

Mentalisierung und reflexive Funktion

Mentalisierung – die Fähigkeit, innere Zustände als getrennt, aber potenziell handlungsauslösend zu verstehen – wird von uns als Teil einer Integration des »Als-ob-Modus« und des »Äquivalenzmodus« aufgefasst, deren optimale Entwicklung im Rahmen einer spielerischen Eltern-Kind-Beziehung stattfindet. Gefühle und Gedanken, Wünsche und Überzeugungen können vom Kind als bedeutsam und respektiert erlebt werden, während es gleichzeitig erfahren kann, dass es sich dabei nicht um die gleiche Ordnung wie die der physischen Realität handelt. Sowohl der Als-ob-Modus als auch der Äquivalenzmodus werden durch die Interaktion mit den Eltern in den von Winnicott (1974c) so unvergleichlich beschriebenen Übergangsraum transformiert. Während Mentalisierung als Konzept von Anfang an Teil des psychoanalytischen Denkens war und die französischen Theoretiker seit mindestens vier Jahrzehnten maßgeblich beeinflusst (Lecours u. Bouchard 1997), hat diese Denkrichtung einen wahren Popularitätsschub im Rahmen der Philosophie des Geistes sowie der Entwicklung der Konzepte der »intentionalen Position« und »Theorie des Mentalen« (Theory of mind) erfahren (Fonagy 1991; 2000; Fonagy u. Target 1997; Fonagy et al. 2000). Während der letzten Jahrzehnte haben sich Philosophen (Bogdan 1997; Dennet 1987;

Fodor 1987; 1992) und kognitive Entwicklungspsychologen (Astington et al. 1988; Baron-Cohen et al. 1993; 2000; Hirschfeld u. Gelman 1994; Perner 1991; Wellman 1990; Whiten 1991) in ihren Überlegungen auf das Wesen und die Ursprünge unserer Fähigkeit zur Kausalattribuierung mentaler Zustände konzentriert. Ursprünglich war es Dennett (1987), der der darauf hinwies, dass der Einsatz einer solchen interpretativen Strategie, die er als »intentionale Position« bezeichnete, einen bedeutsamen evolutionären Anpassungsschritt darstellt, der uns befähigt, das Verhalten anderer Menschen hervorzusagen.

Im Gegensatz zur herkömmlich vorherrschenden kognitiv-entwicklungspsychologischen Sichtweise, wonach sogar sehr kleine Kinder in der Lage sind, psychische Zustände (wie Ziele, Emotionen, Wünsche und Überzeugungen) bei anderen als handlungsauslösend zu interpretieren, vertreten wir aus psychodynamischer Sicht die Auffassung, dass es sich bei der Fähigkeit zur Mentalisierung um eine entwicklungspsychologische Leistung handelt, die zum großen Teil auf eine sichere Bindung zurückzuführen ist (Fonagy 1991; 1997a). Belege hierfür finden sich in entsprechenden Untersuchungen zu »falschen Annahmen« (false belief tasks). Wimmer und Perner (1983) zeigten erstmals, dass 3-Jährige (die beobachtet hatten, wie eine andere Person ein Objekt in einen Behälter A legt und den Raum verlässt und wie das Objekt anschließend in einen Behälter B gelegt wird) fälschlicherweise vorhersagen, dass die entsprechende Person, wenn sie zurückkommt, in Behälter B (wo sich das Objekt tatsächlich befindet) und nicht in Behälter A (wo es das Objekt hinterlassen hat) nach dem Objekt suchen wird. Im Alter von 4 oder 5 Jahren wird dieser Fehler nicht mehr gemacht. Die Kinder treffen nun die richtigen Vorhersagen, weil sie in der Lage sind, der betreffenden Person eine richtige oder falsche Annahme zu attribuieren.

Der Erwerb dieser Fähigkeit wurde als Entwicklung einer Theorie des Mentalen (Theory of mind) konzeptualisiert. Hierbei handelt es sich um ein zusammenhängendes Set an Überzeugungen und Wünschen, die attribuiert werden, um das Verhalten einer Person vorherzusagen. Baron-Cohen und Swettenham stellen die berechtigte Frage:

»Wie um alles in der Welt gelingt es kleinen Kindern, derart abstrakte Konzepte wie Überzeugung (und falsche Überzeugung) mit solcher Leichtigkeit zu erlernen, und woran liegt es, dass alle Kinder diesen Schritt etwa im gleichen Alter bewältigen?« (Baron-Cohen u. Swettenham 1996, S. 158)

In aktuellen Entwicklungsmodellen einer »Theory of mind« wird das Kind als isoliertes informationsverarbeitendes Wesen aufgefasst, das mithilfe biologischer Mechanismen – die, wenn das Kind nicht optimal begabt ist, eine entsprechende Fehlerquote aufweisen – eine »Theory of mind« konstruiert. Aus der Perspektive der Entwicklungspsychopathologie und ihrer psychosozialen Behandlungsansätze ist dies ein sehr dürftiges Bild, das die zentrale Rolle, die die emotionale Beziehung des Kindes zu seinen Eltern für die Entwicklung der Fähigkeit ignoriert, den psychologischen Gehalt von Interaktionen zu verstehen. Die Entwicklung der kindlichen Fähigkeit, psychische Zustände zu verstehen, ist in die soziale Umwelt der Familie eingebettet, mit ihrem Netzwerk an komplexen und zuweilen stark emotional aufgeladenen Beziehungen, die es erst einmal zu begreifen gilt. Daher sollte es uns nicht überraschen, dass das Wesen familiärer Interaktion, die Qualität elterlicher Kontrolle (Dunn et al. 1991b), die Art und Weise, wie Eltern über Emotionen sprechen (Denham et al. 1994), sowie die Tiefe affektiver elterlicher Auseinandersetzung (Dunn et al. 1991a) sehr eng mit dem Erwerb der intentionalen Position in Beobachtungsstudien zusammenhängen. Ältere Geschwister scheinen die Fähigkeit des Kindes zu verbessern, Aufgaben zu Falschrichtig-Annahmen zu lösen, was den Anteil der Familien an der Entwicklung einer »Theory of mind« zusätzlich unterstreicht (Jenkins u. Astington 1996; Perner et al. 1994; Ruffman et al. 1998). Die Fähigkeit, unseren eigenen psychischen Erfahrungen Bedeutung zu verleihen, resultiert aus der Entdeckung des Seelischen, das jenseits der Handlungen anderer liegt.

Zu Forschungszwecken haben wir die Fähigkeit, eine mentalistische interpretative Strategie anzuwenden, als reflexive Funktion operationalisiert (Fonagy et al. 1998) operationalisiert, das heißt als Fähigkeit, das eigene Verhalten und das der anderen im Sinne zugrunde liegender psychischer Zustände zu interpretieren. Diese Reflexionsfähigkeit impliziert ein Bewusstsein dafür,

- dass Erfahrungen bestimmte Überzeugungen und Emotionen entstehen lassen,
- dass Überzeugungen und Wünsche bestimmte Verhaltensweisen nach sich ziehen,
- dass es transaktionale Beziehungen zwischen Überzeugungen und Emotionen gibt,
- dass bestimmte Entwicklungsphasen oder Beziehungen mit bestimmten Gefühlen und Überzeugungen verknüpft sind.

Wir erwarten nicht, dass diese Aspekte theoretisch abstrakt formuliert werden, sondern in der Darstellung der erzählten Bindungsbeziehungen zum Ausdruck kommen. Menschen unterscheiden sich in ihrer Fähigkeit, über beobachtbare Phänomene hinauszugehen, um ihr eigenes Handeln und das anderer Menschen im Sinne von Überzeugungen, Wünschen, Zielsetzungen usw. zu erklären. Diese kognitive Fähigkeit ist eine wichtige Determinante individueller Unterschiede in der Selbstorganisation, da sie mit zahlreichen Merkmalen des Selbst, wie etwa Selbstbewusstsein, Autonomie, Freiheit und Verantwortung, aufs Engste verwoben ist (Bolton u. Hill 1996; Cassam 1994). Die »intentionale Position« schafft Kontinuität im Selbsterleben, was wiederum Voraussetzung für eine kohärente Selbststruktur ist.

Bindung und reflexive Funktion

Die reflexive Funktion (RF) wird anhand von Transkripten des Erwachsenenbindungsinterviews (Adult Attachment Interview, AAI) und entsprechend der Richtlinien des Reflective Functioning Manual (Fonagy et al. 1998) gemessen und ausgewertet. Bindungsnarrative im Sinne einer hohen reflexiven Funktion umfassen folgende Merkmale:
- Bewusstsein für das Wesen psychischer Zustände (so z. B. auch die mangelnde Transparenz psychischer Zustände)
- explizite Versuche, die einem bestimmten Verhalten zugrunde liegenden psychischen Zustände herausfinden zu wollen
- Anerkenntnis der entwicklungspsychologischen Aspekte psychischer Zustände
- ein Bewusstsein dafür, dass auch der Interviewer über eine »Theory of mind« verfügt

In einigen Befunden zeigte sich eine enge Korrelation zwischen Werten auf der RF-Skala und dem Fremde-Situations-Verhalten von Kleinkindern (Ainsworth et al. 1978), deren Mütter und Väter vor ihrer Geburt mit dem AAI untersucht worden waren (Fonagy et al. 1991). In einer weiteren Studie fanden wir heraus, dass die reflexive Funktion ein wichtiger Prädiktor für eine sichere Bindungsrepräsentation jener Mütter war, die zwar von Deprivationserfahrungen in ihrer Kindheit berichteten, aber zusätzlich in der Lage waren, diese zu reflektieren (Fonagy et al. 1994).

Eine wachsende Anzahl an Untersuchungsergebnissen spricht für einen Zusammenhang zwischen der Fähigkeit, sich in die Seelenlage eines Gegenübers einzufühlen, und Bindung. Die Achtsamkeit, mit der die Bezugsperson den psychischen Zuständen des Kindes begegnet, scheint ein signifikanter Prädiktor für die Ausbildung einer sicheren Bindung zu sein. So haben Slade und ihre Mitarbeiter wichtige Hinweise zu der Frage der transgenerationalen Weitergabe von Bindungssicherheit liefern können. Sie wiesen nach, dass im AAI autonome (sicher gebundene) Mütter die Beziehung zu ihren Kleinkindern kohärenter darstellten und im Umgang mehr Freude und Lust sichtbar wurde, als dies bei ablehnenden oder ängstlichen Müttern der Fall war (Slade et al. 1999). Es stellte sich ferner heraus, dass die mütterliche Repräsentanz eines jeden Kindes – als zentrale Determinante des Bindungsstatus – übereinstimmt mit der relativ niedrigen Konkordanzrate in der Bindungsklassifikation von Geschwistern (van IJzendoorn et al. 2000). Wir glauben, dass die elterliche Fähigkeit, die intentionale Position gegenüber einem Kind einzunehmen, das diese Stufe noch nicht erreicht hat, sowie über ihr Kind in Form von Gedanken, Gefühlen und Wünschen nachzudenken, die die Psyche des Kindes, aber auch ihr eigenes Inneres im Zusammenhang mit ihrem Kind und dessen mentalen Zustand bewegen, eine Schlüsselrolle spielt in der Weitergabe von Bindung – was unsere klassische Beobachtung des Einflusses elterlicher Sensitivität erklärt (Fonagy et al. 1995a).

Jene Probanden, die im AAI eine gut ausgebildete Fähigkeit aufwiesen, über ihre eigenen mentalen Zustände, aber auch die ihrer Bezugspersonen nachzudenken, hatten sehr viel wahrscheinlicher sicher gebundene Kinder – ein Befund, den wir mit der elterlichen Fähigkeit, die Selbstentwicklung ihres Kindes zu fördern, in Zusammenhang setzten (Fonagy et al. 1993).

Eine direktere Überprüfung dieser Hypothese nahmen Elizabeth Meins und ihre Mitarbeiter (Meins et al. 2001) vor, die den Sprechinhalt von Müttern in Interaktion mit ihren 6 Monate alten Säuglingen analysierten. Kodiert wurde die Anzahl der Kommentare, die die Mütter zu den inneren Zuständen ihres Babys abgaben (Wissen, Wünsche, Gedanken, Interesse), zu dessen emotionaler Beteiligung (z. B. Langeweile) und mentalen Prozessen (»Na, denkst du nach?«) sowie darüber, was das Baby wohl zu möglichen Gedanken der Mutter denkt oder aber zu Versuchen aufseiten des Säuglings, den mentalen Zustand der Mutter zu manipulieren (»Willst du mich ärgern?«). In einem nächsten Schritt wurden diese Kommentare von einem unabhängigen Rater auf ihre Angemessenheit hin überprüft. Als angemessen galt, wenn die Mutter den inneren Zustand ihres Säuglings korrekt, das heißt in Übereinstimmung mit der unmittelbaren Interaktion, deutete und seine offenkundigen Intentionen nicht dadurch durchkreuzte, indem sie Aussagen zu vermeintlichen inneren Zuständen machte, die mit seinem tatsächlichen aktuellen Befinden unvereinbar waren. Der Anteil solcher »angemessenen zustandsbezogenen Kommentare« korrelierte hochsignifikant mit der Bindungssicherheit des Kindes sechs Monate später und erwies sich als bedeutsamer prognostischer Faktor, selbst wenn traditionelle Testverfahren zur Messung mütterlicher Sensitivität berücksichtigt wurden.

Die zitierte Untersuchungsreihe hat aufgezeigt, dass ein hoher Ausprägungsgrad auf der Skala Reflexive Funktion mit Bindungssicherheit aufseiten des Kindes korrelierte. Der Faktor »Bindungssicherheit« im Erwachsenenbindungsinterview (AAI), das an 131 mäßig gefährdeten Jugendlichen durchgeführt wurde (Allen et al. 1998), ergab ein prognostisch geringes Risiko für straffälliges oder delinquentes Verhalten. Es stand in Zusammenhang mit sozialer Kompetenz im Umgang mit Gleichaltrigen, einem geringeren Ausprägungsgrad hinsichtlich der Internalisierung von Verhaltensweisen sowie einem niedrigen Ausprägungsgrad an abweichendem Verhalten. Umgekehrt führt natürlich eine nur schwach ausgeprägte Reflexionsfähigkeit zu unsicherer und womöglich desorganisierter Bindung. Ein desorganisiertes Bindungsmuster in der frühen Kindheit wiederum steht höchstwahrscheinlich in Zusammenhang mit aggressivem und potenziell gewalttätigem Verhalten in späteren Entwicklungsphasen. Nicht wenige Kleinkinder mit manifesten Verhaltensauffälligkeiten weisen als Säuglinge ein desorganisiertes Bindungsmuster auf (Lyons-Ruth 1996; Lyons-Ruth u. Jacobvitz 1999). Wesen und Ursprung dieses Bindungsmusters, das durch Angst aufseiten der Bezugsperson sowie einen Mangel an kohärenter Bindungsstrategie gekennzeichnet ist (Main u. Solomon 1986), sind bislang kaum aufgeklärt (Solomon u. George 1999). Manche Forschungsergebnisse setzen es in Zusammenhang mit furchteinflößendem oder dissoziiertem Verhalten aufseiten der Bezugsperson (Lyons-Ruth et al. 1999; Schuengel et al. 1999). Andere Bindungstheoretiker sprechen von einem Annäherungs-Vermeidungs-Konflikt im Säugling (Main u. Hesse 1992), wieder andere sehen es als Ausdruck feindselig-hilflosen Verhaltens auf Seiten der Bezugsperson (Lyons-Ruth et al. 1999) oder aber als Hinweis für eine inadäquate Selbstorganisation (Fonagy 1999; Fonagy u. Target 1997). Unsere These lautet, dass eine schwach ausgeprägte Reflexionsfähigkeit Bindungsprozesse unterminiert und dies wiederum Schwierigkeiten auf der Verhaltensebene nach sich ziehen kann. Die Auswirkungen eines desorganisierten Bindungsmusters auf das Selbst als Akteur könnte der Schlüssel sein für unser Verständnis gewalttätigen Verhaltens. Wir werden auf diesen Punkt zurückkommen. Zunächst möchte ich jedoch auf einen anderen Aspekt der Mentalisierung von Bindungsbeziehungen zu sprechen kommen, nämlich den Zusammenhang von sicherer Bindung und höherer Mentalisierungsfähigkeit.

Bindung, Reflexionsfähigkeit und Gewalt

Unsere Langzeit-Bindungsstudie hat eindeutig ergeben, dass ein sicheres Bindungsmuster in der frühen Kindheit in engem Zusammenhang steht mit höher entwickelten Mentalisierungsfertigkeiten, wie sie vier oder fünf Jahre nach Feststellung der Bindungssicherheit gemessen wurden (Fonagy 1997a). Wenn eine sichere Bindung Mentalisierungsfähigkeit und die Entwicklung einer Struktur des Selbst als mentalem Akteur fördert, können wir dann auch davon ausgehen, dass ein unsicherer Bindungsstatus mit deutlichen Mentalisierungsdefiziten unter Gewalttätern einhergeht? Eine von Alice Levinson und dem Autor durchgeführte Studie (Levinson u. Fonagy 2004), die die reflexive Funktion (RF) von 22 Strafgefangenen und 22 psychiatrischen Patienten mit der Diagnose einer Persönlichkeitsstörung ohne kriminelle Vorgeschichte sowie 22 Probanden einer gesunden Kontrollgruppe kodierte und miteinander verglich, ergab, dass die Strafgefangenen häufiger missbraucht und vernachlässigt worden waren, als dies in der Patienten-Stichprobe der Fall war, dass jedoch der Status dieses Traumas nach dem Klassifikationssystem von Main und Goldwyn (1994) eher als gelöst kodiert wurde. Das Bindungsmuster der Strafgefangenen war eher vermeidend, ihre RF beeinträchtigter als die der Patientengruppe. Gewaltstraftäter zeigten diesbezüglich die größten Defizite. Dies führte die Forscher zu der Annahme, dass die psychopathologische Entwicklungsgeschichte bei Strafgefangenen durch die Verleugnung von Bindungserfahrungen sowie der Fähigkeit, darüber nachzudenken, gekennzeichnet ist, was teilweise als Reaktion auf schwere Kindheitstraumata zu verstehen ist. Eine beeinträchtigte RF führt zum Abbau einer zentralen Hemmschwelle zu gewalttätigem Verhalten.

In einer neueren Studie haben wir anhand eines relativ einfachen Testverfahrens ähnliche Defizite in der Reflexionsfähigkeit bei verhaltensgestörten Kindern nachweisen können. Der »In-den-Augen-Gedanken-Lese-Test« (Baron-Cohen et al. 1997; 2001) ist ein Testverfahren, das untersucht, inwieweit Kinder aus einem auf die Augenpartie begrenzten mimischen Bereich auf mentale Zustände, so zum Beispiel auch Nachdenklichkeit, schließen können. Es gibt Hinweise für eine valide Trennschärfe des Tests zwischen Kindern mit typischen Mentalisierungsdefiziten, wie wir sie vom Autismus oder dem Asperger-Syndrom kennen, und Kindern mit einem ähnlichen IQ, aber ohne Mentalisierungsdefizit. In unserer Studie schnitten die von Eltern oder Klinikern als verhaltensgestört eingestuften 6 bis 10 Jahre alten Kinder in der beschriebenen Aufgabenstellung schlecht ab, unabhängig vom jeweiligen IQ oder Unterschieden in der verbalen Ausdrucksfähigkeit. Eine andere Studie, die 40 von ihren Eltern als verhaltensauffällig eingestufte Vorschulkinder mit einer Kontrollgruppe verglich, ergab ebenfalls Defizite bei der Aufgabe zur Ausbildung einer Theorie des Mentalen, zum Verständnis von Emotionen sowie bei einfachen Aufgaben zur exekutiven Funktion (Hughes et al. 1998).

Die relativ schwach ausgeprägte Mentalisierungsfähigkeit aggressiver und gewalttätiger junger Menschen ist nach unserem Dafürhalten für ihre Störung in mehrfacher Hinsicht von Bedeutung. Erstens: Ungenauigkeit in puncto mentaler Zustände anderer kann zu Schwierigkeiten im sozialen und zwischenmenschlichen Bereich führen. So etwa kann eine eigentlich wohlwollende Interaktion fälschlicherweise als bedrohlich interpretiert werden (Coie u. Dodge 1998; Crick u. Dodge 1994; Dodge et al. 1994; Matthys et al. 1999). Diese Kinder können ihre Aggression nicht auf strategische oder zielorientierte Art und Weise einsetzen und sind wahrscheinlich nur unzureichend mit Konzeptualisierungen für den Umgang mit Verhaltensschwierigkeiten ausgestattet (Pope u. Bierman 1999). Zweitens: Die verminderte Fähigkeit zur Einfühlung kann zur Aufhebung der konstitutionellen Hemmung gegenüber Gewalt führen (»gewalthemmende Mechanismen«), wie James Blair im Rahmen seiner Arbeit mit Antisozialen Persönlichkeitsstörungen beschrieben hat (Blair 1995; Blair et al. 1997). Drittens: Aus einer psychodynamisch orientierten entwicklungspsychologischen und psychopathologischen Perspektive aus betrachtet (Bleiberg 2001), ruft das Fehlen einer mentalisierenden Funktion Alternativstrategien auf den Plan, die der Fähigkeit zur Mentalisierung vorausgehen: Externalisierung von Affekten, psychische Äquivalenz sowie ein Selbstgefühl, das das eigene Selbst nicht als Akteur zu erleben vermag (Fonagy 1997b; Fonagy u. Target 2000; Fonagy et al. 1997a).

Bevor wir uns der Frage zuwenden, welche psychosozialen Erfahrungen in der Geschichte von Gewalttätern zu einer Unterminierung ihrer Mentalisierungsfähigkeit führen, möchten wir uns dem Verständnis des Selbst und seiner Urheberschaft zuwenden, dessen defizitäre Entwicklung aufs Engste mit gewalttätigem Verhalten in Zusammenhang stehen kann.

Aggression und Urheberschaft des Selbst

Stern (1992) hat gezeigt, dass das Gefühl, Urheber der eigenen Handlungen zu sein – ob diese nun der Erfahrung, planen zu können, propriozeptiven Wahrnehmungen oder aber objektiven Folgen physischen Einwirkens auf die Umwelt entspringt – signifikant zu einem Gefühl der Urheberschaft des Selbst beiträgt. Bereits früh in der Selbstentwicklung ist dieses Gefühl der Urheberschaft des Selbst abhängig von kontingenten Reaktionen seitens der Bezugsperson auf die Äußerungen des Kindes zu seinen inneren Zuständen (Gergely u. Watson 1999; Watson 1994; 1995). Unserer Auffassung nach ist dieses Selbstgefühl ganz entscheidend von der Qualität und Verlässlichkeit der inneren Repräsentanzen mentaler Zustände abhängig, so wie die Urheberschaft einer Handlung eng an den mentalen Zustand (Überzeugungen und Wünsche) geknüpft ist, der sie initiiert hat. Es ist unmöglich, von Urheberschaft des Selbst zu sprechen, die durch die tatsächlichen Handlungen des Kindes vollständig ausgebildet wurde, wenn ein Großteil dieser Handlungen aufgrund unreifer physischer und kognitiver Fähigkeiten des Kindes ihr beabsichtigtes Ziel verfehlt. Tatsächlich ließe sich argumentieren, dass es sich, wenn das Gefühl von Selbst-Urheberschaft einzig und allein auf der Rückmeldung von unreifen Handlungssystemen basiert, bei Defiziten in diesem Bereich um ein universelles Phänomen handeln würde. Die Anerkennung der intentionalen Position des Kindes durch (ältere) andere muss somit ein zentrales Moment darstellen, um einen Gedanken für das Kind als »real« erscheinen zu lassen. Interpersonelle Interaktion, die die Registrierung von sinnlicher, gedanklicher und emotionaler Wahrnehmung als Ursache und Konsequenz von Handlungen sowie das Nachdenken über diese mentalen Zustände ohne Angst erlaubt, muss einen wichtigen Teil der Entstehung von Selbst-Urheberschaft darstellen. Die früheste Basis ist womöglich das Empfinden des Säuglings gegenüber dem spiegelnden Verhalten der Bezugsperson. Spielerisch-unterstützende und **auf das Kind fokussierte Interaktionen** versetzen den Säugling und später das Kleinkind in die Lage, innere Zustände sowohl als handlungsauslösend als auch handlungsbedingt wahrzunehmen. Die reflexive Bezugsperson hat die Aufgabe, den Wünschen des kleinen Kindes einen Sinn zu verleihen, Verständnis für diese zum Ausdruck zu bringen und ihm zu helfen, die intendierte Handlung zum Abschluss zu bringen, wenn die wechselseitige Verknüpfung zwischen Intention und Handlung etabliert werden soll.

Eine Bezugsperson, die dem Kind auf diese Art und Weise zur Verfügung steht, bestätigt diesem, dass seine mentale Repräsentanz die vollständige Handlung »verursacht« hat, und bestärkt dadurch sein Selbstgefühl als Akteur. Die Kinder jedoch, die schwere Vernachlässigung oder ein durch Zwang, Strenge und Einschüchterung bis hin zu Missbrauch geprägtes elterliches Verhalten erfahren haben, werden ihr Gefühl der Selbst-Urheberschaft häufig als extrem eingeschränkt und auf den Bereich des Körpers begrenzt erleben. Vernachlässigung oder Missbrauch aufseiten der Eltern stellt eine Verleugnung der inneren Realität des Kindes als handlungsauslösender Teil seiner phänomenalen Welt dar. Die normalerweise zwischen sozialer Spiegelung und Handlung bestehende Kontingenz, die ein Bewusstsein für jene inneren Zustände schafft, die für das Verhalten des Einzelnen verantwortlich sind, fehlt. Die soziale Reaktion, die das innere Erleben mentaler Zustände fördert oder womöglich erst schafft, ist, was eine ernsthafte Beeinträchtigung darstellt, nichtkontingent und kann daher inneres Erleben und Handlung nicht in der Form verknüpfen, wie dies für die meisten von uns normalerweise der Fall ist. Da die Bezugsperson die intentionale Position des Kindes verleugnet und in seiner Aufgabe versagt, ihm bei der Vervollständigung einer Handlung beizustehen, wird diese Handlung nur begrenzte Auswirkungen auf die Außenwelt haben, und die zentrale Verknüpfung zwischen Intention und Handlung wird in der Psyche des Kindes zusätzlich unterminiert werden. Eine in dieser Form im Kind initiierte Handlung wird, in einem sehr realen Sinn, nicht das Gefühl vermitteln, tatsächlich dem eigenen Selbst zu entspringen. Die Person, die sich ihres Körper-Selbst bewusst ist, wird natürlich »wissen«, dass sie sich aggressiv oder gewalttätig verhalten hat. Doch das subjektive Erleben dieser Handlungen wird nicht das gleiche sein wie im Fall eines intakten Gefühls für das eigene Selbst und seine Urheberschaft. Die Möglichkeit, den inneren Zustand und die Handlung zu entkoppeln, wird Handlungen nach sich ziehen, die nicht durch ein Nachdenken über die jeweiligen Implikationen kurzgeschlossen sind. Es handelt sich in keiner Weise um Zufallsaktionen, sondern in den meisten Fällen um Handlungen, die durch Eigeninteressen und mehr oder weniger genaue kognitive Einschätzungen sozialer Umstände charakterisiert sind. Ein defizitäres Selbstgefühl als Akteur führt nicht nur dazu, dass die Handlungen offen verleugnet werden, sondern auch nicht dahingehend überprüft werden, welche Auswirkungen sie auf den affektiven und erkenntnistheoretischen Zustand des anderen haben.

Das Selbst als Akteur – die Psyche, die durch eine andere Psyche und deren Fähigkeit zur kontingenten Reaktion entdeckt wird – wird sich somit seines Potenzials, die eigenen Aktionen und die anderer zu kontrollieren, über mentale Zustände bewusst. Dies kann sich nur im Rahmen einer Bindungsbeziehung voll entfalten. Wir behaupten, dass Gewaltakte nur dann möglich sind, wenn es zu einer Entkoppelung zwischen den Repräsentationen subjektiver Selbstzustände und den entsprechenden Handlungen kommt, die dann als »urheberlos« erlebt werden. Das Verständnis der entwicklungspsychologischen Wurzeln von Gewalt geht somit mit einem Verständnis der Bedingungen einher, unter denen es zu dieser Form der Trennung von inneren Zuständen und der vom Selbst initiierten Aktionen kommen kann. Im Folgenden sollen die entwicklungspsychologischen Prämissen näher beleuchtet werden, die ein psychoanalytische Theorie der Gewalt zu berücksichtigen hat, wenn es ein überzeugendes Erklärungsmodell impulsiver Gewalttätigkeit liefern möchte.

Vernachlässigung und Prädisposition zu Gewalt

Entsprechend unseres Modells einer Theorie des Mentalen ist eine »selbstbewusste« (mind-aware) interpersonelle Interaktion von zentraler Bedeutung für die Entwicklung stabiler Repräsentanzen innerpsychischer Zustände. Bei Menschen, deren Pflege- und Bezugspersonen dieses Verständnis nicht zu fördern vermochten, bleiben die basalen psychischen Funktionsmodi der psychischen Äquivalenz und des Als-ob bis ins Erwachsenenalter hinein erhalten. Während extreme körperliche Vernachlässigung, die die Jugendämter auf den Plan ruft, ganz offensichtlich den Erwerb der Mentalisierungsfähigkeit unterminiert, so gibt es doch sehr viel subtilere Formen psychischer Vernachlässigung (im Sinne von »Wohlstandsverwahrlosung«), die sich ebenso schädlich auf die Entwicklung der Fähigkeit zur Mentalisierung auswirken. Vernachlässigung, verbunden mit zunehmendem finanziellen und sozialen Druck auf die moderne westliche Familie, ist Thema zahlreicher Forschungsarbeiten (deren Duktus zuweilen an moralische Panik grenzt) und soll hier nicht weiter ausgeführt werden. Die Anzahl allein erziehender Eltern bzw. der Haushalte, in denen beide Elternteile arbeiten, nimmt zu, während der Anteil an Zeit, die Eltern (insbesondere Väter) mit ihren Kindern verbringen, laut der meisten Untersuchungen überraschend niedrig ist (z. B. NICHD Early Child Care Research Network 1996). Der durchschnittliche Vater verbringt nur $7^{1}/_{2}$ Minuten pro Woche im Einzelkontakt mit seinem Kind. Obwohl wir wissen, dass verschiedene Traumata eine bedeutsame Rolle in der Psychogenese der Gewalt spielen (vgl. Johnson et al. 1999), so sind wir doch der Auffassung, dass es die Persistenz des psychischen Äquivalenzmodus ist, verbunden mit früher psychischer Vernachlässigung, die die Anfälligkeit für Gewalterfahrungen ausmacht. Es spricht Einiges dafür, dass der Ursprung sozialer Gewalt eher in psychischer Vernachlässigung denn in körperlichem oder sexuellem Missbrauch zu suchen ist (Johnson-Reid u. Bart 2000). Die Brutalisierung von (affektiver) Bindung in der Kindheit oder Adoleszenz, ja selbst im jungen Erwachsenenalter, scheint eine notwendige, aber nicht hinreichende Bedingung für schwere Körperverletzung oder Mord zu sein. Eine schwach ausgebildete Fähigkeit zur Mentalisierung infolge nichtkontingenter Spiegelerfahrungen und fehlender kindgerechter Interaktion unterminiert die Verbindungen zwischen innerpsychischen Zuständen und Handlungen und führt in der Folge zu Schwierigkeiten, wenn die Möglichkeiten des Jugendlichen zu verstehen durch die Feinseligkeit und Zerstörungswut seiner Welt begrenzt sind.

Die Persistenz des psychischen Äquivalenzmodus, die darauf zurückzuführen ist, dass es der Bezugsperson nicht gelingt, einen Beziehungskontext bereitzustellen, in dem sich die Fähigkeit zur Mentalisierung und ein Gefühl für das eigene Selbst als psychische Einheit entfalten können, ist ein Schlüsselmoment in der Neigung gewalttätiger Menschen, Gefühle und Gedanken körperlich, das heißt gegen sich oder gegen andere gerichtet, auszuagieren. Gewalttätige Menschen fügen sich selbst und anderen gleichermaßen gewaltsam Schaden zu (Gilligan 1997); so kommt es in den Hochsicherheitstrakten englischer Gefängnisse nicht selten zu Selbstverletzungen wie Schlucken von Rasierklingen, Ausstechen von Augen oder Einführen von Bettfedern in die Harnröhre. Unfähig, »sich selbst« (ihre Selbstzustände) von innen heraus zu spüren, sind diese Menschen gezwungen, ihr Selbst über Handeln (Inszenierungen) von außen zu erleben.

Das Fehlen eines stabilen repräsentationalen Selbstgefühls der eigenen Urheberschaft ist von zentraler Bedeutung für unser Verständnis von Gewalt. Die Fähigkeit, die eigenen mentalen Zustände zu symbolisieren, ist eine wesentliche Voraussetzung für die Entwicklung eines Identitätsgefühls. Ist dies nicht vorhanden, fehlt es nicht nur an Selbstliebe, sondern auch an einem authentischen und organischen Selbstbild, das um die internalisierten Repräsentationen mentaler Zustände organisiert ist. Das Fehlen oder die Schwäche einer handlungsfähigen, effektiven Selbstrepräsentanz ruft ein Selbst auf den Plan, das nach teleologischen Prinzipien funktioniert und aufgrund fehlender Mentalisierung dem Kind, später dem Erwachsenen, für die eigene Subjektivität und die alltäglichen interpersonellen Situationen ebenso wenig Verständnis zu vermitteln vermag wie für die damit einhergehenden intensiven Affekte, die nahezu unbenannt und somit verwirrend bleiben müssen.

Scheitert die Entwicklung einer handlungsfähigen, effektiven Selbstrepräsentanz, kommt es zu schwerwiegenden Komplikationen. Gelingt es in der frühen Kindheit nicht, ein Gegenüber zu finden, das sich kontingent gegenüber den inneren Zuständen des Kindes verhält und das für die oben beschriebenen intersubjektiven Prozesse zur Verfügung steht, so kann es zu einer verzweifelten Suche nach Bedeutung kommen, wenn das Selbst sich im Spiegelbild bzw. im anderen zu entdecken sucht. Die Folgen sind eine Verzerrung des intersubjektiven Prozesses und die Übernahme nichtkontingenter Signale und Reaktionen des Objekts. Da diese Bilder unglücklicherweise nicht mit dem Erleben des Kindes übereinstimmen, können sie nicht als vollständig effektive Selbstrepräsentanzen fungieren. Wie Winnicott (1974b) feststellte, führt fehlerhaftes Spiegeln zur Internalisierung elterlicher Zustände, jedoch nicht zu einer brauchbaren Version für das eigene Erleben des Kindes. Dies wiederum hat das zur Folge, was wir als **fremdes Erleben innerhalb des Selbst** bezeichnet haben: Gedanken und Gefühle werden als Teil des Selbst, jedoch nicht dem Selbst zugehörig erlebt (Fonagy 1995; 2000). Das vernachlässigte Kind verfügt über keine effektiv funktionierende Selbstrepräsentanz, da die Selbstzustandsrepräsentanzen zweiter Ordnung verzerrt sind, indem sie Repräsentanzen des anderen enthalten. Wie Winnicott (1974a, S. 128) so treffend formulierte: Statt sich selbst in der Psyche der Mutter zu entdecken, trifft das Kind auf die Mutter. Das Bild der Mutter »kolonisiert« das Selbst. Da das fremde Selbst als Teil des Selbst erlebt wird, zerstört es jegliches Gefühl von Selbstkohärenz oder Identitätsempfinden, das nur durch permanente und intensive Projektion wiederhergestellt werden kann. Klinisch gesehen, entspringt die Projektion nicht dem Empfinden von Schuld, sondern dem Bedürfnis, die Kontinuität des Selbsterlebens wiederherzustellen.

Die Folge mütterlicher Non-Responsivität, dieser fremde andere, existiert im Keim wahrscheinlich in all unseren Selbstrepräsentanzen, da wir alle Vernachlässigung in mehr der weniger großem Ausmaß erfahren haben (Tronick u. Gianino 1986). Normalerweise jedoch werden Teile der Selbstrepräsentanz, die nicht in der internalisierten Spiegelerfahrung von Selbstzuständen verankert sind, via Mentalisierung in eine einzige kohärente Selbststruktur integriert. Die handlungsfähige Selbstrepräsentanz schafft die Illusion von Kohärenz innerhalb unserer Selbstrepräsentanzen, indem Urheberschaft zugeschrieben und dabei mehr oder weniger genau angenommen wird, dass zur Erklärung von Erfahrung unveränderliche geistige Zustände existieren. Dramatische Beispiele hierfür finden sich in vor vielen Jahren vorgelegten Studien, in denen Patienten mit neuronalen Schädigungen (so genannte Split-Brain-Patienten, denen chirurgisch das Corpus callosum durchtrennt wurde) untersucht wurden (Gazzaniga 1985). Bot man diesen Patienten emotional aufwühlendes Bildmaterial, so versuchten sie ihr erhöhtes emotionales Erregungsniveau mit bizarren Mentalisierungs- und Erklärungsversuchen zu begründen. Ähnliche Phänomene kennen wir aus Hypnose-Shows oder wissenschaftlichen Kontroversen, wenn es darum geht, mithilfe von Hypnose verdrängte Erinnerungen hervorzuholen (Dywan u. Bowers 1983; Kihlstrom 1994; Spiegel u. Scheflin 1994).

Der normale Attribuierungsprozess von Handlungsfähigkeit und Effektanz des Selbst läuft vorbewusst in unserem Hinterkopf ab, um unserem Leben, unseren Handlungen und unserem Selbstempfinden Kohärenz und psychologische Bedeutung zu verleihen. Dabei handelt es sich um eine wichtige psychologische Funktion der eigenständigen autobiografischen Selbstrepräsentanz. Menschen, deren Mentalisierungsfähigkeit nur unzureichend ausgebildet ist, müssen dann auf kontrollierende und manipulative Strategien zurückgreifen, um die Kohärenz ihres Selbstgefühls wiederherzustellen. Die »fremden« Selbstaspekte werden externalisiert und in eine Bindungsfigur verlagert. Über Prozesse, die in der klinischen Literatur als projektive Identifizierung beschrieben werden, wird die Bindungsfigur dahingehend manipuliert, Emotionen zu fühlen, die als Teil des Selbst internalisiert wurden, jedoch nicht vollständig als »dem Selbst zugehörig« erlebt werden. Dabei handelt es sich nicht um selbstprotektive Manöver im Sinne eines Bedürfnisses, Gefühle zu teilen, die der Einzelne nicht anzuerkennen in der Lage ist; vielmehr geht es darum, das Selbst vor der Erfahrung der Inkongruenz oder Inkohärenz zu schützen, die über das Potenzial verfügt, sehr viel tiefere Ängste auszulösen (vgl. Kernberg 1982; 1983; Kohut 1979). Die Bindungsperson erfüllt somit eine »lebensrettende« oder – genauer gesagt – »Selbst-rettende« Funktion, indem sie das Selbst von unerträglichen inneren Repräsentanzen befreit. Unglücklicherweise ist die Bindungsperson in der denkbar schlechtesten Position, bei der Wiederherstellung der angegriffenen Mentalisierungsfunktion des anderen zu helfen – wenn sie zum Beispiel auf unbewusste Provokation wütend oder bestrafend reagiert –, weil sie den Kontakt zu seiner inneren Welt verloren hat. Bei Erwachsenen kann eine solche Prädisposition zu projektiver Identifizierung ein Zeichen für eine schwere psychische Störung sein.

Brutalisierung und der Akt der Gewalt

Die folgenden Überlegungen basieren auf der Auswertung von drei Studien, die die Bindungsgeschichte (erhoben anhand des Erwachsenenbindungsinterviews) von fast 100 jungen Kriminellen in psychiatrischen und nichtpsychiatrischen Einrichtungen untersuchten.[2]

Nahezu alle Probanden der drei Stichproben, die Gewaltverbrechen begangen hatten, unabhängig von damit einhergehenden psychiatrischen Diagnosen, waren in der Vergangenheit misshandelt worden – und dies von Angehörigen ihres engsten familiären oder sozialen Umfelds: Familienmitglieder, enge Freunde, Schulkameraden. Wie aus unseren Interviews hervorgeht, scheint brutale Behandlung nur dann in Gewalt zu münden, wenn sie im Rahmen einer engen Beziehung stattfindet. Es ist nicht die Brutalität an sich, die zu Gewalt führt, wie Kognitivisten oder soziale Lerntheoretiker behaupten. Soziale Gewalt geht mit der Brutalisierung einer affektiven Bindung in der Vorgeschichte einher.

Diese Befunde sollen im Folgenden weiter ausgeführt werden. Die Gruppe der Gefängnisinsassen berichtete häufig davon, gezwungen worden zu sein, sich einer Autoritätsperson (gewöhnlich ein Elternteil, in den meisten Fällen ein Stiefelternteil) zu unterwerfen, die Drohungen aussprach und exzessiv Gewalt anwendete, das Kind oder den Jugendlichen schlug, bis dieses/dieser um Gnade flehte. Es wurde von Geschlagen-Werden bis zur Bewusstlosigkeit berichtet, von Bestrafungsexzessen, die Kreuzigungen, Verstümmelungen und systematische Verbrennungen einschlossen. Es gab jedoch keinen Zusammenhang zwischen der Schwere der berichteten Misshandlung und der Schwere der später vom Betreffenden an den Tag gelegten Gewalttätigkeit. Die sich durch alle Erfahrungsberichte ziehende Konstante ist die der Scham, abgelöst von intensiver Wut, um das verletzte Selbstgefühl wiederherzustellen.

Die Brutalisierung affektiver Bindungen geht nicht nur mit der Erfahrung körperlicher Misshandlung der eigenen Person einher, sie entsteht auch, wenn die betreffende Person gezwungen ist, die körperliche Misshandlung einer Bindungsfigur, beispielsweise das Geschlagen-Werden, mitanzusehen. Das Erleben

---

2 Meine Mitarbeiter waren Alice Levinson, MD (forensisch-psychiatrische Stichprobe mit der Diagnose einer Persönlichkeitsstörung, n = 22), Andrew Hill-Smith, MD, Pippa G, MD (Stichprobe junger Mörder, n = 22), und Gillian McGauley, MD (gemischte forensisch-psychiatrische Stichprobe, n = 50).

von Scham und Demütigung, gefolgt von Wut und Rachedurst, sind sich auffällig ähnlich, unabhängig davon, ob es sich um ein umittelbares Gewaltopfer oder aber einen Zeugen handelt. Nicht immer ist jedoch die Familie an der Brutalisierung beteiligt. In rund 70 % unserer Gefängnisstichprobe war es eine Mischung aus Familienangehörigen und Mitgliedern der engsten Peergroup (oder Gang), die das Kind oder den Jugendlichen Gewalterfahrungen aussetzten.

Mentalisierungsschwäche und Wiederauftauchen primitiver Erlebensmodi psychischer Realität machen Menschen, zu deren Vorgeschichte psychische Vernachlässigung gehört, außerordentlich anfällig für Gewalt in Bindungskontexten. Die Angriffe können nicht über Mentalisierung des Schmerzes abgemildert werden. Nichtmentalisierte Scham ist keine »Als-ob«-Erfahrung, sondern ist gleichbedeutend mit der Zerstörung des Selbst. Es wäre daher nicht übertrieben, diese Emotion als »Ich-destruktive Scham« zu bezeichnen. Die Kohärenz der Selbstrepräsentanz, ja die Identität selbst, steht unter Beschuss. Während eine Person mit einer stabilen Mentalisierungsfähigkeit in der Lage ist, die Bedeutung, die sich hinter dem Angriff verbirgt, zu erkennen und ihn nicht als tatsächliche Zerstörung des Ichs fehldeutet, wird eine Person, deren Mentalisierungsfähigkeit nur schwach oder gar nicht ausgebildet ist, den Angriff wie eine Zerstörung des Selbst erleben. Letztlich wird jedoch die Brutalisierung einer Beziehung, wenn sie einen bestimmten Schweregrad erreicht, auch bei jenen Menschen Ich-destruktive Scham auslösen, deren Mentalisierungsfähigkeit überdurchschnittlich gut entwickelt ist. Die Demütigung ist von einer solchen Intensität, dass alles, was als innerpsychisch gefühlt wird (Subjektivität), zu etwas wird, dem Widerstand entgegengesetzt werden muss. In ihrer Beschreibung vergangener Gewalterfahrungen berichten Gefängnisinsassen häufig, den Akt des Denkens selbst als unerträglich erlebt zu haben. Aussagen wie »Ich habe aufgehört zu denken«, »Ich wurde wie taub«, »Ich konnte es nicht ertragen zu denken« sind häufige Vorläufer des Augenblicks, in dem das ehemalige Opfer unweigerlich zum Täter wird.

Warum ist die Brutalisierung affektiver Bindungen mit einem heftigen und destruktiven Gefühl des Selbstekels, der nahezu an Selbsthass grenzt, verknüpft? Scham betrifft die Erfahrung, wie ein physisches Objekt behandelt zu werden, während Anerkennung erwartet wird. Unerträgliche Scham entsteht aus der Inkongruenz, das eigene Menschsein negiert zu wissen, während man eigentlich und völlig zu Recht Wertschätzung erwartet. Gewalt oder Androhung von körperlicher Gewalt zerstört buchstäblich die Seele, weil es das äußerste Zeichen dafür ist, dass jene Person, die uns Gewalt antut und von der wir eigentlich Verständnis erwarten, uns nicht liebt. Wie Freud (1914) uns gelehrt hat, wird das Selbst Liebe durch das Objekt erhalten, sodass Selbstliebe daraus erwachsen kann. Das Merkmal eines Selbst, dem es an Liebe mangelt, ist Scham, so wie Kälte ein Indikator für fehlende Wärme ist (Gilligan 1997). Während Scham, ähnlich dem Empfinden von Kälte, als akute Erfahrung mit Schmerz verbunden ist, wird sie im Zustand anhaltender Intensität als ein Gefühl der Taubheit und des Abgetötetseins erlebt.

Der Zustand der Demütigung kann nur über eine selektive, aber tief greifende Verleugnung der Subjektivität des Selbst und des Objekts aufgehoben werden. Ein wegen schweren Raubüberfalls Inhaftierter erinnert sich an seinen betrunkenen Vater, der regelmäßig auf ihn und seine Schwester urinierte, wenn er spät abends nach Hause kam. Er berichtet von seiner grauenvollen Angst in diesen späten Abendstunden, die an einem bestimmten Punkt in den Wunsch mündete, den Vater zu verstümmeln und zu entstellen. »Das Arschloch hat für mich nicht mehr existiert.« Eine ähnlich dramatische Rekonfiguration des Selbst scheint bei vielen Kriminellen stattzufinden. Es gibt einen Punkt, an dem die normale Hemmschwelle, einen anderen absichtlich zu verletzen, überschritten wird. Von da an scheint die betreffende Person keine Gewissensbisse mehr angesichts ihrer Gewalttätigkeit gegenüber anderen zu empfinden, und es setzt ein Zustand ein, der fälschlicherweise als Psychopathie interpretiert werden könnte. Vielleicht sollte man eher von funktionaler Psychopathie sprechen, da der Verlust interpersoneller Sensibilität der Abwehr entspringt und als vorübergehend und reversibel gilt.

Es war bislang die Rede von der Veranlagung zu Gewaltverbrechen. Diese muss jedoch vom Gewaltakt selbst unterschieden werden. Während die Veranlagung für Gewalttätigkeit mit der Zerstörung interpersonellen Bewusstseins in spezifischen Kontexten einhergeht, würde ich den Akt der Gewalt selbst als pervertierte Wiederherstellung einer rudimentären Mentalisierungsfunktion ansehen. Der Gewaltakt selbst, ob impulsiv oder geplant, entspringt selten blinder Wut. Vielmehr handelt es sich um einen verzweifelten Versuch, das zerbrechliche Selbst vor dem Ansturm der Scham zu schützen, der häufig ganz ungewollt von einem anderen ausgelöst wird. Die Erfahrung von Demütigung, die die betreffende Person innerhalb des fremden Selbstanteils zu halten versucht, wird zur existenziellen Bedrohung und daher sofort externalisiert. Einmal ins Außen verlagert und als Teil der Opferrepräsentanz im Täter wahrgenommen, wird die Erfahrung von Demütigung als etwas erlebt, dessen Zerstörungspotenzial absolut ist. In diesem Sinne handelt es sich bei einer gewalttätigen Handlung um ein Zeichen der Hoffnung, einen Wunsch nach Neuanfang, auch wenn es in Wirklichkeit nur der Anfang eines tragischen Endes ist. Es ist nicht leicht, Empathie für Gewalttätigkeit aufzubringen. Oftmals kommt es zu einem unmittelbaren Abbruch der Mentalisierung bei demjenigen, der von außen Zeuge dieser Gewalt wird. Gewalt ist eine Abwehr gegenüber der zerstörerischen Realität, die Demütigung und Ich-destruktive Scham, wie sie im Äquivalenzmodus erlebt werden, entstehen lassen. Manchen Menschen stehen keine anderen Ressourcen als Gewalt zur Verfügung, um ihre durch ein Mentalisierungsdefizit so entscheidend geschwächte Selbstrepräsentanz zu schützen. Oberflächlich betrachtet könnte man Gewalthandlungen als kathartisch auffassen, doch glauben wir, dass die Wiederherstellung des Gleichgewichts weniger mit Triebabfuhr als dem Erwerb einer inneren Gestalt, dem Schaffen eines inneren Friedens, einer seltsamen Art innerer Ruhe einhergeht.

Zusammenfassung

Die von uns vorgelegte Theorie setzt sich aus folgenden Annahmen zusammen:
- Das psychische Selbst ist in der Attribuierung mentaler Zustände (Gedanken, Gefühle, Wünsche, Überzeugungen) an das eigene Selbst und das des anderen verzwurzelt.
- Diese Fähigkeit ist biologisch gebahnt und »wartet« sozusagen darauf, ähnlich der Sprache, mit entsprechenden Erfahrungen gefüllt zu werden; sie entsteht in der Interaktion mit einer Bindungsfigur. Über die Internalisierung der spiegelnden Handlungen der Bezugsperson wird das innere Erleben zu einer Sekundärrepräsentanz – das heißt, mentale Zustände im Selbst werden über das im Objekt »Gesehen-Werden« verstanden, mit Bedeutung versehen und internalisiert.
- Die rudimentäre frühe Erfahrung psychischer Realität besteht aus zwei alternierenden Funktionsmodi: einem Modus »psychischer Äquivalenz« (Innen = Außen) und dem Funktionsmodus des »Als-ob« (Innen und Außen werden als völlig getrennt voneinander aufgefasst).
- Eine sichere und spielerische Interaktion mit der Bezugsperson führt zur Integration dieser beiden Funktionsmodi, welche wiederum die Fähigkeit zur Mentalisierung entstehen lässt, das heißt die Fähigkeit, über eigene innere Zustände und die des anderen nachzudenken und sich damit auseinanderzusetzen sowie das eigene Selbst und die Objekte als von inneren Zuständen motiviert zu erleben.
- Im Falle chronisch uneinfühlsamer und fehleingestimmter Bezugspersonen entsteht ein Fehler im Aufbau des Selbst, wodurch der Säugling gezwungen wird, die Repräsentanz des psychischen Zustands des Objekts als Kernanteil seines eigenen Selbst zu internalisieren.
- In der frühen Entwicklung wird diesem »fremden Selbst« mit Externalisierung begegnet; mit zunehmender Mentalisierung kann es in das Selbst eingewoben werden, wo es das illusionäre Gefühl von Kohäsion entstehen lässt.
- Die Desorganisation des Selbst führt zur Desorganisation von Bindungsbeziehungen, in denen ein ständiges Bedürfnis nach projektiver Identifizierung (Externalisierung des fremden Selbst) herrscht.
- Das fremde Selbst existiert in uns allen, da Fürsorge immer auch von Momenten der Vernachlässigung geprägt ist; zu schädlichen Auswirkungen kommt es dann, wenn spätere Traumatisierungen in der Familie oder Peergroup das Kind zur Dissoziierung von Schmerz zwingen, indem es das fremde Selbst benutzt, um sich aus Abwehrgründen mit dem Aggressor zu identifizieren. In solchen Fällen wird das leere Selbst mit Bildern des Aggressors kolonisiert, und das Kind erlebt sich selbst als böse und monströs.
- Dies wiederum führt zu drei wichtigen Veränderungen:

- Verweigerung von Mentalisierung im Bindungskontext und das Bedürfnis, Selbst und andere als im Grunde geistlose Wesen wahrzunehmen, die auf teleologischer Ebene funktionieren
- Aufhebung der Illusion von Selbstkohärenz, die normalerweise über den Prozess der Mentalisierung entsteht, was zu einer schweren Störung im psychologischen Selbst führt; die Zunahme an »Selbst-fremden« Erfahrungen innerhalb des Selbst mündet in häufiges fragmentiertes Identitätserleben
- Die Externalisierung nichtkongruenter Selbstanteile wird zum wesentlichen Moment der Kontinuität der Selbsterlebens, was die physische Nähe des anderen lebenswichtig werden lässt, um als Medium der Externalisierung zu fungieren.
- Brutalisierung im Bindungskontext führt zu intensiver Scham. Ist diese in der Vorgeschichte an frühe Vernachlässigung und eine in der Folge nur schwach entwickelte Fähigkeit zur Mentalisierung gekoppelt, kann daraus ein potenzieller Auslöser für Gewalt werden: Das Gefühl der Demütigung ist zu stark, wenn das Trauma nicht mithilfe von Mentalisierung abgemildert werden kann. Scham, die der Mentalisierung nicht zugänglich ist, wird als Zerstörung des Selbst erlebt, was wir als »Ich-destruktive Scham« bezeichnet haben.
- Der Akt der Gewalt selbst ist im Wunsch begründet, die externalisierten (projizierten) Selbstanteile im anderen zu zerstören und dadurch die Kohärenz (das Überleben) des Selbst zu sichern.

Schlussfolgerung: unsere gewalttätige Gesellschaft

Gewalt ist zum Teil im Bedürfnis verwurzelt, eine emotionale Erfahrung außerhalb des Selbst zu schaffen, die einem unerträglichen inneren Erlebenszustand entspricht, und diesen anschließend zu zerstören, um das Überleben des eigenen Selbst sicherzustellen. Natürlich ist dies eine grobe Vereinfachung. Insbesondere die Person, deren Mentalisierungsfähigkeit durch eine Mischung aus konstitutioneller Vulnerabilität, früher Deprivation und Hemmung angesichts manifester Bedrohung charakterisiert ist, wird sich schwer tun, eine Situation angemessen einzuschätzen, wenn das Gegenüber einer sozialen Interaktion genau die Kombination emotionaler und dispositioneller Zustände aufweist, die eine erfolgreiche Entäußerung des fremden Selbstanteils am vielversprechendsten erscheinen lässt. Diese Haltung, wie grausam, aussichtslos und antisozial sie auch sein mag, ist jedoch immer auf das Überleben des Selbst gerichtet. In diesem Sinne könnte man auch von einem »Lebenszeichen« sprechen. Ihre Wirksamkeit ist davon abhängig, eine intentionale Position im Opfer zu schaffen, die die Stärke und Kohärenz des Selbst durch Externalisierung bekräftigt.

Menschen, deren beeinträchtigte Mentalisierungsfähigkeit sie in die Gewalttätigkeit treibt, sind Opfer einer sozialen Struktur, der es nicht gelingt, Familien und Elternschaft ausreichend zu unterstützen, damit wir uns angemessen um unsere Kinder kümmern können. Eine Gesellschaft, die wenig alternative Strukturen zu bieten hat, innerhalb derer Kinder ein Gefühl der Selbstanerkennung über sozialen Austausch mit einer wohlwollenden und verlässlichen Bindungsfigur erlangen können. Eine soziale Struktur, die womöglich auf grausame Art und Weise Individuation, Individualität und Selbstverwirklichung an erste Stelle setzt. Der misslungene Aufbau einer kohärenten Repräsentanz der Selbst-andere-Beziehung und die Komplikationen innerhalb der Selbstorganisation, die in der Folge manifest werden, zeigen sich, unabhängig vom materiellen Wohlstand, in immer mehr Familien, da die Gesellschaft einen Teil ihrer Fürsorgefunktionen aufgegeben, die entsprechenden öffentlichen Institutionen aufgelöst und ihre Prioritäten auf den materiellen Bereich verlagert hat. Die kollektive Gewalt sozialer Gruppen (Nazi-Herrschaft, ethnische Säuberung) bezieht ihre Motivation aus der wahnhaften Überzeugung, Gefühle der Scham, und sei es auf nationaler oder gesellschaftlicher Ebene, auslöschen zu können. Wir alle zahlen einen hohen Preis dafür, dass wir Materie (physisches Wohlbefinden) über Geist (die Kohärenz von Subjektivität) stellen. Es ist die Aufgabe der Psychoanalyse, der herausragenden Disziplin auf dem Gebiet der Subjektivität, dieses Gleichgewicht wiederherzustellen.

Literatur

Abrahamsen D (1973). The Murdering Mind. London: Hogarth Press.
Ainsworth MDS, Blehar MC, Waters E, Wall S (1978). Patterns of Attachment. A psychological study of the Strange Situation. Hillsdale, NJ: Erlbaum.
Allen JP, Moore C, Kupermine G, Bell K (1998). Attachment and adolescent psychosocial functioning. Child Dev; 69: 1406-19.
Amen DG, Stubblefield M, Carmichael B, Thisted R (1996). Brain SPECT findings and aggressiveness. Ann Clin Psychiatry; 8(3): 129-37.
Anderson CA, Bushman BJ (2002). Human aggression. Ann Rev Psychol; 53: 27-51.
Asberg M, Thoren P, Traskman L (1976). 5-HIAAA in the cerebrospinal fluid: a biochemical suicide predictor? Arch Gen Psychiatry; 33: 1193-7.
Astington J, Harris P, Olson D (1988). Developing Theories of Mind. New York: Cambridge University Press.
Bahrick LR, Watson JS (1985). Detection of intermodal proprioceptive-visual contingency as a potential basis of self-perception in infancy. Developm Psychol; 21: 963-73.
Balint M (1970). Therapeutische Aspekte der Regression. Die Theorie der Grundstörung. Stuttgart: Klett-Cotta.
Baron-Cohen S, Swettenham J (1996). The relationship between SAM and ToMM. Two hypotheses. In: Carruthers P, Smith PK (eds). Theories of Theory of Mind. Cambridge: Cambridge University Press; 158-68.
Baron-Cohen S, Tager-Flusberg H, Cohen DJ (1993). Understanding Other Minds. Perspectives from autism. Oxford: Oxford University Press.

Baron-Cohen S, Jolliffe T, Mortimore C, Robertson M (1997). Another advanced test of theory of mind. Evidence from very high functioning adults with autisms or Asperger Syndrome. J Child Psychol Psychiatry; 38: 813-22.
Baron-Cohen S, Tager-Flusberg H, Cohen DJ (eds) (2000). Understanding other Minds. Perspectives from autism and developmental cognitive neuroscience. Oxford: Oxford University Press.
Baron-Cohen S, Wheelwright S, Hill J, Raste Y, Plumb I (2001). The »Reading the Mind in the Eyes« Test revised version: a study with normal adults, and adults with Asperger syndrome or high-functioning autism. J Child Psychol Psychiatry; 42(2): 241-51.
Bateman A (1996). The concept of enactment and »thick-skinned« and »thin-skinned« narcissism. Vortrag bei der Europäischen Konferenz englischsprechender Psychoanalytiker. London, im Juli 1996.
Bateman A (1997). Borderline personality disorder and psychotherapeutic psychiatry. An integrative approach. Br J Psychother; 13(4): 489-98.
Bateman A (1998). Thick- and thin-skinned organisations and enactment in borderline and narcissistic disorders. Int J Psychoanal; 79(1): 13-25.
Bateman A, Holmes J (1995). Introduction to Psychoanalysis. Contemporary theory and practice. London: Routledge.
Beebe B, Jaffe J, Feldstein S, Mays K, Alson D (1985). Interpersonal timing. The application of an adult dialogue model to mother-infant vocal and kinesic interactions. In: Field TM, Fox NA (eds). Social Perception in Infants. Norwood, NJ: Ablex; 217-47.
Bick E (1964). Notes on infant observations in psychoanalytic training. Int J Psychoanal; 45: 558-66.
Bion WR (1990). Lernen durch Erfahrung. Frankfurt/M.: Suhrkamp.
Blair RJ (1995). A cognitive developmental approach to morality. Investigating the psychopath. Cognition; 57: 1-29.
Blair RJ (2001). Neurocognitive models of aggression, the antisocial personality disorders, and psychopathy. J Neurol Neurosurg Psychiatry; 71: 727-31.
Blair RJ, Jones L, Clark F, Smith M (1997). The psychopathic individual. A lack of responsiveness to distress cues? Psychophysiology; 34(2): 192-8.
Blair R, Morris J, Frith C, Perrett D, Dolan R (1999). Dissociable neural responses to facial expressions of sadness. Brain; 122(5): 883-93.
Bleiberg E (2001). Treating Personality Disorders in Children and Adolescents. A relational approach. New York: Guilford Press.
Bogdan RJ (1997). Interpreting Minds. Cambridge, MA: MIT Press.
Bolton D, Hill J (1996). Mind, Meaning and Mental Disorder. Oxford: Oxford University Press.
Bowlby J (1986). Bindung. Frankfurt/M.: Fischer.
Brazelton TB, Tronick E (1980). Preverbal communication between mothers and infants. In: Olson DR (ed). The Social Foundations of Language and Thought. New York: Norton; 299-315.
Brazelton T, Kowslowski B, Main M (1974). The origins of reciprocity. The early mother-infant interaction. In: Lewis M, Rosenblum L (eds). The Effect of the Infant on its Caregiver. New York: John Wiley; 49-76.
Cairns RB, Cairns BD, Neckerman HJ, Ferguson LI, Gariepy JL (1989). Growth and aggression. 1. Childhood to early adolescence. Developm Psychol; 25: 320-30.
Cassam Q (ed) (1994). Self-knowledge. Oxford: Oxford University Press.
Coccaro EF, Kavussi RJ, Hauger RL, Cooper TB, Ferris CF (1998). Cerebrospinal fluid vasopressin levels. Correlates with aggression and serotonin function in personality-disordered subjects. Arch Gen Psychiatry; 55(8): 708-14.
Coie JD, Dodge KA (1998). Aggression and antisocial behavior. In: Damon W (ed). Handbook of Child Psychology, Vol. 3. Social, emotional and personality development. New York: Wiley; 779-862.
Corkum V, Moore C (1995). Joint Attention. Its origins and role in development. New York: Erlbaum; 61-83.
Cote S, Tremblay RE, Nagin D, Zoccolillo M, Vitaro F (2002). The development of impulsivity, fearfulness, and helpfulness during childhood. Patterns of consistency and change in the trajectories of boys and girls. J Child Psychol Psychiatry Allied Disciplines; 43(5): 609-18.

Cox M (1982). The psychotherapist as assessor of dangerousness. In: Hamilton JR, Freeman H (eds). Dangerousness: Psychiatric assessment and management. London: Alden Press; 81–7.
Crick NR, Dodge KA (1994). A review and reformulation of social information-processing mechanisms in children's social adjustment. Psychol Bull; 115: 74–101.
Csibra G, Gergely G (1998). The teleological origins of mentalistic action explanations. A developmental hypothesis. Developm Sci; 1(2): 255–9.
Csibra G, Gergely G, Brockbank M, Biro S, Koos O (1999). Twelve-month-old can infer a goal for an incomplete action. Vortrag, gehalten anlässlich der 11. Biennial Conference on Infant Studies (ICIS), Atlanta, Georgia.
De Waal FBM (2000). Primates – a natural history of conflict resolution. Science; 289: 586–90.
DeCasper AJ, Fifer WP (1980). Of human bonding. Newborns prefer their mother's voices. Science; 208: 1174–6.
Denham SA, Zoller D, Couchoud EA (1994). Socialization of preschoolers emotion understanding. Developm Psychol; 30: 928–36.
Dennett D (1987). The Intentional Stance. Cambridge, MA: MIT Press.
Dodge KA, Pettit G, Bates JE (1994). Socialization mediators of the relation between socioeconomic status and child conduct problems. Child Dev; 65: 649–65.
Dunn J (1996). The Emanuel Miller Memorial Lecture 1995. Children's relationships. Bridging the divide between cognitive and social development. J Child Psychol Psychiatry; 37: 507–18.
Dunn J, Brown J, Beardsall L (1991a). Family talk about feeling states and children's later understanding of other's emotions. Develop Psychol; 27: 448–55.
Dunn J, Brown J, Somkowski C, Telsa C, Youngblade L (1991b). Young children's understanding of other people's feelings and beliefs. Individual differences and their antecedents. Child Dev; 62: 1352–66.
Dywan J, Bowers KS (1983). The use of hypnosis to enhance recall. Science; 222: 184–5.
Eley TC, Lichtenstein P, Stevenson J (1999). Sex differences in the etiology of aggressive and non-aggressive antisocial behavior: results from two twin studies. Child Dev; 70(1): 155–68.
Fantz R (1963). Pattern vision in newborn infants. Science; 140: 296–7.
Field T (1979). Differential behavioral and cardiac responses of 3-month-old infants to a mirror and peer. Inf Behav Dev; 2: 179–84.
Fodor J (1987). Psychosemantics. Cambridge, MA: MIT Press.
Fodor J (1992). A theory of the child's theory of mind. Cognition; 44: 283–96.
Fonagy P (1982). Psychoanalysis and empirical science. Int Rev Psychoanal; 9: 125–45.
Fonagy P (1991). Thinking about thinking. Some clinical and theoretical considerations in the treatment of a borderline patient. Int J Psychoanal; 72: 1–18.
Fonagy P (1995). Playing with reality. The development of psychic reality and its malfunction in borderline patients. Int J Psychoanal; 76: 39–44.
Fonagy P (1997a). Attachment and theory of mind. Overlapping constructs? Associations for Child Psychology and Psychiatry Occasional Papers; 14: 31–40.
Fonagy P (1997b). Multiple voices versus meta-cognition. An attachment theory perspective. J Psychother Integration; 7: 181–94.
Fonagy P (1999). The transgenerational transmission of holocaust trauma. Lessons learned from the analysis of an adolescent with obsessive-compulsive disorder. Attachm Hum Dev; 1: 92–114.
Fonagy P (2000). Attachment and borderline personality disorder. J Am Psychoanal Assoc; 48(4): 1129–46.
Fonagy P (2001). Saisir les orties à pleines mains, ou pourquoi la recherche psychoanalytique est tellement irritante. Revue Francaise de Psychoanalyse; 265–84.
Fonagy P, Target M (1996). Playing with reality: I. Theory of mind and the normal development of psychic reality. Int J Psychoanal; 77: 217–33.
Fonagy P, Target M (1997). Attachment and reflective function. Their role in self-organization. Development and Psychopathology; 9: 679–700.
Fonagy P, Target M (2000). Playing with reality: III. The persistence of dual psychic reality in borderline patients. Int J Psychoanal; 81(5): 853–74.

Fonagy P, Steele H, Moran G, Steele M, Higgitt A (1991). The capacity for understanding mental states. The reflective self in parent and child and its significance for security of attachment. Inf Ment Health J; 13: 200–17.
Fonagy P, Steele H, Moran G, Steele M, Higgitt A (1993). Measuring the ghost in the nursery. An empirical study of the relation between parent's mental representations of childhood experiences and their infants' security of attachment. J Am Psychoanal Assoc; 41: 957–89.
Fonagy P, Steele M, Steele H, Higgitt A, Target M (1994). Theory and practice of resilience. J Child Psychol Psychiatry; 35: 231–57.
Fonagy P, Steele M, Steele H, Leigh T, Kennedy R, Mattoon G, Target M (1995a). The predictive validity of Mary Main's Adult Attachment Interview. A psychoanalytic and developmental perspective on the transgenerational transmission of attachment and borderline states. In: Goldberg S, Muir R, Kerr J (eds). Attachment Theory. Social, developmental and clinical perspectives. Hillsdale, NJ: The Analytic Press; 233–78.
Fonagy P, Leigh T, Kennedy R, Mattoon G, Steele H, Target M, Steele M, Higgitt A (1995b). Attachment, borderline states and the representation of emotions and cognitions in self and other. In: Cicchetti D, Toth SS (eds). Rochester Symposium on Developmental Psychopathology: Cognition and emotion. Vol. 6. Rochester, NY: University of Rochester Press; 371–414.
Fonagy P, Target M, Steele H, Steele M (1997a). The development of violence and crime as it relates to security of attachment. In: Osofsky JD (ed). Children in a Violent Society. New York: Guilford Press; 150–77.
Fonagy P, Target M, Steele M, Steele H, Leigh T, Levinson A, Kennedy R (1997b). Morality, disruptive behavior, borderline personality disorder, crime, and their relationships to security of attachment. In: Atkinson L, Zucker KJ (eds). Attachment and Psychopathology. New York: Guilford Press; 223–74.
Fonagy P, Target M, Steele H, Steele M (1998). Reflective-Functioning Manual, version 5.0, for Application to Adult Attachment Interviews. London: University College London.
Fonagy P, Target M, Gergely G (2000). Attachment and borderline personality disorder. A theory and some evidence. Psychiatr Clin North Am; 23: 103–22.
Fonagy P, Gergely G, Jurist E, Target M (2002). Affect Regulation, Mentalization and the Development of the Self. New York: Other Press (dt.: Affektregulierung, Mentalisierung und die Entwicklung des Selbst. Stuttgart: Klett-Cotta 2004).
Freud S (1914). Zur Einführung des Narzißmus. GW X. Frankfurt/M.: Fischer; 138–70.
Freud S (1920). Jenseits des Lustprinzips. GW XIII. Frankfurt/M.: Fischer; 3–69.
Freud S (1930). Das Unbehagen in der Kultur. GW XIV. Frankfurt/M.: Fischer; 421–506.
Freud S (1937). Die endliche und die unendliche Analyse. GW XVI. Frankfurt/M.: Fischer; 59–99.
Gazzaniga MS (1985). The Social Brain. Discovering the networks of the mind. New York: Basic Books.
Ge X, Conger RD, Cadoret R, Neidheiser J, Yates W (1996). The developmental interface between nature and nurture. A mutual influence model of child antisocial behavior and parent behavior. Developm Psychol; 32: 574–89.
Gergely G (2002). The development of understanding of self and agency. In: Goshwami U (ed). Handbook of Childhood Cognitive Development. Oxford: Blackwell; 26–46.
Gergely G, Csibra G (1996). Understanding rational actions in infancy. Teleological interpretations without mental attribution. Symposium on »Early Perception of Social Contingencies«. Paper presented at the 10th Biennial International Conference on Infant Studies. Providence, RI, USA.
Gergely G, Csibra G (1997). Teleological reasoning in infancy. The infant's naive theory of rational action. A reply to Premack and Premack. Cognition; 63: 227–33.
Gergely G, Csibra G (1998). La interpretacion teleologica de la conducta: La teoria infantil de la accion racional (The teleological interpretation of behaviour: the infant's theory of rational action). Infancia y Aprendizaje; 84: 45–65.
Gergely G, Csibra G (2000). The teleological origins of naive theory of mind in infancy. Paper presented at the Symposium on »Origins of theory of mind: studies with human infants and primates«. Paper presented at the 12th Biennial International Conference on Infant Studies (ICIS). Brighton, England.

Gergely G, Watson JS (1996). The social biofeedback model of parental affect-mirroring. Int J Psychoanal; 77: 1181–212 (dt.: Die Theorie des sozialen Biofeedbacks durch mütterliche Affektspiegelung. Selbstpsychologie 2005; 5: 143–94).

Gergely G, Watson JS (1999). Early social-emotional development. Contingency perception and the social biofeedback model. In: Rochat P (ed). Early Social Cognition. Understanding others in the first months of life. Hillsdale, NJ: Erlbaum; 101–37.

Gergely G, Koós O, Watson JS (2002). Contingency perception and the role of contingent parental reactivity in early socio-emotional development. Some implications for developmental psychopathology. In: Nadel J, Decety J (eds). Imitation, Action et Intentionalité. Paris: Presses Universtaires de France; 59–82.

Gilligan J (1997). Violence. Our deadliest epidemic and its causes. New York: Grosset/Putnam.

Gilliom M, Shaw DS, Beck JE, Schonberg MA, Lukon JE (2002). Anger regulation in disadvantaged preschool boys. Strategies, antecedents, and the development of self-control. Developm Psychol; 38: 222–35.

Glasser M (1998). On violence. A preliminary communication. Int J Psychoanal; 79: 887–902.

Guntrip H (1974). Psychoanalytic Object Relations Theory. The Fairbairn-Guntrip approach. The foundations of psychiatry. New York: Basic Books.

Harris JR (1998). The Nurture Assumption. Why children turn out the way they do. Parents matter less than you think and peers matter more. New York: Free Press (dt.: Ist Erziehung sinnlos? Die Ohnmacht der Eltern. Reinbek: Rowohlt 2000).

Harter S (1999). The Construction of the Self. A developmental perspective. New York: Guilford Press.

Hartmann H (1939). Ich-Psychologie und Anpassungsproblem. Stuttgart: Klett 1970.

Hirschfeld L, Gelman S (1994). Mapping the Mind. Domain specificity in cognition and culture. New York: Cambridge University Press.

Hobson RP (1993). Autism and the Development of Mind. London: Lawrence Erlbaum.

Hofer MA (2003). The Emerging neurobiology of attachment and separation. How parents shape their infants' brain and behavior. In: Coates SW, Rosenthal JL, Schechter DS (eds). September 11 – Trauma and Human Bonds. New York: Analytic Press; 191–209.

Hughes C, Dunn J, White A (1998). Trick or treat? Uneven understanding of mind and emotion and executive dysfunction in »hard-to-manage« preschoolers. J Child Psychol Psychiatry; 39: 981–94.

Intrator J, Hare R, Stritzke P, Brichtswein K, Dorfman D, Harmpur T (1997). A brain imaging SPECT study of semantic and affective processing in psychopaths. Biol Psychiatry; 42: 96–103.

Jaffe J, Beebe B, Feldstein S, Crown CL, Jasnow MD (2001). Rhythms of Dialogue in Infancy. Monographs of the Society for Research in Child Development; 66(2).

James W (1890). Principles of Psychology. New York: Henry Holt & Co.

Jenkins J, Astington JW (1996). Cognitive factors and family structure associated with theory of mind development in young children. Developm Psychol; 32: 70–8.

Johnson JG, Cohen P, Brown J, Smailes EM, Bernstein DP (1999). Childhood maltreatment increases risk for personality disorders during early adulthood. Arch Gen Psychiatry; 56: 600–5.

Johnson-Reid M, Barth RP (2000). From placement to prison: The path to adolescent incarceration from child welfare supervised foster or group care. Children and Youth Services Review; 22(7): 493–516.

Kernberg OF (1981). Objektbeziehungen und Praxis der Psychoanalyse. Stuttgart: Klett-Cotta.

Kernberg OF (1982). Self, ego, affects and drives. J Am Psychoanal Assoc; 30: 893–917.

Kernberg OF (1983). Object relations theory and character analysis. J Am Psychoanal Assoc; 31: 247–71.

Kernberg PF (1984). Reflections in the mirror. Mother-child interactions, self-awareness, and self-recognition. In: Call J, Galenson E, Tyson R (eds). Frontiers of Infant Psychiatry. Vol. 2. New York: Basic Books; 101–10.

Kiehl KA, Smith AM, Hare RD, Mendrek A, Forster BB, Brink J, Liddle PF (2001). Limbic abnormalities in affective processing by criminal psychopaths as revealed by functional magnetic resonance imaging. Biol Psychiatry; 50(9): 677–84.

Kihlstrom JF (1994). Hypnosis, delayed recall, and the principles of memory. Int J Clin Exp Hypnosis; 42: 337–45.
Klein M (1946). Bemerkungen über einige schizoide Mechanismen. In: Das Seelenleben des Kleinkindes. Hamburg: Rowohlt 1972; 101–25.
Kochanska G, Gross JN, Lin M-H, Nichols KE (2002). Guilt in young children. Development, determinants, and relations with a broader system of standards. Child Dev; 73: 461–82.
Kohut H (1973). Narzißmus. Eine Theorie der psychoanalytischen Behandlung narzisstischer Persönlichkeitsstörungen. Frankfurt/M.: Suhrkamp.
Kohut H (1979). Die Heilung des Selbst. Frankfurt/M.: Suhrkamp.
Lecours S, Bouchard M-A (1997). Dimensions of mentalisation. Outlining levels of psychic transformation. Int J Psychoanal; 78: 855–75.
Legerstee M, Varghese J (2001). The role of maternal affect mirroring on social expectancies in 2-3 month-old infants. Child Dev; 72: 1301–13.
Lesch KP, Bengel D, Heils A, Sabol SZ, Greenberg BD, Petri S (1996). Association of anxiety-related traits with a polymorphism in the serotonin transporter gene regulatory region. Science; 274: 1527–31.
Leslie AM (1994). TOMM, ToBy, and agency. Core architecture and domain specificity. In: Hirschfeld L, Gelman S (eds). Mapping the Mind. Domain specificitiy in cognition and culture. New York: Cambridge University Press; 119–48.
Levinson A, Fonagy P (2004). Offending and attachment: The relationship between interpersonal awareness and offending in a prison population with psychiatric disorder. Can J Psychoanal; 12(2): 225–51.
Lewis M, Brooks-Gun J (1979). Social Cognition and the Acquisition of Self. New York: Plenum Press.
Lewis M, Allessandri SM, Sullivan MW (1990). Violation of expectancy, loss of control and anger expressions in young infants. Developm Psychol; 26(5): 745–51.
Lyons-Ruth K (1996). Attachment relationships among children with aggressive behavior problems. The role of disorganized early attachment patterns. J Consult Clin Psychol; 64: 64–73.
Lyons-Ruth K, Jacobvitz D (1999). Attachment disorganisation. Unresolved loss, relational violence and lapses in behavioral and attentional strategies. In: Cassidy J, Shaver PR (eds). Handbook of Attachment Theory and Research. New York: Guilford; 520–54.
Lyons-Ruth K, Bronfman E, Atwood G (1999). A relational diathesis model of hostile-helpless states of mind. Expressions in mother-infant interaction. In: Solomon J, George C (eds). Attachment Disorganisation. New York: Guilford; 33–70.
Main M, Goldwyn R (1994). Adult Attachment Rating and Classification System Manual in Draft, Version 6.0. University of California at Berkely. Unveröff. Manuskript.
Main M, Hesse E (1990). Parents' unresolved traumatic experiences are related to infant disorganized attachment status. Is frightened and/or frightening parental behavior the linking mechanism? In: Greenberg M, Cicchetti D, Cummings EM (eds). Attachment in the Preschool Years. Theory, research and intervention. Chicago: University of Chicago Press; 161–82.
Main M, Solomon J (1986). Discovery of an insecure-disorganized/disoriented attachment pattern. In: Brazelton TB, Yogman MW (eds). Affective Development in Infancy. Norwood, NJ: Ablex; 95–124.
Main M, Hesse E (1992). Disorganized/disoriented infant behavior in the Strange Situation, lapses in the monitoring of reasoning and discourse during the parent's Adult Attachment Interview, and dissociative states. In: Ammaniti M, Stern D (eds). Attachment and Psychoanalysis. Rome: Gius, Latereza and Figli; 86–140.
Malatesta CZ, Izard CE (1984). The ontogenesis of human social signals. From biological imperative to symbol utilization. In: Fox NA, Davison RJ (eds). The Psychobiology of Affective Development. Hillsdale, NJ: Erlbaum; 161–206.
Malatesta CZ, Culver C, Tesman JR, Shepard B (1989). The development of emotion expression during the first two years of life. Monographs of the Society for Research in Child Development; 54: 1–104.

Matthys W, Cuperus JM, van Engeland H (1999). Deficient social problem-solving in boys with ODD/CD, with ADHD, and with both disorders. J Am Acad Child Adolesc Psychiatry; 38: 311–21.

McDougall J (1989). Théâtres du Corps. Paris: Gallimard (dt.: Theater des Körpers. Stuttgart: Klett-Cotta 1991).

Meins E, Ferryhough C, Fradley E, Tuckey M (2001). Rethinking maternal sensitivity. Mothers' comments on infants mental processes predict security of attachment at 12 months. J Child Psychol Psychiatry; 42: 637–48.

Meltzoff AN (1990). Foundations for developing a concept of self. The role of imitation in relating to other and the value of social mirroring, social modeling and self practice in infancy. In: Cicchetti D, Beeghly M (eds). The Self in Transition. Infancy to childhood. Chicago: University of Chicago Press; 138–64.

Meltzoff AN, Moore MK (1977). Imitation of facial and manual gestures by human neonates. Science; 198: 75–8.

Meltzoff AN, Moore MK (1989). Imitation in newborn infants. Exploring the range of gestures imitated and the underlying mechanisms. Developm Psychol, 25: 954–62.

Mitchell RW (1993). Mental modes of mirror self-recognition. Two theories. New Ideas in Psychology; 11: 295–325.

Moffitt TE (1993). »Adolescence-limited« and »life-course-persistent« antisocial behavior. A developmental taxonomy. Psychol Rev; 100: 674–701.

Moffitt TE, Caspi A, Dickson N, Silva P, Stanton W (1996). Childhood-onset versus adolescent-onset antisocial problems in males. Natural history from ages 3 to 18 years. Developm Psychopathol; 9: 399–424.

Moffitt TE, Caspi A, Harrington H, Milne BJ (2002). Males on the life-course-persistent and adolescent-limited antisocial pathways. Follow-up at age 26 years. Developm Psychopathol; 14(1): 179–207.

Morton J, Johnson MH (1991). CONSPEC and CONLEARN. A two-process theory of infant face recognition. Psychol Rev; 98: 164–81.

Nagin DS, Tremblay RE (2001). Parental and early childhood predictors of persistent physical aggression in boys from kindergarten to high school. Arch Gen Psychiatry; 58(4): 389–94.

Neisser U (1988). Five kinds of self-knowledge. Philos Psychol; 1: 35–59.

Neubauer PB (1996). Nature's Thumbprint. The new genetics of personality. 2nd ed. New York: Columbia University Press.

New AS, Gelenter J, Yovel Y, Trestman RL, Nielsen DA, Silverman J et al. (1998). Tryptophan hydroxylase genotype is associated with impulsive-aggression measures: A preliminary study. Am J Med Gen; 81: 13–7.

New AS, Gelernter J, Goodman M, Mitropoulou V, Koenigsberg HW, Silverman JM et al. (2001). Suicide, impulsive aggression and HTR1B genotype. Biol Psychiatry; 50: 62–5.

NICHD Early childhood Care Research Network (1996). Characteristics of infant child care. Factors contributing to positive caregiving. Early Childhood Res Q; 11: 269–306.

Nigg JT, Goldsmith HH (1998). Developmental psychopathology, personality, and temperament: reflections on recent behavioral genetics research. Hum Biol; 70: 387–412.

Papousek H, Papousek M (1974). Mirror-image and self recognition in young human infants. A new method of experimental analysis. Developm Psychobiol; 7: 149–57.

Papousek H, Papousek M (1987). Intuitive parenting. A dialectic counterpart to the infant's integrative competence. In: Osofosky JD (ed). Handbook of Infant Development. New York: Wiley; 669–720.

Perner J (1991). Understanding the Representational Mind. Cambridge, MA: MIT Press.

Perner J, Ruffman T, Leekman SR (1994). Theory of mind is contagious. You catch it from your sibs. Child Dev; 65: 1228–38.

Peterfreund E (1971). Information, Systems, and Psychoanalysis. An evolutionary biological approach to psychoanalytic theory. New York: International University Press.

Piaget J (1936). Das Erwachen der Intelligenz beim Kinde. Stuttgart: Klett 1975.

Pines M (1982). Reflections on mirroring. Group Analysis; 15, Suppl.

Plomin R, Fulker DW, Corley R, DeFries JC (1997). Nature, nurture, and cognitive development from 1 to 16 years. A parent-offspring adoption study. Psychol Sci; 8: 442–7.
Pope AW, Bierman KL (1999). Predicting adolescent peer problems and antisocial activities. The relative role of aggression and dysregulation. Developm Psychol; 35: 335–46.
Povinelli DJ, Eddy TJ (1995). The unduplicated self. In: Rochat P (ed). The Self in Infancy. Theory and research. Amsterdam: Elsevier; 161–92.
Raine A, Phil D, Stoddard J, Bihrle S, Buchsbaum M (1998). Prefrontal glucose deficits in murderers lacking psychosocial deprivation. Neuropsychiatry Neuropsychol Behav Neurol; 11: 1–7.
Raine A, Lencz T, Bihrle S, LaCasse L, Colletti P (2000). Reduced prefrontal gray matter volume and reduced autonomic activity in antisocial personality disorder. Arch Gen Psychiatry; 57(2): 119–27.
Reiss D, Hetherington EM, Plomin R, Howe GW, Simmens SJ, Henderson SH, O'Connor TJ, Bussell DA, Anderson ER, Law T (1995). Genetics questions for environmental studies. Differential parenting and psychopathology in adolescence. Arch Gen Psychiatry; 52: 925–36.
Reiss D, Neiderhiser J, Hetherington EM, Plomin R (2000). The Relationship Code: Deciphering Genetic and Social Patterns in Adolescent Development. Cambridge, MA: Harvard University Press.
Repacholi BM, Gopnik A (1997). Early reasoning about desires: Evidence from 14- and 18-month olds. Developm Psychol; 33: 12–21.
Rhee SH, Waldman ID (2002). Genetic and environmental influences on antisocial behavior. A metaanalysis of twin and adoption studies. Psychol Bull; 128: 490–529.
Rochat P, Morgan R (1995). Spatial determinants in the perception of self-produced leg movements in 3- to 5-month-old infants. Developm Psychol; 31: 626–36.
Rosenblatt AD, Thickstun JT (1977). Modern Psychoanalytic Concepts in an General Psychology. Part I: General Concepts and Principles. Part 2: Motivation. New York: International Universities Press.
Rosenfeld H (1981). Zur Psychopathologie des Narzißmus. Ein klinischer Beitrag. In: Zur Psychoanalyse psychotischer Zustände. Frankfurt/M.: Suhrkamp; 196–208.
Rosenfeld H (1990). Sackgassen und Deutungen. Stuttgart: Verlag Internationale Psychoanalyse.
Ruffman T, Perner J, Naito M, Parkin L, Clements W (1998). Older (but not younger) siblings facilitate false belief understanding. Developm Psychol; 34(1): 161–74.
Sander LW (1970). Regulation and organization of behavior in the early infant-caretaker system. In: Robinson R (ed). Brain and Early Behavior. London: Academic Press.
Sandler J (1987). Projection, Identification, Projective Identification. London: Karnac Books.
Saudino KJ, Pedersen NL, Lichtenstein P, McClearn GE, Plomin R (1997). Can personality explain genetic influences on life events? J Personal Soc Psychol; 72: 196–206.
Schafer R (1980). Narration in the psychoanalytic dialogue. Crit Inq; 7: 29–53.
Schafer R (1982). Eine neue Sprache für die Psychoanalyse. Stuttgart: Klett-Cotta.
Schmuckler MA (1996). Visual-proprioceptive intermodal perception in infancy. Inf Behav Dev; 19: 221–32.
Schneider-Rosen K, Cicchetti D (1991). Early self-knowledge and emotional development: Visual self-recognition and affective reactions to mirror self-image in maltreated and non-maltreated toddlers. Developm Psychol; 27: 481–8.
Schuengel C, Bakermans-Kranenburg MJ, van IJzendoorn MH, Blom M (1999). Unresolved loss and infant disorganisation. Links to frightening maternal behavior. In: Solomon J, George C (eds). Attachment Disorganisation. New York: Guilford; 71–94.
Segal H (1964). Introduction to the Work of Melanie Klein. New York: Basic Books (dt.: Melanie Klein. Eine Einführung in ihr Werk. München: Kindler 1974).
Shaw DS, Gilliom M, Ingoldsby EM, Nagin DS (2003). Trajectories leading to school age conduct problems. Developm Psychol; 39: 189–200.
Shonk SM, Cicchetti D (2001). Maltreatment, competency deficits, and risk for academic and behavioral maladjustment. Developm Psychol; 37(1): 3–17.
Slade A, Belsky J, Aber L, Phelps JL (1999). Mothers' representations of their relationships with their toddlers. Links to adult attachment and observed mothering. Developm Psychol; 35(3): 611–9.

Smyke AT, Dumitrescu A, Zeanah CH (2002). Attachment disturbances in young children. I. The continuum of caretaking casualty. J Am Acad Child Adolesc Psychiatry; 41(8): 972–82.

Soloff PH, Meltzer CC, Greer PJ, Constantine D, Kelly TM (2000). A fenfluramine-activated FDG-PET study of borderline personality disorder. Biol Psychiatry; 47(6): 540–7.

Solomon J, George C (1999). Attachment Disorganization. New York: Guilford.

Spiegel D, Scheflin AW (1994). Dissociated or fabricated? Psychiatric aspects of repressed memory in criminal and civil cases. Int J Clin Exp Hypn. Special Issue: Hypnosis and Delayed Recall–I; 42: 411–32.

Spillius EB (1992). Clinical experiences of projective identifications. In: Anderson R (ed). Clinical Lectures on Klein and Bion. London: Routledge; 59–73.

Spillius EB (1994). Developments in Kleinian thought. Overview and personal view. Psychoanal Inq; 14: 324–64.

Stern DN (1977). The First Relationship. Mother and infant. Cambridge: Harvard University Press (dt.: Mutter und Kind. Die erste Beziehung. Stuttgart: Klett-Cotta 1979).

Stern DN (1992). Die Lebenserfahrung des Säuglings. Stuttgart: Klett-Cotta.

Storr A (1968). Human Aggression. London: Pelican Books.

Tomasello M (1999). The Cultural Origins of Human Cognition. Cambridge, MA: Harvard University Press (dt.: Die kulturelle Entwicklung des menschlichen Denkens. Frankfurt/M.: Suhrkamp 2002).

Torgersen S, Lygren S, Oien PA, Skre I, Onstad S, Edvarsen J, Tambs K, Kringlen E (2000). A twin study of personality disorders. Compr Psychiatry; 41(6): 416–25.

Tremblay RE, Japel C, Perusse D (1999). The search for the age of onset of physical aggression. Rousseau and Bandura revisited. Crim Behav Ment Health; 9: 8–23.

Trevarthen C (1979). Communication and cooperation in early infancy. A description of primary intersubjectivity. In: Bullowa MM (ed). Before Speech. The beginning of interpersonal communication. New York: Cambridge University Press; 321–47.

Tronick EZ (1989). Emotions and emotional communication in infants. Am Psychologist; 44: 112–9.

Tronick EZ, Gianino AF (1986). The transmission of maternal disturbance to the infant. In: Tronick EZ, Field TM (eds). Maternal Depression and Infant Disturbance. San Francisco: Jossey Bass; 5–11.

Tyson P, Tyson RL (1997). Lehrbuch der psychoanalytischen Entwicklungspsychologie. Stuttgart: Kohlhammer.

Van IJzendoorn MH, Moran G, Belsky J, Pederson D, Bakermans-Kranenburg MJ, Kneppers K (2000). The similarity of siblings attachments to their mothers. Child Dev; 71: 1086–98.

Watson JS (1972). Smiling, cooing, and »the game«. Merrill-Palmer Q; 18: 323–39.

Watson JS (1979). Perception of contingency as a determinant of social responsiveness. In: Thomas EB (ed). The Origins of Social Responsiveness. New York: Lawrence Erlbaum; 33–64.

Watson JS (1985). Contingency perception in early social development. In: Field TM, Fox NA (eds). Social Perception in Infants. Norwood, NJ: Ablex; 157–76.

Watson JS (1994). Detection of self. The perfect algorithm. In: Parker S, Mitchell R, Boccia M (eds). Self-awareness in Animals and Humans. Developmental perspectives. Cambridge: Cambridge University Press; 131–49.

Watson JS (1995). Self-orientation in early infancy. The general role of contingency and the specific case of reaching to the mouth. In: Rochat P (ed). The Self in Infancy. Theory and research. Amsterdam: Elsevier; 375–93.

Wellman H (1990). The Child's Theory of Mind. Cambridge, MA: Bradford Books/MIT Press.

Wellman HM, Phillips AT (2000). Developing intentional understandings. In: Moses L, Male B, Baldwin D (eds). Intentionality. A key to human understanding. Cambridge, MA: MIT Press; 125–8.

White HR, Bates ME, Buyske S (2001). Adolescence-limited versus persistent delinquency. Extending Moffitt's hypothesis into adulthood. J Abnorm Psychol; 110(4): 600–9.

Whiten A (1991). Natural Theories of Mind. Oxford: Blackwell.

Wimmer H, Perner J (1983). Beliefs about beliefs. Representation and constraining function of wrong beliefs in young children's understanding of deception. Cognition; 13: 103–28.

Winnicott DW (1974a). Die Spiegelfunktion von Mutter und Familie in der kindlichen Entwicklung. In: Vom Spiel zur Kreativität. Stuttgart: Klett-Cotta; 128–35.
Winnicott DW (1974b). Reifungsprozesse und fördernde Umwelt. München: Kindler.
Winnicott DW (1974c). Übergangsobjekte und Übergangsphänomene. In: Vom Spiel zur Kreativität. Stuttgart: Klett-Cotta; 10–36.

4.4 Narzissmus, Schmerz und somatoforme Störungen

Peter Henningsen

Bei Narzisstischen Persönlichkeitsstörungen spielen Kränkungswut und andere schmerzhafte Affekte eine wichtige Rolle. In bestimmten Fällen treten bei Patienten mit narzisstischen Störungen im weitesten Sinn aber auch Schmerzen auf, die ohne Bezug zu solchen Affekten als Ausdruck einer Körperstörung wahrgenommen bzw. attribuiert werden. Sie geben dann häufig Anlass zu vielfältigen organischen Untersuchungen und Therapieversuchen, ohne dass sich eine ausreichende organische Erklärung für den Schmerz finden lässt.

Diesem Zusammenhang von schmerzhaften Körperbeschwerden und Narzissmus ist dieses Kapitel gewidmet. Es ist aus klinisch-psychosomatischer Perspektive geschrieben, geht also von der großen Zahl von Patienten mit derartigen, organisch nicht ausreichend erklärbaren Körperbeschwerden aus und untersucht von dort aus die Bezüge zum Narzissmus als klinischem Phänomen wie als theoretischer Perspektive. Dabei soll deutlich werden, dass es neben einer Betrachtung der intrapsychischen Prozesse besonders wichtig ist, die interpersonellen Funktionen des Körperschmerzes, zum Beispiel in der Arzt-Patienten-Beziehung, zu untersuchen, um seine Bedeutung im Kontext von Persönlichkeit im Allgemeinen und Narzissmus im Besonderen besser zu verstehen. Um dies nachvollziehbar zu machen, werden zunächst die Zusammenhänge von Schmerz, somatoformer Störung, Beziehungs- und Persönlichkeitsstörung etwas ausführlicher dargestellt. Aus den Überlegungen ergeben sich, wie zu zeigen sein wird, auch Konsequenzen für die psychosomatische Modellbildung und die Therapie.

Schmerz und somatoforme Störungen

Das Erleben körperlicher Schmerzen gehört zum normalen menschlichen Dasein; etwa 90 % aller Menschen nehmen im Lauf einer durchschnittlichen Woche mehr oder weniger schmerzhafte Körperbeschwerden wahr (Kellner 1987). In den allermeisten Fällen sind derartige Schmerzbeschwerden nicht eindeutig auf eine organpathologische Veränderung zurückzuführen; entweder sie werden gar nicht Anlass von Hilfesuchverhalten im Gesundheitssystem oder eine ärztliche Untersuchung erbringt keine wegweisende organische Erklärung. In der Folge bilden sie sich entweder zurück oder werden, gerade in höheren Lebensaltern, ertragen. In einem gewissen Teil der Fälle werden Schmerzen und andere Körperbeschwerden, obwohl sie nicht klar auf organpathologische Veränderungen zurückgeführt werden können, anhaltend zum Aufmerksamkeitsfokus des Betroffenen und zum Anlass von wiederholtem Inanspruchnahmeverhalten im Gesundheitssystem – das heißt, dass eine somatoforme Störung entsteht.

Somatoforme Störungen werden in der Internationalen Klassifikation von Krankheiten (ICD-10, F45) wie folgt definiert:

> »Das Charakteristikum der somatoformen Störungen ist die wiederholte Darbietung körperlicher Symptome in Verbindung mit hartnäckigen Forderungen nach medizinischen Untersuchungen trotz wiederholter negativer Ergebnisse und Versicherung der Ärzte, dass die Symptome nicht körperlich begründbar sind.«

Im Folgenden fasst die Definition sehr prägnant auch die interaktionellen Schwierigkeiten im Umgang mit derartigen Patienten zusammen:

> »Auch wenn Beginn und Fortdauer der Symptome eine enge Beziehung zu unangenehmen Lebensereignissen, Schwierigkeiten oder Konflikten aufweisen, widersetzt sich der Patient gewöhnlich den Versuchen, die Möglichkeit einer psychischen Ursache zu diskutieren; sogar bei offensichtlichen depressiven oder Angstsymptomen kann es sich so verhalten. Das zu erreichende Verständnis für die körperliche oder psychische Verursachung der Symptome ist häufig für Patienten und Arzt enttäuschend.«

Damit ist klar, dass Patienten mit somatoformen Störungen nicht nur durch anhaltende Körperbeschwerden charakterisiert sind, für die sich keine angemessene organische Erklärung finden lässt, sondern auch durch die daran geknüpfte mehr oder weniger rigide Ursachenüberzeugung und das dysfunktionale, für alle Beteiligten typischerweise unbefriedigende Krankheitsverhalten (Henningsen et al. 2002).

Schmerzen unterschiedlicher Lokalisation sind weltweit das häufigste somatoforme Symptom, gefolgt von unspezifischen Beschwerden wie Erschöpfung und Schlafstörungen sowie Organfunktionsstörungen, beispielsweise Herzrasen, Schwindel oder Durchfall. Die so genannte »anhaltende somatoforme Schmerzstörung« (ICD-10, F45.4) ist eine Unterform somatoformer Störungen, bei der ein organisch nicht ausreichend erklärbarer, quälender Schmerz im Mittelpunkt der Aufmerksamkeit steht und vom Untersucher psychosoziale Faktoren identifiziert werden können, die als ursächlich für diesen Schmerz gelten können. (Damit bilden Patienten mit somatoformen Schmerzstörungen auch eine Untergruppe der Patienten mit chronischen Schmerzen allgemein, bei denen zum Teil die Schmerzen durchaus im Wesentlichen organisch erklärbar sind und/oder bei denen psychische Faktoren, zum Beispiel Coping-Mechanismen, »nur« einen Einfluss auf den Schmerzverlauf nehmen, ohne als primär ursächlich angesehen zu werden [Hartkamp 2002].) Patienten mit anhaltenden, organisch nicht erklärten Schmerzen und Körperbeschwerden erhalten häufig auch, vor allem in den verschiedenen somatischen Fachdisziplinen, einzelsymptombezogene Diagnosen so genannter funktioneller Syndrome, wie zum Beispiel Fibromyalgie, Spannungskopfschmerz oder Unterleibsschmerz der Frau.

Es ist wichtig zu realisieren, dass über diese Spezialdiagnosen hinweg weitreichende Überlappungen zwischen unterschiedlichen Beschwerdearten bestehen: Wer über somatoforme Schmerzen klagt, ist häufig auch erschöpft, hat Verdauungsprobleme, ist depressiv und/oder ängstlich etc. »Der« Schmerz- oder »der« Fibromyalgie-Patient o. Ä. ist angesichts dieser Überlappungen weitgehend ein Artefakt der spezialisierten Brillen, mit denen auf die Patienten geschaut wird. Auch ist die frühere psychodynamische Annahme, dass gehäuftes Klagen über Körperbeschwerden (»Somatisieren«) an die Stelle nicht geäußerter bzw. abgewehrter Angst oder Depression trete, eindeutig widerlegt: Das Ausmaß an Klagen über Körperbeschwerden hängt direkt und positiv mit dem Ausmaß an Depressivität und Angst zusammen (Henningsen et al. 2003). Aufgrund dieser Überlappungen zeichnet sich ab, dass ein dimensionales Beschreibungsmodell auch auf dem Feld der ehemaligen neurotischen Störungen, ähnlich wie schon lange für die Persönlichkeitsstörungen diskutiert, angemessener ist als die kategoriale Trennung in scheinbar unterschiedliche »Morbi« (Henningsen 2001). Ein solches dimensionales Modell müsste neben den Basisdimensionen somatoforme Körperbeschwerden, Angst und Depressivität als Sekundärdimension auch die klinisch bedeutsame Art der Beschwerdepräsentation, die Ursachenüberzeugung und das Krankheitsverhalten des Patienten berücksichtigen: Präsentiert der Patient primär körperliche oder psychische Beschwerden, attribuiert er sie mehr einer organischen oder einer psychischen Ursache?

Somatoforme Störungen als Beziehungsstörung im Gesundheitswesen

Die Beziehungskomponente bzw. interpersonelle Komponente im anhaltenden Klagen über somatoformen Schmerz wurde schon erwähnt. Allein schon die Feststellung, dass der Schmerz und/oder andere Körperbeschwerden nicht, wie zunächst angenommen, auf eine nachweislich erklärende organische Krankheit zurückgehen, entspringt einer Beziehungsepisode im Gesundheitswesen mit unbefriedigendem Ausgang, einer Abweichung vom Hilfesuchepisoden-Ideal, das ungefähr so aussieht: Patient hat eine Beschwerde, wendet sich an den Arzt, der nach angemessener Untersuchung eine körperliche Ursache entdeckt, daraufhin eine wirksame Therapie einleitet, Patient wird geheilt und ist dankbar, der Arzt ist zufrieden. Die Entwicklung einer somatoformen (Schmerz-)Störung setzt an der ersten, vom Ideal abweichenden Episode an. In der Folge bildet sich die Beschwerde nicht zurück oder wird ertragen, sondern es kommt zu einer mehr oder weniger ausgeprägten Kette von Arztbesuchen, die wiederkehrenden Hoffnungs-/Idealisierungs-/Enttäuschungs-/Kränkungs-Zirkeln entsprechen: Der neue Arzt möge eine (organische) Erklärung und eine entsprechend hilfreiche Therapie finden, je größer die Hoffnung, desto größer die darauf folgende Enttäuschung (vgl. Rudolf 1998). Es ist einleuchtend, dass diese Patienten mit anhaltenden Körperbeschwerden und anhaltender organischer Ursachenüberzeugung auch von ihren ohnmächtig gemachten Behandlern als »schwierig« wahrgenommen werden und die Behandlung als »unbefriedigend« bezeichnet wird, in Untersuchungen bei Hausärzten deutlich unbefriedigender als die Behandlung von Patienten mit offenkundigen psychischen Störungen (Hartz et al. 2000). Aber natürlich sind diese Patienten auch für Psychotherapeuten »schwierig«, weil sie sich in der Regel nicht motiviert zu einer Psychotherapie zeigen, auf ihren Körperbeschwerden beharren und Fragen nach Lebensumständen und psychosozialen Belastungen mit normativen Antworten ins Leere laufen lassen. Vor dem Hintergrund dieser Schwierigkeiten sind somatoforme Störungen, ganz unabhängig von einer Betrachtung der beteiligten Persönlichkeitsstrukturen, auch als Beziehungsstörungen im Gesundheitswesen bezeichnet worden (Henningsen 2001).

Warum beharren Patienten mit somatoformen (Schmerz-)Störungen häufig so anhaltend auf einer organischen Ursache ihrer Beschwerden? Hier spielen, wiederum persönlichkeitsunabhängig, Stigma und der »Kampf um Legitimität« der Beschwerden wichtige Rollen: Nur organisch erklärte werden als legitime Krankheiten angesehen. Psychogene sind dagegen stigmatisierte Erklärungen, zum Teil wegen der Nähe zum psychisch Kranken, »Irren«, vor allem aber wegen des moralischen Graubereichs zwischen »Nicht-Wollen« und »Nicht-Können«, der Nähe zur Simulation. Es ist plausibel anzunehmen, dass gerade die eigene Ahnung des »Nicht-Wollens«, das in einem beschwerdebedingten »Nicht-Können« immer auch enthalten ist, zur Heftigkeit des zum Teil in Selbsthilfegruppen gut organisierten Kampfes um organische Legitimität beiträgt (Henningsen u. Priebe 1999). Kirmayer et al. (1994) bezeichnen somatoforme Störungen auch als Störungen, die unauflöslich an eine soziale Stiuation gebunden sind, in der die Validität des Leidens des Betroffenen infrage gestellt wird. Es spricht einiges dafür, dass ein großer Teil der vermeintlich alexithymen Züge somatoformer Patienten, also ihrer Unfähigkeit, eigene Affekte zu erkennen und mitzuteilen, situativ-interpersonell durch die Infragestellung der Legitimität verursacht ist und kein überdauerndes, geschweige denn für somatoforme Patienten spezifisches Charakteristikum darstellt: Solange der Betroffene auf dem Boden einer unsicheren therapeutischen Arbeitsbeziehung Fragen nach psychosozialen Umständen und Gefühlen als Zeichen interpretiert, in seinen Körperbeschwerden nicht ernst genommen zu werden, solange wird er sie in oben beschriebener Weise leer laufen lassen (ebd.). Eine qualitative Studie an unserer Klinik (Pfrengle 2002) hat gezeigt, dass Patienten mit somatoformen Störungen sehr wohl viele (meist negative) Affekte erkennen und mitteilen können, allerdings sind diese initial stark gebunden an die Schilderung der Beziehungserfahrungen im Gesundheitswesen.

Somatoforme Störungen, Schmerz und Persönlichkeit(sstörungen)

Gerade wenn man somatoforme Störungen als Beziehungsstörungen im Gesundheitswesen betrachtet, wird die hohe deskriptive Komorbidität verständlich, die zwischen schweren somatoformen Störungen und Persönlichkeitsstörungen wiederholt festgestellt wurde (Bass u. Murphy 1995): Insofern Persönlichkeitsstörungen letztlich habituelle, generalisierte Beziehungsstörungen sind, ist erwartbar, dass sie sich auch auf einem Feld manifestieren, das selbst durch eine speziellere Art der körperbezogenen Beziehungsstörung charakterisiert ist. Die soeben skizzierte Beziehungsstruktur, in die Schmerz und somatoforme Störungen eingebettet sind, wird im Einzelfall durch die persönlichkeitsgebundenen Eigenschaften der Beteiligten mit geprägt und gestaltet, und zwar sowohl im Erleben und Ausgestalten der Symptome selbst als auch im Umgang mit den negativen Affekten, die mit den Beziehungserfahrungen im Gesundheitswesen verknüpft sind. Es ist also wichtig zu realisieren, dass persönlichkeitsgebundene Einflüsse wie zum Beispiel eine bestimmte Form oder Ausprägung einer narzisstischen Störung nicht nur relevant sind für die Erklärung des Auftretens von Schmerz und Körperbeschwerden in einer bestimmten Lebenssituation – und wie schon am Anfang gesagt, ist das Auftreten organisch nicht ausreichend erklärter Körperbeschwerden in bestimmtem Umfang durchaus Teil der Normalität. Mindestens genauso relevant ist die Persönlichkeit für die Erklärung des dysfunktionalen Umgangs mit den Beschwerden, der eben auch konstitutiver Teil dessen ist, was eine somatoforme Störung ausmacht.

Wie von Bass und Murphy (1995) ausgeführt, kann hier nicht das eine als die Folge des anderen angesehen werden, sondern Persönlichkeitsstörung und somatoforme Störung gehen letztlich entwicklungspsychologisch gleichermaßen auf eine persönlichkeitsgebundene Vulnerabilität zurück, die die Herstellung tragfähiger und befriedigender Beziehungen erschwert oder verhindert.

Betrachtet man die wenigen empirischen Daten zur Häufigkeit von Persönlichkeitsstörungen bei Patienten mit somatoformen Störungen, so stellt man allerdings fest, dass die Häufung von Persönlichkeitsstörungs-Diagnosen unspezifisch ist. Das heißt, dass die historische Annahme einer speziellen Beziehung der Histrionischen oder auch der Antisozialen Persönlichkeitsstörung zur schwersten Form somatoformer Störungen, der Somatisierungsstörung, nicht bestätigt werden konnte. Stattdessen lässt sich am ehesten eine Häufung von Persönlichkeitsstörungen aus den ängstlich-furchtsamen Cluster (selbstunsichere, abhängige, zwanghafte, passiv-aggressive) feststellen; die Narzisstische Persönlichkeitsstörung wird in einer entsprechenden Übersichtsarbeit gar nicht erwähnt (Ebel u. Podoll 1998).

In einer interessanten Arbeit mit etwas anderem Ansatz haben Noyes et al. (2001) mit strukturierten diagnostischen Interviews die Persönlichkeitszüge von allgemeinen Ambulanz-Patienten untersucht, die primär körperliche Beschwerden präsentierten, unabhängig davon, ob sie diagnostisch einer somatoformen Störung, einer depressiven Störung und/oder einer Angststörung zuzuordnen waren. Dabei fanden sie bei diesen Patienten im Vergleich zu Kontrollen eine signifikante Häufung vieler Persönlichkeitszüge, auch der narzisstischen. Deutlich am ausgeprägtesten waren bei diesen Patienten aber selbstabwertende, also masochistische sowie zwanghafte Persönlichkeitszüge; ca. 50 % der Patienten erfüllten vom Schweregrad her die Kriterien mindestens einer Persönlichkeitsstörung. Patienten, die die Kriterien einer somatoformen Schmerzstörung erfüllten, hatten unabhängig vom Typ bzw. Cluster tendenziell weniger auffällige Persönlichkeitszüge als Patienten mit einer Somatisierungsstörung im engeren Sinne mit oder ohne begleitende Hypochondrie.

In einer Studie von Birket-Smith und Mortensen (2002) an 144 Patienten mit somatoformen Beschwerden zeigten diejenigen mit somatoformer Schmerzstörung in der Personality Disorders Examination (PDE) narzisstische Persönlichkeitszüge erst an achter Stelle, nicht signifikant unterschieden von Patienten mit somatoformen Nicht-Schmerz-Symptomen; in der Gesamtgruppe dominierten histrione, zwanghafte, abhängige Persönlichkeitszüge.

Auch für chronischen Schmerz allgemein halten Weisberg und Vaillancourt (1999) in einer Übersicht empirischer Arbeiten fest, dass bei allgemein hohen Raten an Persönlichkeitsstörungen unter Patienten mit chronischem Schmerz (je nach Studie zwischen 31 und 59 %) keine spezielle Häufung narzisstischer Störungen festzustellen ist; deutlich häufiger sind zum Beispiel Abhängige (Asthenische), Histrionische und Borderline-Persönlichkeitsstörungen.

Es zeigt sich also deskriptiv, trotz der Häufung von Persönlichkeitsstörungen insgesamt, keine herausgehobene Bedeutung narzisstischer Persönlichkeitszüge oder Narzisstischer Persönlichkeitsstörungen – und auch das spezielle Thema des somatoformen Schmerzes scheint, bei allerdings sehr schmaler Datenbasis, nicht gehäuft mit auffälligen Persönlichkeitsmerkmalen eines bestimmten Typs einherzugehen. Wie wir gleich sehen werden, finden sich in der Literatur und in der klinischen Erfahrung trotzdem immer wieder die Beobachtung und das Konzept einer speziellen Bedeutung des Zusammenhangs von pathologischem Narzissmus und Schmerz – angesichts der genannten deskriptiven Befunde kann man nur folgern, dass dieser Zusammenhang, wenn er denn tatsächlich relevant ist, offenkundig nicht »durchdringt« an die deskriptive Oberfläche der symptomorientierten diagnostischen Klassifkationen DSM und ICD.

Narzissmus, Schmerz und somatoforme Störung: psychodynamische Konzepte und Befunde

Aus der obigen Skizzierung somatoformer Störungen als einem Prozess sowohl mit intrapsychischen als auch mit interpersonellen Charakteristika lässt sich zwanglos ableiten, an welchen Stellen sich Patienten mit narzisstischen Störungen mit ihrer spezifischen Vulnerabilität »einklinken« können. Da ist zum einen die Funktion des erlebten Symptoms, das nicht wie bei alltäglichen Körperbeschwerden vorübergeht, sondern anhaltend im Zentrum der Aufmerksamkeit steht und zu mehr oder weniger starken Beeinträchtigungen in der sozialen Funktionsfähigkeit des Betroffenen führt – und da sind zum anderen die negativen Affekte wie Kränkungen und Enttäuschungen, die sich aus der Beziehungsstruktur somatoformer Störungen und dem mehr oder weniger deutlichen »Kampf um Legitimität« ergeben. Vor allem im Hinblick auf diesen zweiten Aspekt kann man von einem »narzisstischen Entgegenkommen« der somatoformen Beziehungsstruktur sprechen: Mit ihrer »eingebauten« Infragestellung des Betroffenen als legitimem Kranken erleichtert diese Beziehungsstruktur ein besonderes Ansprechen narzisstisch vulnerabler Personen oder fordert es sogar bei diesbezüglich sonst weniger vulnerablen Personen heraus.

Dem ersten dieser Punkte, der intrapsychischen Funktion eines anhaltend im Zentrum der Aufmerksamkeit stehenden schmerzhaften Schmerzerlebens, ist bislang in der Literatur allerdings die größere Aufmerksamkeit zuteil geworden. In seiner klassischen Arbeit über psychogenen Schmerz charakterisiert George Engel (1959) den »zu Schmerz neigenden Patienten« (pain-prone patient) durch einen vorherrschenden Schuldaffekt, der durch das Schmerzerleben abgebüßt werde. Hintergrund sei eine masochistische Charakterstruktur auf dem Boden schmerzhaft-belastender Kindheitserfahrungen mit drohenden oder realen Verlusten und Traumata im engeren Sinne. Schmerz wird dabei, ausgehend von seiner Funktion als Schutzmechanismus, als in sich komplexer Teil eines psychischen Selbsterhaltungssystems des Menschen konzeptualisiert. Hoffmann (2003) geht von Engels Arbeit aus und differenziert weiter in einen narzisstischen Mechanismus und einen Konversionsmechanismus der Schmerzentstehung. Im narzisstischen Modus habe der Schmerz eine »psychoprothetische« Funktion, das heißt das Schmerzsymptom dient der »Aufrechterhaltung des psychischen

Funktionierens überhaupt«, der »Vermeidung oder Begrenzung einer subjektiv existentiellen Krise des Selbstgefühls (›narzisstische Krise‹)« (ebd., S. 79). Hoffmann führt aus, dass dieser narzisstische Mechanismus mit seiner allgemeinen psychoökonomischen Funktion eine Rolle bei verschiedenen Schmerzhintergründen spiele, beim halluzinatorischen Schmerz des Psychotikers, bei schwerer gestörten Borderline-Persönlichkeiten und bei narzisstischen Persönlichkeiten. Auch die von Engel beschriebene Schmerzentstehung im Kontext realer oder befürchteter Trennungen gehört zu diesem Mechanismus: »als narzisstische Abwehr schützt er – um den Preis andauernder Pein – vor der befürchteten Trennung« (ebd., S. 81). Zwei wichtige klinische Aspekte der Schmerzentstehung nach dem narzisstischen Mechanismus werden von Hoffmann (2003) noch hervorgehoben: die Tendenz der Patienten zur Überarbeitung und Überforderung im Vorfeld ihrer Erkrankung und, damit zusammenhängend, die häufige Bindung von Schmerzentstehung und raschem Zusammenbruch der Leistungsfähigkeit an relativ banale Unfälle und andere kleinere Traumata. Rudolf (2000) hat die gleichen klinischen Phänomene unter dem Stichwort der »unfallreaktiven Somatisierungsstörung« beschrieben; er schildert anschaulich die fragile, Selbstwertzweifel kompensierende Überarbeitung der Patienten bzw. Gutachtenprobanden im Vorfeld sowie das ausgeprägte Gefühl von Hilflosigkeit und Schwäche, das später mit der unfallausgelösten Schmerz- bzw. somatoformen Symptomatik einhergeht. Rudolf schließt auf eine mit der Erkrankung zusammenbrechende Abwehrstruktur mit narzisstischen, zwanghaften und altruistischen Zügen, die der Kompensation eines depressiven Grundkonflikts diene. Empirisch spezifisch gestützt werden diese klinischen Konzepte durch den Befund, dass in der Vorgeschichte von Patienten mit chronischen Schmerzen, im kontrollierten Vergleich mit anderen chronisch Kranken, tatsächlich gehäuft eine Überarbeitung im Sinne einer »Ergomanie« zu finden ist (Van Houdenhove et al. 1987; 2001). Etwas unspezifischer gestützt werden die Konzepte durch die empirisch unbestrittene Tatsache, dass Patienten mit chronischen, organisch nicht ausreichend erklärbaren Schmerzen in ihrer Vorgeschichte signifikant höhere Raten an Missbrauchserfahrungen im Sinne sexueller und körperlicher Gewalt, aber auch im Sinne emotionalen Missbrauchs und Vernachlässigung aufweisen als die übrige Bevölkerung (Henningsen 2004).

In der Beschreibung der objektalen Funktion von Schmerz, die Ahrens und Lamparter (1989) im Rahmen einer empirischen Pilotstudie gegeben haben, wird innerhalb des entsprechenden Prozesses weniger auf die prämorbiden Vulnerabilitätsfaktoren als auf aufrechterhaltende Bedingungen für den Schmerz abgehoben: Wenn er, im Sinne eines Partnerschaftssubstituts, Selbstobjekt geworden ist, was sich sprachlich in entsprechenden Wendungen wie: »Der Schmerz weiß, was gut für mich ist« ausdrücke, ist der Symptomverlauf enstprechend länger als bei Patienten, bei denen der Schmerz nicht diese Funktion innehabe. Blazer (1980/81) beschreibt ebenfalls anhand einer Stichprobe von allerdings nur 13 Patienten einer Schmerzklinik nicht nur die zur Schmerzvulnerabilität füh-

4.4 Narzissmus, Schmerz und somatoforme Störungen

renden narzisstischen Charakterzüge, sondern auch die narzisstische Neuorganisation, die die Identität als leidendes Opfer in der Folge der Schmerzen ermögliche (vgl. Hoffmann 2003). Auf derartigen Befunden und Konzepten baut auch die Integration des »narzisstischen Krankheitsgewinns« als Merkmalskomplex in das Narzissmusinventar von Deneke und Hilgenstock auf mit Items wie: »So manches Vorhaben ist gescheitert, weil ich plötzlich krank wurde und überhaupt nichts mehr machen konnte« oder »Ich kann oft nicht zeigen, was in mir steckt, weil ich körperlich nicht auf der Höhe bin« (vgl. Deneke 1990; 1994).

Insofern diese Neuorganisation immer auch auf einem beschwerdebezogenen interpersonellen Feld stattfindet, ergeben sich hier fließende Übergänge zum zweiten, dem beziehungsstrukturellen Aspekt, bei dem narzisstische Persönlichkeitszüge und Mechanismen im somatoformen (Schmerz-)Prozess eine Rolle spielen. Auf dem Boden von Befunden zum Selbsterleben von Patienten mit funktionellen, schmerzhaften Oberbauchbeschwerden (und mit Asthma bronchiale) stellt Deneke (1994) einen Bezug zwischen der dort festgestellten »Supernormalität« und der oben diskutierten Tendenz »psychosomatischer« Patienten fest, normative Antworten auf die Fragen nach Lebensbelastungen etc. zu geben. Mit diesem Festhalten an einer »Normalitätsideologie« bewahrten sich diese Patienten einen gewissen narzisstischen Glanz; das im Vordergrund präsentierte Körpersymptom steht hier auch interpersonell im Dienste der Abwehr gegen das Erleben des bedrohten Selbst. Ahrens und Lamparter (1989) beschreiben mit Bezug auf Beck (1977; vgl. auch Beck 1981), wie die narzisstische Gratifikation durch das Körpersymptom als Selbstobjekt ergänzt wird durch die initiale Hoffnung auf potente (ärztliche) Helfer als idealisierte mächtige Objekte und, darauf folgend, den narzisstischen Triumph des »Koryphäenkillers«. Den Zusammenhang von psychogenem Schmerz als Ersatzobjekt und narzisstisch geprägten Objektbeziehungen bei Patienten mit psychogenem Schmerz beschreibt auch Schneider (1984). Aber die narzisstische Regulation muss nach Auftreten des Körpersymptoms nicht notwendigerweise um die Position des »leidenden Opfers« und/oder Koryphäenkillers herum neu organisiert werden. So haben Gregory und Berry (1999) empirisch eine Subgruppe von Patienten identifiziert, die trotz vorhandener chronischer Schmerzen ihre erhöhte (narzisstische) Nicht-Abhängigkeit (counterdependency) von anderen Menschen bewahren.

In einer an unserer Klinik gerade beendeten Untersuchung wurden nach ersten Auswertungen (Sauer u. Grande, in Vorb.) bei Patienten mit somatoformen Schmerzstörungen im Vergleich mit stationär behandelten Patienten mit anderen Diagnosen in der Fremdeinschätzung mit der Operationalisierten Psychodynamischen Diagnostik (OPD) signifikant häufiger Versorgungs-Autarkie-Konflikte sowie Selbstwertkonflikte identifiziert. Bei einem solchen Querschnittsbefund bleibt natürlich vorerst offen, in welchem Ausmaß beide Konflikttypen bereits prämorbid bedeutsam waren für die Patienten bzw. inwieweit das »narzisstische Entgegenkommen« der somatoformen Beziehungsstruktur einen Bedeutungszuwachs gerade des Selbstwertkonflikts, aber auch des Versorgungs-Autarkie-Konflikts erst hervorgebracht hat. Unabhängig davon erinnert der Befund auch daran, dass in der somatoformen Beziehungsstruktur tatsächlich neben (im weiteren Sinne) narzisstischen Themen des Selbstwerts auch solche der Versorgung eine besondere Rolle spielen – ein Zusammenhang, der in Rudolfs Konzept der labilisierten, gemischt narzisstisch-altruistischen Bewältigung eines depressiven Grundkonflikts auf Patientenseite berücksichtigt ist.

Zum Abschluss dieses Abschnitts sei noch angemerkt, dass die Hypochondrie, bei der nicht so sehr das Schmerzerleben selbst, sondern die dadurch ausgelöste ängstliche Ursachenüberzeugung, an einer schlimmen körperlichen Krankheit zu leiden, im Vordergrund steht, in der psychodynamischen Tradition häufig auch mit pathologischem Narzissmus in Verbindung gebracht wird. Manche der Aussagen ähneln dabei denen, die weiter oben für den Zusammenhang von Schmerz und Narzissmus gemacht wurden. Ausgehend von Freuds Annahme, dass Hypochondrie durch eine libidinös-narzisstische Überbesetzung des Ichs zustande komme, reichen die diesbezüglichen Konzepte von der Betrachtung von Hypochondrie als Ausdruck einer bedrohten narzisstischen Persönlichkeitsorganisation (Kernberg 1978) bis hin zur Unterscheidung von narzisstischen Persönlichkeitszügen, die einerseits zur Entwicklung einer Hypochondrie und andererseits zu narzisstischer Anpassung an primäre hypochondrische Erfahrungen beitragen (Starcevic 1989).

Konsequenzen für die Modellbildung und Therapie somatoformer Störungen

Bislang wurden Bezüge herausgearbeitet zwischen den Besonderheiten somatoformer Störungen und mehr oder weniger ausgeprägten klinischen Manifestationen narzisstischer Störungen im weiteren Sinne. Natürlich gibt es darüber hinaus, gerade aus den 70er und 80er Jahren, eine Reihe von Arbeiten, die die Entstehung und Aufrechterhaltung somatoformer (Schmerz-)Symptome generell unter narzissmustheoretischer Perspektive betrachten und diese beispielsweise mit triebdynamischen oder Ich-psychologischen Gesichtspunkten kontrastieren (vgl. z. B. Diederichs 1987; Ermann 1987). Anstatt nun auf diese generelle Bedeutung narzissmustheoretischer Perspektiven für die heutige psychodynamische Diskussion näher einzugehen, soll im Folgenden untersucht werden, wie die Verbindung zwischen Modellen zur Entstehung somatoformer Beschwerden einerseits und psychodynamischen Modellen bzw. Theorieperspektiven andererseits aussehen kann. Dabei soll sich zeigen, dass neuere Modellbildungen zu somatoformen Störungen einen einheitlicheren, direkteren Anschluss an psychodynamische Überlegungen (z. B. zur Bedeutung narzisstisch geprägter Objektbeziehungen) erlauben als frühere Modellannahmen aus dem historischen Kontext der Organneurose.

Mit dem Konzept der vegetativen Neurose oder Organneurose, das stark von Franz Alexander geprägt und später vielfach abgewandelt wurde, war ja die psychophysiologische Annahme verbunden, dass bestimmte unbewusste Handlungsblockaden zur Überaktivierung des autonomen Nervensystems führten, diese zur Funktionsstörung bestimmter Organsysteme und dass die Wahrnehmung dieser Funktionsstörung Grundlage der »funktionellen Beschwerden« (des Darms, Herzens, Kreislaufs etc.) der Patienten seien (Alexander 1951). Dieses Konzept, das bis heute von vielen Autoren implizit bei der Erklärung funktioneller bzw. somatoformer Störungen zugrunde gelegt wird, entkoppelt den Mechanismus der Symptombildung und -aufrechterhaltung von den quasi sekundären, zum Beispiel narzisstisch geprägten psychischen Verarbeitungen des Symptoms: Ersterer ist wesentlich peripher-physiologisch durch Organfunktionsstörungen bestimmt, Letztere sind eindeutig »zentral«. Der so genannte psychogene Schmerz war hier schon immer ein Stück weit ausgenommen, er wurde im Unterschied zu funktionellen Störungen schon früh selbst als »zentrales« Phänomen interpretiert (vgl. Engel 1959; Hoffmann 2003) – möglicherweise stand er deshalb traditionell im Mittelpunkt der Überlegungen zur Beziehung von Narzissmus und Körperbeschwerden, vermutlich auf Kosten der Wahrnehmung anderer Beschwerden wie beispielsweise Erschöpfung, Darmfunktionsstörungen und Schlaflosigkeit.

Inzwischen ist, wie oben ausgeführt, klinisch-epidemiologisch klar, dass somatoforme Schmerzen und somatoforme Nicht-Schmerz-Beschwerden gemeinsam und nicht getrennt auftreten, das spricht auch für die Angemessenheit eines gemeinsamen ätiologischen Modells. Diesem Anliegen kommt die Tatsache entgegen, dass das alexandersche Modell der vegetativen Neurose für die so genannten funktionellen Beschwerden empirisch nie gesichert werden konnte, die Patienten haben keine konstant messbaren peripher-physiologischen Veränderungen, auch andere Argumente wie die starke kulturelle Gebundenheit der einzelnen funktionellen Syndrome sprechen gegen die Relevanz einer peripher-physiologischen Erklärungskomponente. Stattdessen zeichnet sich ein Modell ab, in dem somatoforme Störungen allgemein primär als ein zentral determiniertes Phänomen angesehen werden (Henningsen 1998) – und zwar als Störungen im Körperbild, im weiteren Sinne der Kombination aus Körperwahrnehmung, begleitenden Affekten und Kognitionen. Auch neuere neurowissenschaftliche Konzepte zur so genannten Als-ob-Schleife der Emotionen (die dann nicht über peripher-physiologische Stimulationen als solche wahrgenommen werden, sondern über zentrale »Kurzschlüsse« zwischen fronto-limbischem System und sensorischen Körperrepräsentanzen [vgl. Damasio 1995]) unterstützen diese Art von »Repräsentanzenmodell«. Das Modell ist zwar nicht spezifisch für somatoforme Störungen, akzentuiert aber die Bedeutung »zentraler« Prozesse bei diesen Störungen. Die neben den Beschwerden selbst wichtige organische Ursachenannahme lässt sich in diesem Rahmen als Ausgliederung des betreffenden Körperbereichs aus dem Bereich der Selbstrepräsentanzen verstehen, der schmerzende bzw. funktionsgestörte Körper wird zum inneren Objekt, in Abhängigkeit von mächtigen äußeren Objekten (z. B. Ärzten) (Henningsen 1998). Diese auf klinisch-wissenschaftlichen Schlussbildungen basierende Modellformulierung entstand ganz unabhängig von narzissmustheoretischen Konzepten für alle Arten somatoformer Störungen; sie kommt dem, was frühere, zum Teil weiter oben zitierte narzissmustheoretisch inspirierte Arbeiten speziell zum psychogenen Schmerz vertreten hatten, trotzdem durchaus nahe.

Im Ergebnis heißt das, dass die moderne Modellbildung, die von der Einbettung somatoformer Störungen in eine spezifische, affektiv aufgeladene Beziehungsstruktur ausgeht, aus sich heraus die für Selbstwert und -bild relevanten und insofern auch narzisstischen Aspekte im Erleben und im Umgang mit derartigen Körpersymptomen allgemein betont hat. Damit ergibt sich ein unmittelbarer Anschluss an entsprechende spezifischere narzissmustheoretische Konzepte anstatt der Trennung von Modellen für Symptombildung und deren psychische Verarbeitung wie zu Zeiten des Konzepts der vegetativen Neurose.

Diese Veränderung des Modells ist nicht bloß akademische Spielerei, sondern hat eine unmittelbare Bedeutung für die therapeutische Technik; Konsequenzen ergeben sich besonders für die initiale Phase der psychotherapeutischen Behandlung von Patienten mit somatoformen Störungen. Das Konzept der vegetativen Neurose enthielt ja, verkürzend gesagt, die implizite Aussage, dass sich im körperlichen Symptom etwas Psychisches ausdrücke – wenn nicht symbolisch, dann zumindest im Sinne eines Zeichens, zum Beispiel für einen unbewussten psychischen Konflikt oder eine strukturelle Schwäche. Damit ergab sich für den Therapeuten die Einstellung, möglichst bald »hinter« die Körperbeschwerden zu kommen, um am »Eigentlichen«, den sich in der Beziehung manifestierenden psychischen Problemen arbeiten zu können. Aus der Sicht des Patienten konnte das damit einhergehende Therapeutenverhalten, zum Beispiel das frühzeitige Einsetzen von Deutungen, in Abhängigkeit von der Ausprägung seiner organischen Ursachenüberzeugung, allerdings häufig zu einer weiteren Infragestellung, einem verstärkten Gefühl des Nicht-ernst-genommen-Werdens in seinen körperlichen Beschwerden führen und damit zu einer weiteren situativen Aktualisierung von Selbstwertkonflikten und Vulnerabilitäten in der Selbstwertregulation.

Im Unterschied dazu erleichtert das Modell von somatoformen Störungen als Störungen im Körperbild, genauer: in der Relation von Körper- zu Selbstrepräsentanzen, einen Zugang zum Patienten, in dem das Berichten über die Körperbeschwerden und die an diese gebundenen Beziehungserfahrungen im Gesundheitswesen das primäre Material der Therapie darstellen. Erst im Zuge eines längeren Prozesses entwickelt sich im Durchgang durch therapeutische Techniken wie Spiegeln, Anreichern von Affekten, Strukturieren der Erfahrungen daraus gegebenenfalls eine Psychotherapie im engeren, klassischen Sinne, also eine auch deutende Arbeit von Patient und Therapeut an eindeutig psychischem Material (Rudolf u. Henningsen 2003). Dieses Vorgehen, das explizit »den Patient dort abholt, wo er initial steht«, nämlich bei der körperlichen Beschwerdeklage, lässt sich auch als Legitimierungstherapie, als Arbeit an den im Umgang mit somatoformen Beschwerden aktualisierten Selbstwert- und Selbstbildstörungen beschreiben.

Zusammenfassendes Fazit

Schmerz, der organisch nicht ausreichend erklärt werden kann, ist häufigstes Symptom somatoformer Störungen und tritt in der Regel kombiniert mit anderen körperlichen und psychischen Beschwerden auf. Somatoforme Störungen sind aber nicht nur durch die Beschwerden, sondern auch durch kognitive Faktoren und Beziehungsmerkmale charakterisiert, die die Patienten typischerweise als »schwierig« sowohl für den somatisch tätigen Arzt als auch für den Psychotherapeuten erscheinen lassen. Aus diesem Aspekt ergeben sich auch konzeptuell Bezüge zu den bei Patienten mit somatoformen Störungen gehäuft nachweisbaren Persönlichkeitsstörungen – wobei sich empirisch allerdings keine Häufung speziell Narzisstischer Persönlichkeitsstörungen oder -züge zeigt. Trotzdem gibt es zumindest partiell empirische Belege für jene psychodynamischen Konzepte, die eine narzisstische Störung in der Erklärung des Auftretens und der Persistenz somatoformer (Schmerz-)Symptome für relevant erachten. Zusätzlich muss allerdings grundsätzlich beachtet werden, dass somatoforme Störungen strukturell und persönlichkeitsunabhängig zu einer narzisstischen Labilisierung führen können, insofern sie geradezu definiert sind über eine Infragestellung von Selbstkonzepten des Betroffenen. Dieses Moment muss in Rechnung gestellt werden, um nicht vorschnell Auffälligkeiten in der Selbstregulation nach Auftreten somatoformer Beschwerden der prämorbiden Persönlichkeit des Betroffenen zuzuschreiben. Die neuere, »zentrale« Modellierung somatoformer Störungen insgesamt als Störungen im Körperbild ermöglicht eine Kontinuität zwischen Erklärungen der Symptomentstehung und Erklärungen der psychischen, auch narzisstischen Verarbeitung. Dadurch erleichtert sie auch eine Beachtung des narzisstischen Risikos allzu früh psychologisierender Therapieansätze und, im Umkehrschluss, eine notwendige narzisstische Stabilisierung als Basis einer weitergehenden Psychotherapie im engeren Sinne.

Literatur

Ahrens S, Lamparter U (1989). Objektale Funktion des Schmerzes und Depressivität. PPmP; 39: 219–22.

Alexander F (1951). Psychosomatische Medizin. 2. Aufl. Berlin: de Gruyter.

Bass C, Murphy M (1995). Somatoform and personality disorders: syndromal comorbidity and overlapping developmental pathways. J Psychosom Res; 39: 403–27.

Beck D (1977). Das »Koryphäen-Killer-Syndrom«. Zur Psychosomatik chronischer Schmerzzustände. Deutsch Med Wochschr; 9: 303–7.

Beck D (1981). Krankheit als Selbstheilung. Frankfurt/M.: Insel-Verlag.

Birket-Smith M, Mortensen EL (2002). Pain in somatoform disorders: is somatoform pain disorder a valid diagnosis? Acta Psychiatr Scand; 106: 103–8.

Blazer DG 2nd (1980/81). Narcissism and the development of chronic pain. Int J Psychiatry Med; 10: 69–77.

Damasio AR (1995). Descartes' Irrtum. Fühlen, Denken und das menschliche Gehirn. München: List.

Deneke FW (1990). Psychosomatische Symptombildung – Reflexionen unter selbstpsychologischen Gesichtspunkten. In: Ahrens S (Hrsg). Entwicklung und Perspektiven der Psychosomatik in der Bundesrepublik Deutschland. Berlin: Springer; 131–6.

Deneke FW (1994). Die Regulation des Selbsterlebens bei Gesunden, psychosomatischen, psychoneurotischen und alkoholkranken Patienten – ein taxonomischer Forschungsansatz. PPmP; 44: 260–6.

Diederichs P (1987). Zur Relevanz narzissmustheoretischer Aspekte in der Psychosomatischen Medizin. In: Rudolf G, Rüger U, Studt HH (Hrsg). Psychoanalyse der Gegenwart. Göttingen: Vandenhoeck & Ruprecht; 223–34.

Ebel H, Podoll K (1998). Komorbidität von somatoformen Störungen mit anderen psychischen Störungen. In: Rudolf G, Henningsen P (Hrsg). Somatoforme Störungen. Theoretisches Verständnis und therapeutische Praxis. Stuttgart, New York: Schattauer; 25–38.

Engel G (1959). Psychogenic pain and the pain-prone patient. Als Reprint in: Gresziak RC, Ciccone DS (eds). Psychological Vulnerability to Chronic Pain. New York: Springer Publishing 1994; 179–221.

Ermann M (1987). Die Persönlichkeit bei psychovegetativen Störungen. Berlin: Springer.

Gregory RJ, Berry SL (1999). Measuring counterdependency in patients with chronic pain. Psychosom Med; 61: 341–5.

Hartkamp N (2002). Anhaltende somatoforme Schmerzstörung. In: Henningsen P, Hartkamp N, Loew T, Sack M, Scheidt CE, Rudolf G (Hrsg). Somatoforme Störungen. Leitlinien und Quellentexte. Stuttgart, New York: Schattauer; 159–86.

Hartz, AJ, Noyes R, Bentler SE, Damiano PC, Willard JC, Momany ET (2000). Unexplained symptoms in primary care: perspectives of doctors and patients. Gen Hosp Psychiatry; 22: 144–52.

Henningsen P (1998). Schmerz und somatoforme Störungen: Somatisierung als Risikofaktor. In: Riedel H, Henningsen P (Hrsg). Die Behandlung chronischer Rückenschmerzen: Grundlagen – Therapiekonzepte – offene Fragen. Blieskastel: Stiftung »Psychosomatik der Wirbelsäule«; 35–56.

Henningsen P (2001). Körperbeschwerden und Neurose. Eine Untersuchung zur Klassifikation somatoformer und angrenzender psychischer Störungen. Unveröff. Habil-Schrift, Universität Heidelberg.

Henningsen P (2004). Die Psychosomatik des chonischen (Rücken-)Schmerzes: Klassifikation, Ätiologie, Therapie. Der Orthopäde; 33: 558–67.

Henningsen P, Priebe S (1999). Modern disorders of vitality: the struggle for legitimate incapacity. J Psychosom Res; 46: 209–14.

Henningsen P, Hartkamp N, Loew T, Sack M, Scheidt CE, Rudolf G (2002). Somatoforme Störungen. Leitlinie und Quellentext. Stuttgart, New York: Schattauer.

Henningsen P, Zimmermann T, Sattel H (2003). Medically unexplained physical symptoms, anxiety and depression: a meta-analytic review. Psychosom Med; 65: 528–33.

4.4 Narzissmus, Schmerz und somatoforme Störungen

Hoffmann SO (2003). Psychodynamisches Verständnis von Schmerz. In: Egle UT, Hoffmann SO, Lehmann KA, Nix WA (Hrsg). Handbuch Chronischer Schmerz. Stuttgart, New York: Schattauer; 77–88.

Kellner R (1987). Hypochondriasis and somatization. JAMA; 258: 2718–22.

Kernberg OF (1978). Borderline-Störungen und pathologischer Narzißmus. Frankfurt/M.: Suhrkamp.

Kirmayer LJ, Robbins JM, Paris J (1994). Somatoform disorders: personality and the social matrix of somatic distress. J Abnorm Psychol; 103: 125–36.

Noyes R Jr, Langbehn DR, Happel RL, Stout LR, Muller BA, Longley SL (2001). Personality dysfunction among somatizing patients. Psychosomatics; 42: 320–9.

Pfrengle A (2002). Idealtypen des Affektausdrucks und der Beziehungsregulation von Patienten mit somatoformen Störungen. Eine qualitative Studie. Dissertationsschrift, Universität Heidelberg.

Rudolf G (1998). Der Prozess der depressiven Somatisierung. In: Rudolf G, Henningsen P (Hrsg). Somatoforme Störungen. Theoretisches Verständnis und therapeutische Praxis. Stuttgart, New York: Schattauer; 171–84.

Rudolf G (2000). Die unfallreaktive Somatisierungsstörung. In: Rudolf G (Hrsg). Psychotherapeutische Medizin und Psychosomatik. Ein einführendes Lehrbuch auf psychodynamischer Grundlage. 4. Aufl. Stuttgart: Thieme; 200–3.

Rudolf G, Henningsen P (2003). Die psychotherapeutische Behandlung somatoformer Störungen. Z Psychosom Med Psychother; 49: 3–19.

Sauer N, Grande T (in Vorb.). Operationalisierte Psychodynamische Diagnostik bei Patienten mit somatoformer Schmerzstörung.

Schneider G (1994). »Narzissmus als Selbst-Gefängnis« – einige klinische Facetten. In: Seidler G (Hrsg). Das Ich und das Fremde. Opladen: Westdeutscher Verlag; 229–39.

Starcevic V (1989). Contrasting patterns in the relationship between hypochondriasis and narcissism. Br J Med Psychol; 62: 311–23.

Van Houdenhove B, Stans L, Verstraeten D (1987). Is there a link between »pain-proneness« and »action-proneness«? Pain; 29: 113–7.

Van Houdenhove B, Neerinckx E, Onghena P, Lysens R, Vertommen H (2001). Premorbid »overactive« lifestyle in chronic fatigue syndrome and fibromyalgia. An etiological factor or proof of good citizenship? J Psychosom Res; 51: 571–6.

Weisberg JN, Vaillancourt PD (1999). Personality factors and disorders in chronic pain. Sem Clin Neuropsychiatry; 4: 155–66.

4.5
Alexithymie und Narzissmus in der Entstehung psychosomatischer Erkrankungen

Carl Eduard Scheidt

Alexithymie und psychosomatische Erkrankungen

Zur Geschichte des Alexithymie-Konzeptes

Alexithymie ist kein Begriff der psychoanalytischen Metapsychologie. Klinische Beobachtungen an psychosomatisch Erkrankten hatten darauf hingedeutet, dass Patienten mit psychosomatischen Störungen in ihrer emotionalen Erlebnis- und Ausdrucksfähigkeit eingeschränkt sind und dass ihre innere Welt ärmer an Emotionen, Phantasien und Bildern ist als bei Patienten mit neurotischen Störungen. Beobachtungen dieser Art waren bereits von Ruesch (1948) berichtet worden. Ruesch hatte Defizite im Sozialverhalten und in der kommunikativen Ausdrucksfähigkeit, emotionale Unsicherheit, Abhängigkeit und Anlehnungsbedürftigkeit, geringe Frustrationstoleranz und Probleme im Umgang mit Aggressivität und Feindseligkeit unter dem Konzept der infantilen Persönlichkeit zusammengefasst. Dieses Konzept widersprach Alexanders Theorie der Bereitstellungserkrankungen, derzufolge die Pathogenese psychosomatischer Erkrankungen auf spezifische, an unterschiedliche vegetative Bereitstellungsreaktionen gekoppelte Konfliktdynamiken zurückgeführt werden konnte. Auch McLean (1949) beschrieb Persönlichkeitszüge, die als charakteristisch für psychosomatische Patienten angesehen wurden. Zu diesen gehörten eine ausgeprägte Abhängigkeit zu engen Bezugspersonen, eine geringe Selbstsicherheit und ein schlechtes Selbstwertgefühl, Ängstlichkeit und Depressivität, eine geringe verbale und nonverbale emotionale Ausdrucksfähigkeit sowie eine Tendenz zur Normalisierung. Die Defizite hinsichtlich der Sebstwertregulation und der Selbstsicherheit, die in den frühen Formulierungen des Alexithymie-Konzeptes genannt wurden, allerdings nicht zu dessen Kernkriterien gehörten, deuten darauf hin, dass von verschiedenen Autoren die Verbindung zwischen der Alexithymie und einer narzisstischen Problematik durchaus gesehen wurde. Jedoch wurde diese Überschneidung später nicht weiter ausgearbeitet.

Einen wichtigen Beitrag zur Entwicklung des Alexithymie-Konzeptes leisteten die Psychoanalytiker der französischen psychosomatischen Schule. Die Autoren Marty und de M'Uzan (1963) bezeichneten die von ihnen beobachteten Merkmale eines funktionalen und phantasiearmen, auf die äußere Realität bezogenen Denkens als »pensée opératoire«. Der Begriff der »pensées opératoires« betonte vor allem die Besonderheiten des Denkens und der kognitiven Prozesse bei psychosomatischen Störungen. Zum Komplex der klinischen Symptome, die unter diesem Begriff zusammengefasst wurden, gehörte vor allem, dass die symbolische Vermittlung und Verknüpfung von Wünschen und Triebimpulsen mit Vorstellungen und Phantasien unterbrochen ist. Dies hat zur Folge, dass das Denken von Emotionen, Phantasie- und Vorstellungsinhalten abgekoppelt ist. Vorstellungen, Wünsche und Bedürfnisse sind konkret, auf die Gegenwart und auf die äußere Realität gerichtet. Sie weisen keine Bezüge zu Phantasien und Vorstellungen auf. Marty (1974) beobachtete die Störungen der Phantasietätigkeit seiner Patienten u. a. am Fehlen von Tagträumen, an Einschränkungen des emotionalen und sozialen Vorstellungsvermögens, an der Schwierigkeit, frei zu assoziieren, und an starren, eingeengten kognitiven Prozessen.

Viele dieser Beobachtungen überlappten sich mit den Phänomenen, die Nemiah und Sifneos (1970) und Sifneos (1973) Anfang der 70er Jahre unter dem Begriff der Alexithymie zusammenfassten. Der Begriff »Alexithymie« ist ein Kunstwort, zusammengesetzt aus den griechischen Wörtern lexis (Sprechen) und thymos (Gemüt, Gefühl). Er sollte die mangelnde Fähigkeit beschreiben, Gefühle wahrzunehmen und in Worte zu fassen. Nemiah und Sifneos (1970) hatten ein Cluster von Merkmalen des Erlebens, des Denkens und des kommunikativen Verhaltens im Auge, das mit dem neuen Begriff abgedeckt werden sollte. Zu den wichtigsten Merkmalen gehörten:

- die Schwierigkeit, Gefühle wahrzunehmen und in Worten zu beschreiben
- die Unfähigkeit, Emotionen von körperlichen Empfindungen abzugrenzen
- die als »pensées opératoires« bezeichneten Störungen des Denk- und Vorstellungsvermögens

Schließlich wurden auch die Störungen des verbalen und nonverbalen emotionalen Ausdrucks, die an den Verhaltensweisen so genannter alexithymer Patienten im Interview festgemacht wurden, zur Alexithymie gezählt. In den speziell auf die Untersuchung des Alexithymie-Phänomens ausgerichteten Interviews zeigte sich als charakteristisch ein schleppender Gesprächsverlauf, bei dem die Patienten subjektiv bedeutsame Themen aussparten und stattdessen ihre Normalität betonten.

Die Validität der klinischen Beobachtungen, die dem Alexithymie-Konzept zugrunde lagen, wurde kritisch hinterfragt, wobei vor allem zwei Einwände vorgebracht wurden: Der erste Einwand bezog sich darauf, dass die Alexithymie weniger eine Persönlichkeitsstruktur als das Ergebnis einer schichtspezifischen Sozialisation widerspiegele. Die These, dass die Verbalisierungsfähigkeit auch und gerade im affektiven Bereich vom Bildungsniveau abhängt, ist in der Tat nicht unplausibel. Der Verweis, dass das Alexithymie-Konzept neben einer eingeschränkten Verbalisierungsfähigkeit noch durch andere Kriterien definiert ist, entkräftete diese Kritik nur teilweise. Das zweite Argument war methodischer Art und richtete sich gegen die besondere Interviewtechnik, die angewendet worden war, um alexithyme Patienten zu untersuchen. Sie erschien undynamisch sowie objektivierend und vernachlässigte den Beitrag des Interviewers auf den Verlauf und das Ergebnis des Interviews. In dieser Perspektive stellte sich Alexithymie als Artefakt einer Gegenübertragungsreaktion dar, die aus einer einseitigen und objektivierenden Form der Gesprächsführung und der nachvollziehbaren Reaktion des Patienten darauf entstand (Cremerius 1977).

Diese Kritik führte dazu, dass die Alexithymie in ihrer Bedeutung für die psychosomatische Forschung ab dem Ende der 70er Jahre im deutschsprachigen Bereich zunehmend in den Hintergrund trat. Dabei spielte auch die Tatsache, dass die Operationalierung des Konzeptes für die empirische Forschung Schwierigkeiten bereitete, eine Rolle. Schließlich erschienen einigen die weitgespannten Überlegungen zur Entstehung der Alexithymie, die neben psychogenetischen Theorien auch neurobiologische Hypothesen einbezogen, zu spekulativ und trugen zu einer kritischen Rezeption des Konzeptes bei. Dies änderte sich, als Mitte der 90er Jahre ein zunehmendes Interesse an den Ergebnissen der Emotionsforschung aufkam. In diesem Kontext erlebte auch die Alexithymie eine Renaissance. Die Entwicklung neuer Untersuchungsinstrumente (Bagby et al. 1994) stieß eine Serie von Studien zu unterschiedlichen Aspekten der Alexithymie an (Berenbaum u. James 1994; Lane et al. 1996; Lumley et al. 1996).

Entstehungsbedingungen der Alexithymie

Wie die historische Übersicht deutlich macht, ist der Alexithymie-Begriff relativ unscharf und wurde unterschiedlich akzentuiert. Gemeinsam ist den verschiedenen Formulierungen des Konzeptes die Annahme, dass Defizite in der Fähigkeit, Emotionen wahrzunehmen und kognitiv zu verarbeiten, bestehen. Dies wiederum wurde als Kausalfaktor für die Entstehung psychosomatischer Erkrankungen angesehen. Auf die Bedeutung dieser Theorie für aktuelle Erklärungsmodelle psychosomatischer Störungen werden wir später zurückkommen.

Das Alexithymie-Konzept wurde theoretisch unterschiedlich interpretiert: Krystal (1979) sah darin ein Cluster von Störungen, die affektive und kognitive Funktionen sowie die Art der Selbst- und Objektrepräsentation betreffen. Andere Ansätze gingen eher von emotionstheoretischen Überlegungen aus und verstanden Alexithymie als generalisiertes Defizit des emotionalen Verhaltens.

4.5 Alexithymie und Narzissmus

Vor allem in der französichen Psychosomatik wurde Alexithymie als Folge einer Störung in der frühen Objekterfahrung aufgefasst, die – verbunden mit einer Einschränkung in der Fähigkeit zur Symbolisierung (Mentalisierung) – zu Defiziten der Wahrnehmung und Repräsentation von Affekten führt (Marty u. de M'Uzan 1963). Als Symbolisierung wurde dabei allgemein die Repräsentation von Affekten, Empfindungen, Triebimpulsen und anderen körperlichen Vorgängen in bewussten und unbewussten Bildern und Phantasien, also in sprachlichen und nichtsprachlichen Symbolen, bezeichnet. Die Fähigkeit zur Symbolisierung ist insofern durch Objektbeziehungen vermittelt, als symbolische und vorsymbolische Bedeutungen sich im Kontext der Interaktion zwischen Mutter und Kind entwickeln. Die frühe Mutter-Kind-Interaktion und das sich in ihr entfaltende »Sprachspiel« (Wittgenstein) stellt die Matrix dar, in der es zur Entwicklung der Symbolisierungsfähigkeit kommt. Die Entwicklung dieser Fähigkeit gelingt in dem Maße, in dem in der primären Beziehung zwischen Mutter und Kind Affektintegration und bedeutungsvolle Kommunikation stattfinden. Die Zusammenhänge zwischen der Qualität früher Objektbeziehung, Störungen der Symbolisierungsfähigkeit und der Entstehung psychosomatischer Erkrankung sind später von McDougall (1988) herausgearbeitet worden.

Defizite der Symbolisierungsfähigkeit können natürlich Folge unterschiedlicher Bedingungen sein. Die frühe Mutter-Kind-Beziehung kann durch einen Mangel an Containment (Bion) oder an Spiegelfunktion (Kohut, Winnicott) gekennzeichnet sein. Durch eine unzureichende Metabolisierung und Verarbeitung von affektiven Signalen des Kindes durch die Mutter wird die Ausbildung repräsentationaler Strukturen behindert. Es kommt zu einer unzureichenden Symbolisierung von Affekten. Diese Defizite in den Primärbeziehungen sind von Taylor (1994) als Grundlage der Entstehung der Alexithymie vorgeschlagen worden.

Störungen der Symbolisierung können aber auch in der Folge von Traumatisierung entstehen, wie dies von Krystal (2000) und von Grubrich-Simitis (1984) beschrieben wurde. Dabei muss zwischen infantilem kindlichen Trauma und katastrophischem Trauma im Erwachsenenalter unterschieden werden. Es ist wichtig zu berücksichtigen, dass beide Formen der Traumatisierung zu Störungen der Symbolisierung, insbesondere im Bereich der Affekte, führen können. Auch traumatische Erfahrungen im Erwachsenenalter können mithin eine Form der Affektpathologie nach sich ziehen, wie sie als Alexithymie beschrieben worden ist und den Modellannahmen zufolge für psychosomatische Störungen disponiert.

Eine ganz andere Linie pathogenetischer Überlegungen zur Entstehung der Alexithymie war ab den 70er Jahren von Nemiah und Sifneos in die Diskussion eingebracht worden. Nemiah hatte die Alexithymie anfangs als Resultat eines Abwehrvorganges verstanden, verwarf diese Annahme dann jedoch wegen des für die Alexithymie charakteristischen globalen Mangels an Phantasien und Emotionen, der als Folge eines umschriebenen Abwehrprozesses nicht erklärbar sei. Dies führte dazu, dass von den amerikanischen Autoren neurobiologische Grundlagen der Entstehung postuliert wurden. Es wurde vermutet, dass insbesondere Defizite in den Bahnen zwischen dem limbischen System und dem Kortex eine Rolle spielten (Nemiah u. Sifneos 1970). Nemiah (1974) formulierte zwei alternative Hypothesen zur neurobiologischen Grundlage der Alexithymie: Die erste Hypothese stellt die Diskontinuität der Bahnen zwischen limbischem System und Neokortex (zu starke Hemmung im Bereich des Striatum) in den Mittelpunkt; die zweite Hypothese geht auf die von Hoppe (1975) entwickelte Modellvorstellung der funktionellen Kommissurotomie zurück (Defizite der neuroanatomischen Verbindungen der Hemisphären). Bei Patienten mit Zustand nach Kommissurotomie hatte sich gezeigt, dass sie die für Alexithymie typischen Merkmale aufwiesen. Dies legte die Annahme nahe, dass bei Alexithymie-Patienten eine funktionelle Störung in der Interaktion der beiden Großhirnhemisphären eine Rolle spielen könnte.

Nemiah und Sifneos (1970) gingen jedoch grundsätzlich von einer multifaktoriellen Genese der Alexithymie aus, bei der neben neurobiologischen auch hereditäre, psychologische und soziologische Faktoren eine Rolle spielten. Diese Auffassung wurde von vielen anderen Alexithymieforschern geteilt (z. B. Krystal 1979; von Rad 1983).

Die Untersuchung neurobiologischer Grundlagen der Affektwahrnehmung sowie die möglichen neurobiologischen Korrelate der Alexithmyie sind heute noch von erheblichem Interesse (Gündel et al. 2000). Die Forschung beschäftigt sich vor allem mit der Klärung der neuroanatomischen und funktionellen Grundlagen der Affektverarbeitung. Die Untersuchung unmittelbarer neurobiologischer Korrelate der Alexithymie mithilfe der funktionellen Bildgebung steht dagegen noch am Anfang.

Alexithymie, Bindung und psychosomatische Erkrankung

Die psychologischen Theorien zur Entstehung der Alexithymie waren überwiegend durch klinische Beobachtungen begründet. Ergebnisse der beobachtungs- und verhaltenswissenschaftlichen Entwicklungspsychologie werfen auf einige der Theorien der Psychoanalyse neues Licht und gestatten es, diese zu überprüfen und zu validieren. In diesem Zusammenhang spielt insbesondere die Bindungstheorie eine wichtige Rolle, da durch die Bindungsforschung von Ainsworth et al. (1978) und Main (Main u. Goldwyn 1985–1996) sehr differenzierte beobachtungswissenschaftliche Methoden zur Verfügung gestellt wurden, mit deren Hilfe auch Fragen zur Affektpathologie und ihrer Entstehung im Kontext der frühen Mutter-Kind-Interaktion untersucht werden können. Wir wollen einige der für den Zusammenhang zwischen Bindung und Affektentwicklung bedeutsamen Befunde im Folgenden kurz skizzieren.

Aus der Sicht der Bindungstheorie dienen die Wahrnehmung und der Ausdruck von Affekten zunächst der Aufrechterhaltung der Beziehungen zu den Bin-

4.5 Alexithymie und Narzissmus

dungspersonen. Eltern, die aufgeschlossen und einfühlsam auf die affektiven Signale des Kindes reagieren, vermitteln die Erfahrung, dass der Ausdruck von Affekten – insbesondere der Ausdruck negativer Affekte – ein sinnvolles und wirksames Signal ist, um Unterstützung zu erlangen (Cassidy 1994). Wenn dagegen der Ausdruck von Emotionen, die besonders die Zuwendung der Bindungsperson veranlassen sollen (z. B. Äußerungen von Angst und Wut), immer wieder zu Zurückweisung führt, entwickelt sich ein Stil des Affektverhaltens, der mit einer Minimierung des affektiven Ausdrucks und einer Maskierung vor allem von negativen Emotionen verbunden ist. Dies ist vor allem am Bindungsverhalten unsicher-vermeidend gebundener Kinder erkennbar.

Im Hinblick auf die Entstehung des Bindungsverhaltens unsicher-vermeidend gebundener Kinder ist aufgrund der Beobachtungen von Ainsworth et al. (1978) zu vermuten, dass sich vermeidendes Bindungsverhalten als Folge der Zurückweisung des nähe- und kontaktsuchenden Verhaltens des Kindes entwickelt. Die Minimierung von Bindungsverhalten und Emotionsausdruck sowie die Maskierung negativer Affekte gestatten es dem Kind, trotz der Zurückweisung die Nähe zur Bindungsperson aufrechtzuerhalten (Main 1981; Main u. Weston 1982). Die Einengung des emotionalen Ausdrucks bei den unsicher-vermeidend gebundenen Kindern kann als Teil einer kommunikativen Strategie verstanden werden, die der Bindungsperson signalisiert, dass das Kind keine Ansprüche stellt (Cassidy 1994). Phänomenologisch weist die Einengung des Gefühlsausdrucks bei diesen Kindern eine hohe Ähnlichkeit mit den Phänomenen auf, die bei Erwachsenen als Alexithymie beschrieben wurden.

Hinsichtlich der kommunikativen Erfahrungen, die dem unsicher-vermeidenden Bindungsmuster zugrunde liegen, berichten Escher-Gräub und Grossmann (1983) über eine interessante Beobachtung: Sie untersuchten das Verhalten von Kindern im zweiten Lebensjahr und ihren Müttern während einer Episode freien Spiels und fanden, dass die Mütter sicher gebundener Kinder sich nur dann am Spiel beteiligten und dieses unterstützten, wenn die Kinder Anzeichen negativer Affekte (Anspannung und Ärger) zeigten. Im Gegensatz dazu beteiligten sich die Mütter der vermeidend gebundenen Kindern jedoch vor allem dann, wenn die Kinder zufrieden waren, und zogen sich zurück, wenn negative Affekte ausgedrückt wurden. Daraus kann die Schlussfolgerung gezogen werden, dass Kinder mit einer unsicher-vermeidenden Bindung in der Interaktion mit der Mutter weniger Unterstützung finden, negative Emotionen tolerieren und verarbeiten zu lernen als sicher gebundene Kinder. Vor dem Hintergrund der Annahme, dass es gerade die Unterstützung bei der Verarbeitung (Metabolisierung) von Disstressaffekten ist, die in der primären Kommunikation erlernt werden muss, belegen diese Befunde die Annahmen der weiter oben dargestellten klinischen Theorien.

Neuere empirische Untersuchungen zu den familiären Umgebungsbedingungen, unter denen alexithymes Affektverhalten entsteht, zeigen auch, dass ein Zusammenhang zwischen Alexithymie und einer geringeren emotionalen Expressivität sowie einem geringeren Gefühl von Sicherheit in den familiären Beziehungen besteht (Berenbaum u. James 1994). Man fand Korrelationen zwischen Merkmalen der Alexithymie (mithilfe von Fragebögen erfasst) zwischen Kindern und Jugendlichen und ihren Müttern (Lumley u. Norman 1996). Zwischen den Beobachtungen der Bindungsforschung zur dyadischen Affektregulation im Kindesalter und den retrospektiven Untersuchungen zur Entstehung von Alexithymie bestehen also Konvergenzen.

Es liegen zurzeit erst wenige Untersuchungen vor, die sich mit Zusammenhängen zwischen Alexithymie und Bindungsrepräsentation im Erwachsenenalter befassen. In einer Studie an Patienten mit idiopathischem spasmodischem Tortikollis fanden sich Zusammenhänge zwischen unsicher-vermeidender Bindungsstrategie und alexithymen Merkmalen (Scheidt et al. 1999). Ähnliche Befunde wurden an einer Stichprobe von Patienten mit somatoformen Störungen erhoben (Waller u. Scheidt 2004). Die gemeinsamen entwicklungspsychologischen Wurzeln von Bindungsrepräsentation und klinisch beschriebenen Affektregulationsstörungen werden in weiteren Untersuchungen zu klären sein.

Alexithymie im Kontext eines Vulnerabilitätsmodells psychosomatischer Störungen

Die Annahme, dass zwischen dem Ausdruck von Gefühlen und der physiologischen Erregung in Belastungssituationen ein inverser Zusammenhang besteht, lässt sich historisch bis auf Alexanders oben bereits erwähntes Konzept der Bereitstellungserkrankungen zurückverfolgen. Alexander (1949) nahm an, dass die zu einer nicht realisierten Kampf- oder Fluchtreaktion gehörigen physiologischen Vorgänge (Bereitstellungsreaktionen) in eine dysfunktionale Daueraktivierung übergingen, wenn die entsprechenden Reaktionsmuster im Handlungsanteil nicht realisiert werden. Diese Theorie Alexanders hat in neueren Modellen der Entstehung psychosomatischer Störungen wieder Aktualität erlangt. Die Unterdrückung des Affektausdrucks wird heute als ein wichtiger Faktor in der Pathogenese und im Verlauf psychosomatischer Erkrankungen angesehen.

Die Schwierigkeiten der Operationalisierung des Alexithymie-Konzeptes brachten es mit sich, dass die Alexithymie erst sehr spät und nur in geringem Umfang Eingang in die psychophysiologische Forschung fand. Annahmen über psycho-physische Zusammenhänge, etwa über eine inverse Beziehung zwischen Affektausdruck und physiologischer Aktivierung, gehören zwar zu den Implikationen des Alexithymie-Konzeptes, sind jedoch bisher nur wenig systematisch untersucht worden. Taylor (1994) sah den entscheidenden Aspekt der Alexithymie in Defiziten der interpersonellen Regulation von Emotionen. Patienten mit »hoher« Alexithymie zeigen demzufolge eine »Dissoziation der physiologischen und der emotionalen Reaktion auf Belastungen sowie ein hohes Maß an sympathischer Aktivierung, die nicht durch Veränderungen der Umgebungsbedingungen moduliert werden« (ebd.). Die Affekte können ihre Funktion als Zwischenglieder zwischen psychischen und physiologischen Prozessen nicht mehr erfüllen. Das heißt, sie haben keine Beziehung mehr zur Repräsentation psychischer Vorgänge.

Die Beziehungen zwischen Affektausdruck und physiologischer Erregung waren in den vergangenen Jahren Gegenstand einer Reihe von psychosomatischen Untersuchungen (Anderson 1981; Sänger-Alt et al. 1989; Traue 1989). Berry und Pennebaker (1993) kommen in einer Übersichtsarbeit zu dem Fazit, dass Personen, die aus welchen Gründen auch immer den emotionalen Ausdruck von Affekten unterdrücken, ein erhöhtes Risiko für eine Reihe von Erkrankungen aufweisen. Allerdings ergaben sich keine Hinweise darauf, dass die Unterdrückung von Affekten ein spezifisches Merkmal einzelner funktioneller oder psychosomatischer Erkrankungen sei (Anderson 1981) oder dass die selektive Unterdrückung negativer Emotionen bei Patienten mit psychosomatischen Erkrankungen häufiger ist als bei anderen Personen (Sänger-Alt et al. 1989).

Alexithymie und Narzissmus

Der Narzissmus ist als theoretisches Konzept nicht weniger breit angelegt als die Alexithymie und darum an der Peripherie in seiner Bedeutung auch kaum weniger unscharf. Ebenso gilt, dass die Ansätze zur Operationalisierung des Narzissmus-Konzeptes kaum weiter gediehen sind als bei der Alexithymie. Trotzdem hat der Narzissmus in der psychoanalytischen Metapsychologie einen angestammten Platz einnehmen können – im Gegensatz zur Alexithymie. Dies dürfte vor allem historische Gründe haben. Freud führte den Begriff 1914 in die Psychoanalyse ein, und von da an blieb der Narzissmus eines der zentralen Theoreme. Entsprechend dem theoretischen Entwicklungsstand der Psychoanalyse zum Zeitpunkt der Einführung der Narzissmus-Theorie blieb der Narzissmus lange eng mit libidotheoretischen Begriffen verknüpft. Eine ausführliche Darstellung der historischen und systematischen Bedeutung des Konzeptes findet sich anderenorts in diesem Band (s. Kap. 1.6). Wir werden uns im Folgenden auf einige wenige klinische Aspekte der Narzisstischen Persönlichkeitsstörung beschränken.

Narzissmus und psychosomatische Erkrankung – deskriptive Aspekte

Narzisstische Krisen gehören mit zu den häufigsten Auslösern psychosomatischer Reaktionen und Erkrankungen. Hinter zahlreichen interpersonellen Konflikten, die als Auslösesituation psychosomatischer Störungen beschrieben werden, steht eine nicht verarbeitbare Enttäuschungswut aufgrund einer narzisstischer Kränkung. Selbstwerterleben und Selbstwertregulation sind insofern eng mit der Fähigkeit zur Affektwahrnehmung und Affektintegration verbunden. Die aus einer Bedrohung des Selbstwerterlebens resultierenden Spannungen und Affekte stellen eine wesentliche Anforderung an die Affektverarbeitungskapazität dar.

Die Bedeutung narzisstischer Kränkungen in der Auslösung psychosomatischer Reaktionen ist, verglichen mit der Bedeutung anderer auslösender Ereignisse (z. B. Objektverluste), relativ wenig beachtet worden. Die Plombenfunktion, die einzelne psychosomatische Störungen wie etwa somatoforme Schmerzstörungen hinsichtlich der Entlastung von narzisstischen Spannungen haben, ist aber durchaus bekannt. Betrachtet man die unterschiedlichen Komponenten der Symptomentstehung genauer, so zeigen sich unterschiedliche klinisch relevante Konstellationen im Verhältnis von narzisstischer Störung und Alexityhmie:

Bei einer Teilgruppe von Patienten steht die Alexithymie im Vordergrund. Ein narzisstischer Einbruch führt deswegen zu klinischen Manifestationen mit psychosomatischer Symptombildung, weil die narzisstische Wut aufgrund der Defizite in der Mentalisierung und Repräsentation von Affekten nicht wahrgenommen, verarbeitet und integriert werden kann. Die alexithyme Grundstruktur der Persönlichkeit stellt eine Disposition dar, die eine adaptive Verarbeitung von Affekten, und zwar insbesondere für aus narzisstischen Spannungen resultierenden Affekten, erschwert oder unmöglich macht. Klinisch stehen die Merkmale einer alexithymen Persönlichkeit im Vordergrund.

In anderen Fällen liegt eine Narzisstische Persönlichkeitsstörung vor. Aufgrund der erhöhten narzisstischen Vulnerabilität entstehen erhebliche Affektquantitäten narzisstischer Wut, sodass die Verarbeitungskapazität im Hinblick auf diese Affekte chronisch überfordert ist. In diesem Fall führt die narzisstische Störung zu einem hohen adaptiven Aufwand hinsichtlich der Verarbeitung von aus narzisstischen Spannungen resultierenden Affekten. Klinisch im Vordergrund steht die narzisstische Störung.

Die beiden Konstellationen verdeutlichen, wie narzisstische Störung und Affektpathologie hinsichtlich der Genese psychosomatischer Reaktionen ineinandergreifen: Am einen Ende des Spektrums steht die Alexithymie mit akzidentellen narzisstischen Konflikten als Auslöser psychosomatischer Reaktionen, am anderen Ende stehen die narzisstischen Störungen mit eventuell gering ausgeprägter Störung der Affektverarbeitung, jedoch relativer Überforderung der Affektverarbeitungskapazität des Ichs aufgrund des hohen Anfalls von Wut und Spannung. Beide Konstellationen spielen für die Pathogenese psychosomatischer Störungen eine Rolle.

Narzissmus und psychosomatische Erkrankung – metapsychologische Aspekte

In der Beschreibung der narzisstischen Persönlichkeit durch Kernberg (1980; 1989) werden eine Reihe von Merkmalen des Affekterlebens und der Affektpathologie beschrieben, die dadurch auffallen, dass sie ebensogut als Charakterisierung alexithymer Patienten gelesen und verstanden werden könnten. Kernberg (1980) beschreibt, dass bei der narzisstischen Persönlichkeit häufig ein Mangel an Empathiefähigkeit, Gefühle von Langeweile und Leere, Rastlosigkeit und ein Mangel an Gefühlstiefe und die Unfähigkeit, komplexere Gefühle anderer Menschen zu verstehen, angetroffen werden. Ferner gehöre zur Pathologie Narzisstischer Persönlichkeitsstörungen, dass das Gefühlsleben nur mangelhaft differenziert sei und dass echte Gefühle von Traurigkeit, Sehnsucht und Bedauern fehlen.

Die klinische Beschreibung der narzisstischen Persönlichkeit unter objektbeziehungspsychologischen Aspekten, die auf die Störungen im Bereich der Objektrepräsentanzen fokussiert, weist ebenfalls beträchtliche Überschneidungen mit der Alexithymie auf: Ohne hier im Einzelnen auf die Pathogenese der Narzisstischen Persönlichkeitsstörung einzugehen, ist doch unstrittig, dass ein gewisses Ausmaß von »Umweltversagen«, das heißt von Defiziten in den primären Bindungserfahrungen, in der Entstehung sowohl der Alexithymie als auch der Narzisstischen Persönlichkeitsstörung eine Rolle spielt. Ein Mangel an Spiegelfunktion oder an Containing ist in der Genese beider Störungen bedeutsam. Unterschiedlich sind allerdings die daraus entstehenden Abwehrformationen, die im Falle der Alexithymie zur Herunterregulierung des Affektsystems führen und bei der narzisstischen Störung zur Entstehung des Größen-Selbst.

Auch die aktuelle Qualität der Objektbeziehungen weist in wichtigen Punkten Überschneidungen zwischen Alexithymie und narzisstischer Persönlichkeit auf. Folgt man wiederum der Charakterisierung der narzisstischen Persönlichkeit durch Kernberg (1980), so erleben Patienten mit narzisstischer Persönlichkeit andere Menschen wie leblose Schatten oder Marionetten; das heißt, in ihrem Erleben und Bewusstsein bilden andere Menschen kein eigenes intentionales Zentrum. Die Objekte werden stattdessen innerhalb des Radius des Größen-Selbst phantasiert. Diese Beschreibung gilt im Großen und Ganzen auch für die Objektbeziehungen von Menschen, die unter Alexithymie leiden.

Die Trennlinie wird aber deutlicher, wenn man zur Charakterisierung der Alexithymie die kognitiven Merkmale der »pensées opératoires« hinzunimmt, die auch in den neueren, empirischen Fassungen des Konzeptes (externales Denken, Bagby et al. 1994) enthalten sind: Phantasiearmut, Einschränkung der imaginativen Prozesse und ein von affektiven Bezügen entleertes Denken. Diese Merkmale sind in der Tat für die narzisstische Störung weniger kennzeichnend.

Die wichtigsten Abgrenzungs- und Unterscheidungskriterien zwischen Alexithymie und Narzisstischer Persönlichkeitsstörung betreffen jedoch die psychische Struktur. Die Verschmelzung von Ideal-Selbst, Ideal-Objekt- und Real-

Selbst-Repräsentanzen können als zentrales Merkmal der narzisstischen Persönlichkeit angesehen werden (Kernberg 1980). Für die Alexithymie gilt diese strukturelle Bestimmung nicht. Zunächst ist das Alexithymie-Konzept seiner Geschichte nach eher ein »Defizit-Konzept« als ein dynamisches Konzept. Das heißt, dass die klinischen Phänomene eher aus einem Entwicklungsmangel und einem Fehlen psychischer Strukturen als aus einem Wechselspiel psychischer Prozesse und Strukturen abgeleitet werden. Es gibt zwar eine Unterscheidung zwischen primärer und sekundärer Alexithymie (Freyberger 1977; Krystal 1979), Letztere im Sinne einer globalen und weitreichenden Affektabwehr in Abgrenzung zu einer primären Affektdifferenzierungs- und Symbolisierungsstörung. Aber diese Unterscheidung hat sich nicht durchgesetzt.

Da das Alexithymie-Konzept außerhalb des Strukturmodells angesiedelt ist, ist es sehr schwierig, die damit bezeichnete psychische Störung in ein dynamisches Konzept zu bringen. Zum Zeitpunkt der Einführung des Alexithymie-Konzeptes existierte noch keine psychoanalytische Affekttheorie, in der die Phänomene der Affektpathologie im Sinne der Alexithymie sinnvoll hätten eingeordnet werden können. Störungen der Affektverarbeitung können entwicklungspsychologisch und hinsichtlich der Ich-Entwicklung auf ganz unterschiedlichen Ebenen angesiedelt sein. Sie können sowohl als Folge von hochstrukturierten Abwehrprozessen beschrieben werden – dies war die Theorie, die von Nemiah und Sifneos anfangs favorisiert wurde, bevor sie zugunsten neurobiologischer Modelle verlassen wurde – als auch als Resultat weitreichender Störungen der Mentalisierung oder der Symbolisierung – für diese Theorie stehen die Autoren der französischen Psychosomatik. Eine Systematik der Reifung der affektregulierenden Systeme mit den ihnen jeweils zuzurechnenden Störungen der Affektwahrnehmung und der Affektverarbeitung sowie der zugehörigen Ebenen der Ich-Entwicklung würde zu einer erheblichen Differenzierung des Alexithymie-Konzeptes beitragen können und die Verknüpfung mit einem dynamisch ausgerichteten psychoanalytischen Denken erleichtern.

Betrachtet man den Narzissmus als normalpsychologisches Phänomen – so wie Freud es ursprünglich bei der Einführung des Begriffs in die Psychoanalyse tat –, so steht die lebensnotwendige Besetzung des Selbst und der psychischen Funktionen im Mittelpunkt.

Man kann in diesem Kontext libidotheoretischer Formulierungen die Alexithymie auch als einen Mangel oder einen Entzug der narzisstischen Besetzung des Selbst, insbesondere des Denkens und anderer wichtiger psychischer Funktionen wie der Phantasietätigkeit, verstehen. Der Rückzug der narzisstischen Besetzung des Selbst, insbesondere des Körper-Selbst, ist bei psychosomatischen Störungen ein wichtiger Mechanismus, der vor allem bei schweren psychosomatischen Krankheitsbildern zu beobachten ist. Die Alexithymie kann deshalb auch als Teilpathologie oder Teilaspekt eines globalen narzisstischen Besetzungsrückzugs gedeutet werden, der neben den psychischen Funktionen des Fühlens und des Denkens auch den Körper und die Objektrepräsentanzen betrifft.

McDougall (1988) hat darauf hingewiesen, dass der Alexithymie nicht selten eine unbewusste Idealvorstellung von Unverwundbarkeit und Unverletzbarkeit zugrunde liegt, in Verbindung mit einem Ich-Ideal, das affektives Erleben mit Schwäche gleichsetzt. Dies hat eine tief greifende Affektverwerfung zur Folge, die gleichsam den Nachhall der negativen Objekterfahrungen im Ich installiert. Vielleicht ist es gerade diese Struktur des Ich-Ideals, in der sich die beiden unterschiedlichen Konzepte der Alexithymie und des Narzissmus am stärksten berühren.

Zusammenfassung

Alexithymie und Narzissmus weisen historisch zunächst nur wenige Überschneidungen auf. Die Alexithmie wurde vor allem im klinischen Kontext psychosomatischer Störungen beschrieben. Im Unterschied zum Narzissmus wurde der Begriff nicht im Rahmen normalpsychologischer Vorgänge, sondern ausschließlich zur Beschreibung klinischer Phänomene verwendet. Die genauere Betrachtung der der alexityhmen Störung zugrunde liegenden psychischen Prozesse zeigt jedoch, zweierlei:

- In der Entstehung psychosomatischer Störungen spielt neben einer Affektpathologie der narzisstische Faktor eine wichtige Rolle. Pathogenetisch relevant wird häufig gerade die Komplementarität von narzisstischer Vulnerabilität und alexithymer Störung, weil die bei geringradiger Kränkung entstehenden intensiven Affekte von narzisstischer Wut nicht verarbeitet werden können, sondern zu entsprechenden somatischen Reaktionen führen.
- Alexithymie lässt sich in gewisser Weise auch unter dem Aspekt einer narzisstischen Störung deuten, nämlich als weitgehender Rückzug der narzisstischen Besetzung des Selbst und seiner Funktionen, insbesondere des Fühlens, des Empfindens und der Phantasietätigkeit. Gleichlaufend besteht eine grandiose Phantasie der Unempfindlichkeit und der Unverletzbarkeit durch die Ausschaltung des affektiven Erlebens, wie sie im Rahmen narzisstischer Störungen charakteristisch ist. Möglicherweise spielt in der großen Heterogenität der Affektpathologien, wie sie bei psychosomatischen Patienten anzutreffen sind, die narzisstische Störung als pathogenetische strukturelle Grundlage nur bei einem Teil eine Rolle. Bei einem anderen Teil mag die Störung der primären Fähigkeit zur Affektsymbolisierung im Vordergrnd stehen. Die Differenzierung dieser Gruppen könnte für die Behandlung von Bedeutung sein.

Literatur

Ainsworth MDS, Blehar M, Waters E, Wall S (1978). Patterns of Attachment. Hillsdale, NJ: Lawrence Erlbaum Associates.
Alexander F (1949). Psychosomatische Medizin. Grundlagen und Anwendungsgebiete. 4. unv. Aufl. Berlin, New York: de Gruyter 1985.
Anderson CD (1981). Expression of affect and physiological response in psychosomatic patients. J Psychosom Res; 25: 143–9.
Bagby RM, Parker JD, Taylor GJ (1994). The Twenty-Item Toronto Alexithymia Scale-I: item selection and cross-validation of the factor-structure. J Psychosom Res; 38: 23–32.
Berenbaum H, James T (1994). Correlates and retrospectively reported antecedents of alexithymia. Psychosom Med; 56: 353–9.
Berry DS, Pennebaker JW (1993). Nonverbal and verbal emotional expression and health. Psychother Psychosom; 59: 11–9.
Bowlby J (1975). Bindung. Eine Analyse der Mutter-Kind-Beziehung. München: Kindler.
Cassidy J (1994). Emotion regulation: Influences of attachment relationships. In: Fox NA (ed). The Development of Emotion Regulation: Biological and behavioral considerations. Monographs of the Society for Research in Child Development; 59(2–3): 228–49.
Cremerius J (1977). Ist die »psychosomatische Struktur« der französischen Schule krankheitsspezifisch? Psyche; 31: 293–317.
Escher-Gräub CD, Grossmann KE (1983). Bindungssicherheit im zweiten Lebensjahr. Die Regensburger Querschnittsuntersuchung. Forschungsbericht der Universität Regensburg.
Freyberger H (1977). Supportive psychotherapeutic techniques in primary and secondary alexithymia. Psychother Psychosom; 28; 337–42.
George C, Kaplan N, Main M (1985–1995). Adult Attachment Interview. Department of Psychology, University of California, Berkeley. Unpublished manuscript.
Grubrich-Simitis I (1984). Vom Konkretismus zur Metaphorik. Psyche; 38: 1–28.
Gündel H, Ceballos-Baumann AO, v Rad M (2000). Aktuelle Perspektiven der Alexithymie. Nervenarzt; 71: 151–63.
Hoppe KD (1975). Die Trennung der Gehirnhälften. Ihre Bedeutung für die Psychoanalyse. Psyche; 29: 919–40.
Kernberg OF (1980). Borderline-Störungen und pathologischer Narzißmus. Frankfurt/M.: Suhrkamp.
Kernberg OF (1989). Schwere Persönlichkeitsstörungen. Theorie, Diagnose, Behandlungsstrategien. Stuttgart: Klett-Cotta.
Krystal H (1979). Alexithymia and Psychotherapy. Am J Psychother; 33: 17–31.
Krystal H (2000). Panel on affect regulation. Int J Psycho-Anal; 81: 317–9.
Lane RD, Sechrest L, Reidel R, Weldon V, Kraszniak A, Schwartz GE (1996). Impaired verbal and nonverbal emotion recognition in alexithymia. Psychosom Med; 58: 203–10.
Lesser IM (1981). Review of the alexithymia concept. Psychosom Med; 43: 531–43.
Lumley MA, Norman S (1996). Alexithymia and health care utilization. Psychosom Med; 58: 197–202.
Lumley MA, Mader C, Gramzow J, Papineau K (1996). Family factors related to alexithymia characteristics. Psychosom Med; 58: 211–6.
Main M (1981). Avoidance in the service of attachment: A working paper. In: Immelmann G, Barlow G, Main M, Petrinovich L (eds). Behavioral Development: The Bielefeld interdisciplinary project. New York: Cambridge University Press; 651–93.
Main M, Weston DR (1982). The quality of the toddler's relationship to mother and father related to conflict behavior and readiness to establish new relationships. Child Dev; 52: 932–40.
Main M, Goldwyn R (1985–96). Adult Attachment Scoring and Classification Systems. 6th ed. University of California, Berkeley. Unpublished manuscript.
Marty P (1974). Die »allergische Objektbeziehung«. In: Brede K (Hrsg). Einführung in die Psychosomatische Medizin. Klinische und theoretische Beiträge. Frankfurt/M.: Fischer; 420–46.
Marty P, de M'Uzan M (1963). Das operative Denken. Psyche; 32: 974–84.

McDougall J (1988). Theater der Seele. München, Wien: Verlag Internationale Psychoanalyse.
McLean PD (1949). Psychosomatic disease and the visceral brain. Psychosom Med; 1: 338–40.
Nemiah JC, Sifneos PE (1970). Psychosomatic illness: a problem in communication. Psychother Psychosom; 18: 154–60.
Rad M v (1983). Alexithymie. Empirische Untersuchungen zur Diagnostik und Therapie psychosomatisch Kranker. Berlin: Springer.
Ruesch J (1948). The infantile personality. Psychosom Med; 10: 134–44.
Sänger-Alt C, Steimer-Krause E, Wagner G, Krause R (1989). Mimisches Verhalten psychosomatischer Patienten. Z Klin Psychol; 18: 243–56.
Scheidt CE, Waller E, Schnock C, Becker-Stoll F, Zimmermann P, Lücking CH, Wirsching M (1999). Alexithymia and attachment representation in idiopathic spasmodic torticollis. J Nerv Ment Dis; 187: 47–52.
Sifneos PE (1973). The prevalence of »alexithymic« characteristics in psychosomatic patients. Psychother Psychosom; 32: 180–90.
Taylor GJ (1994). The alexithymia construct: conceptualization, validity and relationship with basic dimensions of personality. New Trends Exp Clin Psychiatry; 10: 61–74.
Traue HC (1989). Gefühlsausdruck, Hemmung und Muskelspannung unter sozialem Streß. Verhaltensmedizin myogener Kopfschmerzen. Göttingen: Hogrefe.
Waller E, Scheidt CE (2004). Somatoform disorders as disorders of affect regulation: a study comparing the TAS-20 with non-self-report measures of alexithymia. J Psychosom Res; 57: 239–47.

4.6
Narzisstische Persönlichkeitsstörungen in der Kindheit

Paulina F. Kernberg

Ist die Diagnose »Narzisstische Persönlichkeitsstörung« für die Kindheit überhaupt relevant? Das DSM-IV (American Psychiatric Association 1994) definiert Persönlichkeitsstörungen im Sinne von Persönlichkeitseigenschaften, die sich, wenig flexibel und maladaptiv, in einer Vielzahl wichtiger sozialer Bezüge manifestieren und ein beträchtliches Maß an funktionellen Beeinträchtigungen bzw. subjektivem Leiden verursachen. Was die nachfolgenden Ausführungen angeht, so möchte ich vor allem das diagnostische Kriterium im Blick behalten, dem zufolge Persönlichkeitsstörungen »oftmals bereits in der Jugend oder sogar früher erkennbar sind und über den größten Teil des Erwachsenenlebens Bestand haben«.

Das DSM-IV nennt mehrere Beispiele möglicher entwicklungspsychologischer Kontinuitäten: So könne eine schizoide Störung im Kindes- und Jugendalter in eine Schizoide Persönlichkeitsstörung oder Identitätsstörung münden bzw. bis hin zur Borderline-Persönlichkeitsstörung führen. Die Narzisstische Persönlichkeitsstörung des Kindes- und Jugendalters wird zwar nicht erwähnt, doch räumt das DSM-IV die Möglichkeit anderer Persönlichkeitsstörungsdiagnosen ein, sollten die maladaptiven Persönlichkeitseigenschaften eine gewisse Stabilität aufweisen und unverändert mindestens zwölf Monate andauern.

In diesem Zusammenhang mögen einige Ausführungen zu den DSM-IV-Kriterien für Erwachsene hilfreich sein. Ein wesentliches Kennzeichen ist beispielsweise das grandiose Selbstgefühl. Bei Kindern kann sich dies in ihren schulischen Leistungen widerspiegeln, etwa in einem völligen Versagen, wenn sie nicht sofort Erfolg haben, was wiederum auf einen Mangel an Durchhaltevermögen und Zielstrebigkeit zurückgeführt werden kann. Typischerweise gilt für diese Kinder ein Alles-oder-nichts-Gesetz, das heißt, dass sie entweder sehr gute oder sehr schlechte Zensuren haben.

Ein weiteres Merkmal ist die Beeinträchtigung von Über-Ich-Funktionen, die für das Auftreten antisozialer Eigenschaften verantwortlich sind. Persönliche Defizite, Niederlagen oder verantwortungsloses Verhalten können in diesem Zusammenhang durch Rationalisierungen, Ausflüchte oder Lügen gerechtfertigt werden. Dazu können sich paranoide Ängste – als Folge mangelnder Integration von Über-Ich-Komponenten bzw. der Projektion verfolgender Über-Ich-Vorläufer – in somatischen oder hypochondrischen Symptomen ausdrücken. Auch extremes Misstrauen kann zutage treten, da sich die Wahrnehmung anderer nur auf den Aspekt des »Duplikats des eigenen Selbst« beschränkt. Ein unbändiger Neid auf andere – ein weiteres narzisstisches Symptom – beeinträchtigt die Fähigkeit, abhängig zu sein, sowie die Möglichkeiten, ein Gefühl der Erfüllung und Befriedigung zu erfahren.

Chronischer und intensiver Neid, Entwertung, primitive Idealisierung, omnipotente Kontrolle und narzisstischer Rückzug stellen allesamt Abwehrmechanismen dar, die darauf abzielen, das grandiose Selbst zu schützen. Hier könnte man Volkans (1973; 1979) Diskussion defensiver Manöver anführen, die eingesetzt werden, um das grandiose Selbst vor den Angriffen der Realität zu schützen: die typische Externalisierung des Konflikts, die Restrukturierung der Realität, die »Glasblasen-Phantasie« und der Gebrauch von Übergangsphantasien.

Um besser nachvollziehen zu können, inwiefern die Kriterien der Narzisstischen Persönlichkeitsstörung auch für Kinder zutreffend sein können, soll im Folgenden zunächst zwischen dem normalen und dem pathologischen Narzissmus unterschieden werden.

Normaler und pathologischer Narzissmus

Otto Kernberg (1978), Heinz Kohut (1972), Moore und Fine (1967) sowie Van der Waals (1965) haben den normalen und den pathologischen Narzissmus definiert.

> Im Allgemeinen versteht man in der psychoanalytischen Theorie unter **normalem Narzissmus** die libidinöse Besetzung des normalen integrierten Selbst.

Diese Besetzung setzt als Bedingung eine Integration libidinös und aggressiv determinierter Selbst- und Objektrepräsentanzen in einem kohäsiven Selbstkonzept voraus. Mit anderen Worten: Die normale Selbststruktur beinhaltet sowohl libidinös als auch aggressiv besetzte Komponenten.

> Demgegenüber stellt der **pathologische Narzissmus** die libidinöse Besetzung einer pathologischen Selbststruktur dar, in der sich ein grandioses Selbst als Abwehr gegen intensive präödipale und ödipale Konflikte im Zusammenhang mit Liebe und Aggression herausgebildet hat.

4 Die Bedeutung des Narzissmus bei spezifischen Störungsbildern

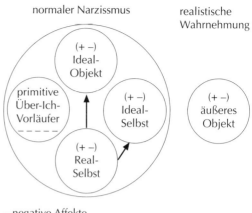

Abb. 4.6-1: Normale Selbstwertregulation.

− negative Affekte
+ positive Affekte
(+ −) Affekte sind integriert

Beim normalen Narzissmus lassen sich Selbst- und Objektrepräsentanzen strukturell differenzieren (vgl. Abb. 4.6-1). Eine Spannung zwischen realen und idealen Repräsentanzen führt zu einer realistischen Einschätzung des äußeren Objekts und ermöglicht somit die progressive Integration des idealen Objekts, des idealen Selbst und der Über-Ich-Vorläufer in das, was wir als Über-Ich bezeichnen (Egan u. Kernberg 1985). Die **reale** Selbstrepräsentanz unterscheidet sich wiederum von der **idealen** Selbst- und idealen Objektrepräsentanz. Demgegenüber kann beim pathologischen Narzissmus die reale Selbstrepräsentanz mit der idealen Selbst- und idealen Objektrepräsentanz verschmolzen sein (Abb. 4.6-2).

Diese Konfiguration wurde zum Beispiel im Falle des kleinen Matt (s. Bleiberg 2004) sichtbar, einem 8½-jährigen Jungen, der sich selbst als »großartigen, allmächtigen, alles kontrollierenden Führer« phantasierte, was dem Bild entsprach, das seine Mutter von ihm hatte (und die übrigens die beruflichen Aktivitäten ihres Mannes vollständig kontrollierte). Matts Grandiosität war sehr eng mit seinem Bedürfnis verwoben, andere zu entwerten – die Analytikerin, seine Freunde –, da er um jeden Preis verhindern musste, dass man ihn selbst als schwach, wehrlos und verletzbar wahrnahm. Dieses gefürchtete Selbstbild resultierte aus nicht integrierten Über-Ich-Vorläufern, nicht integrierten negativen Objektrepräsentanzen (eine invasive und dominante Mutter) sowie negativen Selbstrepräsentanzen (seine eigene orale und anale Aggression).

Aus entwicklungspsychologischer Perspektive könnte man sagen, dass die künftige narzisstische Persönlichkeit durch die Eltern emotional ungesättigt geblieben ist. Das Kind projiziert seine reaktive Wut und sein Gefühl der Schlechtigkeit auf die Eltern, die dadurch wiederum noch sadistischer und einschränkender erlebt werden. Das Kind flüchtet sich in jene Aspekte des Selbst, die von den Eltern geschätzt werden, was der Entwicklung eines grandiosen Selbst Vor-

4.6 Narzisstische Persönlichkeitsstörungen in der Kindheit

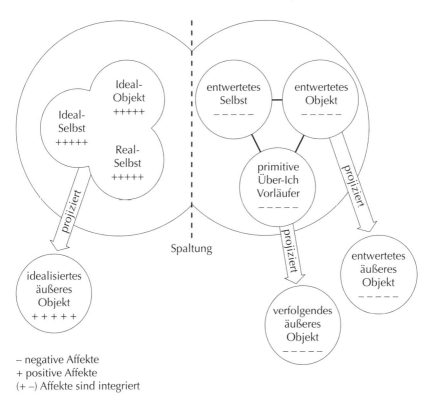

− negative Affekte
+ positive Affekte
(+ −) Affekte sind integriert

Abb. 4.6-2: Pathologischer Narzissmus.

schub leistet. Dieser »bewundernswerte« Selbstaspekt wird von den Eltern wie das vollständige Selbst behandelt, was wiederum die Verschmelzung des idealen Selbst mit den positiven Aspekten des realen Selbst fördert. Die Phantasieversion des idealen Selbst, dessen Aufgabe es ist, Gefühle der Frustration, der Wut und des Neides zu kompensieren, verbindet sich mit dem Phantasiebild einer liebenden Mutter (dem idealen Objekt), was letztlich das grandiose Selbst ausmacht. Das nicht akzeptierbare Selbstbild eines hungrigen, neidischen, entwerteten Kindes, wird dissoziiert und auf andere projiziert. Auf die gleiche Weise wird das nicht akzeptierbare Bild einer inadäquaten, unnahbaren und selbstzentrierten Mutter ebenfalls dissoziiert und auf andere projiziert.

Aus einer anderen Perspektive heraus betrachtet, könnte man sagen, dass echte Sublimierung beim pathologischen Narzissmus nicht auftritt. Alle Leistungen sind darauf ausgerichtet, ein sehr gefährdetes Gleichgewicht der Selbstwertregulation aufrechtzuerhalten, sie erfolgen nicht um der Aktivität oder der Fähigkeit willen. Demgegenüber stellt beim normalen Narzissmus ein Erfolg eine Belohnung dar, die eine auftretende Spannung zwischen dem idealen und dem realen Selbst verringert. Die narzisstische Pathologie ist noch besser verständlich, wenn man den pathologischen Narzissmus im Erwachsenenalter mit dem normalen infantilen Narzissmus vergleicht. Kernberg (1978) hat die subjektive Erfahrung eines schweren pathologischen Narzissmus bei Erwachsenen beschrieben. Wenngleich bei diesen Patienten, oberflächlich betrachtet, die soziale Anpassung unauffällig und gelungen scheint, zeigt eine genauere Prüfung doch eine ausgeprägte Beschäftigung mit dem Selbst und schwere Störungen der internalisierten Objektbeziehungen. Die Patienten legen in unterschiedlichen Kombinationen einen ausgeprägten Ehrgeiz, Größenphantasien, Gefühle der Unterlegenheit und eine übersteigerte Abhängigkeit von äußerer Bewunderung und Zuspruch an den Tag. Sie leiden unter dem chronischen Gefühl der Langeweile und Leere und sind ständig auf der Suche nach Glanz, Reichtum, Macht und Schönheit. Sie haben deutliche Defizite in ihrer Fähigkeit zu lieben, sich um andere zu sorgen bzw. sich in andere einzufühlen. Dazu kommt eine dauerhafte Unsicherheit und Unzufriedenheit mit dem Leben sowie eine bewusste oder unbewusste Ausbeutung und Rücksichtslosigkeit gegenüber anderen. Von besonderer Bedeutung bei diesen Patienten ist die anhaltende und intensive Anspruchlichkeit und Selbstbezogenheit. Weil sie andere als Verkörperung abgelehnter Selbstaspekte wahrnehmen, also als ausbeutend, rücksichtlos, selbstbezogen und anspruchlich, sind sie selbst nicht in der Lage, anderen zu trauen (s. auch Hartkamp et al. 2002).

Dieses Bild steht im krassen Gegensatz zum normalen infantilen Narzissmus, der sich in altersgemäßen Phantasien, Wünschen und Bindungen ausdrückt. So haben kleine Kinder normalerweise Größenphantasien und sind zornig bemüht, die Mutter zu kontrollieren und deren Aufmerksamkeit auf sich zu lenken. Phantasien von großer Macht, Reichtum und Schönheit sind für die präödipale Zeit sehr typisch. Anders als der pathologische Narzisst hat es das normale Kind nicht nötig, als alleiniger Repräsentant all dessen bewundert zu werden, was erstrebens- und bewundernswert ist. Beim normalen Kind stellen die Phantasien und die selbstzentrierten Aktivitäten vielmehr altersadäquate Entwicklungsbedürfnisse dar. Sie dienen also einer Weiterbildung psychischer Strukturen. Bei Kindern mit pathologischem Narzissmus hingegen dienen Größenphantasien sowie die Beschäftigung mit sich selbst dazu, ein pathologisches Gleichgewicht aufrechtzuerhalten, das mit einer Differenzierung und Integration in Konflikt steht.

In diesem Zusammenhang ist ein wichtiger Unterschied, dass der normale infantile Narzissmus Wünsche mit sich bringt, die sich auf durchaus reale (und realistische) Bedürfnisse und Mängel beziehen. Im Gegensatz dazu sind die Wünsche beim pathologischen Narzissmus excessiv, sie können letztlich nicht erfüllt werden. Tatsächlich sind sie gegenüber einer beginnenden Verleugnung oder sogar Vernichtung jedweder erhaltenen Unterstützung, die ihre Ursache im Neid haben, nachrangig. Kleine Kinder zeigen sich oft dankbar, wenn ihre Bedürfnisse erfüllt werden, narzisstische Kinder dagegen bleiben kühl und unnahbar. Sie begegnen anderen Menschen mit völliger Missachtung, es sei denn, sie idealisierten sie zeitweise, solange sie der potenziellen Zufuhr narzisstischer Energie dienen. Beim normalen kindlichen Narzissmus stärken erbrachte Leistungen das Selbstwertgefühl und die Selbstachtung und sind somit unter Umständen ein Katalysator dafür, dass sich das Kind realistische neue Ziele setzt. Beim Kind mit pathologischem Narzissmus sind Erfolge oder Leistungen sehr flüchtige Befriedigungen und nur so lang wirksam, als dadurch die Aufmerksamkeit von anderen erreicht wird. Wenn diese Aufmerksamkeit verschwindet, hinterlässt der Erfolg keine oder nur sehr geringe Spuren, und es gibt keine Garantie dafür, dass sich das Kind neue Ziele setzt, im Gegenteil: Seine Aktivität kann vollständig verschwinden. Wenn das Kind nicht »Weltmeister« oder das Zentrum jeglicher Aufmerksamkeit oder beides ist, dann ist die Aktivität an sich völlig wertlos. Man muss sich vor Augen halten, dass das normale Kleinkind – zumindest, wenn es nicht frustriert ist – echte Bindungen an andere bzw. Interesse für diese zeigt. Dadurch entwickelt es die Fähigkeit, wichtigen Bezugsobjekten zu vertrauen und sich auf diese zu verlassen. Die Fähigkeit eines 2½-jährigen normalen Kindes, libidinös mit einer Mutter, die zeitweise abwesend ist, verbunden zu bleiben, steht deutlich im Kontrast zu der Unfähigkeit des narzisstischen Kindes, sich auf andere Menschen (einschließlich Therapeuten) einzulassen, es sei denn zu dem Zweck, kurzfristige Befriedigung zu erhalten. Beim normalen infantilen Narzissmus finden wir mit anderen Worten einen verhaltensorientierten Ausdruck positiver Bindung, während beim pathologischen Narzissmus Anzeichen hierfür gänzlich fehlen.

Klinische Manifestationen narzisstischer Störungen bei Kindern

Grundlegende Merkmale

Man kann die Merkmale des pathologischen Narzissmus erwachsener Patienten durchaus auch bei Kindern wahrnehmen. Ich habe bereits den Fall des kleinen Matt erwähnt, mit seinen Größenphantasien vom »Super-Matt«, exzessiven Wünschen, intensiver Beschäftigung mit sich selbst und schweren Beziehungsstörungen, zu denen Gewalt, Besitzansprüche und ein totaler Mangel an Empathie gehörten (Bleiberg 2004; Friedrich u. Wheeler 1982). Im Fall von Matt hatte sich seine Selbsterhöhung defensiv aus überwältigenden Gefühlen der Minderwertigkeit und Hilflosigkeit entwickelt.

Ein häufiges und charakteristisches Symptom, das auf eine Narzisstische Persönlichkeitsstörung hindeutet, ist das Vorliegen einer schweren **Lernstörung**. Trotz ihrer oft überdurchschnittlichen Intelligenz können die betroffenen Kinder in der Schule durchaus versagen. Ihre schulischen Leistungen können sehr mangelhaft sein, selten machen sie ihre Hausaufgaben zu Ende, ein typischer Ausdruck eines grandiosen Selbst bei Kindern. Lehrer beschreiben sie oft als arrogant und hochmütig, und tatsächlich sind sie überzeugt, dass sie sich von niemanden etwas sagen lassen müssen. Bei unserem Patienten Matt zeigte sich eine deutliche Selbstidealisierung mit gleichzeitiger Entwertung anderer, wobei Matt sich als »Kollege« seiner Lehrer erlebte. Sein Verlangen, ständig im Mittelpunkt zu stehen, ließ ihn permanent frustriert zurück (vgl. Ornstein 1981, wo ein ähnlicher Fall beschrieben wird).

Narzisstische Patienten ziehen aus der Bewunderung durch andere keine echte Befriedigung, lediglich eine illusorische oder **Pseudo-Identität**. Die Bewunderung berührt nicht das Kern-Selbst, lediglich akzeptierbare Teile davon, was zu einem dauerhaften Gefühl des Unbefriedigtseins und zu einer Verstärkung des Bedürfnisses nach Bewunderung führt. Man kann oft beobachten, dass die Eltern narzisstischer Kinder diese nicht so recht als ganze und getrennte Individuen wahrnehmen, die auch verletzbar und wütend sein können.

Hohe Erwartungen vonseiten des grandiosen Selbst und vonseiten der Eltern begünstigen das **Lügen**. Tatsächlich sind diese Kinder voller großartiger Geschichten, um damit ihre Grandiosität zu schützen. Auf der anderen Seite bedroht intensiver **Neid** die Grandiosität des narzisstischen Kindes ebenso wie positive, belohnende Reaktion gegenüber Mitschülern. Gleichaltrige werden entwertet, ihre Werke im wahrsten Sinn des Wortes zerstört. Paradoxerweise verniedlichen sie ihre eigenen Leistungen, wenn diese nicht mehr als Quelle dauerhafter Bewunderung dienen können. Hier sieht man wiederum einen Mangel an echter Erfüllung bzw. eines echten Gefühls für die Leistung. Somatische Beschwerden können der konkrete Ausdruck ihrer Angst vor dem eigenen, auf andere projizierten Neid sein.

Zusammenfassend kann man sagen, dass diese Kinder keine Freude an ihren Lernerfahrungen haben. Alle Aktivitäten sind von einer getriebenen Art, es mangelt ihnen an jeglicher wirklich sublimierender Aufmerksamkeit, die mit dem intrinsischen Wert einer Aktivität verbunden ist.

Beeinträchtigte soziale Interaktion

Zur Abklärung der Diagnose einer Narzisstischen Persönlichkeitsstörung bei Kindern ist es besonders wichtig, deren Interaktion mit Gleichaltrigen zu berücksichtigen. Es kann beispielsweise sein, dass sich die Kinder mit dem chronischen Empathiemangel der Eltern identifizieren und somit auch gegenüber Gleichaltrigen nicht zu empathischen Reaktionen fähig sind. So kommt es, dass sie andere bestenfalls als Mittel zum Zweck der Befriedigung eigener Bedürfnisse sehen oder noch häufiger als Echo oder eigene Ebenbilder. Sie verleugnen den schmerzlichen Unterschied zwischen sich selbst und anderen, um nicht mit dem eigenen Neid konfrontiert zu werden, was wiederum zu Kälte und Überheblichkeit führt, was sie von Gleichaltrigen entfremdet. Mit Zurückweisung konfrontiert, werden diese Kinder leicht gewalttätig und machen Besitzansprüche geltend, was oft zu weiterer Entfremdung beiträgt. Interessanterweise kann die narzisstische Persönlichkeit im Jugendalter und noch später durchaus anziehend und charismatisch erscheinen. Dieses Charisma, dem sich oftmals eine Gruppe verpflichtet fühlt, ist ein Phänomen, das man als Nebenprodukt des grandiosen Selbst sehen könnte. Eine spezifische Funktion des grandiosen Selbst ist die Aktualisierung des Wunsches, dass die Welt so ist, wie sie das grandiose Selbst haben möchte, und nicht anders. Eine Zeit lang kann durch das Charisma die grandiose Phantasie von Perfektion, Schönheit und Macht eine ganz reale Qualität bekommen, die durch die Gruppe gestützt wird. Dadurch ist es dem narzisstischen Jugendlichen möglich, jedes Gefühl der Zurückweisung und Entwertung zu vermeiden. Trotzdem kann es passieren, dass ein Ereignis die »Seifenblase zum Platzen« bringt und das Gleichgewicht völlig zerstört. Ein weiterer wichtiger Aspekt der sozialen Interaktion besteht in einer speziellen Art und Weise der Paarbildung, die man von Jugend an beobachten kann. Nicht selten werden angesehene, hübsche oder umgängliche Partner gesucht, nicht selten aber auch »Freaks« oder Freundinnen (bzw. Freunde), die eher hässlich sind. Es scheint so, als würde der narzisstische Jugendliche durch den Kontrast mit dem hässlichen, scheinbar wertlosen Partner sein eigenes Wertgefühl erhöhen, insbesondere durch die Kontrolle dieses wertlosen Objekts. Der Narzisst braucht einen psychischen Sklaven, der letztlich dankbar ist, als Objekt der Aufmerksamkeit auserwählt worden zu sein, auch wenn die Beziehung von Zurückweisung und Entwertung geprägt ist.

Aversion gegen Blickkontakt

Ein weiterer wichtiger diagnostischer Aspekt bei Kindern ist die Aversion gegen Blickkontakt. Ich habe diese Erscheinung relativ häufig bei narzisstisch gestörten Kindern angetroffen. Während sie in der allgemeinen Bevölkerung eher selten ist, kann man sie auch als typisches Zeichen bei autistischen Kindern und manchmal auch bei Jugendlichen mit antisozialen Eigenschaften beobachten. Letztere vermeiden es, Erwachsenen ins Gesicht zu sehen, damit man sie nicht beim Lügen ertappt. Bei Kindern mit Narzisstischen Persönlichkeitsstörungen ist die Vermeidung des Augenkontakts ein Mittel zur Vermeidung der traumatischen Erfahrung, von den Eltern nicht anerkannt zu werden (z. B. aufgrund des mütterlichen Narzissmus), als jemand anderes gesehen zu werden (Depersonifizierung) oder nur partiell anerkannt zu werden (mütterliches Ideal-Objekt). Diese Vermeidung hilft auch, der Konfrontation einer eigenen Grandiosität mit der diskrepanten Rückmeldung durch andere Erwachsene aus dem Wege zu gehen, die die Kinder durchaus als verletzbar und sich selbst täuschend erleben. Schließlich wird durch die Vermeidung des Blickkontakts auch die Erkenntnis umgangen, von einem Objekt abhängig zu sein; sie ist also letztlich Ausdruck der großen Schwierigkeit, unabhängig zu funktionieren.

Spielpathologie

Im Alter zwischen 3½ und 11 Jahren langweilen sich narzisstische Kinder sehr schnell mit neuen Spielsachen und zeigen eine ausgeprägte Spielhemmung, die oft mit Langeweile rationalisiert wird. Dies trifft insbesondere für Phantasiespiele zu, wohingegen zu Beginn einer Therapie strukturierte Spiele oftmals bevorzugt werden. Aber selbst bei strukturierten Spielen sind Schwierigkeiten zu beobachten. Jede Niederlage unterbricht das Spiel und geht mit heftiger Angst oder Wutanfällen einher. Mit fortschreitender Behandlung lassen sich narzisstische Kinder dann zwar auf Phantasiespiele ein, diese sind aber durch blanke Aggression charakterisiert: Puppen werden dabei zerstückelt und in makabren Szenen zu Tode gequält; die »ganze Welt« wird durch einen bewaffneten Mörder ohne Gnade massakriert. Anfangs ist dieses Spiel ohne jegliche Freude, im Laufe der Zeit kann dabei allerdings sadistisches Vergnügen beobachtet werden.

Trennungsangst

Die Forderung nach konstanter Aufmerksamkeit und Bewunderung kann auch dazu dienen, die Unfähigkeit, allein zu sein, zu verbergen. Bei Kindern wird diese Unfähigkeit durch das Syndrom der Trennungsangst zum Ausdruck gebracht. Bei diesem Bild ist aber eine besondere Färbung notwendig: Bei jüngeren Kindern lenken Wutausbrüche – die großen Schwierigkeiten im Umgang mit Gleichaltrigen und die überhebliche und entwertende Art und Weise, wie sie mit ihrer Familie und anderen umgehen – die Aufmerksamkeit der Erwachsenen von den Schwierigkeiten ab, die die Kinder dabei haben, autonom zu bestehen. Das grandiose Selbst kann durchaus den Anschein erwecken, als würde das Kind sich selbst genügen – es kann das Kind gewissermaßen tragen, sodass Trennungen, um zum Beispiel in den Kindergarten zu gehen oder Freunde zu besuchen, nur von sehr wenig Angst begleitet werden, die ihrerseits von den Eltern gar nicht wahrgenommen wird. Die Eltern sind aber dennoch ständig in Sorge, wie es dem Kind wohl gehen wird, wenn es von ihnen getrennt ist. Wenn sich in der Behandlung familiäre Interaktionen entwickeln, dann habe ich oftmals mit Überraschung festgestellt, dass ein Elternteil, meistens die Mutter, sich oft nicht in der Lage sieht, den Raum zu verlassen, so als wäre sie durch eine subtil verbindende Kraft zum Bleiben gezwungen.

Wie kommt es, dass sich ein »allwissendes« (so die Selbstbeschreibung eines narzisstischen Kindes) und allmächtiges Kind so zerbrechlich zeigt, wenn es mit Trennung konfrontiert wird? Wahrscheinlich sind es mehrere Faktoren, die dazu

4.6 Narzisstische Persönlichkeitsstörungen in der Kindheit

beitragen. Eine von Rinsley (1980) gemachte Erklärung besagt, dass die Eltern dieser Kinder eine Individuation auf spezifischen Gebieten fördern, die gewissermaßen in ihr persönliches Konzept des Kindes passen. Beispielsweise kann eine Mutter, die ihr eigenes Ich-Ideal zu erfüllen sucht, indem sie das musikalische Talent der Tochter fördert, die Individuation – im Sinne von Verbesserung und Fortschritten – dieses Kindes auf dem Weg zur Musikerin fördern, sie wird aber nicht seine Trennungswünsche unterstützen. Die Fertigkeiten des Kindes dienen dem Selbstwertgefühl der Mutter und existieren nicht als unabhängige Eigenschaften des Kindes.

Ein weiterer Faktor kann der Einsatz der projektiven Identifizierung als primitiver Abwehrmechanismus sein, der bevorzugt mit dem grandiosen Selbst einhergeht und das Empfinden fördert, durch eine andere Person (die Mutter) zu funktionieren. Dazu kommt, dass die Unfähigkeit des Kindes und der Eltern, Belastungen, Angst und Aggression auszuhalten, diese gewissermaßen in einen gemeinsamen Schutzkäfig sperrt. Die andere Person dient dem grandiosen Selbst als Hilfs-Ich, das aber niemals als solches anerkannt werden wird.

Fixierung auf das Selbstbild

Hier geht es um die narzisstische Wahrnehmung des Selbst. Bach (1977) spricht davon, dass zur Wahrnehmung des Selbst das Körper-Selbst als eine Art Double gehört. Hamilton (1982) erwähnt in diesem Zusammenhang die interessante Beobachtung, dass die Fixierung auf das eigene Bild im Kontext ausgeprägter interpersonaler Unsicherheit sozusagen ein Markenzeichen des Narzissmus darstellt. Das Bild im Spiegel kann gewissermaßen als Gegenmittel für Gefühle der Fragmentierung und Bedeutungslosigkeit benutzt werden. Wenn das Spiegelbild eine Quelle von Lust darstellt, dann wird die Person, die es betrachtet, sich der lebenswichtigen Kraft des Bildes womöglich gar nicht bewusst sein. In dem Video »Justin's Reflection« zeigt Broussard einen 4½-jährigen Jungen, den er als Risikokind für eine »narzisstische Störung« beschreibt. Justin zeigte sich von seinem Spiegelbild derart fasziniert, dass er alle Menschen von sich fern hielt, um sich darauf konzentrieren zu können. So beantwortete er zum Beispiel eine ganze Therapiesitzung lang die Fragen des Interviewers, während er ununterbrochen auf sein Spiegelbild blickte.

Risikokinder

Wir haben gesehen, dass einige deskriptive Kriterien für Narzisstische Persönlichkeitsstörungen bei Erwachsenen durchaus auch für Kinder zutreffen, so zum

Beispiel die ständige Suche nach Macht und Glanz sowie der Mangel an echten Sublimierungen. Beeinträchtigungen in der Interaktion mit Gleichaltrigen, die Aversion gegen Blickkontakt, Spielhemmungen oder Spiele, die von Aggressivität durchdrungen sind, sowie Trennungsangst sind narzisstische Merkmale, die speziell bei Kindern hervorstechen. Hier mag es nun nützlich sein, über deskriptive Kriterien hinauszugehen und einige mögliche Risikofaktoren für die Entwicklung einer narzisstischen Störung im Kindesalter zu betrachten.

Das Kind narzisstischer Eltern

Allen voran sind Kinder narzisstischer Eltern dem Risiko ausgesetzt, selbst eine Narzisstische Persönlichkeitsstörung zu entwickeln. Im Fall von Matt (Bleiberg 2004; Friedrich u. Wheeler 1982) war der Vater eine sehr blasse Figur. Ähnlich wie die Väter, die von Lasch (1982) und Bleiberg (1984) beschrieben wurden, schien er seine Autorität als Elternteil ganz und gar an seine Frau delegiert zu haben. Ein Kind braucht auf Dauer eine Autorität, die es sowohl konfrontiert als auch diszipliniert, die eine Veränderung phantastischer Ich-Ideal-Vorläufer ermöglicht und die Individuation und Integration positiver und negativer Aspekte des Selbst und der Objekte unterstützt. Da er kein echtes Gefühl für richtige Grenzsetzung hatte entwickeln können, war Matt nicht in der Lage, Grenzen zwischen Phantasie und Handlung zu ziehen. Man half ihm nicht dabei, seine kindliche Omnipotenz dem Realitätsprinzip zu unterstellen. Dazu kam, dass Matt von seiner Mutter idealisiert wurde; sie betrachtete ihren Sohn als ihren Besitz und verhinderte somit auch engere Beziehungen zu Gleichaltrigen. Ihr kontrollierendes Verhalten wiederum provozierte Matts Bedürfnis, sie zu kontrollieren. Sowohl die narzisstische Fokussierung der Mutter auf den Sohn als Erweiterung ihres Selbst als auch Matts Erfahrung, ein wichtiges Agens für das Wohlbefinden und Selbstwertgefühl der Mutter zu sein, trugen zu seinem pathologischen Narzissmus bei.

Zusammengefasst könnte man sagen, dass es Matts Identifikation mit seinen beiden narzisstischen Eltern war, die dazu führte, dass seine eigenen narzisstischen Eigenschaften als absolut Ich-synton empfunden wurden.

Eine andere Sichtweise auf die potenzielle Bedeutung der narzisstischen Besetzung eines Kindes durch die Eltern wird von Rinsley (1980) vertreten. Er beschreibt, wie das Kind vom Elternteil als Ersatzfigur wahrgenommen wird: das »verelterlichte« Kind (das man oft bei geschiedenen Müttern mit infantilen Persönlichkeiten sieht), das Kind als Partner, das Kind als Geschwister oder das Kind als unendlich infantiles oder abhängiges Baby. Rinsley sieht in diesen Wahrnehmungen bestimmte Muster von Depersonifizierung, bei denen ein Elternteil das Kind nicht als Person mit eigenen Rechten achtet, sondern als Vertreter der eigenen Welt.

4.6 Narzisstische Persönlichkeitsstörungen in der Kindheit

Ein typischer Aspekt narzisstischer Beziehungen ist nach Hamilton (1982) eine ausschließliche und von Besitzansprüchen geprägte Nähe zu einem Elternteil, meist der Mutter, und eine sehr abgegrenzte und entfernte Beziehung zum anderen Elternteil.

Hier gibt es oft keine echte Dyade, von der das Kind ausgeschlossen oder auf die es neugierig sein kann, weil in vielen Fällen der Vater entweder körperlich abwesend, ständig beschäftigt oder sehr passiv ist. Somit gibt es keinen Übergang vom versorgenden zum sexuellen Paar, der eigentlich die Toleranz des Kindes für das Ausgeschlossensein erforderlich machen würde. Eine ähnlich narzisstische Beziehung besteht, wenn das Kind mit jedem Elternteil eine (dyadische) Beziehung unterhält, aber nicht mit beiden zusammen.

Hier sollte man erwähnen, dass Narzisstische Persönlichkeitsstörungen oftmals bei einigen Fällen von Anorexia nervosa zu beobachten sind. Junge Anorektikerinnen sind typischerweise auf sich selbst fixiert, versuchen ein Kulturideal extremer Kontrolle zu erreichen, das mit einem dysfunktionalen Bedürfnis nach Bewunderung verknüpft ist. Diese Kinder werden oftmals von den narzisstischen Bedürfnissen der Mutter eingehüllt. Die Mutter erlaubt ihnen keine Separation und ermöglicht Individuation lediglich in den Bereichen, die für sie selbst wichtig sind. Die Suche des Kindes nach Perfektion erfüllt dann die stellvertretenden Bedürfnisse der Mutter nach einem Kind, das ihrem eigenen Ich-Ideal entspricht. Das dauerhafte Fehlen echter Befriedigungen der Mutter-Kind-Beziehung ist die Folge. Wut und Aggression, die daraus resultieren, werden gegen den eigenen Körper gelenkt, der als Eigentum der Mutter erlebt wird, während die Patientin das Selbst gewissermaßen »freihält«.

Sours (1980) vermutet, dass diese anorektischen Patienten über eine narzisstische Charakterstruktur mit grandiosen und omnipotenten Aspekten verfügen, mit der sie Gefühle der Hilflosigkeit kompensieren. Die Selbstzentriertheit um körperliche Befürchtungen geht mit narzisstischen Eigenschaften einher. Hinzu kommt, dass hinter dem Bedürfnis nach Zuspruch und Bewunderung bei diesen Patienten oftmals ein tiefes Gefühl der Leere, Anhedonie und Langeweile zu finden ist. Ein weiterer Hinweis auf narzisstische Schwierigkeiten kann man im »Peter Pan«-ähnlichen Ideal sehen, für die Mutter eine geschlechtslose, aber ewig aktive, phallisch-narzisstische Erweiterung zu sein.

Das Adoptivkind

Weitere Quellen von Vulnerabilität bzw. Risiken für die Entwicklung Narzisstischer Persönlichkeitsstörungen sind im Prozess der Adoption zu suchen. Der kleine Ed ist ein Fall, der sich hier anführen lässt. Die Adoptiveltern beschrieben den 13-Jährigen als einen Jungen, der Freunde brauchte, die waren, wie er selbst, um angeben zu können. Er war der Auffassung, besser als jeder andere zu sein, insbesondere besser als sein Bruder (ein leiblicher Sohn der Eltern). Tatsächlich hatten ihm seine Adoptiveltern erzählt, ihn genommen zu haben, weil er »das allerschönste Baby« gewesen sei. Dieses Gefühl der Besonderheit in Verbindung mit der grundlegenden Angst, nicht genommen zu werden, trug zum typisch narzisstischen Verhalten bei. Wenn Ed beispielsweise auf dem Rücksitz des Autos sitzen sollte, geriet er sofort in Wut. Er bestahl seine Mutter in dem Glauben, dass nur eine kurze Bemerkung wie »Tut mir leid« sein »böses Verhalten« aufwiegen würde.

Einerseits wirkte Ed sehr begabt, andererseits ließ er beim ersten Versagen sofort von einer Sache ab. Als er beim Schwimmen erstmalig unterlag, verließ er sofort das Team. Der Auskunft der Adoptiveltern zufolge zeigte Ed seinem Bruder gegenüber, der sich wirklich rührend um ihn sorgte, keinerlei Dank. Er war schlicht und einfach der Auffassung, dass sein jüngerer Bruder genau wie er selbst sein sollte. Auch wenn er damit prahlte, viele Freunde und Freundinnen zu haben, hob er doch immer mehr auf seine eigene Popularität als auf die Anzahl seiner Kontakte ab (die im Übrigen primär mit dem Austausch von Drogen in Verbindung zu stehen schienen).

Sherick (1983) hat sich ausführlich mit dem Problem des »gestörten Narzissmus« bei Adoptivkindern beschäftigt. Diese Kinder haben von Anfang an mit einer schweren narzisstischen Kränkung zu kämpfen, nämlich von ihren biologischen Eltern abgelehnt worden zu sein. Andererseits wurden sie von ihren Adoptiveltern »auserwählt«, was ihr grandioses Selbst fördert. Ein 11-jähriges Adoptivkind mit antisozialen Eigenschaften sagte mir einmal, dass es davon überzeugt sei, von *anderen* auserwählt worden zu sein, wenn dies seine Adoptiveltern nicht getan hätten. Es wusste sehr wohl, dass es eine lange Warteliste potenzieller Adoptiveltern gab und dass Adoptivkinder tatsächlich »Mangelware« sind.

Auf der anderen Seite könnte die Fähigkeit von Adoptiveltern, empathisch auf ihre Kinder einzugehen und ein Gefühl von Gegenseitigkeit herzustellen, durch die Schwierigkeit beeinträchtigt sein, eine Bindung mit dem Kind eines anderen herzustellen. Nicht selten zeigen die Eltern eine eher geschäftsmäßige Einstellung dem Kind gegenüber. Hinzu kommt eine mögliche Depression aufgrund der Tatsache, dass es nicht möglich war, selbst ein Kind zu bekommen. Wenn Adoptiveltern nicht adäquat mit der Trauer über ihre Sterilität fertig geworden sind, werden sie womöglich auch dem Kind gegenüber weniger empathisch sein. Das Kind spürt dann sicherlich die Enttäuschung seiner Eltern, möglicherweise gekoppelt mit seiner Angst, wieder weggeschickt zu werden. Um sich gegen diese von vielen Seiten drohenden Verletzungen zu schützen, entwickelt das Kind nicht selten eine Narzisstische Persönlichkeitsstörung, verbunden mit Impulsivität, Delinquenz und Lernstörungen.

Brett, ein Adoptivkind, das von Sherick (1983) beschrieben wurde, erfüllte exakt die diagnostischen Kriterien für eine Narzisstische Persönlichkeitsstörung, die ich weiter oben dargestellt habe. Er erzählte Heldengeschichten, zeigte eine Pseudostärke und ärgerte jüngere Kinder. In der Behandlung war er nicht bereit, irgendwelche Informationen zu geben, er sprach selten freiwillig über seine Eltern und hörte dem Therapeuten nicht zu. Zu verschiedenen Zeiten der Behandlung schlüpfte er in unterschiedliche Charaktere: Mal war er ein verschmitzter Affe, mal ein starker Mann, ein Boxweltmeister oder Evil Knievel, der kühne Motorradfahrer. Brett wies damit ein Selbstbild, dem zufolge er dumm und schlecht war, weit von sich und projizierte es stattdessen auf den Analytiker, der sich dadurch selbst dumm und schlecht vorkam. Insgesamt gesehen wurden die Überheblichkeit, Entwertung und phantasierte Grandiosität dieses Kindes im Therapieverlauf ganz deutlich.

Das missbrauchte Kind

Ein weiterer potenzieller Weg zur Narzisstischen Persönlichkeitsstörung kann über den Missbrauch durch die Eltern führen. Das grandiose Selbst kann dabei das Produkt des Bedürfnisses sein, mit dem idealisierten Elternbild zu verschmelzen, um sich vor einem realen elterlichen Missbrauch zu schützen. Friedrich und Wheeler (1982) fanden interessanterweise in einer Untersuchung von missbrauchenden Eltern, dass diese ihre eigenen Eltern als hart, zurückweisend, autoritär und gewalttätig beschrieben. Wenn die Eltern wütend waren, dann tendierten sie dazu, auch das Schreien ihres Babys als wütend, fordernd und irritierend zu empfinden. Sie waren also nur sehr selten in der Lage, wirklich empathisch auf ihre Kinder zu reagieren. Es ist zu vermuten, dass viele von ihnen selbst Erfahrungen früher Deprivation und frustrierter Abhängigkeitsbedürfnisse gemacht hatten. Dieses elterliche Profil macht das Risiko für die Entwicklung einer Narzisstischen Persönlichkeitsstörung bei missbrauchten Kindern deutlich. Meiner Meinung nach werden diese Kinder quasi zu ihren eigenen Eltern und zeigen eine Grandiosität unter dem Deckmantel von Pseudoreife und extremem Altruismus.

Das verwöhnte Kind

Einige Eltern, insbesondere solche, die ihre Kinder erst relativ spät bekommen, zeigen oft das ausgeprägte Bedürfnis, diese Kinder zu schützen und ihre Wünsche zu erfüllen. Eine derartige Einstellung ermöglicht es dem Kind nicht, Frustrationen zu erleben und damit fertig zu werden, Toleranz zu üben und sich realer Grenzen bewusst zu werden. Die Folge kann eine Fortdauer des infantilen Narzissmus und dessen Umwandlung in einen pathologischen Narzissmus sein, falls tatsächliche Frustrationen im Kontakt mit Gleichaltrigen oder anderen Erwachsenen die Ausbildung eines grandiosen Selbst stimulieren.

Reichtum kann das Bild noch komplizieren. Er bietet eine andauernde Bestätigung der omnipotenten Kontrolle, die in die Grandiosität als Charaktereigenschaft übergehen kann. Diese Grandiosität kann sich dann durchaus halten, auch wenn sich die äußeren Umstände längst geändert haben.

Scheidungskinder

Eine fünfte Risikosituation für die Entwicklung Narzisstischer Persönlichkeitsstörungen betrifft Kinder geschiedener Eltern. Hier ist beispielsweise das »verelterlichte« Kind zu erwähnen, das den geschiedenen Partner ersetzen soll. Diese Konstellation trifft sich mit bestimmten Aspekten des kindlichen Narzissmus. Allen voran mit dem omnipotenten ödipalen Wunsch, den anderen Elternteil zu ersetzen und dem verbliebenen Elternteil Befriedigung zu geben, was in gewisser Weise durch eine Auflösung der normalen, generationsgebundenen Rollenkonstellationen realisiert wird. Das daraus resultierende Gefühl, groß und mächtig zu sein, verwandelt den Status des kleinen, abhängigen Kindes in Beziehung zu diesem Elternteil.

Ein weniger deutlicher, nichtsdestotrotz traumatischer Aspekt der Scheidung bezieht sich auf die Motivation der Eltern, das Sorgerecht für ihre Kinder zu erhalten. Dabei kann es vorkommen, dass ein Elternteil alle Spuren der Identifikation des Kindes mit dem geschiedenen Partner auslöschen will, um das Kind vor dem Zugriff des anderen zu »retten« (wobei der andere als negatives Rollenmodell wahrgenommen wird). In einer solchen Situation werden Kinder um ihre Rechte gebracht und auf eine ganz bestimmte Art und Weise depersonifiziert. Oftmals verschlimmert sich die Situation dadurch, dass das Kind gezwungen wird, zum anderen Elternteil eine Beziehung einzugehen, die der der Eltern vor der Scheidung gleicht. Es gibt dann keine Möglichkeit mehr, zum Elternteil ohne das Sorgerecht eine eigene Beziehung zu entwickeln und diese zu entfalten. Der sorgeberechtigte Elternteil versucht dann oft, das Kind von seiner früheren, aber auch zukünftigen Identifikation mit dem anderen Elternteil zu trennen, und will kein Kind aufziehen, das dem geschiedenen Partner irgendwie gleicht. Obwohl sie nichts dafür können, werden solche Kinder oft nicht akzeptiert, weil sie eben auch das genetische Produkt des geschiedenen Partners sind. Daraus kann eine paradoxe Reaktion entstehen, bei der das Kind ein grandioses Selbst als Abwehrmaßnahme gegen Depersonifizierungen aufbaut und gleichzeitig den sorgeberechtigten Elternteil entwertet, der nun als Feind bzw. Wurzel allen Übels erlebt wird. Das Kind kann dann generell auf eine sehr selbstzentrierte Art und Weise über sich bestimmen, es fühlt sich mit dem abgewiesenen Elternteil vereint und zeigt ein deutliches Defizit an Fürsorge und Empathie für andere.

Ein mir bekannter Fall bezieht sich auf einen 14-jährigen Jungen, dessen Vater einen sehr langen Prozess um das Sorgerecht führte. Solange sich der Vater um den Transport des Sohnes zu irgendwelchen Sportereignissen kümmern konnte, blieb der Sohn bei ihm. Nachdem der Vater einen schweren Herzanfall erlitten hatte und diesen »Fahrdienst« nicht länger bieten konnte, wechselte der Sohn unverzüglich zur Mutter, da diese im Moment besser für seine Bedürfnisse sorgen konnte. Der Vater war über die Gefühllosigkeit seines Kindes schockiert, kämpfte darum, ihn zu behalten und vor dem Einfluss seiner geschiedenen Frau zu schützen, die er rachsüchtig und selbstzentriert erlebte.

In diesem Fall entstand eine schwerere Form der Narzisstischen Persönlichkeitsstörung, die über die Fixierung an ödipale Wünsche und infantile Omnipotenz hinausging. Der Junge hatte ein grandioses Selbst aufgebaut, um sich selbst vor seiner Wut gegen den Vater (den sorgeberechtigten Elternteil) zu schützen. Diese Wut wiederum stand mit dem Versuch des Vaters in Verbindung, einen Teil des Jungen zu »töten« oder auszulöschen, nämlich dessen Identifikation mit der Mutter (dem abgelehnten Elternteil). Hier war die Beziehung zum sorgenden Elternteil sicher eine Pseudobeziehung, die darauf basierte, dass das Kind vom Vater »gerettet« wurde. Sicherlich war der Vater der Überzeugung, dass das Kind ihm dafür dankbar sein würde. Tatsächlich aber schützte sich das zutiefst verletzte Kind durch seine Grandiosität, versuchte die bedrohte Identifikation mit dem abgewiesenen Elternteil um jeden Preis am Leben zu erhalten und entwertete bzw. verleugnete jegliche Bindung an den sorgeberechtigten Elternteil (der im besten Fall als deprivierend und selbstzentriert, im schlechtesten Falle als gefährlich erlebt wurde).

Kinder, die einen Elternteil durch Tod verlieren

Schließlich muss man noch auf das Risiko blicken, dem Kinder ausgesetzt sind, die einen Elternteil durch Tod verlieren. Eine glänzende Illustration dieser Dynamik findet man in einer Kurzgeschichte von Yukio Mishima mit dem Titel »Der Schiffer, der bei der See in Ungnade fiel«. Das Kind in dieser Erzählung versucht mit dem Verlust des Vaters durch die Entwicklung eines grandiosen Selbst fertig zu werden. Dieses grandiose Selbst wird dann durch die Realität herausgefordert, als die Mutter eine Beziehung zu einem anderen Mann eingeht. Das Kind ist durchaus in der Lage, seine Mutter durch braves Verhalten zu manipulieren, wenngleich es überzeugt ist, dass die Mutter im Grunde genommen bösartig ist und der Vater gerächt werden muss. Die Geschichte macht deutlich, wie die kontrollierenden und sadistischen Seiten dieses Kindes in seinen Interaktionen mit Gleichaltrigen und im mörderischen Verhalten gegenüber dem Liebhaber der Mutter zum Vorschein kommen.

Ein Blick auf die Bedeutung der Eltern

Die Interaktion zwischen den Eltern und ihrem Kind spielt, wie wir gerade gesehen haben, eine bedeutende Rolle bei der Entwicklung einer Narzisstischen Persönlichkeitsstörung. An dieser Stelle meines Beitrags möchte ich gerne etwas genauer auf einige elterliche Erziehungsstile eingehen und zeigen, wie sie bei Kindern und Jugendlichen auf die Entwicklung der Persönlichkeitsstörung Einfluss nehmen können. So können inflexible und rigide elterliche Einstellungen zum Problem werden, obwohl sich der Charakter des Kindes auf dem Weg vom Säugling zum Kleinkind, Latenzkind, Jugendlichen und jungen Erwachsenen durchaus wandelt. Coleman et al. (1953) haben darauf hingewiesen, dass das Ausmaß der Anpassungsfähigkeit der Eltern einige vernachlässigte Aspekte der Eltern-Kind-Beziehung klären könnte, das heißt die genaue Erfassung einer beeinträchtigten Anpassungsfähigkeit aufseiten der Eltern könnte die frühe Diagnose potenzieller Schwierigkeiten erleichtern. Bleiberg (2001) hat sich in diesem Zusammenhang eingehender mit der defizitären selbstreflexiven Funktion der Eltern beschäftigt, die die Integration des kindlichen Selbst beeinträchtigt und stattdessen ein instabiles Pseudo-Selbst und/oder Größen-Selbst entstehen lässt. Ein weiterer Aspekt betrifft die Art und Weise, in der die Eltern-Kind-Interaktion dazu dient, intrapsychische Strukturen aufrechtzuerhalten und zu verstärken. Zinner und Shapiro (1972) haben gezeigt, dass Familienmitglieder zueinander als Teile der inneren Welt von Repräsentanzen in Beziehung treten. Internalisierte Konflikte eines Individuums werden somit in der Interaktion zwischen den Familienmitgliedern aktualisiert. Primitive Formen der Projektion mit den entsprechenden Rollenzuschreibungen an die einzelnen Familienmitglieder dienen dann als machtvolle Verstärker eines grandiosen Selbst. Im Falle der narzisstischen Pathologie aktivieren unbewusste Phantasien eines Familienmitglieds diese Zuschreibungen bei anderen Mitgliedern, was jedoch in Konflikt steht mit der Aufgabe innerhalb der Familie, Autonomie-Entwicklung und Differenzierung zu ermöglichen.

In diesem Zusammenhang sollte man allerdings darauf hinweisen, dass die Kinder einer narzisstischen Mutter nicht unbedingt selbst narzisstisch werden müssen, sondern durchaus andere neurotische Störungen entwickeln können, etwa Depressionen, masochistische oder konversionsneurotische Symptome, ohne irgendeinen Hinweis auf eine Narzisstische Persönlichkeitsstörung. Es scheint, als würde die Unnahbarkeit der Mutter das Kind vor der ganzen Wucht narzisstischer Pathologie schützen. Solange das Kind außerhalb der inneren Welt der Repräsentanzen des Elternteils bleibt, besteht ein bedeutend geringeres Risiko für die Entwicklung einer Narzisstischen Persönlichkeitsstörung. Wenn allerdings die primitiven projektiven Mechanismen der Eltern das Kind sehr stark in ihre eigene narzisstische Pathologie involvieren, dann wird auch das Kind mit einer gewissen Wahrscheinlichkeit eine narzististische Störung entwickeln.

4.6 Narzisstische Persönlichkeitsstörungen in der Kindheit

Im Allgemeinen glaube ich, dass eine genaue Untersuchung spezifischer Eltern-Kind-Interaktionen dabei helfen kann, ein auffälliges Paradoxon zu erklären, das narzisstische Kinder und Jugendliche bieten: offenkundige Selbstgenügsamkeit in Verbindung mit großer narzisstischer Kränkbarkeit. Die folgenden, sehr selektiv ausgewählten Fallvignetten beschreiben Kinder und Jugendliche mit typischen Narzisstischen Persönlichkeitsstörungen, wobei jeweils einige Charakteristika ihrer Eltern hervorgehoben werden.

Fallvignette 1

Danny, ein hübscher 4-jähriger Junge, gleichzeitig der jüngste meiner Patienten, kam in Behandlung wegen unkontrollierbarer Wutausbrüche. Wurden seine Wünsche nicht erfüllt, biss Danny andere Kinder, ohne sich dafür zu schämen. Seiner 12 Monate alten Schwester gegenüber legte er sadistische Züge an den Tag: Er zog ihr an den Haaren, nannte sie »dumm und doof«, stieß sie aus dem Bett und sogar Treppen hinunter.

Trotz seiner außergewöhnlichen fein- und grobmotorischen Geschicklichkeit war Danny beim Spielen immer frustriert, erlebte dabei keinerlei Freude. Diese Freudlosigkeit war auffällig im Vergleich zu den altersgemäßen, normal kreativen Phantasiespielen. Anfangs verfolgte er sein Tun mit großer Hartnäckigkeit – komplizierte Automodelle zusammenbauen, beim Darts immer ins Schwarze treffen oder komplexe Legostrukturen bauen. Jede Anspielung auf sein Alter oder seine Größe wurde von ihm als Angriff erlebt. Stattdessen bestand er darauf, von seinen Eltern oder vom Therapeuten auch für ganz gewöhnliche Dinge gelobt zu werden. Danny konnte keine Frustration oder Störung seines grandiosen Selbstgefühls ertragen. Er ging direktem Blickkontakt mit Erwachsenen aus dem Weg, so als erinnerte ihn deren Gegenwart schmerzlich an seine Abhängigkeit und Kleinheit. Wenn ein Spielzeug, zum Beispiel ein Dartspfeil, herunterfiel, etwa unter die Couch, machte er keine Anstalten, es zu holen, sondern tat so, als würde das Spielzeug nicht mehr existieren. Wenn sich die Therapeutin bei der Lösung eines Problems, bei der Reparatur eines Spielzeugs oder bei der Suche danach Zeit ließ, dann nannte Danny sie »dumm« oder drohte: »Ich werde weggehen und nicht wiederkommen.«

Dannys narzisstische Schwierigkeiten wurden auch in Beziehungen zu anderen Kindern deutlich. Im Kindergarten fand er keine Freunde, weil er potenzielle Spielkameraden mit seiner Herrschsucht und unberechenbaren Aggressivität erschreckte. Auf die Geburt seiner Schwester reagierte er zuerst völlig indifferent und ignorierte ihre Gegenwart. Erst als die Schwester zu laufen begann, wurde er ihr gegenüber aggressiv. Letztlich war es aber die Interaktion mit der Mutter, die wohl am meisten zur narzisstischen Problematik beizutragen schien. Die Mutter schrieb Danny all die »monsterhafte« Schlechtigkeit und Aggressivität zu, die sie selbst als kleines Mädchen nicht zum Ausdruck hatte bringen dürfen. Sie hatte keinerlei Vertrauen, dass Danny sich von allein richtig verhalten könnte. Stattdessen war sie der Meinung, man müsse ihm ständig sagen, wie er sich kontrollieren sollte. Dannys Mutter unterwarf sich ihrem Sohn fast masochistisch und erlaubte ihm, zu darüber zu entscheiden, was er essen, was er tun, wann er zu Bett gehen oder wann er baden wollte. Gleichzeitig kochte sie vor Wut, weil sie selbst in ihrem Leben keine Wahlmöglichkeit hatte. Ihr Verhalten Danny gegenüber war aufgesetzt, durchsetzt von offener Feindseligkeit hinter einer zuckersüßen Fassade.

Weil der Vater oft tatsächlich oder psychisch abwesend war, bot er der Mutter kaum Unterstützung. Diese übertrug auch ihren Ärger gegenüber dem Mann auf das Kind. Unwillig übernahm sie die Erziehung ihres tyrannischen Kindes, dem kaum beizukommen war. Als er dies einmal spürte, sagte Danny zu seiner Mutter: »Ich mag mich nicht; ich werde mich selbst töten. Ich werde mich mit Pfeil und Bogen erschießen!« Wenn er tot sei, so die Mutter, könne er niemals Fußballweltmeister werden. Sie versuchte ihn also zu bändigen, indem sie ihm für die Zukunft Erfolg versprach.

Das intrusive mütterliche Verhalten manifestierte sich jedoch noch auf andere Art und Weise. Fürsorge und Empathie für den Sohn bedeuteten für Dannys Mutter, seine Erlebnisse bis ins kleinste Detail zu durchdringen: Wie er bei einer Geburtstagsparty gekleidet war, was er aß, mit wem er sprach, was er fühlte, mochte und nicht mochte. Auf ganz subtile Art und Weise nahm sie ihrem Sohn dadurch den Raum, zu wählen, was er – wenn überhaupt – mitteilen wollte.

In diesem speziellen Fall war das Kind zu einem Teil des mütterlichen Selbst geworden: Noch spezifischer repräsentierte Danny jene Aspekte seiner Mutter, die sie nicht zum Ausdruck bringen durfte (es sei denn, stellvertretend durch ihn). Die Mutter benutzte das Kind auf narzisstische Weise, um ihre unbewussten Phantasien zu befriedigen. Danny wurde nicht im Hinblick auf sein eigenes Verhalten und seine Individualität gemocht, sondern als Teil der inneren Welt seiner Mutter.

Fallvignette 2

Robert, ein 5½-jähriger Junge, wurde von seinen Eltern zur Therapie gebracht. Diese beklagten sich darüber, dass er ein »schwieriges Temperament« habe. Laut Beschreibung der Eltern schreckte Robert vor allen körperlichen Aktivitäten, wie zum Beispiel Schwimmen, Gymnastik oder

4.6 Narzisstische Persönlichkeitsstörungen in der Kindheit

Tennis, zurück und wollte noch nicht einmal einen Versuch unternehmen. Auf ähnliche Weise hatte er Angst vor der Sauberkeitserziehung, da er auch hier fürchtete zu versagen. Tatsächlich war Robert bei jeder Unternehmung, die die Möglichkeit eines Scheiterns in sich barg, sehr leicht zu frustrieren. So fürchtete er sich, eine Schere zu benutzen, und war nicht bereit, etwas auszuprobieren, was er nicht richtig beherrschte. »Von Geburt an«, so die Eltern, habe Robert alles sofort schaffen wollen, was man ihm auch nicht habe ausreden können. Sie beschrieben eine Situation, in der Robert seinen 2 Jahre alten und nach einem Löffel verlangenden Bruder beobachtet und er selbst immer lauter gerufen hatte, jemand möge dem Bruder doch einen Löffel bringen – während es ihm ein Leichtes gewesen wäre, selbst danach zu suchen. Im Laufe der Zeit kam es auch zu Schulschwierigkeiten. Im Gegensatz zu seinen Freunden weigerte er sich, im Unterricht aufzupassen oder mitzumachen. Wenn er keine Lust hatte, gab er einfach an, er tue sich schwer, den Anweisungen des Lehrers zu folgen. Robert spielte selten allein und galt angeblich als sehr sozial und beliebt. Die Lehrer jedoch beklagten sich über sein aggressives Verhalten Gleichaltrigen gegenüber, wenn diese nicht taten, was er wollte. So drohte er beispielsweise einem anderen Jungen damit, ihm Nägel in die Augen zu stechen, wenn dieser nicht auf die gewünschte Weise mit ihm spielen würde.

Roberts Mutter war Schriftstellerin, sein Vater ein erfolgreicher Geschäftsmann. Robert sei eine sehr schwere Geburt gewesen, und die Mutter beklagte deutliche berufliche Nachteile, als sie für ihn, ihr erstes Baby, hatte sorgen müssen. Sie fühle sich isoliert und benötige eine Therapie, um ihre Depression zu überwinden. Sie spornte ihren Sohn niemals zu etwas an. »Ich hatte keine Eile«, erklärte sie. »Ich dachte, wenn er zum Beispiel sauber werden wollte, würde er mir schon ein Zeichen geben.« So trug Robert mit 3½ Jahren noch Windeln. In einer Diskussionsgruppe mit anderen Müttern fühlte sich Roberts Mutter ausreichend unterstützt und schlug ihrem Sohn vor, dass er sein »Geschäft doch im Busch verrichten« könne. Daraufhin entwickelte er selbst ein Interesse für seine Sauberkeitserziehung und übertrug seine neuen Fähigkeiten gewissermaßen nach Hause, sprich: auf die Toilette. Seufzend rief die Mutter aus: »Ich weiß nicht, was ich mit diesem Kind tun soll. Es klammert sich so an mich, hasst es, von mir wegzugehen, beim Zubettgehen die Augen zuzumachen, sich zu verabschieden. Mit dem Essen ist er so wählerisch. Er mag nur Hamburger, und wenn es einmal etwas anderes gibt, Hühnchen beispielsweise, dann bekommt er einen Tobsuchtsanfall.«

Auch in diesem Fall schien sich die Mutter vom Kind vorschreiben zu lassen, wie sie sich zu verhalten hatte. Man könnte das sich bei diesem Kind entwickelnde Omnipotenzgefühl und die von ihm erlebte Deprivation im Zusammenhang mit Emdes (1983) Überlegungen zur Bedeutung des sozialen Rahmens sehen. Die Mutter – berufstätig – teilte ihre Erschöpfung dadurch mit, dass sie auf den Mangel an Befriedigung hinwies, den sie bei ihrem Sohn erlebte. Sie klagte darüber, dass dieser Sohn nie zufrieden zu stellen sei, nie genug bekommen würde. Dies traf aber natürlich besonders für sie selbst zu, zumal ihr zweites Kind augenscheinlich ein zufriedenes und glückliches Baby war. Sie war der Überzeugung, dass sie immer schon eine Versagerin gewesen sei. Robert vermittelte ihr die Einstellung, dass »er besser wüsste, was er braucht«, als ob er der Schöpfer einer idealisierten Mutter wäre, die immer besser zu sein drohte als die reale, entwertete Mutter. Obwohl der Vater durchaus besorgt war, behielt er die Position des distanzierten Beobachters, der mit dem eigentlichen Problem nicht so recht etwas zu tun hatte.

Fallvignette 3

Carla, ein 14-jähriges Mädchen, war förmlich ein Ausbund an Aufgesetztheit. Sie hatte keine Freunde, weil »jeder nur etwas zurückbekommen wollte«. Dennoch war sie recht selbstbewusst. In dem, was sie sagte, wie sie sich bewegte, wie sie sich kleidete, wusste sie sehr wohl, wie sie sich verhalten musste, um andere zu beeindrucken. Im ersten Jahr der Therapie gab es nur sehr flüchtige Episoden wirklich spontaner Bemerkungen oder Verhaltensweisen. Ihr über weite Strecken vorherrschendes Gehabe bestand darin, sich zu beschweren. Sie beschuldigte ihre Mutter, diese lasse es an Taschengeld oder am Essen mangeln. Sie verhungere buchstäblich zu Hause. Ihre Mutter missgönne ihr alles und sei überhaupt hässlich zu ihr. Insbesondere machte Carla deutlich, dass sie nach der Scheidung der Mutter entsetzlich neidisch war auf deren berufliche Erfolge; außerdem beschimpfte und entwertete sie den Partner der Mutter.

Carlas Mutter erlaubte ihren Kindern, zu ihr zu kommen, wann immer sie es wollten, Tag und Nacht. Von der Tochter erwartete sie im Gegenzug perfekte Leistungen. Einerseits benutzte Carla mit deren Erlaubnis Unterwäsche und Nachthemden der Mutter, andererseits beklagte sich die Mutter, dass die Tochter an ihre Sachen ging. Carla hatte auch freien Zugang zur mütterlichen Geldbörse, und es war zwischen den beiden immer scherzhaft die Rede vom »Geld stehlen«; wenn es aber darum ging, der Tochter zu erlauben, direkt Geld zu nehmen, weigerte sich die Mutter. Aufseiten Carlas gab es ein Ziehen und Zerren an der Mutter, auch bedingt durch deren inkonsequentes Verhalten. Sie weigerte sich hartnäckig, mit der Tochter einkaufen zu gehen, und sagte dann: »Ich schick sie einfach mit dem Vater, wenn ich zu beschäftigt bin.« Was immer Carla dann aber kaufte, wurde von der Mutter kritisiert.

4.6 Narzisstische Persönlichkeitsstörungen in der Kindheit

Einerseits war Carlas Mutter ständig mit ihr unzufrieden, weil sie so viele Ähnlichkeiten mit ihrem geschiedenen Mann hatte, andererseits versuchte sie, die Tochter sehr früh in ihre Geschäfte zu integrieren. Während der Sommermonate stellte sie sie sogar als »Juniorchefin« in ihrem Büro an. Nichtsdestotrotz fühlte sie sich in ihrem Privatleben von der Tochter permanent gestört. Immer wenn sie eine neue Beziehung zu einem Mann eingehen wollte, musste sie sich ihrer Tochter »opfern«, die dann als Über-Ich fungieren musste. Wollte Carla keine Freunde der Mutter im Haus haben, weil sie sie beim Lernen störten, erhielten diese Hausverbot.

Carla repräsentierte die innere Welt der Mutter, deren verleugnete Abhängigkeitswünsche, ihre gehassten Objekte (den geschiedenen Mann), auch ihr verinnerlichtes Verbot, Beziehungen mit Männern einzugehen. Wie auch in einigen anderen Fällen fiel es der Mutter sehr schwer, ihr Kind als eigenständige Person zu sehen. Sie war sich anscheinend der Probleme des Mädchens mit Gleichaltrigen und in der Schule nicht bewusst, ebensowenig ihrer schweren Zwangssymptomatik. Auf der anderen Seite neigte sie dazu, der Tochter jeden Wunsch zu erfüllen, was es Carla praktisch unmöglich machte, Aggressionen gegen die Mutter offen zum Ausdruck zu bringen.

Fallvignette 4

Der Fall des 14-jährigen Bill illustriert eine andere Facette narzisstischer Psychopathologie. Bills Mutter beklagte das andauernde Bedürfnis ihres Sohnes nach Aufmerksamkeit. Jeder Versuch, mit ihrem Mann, der ca. 20 Jahre älter war, auszugehen, löste bei Bill einen Tobsuchtsanfall aus. Jeweils allein mit Mutter oder Vater kam Bill gut zurecht, wurde aber wütend, wenn die Eltern gemeinsam ausgingen oder Großeltern zu Besuch kamen. Für ihn war es, als würden sie sein privates Reich betreten und ihm damit auch die Aufmerksamkeit der Mutter nehmen, die ausschließlich für ihn da zu sein hatte. Bill gab offen zu, dass er seine Mutter über alles auf der Welt liebte und er sich weigere, sie mit jemand anderem zu teilen. Er hatte sie so weit unter Kontrolle, dass sie ihm spezielle Gerichte zubereitete, und er bestand darauf, dass sie ihm jeden Tag als Zeichen ihrer Fürsorge ein Sandwich fertig machte, das er jedoch, kaum in der Schule angekommen, in die Mülltonne warf. Trotz seiner Grandiosität war Bill nicht in der Lage, mit Freunden in ein Ferienlager zu fahren und dort über Nacht zu bleiben.

In diesem Fall haben wir es mit einer Vermischung von ödipaler Rivalität und infantilem Narzissmus zu tun, was Bills infantile Grandiosität in einen pathologischen Narzissmus münden ließ. Das relativ hohe Alter des Vaters und dessen Unsicherheit trugen mit Sicherheit zu dieser Entwicklung bei.

Weitere Überlegungen zur Psychodynamik

Das wahrscheinlich augenfälligste Merkmal Narzisstischer Persönlichkeitsstörungen bei Kindern und Jugendlichen ist die Koexistenz von Überheblichkeit, Selbstzentriertheit und einer ausgeprägten Vulnerabilität für narzisstische Kränkungen. Berkowitz et al. (1974) haben ausführlich beschrieben, wie diese jungen Menschen auf der einen Seite ein anmaßendes, grandioses und kontrollierendes Verhalten mit einem aufgeblasenen Selbstkonzept an den Tag legen, während auf der anderen Seite eine sehr geringe Selbstachtung, Gefühle der Schwäche, Macht-, Wert- und Hilflosigkeit, die Überzeugung, nicht zu genügen, und Unsicherheit dominieren. Diese Konstellation hat verschiedene Ursachen. Die Kinder fühlen sich nicht als eigenständige Wesen, sondern als Erweiterung ihrer Eltern, die sie auch so behandeln. Die Eltern andererseits sind sich der objektiven Existenz ihrer Kinder oft gar nicht bewusst, ein Phänomen, das Rinsley (1988) die **Depersonifizierung** des Kindes genannt hat. Somit sind die Eltern unfähig, emotional verfügbar zu sein und wirklich mit den Kindern zu kommunizieren. Auch wenn einzelne Familienmitglieder durchaus ähnliche Schwankungen des Selbstwertgefühls an den Tag legen können, werden sie doch als eindimensional und im Hinblick auf ihr eigenes narzisstisches Gleichgewicht unbeeinträchtigt wahrgenommen. Irgendwann wird dann das Gefühl der Unverwundbarkeit, das einem grandiosen Selbst entstammt, auf das Kind attribuiert. Dies führt zu Vernachlässigung bzw. einem Mangel an Fürsorge, selbst im Falle gefährlichen oder selbstdestruktiven Verhaltens. Zeichen von Unabhängigkeit oder Indifferenz aufseiten des Kindes können wiederum von den Eltern als totale Zurückweisung erlebt werden.

Ein alles bestimmendes Thema im Rahmen dieser Eltern-Kind-Interaktion besteht darin, dass es sich bei jeder Verhaltensstörung des Kindes tatsächlich um eine Widerspiegelung elterlichen Verhaltens handelt, was Vorrang haben muss vor der Exploration der Bedeutung des Verhaltens für das Kind. Der Versuch eines Jugendlichen, unabhängig zu werden, wird von der Familie als Verlust einer wichtigen Quelle für die Regulation des eigenen Selbstwertgefühls und entsprechend als Krise im psychischen Gleichgewicht der Eltern aufgefasst. Dies zeigt sich sehr gut am Fall einer Mutter (Mitte fünfzig), die eine Agoraphobie entwickelte, weil sie nicht tolerieren konnte, dass ihre Tochter, unabhängig von ihr, in einer anderen Stadt lebte. Selbst ans Haus gebunden, konnte sie vermeiden, ihre Tochter unabhängig leben zu sehen. Da keine Besuche bei der Tochter möglich waren, konnte die Mutter von der Zeit träumen, in der sie zusammen waren, und hoffen, dass es zu einer erneuten Vereinigung mit dem verlorenen Objekt kommen würde.

Es ist aber auch möglich, dass der Jugendliche Unabhängigkeit als Bedrohung für das elterliche Selbstwertgefühl erlebt und deswegen den Verlust der Eltern fürchtet. Er kann dann versuchen, die Eltern durch neuerliches Agieren auf sich aufmerksam zu machen, um dadurch die pathologisch bindende Interaktion wiederherzustellen. Bills Forderungen, täglich von der Mutter ein Sandwich zubereitet zu bekommen, illustriert diesen Mechanismus.

Berkowitz et al. (1974) haben zusammengefasst, wie intrapsychische Konflikte um das Selbstwertgefühl in diesen Familien externalisiert werden. Die Konflikte des Kindes werden von den Eltern als Widerspiegelung ihrer eigenen Unzulänglichkeit erlebt, was narzisstische Wut und eine Entwertung des Kindes zur Folge hat, falls die Bedürfnisse des Selbstwertgefühls nicht erfüllt werden. Hier gilt es, etwas genauer auf die Wurzeln des Selbstwertgefühls und die Bedeutung der Eltern bei dessen Regulation zu blicken, insbesondere auf den Input des Über-Ichs und die Effekte integrierter Objektrepräsentanzen, der Triebbefriedigung sowie interpersonaler Beziehungen.

Zunächst zu den **Über-Ich-Quellen des Selbstwertgefühls**: Bei der Narzisstischen Persönlichkeitsstörung ist das Über-Ich nicht integriert, es gibt also kein benignes Über-Ich, welches eine Billigung des Selbst ermöglichen könnte. Stattdessen sind die Über-Ich-Vorläufer strafend und hart. Sie werden ebenfalls externalisiert und geraten dadurch mit der Fähigkeit in Konflikt, echte Billigung von anderen zu erhalten, die stattdessen als neidisch, ausbeuterisch und sadistisch erlebt werden. Carla beispielsweise sagte, dass sie keine Freunde haben könne, weil »diese immer etwas von einem wollen«; ähnlich sah sie ihre Mutter als eine sie einschränkende Person, die sie »knacken« wolle. Den Eltern kommt in dieser Situation oft eine komplementäre Rolle zu, da sie inkonsequent sind und sich abwenden, wenn das Kind nicht mit den starren Partialbildern korrespondiert, die sie von ihm haben. Dies geht so weit, dass sie das Kind psychologisch (oder sogar buchstäblich) verleugnen.

Eine zweite Zufuhr erhält das Selbstwertgefühl von **integrierten Objektrepräsentanzen**. Im Falle narzisstischer Pathologie sind innere Objektrepräsentanzen nicht integriert, zudem existiert keine echte Objekt- und Selbstkonstanz. Beziehungen zu anderen sind nicht tief gehend, da das narzisstische Kind diese Beziehungen überwiegend durch Gewalt, Kontrolle und Entwertung eingeht, was keine Befriedigung oder Belohnung bietet. Verschärft wird die Situation dadurch, dass sich keine Freundschaften entwickeln, weil niemand diese Kinder über einen längeren Zeitraum aushalten kann. Unglücklicherweise führt die Interaktion zwischen dem narzisstischen Kind und seinen Eltern, die sich unzulänglich fühlen, zu einer Erosion ihrer Beziehung. Womöglich unterwerfen sich die Eltern der Grandiosität des Kindes oder schwören ihrer Autorität ab, was bedeutet, dass sie sich psychisch dem Kind entziehen und es verlassen. Dies war der Fall bei den Eltern von Carla, Don und Danny. In diesem Zusammenhang fühle ich mich auch an die Eltern des Protagonisten in Stanley Kubricks Film »Clockwork Orange« erinnert, die ihren Sohn im Teenageralter durch einen anderen jungen Mann ersetzen, der ihren Vorstellungen besser entspricht.

Eine dritte Quelle des Selbstwertgefühls ist die **Triebbefriedigung**. Auch wenn gegen die Eltern gerichtete aggressive Verhaltensweisen sadistischer Art für narzisstische Jugendliche kurzfristig befriedigend sein mögen, entfremden sie die Eltern auf lange Sicht. Echte libidinöse Bindungen werden durch die Empfindungen des Kindes gestört, sodass die Eltern es nicht als ganze Person anerkennen oder sie das negative Selbstgefühl bestätigen. Dazu kommt, dass die Eltern oftmals sehr zwiespältige sexuelle Rollenvorbilder abgeben und dadurch die Triebimpulse ihrer Kinder nicht anerkennen, was sich an den Fällen von Carla und Bill zeigen lässt. Beide wurden durch ihre Eltern infantilisiert. Das Fehlen einer konsistenten Autorität trug dazu bei, dass die Kinder ihre Triebe nicht modulieren und keine angemessenen, adaptiven Befriedigungen erhalten konnten.

Im libidinösen Verhalten dieser Kinder zeigt sich auch ein Mangel an notwendiger Tiefe ihrer Objektbeziehungen. **Interpersonale Beziehungen** werden oberflächlich, sie wiederholen sich und werden langweilig, da andere Menschen nicht zählen, es sei denn als Requisiten. Subjektiv können diese Beziehungen in symbolisierter Weise als exzessive Masturbation zum Ausdruck kommen, so als charakterisiere sexuelle Befriedigung den Mangel an Beziehung zu Partialobjekten, bei denen der andere immer der Gebende, das Kind immer der Empfangende ist. Reziprozität fehlt dabei vollständig. Die Eltern fördern diese Konstellation durch eine stereotype und konventionelle Art und Weise der Fürsorge. Sie investieren sie womöglich in einer versteckt feindseligen Weise in das Kind, um die narzisstische Wut zu zähmen. Dies führt dazu, dass die Eltern sehr flach und zweidimensional erscheinen; andererseits ist das Kind dadurch sehr schnell in einer parasitären Beziehung zu seinen Eltern gefangen, der es an Wärme und Dankbarkeit mangelt.

Überlegungen zur Behandlung

Hält man sich die strukturellen Charakteristika dieser Patienten vor Augen, fragt man sich, welche Art psychoanalytischer Psychotherapie für sie ideal wäre. Meiner Meinung nach sollte – beim Versuch, mit den unterschiedlichen Charaktereigenschaften, insbesondere mit dem vorherrschenden grandiosen Selbst zurechtzukommen – die Behandlung entweder eine Psychoanalyse oder eine intensive expressiv-supportive Psychotherapie zwei- bis dreimal wöchentlich sein. Bei Patienten mit geringer Depressions- und Angsttoleranz muss der Therapeut in der Lage sein, das Getrenntsein des Kindes ohne Angst anzuerkennen

4.6 Narzisstische Persönlichkeitsstörungen in der Kindheit

und die Aggression und deren Sinn zu verbalisieren. Hauptziel der Behandlung ist die Aufdeckung primitiver unbewusster Phantasien in Verbindung mit der Bildung des grandiosen Selbst. Das pathologisch grandiose Selbst sollte dabei durch einen normalen infantilen Narzissmus ersetzt werden bzw. bei Jugendlichen durch einen normalen Narzissmus. Dies fordert natürlich die systematische Deutung narzisstischer Abwehr in der Beziehung zwischen dem Patienten und dem Therapeuten sowie eine empathische Handhabung der libidinösen Bemühungen des Patienten und dessen neidischer Destruktivität (Bleiberg 2004).

Durch Deutung und Explikation der ödipalen und präödipalen Phantasien, die im grandiosen Selbst enthalten sind, durch Deutung der typisch narzisstischen Abwehr omnipotenter Kontrolle, Entwertung, Idealisierung und Verleugnung kann sich das grandiose Selbst, sofern es sich in der Übertragung entfaltet, unter Umständen in seine einzelnen Komponenten auflösen. Im Fall von Matt (ebd.) machte das grandiose Selbst Platz für den realen Matt, den idealen Matt und sein ideales Objekt. Durch das Akzeptieren seiner eigenen aggressiven Seiten und der aggressiven Seiten des idealen Objekts konnte er diese in seine Selbst- und Objektrepräsentanzen integrieren.

Ein Therapeut muss höchst vorsichtig sein bei der Durcharbeitung der Abwehr des grandiosen Selbst gegen Kränkbarkeit. Narzisstische Wut kann unter Umständen die Form heftigster Wutausbrüche oder einer Beendigung der Behandlung annehmen – mit der Weigerung, den Therapeuten jemals wiederzusehen. Diese Stürme können durchaus die Objektivität des Therapeuten im Behandlungsverlauf bedrohen. Zu leicht kann es passieren, dass man durch die Verzweiflung des Patienten dazu gezwungen wird, eine ausschließlich supportive Haltung einzunehmen, die dann der Grandiosität Vorschub leistet. Auf diese Art und Weise würde der Therapeut die Grandiosität beschwichtigen und nicht auflösen.

Über eine lange Zeit der Behandlung sollte die Arbeit an der Übertragung zentral sein und auf taktvolle Art und Weise im »Hier und Jetzt« erfolgen. Der Therapeut muss sehr aufpassen, dass das Kind nicht dessen Werte und Vorstellungen annimmt und ihn so überlistet, anstatt sich zu verändern. Das heißt, dass in diesem Fall Imitation statt Identifikation erfolgt.

Bei der Beschreibung narzisstischer Übertragungen hat Kohut auf die idealisierenden Übertragungen (die mit der Identifikation noch verwandter sind) und die archaischen Spiegelübertragungen hingewiesen (die symbioseartigen Erfahrungen mit Verschmelzungs- oder Zwillingsphantasien gleichen können). Diese Übertragungen müssen – anders als bei Erwachsenen – bei Kindern im Hinblick auf ihre adaptive Bedeutung in der Entwicklung berücksichtigt werden, das heißt, dass es bei der Verbalisierung von Regressionen in der Übertragung wichtig ist, diese auch in ihrer Bedeutung für das Wachstum anzuerkennen.

Bei Übertragungsdeutungen muss der Therapeut das grandiose Selbst des Kindes auf taktvolle Art und Weise herausfordern. Um beispielsweise das Kind in die Lage zu versetzen, sein Bedürfnis zu erkennen, mit der idealisierten Macht des Therapeuten zu verschmelzen, könnte man Folgendes sagen: »Es scheint für dich wichtig zu sein, dich und mich als eins wahrzunehmen. So kannst du von mir wirklich alles bekommen, was du brauchst, um dich selbst zu spüren!« Im Zusammenhang mit der Zwillingsphantasie kann der Therapeut beispielsweise sagen: »Jetzt müssen wir beide dasselbe denken, fühlen, sogar gleich aussehen, weil jeder Unterschied schmerzhaft wäre, würde er doch bedeuten, dass ich etwas habe, was du nicht hast. Es kann sein, dass du dann denkst, dass du mich oder andere Menschen nicht mehr kontrollieren kannst.« Im Zusammenhang mit der eigentlichen narzisstischen Übertragung könnte ein Kommentar lauten: »Du brauchst mich zur Bewunderung und Absicherung, und ich muss dir zeigen, dass ich mit dir und mit dem, was du erreicht hast, richtig glücklich bin. Anscheinend musst du dies tun, weil du glaubst, dass in dir gar nichts Gutes ist, gar nichts, was dir sagen könnte, dass du schon in Ordnung bist.« Mit diesen Deutungen untergräbt der Therapeut auf subtile Art und Weise die Vorherrschaft des grandiosen Selbst und hilft dem Kind dabei, seine eigene Verletzbarkeit wahrzunehmen. Wenn die Kinder einmal merken, dass das Sich-Klammern an das grandiose Selbst gar nicht effektiv ist, dann werden sie auch leichter die damit zuammenhängenden Phantasien aufgeben können.

Ein wichtiger Schwerpunkt in der frühen Phase der Therapie ist die Umwandlung von Teil-Objektbeziehungen in integrierte, ganze Objekt- und Selbstrepräsentanzen mithilfe von Deutungen. Dieser Prozess birgt allerdings einige Schwierigkeiten. Wenn die Regression zu abrupt und zu wenig kontrollierbar erfolgt, können dabei akute Krisensituationen mit narzisstischer Wut, diffuser Angst, Depersonalisationserlebnissen, hypochondrischen Neigungen oder dem Risiko einer Wiederaufrichtung des grandiosen Selbst in Form einer kalten und paranoiden Grandiosität auftreten. Meinem Eindruck nach sind diese Krisen bei Kindern, bei denen Regression und Progression viel rascher zustande kommen, falls man sie vorhersehen kann, durchaus handhabbar. Hierbei erleichtern die Aufmerksamkeit für die narzisstische Kränkbarkeit und eine Klärung der überhöhten inneren Erwartungen die schrittweise Auflösung solcher Phasen. Zur therapeutischen Arbeit gehört auch eine Durcharbeitung von Depression und Trauer im Zusammenhang mit verpassten Gelegenheiten, die Anerkennung von Aggression gegenüber anderen und die Auflösung von Neid. Damit eine wirkliche Akzeptanz des realen Selbst erfolgen kann, müssen die dissoziierten Aspekte des Selbst, insbesondere die eigene Aggression des Kindes verdeutlicht werden.

Bezüglich der Beziehungsprobleme der Kinder ist es wichtig zu verstehen, wie die Pseudobindung an den Therapeuten oder an Freunde das Bedürfnis nach einem Objekt verschleiert, das dem Selbst gleicht, oder einem Objekt, das idealisiert und ausgeschimpft werden kann. Dieses Bedürfnis ersetzt die Entwicklung altersentsprechender Interaktionen, die auf Gegenseitigkeit beruhen. Die Akzeptanz der Autonomie des anderen wird somit zum wesentlichen Behandlungsziel. Man muss in diesem Zusammenhang die Schwierigkeiten dieser Kinder klären, triadische oder ödipale Beziehungen zu erkunden bzw. einzugehen, weil sie eigentlich nur dyadische Beziehungen aushalten können. Ein Fortschritt auf diesem Gebiet kann die Fortsetzung der Entwicklung sozialer Fertigkeiten erleichtern. In jedem Fall ist es ein langsamer und gradueller Prozess, die unersättlichen Bedürfnisse des grandiosen Selbst nach Bewunderung mithilfe besserer Beziehungen bzw. unterschiedlicher Aktivitäten durch Liebe und Erfüllung zu ersetzen. Bleiberg (2001; 2004) betont diesbezüglich, wie wichtig es ist, die selbstreflexive Funktion des Patienten zu stärken, das heißt seine Fähigkeiten, sich der psychischen Zustände seiner selbst und anderer bewusst zu werden.

Bislang habe ich mich bei diesen Überlegungen auf sehr allgemeine Aspekte der Behandlung Narzisstischer Persönlichkeitsstörungen bezogen. Man muss sich aber auch die spezifische Dynamik der verschiedenartigen Wege zu narzisstischen Schwierigkeiten vor Augen halten, die ich weiter oben erwähnt habe:

- im Falle narzisstischer Eltern, bei denen das Kind den Eltern als Ideal-Selbst dient
- im Falle einer Anorexie, wenn das Kind als Anhängsel einer nichtperfekten Mutter dienen soll
- im Falle der Adoption, wenn das Kind befürchtet, zurückgewiesen zu werden, und letztlich die kompensatorische Überzeugung von Anspruchlichkeit entwickelt, die Eltern selbst wählen zu können
- im Fall des missbrauchten Kindes, von dem man erwartet, dass es sich wie ein kleiner Erwachsener verhält
- im Falle der Scheidung, wenn das Kind nicht anders kann, als auch der Nachkömmling des zurückgewiesenen Elternteils zu sein

In all diesen Fällen fördern spezifische Umstände des Kindes das grandiose Selbst, weshalb sie vor diesem Hintergrund untersucht und gedeutet werden müssen.

Beratung der Eltern

Analog zur Einzelarbeit sollten auch die Eltern beraten werden, falls man sich nicht gleich für eine Familientherapie entscheidet. Die Arbeit mit den Eltern sollte darauf abzielen, ihnen die subjektiven Erfahrungen des Kindes vor dem Hintergrund seiner Persönlichkeitsstruktur zu erklären. Das Ziel der Beratung ist eine Steigerung der elterlichen Empathie gegenüber dem Kind. Die Eltern müssen von dem dauerhaften Gefühl der Leere und Einsamkeit bei ihrem Kind wissen, ebenso von dessen Schwierigkeiten, von anderen zu lernen oder ein solches Lernen zu genießen, da es gegenüber allen anderen, die irgendetwas genießen können, extrem neidisch ist. Man sollte darauf hinweisen, dass das intensive Bedürfnis des Kindes nach Stimulation und Bewunderung lediglich ein Versuch ist, das Leeregefühl und das Gefühl der Bedeutungslosigkeit zu mindern. Auch die larvierte Depression des Kindes im Zusammenhang mit einem Versagen im sozialen oder schulischen Bereich sollte den Eltern klar gemacht werden.

Darüber, dass man mit den Eltern deren Schwierigkeiten, die wahren Merkmale und die wahre Persönlichkeit ihres Kindes zu akzeptieren, bespricht, kann man auf empathische, aber dennoch bestimmte Weise erklären, wie die Eltern ihr Kind selbst narzisstisch benutzen. Erlebnisorientierte Übungen und Informationen sollten eingesetzt werden, um triadische Beziehungen in der Familie zu erleichtern. Ein Kind braucht angemessene Erfahrungen des Ausgeschlossenseins, um sich selbst als autonomes Wesen zu erleben. Es muss lernen, die Bindungen zwischen sich und der Mutter, sich und dem Vater, aber auch zwischen den Eltern als sich liebendes Paar zu akzeptieren.

Von spezieller Bedeutung ist es, das partielle Benutzen des Kindes in der narzisstischen Selbstwertregulation der Eltern zu klären und dabei auch die Bedeutung dieses Vorgangs für das Kind im Hinblick auf eine Erfüllung dessen omnipotenter Phantasien und auf die Störung seiner Entwicklungsschritte herauszuarbeiten. Ferner ist es ganz wesentlich, die Rollenzuweisungen und projektiven Identifizierungen unter den Familienmitgliedern, die zu einer Depersonifizierung des Kindes beitragen, klarzustellen. Es kann beispielsweise sein, dass ein Familienmitglied aufgrund der Projektionen des primitiven Über-Ichs eines Elternteils oder aufgrund der Attribution des verletzlichen Eltern-Selbst auf das Kind als »Monster«, das beschwichtigt werden muss, typisiert wird. Sicherlich ist es wichtig, auf die realen Eigenschaften des Kindes und eines jeden Familienmitglieds zu blicken, um eine objektivere Einschätzung der anderen und eine echte Anerkennung fördern. Das über allem stehende Behandlungsziel – so wurde es von Shapiro und seinen Mitarbeitern beschrieben (1979) – sollte eine Stabilisierung der Quellen für den Selbstwert sein und eine Klärung der Projektionen, wobei der eigene Anteil des Kindes an den elterlichen Projektionen mit eingeschlossen werden sollte.

In Fällen, in denen Eltern aktiv die narzisstische Pathologie eines Kindes oder Jugendlichen unterfüttern, insbesondere was die Aufrechterhaltung des Größen-Selbst, das Anspruchsdenken, die Entwertungsneigung, die omnipotente Kontrolle oder antisoziales Verhalten angeht (wie Lügen und Stehlen), ist es notwendig, eng mit den Eltern zusammenzuarbeiten, um einen konsequenten Zugang zum Kind bzw. Jugendlichen zu erhalten.

Aufgrund der manifesten Grandiosität offenbaren sich nicht selten erst im Therapieverlauf schwerwiegende Pathologien, wie etwa Trennungsangst. Ein Arbeitsbündnis mit den Eltern ermöglicht es diesen, die von ihren Kindern erzwungene Schweigepflicht zu »umgehen« und dem Therapeuten Komplikationen und Probleme mitzuteilen, wie zum Beispiel Schlafstörungen, ohne das dem Kind gemachte Versprechen, es nicht in ein »Ferienlager« zu schicken, »bevor es nicht so weit ist«, brechen zu müssen.

Die Überprüfung gegenseitiger Erwartungen ermöglicht zudem die Aufdeckung gegenseitig verzerrter Wahrnehmung. So berichtet ein 12-Jähriger herablassend über seinen Vater, dass dessen Erwartung an ihn, selbstständig morgens aufzustehen, zu duschen und sich sein Pausenbrot zurecht zu machen, schlicht bedeuten würde, »auf die Dienste des Vaters verzichten zu müssen«, der bestürzt reagierte, seine Hingabe an den Sohn als reine »Dienstleistung« desavouiert zu sehen.

Das Gebot der Schweigepflicht hinsichtlich des therapeutischen Prozesses kann einer Prüfung unterzogen werden. Ein anderer Jugendlicher fing die per E-Mail eingehende Anmeldung zum Ferienlager ab und fühlte sich in seiner Trennungsangst sowie in seiner Sorge, »verrückt zu werden«, bestätigt. Vom Therapeuten damit konfrontiert, dass er ihn in die Rolle eines Komplizen dränge – eine Rolle, die er jedoch nicht anzunehmen bereit war –, erklärte sich der Junge einverstanden, den Eltern seine Tat zu gestehen, um die »Würde des Therapeuten« zu schützen. Die konsequente Haltung des Therapeuten und die Klärung seines unangemessenen Anspruchsdenkens, die Grenzen gegenüber Privatsphäre und Autorität anderer einfach zu übergehen, waren hier von zentraler Bedeutung und konnten sich in den Über-Ich-Funktionen des jugendlichen Patienten niederschlagen.

Zusammenfassung

Narzisstische Persönlichkeitsstörungen können bei Kindern und Jugendlichen anhand der gleichen diagnostischen Kriterien identifiziert werden, die man bei Erwachsenen nutzt. Es gibt allerdings zusätzliche deskriptive Merkmale der Störung, die für Kinder spezifisch sind. Dazu gehören speziell:
- die Qualität von Freundschaften
- die Qualität schulischer Leistungen
- die Vermeidung von Blickkontakt
- Spielpathologie
- Trennungsangst

Verschiedene Entwicklungswege und Lebensumstände können ein spezifisches Risiko für die Bildung einer Narzisstischen Persönlichkeitsstörung darstellen:
- narzisstische Eltern
- Adoptionen
- Missbrauch
- Verwöhnung
- Scheidung der Eltern
- Verlust eines Elternteils durch Tod

Die Diagnose einer Narzisstischen Persönlichkeitsstörung hat bedeutende Implikationen für die Behandlung. Die Ziele der Behandlung (in der intensiven psychoanalytischen Psychotherapie) sind eine Bearbeitung des grandiosen Selbst, der pathologischen, letztlich entwicklungshemmenden Abwehrmechanismen und der Interaktionen mit Eltern und Gleichaltrigen. Eine parallele Beratung der Eltern oder Familientherapie ist sehr zu empfehlen, um die maladaptiven narzisstischen Abwehrvorgänge zu bearbeiten, die auf der Ebene der Familie wirksam werden und dazu beitragen, dass die Störung aufrechterhalten wird.

Literatur

American Psychiatric Association (1994). Diagnostic and Statistical Manual of Mental Disorders. 4th ed. DSM-IV. Washington, DC: American Psychiatric Press.
Bach S (1977). On the narcissistic state of consciousness. Int J Psychoanal; 58: 209–33.
Beck AT, Freeman A (1995). Kognitive Therapie der Persönlichkeitsstörungen. 3. Aufl. Weinheim: Psychologie Verlags Union.
Berkowitz DA, Shapiro RL et al. (1974). Family contributions to narcissistic disturbances in adolescents. Int Rev Psychoanal; 1: 353–62.
Bleiberg E (1984). Narcissistic disorders in children. Bull Menninger Clin; 48(6): 501–17.
Bleiberg E (2001). Treating Personality Disorders in Children and Adolescents. New York: The Guilford Press.
Bleiberg E (2004). Treatment of dramatic Personality Disorders in children and adolescents. In: Magnavita JJ (ed). The Handbook of Personality Disorders. Hoboken, NJ: John Wiley & Sons; 467–97.
Broussard E (1983). Justin's Reflection (videotape). Pittsburgh, PA: University of Pittsburgh, Graduate School of Public Health, Department of Health Services Administration, Infant-Family Resource Program.
Coleman W, Kris E, Provence S (1953). The study of variations of early parental attitude. Psychoanal Stud Child; 8: 20–47.
Egan J, Kernberg P (1984). Pathologic narcissism in childhood. J Am Psychoanal Assoc; 32(1): 39–62.
Emde R (1983). The representational self and its affective core. Psychoanal Stud Child; 38: 165–92.
Fiedler P (1995). Persönlichkeitsstörungen. 2. Aufl. Weinheim: Psychologie Verlags Union.
Friedrich W, Wheeler K (1982). The abusing parent revisited: a decade of psychological research. J Nerv Ment Dis; 170(10): 577–87.
Hamilton V (1982). Narcissus and Oedipus. London, Boston, Henley: Routledge & Kegan Paul.
Hartkamp N, Wöller W, Langenbach M, Ott J (2002). Narzisstische Persönlichkeitsstörung. In: Tress W, Wöller W, Hartkamp N, Langenbach M, Ott J. Persönlichkeitsstörungen. Leitlinie und Quellentext. Stuttgart, New York: Schattauer; 213–33.
Herpertz-Dahlmann B, Herpertz SC (2003). Persönlichkeitsstörungen. In: Herpertz-Dahlmann B, Resch F, Schulte-Markwort M, Warnke A (Hrsg). Entwicklungspsychiatrie. Biopsychologische Grundlagen und die Entwicklung psychischer Störungen. Stuttgart, New York: Schattauer; 791–812.
Jacobson E (1973). Das Selbst und die Welt der Objekte. Frankfurt/M.: Suhrkamp.
Kernberg OF (1978). Borderline-Störungen und pathologischer Narzissmus. Frankfurt/M.: Suhrkamp.
Kernberg P (1981). The hysterical personality in child and adolescent analysis. In: Anthony EJ (ed). Three Clinical Faces of Childhood. New York: Halsted Press; 27–58.
Kernberg P, Wiener Allan S, Bardenstein K (2001). Persönlichkeitsstörungen bei Kindern und Jugendlichen. Stuttgart: Klett-Cotta.

Kohut H (1972). Thoughts on narcissism and narcissistic rage. Psychoanal Stud Child; 27: 360–400.
Kohut H (1967). Narzißmus. Frankfurt/M.: Suhrkamp.
Lasch C (1982). Das Zeitalter des Narzißmus. München: Bertelsmann.
Moore BE, Fine BD (1967). A Glossary of Psychoanalytic Terms and Concepts. New York: American Psychoanalytic Association.
Ornstein A (1981). Self-pathology in childhood: developmental and clinical considerations. Psychiatr Clin North Am; 4(3): 435–54.
Rinsley DB (1980). Diagnosis and treatment of borderline and narcissistic children and adolescents. Bull Menninger Clin; 44(2): 147–70.
Rinsley DB (1988). Overview of Borderline and Narcissistic Disorders. Presented at meeting of Association of Adolescent Psychiatry, February 1988, Seattle, Washington.
Shapiro R, Zinner J, Shapiro E (1979). Concurrent family treatment of Narcissistic Personality Disorders in adolescents. In: Howles J (ed). Advances in Family Psychiatry. New York: International Universities Press; 129–46.
Sherick I (1983). Adoption and disturbed narcissism: a case illustration of a latency boy. J Am Psychoanal Assoc; 31(2): 487–514.
Sours JA (1980). Starving to Death in a Sea of Objects: Anorexia Nervosa Syndrome. New York: Jason Aronson.
Tress W, Wöller W, Hartkamp N, Langenbach M, Ott J (2002). Persönlichkeitsstörungen. Leitlinie und Quellentext. Stuttgart, New York: Schattauer.
Van der Waals HG (1965). Problems of narcissism. Bull Menninger Clin; 29: 293–311.
Volkan VD (1973). Transitional phantasies in the analysis of a Narcissistic Personality. J Am Psychoanal Assoc; 21: 351–76.
Volkan VD (1979). The glass bubble of the narcissistic patient in advances. In: Capponi LJ (ed). Psychotherapy of the Borderline Patient. New York: Jason Aronson.
Westen D, Shedler J et al. (2003). Personality diagnosis in adolescence. DSM-IV Axis-II diagnoses and an empirically alternative. Am J Psychiatry; 160: 952–66.
Zinner J, Shapiro RL (1972). Projective identification as a mode of perception and behavior in families of adolescents. Int J Psychoanal; 53: 523–30.

4.7
Narzissmus und das dumme Objekt – Entwertung oder Missachtung? Mit einer Anmerkung zum süchtigen und zum manifesten Narzissmus

Anne Alvarez

Ein nicht unerheblicher Teil der kontroversen Auseinandersetzung um die Natur des Narzissmus kreist um die Frage »Defizit versus Konflikt«. Entlang der Diskussion verschiedener Subtypen von Narzissmus bei Kindern werde ich im Folgenden das Augenmerk auf drei Faktoren legen, die zur Klärung dieses Problems beitragen können. Erstens die Frage nach der Natur des inneren Objekts beim narzisstischen Patienten. Zweitens die Überlegung, inwieweit sowohl der »defizitäre« als auch der »konflikthafte« bzw. abwehrbedingte Narzissmus Suchtcharakter annehmen kann, das heißt inwieweit es schon in der Kindheit zu Zwangsverhalten, Gewöhnung und Chronifizierung kommen kann. Drittens die Problematik des jeweiligen Symbolisierungsniveaus sowie die daran geknüpfte Frage, ob Narzissmus auf dem Kontinuum zwischen paranoid-schizoider und depressiver Position anzusiedeln ist. In diesem Zusammenhang kann man sich fragen, ob wir uns im Falle höherer Funktionsniveaus überhaupt der Sprache der Pathologie bedienen sollten.

Zahlreiche Autoren unterscheiden mehrere narzisstische Subtypen, wobei sie vor allem die qualitativen Aspekte des Narzissmus selbst im Blick haben bzw. sich in der Hauptsache auf Merkmale des Selbst beziehen (Bateman 1998; Britton 1998; Kernberg 1975; Rosenfeld 1987). Andere legen ihr Hauptaugenmerk auf die Motivation bzw. Funktion des Narzissmus (Stolorow u. Lachman 1980; Broucek 1991). Stolorow und Lachman differenzieren zwischen der Frage, was Narzissmus einerseits abwehrt und worauf er andererseits abzielt. Beides ist von Bedeutung: Die Abwehr von Neid (Segal 1983; Rosenfeld 1987; Kernberg 1975) oder Scham (Broucek 1991) kann dazu dienen, ein Gefühl der Überlegenheit

4.7 Narzissmus und das dumme Objekt

oder des Stolzes zu entwickeln (Broucek 1991; Lynd 1958). Die Frage nach Motivation bzw. Funktion hat die Diskussion über die strikten Grenzen der Selbstpsychologie hin in Richtung Objektbeziehungstheorie verschoben: Die Abwehr von Neid impliziert eben auch die Frage nach der Beziehung zu einem Objekt, und nicht nur die jeweiligen Auswirkungen auf das Selbst.

Bei der Mehrzahl der zuletzt genannten Autoren finden sich zudem Anmerkungen zur Natur des inneren Objekts. Kernberg diskutiert die Entwertung dieses inneren Objekts, während Stolorow und Lachmann die irritierende Gegenübertragung im Analytiker beschreiben. Rosenfeld wiederum betont, wie die ehemals bewunderten Eigenschaften des Objekts übernommen werden. An dieser Stelle möchte ich versuchen, das Problem von Subtypen vor allem anhand der Unterschiede in der Organisation des inneren Objekts zu erörtern. Das bedeutet, dass wir uns auch mit der Frage von Selbstzuständen und insbesondere der Unterscheidung zwischen abwehrbedingtem und suchtartigem Narzissmus beschäftigen müssen. Ich werde außerdem Unterschiede aufzeigen zwischen solchen Kindern, deren innere Objekte einer (zumindest anfänglichen) abwehrbedingten Entwertung ausgesetzt waren, und jenen, deren innere Objekte, aus welchen Gründen auch immer, von vornherein keinerlei Wertschätzung, Bewunderung oder ausreichend Respekt erfuhren, als dass man hätte zu ihnen aufschauen können. Diese Themen begannen mich auf eine, zugegeben, sehr konkrete und unmittelbare Art und Weise zu beschäftigen, nachdem ich deprivierten Kindern wiederholt beim Spielen zugesehen hatte: Regelmäßig ließen sie ihre Puppen herumliegen (auf Sofas oder dem Boden der Puppenhäuser), während aufrechte Positionen (z. B. vor den Fernseher setzen, was an sich schon eine sehr passive Tätigkeit darstellt) selten waren. (Bei den Eltern dieser kleinen Patienten handelte es sich in der Regel um Alkohol- oder Drogenabhängige oder aber schwer depressive Persönlichkeiten.) Für die Kinder »schliefen« die Puppen, de facto jedoch wurden sie niemals aktiv oder, was noch schlimmer war, standen gar nicht mehr auf. Jugendliche mit einer ähnlichen Pathologie, so meine Beobachtung, neigen dazu, den Erwachsenen aus ihrem Umfeld, seien es Eltern, Lehrer oder Therapeuten, mit Indifferenz zu begegnen (nicht aber mit aktiver Verachtung). Die Gegenübertragung der Therapeuten ist in diesen Fällen häufig jener ähnlich, die wir Patienten mit defensivem Narzissmus gegenüber erleben: ein Gefühl der Missachtung und Nutzlosigkeit, der Eindruck, dass der Patient nicht zuhört und uns nicht als hilfreich empfindet. Insbesondere aber das Gefühl, dumm zu sein. Tatsächlich existiert in manchen Fällen kein inneres Konzept von Intelligenz bzw. eines interessierten oder interessanten Gegenübers. Erwachsene gelten als dumm, aber nicht unbedingt schlecht. So ist es nicht selten, dass missbrauchte Kinder erwachsene Männer als gefährlich, aber auch mächtig und interessant erleben (wenn sie sich verfolgt fühlen oder sich in einem hypervigilanten Zustand befinden), wohingegen erwachsene weibliche Bezugspersonen, selbst wenn sie als freundlich und liebenswert gelten, als schwach, nutzlos, nicht beschützend und ungeschützt und demzufolge als zutiefst uninteressant erlebt werden. Viele Kinder, die plötzlich erkennen, dass ein Therapeut ihre Gefühle tatsächlich verstehen kann, reagieren ungläubig: »Woher wissen Sie das? Können Sie Gedanken lesen??!«

Einige Anmerkungen zum geschichtlichen Hintergrund des Narzissmus-Konzepts und der Entwicklung einer Zwei-Personen-Psychologie

In einem bedeutenden Aufsatz zur Psychopathologie des Narzissmus schreibt Rosenfeld, dass die Mehrzahl der Analytiker, die narzisstische Patienten behandeln, nicht mit Freuds Ansicht übereinstimmten, es gebe in diesen Fällen keine Übertragung (Rosenfeld 1964). Vielmehr, so Rosenfeld, weise die minutiöse Beobachtung des Verhaltens narzisstischer Patienten sehr wohl auf eine, wenngleich sehr primitive, Übertragung hin, die ernsthafte Schwierigkeiten erkennen lasse, zwischen Subjekt und Objekt zu unterscheiden. Rosenfeld erinnert uns, dass Freud selbst das ozeanische Gefühl, wie es sich in der Sehnsucht nach Gott oder dem Universum manifestiert, als primärnarzisstisches Erleben auffasste, während er laut Balint Zeit seines Lebens in dieser Frage zwei widersprüchlichen Überzeugungen anhing: Zum einen glaubte er an die Existenz eines primären Narzissmus, zum anderen hielt er uns für primär objektsuchend. Selbst in seinen sehr früh verfassten »Drei Abhandlungen zur Sexualtheorie« (1905) bezeichne Freud das Finden eines Objekts als Wieder-Finden. Auch in seinen »Vorlesungen zur Einführung in die Psychoanalyse« (1916) schreibe er bestimmten Aspekten der Sexualität, wie etwa Sadismus, Skopophilie oder Neugier, ein von Anfang an existierendes Objekt zu. Warum also, so Balint (1968), wurde die Version des primären Narzissmus zur offiziellen Lesart?

Rosenfeld hat auf die entscheidende Tatsache hingewiesen, dass das, was im Lichte einer Ein-Personen-Psychologie wie Selbstliebe anmutet, in Wirklichkeit auf einer Identifizierung mit einem zuvor bewunderten Objekt basiere, dessen Identität übernommen wurde. In ihrem Aufsatz »Über Identifizierung« beschreibt Melanie Klein diese Art der Übernahme als projektive Identifizierung (1955), die unterschieden werden müsse vom entleerten Typus, wie er in den »Anmerkungen zu einigen schizoiden Mechanismen« vorgestellt wird (1946). Beide Prozesse können jedoch zusammen auftreten. Im zweiten Typus kommt es zu keiner Veränderung des gesamten Selbst, und die guten Anteile werden behalten. Rosenfeld fügt an dieser Stelle hinzu, dass sich das Selbst im Narzissmus dergestalt mit dem inkorporierten Objekt identifiziere, dass es zu einer Verleugnung jeglicher getrennten Identitäten oder Grenzen zwischen Selbst und Objekt komme. Der Mangel an Getrenntheit sei jedoch nicht mit einem Mangel an Objektbeziehung gleichzusetzen. Doch gerade mit diesem beträchtlichen Mangel müssen wir uns bei jenen Kindern auseinandersetzen, deren Innenwelt von »dummen« Objekten bevölkert ist, das heißt bei denen weniger eine abwehrbedingte Entwertung als vielmehr eine gar nicht stattgefundene Wertschätzung die Basis bildet. Der Mangel besteht nicht in einer Objektbeziehung per se, sondern in der Art der Objektbeziehung. Es fehlt nicht am Elternpaar oder am Objekt an sich, sondern an einem, das vitales Interesse zu wecken vermag. In diesen Fällen kann das Objekt als unüberwindbar weit weg anmuten und nicht, wie in Rosenfelds Beispielen, als zu nah. Es »allein schaffen« mag dann als einziger Ausweg erscheinen.

Der Mythos des Narzissus selbst ist auf der Matrix einer Beziehung zu lesen (Hamilton 1982, S. 4). Er erzählt die Geschichte des 16-jährigen Jünglings Narzissus und seiner Bewunderin Echo, die sich in ihn verliebt. »Diese Beziehung«, so Hamilton, »gründet in der frühen Beziehung zwischen Narzissus, der in seiner Wiege liegt, und seiner Mutter Leiriope. Um mit Graves zu sprechen: ›Jeder war verliebt in Narzissus, sogar als Säugling.‹ Der Begriff Narzissus würde somit eine Liebes*beziehung* umschreiben.« Und weiter:

»Im Lichte dieser Interpretation kann die Liebesbeziehung zwischen Narzissus und Echo dazu dienen, einige jener pathologischen Entwicklungen zu erhellen, die die Folge einer perpetuierten, frühen und bedingungslos bewundernden Beziehung sind. Echo ist eine junge Frau, die Narzissus lediglich spiegelt und seine Äußerungen wiederholt, ohne über Eigeninitiative oder ein eigenes Selbst zu verfügen, während Narzissus alle Bewunderer, die ihm nachstellen, zurückweisen kann. Das Selbst ist überlegen, das Objekt unterlegen, aber es existiert.« (ebd.)

Das Konzept des inneren Objekts und die Anwendung einer Zwei- (bzw. Drei-)Personen-Psychologie

An dieser Stelle möchte ich darlegen, wie ich das Konzept des inneren Objekts verstehe. Meine Definition des »Selbst« ist womöglich enger umschrieben als bei der Mehrzahl der psychoanalytischen Autoren. Wie die meisten Kleinianer verwende ich den Begriff des »Selbst« nur für einen Teil der umfassenderen inneren Welt, die auch das Ich und die verschiedenen inneren Objekte oder Repräsentanzen mit einschließt. Meine Lesart von Kohut (1977) und anderer psychoanalytischer Autoren sowie meine Diskussion mit zeitgenössischen Vertretern des Anna-Freud-Zentrums in London ließen mich zu der Auffassung gelangen, dass das, was ich bereits als inneres Objekt definiere, bei anderen noch unter dem Konzept des »Selbstanteils« laufen würde. Nicht einmal Kohuts »Selbstobjekt« ist derart mit Objekthaftigkeit erfüllt wie das verwandte kleinianische Konzept eines inneren Objekts, selbst wenn man es als ein Objekt denkt, das durch eine dem Selbst entspringende projektive Identifizierung radikal verändert wurde.

Und doch ist die Frage, wo das Selbst endet und das innere Objekt anfängt, nicht nur rein akademischer Natur. Die Unterscheidung hat wichtige klinische und behandlungstechnische Implikationen, obwohl sie meiner Meinung nach dem Patienten weder immer bewusst gemacht werden kann noch sollte. Es gibt allerdings Situationen, die eindeutig sind: Ein adoleszentes Mädchen träumt, dass es auf einem großen Ball eingeladen ist. An der Eingangstür trifft es auf eine hässliche alte Hexe, die die Eintrittskarten kontrolliert und ihr mit kaltem Hass begegnet. Figuren dieser Art scheinen von offensichtlicher Andersartigkeit, und obgleich man später in ihnen durchaus Anteile des Selbst des Patienten entdecken mag, so glaube ich doch, dass jeder Analytiker sich zunächst einmal über die Beschaffenheit des inneren mütterlichen Objekts Gedanken machen würde. (Ich nehme an, wir stimmen darin überein, innere Objekte nicht als exakte Replikationen oder Repräsentanzen äußerer Objekte aufzufassen, sondern als Amalgam äußerer Figuren und Projektionen von Selbstanteilen; das Selbst wiederum verstehe ich als einen inneren Kern, der sich aus einzelnen Schichten von Identifikationen und internalisierten Interaktionen zusammensetzt. Nichtsdestotrotz ist eine theoretische und behandlungstechnische Differenzierung notwendig: Das heißt, für den Patienten kann es unter Umständen von großer Bedeutung sein, ob wir den Objektpol oder den Selbstpol im Blick haben. In anderen Momenten wird die Frage, *wer* gerade erlebt, warten müssen, bis wir verstanden haben, *worin* das aktuelle Erleben besteht.)

Weitere Überlegungen zum Konzept vom inneren Objekt: Das Selbst in Beziehung zu inneren Objekten einer unsichtbaren und unbelebten Natur, die mit interpersoneller Bedeutung angereichert ist

Ein Fallbeispiel:
Nachdem es im Laufe einer ca. zweijährigen Behandlung zu einer Besserung seiner aggressiven und düsteren depressiven Zustände sowie seiner hohen Kränkungsneigung gekommen war, entwickelte Alan, ein narzisstischer Jugendlicher, eine Leidenschaft für Eishockey. (Sein Vater hatte in seiner Jugend Hockey gespielt. Von meiner kanadischen Abstammung wiederum wusste er nichts, sondern dachte, ich sei Amerika-

4.7 Narzissmus und das dumme Objekt

nerin wie er.[1]) Innerhalb seiner Familie stieß diese neue Besessenheit auf Unverständnis. Alan war immer schwerfällig, ungelenk, dick und langsam gewesen, hasste jegliche sportliche Betätigung und hatte Angst vor Verletzungen. Nun offenbarte sich eine Phantasie, in der er sich als ein sexuell attraktiver, mächtiger und mutiger Sportheld ausprobieren konnte. Dabei blieb es aber nicht. Nach einigen Monaten verstanden wir, dass der wichtigste Aspekt dieser Phantasie das Eis war. Er liebte den Gedanken, sanft und schnell über das Eis zu gleiten. Seine Unbeholfenheit bezog sich übrigens nicht nur auf seine tatsächliche Art, sich fortzubewegen, vielmehr waren alle seine Objektbeziehungen beherrscht von Hemmung und Frustration. Im Kontakt neigte er zu Paranoia und wurde schnell unverschämt; mit ihm zu sprechen war ein mühsames und unerquickliches Unterfangen – für ihn gleichermaßen wie für sein Gegenüber. Entweder gerierte er sich ungemein streitsüchtig – nicht zuletzt, weil er den anderen als jemanden erlebte, der sich über ihn lustig machte und alles, was er sagte, einer kritischen und unnachgiebigen Prüfung unterzog –, oder er entschwand in lange, öde Monologe, die an ein Gegenüber gerichtet waren, von dem er nicht so recht glaubte, dass es ihm Aufmerksamkeit zollte. In diesem Fahrwasser hatte er sich die meiste Zeit seines Lebens bewegt, und seine Intelligenz und Vorstellungskraft waren abgestumpft. Jetzt aber schien er sich eine andere Art des Seins zu phantasieren: Er sehnte sich nach ausreichend Sicherheit und Freiheit, um sich gehenlassen und spontan vorwärts bewegen zu können; nicht nur rein physisch, sondern auch in seinen Gedanken und Gefühlen, in seinem Leben allgemein. Das Eis schien für ein glattes, geschmeidiges Objekt zu stehen, das ihn einerseits losließ, damit er sich weiter fortbewegen, an den anderen vorbeiziehen und wachsen konnte, das ihm jedoch, sollte es nötig sein, als Unterstützung zur Verfügung stand. Im Grunde also das, was jedes Kleinkind braucht, wenn es gehen lernt. Auch im Dialog bedarf es eines Gegenübers, das wirklich zuhört, ohne jeden einzelnen Schritt zu kritisieren, jemanden, der aber auch sagen kann, wann es genug ist. Alan musste sich in rhythmischer Reziprozität üben. Die Existenz seiner Familie stand während seiner ersten Lebensjahre unter einem traumatischen und tragischen Stern, was ihrer aller Leben, so erfuhr ich später, förmlich hatte stillstehen lassen. Alan war mit Sicherheit auf der Suche nach einem neuen Selbst, aber auch nach einem neuen Objekt.

---

1 Die Autorin bezieht sich hier offenbar auf den alten »Streit« zwischen Kanada und den Vereinigten Staaten, wer als der Erfinder des Nationalsports Eishockey gelten darf. Bislang stand Kanada hier an erster Stelle (Anm. d. Ü.).

Zweifelsohne haben derart belastende innere Objekte tief greifende und sogar zerstörerische Auswirkungen auf das Selbst, und es ist nicht schwer, sich ihrer Andersartigkeit und Objekthaftigkeit bewusst zu werden, wenn sie grausam oder kritisch sind und uns ablehnend gegenüberstehen. Unglücklicherweise fehlen sie uns ebenso schnell, wenn sie freundlich gesinnt, ermutigend und auf unserer Seite sind – das heißt, wenn die Beziehungen zum Selbst problemlos scheinen. Bei genauerer Betrachtung kann sich jedoch herausstellen, dass trotz Wohlwollen diese Figuren doch Raum und Energie in unserer Innenwelt beanspruchen und keine Selbstanteile als solche darstellen. So zitiert John Lahr in einem Artikel im »New Yorker« (1995) den Tänzer Savion Glover, der in einer neuen choreografischen Einstudierung für seine Show »Bring on da Noise, Bring on da Funk« »den Boden vertonte«. Damit schien er sagen zu wollen, dass Tanzen nicht nur eine Frage seines sich bewegenden und Schritte erzeugenden »Selbst« war, sondern auch Teil des Bodens, der mit Gegenbewegung reagierte. Wie kommt es also, dass die Läufe und Sprünge großer Athleten und Tänzer so mühelos anmuten? Eine Zwei-Personen-Psychologie der inneren Welt würde darauf wohl antworten, dass es nicht nur körperliche Übung und Anmut des Selbst sind, sondern ein tiefes Empfinden für die Nachgiebigkeit und Weichheit der Erde unter ihnen. Die Lüfte über ihnen erscheinen im Abheben als freier, offener und zutiefst vertrauter Raum.

Obschon sich in den zitierten Fallvignetten die extreme Pathologie der äußeren Objekte fundamental auf die Qualität der inneren Objekte auswirkte, möchte ich doch betonen, dass ich keine Anhängerin einer Zwei-Personen-Psychologie bin, wie sie von Intersubjektivisten, Beziehungsanalytikern, Bindungstheoretikern und Winnicott-Schülern vertreten wird – auch wenn ich mich in der klinischen Zusammenarbeit mit diesen Kollegen häufig sehr wohl fühle. Von einem theoretischen Standpunkt aus betrachtet, verfolge ich eine dritte Option, die zwischen der Ein-Personen-Psychologie der Triebtheorie und einer Zwei-Personen-Psychologie anzusiedeln ist und die sich auf die tatsächlichen äußeren Objekte und das faktische Verhalten des Analytikers im Behandlungszimmer bezieht. Ich spreche von der Option einer *inneren* Zwei-(besser: Drei-)Personen-Psychologie, die am ehesten in der modernen (im Sinne einer Post-Bionschen) kleinianischen Theorie und Behandlungstechnik anzutreffen ist: Keine Emotion oder Funktion, wie etwa Hass oder Intelligenz, sollte jemals einzig und allein im Sinne einer Ein-Personen-Psychologie betrachtet werden, so, als handle es sich lediglich um einen Selbstanteil. Der Analytiker könnte sich demnach fragen: »Was hasst der Patient – wer ärgert ihn, welches Objekt enttäuscht ihn?« Oder, im Sinne Betty Josephs (1983, dt. 1994, S. 207ff): »Welchem Objekt gegenüber muss er sich dumm stellen? In wen projiziert er seine Intelligenz?« Obwohl die projektive Identifizierung meist in einer Art und Weise wirksam ist, die sich tief greifend auf Gegenübertragungsgefühle und -reaktionen auswirkt, möchte ich doch auch jenen Momenten Rechnung tragen, in denen dies nicht der Fall ist: das heißt, wenn uns ein Patient nach wie vor als dumm, grausam oder fordernd erlebt, und dies verstanden und gehalten werden muss, es sich aber nicht unbedingt in unserer Gegenübertragung widerspiegelt.

Darüber hinaus müssen innere nicht mit äußeren Objekten übereinstimmen, um große Macht auf die Entwicklung des Patienten auszuüben. Eine Mutter mit einer Wochenbettdepression kann sich erholen, doch die Erinnerung und niederdrückende Wirkung dieser Erfahrung können sich noch lange danach in der Psyche des heranwachsenden Kindes halten (Murray u. Cooper 1997). Ein eher weiches Kind hätte von seinen Eltern womöglich sehr viel mehr an Vitalität im Kontakt nötig gehabt, als tatsächlich der Fall war. Das Aufwachsen dieses Kindes mag dann von dem Gefühl geprägt sein, die Welt sei nachlässig, uninteressiert und uninteressant – aber können wir das den Eltern vorwerfen, die das (im Vergleich zu seinen Geschwistern) größere Bedürfnis nach Stimulierung nicht erkannt haben? Was, wenn sich ihm die Faszination der Welt nie offenbart? Der Glaube der Kleinianer und Anhänger Bions an die Objektbezogenheit der menschlichen Rasse sowie der große Einfluss der Säuglingsforschung (Stern 1985; Hobson 2002) widersprechen dem Konzept des primären Narzissmus. Trotzdem halte ich bestimmte situative Konstellationen für denkbar, in denen inhärente Präkonzepte (Bion 1962) nicht auf die notwendigen »Realisierungen« treffen, aus denen sich wiederum Konzepte von wirkmächtigen und intelligenten elterlichen Figuren bilden könnten. Im Falle dieser womöglich »parentifizierten« Kinder fehlt es somit an entsprechenden Realisierungsmöglichkeiten. Eine Psychotherapie kann auf den verbliebenen Präkonzepten, wie blass sie auch immer sein mögen, aufbauen. Das Defizit in der inneren Entwicklung einer aufrichtigen und respektierten Figur darf somit nicht mit primärem Narzissmus verwechselt werden, noch darf man dafür ausschließlich die realen Eltern verantwortlich machen – genauso wenig, wie es zu einer Vermischung mit der späteren Abwehrbewegung von Gleichgültigkeit und Verachtung führen darf. Defensive Aspekte kommen in solchen Fällen häufig, wenn auch nicht immer, dann zum Tragen, sobald die Kinder es im Spiel ihren Puppen erlauben, sich zu erheben und sich fortzubewegen.

Narzisstische Psychopathologie bei Kindern

Beren hat gezeigt, dass wir es bei Kindern normalerweise nicht mit feststehenden Persönlichkeitsstörungen zu tun haben, sondern eher mit narzisstischen Problemen auf allen psychosexuellen und entwicklungspsychologischen Ebenen (Beren 1998). Kernberg et al. stellen der pathologischen Selbstzentriertheit von Kindern mit narzisstischer Persönlichkeitsstörung den normalen Narzissmus im Kindesalter gegenüber, in dessen Rahmen Kinder auf Fürsorge mit Gegenseitigkeit und Dankbarkeit reagieren, während narzisstisch gestörte Kinder ein Gefühl von Anspruchlichkeit entwickeln (Kernberg et al. 2000, dt. 2001, S. 202). Beren weist außerdem darauf hin, dass in der kinderanalytischen Literatur ödipale Probleme angeführt würden, während im Erwachsenenbereich zahlreiche theoretische Diskussionen um die Frage »Defizit versus ödipaler Konflikt« kreisten (Beren 1998). Ich stimme mit Berens Auffassung überein, dass es sowohl Defizite als auch Konflikte sind, die hier zum Tragen kommen, und schlage vor, das Konzept der inneren Objekte als Brückenschlag zur Überwindung dieser theoretischen Lücke zu verwenden. Wenn, aus welchen Gründen auch immer, die erwachsenen Objekte als uninteressant oder unwert erlebt werden, ihnen Gehör zu schenken, und dies zu einem chronischen Zustand im Leben eines Kindes wird, kann der defensive Rückzug infolge einer tiefen Enttäuschung mehr und mehr dem abgestumpften und hoffnungslosen Mangel an Erwartung oder Sehnsucht ähnlich werden. Die Chronizität der Abwehrbewegung fließt somit in die Persönlichkeit selbst ein, sodass sie, je nachdem, wie früh diese Entwicklung einsetzt (z. B. während der ersten Lebenstage), womöglich immer weniger von den Auswirkungen einer konsistenteren defizitären Entwicklung und Deprivation unterschieden werden kann. Defensiver Narzissmus, der später in der Kindheit einsetzt, fühlt sich sehr viel anders an, da hier eine Weiterentwicklung möglich war.

Sieben Subgruppen des Narzissmus

Das dumme Objekt: Folge einer abwehrbedingten Entwertung

Beide Patienten, über die ich im Rahmen dieses narzisstischen Typus sprechen möchte, hatten einen guten Start ins Leben, eine enge, wenn nicht gar idealisierte Beziehung zur Mutter und ein offensichtlich gutes Verhältnis zum Vater.

> Im Alter von drei Jahren, nach der Geburt eines Geschwisters, begann das erste Kind – Peter – außerordentlich schwierig zu werden. Eine leichte körperliche Behinderung schien sein Gefühl der Scham und Kränkung noch zu verstärken. Es kam zu körperlichen Übergriffen auf seinen Bruder, doch meist waren die Attacken verbaler Art. Je älter er allerdings wurde, desto verletzender und grausamer waren die Demütigungen, mit denen er Bruder und Eltern überschüttete. Peters Eltern waren warmherzig und liebevoll, ließen sich jedoch von der Unverschämtheit und Arroganz ihres Erstgeborenen leicht aus der Fassung bringen und kränken. Peter reagierte auf die Grenzsetzung seiner Eltern mit grandiosem Zorn

4.7 Narzissmus und das dumme Objekt

(»Für wen halten sie sich?! Mich in die Schranken weisen zu wollen!«). Elterliche Kritik schien er als dumm zu erleben, so wie er jeden für dumm hielt, der meinte, ihn in dieser Hinsicht begrenzen zu müssen. Nichtsdestotrotz – im Gegensatz zu den deprivierten Kindern, auf die ich bereits hingewiesen habe – war sein Empfinden voller heißem, leidenschaftlichem Zorn, hinter dem sich Schmerz und Scham verbargen. Gleichzeitig zeigte er sich verblüfft über seine Eltern: »Wie konnten sie nur so dumm sein!« Irgendwo in seinem Inneren existierte eine Vorstellung davon – mit Sicherheit seine eigene –, wie ein intelligenter Elternteil zu funktionieren hatte: ihm, Peter, seinen Willen lassen!

Im Falle des zweiten Kindes, einem zwölfjährigen Mädchen, setzte eine ähnliche Desillusionierung erst im Alter von zehn Jahren ein, als es zu ehelichen Spannungen zwischen den Eltern kam. Diese erwiesen sich letzten Endes zwar als vorübergehend, doch hatte es in dieser Familie, in der sehr enge Bindungen herrschten, starke gegenseitige Idealisierungen gegeben, sodass die Desillusionierung in Empörung und massive Verachtung mündete, die sich hauptsächlich gegen Lindas Mutter, aber auch, so meine Vermutung, gegen sie selbst richtete. (Ihr älterer, wahrscheinlich weniger idealisierter Bruder vermochte die Schwierigkeiten dagegen recht gut zu meistern.) Linda war narzisstisch gekränkt, aber es war auch einem idealisierten Objekt eine narzisstische Kränkung zugefügt worden, was in dem Mädchen außerordentlich heftige Reaktionen hervorrief. Es kam zu gewaltsamen Übergriffen auf ihre Mutter, der sie dummes und übertriebenes Verhalten, etwa in Bezug auf Schlafenszeiten, vorwarf. Ein Verhalten, das schließlich auch auf die Schule überschwappte. Allerdings verfügte Linda bereits über ein eindeutiges Konzept von der Intelligenz ihrer Objekte, sodass nur einige ihrer Lehrer Ziel ihrer bissigen Verachtung wurden. Diesen gegenüber verhielt sie sich allerdings gnadenlos – und wurde im Gegenzug zutiefst gehasst –, trotz der Tatsache, dass ihre akademischen Leistungen weiterhin ausgezeichnet blieben.

Es ist in diesem Zusammenhang nicht unwichtig zu erwähnen, dass es bei beiden Patienten zu einer Verzerrung der ödipalen Situation kam, das heißt, dass sich die Beziehung zur Mutter an einem Punkt als zu eng und idealisiert gestaltete, während das Verhältnis zum Vater nicht ausreichend wertgeschätzt wurde. Beides waren starke Männer, die erfolgreich für ihre Familie sorgten, zu Hause aber eher die zweite Geige spielten. Ich denke, dass der Narzissmus beider Kinder in manchen Momenten als Abwehr von Schmerz, Demütigung, Neid und Eifersucht dienen musste. Dann wiederum gab es Augenblicke, in denen er eher selbstzufrieden anmutete, als sei jegliches In-Frage-Stellen eine große Überraschung oder Schock. »Für wen halten die mich denn?!« (Ich hege übrigens meine

Zweifel, ob es sinnvoll ist, zwischen einem Konzept von Grandiosität als Abwehr von Neid [Kernberg 1975] und dem Konzept von Grandiosität als Abwehr von Scham [Broucek 1991] zu unterscheiden, da in vielen Fällen beide gemeinsam zum Einsatz kommen. Gefühle über das Selbst implizieren komplementäre Gefühle über das Objekt.) Eine regelmäßige Abwehrbewegung in dieser Richtung, die nicht angesprochen wird, kann jedoch zu Selbstgefälligkeit, süchtigem Narzissmus und Charakterschwierigkeiten führen.

Das dumme Objekt und suchtartige Entwertung

Hier möchte ich das Augenmerk auf die Art und Weise legen, in der ursprünglich abwehrbedingtes Verhalten zur Gewohnheit und zu einem Teil der Charakterstruktur werden kann. Wenn wir uns diesen Patienten nur etwas widersetzen, dann ist ihre erste Reaktion nicht etwa Zorn, sondern Unglaube, der in Empörung münden kann. Ich beziehe mich hier auf Situationen, in denen dieses Gebaren Suchtcharakter annimmt und tief im Identitätsgefühl der jeweiligen Person verankert ist, was neue behandlungstechnische Probleme aufwirft. Peter, dessen Narzissmus sich aus einer Abwehrbewegung heraus entwickelt hatte, nunmehr aber zur Gewohnheit geworden war, wurde von seiner Familie als selbstsüchtiger, aggressiver und maßloser Rüpel erlebt. Es fiel ihm schwer, sich zu ändern, zum Teil, weil ein Teufelskreis eingesetzt hatte, in dem er Kampf oder Streit suchte, was ihm schließlich auch allzu oft gelang. Nach drei Jahren Psychotherapie hatte sich dieses Verhalten gebessert, zu Hause war er sehr viel ruhiger, und hinsichtlich unserer Stunden konnte er, wenn auch widerwillig, zugeben, dass er gerne kam. (Nachdem er jahrelang darauf bestanden hatte, nur deshalb zu kommen, weil ihn seine Eltern zwangen.) Trotzdem meinte er nach wie vor, sich hinter seinem alten Habitus verstecken zu müssen – ich nehme an, da seine gesamte Identität davon betroffen war. Die Gehässigkeiten und Verletzungen gegen mich kehrten mit voller Wucht wieder, als es um eine Einladung auf eine Geburtstagsfeier ging. Teil dieser Einladung war eine Theateraufführung, zu der man ihn mit dem Bus abholen würde. Peter war überzeugt, dass seine Eltern und ich ihm mit Sicherheit nicht erlauben würden, eine Therapiestunde ausfallen zu lassen, und er würde die Aufführung verpassen. Immer wieder deutete ich ihm in den folgenden Wochen, dass er annahm, ich würde ihn zwingen, und dass er zum Beispiel nicht darum gebeten hatte, die Sitzung auf einen anderen Tag zu verschieben. Ich deutete ihm, dass er Streit suchte, den er dem Aushandeln vorzog. (Ich wusste auch, dass er in der Vergangenheit tatsächlich oft von seinen Eltern gezwungen worden war, zu den Sitzungen zu erscheinen, sodass ich jetzt nicht sicher sein konnte, ob es sich um eine Projektion handelte oder nicht.) Eines Tages, kurz vor der Party, teilte er mir mit, er würde später auf das Fest gehen, der Bus würde auf ihn warten – und dass er vorher in die Stunde kommen konnte! Das beste Essen würde er zwar verpassen, aber immerhin. Wie sich herausstellte, hatten er selbst und sein Freund diesen Kompromiss ausgehandelt (von den Eltern hatte ich dazu nichts gehört). War es nicht seltsam, so mein Kommentar, dass er weiter Streit hatte vorschützen müssen, darauf bestehen müssen, dass ihm seine Therapiestunden egal waren, und dass er sich trotzdem derart verantwortungsvoll und wohlwollend unserer Beziehung gegenüber verhalten hatte. Er wurde verlegen wie ein neurotisches Kind, das man beim Schwindeln erwischt hatte! Unsere gesamte Arbeit hindurch musste ich den liebevolleren Gefühlen dieses Jungen mit außerordentlich viel Takt begegnen. »In jedem dickhäutigen Patienten verbirgt sich ein dünnhäutiger Patient, der versucht, nicht nach außen zu dringen«, so Britton (1998, S. 46). Und er zitiert Rosenfeld, der davor warnt, diese Patienten nicht zu traumatisieren, indem man Dünnhäutigkeit mit Dickfelligkeit verwechselt (Rosenfeld 1987, dt. 1990, S. 370ff).

An dieser Stelle möchte ich kurz auf frühere Veröffentlichungen zu möglichen Untergruppen des Narzissmus eingehen: Mehrere Autoren haben zwischen einem »dickfelligen« und »dünnhäutigen« Narzissmus unterschieden (Rosenfeld 1987; Bateman 1998; Britton 1998). Gabbard (1989) spricht im Falle von Dickfelligkeit von einer ähnlichen Gruppe, die er als »unempfänglich« bezeichnet, und Kernberg vom schamlosen »Egoisten«, der nicht selten Eltern hat, die ihn bewundern, der Kritik jedoch nur sehr vereinzelt anzunehmen bereit ist (1975). Dem eher dünnhäutigen (fragilen und verletzbaren) Patienten hingegen schreibt man ein geringes Selbstwertgefühl zu, nichtsdestotrotz sind sie jedoch laut Broucek nach wie vor sehr selbstzentriert. Sie ähneln Gabbards hypervigilantem Typus, während Broucek sie eher in die Nähe von Kohuts dissoziiertem Typus rückt (1991, S. 59ff). Von der Perspektive kindlicher Entwicklung und Psychopathologie aus betrachtet, möchte ich hinzufügen, dass die Entwicklung narzisstischer Dickfelligkeit doch Zeit braucht. Mein Eindruck ist, dass Alans narzisstische »Haut« sehr viel dicker und womöglich chronifizierter ist als Peters, der trotz allem ein Herz hatte. Ich möchte aber nicht die Schwierigkeiten unterschätzen, mit einem dickfelligen Typus von Kindern zu arbeiten, was Konsequenz und Strenge gegenüber den Unverschämtheiten des Patienten verlangt, aber auch gegenüber unserem eigenen Verlangen, ihn im Gegenzug zurechtstutzen zu wollen. Meiner Meinung nach ist humorvolle Verzweiflung oft hilfreich, die Würde der Patienten zu schützen und den Therapeuten davor zu bewahren, in kontraproduktive Vergeltung zu verfallen, ihm aber trotzdem die Möglichkeit zu geben, sich mit seinem Ärger Luft zu verschaffen. In der frühen Behandlungsphase mit Alan war jedoch auch Humor nutzlos. Sein Narzissmus ging mit heftigen paranoiden Überreaktionen auf vermeintliche Herabsetzung einher, sodass humorvolles Verhalten nur bedeutet hätte, dass man sich über ihn lustig machen und ihn beschämen wollte.

Destruktiver Narzissmus – die Verknüpfung von süchtigem Narzissmus und süchtiger Zerstörungswut

Rosenfelds Definition des destruktiven Narzissmus (1987, Kap. 6) und Betty Josephs Aufsatz über die Sucht, dem Tod nahe zu sein (Spillius u. Feldman 1989, Kap. 9), in dem es hauptsächlich um masochistische Prozesse geht, sind wichtig, da sie sehr genau darlegen, wie süchtige und perverse Prozesse in Übertragung und Gegenübertragung funktionieren. Joseph zieht keine klare Trennlinie zwischen süchtigen Aktivitäten und perversen Erregungen – was ich jedoch für durchaus möglich halte. Manche Menschen sind gefangen in wiederholten interaktiven »Teufelskreisen«, ohne notwendigerweise davon erregt zu werden. Das heißt, der Narzisst erwartet Lob und Bewunderung in einer eher selbstgefälligen Art und Weise, ohne unbedingt davon »angeturnt« zu werden. Bei anderen Menschen liegt diesem Prozess eine Zwanghaftigkeit zugrunde, die sexuelle Erregung mit einschließt. Dort, wo Destruktivität nicht mehr rachsüchtiger Verfolgung entspringt, sondern sowohl süchtige als auch erregende Merkmale aufweist, haben wir es mit dem Beginn einer ernsten Persönlichkeitsstörung zu tun. Verständlicherweise verwendet man diesen Begriff bei Kindern mit einiger Zurückhaltung, da die Persönlichkeit eines Kindes noch nicht vollständig ausgebildet ist. Die Zeitungen aber sind voll von erschütternden Berichten über Straßenkinder, die eine erschreckende »Gesetzlosigkeit« und seelenlose Einstellung dem Leben, ihrem eigenen Schicksal sowie dem der anderen gegenüber entwickeln. (Ein eindrückliches Beispiel für die zufällige und brutale Gewalt brasilianischer Straßenkinder liefert der Film »City of God«.) Im »Annual Research Review of the JCPP 2003« plädieren Shiner und Caspi mit Nachdruck dafür, den Zusammenhang zwischen der Persönlichkeit von Kindern und Jugendlichen und den entsprechenden Persönlichkeitsstörungen im Kindes-, Jugend- und Erwachsenenalter eingehender zu erforschen (s. auch Alvarez 1995 zur Frage der psychoanalytischen Arbeit mit psychopathischen Kindern).

Masochistischer Narzissmus und das Problem des neidischen und intrusiv beobachtenden Objekts

Zum Thema des masochistischen Narzissmus liegen interessante Veröffentlichungen vor (Broucek 1991; Waska 2002, S. 105). Nach Auffassung von Symington (1993) ist es unerheblich, ob die Selbstbeobachtung eines Patienten positiver oder negativer Art ist – die Selbstbeobachtung an sich ist problematisch. Anderson (2003) untersuchte ein ähnliches Phänomen im Zusammenhang mit Risikoverhalten deprivierter Kinder. Sie scheinen Angriffe oder Unfälle zu provozieren, um sich wenigstens dadurch interessant zu machen und ihre Existenz zu versichern. Alles ist besser als Langeweile und Unsichtbarkeit. Manche Kinder, die regelmäßig von anderen drangsaliert werden, scheinen bevölkert von grausamen und neidischen inneren Objekten, die auch nie von ihnen ablassen. Nicht selten sind diese neidischen Objekte intrusiv, was das Gefühl auslöst, unter permanenter Beobachtung zu stehen. Ganz alllmählich kann sich jedoch herausstellen, dass sich hinter dem verfolgenden Charakter eine perverse Befriedigung verbirgt. Dazu eine kurze Vignette:

> Abigail, die ein sehr kritisches und beständig beobachtendes mütterliches Objekt in sich trug, begann sich im Laufe der Behandlung etwas freier zu fühlen. Im Traum war sie von den »Spice Girls« zu deren Bühnenshow eingeladen worden. Während die »Spice Girls« hochhackige und glitzernde Riemchensandalen trugen, waren Abigails Schuhe eher klobig und flach und jenen nicht unähnlich, die ich in jenem Winter trug! Ein mütterliches Objekt, das die Rivalität und Sexualität einer jüngeren Frau so sehr fürchtete, wird wahrscheinlich nicht sehr viel Neid oder Bewunderung hervorrufen!

Übermäßig protektive und zerbrechliche Objekte, die als dumm wahrgenommen werden, können die intellektuellen Funktionen des Patienten ebenso beeinträchtigen. Zum ersten Mal konnte ich dies an einem Mädchen beobachten, das unter offensichtlichen Lernschwierigkeiten litt und sich, so verstand ich schließlich, »dumm« und hilflos stellte, weil es ihr mütterliches Objekt für zu zerbrechlich und naiv hielt, als dass dieses die Intelligenz und Stärke der Tochter erkennen konnte. Was als destruktive Verachtung anmuten mag, kann manchmal eine fast beschützende und liebende Funktion beinhalten. Henri Rey (1994) verdanken wir den Hinweis, dass sich bei Borderline-Patienten oft die inneren Objekte des Selbst eher erholen dürfen als das Selbst.

Narzissmus als Entwicklungsaufgabe: Wenn das innere Objekt als unresponsiv auf die Wirkmächtigkeit und Potenz des Selbst wahrgenommen wird

Den Begriff der »Entwicklungsnotwendigkeit« habe ich den Arbeiten von Stolorow und Lachman entlehnt. Während Kohut (1977) in diesem Zusammenhang von »kompensatorischen Strukturen« spricht, bestehen Stolorow und Lachman (1980) auf der Unterscheidung zwischen Narzissmus als Abwehr – im Falle von reiferen Ich- und Objektstrukturen – und Narzissmus als einer »Vorstufe von Abwehr«. In beiden Subgruppen, so die Auffassung der beiden Autoren, diene der Narzissmus zur Selbstwertregulierung (ebd., S. 18ff), während er bei Menschen mit massiv beeinträchtigtem Selbstwertgefühl eine »Entwicklungsnotwendigkeit« darstelle – und nicht eine Entwicklungshemmung wie beim abwehrbedingten Narzissmus. Es ist interessant, wie schnell wir uns an die Sprache der Psychopathologie gewöhnen, wenn es darum geht, normale Entwicklungsprozesse zu beschreiben. »Vorstufe von Abwehr« könnte genauso gut ein eigener Fachbegriff aus der Entwicklungspsychologie des Kindesalters sein – etwa für das Bedürfnis von Säuglingen und Kindern, für die Eltern interessant zu sein, den Glanz in ihren Augen zu sehen und sie zum Lachen zu bringen (Trevarthen u. Hubley 1978). Nach Lynd (1958, S. 252) ist Stolz das Gegenteil von Scham. Sie unterscheidet zwischen Arroganz und Selbstrespekt, Hybris und »Philotimo«, was mit Ehre und Unantastbarkeit gleichzusetzen ist (ebd., S. 258). Nur ein Mensch mit echtem Stolz, so Lynd, verfüge über wahre Demut. Auch bei Bion (1957) findet sich diese Unterscheidung zwischen Stolz und Arroganz.

> Toby kam bereits krebskrank auf die Welt. Er genas, wurde von seinen Eltern hingebungsvoll gepflegt, und das Trauma der Operation sowie der Beeinträchtigung seines jungen Lebens war nicht so massiv, wie es durchaus hätte der Fall sein können. Trotzdem war er ein schwieriges Kind, und sein Empfinden, für seine Objekte außerordentlich wertvoll zu sein, war mitunter durchsetzt von Arroganz und einem Gefühl der Besonderheit in einem ganz anderen Sinne. Zu Beginn unserer Therapie – Toby war damals vier Jahre alt –, wenn sich seine Mutter von ihm verabschiedete und ich ihm den Gang hinunter ins Therapiezimmer folgte, spürte er oft unser beider Blick auf sich ruhen und begann justament in diesem Augenblick mit tänzelnden Schritten vor mir herzulaufen, was in mir die Sorge wachrief, ob ich es hier nicht mit einer beginnenden Störung in der Geschlechtsentwicklung zu tun hatte. Als er jedoch psychisch kräftiger wurde (körperlich war er bereits nahezu genesen), setzte auch die Entwicklung seiner männlichen Identifizierung ein. Im Alter von sechs Jahren begann er sich für Popmusik zu interessieren. Nicht ohne Macho-Allüren und heftig den Disco-Rhythmus imitierend röhrte er Lieder wie »Super star with your big guitar«, um mir gleichzeitig aggressiv und anzüglich auf der Luftgitarre vorzuspielen. Er schien sich von einem tiefen Gefühl der Beschädigung und Hilflosigkeit zu erholen und zeigte mir seine leicht verzögerte ödipale (und nach wie vor leicht narzisstisch angehauchte) Potenz und Sexualität. Für die Eltern eines Kindes, das unter so gefahrvollen Bedingungen auf die Welt kommt, kann es sehr schwierig sein, sich genau dieses Kind als potent zu phantasieren und sich selbst die Sicherheit und das Vertrauen zuzugestehen, von seiner Zukunft als starker Mann zu träumen – ein Traum, den wahrscheinlich jedes männliche Kind von seinen Eltern geträumt haben möchte.

Toby war kein depriviertes Kind. Nur ein Teil seiner Identität war beeinträchtigt, und an der Tatsache, dass er liebenswert und interessant war, hegte er keinen Zweifel.

4.7 Narzissmus und das dumme Objekt

Alan hingegen – jener Junge, der begonnen hatte, Eishockey zu spielen – litt an einem tiefer gehenden Gefühl von Scham und mangelnder Sympathie. In einer früheren Publikation nannte ich ihn Danny (Alvarez 1992). Er wurde mir im Alter von acht Jahren wegen Lernschwierigkeiten, »Verweiblichung«, aggressivem Verhalten und einer besorgniserregenden Faszination am Zündeln überwiesen. Als Baby und Kleinkind habe er viel entbehren müssen, so der Eindruck seiner Eltern, da sie selbst völlig okkupiert waren von der lebensbedrohlichen Erkrankung seiner älteren Schwester. Nach ihrer Genesung konnte sich die Familie reorganisieren, wohl wissend jedoch um den Schaden, den all dies bei ihrem Jüngsten hinterlassen hatte. Alan war ein selbstgefälliger, großspuriger, aber auch »toter« und depressiver Junge, der mit hölzerner Stimme lange, detaillierte Reden schwang über das, was ihm jüngst widerfahren war. Er hatte weder eine Vorstellung davon, wie er das Interesse eines Zuhörers gewinnen konnte, noch davon, wie man spielte. Er konfabulierte und prahlte mit Lügenmärchen. Wenn ich den Fehler beging, genauer nachzufragen und dadurch Zweifel am Wahrheitsgehalt seiner Erzählungen laut werden zu lassen, verstummte er. Ich erkannte allmählich, dass ihn meine Fragen furchtbar kränkten und dass – obgleich er ein arrogantes Kind schien, das davon überzeugt war, seine Zuhörer würden alles schlucken, und das außer sich geriet, wenn dies nicht der Fall war – Arroganz, Wutausbrüche und Abwehrhaltung nur eine Seite der Medaille waren. Alan war ein dickes, verweichlichtes Kind, ein Muttersöhnchen, das von den anderen Kindern in der Schule verachtet und nicht gemocht wurde und kaum Freunde hatte. Nach ungefähr einem Jahr Behandlung hatte er gelernt, seine aggressiven Ausbrüche zu zügeln, etwas weniger anzugeben, abzunehmen und ein paar Freunde zu gewinnen. Eines Tages kam er in die Therapiestunde und berichtete, er und ein paar andere Jungen in der Schule hätten ein neues Spiel: Sie veranstalteten Turniere. Er war das Pferd, und sein Freund, einer der kleinsten Jungen, war der Reiter. Er war das Pferd, weil, so erklärte er mir stolz, er die »stärksten Schultern in der Klasse« hatte. Er und sein Freund waren das beste Gespann der Gruppe. Ich kommentierte seine Freude und seinen Stolz darüber, dass er mir eine freundliche, starke Seite seiner Person zeigen konnte, woraufhin er mir aufgeregt weiter erzählte, dass sein Freund ihn manchmal bat, ihn morgens abzuholen, um sich dann vom Balkon auf seine Schultern fallen zu lassen, wie sie es im Fernsehen bei den »Drei Musketieren« gesehen hatten. »Manchmal galoppiere ich ihn bis zur Schule!« Ich wusste, und ich bin sicher, er wusste, dass ich es wusste, dass dies gelogen war, doch der Druck und die Bedeutung der Phantasie waren so mächtig, dass ich sie nicht sofort hinterfragen durfte. Allzu oft hatte ich ihn in solchen Momenten regelrecht in sich zusammenfallen sehen. Es war wichtig, dass ich ihn als tollen, männlichen

Helden sah und auf Bemerkungen wie »Du willst, dass ich dich als ... sehe« verzichtete. Einige Tage später, als Alan in einer etwas stabileren psychischen Verfassung war, war es mir möglich, die Tatsache zu kommentieren, dass er übertrieb, was er bestätigte. Aber in einem der seltenen und zerbrechlichen Augenblicke, in denen er seine wildesten Träume mit mir teilte, wäre solch eine »Ernüchterung« falsch gewesen. Reagierte ich einfühlsam auf die Zaghaftigkeit und antizipatorische Qualität seiner Prahlereien, ließ ihn dies eher bescheidener als arroganter werden.

Ich bezeichne solche Momente nicht als projektive Identifikation, sondern antizipatorische Identifikation, wenn das Objekt aufgefordert ist, für das Kind zu träumen, solange dieses noch nicht sicher ist, ob es selbst diese Träume haben darf. Dies kann zur Überwindung von Scham und Neid führen, die dann nicht mehr abgewehrt werden müssen (s. auch Melanie Kleins Ausführungen zur nicht abwehrbedingten Wiedergutmachung: Klein 1937).

Manifester Narzissmus: Die Beziehung und Identifizierung mit einem gleichgültigen Objekt – ein zweifaches Defizit

Jacob, ein sehr gehetzter und verzweifelter Patient, der sich im Laufe der Therapie schon sehr gebessert hatte, der fröhlicher geworden war und besser lernen konnte, warf eines Tages einige seiner Zeichnungen weg. Warum, so fragte ich mich, machte es mir nie etwas aus, wenn dieser Junge seine Zeichnungen wegwarf, während ich dieses Verhalten bei anderen Patienten als Angriff, Zurückweisung oder einen Akt schrecklicher und tiefer Verachtung ihrem eigenen Talent gegenüber wahrnahm? Natürlich muss Müll zuweilen entsorgt werden. Bei Jacob hatte ich aber zu lange und zu oft nichts empfunden, eher emotionslos zugesehen, als würde er ein gebrauchtes Taschentuch wegwerfen. Ich erkannte plötzlich, dass die Zeichnungen tatsächlich nicht von Belang waren – weder für ihn noch für mich – und auch nur halbherzig angefertigt waren, etwa im Sinne von »Ich bin ein Kind und Kinder zeichnen. Ich werde zeichnen, um sie (d. h. die Therapeutin) für eine Weile los zu werden.« Dies entsprach seiner Haltung in der Schule – pflichtbewusstes Mitmachen ohne echtes Lernen. Kinder zeichnen, und so hatte ich törichterweise nach Bedeutungen in den Zeichnungen gesucht. Jacob zeichnete pflichtbewusst für mich, aber sein Herz war nicht bei der Sache. Es fehlte die Bedeutung (s. ein ähnliches Beispiel bei Ferro 1999). Es war wichtig, diesem Kind zu vermitteln, dass es an Hoffnung, Glaube und daher auch Bedeutung in jeder seiner Mitteilungen fehlte (vgl. hierzu Ogdens [1997] anschauliche Ausführungen). Jacob glaubte nicht, dass das, was er produzierte, von Interesse sein könnte, noch war er der Meinung, dass die Reaktion eines Objekts von Interesse für ihn sein oder zu mehr Interesse führen könnte. Die Welt schien vielmehr leer.

Bei einigen Kindern, deren Deprivation sehr viel ausgeprägter ist als bei Jacob, enthüllt der manifeste Narzissmus Gleichgültigkeit, Langeweile, Verachtung und oftmals, zumindest zu Beginn der Behandlung, Erstaunen darüber, dass das Objekt interessant oder interessiert sein könnte. Unsere Gegenübertragung mag jener ähnlich sein, wie wir sie in den offensichtlicheren narzisstischen Fällen empfinden, doch ist eine Untersuchung der Natur des inneren Objekts erhellend. In den schwereren Fällen münden die unheilvollen Einflüsse auf Introjektion und Internalisierung in eine Situation, in der nicht nur die Welt, sondern auch die eigenen Gedanken uninteressant sind. Lernen und kognitives Funktionieren sind oftmals tief greifend gestört. Die eigenen Gedanken werden als nicht interessant genug erlebt, als dass sie es wert wären, als etwas Eigenes genauer geprüft, weitergeführt oder durchdacht zu werden. Wenn das Objekt an Interesse und Bedeutung gewinnt, kann Neid als wichtiges Merkmal auftreten, was jedoch kein Beleg dafür ist, dass die vorherige narzisstische Gleichgültigkeit als Abwehr gegen Neid entstanden ist, vielmehr dafür, dass Neid erlebt werden muss, sobald das Objekt an Statur gewinnt, und dass der normale Entwicklungsprozess, den jedes Baby, Kleinkind und Kind in der Latenzzeit durchmachen muss – nämlich die Erwachsenen um all das zu beneiden, was diese schon können –, nun sozusagen in einem Aufwasch erledigt werden muss.

Manifester Narzissmus, der keiner ist: Das wertvolle Selbst und die wertvolle Welt

Auslöser dafür, mich näher mit diesem Thema zu beschäftigen, war ein Bericht aus einem Seminar über Säuglingsbeobachtung, in dem eine Mutter beschrieben wurde, deren Kontakt zu ihrem Baby von besonderer Hingabe und Aufmerksamkeit geprägt war. (Mir sind seither mehrere Frauen mit dieser Eigenschaft begegnet.) Das besagte Baby entwickelte sich physisch, emotional und kognitiv, doch fragten wir uns im Seminar, ob ein solch perfektes Bemuttern, selbst wenn es die dyadische Entwicklung erleichterte, Herausforderungen ödipaler Art wohl überstehen würde. Der Vater war ein aktiver, großzügiger Mann, die Ehe schien gut, und die Mutter schien zu spüren, dass die Welt ihrem Baby die Wertschätzung und das Interesse entgegenbrachte, das auch ihr Kind der Welt gegenüber empfand. An der Familie war nichts auszusetzen. Und doch war auffallend, wie kostbar dieses Kind für seine Mutter war, was Anlass für zahlreiche Spekulationen im Seminar bot. Gegen Ende der zweijährigen Beobachtungszeit (die ödipale Phase hatten wir nicht mehr miterleben können, ebenso wenig wie die Geburt eines Geschwisters) erfuhr die Beobachterin von der Mutter, die als Hebamme ausgebildet war, dass ihr eigener Bruder im Babyalter gestorben war, als sie selbst acht Jahre alt war. Wir verstanden nun, dass ihr eigener Sohn kostbar für sie war, nicht »besonders« im Sinne narzisstischer Befriedigung, auch nicht primär als Möglichkeit, über die eigene Mutter zu triumphieren. Wie Klein (1937) gezeigt hat, ist das Überwinden eines schmerzlichen Verlustes mithilfe des Trauerprozesses sehr verschieden von einer dagegen gerichteten manischen Abwehr, und wahrscheinlich war dies der Grund für die Gerührtheit und Freude, mit der die Seminargruppe so oft den Schilderungen über diese Mutter lauschte, ihrer Liebe und ihren Umgang mit ihrem Sohn sowie der »Liebesbeziehung« dieses Babys »mit der Welt« (Mahler et al. 1975).[2] Die eher selbstsicheren Babys und Kinder scheinen über ein ausreichend starkes Selbstempfinden zu verfügen, das sie befähigt, auf selbstvergessene Art und Weise mit der Welt in Beziehung zu treten. Ihre Talente und Leistungen werden als etwas erlebt, das *mit* den inneren Eltern geteilt werden kann, und weniger als etwas, das allein oder gegen sie erkämpft werden musste.

Folgen der psychischen Erholung und andere behandlungstechnische Fragen

Von Kernberg (1975) wissen wir, dass ein Nachlassen des Narzissmus nicht selten Wut zur Folge hat. Resnik weist darauf hin, dass es zur narzisstischen Depression kommt, wenn der Psychotiker seine Wahnwelt verlässt (1995, S. 95). Kernberg wiederum betont, dass die narzisstische Persönlichkeit Phasen schwerer Depression und Suizidalität durchmachen muss, die eine Gefahr für das Leben des Betreffenden bedeuten können, sollte er nicht über ausreichend Ich-Stärke verfügen, diese zu ertragen. Ist das Ich dazu zu schwach, empfiehlt er stützende Psychotherapie. (Kernberg hat hier den abwehrbedingten und suchtartigen Narzissmus im Blick. Aus den eher deprivierten Patientengruppen scheinen sich nicht wenige durch Veränderung ihrer Objekte und ihres Selbst zu erholen und zu stabilisieren.) Ich halte es jedoch in bestimmten Momenten für durchaus möglich, mit einem depressiven Zusammenbruch psychoanalytisch umzugehen, ohne supportiv zu werden. Wenn wir bedenken, dass die Psychopathologie des Patienten ihm nur zwei Alternativen lässt – unterzugehen oder

---

2 Ich danke Luciana Tomassini für ihren kritischen Hinweis bezüglich meines abschätzigen Gebrauchs des Ausdrucks »besonders«. Babys, die geliebt werden, sind »besonders« im Sinne von einzigartig für ihre Eltern. Deren Erstaunen und Achtung für die Vielfalt und Fruchtbarkeit des Lebens muss daher kein narzisstisches Ende für das Kind nehmen. »Besonders« ist nicht gleichzusetzen mit »überlegen«.

überlegen zu sein –, dann kann es falsch sein, als Therapeut diese enge Dualität zu bestätigen. Schließlich gibt es noch eine dritte Option: Auf dem Boden der Tatsachen anzukommen kann für den Narzissten dann erträglicher sein, wenn er entdeckt, dass es noch andere Freuden im Leben gibt; wenn er sein Kontrollbedürfnis lockern kann und erkennt, wie sehr er Macht und Kontrolle idealisiert hat bzw. was ihn der Versuch, immer obenauf zu sein, gekostet hat. Gelingt dies nicht, kann der Aufprall verheerend sein. Manchmal ist die simple Frage hilfreich, was denn so schrecklich an der Tatsache ist, ein gewöhnliches Mitglied der menschlichen Rasse zu sein (Patient und Therapeut mit eingeschlossen), um mit der irrigen Vorstellung fertig zu werden, immer nur einer könne überlegen sein. Es hängt viel davon ab, so Waska (2002, S. 106), ob sich der Narzisst näher an der depressiven oder paranoid-schizoiden Position bewegt und ob neben der alten Wut (vgl. den Traum meiner Patientin von den klobigen Schuhen) darüber, dass das mütterliche Objekt eine eigene Sexualität hat, auch Gefühle großer Erleichterung und Vitalisierung Platz haben.

Im Falle des suchtartigen Narzissmus gibt es einige interessante diagnostische Überschneidungen mit dissoziativen Zuständen, dem Asperger-Syndrom und sogar dem Phänomen des Autismus, was weitere Untersuchungen in diesem Bereich erforderlich macht. Hinsichtlich mancher behandlungstechnischer Fragen und Folgen psychischer Erholung bestehen durchaus Ähnlichkeiten. Interessant sind in diesem Zusammenhang sowohl Betty Josephs (1981) Beschreibung einer Form psychischen Schmerzes, der mit dem wachsenden Gefühl des Lebendig-Werdens einhergeht und sich vom typisch depressiven Schmerz unterscheidet, als auch Laura Tremellonis Ausführungen darüber, was bei autistischen und psychotischen Erwachsenen geschieht, »wenn das Eis schmilzt« (Tremelloni, in press).

Zusammenfassung

In Anlehnung an die kleinianische Theorie über die innere Welt im Sinne eines Selbst in Beziehung zu unterschiedlichen inneren Objekten habe ich sieben Subgruppen von Narzissmus bei Kindern und Jugendlichen zu extrahieren versucht. Jede dieser Subgruppen impliziert eine spezifische Beziehung zu einem »dummen Objekt«:
- Das dumme Objekt: Folge einer abwehrbedingten Entwertung
- Narzissmus und das dumme Objekt: suchtartige Entwertung als Teil der Persönlichkeitsstruktur
- Destruktiver Narzissmus: Die Verknüpfung von suchtartigem Narzissmus und suchtartiger Destruktivität
- Masochistischer Narzissmus und das Problem des neidischen und intrusiv beobachtenden Objekts

- Narzissmus als Entwicklungsaufgabe: Wenn das innere Objekt als unresponsiv auf die Wirkmächtigkeit und Potenz des Selbst erlebt wird
- Manifester Narzissmus: Die Beziehung und Identifizierung des Selbst mit einem gleichgültigen Objekt – ein zweifaches Defizit
- Manifester Narzissmus, der keiner ist: Das wertvolle Selbst und die wertvolle Welt

Literatur

Alvarez A (1992). Live Company. Psychoanalytic psychotherapy with autistic, borderline, deprived and abused children. London: Routledge (dt.: Zum Leben wiederfinden. Frankfurt/M.: Brandes und Apsel 2001).

Alvarez A (1995). Motiveless malignity. Problems in the psychotherapy of psychopathic patients. J Child Psychother; 21(2): 167–82.

Anderson J (2003). The mythic significance of risk-taking, dangerous behavior. J Child Psychother; 29(1): 75–91.

Balint M (1968). The Basic Fault. London: Tavistock Publications (dt.: Therapeutische Aspekte der Regression. Die Theorie der Grundstörung. Stuttgart: Klett-Cotta 1970).

Bateman AW (1998). Thick- and thin-skinned organisations and enactment in borderline and narcissistic disorders. Int J Psychoanal; 79: 13–25.

Beren P (ed) (1998). Narcissistic Disorders in Childhood and Adolescence. Northvale, NJ: Aronson.

Bion WR (1957). On arrogance. In: Second Thoughts. London: Heinemann 1967.

Bion WR (1962). Learning from Experience. London: William Heinemann Medical Books Ltd. (dt.: Lernen aus Erfahrung. Frankfurt/M.: Suhrkamp 1990).

Britton R (1998). Belief and Imagination. Exploration in psychoanalysis. London: Routledge.

Broucek FJ (1991). Shame and the Self. London: Guilford Press.

Ferro A (1999). The Bi-Personal Field. London: Routledge (dt.: Das bipersonale Feld. Konstruktivismus und Feldtheorie in der Kinderanalyse. Gießen: Psychosozial-Verlag 2003).

Freud S (1905). Drei Abhandlungen zur Sexualtheorie. GW V. Frankfurt/M.: Fischer 1999; 27–145.

Freud S (1916/1917). Vorlesungen zur Einführung in die Psychoanalyse. GW XI. Frankfurt/M.: Fischer 1999.

Gabbard G (1989). Two subtypes of narcissistic personality disorder. Bull Menninger Clin; 53(6): 527–32.

Hamilton V (1982). Narcissus and Oedipus. The children of psychoanalysis. London: Routledge and Kegan Paul.

Hobson P (2002). The Cradle of Thought. London: Macmillan (dt.: Wie wir denken lernen. Düsseldorf, Zürich: Walter 2003).

Joseph B (1981). Towards the experiencing of psychic pain. In: Spillius EB, Feldman M (eds). Psychic Equilibrium and Psychic Change. Selected papers of Betty Joseph (1989). London: Routledge (dt.: Die Entwicklung des psychischen Schmerzempfindens. In: Spillius EB, Feldman M [Hrsg]. Psychisches Gleichgewicht und psychische Veränderung. Stuttgart: Klett-Cotta 1994).

Joseph B (1983). On understanding and not understanding. Some technical issues. In: Spillius EB, Feldman M (eds). Psychic Equilibrium and Psychic Change. Selected papers of Betty Joseph (1989). London: Routledge (dt.: Über Verstehen und Nicht-Verstehen. Einige technische Fragen. In: Spillius EB, Feldman M [Hrsg]. Psychisches Gleichgewicht und psychische Veränderung. Stuttgart: Klett-Cotta 1994).

Kernberg OF (1975). Borderline Conditions and Pathological Narcissism. New York: Aronson (dt.: Borderline-Störungen und pathologischer Narzißmus. Frankfurt/M.: Suhrkamp 1978).

Kernberg P, Weiner AS, Bardenstein KK (eds) (2000). Personality Disorders in Children and Adolescents. New York: Basic Books (dt.: Persönlichkeitsstörungen bei Kindern und Jugendlichen. Stuttgart: Klett-Cotta 2001).
Klein M (1937). Love, guilt and reparation. In: The Writings of Melanie Klein. Vol. I. London: Hogarth 1975.
Klein M (1946). Notes on some schizoid mechanisms. In: Envy and Gratitude and other works 1946–1963. London: Hogarth 1975 (dt.: Bemerkungen über einige schizoide Mechanismen. In: Das Seelenleben des Kleinkindes. Stuttgart: Klett 1962).
Klein M (1955). On identification. In: Envy and Gratitude and other works 1946–1963. London: Hogarth 1975 (dt.: Bemerkungen über einige schizoide Mechanismen. In: Das Seelenleben des Kleinkindes. Stuttgart: Klett 1962).
Kohut H (1977). The Restoration of the Self. New York: International Universities Press (dt.: Die Heilung des Selbst. Frankfurt/M.: Suhrkamp 1981).
Lahr J (1995). The New Yorker, April 17.
Lynd HM (1958). On Shame and the Search for Identity. New York: Harcourt Brace and World.
Murray L, Cooper PJ (eds) (1997). Postpartum Depression and Child Development. London: Guilford Press.
Ogden TH (1997). Reverie and Interpretation. Sensing something human. Northvale, NJ: Aronson (dt.: Analytische Träumerei und Deutung. Wien: Springer 2001).
Resnik S (1995). Mental Space. London: Karnac.
Rey H (1994). The which brings patients to analysis. In: Magagna J (ed). Universals of Psychoanalysis in the Treatment of Psychotic and Borderline States. London: Free Association Books.
Rosenfeld H (1964). On the psychopathology of narcissism. Int J Psychoanal; 45: 332–7 (dt.: Zur Psychopathologie des Narzissmus – ein klinischer Beitrag. In: Rosenfeld H [Hrsg]. Zur Psychoanalyse psychotischer Zustände. Frankfurt/M.: Suhrkamp 1989).
Rosenfeld H (1987). Impasse and Interpretation. Therapeutic and anti-therapeutic factors in the psychoanalytic treatment of psychotic, borderline, and neurotic patients. London: Tavistock (dt.: Sackgassen und Deutungen. Therapeutische und antitherapeutische Faktoren bei der Behandlung von psychotischen, Borderline- und neurotischen Patienten. München, Wien: Verlag Internationale Psychoanalyse 1990).
Segal H (1983). Some implications of Melanie Klein's work. Int J Psychoanal; 64: 269–76.
Shiner R, Caspi A (2003). Personality differences in childhood and adolescence. Measurement, development and consequences. J Child Psychol Psychiatry; 44: 2–32.
Stern D (1985). The Interpersonal World of the Infant. New York: Basic Books (dt.: Die Lebenserfahrung des Säuglings. Stuttgart: Klett-Cotta 1994).
Stolorow RD, Lachman FM (1980). Psychoanalysis of Developmental Arrests. Madison, CON: International Universities Press.
Symington N (1993). Narcissism. A new theory. London: Karnac (dt.: Narzißmus. Gießen: Psychosozial-Verlag 2003).
Tremelloni L (in press). Arctic Spring. Potential for growth in adults with autism. London: Routledge.
Trevarthen C, Hubley P (1978). Secondary Intersubjecitivity. Confidence, confiding and acts of meaning in the first year. In: Lock A (ed). Action, Gesture and Symbol. The emergence of language. London: Academic Press.
Waska RT (2002). Primitive Experience of Loss. Working with the paranoid-schizoid patient. London: Karnac.

4.8 Narzissmus und Liebesbeziehungen

Salman Akhtar

In früheren Veröffentlichungen (Akhtar u. Thomson 1982; Akhtar 1989; 2000a; 2000b) habe ich eine Zusammenfassung der verstreuten Literatur zur Narzisstischen Persönlichkeitsstörung vorgelegt und die Phänomenologie dieses klinischen Störungsbildes unter folgenden sechs Punkten kategorisiert (vgl. auch Tab. 2.1-1 in diesem Band, S. 250):

- Selbstkonzept: Narzisstische Persönlichkeiten vermitteln einen Eindruck von Autarkie. Ihr Denken kreist darum, herausragende Erfolge zu erzielen, während sie insgeheim jedoch leicht kränkbar, schamanfällig, kritikempfindlich und von Selbstzweifeln erfüllt sind.
- interpersonelle Beziehungen: Narzisstische Persönlichkeiten haben intensive, aber von Ausbeutung gekennzeichnete Beziehungen, in denen sie vom Bedürfnis nach Anerkennung und Bestätigung getrieben werden. Selbst unfähig, sich tiefer gehend auf Gruppen einzulassen, beneiden sie andere um die Fähigkeit, sich dem Leben und den Menschen ernsthaft zuzuwenden.
- soziale Anpassung: Der berufliche Erfolg, den narzisstische Persönlichkeiten häufig aufzuweisen haben, dient hauptsächlich dazu, Bewunderung zu erlangen und ein chronisches Gefühl der Langeweile und Ziellosigkeit zu verdecken.
- ethische Grundsätze, Standards und Ideale: Narzisstische Persönlichkeiten geben sich sehr interessiert an gesellschaftspolitischen Fragen. Geld wird nach außen hin verachtet, während insgeheim jedoch eine materialistische Grundeinstellung vorherrscht. Winken konkrete Vorteile, sind sie bereit, ihre Wertvorstellungen zu verändern. Autoritäten werden nicht anerkannt, während die Auslegung ethischer Vorgaben den eigenen Bedürfnissen angepasst wird.
- kognitiver Stil: Ausgestattet mit einem scharfen Verstand und geistig sehr wendig, neigen narzisstische Persönlichkeiten zu Rechthaberei und Dogmatismus. Detailgenauigkeit liegt ihnen fern, und sie tun sich schwer zu lernen, denn Lernen bedeutet Anerkennung des eigenen Nichtwissens, was für narzisstische Menschen unannehmbar ist.
- Liebe und Sexualität: Narzisstische Persönlichkeiten zeichnen sich oft durch Charme und Verführungskraft aus, vermögen jedoch aus romantischen Beziehungen und Sexualität nur wenig Befriedigung zu ziehen. Sie scheinen un-

fähig, das Inzesttabu zu akzeptieren, und sind anfällig für sexuelle Perversionen.

Im Folgenden soll vor allem der letzte Punkt mit seinen klinischen Merkmalen näher beleuchtet werden, wobei ich die Folgen des pathologischen Narzissmus auf Liebesbeziehungen unter drei Stichworten diskutieren möchte:
- Narzissmus und romantische Liebe
- Narzissmus und Sexualität
- Narzissmus und Ehe

Unter Berücksichtigung der Geschlechterdifferenz sollen dabei sowohl objektiv beobachtbare Problemfelder als auch subjektive Auslöser für Leid zur Sprache kommen und unter deskriptiven und dynamischen Gesichtspunkten diskutiert werden.

Narzissmus und romantische Liebe

»Es sind hier zwei Strömungen nicht zusammengetroffen, deren Vereinigung erst ein völlig normales Liebesverhalten sichert, zwei Strömungen, die wir als die *zärtliche* und die *sinnliche* voneinander unterscheiden können.« (Freud 1912, S. 79, kursiv im Original) Dieser bedeutende Kommentar von Sigmund Freud aus dem Jahr 1912 ist noch immer ein Eckpfeiler psychoanalytischen Verständnisses von Liebe. Die zärtliche Strömung, so Freud, ist ontogenetisch früher anzusiedeln und entspringt der frühen Körperpflege und emotionalen Zuwendung durch die Mutter. Die zweite, sexuell getönte Strömung wird während der ödipalen Phase manifest, um während der Pubertät ihre volle Kraft zu entfalten. Beide Strömungen müssen miteinander in Einklang gebracht werden, damit romantische Liebesgefühle fremden (außerhalb der Familie stehenden) Objekten entgegengebracht werden können, mit denen eine sexuelle Vereinigung möglich und erlaubt ist.

In seinem Aufsatz »Zur Einführung des Narzißmus« (1914) näherte sich Freud dem Thema der Liebe von einer anderen Perspektive aus an, indem er zwischen dem narzisstischen Typus der Objektwahl (dem »Egoismus des Selbsterhaltungstriebes« entspringend) und dem Anlehnungstypus der Objektwahl (dem Wunsch nach den pflegerisch-nährenden Qualitäten des Objekts entspringend) unterscheidet. Die höchste Entwicklungsphase, zu der Objektlibido fähig ist, ist nach Freud der Zustand der Verliebtheit.

»Wer liebt, hat sozusagen ein Stück seines Narzißmus eingebüßt und kann es erst durch das Geliebtwerden ersetzt erhalten. (...) Das Lieben an sich, als Sehnen und Entbehren, setzt das Selbstgefühl herab, das Geliebtwerden, Gegenliebe finden, Besitzen des geliebten Objekts hebt es wieder.« (ebd., S. 166f)

In »Triebe und Triebschicksale« (1915) spricht Freud auch von der Notwendigkeit einer Synthese zwischen libidinösen und aggressiven Strebungen, um den Zustand wahrer Liebe zu erreichen. Wieder einige Jahre später erkennt er in der Idealisierung des Liebesobjekts, »dass das Objekt so behandelt wird wie das eigene Ich, dass also in der Verliebtheit ein größeres Maß an narzisstischer Libido auf das Objekt überfließt« (1921, S. 124). Obschon Freud das mit der Liebe einhergehende Glücksempfinden anerkennt, betont er doch auch die darin enthaltene Möglichkeit des Schmerzes: »Niemals sind wir ungeschützter gegen das Leiden, als wenn wir lieben« (1930, S. 441). Um sich vor der Möglichkeit des Leidens zu schützen, so Freud weiter, richten viele Individuen ihre Liebe nicht auf einen einzigen Menschen, sondern auf die Menschheit und kulturelle Institutionen allgemein.

Viele psychoanalytische Autoren haben nach Freud zum Thema Liebe geschrieben und unser Verständnis dafür erweitert (s. auch meine Übersichtsarbeit hierzu aus dem Jahr 1999 [Akhtar 1999a]). An dieser Stelle möchte ich lediglich auf Chasseguet-Smirgels (1975) luzide Darstellung des Ich-Ideals im Kontext reifer Liebe sowie auf Kernbergs umfassende psychoanalytische Definition der Liebe verweisen. Vier Elemente charakterisieren nach Chasseguet-Smirgel die gesunde Verbindung von Narzissmus und Liebe:

- Das nostalgische Streben nach Vereinigung mit dem Primärobjekt wird nicht aufgegeben, doch die Wege, es zu erreichen, verändern sich.
- Die sexuelle Befriedigung innerhalb des Paares sowie ihre autonomen Sublimierungen erhöhen den sekundären Narzissmus des Ichs und verringern die Lücke zwischen Ich und Ich-Ideal.
- Jene Aspekte innerer und äußerer Realität, die die sexuelle und narzisstische Befriedigung ermöglichen, werden positiv besetzt, und das Ich-Ideal wird, bis zu einem gewissen Grad, auf genau diese Zugangswege zu diesen Realitäten projiziert.
- Die narzisstische Kränkung angesichts nach wie vor unerfüllten Sehnens nach Einheit mit den Primärobjekten und inzestuöser Gratifikation wird kompensiert durch die Bindung an das Liebesobjekt und seine anhaltende Verfügbarkeit.

Gleichermaßen als Synthese seiner tief greifenden Überlegungen und beeindruckenden Anzahl an Veröffentlichungen zum Thema Liebe (1974a; 1974b; 1980; 1991a; 1991b; 1995) liefert uns Kernberg eine ausführliche Definition von Liebe als komplexer emotionaler Disposition, die folgende Aspekte in sich vereinigt:

»(1) sexuelle Erregung, die in ein auf einen anderen Menschen gerichtetes erotisches Begehren umgewandelt ist; (2) Zärtlichkeit, die auf der Integration libidinös und aggressiv besetzter Selbst- und Objektrepräsentanzen beruht, wobei die Liebe die Aggression überwiegt und die normale Ambivalenz, die allen zwischenmenschlichen Beziehungen eigen ist, toleriert wird; (3) eine Identifizierung mit dem anderen, die sowohl eine wechselseitige genitale Identifizierung als auch eine tiefe Einfühlung in die Geschlechtsidentität des anderen umfasst; (4) eine reife Form der Idealisierung, verbunden mit einer tief gehenden Bindung an den anderen und an die Beziehung; und (5) die Leidenschaftlichkeit der Liebesbeziehung in allen ihren drei Aspekten: der sexuellen Beziehung, der Objektbeziehung und der Über-Ich-Besetzung des Paares.« (Kernberg 1995, dt. 1998, S. 57)

Eine solche Liebe führt zur Wiedererlangung verlorener Selbstanteile, zur Auflösung sexueller Hemmungen, und gibt dem Leben einen Sinn. Die anfängliche Leidenschaft mag von kurzer Dauer sein, doch die Fähigkeit beider Partner, eine tiefe Beziehung einzugehen, hilft ihnen, die heiße Flamme der Leidenschaft in ein sanftes Glimmen der Partnerschaft umzuwandeln.

Auf dem Hintergrund dieser Beobachtungen möchte ich nun auf die schädlichen Folgen eines übermäßigen Narzissmus für die **zärtliche** und **sinnliche** Dimension der Liebe zu sprechen kommen. Bislang wurde Freuds »zärtliche Strömung« (1912, S. 79) nicht explizit in seinen Einzelaspekten betrachtet, die meiner Ansicht die Fähigkeit zu Besorgnis, Neugier, empathischem Zuhören, optimaler Distanz, Versöhnlichkeit und Dankbarkeit umfassen, was wiederum in die Fähigkeit zu Gegenseitigkeit und Wiedergutmachung mündet. Menschen mit einer narzisstischen Persönlichkeit haben Schwierigkeiten in all diesen Bereichen. Sie vergessen wichtige Daten und Termine im Leben ihrer Liebespartner, fragen nicht nach deren Familienangehörigen, werden seltsam wortkarg, wenn es darum geht, sie in einer Auseinandersetzung mit anderen zu schützen, und können ihre Bedürfnisse nicht mit den sich verändernden psychophysiologischen Zuständen des anderen abstimmen. Die Fähigkeit zur Neugier und zu aufmerksamem Zuhören ist ebenso beeinträchtigt. So zeigt etwa ein Mann, der angeblich »verliebt« ist, kein Interesse am Fotoalbum, das die Kinder- und Familienfotos seiner Angebeteten enthält. Oder aber er unterbricht sie immer wieder, um mit eigenen Anekdoten auf sich aufmerksam zu machen, anstatt sich dafür zu interessieren, was sie im Moment zu sagen hat.

Narzisstische Persönlichkeiten haben Schwierigkeiten mit der Einhaltung optimaler Distanz, die im Wesentlichen auf einem Paradoxon basiert (Mahler et al. 1975; Akhtar 1992; Escoll 1992). Auf der einen Seite geht es um den relativen Verlust von Autonomie und Autarkie. Auf der anderen Seite müssen beide Partner die grundlegende Getrenntheit des jeweils anderen akzeptieren. Beide Partner wurden von verschiedenen Eltern großgezogen und wuchsen unter psychosozialen Bedingungen auf, die sich vom Hintergrund des jeweils anderen unterscheiden. Die narzisstische Persönlichkeit hat Schwierigkeiten, beide Seiten dieser Beziehungsgleichung zu tolerieren. Weder will sie auf den Zustand vollkommener Autonomie verzichten noch dem anderen eine eigene innere Getrenntheit zugestehen. Unter dem Druck von Triebwünschen kommt die narzisstische Persönlichkeit dem anderen zu nahe. Die Aggression, die durch diese Intimität unweigerlich mobilisiert wird, muss abgewehrt werden, und sie zieht sich zurück, wird kalt und unnahbar. Im Gegensatz zur reifen Bezogenheit in der Liebe, die allmählich tiefer wird, zeichnet sich die narzisstische Bezogenheit durch Zyklen bedürfnisorientierter Intimität mit abwechselnd defensivem Rückzug aus. Oder aber es entwickelt sich ein Muster intensiver Idealisierung, des Zwangs und der Kontrolle über den anderen, in dem kein Platz ist für ein sich vertiefendes Kennenlernen.

Die Ich-Funktion der Versöhnlichkeit ist ebenfalls beeinträchtigt. Narzisstische Persönlichkeiten neigen zu nachtragendem und rachsüchtigem Verhalten. Zuweilen verbirgt sich diese Rachsucht hinter einer Fassade von Gelassenheit und »Pseudo-Versöhnlichkeit« (Akhtar 2002, S. 191). Die zugrunde liegende Wut bricht sich jedoch Bahn in sarkastischen Bemerkungen oder einem Sich-Verweigern, dem anderen zuliebe etwas zu tun. Exzessiver Narzissmus beeinträchtigt auch die Fähigkeit zur Dankbarkeit, denn Dankbarkeit impliziert Demut und das Verlangen nach Gegenseitigkeit. Eine Fähigkeit, die schwer zu erlangen ist für jemanden, dessen überragende Motive die des Selbsterhalts, des gesellschaftlichen Erfolgs und des Exhibitionismus sind.

Im Wesentlichen ist es die zärtliche Strömung der Liebe (Sorge, Neugier, Empathie, optimale Distanz, Versöhnlichkeit und Dankbarkeit), die Voraussetzung dafür ist, dass jemand unser Herz erobern kann. Metapsychologisch gesprochen handelt es sich dabei um die grundlegende libidinöse Besetzung eines Objekts. Mit anderen Worten, Zuneigung schafft den inneren Raum für einen gemeinsamen und affektiv positiv besetzten Beziehungsdialog. Unabhängig von der jeweiligen Terminologie ist eine derartige Entwicklung nur möglich, wenn die Kern-Selbst-Repräsentanz des Betreffenden nicht permanenter Bestätigung und Aufmerksamkeit bedarf. In Anlehnung an Winnicotts (1958) Konzept der »ausreichend guten Bemutterung« spreche ich von einem **ausreichend guten Liebespartner**, wozu die narzisstische Persönlichkeit mit Sicherheit nicht gehört.

Zwei Punkte, so muss ich an dieser Stelle anmerken, haben in meinen Ausführungen bislang keine Erwähnung gefunden, obwohl sie von zentraler Bedeutung sind: zum einen die sinnliche Strömung der romantischen Liebe und zum anderen die Frage der Objektwahl. Auf beide Punkte werde ich in den folgenden Abschnitten zu sprechen kommen, wenn es um Narzissmus und Sexualität sowie Narzissmus und Ehe gehen wird.

Narzissmus und Sexualität

Die Literatur zum Thema »Narzissmus und Sexualität« behandelt größtenteils die Frage der sexuellen Objektwahl. Zu den dargestellten Szenarien gehören die Suche nach einem »heterosexuellen Zwilling« (Kernberg 1995, dt. 1998, S. 223), das Don-Juan-Syndrom, die anhaltende Dichotomie zwischen Hure und Madonna, frühe sexuelle Promiskuität der herkömmlichen narzisstischen Persönlichkeit und die späte Promiskuität des »schüchternen Narzissten« (Akthar 2000a), narzisstisch determinierte männliche Homosexualität, das Kreisen narzisstischer Frauen um berühmte Männer sowie die völlige Abkehr einiger narzisstischer Frauen von Heterosexualität und Hinwendung zum Zölibat oder einem lesbischen Lebensstil. Im Falle regredierter narzisstischer Männer, insbesondere jener, die ein sozial isoliertes oder religiös-zölibatäres Leben führen, gibt es eine deutliche Anfälligkeit für Pädophilie. Während solche Phänomene und die zugrunde liegende Psychodynamik von großer Bedeutung sind, möchte ich mich im Folgenden darauf konzentrieren, welche Folgen der exzessive Narzissmus de facto auf den heterosexuellen Geschlechtsakt hat, da dies bislang in der Literatur keine ausreichende Würdigung erfahren hat.

Um zu illustrieren, wie sich der pathologische Narzissmus auf die sexuelle Begegnung auswirkt, kann es sinnvoll sein, uns zunächst die daran geknüpfte Ereignisabfolge zu vergegenwärtigen:

- subtile Hinweise des Liebespartners, die seine sexuelle Bereitschaft signalisieren
- Beginn des Vorspiels, solange beide Partner noch bekleidet sind
- Entkleiden und »eigentliches Vorspiel«
- Penetration und Geschlechtsverkehr
- Orgasmus
- Austausch von Zärtlichkeiten in der Nach-Orgasmus-Phase
- Rückkehr zu konventioneller Moral, nichtsexuellem Verhalten durch Wiederanlegen der Kleider und Sprechen über andere Themen (evtl. unterbrochen von Schlaf)

Auf jeder Stufe (die zugegebenermaßen aus didaktischen Gründen sehr nüchtern und wenig innovativ anmutet) kommt es zu Schwierigkeiten infolge des pathologischen Narzissmus.

Aufgrund einer nur mangelhaft ausgebildeten Fähigkeit zur empathischen Einstimmung verkennt die narzisstische Persönlichkeit allzu häufig die Signale sexueller Bereitschaft seitens des Liebespartners. Womöglich verspürt sie selbst keine Notwendigkeit, die eigene Bereitschaft zu signalisieren, da sie automatisch von der Befriedigung ihrer Bedürfnisse ausgeht. Oder aber, was noch schlimmer wäre, es kommt zur absichtlichen Missachtung, um Zeichen der Zuneigung sadistisch zurückzuhalten.

Ähnliche Probleme treten in der Anfangsphase des Vorspiels auf. Narzisstische Persönlichkeiten neigen dazu, die Bedürfnisse des Partners zu missachten, es mangelt ihnen an Zärtlichkeit, und sie gehen schnell zum nächsten Abschnitt über. Zum »eigentlichen Vorspiel« gehört das Entkleiden, das Sich-gegenseitig-Betrachten sowie der allmähliche Übergang von nichtgenitaler zu genitaler Stimulierung. Zu den zentralen Aufgaben zählt hier das Überwinden der eigenen Scham und der des Partners (Kernberg 1991a). Ängste angesichts realer oder phantasierter körperlicher Makel müssen beiseite geschoben werden, was echte Rücksichtnahme und Vertrauen in das Wohlwollen des Partners voraussetzt. Narzisstischen Menschen mangelt es an beidem, sodass ihnen das Vorspiel Unbehagen bereitet, was manche narzisstische Männer jedoch verbergen, indem sie »bescheiden« die Bedürfnisse des Partners erfüllen – ähnlich dem »Vagina-Mann«, wie ihn Limentani (1984) beschreibt – oder indem sie das Vorspiel in die Länge ziehen und dadurch kontraphobisch ihre sexuellen Potenz zur Schau stellen.

Zum Vorspiel gehört auch, dass prägenitale Triebabkömmlinge (z. B. Saugen, Beißen, Lecken, Herzeigen, Schauen, Drücken, Riechen, Zufügen leichten Schmerzes) ins Bewusstsein gelangen. Narzisstische Persönlichkeiten, die sowohl ihren riesigen oralen Hunger als auch ihre analen Impulse gut hinter ihrer schillernden Fassade versteckt halten, schwanken nun zwischen nachsichtig-gierigem und ängstlichem Rückzug, was den Partner wiederum verwirrt und frustriert zurücklässt.

Darüber hinaus löst die Nacktheit des anderen Geschlechts in der narzisstischen Persönlichkeit noch andere Empfindungen aus:

»Unbewusster Neid auf den anderen verwandelt die Idealisierung seines Körpers in Entwertung, fördert die Umformung sexueller Befriedigung in das Gefühl, dass es einem gelungen ist, in den anderen einzubrechen und ihn sich einzuverleiben, und bringt den Reichtum der primitiven Objektbeziehungen, die in der normalen polymorph-perversen Sexualität aktiviert werden, zum Verschwinden, sodass sich Langeweile breit macht.« (Kernberg 1995, dt. 1998, S. 212)

Langeweile kann sich darin äußern, dass es immer seltener zum Geschlechtsverkehr kommt. Oder aber zwanghaftes Wechseln der Stellung bzw. verschiedenste Versuche zu penetrieren sollen die Langeweile bekämpfen. Auf dem Hintergrund physiologisch plausibler Allgemeinplätze und Rationalisierungen ziehen es narzisstische Männer vor, von hinten in eine Frau einzudringen, während narzisstische Frauen beim Geschlechtsakt die Stellung oben bevorzugen. Beide suchen so nach größerer Kontrollmöglichkeit, wobei das eingeschränkte orgastische Potenzial dieser Stellungen sowie ihr narzisstisch stabilisierendes Moment dieses Kontrollbedürfnis bestimmen. Je größer die Kontrolle, desto größer der sexuelle Lustgewinn für die narzisstische Persönlichkeit.

4.8 Narzissmus und Liebesbeziehungen

Da die Fähigkeit, einen Orgasmus zu erreichen, mit einem Loslassen der Kontrolle und einem zeitweiligen Selbstverlust einhergeht, ist dies für narzisstische Persönlichkeiten nicht selten mit Schwierigkeiten verbunden. Narzisstische Frauen täuschen womöglich einen Orgasmus vor, vor allem, wenn dieser für ihren Partner eine sexuelle Trophäe bedeutet. Narzisstische Männer wiederum können ihre Orgasmus- und Ejakulationsschwierigkeiten – basierend auf der Identifizierung ihres Penis mit einer versagenden mütterlichen Brust – in eine Manifestation ihrer ruhmreichen Männlichkeit umwandeln, indem sie ihre Fähigkeit zu lang andauerndem Geschlechtsverkehr unter Beweis stellen.

Die Nach-Orgasmus-Phase ist eine wundervolle Gelegenheit, in Anwesenheit eines anderen »still zu liegen« (Khan 1983). Winnicott (1958) schreibt hierzu in seinem Aufsatz über die Fähigkeit zu reifem Alleinsein:

»Man kann vielleicht mit Recht sagen, dass nach erfolgreichem Geschlechtsverkehr jeder der Partner allein ist und damit zufrieden ist. Wenn man es genießen kann, mit einem anderen Menschen zusammen allein zu sein, der auch allein ist, ist dies an sich schon eine gesunde Erfahrung. Ein Mangel an Es-Spannung kann Angst hervorrufen, aber Zeit-Integration der Persönlichkeit befähigt das Individuum zu warten, bis die Es-Spannung von selbst wiederkommt, und das Teilen der Einsamkeit zu genießen, das heißt, eine Einsamkeit, die relativ frei ist von der Eigenschaft, die wir ›Zurückgezogenheit‹ nennen.« (Winnicott 1958, dt. 1974, S. 38ff)

Der Austausch von Zärtlichkeiten, das Sich-Halten und Streicheln kennzeichnen diese Phase ebenso wie das Bedürfnis, sich in die Augen zu sehen, sich verschlafen anzulächeln oder in kindisches Gelächter auszubrechen – Verhaltensweisen, die auf die zärtliche Strömung der Liebe angewiesen sind und daher der narzisstischen Persönlichkeit Probleme bereiten. Dies gilt ganz allgemein für das Beenden des sexuellen Zwischenspiels und die Rückkehr zu konventioneller Moral bzw. den Übergang nichtsexuellen Aktivitäten. Entweder es kommt zum abrupten Ende oder aber zu einem Hinauszögern dieses Übergangs.

Für die narzisstische Persönlichkeit ist im Grunde jede einzelne dieser Phasen problematisch. Es gelingt ihr nicht, eine normale Sexualität zu leben, die »die Fähigkeit voraussetzt, sich als Subjekt und Objekt gleichermaßen zu genießen, indem es sich mit dem Objekt identifiziert; sie setzt die Fähigkeit voraus anzuerkennen, dass Objekte sich von einem selbst unterscheiden« (Bach 1994, S. 51). Und weiter:

»Narzisstische Persönlichkeiten haben in der Regel ihren Frieden mit der Realität geschlossen, vorausgesetzt, sie müssen nicht immer in ihr leben. Sie stehen in der Welt, ohne wirklich in sie eingebunden zu sein. Das gegenseitige Betreten und Bereichern der inneren und äußeren Realität stellt ein Problem für sie dar, das seinen konkreten Ausdruck findet in der Schwierigkeit, Selbstliebe und Objektliebe miteinander in Einklang zu bringen. (...) Sie sind entweder ›ganz sie selbst‹ oder aber ›ganz der Geliebte‹, aber es gelingt ihnen nur schwer oder gar nicht, diese offenkundig komplementären Sichtweisen des Selbst zu integrieren und zum Ausdruck zu bringen.« (ebd., S. 51ff)

Die normale Homöostase, in der Selbsterleben und Sorge um andere als Mischzustand existiert, ist der narzisstischen Persönlichkeit nicht zugänglich. Dies stellt sowohl die genussvolle Sexualität als auch das Führen einer Ehe vor große Probleme – beides Bereiche, in denen es vorrangig um die Entwicklung und Aufrechterhaltung von Gegenseitigkeit – »Wir-Uns-Erleben« (Bergman 1980, S. 202) – geht.

Narzissmus und Ehe

Die Entscheidung zu heiraten und die Aufrechterhaltung einer Ehegemeinschaft – beides stellt die Beteiligten vor neue Herausforderungen, schafft aber auch neue Befriedigungsmöglichkeiten. Die wohl zentralste Aufgabe besteht darin, auf die »Repräsentanz des idealen Partners« (Colarusso 1997) zu verzichten, ein überzogenes inneres Bild, das sich aus den wünschenswertesten Attributen all jener vollkommenen und unerwiderten Liebeserfahrungen der Adoleszenz und des jungen Erwachsenenalters (auf vorbewusster Ebene) sowie den besten Eigenschaften beider Eltern (auf unbewusster Ebene) zusammensetzt. Die Folge sind Frustration, psychischer Schmerz (Akhtar 2000c) und Aggression, die jedoch unter günstigen Bedingungen erträgliche Ausmaße annehmen. Die intrapsychische Arbeit entlang dieser Entwicklungslinien bedeutet Trauer angesichts des Verlusts von Autonomie, Verzicht auf homosexuelle Optionen, Verzicht auf andere romantische und sexuelle Erfahrungen sowie die Anerkenntnis der Tatsache, von einer wertgeschätzten Person abhängig zu sein.

Die Notwendigkeit, schwierige psychologische Aufgaben zu bewältigen, endet nicht mit der Eheschließung. Der Bestand einer Ehe ist davon abhängig, wie intrapsychische und interpersonelle Herausforderungen, die permanent auftauchen, bewältigt werden. Sie kann nur »überleben und gedeihen, wenn sich beide Partner der jeweils auftauchenden Schwierigkeiten bewusst sind, sich ihre Gefühle mitteilen und ihre unterschiedlichen Auffassungen lösen. Sie müssen sich auf ihre Beziehung *einlassen*, um *kompromissfähig* zu sein.« (Madow 1982, S. 135, kursiv im Original)

Desillusionierung über sich selbst und den Partner, unterschiedliche Auffassungen zur Kindererziehung, die Notwendigkeit, dem Partner zuliebe Opfer zu bringen, die unmissverständliche Wahrung der sozialen und finanziellen Privatsphäre sowie der Verzicht auf außereheliche erotische Versuchungen sind Teil dieses Szenarios. Auch der häufige Rückgang sexueller Erregung im Laufe einer Ehe stellt ein Problem dar. Freud (1917; 1931), der sich gegenüber Zweitehen optimistischer zeigte, hielt an seiner Überzeugung fest, dass die Ehe die Intensität erotischer Lust verringere. Es sei leicht festzustellen, »dass der psychische Wert des Liebesbedürfnisses sofort sinkt, sobald ihm die Befriedigung bequem gemacht wird« (1912, S. 88). Freuds Nachfolger haben auf weitere psychodynamische Punkte in diesem Zusammenhang hingewiesen. So spricht Colarusso (1990) von einer ödipalen Wiederaufladung der Sexualität bei einem verheirateten Paar, die sich als potenziell schwierig erweisen könnte, vor allem nach der Geburt von Kindern. Ross (1996) unterstreicht den schädlichen Einfluss früher Eltern-Imagines – insbesondere homosexueller Art – auf die Sexualität der Ehepartner. Und schließlich hat bereits Horney vor sehr langer Zeit die Elternübertragungen in der Ehe als das »grundlegende Problem für die Monogamie« bezeichnet (1928, S. 323). Alles in allem: Eine Ehe zu schließen und über die Zeit hinweg aufrechtzuerhalten ist nicht einfach.

Auf der anderen Seite kann die Erfahrung zutiefst befriedigend sein, wenn beide Partner über eine stabile Psyche verfügen, sich wohlüberlegt füreinander entschieden haben und über die notwendige Nachsicht verfügen, den oben beschriebenen Herausforderungen zu begegnen. Unter diesen Umständen kann die illusorische Suche nach Vollkommenheit Platz schaffen für die bereichernde Erfahrung psychischer Stabilität und Tiefe. Dem Partner einen Gefallen zu tun ist nicht länger ein Opfer, sondern wird zum moralischen Fundament der Ehegemeinschaft selbst. Die Wertsysteme beider Partner verstärken sich gegenseitig, und das gemeinsame Aufziehen von Kindern eröffnet die Möglichkeit, bleibende innere Konflikte neuerlich durchzuarbeiten und dabei die Geschichte zu transzendieren und den existenziellen Optimismus des Paars zu fördern. Narzisstische und anhängliche Liebe wechseln einander ab (Chasseguet-Smirgel 1975). Den Partner zu lieben wird letztlich zum Synonym dafür, sich selbst zu lieben, so wie eine fürsorgliche Haltung sich selbst gegenüber zum Geschenk an den Partner wird. Auch die Sexualität, wenngleich sie etwas von ihrem anfänglichen Zauber verliert, wird zu einem tiefer gehenden emotionalen Halt, während der Körper des Ehepartners der Ort ist, an dem die eigenen inneren Objekte und ihre »Geographie persönlicher Bedeutungen« ihren Platz finden (Kernberg 1991a).

Es ist deutlich geworden, dass Trauer und Desillusionierung auf der einen Seite sowie die Vertiefung der seelischen und interpersonellen Begegnung und Verbundenheit auf der anderen Seite zu viel sind für das Ich der narzisstischen Persönlichkeit. Heirat und Ehe werden so zu kaum bewältigbaren Aufgaben, die häufig pathologische Ausmaße annehmen.

Als Erstes ist hier eine schwere Hemmung gegenüber Heirat und Ehe zu nennen. Während diese größtenteils auf einem vorbewusst wahrgenommenen Unvermögen basiert, aggressive Anteile innerhalb der Dyade zu integrieren, können hier auch geschlechtsspezifische Ursachen zum Tragen kommen. Die Unfähigkeit zu heiraten kann bei narzisstischen Männern einem unvermindert starken

Bedürfnis nach sexuellen Kontakten entspringen, das mit angeblich biologischen Zwängen oder schlicht der Suche nach der perfekten Partnerin rationalisiert wird. Narzisstische Frauen wiederum können hinter ihren starken Autarkiewünschen, die sie am Eingehen einer Ehe hindern, Angst vor Bindung und Abhängigkeit verbergen. Diese Dynamik kann bei beiden Geschlechtern nach dem Scheitern einer ersten Ehe ungebrochen zutage treten und das Finden eines geeigneten neuen Partners verzögern, wenn nicht gar ganz zunichte machen.

Zweitens neigen narzisstische Persönlichkeiten dazu, sich Partner zu suchen, die nicht etwa zur Linderung ihrer Pathologie beitragen, sondern vielmehr dafür sorgen, dass das überhöhte Selbstbild aufrechterhalten bleibt. Eine gesellschaftlich herausragende Persönlichkeit zu heiraten hilft der narzisstischen Persönlichkeit, indem sie großspurig an den Talenten und Leistungen des Partners teilhaben kann (sie im Grunde jedoch stiehlt). Auch die Heirat eines Partners, dessen Herkunft weit unterhalb des eigenen sozioökonomischen Status liegt, kann paradoxerweise für die Stabilisierung narzisstischer Größenphantasien sorgen, indem man sich und dem anderen permanent die eigene Überlegenheit demonstrieren kann. Auch die nicht selten mit Narzissmus einhergehenden verdeckten masochistischen Tendenzen können so befriedigt werden (Cooper 1989). Es handelt sich um narzisstische Ehen, »wo der Partner in Wirklichkeit nur ein Diener oder ein bequemer Fixpunkt ist und wo Verachtung und Ressentiment in einem chronisch aggressiven Verhalten institutionalisiert werden« (Kernberg 1980, dt. 1988, S. 164). Masochistische Tendenzen aufseiten des Partners kollidieren natürlich insgeheim mit der Stabilität derart pathologischer Ehen.

Drittens tritt mit der Heirat nicht nur der Ehepartner, sondern auch dessen Familie in das eigene Leben. Die Schwiegerfamilie anzunehmen und diese Haltung über die Zeit hinweg zu bewahren erfordert Takt, Durchhaltevermögen und schließlich ein tiefes Verständnis für die inneren Objekte des Ehepartners. Qualitäten, die der narzisstischen Persönlichkeit fehlen, sodass es schließlich zu einem Entfremden des Partners von seiner Familie kommt.

Viertens fügen narzisstische Persönlichkeiten durch außereheliche Affären ihrer Ehe nicht selten großen Schaden zu. Wenn es sich um ein einmaliges Vorkommnis handelt, wenn der Ehepartner Grund hat und fähig ist zu verzeihen und wenn die narzisstische Persönlichkeit selbst Reue zu zeigen vermag, muss die Ehe nicht daran zerbrechen. Ist der Schaden jedoch zu groß, ist Scheidung die Folge. Dies ist insbesondere der Fall bei notorischen Schürzenjägern, deren Ehefrauen sich psychisch weiterentwickelt haben und mit der Zeit selbstbewusster geworden sind.

Der Eintritt ins mittlere Lebensalter birgt für narzisstische Persönlichkeiten und deren Ehen besondere Risiken. Der unvermeidliche Rückgang sexueller Aktivität in der Ehe, vor allem, wenn die Partner das mittlere Lebensalter erreicht haben, wird durch eine Vertiefung des gegenseitigen Respekts und der Zuneigung füreinander kompensiert. Narzisstische Persönlichkeiten, vor allem die Männer unter ihnen, beantworten den Rückgang sexueller Erregung damit, dass sie das Interesse an ihrer Partnerin verlieren. »Es werden zwanghaft jugendliche Körper benötigt; ungeachtet des Gesichts, der Person und der Einstellungen, die solche Körper dem Patienten gegenüber einnehmen« (Kernberg 1980, dt. 1988, S. 164). Das Endergebnis ist Scheidung und ein Leben sexueller und geistiger Trostlosigkeit, das in den Suizid führen kann. Louis Begleys (1993) düsterer Roman »Der Mann, der zu spät kam« ist eine eindrückliche Schilderung dieses Zustands. In anderen Fällen wiederum wird das Bild des einsamen und abgewiesenen Mannes ein »neuer Kern, um den sich, gleich eines alten Musters, die subjektive Erfahrung von Grandiosität neu organisiert« (Svrakic 1986, S. 269). Die Ausschweifung wird zum tragischen Heldenepos.

Schlussfolgerung

Übermäßiger Narzissmus hat einen immens schädigenden Einfluss auf das Liebesleben des Einzelnen. Ich habe die sich daraus ergebenden Phänomene unter dem Aspekt romantischer Liebe, Sexualität und Ehe diskutiert. Narzisstische Persönlichkeiten legen in allen drei Bereichen eine besondere Heftigkeit im Verhalten und subjektiven Schmerz an den Tag. Ihre Fähigkeit, Zuneigung und Sinnlichkeit aufrechtzuerhalten, ist beeinträchtigt, und nicht selten wählen sie sich Partner, die ihre abwehrbedingte Grandiosität und Selbstzentriertheit noch verstärken. Der gewöhnliche, nach Bewunderung heischende Narzisst zeigt die größten Probleme während des jungen Erwachsenenalters, der schüchterne Narzisst während der mittleren Lebensphase. Das Liebesleben der **malignen narzisstischen Persönlichkeit** (Rosenfeld 1971; Kernberg 1984) wiederum ist durch einen ausgeprägteren Sadomasochismus gekennzeichnet. So überrascht es nicht, dass die Not dieser Menschen auch von ihren Liebespartnern Besitz ergreift, die aufgrund depressiver Symptomatik und ohnmächtiger Wut therapeutische Hilfe suchen.

Narzisstische Männer und Frauen unterscheiden sich in der Art und Weise, wie sie ihr gestörtes Liebesleben der Umwelt präsentieren. Bei narzisstischen Männern ist es sexuelle Promiskuität, gepaart mit einem Mangel an Zärtlichkeit, Gegenseitigkeit und Zuneigung im Bereich der Sexualität. Narzisstische Frauen wiederum tun sich schwer, auf ihre Autonomie zu verzichten, um zu heiraten. Manche unter ihnen fühlen sich »zu einem imponierenden Mann nach dem anderen hingezogen« (Kernberg 1995, dt. 1998, S. 227), da ihr Verlangen nach einem idealen Partner gepaart ist mit einer gleichermaßen starken Neigung, mit ihrem eigenen Partner zu rivalisieren und ihn zu entwerten. Sowohl narzisstische Männer als auch narzisstische Frauen scheitern daran, Selbstfürsorge und Objektbezogenheit (Bach 1994) in den Bereichen Zuneigung und Sinnlichkeit gleichzeitig aufrechtzuerhalten.

Kulturelle Faktoren können in diesem Zusammenhang zum Auslöser pathologischer Entwicklungen werden. So sind Ehen narzisstisch dominanter und sadistischer Männer in triebfeindlichen Gesellschaften, in denen Frauen über wenig eigene Recht verfügen, relativ »stabil«. Außerehelicher Sex, gewöhnlich mit Partnerinnen, die gesellschaftlich unter ihnen stehen, werden toleriert. Wenn solche Paare in Länder auswandern, in denen die sexuellen Sitten freier sind und Frauen über Möglichkeiten des Selbstausdrucks verfügen, kommt es zur Scheidung. Ein Aufbrechen unterdrückter homosexueller Neigungen bei diesen Männern ist dann nicht selten die Folge (Akhtar 1999b). Auf der anderen Seite kann es in Kulturen, in denen arrangierte Ehen die Norm sind, einer narzisstischen Persönlichkeit gelingen, einen sehr viel gesünderen Partner zu finden, mit dessen Hilfe es ihm über die Zeit hinweg gelingt, seine Psychopathologie aufzufangen. Im Gegensatz dazu verstärken die sexuell freizügigen westlichen Gesellschaften ungewollt das Aufschieben von Heirat und Ehe narzisstischer Persönlichkeiten, da das Ausleben nichtehelicher Sexualität weithin möglich ist und es keinen familiären Druck gibt.

Zusammenfassend können wir festhalten, dass die klinische Einschätzung des Einflusses pathologischen Narzissmus auf das Liebesleben abhängig ist

- vom Grad allgemeiner psychopathologischer Symptome,
- vom Geschlecht der narzisstischen Persönlichkeit,
- von dem kulturellen Kontext, in dem diese Liebesbeziehungen eingegangen und aufrechterhalten werden.

Natürlich gibt es immer noch die unbekannte Variable des glücklichen Zufalls. Unvorhergesehene äußere Ereignisse können zuweilen die innere Entwicklung in eine unerwartet positive, aber auch in eine negative Richtung beeinflussen. Die narzisstische Persönlichkeit, ungeachtet seiner Überzeugung vom Gegenteil, ist hier sicherlich keine Ausnahme von der Regel.

Literatur

Akhtar S (1989). Narcissistic Personality Disorder. Psychiatr Clin North Am; 12: 505–29.
Akhtar S (1992). Tethers, orbits, and invisible fences: Clinical, developmental, sociocultural, and technical aspects of optimal distance. In: Kramer S, Akhtar S (eds). When the Body Speaks. Psychological meanings in kinetic clues. Northvale, NJ: Jason Aronson; 21–57.
Akhtar S (1999a). Inner Torment. Living between conflict and fragmentation. Northvale, NJ: Jason Aronson.
Akhtar S (1999b). Immigration and Identity. Turmoil, treatment, and transformation. Northvale, NJ: Jason Aronson.
Akhtar S (2000a). The shy narcissist. In: Sandler J, Michaels R, Fonagy P (eds). Changing Ideas in a Changing World. Essays in honor of Arnold Cooper. London: Karnac Books; 111–9.
Akhtar S (2000b). Narzißtische und Borderline-Persönlichkeitsstörungen: zwei verwandte Bilder. In: Kernberg OF, Dulz B, Sachsse U (Hrsg). Handbuch der Borderline-Störungen. Stuttgart, New York: Schattauer; 371–9.

Akhtar S (2000c). Mental pain and the cultural ointment of poetry. Int J Psychoanal; 81: 229–43.
Akhtar S (2002). Foregiveness: origins, dynamics, psychopathology, and technical relevance. Psychoanal Q; 71: 175–212.
Akhtar S, Thomson JA (1982). Overview: narcissistic personality disorder. Am J Psychiatry; 139: 256–69.
Bach S (1994). The Language of Perversion and the Language of Love. Northvale, NJ: Jason Aronson.
Begley L (1993). Der Mann, der zu spät kam. Frankfurt/M.: Suhrkamp 1998.
Bergman A (1980). Ours, yours, mine. In: Lax R, Bach S, Burland JA (eds). Rapprochment. The critical subphase of separation-individuation. New York: Jason Aronson; 199–216.
Chasseguet-Smirgel J (1975). Das Ich-Ideal. Psychoanalytischer Essay über die Krankheit der Idealität. Frankfurt/M.: Suhrkamp 1981.
Colarusso C (1990). The third individuation: the effect of biological parenthood on separation-individuation processes in adulthood. Psychoanal Study Child; 45: 179–94.
Colarusso C (1997). Separation-individuation processes in middle adulthood: the fourth individuation. In: Akhtar S, Kramer S (eds). The Seasons of Life. Separation-individuation perspectives. Northvale, NJ: Jason Aronson; 73–94.
Cooper A (1989). Narcissism and masochism. The narcissistic-masochistic character. Psychiatr Clin North Am; 12: 541–52.
Escoll PJ (1992). Vicissitudes of optimal distance through the life cycle. In: Kramer S, Akhtar S (eds). When the Body Speaks. Psychological meanings in kinetic clues. Northvale, NJ: Jason Aronson; 59–97.
Freud S (1912). Über die allgemeinste Erniedrigung des Liebeslebens (Beiträge zur Psychologie des Liebeslebens II). GW VIII. Frankfurt/M.: Fischer 1999; 78–91.
Freud S (1914). Zur Einführung des Narzißmus. GW X. Frankfurt/M.: Fischer 1999; 137–70.
Freud S (1915). Triebe und Triebschicksale. GW X. Frankfurt/M.: Fischer 1999; 209–32.
Freud S (1917). Das Tabu der Virginität (Beiträge zur Psychologie des Liebeslebens III). GW XII. Frankfurt/M.: Fischer 1999; 159–80.
Freud S (1921). Massenpsychologie und Ich-Analyse. GW XIII. Frankfurt/M.: Fischer 1999; 71–161.
Freud S (1930). Das Unbehagen in der Kultur. GW XIV. Frankfurt/M.: Fischer 1999; 419–506.
Freud S (1931). Über die weibliche Sexualität. GW XIV. Frankfurt/M.: Fischer 1999; 515–37.
Horney K (1928). The problem of monogamous ideal. Int J Psychoanal; 9: 318–31.
Kernberg OF (1974a). Barriers to falling and remaining in love. In: Object Relations Theory and Clinical Psychoanalysis. New York: Jason Aronson (dt.: Störungen in der Entwicklung der Fähigkeit, sich zu verlieben. In: Objektbeziehungen und Praxis der Psychoanalyse. Stuttgart: Klett-Cotta 1981).
Kernberg OF (1974b). Mature love: prerequisites and characteristics. In: Object Relations Theory and Clinical Psychoanalysis. New York: Jason Aronson (dt.: Reife Liebe. Voraussetzungen und Charakteristika. In: Objektbeziehungen und Praxis der Psychoanalyse. Stuttgart: Klett-Cotta 1981).
Kernberg OF (1980). Internal World and External Reality. New York: Jason Aronson (dt.: Innere Welt und äußere Realität. München, Wien: Verlag Internationale Psychoanalyse 1988).
Kernberg OF (1984). Severe Personality Disorders. Psychotherapeutic strategies. New Haven, CT: Yale University Press (dt.: Schwere Persönlichkeitsstörungen. Theorie, Diagnose und Behandlungsstrategien. Stuttgart: Klett-Cotta 1985).
Kernberg OF (1991a). Sadomasochism, sexual excitement, and perversion. J Am Psychoanal Assoc; 39: 333–62 (dt.: Sadomasochismus, sexuelle Erregung und Perversion. Z psychoanal Theor Prax 1993; VIII: 319–41).
Kernberg OF (1991b). Aggression and love in the relationship of the couple. J Am Psychoanal Assoc; 39: 486–511 (dt.: Aggression und Liebe in Zweierbeziehungen. Psyche; 46: 797–820).
Kernberg OF (1995). Love Relations. Normality and pathology. New Haven, CT: Yale University Press (dt.: Liebesbeziehungen. Normalität und Pathologie. Stuttgart: Klett-Cotta 1998).
Khan MMR (1983). On lying fallow. In: Hidden Selves. Between theory and practice in psychoanalysis. New York: International Universities Press; 183–8.

Limentani A (1984). To the limits of male heterosexuality: the vagina man. In: Between Freud and Klein. London: Free Association Books 1989; 191–203 (dt.: Zwischen Anna Freud und Melanie Klein. Für eine Integration zweier kontroverser Ansätze. Stuttgart: Klett-Cotta 1999).

Madow L (1982). Love. How to understand and enjoy it. New York: Charles Scribner's Sons.

Mahler MS, Pine F, Bergman A (1975). The Psychological Birth of the Human Infant. New York: Basic Books (dt.: Die psychische Geburt des Menschen. Frankfurt/M.: Fischer 1975).

Rosenfeld H (1971). A clinical approach to the psychoanalytic theory of the life and death instincts. An investigation into the aggressive aspects of narcissism. Int J Psychoanal; 52: 169–78.

Ross JM (1996). Male infidelity in long marriages. Second adolescences and fourth individuations. In: Akhtar S, Kramer S (eds). Intimacy and Infidelity. Separation-individuation perspectives. Northvale, NJ: Jason Aronson; 107–30.

Svrakic DM (1985). Emotional features of narcissistic personality disorder. Am J Psychiatry; 142: 720–4.

Svrakic DM (1986). Doctor Svrakic replies (letter to the editor). Am J Psychiatry; 143: 269.

Winnicott DW (1958). The capacity of being alone. In: The Maturational Processes and the Facilitating Environment. New York: International Universities Press; 29–36 (dt.: Die Fähigkeit zum Alleinsein. In: Reifungsprozesse und fördernde Umwelt. München: Kindler 1974).

4.9 Narzisstische Konflikte des Alters

Martin Teising

Altern ist ein lebenslanger bio-psycho-sozialer Prozess äußerer und innerer Realität. Er beinhaltet sowohl anabole Entwicklungs- und Reifungsvorgänge als auch katabole Abbau- und Zerfallsprozesse und endet mit dem individuellen Tod. Der eigene Abbau und Zerfall wird über lange Stecken des Lebens nicht wahrgenommen, lässt sich aber im hohen Alter immer weniger verleugnen.

Die Auseinandersetzung mit den katabolen Aspekten des Alterns erfordert, die »Unvermeidbarkeit der Zeit« als Lebenstatsache anzuerkennen. Die Tatsache, »dass keine gute (oder schlechte) Erfahrung jemals für immer andauern kann, wird vielleicht niemals ganz anerkannt« (Money-Kyrle 1971, S. 103). Es entsteht ein Oszillieren, ein ständiges Ringen zwischen Akzeptanz und Verleugnung, zum Beispiel mithilfe narzisstischer Omnipotenzphantasien, die der Akzeptanz dieser Lebenstatsache entgegenstehen. Der Alterungsprozess beinhaltet die Gefahr vielfacher narzisstischer Kränkungen, beispielsweise durch körperliche oder soziale Phänomene. Der englische Ausdruck für Kränkung, »mortification«, unterstreicht deren tödliche Potenz. Der Narziss-Mythos enthält diese Konfliktthematik des Alterns.

Narziss-Mythos

Narziss hat einen Vater, der nicht altert, den unsterblichen Flussgott Kephisos. Er hält sich nicht an irdische Gesetze, durchbricht das Inzesttabu und vergewaltigt seine Tochter, die Nymphe Leiriope. Bei diesem Übergriff zeugt er Narziss. Eine Nymphe ist eine Halbgöttin, die nicht ewig, aber immer noch neunmal so lange lebt wie ein Mensch. Sie altert nach menschlichen Maßstäben also sehr langsam. Sie ist so anziehend, dass jeder, der sie zu Gesicht bekommt, ihr sofort verfällt, eine schwere Belastung für einen so schönen Sohn wie Narziss, der sich nicht von ihr lösen kann, zumal er ohne einen Vater aufwächst, mit dem er sich auseinander setzen und mit dem er sich identifizieren könnte. Er kann sich in der dyadischen Beziehung nicht weiterentwickeln und folglich auch nicht altern. Narziss ist weder göttlich wie sein Vater noch halbgöttlich wie seine Mutter, er ist menschlich und verfügt damit im Unterschied zu den Göttern über selbstreflexive Fähigkeiten, an denen er scheitern wird.

Leiriope befragt Theiresias nach der Zukunft ihres Sohns. Der blinde Seher sagt voraus, dass Narziss sehr alt werden kann, aber nur unter der Bedingung, dass er sich nicht selbst erkennt. Das bedeutet, dass er keinen wirklichen Kontakt mit anderen Menschen haben darf, denn in der Beziehung zu ihnen könnte er sich erkennen. »Mit 16 Jahren bereits wies er herzlos die Liebe von Männern und Frauen zurück, er war von trotzigem Stolz auf seine eigene Schönheit erfüllt.« (Ranke-Graves 1960, S. 260)

Der Nymphe Echo gelingt es aber scheinbar, in Narziss etwas anzustoßen, ihn zu verwundern, er muss sie aber abschütteln. »Ich würde eher sterben, als mit Dir liegen«, sagt er. Narziss scheint das Verhängnis zu ahnen, sich in einer sexuellen Begegnung erkennen zu können. Die Parallele zum Schöpfungsmythos drängt sich auf: Selbsterkenntnis durch Beziehung zu anderen Menschen, das Erkennen der Geschlechtlichkeit und damit des Andersseins, würde zur Vertreibung aus dem Paradies führen. Nach der Begegnung mit Echo, mit der er sich nicht verständigen kann, flieht Narziss an einen paradiesisch anmutenden Ort, psychoanalytisch ausgedrückt eine Regression.

»Narziss fand eine Quelle, klar wie Silber. Noch nie war sie von Vieh, Vögeln, wilden Tieren oder selbst von den fallenden Zweigen der Bäume, die sie beschatteten, gestört worden.« Eine unberührte, von Objekten nicht infizierte Gegend. Aus dieser Quelle zu trinken oder sich an diesem Ort zu lieben war ein Frevel. Über die Reinheit der Quellen wachten die Nymphen (Orlowsky u. Orlowsky 1992, S. 46ff). Narziss entdeckt ein Objekt, allerdings ein virtuelles, sein Spiegelbild, das er begehrt. Zuerst versucht er, den schönen Knaben, den er im Wasser sieht, zu umarmen und zu küssen. Aber bald erkennt er sich selbst und schaut Stunde um Stunde verzückt auf das Wasser. »Wie konnte er es ertragen, seine Liebe zu besitzen und doch nicht zu besitzen? Kummer quälte ihn endlos, doch er erfreute sich an der Qual.« (Ranke-Graves 1960, S. 260) Mit der Selbsterkenntnis geht die Einsicht einher, von seinem Spiegelbild nicht die notwendige lebenserhaltende Liebe bekommen zu können. Diese tragische Selbsterkenntnis treibt ihn in den Tod. Er schlug (Orlowsky u. Orlowsky 1992, S. 75) »mit marmorgleichen Händen die nackte Brust. Die heftig geschlagene Brust wurde blutrot.« Sein Blut tränkte die Erde, und aus ihr entsprang die weiße Narzisse.

Im Altertum wurde die Narzisse auch Leirion genannt, nach Leiriope, der Mutter des Narziss. Die narkotisierende Wirkung des Öls der Narzisse betäubt und verhindert die Wahrnehmung der objektalen Welt, ebenso narkotisierend wirkt eine verführerische Mutter. Die Bezeichnung der gleichen Blume mit dem Namen des Sohns, Narzisse, und mit dem der Mutter, Leirion, steht für die Ungetrenntheit der beiden, für ihre symbiotisch-narzisstische und gleichzeitig inzestuöse Einheit.

Narziss' Leben endet jung. Die Erkenntnis des eigenen Spiegelbildes und die Erfahrung, die Liebe eines anderen nicht erlangen zu können, auf ihn aber existenziell angewiesen zu sein, bedeutet, dass Narziss sich als getrenntes, einzelnes, sehr einsames und isoliertes Wesen erkennt, eine für den Narzissten tödliche Erkenntnis. Die Tragik des Narziss besteht also darin, als Mensch, und das heißt mit dem Wissen um das eigene Altern und Sterben, nicht leben zu können.

»Die große Sehnsucht der Menschheit, die Erde und das Weltall zu erforschen, auf den Meeren zu schwimmen und in der Luft zu fliegen beruht auf unbewussten, primärnarzisstischen Phantasien. (...) Der Versuch, eine solche Phantasie zu verwirklichen (z. B. wie Jesus auf dem Wasser zu wandeln), würde zu einer Vernichtung der menschlichen Existenz führen, es sei denn, es handelt sich, wie bei der Beschreibung in der Bibel, um ein Wesen göttlicher Herkunft, das nicht den natürlichen menschlichen Gesetzen unterliegt. Aber auch in einem solchen Fall hat dieses Wesen in einem anderen Sinne seine natürliche menschliche Existenz verloren.« (Argelander 1971, S. 362ff)

Die Bedeutung des Körpers

Das eigene Altern wird vor allem an körperlichen Veränderungen wahrgenommen. Vom Zustand des Körpers hängt das subjektive Wohlbefinden im Alter ganz wesentlich ab. Der Körper wird zum Organisator der Psyche. Das Selbst erweist sich als relativ resistent gegen Alterungsvorgänge. Es weigert sich lange und hartnäckig, körperliche Veränderungen in das Körper-Selbst zu integrieren. Ein häufig angewandter Versuch, mit dem alternden Körper umzugehen, besteht in der Abspaltung des alternden oder des kranken Körpers vom Selbst. »Warum kann ich nicht meine Augen, meine Ohren, meine Nieren zum Doktor schicken und ruhig zu Hause bleiben, ohne Schmerzen zu haben und die verbleibende Lebenszeit genießen«, überlegte ein Patient.

Veränderungen des Körpers werden nur gegen Widerstände ins Körper-Selbst integriert, das nicht nur in der Pubertät, sondern lebenslang einer ständigen Überarbeitung bedarf. Aus nicht länger zu verleugnenden Diskrepanzen zwischen Körper-Selbst und realem Körper können sich schwere Konflikte ergeben. Der Verlust körperlicher oder geistiger Fähigkeiten, wie zum Beispiel bei Schwerhörigkeit oder bei Bewegungseinschränkungen, kann eine schwere Kränkung bedeuten. Er wirkt sich auf die Interaktion mit der Umgebung aus und erzwingt häufig den Rückzug aus zwischenmenschlichen Beziehungen.

Wir wissen, dass schwere körperliche Krankheiten narzisstische Krisen bewirken, die Suizidgefahr erhöhen und damit im Alter von besonderer Bedeutung sein können (Teising 1992; Waern et al. 2002). Suizidalität ist in den meisten Fällen Ausdruck eines regressiven Konfliktlösungsversuchs. Im Tod wird ein Ende der Schmerzen, Spannungsfreiheit oder sanfte Ruhe gesucht, Ausdruck eines primärnarzisstischen Wunsches. Nur ganz wenige Patienten mit einer infausten körperlichen Krankheit nehmen sich aber in der terminalen Phase ihrer Erkrankung das Leben. Häufiger sind Selbstmordversuche in den ersten Stadien einer zum Tode führenden Erkrankung und besonders nach der Diagnosestellung (McKenzie u. Popkin 1990). Es sind die Phantasien über befürchtete Folgen der Erkrankung, die Ängste und die Verzweiflung, die das innere Erleben bestimmen und zum suizidalen Handeln führen. Auch chronisch schmerzhafte Erkrankungen des Bewegungsapparates, die die Lebenserwartung nicht wesentlich verkürzen, erhöhen die Suizidalität. Sie können sehr stark von Depressionen bestimmt sein. Depressive Inhalte werden mit steigendem Alter immer häufiger über körperliche Symptome und hypochondrische Befürchtungen ausgedrückt (Bron 1991).

> Ein 71-jähriger Patient klagte nach einer medizinisch gut verlaufenen Bypassoperation der Herzkranzgefäße über Schwächegefühle und diffuse thorakale Missempfindungen. Er litt unter Albträumen und Schlafstörungen, Unruhe und Angstzuständen. Immer wieder versuchte er diese Beschwerden biomechanisch zu erklären, was nahe liegend ist, gleichzeitig aber auch als Ausdruck seiner Ambivalenz verständlich wurde, sich auf eine Psychotherapie und den Psychotherapeuten verlassen zu können. Er hatte enorme Angst, sich auszuliefern.
> Vor der Operation waren mehrfach Stenosen der Herzkranzgefäße dilatiert worden, ohne dass diese Eingriffe den Patienten bewusst besonders beunruhigt hätten. Im Gegenteil: Anschaulich schilderte er, wie er am Bildschirm den Katheter und die Dilatation mitverfolgt, sozusagen kontrolliert hatte. Wir konnten verstehen, dass er die, im Gegensatz zu den Dilatationen, notfallmäßig durchgeführte Operation wie einen gewaltsamen Übergriff erlebt hatte, bei der er dem Chirurgen ausgeliefert war. Zu Tode erschrocken war er über die Worte der Krankenschwester im Aufwachraum: »Sie müssen atmen.« Ihm sei das erste Mal im Leben klar geworden, dass er ja auch einmal nicht mehr atmen könne. Sobald er das Bett wieder verlassen konnte, musste er unbedingt den Operateur sprechen. Als er dem Herzchirurgen gegenübersaß, habe er plötzlich gar nicht mehr hören können, was dieser ihm erklärte, sondern wie gebannt die Hände angestarrt, die sein Herz gehalten hatten.
> Wir konnten allmählich verstehen, dass er zeitlebens erfolgreich gegen Abhängigkeiten gekämpft hatte, um sich seine Autonomie zu beweisen. Als sein Vater 1939 gefallen war, der Patient war zehn Jahre alt, sei er einer verhärmten, nicht trauernden, sondern politisch fanatisch agierenden Mutter ausgesetzt gewesen, bei der er sich nie sicher fühlen konnte. Er habe sich nur auf sich selbst verlassen können und hatte sein Leben nach dieser Devise erfolgreich gemeistert, bis er eben nicht mehr Herr

der Lage war. Diese Erfahrung war für ihn überwältigend. Zuvor mit Aktivität bekämpfte Ängste überfluteten ihn jetzt. Ihm wurde klar, dass er sich zwar mit dem Tod anderer beschäftigt hatte, aber stets, um Gedanken an eigene Sterblichkeit abzuwehren. Jede Todesnachricht hatte ihm bestätigt, dass andere sterben und er überlebt. Diese Phantasie konnte der Patient mit der Operationserfahrung nun nicht mehr aufrechterhalten, seine begrenzten Möglichkeiten aber auch nicht anerkennen. Die Tatsache, dass die üblichen Risikofaktoren für Gefäßerkrankungen bei ihm nicht nachweisbar gewesen waren, was seiner extrem gesunden Lebensweise entsprach, beunruhigte ihn sehr, weil das bedeutete, dass er alles getan hatte und die lebensbedrohliche Erkrankung doch nicht verhindern konnte.

Der Körper wird zum Ort der Wahrnehmung und des Ausdrucks, zum Interaktionsmedium mit dem Arzt und den Pflegenden. 1926, kurz vor seinem 70. Geburtstag, schrieb der damals seit drei Jahren krebskranke Freud an Eitington (s. Schur 1972, S. 462): »Die einzige Angst, die ich wirklich habe, ist die vor einem längeren Siechtum, ohne Arbeitsmöglichkeit. Direkter gesagt, ohne Erwerbsmöglichkeit.« Die von Freud als bedrohlich empfundene Arbeitsunfähigkeit lässt sich als Angst vor der Unfähigkeit verstehen, sich aktiv mit der Umwelt auseinander zu setzen und sie ausschließlich passiv ertragen zu müssen. Keiner Erwerbstätigkeit mehr nachgehen zu können bedeutet abhängig von der Versorgung durch andere zu werden. Die Angst vor dem Siechtum treibt uns heute vielleicht mehr denn je um. Sie scheint so unerträglich, dass über die Flucht vor dem Pflegefall in Form aktiver Euthanasie nachgedacht wird, die in anderen Ländern Europas und in einigen Staaten der USA mit Besorgnis erregend zunehmender Häufigkeit auch praktiziert wird.

Das Erleben der Zeit

Die Erfahrung der Zeit entsteht durch den Wechsel von An- und Abwesenheit der frühen Objekte, genauer: ihrer Repräsentanzen. Mit dieser Erfahrung entsteht Subjekt- und Objektkonstanz und mit ihr die »Fähigkeit zum Alleinsein« (Winnicott 1971) sowie die Anerkennung des anderen und begrenzter eigener Möglichkeiten.

Narzissmus negiert jede Begrenztheit, Zeitbewusstsein aber setzt das Aufgeben omnipotenten Denkens voraus – eine Voraussetzung, die historische Dimension einschließlich des eigenen Lebens zu erkennen. Zur Entwicklung des Zeitgefühls ist es nötig, Vergangenheit, Gegenwart und Zukunft zu integrieren. Das Bewusstsein der Zeitlichkeit wird vielfach abgewehrt, dringt im Alter aber zunehmend ins Bewusstsein ein. Ausdruck dafür ist das Gefühl für das schnellere Vergehen der Zeit. Niemals vergeht sie so schnell wie im Alter. Das Alter konfrontiert damit, dass die Verschiebung in die Zukunft in immer begrenzterem Ausmaß realistisch ist. Psychoanalytisch ausgedrückt: Das Alter zwingt dazu, die Phantasie eines ungetrennten, unsterblichen, immer kontrollierbaren und damit idealen Objektes als Äquivalent der guten Brust immer mehr infrage zu stellen. Der Versuch, die Zeit anzuhalten, der sich zum Beispiel im Schmücken mit jugendlichen Attributen ausdrücken kann, kann als ein narzisstischer Versuch interpretiert werden, der unumgänglichen Tatsache des Alterns zu entfliehen.

Bei ausgeprägten Depressionen ist das Zeiterleben verändert. Die dreidimensionale Zeitstruktur mit Vergangenheit, Gegenwart und Zukunft kollabiert. »Gegen das Voranschreiten der Zeit in Richtung auf den Tod, versucht der Depressive, die Zeit anzuhalten« (Warsitz 1992, S. 103f), er erstarrt. Damit ist der Zugang zu guten verinnerlichten Objekten der Vergangenheit versperrt, die unerträgliche Gegenwart erscheint ewig und unendlich einsam. Es gibt keine Zukunft.

> Ein 76-jähriger Suizident beschwerte sich in der Klinik über die zu heiße Suppe. Auf die Antwort der Krankenschwester, er möge ein wenig warten, reagierte er äußerst schroff: »Ich habe schon eine Ewigkeit gewartet.«

Persönliche Fähigkeiten und wichtige Funktionen, die das Selbstwertgefühl nähren, werden in einer schnelllebigen Zeit immer rascher entwertet. Ein normal entwickelter Narzissmus mit ausreichend guten internalisierten Objektrepräsentanzen und entsprechend gestalteten Objektbeziehungen erlaubt in der Regel, die Zeichen des Alters und seine Verluste ohne allzu starke Verleugnung und ohne das Gefühl vernichtender Angst erleben und adäquat betrauern zu können. Die Alten können sich dann mit den Jüngeren, die ihre Zeit noch vor sich haben, mit ihrer größeren Leistungsfähigkeit und ihren Entwicklungen identifizieren. Ist der Alternde aber ausschließlich auf ständig neue äußere Anerkennung angewiesen, die innerlich aber wenig Spuren hinterlässt, können, wenn die äußere Anerkennung ausbleibt, schwere Neid- und Eifersuchtsgefühle auf die jüngere Generation mobilisiert werden. Die auf Trauerarbeit beruhende Entwicklungsaufgabe alternder Menschen, den Jüngeren Platz einzuräumen, bzw. ihr Nichtgelingen ist Thema in verschiedenen Märchen, das bekannteste vielleicht »Schneewittchen«, die von der Stiefmutter um ihre Schönheit beneidet und mit tödlichem Hass verfolgt wird. Die Tragödie um Ödipus beginnt damit, dass Vater Laios den verdrängenden Sohn fürchtet, ihn aussetzt und damit seinen eigenen Tod einleitet.

Die Bedeutung des Geschlechts

Das hohe Alter konfrontiert Männer in spezifischer Weise mit narzisstischen Konflikten, was sich auch an den vier- bis fünfmal höheren Suizidraten alter Männer ablesen lässt.

Zum Verständnis der narzisstischen Konflikte des Mannes ist ein Blick auf die Entwicklung der Geschlechtsidentität hilfreich. Die Identifikation mit der Mutter ist zunächst für Mädchen und Jungen gleichermaßen bedeutsam. Das eigene Geschlecht bzw. der Geschlechtsunterschied spielt zunächst eine untergeordnete Rolle. Mit zunehmender Differenzierungsfähigkeit entsteht im zweiten Lebensjahr das Geschlechtsbewusstsein als Bestandteil der Geschlechtsidentität. Es schließt die Kenntnis des anderen Geschlechts, von dem sich das eigene unterscheidet, ein. Allein die Erkenntnis, nicht beiden Geschlechtern anzugehören, ist eine potenzielle Kränkung. Die männliche Geschlechtsidentität beginnt mit einer Ent-Identifizierung, die den Jungen vom weiblichen Primärobjekt Mutter trennt. Er nimmt wahr, dass das Primärobjekt, das für ihn die Welt bedeutete, anders ist als er. Er wird aus dem Paradies der vorgeschlechtlichen Einheit vertrieben, das er nie mehr betreten kann. Der Junge muss einsehen, dass er seine Identifikation mit der Mutter nicht beibehalten kann. Der regressive Wunsch, mit ihr eins zu sein, ist von nun an auch an die Angst gekoppelt, die schmerzhafte Trennung mit dem Bewusstwerden der Andersartigkeit doch wieder erleben zu müssen. Die Verschmelzung mit der Mutter würde außerdem den Verlust der eigenen andersartigen Männlichkeit bedeuten. Die ewige Sehnsucht, wieder in den weiblichen Schoß zurückzukehren, ist von der Furcht begleitet, in ihm zu vergehen. Der Junge muss mit dem Anderssein als die Mutter leben, worin eine Chance besteht, sich unabhängig entwickeln zu können, allerdings dies auch zu müssen. Verletzt und neidisch wendet sich mancher Junge von der Mutter ab. Nicht selten entwickelt sich aus diesen Affekten die Abneigung gegen und Entwertung von »weiblichen« Möglichkeiten und Eigenschaften.

Der Junge reagiert üblicherweise mit einer identifizierenden Hinwendung zum präödipalen Vater. Er repräsentiert die Welt außerhalb der Mutter-Kind-Beziehung. Er schützt den Sohn vor dem regressiven Sog der mütterlichen Primärbeziehung. Es kommt zu einer libidinösen Besetzung der Repräsentanzen phallischer Symbole und Funktionen, die wiederum eine Grundlage für das gesellschaftliche Dominanzstreben der Männer ist. Wenn die Trennung vom Primärobjekt und die Identifikation mit dem Vater schwierig ist, wird die narzisstische Besetzung phallischer Symbole überhöht, eindimensional und brüchig.

Kann der Junge das geschlechtliche Anderssein, diese basale Differenz zur Mutter mithilfe der geschlechtlichen Identifikation mit dem Vater ertragen, bieten sich gratifizierende Perspektiven in einer männlichen Welt, deren Teil er werden kann. Diese Welt ist aber auch dadurch gekennzeichnet, dass ihre Gratifikationen immer Ersatzgratifikationen bleiben und mit dem Alter abnehmen.

4 Die Bedeutung des Narzissmus bei spezifischen Störungsbildern

Die männliche Welt lässt alte Männer oft im Stich. Ihre Illusion der Unverletzbarkeit kann bei instabiler Geschlechtsidentität im Alter nachhaltig gestört werden. Alte Männer werden nicht mehr als phallische Helden anerkannt. Der Glanz im Auge des anderen wird in unserer Kultur selten von alten Männern erzeugt. Wenn die gewohnten phallisch-narzisstischen Gratifikationen ausbleiben, versiegt der Quell narzisstischer Zufuhr. Bei drohender Konfrontation mit Abhängigkeit werden regressive narzisstische Abwehrmechanismen konsequent angewandt.

Die narzisstische Abwehrposition ist geprägt von einer Suche nach einer Erlebnisqualität, mit der die durch Trennung oder Kränkung ausgelösten Gefühle der Hilflosigkeit und Verzweiflung aufgehoben werden sollen. Narzisstische Phantasien ermöglichen es, die Kontrolle über eine Situation zurückzugewinnen, die außer Kontrolle geraten war. Nachdem Hölderlin Hyperion verzweifelt feststellen lässt: »Ich habe nichts mehr, wovon ich sagen möchte, es sey mein eigen. Fern und tod sind meine Geliebten, und ich vernehme durch keine Stimme von ihnen nichts mehr«, äußert dieser sehnsüchtig:

»Eines zu seyn mit Allem, was lebt, in seeliger Selbstvergessenheit wiederzukehren in's All der Natur, das ist der Gipfel der Gedanken und Freuden, das ist die heilige Bergeshöhe, der Ort der ewigen Ruhe, wo der Mittag seine Schwüle und der Donner seine Stimme verliert und das kochende Meer der Wooge des Kornfelds gleicht.« (Hölderlin 1797, S. 9)

> Ein 70-jähriger Patient war als 60-Jähriger wegen Angst- und Unruhezuständen vorzeitig aus dem Arbeitsleben ausgeschieden. Er hatte neue Techniken nicht mehr bewältigen können. Der Versuch, in der Kundenberatung seines Unternehmens tätig zu werden, war gescheitert, es war ihm nicht gelungen, »etwas mit Menschen zu tun zu haben«. Die Vorgespräche zu einer psychotherapeutischen Behandlung waren dadurch charakterisiert, dass ich mich von dem Patienten stark vereinnahmt fühlte, so als wolle er ganz und jederzeit über mich verfügen können. Unter anderem berichtete er, wie lebensgefährlich es war, als seine Mutter ihn als 3-Jährigen zur Strafe in einen Schweinestall gesperrt hätte und er keinen Kontakt mehr zu ihr hatte. Der Vater war, solange sich der Patient erinnert, behindert und hat für seinen Sohn nie besonders hilfreich sein können. Als es Schwierigkeiten gab, die vorgesehene Therapie zu finanzieren, nahm sich der Patient tragischerweise das Leben. In seinem Abschiedsbrief äußerte er als letzten Wunsch, neben der Mutter begraben zu werden. Er wollte endgültig und unumkehrbar ungetrennt von ihr sein.

Charakteristische Kränkungen im Altersprozess

Vielen Menschen scheint es fast lebenslang möglich, Abhängigkeit von und Getrenntheit vom benötigten Objekt ebenso zu leugnen wie die Veränderungen des Selbst und der Objekte. Männern scheint dies in unserer Gesellschaft noch mehr als Frauen möglich zu sein. Äußere und innere Veränderungen, die mit dem biologischen, sozialen und psychologischen Altersprozess einhergehen, weichen diese negierenden und verleugnenden Abwehrmechanismen auf.

Die sich im hohen Lebensalter häufenden, manchmal nur gedanklich antizipierten und oft an Körperliches gebundenen Verlusterlebnisse und die damit einhergehenden potenziellen Kränkungen sind im Verlauf des Alterns zu bewältigen.

»Nicht die letzte, an sich minimale Kränkung ist es, (...) sondern diese kleine aktuelle Kränkung hat die Erinnerungen so vieler und intensiverer früherer Kränkungen geweckt und zur Wirkung gebracht, hinter denen allen noch die Erinnerung an eine schwere, nie verwundene Kränkung im Kindesalter steckt.« (Freud 1896, S. 455)

Charakteristische Kränkungen im Altersprozess sind zum Beispiel solche des psychosexuellen Selbstverständnisses als Mann oder Frau. Einschränkungen von Macht und Einfluss, beispielsweise im Zusammenhang mit dem Ausscheiden aus dem Berufsleben und das Überflügelt-Werden durch Jüngere, sind schwer zu verkraftende Erfahrungen. Jenseits des 75. Lebensjahres müssen immer häufiger Einschränkungen basaler Lebensaktivitäten wie der Bewegung, der Nahrungsaufnahme und der Ausscheidungsfunktion auch psychisch integriert werden.

Abhängige Pflegebedürftigkeit ist die am meisten gefürchtete potenzielle Eigenschaft des hohen Lebensalters, so als wolle man nie mehr von der Körperpflege durch eine andere Person abhängig sein, so als hätte man diese Konstellation aus der frühen Kindheit in schrecklicher Erinnerung. Pflegeabhängig zu sein bedeutet auf die konkrete Anwesenheit eines anderen, der über seine An- und Abwesenheit selbst bestimmen kann, angewiesen zu sein und seine Bedeutung anerkennen zu müssen.

»Da sind die Krankheiten, die wir erst seit kurzem als die Angriffe anderer Lebewesen erkennen, endlich das schmerzliche Rätsel des Todes, gegen den bisher kein Kräutlein gefunden wurde und wahrscheinlich keines gefunden werden wird. Mit diesen Gewalten steht die Natur wider uns auf, großartig, grausam, unerbittlich, rückt uns wieder unsere Schwäche und Hilflosigkeit vor Augen, der wir uns durch die Kulturarbeit zu entziehen gedachten. (...) Ein ständiger ängstlicher Erwartungszustand und eine schwere Kränkung des natürlichen Narzissmus sollte die Folge dieses Zustandes sein. (...) Denn diese Situation ist nichts neues. Sie hat ein infantiles Vorbild, ist eigentlich nur die Fortsetzung des Früheren, denn in solcher Hilflosigkeit hatte man sich schon einmal befunden, als kleines Kind einem Elternpaar gegenüber, das man Grund hatte zu fürchten, zumal den Vater, dessen Schutzes man aber auch sicher war gegen die Gefahren, die man damals kannte.« (Freud 1927, S. 337f)

Die Angst vor Abhängigkeit hat die individuelle Autonomie zum höchsten aller gesellschaftlichen Werte der westlichen Zivilisation werden lassen. Auch die Psychoanalyse hat in ihren entwicklungspsychologischen Konzepten das Streben nach Autonomie betont. Die psychische Entwicklung des Menschen führt aus der Symbiose in die Individuation. Das lebenslange Oszillieren zwischen abgrenzender Individuation einerseits und dem Bedürfnis nach Nähe und Gebundenheit in zwischenmenschlichen Beziehungen andererseits rückt unter dem Diktat gesellschaftlicher Individualisierungsprozesse in den Hintergrund. Das hohe Alter mit seinen körperlich bedingten Einschränkungen konfrontiert in der letzten Lebensphase unweigerlich mit der Abhängigkeit als Grundbedingung menschlicher Existenz:

»Im Narzissmus schützen wir uns vor der schmerzlichen Erfahrung von Abhängigkeit, der wir im Bedürfnis nach Anerkennung auf paradoxe Weise unbewusst Tribut zollen. Die Enthüllung der intersubjektiven Dimension des Narzissmus bedeutet also eine Kränkung des Subjektes, über die Erkenntnis hinaus, dass das Ich nicht Herr im eigenen Hause ist: Nicht einmal in unserem Narzissmus sind wir ganz wir selbst.« (Altmeyer 2000, S. 230)

Narzisstische Konflikte im Verlauf des Alterns können aber auch Sublimierungsleistungen bewirken. Einen solchen gelungenen Umgang mit einem körperlichen Symptom des Älterwerdens können wir einem Traum entnehmen, in dem Freud sich mit seinen Widerständen gegen die Veröffentlichung seines Buchs »Die Traumdeutung« befasst. Freud träumt:

»Der alte Brücke (sein verehrter früherer Chef und Leiter des physiologischen Institutes) muss mir irgendeine Aufgabe gestellt haben; sonderbar genug bezieht sie sich auf Präparationen meines eigenen Untergestells, Becken und Beine, das ich vor mir sehe, wie im Seziersaal, doch ohne den Mangel an Körper zu spüren, auch ohne Spur von Grauen.« (Freud 1900, S. 455)

Freud deutet wie folgt:

»Die Präparation bedeutet die Selbstanalyse, die ich gleichsam durch die Veröffentlichung des Traumbuches vollziehe, die mir in Wirklichkeit so peinlich war, dass ich den Druck des bereitliegenden Manuskripts um mehr als ein Jahr aufgeschoben habe. Es regt sich nun der Wunsch, dass ich mich über diese abhaltende Empfindung hinaussetzen möge, darum verspüre ich im Traume kein Grauen. Das ›Grauen‹ im anderen Sinne möchte ich auch gerne vermissen; es graut bei mir schon ordentlich, und dies Grau der Haare mahnt mich gleichfalls, nicht länger zurückzuhalten.« (ebd., S. 481)

Gemeint ist die Veröffentlichung seines Jahrhundertwerks.

Literatur

Altmeyer M (2000). Narzissmus und Objekt. Göttingen: Vandenhoeck & Ruprecht.
Argelander H (1971). Ein Versuch zur Neuformulierung des primären Narzissmus. Psyche; 25: 358–73.
Bron B (1991). Alterstypische psychopathologische Besonderheiten bei endogenen und neurotisch-reaktiven Depressionen im höheren Lebensalter. Nervenarzt; 61: 170–5.
Freud S (1896). Zur Ätiologie der Hysterie. GW I. Frankfurt/M.: Fischer 1952; 423–59.
Freud S (1900). Die Traumdeutung. GW II/III. Frankfurt/M.: Fischer 1960.
Freud S (1927). Die Zukunft einer Illusion. GW XIV. Frankfurt/M.: Fischer 1952; 323–80.
Hölderlin F (1797). Hyperion oder der Eremit in Griechenland. Photomechanischer Nachdruck der Originalausgabe Tübingen, Cotta 1797 (Bd. 1). Frankfurt/M.: Verlag Roter Stern.
McKenzie T, Popkin MK (1990). Medical illness and suicide. In: Blumenthal M, Kupfer D (eds). Suicide Over the Life-Cycle. Washington, DC: American Psychiatric Press; 205–32.
Money-Kyrle R (1971). The aim of psychoanalysis. Int J Psycho-Anal; 52: 103–6.
Orlowsky U, Orlowsky R (1992). Narziss und Narzissmus im Spiegel von Literatur, Bildender Kunst und Psychoanalyse. München: Fink.
Ranke-Graves R v (1960). Griechische Mythologie. Quellen und Deutung. Reinbek: Rowohlt.
Schur M (1972). Sigmund Freud. Leben und Sterben. Frankfurt/M.: Suhrkamp.
Teising M (1992). Alt und lebensmüde. München: Reinhardt.
Waern M et al. (2002). Burden of illness and suicide in elderly people: case- control study. Br Med J; 324: 1355.
Warsitz RP (1992). Veränderungen des Zeiterlebens und Depressionsentwicklung im Alter. In: Radebold H (Hrsg). Psychoanalyse und Altern. Kasseler gerontologische Schriften. Kassel: Gesamthochschulbibliothek, Bd. 14; 86–109.
Winnicott DW (1971). Vom Spiel zur Kreativität. Stuttgart: Klett-Cotta.

4.10 Narzisstische Persönlichkeitsstörungen und Suizidalität

Wolfgang Milch

Charakteristisch für Narzisstische Persönlichkeitsstörungen ist eine Labilität des Selbstwertes, die bis zu schweren Selbstwertkrisen reichen kann. In der Verzweiflung drängen sich grundlegende Zweifel auf, an sich selbst und an allem, was bisher noch lieb und teuer war, und dies macht auch vor dem Zweifel an der Verlässlichkeit wichtiger Mitmenschen nicht Halt. Zwar können solche »narzisstischen Krisen« (Henseler 1974) auch bei anderen psychischen Störungen, wie zum Beispiel bei allen depressiven Krankheiten, beobachtet werden, aber bei Narzisstischen Persönlichkeitsstörungen ist Wut und autodestruktives Handeln als Ausdruck der Selbstwertkrise regelhaft zu beobachten und kann als Teil der grundlegenden Psychodynamik verstanden werden. Die große Labilität im Selbstwertempfinden und die immer möglichen Zweifel an der Sinnhaftigkeit des Lebens ergeben sich aus den diagnostischen Merkmalen der Narzisstischen Persönlichkeitsstörung (DSM-IV 301.81, Saß et al. 1996), bei der ein tief greifendes Muster von Großartigkeit in der Phantasie und im Verhalten mit dem Bedürfnis nach Bewunderung und einem Mangel an Empathie verbunden ist (Tress et al. 2002; Milch 2001a). Häufig besteht ein grandioses Gefühl eigener Wichtigkeit, so werden eigene Leistungen im Phantasieleben ausgemalt und auch vor anderen übertrieben dargestellt. Wie selbstverständlich wird erwartet, auch ohne entsprechende Leistungen als außergewöhnlicher Mensch beachtet und als überlegen anerkannt zu werden. In längeren Behandlungen erfahren wir von Phantasien, die sich andauernd um grenzenlosen Erfolg, Macht, Glanz, Schönheit und ideale Liebe drehen. Aus ihrem Selbstverständnis heraus können die eigentlichen Qualitäten von narzisstischen Persönlichkeiten nur von besonderen oder hoch angesehenen Menschen bzw. Institutionen wahrgenommen werden. Mit der übertriebenen Suche nach Bewunderung ist häufig eine Anspruchlichkeit verbunden, sodass auch in Therapien eine unbegründete Erwartung gehegt wird, selbstverständlich bevorzugt behandelt zu werden. Stillschweigend gehen die Patienten davon aus, dass andere ihnen die gleiche Bedeutsamkeit zumessen, die sie sich selbst zuschreiben. Häufig nehmen sie auch an, dass die Menschen in ihrer Umgebung einzigartig, fehlerlos und besonders begabt sind. Sie fördern dann andere, wenn sie auf sie stolz sein können, um ihr eigenes Selbstwertgefühl zu steigern. Wie selbstverständlich erwarten sie, dass andere sich ihnen anpassen und auf eigene Interessen verzichten.

Gleichzeitig haben sie immer das Gefühl, zu kurz zu kommen. Es quält sie ein tief sitzender Neid, der schnell in eine Projektion wechselt, dass aufgrund der eigenen Größe alle anderen neidisch auf sie sein müssten. Aufgrund dieses Verhaltens werden sie häufig in ihren Äußerungen und Handlungen als überheblich und arrogant empfunden. Dieses vom äußeren Beobachter wahrgenommene Verhalten geht jedoch mit einer tief reichenden Labilität des Selbstgefühls einher, weil eine Ausgewogenheit und Stabilität gegenüber frustrierenden oder verletzenden Erfahrungen fehlt. Patienten mit Narzisstischen Persönlichkeitsstörungen reagieren aufgrund ihres ungewöhnlich labilen Selbstgefühls hochempfindlich auf Fehlschläge, Enttäuschungen, Zurücksetzungen oder Kränkungen. Ein Zusammenbruch des Selbstgefühls drückt sich in tiefen Gefühlen von eigener Unwichtigkeit, Wertlosigkeit und Zweifeln aus. Die narzisstische Krise geht regelmäßig mit Scham, Kränkung, narzisstischer Wut und selbstdestruktiven Phantasien einher, die sich bis zu selbstmörderischen Handlungen steigern können (Milch 2002).

Um die Hintergründe der suizidalen Psychodynamik näher darzustellen, werde ich zunächst ein Beispiel einer Behandlung schildern und – daran anknüpfend – Überlegungen zur Psychogenese und Behandlung autodestruktiven Verhaltens bei Narzisstischen Persönlichkeitsstörungen anstellen.

Beispiel aus einer Behandlung

Der Mitte 50-jährige Ingenieur suchte mich wegen anhaltender Suizidimpulse auf, die er nicht mehr beherrschen konnte. Nach einer Kränkung durch die Ehefrau, die angekündigt hatte, ihn wegen eines anderen Mannes, ihrer idealisierten »Jugendliebe«, zu verlassen, und ihn offen als Partner und Mann entwertete, fuhr er an eine Bahnlinie, um sich dort unter den Zug zu werfen. Nur im letzten Moment konnte er selbst davon Abstand nehmen, als er sich die Reaktion seiner Kinder vorstellte.

Da sich die für ihn verletzenden Situationen wiederholten und ihn seine wütenden Rache- und Selbstbeschädigungsphantasien nicht mehr zur Ruhe kommen ließen, schrieb er Abschiedsbriefe und schloss mit dem Leben ab – irgendetwas hielt ihn dann letztlich doch vom Suizid ab, vermutlich seine Bindungen an ihm wichtige Menschen.

In unseren ersten Sitzungen schilderte Herr T. seine Ehekrise, für die er seine Frau verantwortlich machte. Seine Ehefrau stamme aus sehr schwierigen Familienverhältnissen und habe zeitlebens erhebliche zwischenmenschliche Probleme. Sie überlegte sich deswegen vor einigen Jahren, eine Therapie zu machen. Die intensive Beziehung zu der Therapeutin führte dazu, dass sie sich zunehmend von ihm entfernte und immer selbstbewusster wurde. Die Auseinandersetzungen nahmen zu, er fühlte sich von ihr provoziert, klein gemacht und verletzt. Sie habe ihr neues Selbstbewusstsein als Frau bei ihm geprobt. Dagegen sank sein eigenes Selbstbewusstsein als »großer Macher« in der Familie beständig. Wobei er anmerkte, dass hinter der großmännischen Fassade sich sein Selbstwertgefühl immer schon labil anfühlte.

Auch er hatte eine schwierige Kindheit und Jugend: Er kam unehelich zur Welt und hatte das Gefühl, sein Vater habe nicht zu ihm gestanden. Schon in der frühen Kindheit verschwand dieser aus seinem Leben, und auch in der Folge hörte er nichts mehr von ihm. Später akzeptierte sein Stiefvater ihn nicht als »richtigen« Sohn und ging übermäßig streng und unberechenbar mit ihm um. Schon im Kindergartenalter gab ihn seine Mutter zu ihren Eltern, um dem Streit mit ihrem Mann aus dem Wege zu gehen. Seine Großeltern wohnten zusammen mit seiner Tante und dem Onkel in einer fernen Stadt, sodass er nach einiger Zeit seine Tante als Mutter ansah und ansprach.

Im Laufe der Behandlung verstärkte sich mein erster Eindruck, dass Herr T. schon auf geringste Kränkungen mit erheblicher Wut reagierte. Durch die Äußerungen seiner Ehefrau fühlte er sich gedemütigt und vor den Kindern beschämt. Psychische Zusammenhänge konnte er noch nicht herstellen, es wurde ein erheblicher Mangel an Empathie und Introspektionsvermögen ebenso wie an reflektiven Fähigkeiten deutlich. Innerlich war er sehr stark mit Neidgefühlen anderen gegenüber beschäftigt, die alles das besaßen, was er selbst nicht hatte, vor allem die Aufmerksamkeit und Bewunderung seiner Umwelt. Mir gegenüber hatte er besondere Ansprüche, ihm bevorzugt Termine zu geben, so, als ob ich keine anderen Patienten hätte. Hinter seinen Schilderungen, klein und erfolglos zu sein, verbargen sich Wünsche nach grenzenlosem Erfolg, großer Macht und idealer Liebe. Wurden seine Ansprüche nicht erfüllt und traten noch Kränkungen hinzu, reagierte er mit Suizidgedanken bis hin zu suizidalen Handlungen.

Im Auftakt der Behandlung begann der Patient, mich zu idealisieren, in dem unbewussten Wunsch, durch den Kontakt mit einem idealisierten Objekt Selbstsicherheit und Orientierung zu gewinnen. Es handelte sich um eine Selbstobjektübertragung, die ihm einen deutlichen Zuwachs an Kohäsion ermöglichte und die existenziellen Zweifel und die bedrängenden Suizidgedanken in den Hintergrund treten ließen. Über die haltende Beziehung zu einem Selbstobjekt gewann sein Selbst so viel Kohäsion, dass der Suizid angesichts einer beschämenden und unerträg-

4.10 Narzisstische Persönlichkeitsstörungen und Suizidalität

lichen Situation nicht mehr als Lösung gesucht werden musste. Die idealisierende Selbstobjektübertragung unterscheidet sich deutlich von der idealisierenden Abwehr neurotischer Patienten, die mit der Idealisierung versuchen, die Beziehung auf Abstand zu halten (»jemanden wegloben«). Die Selbstobjektübertragung führt dagegen bei narzisstisch gestörten Patienten zu einer Stabilisierung, sodass sie zunehmend Abwehr aufgeben und Konflikte zulassen können.

In der ersten Phase der Behandlung zeigte sich Herr T. allerdings als ein noch sehr angepasster Patient, der sich einerseits über die Selbstobjektübertragung stabilisierte, andererseits aber auch durch sein angepasstes Verhalten versuchte, Zuwendung zu bekommen. Sein inneres organisierendes Prinzip schien zu besagen, dass er nur geliebt wird, wenn er perfekt die Erwartungen der anderen erfüllt. Deshalb war er phasenweise auch sehr mit den Problemen anderer beschäftigt, was dazu führte, dass er die Behandlung nicht dazu nutzen konnte, Zugang zu sich selbst zu gewinnen und seine eigenen Bedürfnisse zu artikulieren. Selbst mit dem Einhalten der Termine hatte er zeitweise Schwierigkeiten, weil er sich gegenüber den Ansprüchen anderer nicht abgrenzen konnte. Daran wurde sein Wunsch deutlich, Aufmerksamkeit zu bekommen und Ärger zu unterdrücken, um niemanden zu verletzen. Er schien ständig unter Anspannung zu stehen, nur nicht die Anerkennung und mögliche Bewunderung seiner Umgebung zu verlieren. Hintergründig wurden in seinen Schilderungen verborgene Wünsche nach großartiger Anerkennung und grandiose Phantasien von beruflichem Aufstieg und Erfolg deutlich.

In einer mittleren Phase der Behandlung setzte er sich mit seinen Ärger- und Wut-Gefühlen gegenüber seiner Frau auseinander. Anhand verschiedenster kleiner Beispiele aus der Beziehung zu mir, seiner Frau, aber auch aus dem Arbeitsleben konnte mit ihm seine Kränkbarkeit und daraus entstehende Wutgefühle in einen Zusammenhang gestellt werden. Hinter den depressiven Gefühlen und den Suizidgedanken traten zunehmend starke Affekte von Ärger und Wut zutage. Manchmal hatte er die Befürchtung, seine Wut nicht mehr beherrschen zu können und körperlich gewalttätig zu werden.

In einer dritten Phase folgte die Beschäftigung mit der eigenen Kindheitsgeschichte, und es kam starke Trauer darüber auf, dass seine Mutter ihn so früh verlassen hatte, und der Schmerz, ein abgelehntes Kind zu sein, schien ihn förmlich zu erschüttern. Verlassenheitsgefühle in ihrer phantasierten und real erfahrenen Wiederholung in seiner jetzigen Ehe konnten in den psychohistorischen Zusammenhang gestellt werden. In dieser Zeit wurde der Patient auch zunehmend dazu fähig, sich trotz Ängsten vor Zurückweisung Unterstützung bei seinen Freunden und Bekannten zu suchen. Die Beziehung zu seinen beiden Kindern wurde sehr viel intensiver. Auch suchte er sich ein kreatives Hobby.

Am Ende der Behandlung konnte Herr T. sehr viel adäquater mit eigenen Affektzuständen sowie seinem Kränkungserleben umgehen, akzeptierte den Auszug seiner Frau und wandte sich schließlich selbst auch einer neuen Partnerin zu.

Überlegungen zur Psychogenese in der Kindheit

Auf dem Hintergrund von empirischen Befunden der modernen Kleinkindforschung haben verschiedene Autoren detaillierte Vorstellungen über die Entstehung Narzisstischer Persönlichkeitsstörungen beschrieben (s. Übersicht bei Hartmann 1997; Milch, im Druck). Narzisstische Störungen haben danach im besonderen Maße mit ungenügender Kompetenzerfahrung und fehlender liebevoller Anerkennung der eigenen Individualität zu tun, worauf Säuglinge mit Trauer und Rückzug reagieren (Tronick u. Gianino 1986). In dem Patientenbeispiel lässt sich das gut nachvollziehen, da dieser von Mutter, Vater und Stiefvater erhebliche Ablehnung erfahren hat. Soref (1995) interpretiert die bekannte Neigung narzisstischer Patienten zur Perfektion und ihr Bedürfnis, etwas Besonderes darstellen zu wollen, als einen lebenslangen Kompensationsversuch für die fehlende und stets ersehnte Bewunderung und Anerkennung der eigenen Individualität – in dem Bemühen, die Bewunderung später doch noch zu erhalten. Perfektes Verhalten sieht sie im Zusammenhang mit ungenügenden frühen Kompetenzerfahrungen, deren schmerzliche affektive Komponenten durch die mangelnde responsive Reaktion der Umwelt abgewehrt werden sollen. Wenn die Konflikte eskalieren, entsteht fast zwangsläufig eine Spirale aus Versagen und zunehmend höheren Ansprüchen an die eigene Leistung, sodass realistische Zielsetzungen nicht mehr möglich sind. Ein weiteres Beispiel ist die Selbstbezogenheit narzisstisch gestörter Patienten, die auf einen Mangel an Interesse am Selbst des Säuglings zurückgeführt werden kann und mit mangelnder Spiegelung einhergeht. Um die benötigte Spiegelung später doch noch zu erhalten, ist ein intensives Bedürfnis nach eigener Bestätigung die Folge. Werden diese Bedürfnisse nicht erfüllt, sondern wenden sich Bezugspersonen ab, wird das nicht toleriert und führt zu narzisstischer Wut. Eng verwandt mit der Selbstbezogenheit ist das Autarkiestreben narzisstischer Patienten, um sich von den bestätigenden Reaktionen unabhängig zu machen. Der Wunsch nach Unabhängigkeit ist Ausdruck für das mangelnde Vertrauen in die Umwelt. Angesichts des grandiosen Selbstbildes muss die Abhängigkeit von anderen verleugnet werden. Mögliche Hilfe zur Aufrechterhaltung des eigenen Selbstgefühls ruft Neid auf die Fähigkeiten der anderen hervor. Da die Selbstobjekterfahrungen in der Kindheit diesen Patienten keine angemessene und auf sie abgestimmte Resonanz ermöglichten, jagen sie entweder Fragmenten einer nie erlebten narzisstischen Erfüllung nach oder sie verleugnen ihre Bedürftigkeit, indem sie in anmaßender Weise zu erkennen geben, vermeintlich unverwundbar und allmächtig zu sein.

Diese Probleme, von anderen Hilfe anzunehmen, können später – gerade in suizidalen Krisen – verhängnisvoll sein. Der Suizidale bleibt mit seinen ihn bedrängenden selbstzerstörerischen Gedanken allein, sodass ein distanzierender Austausch mit anderen nicht genutzt werden kann.

Diese Beobachtungen lassen eine unsichere Bindung an Bindungspersonen der Kindheit und wichtige Mitmenschen vermuten. Aus bindungstheoretischer Sicht führte Hartmann (1997) das Argument an, dass die Erfahrung unsicherer Bindungen, die zu einer Vermeidung von Intimität führt, im besonderen Maße mit narzisstischer Vulnerabilität verknüpft ist (s. auch Pistole 1995). Nach empirischen Ergebnissen der Bindungsforschung geht destruktive Aggression mit unsicherer Bindung einher, bei sicher gebundenen Kindern lässt sie sich nicht beobachten, denn diese haben ein Gespür für die Integrität ihres Gegenübers und beachten diese. Ich gehe davon aus, dass eine unsichere Bindung, vor allem, wenn sie mit einem desorganisierten Bindungstyp verbunden ist, die Gefahr schwerwiegender psychischer Störungen und auch der Suizidalität maßgeblich erhöht.

Affektregulation und kognitive Reifung

Störungen in der Regulation der Affekte zeigen sich bei Narzisstischen Persönlichkeitsstörungen zunächst in der Stärke affektiver Zustände, die schwer zu steuern sind. Das Selbstgefühl kann von überheblicher Selbstüberschätzung und Gefühlen der Einzigartigkeit abrupt zu Gefühlen starken Unwertes wechseln. Kränkungen können erhebliche Wut auslösen, die bis zu mörderischen Handlungen reichen kann. Bei Beschämung kann extremer Selbsthass entstehen, der zu einem Suizid führt.

Es ist nicht nur das Ausmaß des »Wechselbades der Gefühle«, sondern auch die für Narzisstische Persönlichkeitsstörungen typische Valenz der Affekte, die gegenüber suizidalen Impulsen gefährdet: Es treten Gefühle depressiver Leere auf, die Kohut (1987) als eine »leere Depression« bei Narzisstischen Persönlichkeitsstörungen beschrieb. In solchen Zuständen leerer Depression scheint die innere Welt objektlos und ohne bewegende Motivationen. Menschen mit Narzisstischer Persönlichkeitsstörung haben dann erhebliche Probleme, Selbstobjekte zu nutzen, um ihren quälenden inneren Zustand zu verbessern. Selbsthass oder Verachtung gegenüber sich selbst herrschen vor.

Dem jähen Wechsel der Affektzustände und der inneren Leere liegt ein Mangel an Repräsentanzen zugrunde, die die Affekte als Teile der Objektbeziehung modulieren und mildern könnten. Da Menschen mit Narzisstischen Persönlichkeitsstörungen nur über wenig Introspektionsfähigkeit verfügen, haben sie kaum Möglichkeiten, die wechselnden affektiven Zustände auf dem Hintergrund ihrer jeweiligen Erfahrungen in den intersubjektiven Beziehungen zu reflektieren und darüber ihren Zustand zu verbessern. Westen et al. (1997) beobachteten die Schwierigkeiten dieser Patienten, eigene Emotionen wahrzunehmen, zu identifizieren und zu benennen, das galt vor allem für Traurigkeit. Zlotnick et al. (1997) beobachteten bei ihnen ein größeres Maß an affektiver Dysregulation. Bei Komorbidität hinsichtlich starker Stimmungsschwankungen und impulsiver Eigenschaften war die Suizidgefahr deutlich erhöht (Lambert 2003). Verschärfend wirkte sich auch das Fehlen eines sozialen Hintergrundes aus.

Basch (1992) sieht bei Patienten mit Narzisstischen Persönlichkeitsstörungen die mangelhafte Affektabstimmung als Kern der Pathologie. Häufig gleichen narzisstisch gestörte Menschen die schwerwiegenden Enttäuschungen der Kindheit damit aus, dass sie sich ganz besonders auf ihre eigenen Leistungen verlassen. So legen sie bei frustrierendem Verhalten der Bezugspersonen nicht einfach ein passives und resigniertes Verhalten an den Tag, sondern entwickeln offenbar schon als Säuglinge große Geschicklichkeit, flexibel zu reagieren und aktiv auf das einzugehen, was die Erwachsenen von ihnen wollen oder brauchen. Im Alter von ungefähr zwei Jahren, wenn das Kind zunehmend über Symbolisierungen und Phantasien verfügt, stärken sie ihr defensives Selbstgefühl durch grandiose Allwissenheits- und Allmachtsphantasien. Sie verfügen dann über eine äußere Schale von Selbstvertrauen, beruhend auf Klugheit, Intelligenz und effektiver Beeinflussung der Umwelt, in ihrem Kern bleiben sie jedoch verletzlich und unsicher.

Werden diese Kinder später in ihrem Gefühl für Effektivität und Kompetenz bedroht, so geraten sie in Gefahr, die positive Reaktion der Umwelt zu verlieren. Dadurch werden sie für eine Wiederholung der Enttäuschungen und Erniedrigungen ihrer frühen und späteren Kindheit anfällig. Der Wendepunkt in der Charakterentwicklung eines Kindes wird etwa mit sechs Jahren erreicht, wenn das Fortschreiten der kognitiven Entwicklung es dazu zwingt, von den grandiosen Phantasien Abstand zu nehmen und die mit den anderen geteilte, kulturabhängige äußere Realität anzuerkennen und sich ihr anzupassen. Wie andere Kinder muss es erfahren, dass andere unabhängig von der eigenen Person existieren und dass es nicht das Zentrum des Universums ist, sodass es drastisch die eigene Perspektive verändern muss, um einen Platz in einer Welt zu finden, in der es nur ein Mensch unter vielen anderen ist, zudem noch ein kleiner. Wenn es sein defensives Überlegenheitsgefühl aufgäbe, müsste es sich gerade jener Erniedrigung aussetzen, die es ursprünglich mit aller Macht vermeiden wollte. So stehen diese Kinder vor dem Dilemma, dass eine Aufgabe der Verleugnung der eigenen Begrenztheit ihrer Anpassung in dieser Entwicklungsphase nicht dienlich wäre und sogar möglicherweise den Vorboten eines grandiosen psychotischen Rückzuges von ihrer Realität darstellen könnte. Andererseits müssten sie aber hinnehmen, dass sie hilflos sind und ihre Umgebung nicht kontrollieren können, sodass sie eben jenen Einflüssen ausgesetzt wären, zu deren Verhinderung sie das aufgeblähte Selbstgefühl entwickelten. Kognitive Reifung bietet ihnen aber noch eine dritte Lösung an: Anstatt die Realität ihrer Begrenztheit völlig zu ignorieren oder aber sie zu akzeptieren, verleugnen sie den dazugehörigen Affekt. Das bedeutet, dass sie ihre Realität nur kognitiv, aber nicht affektiv anerkennen. Diese Erkenntnis erklärt das oft verwunderliche Verhalten von Menschen mit Narzisstischen Persönlichkeitsstörungen, die ihre berufliche Qualifizierung (z. B. in angesehenen Berufen) nicht als ein gesundes Erfolgserlebnis oder ein Gefühl von Ganzheit oder Kohärenz erleben können. Trotz des Erfolgs bleiben ein Unbehagen und ein Gefühl von Minderwertigkeit. Die Integrität des Selbstsystems der narzisstischen Persönlichkeit kann nämlich nur auf Kosten der Spaltung des Selbstkonzepts aufrechterhalten werden. Mit ihrem Triumph halten sie zwar die grandiose Position aufrecht, die darunter liegenden Minderwertigkeits- und Unsicherheitsgefühle, die diese Haltung notwendig gemacht hatten, bleiben aber unbeeinflusst und werden immer wieder schmerzlich bewusst. In Bezug auf ihre Beziehungen äußern solche Patienten manchmal zu Beginn einer Behandlung, dass sie sich trotz nach außen guter Funktion einsam fühlen, dass niemand sie versteht und dass sie sich trotz ihres Erfolgs wie Betrüger fühlen. Diese Beobachtung erklärt auch das Paradox, dass Menschen trotz offensichtlichen Erfolgs und scheinbar tragfähiger Beziehungen ihr Leben beenden wollen.

Introspektion und Empathie

Menschen mit einer Narzisstischen Persönlichkeitsstörung haben für sich selbst und auch gegenüber anderen regelmäßig grandiose Ansprüche, dagegen aber wenig Gespür für eigene Schwächen oder Bedürfnisse als Ausdruck mangelndem Introspektionsvermögen ebenso wie einen Mangel an Einfühlungsvermögen für die Wünsche und Bedürfnisse anderer (Mangel an Empathie). Dieser Mangel kann bis zu einer mehr oder weniger bewussten Ausbeutung ihrer Mitmenschen reichen. Freundschaften oder auch Liebesbeziehungen gehen sie häufig nur dann ein, wenn sie sich davon einen Vorteil versprechen oder ihr Selbstwertgefühl aufgewertet wird. Ihr Mangel an Einfühlungsvermögen ist Ausdruck für ihre Unfähigkeit, die Bedürfnisse, subjektiven Erfahrungen und Gefühle von anderen wahrzunehmen. Sie bemerken häufig auch nicht das Interesse, das andere an ihnen entwickeln. Der Mangel an Einfühlungsvermögen kann auf die ständige Beschäftigung mit sich selbst zurückgeführt werden und/oder einer Geringschätzung ihrer Umwelt. Im Umgang wirken sie im Allgemeinen unemotional und kalt. Im zwischenmenschlichen Kontakt verhalten sie sich häufig angeberisch, anmaßend, wenig einfühlsam und auch ausbeuterisch, wenn eigene Interessen betroffen sind.

Werden sie mit den Bedürfnissen, Wünschen oder Gefühlen von anderen konfrontiert, wehren sie diese ab, geringschätzig werden die Bedürfnisse von anderen entwertet oder banalisiert. Zeichen von Schwäche und Verletzlichkeit zuzugeben löst nur Verachtung aus. Manchmal beschämen sie andere Menschen, die Schwäche zeigen, so wie sie vielleicht früher beschämt worden sind. Gleichzeitig sind sie auf andere neidisch und hätten gerne deren Erfolg oder Besitztümer. Häufig gehen sie von der Überzeugung aus, dass ihnen selbst die eigentliche Bewunderung und Privilege zustehen. Obwohl Menschen mit Narzisstischen Persönlichkeitsstörungen häufig ihre Neidgefühle nicht zugeben können, werden diese hinter misstrauischen und ärgerlichen Reaktionen deutlich, wohingegen sie subjektiv davon ausgehen, dass andere sie beneiden.

In Behandlungen entsteht beim Zuhören trotz aller idealer Erwartungen der Eindruck einer ausbeuterischen Haltung, wenn sie ihre zwischenmenschlichen Beziehungen schildern. Sie versuchen Nutzen aus anderen zu ziehen, um eigene Ziele besser erreichen zu können. Bei gezielter Exploration wird ihr Mangel an Empathie für andere deutlich. Sie machen ihrem Gegenüber dann klar, dass sie gar nicht willens sind, die Gefühle und Bedürfnisse anderer wahrzunehmen oder sich mit anderen zu identifizieren. Für Behandler ist ihr Anspruchsdenken schwer zu ertragen, und in der Gegenübertragung werden sie häufig als anstrengend und lästig empfunden, sodass eine Ablehnung die Folge ist.

Hass und Selbsthass

In Therapien berichten Patienten mit Narzisstischer Persönlichkeitsstörung regelmäßig über schmerzliche und psychisch verletzende Erfahrungen in ihrer Kindheit, wenn sie ihren Schutzmantel der Abwehr lockern. Die Erfahrung extremer Frustrierung in den entwicklungsnotwendigen Reaktionen der Bezugspersonen, die Erfahrung körperlicher oder seelischer Gewalt und psychischer oder physischer Missbrauch führten zu erheblichen Traumatisierungen, sodass sie später in auffälliger Weise in Stress-Situationen reagieren. Ein zu beobachtendes Verhalten ist ein fixiertes Widerspruchs- und Rückzugsverhalten, verbunden mit Ängstlichkeit, Scham- und Schuldgefühlen. Stereotyp reagieren sie so, als ob die Umwelt ihnen feindlich und potenziell missbräuchlich gegenüberstände. Bei Kränkungen und psychischen Verletzungen, wie zum Beispiel Übergriffen oder Missbrauch, kann die Stabilität des Selbst so weit bedroht werden, dass Symptome wie suizidales Verhalten entstehen. Eine nach außen hin trivial wirkende Äußerung wird von dem Betreffenden dann als schwere Kränkung aufgefasst und löst innerlich gleichsam eine Lawine aus, weil nicht integrierte traumatische Erfahrungen aufgeführt werden. Daraus wird auch verständlich, dass sich diese Patienten mit Rationalisierungen und Intellektualisierungen schützen müssen.

4.10 Narzisstische Persönlichkeitsstörungen und Suizidalität

Besonders suizidale Patienten fallen später durch ihr pseudoerwachsenes Verhalten auf, weil sie die kindlichen und spielerischen Anteile in sich ständig unterdrücken müssen. Damit fehlt ihnen eine Quelle vitalisierender Erfahrungen, die ihnen in Krisenzeiten helfen könnte. Aufgabe einer Behandlung ist es dann, diese Anteile als wichtige Selbstobjekterfahrungen dem Patienten oder der Patientin wieder verfügbar zu machen.

Eine weitere Folge traumatisierender Erfahrungen sind Hass und Selbsthass, deren Grundlagen bereits in den ersten Lebensmonaten gelegt werden, aber die als solche häufig erst später empfunden werden. Lichtenberg et al. (2000) verstehen Selbsthass als eine frühe pathologische Organisation der für das aggressive Verhalten verantwortlichen Motivationssysteme. Ein Bedürfnis nach Exploration und Selbstbehauptung zeigt sich schon bei der Beobachtung von Säuglingen, wenn sie affektives Interesse und lebendige Neugier an ihrer Umgebung zeigen. Sie besitzen eine Neigung, Zusammenhänge auszuprobieren und gerade solche Erfahrungen lustvoll zu machen, bei denen sie sich als Urheber ihrer eigenen Handlungen erleben. In der Erfahrung eigener Kompetenz, Dinge zu verändern und zu beeinflussen und bei den Mitmenschen eine Reaktion hervorzurufen, zeigen Kinder deutlich Vergnügen und Gefallen. Das explorative Verhalten braucht aber die Unterstützung der Umwelt, um sich ausbilden und entwickeln zu können. Die Selbstbehauptung ist eine von der Exploration zu unterscheidende Qualität des gleichen Motivationssystems, in dem sich beide Anteile parallel entwickeln. Wenn ein Kind neugierig ein Spielzeug ausprobiert und es tastend begreifen will, zeigt sich der explorative Antrieb. Zugleich ist damit aber auch das Vergnügen verknüpft, es zu verändern, es in Bewegung zu setzen oder zu stoppen. Darin zeigt sich der explorative Antrieb, der mit dem Vergnügen verknüpft ist, den eigenen Einfluss zu spüren, das heißt die eigene Effektanz wahrzunehmen, wie man mit einer Sache umgehen und sie verändern kann, womit der Aspekt der eigenen Selbstbehauptung angesprochen wird. Die Selbstbehauptung kommt noch deutlicher zum Ausdruck, wenn es um das gemeinsame und konkurrierende Spiel mit einem anderen Kind geht, in dem jeder möglichst viel Einfluss auf das Spiel gewinnen will. Ein Teilsystem der Selbstbehauptung ermöglicht die Regulation des Selbstwertes, der u. a. von der Freude an geistigen und körperlichen Aktivitäten sowie der Fähigkeit, realistische Ziele zu verfolgen, abhängig ist. Kann sich die Selbstbehauptung hinreichend gut ausbilden, so ist auch der Selbstwert realistisch. Da Selbstwertkrisen unumgänglich sind, ist die Fähigkeit für die innere Stabilisierung entscheidend, sich innerlich wieder aufzurichten (»self-righting«, s. Lichtenberg 1989) oder stabilisierende Selbstobjekterfahrungen zu suchen. Wird die Entwicklung zu einem gesunden Selbstwertgefühl allerdings gestört, wie das durch wiederholte Demütigungen und Verletzungen in der Kindheit geschehen kann, so führen Kränkungen im späteren Leben zu einem Einbruch des Selbstwertgefühls – einhergehend mit der Unfähigkeit, sich anderen gegenüber zu behaupten. Neben Kränkungen können Störungen in diesem Motivationssystem noch durch unsensibles, übergriffiges oder aufdringliches Verhalten der Bezugsperson sowie durch Unterstimulation und mangelnde Responsivität (etwa bei depressiven Bezugspersonen) entstehen. In der psychotherapeutischen Arbeit mit suizidalen Patienten stellen sich diese frühen Entwicklungsarretierungen in diesem Motivationssystem besonders typisch bei Adoleszenten als Autonomiekonflikte dar, die sich, manchmal szenisch, mit wichtigen frühen Erfahrungen verknüpfen lassen. Aber auch in Zeiten der Trennung können – wie in dem oben geschilderten Patientenbeispiel – Autonomiekonflikte reaktiviert werden.

Im Unterschied zu der Motivation nach Exploration und Selbstbehauptung ist das aversive Motivationssystem nicht permanent aktiviert, sondern wird nur dann benötigt, wenn der Selbsterhalt bedroht wird, etwa durch Gewalterfahrungen. Aversives Erleben und Verhalten kann seinen Ausdruck in »negativen« Affekten wie Zorn, Wut, Ärger, Kummer, Verzweiflung, Furcht, Ekel, Angst, Schrecken, Scham und Schuld finden. Erst wenn der spannungsreiche aversive Zustand beendet wird, tritt Erleichterung, Entspannung und Beruhigung auf, sodass das Selbstempfinden wieder kräftiger wird. Eine triebmäßige Kraft, die aus einer physiologischen Quelle regelmäßig nach Wiederholung drängt, entsprechend dem traditionellen Konzept eines Aggressionstriebes, ist für das Verständnis dieses Motivationssystems, das reaktiv vor Gefahren schützt, nicht notwendig.

Da aggressives Verhalten in der Regel gesellschaftlich sanktioniert wird, brauchen Kinder bei der Entwicklung und Reifung des aversiven Motivationssystems besondere regulierende Hilfen durch ihre Bezugspersonen, sodass das Kind seinen Ärger als instrumentelle Kraft benutzen kann, um seinen Handlungen Nachdruck zu verleihen. Bei geglückter Entwicklung verhilft dieses Motivationssystem zu energischem, zielgerichtetem Verhalten im explorativen und selbstbehauptenden Umgang mit der Umwelt. Ärger und Wut helfen bei der Umsetzung eigener Ziele und Handlungen und tragen dazu bei, sich selbst in bedrohlichen Situationen zu stabilisieren. Wird die aversive Reaktion des Kindes traumatisch gebrochen, indem der Erwachsene es kränkt, lächerlich macht oder mit physischer Gewalt gegen das Kind vorgeht, so können Angst, Rückzug nach innen oder selbstzerstörerisches Verhalten die Folge sein, besonders dann, wenn weder Kampf noch Flucht möglich ist und der innere Zustand förmlich »einfriert«, sodass man im eigenen Erleben wie versteinert reagiert. Die Störung in dem aversiven Motivationssystem kann dazu führen, dass jegliches Verhalten aversiv überformt und die Entwicklung der anderen Motivationssysteme blockiert wird. Die aversiven Reaktionen dienen dann nicht mehr als Alarmzeichen, um sich selbst zu schützen und eine notwendige Veränderung der Situation und der Selbstregulation vorzunehmen bzw. dazu zu ermutigen, sich in Kontroversen zu verwickeln, sich aus ihnen zu lösen, sich zur Wehr zu setzen oder durch Rückzug von anderen abzugrenzen, um die eigene Position behaupten zu können. Aversion, Hass und Destruktivität werden zu dem vorherrschenden Verhalten, um den erniedrigenden und beschämenden Verletzungen des Selbst eine kompensatorische Vitalisierung im Erleben von eigener Macht entgegenzusetzen, wobei auch destruktive und autodestruktive Mittel nicht gescheut werden. Die durch Kränkungen eingeleitete narzisstische Krise kann dann in einen Suizid münden.

Suizid als Zeichen einer Fragmentierung des Selbst

Die narzisstische Krise, die zu einer suizidalen Gefährdung führt, kann auf dem Hintergrund der Störung der Motivationssysteme als eine Pathologie des Selbst und seiner Selbstobjekte verstanden werden. Narzisstische Kränkungen und der Verlust eines Selbstobjekts führen zu einer Fragmentierung des Selbst mit Gefühlen tiefer Verzweiflung und unerträglicher Gefühle des Verlustes eigener Identität. Fragmentierungen stellen den häufigsten Grund für selbstdestruktives und suizidales Verhalten dar (Kohut 1987).

In Fragmentierungszuständen lockert sich die Selbststruktur, was subjektiv als Gefühl der Wertlosigkeit, der Leere, der Niedergeschlagenheit oder der Angst wahrgenommen wird. In diesem Sinne beschreiben sich präsuizidale Menschen als in ihrem Selbstzustand verändert, zum Beispiel eingeengt, diffus ängstlich, verzweifelt, weil sie alles als sinnlos erleben und hoffnungslos sind. Die Erfahrung eines sich auflösenden Selbst in der Fragmentierung, also der Furcht vor dem Verlust der inneren Struktur und des Menschseins, kann so unerträgliche Ausmaße annehmen, dass Menschen nahezu alles unternehmen, um den quälenden Wahrnehmungen, die das fragmentierende Selbst hervorruft, zu entgehen. Narzisstische Krisen können durch überflutende Affekte und bedrohliche Selbstzustände ausgelöst werden, beispielsweise durch Neid oder Scham (Kohut 1991).

Um diesen Auflösungserscheinungen entgegenzusteuern, kann versucht werden, das Selbsterleben zu intensivieren, indem alle Gedanken um Todesphantasien und Suizidgedanken kreisen. Es handelt sich um eine Art von Selbststimulation, wenn zum Beispiel aggressive Phantasien ausgemalt werden, wie Angehörige auf den eigenen Suizid reagieren könnten. Darüber hinaus können körperliche Selbstverletzungen oder sozial schädigendes Verhalten dem Selbstgefühl wieder Auftrieb geben. Suizidalität kann in diesem Sinne als Aggressivierung verstanden werden, die durch einen defensiven Mechanismus das Gefühl für das eigene Selbst retten soll (Ornstein 1992). Es handelt sich um eine Mobilisierung von Aggression im Dienste der inneren Kohäsion, um eine vorläufige Stabilisierung und minimale Vitalität zu erreichen. Aggressivierungen führen auch zu Angriffen auf den Therapeuten und die therapeutische Beziehung, die das Behandlungsbündnis leicht infrage stellen können. Besonders hintergründige Angriffe chronisch suizidaler Patienten führen zu erheblichen Problemen in der Gegenübertragung, die den Therapeuten oder die Therapeutin blockieren oder zu destruktiven Aktionen Anlass geben können (Milch 1990; 2001b).

Hat das Kern-Selbst nur eine schwache Kohäsion erreicht, so ist es besonders gefährdet zu fragmentieren, wenn das innere Gleichgewicht gestört wird. Suizid kann deshalb als Folge von Desintegration bei unterschiedlichen Arten eines geschwächten Kern-Selbst auftreten (Reiser 1986; Milch 1999). Zwar bleibt jeder Mensch, so gesund er auch sein mag, zeitlebens auf Selbstobjekterfahrungen angewiesen und kann bei Verlusten in schwere Krisen geraten, aber Patienten mit Narzisstischen Persönlichkeitsstörungen reagieren auf Kränkungen oder den Verlust eines Selbstobjekts mit schwerwiegenden Fragmentierungen, zum Beispiel in Form narzisstischer Wut. Subjektiv wird auch das Dahinschwinden eigener Selbstbehauptung als ein Zustand bedrohlicher Hilflosigkeit erfahren – mit dem Gefühl, aus eigener Kraft die Situation nicht wirksam verändern zu können. Suizidale Menschen erleben das als ein existenzielles Dilemma, aus dem sie keinen Ausweg sehen, ähnlich wie bei dem Patienten des Fallbeispiels.

Diese Fragmentierungserscheinungen bessern sich häufig abrupt, wenn der Suizid-Entschluss feststeht und sich der innere Zustand in vordergründige Ruhe und Zielorientiertheit verwandelt, verbunden mit einem relativen Schutz vor dem Erleben eigener Kränkbarkeit. Der Entschluss, sich das Leben zu nehmen, kann dann den Versuch darstellen, in letzter Verzweiflung doch noch den Zustand des Selbst zu regulieren (Hartmann u. Milch 1995; Milch 2000; 2003). In einer Phantasie von archaischer Grandiosität werden der Körper und die Welt der Objekte zerstört, dabei wird das Gefühl für die Selbstbestimmung aber gerettet, der Suizidale behält sozusagen das Heft in der Hand. Das Gefühl, über das Leben zu entscheiden und allem ein Ende setzen zu können, wirkt der inneren Auflösung entgegen. Es ermöglicht ein Erleben eigener Selbstwirksamkeit, häufig verbunden mit der Gewissheit, dass der eigene Suizid einen mächtigen Einfluss auf die wichtigen anderen ausübt (Effektanzselbstobjekterfahrung). In dieser Hinsicht dienen Suizidgedanken häufig einem Überleben in der Phantasie und dem Versuch, in der letzten Verzweiflung doch noch den fragmentierten Zustand des Selbst zu kompensieren und damit die Herrschaft über das Selbst zu behalten. Suizidale Menschen beschreiben häufig eine innere Wandlung in den Stunden vor dem Suizid, die sie als ein Gefühl der inneren Befreiung ihres Selbst empfinden, sobald ihr Entschluss feststeht. Von außen werden sie dementsprechend als psychisch eingeengt beschrieben (Ringel 1953).

Therapeutische Überlegungen

Bei suizidalen Patienten mit einer Narzisstischen Persönlichkeitsstörung führte die mangelnde Responsivität der Bezugspersonen in der Kindheit zu unsicheren Bindungen und einem schwachen Selbst, das bei psychischen Verletzungen gefährdet ist, zu fragmentieren. Das suizidale Verhalten lässt sich als ein defensives

Muster verstehen, indem die Wut aufrechterhalten wird, um Verletzungen nicht zu spüren. Häufig darf die Wut nicht bewusst werden, da das Ziel der Wut die prekäre Verbindung zu der einstmals ablehnenden oder missbrauchenden Bezugsperson offen legen würde. Wegen ihrer narzisstischen Verletzlichkeit müssen sie ihre Affekte isolieren, und die eigenen Gefühle erscheinen ihnen unbegründet, nicht verbalisierbar oder von anderen nicht nachvollziehbar.

Ärger und Wut sind Symptome einer früheren Verletzung und können in Behandlungen als Form einer Mitteilung genutzt werden, die den Weg zu dem Kernproblem bahnt. Therapeutisch ist nicht vorrangig, die narzisstische Wut zu behandeln, sondern den zugrunde liegenden Strukturdefekt, der zur Verletzlichkeit und zur mangelnden Kohärenz des Selbst führte. Langfristig lässt sich die Konsolidierung des Selbst durch die Herstellung einer Selbstobjektübertragung erreichen, die bei einem empathischen Vorgehen in der Regel spontan auftritt. Die Übertragungsbeziehung stellt darüber hinaus einen wirksamen Schutz vor Suizidalität dar (Stekel 1910; Milch 1994), besonders das stabilisierende Band einer Selbstobjektübertragung (Reiser 1986). Ein schwieriges Behandlungsproblem liegt in der Abwehr von Selbstobjektübertragungen, die zum Beispiel als starke Entwertung (negative Idealisierung) oder Banalisierung der therapeutischen Beziehung auftreten kann. Die Abwehr wird vom Therapeuten als untergründig aggressive Note in dem Übertragungsangebot des Suizidalen empfunden. Das Aggressive kann auch aus Angriffen bestehen, die vordergründig harmlos wirken, aber das narzisstische Gleichgewicht des Therapeuten, seine Selbstobjektgegenübertragung, beeinträchtigen. Diese Angriffe auf den Therapeuten unterscheiden sich von den Wutausbrüchen als Reaktionen auf Kränkungen, die zwar auch ein Ausdruck für eine Störung der Selbstbehauptung sind, aber offen gegen den Therapeuten gerichtet werden (Milch 1990; Hartmann u. Milch 1995; 2000). Können die verdeckten Angriffe in ihrem Appellcharakter und dem hintergründigen Übertragungswunsch verstanden werden, so dienen sie als ein Indikator für die Suizidgefahr. Manchmal finden sich die ersten Hinweise für verdeckte Angriffe zunächst in der Gegenübertragung, die dann ein wesentliches diagnostisches Kriterium bei Patienten darstellt, die ihre Suizidalität abgespalten haben. Auch bei diesen Patienten gilt, dass eine stabile Selbstobjektübertragung die Selbstkohäsion verbessert, sodass die Übertragungsbeziehung zur weiteren Suizidprophylaxe beiträgt.

Schluss

In Konfliktsituationen, Situationen extremer Kränkung oder Beschämung sind narzisstische Persönlichkeiten wegen ihrer starken Affekte nur ungenügend in der Lage, sich selbst zu beruhigen. Wegen der mangelnden affektiven Kontrolle und Regulation – bei einer erheblichen Labilität des Selbstwertgefühls – sind sie in besonderem Maße suizidgefährdet. Sie bleiben ohne eine Behandlung zeitlebens anfällig für psychische Dekompensationen infolge von Kränkungen, psychischen Verletzungen oder Verlusten von Selbstobjekten. Sie reagieren mit narzisstischer Wut, weil sie nicht über ausreichende Mechanismen verfügen, um das unzureichende Regulationsvermögen als ein Strukturdefekt ihres Selbst auch nur zeitweise auszugleichen. Ausgleichende Mechanismen sind defensive oder kompensatorische Mechanismen, die in Behandlungen entwickelt werden können. Diese dienen dem defensiven Schutz vor dem Wiederaufleben alter Traumatisierungen oder dem kompensatorischen Erwerb kreativer Fähigkeiten, die vor Fragmentierung schützen.

Literatur

Basch MF (1992). Die Kunst der Psychotherapie. München: Pfeifer.
Hartmann HP (1997). Narzisstische Persönlichkeitsstörungen. Psychotherapeut; 42: 69–84.
Hartmann HP, Milch W (1995). Narzisstische Krisen. Zur Behandlung suizidaler Patienten. Suizidprophylaxe; 3: 131–9.
Hartmann HP, Milch W (2000). The need for efficacy in the treatment of suicidal patients: transference and countertransference issues. In: Goldberg A (ed). Progress in Self Psychology. Hillsdale, NJ: The Analytic Press; 16: 87–101.
Henseler H (1974). Narzisstische Krisen – zur Psychodynamik des Selbstmordes. Hamburg: Rowohlt.
Kohut H (1987). Wie heilt die Psychoanalyse? Frankfurt/M.: Suhrkamp.
Kohut H (1991). Selected writings of Heinz Kohut. In: Ornstein P (ed). The Search for the Self. Vol. 4. Madison, Connecticut: International University Press.
Lambert MT (2003). Suicide risk assessment and management: focus on personality disorders. Curr Opin Psychiatry; 16(1): 71–6.
Lichtenberg JD (1989). Psychoanalysis and Motivation. Hillsdale, NJ: The Analytic Press.
Lichtenberg JD, Lachmann FM, Fosshage JL (2000). Das Selbst und die motivationalen Systeme. Frankfurt/M.: Brandes & Apsel.
Milch W (1990). Suicidal patients. Psychological attacks on the therapist. Bull Menninger Clin; 54(3): 384–91.
Milch W (1994). Gegenübertragungsprobleme bei suizidalen Patienten unter stationärer psychiatrischer Behandlung. Psychiatr Prax; 21: 221–5.
Milch W (1999). Selbstpsychologische Konzepte zum Verständnis suizidalen Verhaltens. In: Fiedler G, Lindner R (Hrsg). So hab ich doch was in mir, das Gefahr bringt. Perspektiven suizidalen Erlebens. Göttingen: Vandenhoeck & Ruprecht; 138–59.
Milch W (2000). Kleinkindforschung und psychosomatische Störungen. Psychotherapeut; 45: 18–24.
Milch W (2001a). Narzisstische Persönlichkeitsstörungen und narzisstische Verhaltensstörungen. In: Lehrbuch der Selbstpsychologie. Stuttgart: Kohlhammer; 158–74.
Milch W (2001b). Suizid und Suizidversuch. In: Lehrbuch der Selbstpsychologie. Stuttgart: Kohlhammer; 237–46.
Milch W (2002). Narzisstische Krisen. In: Bronisch T, Götze P, Schmidtke A, Wolfersdorf M (Hrsg). Suizidalität. Ursachen, Warnsignale, therapeutische Ansätze. Stuttgart: Schattauer; 129–42.
Milch W (2003). Suizidversuche schizophrener Patienten. Psychopathologie, Psychodynamik, Prävention. Gießen: Psychosozial-Verlag.

4.10 Narzisstische Persönlichkeitsstörungen und Suizidalität

Milch W (im Druck). Narzisstische Persönlichkeitsstörungen. In: Strauß B, Hohagen F, Caspar F (Hrsg). Lehrbuch der Psychotherapie. Göttingen: Hogrefe.

Ornstein PH (1992). Zur Bedeutung von Sexualität und Aggression für die Pathogenese psychischer Erkrankungen. In: Schöttler C, Kutter P (Hrsg). Sexualität und Aggression. Frankfurt/M.: Suhrkamp; 77–97.

Pistole MC (1995). Adult attachment style and narcissistic vulnerability. Psychoanal Psychol; 12: 115–26.

Reiser DE (1986). Self psychology and the problem of suicide. In: Goldberg A (ed). Progress in Self Psychology. New York: Guilford Press; 227–41.

Ringel E (1953). Der Selbstmord: Abschluß einer krankhaften Entwicklung. Wien: Wilhelm Maudrich.

Saß H, Wittchen HU, Zaudig M, Houben S (1996). Diagnostisches und statistisches Manual psychischer Störungen. DSM-IV. Göttingen: Hogrefe.

Soref AR (1995). Narcissism: a view from infant research. Ann Psychoanal; 23: 49–77.

Stekel W (1910). Protokolle der Wiener Psychoanalytischen Vereinigung. Bd. II, 1908–1910. Nunberg v H, Federn E (Hrsg). Frankfurt/M.: Fischer 1977; 500–7.

Tress W, Wöller W, Hartkamp N, Langenbach M, Ott J (2002). Persönlichkeitsstörungen – Leitlinie und Quellentext. Stuttgart, New York: Schattauer.

Tress W, Junkert-Tress B, Hartkamp N, Wöller W, Langenbach M (2003). Spezifische psychodynamische Kurzzeittherapie von Persönlichkeitsstörungen. Psychotherapeut; 48: 15–22.

Tronick EZ, Gianino AF (1986). The transmission of maternal disturbance to the infant. In: Tronic EZ, Field T (eds). Maternal Depression and Infant Disturbance. San Francisco: Jossey-Bass; 5–11.

Westen D, Muderrisoglu S, Fowler C, Fowler C, Shedler J, Koren D et al. (1997). Affect regulation and affective experience: individual differences. J Consult Clin Psychol; 65(3): 429–39.

Zlotnick C, Donaldson D, Spirito A, Pearlstein T, Teri MD et al. (1997). Affect regulation and suicide attempts in adolescent inpatients. J Am Acad Child Adolesc Psychiatry; 36(6): 793–8.

5 Zur Psychodynamik und Psychotherapie Narzisstischer Persönlichkeitsstörungen

5.1
Zur psychoanalytischen Psychotherapie Narzisstischer Persönlichkeitsstörungen aus selbstpsychologischer Sicht[1, 2]

Paul H. Ornstein

Psychoanalytische Psychotherapie

Heinz Kohuts Selbstpsychologie hat in der relativ kurzen Zeitspanne von dreieinhalb Jahrzehnten das Gebiet der Psychoanalyse erweitert und transformiert, was beträchtliche Auswirkungen auf Verlauf und Behandlungstechnik psychoanalytischer Psychotherapien hatte. Obwohl das Hauptaugenmerk des vorliegenden Kapitels auf psychoanalytischen Psychotherapien an sich liegt, werde ich mich in meinen Ausführungen doch immer wieder zwischen Psychoanalyse und Psychotherapie hin und her bewegen. Dabei werde ich mich stärker auf die Ähnlichkeiten zwischen Psychoanalyse und psychoanalytischer Psychotherapie und weniger auf deren Unterschiede konzentrieren (Ornstein u. Ornstein 1976), da nach meiner Auffassung Psychoanalyse, intensive psychoanalytische Psychotherapie und fokale Kurzpsychotherapie auf ein und demselben Kontinuum angesiedelt sind.

Der Gedanke eines Kontinuums wird durch die Tatsache gestützt, dass unsere Interventionen in jeder dieser Behandlungsprozesse durch dieselbe Persönlichkeitstheorie, dieselben Überlegungen zur Psychopathologie, die gleichen Grundannahmen zur Heilung und den gleichen Behandlungsansatz geleitet werden. Doch sollen auch die Unterschiede, deren Tragweite oft nicht zu unterschätzen ist, berücksichtigt werden. Unterschiede im Setting (Stundenfrequenz, Lie-

---

1 Die psychoanalytische Selbstpsychologie spricht hier von primären Selbststörungen.
2 Dieses Kapitel wurde ergänzt und aktualisiert von Hans-Peter Hartmann.

gen oder Sitzen, begrenzte Anzahl von Stunden oder offenes Ende usw.) und Unterschiede in den Behandlungszielen werden zu einem großen Teil die Art des Behandlungsprozesses bestimmen, der mit jeder individuellen Beziehung zwischen Analytiker/Therapeut und Patient aufs Neue in Gang gesetzt wird. Sehr viel stärker und tiefgreifender als Setting und Behandlungsziele bestimmen jedoch die Fähigkeit des Patienten, kindliche Bedürfnisse, Wünsche und Phantasien wiederzubeleben, sowie deren Verständnis und Deutung aufseiten des Analytikers bzw. Therapeuten den jeweiligen Behandlungsprozess. Mit anderen Worten: Ein vom Therapeuten geschaffenes Klima von Sicherheit und Responsivität bietet dem Patienten die Möglichkeit, sein verschüttetes Bedürfnis nach Wachstum und Entwicklung sowie die entsprechenden Hindernisse neu aufleben zu lassen. Setting und Zielsetzung der jeweiligen Behandlung werden darüber entscheiden, inwieweit diese verschütteten Entwicklungsbedürfnisse und deren Hindernisse zur Entfaltung, Durcharbeitung und Auflösung gelangen können.

Während also die quantitativen und qualitativen Unterschiede zwischen den drei Behandlungsansätzen offenkundig sind, birgt die Fokussierung auf Ähnlichkeiten einen heuristischen Wert. Um es in einfachen Worten zusammenzufassen: In jeder Behandlungsform werden – in mehr oder weniger starkem Ausmaß – Übertragungen mobilisiert, die die Kernprobleme des Patienten, seine maladaptiven Lösungsversuche aus der Kindheit sowie seine Bemühungen, neue Lösungswege zu finden, wiederbeleben. Wenn der Therapeut in seinen Interventionen von einer grundlegend identischen klinisch-theoretischen Perspektive ausgeht, sich dabei vom sich entwickelnden therapeutischen Prozess leiten lässt, unabhängig vom jeweiligen Setting, so können wir von psychoanalytischen Psychotherapien entlang eines Kontinuums sprechen. Unterschiede in Zielsetzung und Setting haben keine grundlegende Veränderung der therapeutischen Interventionen – Verstehen und Deuten – zur Folge.

Die Entwicklung der psychoanalytischen Selbstpsychologie

Der folgende kurze Überblick über die Selbstpsychologie nach Kohut hat zum Ziel, unser Verständnis für seine späten theoretischen Formulierungen zu vertiefen und den Weg einer Weiterentwicklung aufzuzeigen, wenn es um die Analyse primärer und sekundärer Pathologie, das heißt narzisstischer Störungen und Neurosen, geht.

Es ist allgemein bekannt, dass Kohuts Werk als Reaktion auf seine Wahrnehmung zu verstehen ist (die viele seiner Zeitgenossen teilten), dass ein immer breiter werdender Graben Theorie und Praxis der Psychoanalyse voneinander trennte. Dieser Graben war womöglich an keiner Stelle so breit wie in den Bemühungen, narzisstische Störungen zu behandeln, die damals innerhalb der Mainstream-Psychoanalyse gemeinhin als nicht analysierbar galten. Eine große Anzahl bedeutender Autoren unternahm vielfach den Versuch, diese Lücke zu schließen und die Psychoanalyse auf das Gebiet der narzisstischen Störungen auszuweiten – mit mehr oder weniger großem Erfolg und unterschiedlichen behandlungstechnischen Modifikationen.[3]

Der Unterschied von Kohuts Beiträgen zur theoretischen Konzeption wie zum therapeutischen Umgang mit Narzisstischen Persönlichkeitsstörungen zu anderen Ansätzen hat mit seiner Entdeckung von drei Arten[4] spezifischer Selbstobjektübertragungen zu tun. Diese sind:

- die Spiegelübertragung
- die idealisierende Übertragung
- die Zwillingsübertragung bzw. Alter-Ego-Übertragung

Die Entwicklung einer dieser drei Übertragungsformen (oder aller drei in einer besonderen Reihenfolge) macht die Psychoanalyse primärer Selbstpathologie ohne weitere behandlungstechnische Parameter möglich und versetzt uns in die Lage, den notwendigen therapeutischen Einfluss für intensive oder fokale Psychotherapie zu erreichen.

Theoretische Entwicklung

In »Narzißmus. Eine Theorie der psychoanalytischen Behandlung narzißtischer Persönlichkeitsstörungen« (1971) diskutiert Kohut eine Gruppe von Patienten, die an einer bis dahin unanalysierbaren narzisstischen Persönlichkeit oder Verhaltensstörung litten. Diese Patienten entwickelten jene archaischen Selbstobjektübertragungen, die eine Analyse möglich machten und somit das nötige Datenmaterial lieferten, auf dessen Grundlage Kohut seine beginnenden klinischen und theoretischen Überlegungen entwickeln konnte. In einer frühen Phase seiner Arbeit definierte Kohut das Selbst als Teil der psychischen Instanzen Ich, Es und Über-Ich – Selbstpsychologie im engeren Sinne, die er in die Ich-Psychologie einzubetten versuchte und in der Sprache der klassischen psychoanalytischen Me-

---

3 Zahlreiche Autoren, deren unterschiedliche Standpunkte von Moore (1975) zusammengefasst wurden, haben sich diesem Unterfangen gewidmet. Zu den bedeutsamsten Versuchen zählen die Arbeiten von Lampl-de-Groot (1962; 1963), Lichtenstein (1964), Rosenfeld (1964) und Kernberg (1975; 1976; 1980).

4 Ursprünglich hatte Kohut nur zwei Arten der Selbstobjektübertragung beschrieben und die Zwillingsübertragung unter der Spiegelübertragung subsumiert. Aufgrund klinischer Erfahrungen wurde er vom Vorhandensein separater Bedürfnisse nach einem Alter Ego und deren eigener Entwicklungslinie überzeugt (Kohut 1977).

tapsychologie verfasste. Die Selbstpsychologie im engeren Sinne war somit für viele zunächst nur für eine Gruppe von Patienten anwendbar, deren Psychopathologie primär auf »Defizite« und nicht auf »Konflikte« zurückging.

Darüber hinaus betrachteten viele diese Selbstpsychologie im engeren Sinne (Defizitpsychologie) als Anhang bzw. Erweiterung der klassischen Ich-Psychologie (Konfliktpsychologie). Durch Gegenüberstellung dieser zwei Psychologien und den Verzicht auf einen krampfhaften und verfrühten Integrationsversuch öffnete Kohut die Tür für weitere Entwicklungen innerhalb der Selbstpsychologie.[5] Zum damaligen Zeitpunkt galt die Defizitpsychologie als relevant, um das gesamte Spektrum narzisstischer Störungen zu verstehen und zu behandeln, während die Konfliktpsychologie das Spektrum der neurotischen Störungen abdeckte. Die einfache Gegenüberstellung dieser zwei Psychologien resultierte somit aus der Tatsache, dass die Selbstpsychologie anfangs nicht den Anspruch auf neue Einsichten oder Ansätze zur Behandlung von Neurosen oder neurotischen Persönlichkeitsstörungen, der klassischen Domäne der Psychoanalyse, erhob. Dies mag zum Teil auch die Leichtigkeit und Schnelligkeit erklären, mit der zahlreiche Aspekte – darunter mit Sicherheit die klinischen Einsichten und behandlungstechnischen Prinzipien – aus Kohuts Buch »Narzißmus« als bedeutsame Erweiterungen der Psychoanalyse aufgenommen wurden.

Einwände gegenüber der Komplementarität der zwei Psychologien wurden von verschiedenen Seiten her erhoben. Wiederholt wurde argumentiert, dass Konflikte und nicht Defizite als ubiquitäre Ursache psychopathologischer Entwicklung im gesamten Spektrum nosologischer Einheiten anzusehen seien. Zudem könnten valide Erkenntnisse und Behandlungsprinzipien der Selbstpsychologie im engeren Sinne ohne Weiteres in der zeitgenössischen Psychoanalyse Eingang finden. Die zitierten Einwände waren jedoch in erster Linie theoriegeleitet und schienen das bestechende klinische Material aus festgefahrenen Analysen oder Zweitanalysen nicht zu berücksichtigen, anhand dessen sie ohne Wei-

---

5 Die scharfe Abgrenzung, die Kohut in seinen Formulierungen zwischen den zwei Psychologien vornimmt, wurde, ausgehend von der Beobachtung, dass wir es in der klinischen Situation immer mit einer Mischung von ödipalen und präödipalen (strukturellen und prästrukturellen) Konstellationen zu tun haben, lange Zeit kritisiert. Die klinischen und theoretischen Probleme, die in der Vorstellung einer »Mischung« von Übertragungen enthalten sind, können hier nicht angemessen diskutiert werden. Ich möchte nur erwähnen, dass das Argument *für* eine scharfe Abgrenzung empirisch gestützt war. Das spontane Zusammentragen analytischer Datenmaterials bezüglich vorherrschender Themen führte in der Regel zum Entstehen kohäsiver Übertragungen. Wenn diese spontane Emergenz und Clusterbildung von Themen nicht vorzeitig gestört wurde, entwickelte sich eine mehr oder weniger klar abgegrenzte Spiegelübertragung, idealisierende Übertragung, Zwillingsübertragung oder aber ödipale Übertragungsneurose. Methodologisch liegt die Betonung auf »keine vorzeitige Interferenz bzw. Störung«. Diejenigen, die behaupten, es gebe keine derartigen spontanen Themengruppen, werden ihren Ansatz dahingehend zu überprüfen haben, ob es nicht zu einer vorzeitigen Interferenz mit einer solchen mehr oder weniger klar abgegrenzten Übertragung gekommen ist. In den nachfolgenden Ausführungen wird eine andere Lösung des Zwei-Psychologien-Problems vorgestellt werden.

teres hätten entkräftet werden können (s. beispielsweise »Die zwei Analysen des Herrn Z.« aus dem Jahr 1979).

Unbeeinflusst von Integrationsbemühungen hat sich die Selbstpsychologie in der Folgezeit in unterschiedlichen Richtungen weiterentwickelt. Weitere Untersuchungen zur bereits zitierten Frage ödipaler Themen lieferte zusätzliches empirisches Material, das wiederum in die Konzeptualisierung der ödipalen Selbstobjektübertragung mündete. Bei den ödipalen Themen, um die es hier ging, handelte es sich weniger um Wiederbelebungen aus der Kindheit, sondern um Manifestationen de novo, die am Ende erfolgreicher Analysen von Patienten mit primärer Selbstpathologie standen. Indem man diesem Datenmaterial Gewicht verlieh, wurde es in die selbstpsychologische Erforschung der Neurosen und neurotischen Personlichkeitsstörungen aufgenommen. Das Durcharbeiten dieser ödipalen Themen ermöglichte eine Neubewertung von Struktur, Form, Inhalt, Position und Bedeutung einer normalen ödipalen Entwicklungsstufe. Dies wiederum brachte neue Erkenntnisse hinsichtlich Ätiologie ubiquitärer, vorübergehender und potenziell pathogener ödipaler Konflikte und des pathologischen Ödipuskomplexes, der neurotischen Störungen zugrunde liegt.

Diese Ausdehnung der klinischen Grundlage der Selbstpsychologie auf das gesamte Spektrum neurotischer Störungen führte zu einer beträchtlichen Erweiterung theoretischer Einsichten und fand in Kohuts Werk »Die Heilung des Selbst« (1977) ihren Höhepunkt.

Das Konzept des Selbstobjekts

Im Zentrum dieser Weiterentwicklung stand das Konzept des Selbstobjekts. Die erste Beschreibung und Durcharbeitung der Spiegelübertragung sowie der idealisierenden Übertragung ermöglichte die Neuorganisation der Bedeutung und Funktionen der archaischen Selbstobjekte (spiegelnde und idealisierende) für die strukturelle Entwicklung in der Kindheit (Kohut 1968; 1971). Das Gleiche galt für die Bedeutung ödipaler (spiegelnder und idealisierender) Selbstobjekte für den Prozess psychischer Strukturbildung und Konsolidierung, weibliche und männliche Selbstaspekte mit eingeschlossen. Das rudimentäre Selbst und seine archaischen, empathischen Selbstobjekte bilden jene Erlebenseinheit, in der das Selbst entsteht, sich entwickelt und seine Kohäsion, Kraft und Vitalität erhält, in der es jene Kernstrukturen und -funktionen – Ambitionen, Fertigkeiten und Talente, Ideale – erwirbt, die wiederum das bipolare Selbst bilden.

Die Triebe werden hier als Bausteine oder Bestandteile des Selbst angesehen, was eine entscheidende Abweichung von früheren entwicklungspsychologischen Konzepten in der Psychoanalyse darstellt, die die Triebe als primäre Konfigurationen auffasste. In den älteren Konzepten kam es unweigerlich zu einem Aufeinanderprallen von Trieben und äußerer Realität, das heißt den Sozialisationsbemühungen der Eltern-Imagines, die wiederum zur Entwicklung und Differenzierung von Ich- und Über-Ich-Funktionen führte. Obwohl man durchaus die Notwendigkeit eines Ich-Konzepts erkannt hatte, dessen Ursprung nicht in Konflikthaftigkeit bestand, ging man doch vom Primat und der Ubiquität triebgebundener Konflikte aus und differenzierte nicht eindeutig zwischen normalen und potenziell pathogenen oder pathologischen Konflikten.

Im Gegensatz dazu ging die Selbstpsychologie a priori von einer Passung zwischen dem rudimentären Selbst und seinen Selbstobjekten aus. Zu Konflikten komme es erst sekundär infolge unvermeidbarer traumatischer Störungen der empathischen »Eingestimmtheit« der Selbstobjekte sowie der Fähigkeit, ihre vielfältigen und komplexen phasenadäquaten Funktionen auszuüben. Selbstentwicklung in diesem Sinne ist keine Frage der Zähmung von Trieben, sondern hängt mit der Frage zusammen, ob die Selbstobjekte optimal und phasenspezifisch auf das angeborene und sich entwickelnde Potenzial reagieren oder nicht. Nur in einem Klima optimaler Responsivität kann es – via umwandelnder Verinnerlichung – zu einer progressiven Transformierung der Selbstobjektfunktionen in überdauernde psychische Strukturen kommen.

Es sollte somit klar geworden sein, dass es sich bei der Vorstellung eines Selbstobjekts um ein Schlüsselkonzept der Selbstpsychologie handelt: ein empirisch begründetes klinisches Konzept, ein relativ erfahrungsnahes theoretisches Konzept und ein über Rekonstruktionen entstandenes entwicklungspsychologisches Konzept, das auch als fest verankerte Brücke zwischen der innerpsychischen Welt einerseits und der äußeren sozialen Realität andererseits fungiert. Als empirisch begründetes klinisches Konzept umfasst die Idee eines Selbstobjekts die verschiedenen, empathisch beobachtbaren, subjektiven Erfahrungen im Rahmen der Spiegel-, Alter-Ego- und idealisierenden Übertragung. Als relativ erfahrungsnahes theoretisches Konzept dient es als Richtschnur in der Formulierung psychoanalytischer Thesen, die enger an das idiosynkratische Erleben unserer Patienten angelehnt sind und den Weg für entsprechende Verallgemeinerungen eröffnen.

Als ein rekonstruktiv abgeleitetes entwicklungspsychologisches Konzept unterstreicht es die Tatsache, dass es sich bei der Psychoanalyse um eine Entwicklungspsychologie par excellence handelt. Mit seiner Hilfe können wir die entwicklungspsychologischen Analogien in der Übertragung erkennen und den Finger auf entsprechende Stillstände, Entgleisungen und Defizite in der Entwicklung eines bipolaren Selbst legen sowie dessen funktionierende kompensatorische Strukturen und die weniger erfolgreich operierenden Abwehrstrukturen aufzeigen. Als entwicklungspsychologisches Konstrukt wiederum ermöglicht es uns eine erneute Langzeitbeobachtung von Mutter-Kind-Interaktionen und elterlichen Verhaltens sowie die Validierung oder Modifizierung klinischer, theoretischer oder entwicklungspsychologischer Formulierungen auf der Grundlage von Datenmaterial, das außerhalb der Behandlungssituation gewonnen wurde. In diesem Kontext und im Übertragen der psychoanalytischen Untersuchungsmethode auf einen breiteren soziokulturellen und politisch-historischen Kontext dient das Selbstobjekt als neues Brückenkonzept.

Zusätzliche Beobachtungen und wachsende Erkenntnisse darüber, was das Wesen von Selbstobjekten angeht, lassen die Vermutung zu, dass sie neben ihren strukturbildenden und strukturkonsolidierenden Funktionen auch lebenslange stützenden Funktionen haben (Kohut 1977; 1980; Basch 1981; Ornstein A. unveröff. Manuskript). Selbstobjekte stellen die emotionale Nahrung menschlicher Umwelt dar. Kohut drückte das mit folgenden Worten aus:

»Aus Sicht der Selbstpsychologie lebt der Mensch von seiner Geburt an bis zum Tod in einer Matrix von Selbstobjekten. Er braucht Selbstobjekte für sein psychisches Überleben, so wie er Sauerstoff für sein physiologisches Überleben braucht.« (Kohut 1980, S. 478)

Für die Selbstpsychologie gibt es somit eine kontinuierliche Entwicklung von archaischen bis hin zu reifen Selbstobjekten, im Gegensatz zu einer Entwicklungslinie vom Zustand der Symbiose hin zur Autonomie als Endpunkt. Sie eröffnet somit die Möglichkeit, die Rolle und Funktionen von Selbstobjekten während des gesamten Lebenszyklus zu untersuchen.

Selbstpsychologie und klassisches psychoanalytisches Verständnis (Psychoanalyse)

Mithilfe einer kombinierten Untersuchung primärer und sekundärer Selbstpathologie (d. h. narzisstischer Störungen und Neurosen) sowie dem daraus entstandenen Konzept des bipolaren Selbst wurde die Selbstpsychologie im engeren Sinne in eine Selbstpsychologie im weiteren Sinne transformiert. Hier wird das Selbst nicht mehr als Inhalt von Ich, Es und Über-Ich betrachtet, sondern als übergeordnete Konstellation, die die Entwicklung der Persönlichkeit und ihres Funktionierens für Gesundheit und Krankheit umfasst, unabhängig von den Konstrukten der Ich-Psychologie.

Was wurde somit aus der Komplementarität zwischen Selbstpsychologie (und ihrem Fokus auf dem Primat des Defizits) und Ich-Psychologie (mit ihrem Fokus auf dem Primat des Konflikts)? Wie bereits erwähnt, handelte es sich bei der komplementären Gegenüberstellung dieser beiden Psychologien um eine unvermeidliche pragmatische und taktische Lösung. Damals hatte die Selbstpsychologie eine umfassende Theorie und Behandlungstechnik für Störungen im Rahmen primärer Selbstpathologie entwickelt, während neurotische Störungen erst allmählich darin Eingang fanden. Während dieser Übergangsphase, in der die klassischen Formulierungen durch die Selbstpsychologie im engeren Sinne angereichert wurden, blieben die ursprünglichen Auffassungen für das Verständnis und die Behandlung von neurotischen Störungen vorherrschend.

Diese kreative Spannung zwischen zwei Psychologien – Defizit- und Konfliktpsychologie – führte, wie bereits erwähnt, zu weiteren Fortschritten in der Theorieentwicklung (Basch 1981; Kohut 1977; 1978; 1980; Ornstein A. unveröff. Manuskript). Diese basierten auf der klinischen Erfahrung erfolgreich analysierter primärer Selbststörungen, an deren Ende ödipale Themen (de novo) bzw. die Durcharbeitung ödipaler Selbstobjektübertragungen standen. Bei der normalen ödipalen Phase, so das Fazit, handelt es sich weniger um eine massive, sondern sehr viel ruhigere und freudigere Entwicklungsleistung als bislang angenommen. Vorausgesetzt, die ödipalen Selbstobjekte sind in der Lage, Stolz und Freude angesichts der ödipalen Strebungen und Errungenschaften zu empfinden und diese zu spiegeln, werden die Konflikte dieser Entwicklungsphase milder und vorübergehend sein. Unempathische Reaktionen oder Traumatisierungen vonseiten der Selbstobjekte werden hingegen zu einer Verschärfung der Konflikte beitragen, was in einen pathologischen Ödipuskomplex münden wird, der in der ödipalen Selbstobjektübertragung in der Analyse wiederbelebt wird. Pathogene ödipale Konflikte und pathologischer Ödipuskomplex sind »Produkte des Zusammenbruchs« eines geschwächten Selbst, die zum Beispiel massive Kastrationsangst mit den entsprechenden Abwehrmechanismen zur Folge haben können.

Für das gesamte Spektrum der Psychopathologie gilt somit, dass es die Beschaffenheit der Selbstobjektbeziehungen und die phasenadäquaten Reaktionen der Selbstobjekte sind, das heißt die Verfügbarkeit phasenadäquater Funktionen, die darüber bestimmen, ob eine Entwicklung günstig verläuft oder es aber zum Stillstand oder zur Entgleisung mit den entsprechenden defizitären Folgen für das bipolare Selbst kommt.

Wir gelangen nunmehr wieder an den Ausgangspunkt der Psychoanalyse zurück. Die Ich-Psychologie und ihre Weiterentwicklungen im Rahmen der Objektbeziehungstheorie haben versucht, das gesamte Spektrum der Psychopathologie abzudecken, doch die fraglichen Konzeptualisierungen waren nur für einen relativ kleinen Teilbereich nützlich (Ornstein P. 1974). Je weiter wir uns von den Neurosen in Richtung Psychosen bewegen, desto vielfältiger werden die Schwierigkeiten, mit denen wir es bezüglich dieser Konzeptualisierungen zu tun bekommen. Dies betrifft sowohl das Verständnis von Störungsbildern als auch den Behandlungsprozess. Doch trotz weithin anerkannter therapeutischer Fehler haben Trieb- und Objektbeziehungskonflikte ihre enorme Anziehungskraft behalten und dienen weiterhin als vereinheitlichte psychopathologische Matrix. (Um diese beizubehalten, wurden signifikante Veränderungen in der Definition des Konflikt-Begriffs vorgenommen [s. hierzu Sandler 1974; 1976; Wallerstein 1981].)

Die Selbstpsychologie im weiteren Sinne, mit dem übergeordneten bipolaren Selbst als Kernkonstrukt, kann nun das gesamte psychopathologische Spektrum abdecken. Auf psychoanalytischer Ebene geht es um jene Bereiche, die eine anhaltende und kohäsive archaische oder ödipale Selbstobjektübertragung mobilisieren können. Psychotherapeutisch gesehen ist diese Möglichkeit nicht vorhanden, wenngleich es trotzdem zu Übertragungsreaktionen gleicher Qualität und gleichen Inhalts kommt. Konzeptuell wiederum bietet die Selbstpsychologie eine alternative einheitliche Matrix psychopathologischer Erscheinungsformen, die den Weg für weitere empirische Forschungen ebnet.

Zur Beschaffenheit der Selbstpathologie im bipolaren Selbst

Der folgende Überblick über Struktur und Funktion des bipolaren Selbst soll eine kurze und schematische Zusammenfassung primärer und sekundärer Selbstpathologie bieten. Das Konzept des bipolaren Selbst war implizit von Anfang an in der Selbstpsychologie enthalten (Kohut 1966; 1968; 1971). Die drei Hauptgruppen an Übertragungsmanifestationen entsprechen den verschiedenen Quellen der drei Formationen des sich entwickelnden Selbst (s. Abb. 5.1-1).
- Das **grandios-exhibitionistische Selbst** entspringt der Matrix des spiegelnden Selbstobjekts und konstituiert den Pol selbstbehauptender Ambitionen. Diese Entwicklungslinie mündet in den Aufbau einer relativ unabhängigen Selbst-

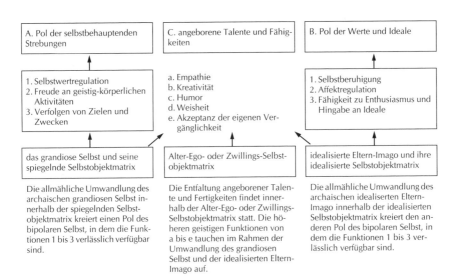

Abb. 5.1-1: Struktur und Funktionen des übergeordneten bipolaren Selbst (normale Entwicklung) (mod. n. Ornstein u. Kay 1990).

wertregulierung, in die Fähigkeit, körperliche und geistige Aktivitäten zu genießen, bestimmte Ziele zu verfolgen oder nach Macht und Erfolg zu streben.
- Die **idealisierte Eltern-Imago** entwickelt sich innerhalb der Matrix ihrer idealisierten Selbstobjekte und konstituiert den Pol internalisierter Werte, Ziele und Ideale. Diese Entwicklungslinie mündet in die Fähigkeit zur Selbstberuhigung sowie in die Idealisierung internalisierter Ziele und Werte, denen eine stärkende Rolle innerhalb dieses Selbstpols zugeschrieben wird.
- Der Spannungsbogen zwischen Ambitionen und Idealen enthält als strukturellen Zwischenbereich angeborene Talente und Fähigkeiten. Wenn dieser Zwischenbereich in der Entwicklung geschädigt ist und ein Selbstobjekt sucht, was die tröstende Erfahrung essenzieller Ähnlichkeit ermöglicht, dann entwickelt sich auf dieser Grundlage das Bedürfnis nach Zugehörigkeit und Gleichsein (**Alter Ego**).

Die entwicklungspsychologischen Transformationen des grandios-exhibitionistischen Selbst und der idealisierten Eltern-Imago fördern auch höhere geistige Funktionen wie Empathie, Humor, Kreativität und Weisheit. Die unvermeidliche Spannung zwischen Ambitionen und Idealen aktiviert angeborene Talente und Fähigkeiten, ein struktureller Zwischenbereich zwischen beiden Polen, um die Realisierung des inneren Lebensplanes im Kern-Selbst zu ermöglichen. Dazu Kohut und Wolf:

»Hat sich das Selbst im Zusammenspiel von angeborenen und umweltbedingten Faktoren herauskristallisiert, strebt es danach, sein eigenes spezifisches Handlungsprogramm zu verwirklichen – ein Programm, das durch spezifische intrinsische Muster seiner konstituierenden Ambitionen, Ziele, Fähigkeiten und Talente sowie durch die Spannung zwischen diesen einzelnen Bereichen bestimmt wird. Die Muster an Ambitionen, Fähigkeiten und Zielsetzungen, die Spannung zwischen diesen Faktoren, das Handlungsprogramm, das sie schaffen, und die Aktivitäten, die nach Verwirklichung dieses Programms streben, werden allesamt als in Zeit und Raum überdauernd erlebt – sie konstituieren das Selbst, ein unabhängiges Zentrum, das von sich aus initiativ wird und Eindrücke aufnimmt.« (Kohut u. Wolf 1978, S. 414)

Steht eine dieser Funktionen oder eine Kombination davon dem Selbst nur in rudimentärer Form zur Verfügung, kann es zu einer umschriebenen und milden oder aber zu einer umfassenderen und schwerwiegenderen defizitären Entwicklung kommen. Es entsteht eine Vielzahl an Abwehrstrukturen, die die Leere und die tiefer liegenden strukturellen Defekte überdecken. Zuweilen betrifft der strukturelle Defekt besonders einen Pol, doch in der Regel ist eine schwere primäre Selbstpathologie die Folge von Defiziten an beiden Polen (s. Abb. 5.1-2).

5.1 Zur psychoanalytischen Psychotherapie

A. Pol der selbstbehauptenden Strebungen		B. Pol der Werte und Ideale

A-Seite:
1. Selbstwertmangel und Defizit in der Selbstwertregulation – Unzulänglichkeitsgefühle und ständiges Bedürfnis nach Rückversicherung
2. Unfähigkeit zur Freude an geistig-seelischen Aktivitäten – Gefühle von Leere und Verzweiflung
3. Unfähigkeit zum stetigen Verfolgen von Zielen und Zwecken – Gefühle von Bedeutungslosigkeit und Zwecklosigkeit im Leben

Unverfügbarkeit oder Unzulänglichkeit der Spiegelung des grandiosen Selbst innerhalb der spiegelnden Selbstobjektmatrix und resultierende Unzulänglichkeiten oder Defekte an diesem Pol des bipolaren Selbst

Im Behandlungsprozess führen diese Unzulänglichkeiten zu der Entwicklung einer Spiegelübertragung und zum verspäteten Erwerb dieser fehlenden psychischen Strukturen des bipolaren Selbst.

C. angeborene Talente und Fähigkeiten

Mangel oder Defizit an
a. Empathie
b. Kreativität
c. Humor
d. Weisheit
e. Akzeptanz der eigenen Vergänglichkeit

Unverfügbarkeit oder Unzulänglichkeit der Unterstützung in der Alter-Ego- oder Zwillings-Selbstobjektmatrix

Im Behandlungsprozess führen diese Unzulänglichkeiten zu der Entwicklung einer Alter-Ego-Übertragung oder Zwillingsübertragung und zur verspäteten Entfaltung angeborener Talente und Fertigkeiten.

B-Seite:
1. Defizit in der oder Unfähigkeit zur Selbstberuhigung
2. Defizit in der oder Unfähigkeit zur Selbstregulation, ausgedrückt durch unkontrolliertes Getriebensein in Abhängigkeiten
3. Unfähigkeit, für etwas begeistert zu sein, Interesse in das Verfolgen von Idealen zu investieren und sich voll und ganz dafür einzusetzen

Unverfügbarkeit idealisierter Selbstobjekte oder frühe und massive traumatische Enttäuschung durch sie, mit der Folge einer unzulänglichen Umwandlung archaischer Idealisierungen in internalisierte Werte und stabile Ideale

Im Behandlungsprozess führen diese Unzulänglichkeiten zu der Entwicklung einer idealisierenden Übertragung und zum verspäteten Erwerb dieser fehlenden psychischen Strukturen des bipolaren Selbst.

Abb. 5.1-2: Struktur und Funktionen des übergeordneten bipolaren Selbst (unzulängliche oder entgleiste Entwicklung) (mod. n. Ornstein u. Kay 1990).

Erlangt das bipolare Kern-Selbst Kohäsion, Kraft und Vitalität im Verhältnis zu den spiegelnden und idealisierten Selbstobjekten, entwickeln sich primäre Strukturen im Selbst. Wird jedoch eine solch geglückte Entwicklung in der einen oder anderen Form vereitelt, bilden sich vielfältigste Abwehrstrukturen, die die darunter liegenden Defizite überdecken. Gelingt es jedoch dem Kind, dessen Bedürfnisse in der ursprünglichen spiegelnden Selbstobjektmatrix nicht erfüllt worden waren, sich dem idealisierten Selbstobjekt zuzuwenden, so birgt dies die Chance, **kompensatorische Strukturen** an zumindest einem der beiden Selbstpole auszubilden. Das Gleiche gilt für frühere und spätere Idealisierungen. Jedes kohäsive Selbst vereinigt in sich unweigerlich eine Kombination aus primären kompensatorischen Strukturen und sogar Abwehrstrukturen. Je weniger Abwehrstrukturen vorhanden sind, desto effektiver kann die Kohäsion der primären und kompensatorischen Strukturen aufrechterhalten werden und somit die funktionale Integrität des Selbst sichern.

Selbst wenn die ödipale Entwicklungsphase mit einer Mischung aus primären und kompensatorischen Strukturen (ein einigermaßen kohäsives bipolares Selbst) erreicht wird, so können unangemessene oder falsche Reaktionen oder aber aktiv zugefügte Traumatisierungen die weitere strukturelle Differenzierung des Selbst unterminieren. Ein Selbst, das in seinen ödipalen Strebungen durch einen Mangel an angemessener Spiegelung und Akzeptanz oder aber durch die Unerreichbarkeit idealisierter ödipaler Selbstobjekte beeinträchtigt wird, kann sekundär in ödipale Konflikte verstrickt werden, die ihrerseits die Entwicklung selbstbehauptender Aggression hemmen, die tatsächliche Umsetzung von Talenten und Fähigkeiten blockieren und die nötige Konsolidierung von Werten und Idealen stören, was ein Selbst ohne innere Stärke an einem oder beiden Polen zurücklässt.

Kohut und Wolf (1978) haben die wesentlichen Merkmale sowie die Ätiologie und Pathogenese primärer und sekundärer Selbststörungen anhand sehr konkreter und relevanter klinischer Falldarstellungen zusammengefasst. So beschreiben sie verschiedene klinische Konfigurationen von Selbststörungen, wie zum Beispiel das »unterstimulierte Selbst«, das »fragmentierte Selbst«, das »überstimulierte Selbst« und das »überforderte Selbst«. Im Rahmen psychoanalytischer Charakterkunde wiederum sprechen sie von »Spiegel-«, »Ideal-«, »Verschmelzungs-« und »Alter-Ego-hungrigen« oder aber »kontaktscheuen« Persönlichkeiten, die sie aus spezifischen Selbstobjektübertragungskonfigurationen ableiten. Abgesehen von der Eindringlichkeit der Beschreibungen selbst erhöht die klare Übertragungsgrundlage dieser Persönlichkeitstypen, auf die man in der Psychoanalyse trifft, die Möglichkeit therapeutischer Einflussnahme – ein Merkmal, das in der psychoanalytischen Charakterkunde häufig fehlt.

Behandlungstechnik und therapeutischer Prozess: eine Falldarstellung

Anstelle einer Beschreibung der technischen Prinzipien in der Behandlung von narzisstischen Verhaltens- und Persönlichkeitsstörungen, die bereits Kohut und Wolf (1978) so prägnant zusammengefasst haben, möchte ich im Folgenden eine klinische Vignette aus einer Langzeitpsychotherapie vorstellen. Keine Falldarstellung, und mag sie in noch so verdichteter Form vorliegen, vermag alle potenziellen Konfigurationen der zugrunde liegenden Pathologie bzw. des Behandlungsprozesses illustrieren. Meine Absicht ist es an dieser Stelle, deutlich zu machen, wie sich unsere Art und Weise des Zuhörens und des Beobachtens grundlegend verändert hat. Dadurch wurde es möglich, neues empirisches Material zu gewinnen und älteres einer Neubewertung zu unterziehen. Es werden bestimmte Aspekte einer Selbstobjektübertragung sichtbar, in deren Rahmen ehemals verhinderte Entwicklungsbedürfnisse freigelegt werden konnten, um nachträglichem Wachstum und Nachreifung Platz zu machen.

Fallbeispiel

Mrs. B. war eine 28-jährige verheiratete Frau, als sie zur Behandlung kam, weil sie fürchtete, ihre beiden kleinen Kinder ernsthaft zu verletzen. In ihren unkontrollierbaren Wutausbrüchen – die auch durch relative Kleinigkeiten ausgelöst werden konnten – schlug sie die Kinder wiederholt heftig. Im Laufe einer dreijährigen Behandlungsphase kam es zu einer sichtlichen Besserung dieses spezifischen Symptoms. Nichtsdestotrotz änderte dies nichts an ihrem lebenslangen und tiefen Gefühl der »Schlechtigkeit«.

Mrs. B. hatte eine Geschichte schweren »masochistischen« Agierens. Aktiv hatte sie immer wieder Situationen geschaffen, in denen sie körperlich litt (z. B. im Winter bei weit geöffnetem Fenster geschlafen, was unweigerlich zur Unterkühlung führte), oder aber andere Dinge getan, die von außen wie eine Selbstbestrafung anmuten. In ihrer Vorgeschichte gab es wiederholte Phasen schwerer depressiver Verstimmung sowie Hospitalisierungen nach Suizidversuchen. Nichts von alledem war jedoch bis zu ihrem dritten Behandlungsjahr aufgetreten, bis ihre Therapeutin eine vierwöchige Therapiepause plante, um sich einer Operation zu unterziehen. Die Patientin war darüber weit im Voraus informiert worden.

Mrs. B. unternahm einen Suizidversuch, den sie mit ihrer Angst begründete, in Zukunft die Therapeutin von sich abhängig zu sehen, anstatt selbst von der Therapeutin abhängig sein zu können. Ein Zustand, der sich ihr zufolge in all ihren Freundschaften einstellte – immer war sie diejenige, die am Ende für alle sorgen musste.

Die Therapeutin hatte die Vermutung, dass die Mutter der Patientin womöglich psychotisch gewesen war. Sie selbst war nicht fähig, starke Affekte auszuhalten, weder bei sich selbst noch bei ihren Kindern. Wenn sie sich ärgerte, zog sie sich häufig zurück, um sich in der Kleiderkammer einzuschließen. Mrs. B. hatte sich selbst als zurückgezogenes und unglückliches Kind in Erinnerung. Im Alter von vier oder fünf Jahren sei sie einmal in ihr Zimmer gegangen und habe ihren Kopf auf den Boden geschlagen.

In ihrer Falldarstellung klang die Therapeutin frustriert. Das Problem war ganz offenkundig vielschichtig: Masochismus, Depression, Suizidalität. Besonders in Sorge war die Therapeutin darüber, dass Depression und Suizidalität der Patientin auch nach Wiederaufnahme der Therapie unverändert andauerten und es ihr nicht gelang, die Patientin in der Übertragung in Kontakt mit ihrer verdrängten Wut zu bringen. Sie betrachtete dies als wesentlich, um weitere Suizidversuche zu verhindern. Die Patientin wiederum betonte, sich keineswegs wütend, sondern eher hilflos zu fühlen, was sie mit ihrer Angst in Verbindung brachte, dass die Therapeutin nicht mehr für sie da sein würde und stattdessen sie selbst für die Therapeutin sorgen müsste.

Die Position der Therapeutin, dass es wichtig für Mrs. B. sei, ihrer Wut ins Gesicht zu blicken, war entscheidend für die Atmosphäre und den Fortgang der Behandlung. Indem sie in ihrer Deutung die Wut der Patientin betonte, unterstrich die Therapeutin ihre Auffassung, wonach verdrängte Wut verantwortlich war für den schweren Masochismus der Patientin, ihre Wutausbrüche und nunmehr ihren Suizidversuch. Die Therapeutin war entschlossen, diesen unbewussten Affekt bewusst zu machen, da sie eine weitere Wendung gegen das eigene Selbst und ein Ausagieren fürchtete, solange er unbewusst blieb. Als die Patientin nicht positiv auf diese Deutungen ansprach, verstand die Therapeutin dies als irreparablen Bruch im therapeutischen Arbeitsbündnis. Besorgtheit und Verwirrung aufseiten der Therapeutin nahmen noch zu, als die Patientin einige Zeit später offen ihrer Wut Ausdruck verleihen konnte und sich hochmütig zurückzog, Depression, Hilflosigkeit und Suizidgedanken jedoch unverändert bestehen blieben.

Der Supervisor, der zu jenem Zeitpunkt das erste Mal konsultiert wurde, verstand die Situation anders. Wut und emotionaler Rückzug der Patientin seien nicht Ausdruck eines Bruchs des therapeutischen Arbeitsbündnisses, sondern einer Störung einer bis dahin stabilen, einigermaßen sicheren, schützenden und stärkenden Beziehung mit einer mächtigen, »Felsen-von-Gibraltar-ähnlichen« und relativ verfügbaren Therapeutin. Wir könnten dies als »stille Verschmelzung mit einem idealisierten Selbstobjekt« bezeichnen, die unbemerkt geblieben und daher nicht systematisch gedeutet worden war. Die herkömmlichen Schwankungen und relativ geringfügigen Übertragungsirritationen vor dem chirurgischen Eingriff hatten die Patientin nicht in ihrer Fähigkeit beeinträchtigt, ihre Therapeutin als emotional verfügbar zu erleben. Deren Erkrankung und einmonatige Abwesenheit erwiesen sich jedoch als gewichtige Störung. Die Patientin reagierte zunächst mit Hilflosigkeit, dann mit Enttäuschung und Wut angesichts des traumatischen Verlustes einer »starken und vollkommenen« Therapeutin. Die Therapeutin wurde zur »kranken Mutter«, auf die sich die Patientin nicht verlassen konnte. Vielmehr antizipierte sie, dass sie nunmehr für die Bedürfnisse der Therapeutin verantwortlich sei.

5.1 Zur psychoanalytischen Psychotherapie

Obwohl sich in der Erkrankung und Abwesenheit der Therapeutin ein Kindheitstrauma der Patientin wiederholte, muss doch festgehalten werden, dass ihre Reaktion auf die Therapeutin keine Wiederholung des Verhaltens in der Kindheit war. Als Kind hatte sie die Mutter vor ihren wütenden Reaktionen geschützt und sich durch Rückzug in Isolation und Einsamkeit unbedeutend gemacht. Mit ihrem Kopf auf den Boden zu schlagen diente der Selbststimulierung und Beruhigung angesichts ihres Gefühls, von der Mutter abgeschnitten zu sein. Als es ihr schließlich gelang, ihrer Wut offen Ausdruck zu verleihen, entsprach dies einem Ungeschehenmachen der Kindheitslösung. Die Patientin konnte ihre Wut zeigen, weil sich in den drei Jahren psychotherapeutischer Behandlung ein Gefühl der Sicherheit entwickelt und einige Zeit nach der Rückkehr der Therapeutin aus dem Krankenhaus wieder eingestellt hatte.

Die Aufgabe der Therapeutin bestand nun darin, solche rekonstruktive Deutungen anzubieten, die die Wut, Hilflosigkeit und Verzweiflung der Patientin sowohl in den aktuellen Übertragungsbezug als auch in den entsprechenden genetischen Kontext holte. Ich betone an dieser Stelle die Unterscheidung zwischen Übertragung und genetischem Kontext, um aufzuzeigen, dass es sich bei der Übertragung nicht einfach um eine bloße Wiederholung der Vergangenheit handelt. Während die Abwesenheit der Therapeutin in der Patientin Affekte wiederbelebte, die mit der Vulnerabilität und emotionalen Unzugänglichkeit der Mutter in Zusammenhang standen, ging die Reaktion der Patientin über ihr Verhalten in der Kindheit hinaus. Nunmehr konnte sie Wut und Enttäuschung über die Therapeutin frei ausdrücken. Damit gab sie auch ihr verzweifeltes Bemühen zu verstehen, mit der »absoluten Vollkommenheit« der Therapeutin in Kontakt bleiben zu müssen, um Lebendigkeit und Kraft ihres eigenen psychischen Funktionierens zurückzugewinnen und sicherzustellen.

Die Deutung des Bruchs in der Verschmelzungsübertragung und die Reaktionen der Patientin auf diese Deutungen umfassten auch die Rekonstruktion der ursprünglichen Umstände, unter denen die Patientin als Kind ihre Wut nicht hatte ausdrücken können, ohne eine weitere Isolierung von der Mutter zu riskieren. Wenn man die Phasenadäquatheit und Berechtigung von Wut und Angst in der Übertragung hervorhebt, so hilft dies dem Patienten in der Regel, das legitime kindliche Bedürfnis nach einer annehmenden und responsiven Umwelt zu akzeptieren. Anstatt das eigene wütende (und schlechte) Kindheits-Selbst zu verachten, kann die Patientin nunmehr die frustrierten kindlichen Bedürfnisse nach unbedingter Akzeptanz innerhalb der Therapeut-Patient-Beziehung akzeptieren. Mithilfe empathischer rekonstruktiver Deutungen kann die Patientin auch lernen, die Grenzen einer »vollkommenen« Therapeutin sowie letztlich einer unvollkommenen Umwelt zu akzeptieren. Wenn man den Patienten zu früh abverlangt, die Grenzen ihrer ursprünglichen Umwelt anzuerkennen, so beraubt man sie der Möglichkeit, ihre kindlichen Wünsche im Rahmen der therapeutischen Beziehung zu erleben. Die durch rekonstruktive Deutungen vermittelte Empathie des Therapeuten angesichts des wütenden und ängstlichen Kindes im erwachsenen Patienten mündet in Einsichten, auf deren Grundlage der Patient selbst Empathie gegenüber seiner ursprünglichen Umwelt und seinem Kindheits-Selbst entwickeln kann.

Eine Bewertung dieses therapeutischen Ansatzes

Dieses therapeutische Vorgehen muss ganz klar von der Haltung unterschieden werden, mit der sich ein Therapeut auf das so genannte therapeutische Arbeitsbündnis verlässt, um Aufrechterhaltung und Durcharbeiten der Übertragung zu ermöglichen. Das Konzept des therapeutischen Arbeitsbündnisses scheint vorauszusetzen, dass der Patient erwachsene Ich-Fähigkeiten übernimmt, zwischen Vergangenheit und Gegenwart zu unterscheiden vermag, um anschließend die Übertragungsverzerrungen aufzulösen, die sich unweigerlich in den Behandlungsprozess einschleichen. Von dieser Perspektive aus betrachtet, versuchen Therapeuten in der Regel, den Druck oder den Bruch im therapeutischen Arbeitsbündnis zu lindern bzw. zu kitten, indem sie die »reale Beziehung« fördern. Sie verändern ihr eigenes Verhalten oder führen die aktuelle, außerhalb des Selbsterlebens des Patienten liegende Realität ein, oder sie tun beides. Dem wäre als Alternative, die empirisch überprüft und verifiziert werden müsste, vorzuziehen, rekonstruktive Deutungen jener situativen Umstände anzubieten, die die Störung in der Selbstobjektübertragung bewirkten. Ein solches deutendes Vorgehen würde dem Patienten nicht nur bei der kognitiven Durchdringung und Einsichtgewinnung helfen, sondern auch den Aufbau neuer psychischer Strukturen via umwandelnder Verinnerlichung erleichtern. Genau hier liegt der verbesserte therapeutische Nutzen dieses Vorgehens.

Wenn wir Mrs. B.s Behandlungserfahrung betrachten, so würde unsere herkömmliche Auffassung lauten, dass es uns gelungen ist, Aspekte ihrer zentralen Psychopathologie wiederzubeleben, insbesondere die verzerrte Wahrnehmung, dass die Therapeutin emotional genauso unerreichbar geworden sei wie ursprünglich die Mutter. Wir sind daran gewöhnt, unsere Aufmerksamkeit mehr darauf zu richten, was wir als Wiederholung erleben, und nicht so sehr darauf, was als Versuch eines Neubeginns in der Übertragung gewertet werden könnte. Doch können wir Mrs. B.s Übertragung auch als womöglich noch viel stärkere Wiederbelebung ihres verhinderten Bedürfnisses nach Wachstum sehen? Genauer gefragt: Können wir erkennen, dass ihr Erleben eines verbesserten psychischen Funktionierens in einer relativ ungestörten Verschmelzung mit der Stärke und Macht der Therapeutin ihre wiederbelebte Fähigkeit ausdrückt, still das von ihrer Selbstobjekt-Therapeutin zu leihen, was sie in ihrer Kindheit nicht bekommen bzw. entwickeln konnte? Und folgt daraus nicht, dass es sich bei ihrer Depression, Hilflosigkeit und Suizidalität um eine Folge des traumatischen Bruchs dieser Selbstobjektübertragung handelte, der das ursprüngliche Trauma mit ihrer Mutter wiederholte?

Die Antworten auf diese Fragen führen uns zu einer tiefer gehenden Betrachtung der Psychopathologie der Patientin. Masochismus und Depression erscheinen nun in einem anderen Licht. Mrs. B.s Kindheitslösung angesichts der emotionalen Unzugänglichkeit und unerträglichen Erregungszustände ihrer Mutter bestand darin, still zu leiden und sich von ihr zurückzuziehen. Anstatt die Tochter zu beruhigen, machte die Mutter alles nur noch schlimmer, indem sie sich wiederum von ihrem Kind zurückzog, wenn dieses sie am dringendsten brauchte. Mrs. B.s stiller Rückzug und einsames Kopfschlagen zur Selbststimulierung waren ihre kindlichen Reaktionen darauf, sich von einem verzweifelt gebrauchten Selbstobjekt abgeschnitten zu fühlen. In der Übertragung konnte dies langsam überwunden werden, indem man sich darauf konzentrierte, was als neue Form der Bezugnahme auftauchte, anstatt primär oder ausschließlich den Wiederholungscharakter in der Übertragung zu betonen. Es gelang der Patientin zunehmend, ihrem Ärger in der Übertragung Ausdruck zu verleihen, um damit auf die verschiedenen und wiederholten Übertragungsirritationen zu reagieren. Auf diese Weise knüpfte sie eine lebendige und intensive, wenngleich von Ärger getönte Bindung zwischen sich und der Therapeutin – was den Versuch widerspiegelte, ein unterbrochenes psychisches Wachstum in der Übertragung wiederaufzunehmen.

Psychisches Wachstum und Strukturaufbau in der Kindheit sowie in Psychotherapie und Psychoanalyse sind nur im Rahmen einer einfühlsam reagierenden Selbstobjektumgebung möglich. Wenn im Laufe der Behandlung Störungen in der stillen Verschmelzung mit dem idealisierten Therapeuten Wut und destruktive Gefühle oder Phantasien nach sich ziehen, so erlebt der Patient den Therapeuten doch anders als sein ursprüngliches Selbstobjekt, die Mutter. Wenn der Therapeut in der Lage ist, sich eben nicht als Ziel der Angriffe des Patienten zu erleben, sondern stattdessen seine Aufmerksamkeit weiterhin auf das subjektive Erleben des Patienten zu richten, so wird er eine rekonstruktive Deutung anbieten können, die die Wut des Patienten als innerhalb der Übertragung gerechtfertigt erscheinen lässt. Eine solche Deutung trägt dann nicht nur zur Wiederherstellung der Verschmelzungsübertragung bei, sondern hilft dem Patienten auch, die Forderungen seines Kindheits-Selbst anzunehmen.

So können wir nun fragen: Welche Aspekte unserer Übertragungskonzepte und psychopathologischen Konzepte und welche Aspekte unserer Behandlungstechnik haben uns daran gehindert, die Existenz und Bedeutung dieses unauslöschlichen Entwicklungsschubs und Bedürfnisses nach Vervollständigung eines entgleisten oder unterbrochenen Wachstumsprozesses zu erkennen? Könnte es unsere Betonung der wahllosen Wiederholungen und Verzerrungen in der Übertragung bzw. der Unangemessenheit dieser Reaktionen gewesen sein, mit anderen Worten: unser nahezu ausschließlich auf die Pathologie gerichteter Fokus? Könnten diese Aspekte unseren Blick verstellt und uns daran gehindert haben, die Bedeutung und Funktion des vereitelten Wachstumsbedürfnisses als Motor von Selbstobjektübertragungen und der therapeutischen Arbeit daran angemessen wertzuschätzen? Das Bedürfnis, offene Prozesse psychischen Wachstums und Reifens abzuschließen, ist eine sehr viel stärkere Kraft und Verbündete in der Therapie, als wir bislang in der Lage waren zu erkennen. Haben wir womöglich fälschlicherweise angenommen, dass Wiederholungen unvermeidbar seien und wir jeder neuen Situation mit unserem Repertoire an alten Bewältigungsmechanismen begegnen? Haben wir daraus fälschlicherweise auf ein ubiquitäres, schwer zu widerlegendes Bedürfnis nach Wiederholung geschlossen? Könnte uns dies weniger empfänglich für eine tiefer liegende »Wiederholungsangst« und die unablässige Suche nach einem Neubeginn gemacht haben? Ist es denkbar, so könnten wir uns schließlich fragen, dass wir jene Fälle verallgemeinert haben, in denen ausgeklügelte archaische Abwehrstrukturen es fortlaufend schwierig oder unmöglich für den Patienten machen, die Empathie des Analytikers anzunehmen und zu gebrauchen und somit den Entwicklungsstillstand aufzuheben?

Ich selbst würde alle diese Fragen mit einem »Ja« beantworten. Die Deutung sollte sich darauf konzentrieren, was der Patient sucht (was von außen als bloße Wiederholung der Vergangenheit anmuten mag), darauf, was das psychische Wachstum ursprünglich und traumatisch unterbrochen hat und was dessen Wiederaufnahme in der Übertragung blockieren könnte. Ein solcher Fokus würde letztlich in eine mehr oder weniger ausgedehnte Wiederbelebung traumatisch frustrierter Kindheitsbedürfnisse münden und eine nachträgliche Möglichkeit zur strukturellen Weiterentwicklung zwischen den beiden Polen des bipolaren Selbst darstellen.

Schlussfolgerungen und Weiterentwicklungen

Diese entscheidende Veränderung in unserer Art des Zuhörens und Beobachtens führt zu einem anhaltenden empathischen Eintauchen in die Übertragungserfahrungen des Patienten und erlaubt daher, seine innere Welt konsequent im Zentrum der Aufmerksamkeit zu halten. Therapeutisches Arbeiten besteht dann darin, auszusprechen, was im Rahmen der Behandlungssituation wahrgenommen wird – also zu verstehen und zu erklären, ein Vorgehen, das wir gemeinhin als »Deuten« bezeichnen (Ornstein u. Ornstein 2001a; 2001b). Die daraus spontan entstehenden pathognomischen Selbstobjektübertragungen setzen eine Wiederbelebung spezifischer und traumatisch unterbrochener Wachstumsprozesse in

5.1 Zur psychoanalytischen Psychotherapie

Gang. Kohut und Wolf haben klar und unmissverständlich die Kernpunkte psychoanalytischer Behandlungstechnik im Falle primärer Selbstpathologie zusammengefasst:

»Eine fehlerhafte Interaktion zwischen dem Kind und seinen Selbstobjekten mündet in ein beschädigtes Selbst – entweder ein Selbst, das diffus beeinträchtigt ist, oder aber ein Selbst, das ernsten Schaden in der einen oder anderen Form davongetragen hat. Kommt ein Patient mit einem beschädigten Selbst in psychoanalytische Behandlung, reaktiviert er die spezifischen Entwicklungsbedürfnisse, die in der fehlerhaften Interaktion zwischen dem entstehenden Selbst und den Selbstobjekten der frühen Jahre unbeantwortet geblieben sind – und etabliert so eine Selbstobjektübertragung.« (Kohut u. Wolf 1978, S. 414)

Auf der Basis von Kohuts ursprünglichen Ideen hat sich die Selbstpsychologie in verschiedene Richtungen weiterentwickelt und dabei insbesondere neuere Befunde der Entwicklungspsychologie und Neurobiologie wie keine andere psychoanalytische Richtung integriert.

Unter Bezug auf die Bedeutung von Kompetenzerleben und Bindungssicherheit, beides wesentliche Konzepte aus der empirischen Entwicklungspsychologie, haben sich viele Hinweise ergeben, die nahe legen, dass narzisstische Störungen in besonderem Maße mit ungenügender Kompetenzerfahrung und fehlender liebevoller Anerkennung der eigenen Individualität sowie mangelnder Bindungssicherheit zu tun haben. Die Entwicklung eines unsicheren Bindungsmusters steht dabei mit dem oben erwähnten Pol der idealisierten Eltern-Imago in Verbindung, Erfahrungen ungenügender Kompetenz mit dem grandios-exhibitionistischen Pol des Selbst und in beiden Fällen mit mangelhaften Selbstobjekterfahrungen an diesen Polen des sich entwickelnden Selbst.

Die Entwicklung des Selbstgefühls ist durch verschiedene Untersuchungen von Lichtenberg (1983), Stern (1985) und Sander (1983) genauer beschrieben worden (Übersicht bei Lichtenberg 2000). Auch Empathie setzt bestimmte entwicklungspsychologische Erfahrungen voraus und taucht mit ca. 18 bis 24 Monaten als Möglichkeit auf (Bischof-Köhler 2000).

Die Behandlungstechnik Kohuts ist stark von seinen entwicklungspsychologischen Annahmen geprägt. Insofern sind Modifizierungen aufgrund der Ergebnisse der Säuglings- und Kleinkindforschung in der postkohutianischen Selbstpsychologie gut nachvollziehbar. Die Selbstentwicklung (und die Entstehung eines Selbstdefekts) wird im Wesentlichen als abhängig vom Verhalten der primären Bezugspersonen betrachtet. Das Selbst entsteht in einem Prozess wechselseitiger Interaktionsregulierung (Beebe u. Lachmann 1994; 2002), und diese ist für eine stabile Selbststruktur von größerer Bedeutung als Konflikte. Insofern ist Selbstregulation eingebettet in eine Theorie der Intersubjektivität, die auch den psychotherapeutischen Prozess betrifft (Beebe et al. 2003). Eine der heutigen relevanten Gruppierungen innerhalb der Selbstpsychologie stellen deshalb die

»Intersubjektivisten« (z. B. Stolorow et al. 1987) dar. Vor allem Lichtenberg (1983; 1989) und Lichtenberg, Lachmann und Fosshage (1992) haben neben Lachmann und Beebe (1995) bzw. Beebe und Lachmann (1994; 2002) Ergebnisse der neueren Säuglings- und Kleinkindforschung in die Selbstpsychologie integriert. Dies hat zur Entwicklung der funktional-motivationalen Systeme bei Lichtenberg (1989) und zur Konzeption eines systemtheoretisch begründeten Interaktionsmodells zwischen Mutter und Kind geführt, welches auf die Erwachsenenbehandlungen übertragen werden kann. Köhler (1998b) hat besonders die Ergebnisse der Bindungsforschung aufgegriffen. Insofern ist die postkohutianische Selbstpsychologie angewandte Entwicklungspsychologie.

Die psychoanalytische Selbstpsychologie wird natürlich, was nicht weiter verwundert, auch von zeitgenössischen philosophischen Strömungen erfasst. Im Besonderen wirkt sich dies in einer größeren Bedeutung der Intersubjektivitätstheorien (z. B. Orange et al. 1997; Orange 1995) in der Selbstpsychologie aus, aber auch in Form der Berücksichtigung systemtheoretischer Gesichtspunkte (z. B. Lichtenberg 1989; Beebe et al. 1992). Frühere lineare Subjektmodelle werden zum Teil abgelöst durch mehrdimensionale, durch nonlineare Prozesse gekennzeichnete Vorstellungen über die Abläufe im psychischen Raum. Anstelle des ursprünglichen psychoanalytischen Kernprozesses der Umformung unbewusster Phantasie in Einsicht wird in der postmodernen Psychoanalyse der Entwicklung persönlicher Bedeutung und intersubjektivem Verstehen viel größere Aufmerksamkeit geschenkt. In der Folge geht es dann eher um eine gemeinsame Konstruktion (zwischen Patient und Therapeut) des Bewussten (Spezzano 1996) bzw. um dyadische Bewusstseinszustände (Tronick 1998). Der Einfluss postmoderner philosophischer Auffassungen zeigt sich auch in der wachsenden Bedeutung, die präverbalen Erfahrungsweisen im Unterschied zur klassisch privilegierten Bedeutung der Sprache und der Vernunft in der Psychoanalyse zugebilligt werden.

Schließlich wird in den letzten Jahren sogar der einheitliche Begriff des Selbst negiert, indem verschiedene Selbste im Individuum als parallel existent angenommen werden. Das bisherige Subjektkonzept wird abgelöst durch eine multidimensionale Subjektvorstellung ohne Zentrum und ohne hierarchische Organisation. Therapeutisch wird dies auch in der postkohutianischen Selbstpsychologie aufgegriffen (Ringstrom 2000).

Neurowissenschaftliche Ergebnisse und Überlegungen haben ebenfalls schon früh das Interesse selbstpsychologisch orientierter Psychoanalytiker gefunden (Basch 1988; 1992). Die Basis für Baschs Verständnis psychischer Störungen ist sein Modell eines Feedback-Prozesses im Gehirn. Ausgangspunkt dieses Feedback-Systems sind Erwartungsmuster, die mit der Information aus dem Sensorium verglichen werden und bei signifikanter Abweichung zu einem Fehlersignal führen. Das Gehirn trifft dann aufgrund seiner erworbenen Verhaltensprogramme eine Entscheidung in Richtung Fehlerkorrektur. Es entsteht eine entsprechende Veränderung der sensorischen Information, mit nachfolgendem Mustervergleich usw. Es handelt sich also um eine Feedback-Schleife zur ständigen Zielüberprüfung im Hinblick auf die Übereinstimmung mit den jeweiligen Erwartungsmustern. Unter normalen Umständen ist dieses System offen und kann sich auf neue Situationen einstellen. Psychopathologische Veränderungen führen jedoch zu geschlossenen Systemen mit der Folge, dass nur noch wenig Anpassung an geänderte Realität möglich ist.

Meares (1995) integriert Ergebnisse der modernen Gedächtnisforschung. Er sieht die wesentliche therapeutische Aufgabe darin, invariante Organisationsprinzipien des Selbst wieder in den normalen Fluss bewusster Erinnerungen und damit in das episodische Gedächtnis zu integrieren. Überdies wird die Gedächtnisleistung heutzutage – ganz im Sinne eines selbstpsychologischen Verständnisses – als Folge aktiver Anpassung an frühere Erfahrungen durch Integration vergangener und gegenwärtiger Erfahrungen im Dienst eines sich ständig weiterentwickelnden Selbst betrachtet (Neisser u. Fivush 1994).

Auch lässt sich mittels neurowissenschaftlicher Ergebnisse Empathie biologisch begründen. Dimberg et al. (2002) zeigten bei Anwendung subliminaler Stimulation über Darbietung von menschlichen Gesichtsausdrücken, dass beim Betrachter unwillkürliche mimische Resonanz- bzw. Imitationsphänomene auftreten, die den dargebotenen Gesichtsausdrücken affektiv entsprechen. Darüber hinaus sind wir hinsichtlich des optischen Erkennens von Gesichtsausdrücken in unserem Gehirn evolutionär »vorverdrahtet«. Besonders die Orbitofrontal-Region und die Amygdalae sind für diese Leistung verantwortlich, wie man aus entsprechenden Läsionsuntersuchungen weiß (Adolphs et al. 1994; Hornak et al. 1996, beide zit. n. Siegel 1999).

Noch genauer haben Rizzolatti et al. (1999) Empathie biologisch begründet. Sie haben herausgefunden, dass es in einem motorischen Rindenfeld bei Affen (Area F 5) Neuronen gibt, die Entladungsaktivität zeigen, wenn der Affe einem anderen Affen bei bestimmten Aktionen zuschaut. Diese so genannten Spiegelneuronen verursachen den Autoren zufolge ein Resonanzverhalten. Grundlage des Resonanzverhaltens ist die Auslösung neuronaler Aktivität sowohl durch selbst ausgeführte Bewegungen, Gesten und Aktionen als auch durch Beobachtung derselben Bewegungen, Gesten usw. bei einem anderen. Auf diese Weise hat sich vermutlich evolutionär aus der Exekution motorischer Funktionen die Bildung von Repräsentanzen dieser Aktionen entwickelt und damit eine Basis für Empathie.

Eine weitere Schnittstelle zwischen dem Empathie-Begriff der Selbstpsychologie und neurowissenschaftlichen sowie entwicklungspsychologischen Ergebnissen ist der Erwerb einer Theorie des Mentalen, die oft als wesentliches Unterscheidungskriterium zwischen der Leistungsfähigkeit menschlicher Gehirne und denjenigen von Primaten betrachtet wird. Es handelt sich um eine Art Selbstbeobachtung des Gehirns über vermutlich zwischengespeicherte Informationen, die dann wiederum analysiert werden. Diese Simulationstheorie des Mentalen kann in enger Verbindung zu den Spiegelneuronen gesehen werden (Fonagy et al. 2002; Bauer 2005).

Eine Zusammenfassung und Interpretation von Ergebnissen unterschiedlicher Wissenschaftsdisziplinen geben – ausgehend von Konzepten des Selbsterlebens und der Motivation – Lichtenberg und Wolf (1997). Sie postulieren drei miteinander verbundene Zugangsweisen von Forschung, die sich mit dem Erleben befasst:

- Beschäftigung mit dem Erlebenden (insbesondere dem Selbsterleben)
- Untersuchung von Erlebniskategorien, die von Selbstinteraktionen abstammen
- Untersuchung von Erlebniskategorien, die von der intersubjektiven Matrix herrühren

Nach Köhler (1998a) ist keine der bestehenden psychoanalytischen Schulrichtungen mit diesen neuen Forschungsansätzen und -ergebnissen so gut kompatibel wie die Selbstpsychologie. Zu ähnlichen Schlüssen gelangen Koukkou und Lehmann (1998), die ihre Daten in voller Übereinstimmung mit Kohuts Aussage sehen, dass die basalen Motivationen des Menschen nicht in seinen Trieben und den damit verbundenen Konflikten, sondern im Bedürfnis nach Verstanden-Werden fußen (Kohut 1977). In ihrem Zustandswechsel-Modell der Organisation von Hirnfunktionen beziehen sie sich insbesondere auf die Repräsentanzen von Kindheitserfahrungen und die Abhängigkeit aller Hirnprozesse, einschließlich sämtlicher Leistungen des Gedächtnisses, von momentanen funktionellen Hirnzuständen. Die Entstehung psychischer Krankheit wird nicht auf ungelöste Triebkonflikte zurückgeführt, sondern auf fehladaptierte Hirnmechanismen im Bereich der synthetisierenden und analysierenden neokortikalen Hirnfunktionen, die als Folge pathologischer Interaktionen entstanden sind.

Literatur

Basch MF (1981). Selfobject disorders and psychoanalytic theory: a historical perspective. J Am Psychoanal Assoc; 29: 337–51 (dt. Selbstobjektstörungen und psychoanalytische Theorie: Eine historische Betrachtung. Psychoanalyse 1982; 3: 206–21).
Basch MF (1988). Die Kunst der Psychotherapie. München: Pfeiffer 1992.
Basch MF (1992). Practicing Psychotherapy. New York: Basic Books.
Bauer J (2005). Warum ich fühle, was du fühlst. Hamburg: Hoffmann und Campe.
Beebe B, Lachmann FM (1994). Representation and internalization in infancy: three principles of salience. Psychoanal Psychol; 11: 127–65.
Beebe B, Lachmann FM (2002). Säuglingsforschung und Erwachsenenbehandlung. Stuttgart: Klett-Cotta 2004.
Beebe B, Jaffe J, Lachmann FM (1992). A dyadic systems view of communication. In: Skolnick NJ, Warshaw SC (eds). Relational Perspectives in Psychoanalysis. Hillsdale, NJ: Analytic Press; 61–81.
Beebe B, Knoblauch S, Rustin J, Sorter D (2003). Symposium on Intersubjectivity in Infant Research and its Implications for Adult Treatment, Part 1. I. Introduction: A Systems View. Psychoanal Dialogues; 13: 743–76.

5.1 Zur psychoanalytischen Psychotherapie

Bischof-Köhler D (2000). Empathie, prosoziales Verhalten und Bindungsqualität bei Zweijährigen. Psychologie in Erziehung und Unterricht; 47: 142–58.

Dimberg U, Thunberg M, Grunedal S (2002). Facial reactions to emotional stimuli: automatically controlled emotional responses. Cognition and Emotion; 16: 449–71.

Fonagy P, Gergely G, Jurist EL, Target M (2002). Affektregulierung, Mentalisierung und die Entwicklung des Selbst. Stuttgart: Klett-Cotta 2004.

Kernberg OF (1975). Borderline-Störungen und pathologischer Narzißmus. Frankfurt/M.: Suhrkamp 1978.

Kernberg OF (1976). Objektbeziehungen und Praxis der Psychoanalyse. Stuttgart: Klett-Cotta 1981.

Kernberg OF (1980). Innere Welt und äußere Realität. München, Wien: Verlag Internationale Psychoanalyse 1988.

Köhler L (1998a). Das Selbst im Säuglings- und Kleinkindalter. In: Hartmann H-P, Milch WE, Kutter P, Paál J (Hrsg.). Das Selbst im Lebenszyklus. Frankfurt/M.: Suhrkamp; 26–48.

Köhler L (1998b). Anwendung der Bindungstheorie in der psychoanalytischen Praxis. Einschränkende Vorbehalte, Nutzen, Fallbeispiele. Psyche; 52: 369–97.

Kohut H (1966). Forms and transformations of narcissism. J Am Psychoanal Assoc; 14: 243–72 (dt. Formen und Umformungen des Narzißmus. Psyche; 20: 561–87).

Kohut H (1968). The psychoanalytic treatment of narcissistic personality disorders – outline of a systematic approach. Psychoanal Study Child; 23: 86–113 (dt. Die psychoanalytische Behandlung narzißtischer Persönlichkeitsstörungen. Psyche 1969; 23: 321–48).

Kohut H (1971). Narzißmus. Frankfurt/M.: Suhrkamp 1973.

Kohut H (1977). Die Heilung des Selbst. Frankfurt/M.: Suhrkamp 1979.

Kohut H (1979). The two analyses of Mr. Z. In: Ornstein PH (ed). The Search for the Self. Vol. 4. New York: International Universities Press 1990; 395–446.

Kohut H (1980). Reflections on advances in self psychology. In: Goldberg A (ed). Advances in Self Psychology. Madison, CO: International Universities Press; 473–554.

Kohut H, Wolf ES (1978). The disorders of the self and their treatment. Int J Psychoanal; 39: 413–25 (dt. [1980, mit geringfügigen Veränderungen]: Die Störungen des Selbst und ihre Behandlung. In: Peters UH [Hrsg]. Die Psychologie des 20. Jahrhunderts. Bd. 10. Zürich: Kindler; 667–82).

Koukkou M, Lehmann D (1998). Ein systemtheoretisch orientiertes Modell der Funktionen des menschlichen Gehirns und die Ontogenese des Verhaltens. In: Koukkou M, Leuzinger-Bohleber M, Mertens W (Hrsg). Erinnerung von Wirklichkeiten. Psychoanalyse und Neurowissenschaften im Dialog. Bd. 1. Stuttgart: Verlag Internationale Psychoanalyse; 287–415.

Lachmann FM, Beebe B (1995). Self psychology: today. Psychoanal Dialogues; 5: 375–84.

Lampl-De Groot J (1962). Ego ideal and superego. Psychoanal Study Child; 17: 94–106.

Lampl-De Groot J (1963). Symptom formation and character formation. Int J Psycho-Anal; 44: 1–11.

Lichtenberg JD (1983). Psychoanalyse und Säuglingsforschung. Berlin, Heidelberg, New York: Springer 1991.

Lichtenberg JD (1989). Psychoanalysis and Motivation. Hillsdale, NJ: Analytic Press.

Lichtenberg JD (2000). How do we explain the development of communication with self and other in infancy? Unpubl. Manuscript.

Lichtenberg JD, Wolf ES (1997). General principles of self psychology: a position statement. J Am Psychoanal Assoc; 45: 531–43.

Lichtenberg JD, Lachmann FM, Fosshage J (1992). Das Selbst und die motivationalen Systeme. Frankfurt/M.: Brandes und Apsel 2000.

Lichtenstein H (1964). The role of narcissism in the emergence and maintenance of a primary identity. Int J Psycho-Anal; 45: 49–56.

Meares R (1995). Episodic memory, trauma, and the narrative of self. Contemp Psychoanal; 31: 541–56.

Moore BE (1975). Toward a clarification of the concept of narcissism. Psychoanal Study Child; 30: 243–76.

Neisser U, Fivush R (eds) (1994). The Remembering Self: Construction and Accuracy in the Self-narrative. Cambridge: Cambridge University Press.

Orange DM (1995). Emotionales Verständnis und Intersubjektivität. Frankfurt/M.: Brandes und Apsel 2004.
Orange DM, Atwood GE, Stolorow RD (1997). Working Intersubjectively. Contextualism in psychoanalytic practice. Hillsdale, NJ: Analytic Press.
Ornstein A, Ornstein PH (1975). On the interpretive process in psychoanalysis. Int J Psychoanal Psychother; 4: 219–71.
Ornstein A, Ornstein PH (1977). Clinical interpretations in psychoanalysis. In: Wolman B (ed). International Encyclopedia of Neurology, Psychiatry and Psychology. New York: Aesculapius; 176–81.
Ornstein PH (1974). On narcissism: beyond the introduction. Highlights of Heinz Kohut's contributions to the psychoanalytic treatment of narcissistic personality disorders. Ann Psychoanal; 2: 127–49.
Ornstein PH, Ornstein A (1977). On the continuing evolution of psychoanalytic psychotherapy: reflections and predictions. Ann Psychoanal; 5: 329–70.
Ornstein PH, Kay J (1990). Development of psychoanalytic self psychology: a historical-conceptual overview. In: Tasman A, Goldfinger SM, Kaufmann CA (eds). American Psychiatric Press Review of Psychiatry. Vol. 9. Washington, DC: American Psychiatric Press; 303–22.
Ornstein PH, Ornstein A (2001a). Allgemeine Grundsätze der psychoanalytischen Psychotherapie. In: Ornstein A, Ornstein PH. Empathie und therapeutischer Dialog. Hrsg. v. H.-P. Hartmann. Gießen: Psychosozial-Verlag; 199–217.
Ornstein PH, Ornstein A (2001b). Klinisches Verstehen und Erklären: der empathische Blickwinkel. In: Ornstein A, Ornstein PH. Empathie und therapeutischer Dialog. Hrsg. v. H.-P. Hartmann. Gießen: Psychosozial-Verlag; 31–57.
Rosenfeld HA (1964). On the psychopathology of narcissism. Int J Psycho-Anal; 45: 332–7 (dt. Zur Psychopathologie des Narzissmus – ein klinischer Beitrag. In: Zur Psychoanalyse psychotischer Zustände. Frankfurt/M.: Suhrkamp 1981; 196–208).
Ringstrom P (2000). Zwischen zwei Revolutionen schwanken. Selbstpsychologie; 1: 38–49.
Rizzolatti G, Fadiga L, Fogassi L, Gallese V (1999). Resonance behaviors and mirror neurons. Archives Italiennes de Biologie; 137: 85–100.
Sander LW (1983). To begin with – reflections on ontogeny. In: Lichtenberg JD, Kaplan S (eds). Reflections on Self Psychology. Hillsdale, NJ: Analytic Press; 85–104.
Sandler J (1974). Psychological conflict and the structural model: some clinical and theoretical implications. Int J Psycho-Anal; 55: 53–62.
Sandler J (1976). Dreams, unconscious phantasies and »identity of perception«. Int Rev Psychoanal; 3: 33–42 (dt. Träume, unbewusste Phantasien und »Wahrnehmungsidentität«. Psyche 1976; 30: 769–85).
Siegel DJ (1999). The Developing Mind. New York, London: Guilford.
Spezzano C (1996). The three faces of two-person psychology: development, ontology, and epistemology. Psychoanal Dialogues; 6: 599–622.
Stern DN (1985). Die Lebenserfahrung des Säuglings. Stuttgart: Klett-Cotta 1992.
Stolorow RD, Brandchaft B, Atwood GE (1987). Psychoanalytische Behandlung. Ein intersubjektiver Ansatz. Frankfurt/M.: Fischer 1996.
Tronick EZ (1998). Dyadically expanded states of consciousness and the process of therapeutic change. Inf Ment Health J; 19: 290–9.

5.2
Übertragung und Gegenübertragung in der Behandlung von Patienten mit Narzisstischer Persönlichkeitsstörung

Glen O. Gabbard

Würde Sigmund Freud heute leben, so wäre er zweifelsohne überrascht angesichts der umfangreichen Literatur zum Thema Übertragung bei narzisstischen Patienten. »Narzisstische Neurosen« (ein weit gefasster Begriff, der auch die Psychosen mit einschloss) galten für Freud als psychoanalytisch nicht behandelbar (Freud 1914). Im Gegensatz zu den heftigen Übertragungen, wie sie hysterische Patienten an den Tag legten, schienen narzisstische Patienten distanziert und unbeteiligt. Ausgehend von der zeitgenössischen psychoanalytischen Auffassung, dass alle Patienten ihren ganz spezifischen Modus der Objektbezogenheit wiederholen, sobald sie eine analytische Behandlung beginnen, wissen wir heute, dass genau dieser scheinbare Mangel an Übertragungsmanifestationen die Übertragung narzisstischer Patienten ausmacht (Brenner 1982).

Freud wäre ebenso erstaunt zu sehen, wie wir uns der Gegenübertragung zum Verständnis narzisstischer Patienten bedienen. Er selbst hatte die Gegenübertragung in seiner ursprünglichen, oft als »eng« bezeichneten Auffassung als analysehinderlich angesehen (Freud 1910) und sie in Anlehnung an sein Übertragungskonstrukt konzeptualisiert, eben mit dem Unterschied, dass es jetzt um die Frage ging, wie der Analytiker den Patienten wahrnahm. Eine Sichtweise, die nach Freud grundlegend modifiziert wurde. Mit Paula Heimann (1950) und Donald Winnicott (1949) begannen zahlreiche Analytiker die Gegenübertragung als wichtige Botschaft des Patienten zu verstehen, in der bedeutsames Material über dessen innere Welt vermittelt werden soll. Diese eher »weite« Auffassung bezieht sich nicht so sehr auf die Konflikte oder vergangenen Objektbeziehungen des Analytikers selbst, sondern darauf, was der Patient in anderen, den Therapeuten mit eingeschlossen, induziert.

In den vergangenen zehn Jahren hat sich zunehmend ein Konsens darüber gebildet, Gegenübertragung als gemeinsame Schöpfung zu verstehen, in die sowohl die Vergangenheit des Analytikers als auch seitens der inneren Objektbeziehungswelt des Patienten induzierte Gefühle einfließen (Gabbard 1995a). Vor allem die Schriften zur projektiven Identifizierung haben in dieser aktuellen Sichtweise Eingang gefunden, ein Konzept, mit dem Melanie Klein (1946) als Erste eine spezifische intrapsychische Phantasie umschrieb. Racker (1968), Bion (1984) und Ogden (1979; 1982) erweiterten das Konzept um die These, dass über interpersonelle Kommunikation das Objekt oder Ziel der Projektion innerlich bewegt wird. Mit anderen Worten, Patienten verleugnen unbewusst eine innere Selbst- oder Objektrepräsentanz, projizieren diese in den Analytiker und bringen ihn via interpersonellen Druck dazu, sich mit diesem Anteil zu identifizieren. Die Art und Weise der Gegenübertragungsreaktion des Analytikers wird zum Teil davon bestimmt sein, wie seine eigenen inneren Konflikte und Objektbeziehungen beschaffen sind und welchen inneren »Anknüpfungspunkt« sie diesen Projektionen bieten (Gabbard 1995a). Bei der projektiven Identifizierung geht es also um eine gemeinsame Schöpfung von Patient und Analytiker.

Diese konzeptuelle Weiterentwicklung hat dazu geführt, Übertragung und Gegenübertragung als zwei Seiten einer Medaille zu verstehen. Die Übertragung des Patienten evoziert spezifische Gegenübertragungsreaktionen im Analytiker. Eine zeitgenössische Perspektive würde somit die Vorstellung mit einschließen, dass sich eine bestimmte Version der inneren Objektbeziehungen des Patienten im Übertragungs-Gegenübertragungs-Geschehen zwischen Patient und Analytiker reinszeniert. Im Folgenden soll somit Gegenübertragung im Kontext spezifischer Übertragungen betrachtet werden.

Narzisstische Übertragungen in der Selbstpsychologie

Heinz Kohut (1971) verdanken wir bahnbrechende Überlegungen zum Verständnis der Narzisstischen Persönlichkeitsstörung. Er erkannte, dass ein klassischer Deutungsansatz der Entwicklung solcher Übertragungen im Wege steht, und betonte daher die Notwendigkeit für den Analytiker, sich empathisch auf das Erleben des Patienten einzulassen. Hat der Analytiker diese empathische Brücke zum Patienten hergestellt, werden sich narzisstische Übertragungen von allein einstellen.

Kohuts Übertragungsverständnis bei Narzisstischen Persönlichkeitsstörungen besagt, dass der Patient den Analytiker dazu benutzt, ein Gefühl der Selbstkohäsion aufrechtzuerhalten. In der so genannten **Spiegelübertragung** sah Kohut den Versuch des Patienten, den Glanz im Auge der Mutter zu erhaschen. In sei-

5.2 Übertragung und Gegenübertragung in der Behandlung

nem Bemühen, spannende Geschichten zum Besten zu geben oder sich vor dem Analytiker zu produzieren, versucht der Patient, den Analytiker zu beeindrucken und sich seiner Bewunderung zu versichern. In der zweiten von Kohut beschriebenen primärnarzisstischen Übertragungsform, der **idealisierenden Übertragung**, werden dem Analytiker überzogene und nahezu perfekte Qualitäten zugeschrieben, was dem Patienten ein Gefühl der Selbstkohäsion verleiht, indem er sich im Schatten des idealisierten Objekts bewegt.

Kohuts grundlegende Revision der psychoanalytischen Theorie umfasst ein defizitorientiertes Modell, in dem er den Bedürfnissen nach Selbstkohäsion die gleiche oder sogar größere Bedeutung zuschreibt wie den aggressiven und sexuellen Triebregungen (1977). So verstand er die Spiegelübertragung als einen Pol des bipolaren Selbst – den des Größen Selbst –, während die idealisierende Übertragung am anderen Pol – dem der idealisierten Eltern-Imago – angesiedelt ist. Im Rahmen der Spiegelübertragung soll der Analytiker die Grandiosität des Patienten bestätigen und so dessen Bedürfnis nach Selbstkohäsion erfüllen. Die idealisierende Übertragung wiederum dient dem Patienten dazu, sich im Ruhm des Analytikers zu sonnen und dadurch seine Selbstkohäsion zu bewahren.

Diesen beiden Übertragungsfigurationen stellt Kohut schließlich eine dritte, gleichermaßen bedeutsame Formation an die Seite, die der **Zwillingsübertragung** (1984), derzufolge narzisstische Patienten nicht selten das Bedürfnis entwickeln, ihren Analytiker als Zwilling wahrzunehmen.

Alle drei Übertragungsformationen wurden schließlich als so genannte **Selbstobjektübertragungen** zusammengefasst, in denen sich laut Kohut fehlende Funktionen des defizitären Selbst des Patienten widerspiegeln.

Nach Kohuts Tod im Jahr 1981 konzeptualisierte sein Mitarbeiter Ernest Wolf (1988) zwei weitere Selbstobjektübertragungen: Im Rahmen der **Wirkmächtigkeit als Selbstobjektübertragung** (efficacy selfobject transference) erlebt der Patient den Analytiker als jemanden, der es ihm gestattet, das notwendige Selbstobjektverhalten im Analytiker zu induzieren. Obwohl der Spiegelübertragung nicht unähnlich, hielt Wolf doch ein gesondertes Konzept für gerechtfertigt, mit dem er dem intrinsisch motivierten Bedürfnis nach Wirkmächtigkeit Rechnung tragen wollte. Patienten, die das Gefühl haben, bei ihren Eltern nichts bewirken zu können, können durch die Erfüllung dieser Phantasie im analytischen Setting eine Stärkung ihres Selbstwertgefühls und ihrer Selbstkohäsion erfahren.

Die zweite Konfiguration einer Selbstobjektübertragung ist die der **Gegensätzlichkeit als Selbstobjektübertragung** (adversarial selfobject transference). Der Patient erlebt den Analytiker als ein sich wohlwollend widersetzendes Individuum, das nichtsdestotrotz den Anstrengungen des Patienten bis zu einem gewissen Grad unterstützend zur Seite steht. Er akzeptiert das Bedürfnis des Patienten nach Gegensätzlichkeit und ermutigt so dessen Autonomiebestreben.

Otto Kernbergs Theorie der narzisstischen Übertragung

Kernbergs (1970; 1974) Verständnis der narzisstischen Übertragung gründet auf einem anderen theoretischen Modell, das sich aus Ich-psychologischen und objektbeziehungstheoretischen Ansätzen zusammensetzt. Er erkennt Kohuts Beobachtung spiegelnder und idealisierender Phänomene im analytischen Setting durchaus an, interpretiert diese Entwicklungen jedoch in einer anderen Richtung. Während Kohut Spiegelung und Idealisierung als Erfüllung normaler Entwicklungsbedürfnisse im Rahmen eines defizitären Entwicklungsstillstandes versteht, betrachtet Kernberg diese Übertragungskonfigurationen als Abwehrstrukturen, hinter denen sich Wut, Neid und Verachtung verbergen. Das Selbst des Patienten ist bei Kernberg keine defizitäre Struktur, die der Selbstobjektfunktionen des Analytikers bedarf, um seine Kohäsion nicht zu gefährden. Vielmehr weisen Patienten mit einer Narzisstischen Persönlichkeitsstörung laut Kernberg ein hochpathologisches Größen-Selbst auf, das auf den Analytiker projiziert wird, um ihn anschließend idealisieren zu können. Wird dieses Größen-Selbst reintrojiziert und zum festen Bestandteil der inneren Welt des Patienten, dann, so Kernberg, ähnele es der Spiegelübertragung, wie sie von Kohut beschrieben wurde.

Kernberg zeigte sich beeindruckt von der Distanziertheit vieler narzisstischer Patienten, die er auf ein zugrunde liegendes Gefühl der Verachtung seitens des Patienten für den Analytiker zurückführte. Kernbergs Verständnis des pathologischen Narzissmus schließt auch die Annahme mit ein, dass intensiver unbewusster Neid auf die Fähigkeit des Analytikers, hilfreich zu sein und Einsichten anzubieten, den Kern der narzisstischen Übertragung ausmache. Um diesen Neid abzuwehren, entwerte und zerstöre der Patient die Arbeit des Analytikers und weigere sich, von ihm in irgendeiner Form abhängig zu werden.

Variationen der Narzisstischen Persönlichkeitsstörung

Die Gruppe der Patienten mit einer Narzisstischen Persönlichkeitsstörung ist sehr heterogen und umfasst Individuen mit den unterschiedlichsten interpersonellen Merkmalen. Am einen Ende des Kontinuums finden wir die völlig selbstbezogenen Menschen, die nichts um sich herum wahrnehmen und in scheinbarer narzisstischer Unverwundbarkeit jegliche Reaktion von anderen ausblenden (Gabbard 2005). Arrogant, großspurig und mit sich selbst beschäftigt, benutzen sie andere als Resonanzboden. Ein undurchdringlicher Charakterpanzer schützt

5.2 Übertragung und Gegenübertragung in der Behandlung

sie vor negativen Reaktionen, und sie ähneln jenen Menschen, die Rosenfeld (1987) als »dickfellige« Narzissten beschrieben hat. Sie sprechen in der Regel viel, können jedoch nur sehr schwer zuhören. In der Übertragung wird der Analytiker nicht selten zum bloßen Zuschauer degradiert, was die zugrunde liegende Verachtung und Entwertung seitens des Patienten deutlich macht. Der Therapeut wird nicht als hilfreich wahrgenommen, sondern seine Nützlichkeit beschränkt sich darauf, dem Patienten zuzuhören, ohne ihn in seiner anmaßenden Selbstbezogenheit zu stören.

Patienten mit einer eher **hypervigilanten narzisstischen Persönlichkeit** bieten ein ganz anderes Übertragungsmuster (Gabbard 2005). Sie reagieren ausgesprochen empfindlich auf die Reaktionen des Analytikers, bis dahin, dass sie sich auf der Couch umdrehen, um sich seiner Aufmerksamkeit zu versichern. Sie wittern hinter jeder Äußerung eine narzisstische Kränkung, Demütigung oder Zurückweisung. Obwohl sie nicht so ungeniert großspurig auftreten wie der selbstbezogene Typus, sind ihre Größenphantasien doch beträchtlich. Sie sind davon überzeugt, etwas Besonderes zu sein und demzufolge auch ein Recht auf eine besondere Behandlung zu haben. Ist der Analytiker nicht voll und ganz auf sie eingestimmt, fühlen sie sich gekränkt. Rosenfeld (1987) bezeichnete diese narzisstischen Persönlichkeiten als »dünnhäutig« – mit einer großen Neigung, sich vom Analytiker beschämt und gedemütigt zu fühlen.

Die Bindungstheorie stellt uns einen sehr nützlichen Bezugsrahmen zur Verfügung, um die Übertragung Narzisstischer Persönlichkeitsstörungen zu verstehen (Gabbard 2005). Die Fähigkeit zur Mentalisierung oder Bildung einer eigenen Theorie des Mentalen (theory of mind) entwickelt sich im Kontext einer sicheren Bindung zu einem Elternteil oder bestimmten Bezugsperson (Fonagy 2001). Mentalisierung impliziert die Fähigkeit, aus Mimik, Gestik, Stimme und anderen nonverbalen Mitteilungen Rückschlüsse darauf zu ziehen, was in jemandem vorgeht. Im Wesentlichen handelt es sich um die Fähigkeit, das eigene, aber auch das Verhalten anderer im Sinne mentaler Zustände – Gefühle, Überzeugungen und Motive – zu verstehen. Fehlt diese sichere Bindung, haben Kinder Schwierigkeiten, ihre eigenen mentalen Zustände und die anderer Menschen zu erkennen. Narzisstische Persönlichkeiten vom selbstbezogenen Typus können nicht mentalisieren, weil sie unfähig sind, sich in einen anderen Menschen hineinzuversetzen und sich vorzustellen, wie sie auf diese Person wirken. Nicht selten entfremden sie sich durch ihr Verhalten von ihrer Umgebung, ohne sich dessen bewusst zu sein.

Auch narzisstische Persönlichkeiten vom hypervigilanten Typus haben Mentalisierungsschwierigkeiten, wenngleich in anderer Form. Sie neigen zu **Fehlinterpretationen** dessen, wie sie andere erleben und wahrnehmen. In der Annahme, die anderen seien nur darauf aus, sie zu kränken, spiegelt sich das Unvermögen wider, zu erkennen, dass es sich beim anderen um ein eigenständiges, autonomes Subjekt mit eigenen Überzeugungen, Gefühlen und Beweggründen handelt. Hypervigilante narzisstische Persönlichkeiten gestatten es dem

Analytiker nicht, der zu sein, der er ist, sondern bestehen darauf, aus seinem Verhalten eine narzisstische Kränkung herausgehört zu haben. Sowohl die selbstbezogenen als auch die hypervigilanten narzisstischen Persönlichkeiten haben in ihrer Kindheit häufig die Erfahrung traumatischer Beschämung und Demütigung machen müssen. Um einer gefürchteten Wiederholung aus dem Weg zu gehen, verschließt sich der selbstbezogene Narzisst jeglicher Neugier gegenüber den inneren Beweggründen eines anderen Menschen (Gabbard 2005), während der hypervigilante Typus über weite Strecken die Illusion aufrechterhält, derartige Erfahrungen kontrollieren zu können, indem er sie antizipiert – was ihm das Gefühl verleiht, ein passiv erlittenes Trauma aktiv zu bewältigen. Durch ihre heroischen Anstrengungen, die Zurückweisung des Analytikers zu antizipieren, rufen diese narzisstischen Persönlichkeiten paradoxerweise gerade das hervor, was sie fürchten, nämlich Beschämung und Demütigung, denn schließlich wird sich auch der Analytiker, wie andere Menschen auch, permanent angegriffen und falsch verstanden fühlen.

Gegenübertragung

In der Arbeit mit Narzisstischen Persönlichkeitsstörungen haben wir es mit einer ganzen Reihe von Gegenübertragungsmanifestationen zu tun, die nicht selten direkt jenen Übertragungsmustern entspringen, wie ich sie oben beschrieben habe. Zuweilen löst ein Patient mit seiner spezifischen Art und Weise, wie er den Analytiker wahrnimmt, bestimmte Reaktionen in diesem aus, die sich dann auf bereits existierende Konflikte, Wünsche, Phantasien und innere Objektbeziehungen des Analytikers aufpfropfen.

Kollusion mit Idealisierung

Einem Beruf nachzugehen, in dem man seine Zeit damit verbringt, den Problemen anderer zuzuhören, entspringt bei vielen Analytikern dem Wunsch, geliebt, idealisiert und gebraucht zu werden (Finnell 1985; Gabbard 1995b). Eine idealisierende Übertragung seitens eines narzisstischen Patienten kann den Analytiker dazu verführen, sich in ihr zu sonnen, anstatt sie als Teil einer Übertragungs-Gegenübertragungs-Inszenierung zu erkennen. Folgende Vignette soll dieses Muster verdeutlichen:

5.2 Übertragung und Gegenübertragung in der Behandlung

Nach zwei, nie länger als sechs Monate dauernden Therapieanläufen bei zwei verschiedenen Analytikern kam Herr A. in Analyse zu Dr. B. Ungefähr zwei Monate nach Behandlungsbeginn eröffnet er seinem neuen Analytiker: »Ich kann kaum glauben, wie anders es mit Ihnen ist. Ich hatte immer das Gefühl, dass die anderen Analytiker eher daran interessiert waren zu reden, anstatt zuzuhören. Ihnen aber scheint tatsächlich daran gelegen, etwas über mich zu erfahren und zu verstehen, wo ich herkomme.« Dr. B. konnte die Bemerkung seines Patienten durchaus nachvollziehen. Er gehörte einer kleinen analytischen Gemeinschaft an und kannte die beiden Kollegen, bei denen Herr A. gewesen war. Er bezweifelte, dass sie über ausreichend Geduld verfügten, zuzuhören und sich die Dinge entwickeln zu lassen. Herr A. weiter: »Ich habe das Gefühl, dass Sie wissen, was es bedeutet zu leiden und dass Sie sich deshalb besonders gut in andere einfühlen können, die auch Leid in ihrem Leben erfahren haben.« Auch in dieser Charakterisierung fand sich Dr. B. wieder. Herr A.: »Ich glaube, dass das zwischen uns gut passt. Sie schaffen eine Atmosphäre, in der ich alles sagen kann, ohne dass ich mir Sorgen machen muss, wie Sie wohl reagieren werden.« Offensichtlich, so dachte Dr. B. bei sich, ist es mir gelungen, genau die haltende Umgebung zu schaffen, die ich für alle meine Patienten bemüht bin herzustellen.

An dieser kurzen Vignette lässt sich gut ablesen, wie der Analytiker die idealisierende Übertragung seines Patienten als genaue Wahrnehmung seiner therapeutischen Fähigkeiten zu akzeptieren beginnt, anstatt sie als gewöhnliche Übertragung zu erkennen. Entsprechend kann seine Gegenübertragung nicht als Reaktion auf die idealisierende Übertragung des Patienten erkannt und verstanden werden. Vielmehr nimmt der Analytiker gar nicht wahr, dass es sich um eine Gegenübertragungsreaktion handelt. Andererseits kann es manchmal vonnöten sein, die eigene Gegenübertragung umfassend zu reinszenieren, um sich ihrer voll und ganz bewusst zu werden, sodass wir uns diesbezüglich mit Kritik zurückhalten und diese Entwicklung stattdessen als normale Phase in der Behandlung idealisierender narzisstischer Persönlichkeiten sehen sollten.

Manche Analytiker fühlen sich beschämt und schuldig, wenn sie plötzlich erkennen, wie sehr sie die Idealisierung des Patienten genossen und sich in ihr gesonnt haben. Andere wiederum fühlen sich äußerst unangenehm berührt, über einen längeren Zeitraum idealisiert zu werden, und laufen Gefahr, dies zu früh zu deuten, um ihre eigenen negativen Gefühle, wie etwa Angst oder Scham, zu umgehen (Kohut 1984). Wieder andere haben ein großes Bedürfnis, sich selbst mithilfe ihrer Patienten aufzuwerten, und fördern aus diesem Grund die Idealisierungstendenzen ihrer Patienten, indem sie jedes Anzeichen von Feindseligkeit in der Übertragung ersticken. Nicht selten kommt es zu einer Kollusion mit dem Patienten, in der aggressive Empfindungen auf Figuren außerhalb gerichtet werden, während der Analytiker selbst im Lichte beispielloser Vollkommenheit und Liebe bestehen bleibt. (In solchen Fällen kann es dann durchaus zu Kommentaren kommen wie: »Ich bin wahrscheinlich der Einzige, der Sie voll und ganz versteht«, ein Kommentar, dem der Patient dann pflichtbewusst zustimmt und der die Idealisierungsneigung noch verstärkt.)

Langeweile und Verachtung

Eine Folge der beeinträchtigten Mentalisierungsfähigkeit narzisstischer Patienten lässt im Analytiker nicht selten das Gefühl entstehen, vom Patienten entpersonifiziert zu werden. Selbstbezogene Narzissten und eine Subgruppe jener Patienten, die Spiegelübertragungen entwickeln, können den Eindruck vermitteln, als existiere man als Therapeut nur, um die Bedürfnisse des Patienten zu erfüllen. Langeweile und Verachtung können sich breit machen, wenn der Analytiker mit dem kämpft, was Kernberg (1970) als »Satelliten-Existenz« beschrieben hat. Die meisten Analytiker haben das Bedürfnis, gebraucht zu werden (Gabbard 1995b), doch Patienten mit einer Narzisstischen Persönlichkeitsstörung bringen den Analytiker häufig um die Erfüllung genau dieses Bedürfnisses. Es ist, als werde »zu«, aber nicht »mit« einem gesprochen. Die Schwierigkeit des Patienten, aufgrund seiner mangelhaft ausgebildeten Mentalisierungsfähigkeit den Analytiker als getrennt von sich selbst wahrzunehmen, beeinträchtigt wiederum dessen Selbstempfinden als getrennt und autonom funktionierendes Subjekt mit einer eigenen Existenz. Groopman und Cooper (2001) weisen darauf hin, dass narzisstische Patienten den Analytiker als Erweiterung ihres Selbst behandeln, was unweigerlich zur Folge hat, dass dieser wie sein Patient zu fühlen beginnt. Langeweile und Verachtung können somit als emotionale Zustände im Patienten verstanden werden, die über projektive Identifizierung »ausgelagert« und im Analytiker gehalten (contained) werden.

Die Erfahrung, benutzt oder zum bloßen Zuhörer degradiert zu werden, ist für die meisten Analytiker schwer auszuhalten. Nicht wenige werden in ihrer Gegenübertragung den Wunsch verspüren, sich präsent zu machen, mehr zu reden, deutlichere Reaktionen zu zeigen und zu versuchen, mehr bei ihrem Patienten zu bewirken. Allerdings kann der Schuss nach hinten losgehen, denn der Patient wird das Gefühl haben, dass die Subjektivität des Analytikers nun im Zentrum steht und dieser nicht bereit ist, zuzuhören und zu verstehen, was der Patient aushalten muss. Sinnvoller wäre es anzuerkennen, dass das Verhalten des Analytikers dem entspricht, wie auch andere auf den Patienten reagieren könnten. Es geht um die Re-Inszenierung einer inneren Objektbeziehung, die gemeinsam mit dem Patienten betrachtet werden kann. Auf diese Weise versucht der Analytiker, einen Zustand der Langeweile in ein interessantes klinisches Problem zu transformieren. Schleicht sich Verachtung ein, so müssen wir uns als Analytiker daran erinnern, dass Patienten nicht dazu da sind, uns zu unterhalten.

Das Gefühl, omnipotenter Kontrolle zu unterliegen

Viele narzisstische Patienten versuchen verzweifelt, den Analytiker zu kontrollieren. Die hypervigilante narzisstische Persönlichkeit ist besonders darauf bedacht, auf eine Art und Weise behandelt zu werden, die ihr ihrer Meinung nach zusteht. Jedes Räuspern, jede Änderung der Körperhaltung oder des Atems wird so zur narzisstischen Kränkung. Diese hohe Kränkungsneigung kann einschüchternd wirken und im Analytiker das Gefühl auslösen, der omnipotenten Kontrolle des Patienten zu unterliegen. Das kann so weit gehen, dass Analytiker zögern, ihre Beine übereinander zu schlagen oder sich zu räuspern – aus Sorge, vom Patienten fehlinterpretiert zu werden. Ein Gefühl subtilen Zwangs stört die Fähigkeit zur gleichschwebenden Aufmerksamkeit und optimalen Responsivität. Als Erweiterung des Selbst des Patienten erfüllt der Analytiker die Erwartungen des Patienten, riskiert dabei jedoch Missbilligung und Tadel für jede nicht perfekte Antwort.

Das Auftauchen verleugneter Motive und Konflikte

Narzisstische Übertragungen können dergestalt für das Aufbrechen latenter Konflikte im Analytiker sorgen, dass dieser selbst überrascht ist (Gabbard 2005). So beschreibt Cohen (2002), wie er in einer Behandlung das Gefühl entwickelte, die Ablehnung seines Patienten sei gerechtfertigt. Gefühle der Unsicherheit und des Nicht-Genügens, die schon lange in ihm schlummerten, wurden von einer pseudo-selbstgenügsamen Haltung des Patienten ausgelöst. Narzisstische Patienten führen uns vor Augen, wie unsere eigenen Wunschvorstellungen eines bestimmten Verhaltens unserer Patienten deren narzisstische Widerstände verstärken (Gabbard 2000; Wilson 2003). Während wir von uns selbst gerne das Bild altruistischer Helfer zeichnen, müssen wir uns auch unsere weniger altruistischen Motive eingestehen, die von narzisstischen Patienten an die Oberfläche geholt werden. Die meisten Analytiker hoffen insgeheim auf die Herstellung einer bestimmten Objektbeziehung zwischen einem selbstlosen und engagierten Helfer einerseits und einem dankbaren Patienten andererseits (Gabbard 2000). Ein narzisstischer Patient, der selbstgenügsam und undankbar erscheint, kann die Entwicklung dieser Wunschbeziehung vereiteln. Viele Analytiker reagieren auf das Gefühl mangelnder Wertschätzung mit der Botschaft, der Patient solle anders sein in seiner Art, sich auf den Analytiker zu beziehen. Dies wiederum kann den Patienten dazu veranlassen, dem unbewussten oder vorbewussten Wunsch des Analytikers nach einem »guten« Patienten und einem »guten« analytischen Prozess entgegenzuwirken. Dieser Druck seitens des Analytikers kann wiederum die narzisstische Widerstände verstärken (Wilson 2003).

Weigert sich der Patient, sich den Vorstellungen seines Analytikers entsprechend zu verändern, kann es zu verschiedensten problematischen Gegenübertragungsreaktionen kommen: Ignorieren des Patienten, oberflächliche Deutungsangebote, um den Patienten dazu zu bewegen, das Thema zu wechseln, bis hin zu einem Gefühl völliger Erschöpfung, die jegliche analytische Potenz zum Verschwinden bringt. Im Fall jener narzisstischen Patienten, die durch ihren Charme und Witz bestechen, kann es zu Kollusionen kommen, indem der Analytiker auf die Klugheit und den Esprit des Patienten mit Bewunderung reagiert, sich von ihm »einwickeln« und verführen lässt, die Zuschauerrolle zu übernehmen und dadurch seine Verantwortung abzugeben, dem Patienten zu helfen, sich besser zu verstehen.

Behandlungstechnische Überlegungen

Um mit den beschriebenen Übertragungs- und Gegenübertragungs-Mustern umzugehen, bedienen wir uns verschiedenster Strategien, die je nach theoretischen und behandlungstechnischen Überzeugungen und Präferenzen des Analytikers variieren. Während Kohut dafür plädieren würde, die Idealisierung eines Patienten erst einmal anzunehmen und nicht zu deuten, betont Kernberg, wie wichtig es ist, dem Patienten den sich dahinter verbergenden Neid bzw. die dahinter liegende Verachtung aufzuzeigen. Kohut würde das Bedürfnis nach Idealisierung als Entwicklungsschritt auffassen, der dem Patienten als Kind verschlossen war, ihm nunmehr aber als Erwachsener offen steht. Für Kernberg hingegen käme das Annehmen der idealisierenden Übertragung der Vermeidung negativer Affekte gleich, die dadurch abgewehrt werden sollen.

Kohut plädierte dafür, sich empathisch auf das Erleben des Patienten einzulassen, um seine Selbstobjektübertragungen nicht abzuwürgen. Nicht selten, so seine Erfahrung, ebnen diese den Weg für eher klassische Übertragungsthemen, die um Rivalität, Konkurrenz und Vergeltung kreisen, vorausgesetzt, man erlaubt ihnen, sich zu entwickeln. Für Kernberg wiederum steht die systematische Deutung der pathologischen narzisstischen Abwehr an erster Stelle, die in eine paranoide Übertragung, aber auch in Schuldgefühle und eine schwere Depression münden kann. Wenn narzisstische Patienten ihre zerstörerischen Auswirkungen auf andere zu erkennen beginnen, kann es passieren, dass sie ihren Sadismus auf den Analytiker projizieren und paranoid werden. Oder aber sie verfallen in Depression, wenn sie sich ihres Sadismus und des Ausmaßes ihrer Destruktivität bewusst werden. Sowohl Kernberg als auch Kohut vertreten die Auffassung, dass das Durcharbeiten der narzisstischen Übertragung in die Entwicklung einer klassischen Übertragungsneurose münden kann.

Setzt man die narzisstische Übertragung in Bezug zur Mentalisierungsfähigkeit, so wird man als Analytiker womöglich andere Behandlungsstrategien einschlagen und das Augenmerk zunächst darauf richten, dem Patienten beim Aufbau einer sicheren Bindung zu helfen, um etwa ein erhöhtes Erregungsniveau (z. B. beim hypervigilanten Patienten) zu senken (Allen 2003). Oder aber man ermutigt den Patienten aktiv, über die innere Welt des Analytikers zu phantasieren, um dadurch dessen Fähigkeit zur Mentalisierung zu fördern. Dazu würde auch gehören, dem Patienten bei der Identifizierung und Benennung seiner Gefühle zu helfen und ihm aufzuzeigen, wie Gefühle und Überzeugungen bestimmte Verhaltensweisen erzeugen. Der Mentalisierungsansatz würde außerdem das Bewusstsein des Patienten dafür schärfen, wie seine Kommentare und Verhaltensweisen auf andere Menschen wirken (Fonagy 2001).

Unabhängig von der jeweiligen theoretischen Position liegt sehr viel Weisheit darin, sich in die innere Welt des Patienten zu begeben, indem man sich in den Mahlstrom des Übertragungs-Gegenübertragungs-Geschehens hineinziehen lässt. Ein gewisses Maß an Mitagieren der vom Patienten induzierten Gegenübertragung versetzt den Analytiker in die Lage, die charakteristischen Objektbeziehungsmodi und Beziehungskämpfe des Patienten nachzuvollziehen, die ihn in Behandlung geführt haben. Der Begriff »Narzisstische Persönlichkeitsstörung« wird in unserem Bereich allzu häufig abwertend gebraucht, während wir als Analytiker doch die Aufgabe haben, zu erkennen, dass narzisstische Patienten sich auf eine Art und Weise verhalten müssen, die anstrengend und schwierig ist, weil sie so sind, wie sie sind. Jeder Patient muss seine Analyse auf seine ganz spezifische Art und Weise machen, unabhängig davon, wie unsere Präferenzen liegen (Gabbard 2000).

Literatur

Allen JG (2003). Mentalizing. Bull Menninger Clin; 67: 91–112.
Bion WR (1984). Second Thoughts. Selected Papers on Psychoanalysis. New York: Jason Aronson.
Brenner C (1982). The Mind in Conflict. New York: International Press 1982 (dt.: Elemente des seelischen Konflikts. Theorie und Praxis der modernen Psychoanalyse. Frankfurt/M.: Fischer 1986).
Cohen DW (2002). Transference and countertransference states in the analysis of pathological narcissism. Psychoanal Rev; 89: 631–51.
Finnell JS (1985). Narcissistic problems in analysts. Int J Psychoanal; 66: 433–45.

Fonagy P (2001). Attachment Theory and Psychoanalysis. New York: Other Press (dt.: Bindungstheorie und Psychoanalyse. Stuttgart: Klett-Cotta 2003).
Freud S (1910). Die zukünftigen Chancen der psychoanalytischen Therapie. GW VIII. London: Imago; 103–15.
Freud S (1914). Zur Einführung des Narzißmus. GW X. London: Imago; 137–70.
Gabbard GO (1995a). Countertransference. The emerging common ground. Int J Psychoanal; 76: 475–85.
Gabbard GO (1995b). When the patient is a therapist. Special challenges in the psychoanalysis of mental health professionals. Psychoanal Rev; 82: 709–25.
Gabbard GO (2000). On gratitude and gratification. J Am Psychoanal Assoc; 48: 697–716.
Gabbard GO (2005). Psychodynamic Psychiatry in Clinical Practice. 4th ed. Arlington, VA: American Psychiatric Publishing.
Groopman LC, Cooper A (2001). Narcissistic personality disorder. In: Gabbard GO (ed). Treatment of Psychiatric Disorders. 3rd ed. Vol. 2. Washington, DC: American Psychiatric Press; 2309–26.
Heimann P (1950). On countertransference. Int J Psychoanal; 31: 81–4.
Klein M (1946). Notes on some schizoid mechanisms. In: Envy and Gratitude and Other Works, 1946–1963. New York: Delacorte 1975 (dt.: Bemerkungen über einige schizoide Mechanismen. In: Das Seelenleben des Kleinkindes. Stuttgart: Klett-Cotta 1962).
Kernberg OF (1970). Factors in the psychoanalytic treatment of narcissistic personalities. J Am Psychoanal Assoc; 18: 51–85.
Kernberg OF (1974). Further contributions to the treatment of narcissistic personalities. Int J Psychoanal; 55: 215–40.
Kohut H (1971). The Analysis of the Self. New York: International Universities Press (dt.: Narzißmus. Eine Theorie der psychoanalytischen Behandlung narzißtischer Persönlichkeitsstörungen. Frankfurt/M.: Suhrkamp 1973).
Kohut H (1977). The Restoration of the Self. New York: International Universities Press (dt.: Die Heilung des Selbst. Frankfurt/M.: Suhrkamp 1979).
Kohut H (1984). How Does Analysis Cure? Chicago: University of Chicago Press (dt.: Wie heilt die Psychoanalyse? Frankfurt/M.: Suhrkamp 1987).
Ogden TH (1979). On projective identification. Int J Psychoanal; 60: 357–73 (dt.: Die projektive Identifizierung. Forum Psychoanal 1988; 4: 1–21).
Ogden TH (1982). Projective Identification and Psychotherapeutic Technique. New York: Jason Aronson.
Racker H (1968). Transference and Countertransference. New York: International Universities Press.
Rosenfeld H (1987). Impasse and Interpretation. Therapeutic and anti-therapeutic factors in psychoanalytic treatment of psychotic, borderline and neurotic patients. London: Tavistock (dt.: Sackgassen und Deutungen. Therapeutische und antitherapeutische Faktoren bei der psychoanalytischen Behandlung von psychotischen, Borderline- und neurotischen Patienten. Stuttgart: Verlag Internationale Psychoanalyse 1997).
Wilson M (2003). The analyst's desire and the problem of narcissistic resistances. J Am Psychoanal Assoc; 51: 71–99.
Winnicott DW (1949). Hate in the countertransference. Int J Psychoanal; 30: 69–74 (dt.: Haß in der Gegenübertragung. In: Von der Kinderheilkunde zur Psychoanalyse. München: Kindler 1974).
Wolf E (1988). Treating the Self. Elements of clinical self psychology. New York: Guilford.

5.3 Der nahezu unbehandelbare narzisstische Patient[1]

Otto F. Kernberg

Unsere Erfahrungen am Personality Disorders Institute des Weill Cornell Medical College in der Behandlung von Patienten mit einer Borderline-Persönlichkeitsorganisation – also das gesamte Spektrum schwerer Persönlichkeitsstörungen – haben gezeigt, dass Patienten mit einer Narzisstischen Persönlichkeitsstörung auf dem Niveau einer Borderline-Persönlichkeitsorganisation eine schlechtere Prognose aufweisen als alle anderen Persönlichkeitsstörungen, die auf diesem Strukturniveau funktionieren. Liegen zudem eindeutige antisoziale Züge vor, so ist die prognostische Einschätzung noch ungünstiger zu beurteilen. Diese Negativtendenz kulminiert in den praktisch unbehandelbaren Patienten mit Antisozialer Persönlichkeitsstörung, die nach unserem Dafürhalten die schwersten Fälle von pathologischem Narzissmus darstellen. Unsere klinische Erfahrung mit diesen prognostisch ungünstigen Fällen zeigt, dass es schwere Persönlichkeitsstörungen gibt, die auf einem offenen Borderline-Niveau funktionieren und bedeutsame antisoziale Züge an den Tag legen, aber keine Antisoziale Persönlichkeitsstörung im eigentlichen Sinne darstellen, wobei manche dieser Patienten durchaus auf Behandlung ansprechen, während dies bei anderen aus der gleichen Gruppe nicht der Fall ist. Auf eben jene Patienten möchte ich im Folgenden näher eingehen und mein Augenmerk dabei auf den Nutzen, aber auch die Grenzen bestimmter therapeutischer Techniken legen.

---

1 Die vorliegende Arbeit wurde unterstützt von der Borderline Personality Disorders Research Foundation und ihrem Gründer, Dr. Marco Stoffel, dem der Autor an dieser Stelle seinen tiefen Dank aussprechen möchte.

5 Zur Psychodynamik und Psychotherapie

Kurzer Überblick über die Pathologie der Narzisstischen Persönlichkeitsstörung (NPS)

Die NPS präsentiert sich klinisch gesehen auf drei unterschiedlichen Schweregraden. Die mildesten, »neurotisch« anmutenden Fälle lassen normalerweise eine Psychoanalyse als indiziert erscheinen. Die Betroffenen ersuchen um Behandlung aufgrund eines schwerwiegenden Symptoms, das so eng an ihre Charakterpathologie geknüpft ist, dass eine Psychoanalyse als die einzig angemessene Behandlungsmethode erscheint. Im Gegensatz dazu leiden andere narzisstische Patienten auf diesem Organisationsniveau an Symptomen, die behandelt werden können, ohne die jeweilige narzisstische Persönlichkeitsstruktur zu modifizieren oder aufzulösen. Diese Patientengruppe scheint im Allgemeinen sehr gut zu funktionieren, ausgenommen in langfristigen beruflichen oder intimen Beziehungen, in denen es zu ernsthaften Symptombildungen kommt.

Der zweite Schweregrad narzisstischer Pathologie umfasst das typische narzisstische Syndrom mit all seinen unterschiedlichen klinischen Erscheinungsbildern, die im Folgenden noch dargestellt werden. Hier muss definitiv die Persönlichkeitsstörung behandelt werden, wobei die Entscheidung zwischen analytischem Standardverfahren und psychoanalytischer Psychotherapie auf der Basis einer von Fall zu Fall zu überprüfenden Indikation bzw. Kontraindikation getroffen wird.

Die dritte Kategorie Narzisstischer Persönlichkeitsstörungen bewegt sich auf offenem Borderline-Niveau: Neben den typischen Manifestationen einer NPS legen die Patienten hier einen allgemeinen Mangel an Angsttoleranz und Impulskontrolle sowie eine schwere Beeinträchtigung ihrer sublimatorischen Funktionen an den Tag (d. h. der Fähigkeit zu Produktivität und Kreativität, die über die Gratifikation von lebenswichtigen Bedürfnissen hinausgeht). Chronisches Scheitern in Arbeit und Beruf sowie in der Entwicklung und Aufrechterhaltung intimer Liebesbeziehungen sind an der Tagesordnung. In einer anderen Patientengruppe, die diesem Schweregrad entspricht, jedoch keine offenen Borderline-Züge zeigt, kann es zu schwerwiegendem antisozialen Verhalten kommen, das sie prognostisch gesehen in der gleichen Kategorie ansiedelt wie jene Patienten, die auf einem offenen Borderline-Niveau funktionieren.

All diese Patienten bedürfen einer psychoanalytischen Übertragungsfokussierten Psychotherapie (vgl. Clarkin et al. 2001) – außer es sprechen bestimmte individuelle Gründe gegen diesen Ansatz, sodass supportive oder kognitv-verhaltenstherapeutische Verfahren die Behandlungsmethode der Wahl scheinen. Patienten, deren antisoziales Verhalten vorwiegend passiver und parasitärer Natur ist, stellen für sich oder den Therapeuten weniger eine Bedrohung dar als jene, die schweres suizidales oder parasuizidales Verhalten an den Tag legen bzw.

andere durch ihre Gewalttätigkeit bedrohen. Aggression gegen andere oder sich selbst ist typisch für antisoziales Verhalten vom aggressiven Typus, insbesondere wenn diese Patienten die Kriterien des malignen Narzissmus erfüllen. Das Syndrom des malignen Narzissmus umfasst neben der Narzisstischen Persönlichkeitsstörung schwere antisoziale Verhaltensweisen, ernsthafte paranoide Tendenzen sowie eine Ich-syntone, gegen das eigene Selbst oder andere gerichtete Aggression.

Im Folgenden möchte ich kurz die wichtigsten Merkmale der Narzisstischen Persönlichkeitsstörung zusammenfassen, wie sie typischerweise auf dem zweiten bzw. mittleren Schweregrad anzutreffen sind (Kernberg 1997).

- **Pathologie des Selbst:** Diese Patienten sind überaus selbstzentriert und abhängig von der Bewunderung durch andere. Es herrschen Phantasien von Erfolg und Grandiosität vor, während Realitäten, die das aufgeblähte Selbstbild infrage stellen, vermieden werden. Schließlich können wahre Anfälle von Unsicherheit das Gefühl der Grandiosität oder Besonderheit erschüttern.
- **Pathologie der zwischenmenschlichen Beziehungen:** Die Patienten leiden bewusst und unbewusst unter außergewöhnlich starkem Neid. Ihr Verhalten ist von großer Gier und ausbeuterischen Tendenzen geprägt, sie sind maßlos, begegnen anderen Menschen mit Missachtung und Entwertung, zeigen sich aber unfähig, tatsächlich von ihnen abhängig zu sein (während ihr Bedürfnis, Bewunderung von ihnen zu erlangen, jedoch unvermindert stark ist). Ihr Einfühlungsvermögen ist erstaunlich begrenzt und ihr emotionales Leben schal. Sie sind unfähig, sich auf Beziehungen, Ziele oder gemeinsame Vorhaben mit anderen einzulassen.
- **Pathologie des Über-Ichs** (bewusste und unbewusste internalisierte Wertsysteme): Auf einem höher strukturierten Niveau ist die Fähigkeit zur Trauer eingeschränkt. Das Selbstwertsystem wird von schweren Stimmungsschwankungen reguliert, weniger von fokussiert-begrenzter Selbstkritik. Die Patienten scheinen eher durch eine »Schamkultur« als durch eine »Schuldkultur« bestimmt, und ihre Werte muten kindlich an. Im Falle schwerer Über-Ich-Pathologie kommt es zudem zu chronisch antisozialem Verhalten. Mangelndes Verantwortungsbewusstsein in all ihren Beziehungen und fehlende Rücksichtnahme auf andere sind Indikatoren für das Unvermögen, Schuld oder Gewissensbisse angesichts ihres entwertenden Verhaltens zu empfinden. Eine besondere Form schwerer Über-Ich-Pathologie, die sich aus Narzisstischer Persönlichkeitsstörung, antisozialem Verhalten, Ich-syntoner Aggression (gegen das eigene Selbst und gegen andere gerichtet) sowie deutlich paranoiden Tendenzen zusammensetzt, ist das Syndrom des malignen Narzissmus.
- Zum zentralen **Selbsterleben dieser Patienten** gehört ein chronisches Gefühl der Leere und Langeweile, das wiederum zu Reizhunger und dem Wunsch nach künstlich hervorgerufener affektiver Stimulierung in Form von Drogen

oder Alkohol führt und der Entwicklung von Substanzmissbrauch und Abhängigkeitserkrankungen Vorschub leistet.

Nicht selten kommt es im Rahmen einer Narzisstischen Persönlichkeitsstörung zu typischen Komplikationen des Störungsbildes in Form von sexueller Promiskuität, sexueller Hemmung, Alkoholismus und Drogenabhängigkeit, sozial-parasitärem Verhalten, schwerer (narzisstischer) Suizidalität und Parasuizidalität und – in Situationen, die von großem Stress und Regression geprägt sind – deutlich paranoiden Entwicklungen und kurzen psychotischen Episoden.

Allgemeine behandlungstechnische Fragen in der Behandlung von Narzisstischen Persönlichkeitsstörungen

Wie bereits erwähnt, variiert die Indikation für die einzelnen aus der Psychoanalyse abgeleiteten Behandlungsmethoden sowie anderer therapeutischer Ansätze je nach Schweregrad des jeweiligen Störungsbildes und der individuellen Kombination bestimmter Symptome und Charakterpathologie. Die allgemeinen Behandlungstechniken einer klassischen Psychoanalyse bzw. der psychoanalytischen Psychotherapie müssen modifiziert oder durch spezifische Therapieansätze ergänzt werden, um mit den besonderen narzisstischen Übertragungs-Gegenübertragungs-Konstellationen angemessen umgehen zu können. Ohne an dieser Stelle näher auf die allgemeinen Unterschiede zwischen diesen Behandlungsmodalitäten und ihren entsprechenden Indikationen eingehen zu wollen, möchte ich doch auf bestimmte Probleme hinweisen, die häufig in der Behandlung narzisstischer Patienten auftreten und im Falle »nahezu unbehandelbarer narzisstischer Patienten« vorherrschend sein können, was eine ganz bestimmte therapeutische Herangehensweise erforderlich macht, die sich ihrerseits aus dem gesamten Spektrum psychoanalytisch orientierter Behandlungsmethoden ableitet.

Ein zentrales Problem narzisstischer Patienten liegt in ihrer Unfähigkeit, vom Therapeuten abhängig zu sein, da sie dies als demütigend erleben. Im Bemühen, sich gegen diese Abhängigkeit zu schützen, reagieren sie mit dem Versuch omnipotenter Kontrolle der Behandlung (Kernberg 1984; Rosenfeld 1987). An die Stelle emotionaler Reflexion und möglicher Integration der Interventionen des Therapeuten tritt der Versuch der »Selbstanalyse« und der intellektuellen Aneignung der Deutungen. Der Therapeut wird als »Deutungsmaschine« behandelt, doch sind die Patienten chronisch enttäuscht, nicht genug oder nicht die richtigen Deutungen zu erhalten, während sie unbewusst all das, was sie vom Therapeuten lernen könnten, verwerfen. Die Behandlung behält so über weite Strecken nicht selten den Charakter einer »ersten Sitzung«. Narzisstische Patienten rivalisieren außerordentlich mit dem Therapeuten. Misstrauisch registrieren sie,

5.3 Der nahezu unbehandelbare narzisstische Patient

was sie als gleichgültiges oder missbräuchliches Verhalten ihnen gegenüber wahrzunehmen meinen, und sie vermögen den Therapeuten spontan nicht als jemanden zu erleben, der interessiert und ehrlich besorgt um sie ist, sondern müssen ihn aus genau diesem Grund entwerten und verachten.

Oft werden wir Zeuge einer abwehrbedingten Idealisierung des Therapeuten, der dann als »der Größte« erscheint. Doch diese Idealisierung ist brüchig und kann schnell in Entwertung und Verachtung umschlagen. Es kann durchaus Teil des omnipotenten Kontrollversuchs sein, den Therapeuten unbewusst dazu bringen zu wollen, immer überzeugend und brillant zu sein, ebenso großartig wie der Patient, ohne sich natürlich über ihn zu erheben, denn das würde Neid auslösen. Der Therapeut muss seine »Brillanz« beibehalten, um den Patienten gegen seine eigenen Entwertungstendenzen zu schützen und ihn nicht in das Gefühl völliger Verlassenheit abstürzen zu lassen.

Ein Hauptmerkmal all dieser Manifestationen sind der bewusste und unbewusste Neid auf den Therapeuten sowie das durchgängige Gefühl des Patienten, es gebe nur für eine großartige Person Platz, die ihrem Gegenüber natürlich mit Missachtung begegnen wird – eine Überzeugung, die den Patienten veranlassen wird, obenauf bleiben zu wollen, wenngleich dies mit dem Risiko tiefer Verlassenheit verbunden ist, weil er den entwerteten Therapeuten verliert. Der Neid ist zugleich eine nie versiegende Quelle an Groll darüber, was der Therapeut zu geben hat, und kann die vielfältigsten Formen annehmen. Bestimmend ist hierbei der Neid auf die Kreativität des Therapeuten, auf seine Fähigkeit, den Patienten kreativ zu verstehen und ihn nicht mit platten, klischeehaften Reaktionen abzuspeisen, die der Patient auswendig lernen kann. Auch die Beziehungsfähigkeit des Therapeuten – ein Mangel, der dem Patienten bewusst ist – wird beneidet. Die wichtigsten Ausläufer der Konflikte, die sich um Neid ranken, sind negative therapeutische Reaktionen: Typischerweise geht es dem Patienten schlechter, wenn er erkennen muss, dass ihm der Therapeut geholfen hat. Das Ausagieren neidischen Ressentiments auf den Therapeuten kann viele Formen annehmen: Ausspielen eines Therapeuten gegen einen anderen; aggressive Pseudo-Identifizierung mit der therapeutischen Rolle, die destruktiv gegenüber Dritten eingesetzt wird; schließlich, was sehr häufig der Fall ist, die Überzeugung des Patienten, ganz allein seinen Fortschritt bewirkt zu haben.

Die Analyse der für das Störungsbild typischen idealisierten Selbst- und Objektrepräsentanzen, die im pathologischen Größen-Selbst dieser Patienten zusammenfließen, hat ein allmähliches Nachlassen der Grandiosität in der Übertragung und in der Pseudo-Integration dieses pathologischen Größen-Selbst zur Folge und führt zur Manifestation primitiverer internalisierter Objektbeziehungen in der Übertragung sowie entsprechender primitiverer affektiver Besetzungen. Klinisch gesehen erkennen wir diese Entwicklung am Durchbruch aggressiver Reaktionen als Teil primitiver Objektbeziehungen, suizidales und parasuizidales Verhalten im Sinne unbewusster Identifizierungen mit mächtigen, aber feindlichen Objekten mit eingeschlossen: Der »Sieg« dieser primitiven

Objektbeziehungen über den Therapeuten kann durch die Zerstörung des Körpers des Patienten symbolisiert werden.

Chronisch suizidale Tendenzen narzisstischer Patienten haben eine wohlüberlegte, kalkulierte, kalt-sadistische Qualität, die sich von der impulsiven und »spontan entschiedenen« Suizidalität gewöhnlicher Borderline-Patienten unterscheidet (Kernberg 2001). Die Projektion verfolgender Objektrepräsentanzen auf den Therapeuten in Form schwerer paranoider Übertragungen kann, ebenso wie narzisstische Wut, die die Anspruchlichkeit und das neidische Ressentiment des Patienten zum Ausdruck bringt, zum vorherrschenden Merkmal in der Übertragungsbeziehung werden. Manche Patienten lernen die Sprache des Therapeuten, um sie gegen andere, aber nicht für sich selbst einzusetzen; bei anderen wiederum nimmt dieses »Stehlen« die Form von Perversität an, indem das, was vom Therapeut als Ausdruck seiner Sorge und Anteilnahme empfangen wurde, aggressiv gegen Dritte benutzt wird – mit anderen Worten: Es geschieht eine maligne Transformation dessen, was der Patient vom Therapeuten bekommen hat. Die Korruption der Über-Ich-Werte kann als antisoziales Verhalten ausagiert werden, das der Patient unbewusst durch die Unverantwortlichkeit des Therapeuten, aber nicht seiner selbst verursacht sieht.

Narzisstische Anspruchlichkeit und gierige Vereinnahmung dessen, von dem der Patient meint, es werde ihm verwehrt, kann die Form offenkundig erotischer Übertragungen und Liebesforderungen annehmen, ja sogar Versuche mit einschließen, den Therapeuten zu verführen, um seine Rolle zu zerstören. Hierbei handelt es sich um schwerwiegende Komplikationen, die sich deutlich von den erotischen Übertragungen neurotischer Patienten unterscheiden.

Verläuft die Behandlung positiv, so führt dies typischerweise zu einem Nachlassen des immensen Neides und macht der Fähigkeit Platz, Dankbarkeit sowohl in der Übertragung als auch in Außenübertragungsbeziehungen, insbesondere aber in der Beziehung zu Intimpartnern zu empfinden. Gerade im Neid auf das andere Geschlecht liegt ein zentraler unbewusster Konflikt narzisstischer Persönlichkeiten. Eine Minderung dieses Neides ermöglicht, dass auch die unbewusste Entwertung der Intimpartner des anderen Geschlechts allmählich zurückgehen und die Fähigkeit zu anhaltenden Liebesbeziehungen verbessern kann. Den eigenen Neidgefühlen und Entwertungstendenzen kann mit mehr Wohlwollen begegnet werden, ohne sie ausagieren zu müssen. Die Entwicklung reiferer Empfindungen von Schuld und Besorgnis angesichts aggressiver und ausbeuterischer Verhaltensweisen ist ein Hinweis für die Konsolidierung des Über-Ichs sowie einer Vertiefung der Objektbeziehungen. Zuweilen hat man es im Rahmen dieses Integrationsprozesses jedoch mit einer derart schweren Über-Ich-Pathologie im Sinne eines sadistischen Über-Ichs zu tun, dass dessen zunehmende Integration nicht nur mit einer Verbesserung der Charakterpathologie, sondern auch mit schweren depressiven Zuständen einhergehen kann.

Unter optimalen Bedingungen kommt es nunmehr zu einer Verlagerung des vorwiegend psychopathischen Übertragungsmodus (die Patienten sind von der

Unehrlichkeit des Therapeuten überzeugt oder aber legen selbst ein unehrliches und täuschendes Verhalten an den Tag) hin zu paranoiden Übertragungsmanifestationen, die bislang mithilfe des psychopathischen Modus abgewehrt werden mussten. Der paranoide Übertragungsmodus wiederum (der an die Projektion verfolgender Objektrepräsentanzen und Über-Ich-Vorläufer auf den Therapeuten geknüpft ist) kann in einen depressiven Übertragungsmodus münden, der mit der Fähigkeit einhergeht, ambivalente Gefühle auszuhalten und anzuerkennen, dass sowohl intensive positive als auch negative Empfindungen ein und demselben Objekt gegenüber erlebt werden können (Kernberg 1992).

Die wohl schwierigste Übertragungsentwicklung besteht in der Manifestation massiver Aggression, die sich in Form nahezu unkontrollierbaren suizidalen und parasuizidalen Verhaltens außerhalb der Sitzungen sowie chronisch sadomasochistischen Übertragungen innerhalb der therapeutischen Stunden äußert: Über einen längeren Zeitraum hinweg kommt es zu sadistischen Angriffen auf den Therapeuten, die diesen in seiner Gegenübertragung dazu provozieren sollen, ebenso »zurückzuschlagen«, um ihn anschließend aggressiven und destruktiven Verhaltens bezichtigen zu können – was dem Patienten die Möglichkeit gäbe, sich als das hilflose Opfer des Therapeuten zu erleben. Diese Entwicklung einer sekundär-masochistischen Beziehung zum Therapeut kann wiederum in eine gegen das eigene Selbst gerichtete Aggression münden, in der sich der Patient übertrieben seine eigene »Schlechtigkeit« vorhält, oder aber erneut in extrem sadistisches Verhalten gegenüber dem Therapeut umschlagen und so den Teufelskreis von neuem in Gang setzen. Behandlungstechnisch ist es hier wichtig, dem Patienten die Verknüpfung dieser drei Interaktionen zwischen Täter und Opfer in der Übertragung sowie den damit einhergehenden häufigen Rollenwechsel klar aufzuzeigen.

Schwere Aggression in der Übertragung findet ihren Ausdruck auch im Syndrom der Arroganz, die häufig bei jenen narzisstischen Persönlichkeiten anzutreffen ist, die auf einem offenen Borderline-Niveau funktionieren – eine Kombination aus Überheblichkeit, extremer Neugier, was die Person und das Leben des Therapeuten angeht (ohne jedoch die eigene Person mit der gleichen Neugier zu betrachten), sowie »Pseudo-Dummheit« (Bion 1967), die sich in der fehlenden Fähigkeit äußert, logische und rationale Argumente zu akzeptieren. Der Hauptabwehrzweck arroganten Gebarens besteht darin, den Patient vor der Bewusstwerdung seiner massiven, ihn kontrollierenden Aggression zu bewahren, die sich eher im Verhalten als in affektiv ausgeprägten Prozessen der Repräsentanzenbildung ausdrückt.

All diese Übertragungsentwicklungen können sowohl in Psychoanalysen und psychoanalytischen Psychotherapien als auch in supportiven und kognitiv-verhaltenstherapeutischen Behandlungen auftreten. Der Vorteil psychoanalytischer Verfahren, wenn indiziert, besteht darin, die genannten Übertragungsformationen mithilfe von Deutungen bearbeiten und auflösen zu können. Im Gegensatz dazu können im Rahmen supportiver und kognitiv-verhaltenstherapeutischer

Ansätze die schlimmsten Auswirkungen dieser Übertragungsmanifestationen auf die Beziehung zum Therapeuten in Schach gehalten und reduziert werden, was jedoch nichts daran ändert, dass sie das Leben des Patienten weiterhin unbewusst kontrollieren und somit ein zentrales Problem darstellen. Mithilfe pädagogischer Maßnahmen sowie einer allgemein stützenden Haltung lassen sich unangemessene Verhaltensweisen und Interaktionen im beruflichen Kontext durchaus reduzieren. Sie sind jedoch praktisch nutzlos, wenn es darum geht, die Unfähigkeit der Patienten zu tiefen Liebesbeziehungen bzw. befriedigenden intimen Beziehungen im Allgemeinen zu verändern. Nicht selten kommt es auch vor, dass die oben beschriebenen Übertragungsentwicklungen die supportiven und kognitiv-verhaltenstherapeutischen Ansätze selbst unterminieren. Wenn somit absehbar ist, dass ein Patient ein analytisches Verfahren auszuhalten in der Lage ist, unabhängig vom Schweregrad der Symptome, so ist diese Indikation meist als prognostisch günstig zu werten. Wie wir im folgenden Abschnitt jedoch sehen werden, hat ein analytischer Ansatz auch seine Grenzen.

Der »unmögliche« Patient

Häufig werden wir bereits in den Erstgesprächen auf ungünstige prognostische Aspekte aufmerksam. Manchmal hingegen offenbaren sie sich uns erst im Laufe der Behandlung, selbst wenn eine sorgfältige und eingehende Anfangsdiagnostik vorliegt. Ich glaube jedoch, dass die typischen Manifestationen dessen, was sich letztlich als nahezu unüberwindbare Hindernisse in der Behandlung erweisen wird, von Anfang an diagnostizierbar sind. Im Folgenden sollen diese Gefahrensignale dargestellt werden.

Chronisches berufliches Versagen trotz höherer Schulbildung und entsprechender Fähigkeiten

Hier treffen wir auf Patienten, die über Jahre hinweg unter ihrem ursprünglichen Ausbildungsniveau sowie unter ihren eigentlichen beruflichen Fähigkeiten bleiben und nicht selten als Fürsorgefall ihrer Familie (wenn diese wohlhabend ist) oder Sozialhilfeempfänger enden. Eine derart chronische Abhängigkeit von der Familie oder den öffentlichen Sozialsystemen stellt einen zentralen sekundären Krankheitsgewinn und einen der Hauptgründe für das Scheitern der Behandlung dar. In den Vereinigten Staaten zumindest bedeutet dies eine große Verschwendung von therapeutischen Ressourcen, denn häufig ersuchen diese Patienten bewusst oder unbewusst um Behandlung, nicht weil sie an einer Verbesserung ihres Zustandes interessiert wären, sondern weil sie den Gesundheitsbehörden beweisen wollen, dass eine Veränderung unmöglich ist, und sie daher weiterhin auf Unterstützung angewiesen sind. Michael Stone, einer unserer erfahrensten Mitglieder am Personality Disorders Institute, hat folgende Rechnung erstellt: Wenn ein Patient praktisch die Möglichkeit hätte, den eineinhalbfachen Satz an Sozialhilfe pro Woche zu verdienen, so bestünde eine Chance, seine Arbeitsmotivation zurückzugewinnen. Wenn hingegen das Einkommen, das er realistischerweise zu erwarten hätte, unter diesem Satz bliebe, so würde der sekundäre Krankheitsgewinn das Verhalten bestimmen.

Die hier zugrunde liegende Psychodynamik variiert von Fall zu Fall. Es gibt Patienten, die durchaus arbeiten würden, wenn man ihnen sofort den Posten des Vorstandsvorsitzenden oder des führenden Vertreters ihres Fachbereichs anbieten würde. Von »unten« anzufangen bedeutet eine unerträgliche Demütigung. Nicht wenige Patienten ziehen es vor, von Sozialhilfe zu leben, anstatt sich der »Schmach« einer untergeordneten Stellung auszusetzen. In anderen Fällen wiederum beherrscht eine unbewusste Wut angesichts der allgemeinen Erwartung, für sich selbst sorgen zu müssen, das Leben der Patienten, die die Überzeugung entwickeln, aufgrund schwerer Frustrationen oder Traumatisierungen, die sie zu erdulden hatten, eine besondere Behandlung vom Leben erwarten zu dürfen. Für sich selbst aktiv zu werden hieße dann, auf diese rachsüchtige Erwartung zu verzichten.

Auf einer bewussten Ebene kann sich diese Dynamik als schwere Angstsymptomatik oder depressive Symptomatik äußern, sobald der Versuch unternommen wird, einer Arbeitsbeschäftigung nachzugehen. Oft haben wir es dann mit Patienten zu tun, die für sich in Anspruch nehmen, an einer chronischen Angststörung zu leiden (deren Symptome sie auswendig kennen), die jedoch trotz medikamentöser Behandlung bei jedem Arbeitsversuch außer Kontrolle gerät. Dieses spezifische Auftreten schwerer Angstzustände, wann immer eine Arbeitsbeschäftigung in Erwägung gezogen wird, ist besonders verhängnisvoll. Bei anderen Patienten wiederum dominieren antisoziale Züge und solange sie einen Verwandten oder die Gesellschaft ausbeuten können, wäre es ihrer Meinung nach dumm und demütigend, sich eine Arbeit zu suchen.

Berufliches Scheitern kann in diesem Zusammenhang mit Größenphantasien über die eigenen Fähigkeiten und potenziellen Erfolge einhergehen, die jedoch unverändert bestehen bleiben, solange der Patient keiner Arbeit nachgeht. Rationalisiert wird dieses Muster sozial-parasitären Verhaltens womöglich mit Vorstellungen eines ganz bestimmten Berufs oder bislang unerkannten Talents: der unbekannte Maler, der verhinderte Schriftsteller, der revolutionäre Musiker ... Häufig zeigen sich diese Patienten nur allzu bereit zu einer Psychotherapie, solange ein anderer die Kosten übernimmt, um jedoch sofort damit aufzuhören, wenn die Geldquelle versiegt – selbst dann, wenn die Möglichkeit bestünde weiterzumachen, wenn nur der Patient einer bezahlten Tätigkeit nachgehen könnte und wollte.

Der therapeutische Ansatz muss in diesen Fällen die Reduzierung oder Beseitigung des sekundären Krankheitsgewinns beinhalten. Behandlungstechnisch würde ich dem Patienten aufzeigen, dass eine aktive Beteiligung am Arbeitsleben und die damit verbundenen Kontakte und Erfahrungen von zentraler Bedeutung für eine sinnvolle Behandlung sind und daher Vorbedingung einer psychoanalytischen Psychotherapie. Je nach Situation würde ich dem Patienten einen bestimmten Zeitraum zur Verfügung stellen, zum Beispiel drei bis sechs Monate, um dieses Ziel zu erreichen, wobei ich unmissverständlich klar machen würde, die Therapie sofort zu unterbrechen, sollte dieses Ziel nicht erreicht werden. Hierbei handelt es sich um eine Grenzsetzung seitens des Therapeuten, die als Teil des Therapierahmens und der entsprechenden Übertragungsimplikationen von Anfang an gedeutet werden muss. Inhaltlich kann es dabei um folgende Themen gehen:

- die unbewusste Motivation für die Arbeitsverweigerung des Patienten
- die Bedeutung des sekundären Krankheitsgewinns
- der mögliche Groll darüber, dass der Therapeut das Gleichgewicht des Patienten bedroht
- die Verzweiflung, mit der der Patient sich selbst jegliche Möglichkeit von Wohlbefinden, Erfolg, Selbstrespekt und Bereicherung seines Lebens abspricht, die an eine potenziell erfolgreiche und kreative berufliche Tätigkeit gebunden ist

Mithilfe dieser behandlungstechnischen Modifizierung kann das Problem des sekundären Krankheitsgewinns häufig überwunden werden. In vielen Fällen jedoch ist der Fundus an Entschuldigungen, warum keiner Arbeit nachgegangen werden kann, unerschöpflich, und nicht selten gelingt es den Patienten, Dritte (sei es Sozialarbeiter oder Vertreter des öffentlichen Gesundheitswesens) für ihre Dienste einzuspannen, die dann dem Therapeuten dessen »überzogene Erwartungen« vorhalten, mit denen er die Schwierigkeiten und Symptome des Patienten noch verstärke. Je nach Sozial- und Krankenversicherungssystem kann der sekundäre Krankheitsgewinn unterschiedliche Formen annehmen, doch konnte ich die Grunddynamik dieses Problems in den verschiedensten Ländern und ihren jeweiligen Sozialversicherungssystemen beobachten.

Pervasive Arroganz

Hier haben wir es mit Patienten zu tun, die sich der Schwere ihrer Symptomatik und Probleme durchaus bewusst sind, gleichzeitig jedoch einen unbewussten sekundären Krankheitsgewinn daraus ziehen, Vertreter des öffentlichen Gesundheitswesen in ihrer Inkompetenz und Unfähigkeit ihnen zu helfen, vorzuführen. Sie entwickeln sich zu wahren Experten, was ihr Leiden angeht, durchforsten das Internet, klopfen mögliche Therapeuten auf deren fachlichen Hintergrund

5.3 Der nahezu unbehandelbare narzisstische Patient

und therapeutische Orientierung hin ab, vergleichen deren Vorzüge und Nachteile, präsentieren sich auf ihrer Suche nach einem Therapieplatz auf eine Art und Weise, die »dem Therapeuten eine Chance geben« soll, um gleichzeitig jedoch eine nicht unerhebliche Befriedigung dabei zu empfinden, ihn scheitern zu lassen. Die Symptome reichen von chronischen Ehekonflikten über schwere depressive Schübe bei drohendem beruflichem Versagen bis hin zu Angst und Somatisierung sowie schweren chronisch-depressiven Entwicklungen, die nur »teilweise« auf psychopharmakologische Behandlung (oder gar Elektrokrampftherapie, die im Falle chronischer und schwerer oder so genannter »endogener« Depressionen fragwürdigerweise empfohlen wird) ansprechen. Häufig führt eine Kombination aus Psychotherapie und psychopharmakologischer Behandlung überraschend zu einer zeitweiligen Verbesserung, die der Patient jedoch auf die »Medikation allein« zurückzuführt. Psychotherapie wird als nicht hilfreich und unnötig angesehen (während die Medikation später »nicht mehr greift«).

Der plötzliche Wechsel von fragiler Idealisierung zu völliger Entwertung des Therapeuten kann jederzeit stattfinden, und manchmal erfährt eine Behandlung, die über mehrere Monate befriedigend verlaufen ist, einen unerwarteten Bruch infolge eines wahren Ansturms an Neid, der in eine radikale Entwertung des Therapeuten mündet. Die Eingangsdiagnostik dieser Patienten ergibt häufig eine Ich-syntone Arroganz, die sich in manchen Fällen zu grob unangemessenem und unhöflichem Verhalten auswachsen kann, in anderen Fällen unter einer dünnen Schicht von Taktgefühl verborgen ist. Diese charakterbedingte Arroganz muss vom Syndrom der Arroganz unterschieden werden, wie Bion (1967) es beschrieben hat, wobei die Arroganz mit heftigen Affektstürmen in der Übertragung einhergeht, aber im Rahmen einer psychoanalytischen Psychotherapie, in der die Beziehung des Patienten zum Therapeuten fest etabliert ist, eine bessere Prognose hat.

Pervasive Arroganz, mit der wir es hier zu tun haben, wird häufig unter kulturellen oder ideologischen Vorzeichen rationalisiert, zum Beispiel, wenn eine Patientin männliche Therapeuten generell ablehnt, weil diese »Frauen nicht verstehen«, Therapeutinnen jedoch Unterwürfigkeit unter eine von männlichen Regeln beherrschte Welt vorhält, die auch die therapeutische Beziehung betreffen. Gelingt es der Patientin nicht, den Behandlungsrahmen der Therapeutin zu unterminieren, kann es durchaus zum Rückzug aus der Behandlung mit einer derartig »strengen und unterwürfigen« Frau kommen. Ähnliche Rationalisierungen können Rassenvorurteile, politische Differenzen oder die Frage religiöser Orientierung betreffen.

Behandlungstechnisch gilt es, taktvoll die Abwehrfunktion der Arroganz in der Übertragung zu benennen und systematisch zu analysieren sowie den Patienten von Anfang an darauf hinzuweisen, dass aufgrund seiner emotionalen Disposition und Entwertungsneigung die Gefahr eines vorzeitigen Therapieabbruchs besteht. Im Normalfall fürchtet der Patient via projektiver Identifizierung, dass der Therapeut ihm gegenüber eine ähnlich abwertende Haltung einnimmt und ihn demütigt, sobald seine Überlegenheit auf dem Spiel steht oder zunichte gemacht wird. Daher ist es sehr hilfreich, von Anfang an die unbewusste Identifizierung des Patienten mit dem grandiosen elterlichen Objekt zu deuten, die dieser Charakterformation häufig zugrunde liegt (und einen wesentlichen Teil des pathologischen Größen-Selbst des Patienten ausmacht). Nach außen hin scheint die Identifizierung mit einem grandios-sadistischen Objekt das Selbstwertgefühl des Patienten zu stärken, weil es seine Überlegenheit und Grandiosität sicherstellt. Tatsächlich jedoch unterwirft sich der Patient einem inneren Objekt, das jeder realen und potenziell hilfreichen Beziehung entgegensteht und all seinen wahren Abhängigkeits- und Beziehungswünschen feindlich gesinnt ist.

Arroganz und Grandiosität können nach außen hin auch als gegenteiliges Symptom erscheinen: Beklagt werden dann die eigene Schlechtigkeit, Minderwertigkeit oder Unzulänglichkeit sowie die fehlende Hoffnung auf Veränderung oder Hilfe. Jeglichem Versuch, die Irrationalität dieser Haltung genauer zu explorieren, wird hartnäckig widerstanden, wobei das Überlegenheitsgebaren des Patienten genau darin besteht, die Bemühungen des Therapeuten zu verstehen systematisch zurückzuweisen und alles besser zu wissen, was auch immer der Therapeut an Argumenten hinsichtlich der Minderwertigkeitsgefühle des Patienten vorbringen mag. Für den Therapeut besteht hier die Gefahr, in eine Falle zu geraten und sich zu einer vermeintlich »supportiven« Haltung verführen zu lassen, indem er dem Patient versichert, dass er nicht so schlecht ist, dass es durchaus Hoffnung gibt und er nicht so pessimistisch sein soll. Ein Vorgehen, das die Übertragung noch verstärken würde, anstatt die Arroganz und Überheblichkeit zu deuten, die in der systematischen Verweigerung des Patienten, sein Verhalten in der Übertragung genauer zu untersuchen, enthalten ist. Doch auch die zutiefst masochistischen und verzweifelten Aspekte der Unterwerfung unter ein feindliches Introjekt müssen systematisch exploriert werden: So kann sich in der Übertragung das Gefühl des Patienten, dass der Therapeut hilfreich ist, in einer negativen therapeutische Reaktion niederschlagen.

Die Zerstörung des therapeutischen Prozesses – das Vorherrschen unbewusster Selbstdestruktivität als zentrales motivationales System

Hier treffen wir auf eine Patientengruppe, die von Beginn an durch die extreme Schwere der Symptomatik beeindruckt: wiederholte schwere Suizidversuche mit nahezu tödlichem Ausgang, Suizidversuche »aus heiterem Himmel«, oft sorgfältig und freundlich lächelnd unter den Augen der Therapeuten vorbereitet. Chronische Selbstdestruktivität kann sich aber auch dahingehend äußern, dass potenziell befriedigende Beziehungen, eine viel versprechende berufliche Situation bzw. die Möglichkeit zu beruflichem Aufstieg, kurz: Erfolg in zentralen Lebensbereichen zerstört wird. Manche dieser Patienten kommen als Adoleszente oder junge Erwachsene in Therapie, wenn noch viele Möglichkeiten vor ihnen liegen. Andere wiederum erst sehr viel später, nach zahlreichen gescheiterten Behandlungsversuchen und nachdem sich ihre Lebenssituation zunehmend verschlechtert hat, sodass der Wunsch nach einer Therapie wie ein »letzter Ausweg« anmutet und ein Gefühl der Hoffnungslosigkeit oder aber der Illusion in sich birgt, wenn der Therapeut noch an eine Veränderung im Leben des Patienten glaubt. Zuweilen äußern Patienten sehr offen, sich das Leben nehmen zu wollen, um zu testen, ob der Therapeut dem etwas entgegenzusetzen hat. In manchen Fällen kommt es bereits während des Aushandelns des Therapievertrags zu derartigen Provokationen, wenn sich Patienten weigern, sich an die im Therapievertrag festgelegten Vereinbarungen zu halten. Normalerweise finden sich im familiären und lebensgeschichtlichen Hintergrund dieser Patienten massive und chronische Traumatisierungen, die auch schweren sexuellen Missbrauch, körperliche Misshandlung, ein ungewöhnlich hohes Ausmaß an familiärem Chaos oder aber eine nahezu symbiotische Beziehung mit einer extrem aggressiven Elternfigur einschließen.

Wird das Störungsbild durch antisoziale Züge verkompliziert, werden suizidale Tendenzen womöglich verschwiegen, während chronische Unehrlichkeit und ein psychopathischer Übertragungsmodus den Aufbau einer therapeutisch hilfreichen Beziehung unmöglich machen. So schluckte eine unserer Patientinnen Rattengift, das sie in die Klinik geschmuggelt hatte, woraufhin es zu inneren Blutungen kam. Während sie ihrem Therapeuten gegenüber jede weitere Einnahme des Giftes hartnäckig leugnete, verschlechterten sich ihre Blutwerte zusehends. Aufgrund fehlender Compliance und der Unwilligkeit oder Unfähigkeit der Patientin, sich an den Therapievertrag zu halten und die Einnahme des Rattengiftes zu beenden, musste die psychotherapeutische Behandlung schließlich unterbrochen werden. Im Zusammenhang mit dem Syndrom der »toten Mutter« beschreibt André Green (1993) die unbewusste Identifizierung mit einem psychisch toten Elternobjekt. Die unbewusst phantasierte Vereinigung mit diesem Objekt dient als Rechtfertigung und Rationalisierung dafür, sich aller Beziehungen mit psychisch bedeutsamen Objekten zu entledigen – eine unbewusste Verleugnung anderer und des eigenen Selbst als bedeutsame Einheiten, die zu einem unüberwindbaren Hindernis für die Behandlung werden kann. In anderen Fällen äußert sich die Selbstdestruktivität des Patienten weniger in suizidalem Verhalten als vielmehr in schweren Selbstverletzungen, die die psychotherapeutische Behandlung wiederholt zunichte machen und den unbewussten Triumph jener Kräfte im Patienten signalisieren, die die Selbstdestruktivität als zentrales Lebensziel propagieren. Die Selbstverletzungen können zum Verlust von Gliedmaßen oder schweren Verstümmelungen führen, wenn durch wohlkalkulierte parasuizidale Handlungen nicht so sehr der unmittelbare Tod, sondern das Risiko multipler Verletzungen in Kauf genommen wird.

Alkohol- und Drogenmissbrauch bzw. -abhängigkeit können der gleichen unbewussten Dynamik unterliegen. In diesen Fällen müssen jedoch direkte Folgen der Abhängigkeitserkrankung und ihre dynamische Funktion getrennt voneinander betrachtet werden. Im Kontext derart extremer Autoaggression kann dies eine große Entschlossenheit zur Selbstzerstörung bedeuten, die die Bezeichnung Todestrieb verdient. In jenen Fällen narzisstischer Pathologie, in denen eine eindeutige Suchtentwicklung vorliegt, können Entgiftung und Entwöhnung in der Frühphase der psychotherapeutischen Behandlung den Übergang in eine psychoanalytische Psychotherapie ermöglichen. Wenn allerdings der Sinn der Erkrankung darin besteht, einer schweren und rücksichtslosen Selbstdestruktivität Ausdruck zu verleihen, so zeigen wiederholte Phasen der Entgiftung und Entwöhnung ihre Nutzlosigkeit und sind ein Hinweis für eine äußerst ungünstige Prognose. Suchterkrankungen dienen manchmal auch als Rationalisierung für berufliches Scheitern, das ansonsten die Grandiosität des Patienten bedrohen würde: Diese Fälle haben eine sehr viel bessere Prognose als jene, deren Hauptmotivation in einer unerbittlichen Selbstdestruktivität liegt.

Dieses allgemeine Bild extremer selbstdestruktiver Motivation, das klinisch als Vorherrschen des Todestriebs beschrieben werden kann, muss von einer verwandten Entwicklung unterschieden werden, nämlich der schwersten Form negativer therapeutischer Reaktion. Diese bezieht sich nicht auf eine negative Übertragung, sondern auf die eindeutige und unmittelbare Verschlechterung des Zustands des Patienten, wann immer dieser den Therapeuten als hilfreich erlebt hat. Die mildesten Fälle sind jene Patienten mit depressiv-masochistischer Persönlichkeitsstruktur und unbewussten Schuldgefühlen, wenn ihnen geholfen wird – eine Dynamik, die schon Freud beschrieben hat und die relativ einfach zu diagnostizieren und über Deutungen aufzulösen ist. Am häufigsten treffen wir auf jene Form negativer therapeutischer Reaktion, wie sie für die Narzisstische Persönlichkeitsstörung (wenngleich nicht ausschließlich) charakteristisch ist und in deren Rahmen die Verschlechterung auf den unbewussten Neid des Patienten zurückzuführen ist, was die Fähigkeit des Therapeuten angeht, ihm zu helfen. Diese weit verbreitete Übertragungsentwicklung erfordert ein komplexes Deuten und Durcharbeiten, ist aber nach wie vor außerordentlich gut behandelbar. Die schwerste Form negativer therapeutischer Reaktion, also die Fälle, um die es hier geht, spiegelt die unbewusste Identifizierung mit einem extrem aggressiven und destruktiven Liebesobjekt wider, in deren Rahmen die dominante Übertragungsphantasie darin besteht, dass nur ein wütender oder hasserfüllter Therapeut aufrichtig emotionalen Anteil am Patienten nimmt. »Nur jemand, der dich hasst oder umbringen will, sorgt sich wirklich um dich.«

Der Patient kann unablässig versuchen, den Therapeuten zu aggressiven Handlungen zu provozieren und die Beziehung zu ihm in eine sadomasochistische zu verwandeln, während er gleichzeitig verzweifelt darum bemüht ist, aus dem vermeintlich »schlechten« Therapeuten einen »guten«, aus dem verfolgenden Objekt ein ideales zu machen, was jedoch infolge des Wiederholungszwangs und der ständigen Re-Inszenierung sadomasochistischer Übertragungsmuster zum Scheitern verurteilt ist. Im Gegensatz zu den Patienten, deren Hauptmoti-

5.3 Der nahezu unbehandelbare narzisstische Patient

vation darin besteht, sich aller Objektbeziehungen zu entledigen, erkennt der Patient hier das Bemühen des Therapeuten ihm zu helfen implizit an: De facto ist es genau diese Erfahrung, die diese besondere Form der negativen therapeutischen Reaktion auslöst. Wenn es dem Therapeuten gelingt, sich nicht zum Abbruch der Behandlung provozieren zu lassen, kann durch konsequentes Deuten dieser Phantasie und der unbewussten provokanten Aggressivität ein Ausweg aus der Sackgasse gefunden werden. Diese schwere Form von Selbstdestruktivität deutend zu bearbeiten und sie von den oben beschriebenen, extremeren Beziehungsformen abzugrenzen ist Teil der therapeutischen Aufgabe.

Bei all diesen Patienten besteht ein hohes Risiko, sich selbst, die Therapie oder ihr Leben zu zerstören, was behandlungstechnisch von Anfang an als Gefahr sehr ernst genommen und gezielt gedeutet werden muss. Im Therapievertrag müssen minimale Voraussetzungen dafür geschaffen sein, sicherzustellen, dass die Behandlung nicht als »Pseudoveranstaltung« benutzt wird, dem Patienten zusätzliche Freiheiten oder Anreize für selbstzerstörerisches Verhalten zu verschaffen. Dies kann sich durchaus als schwierig erweisen, doch der Therapeut sollte zumindest eindeutig klarstellen, dass die Behandlung nicht fortgeführt wird, wenn diese Minimalbedingungen, die das Überleben des Patienten sichern, nicht erfüllt werden. Dazu würde etwa die Verpflichtung zählen, sich im Falle andrängender Suizidimpulse, die der Patient nicht mehr kontrollieren zu können meint, sofort stationär aufnehmen zu lassen; oder aber alle Verhaltensweisen, die sein Überleben in irgendeiner Art und Weise gefährden, sofort zu beenden. Dies traf auf eine weiße Jugendliche zu, die sich aufreizend gekleidet in einer überaus gefährlichen, von Afroamerikanern bewohnten Gegend in New York herumtrieb, auf der Suche nach kurzen sexuellen Kontakten, und stets das Risiko eingehend, sich mit dem HIV-Virus zu infizieren. In anderen Fällen legen Patienten ein Verhalten an den Tag, das an sich noch nicht gefährlich wirkt, wenn sie dadurch nicht die finanzielle Unterstützung ihrer Familie, die für die therapeutische Behandlung aufkommt, aufs Spiel setzen würden.

Sind diese Bedingungen im Therapievertrag festgelegt, muss der Therapeut die Versuchung des Patienten, ihn zu brechen, sowie die zugrunde liegenden unbewussten Motive und Gratifikationen, die damit verbunden sind, zur Sprache bringen und analysieren. Das Triumphgefühl des Patienten, das Ende der Behandlung heraufzubeschwören, die Interventionen des Therapeuten zu zerpflücken oder aber die Therapie an sich radikal zu entwerten, müssen ebenfalls als selbstzerstörerischer Versuch gedeutet werden, jede potenziell hilfreiche Beziehung zunichte zu machen. Der Therapeut sollte sehr aufmerksam auf alles achten, was als aufrichtige Annäherung an ihn anmutet, als Anzeichen einer sich entwickelnden Abhängigkeit oder als »menschliche Geste« in der therapeutischen Beziehung, und es ebenso hervorheben wie die Gefahr seitens des Patienten, es wieder zerstören zu wollen.

Es ist von großer Bedeutung, dieses gesamte Spektrum einer bestimmten Psychopathologie nicht mit dem klinischen Erscheinungsbild einer Major Depression zu verwechseln, die nicht nur mit massiver Selbstentwertung und Selbstbezichtigung, sondern auch mit schweren depressiven Verstimmungen einhergehen würde: Gefühllosigkeit und Indifferenz, verminderter psychomotorischer Antrieb, herabgesetzte Konzentrationsfähigkeit sowie typisch neurovegetative Symptome einer Major Depression. Unter diesen Umständen kann eine antidepressive Behandlung mit entsprechender Medikation (und – unter bestimmten Bedingungen, etwa im Falle massiver und unkontrollierbarer Suizidalität – einer Elektrokrampftherapie) die Methode der Wahl sein. Dazu zählt natürlich auch die Überlegung einer stationären Aufnahme. Dies ist nicht der Fall für jene Patienten, die die schwerste Form narzisstischer Psychopathologie aufweisen, um die es uns hier geht, und die nicht an einer Major Depression leiden, sondern sich – im Gegenteil – dem Therapeuten gegenüber hochmütig, abfällig, indifferent oder aggressiv-provozierend verhalten, wenn nicht gar freudig-triumphierend angesichts seiner vermeintlichen Unfähigkeit.

Dieses bewusste oder unbewusste Genießen der eigenen Überlegenheit aufseiten des Patienten, mit der die therapeutische Beziehung zerstört werden soll, kann im Therapeuten Gegenübertragungsreaktionen auslösen, die von Selbstentwertung, Depression, Rückzug oder ärgerlicher Zurückweisung des Patienten geprägt sind. Zuweilen kommt es zu überängstlichen und verzweifelten Versuchen, dem Patienten emotionale Unterstützung zuteil werden zu lassen, um jedoch in ein Gefühl der Erschöpfung und des abrupten emotionalen Fallenlassens des Patienten zu münden, was der Patient womöglich mit Zufriedenheit registriert. Eine optimale emotionale Haltung des Therapeuten bestünde darin, sich konsequent dahingehend zu prüfen, wie er zum Patienten steht, in der Bereitschaft, »dranzubleiben« und ohne übermäßige Erwartungshaltung seine therapeutische Arbeit zu tun, solange diese ihm mit diesem spezifischen Patienten sinnvoll erscheint, sich jedoch auch auf eine Beendigung einzustellen, sobald die Minimalvoraussetzungen für eine Psychotherapie nicht mehr erfüllt sind.

Auch wenn diese optimale therapeutische Haltung mitunter verloren geht, so kann der Therapeut doch zu ihr zurückfinden, indem er kontinuierlich seine Gegenübertragung überprüft und diese in entsprechende Übertragungsdeutungen integriert. Zudem mag es hilfreich sein, sich selbst und dem Patienten gegenüber die Möglichkeit eines Scheiterns der Therapie einzugestehen: Würde der Patient letztlich sein Leben zerstören, so wäre dies schade, doch müsse die Möglichkeit, ihm unter den konkreten Umständen der Behandlung nicht helfen zu können, in Betracht gezogen werden. Diese Haltung kann dazu beitragen, den sekundären Krankheitsgewinn im Sinne eines phantasierten Triumphes über den Therapeuten – eine sehr häufige Komponente der komplexen Übertragungsdisposition narzisstischer Patienten – zu verringern.

Das Vorherrschen antisozialer Merkmale

Hier haben wir es mit der aggressiven Infiltrierung des pathologischen Größen-Selbst zu tun, die sich sowohl als passiv-parasitäre Haltung als auch in Form aggressiv-paranoiden Verhaltens (etwa im Syndrom des malignen Narzissmus) Ausdruck verschaffen kann. Alle diese Fälle, das heißt Narzisstische Persönlichkeitsstörungen mit schweren antisozialen Zügen, sind prognostisch mit Zurückhaltung zu betrachten. Das Syndrom des malignen Narzissmus befindet sich an der Grenze dessen, was wir mithilfe psychoanalytischer Ansätze im Bereich des pathologischen Narzissmus erreichen können, während der nächsthöhere Schweregrad an antisozialer Pathologie, also die antisoziale Persönlichkeit im eigentlichen Sinne, prognostisch bei praktisch Null anzusiedeln ist.

Paradoxerweise erleichtert gerade die Schwere des aggressiv-paranoiden Verhaltens maligner narzisstischer Persönlichkeiten, das zur Bestätigung eigener Grandiosität und Macht eingesetzt wird, die Deutung dieses Verhaltens in der Übertragung. Suizidalität (d. h. gegen das eigene Selbst gerichtete Aggression) wird so zum aggressiven Triumph über die Familie oder den Therapeuten bzw. ermöglicht die triumphale Abkehr von einer Welt, die nicht den Erwartungen des Patienten entspricht. Parasuizidales oder selbstverletzendes Verhalten wiederum kann den Sieg über all jene bedeuten, die Schmerz, Verletzung oder körperliche Zerstörung fürchten.

In manchen Fällen treffen wir hier auch auf das Syndrom der Arroganz, das sich jedoch durch entsprechende Deutungen wirksam auflösen lässt. Dazu zählt, den Patienten mit seiner Unfähigkeit zu konfrontieren, sich seine eigene massive und von Neid erfüllte Aggression einzugestehen, sein Bedürfnis, Verhalten in Somatisierung umzuwandeln, um einer bewussten Auseinandersetzung damit aus dem Weg zu gehen, sein Außer-Kraft-Setzen normaler Logik und kognitiver Kommunikation, um Deutungen nicht als bedeutsame Mitteilung annehmen zu müssen, sowie schließlich eine ausgeprägte Neugier, was die Person des Therapeuten angeht, um diesen, aber auch mögliche Quellen von Neid und Ressentiment zu kontrollieren.

Die konsequente Deutung der Arroganz kann zu einer Schlüsselstelle in der Umwandlung einer psychopathischen in eine paranoide Übertragung werden und den Beginn einer selbstexplorativen Haltung des Patienten seiner eigenen primitiven Aggression gegenüber markieren, die dann nicht mehr ausagiert werden muss. Den Patienten dabei zu unterstützen, sich seines als zutiefst lustvoll erlebten sadistischen Verhaltens dem Therapeuten und anderen Menschen gegenüber bewusst zu werden, ist ein zentraler Aspekt der Deutungsarbeit und setzt die Fähigkeit des Therapeuten voraus, sich emotional in sadistische Lust einfühlen zu können, ohne darüber zu erschrecken. Fürchtet sich der Therapeut vor seinem eigenen Sadismus, so kann dies einer vollständigen Exploration dieses Problems mit dem Patienten im Wege stehen.

5 Zur Psychodynamik und Psychotherapie

Wie bereits erwähnt, sind paradoxerweise gerade jene Fälle besonders schwierig, in denen Patienten ein passiv-parasitäres Verhalten an den Tag legen, nicht nur im Sinne passiver Ausbeutung anderer, sondern auch im Sinne einer umfassenden Zerstörung von Fürsorge und Verantwortungsbewusstsein in ihren Beziehungen zu bedeutsamen anderen. Dieser Mangel an Besetzung von Objektbeziehungen unterscheidet sich von deren aktiven Zerstörung und Außer-Kraft-Setzung, wie wir sie im Rahmen der zuvor beschriebenen Patientengruppe angetroffen haben, deren Über-Ich-Funktionen besser integriert sind und die kein antisoziales Verhalten an den Tag legen.

Chronische Verantwortungslosigkeit, ob nun dem therapeutischen Rahmen oder anderen Menschen gegenüber (sei es in Bezug auf Zeit, Geld oder jedwede Form von Verpflichtung und Engagement), ist das Gegenstück zur Geschichte antisozialen Verhaltens, wie wir es aus der passiv-parasitären Subgruppe narzisstischer Pathologie kennen.

Das antisoziale Verhalten, von dem hier die Rede ist, ist nicht so sehr direkt gegen andere Menschen gerichtet, sondern nimmt eher unpersönliche Formen an, wie etwa die chronische Unterschlagung von öffentlichen finanziellen Mitteln oder Stiftungsgeldern bzw. das Ausnutzen finanzieller Vorteile im Allgemeinen. Die chronische Ablehnung der Beziehung zum Therapeuten, oft verborgen hinter oberflächlicher Freundlichkeit und einem engagierten Plauderton, wird zu einem zentralen Problem in der Übertragung und kann den Therapeuten mit der Zeit zu der Überzeugung gelangen lassen, dass er es hier mit keiner wirklichen menschlichen Beziehung zu tun hat. Die unbewusste Entwertung des Therapeuten ist derart Ich-synton, dass selbst ihre Deutung den Patienten nicht erreicht. Vielmehr erscheint der Therapeut dem Patienten entweder als unehrlich oder dumm, mit völlig unrealistischen Erwartungen an mitmenschliche Beziehungen, sodass er nicht ernst genommen zu werden braucht. Im Gegensatz zu allen bislang skizzierten schwierigen Behandlungssituationen kann die Übertragung – oberflächlich betrachtet – durchaus angenehm und nichtaggressiv anmuten, während die eigentliche Tragik, die in der Unerreichbarkeit oder Ablehnung einer potenziell zugänglichen therapeutischen Beziehung liegt, subtil verborgen bleibt. Der therapeutische Fokus muss auf die Implikationen dieser Art von Beziehung gerichtet sein, die sich hinter häufigem Fernbleiben, dem Versäumen von Terminen und Verpflichtungen sowie der Tatsache verbirgt, dass die therapeutischen Sitzungen keinerlei Wirkung im Patienten hinterlassen.

Es ist wichtig, diese Gruppe nicht mit einer anderen Gruppe von Patienten zu verwechseln, die eine erstaunlich begrenzte Prognose aufweisen, sozial und psychisch jedoch sehr viel besser funktionieren bzw. organisiert sind und die im Folgenden näher untersucht werden.

Verdrängung von Abhängigkeitsbedürfnissen als sekundäre narzisstische Abwehr

Hierbei handelt es sich um einen relativ seltenen Patiententypus, der sich häufig auf dem höchsten Niveau narzisstischer Psychopathologie bewegt, auf dem Verdrängung und andere reifere Abwehrmechanismen ausreichend entwickelt sind, sodass das pathologische Größen-Selbst sehr viel besser vor dem Einbruch unbewussten Neides als auch vor der Erkenntnis geschützt ist, dass alle Abhängigkeitsbeziehungen eine implizite Bedrohung und Erniedrigung darstellen. Es sind dies Patienten, denen es ganz eklatant an Bewusstheit für ihr Innenleben fehlt, die häufig ganze Abschnitte ihrer Lebensgeschichte vergessen haben und sich nur schwer an Träume oder Menschen erinnern, die ihrerseits offenkundig eine wichtige Rolle im Leben der Patienten gespielt haben, wobei all das jedoch in scharfem Kontrast steht zu ihrem ausgezeichneten Gedächtnis in beruflicher oder geschäftlicher Hinsicht. Sie scheinen zunächst geeignet für ein klassisch analytisches Setting, offenbaren jedoch im Laufe der Analyse ihre Unfähigkeit zu emotionaler Selbstreflexion sowie dazu, sich ihren Phantasien hinzugeben oder ganz allgemein mit vorbewusstem Material in Kontakt zu treten, was die Sitzungen für den Analytiker leer und ausgesprochen frustrierend macht.

Während es sich bei der Versuchung des Therapeuten abzuschweifen oder einzuschlafen (was der unbewussten Motivation des Patienten entsprechen mag, den Therapeuten wie Luft zu behandeln, so als sei nur eine Person im Raum, die die Rolle eines schemenhaften Beobachters übernimmt) um eine typische Gegenübertragung in der Behandlung aller narzisstischer Patienten handelt, so trifft dies umso mehr auf jene Patienten zu, von denen hier die Rede ist. Nicht selten werden sie selbst in den Stunden von großer Müdigkeit überfallen, schlafen ein und haben große Schwierigkeiten, über die Bedeutung ihres Schlafs in der Therapie nachzudenken. Gleichzeitig lässt die Beschreibung ihrer äußeren Lebensumstände erkennen, dass sich ihre Beziehung zu anderen Menschen auf oberflächliche Kontakte beschränkt, in denen jegliche emotionale Tiefe verleugnet wird.

In der Literatur finden diese Fälle nur wenig Erwähnung, doch erfahrene Therapeuten haben einen Blick für diese Konstellation und wissen um das häufige Scheitern diesbezüglicher Therapieversuche. Aus diesem Grund halten manche erfahrene Kollegen (meist zurecht) diese Patienten für nicht analysierbar und schlagen andere Therapieverfahren vor (nicht selten auch bei anderen Therapeuten). Psychoanalytische Psychotherapie läuft hingegen Gefahr, in einen rein supportiven Ansatz abzurutschen, da die Konkretheit des Materials den Fokus der therapeutischen Interaktion auf praktische Lebensprobleme lenkt. Allerdings kann für viele dieser Patienten, die, mit Ausnahme intimer Beziehungen, in vielerlei Hinsicht adäquat funktionieren, genau dies die Methode der Wahl sein, wenn die Symptomatik nicht allzu schwer ist, sodass eine grundlegende Modifizierung der Charakterstruktur nicht indiziert erscheint. Sind jedoch die Bereiche

Arbeit und Liebesbeziehungen schwerwiegend beeinträchtigt, so kann ein psychoanalytischer Ansatz durchaus Sinn machen. Angesichts der klinischen Merkmale mag in einem solchen Fall ein klassisch analytisches Setting größere Chancen bieten, den massiven Widerstand zu verändern, welcher der tiefen narzisstischen Abwehr gegenüber Abhängigkeitsbedürfnissen entspringt.

Einige allgemeine prognostische und therapeutische Überlegungen

Die wichtigsten negativen prognostischen Merkmale in dieser Gesamtkategorie »nahezu unbehandelbarer« narzisstischer Patienten können wie folgt zusammengefasst werden:
- sekundärer Krankheitsgewinn mit sozial-parasitärem Verhalten
- schweres antisoziales Verhalten
- schwere primitive Autoaggression
- Drogen- und Alkoholmissbrauch als chronisches Behandlungsproblem
- pervasive Arroganz
- allgemeine Unfähigkeit zu abhängigen Objektbeziehungen
- schwerste negative therapeutische Reaktion

Eine sorgfältige und detaillierte Eingangsdiagnostik erleichtert die entsprechende prognostische Einschätzung.

Hinsichtlich antisozialer Tendenzen ist es wichtig zu explorieren,
- inwieweit es sich dabei um einfache isolierte Vorkommnisse innerhalb einer Narzisstischen Persönlichkeitsstörung ohne weitere negative prognostische Implikationen handelt;
- inwieweit es einem schweren und chronisch passiv-parasitären Verhalten entspricht, das den sekundären Krankheitsgewinn noch verstärkt;
- ob das Syndrom des malignen Narzissmus vorliegt oder aber, im schlimmsten Fall, ob wir es mit einer antisozialen Persönlichkeit des passiv-parasitären oder aggressiven Typus selbst zu tun haben.

In manchen Fällen ist antisoziales Verhalten strikt auf intime Beziehungen begrenzt, in denen es Aggression und Rachsucht zum Ausdruck bringt, insbesondere wenn deutlich paranoide Züge mit im Spiel sind. Dies ist insofern von Bedeutung, als es in der Übertragung auch den Therapeuten treffen kann, was das Risiko einer Therapie unter solchen Umständen als zu hoch erscheinen lassen kann. Ein Beispiel sind jene Patienten, deren aggressiv-rachsüchtiges Agieren in eine wahre Prozess-Sucht münden kann, in deren Rahmen der Patient versucht, verschiedene Therapeuten gegeneinander auszuspielen. Es empfiehlt sich in diesen Fällen, keine intensive Psychotherapie mit einem Patienten zu beginnen, solange ein Gerichtsverfahren gegen einen früheren Therapeuten anhängig ist. Dazu zählen auch Patienten mit schweren hypochondrischen Syndromen, die nicht davor zurückschrecken, frühere Therapeuten zu beschuldigen, die Schwere eines körperlichen Symptoms oder einer Erkrankung nicht erkannt zu haben und sie wegen unterlassener Hilfeleistung anzuzeigen.

Im Falle chronisch suizidalen Verhaltens ist es außerordentlich wichtig, zwischen Suizidalität im Rahmen einer schweren und echten Depression und Suizidalität als »Lebensstil«, die nicht an eine Depression geknüpft ist, wie sie sowohl für Borderline-Persönlichkeitsstörungen als auch für Narzisstische Persönlichkeitsstörungen typisch ist (Kernberg 2001), zu unterscheiden. Differenzialdiagnostisch kann es hier ausgesprochen hilfreich sein, sich die oben beschriebenen unterschiedlichen Formen suizidalen Verhaltens ins Gedächtnis zu rufen.

Wie bereits erwähnt, stellt die Ausschaltung oder Kontrolle des sekundären Krankheitsgewinns einen der wichtigsten und oftmals schwierigsten Aspekte der Behandlung dar, insbesondere für die Erstellung eines ersten Therapievertrags bzw. eines realistischen Therapierahmens. Die Festlegung eines solchen therapeutischen Rahmens und die Gewissheit für den Therapeuten, dass dieser den Patienten und ihn selbst (seinen Besitz und sein Leben) vor dem Agieren des Patienten, das im Laufe der Behandlung auftreten kann, schützt, sind von zentraler Bedeutung. Im Laufe einer psychoanalytischen Psychotherapie aller Patienten mit einer Borderline-Persönlichkeitsorganisation – dies schließt die im vorliegenden Text behandelte Patientengruppe mit ein – ist das Auftreten schwerer Regression in der Übertragung praktisch unvermeidbar, was häufig dazu führt, dass die Patienten den Rahmen zu brechen versuchen. Die körperliche, psychische, professionelle und juristische Unversehrtheit des Therapeuten hat Vorrang vor der Sicherheit des Patienten. Das heißt, der Therapeut kann nur dann für die Einhaltung eines therapeutischen Rahmens sorgen, der beide Beteiligten schützt, wenn seine eigene Sicherheit gewährleistet ist. Dies mag trivial und selbstverständlich klingen, doch leider passiert es nicht selten, dass sich Therapeuten in eine therapeutische Konstellation verführen lassen, in der ihre eigene Sicherheit auf dem Spiel steht. Konkrete Behandlungsvereinbarungen, die für jeden Fall neu ausgehandelt werden und die bei Nicht-Einhaltung ganz klar die Beendigung der Therapie zur Folge haben, müssen offen ausgesprochen werden und, wenn nötig, als Teil des Therapievertrags wiederholt werden. Ihre jeweiligen Übertragungsimplikationen müssen sofort gedeutet werden.

Wenn wir die Indikation für die unterschiedlichen Behandlungsansätze zusammenfassen, so erscheint für die leichtesten Fälle narzisstischer Psychopathologie ein fokussiert psychoanalytischer Ansatz oder sogar eine fokal-stützende Psychotherapie als Methode der Wahl, während eine klassische Psychoanalyse nur bei entsprechender Schwere der Charakterpathologie indiziert ist. Dies gilt auch für die zuvor beschriebenen typischen Fälle auf dem zweiten oder mittleren Schweregrad narzisstischer Pathologie sowie für einige Fälle schwerer narzisstischer Pathologie, die sich auf offenem Borderline-Niveau bewegen. Für die meisten Fälle narzisstischer Pathologie, die auf einem offenen Borderline-Niveau funktionieren oder aber mit einer schweren antisozialen Symptomatik einhergehen, wird das am Weill Cornell Medical College entwickelte psychoanalytische Psychotherapieverfahren – die so genannte Übertragungsfokussierte Psychotherapie (Transference Focused Psychotherapy, TFP) – als Methode der Wahl empfohlen, es sei denn, es ist nicht möglich, bestimmte notwendige Behandlungsvereinbarungen zu Beginn der Therapie in einem Therapievertrag festzulegen (Clarkin et al. 1999). In diesen Fällen kann eine kognitiv-verhaltenstherapeutische oder stützende Psychotherapie die Methode der Wahl sein.

Ein auf psychoanalytischen Prinzipien basierender supportiver Ansatz ist dann indiziert, wenn das Bedürfnis des Patienten nach »Selbstheilung« so stark ist, dass unter Umgehung jeglicher Abhängigkeit eine aktive Beratung in einer stützenden Beziehung sehr viel annehmbarer für den Patienten ist. Auch im Falle eines unüberwindbaren massiven sekundären Krankheitsgewinns, der die Prognose eines analytischen Ansatzes stark einschränkt, kann eine supportive Psychotherapie, die auf eine Verbesserung der vorherrschenden Symptomatik und Verhaltensweisen abzielt, hilfreich sein. Dies gilt auch für Patienten mit schweren antisozialen Merkmalen, die kontinuierliche Fremdanamnese und soziale Kontrolle erforderlich machen, was der technischen Neutralität eines analytischen Ansatzes ebenfalls im Weg stehen könnte. Für Patienten, die infolge ihrer lang anhaltenden Erkrankung bereits derart schwer in soziale Inkompetenz regrediert sind und »verbrannte Erde« hinter sich gelassen haben, was eine realistische Anpassung an das Leben sehr erschweren würde, ist ebenfalls ein supportiver Ansatz dem analytischen Verfahren vorzuziehen, das sie mit der außerordentlich schmerzlichen Tatsache konfrontieren müsste, weite Teile ihres Lebens zerstört zu haben. Bei der Beurteilung dessen, was er dem Patienten zumuten kann, kommt es sehr auf die Feinfühligkeit und Empathie des Therapeuten an.

Wir dürfen nicht vergessen, dass uns erst unser größeres psychoanalytisches Wissen um die Psychopathologie des pathologischen Narzissmus ermöglicht hat, spezielle Behandlungstechniken zu entwickeln, die einen analytischen Umgang mit diesen Patienten und eine bessere prognostische Einschätzung für diese Patientengruppe erlauben. Während früher ein psychoanalytisches Standardverfahren kontraindiziert erschienen wäre, haben heutzutage neue Entwicklungen in der psychoanalytischen Psychotherapie für Narzisstische Persönlichkeitsstörungen unser therapeutisches Behandlungsarsenal signifikant verbessert. Auch in Zukunft sollten unsere Anstrengungen dahin gehen, jene »Grenzfälle« unseres theoretischen Verständnisses und unserer therapeutischen Einflussmöglichkeiten genauer zu untersuchen. Angesichts der hohen Prävalenz dieser Pathologie und ihrer tief greifenden gesellschaftlichen Folgen in vielen Fällen stellt dies für den heutigen psychoanalytischen Forscher eine zentrale Aufgabe dar.

Literatur

Bion WR (1967). Second Thoughts. Selected papers on psychoanalysis. New York: Basic Books.
Clarkin J, Yeomans F, Kernberg OF (1999). Psychotherapie der Borderline-Persönlichkeit. Manual zur psychodynamischen Therapie. Stuttgart, New York: Schattauer 2001.
Green A (1993). Geheime Verrücktheit. Grenzfälle der psychoanalytischen Praxis. Gießen: Psychosozial-Verlag 2000.
Kernberg OF (1984). Technische Strategien in der Behandlung narzisstischer Persönlichkeiten. In: Schwere Persönlichkeitsstörungen. Stuttgart: Klett-Cotta 1992.
Kernberg OF (1992). Psychoanalytic, paranoid, and depressive transferences. Int J Psychoanal; 73: 13–28.
Kernberg OF (1997). Pathological narcissism and narcissistic personality disorders: theoretical background and diagnostic classification. In: Ronningstam EF (ed). Disorders of Narcissism. Diagnostic, clinical, and empirical implications. Washington, DC: American Psychoanalytic Press; 29–51.
Kernberg OF (2001). The suicidal risk in severe personality disorders. Differential diagnosis and treatment. J Person Disord; 15: 195–208.
Rosenfeld H (1987). Sackgassen und Deutungen. Therapeutische und antitherapeutische Faktoren bei der Behandlung von psychotischen, Borderline- und neurotischen Patienten. Stuttgart: Verlag Internationale Psychoanalyse 1997.

5.4 Der arglose Doppelgänger.
Mentale Gleichschaltung und falsche Sinnhaftigkeit bei der Behandlung narzisstischer Störungen

Werner Balzer

> Ihr naht euch wieder, schwankende Gestalten,
> Die früh sich einst dem trüben Blick gezeigt.
> Goethe, Faust

Doppelgänger bilden gleichsam eine fossile Schicht im menschlichen Seelenleben. Zu bestimmten Erweckungszeiten werden sie wieder lebendig und können dann als seelische Medien helfen, Entwicklungen zu fördern – besonders in Lebensmomenten schwieriger Übergänge. Aber sie können auch Spiegelkabinette eröffnen, wo sie sich selbst in Verfolger verwandeln, die entweder von außen drohen oder aber, etwa als böse Gäste eines hypochondrischen Ich, im Körperinneren hausen. Doppelgänger und Doppelgängerphänomene entstehen, indem, ganz oder teilweise, das Subjekt sich dem Objekt anverwandelt oder umgekehrt; dabei treten auf den Ebenen von Wahrnehmung oder Phantasien Symmetrien auf, die unheimlich, mitunter aber auch wohltuend sein und zunächst gänzlich unbewusst bleiben können. Somit verdanken sich Doppelgänger dem spezifisch menschlichen Stoffwechsel des Ich mit der Welt der Objekte. Sie kondensieren als flüchtige Gestalten oder stabilere Figuren entlang des lebenslangen projektivintrojektiven Austauschs des Ich mit seiner Umgebung, auf den der Mensch vital angewiesen ist, um innere oder äußere Erfahrungen zu metabolisieren, wodurch er seelisch gedeiht oder auch erkrankt. Wie damit schon angedeutet, gibt es meines Erachtens fruchtbare und unfruchtbare Doppelgängerprozesse. Ich möchte einige Überlegungen beisteuern zu schwierigen Doppelgängerprozessen bei der Behandlung gewisser narzisstischer Störungen, wo Therapeut und Patient in eine blinde mentale Doppelgängerbeziehung geraten, und zwar vermittels eines trügerischen gemeinsamen Bedeutungserlebens mit drohenden Prozess-Stillständen oder Behandlungsabbrüchen, obwohl es zunächst so scheinen mag, als werde wertvolle Verstehensarbeit geleistet. Es ist also auch ein Ausflug in die Untiefen der Semantik in Gegenden, wo Narziss und Echo beheimatet sind. Aber bevor ich zu meinen klinischen Gesichtspunkten komme, möchte ich noch einige allgemeinere Überlegungen vorausschicken.

Ich-Selbst-Genese aus Verdoppelungen

Doppelgänger sind ja geradezu kulturelle Archetypen. Sie formen den offenbar durch alle Zeiten beständigen Kern eines Mythems, das irgendwo immer wieder auftaucht und erneute kulturelle Bearbeitung erheischt.[1] Man begegnet dem Topos des Doppelgängers auf Schritt und Tritt, phantasmatisch oder tätig gelebt in proteusartiger Vielgestalt: sei es als Schatten und Schutzengel, Spiegelung und Zwilling, imaginärer Gefährte und Verfolger, Heiliger und Dämon, Götze und Teufel auf individueller und kollektiver Ebene. Adoleszente Idolatrien wie die Vergottung von Popstars, denen man aufs Haar gleichen möchte, können harmlose Varianten sein; aber auch in manchem politischem Spuk oder in zwischenstaatlichen Konflikten treiben Doppelgängerphänomene manchmal ihr Unwesen, was einer eigenen Betrachtung wert wäre. Hier ist natürlich Freuds »Narzißmus der kleinen Differenzen« einschlägig (Freud 1930, S. 474), und zwar eben nicht nur zwischen Engländern und Schotten, sondern, wie wir gerade erleben, zum Beispiel auch zwischen ehemaliger DDR und BRD. Vom Narkissos-Echo-Mythos zieht sich die thematische Spur in Literatur und Kunst bis in unsere Tage, von Poe und Stevenson über Dostojewski und J. Conrad bis zu den spiegelungsreichen Bildern eines Salvador Dali, der sich selbst als »replacement child« (Sabbadini 1988) erkannte mit der Empfindung, zeitlebens immer auch das Dasein eines verstorbenen Schattens mit zu existieren (ebd., S. 530). Rank (1914) hat in seiner grundlegenden Arbeit »Der Doppelgänger« eine akribische Enzyklopädie der betreffenden Phänomene, Aberglauben, Riten vorgelegt, allerdings ohne zu seiner Zeit über unsere objektbeziehungstheoretischen Modelle und den Modus der projektiven Identifizierung zu verfügen, weshalb die ganze Doppelgängerthematik durchaus einer zeitgenössischen Weiterbearbeitung harrt. Aus der Tatsache, dass die literarischen und künstlerischen Diskurse den Doppelgänger immer wieder aufgenommen haben, dürfen wir aber ohne Weiteres schließen, dass es sich hierbei um einen zentralen, potenziell traumatischen Drehpunkt der sowohl individuellen wie auch kollektiven psychischen Entwick-

---

[1] Hierher gehört auch das Thema der feindlichen Brüder wie Kain und Abel, Romulus und Remus.

lung handelt, den die Kulturarbeit mit ihren Mitteln ein ums andere Mal darzustellen und zu bewältigen bemüht ist. Dazu passt, dass wir uns hier offenkundig auf einer psychischen Schicht bewegen, die regressiv, etwa durch ein gewaltsames Ereignis, wiedereröffnet werden kann und wo – in der Sprache von Freuds »Traumdeutung« (1900, S. 571 u. S. 607) – nicht Denkidentität und Logik regieren, sondern Wahrnehmungsidentitäten mit Formähnlichkeiten, Symmetrien und Gestaltzwängen. Wodurch erlangt nun aber dieses Feld psychischer Doppelung seine tief sitzende, offenbar stimulierende, aber auch beunruhigende Bedeutung und dynamische Kraft?

Die menschliche Psyche ist selbst ein Doppelgängerwesen. Sie verdankt sich progredienten Doppelungen ihrer jeweiligen Momentanverfassung, die – durchs Verstehen der Primärobjekte verändert und zumindest minimal asymmetrisch gemacht – erneut verinnerlicht werden und dadurch seelisch nähren.[2] Deshalb auch sind Spiegel keine wirklichen Container, sondern potenzielle Verfolger und in Ritualen wie Aberglauben häufig mit Todesmetaphern verwoben. Nur vermittels der Verdauungshilfe durch den genügend guten anderen, der fühlt und denkt, kann aus einer somatosensorischen Matrix und der Zweidimensionalität des Ektodermal-Sensorischen sich ein psychischer Innenraum auffalten, der allmählich, wenn auch die Abwesenheit des Objektes symbolisiert werden kann, selbst zu einem denkenden Container für Affekte und Phantasien reift, die das junge Ich zunächst zu überwältigen drohen (vgl. Balzer 2001). Esther Bick (1968) hat beschrieben, wie die buchstäblich hautnahe Verinnerlichung der anfangs gemeinsam erlebten Haut mit der Mutter, deren reifere Haltefunktionen die Intaktheit der imaginären Hülle sichern, eine Urform von Selbstkohäsion schafft, die Anzieu (1985) später als »Haut-Ich« bezeichnete. Hier geschieht der Doppelgängerprozess gleichsam in scherenschnittartiger Verklebung (»adhäsive Identifizierung«, Meltzer 1975). Damit sind die Anfänge eines innerpsychischen Raums, vorläufig noch ektodermal kodiert, gegeben. Erst wenn dieses Protokonzept eines psychischen Innenraums angelegt und damit Dreidimensionalität erreicht ist (Etchegoyen 1991, S. 575), kann das lebenslange Entwicklungsspiel von Projektion und Introjektion, Externalisierung und Internalisierung beginnen, das den psychischen Hauptstrang der menschlichen Nahrungskette ausmacht.

Die verschiedenen psychoanalytischen Entwicklungstheorien tragen allesamt dem konstitutiven Doppelungsprozess Rechnung. In Lacans (1949) »Spiegelstadium« erlebt das junge, noch ganz fragile Ich einen ersten, imaginären Zusammenhalt im Begrüßen des eigenen Spiegelbildes. Ich ist zunächst ein anderer. Winnicott (1967) legt in seinen Ausführungen zur mütterlichen Spiegelfunktion nahe, dass Kinder, die ihre Mutter anschauen, welche sie anblickt, in deren Gesicht letztlich sich selbst erkennen. In Bions trophischer Metaphorik ist der funk-

---

[2] Zur Bedeutung von Doppelungsprozessen bei der Über-Ich-Bildung am Beispiel des Garnrollenspiels (Freud 1920), vgl. Haas 2002.

5.4 Der arglose Doppelgänger

tionierende Container dazu in der Lage, sich gebrauchen zu lassen, psychische Inhalte aufzunehmen, bis zur schieren Gleichschaltung, dann aber denkend über sich selbst geradezu so hinauszuwachsen, dass er toxische Inhalte metabolisch nutzbar zurückerstatten kann. Bollas' (1987) Begriff des »transformational object« ist hiervon nicht fern, und auch in Fonagys (vgl. Fonagy 2001b) mentalistisch reformulierter Bindungstheorie entstehen Selbstrepräsentanzen vermöge der Verinnerlichungen von Repräsentierungen des Selbst »in the mind of the other«. Wie wir uns selbst sehen, enthält viele Sedimentschichten davon, wie wir uns von anderen gesehen sahen, und dies wiederum durchaus aufgrund von Projektionen, die von uns ausgingen und auf den anderen wirkten – sodass unsere Doppelgänger, auch wenn sie zeitweise schlafen, eine dauernde Heimstatt in unserem Ich finden.

Notieren wir hier am Rande, dass alle diese entwicklungsnotwendigen Doppelungen, eben anders als bloße Spiegel, lebendig sind und dialektisch funktionieren. Spiegel sind tot und zeigen uns so, wie wir sind. Und auch das, was wir eigentlich lieber nicht sähen oder schwer ertragen. In einer kategorisch misslingenden, weil unabschließbaren Projektion werfen Spiegel zurück, was sie empfangen, vertraut und fremd.[3] Wohl deshalb haben Mythen, Rituale und Aberglauben die Spiegel in Todesnähe gerückt (Rank 1914, S. 145). Spiegel sind unfähig zur Permutation des zunächst absolut Gleichen. Sie kennen kein triangulatives Jenseits der Symmetrie[4]. Interessanterweise (Close 2002) weisen uns heute gerade die kosmologischen Physiker darauf hin, dass es in einem Universum ohne minimale Asymmetrie weder Entwicklung noch Leben geben könne.

Mit meinem kleinen entwicklungspsychologischen Exkurs wollte ich in Erinnerung rufen, wie ausgiebig ganz physiologische seelische Doppelungen bei der Etablierung des inneren Raums, der Entwicklung eines psychischen, nicht nur somatischen Selbstgefühls, der Ausbildung des Denkens und dem Reifen der Affektbewältigung im Spiel sind. In weiterer Annäherung an gewisse klinische Phänomene erscheint mir zunächst die Unterscheidung von Doppelgängern und Doppelgängerprozessen nützlich.

---

3 Auch im Ursprungsmythos des Narzissmus sind Spiegel und Tod verschränkt: Absolute Symmetrie tötet psychische Lebendigkeit ab.
4 Zur I. Matte-Blancos Unterscheidung einer symmetrischen Logik im Unbewussten und einer asymmetrischen Logik im Bewussten, vgl. Fink 1995.

> Es ist das Fantom unseres eigenen Ichs, dessen
> innige Verwandtschaft und dessen tiefe Einwirkung
> auf unser Gemüt uns in die Hölle wirft, oder in
> den Himmel verzückt.
> E.T.A. Hoffmann, Der Sandmann

Doppelgänger und Doppelgängerprozesse

Immer wieder ist den Doppelgängern der Charakter des Unheimlichen, ja Bedrohlichen zuerkannt worden. Bei genauerer Betrachtung trifft dies jedoch nicht grundsätzlich zu; vielmehr scheinen hier Gutartigkeit und Bösartigkeit nicht nur von der Art der initialen projektiven Externalisierung abzuhängen, die den Doppelgänger erst erschafft, sondern auch von den weiteren Schicksalen dieses psychischen Gebildes im nachfolgenden **Doppelgängerprozess**: Dessen Verlauf ist wesentlich bestimmt durch die Ich-Leistungen des Subjekts und das Ausmaß seiner Regression und andererseits die Qualitäten der Introjekte oder äußeren Realobjekte, die Adressaten der Projektion sind. Doppelgänger sind potenzielle Container, die funktionieren oder versagen können. Phantasmatisch oder verkörpert in wirklich existierenden Personen (in sehr primitiven psychischen Zuständen auch: Gegenständen), können sie mit verschiedensten psychischen Inhalten angefüllt sein und folglich ein primär malignes oder auch benignes Antlitz tragen. Sie fungieren als (Carels 1998) Agenten, Organisatoren schwieriger psychischer Übergänge in einer Zweischneidigkeit, die immer vom Scheitern bedroht ist. Manche, vor allem psychotische Doppelgänger resultieren aus dem Versuch eines Ich, das in der Krise durch Verlust der Differenzierungen und Konfusion angstvoll überschwemmt ist, diese Verstörung auszulagern und zugleich in einer ersten Konkretisierung einzudämmen, um der eigenen Formlosigkeit durch Spaltungen wieder eine wenigstens provisorische Kontur zu geben. Das mütterliche Primärobjekt stellt das Urbild aller Doppelgänger dar.[5] Das unreife Ich des ganz kleinen Kindes, aber auch der regredierte, inbesondere von narzisstischer Fragmentierung bedrohte Patient, dessen Übertragung sich proportional zu seiner Regressionstiefe totalisiert[6], ziehen die Register der projektiven Externalisierung

---

5 Schutzengel und Monster sind zwei Seiten einer Medaille: »Ich meine, infolge der Feindseligkeit, die wegen der eigenen Ohnmacht auf die Mutter projiziert wird, hinterlässt auch die zärtlichste und beste Mutter im Unbewussten des Kindes ein erschreckendes Bild.« (Chasseguet-Smirgel 1964, S. 159)

6 Ich vertrete die Ansicht, dass die Übertragung (vgl. Joseph 1985) nicht zu jeder Zeit »total« ist, sondern sich entlang benennbarer Skalen totalisiert. Eine davon ist die Regressionstiefe (Balzer 2000, S. 497).

5.4 Der arglose Doppelgänger

unerträglicher Selbstanteile, von Angst, Wut, Ohnmacht und noch unverdaulicher Phantasien. Das Gleiche gilt aber auch für den Gesunden in Zeiten narzisstischer Krisen, wie Adoleszenz und schwierige Trauer. Es ist nicht zu übersehen, dass häufig auch psychische Überlebensfunktionen, die das Ich nicht zu leisten vermag, in idealisierender Form durch »positive« projektive Identifizierung (Hamilton 1986) externalisiert werden. Dadurch bevölkern sich die inneren und äußeren Welten mit Schutzengeln und Monstern, Zwillingen und Verfolgern.

Primär benigne Doppelgänger sind durch libidinöse Projektionen modelliert und können als Zwischenlager, Hort der guten Selbstanteile dienen, wenn das eigene Ich in Zeiten krisenhaften Umbaus eine nur unsichere Herberge ist. Zu diesem Spektrum gehört der zwillingshafte, mitunter imaginäre Gefährte der Adoleszenz, über den wichtige Teile der Ich-Ideal-Bildung laufen (vgl. Nagera 1969). Auch dem Doppelgänger einer frisch verstorbenen Person, in dem wir diese auf der Straße zu erkennen meinen, eignet eine gutartige Brückenfunktion im Übergang, weil er uns pseudohalluzinatorisch erlaubt, die Trauer noch in der Schwebe zu halten, wenn wir die volle Wucht der Verlustes noch nicht ertragen.[7]

Primär maligne erscheinende Doppelgänger entstehen durch Projektion archaischer Aggression, extrem destruktiver Selbstanteile oder – unter dem Vorzeichen vernichtender Angst – von fragmentierenden Anteilen des Selbst. Deshalb sind sie Zerrspiegel des Selbst, in denen nichtsdestotrotz das Ich seine schreckliche Verfassung noch wiedererkennt. Bei solchen Doppelgängern ist der psychische Ausstoßungsversuch misslungen und hat nur einen äußeren Verfolger ins Leben gerufen, beschädigt, wild und gefährlich. Wird er reinkorporiert (entsprechend dem dann meist sehr primitiven Funktionsniveau in sehr konkreter Weise), so resultiert eine Körperinnenangst, die Organe in Dämonen verwandeln kann, nicht nur in der schweren Melancholie. In diesem Sinne stellt so manche Hypochondrie nichts anderes dar als die Heimkehr des malignen Doppelgängers. Verbleibt der Doppelgänger im Außen und findet sich kein Übertragungsobjekt, an das er sich nicht nur heften kann, sondern das seinerseits auch einen therapeutischen Verdauungsprozess leistet, so strandet das Subjekt in paranoidem Erleben in einer Welt voller Ungeheuer, die es bekämpfen muss. Diese Monster können sich sowohl in der Außenwelt als auch in der inneren Welt versammeln.

Hier ist der Ort der unheimlichen Doppelgänger ganz im Sinne von Freuds (1919) unübertrefflicher etymologischer Ableitung des »Unheimlichen«, wonach das durch Abwehr verworfene Eigene, Heimische zum Unheimischen, eben Unheimlichen wird.

Die klassische Literatur kennt mancherlei Beispiele für maligne Doppelgänger, mit denen das Subjekt in einem maligne bleibenden Doppelgängerprozess unter-

---

7 Eine Patientin, die sich in einer lebensbedrohlichen zytostatischen Behandlung nach späterem Bekunden »psychotisch« gefühlt hatte, modellierte danach unter großem Drang zunächst einen »kubistischen Kopf«. Dies war die doppelnde Vergegenständlichung der unerträglichen Fragmentierung und zugleich ein wichtiger Schritt im Genesungsprozess.

geht.⁸ Ich erwähne Poes »William Wilson« (1839), der mit dem verhassten Verfolger im Spiegelbild schließlich sich selbst mordet. Hier sind Massivität und Totalität der Externalisierung für den fatalen Ausgang verantwortlich. Solche Doppelungen grenzen unmittelbar ans Psychotische. Man kann in Lenz' (Büchner 1839, S. 22) Versuch, ein totes Kind zum Leben zu erwecken, ein verzweifeltes Bemühen erkennen, das eigene, in der Psychose gestorbene Selbst zu reanimieren.⁹ Auf diesem Funktionsniveau kann man auch Bions (1956) »bizarre Objekte«, Ergebnisse einer massiven projektiven Identifizierung, bei der auch Fragmente des Wahrnehmungsapparates und Gedankenreste ins Objekt/Ding sequestriert werden (mit der Folge psychotischen Konkretismus), als grotesk montierte Doppelgänger des verrückten Selbst werten. Wirklicher Konkretismus liegt ja immer dann vor, wenn Gedanken zu Dingen werden und die Dinge zu denken anfangen, kurz: wenn gleichsam mit Dingen »gedacht« und Gedanken »gedingt« wird. So kommt es zum Grammophon, das uns beobachten kann (Bion 1956), und so tanzt der psychotisch blinde Nathanael in Hoffmanns »Der Sandmann« (1817) mit dem Doppelgänger seines psychotisch abgestorbenen Selbst, der Olimpia heißt und eine Puppe ist, welcher ein unheimlicher »Mechanicus« scheinbar menschliche Augen, und zwar die Nathanaels, eingesetzt hat.¹⁰

Aber auch zunächst hochbösartige Doppelgängerbeziehungen können oszillierend in einen letztlich gutartigen Doppelgängerprozess einmünden. Davon handeln gelingende Bemutterung und erfolgreiche Psychoanalysen. Je unreifer das Ich, je tiefer die Regression, je primitiver die aktivierten Affekte, desto totaler die Übertragung und damit der Druck auf das Primärobjekt oder den Therapeuten, sich verstricken, ja wirklich passager gleichschalten zu lassen, ohne zum unerbittlichen Spiegel zu erstarren. Indem das helfende Objekt den ihm notwendigerweise auferlegten Symmetriezwang überwindet, sich selbst also aus der *Verwicklung* (Hinz 2002) *ent-wickelt*, sich *ent-doppelt* und dadurch eigenes Denken und Fühlen wiedererlangt, kann es Projiziertes entgiften und als Baustein besserer Integration zurückerstatten. Selbst wenn die doppelgängerhafte Gleichschaltung stürmisch und bezwingend gewesen sein mag, zeichnet sich ein fruchtbarer Doppelgängerprozess immer dadurch aus, dass er durch einen introjektiven, wiederverinnerlichenden Schritt im Zeichen der depressiven Position (Klein 1946) endet – was bedeutet, dass dieses Mal die paranoid-schizoide Position (ebd.) verlassen werden konnte.

---

8 Vielleicht überlebt der Dichter selbst durch seine Fähigkeit, den Kampf mit den eigenen Doppelgängern zu Papier zu bringen. »Der psychologische Roman verdankt im ganzen wohl seine Besonderheit der Neigung des modernen Dichters, sein Ich durch Selbstbeobachtung in Partial-Ichs zu zerspalten und demzufolge die Konfliktströmungen seines Seelenlebens in mehreren Helden zu personifizieren.« (Freud 1908, S. 220f) Übrigens benutzt hier Freud meines Wissens zum ersten Mal den Spaltungsbegriff. – Kittler (1977, S. 142) bemerkt über E.T.A. Hoffmanns »Der Sandmann«: »Denn dieses Werk errichtet seine Poetologie, indem es den Wahnsinnigen als den negativen Doppelgänger des Dichters bestimmt.«
9 Den Hinweis auf »Lenz« verdanke ich Eberhard Haas.
10 »In Olimpia verschmelzen das Ich (…) und der Tod.« (Kittler 1977, S. 154)

5.4 Der arglose Doppelgänger

Der gleichgeschaltete Therapeut

Ich möchte jetzt die bisherigen Betrachtungen auf bestimmte klinische Phänomene anwenden. Dabei geht es um spezielle Übertragungs-Gegenübertragungs-Situationen bei der Behandlung narzisstischer Störungen – im deskriptiven Sinne einer schadhaften libidinösen Besetzung des Selbst (Hartmann 1953, S. 190) und einer Fragilität der von Spaltungen durchzogenen Selbst- und Objektrepräsentanzen. Als derartige Pathologien fasse ich für die heutige Betrachtung das so genannte »falsche Selbst« (Winnicott 1960), gewisse Borderline-Persönlichkeitsorganisationen (Kernberg 1975) und den malignen, destruktiven Narzissmus (Rosenfeld 1971; 1987, S. 109) ins Auge. In diesen Fällen ist das »intensive Identitätsverlangen« (Feldman 1999, zit. n. Hinz 2002, S. 205) des Patienten gegenüber dem Therapeuten proportional zu seiner eigenen Brüchigkeit. Mein Augenmerk gilt allerdings nicht den geläufigen projektiven Identifizierungen, bei denen heftige Affekte von Angst, Ohnmacht, Wut oder Beziehungsmodi zum eigenen Selbst bzw. inneren Objekten das Material bilden, das der Therapeut zu verstoffwechseln hat, sondern der projektiv-identifikatorischen Transmission von Gedanken, Ideen, Sinn, Bedeutung, Schlussfolgerungen, die das Denkvermögen des oft zunächst arglosen Therapeuten zu regieren beginnen. Dabei ist vorausgesetzt, dass hier nicht die Person des Behandlers das Übertragungsobjekt darstellt, sondern sein Denken, besser: »the analyst's mind«.[11] Dieses müssen jene Patienten mit ähnlichen Mitteln, wenn auch aus unterschiedlichen Gründen, modellieren bis zur symmetrischen Verdoppelung. Die Problematik dieses Doppelgängerprozesses liegt darin, dass hier Abwehr am fundamentalen Verstehenswunsch (dieser dürfte trotz Bions [1967] Warnung vor »memory« und »desire« unabschaffbar sein) des Therapeuten ansetzt und falsche Sinnhaftigkeit schafft, die sehr zählebig sein kann, gerade weil ihre trügerische Plausibilität (Balzer 1993) so überzeugt und schmeichelt. Durch die Verführung zu kollusivem Scheinverstehen, das von einer ausgehöhlten Semantik gespeist ist, kommt der eigentliche, affektnahe Behandlungsprozess zum Stillstand, obwohl an der Oberfläche fortwährend scheinbar relevante Bedeutungen erzeugt werden. Gelegentlich kann dies das Ausmaß einer maniformen Sinnproduktion annehmen, die depressive Ängste, denen sich eigentlich beide Interaktionspartner zu stellen hätten, maskiert. Gemeint sind hier nicht imitative Phänomene, wie sie Gaddini (1969) beschrieben hat; wenn etwa ein Patient in Sprache oder Kleidung Mimikry am Therapeuten betreibt, was den Moment konnotieren kann, wo zwar eine rudimentäre Ahnung von objektaler Differenz und Getrenntheit aufblitzt, das tatsächliche Eigenleben des spendenden Objektes aber noch nicht anerkannt werden

---

11 »The significant external object for the patient is a mental one, not a physical one; it is the analyst's mind and the way it works.« (Hinshelwood 1989, S. 260)

kann. Eine größere Nähe besteht zu Sohns (1985) »identificate«, der ominipotenten Illusion des Patienten, ganz und gar zum beneideten Objekt geworden zu sein, in dessen Inneren man nun schalten und walten könne. Diese Patienten brauchen die Illusion, durch den mental manipulierten Therapeuten zu sich selbst zu sprechen. Oft hat das schon vorverdaute Material dann einen analytischen Beigeschmack von beträchtlicher suggestiver Kraft, aber ohne die Fülle des zugehörigen Affektes. Diese mentale Objektmanipulation bedient sich einer Sprache, die gesättigt ist mit Metaphern, die als Deutungsköder den Therapeuten zu Interpretationen reizen, ja anleiten, welche absolut folgenlos bleiben, weil der Patient noch einmal »gedeutet« bekommt, was er eigentlich ja längst weiß. Typischerweise entsteht in diesem Übertragungsfeld ein Sog zur falschen Tiefe; der Therapeut greift zu ganz nahe liegenden Tiefendeutungen mit allen Eigenschaften eines »genetischen Trugschlusses« (H. Hartmann), die sogar *wahr* sein können, aber im gegebenen Augenblick nicht *richtig*, weil sie das unbewusste emotionale Aktualgeschehen zwischen den Interaktionspartnern verfehlen. So simulieren sie beide zusammen Sinn und verdunkeln die abgewehrte Dynamik. Bildverzaubert, metaphorisch verführt, wird der Therapeut leicht blind fürs Metonymische, also Namenvertauschte, ungesagt Angrenzende, das gleichsam zwischen den Zeilen steht. Hellhörig für Verdichtungen wird er taub für Verschiebungen. Gewiss kann ein Traum von einer Banane auf den Phallus verweisen oder auch auf die Brust, also eine genitale oder orale Metapher beinhalten; er kann aber auch metonymisch die Geschichte einer aktuellen Behandlungssituation erzählen, in der sich alles gerade um die Enthüllung eines Verborgenen oder das Verhältnis von Enthaltendem und Enthaltenem dreht: Dem durchs Bildhafte vom Patienten gedoppelten Therapeuten droht aber der Denkraum für solche frischen Gedanken abhanden zu kommen.[12] Überhaupt berichten diese Patienten, wenn sie in den Modus der Objektkontrolle durch Sinnmanipulation eingetreten sind, ihre oft zahlreichen Träume nicht auf der Suche nach Einsicht und Neuerfahrung, sondern, um den Geist des Therapeuten in semantischen Symmetriezwang zu drängen und dadurch die in der Übertragung verlebendigte pathologische Organisation stabil zu halten. Nicht selten werden solche Traumberichte durch Bemerkungen wie »Mein Traum von heute passt sehr gut zu dem, was Sie gerade gesagt haben« eingeleitet; selbstverständlich wäre diese Einleitung der vordringliche, für eine Bearbeitung wesentlichste Teil des ganzen Traums. Trotzdem fällt es auch dem Erfahrenen keineswegs immer leicht, der semantischen Fülle blühender Traumbilder nicht zu erliegen, bei denen es sich eigentlich um Illustrationen (Britton, zit. bei Schoenhals 1994, S. 455) handelt, mit denen der Patient das Denken und Sagen des Therapeuten garniert, es sich scheinbar zu Eigen macht, tatsächlich aber das Spiegelkabinett allseits zu

---

[12] Das Offene, Ungesättigte der therapeutischen Situation wird plombiert (vgl. Ferro 2002). Falsche Kausalität tritt an die Stelle ungewisser Emergenz.

schließen bemüht ist, in dem er und sein Behandler bedeutungsschwer delirieren. Verhandelt wird dabei eine Negativform von Wissen, das nicht wachstumsfördernd, sondern insgeheim wiederkäuend, ruminierend ist (Gaddini u. De Benedetti Gaddini 1959).

In einem Supervisionsfall führte diese destruktive Form von Wissen dazu, dass die Patientin, eine früh traumatisierte, hochintelligente Naturwissenschaftlerin, die von kleinauf ihre narzisstischen Vernichtungsängste durch eine äußerst wachsame Form von Allwissenheit in Schach halten und also auch in der Analyse Jegliches schon »wissen« musste, ihre Analytikerin dazu brachte, in völliger Symmetrie hierzu mit immer klügeren Deutungen und »Wissen« aufzutrumpfen – bevor sie im Supervisionsprozess merkte, wie sehr sie selbst in unbewusstem Gegenübertragungsagieren den Kampf ihrer Patientin mit der Vernichtungsangst ausfocht. Das Bedürfnis dieser Patienten, den ja unvermeidlichen Doppelgängerprozess durch trügerisches Wissen und prägnante Bedeutungen einzufrieren und damit den Analytiker in ein doppelgängerhaftes Standbild zu bannen, ist übermächtig.

Werfen wir einen Blick auf die genannten Pathologien im Einzelnen, um die Motive, aber auch die recht unterschiedlichen Gegenübertragungen besser zu verstehen und Auswege zu bedenken.

Psychodynamik der Gleichschaltung bei »falschem Selbst«, Borderline-Persönlichkeitsorganisation und destruktivem Narzissmus

Einmütig gefälscht

Patienten mit einem so genannten »falschen Selbst« (Winnicott 1960) können im hierfür charakteristischen Funktionsmodus beträchtliche soziale und berufliche Erfolge erringen, leiden jedoch häufig an Gefühlen der Unwirklichkeit, Leere und Langeweile, des Mechanischen, wenig Spontanen und Originellen. Sich plastisch anpassend, sind sie unterwegs, immer auf der Suche nach der Passung mit den Bedürfnissen jener Objekte, die dafür narzisstische Gratifikationen verheißen. Zum Zusammenbruch dieser Abwehr kommt es typischerweise dann, wenn der Windschatten dieser Objekte verlassen werden und etwas Eigenes geschaffen werden muss. Hinter der geborgten Fülle zeigt sich dann die Leere des wahren

Selbst, das nicht mitwachsen durfte. Winnicott zufolge haben sie traumatische Zerreißungen ihres sich entwickelnden Selbstgefühls erlitten, indem das Primärobjekt das spontane emotionale Leben des Kindes mit eigenen Gesten, Affekten, Bedeutungen substituierte. Das falsche Selbst ist eine Anpassungsleistung, fein abgestimmt auf die vermeintlichen Erwartungen der Umgebung, es schützt als »caretaker self« (Ogden 1983, S. 230), narzisstisch hoch aufgeladen, das klein gebliebene, dürftig und beschämend erlebte, hochverwundbare wahre Selbst. Fonagy (2001a) hat ein detailliertes Modell dieser fehllaufenden Affektspiegelung durch die Mutter – auch in Abgrenzung zum Borderline-Schicksal – vorgeschlagen. In der gelingenden interaktionellen Abstimmung »markiert« die mit Mimik und Gesten den kindlichen Affekt widerspiegelnde Mutter ihren Ausdruck durch Übertreibungen und Zutaten in einer »Als-ob«-Weise, eröffnet so einen Spielraum für die Re-Introjektion in entschärfter und förderlicher Form. Beim falschen Selbst erfolgte zwar durchaus die »Markierung«, jedoch in kategorisch verzerrter Weise, sodass das Kind den ablesbaren momentanen Affektausdruck der Mutter fälschlich als seinen eigenen verinnerlichte. Damit ist der Grundstein für falsche Doppelungen gelegt: Unwissentlich und mimetisch wird das **Kind zum Doppelgänger der Mutter**. Dies ist gleichsam der Quellkode für künftige, unbemerkt trügerische Abstimmungen zwischen Subjekt und Objekt.

In der Behandlungssituation zeigen die Gleichschaltungsversuche der Patienten dieses Muster der pathologischen Identifikation mit der Mutter. Die Rollen von Baby und Mutter wechseln im therapeutischen Paar, immer aber geht es um die **Suche nach einer Passung**, so künstlich sie auch sein mag, wobei die Fälschung aufgrund der Spaltung zwischen falschem Selbst und gesünderen Anteilen zunächst ganz unbewusst bleibt. Die mentalen, semantisch vermittelten Symmetriezwänge, die diese Patienten dem Therapeuten aufnötigen müssen, dienen der Abwehr äußerster Scham (über die empfundene Armut des wahren Selbst) und der Angst vor dem Zusammenbruch der Selbstliebe, die ganz und gar vom falschen Selbst abhängt, das nur so lange sich aufrecht erhält, wie ein empfängliches Objekt resonant auf falsche Gesten und falschen Sinn mit falschen Gesten und falschem Sinn antwortet. Unerkannt ergibt sich ein Dialog von absolut synthetischer Qualität.

Das kann in der Behandlung lange so gehen. Merkt der Therapeut in der Gegenübertragung, dass etwas nicht stimmt, so kündigt sich dies durch Gefühle des Schalen, unheimlich Stimmigen, der Flachheit, der Langeweile, des Hüllenhaften an – diesseits der Bedeutungen ist es eine Empfindung des Immergleichen unterhalb scheinbarer Sinnfülle. Steigt der Therapeut aus diesem leerdrehenden Bedeutungskreislauf aus, so hat er zunächst mit der erstaunlichen Fähigkeit dieser Patienten zu kämpfen, alles Neue so in den alten Modus einzufädeln, dass es wieder in ein Spiegelbild passt, in dem der Therapeut niemand anderen zu erkennen meint als sich selbst.

Wie ein Schatten

Bei künftigen Borderline-Patienten besteht das Trauma Fonagy (2001) zufolge darin, dass die heftigen Affekte des Kindes völlig ungemildert, sozusagen eins zu eins widergespiegelt werden. Hier wird das starre **Primärobjekt zum Doppelgänger des affektgeladenen Kindes**; infolge dieser Resonanzkatastrophe werden die bedrohlichen eigenen Affekte als Gefahr von außen erlebt, die man hassen und bekämpfen muss. Dies arretiert nicht nur die reifende Affektintegration, sondern auch die Subjekt-Objekt-Differenzierung: Der Borderline-Patient bleibt an seinen malignen Doppelgänger fixiert; aufnahmebereit für Projektionen muss dieser schattengleich in wechselnden Gestalten ihm durchs Leben folgen. Dann ist Kampf wenigstens in der Außenwelt möglich. Das Verschwinden eines dergestalt brauchbaren Doppelgängers wird als Fanal erlebt, das die Rückkehr der monströsen Extrojekte ins Ich ankündigt. In dem Maße, wie diese Dynamik ein sehr stabiles Band der Ungetrenntheit bildet, ist der Borderline-Patient auf seinen Schatten angewiesen. Dieser muss immer bei Fuß folgen.

Entsprechend ist die Weise der mentalen Gleichschaltungsversuche dieser Patienten in der Behandlung. Die logische und semantische Morphologie mag der anderer Fälle ähneln, Motiv ist hier jedoch die Sicherung der **Ungetrenntheit durch absolute Kontrolle**. Hier gerät der Therapeut leicht in die Rolle des Doppelgängers in Form des unheimlichen Schattens. Wird er dessen gewahr, so meist entlang eines Gefühls mangelnder eigener geistiger Bewegungsfreiheit, der Enge, der Kurzstreckigkeit des Ideenbogens, eines Verlusts von Raum und metareflektiven Funktionen, weil der Kongruenzdruck seines Patienten einen Dialog des Therapeuten mit sich selbst, der als triangulatives Moment Getrenntheit einführen würde, nicht zulässt. Der Therapeut empfindet nicht Leere oder Langeweile, sondern fühlt sich eher gehetzt, mitgeschleift und zu langsam, wobei, anders als beim falschen Selbst, hinter den spanischen Wänden der Bedeutungsebenen meist wilde Affekte durchschimmern.

Programmierte Selbstzerstörung

Waren bei den Gleichschaltungsversuchen des falschen Selbst oder des Borderline-Patienten Objektbezüge vorhanden, schützenswert, wenn auch in falscher oder omnipotent-kontrollierender, ungetrennter Weise, so zielen die von destruktiv-narzisstischen Patienten ausgehenden Symmetriezwänge, jedenfalls solange das idealisierte, omnipotent-destruktive Selbst die Oberhand hat, auf die Abschaffung des Objektes selbst. Die Abspaltung des bedürftigen, infantilen Selbstanteiles mit seiner gierigen Oralität und die Kür eines brisanten Konglomerats aus Real-Selbst, Ideal-Selbst und Idealobjekten (Kernberg 1975, S. 265ff u. 303f) führen in der Behandlung zu sehr zerstörerischen Doppelgängerprozessen. Hier liegt das Motiv der mentalen Gleichschaltung in der **Entwertung** des Therapeuten bis zum Nichts, um das omnipotent-destruktive Selbst zu retten und jegliche Abhängigkeit oder Neid zu leugnen. Im Extremfall wird hier der Behandler zum **Doppelgänger des abgespaltenen, gehassten, infantil-dependenten Selbstanteils.**

Auch hier mag der Therapeut eine ganze Weile arglos glauben, die Dinge liefen ganz gut und das gemeinsame Herstellen von Sinn und Bedeutung in vielleicht sogar erhebender Stimmung als Ausdruck gutartiger, zwillingshafter Spiegelungsbedürfnisse seines Patienten verkennen. Dahinter vollzieht sich aber etwas ganz anderes: Während der Therapeut sich noch für ein idealisiertes Objekt hält, ist er bereits projektiv-identifikatorisch mit dem abgespaltenen, entwerteten Selbstanteil gleichgeschaltet, der zu wissen meint, aber eigentlich ganz klein und unbedarft ist.

Wenn diese Patienten den Therapeuten durch Pseudosinn und Pseudoverstehen betäuben, so ähnelt dies dem Einschleusen eines bestimmten Computervirus in einen Rechner: Jedes Mal, wenn das Programm aktiviert wird, zerstört es einen Teil von sich selbst. Dominiert hier ein pathologisches Größen-Selbst, dessen destruktive Potenz erotisiert ist, so ergibt sich eine Übertragungsperversion infolge der Überreizung des Therapeuten durch falschen Sinn, mit dem ihn der »allwissende« Patient nährt. Pervertiert ist der Prozess insofern, als es jetzt für den Patienten nicht um Einsicht und Neuerfahrung geht, sondern die triumphale Beobachtung eines hilflos bedeutungserregten Therapeuten, hinter dem er heimlich Platz genommen hat. Er versucht sich selbst so im Kopf seines Therapeuten zu verdoppeln, dass er diesen durch immer neue Injektionen von Pseudosinn erregt – und zugleich dessen Sterilität und progressive Selbstabwertung durch vermeintliches Verstehen feiert. Denn die Einfalt des Behandlers, der zum Double der abhängigen, infantilen, entwerteten Seite des Patienten mutiert ist, besteht eben darin, dass er versteht und deutet, was sein Patient schon wusste. Womit erneut gezeigt wäre, dass man eines fruchtbaren Objektes nicht bedürfe und dass es keinen Grund zum Neid gebe – wenn auch hinter den Kulissen das infantile, hilflose Selbst in der Leere schmachtet. Wird der Therapeut in solchen Fällen auf die recht lautlose, aber sehr zerstörerische Dynamik aufmerksam, schleichen sich als erste typische Gegenübertragungsgefühle Entwertung und Hilflosigkeit ein, die anzeigen, dass er in sich selbst langsam in intimen, depressiven Kontakt mit der kleinen, unwissenden Seite seines Patienten gekommen ist.

Die Hilflosigkeit ergibt sich auch daraus, dass man sich wie eine Marionette an den semantischen Fäden fühlt, die der Patient in der Hand zu halten scheint. Greift man scheinbar so sinnhaltiges Material nicht auf, erwiese man sich als töricht; tut man es aber doch, dann, das ahnt man, wäre man nicht weniger einfältig, weil man Spuren folgt, die der Patient »wissend« gelegt hat und die man nur »doppelt«. Dieses Dilemma ist meines Erachtens wiederum nichts anderes als eine Doppelung des basalen Dilemmas des gespaltenen Patienten und muss, früher oder später, auch so gedeutet werden: Ließe er zu, dass Hilfe kommt, die er sich selbst noch nicht geben kann, bedeutete dies eine immense Kränkung;

gelänge es ihm andererseits zu zeigen, dass nicht Neues und Fruchtbares zu erwarten sei, gäbe es keinerlei Hoffnung auf Genesung, was gleichermaßen schrecklich wäre (Balzer 1993, S. 39).

Schlussbemerkung

Ich habe in meinen Überlegungen erstens zwischen Doppelgängern und Doppelgängerprozessen unterschieden und zweitens den Doppelgänger-Begriff in verschiedener Weise erweitert, um ihn auch heuristisch zum Verständnis gewisser Behandlungssituationen bei narzisstischen Störungen zu nutzen, die durch mentale Symmetriezwänge geprägt sind. Nebenbei wurde sichtbar, dass der Urgrund der Doppelgängerphänomene in der spezifisch menschlichen Fähigkeit zu finden ist, als animal symbolicum (E. Cassirer) zu repräsentieren, was nichts anderes heißt, als Wahrnehmungen durch Vorstellungen doppeln zu können. In dialektischer Weise erzeugen frühe Doppelgängerprozesse die Fähigkeit zur Repräsentation, so wie umgedreht das lebenslange Wachstum der repräsentierten inneren Welt sich immer wieder katalysatorisch der uralten Doppelgängerschleife bedient.

Es ist im Rahmen dieser Arbeit nicht möglich, auf behandlungstechnische Details einzugehen, die das Durcharbeiten destruktiver Gleichschaltungstendenzen betreffen. Es war mir daran gelegen, die potenzielle Toxizität von Bedeutung und Wissen im Behandlungsprozess herauszustellen. Plausibilität ist manchmal ein schlechter Ratgeber. Jenseits arglosen Evidenzerlebens hat das Erkennen und Durcharbeiten der jeweiligen Gegenübertragung behandlungstechnische Priorität bei der Verwandlung arretierter Doppelgängerprozesse in mutative. Die Gegenübertragung als Schlüssel zum trügerischen Sinn ist das eine; das andere Antidot besteht in der Fähigkeit des Behandlers, immer wieder den Zustand einer Immersion in Nichtwissen zu wagen. Inwieweit er dazu in der Lage ist, hängt stark davon ab, wie viel Nichtwissen und Nichtverstehen ihm sein Über-Ich und Ich-Ideal, die zwei großen inneren Doppelgänger, zubilligen und auch davon, wie es um seinen eigenen Narzissmus bestellt ist. Im Wunsche nach gemeinsamem Evidenzerleben kann sich ein Therapeut verbergen, der seinen Patienten als Doppelgänger im Reich der Bedeutungen braucht. Mit diesen Vorsichten sollten, müssen wir es immer wieder riskieren, verstrickte Doppelgänger zu werden, und es besteht die berechtigte Hoffnung, dass wir auch primär ziemlich bösartige Doppelgängerbeziehungen in heilende Doppelgängerprozesse überführen können.

Dann bleibt uns und unseren narzisstischen Patienten das Schicksal von Lönnrot, dem Detektiv, und Red Scharlach, dem Täter, die ein Doppelgängerpaar bilden, vielleicht erspart. Sie sind die Protagonisten der Erzählung »Der Tod und der Kompaß« von J. L. Borges (1942), die ich noch immer für die beste Beschreibung eines malignen, narzisstisch-destruktiven Doppelgängerprozesses halte. In dieser kurzen Geschichte folgt der Detektiv bestimmten symmetrischen Spuren, seine Gegenübertragung, dass der rachsüchtige Red Scharlach dahintersteckt und *er selbst* gemeint ist, verwerfend, um schließlich durch reine Deduktion an einen von Red Scharlach vorbestimmten Ort zu gelangen, wo Letzterer ihn mit der Pistole erwartet. Die abschließende Szenerie liest sich so:

»Von nahem gesehen schwelgte das Haupthaus des Anwesens Triste-le-Roy in unnützen Symmetrien und manischen Wiederholungen: einer eisigen Diana in einer modrigen Nische entsprach in einer zweiten Nische eine andere Diana; ein Balkon hatte sein Ebenbild in einem anderen Balkon; doppelte Freitreppen mündeten in doppelte Balustraden. Ein zweigesichtiger Hermes warf einen monströsen Schatten. (...) In opponierenden Spiegeln sah er sich endlos vervielfältigt. (...) Eine bestürzende Erinnerung ließ ihn innehalten.«

Von Red Scharlach, der sehr sorgfältig feuert, heißt es:

»Lönnrot hörte aus seiner Stimme einen erschöpften Triumph, einen Hass von der Größe des Universums und eine Traurigkeit, nicht minder groß als der Hass.«

Seien wir keine Detektive. Dann können wir, wenn wir schon Doppelgänger werden mussten, – vielleicht – aus dem Spiegel heraussteigen und wieder lebendige, fühlende, zweifelnde andere werden, für uns und unsere Patienten, mit all den Schwierigkeiten, die dann erst noch kommen.

Literatur

Anzieu D (1985). Das Haut-Ich. Frankfurt/M.: Suhrkamp 1992.
Balzer W (1993). Der Tod und der Kompaß. Überlegungen zur trügerischen Plausibilität bei psychoanalytischen Behandlung narzißtischer Patienten – mit einem Exkurs über eine Erzählung von J. L. Borges. Jahrbuch der Psychoanalyse; 31: 9–47.
Balzer W (2000). Oberfläche (psychische). In: Mertens W, Waldvogel B (Hrsg). Handbuch psychoanalytischer Grundbegriffe. Stuttgart: Kohlhammer; 493–8.
Balzer W (2001). Das Sensorische und die Gewalt. Mutmaßungen über ein Diesseits von Gut und Böse. Z psychoanal Theor Prax; 16: 365–81.
Bick E (1968). The experience of skin in early object relations. Int J Psycho-Anal; 49: 484–6.
Bion W (1956). Development of schizophrenic thought. Int J Psycho-Anal; 37: 344–6.
Bion W (1967). Notes on memory and desire. The Psychoanal Forum; 2: 272–3.
Bollas C (1987). The Shadow of the Object. London: Free Association Books.
Borges JL (1942). Der Tod und der Kompaß. In: GW, Erzählungen I. München, Wien: Hanser 1981; 193–206.
Büchner G (1839). Lenz. Stuttgart: Reclam 1984.
Carels N (1998). Der Doppelgänger als Spiegel und Agent psychischer Umformungen. EPF-Bulletin; 50: 5–19.

5.4 Der arglose Doppelgänger

Chasseguet-Smirgel J (1964). Die weiblichen Schuldgefühle. In: Psychoanalyse der weiblichen Sexualität. Frankfurt/M.: Suhrkamp 1977: 134–91.
Close F (2002). Luzifers Vermächtnis. Eine physikalische Schöpfungsgeschichte. München: C. H. Beck.
Etchegoyen H (1991). The Fundamentals of Psychoanalytic Technique. London, New York: Karnac.
Ferro A (2002). Interpretation, Dekonstruktion, Erzählung oder die Beweggründe von Jaques. Psyche; 56: 1–19.
Fink K (1995). Matte-Blanco: Ein Abriss seiner Ideen und deren Entwicklung. In: Holm-Hadulla R (Hrsg). Vom Gebrauch der Psychoanalyse heute und morgen. Tagungsband zur Frühjahrstagung der DPV, Heidelberg, 24.–27.5.95. Frankfurt: Geber + Reusch; 261–6.
Fonagy P (2001a). A reconsideration of the development of affect regulation against the background of Winnicott's concept of the false self. Vortrag auf der Tagung »Trauma und Affekt«, München, Juni 2001.
Fonagy P (2001b). Attachment Theory and Pschoanalysis. New York: Other Press.
Fonagy P, Target M (2002). Neubewertung der Entwicklung der Affektregulation vor dem Hintergrund von Winnicotts Konzept des »falschen Selbst«. Psyche; 56: 839–62.
Freud S (1900). Die Traumdeutung. GW II/III. Frankfurt/M.: Fischer 1999.
Freud S (1908). Der Dichter und das Phantasieren. GW VII. Frankfurt/M.: Fischer 1999; 211–23.
Freud S (1919). Das Unheimliche. GW XII. Frankfurt/M.: Fischer 1999; 227–68.
Freud S (1930). Das Unbehagen in der Kultur. GW XIV. Frankfurt/M.: Fischer 1999; 419–506.
Gaddini E (1969). On imitation. Int J Psycho-Anal; 50: 475–84.
Gaddini ER, De Benedetti Gaddini (1959). Rumination in infancy. In: Jessner L, Pavenstedt E (eds). Dynamic Psychopathology in Childhood. New York: Grune & Stratton; 166–85.
Haas ET (2002). Gewalt – Trauer – Kultur: Der Streit des *Ackermann* mit dem Tod und andere Duelle. In: ... und Freud hat doch recht. Die Entstehung der Kultur durch Transformation der Gewalt. Gießen: Psychosozial-Verlag; 341–58.
Hamilton NG (1986). Positive projective identification. Int J Psycho-Anal; 67: 489–96.
Hartmann H (1953). Ein Beitrag zur Metapsychologie der Schizophrenie. In: Ich-Psychologie. Studien zur psychoanalytischen Theorie. Stuttgart: Klett 1972.
Hinshelwood RD (1989). A Dictionary of Kleinian Thought. London: Free Association Books.
Hinz H (2002). Wer nicht verwickelt wird, spielt keine Rolle. Zu Money-Kyrle: »Normale Gegenübertragung und mögliche Abweichungen«. Jahrbuch der Psychoanalyse; 44: 197–223.
Hoffmann ETA (1817). Der Sandmann. Stuttgart: Reclam 1999.
Joseph B (1985). Transference: the total situation. Int J Psycho-Anal; 66: 447–54.
Kernberg O (1975). Borderline-Störungen und pathologischer Narzißmus. Frankfurt/M.: Suhrkamp 1978.
Kittler FA (1977). »Das Phantom unseres Ichs« und die Literaturpsychologie: E.T.A Hoffmann – Freud – Lacan. In: Kittler FA, Turk H (Hrsg). Urszenen. Literaturwissenschaft als Diskursanalyse und Diskurskritik. Frankfurt/M.: Suhrkamp; 139–66.
Klein M (1946). Notes on some schizoid mechanisms. Int J Psycho-Anal; 27: 99–109.
Lacan J (1949). Le stade du miroir comme formateur de la fonction de Je, telle, qu'elle nous est révélée dans l'expérience psychanalytique. Revue Francaise de Psychoanalyse; 13: 449–55.
Meltzer D (1975). Adhesive identification. Contemp Psychoanal; 11: 289–309.
Ogden TH (1983). The concept of internal object relations. Int J Psycho-Anal; 64: 227–40.
Nagera H (1969). The imaginary companion: its significance for ego development and conflict solution. Psychoanal Study Child; 24: 165–96.
Poe EA (1839). William Wilson. In: Tales, Poems, Essays. London, Glasgow: Collins 1966; 21–38.
Rank O (1914). Der Doppelgänger. Imago III, 2: 97–164.
Rosenfeld H (1971). A clinical approach to the psychoanalytic theory of the life and death instincts: an investigation into the aggressive aspects of narcissism. Int J Psycho-Anal; 52: 169–78.
Rosenfeld H (1987). Impasse and Interpretation. London/New York: Routledge.
Sabbadini A (1988). The replacement child. Contemp Psychoanal; 24: 528–46.
Schoenhals H (1994). Kleinian supervision in Germany: a clinical example. Psychanal Inq; 14: 451–61.

Sohn L (1985). Narcissistic organization, projective identification, and the formation of the identificate. Int J Psycho-Anal; 66: 201–13.
Winnicott DW (1960). Ego distorsion in terms of the true and false self. In: The Maturational Process and the Facilitating Environment. New York: International Universities Press; 140–52 (dt.: Ich-Verzerrung in Form des wahren und des falschen Selbst. In: Reifungsprozesse und fördernde Umwelt. München: Kindler 1974).
Winnicott DW (1967): Mirror-role of the mother and family in child development. In: Lomas P (Hrsg). The Predicament of the Family: A Psycho-Analytical Symposium. London: Hogarth Press; 26–33.

Sachverzeichnis

A

AAI (Adult Attachment Interview; Erwachsenenbindungsinterview) 517
Abgrenzungsschwierigkeiten bei narzisstischen Kindern 438
Abhängigkeit
– Angst 648
– von Bewunderung 234, 247, 249, 266, 311
– – Jugendlicher 278
– von der Familie 712
– Verleugnung 159 f
Abhängigkeitsbedürfnis, Verdrängung 723 f
Abwehr
– Funktion 483
– narzisstische 17 f
– – pathologische, Deutung 702 f
– – sekundäre 723
– psychopathische 270
Abwehrmechanismus
– primitiver, bei narzisstischen Kindern 438
– paranoider, Großgruppe 209
– rigider, bei dissozialer Persönlichkeit 463
Adoleszenz
– Entwicklungsaufgaben 60
– massiv gestörte 254
– narzisstische Pathologie 272 ff
Adoptivkind 581 ff
– Narzissmus, gestörter 582
Adult Attachment Interview (Erwachsenenbindungsinterview) 517
Affect attunement 53 f
Affektabstimmung, mangelhafte 656
Affektausdruck, Unterdrückung 562
Affektentwicklung 560 f
Affektive Erkrankung
– atypische 277
– bipolare, Kriminalität 408 ff
Affektivität 55
Affektkontrolle 24
Affektkonzept 118
Affektlabilität 434
Affektregulierung 655 ff
– verarmte 510 f
Affektspiegelung, elterliche 508 ff
– Biofeedback-Theorie, soziale 509 ff
– Markierung 510
Affekttönung, kindliche, Einstellung der Bezugsperson 53 f
Affektverarbeitungskapazität, überforderte 564

Aggression 16, 357
– angeborene 489
– – Kontroverse 490 ff
– archaische, Projektion 733
– biologistische Theorien 492 ff
– im Dienst der inneren Kohäsion 661
– Entwicklung 124
– Erblichkeit 495
– exzessive 234
– bei frustrierten narzisstischen Bedürfnissen 179
– genetischer Einfluss 493
– als genuiner Protest 489
– Jugendlicher 280
– des Kindes 490 f
– lebenserhaltende 492
– massive 711
– Narzisstische Persönlichkeitsstörung 181
– orale 12
– prägenitale 252, 454
– projizierte 268
– Sozialisation 497
– überlebensorientierte 489
– umwelttheoretische Ansätze 492 ff
Aggressionsspegel, durchgehend hoher 499
Aggressionssozialisation 16
Aggressionstrieb 133
Aggressivierung 13
Aggressor, Identifizierung 269
Akteur
– intentionaler 504
– repräsentationaler 505
Aktual-Selbst 40 f
Alexithymie 27, 556 ff
– Abgrenzung zur Narzisstischen Persönlichkeitsstörung 565 f
– Bindungstheorie 560
– Entstehungsbedingungen 558 f
– Interviewtechnik 558
– Merkmale 557
– multifaktorielle Genese 560
– neurobiologische Grundlage 559 f
– primäre 565
– sekundäre 565
– Vulnerabilitätsmodell psychosomatischer Störungen 562 f
Alkoholabhängigkeit 708, 717, 724
Allmacht
– elterliche 108
– narzisstische, des Kindes 108

Sachverzeichnis

Allmachtsphantasien 168
- des Kindes 656
Als-ob-Modus 512 ff
Als-ob-Persönlichkeit 252, 257
Alter Ego 13, 678
Alter-Ego-Beziehung 178
Alter-Ego-Übertragung 671
Altern 639 ff
- Bedeutung
- - des Geschlechts 645 f
- - des Körpers 643 f
- charakteristische Kränkungen 647 ff
- Entwicklungsaufgabe 644
- körperliche Veränderungen 641 ff
Alterungsprozess 27, 237
Ambivalenzfähigkeit 24
Analytiker s. auch Therapeut
- Gefühl benutzt zu werden 700
- Langeweile 700
- Motive 698
- narzisstische Kränkung des Patienten 697 f
- Satelliten-Existenz 700
- Unsicherheitsgefühl 701
- Verachtung durch den Patienten 696 f
- Vorstellung der Objektbeziehung 701
Anerkennung 159
- fehlende, Kompensationsversuch 17
- kleinianische Sicht 8
Anerkennungstheorie 5 f
Anforderungen, soziale, Gefühllosigkeit des Narzissten 333
Angst vor Zurückweisung 16
Ängste
- ödipale 234
- paranoide, bei Kindern 437
Ängstlichkeit 434
Angsttoleranz, mangelhafte 454, 706
Anlehnung, Objektwahl 104, 106 f, 121 f
Annäherungs-Vermeidungs-Konflikt im Säugling 519
Anorexia nervosa 581
Anpassung 148
- soziale 250, 624
- - bei Narzisstischer Persönlichkeitsstörung 236
Anpassungsreaktion, Adoleszenz 272
Ansprüche, orale, maßlose 454
Anspruchsdenken 19, 248, 313, 658
- Jugendlicher 277
- narzisstisches 710
- rationalisiertes, Ich-syntones 271
- rechthaberisches 265
Antisoziale Persönlichkeit 252, 256
- aggressive 270
- - im Jugendalter 280 ff
- passive 270

- - im Jugendalter 280 f
- Perversion 288
Antisoziale Persönlichkeitsstörung 6, 20, 268 ff, 406 f, 705
- Hauptmerkmale 281 ff
- im Jugendalter 280 ff
- - diagnostisches Interview 283
- - frühe Symptommanifestation 281
Äquivalenz, psychische 512 ff
Arbeitsbündnis, therapeutisches 684
Arbeitsverweigerung des Patienten 713 f
Ärger 663
Arroganz 711
- Abwehrzweck 711
- mit Affektstürmen 715
- mit Grandiosität als Gegensätzlichkeit 716
- Ich-syntone 715
- Narzisstische Persönlichkeit mit schweren antisozialen Zügen 721
- pervasive 714 ff
Artikuliertheit 232 f
Askeseneigung, narzisstische 246
Attribuierungsstil, selbstaufwertender 327, 334
Aufsässigkeit beim Kind 441
Ausbeutung anderer 248, 265, 313, 426, 658
- passive 282
- rücksichtslose 181
Ausdruck, emotionaler
- eingeschränkter, beim Kind 443
- Störung 557
Ausnutzung zwischenmenschlicher Beziehungen 19
Authentizität, mangelnde 257
Autismus, Säugling 7
Autoaggression, primitive, schwere 724
Autoerotismus 3, 101 f
Autonomie
- des anderen, Akzeptanz 596
- unsichere 9
Autonomie-Entwicklung, gestörte 454
Autonomie-Gefühl, verletzliches 242
Autoritarismus 193
Autorität
- äußere 191
- außerfamiliäre 195
- elterliche, Verwässerung 190
- väterliche, Zusammenbruch 190 f

B

Bedeutsamer anderer, Identifizierung 337
Bedeutung des anderen 6
Bedürfnis(se)
- zu beherrschen 427
- nach Bewunderung beim Kind 441

Sachverzeichnis

Bedürfnis(se)
- narzisstische, Geschlechtsunterschiede 338
- primitive, unerfüllte 178 f
- nach übermäßiger Bewunderung 19

Befriedigung
- ausbleibende 100
- durch Halluzination 100 f

Begrenztheit, Negierung 643
Behandlungsansatz, fokussiert psychoanalytischer 725
Bemächtigungstrieb 17
Benutzung anderer, selbstbezogene 12
Berichte, pseudologische 456, 458 ff
Berufskriminelle 406
Berufsverbrecherin 410 ff
Beschämung, traumatische, kindliche 698
Besonderheitsüberzeugung 19
Betrüger 244, 413 ff
Bewunderungsbedürfnis beim Kind 441
Bewunderungshunger 234, 247, 249, 266, 311
- Jugendlicher 278

Bewusstsein
- funktionales 511
- für innere Zustände 511

Beziehung(en)
- soziale 317
- therapeutische, Sexualisierung 481
- interpersonelle 327 ff, 624
- - Ausnutzung 19
- - Desorganisation 502
- - Funktionalisierung 456
- - Gestalt 107
- - gestörte 248
- - korrigierende, bei pathologischem Narzissmus 391
- - narzisstische 502, 581
- - oberflächliche, beim Kind 441
- - Pathologie 707
- - psychopathische 502
- - Qualität 12
- - Veränderung narzisstischer Psychopathologie 392
- - Wahrnehmung durch Narzissten 329

Beziehungserfahrungen, Adoleszenz 61
Beziehungsfähigkeit 61
Beziehungsmangel 7
Beziehungspartnerwahl 328
Beziehungsstörung 23
- im Gesundheitswesen bei somatoformer Störung 543 ff
- Selbstentwicklungsstörung 62
- zwischenmenschliche 313
- - durch intrapersonale Prozesse 323

Bezogenheit, verbale 78
Bezogenheitsstufen 77 f

Bezugsperson, Kontingenz affektiver Reaktionen 511
Bindung 56 f
- Affektentwicklung 560 f
- affektive, Brutalisierung 526 f
- Funktion, reflexive 517 ff
- innerfamiliäre, triadische 191
- Schwierigkeiten bei narzisstischen Kindern 438
- sichere 517 ff
- - Aufbau 703
- - Mentalisierungsfähigkeit 697
- unsichere 15, 434

Bindungsentwicklung 15 ff
Bindungserfahrung
- fehlende 499
- frühe 499
- sichere 517 ff
- - Entwicklung reflexiver Funktion beim Kind 518
- - gesunder Narzissmus 16

Bindungsmuster 56 f
- Abhängigkeit von der Bezugsperson 57
- ambivalentes 15 f
- Straftäter 517
- vermeidendes 15 f, 561

Bindungsprozesse 497
Bindungstheorie 15, 697
Biofeedback-Theorie, soziale 509 ff
Blickkontakt, Aversion beim Kind 577 f

Borderline-Funktionsniveau
- hohes 22 f
- offenes 266
- tiefes 455

Borderline-Persönlichkeitsorganisation
- Differenzierung
- - von neurotischer Persönlichkeitsorganisation 273 ff
- - von psychotischer Persönlichkeitsorganisation 275 ff
- hohe 22 f
- Jugendlicher 274
- niedrige 22 f
- Perversion 285, 287
- mit Spaltungsmechanismen, Perversion 286
- auf tiefem Funktionsniveau 455

Borderline-Persönlichkeitsstörung 252 ff, 377, 705
- Differenzierung von Narzisstischer Persönlichkeitsstörung auf Borderline-Niveau 23
- bei der Frau 412
- Gewalttätigkeit 501 f
- Schmerzentstehung 548

Brutalisierung 526 ff
Bürokratisierung 172

Sachverzeichnis

C

California Psychological Inventory 434
CAPS (Kognitiv-Affektives Persönlichkeitssystem) 339 f
Cäsarenwahnsinn 168
Charakter
- narzisstischer 7, 9
- - entwicklungsbezogenes Verständnis 241
- narzisstisch-masochistischer 348 ff
- - Theorien 350 ff
- phallisch-narzisstischer 233
Charakterentwicklung 172
- eines Kindes 656
Charakterorganisationsniveau, niedriges 252
Charakterpathologie, Adoleszenz 272
Charakterstruktur, narzisstische, bei Anorexia nervosa 581
Charaktertypus, narzisstischer 232
Charakterzüge, narzisstische 387
Charisma 577
Cliquen-Integration 61
Copingdefizit-Index 443
Corpus callosum, Reifung 23

D

Dankbarkeit 627 f
Defizitmodell 325
Defizitpsychologie 672
Demütigung 221 ff, 527 f
- traumatische, kindliche 698
Depersonifizierung des Kindes 577, 580, 592
- Scheidungskind 584
Depression 14
- leere 4
- mütterliche 53
- des Therapeuten 719
- Verleugnung 9
Depressions-Index 443
Depressive Störung 25
Deprivation 619
Desillusionierung 24
- korrigierende, bei pathologischem Narzissmus 391
Desillusionierungsgefühl, chronisch grandioses 391
Desorganisation in Beziehungen 502
Destruktivität
- inhärente 489
- menschliche, Vorherrschaft 195
Deviation, sexuelle 473
Dezentrierung 5, 187
Diagnostik 18 ff
- psychodynamische, operationalisierte 20 f, 549
Diagnostisches Interview zum Narzissmus 19
Diagnostic Interview for Children and Adolescents-Revised 438
Dissexualität 473
Dissoziale Persönlichkeit 453 ff
Dissoziale Persönlichkeitsstörung 453 ff
- Arbeit an der sozialen Dimension 463
- Manifestationen eines pathologischen Größen-Selbst 462 f
- mit narzisstischer Störung, bifokales Behandlungskonzept 457, 463
- Paradigmenwechsel 455
- Patient-Therapeut-Beziehung 463
- Vorgeschichte 454
Dissoziale Reaktion 284
Dissoziation 63 f
Distanziertheit 693, 696
Distressaffekt, Verarbeitung 561
Dominanzgehabe 269
Doppelgänger 726 ff, 732 ff
- primär benigner 733
- primär maligner 733
- sekundär gutartiger 734
- unheimlicher 733
Doppelgängerbeziehung, mentale, blinde 728
Doppelgängerphänomen 726 ff
Doppelgängerprozess 732 ff
- fruchtbarer 728, 734
Doppelung, falsche 736
Drogenabhängigkeit 717, 724
Drogenmissbrauch 256, 707 f
DSM-III 247 f
DSM-III-R 248 f
Dysregulierung, kognitive 434

E

Effektanzerfahrung 17
Egoismus 158
Egozentrismus 187
Egozentrizitäts-Index 446
Ehe 632 f
- Herausforderungen 632 f
- narzisstische 634
Eheschließung, Hemmungen 633
Ehrgeiz 234
- schulischer, fehlender 441
Eigenliebe 97
Eigenschaften, mütterliche, Entwicklung des kindlichen Selbst 51 f
Einfühlungsvermögen, mangelndes 249, 266
Einführung des Narzissmus, Kernberg-Interpretation 115

Sachverzeichnis

Eitelkeit 161
Elternberatung bei narzisstischem Kind 597 ff
Eltern-Imago, idealisierte 4, 40, 178, 678
Elternobjekt, psychisch totes 717
Elternteilverlust durch Tod 585
Emotion
– Als-ob-Schleife 551
– Defizit interpersoneller Regulation 562
– narzisstische
– – primäre 247
– – sekundäre 247
– Unfähigkeit der Abgrenzung von körperlichen Empfindungen 557
Empathie 5, 252 f, 425, 657 f
– biologische Begründung 689
– zur eigenen Vorteilsnahme 425
– mütterliche
– – defiziente 242
– – Defizite 245
Empathiefähigkeit 425
Empathiemangel 19, 233, 236, 248, 313, 425, 657 f
– elterlicher 572, 576
– Geschlechtsunterschiede 338
– manisch-depressive Störung 406 f
– bei narzisstischen Kindern 438
Empowerment des Selbst 194 ff
Entscheidungsfindung, politische 206
Entwertung
– abwehrbedingte 610 ff
– anderer, Jugendlicher 277
– beim Kind 441, 447
– in der Kindheit 571
– bei narzisstischen Kindern 438
– suchtartige 612 ff
– des Therapeuten 715, 739 f
– therapeutischer Angebote 456
Entwicklung
– Dezentrierungsprozess 187
– psychische
– – frühe 116 ff
– – gesellschaftliche Prozesse 185
Entwicklungsaufgabe
– Adoleszenz 60
– alternder Menschen 644
– Narzissmus 615 ff
Entwicklungsbruch, Verarbeitung 182
Entwicklungsdeprivation 15
Entwicklungsformen, frühreife, beim Kind 443
Entwicklungsnotwendigkeit 615
Entwicklungspsychologie 37 ff, 674
Entwicklungsrisiken 497
Entwicklungsstadien nach Kernberg 13
Entwurzelung 172
Erfahrung
– interpersoneller Bindung s. Bindungserfahrung
– psychosoziale, Gewalttäter 523 ff
– soziale 489
Erfolgserlebnis, narzisstische Reaktion 321 f
Erfolgsphantasien 19, 247 f
Erinnerungsspeicherung, fetale 16
Erinnerungsverzerrung 323
Erleben
– fremdes, innerhalb des Selbst 524
– frühkindliches 72
– inneres, Repräsentationsformen 512 ff
– des Säuglings 83 ff
– subjektives, des Säuglings, Spiegelung 508
Eros, präödipaler 194
Erotik im Dienst von Aggression 288
Erwachsenenbindungsinterview 517
Erziehungsstil, elterlicher 62, 586 ff
Exaltierung, hypomanische 239, 247
Exhibitionismus 246 f, 253, 284, 468 f
– beim Kind 447
Exil, Narzissmus-Diskussion 146 ff
Expressivität, eingeschränkte 434
Extroversion, Persönlichkeitsstörung 22
Extrovertiertheit 433

F

Familienstruktur, Wandel 184
Familienstudie 432 f
Feedback-System 688
Fehlattribuierung, emotionale, durch den Säugling 510
Fehlinterpretationen 697
Feinfühligkeit, mütterliche 53
Fetischismus 284, 468 f
Fibromyalgie 543
Fixierung, oral-aggressive 13
Flachheit, emotionale 236
Fokus, selbstregulatorischer 335
Frankfurter Schule, Narzissmus-Konzept 188 f
Frau, narzisstische, kriminelles Verhalten 410 ff
Fremdbild, negatives 313
Fremdkonzept narzisstischer Persönlichkeiten 236
Freud, S. 96 ff
– Einführung des Narzissmus 115 ff
– Sichtweise zur Narzisstischen Persönlichkeitsstörung 3
Freudlosigkeit beim Kind 587
Frotteurismus 469
Frustration
– extreme, in der Kindheit 658
– frühe 245

Sachverzeichnis

Frustration
- optimale 29

Frustrations-Aggressions-Modell 490
Frustrationstoleranz, extrem niedrige 587
Führer
- demagogischer 186
- idealisierter 191
- Narzissmus
- - gesunder 162
- - pathologischer 162
- narzisstischer 163 ff, 168 f
- - destruktiver 214, 219 f
- - erfolgreicher 214
- - Getreue, Glaskugelfunktion 215
- - Ich-Funktionen 215
- - Manipulation
- - - der Anhänger 213
- - - der Außenwelt 214
- - Reaktion auf Gefahrensignale 221
- - reparativer 214, 217 ff
- politischer
- - Größen-Selbst-Verlust, drohender 222
- - Kontrollverlust, drohender 222
- - narzisstischer 186
- - Persönlichkeit 205 ff
- - ungelöster persönlicher Konflikt 206
- - Verhältnis zur Anhängerschaft 207
- - mit Zwangscharakter 222
Führermythos 220
Funktion, reflexive 516 ff
- gestörte, bei Kindern 437
- des Kindes 44
Fürsorge für sich selbst 89

G

Gedächtnis 55
- deklaratives 45
- nondeklaratives 45
Gedächtnisforschung 689
Gedächtnisfunktion, Diskontinuität, entwicklungsbedingte 58
Gedächtnispsychologie, Selbstrepräsentanz-Aufbau 45
Gefühl
- des Analytikers, benutzt zu werden 700
- der Leere 707
Gefühllosigkeit
- für soziale Anforderungen 333
- starre 406
Gefühlswahrnehmung, verminderte 557
Gegen-Psychoanalyse 133
Gegensätzlichkeit als Selbstobjektübertragung 695
Gegenübertragung 31, 389, 693 ff, 698

- Psychotherapie bei dissozialer Persönlichkeit 457 f
Geschlechtsrollensozialisation 337
Gesellschaft, gewalttätige 530 f
Gesellschaftliche Prozesse, Entwicklung, psychologische 185
Getriebenheit 233
Gewalt
- desorganisierte 500
- Entwicklung 496 ff
- Entwicklungslinien 487 f
- als gerecht empfundene 271
- gesellschaftliche Entwicklung 186
- Kategorisierung 500
- organisierte 500
- Persönlichkeitsstörung 486 ff
- Selbst als Akteur 502
Gewaltakt 528
Gewaltlust, sexuelle 418
Gewalttäter, Erfahrung, psychosoziale 523 ff
Gewalttätigkeit, Prädisposition 523 ff, 528
Gewissen 123
- korrumpierbares 236
Gier 271, 454
- übermäßige 265
Gleichgültigkeit, kühle 248
Goebbels, Josef 220
Gotteskomplex 232
Grandiosität 13, 23, 181, 214, 313
- destruktive 29
- beim Kind 438, 447
- Kriminalität 414 f
- Persönlichkeitsstörung, dissoziale 454
- Psychopath 415
- verdeckte 232
Grandiositätsvorstellungen, Koexistenz mit Minderwertigkeitsgefühl 235
Green, André 81 f
Größengefühl für eigene Bedeutung 19
Größenphantasien 9, 181
- bei beruflichem Scheitern 713
- Jugendlicher 277
- beim Kind 572, 574
Größen-Selbst 40, 178, 180, 215 f
- Führer, politischer 222
- Idealisierung 271
- pathologisches 125, 267
- - Auswirkungen 456
- - bei dissozialer Persönlichkeitsstörung 456
- - - Manifestationen 462 f
- - Jugendlicher 277
- - verborgenes, Jugendlicher 279
Größen-Selbst-Verlust, drohender, politischer Führer 222
Größenwahn 98, 119, 168
- des Kindes 108

750

Größenwahn
- manische Erkrankung 406 f
- Schizophrenie 407
Großgruppe
- Abwehrmechanismen, paranoide 209
- Definition 207 ff
- innere Reinigung 212 f
- - gutartige 212 f
- - maligne 213
- politischer Führer 205 ff
- regredierte, Manipulation durch narzisstischen Führer 213
- Ruhmesblätter, gewählte 211
- Schutz vor gemeinsamen Ängsten 207
- Trauma, gewähltes 211 f
Großgruppen-Identität 209
- Aufrechterhaltung 209
Großgruppen-Phänomene 10
Großgruppen-Regression 206 f, 209 ff
- gesellschaftlicher Prozess 210 f
Großgruppen-Spaltung 210
Grundhaltung, paranoide 269 f
Grundsätze, ethische 624
Grundstörung nach Balint 8
Gruppenideale 195
Gruppennormen 185
Gruppentherapie 393

H

Halluzinationen 123, 276
- der Befriedigung 101
- Jugendlicher 277
- primitive 100
Haltung
- ausbeuterische (s. auch Ausbeutung) 658
- paranoide 12
- trotzige, beim Kind 443
Handeln
- gewalttätiges 528
- masochistisches 681
Handlungsmodell, rationales, politisches 205 f
Hare Psychopathy Checklist 428
Hare Psychopathy Scale beim narzisstischen Kind 441
Hass 658 ff
- Antisoziale Persönlichkeitsstörung 269 f
Hemisphäre, linke, Dominanzphase 23
Hemmung
- affektive, beim Kind 444
- sexuelle 708
Hilfs-Ich 579
Hirnpotenziale, ereigniskorrelierte 428
Hirnverletzung, präfrontale 419 f
Hitler, Adolf 219 f

Hochstaplerin 412
Homosexualität 105, 233
Hypervigilanz-Index, Kinder 442
Hypochondrie 98, 119, 246, 733

I

Ich 95 ff
- Adler, A. 133
- Beziehung zur Wahrnehmung 113
- Bildung 97
- Entwicklung 102
- Libidobesetzung 97, 102
- ökonomische Theorie 103
- psychoanalytisches 106
Ich-Autonomie 147
Ich-Entwicklung
- gesellschaftliche Prozesse 185
- Verzerrung 180
Ich-Funktion, Führer, narzisstischer 215
Ich-Ideal 4, 120, 123 f, 142
- Alexithymie 567
- Besetzung, libidinöse 123
- bei dissozialer Persönlichkeitsstörung 454
- Kräfte außerhalb der Familie 191
- Wünsche, illusionäre 454
Ich-Ideal-Bildung, Störung 246
Ich-Identität, Untersuchung 273
Ich-Instanz 142
Ich-Konzept 674
Ich-Libido 105 f, 137 f
Ich-Psychologie 676
- Freud, S. 137
Ich-Selbst-Genese aus Verdoppelungen 729 ff
Ich-Symbol, sexuelles 133
Ichtriebe 105 f
Idealisierung 13
- elterliche, des Kindes 108
- beim Kind 447
- Kollusion 698 ff
- romantische 274
- temporäre 265
- des Therapeuten 481, 715
- - abwehrbedingte 709
Idealisierungsprozess 124
Ideal-Objekt 13
- dissoziale Persönlichkeitsstörung 456
- mütterliches 577
Idealobjektvorstellungen 38
Ideal-Selbst 11, 13, 38, 180
- dissoziale Persönlichkeitsstörung 456
Identifizierung 109 ff
- adhäsive 730
- mit dem Aggressor 269
- antizipatorische 618

Sachverzeichnis

Identifizierung
– mit bedeutsamem anderen 337
– projektive 510 f, 694, 700
– – Kind zu Eltern 493
– – Trennungsangst 579
– sehr frühe 111
Identität, primäre 11, 55
Identitätsbewusstsein 48
Identitätsdiffusion 254
– Diagnose 273 ff
– Jugendlicher 272 ff, 277
– Schmerz als Entlastung 355
Identitätsgefühl 47
Identitätsintegration, falsche, Jugendlicher 280
Identitätskrise, Adoleszenz 272
Identitätsprobleme 434
Identitätsverlangen mit dem Therapeuten 735
Imaginäres 113
Impotenz, sexuelle 233
Impulsdurchbrüche bei dissozialer Persönlichkeit 462
Impulskontrolle
– Mangel 266, 706
– verminderte, antisoziale Persönlichkeit 427
Individualpsychologie, Verknüpfung mit gesellschaftlicher Entwicklung 173
Individuation 267
Inferenzsprünge 84
Informationsverarbeitung 243
Informationsverzerrung bei narzisstischen Kindern 445
Innen-Außen-Dualismus 86
Instanzenmodell 142
Insuffizienzgefühle bei dissozialer Persönlichkeit 456
Inszenieren innerer Konflikte in der Außenwelt 460 ff
Integration
– evaluierte 326
– interhemisphärische 23
Intelligenz, soziale 330 ff
Interaktion, soziale, beeinträchtigte, beim Kind 576 f
Interaktionserwartungen 51
Interesse am anderen, Säugling 16 f
Intersubjektivität 78
– primäre 88 ff
Interview, strukturiertes, bei narzisstischen Kindern 438
Intimitätsvermeidung 15
Intoleranz gegenüber Grenzen 246
Introspektion 657 f
Introspektionsfähigkeit, Mangel 656 f
Introversion 98, 119
– Persönlichkeitsstörung 22

J

Jugendlicher, auffälliger, Differenzialdiagnostik 272

K

Kapazitäten, kognitive 48
Karriereknick 393
Kastrationsangst 221, 243, 285
– Abwehr 472
Kemal Atatürk 217 ff
Kern-Bezogenheit 78
Kern-Identität, Großgruppenmitglied 209
Kernkonflikt, oral-aggressiver 454
Kern-Selbst 23
– Komponenten 54 f
Kind
– narzisstischer Eltern 580 f
– vereiterlichtes 580, 584
Kindererziehung, Professionalisierung 190
Kindesmisshandlung, Selbstentwicklungsstörung 62 f
Kind-zu-Eltern-Effekt 493
Kleingruppe 208
Kognitionspsychologie, Selbstentstehung 42 ff
Kognitiv-Affektives Persönlichkeitssystem 339 f
Kognitive Prozesse bei narzisstischen Kindern 444 f
Kollusion 165
– mit Idealisierung 698 ff
Kommentare, mütterliche, zu inneren Zuständen des Säuglings 518
Kommunikation, interpersonelle, Übertragung 694
Kommunikationsstil, elterlicher 62
Kompetenzerfahrung 17
Komplementär-Narzisst 165
Konflikt(e) 112
– innere, Inszenieren in der Außenwelt 460 ff
– latente, Aufbrechen im Analytiker 701 f
– narzisstischer
– – alternder Mann 645
– – des Alters 27, 639 ff
– – ödipaler 24, 285
– – Umgehung 235
– politischer 193
– prägenitaler 454
– prädödipaler 285
– struktureller 149
Konfliktlösung, intrapsychische 24
Konfliktpsychologie 672
Konfusion der erogenen Zonen 286
Konsumbesessenheit 172

Sachverzeichnis

Kontingenzentdeckungsmodul 506 ff
Kontrollbedürfnis 701
Kontrolle
- omnipotente 701
- präfrontale, rechtshirnige 23
Kontrollverlust, drohender, Führer, politischer 222
Koprophilie 285
Körperbildstörung 551 f
Körperinnenangst 733
Körper-Selbst 43
Kortex, präfrontaler 495
- Empathiefähigkeit 425
- Regulationsfähigkeit 23
Kränkbarkeit, extreme, bei dissozialer Persönlichkeit 462
Krankheitsgewinn, sekundärer 713 f
- Ausschaltung 725
Krankheitsverhalten, dysfunktionales 542
Kränkung, narzisstische 359, 393
- durch den Analytiker 697 f
- durch Fehlinterpretation 697 f
- psychosomatische Reaktion 564
- Suizidgedanken 651 ff
- Vulnerabilität beim Kind 592
Kriminalität 405 ff
- biologische Faktoren 419 ff
- chronische 405 ff
- erbliche Einflüsse 420 f
- narzisstische Züge 406 f
- sadistische 427
- Umweltfaktoren 419 ff
- Vorgeschichte 427
Krise, narzisstische 548, 563, 661
- krankheitsbedingte 641
Kritische Theorie, Narzissmus-Konzept 188 ff
Kulturelle Strömung, Narzissmus 183 ff

L

Langeweile des Analytikers 700
Lebensereignis, veränderungswirksames 25, 386 ff
Lebensordnung 113 f
Lebensstil
- grotesk-jugendlicher 237
- riskanter 427
Lebenstrieb 489
Leeregefühl, subjektives 14, 244, 246 f, 266, 655, 707
Leid, masochistisches 350
Leistung
- korrigierende, bei pathologischem Narzissmus 390 f

- als Selbstdarstellung 236
Leistungs-Don-Juan 233
Lernprobleme 234, 241
Lernstörung
- narzisstische Störung beim Kind 575 f
- narzisstischer Jugendlicher 279
Lesh-Nyhan-Syndrom 357
Libido
- Ich-Gerichtetheit 137
- Konfliktlinie 133
- narzisstische 122
- Objektgerichtetheit 137
- als Quelle 103
- Rückzug 98
Libidobesetzung des Ich 97, 102
Libidoquantität 103
Libidotheorie 471
Liebe
- im Dienst von Aggression 288
- zum Ergänzenden 104
- zum Gleichen 104
- glückliche 117
- primäre 8
- romantische 625 ff
- sinnliche Strömung 625
- Verbindung mit Narzissmus 626
- zärtliche Strömung 625
Liebesbeziehung 121 f, 624 ff
Liebesobjekt, Idealisierung 626
Liebespartner, ausreichend guter 628
Liebesunfähigkeit 126
Lügen
- narzisstische Störung beim Kind 576
- pathologisches 282 f
- als pseudologische Berichte 458 ff
Lustempfinden, masochistisches 356
Lust-Ich 140 f
- purifiziertes 87

M

Macht 158 ff
- Beziehungsaspekt 161
Machtausübung 160 f
- begünstigende Konstellationen 165
- Persönlichkeit, narzisstisch gestörte 163 ff
Machtmissbrauch 161 ff
- Definition 161
Machtphantasien 19
Manipulationsneigung 283
Manisch-Depressive Erkrankung 406
Manische Erkrankung, kriminelles Verhalten 407
Männlicher Protest 133, 136
Markierung 510

Sachverzeichnis

Masochismus 20, 246, 284, 348 ff
- Definition 352
- moralischer 350 f
- psychischer 352
- sexueller 469
- Theorien 350 ff
Massenbewegung 208
- paranoide 186
Massenpsychologie 207
Massenregression 186
Massenzerstörung 214
Medienbilderüberflutung 172
Melancholie 120
Menschenansammlung 208
- unstrukturierte, Desintegration 208
Mentalisierung 514 ff
Mentalisierungsfähigkeit 498
- Entwicklung 515, 697
- reduzierte 16
Mentalisierungsschwäche 527, 697
- gewalttätige junge Menschen 520
Minderwertigkeitsgefühl 7
- Koexistenz mit Grandiositätsvorstellungen 235
Mirroring 50, 53
Mirror-Rouge-Experimente 47
Missachtung
- beim Kind 574
- sozialer Standards 256
Missbrauch
- elterlicher 583
- - Störung der Selbstgefühl-Entwicklung 522
- narzisstischer, des Kindes 15
Misserfolgserlebnis, narzisstische Reaktion 321 ff
Misstrauen 255, 434
- beim Kind 441 f
Modell des Ich, Objektwahl 104
Moral, narzisstische Motive 233
Motivationen, im Konflikt stehende 23
Motivationssystem, aversives, 660
Mutter, abweisende 312
Mutter-Kind-Austauschprozesse 50 f
Mutter-Kind-Beziehung
- Deformation durch fehlende väterliche Autorität 191
- frühe 52
Mutter-Kind-Entflechtung, temporäre 56
Mutter-Kind-Interaktion 674
- basal gestörte 91
- Beobachtung 85, 90 f
Mutter-Kind-Verschränkung, harmonische 151

N

Nähe-Distanz-Regulierung, Probleme 461
Narcissistic Personality Disorder 313
Narzissmus 348
- Abhängigkeit von Objektbeziehungen 11
- Ätiologie 312
- Bedeutungswandel des Begriffs 4, 149
- Begründung, triebtheoretische 4
- Definition 37 f
- - Freud, S. 137
- destruktiver 176, 614
- Einführung, Kernberg-Interpretation 115 ff
- emanzipatorische Aspekte 190
- Empowerment des Selbst 194 ff
- Entwicklung nach Kohut 13 f
- als Entwicklungsaufgabe 615 ff
- als Entwicklungslinie 10 f
- als Entwicklungsstadium 7
- Entwicklungstheorie, tiefenpsychologische 39 ff
- erwachsener, normaler 128
- Exil 146 ff
- Freud, S. 96 ff
- Geschlechtsunterschiede 336 ff
- gesellschaftliche Bedeutung 171 ff, 189 f
- gestörter, Adoptivkind 582
- gesunder 11 ff, 159, 213, 236, 571
- - Bedeutung sicherer Bindungserfahrung 16
- - erwachsener 263
- - Führungsperson 162
- - infantiler 128, 263
- - des Jugendlichen 60
- - nach Kernberg 12
- - Umschlagspunkt zum pathologischen Narzissmus 12
- gewaltloser, Kriminalität 413 f
- hypervigilanter 14
- infantiler 13, 108, 437 ff
- - normaler 128, 263
- intellektueller 246
- Klassifikation 18 ff
- - Systematik der Persönlichkeitsstörungen 22 ff
- Kohut, H. 177 f
- körperlicher 246
- kulturelle Strömung 183 ff
- maligner 12, 20, 220, 266, 271
- - destruktiver 735
- - bei der Frau 411
- - Führungsperson 186
- - Jugendlicher 280
- - Kriminalität 409 f
- - Perversion 288
- - Serienmörder 416 ff
- manifester 618 f

Sachverzeichnis

Narzissmus
- masochistischer 614
- moralischer 246
- nachlassender 620
- normaler s. Narzissmus, gesunder
- als Objektwahl 7
- offener 15, 182
- – Sozialverhalten 16
- pathologischer 8, 12 ff, 90, 128, 158 ff, 173, 236, 245, 263, 284 ff, 571 ff
- – Auswirkungen 237
- – Exazerbation 386
- – Führungsperson 162
- – gesteigerter, nach korrosivem Lebensereignis 393
- – nach Kernberg 12
- – Lebensereignis
- – – korrigierendes 390 f
- – – korrosives 391 ff
- – nahezu unbehandelbarer 705
- – Therapie, schemafokussierte 389
- – Veränderbarkeit 387 ff
- – Veränderung
- – – außerhalb der Behandlung 389 f
- – – innerhalb der Behandlung 388 f
- – als Persönlichkeitsprozess 310 ff
- Persönlichkeitszüge, dispositionelle 310
- primärer 3 f, 7 ff, 71, 87 ff, 139 ff, 159
- – Interpretationsströmungen 98
- Prozesse, interpersonelle 315 f
- Prozessmodell 21 f
- – selbstregulatorisches 308 ff
- psychoanalytisches Konzept 174 ff
- psychosomatische Erkrankung 563 ff
- – metapsychologische Aspekte 565 ff
- reifer 13
- Rezeptionsgeschichte 143 ff
- Schwächung des Selbst 190 ff
- sekundärer 3 f, 39
- soziologische Sicht 4
- süchtiger 614
- übermäßiger, Folgen für die Liebe 627
- unbeirrter 14
- Verbindung mit Liebe 626
- verdeckter 15 f, 182
- – Sozialverhalten 16
- Zusammenhang mit Neid 8
- zwischen Selbst und Objekt 88
Narzissmus-Begriff
- Adler, A. 132 ff
- Bedeutungswandel 4, 149
- Jung, C.G. 132 ff
- Metamorphosen 132 ff
- Triebbereinigung 154
Narzissmus-Figur, freudsche, dialektische Tiefe 136 ff

Narzissmus-Inventar 21
- Dimensionen 21
Narzissmus-Konzept 375 ff
- Frankfurter Schule 188 f
- Freud, S. 96 ff, 174 f, 231 f
- gesellschaftliche Gegebenheiten 201
- Kohut, H. 177 f
- Kritische Theorie 188 ff
- Marcuse, H. 194 ff
Narzissmus-Macht-Wechselspiel 163
Narzissmus-Theorie, Säuglingsforschung 71 ff
Narziss-Mythos 639 ff
Narzisst s. Narzisstische Persönlichkeit
Narzisstische Frau, kriminelles Verhalten 410 ff
Narzisstische Persönlichkeit 271, 375 ff
- Abhängigkeitswünsche im mittleren Alter 237 f
- Affektpathologie 565
- Alter ego 239
- Alterungsprozess 237
- Anpassung, soziale 250
- Aufbau einer sicheren Bindung 703
- Beweggründe 333 ff
- Beziehungen
- – interpersonelle 250
- – soziale 317
- Dekompensation 247
- dickfellige 501, 613, 697 f
- dünnhäutige 501, 613, 697 f
- ethische Grundsätze 250
- fusionshungrige 239
- hypervigilante 697 f
- – Kontrollbedürfnis 701
- idealhungrige 239
- Informationsverarbeitung 243
- Integrität des Selbstsystems 657
- kognitiver Stil 250
- kontaktscheue 239
- Konzept 375 ff
- Merkmale, emotionale 246 f
- nahezu unbehandelbare 705 ff
- Partnerwahl 577
- phallische 165
- Rivalisierung mit dem Therapeuten 708 f
- Schmerzentstehung 548
- selbstbezogene 696 ff
- Selbststerben 707
- Selbstkonzept 250
- Sexualität 250
- soziale Anpassung 236 f
- spiegelhungrige 239
- Verhalten, selbstregulatorisches 310 ff
Narzisstische Persönlichkeitsstörung 3 ff, 129, 158, 213, 264, 326
- Abgrenzung zur Alexithymie 565 f

755

Sachverzeichnis

Narzisstische Persönlichkeitsstörung
- Affektverarbeitungkapazität, überforderte 564
- Aggression 176, 181
- antisoziale Züge 415, 705
- Behandlung
  - - Empathie 703 f
  - - Mentalisierungsansatz 703
  - - symptomatische 706
- Behandlungsverlauf 381 f
- Beobachtung von Kindern 240
- mit Beziehungsstörungen 23
- Borderline-Niveau 23, 28, 237
- Borderline-Persönlichkeitsorganisation 705 f
  - - Behandlung 726
- Diagnose 238 ff, 466
  - - im Jugendalter 277 ff
- Differenzialdiagnose 252 ff
- DSM-III-Kriterien 247 f
- DSM-III-R-Kriterien 248 f
- DSM-IV-Kriterien 20, 440 f
  - - Kindheitsäquivalente 440
- Einführung in das Diagnosesystem 378 f
- Entwicklung 654 f
- Erstexploration 251
- Familienstudie 432 f
- bei der Frau 412
- Fremdkonzept 236
- Gegenübertragung s. Gegenübertragung
- genetische Aspekte 432 ff
- Häufigkeit 18
- mit hoher äußerer Anpassung 23
- nach Kernberg 12
- in der Kindheit 570 ff
  - - Bedeutung der Eltern 586 ff
  - - Behandlung 594 ff
  - - Elternberatung 597 ff
  - - Psychopathologie 609 f
  - - Rorschach-Merkmale 437 ff
  - - Rorschach-Verfahren
    - - - Fragestellungen 440
    - - - strukturelle Merkmale 439 ff
  - - soziale Interaktion 576 f
  - - Spielpathologie 578
  - - Trennungsangst 578 f
- Klassifikation 18 ff
- kognitive Eigenheiten 241
- Kohut, H. 10, 13 f, 178
- Komorbidität 18
- Kontinuität, entwicklungspsychologische 570
- Krankheitsgewinn, sekundärer, Ausschaltung 725
- Kriminalität 405 ff
- Langzeitverlauf 379 f
- Lebensereignisse
  - - korrigierende 386 ff, 390 f
  - - korrosive 386 ff, 391 ff
- libidinöse Aspekte 176
- Machtausübung 163 ff
- Merkmale 19 f
  - - nach Akhtar 20, 231 ff
  - - deskriptive 231 ff
  - - nach Kernberg 235 ff
  - - klinische 264 ff
  - - offene 251
  - - verdeckte 251
- motivierte Selbstkonstruktion 22
- nahezu unbehandelbare, Behandlungstechnik 708 ff
- Objekt, inneres 602 f
- Organisationsniveaus nach Kernberg 23
- paranoide Entwicklung 708
- Pathologie 707 f
- Perversion 286 f, 465 ff
- politischer Führer 205 ff
- prognostische Merkmale 705 ff, 724 ff
- psychische Entwicklung 267
- Psychodynamik 268 ff
- psychopathische Züge 415
- Psychotherapie
  - - analytische 706
  - - Hindernisse 387
  - - Studien 381 f
- psychotische Episode 708
- Risikokinder 579 f
- schwere antisoziale Züge 721 f
- sekundärer Krankheitsgewinn 713 f
- Spaltung 251
- Standardverfahren, analytisches 706
- therapeutischer Umgang 29 ff
- Übertragung s. Übertragung
- Untersuchungen, empirische 24 ff
- Variationen 696 ff
- Veränderungen 386 ff
- Zwillingsstudien 25, 432 ff
Narzisstische Störung 38, 387
- bei dissozialer Persönlichkeitsstörung 454 ff
  - - Therapie 458
- beim Kind 575 ff
Narzisstische Symptomatik
- in der Kindheit 27
- traumaassoziierte 393 f, 402
Neid 19, 651
- Abwehrmanöver 265, 271
- auf das andere Geschlecht 710
- Antisoziale Persönlichkeitsstörung 269
- chronischer 247, 249
- exzessiver 265
- auf die Fähigkeiten des Therapeuten 696, 709
- intensiver chronischer 12
  - - beim Kind 571, 576

Neid
- Jugendlicher 277
- beim Kind 440, 571, 576
- überragender, primitiver 271
- Zusammenhang mit Narzissmus 8
Nekrophilie 285
Neurose 24
- Adoleszenz 272
- narzisstische 3, 693
- vegetative 551
Neurotransmitter-Haushalt, Störung, Kriminalität 421 f
Nixon, Richard 222 f
Nobelpreis-Komplex 234
Normen, konventionelle 185
NPI (Narcissistic Personality Inventory) 313

O

Oberflächenbild, grandioses 242
Objekt 95 ff
- dummes 603, 605, 610 ff
- gleichgültiges 618 f
- ideales 180
- idealisiertes 41 f
- inneres 602 f, 605 f
- intrusiv beobachtendes 614 f
- mütterliches, primäres 55
- neidisches 614 f
Objektbeziehung
- abhängige, Unfähigkeit 724
- Entwicklung 9
- Entwicklungsniveau 182
- frühe, ungenügende 10
- Gegenübertragung 694
- narzisstische 177
- pathologische 129
- bei pathologischem Narzissmus 13
- primäre 8 ff
- primitive 709
- Qualität bei Jugendlichen 274
- stabile 236
- Übertragung 694
- unbeständige 237
- Vorstellung des Analytikers 701
Objektbeziehungskonflikte 676
Objektbeziehungspsychologie 153
Objektbeziehungstheorie 152 f, 603, 676
Objektentwertung 267
Objekterfahrung, frühe, Störung 559
Objektkonstanz 267
Objekt-Libido 105 f, 122, 125, 137 f
Objektliebe
- pathologische 20, 265
- postödipale 3

- Störung 12
Objektrepräsentanz 12, 39 f, 119, 125
- Fragilität 735
- ideale 267, 572
- integrierte 593
- nicht integrierte 593
Objektwahl 98, 104 ff, 629
- durch Anlehnung 104, 106 f, 121 f
- Modell des Ich 104
- narzisstische 104, 106, 108, 121 f, 264
- Schaukelbewegung 108
Objektwelt, Gut-böse-Polarisierung 185
Ödipuskomplex 190, 243, 348 ff
- nicht gelöster 252
- positiver 285
Omnipotenz 214
- kindliche 7
Omnipotenzerleben 244
Omnipotenzgefühl 7
Omnipotenzphantasien 9, 232, 243
- dissoziale Persönlichkeitsstörung 454
OPD (Operationalisierte Psychodynamische Diagnostik) 20 f, 549
Operationalisierte Psychodynamische Diagnostik 20 f, 549
Organneurose 551
Orgasmusschwierigkeiten 631

P

Pädophilie 285, 468 f
Paradoxon, narzisstisches 313
Paranoia 120 f, 123
Paraphilie 423, 467, 473
Paraphrenie 119
Parasuizidalität 708
Partialobjektbeziehung bei dissozialer Persönlichkeitsstörung 457
Partialobjektübertragung bei dissozialer Persönlichkeitsstörung 457
Partialtrieb, polymorph-perverser, infantiler 284
Partialtriebregung, kindliche, persistierende 471 f
Partnerwahl 577, 634
Pathologie, regressive, gesellschaftliche 186
Patient-Therapeut-Beziehung, bei dissozialer Persönlichkeitsstörung 463
Patient-Therapeut-Doppelgängerprozess 735 ff
PCL-R (Psychopathy Checklist-Revised) 406
Peers 61
Pensée opératoire 557, 565
Perfektion 252
Perfektionsansprüche 7

Sachverzeichnis

Personalisierung makropolitischer Entscheidungen 206
Persönlichkeit
- antisoziale s. Antisoziale Persönlichkeit
- außengeleitete 4
- Definition 330
- dissoziale 453 ff
- hypomanische 252, 256
- hysterische 253
- innengeleitete 4
- machtbesessene 10
- narzisstische s. Narzisstische Persönlichkeit
- paranoide 252, 255 f
- schizoide 252, 255
- - Kriminalität 422
- Traditionsleitung 4
- zwanghafte 252 f
Persönlichkeitsbildung 172
Persönlichkeitsdispositionen 341
- Untersuchung 314
Persönlichkeitsentwicklung
- Pathologiehierarchie 23 f
- Phasen 23 f
Persönlichkeitsideal 142
Persönlichkeitsorganisation
- neurotische 22
- - Differenzierung von Borderline-Persönlichkeitsorganisation 273 ff
- - Jugendlicher 273 ff
- - Perversion 285, 287
- psychotische 22
- - Differenzierung von Borderline-Persönlichkeitsorganisation 275 ff
- - Perversion 288
Persönlichkeitsprozess 310 ff
Persönlichkeitsstörung
- Anteil bei Gefängnisinsassen 474 f
- Antisoziale s. Antisoziale Persönlichkeitsstörung
- dissoziale s. Dissoziale Persönlichkeitsstörung
- Gewalt 486 ff
- multiple 476
- Narzisstische s. Narzisstische Persönlichkeitsstörung
- Organisationsniveaus nach Kernberg 22 f
- schizoide 235
- somatoforme Störung 545 f
- Studie
- - genetische 494 f
- - verhaltens-neurologische 494 f
- Systematik 22 ff, 28
Persönlichkeitsstruktur, fragile, Abwehrformen 483
Persönlichkeitssystem, Kognitiv-Affektives 339 f

Perversion 27, 465 ff
- Abwehrorganisation, zweischichtige 285
- Antisoziale Persönlichkeit 283, 288
- Borderline-Persönlichkeitsorganisation 287
- Definition 284 ff, 466
- nach Freud 471
- Idealisierung, defensive 286
- Konstrukte
- - aktuelle 467 ff
- - ältere 469 f
- - psychoanalytische 471 ff
- narzisstische 97 f, 287 f
- Persönlichkeitsorganisation
- - neurotische 287
- - psychotische 288
- Prävalenz 474 ff
- Psychotherapie 481 ff
- sadistische 233, 286
- schizophrene Erkrankung 288
- sexuelle 7
- Spaltung, vertikale 482
- therapeutische Reduktion der Sexualisierung 482
- Wiederholungszwang 472
Perversität in der Übertragung 288 f
Perzeption
- amodale 49 f
- physiognomische 50
Pflegebedürftigkeit 647
Phantasie(n)
- der Gasblase 242
- mütterliche, über das Kind 52
- bei narzisstischen Kindern 445
- perverse 238
Plausibilitätskriterium 83
Position, intentionale 516
Potential space 87 f
Prädipale Störung 24
Problemlöseverhalten, hyperintroversives, bei narzisstischen Kindern 445
Promiskuität, sexuelle 708
Protokonversationsstruktur 508
Prozesse, interpersonelle 315 f
Prozessmodell, selbstregulatorisches 308 ff
Pseudo-Aktivität 242
Pseudo-Dummheit 711
Pseudo-Identifizierung, aggressive 709
Pseudo-Identität 576
Pseudo-Unterwerfung 270
Pseudo-Versöhnlichkeit 628
Psychoanalyse 72 ff
- Entsexualisierung 143 ff
- Green, André 81 f
- Ideologie 193
- Indikation 725 f
- intersubjektive 6

Sachverzeichnis

Psychoanalyse
- klassische 74
- Kultur 193
- moderne 74 f
- Narzissmus-Konzept 174 ff
- relationale 6, 161
- Theoriebildung 183 ff
Psychodynamik 28 ff
Psychologie des Selbst 153
Psychopath
- aggressiver 270
- passiver 270
Psychopathie 498
- Empathie zur eigenen Vorteilsnahme 425
- Erblichkeit 421
- bei der Frau 412 f
- Kriminalität 406 f
- durch Umwelteinflüsse 421 ff
Psychopathy Checklist-Revised 406
Psychose 98
- Adoleszenz 272
Psychosomatische Erkrankung 27
- Alexithymie-Konzept 556 ff
- Narzissmus 563 ff
- Vulnerabilitätsmodell 562 f
Psychotherapie 28 ff
- psychoanalytische 669 ff, 726
- - Setting 669 f
- - übertragungsfokussierte 706
- bei somatoformer Störung 552
- supportive 726
Psychotischer Prozess 119

R

Rachsucht 160, 527
Reaktivität, emotionale 326
Realitätsprüfung 24
- Jugendlicher 275 f
Realitätswahrnehmung, eingeschränkte, beim Kind 442
Realobjektwahl 107
Real-Selbst 11, 13, 38, 180
- dissoziale Persönlichkeitsstörung 456
Redegewandtheit 233
Reflective function des Kindes 44
Reflexionsfähigkeit 516
- Entwicklung, Bindungssicherheit 518
- mangelnde, Gewalttäter 501
- Verhaltensstörung, kindliche 518
Regime, totalitäres 207
Regression 24
- individuelle 210
- narzisstische 186
- - maligne 201

- paranoide 186
Regressionszug, maternaler 143
Regulationssystem, narzisstisches, innere Logik 339 ff
Reifung, kognitive 655 ff
Re-Inszenierung innerer Konflikte 460
Reizhunger 266, 426 f, 707
- Jugendlicher 279
Repräsentanz 39 f
- elterliche 13
Repräsentanzenmangel 655
Repräsentationsform
- aktionale 46
- bildhaft-ikonische 46
Resonanzverhalten 689
Rorschach-Verfahren 25, 428
- bei narzisstischen Kindern 437 ff
- - Fragestellungen 440
- - strukturelle Merkmale 439 ff
Rückmeldung, negative, Drosselung 322
Rückzug, narzisstischer 9, 16, 236
Rückzugsverhalten, fixiertes 658
Ruhmesblätter, gewählte, Großgruppe 211

S

Sadismus 427
- Ich-syntoner 12
- - Jugendlicher 280
- sexueller 271, 284
Sadomasochismus 468
Satelliten-Existenz des Analytikers 700
Säugling
- Annäherungs-Vermeidungs-Konflikt 519
- Autismus 7
- Fehlattribuierung, emotionale 510
- innere Zustände, mütterliche Kommentare 518
- Interesse am anderen 16 f
- kompetenter 77, 91, 159
- subjektives Erleben, Spiegelung 508
- Wirksamkeitsgefühl 55
Säugling-Bezugsperson-Interaktion 508
Säuglingsforschung 10, 17, 47 ff
- Narzissmus-Theorie 71 ff
- Stern, Daniel 81 ff
Scham 21, 221 ff, 418, 526
- Ich-destruktive 502, 527
- nichtmentalisierte 527
- Selbstwertregulation 265
Schamgefühle bei dissozialer Persönlichkeit 456
Scheidungskind 584 f
Schizophrenie 119 f, 277
- Perversion 288

Sachverzeichnis

Schizotype Persönlichkeitsstörung, Kriminalität 422
Schlagzeilen-Intelligenz 234
Schmerz(en) 27, 112, 541 ff
- befriedigender Aspekt 355
- chronische 543
- objektale Funktion 548
- psychischer, beim Kind 443
- psychodynamisches Konzept 547 ff
- als Selbstdefinierung 356
Schmerzstörung, somatoforme 549
- anhaltende 542
Schneewittchen-Syndrom, maladaptives 445
Schuldbewusstsein, fehlendes 453
Schuldgefühl, kindliches
- Entwicklung 497 f
- mangelndes 440
Schulversagen, Jugendlicher 279
Schwindeln 244
Selbst
- als Akteur 502 f, 521 f
- archaisches 11
- auftauchendes 49
- autobiografisches 59, 505
- autoreflektives 59
- Bedeutungsüberhöhung, illusionäre 15
- bedrohtes, Narzissmus-Inventar 21
- Besetzung
- - affektive 42
- - libidinöse 10, 12
- - - schadhafte 735
- bewusstes, Entstehung 49
- bipolares
- - kompensatorische Strukturen 679 f
- - übergeordnetes 675 ff
- - - Funktionen 678 f
- - - Struktur 678 f
- Definition 181
- definitorisches 43
- dichotomes 251
- Empowerment 194
- Entwicklungsaufgaben in der Adoleszenz 60
- erschöpftes 4
- falsches 9, 235, 735
- Fragmentierungszeichen 661 f
- geschwächtes 187
- gewalttätiges 269
- grandioses 214, 242
- - anale Phase 41
- - bedrohtes 501
- - pathologisches 28
- - phallische Phase 42
- grandios-exhibitionistisches 677
- handelndes 43
- hungriges 214 f
- hypochondrisches, Narzissmus-Inventar 22
- Idealisierung destruktiver Aspekte 245
- idealistisches Narzissmus-Inventar 21
- kindliches, Widerspiegelung durch die Mutter 50 f
- klassisch narzisstisches, Narzissmus-Inventar 21
- narratives 58 ff
- narzisstisches, fragmentiertes 327
- nichtkohärentes 11, 13
- objektives 44
- ökologisches 44
- Pathologie 707
- als physischer Akteur 503
- psychologisches 43
- Regulationsvorgänge 11
- Schwächung 190 ff
- als sozialer Akteur 503
- - frühes Verständnis 508
- soziales 43
- subjektives 43 f
- als teleologischer Akteur 503
- virtuelles 9, 11
- wahres 9
- als wertlos erlebtes 21
- wertvolles 619 f
Selbstabgrenzung 360
Selbstachtung, Regulierung 124 ff
Selbstaufmerksamkeit, erhöhte 65
Selbstbehauptung 659 f
Selbstbeobachtung 233, 614
Selbstbestätigung, Geschlechtsunterschiede 338
Selbstbestätigungshunger, permanenter 311 ff
Selbstbestätigungsversuche 312, 314
Selbstbezogenheit 18
- Jugendlicher 277
Selbstbild 42
- fragiles 312
- positives 313
- übersteigertes, bei gestörtem Selbstwertgefühl 164
Selbstdestruktivität 717 f
- chronische 716
Selbstekel 527
Selbstempfinden
- aufgeblähtes, beim Kind 446
- subjektives 56
Selbstempfindensstufen 77
Selbstentdeckung 506 ff
Selbstentfremdung 64
Selbstentstehung, Modelle
- kognitionspsychologische 42 ff
- neurobiologische 42 ff
Selbstentwertung des Therapeuten 719
Selbstentwicklung
- Kinder/Jugendliche 44

Sachverzeichnis

Selbstentwicklung
- Pathologie 62 ff
- Säuglings-/Kleinkindforschung 47 ff
- Störfaktoren 62 ff
- Umwelteinfluss 62
Selbsterhaltung 232
Selbsterhaltungstrieb, nichtsexueller 105
Selbstformation 180
Selbstgefühl 125
- Herabsetzung 126
Selbstgefühlentwicklung 512 ff, 521 f
Selbsthass 658 ff
Selbstidentifizierung 315
Selbstkohärenz 10, 54
Selbstkohärenzverlust, temporärer 10
Selbstkomplexität 326
Selbstkontrolle, Entwicklung 497
Selbstkonzept 42, 624
- beeinträchtigtes 15
- Differenzierung 327
- hierarchisches 341
- narzisstisches 325 ff
- - Defizitmodell 325
- - Strukturmodell 325 f
- Spaltung 657
- Untersuchung 273
Selbstkonzeptualisierung 44
Selbstkonzeptwandel, schneller, Adoleszenz 272
Selbstkritik 123
Selbstliebe 5
- pathologische 20, 264 f
- Störung 12
Selbstobjekt 9
- idealisiertes 11
- Konzept 673 ff
- spiegelndes 11
Selbstobjektbeziehung, reife 13
Selbst-Objekt-Entdifferenzierung 195
Selbstobjekterfahrung 6
- archaische 13
- Mangel 10
- stabilisierende 659
- unreife 13
Selbst-Objekt-Imago, undifferenzierte, libidinöse Besetzung 40
Selbst-Objektrepräsentanz 118
Selbstobjektstörung 10
Selbst-Objekt-Trennung 42
Selbstobjektübertragung 29, 652 f, 663, 695
- Abwehr 663
- Arten 671
Selbstorganisation 23
- individuelle Unterschiede 516
- parietale Stabilisierung 23
Selbstpathologie 677 ff

Selbstpsychologie
- psychoanalytische 669 ff
- - Entwicklung 670 ff
- - - theoretische 671 ff
- Übertragung, narzisstische 694 f
Selbstregulierung 331
- effektive 332
- ethische, fehlende 269
- Hirnphysiologie 46
- intrapersonelle 321 ff
- offensive 335
Selbstrepräsentanz 11 f, 39 f
- abgespaltene 241
- Aufbau, Gedächtnispsychologie 45
- Entwicklung 42
- fehlende 524
- Fragilität 735
- ideale 267, 572
- negative 62
- reale 572
Selbst-Spaltung 241
Selbstständigkeit des anderen 5 f
Selbststeuerung 21
Selbststörung
- primäre 680
- sekundäre 680
Selbststruktur
- fragile 501
- pathologische 129
- - libidinöse Besetzung 13, 266 f
- - Persönlichkeitsstörung, dissoziale 462
Selbstsucht 172
Selbsttäuschung, gesteigerte 320
Selbstüberhöhung 181
Selbstüberschätzung 9
- kompensatorische 21
- narzisstische, Adoleszenz 60
Selbstverletzung 717
- körperliche 661
Selbstverstümmelung 271, 355
- Jugendlicher 280
Selbstvertrauen, zwanghaftes 15
Selbstverwirklichung 4, 16
Selbstwahrnehmung 21
- grandiose, beim Kind 440
- narzisstische 579
Selbstwertgefühl
- Entwicklung, gestörte 659
- geringes, beim Kind 443
- gestörtes 63
- - übersteigertes Selbstbild 164
- gesundes 377
- Jugendlicher 60
- labiles 14 f, 650 f, 655
- Quellen 594 f
- Regulation 7, 27

Selbstwertgefühl
– – infantile Mechanismen 263
– – normales 572
– – zwischenmenschliches 318 ff
– Schwankungen 316
– Über-Ich-Quellen 593
– übertriebenes 247 f
– Verletzung 238 f
Selbstwertkonflikt 21
– somatoforme Schmerzstörung 549
Selbstwertkrise 650
Selbstwertregulatorisches System 38
Selbstwissen 316
Selbstzentriertheit 38, 425
Selbstzerstörung, programmierte 739 ff
Separation 267
Separations-Individuations-Prozess
– Entwicklungsstörung 7
– unterbrochener 252
Serienmörder
– Narzissmus, maligner 416 ff
– schizoide Persönlichkeit 422 f
Serienmörderin 412 f
Serotonin-Aktivität, niedrige, Kriminalität 421 f
Serotonin-Spiegel, Bestimmung 428
Sexualdelinquenz 466
Sexualisierung 13
Sexualität 233, 238, 250, 624 f, 629 ff
– freie 114
– gebundene 114
– Langeweile 630
– Missachtung der Bedürfnisse des Partners 630
Sexualität-Ich-Konflikt 113 f
Sexualobjekt
– Abweichung 471
– erstes 104
Sexualpräferenzstörung 467 f, 473
Sexual-Serienmörder 423 f
Sexualsymbol in scheinbaren Ichformen 133
Sexualtrieb 104
Sexualziel, Abweichung 471
Siechtum, Angst 643
Siegertyp 163
Signale, kindliche, verzerrte Ausdeutung 52
Sinnlosigkeitsgefühl 14
Somatisierungsstörung, unfallreaktive 548
Somatoforme Störung 27, 541 ff
– Beziehungsstörung im Gesundheitswesen 543 ff
– Definition 542
– Modellbildung 550 ff
– Persönlichkeitsstörung 545 f
– psychodynamisches Konzept 547 ff
– Therapie 550 ff
Sorge um andere, mangelnde, beim Kind 440

Sorgerechtsstreit nach Scheidung 584
Spaltung 24, 41, 251, 327, 657
– horizontale 15
– bei narzisstischen Kindern 438
– Verhaltenskorrelate 244
– vertikale 10, 14 f
– – Perversion 482
– – Übertragung 482
Spannungsregulation, basale 24
Spannungstoleranz, mangelhafte 454
Spiegel, narzisstischer 89
Spiegel-Identifizierung 111
Spiegelneurone 6, 689
Spiegelübertragung 671, 694 f, 700
Spiegelung 13
– des subjektiven Erlebens des Säuglings 508
Spielpathologie 578
Stern, Daniel 81 ff
Stil, kognitiver 624
Stimmungen, dysphorische, beim Kind 443
Stimmungsregulation 242
Stimmungsschwankung 265
Stolz 616
Straftäter
– Bindungsmuster 517
– Rückfallgefahr 428
Streitsucht beim Kind 441
Structured Clinical Interview for Mental Disorders-III-Revised for Personality Disorders 438
Strukturmodell 325 f
Subjekt 95 ff
Subjekthaftigkeit 5
Sucht 233
Suizid 642
– Entschluss 662
– Selbst-Fragmentierungszeichen 661 f
Suizidalität 27, 650 ff, 708
– chronische 661, 710
– Differenzialdiagnose 725
– schwere 716
– therapeutische Überlegungen 662 f
Symbolisierung 24
Symbolisierungsfähigkeit, Defizit 559
Syndrom
– der Arroganz 715, 721
– des niedrigen Serotonins 421 f
Szenario, perverses 285

T

TANS (Traumaassoziierte Narzisstische Symptome) 393 f, 402
Tatsachensimplifizierung bei narzisstischen Kindern 445

Teil-Objektbeziehungen, Kind 596
Temporallappenabnormalität 495
Testdiagnostik 21 f
Testosteronspiegel, Zusammenhang
 mit aggressivem Verhalten 410
Testverfahren, psychologische 428
- bei narzisstischen Kindern 438
Theorie
- des Mentalen s. Theory of Mind
- des Schmerzes 112
Theoriebildung, psychoanalytische 183 ff
Theory of Mind 45, 59, 514 ff, 689
- Entwicklung 697
Therapeut
- aktive soziale Rolle bei dissozialer
 Persönlichkeit 457
- Depression 719
- gleichgeschalteter 735 ff
- Idealisierung 481, 715
- - abwehrbedingte 709
- Identitätsverlangen des Patienten 735
- Selbstentwertung 719
Therapieabbruch durch den Therapeuten 719 f
Therapievertrag, Provokationen durch den
 Patienten 717
Tiefenpsychologie, Narzissmus-Entwicklungs-
 theorie 39 ff
Todestrieb 489 f, 492
- vorherrschender 718
Todestrieb-Konzept 195 f
Totalobjekt 106
Transvestitismus 284
- fetischistischer 468 f
Trauer 120
Trauma 24
- gewähltes, Großgruppe 211
- Regression, individuelle 210
Trauma-Begriff 146
Traumatisierung
- kindliche 454
- präödipale 252
Trennungsangst
- kindliche 578 f
- Schmerzentstehung 548
Triade, orale 353 f
Trieb(e)
- autoerotischer 102
- als Bestandteile des Selbst 673
- Grundfunktion 195
Triebkonflikte 676
Trieblehre 116 ff
Triebtheorie 133, 489, 496
- Auslegung, dualistisch-bipolare 134
Triebverzicht 133, 142
Triebwunsch 133
Triumphgehabe 269

U

Überabstrahierung 241
Übergangsmodus
- depressiver 711
- paranoider 711
- psychopathischer 710 f
Übergangsphantasie 242
Über-Ich 123, 267
- bei dissozialer Persönlichkeitsstörung 454
- pathologisches 20, 265, 707
- sadistisches 710
- strafendes 13
- unreifes 274
Über-Ich-Defekt 233 f
Über-Ich-Entwicklung
- gesellschaftliche Prozesse 185
- Störung 12
- Verzerrung 180
Über-Ich-Funktion
- defekte 254
- gestörte, bei Kindern 437, 570
- Mangel 280
- normale, Verlust 267
- Überprüfung beim Jugendlichen 274
Über-Ich-Lücke 416
Über-Ich-Quellen des Selbstwertgefühls 593
Über-Ich-System, Zerfall 268
Über-Ich-Vorläufer 268
- aggressive 271
- idealisierte 271
Überlegenheit ausdrücken 233
Überschätzung, elterliche, des Kindes 108
Übertragung 267, 389, 693 ff
- Aggression 711
- aggressive, bei narzisstischen Kindern 438
- idealisierende 671, 695, 698
- narzisstische 238
- - Kernberg-Theorie 696
- - Kind 438, 595
- negative, bei narzisstischen Kindern 438
- Perversität 288 f
- psychopathische 717
- Psychotherapie bei dissozialer Persönlichkeit
 457
- sadomasochistische 711
- bei vertikaler Spaltung 482
Übertragungs-Gegenübertragungs-Geschehen
 694, 698 f
- Umgang 702 f
Umweltbedingungen
- Kriminalität 419 ff
- traumatische, Psychopathie 421 ff
Unabhängigkeitsstreben 5 f
Unangepasstheit, gewollte, beim Kind 443
Unbewusstes, Jung, C. G. 135

Sachverzeichnis

Unmöglicher Patient 712 ff
Unsicherheit
- Verleugnung 9
- zwischenmenschliche, früh erlebte 6
Unsicherheitsgefühl des Analytikers 701
Unterlegenheitsgefühl 233
Unterstützung, elterliche, Defizite 15
Unterwerfung 181, 434
Unzugänglichkeit, emotionale 182
Uranfänglichkeit 139 ff
Urheberschaft 54
- mentale, Verständnis des Kleinkindes 504 f
- des Selbst 521 f
Urlibido 134
Urophilie 285

V

Verachtung 265, 700
- des Analytikers durch den Patienten 696 f
- Kriminalität 409 f, 417
Verantwortungsbewusstsein, fehlendes, beim Kind 440
Verantwortungslosigkeit 453
- chronische 722
Verbalisierungsfähigkeit, eingeschränkte 558
Vereinnahmung, gierige 710
Verfolgungswahn 120, 123
Verführung, mütterliche 243
Verhalten
- aggressives (s. auch Aggression) 660
- - Biologie 494 ff
- - als Lebenszeichen 492
- - Testosteronspiegel 410
- aggressiv-rachsüchtiges 724
- antisoziales (s. auch Antisoziale Persönlichkeitsstörung) 12, 706, 722
- - chronisches 405 ff
- - Jugendlicher 274, 280
- - beim Kind 440
- - Kontinuum 20
- - lebenslanges 487
- - schweres 724
- - Vorkommen 284
- arrogantes s. Arroganz
- ausbeuterisches 248, 265, 313, 426, 658
- autoaggressives, Jugendlicher 280
- dissoziales (s. auch Dissoziale Persönlichkeitsstörung) 25
- elterliches 493
- - inkonsistentes 312
- - Widerspiegelung im kindlichen Verhalten 592
- emotionales, generalisiertes Defizit 558
- gewalttätiges 523 ff, 528

- - Adoleszenz 486 f
- grandios-arrogantes, dissoziale Persönlichkeit 456
- hochmütiges 19
- körperlich aggressives, Entwicklung 488
- kriminelles, Einflussfaktoren 426
- manipulatives 456, 460 ff
- narzisstisches
- - Anstieg 172
- - paradoxes 332
- - Selbstbeurteilung 339
- - Wirkung auf Interaktionspartner 328
- negativistisches, Jugendlicher 277
- neurotisches, Masochismus 352 f
- offen kriminelles, Jugendlicher 282
- parasuizidales 706
- - unkontrollierbares 711
- passiv-ausbeuterisches 282, 722
- pathologisch narzisstisches 12
- perfektes 17 f
- pseudosoziales 320
- selbstboykottierendes 320
- selbstunsicheres 49
- sozial schädigendes 661
- sozial-parasitäres 708, 724
- suizidales 658, 706
- - chronisches 725
- - Jugendlicher 280
- - unkontrollierbares 711
Verhaltensabweichung, sexuelle 467
Verhaltenskorrelate der Spaltung 244
Verhaltensregulation, Entwicklung 24
Verhaltensstörung
- kindliche, Reflexionsfähigkeit 518
- narzisstische 239
Verliebtheit 122, 125, 274
- neurotische 125
Verlusterfahrung, frühe 6
Vermeidung, soziale 434
Vernachlässigung
- emotionale 6
- Störung der Selbstgefühl-Entwicklung 521 ff
Versagen
- berufliches 706
- - chronisches 712 ff
- väterliches 243
Versagensangst beim Kind 589
Versöhnlichkeit 627 f
Versorgungs-Autarkie-Konflikt, somatoforme Schmerzstörung 549
Verwöhnungshaltung, elterliche 583
- Narzissmusentwicklung 423 f
Verzerrung, paranoide 266
Virtueller anderer 6
Vitalitätsaffekte 50
Vollkommenheitsforderung 123

764

Voyeurismus 284, 468 f
Vulnerabilität
– narzisstische 15
– Umgang 335

W

Wahngedanken, Jugendlicher 277
Wahnideen 276
Wahrnehmung
– menschliche 49 f
– verzerrte, des Kindes 53
Wahrnehmungs-Denk-Index 442
Wertschätzung, fehlende 605
Widerspruchsgeist 434
Widerspruchsverhalten, fixiertes 658
Widerstand, narzisstischer, Verstärkung 702
Wiederannäherungskrise 49
Wirkmächtigkeit als Selbstobjektübertragung 695
Wirksamkeitsgefühl des Säuglings 55
Wünsche, illusionäre, Ich-Ideal 454
Wut
– bei nachlassendem Narzissmus 620
– narzisstische 21, 179, 239, 247, 663
– – chronische 160 f
– – bei dissozialer Persönlichkeit 462
– – beim Mächtigen 160
– retroflexive 353
Wutausbrüche 266
– beim Kind 440
– mütterliche 681
Wutzustand, narzisstischer 16

Z

Zeit, Erleben 643 f
Zeitalter des Narzissmus 171 ff
Zeitbewusstsein 643 f
Zerrissenheit, innere 147
Zerstörungswut, süchtige 614
Zielsetzung, unrealistisch hohe 234
Zoophilie 285
Zuhören, empathisches 627 f
Zurückweisung des Patienten 719
Zusammenpassung 148
Zuwendung, mütterliche, fehlende 245
Zwangscharakter 233, 252 f
– Führer, politischer 222
Zwei-Personen-Psychologie 605 ff
Zwillingsstudien 25, 432 ff
Zwillingsübertragung 671, 695

Folgende Beiträge wurden mit freundlicher Genehmigung der Verlage nachgedruckt:

Salman Akhtar (1989). Deskriptive Merkmale und Differenzialdiagnose der narzisstischen Persönlichkeitsstörung. In: Psychiatric Clinics of North America; 12(3), 505–29. Elsevier.

Arnold Cooper. Der narzisstisch-masochistische Charakter. In: Glick RA, Meyers DI (Hrsg) (1988). Masochism: Current Psychoanalytic Perspectives. Hillsdale: The Analytic Press; 117–39.

Lilli Gast (1997). Metamorphosen des Narzissmus – Ein Beitrag zur psychoanalytischen Ideen- und Begriffsgeschichte. In: Psyche – Z Psychoanal; 51: 46–75.

Otto F. Kernberg. Eine zeitgenössische Interpretation von »Zur Einführung des Narzissmus«. In: Über Freuds »Zur Einführung des Narzißmus«. Bearb. von Johann Michael Rotmann mit Unterstützung von Cornelia Hennig und Katrin Grünepütt. Übers. von Charlotte Nolte. (Freud heute; Bd. 2). Friedrich Fromman Verlag – Günther Holzboog, Stuttgart-Bad Cannstatt 2000.

Paulina F. Kernberg (1989). Narzisstische Persönlichkeitsstörungen in der Kindheit. In: Psychiatric Clinics of North America; 12(3): 671–94. Elsevier.

Jean Laplanche. Das Ich und der Narzissmus. In: Jean Laplanche, Leben und Tod in der Psychoanalyse, 1985 Frankfurt am Main. Stroemfeld Verlag, Frankfurt am Main/Basel. Eine Neuauflage des Werks ist in der Reihe »Stroemfeld/Nexus« in Vorbereitung.

Carolyn C. Morf, Frederick Rhodewalt (2001). Die Paradoxa des Narzissmus – ein dynamisches selbstregulatorisches Prozessmodell. In: Psychological Inquiry; Vol. 12 No. 4, 177–96. Lawrence Erlbaum Associates.

Psychotherapie bei Schattauer

Otto F. Kernberg
Einführung in die Psychoanalyse
Die Kernberg-Vorlesung

- Einmalig: Einstündige Live-Vorlesung über die Grundlagen der Psychoanalyse
- Einzigartig: Präsentiert vom Nestor der internationalen Psychoanalyse – Prof. Otto F. Kernberg
- Plus: Umfangreiches Booklet

Ein Film von Peter Zagermann
2012. DVD, 60 Min. Spieldauer, Sprachen: Deutsch, Englisch, Spanisch
€ 34,95 (D/A) • ISBN 978-3-7945-5175-0

Birger Dulz, Sabine C. Herpertz, Otto F. Kernberg, Ulrich Sachsse (Hrsg.)
Handbuch der Borderline-Störungen

- Konkurrenzlos: Unentbehrliches Nachschlagewerk mit allen relevanten Fakten
- Up to date: Berücksichtigung neuer Psychotherapieverfahren wie Mentalisierungsbasierte Psychotherapie und Schematherapie
- Gebündelte Kompetenz: Namhaftes internationales Autorenteam

2., vollst. überarb. u. erw. Aufl. 2011. 1044 Seiten, 55 Abb., 90 Tab., geb.
€ 129,– (D)/€ 132,70 (A) • ISBN 978-3-7945-2472-3

John F. Clarkin, Frank E. Yeomans, Otto F. Kernberg
Psychotherapie der Borderline-Persönlichkeit
Manual zur psychodynamischen Therapie

- Praktische Anleitung: Manual mit spezifischen Aufgaben des Therapeuten für jede Behandlungsphase
- Variabler Einstieg: Abgestimmt auf die unterschiedlichen Borderline-Strukturniveaus
- Neue Kapitel: Grundlagen der Objektbeziehungs- und Affekttheorie; Veränderungsprozesse in der TFP
- Extra-Kapitel Krisenmanagement: Typische Problemstellungen und Komplikationen bei Borderline-Patienten

Mit einem Anhang zur Praxis der TFP im deutschsprachigen Raum
Übersetzung von Petra Holler
2., aktual. u. neubearb. Aufl. 2008. 350 Seiten, 14 Abb., 13 Tab., geb.
€ 54,95 (D)/€ 56,50 (A) • ISBN 978-3-7945-2579-9

Schattauer   www.schattauer.de

Psychotherapie bei Schattauer

John F. Clarkin, Peter Fonagy, Glen O. Gabbard (Hrsg.)
Psychodynamische Psychotherapie der Persönlichkeitsstörungen
Handbuch für die klinische Praxis

- Herausragende Kompetenz: Namhaftes Autorenteam unter Federführung der weltweit führenden Experten für Psychodynamische Psychotherapie
- Komplettes Spektrum: Theorie und Praxis der Behandlung von Persönlichkeitsstörungen
- Fundiertes Wissen: Aktuelle Erkenntnisse aus Forschung und klinischer Praxis
- Plus: Ausblick auf Neuerungen im DSM-5

2012. 560 Seiten, 12 Abb., 31 Tab., geb.
€ 69,– (D) / € 71,– (A) • ISBN 978-3-7945-2835-6

Eckhard Roediger
Praxis der Schematherapie
Lehrbuch zu Grundlagen, Modell und Anwendung

- Lösungsorientiert: Empfehlungen für den Umgang mit schwierigen Therapiesituationen
- Neu in der 2. Auflage: Differenzierte Darstellung des Modusmodells; ausführliche Anleitungen zum Einsatz der spezifischen Techniken einschließlich Alternativstrategien; Schematherapie und Achtsamkeitsansatz

2., völlig überarb. und erw. Aufl. 2011. 480 Seiten, 33 Abb., 33 Tab., geb.
€ 52,95 (D) / € 54,50 (A) • ISBN 978-3-7945-2767-0

Barbara Wild (Hrsg.)
Humor in Psychiatrie und Psychotherapie
Neurobiologie – Methoden – Praxis

- Vielfältig: Wissenschaftler und Praktiker aus unterschiedlichsten Therapiebereichen und -schulen
- Umfangreich: Theoretische Hintergründe, humorbezogene Techniken, Humortraining
- Persönlich: Individuelle und praktische Erfahrungen der Autoren zum psychotherapeutischen Umgang mit Humor

Mit einem Geleitwort von Otto F. Kernberg
2012. 336 Seiten, 68 Abb., 8 Tab., geb.
€ 39,95 (D) / € 41,10 (A) • ISBN 978-3-7945-2796-0

Schattauer   www.schattauer.de